AF819721

All in One

गणित

CBSE कक्षा 10

Theory व Solved Examples | NCERT, EXEMPLAR व अन्य प्रश्न | सैम्पल पेपर्स व बोर्ड प्रश्न-पत्र

Recommended by Teachers
Trusted by Toppers

All in One®

गणित

CBSE कक्षा 10

Theory व Solved Examples | NCERT, EXEMPLAR व अन्य प्रश्न | सैम्पल पेपर्स व बोर्ड प्रश्न-पत्र

लेखक
ऋचा अग्रवाल (नगरपालिका कन्या इंटर कॉलिज मुजफ्फरनगर),

सह लेखक
ब्रिजेश द्विवेदी

arihant
SUCCESS AND NOTHING LESS

अरिहन्त प्रकाशन

(स्कूल डिवीज़न सीरीज़)

रजि. कार्यालय

'रामछाया' 4577/15, अग्रवाल रोड, दरिया गंज, नई दिल्ली-110002
फोन: 011-47630600, 43518550; फैक्स: 011-23280316

मुख्य कार्यालय

कालिन्दी, टी०पी० नगर, मेरठ (यूपी)-250002 फोन: 0121-7156203, 7156204

शाखा कार्यालय

आगरा, अहमदाबाद, बरेली, बंगलुरु, चेन्नई, दिल्ली, गुवाहाटी, हैदराबाद, जयपुर, झाँसी, कोलकाता, लखनऊ, नागपुर तथा पुणे

PO No : TXT-XX-XXXXXXX-X-XX

Published by Arihant Publications (India) Ltd.

'अरिहन्त' की पुस्तकों के बारे में अधिक जानकारी के लिए हमारी वेबसाइट www.arihantbooks.com पर लॉग इन करें या info@arihantbooks.com पर सम्पर्क करें।

Follow us on

मूल्य ₹ 500.00

प्रोडक्शन टीम

पब्लिशिंग मैनेजर	कवर डिज़ाइनर	इनर डिज़ाइनर
महेन्द्र सिंह रावत, केशव मोहन	सलमान	अंकित त्यागी
प्रोजेक्ट हैड	**पेज लेआउट**	**प्रूफ रीडर**
अश्वनी	शिवम प्रजापति	मनीष राठौर

Index *cum* Study Planner

One Book- Endless Features

to Help you Succeed

टॉपिक लिस्ट

अध्ययन की शुरूआत में, सभी टॉपिकों को सूचीबद्ध किया गया है। जिससे विद्यार्थी यह जान सकें कि वे क्या पढ़ने जा रहे है।

अध्याय 01

वास्तविक संख्याएँ

(Real Numbers)

पिछली कक्षाओं में हमने वास्तविक संख्याओं जैसे परिमेय तथा अपरिमेय संख्याओं का अध्ययन किया था। इस अध्याय में हम वास्तविक संख्याओं के अध्ययन को आगे बढ़ाते हुए उसके महत्त्वपूर्ण गुणों का अध्ययन प्रारंभ करेंगे। इन गुणों के अंतर्गत हम अंकगणित की आधारभूत प्रमेय (Fundamental theorem of arithmetic) का अध्ययन करेंगे।

टॉपिक्स
अंकगणित की आधारभूत प्रमेय
अपरिमेय संख्याओं का पुनर्भ्रमण

सम्पूर्ण अध्ययन

प्रत्येक अध्याय के प्रारंभ में Theory को Easy to Read/Understand रूप में दिया गया है। Theory को छोटे छोटे टॉपिकों में बाटाँ गया है जिससे विद्यार्थी सभी टॉपिकों का सरलता पूर्वक अध्ययन कर सके। Theory के बीच में चित्र, साधित उदाहरण आदि दिए गए हैं, जिनकी सहायता से विद्यार्थी विषय संकल्पनाओं को आसानी से समझ पाएँगे।

NCERT फोल्डर

पाठ्यपुस्तक के प्रत्येक अध्याय में NCERT पाठ्यपुस्तक के अभ्यास प्रश्नों का उत्तर सरल भाषा में दिया गया है तथा उतना ही उत्तर दिया गया है जितना कि प्रश्न में अनिवार्य रूप से पूछा गया है। NCERT प्रश्नोत्तर को यहाँ देने का मुख्य उद्देश्य यह है कि छात्र NCERT का पूर्ण अभ्यास एक ही पुस्तक में कर सकें।

टॉपिक 1
अंकगणित की आधारभूत प्रमेय

अभाज्य और भाज्य संख्याएँ

(Prime and Composite Numbers)

संख्या 1 के अतिरिक्त वे समस्त संख्याएँ जो 1 और स्वयं को छोड़कर अन्य किसी भी संख्या से विभाजित नहीं होती है अभाज्य संख्या कहलाती है।

उदाहरण— 2, 3, 5, 7, 11, 13, 17, ...

संख्या 1 के अतिरिक्त वे समस्त संख्याएँ जो स्वयं के अतिरिक्त अन्य दूसरी संख्याओं से भी विभाजित हो भाज्य संख्याएँ कहलाती हैं।

उदाहरण— 4, 6, 8, 9, 10, 12, ...

NCERT फोल्डर

प्रश्नावली 1.1

1. निम्नलिखित संख्याओं को अभाज्य गुणनखंडों के गुणनफल के रूप में व्यक्त कीजिए।
(i) 140 (ii) 156
(iii) 3825 (iv) 5005
(v) 7429

$\therefore$ 140 के अभाज्य गुणनखण्ड $= 2\times2\times5\times7 = 2^2\times5\times7$

$\therefore$ 5005 के अभाज्य गुणनखण्ड $= 5\times7\times11\times13$

$\therefore$ 7429 के अभाज्य गुणनखण्ड $= 17\times19\times23$

2. पूर्णांकों के निम्नलिखित युग्मों के म.स. और ल.स. ज्ञात कीजिए तथा इसकी जाँच कीजिए कि दो संख्याओं का गुणनफल = म.स. × ल.स. है।
(i) 26 और 91 (ii) 510 और 92
(iii) 336 और 54

हल (i) 26 और 91
यहाँ, $26 = 2\times13$ तथा $91 = 7\times13$

टॉपिक प्रश्नावली

विद्यार्थी को अध्याय को सुचारू रूप से Step-byStep पढ़ने के लिए टॉपिक प्रश्नावलियाँ दी गई है। जिससे विद्यार्थी नियमित अन्तराल के बाद अभ्यास कर सकें।

प्रश्नावली 1.1

1. निम्नलिखित गुणनखंड वृक्ष में लुप्त संख्याएँ ज्ञात कीजिए।

One Book- Endless Features

to Help you Succeed

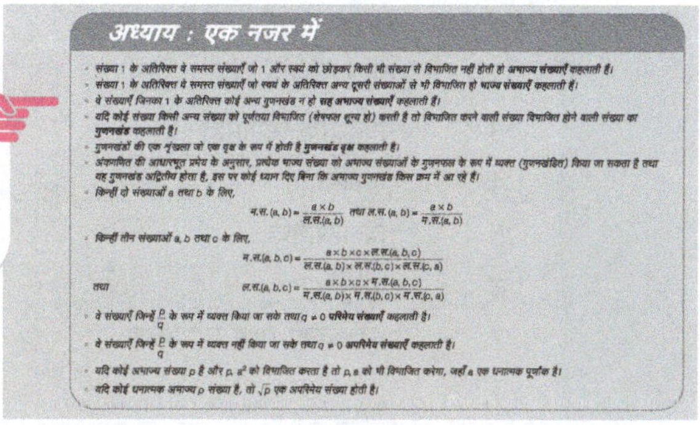

अध्याय : एक नजर में

- संख्या 1 के अतिरिक्त वे समस्त संख्याएँ जो 1 और स्वयं को छोड़कर किसी भी संख्या से विभाजित नहीं होती हो अभाज्य संख्याएँ कहलाती हैं।
- संख्या 1 के अतिरिक्त वे समस्त संख्याएँ जो स्वयं के अतिरिक्त अन्य दूसरी संख्याओं से भी विभाजित हो भाज्य संख्याएँ कहलाती हैं।
- वे संख्याएँ जिनका 1 के अतिरिक्त कोई अन्य गुणनखंड न हो सह अभाज्य संख्याएँ कहलाती हैं।

अध्याय : एक नजर में

प्रत्येक अध्याय के अंत में अध्याय का सारांश दया गया है, जो परीक्षा या स्कूल टेस्ट्स के समय अध्याय का रिवीज़न करने में मदद करेगा।

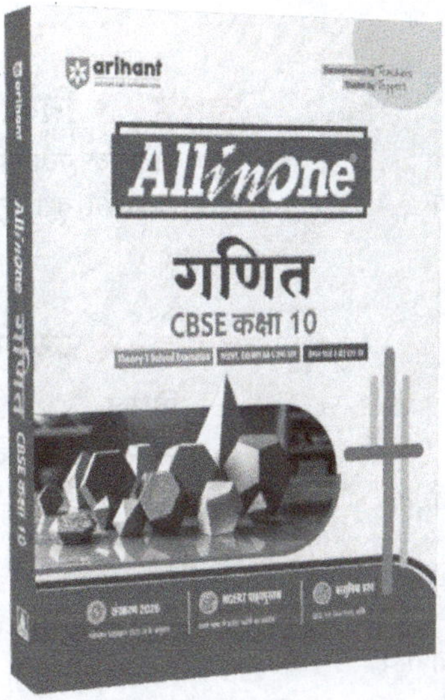

परीक्षा अभ्यास

पाठ्यपुस्तक के प्रत्येक अध्याय के NCERT प्रश्नोत्तर के पश्चात् 'परीक्षा अभ्यास' दिया गया है, जिसमें वस्तुनिष्ठ प्रश्न, अतिलघु उत्तरीय, लघु उत्तरीय और दीर्घ उत्तरीय आदि प्रश्न दिए गए हैं। परीक्षा अभ्यास देने का मुख्य उद्देश्य यह है कि छात्र अपने द्वारा अध्याय में पढ़ी हुई पाठ्य सामग्री से संबंधित प्रश्नोत्तर का अध्ययन यहाँ कर सकते हैं।

सैंपल पेपर्स

पुस्तक के अंत में CBSE के नवीनतम पाठ्यक्रम व नवीनतम सैंपल पेपर पर आधारित 3 सैंपल पेपर्स दिए गए हैं। सभी सैंपल पेपर्स को परीक्षा पैटर्न व समय सीमा को ध्यान में रखकर तैयार किया गया है। इन सैंपल पेपर्स की प्रैक्टिस कर छात्र परीक्षा की सटीक तैयारी कर सकते हैं।

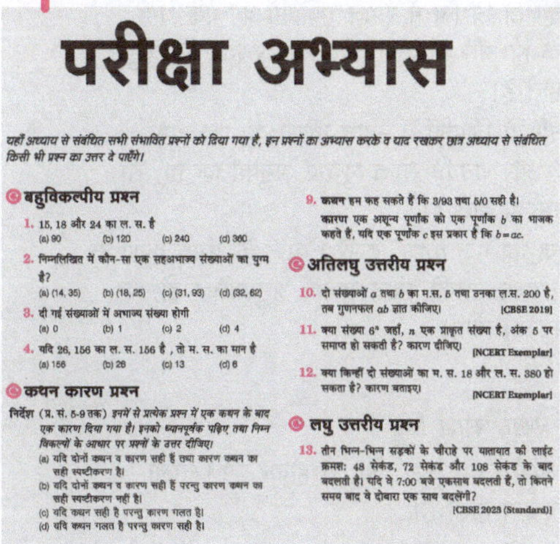

परीक्षा अभ्यास

यहाँ अध्याय से संबंधित सभी संभावित प्रश्नों को दिया गया है, इन प्रश्नों का अभ्यास करके व याद रखकर छात्र अध्याय से संबंधित किसी भी प्रश्न का उत्तर दे पाएँगे।

बहुविकल्पीय प्रश्न

1. 15, 18 और 24 का ल. स. है
(a) 90 (b) 120 (c) 240 (d) 360
2. निम्नलिखित में कौन-सा एक सहअभाज्य संख्याओं का युग्म है?
(a) (14, 35) (b) (18, 25) (c) (31, 93) (d) (32, 62)
3. दी गई संख्याओं में अभाज्य संख्या होगी
(a) 0 (b) 1 (c) 2 (d) 4
4. यदि 26, 156 का ल. स. 156 है, तो म. स. का मान है
(a) 156 (b) 26 (c) 13 (d) 6

कथन कारण प्रश्न

अतिलघु उत्तरीय प्रश्न

10. दो संख्याओं a तथा b का म.स. 5 तथा उनका ल.स. 200 है, तब गुणनफल ab ज्ञात कीजिए। [CBSE 2019]

लघु उत्तरीय प्रश्न

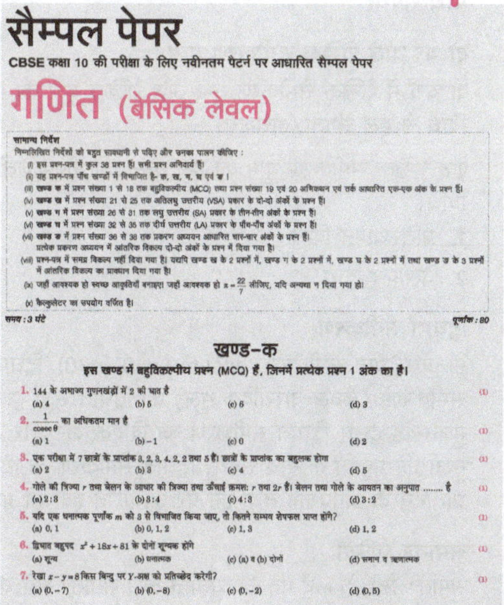

सैम्पल पेपर

CBSE कक्षा 10 की परीक्षा के लिए नवीनतम पैटर्न पर आधारित सैम्पल पेपर

गणित (बेसिक लेवल)

समय : 3 घंटे पूर्णांक : 80

खण्ड-क

इस खण्ड में बहुविकल्पीय प्रश्न (MCQ) हैं, जिनमें प्रत्येक प्रश्न 1 अंक का है।

1. 144 के अभाज्य गुणनखंडों में 2 की घात है
(a) 4 (b) 5 (c) 6 (d) 3
3. एक परीक्षा में 7 छात्रों के प्राप्तांक 3, 2, 3, 4, 2, 2 तथा 5 हैं। छात्रों के प्राप्तांक का बहुलक होगा
(a) 2 (b) 3 (c) 4 (d) 5
5. यदि एक धनात्मक पूर्णांक m को 3 से विभाजित किया जाए, तो कितने सम्भव शेषफल प्राप्त होंगे?
(a) 0, 1 (b) 0, 1, 2 (c) 1, 3 (d) 1, 2
7. रेखा $x - y = 8$ किस बिन्दु पर Y-अक्ष को प्रतिच्छेद करेगी?
(a) (0, −7) (b) (0, −8) (c) (0, −2) (d) (0, 8)

नवीनतम पाठ्यक्रम

क्रम संख्या	इकाई	अंक
1	संख्या पद्धति	06
2	बीजगणित	20
3	निर्देशांक ज्यामिति	06
4	ज्यामिति	15
5	त्रिकोणमिति	12
6	मेन्सुरेशन	10
7	सांख्यिकी तथा प्रायिकता	11
	योग	80

इकाई–1 संख्या पद्धति

1. **वास्तविक संख्याएँ**
   अंकगणित की आधारभूत प्रमेय उदाहरण सहित, अपरिमेय संख्याओं ($\sqrt{2}, \sqrt{3}, \sqrt{5}$) का सत्यापन।

इकाई–2 बीजगणित

1. **बहुपद**
   बहुपद के शून्यक। द्विघात बहुपदों के गुणांकों और शून्यकों के मध्य संबंध।

2. **दो चर वाले रैखिक समीकरण युग्म**
   दो चरों में रैखिक समीकरण युग्म और रैखिक युग्म का ग्राफीय विधि से हल संगता/असंगता।

   एक रैखिक समीकरण युग्म को हल करने की बीजगणितीय विधि।

   1. प्रतिस्थापन विधि
   2. विलोपन विधि

3. **द्विघात समीकरण**
   मानक द्विघात समीकरण, $ax^2+bx+c=0, (a\neq0)$, द्विघात समीकरणों (केवल वास्तविक मूल) का द्विघात सूत्रों द्वारा, गुणनखंड द्वारा। द्विघात समीकरण का विविक्तकर और उनके मूलों की प्रकृति के बीच संबंध। द्विघात समीकरण के दिन-प्रतिदिन के अनुप्रयोग तथा इन पर आधारित इबारती प्रश्न।

4. **समांतर श्रेढ़ियाँ**
   समांतर श्रेढ़ी के n वें पद की व्युत्पत्ति तथा समांतर श्रेढ़ी के प्रथम n पदों का योग। सामान्य जीवन पर आधारित प्रश्नों को हल करने के लिए इसका अनुप्रयोग।

इकाई–3 निर्देशांक ज्यामिति

निर्देशांक ज्यामिति की अवधारणा, रैखिक समीकरणों के ग्राफ, दूरी सूत्र, विभाजन सूत्र (आंतरिक विभाजन)।

इकाई–4 ज्यामिति

1. **त्रिभुज**
   समरूप त्रिभुज के परिभाषा, उदाहरण, प्रति उदाहरण
   1. त्रिभुज की एक भुजा के समांतर खींची गई रेखा त्रिभुज की शेष दो भुजाओं को समान अनुपात में विभाजित करती है।
   2. त्रिभुज की दो भुजाओं को समान अनुपात में विभाजित करने वाली रेखा, तीसरी भुजा के समांतर होती है।
   3. यदि किन्ही दो त्रिभुज में संगत भुजाओं का एक युग्म अनुपातिक हो और अंतरित कोण बराबर हो, तो त्रिभुज समरूप होते हैं।
   4. यदि किन्ही दो त्रिभुजों में संगत कोणों का एक युग्म बराबर हो और उनकी संगत भुजाएँ अनुपातिक हो, तो त्रिभुज समरूप होते हैं।
   5. एक त्रिभुज का एक कोण, दूसरे त्रिभुज के संगत कोण के बराबर हो तथा उनकी संगत भुजाएँ अनुपातिक हो, तो त्रिभुज समरूप होगा।

2. **वृत्त**
   वृत्त की स्पर्श रेखा, स्पर्श बिंदु
   1. वृत्त की स्पर्श रेखा, स्पर्श बिंदु से होकर जाने वाली त्रिज्या पर लंब होती है।
   2. किसी बाह्य बिंदु से खींची गई, दो स्पर्श रेखाओं की लंबाईयाँ बराबर होती हैं।

इकाई–5 त्रिकोणमिति

1. त्रिकोणमिति का परिचय
   समकोण त्रिभुज के न्यूनकोणों के त्रिकोणमितीय अनुपात, 0° और 90° के त्रिकोणमितीय अनुपात, त्रिकोणमितीय अनुपातों के मान
   (30°, 45°, 60°, 0°, 90°)। उनके बीच संबंध।
2. त्रिकोणमितीय सर्वसमिकाएँ
   सर्वसमिका $\sin^2\theta + \cos^2\theta = 1$ को स्थापित करना तथा इसका अनुप्रयोग।
3. ऊँचाई और दूरी
   उन्नयन कोण, अवनमन कोण, ऊँचाई और दूरी पर साधारण प्रश्न (प्रश्न दो समकोण त्रिभुज से अधिक नहीं होना चाहिए) उन्नयन/अवनमन कोण केवल 30°, 45° तथा 60° होने चाहिए।

इकाई–6 मेन्सुरेशन

1. वृत्तों से संबधिंत क्षेत्रफल
   वृत्त के त्रिज्याखंड तथा वृत्तखंड के क्षेत्रफल
2. पृष्ठीय क्षेत्रफल और आयतन
   निम्नांकित किन्हीं दो आकृतियों द्वारा संयोजित समतल का पृष्ठीय क्षेत्रफल तथा आयतन–घन, घनाभ, गोला, अर्द्धगोला और लंबवृत्तीय, बेलन/शंकु।

इकाई–7 सांख्यिकी तथा प्रायिकता

1. सांख्यिकी–वर्गीकृत आँकड़ों का माध्य, माध्यिका तथा बहुलक।
2. प्रायिकता–प्रायिकता की सैद्धांतिक परिभाषा, एकल घटना पर आधारित सामान्य प्रश्न।

अध्याय

01

वास्तविक संख्याएँ

(Real Numbers)

पिछली कक्षाओं में हमने वास्तविक संख्याओं जैसे परिमेय तथा अपरिमेय संख्याओं का अध्ययन किया था। इस अध्याय में हम वास्तविक संख्याओं के अध्ययन को आगे बढ़ाते हुए उसके महत्त्वपूर्ण गुणों का अध्ययन प्रारंभ करेंगे। इन गुणों के अंतर्गत हम अंकगणित की आधारभूत प्रमेय (Fundamental theorem of arithmetic) का अध्ययन करेंगे।

टॉपिक्स

- अंकगणित की आधारभूत प्रमेय
- अपरिमेय संख्याओं का पुनर्भ्रमण

टॉपिक 1

अंकगणित की आधारभूत प्रमेय

अभाज्य और भाज्य संख्याएँ

(Prime and Composite Numbers)

संख्या 1 के अतिरिक्त वे समस्त संख्याएँ जो 1 और स्वयं को छोड़कर अन्य किसी भी संख्या से विभाजित नहीं होती हैं अभाज्य संख्या कहलाती हैं।

उदाहरण— 2, 3, 5, 7, 11, 13, 17, ...

संख्या 1 के अतिरिक्त वे समस्त संख्याएँ जो स्वयं के अतिरिक्त अन्य दूसरी संख्याओं से भी विभाजित हो भाज्य संख्याएँ कहलाती हैं।

उदाहरण— 4, 6, 8, 9, 10, 12, ...

नोट *(i) संख्या 1 न तो अभाज्य संख्या और न ही भाज्य संख्या है।*

(ii) संख्या 2 सबसे छोटी अभाज्य संख्या है तथा केवल 2 ही सम अभाज्य संख्या है।

(iii) सबसे छोटी भाज्य सम संख्या 4 तथा सबसे छोटी भाज्य विषम संख्या 9 है।

(iv) अभाज्य संख्याओं के केवल दो गुणनखंड होते हैं 1 और स्वंय वह संख्या। चूँकि 1 अभाज्य संख्या नहीं है इसलिए किसी संख्या को उसके अभाज्य गुणनखंडों के गुणनफल के रूप में लिखते समय 1 का प्रयोग नहीं करते हैं।

किसी संख्या के गुणनखंड

(Factor of a Number)

यदि कोई संख्या किसी अन्य संख्या को पूर्णतः विभाजित (शेषफल शून्य) करती है, तो विभाजित करने वाली संख्या विभाजित होने वाली संख्या का एक गुणनखंड कहलाती है।

उदाहरण—20 के गुणनखंड 1, 2, 4, 5 तथा 10 है।

गुणनखंड वृक्ष (Factor Tree)

गुणनखंडो की वह श्रृंखला जिसे वृक्ष के रूप में लिखा जाए गुणनखंड वृक्ष कहलाती है।

उदाहरण— 28 के गुणनखंडों को गुणनखंड वृक्ष के रूप में निम्नवत् दर्शाया गया है

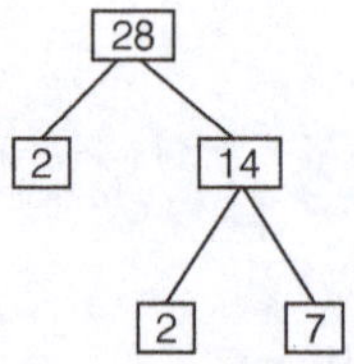

यहाँ, संख्याएँ 2 और 7 संख्या 14 के अभाज्य गुणनखंड हैं तथा संख्या 14, संख्या 28 का एक गुणनखंड है।

$\therefore$ संख्या 28 को गुणनखंडों के गुणनफल के रूप में इस प्रकार लिखा जा सकता है।

$$28 = 2 \times 2 \times 7 = 2^2 \times 7$$

= अभाज्य संख्याओं की घातों के गुणनफल के रूप में

उदाहरण 1 गुणनखंड वृक्ष की सहायता से संख्या 4095 के गुणनखंड कीजिए।

हल संख्या 4095 को 3 से भाग देने पर शेषफल 1365 प्राप्त होता है। अतः गुणनखंड वृक्ष की सहायता से इसे निम्न प्रकार प्रदर्शित करते हैं

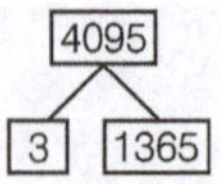

संख्या 1365 को 3 से भाग देने पर भागफल 455 प्राप्त होता है। अतः गुणनखंड वृक्ष की सहायता से इसे निम्न प्रकार प्रदर्शित करते हैं।

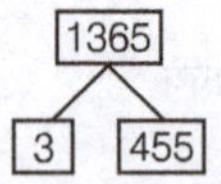

संख्या 455 को 5 से भाग देने पर शेषफल 91 प्राप्त होता है तथा दोबारा 91 को 7 से भाग देने पर शेषफल 13 प्राप्त होता है जोकि एक अभाज्य संख्या है, अतः गुणनखंड वृक्ष की सहायता से निम्न प्रकार प्रदर्शित करते हैं।

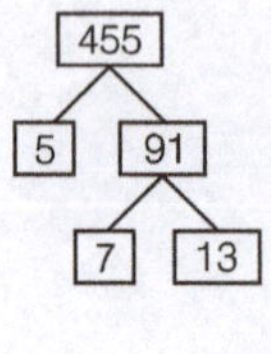

इस प्रकार उपरोक्त सभी गुणनखंड वृक्षों को जोड़ने पर निम्न गुणनखंड वृक्ष प्राप्त होता है

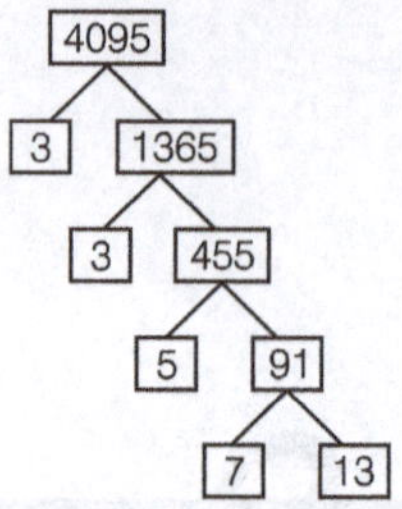

अतः $4095 = 3 \times 3 \times 5 \times 7 \times 13$ अभाज्य संख्याओं के गुणनखंड के रूप में है।

नोट *इस विधि में हम सबसे छोटी अभाज्य संख्या लेते हैं जो दी गई संख्या को पूर्णतः विभाजित करती है। अर्थात् हम दी गई संख्या को 2 या 3 या 5 या 7 या 11 आदि से विभाजित करते हैं।*

अंकगणित की आधारभूत प्रमेय

(Fundamental Theorem of Arithmetic)

अंकगणित की आधारभूत प्रमेय के अनुसार, 'प्रत्येक भाज्य संख्या को अभाज्य संख्याओं के गुणनफल के रूप में व्यक्त (गुणनखंडित) किया जा सकता है तथा यह गुणनखंड अभाज्य गुणनखंडों के आने वाले क्रम के बिना अद्वितीय होता है। अंकगणित की मूलभूत प्रमेय को **अद्वितीय गुणनखंड प्रमेय** (Unique factorisation theorem) भी कहते हैं।'

$\therefore$ **भाज्य या मिश्रित संख्या = अभाज्य संख्याओं का गुणनफल**

या कोई भी एक से बड़ा पूर्णांक या तो अभाज्य संख्या या फिर अभाज्य संख्याओं के अद्वितीय गुणनफल के रूप में लिखा जा सकता है। जैसे-

(i) 10 को 2×5 या 5×2 के रूप में लिखा जा सकता है, जहाँ 2 और 5 अभाज्य गुणनखंड हैं।

(ii) 42 को $2 \times 3 \times 7$ या $7 \times 3 \times 2$ के रूप में लिखा जा सकता है, जहाँ 2, 3 तथा 7 अभाज्य गुणनखंड हैं।

2	42
3	21
7	7
	1

$$\therefore \quad 42 = 2 \times 3 \times 7$$

यहाँ 42 के अभाज्य गुणनखंडों को गुणनखंड वृक्ष या भाग विधि जिसमें दी गई संख्या को अभाज्य संख्या से विभाजित करते हैं, द्वारा से ज्ञात किया जा सकता है।

नोट *एक प्राकृतिक संख्या का अभाज्य गुणनखंड, उसके गुणनखंडों के क्रम को छोड़ते हुए अद्वितीय होता है। जैसे– अभाज्य संख्याओं 2, 2 तथा 3 को परस्पर गुणा करने पर 12 प्राप्त होता है।*

$$\therefore \quad 12 = 2 \times 2 \times 3$$

जोकि अभाज्य संख्याओं के अद्वितीय गुणनफल के रूप में है।

इसे हम इस प्रकार भी लिख सकते हैं $12 = 2^2 \times 3$

यह भी 2, 2 तथा 3 का एक अद्वितीय संयोजन है। यहाँ 4×3 एक अद्वितीय संयोजन नहीं हो सकता क्योंकि 4 अभाज्य संख्या नहीं है।

उदाहरण 2 संख्या 1470 के अभाज्य गुणनखंडों को गुणनफल के रूप में लिखिए।

हल दी गई संख्या 1470 है।

गुणनखंड वृक्ष विधि से 1470 के अभाज्य गुणनखंडों को नीचे दिखाया गया है

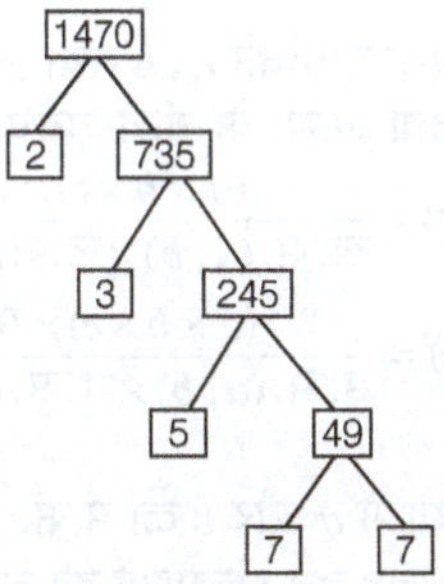

इस प्रकार, 1470 को अभाज्य गुणनखंडों के गुणनफल के रूप में निम्न प्रकार लिखा जा सकता है

$$1470 = 2 \times 3 \times 5 \times 7^2$$

उदाहरण 3 व्याख्या कीजिए कि $(3 \times 5 \times 7) + 7$ एक संयुक्त (या भाज्य) संख्या क्यों है? **[NCERT Exemplar, CBSE 2015]**

हल दिया है, $3 \times 5 \times 7 + 7 = 105 + 7 = 112$

$$112 = 2 \times 2 \times 2 \times 2 \times 7 = 2^4 \times 7$$

अर्थात् यह अभाज्य गुणनखंडों 2 और 7 का गुणनफल है। अतः यह भाज्य संख्या है।

उदाहरण 4 दिखाइए कि किसी प्राकृत संख्या n के लिए, 12^n का मान 0 या 5 पर समाप्त नहीं हो सकता है। **[NCERT Exemplar]**

हल यदि किसी संख्या के इकाई अंक पर शून्य है, तो वह हमेशा 5 से विभाज्य होती है।

माना 12^n का इकाई अंक शून्य है, तब यह 5 से विभाज्य होनी चाहिए।

यह तभी संभव है, जब 12^n के अभाज्य गुणनखंडों में से एक अभाज्य गुणनखंड 5 हो।

अब, $12 = 2 \times 2 \times 3 = 2^2 \times 3 \Rightarrow 12^n = (2^2 \times 3)^n = 2^{2n} \times 3^n$

इस प्रकार 12^n के अभाज्य गुणनखंडों में 5 नहीं है इसलिए अंकगणित की आधारभूत प्रमेय से 12^n के गुणनखंडों में कोई अन्य अभाज्य गुणनखंड नहीं होगा। अतः $n \in N$ के लिए कोई मान नहीं है जिसके लिए 12^n का इकाई अंक 0 या 5 हो।

अभाज्य गुणनखंड विधि से म.स. और ल.स. ज्ञात करना

(Finding HCF and LCM by Prime Factorisation Method)

दो या दो से अधिक धनात्मक पूर्णांकों का म.स. और ल.स. अंकगणित की आधारभूत प्रमेय का प्रयोग करके ज्ञात करने की विधि को अभाज्य गुणनखंड विधि कहते हैं।

इस विधि में दी गई संख्याओं को सर्वप्रथम अलग-अलग उनके अभाज्य गुणनखंडों के गुणनफल के रूप में लिखते हैं। तब

(i) दो या दो से अधिक संख्याओं का म.स. = संख्याओं के गुणनखंडों में उभयनिष्ठ प्रत्येक अभाज्य गुणनखंड की न्यूनतम घात का गुणनफल

(ii) दो या दो से अधिक संख्याओं का ल.स. = संख्याओं के गुणनखंडों में से प्रत्येक अभाज्य गुणनखंड की सबसे बड़ी घात का गुणनफल

नोट *(i) दो या दो से अधिक संख्याओं का म.स. वह बड़ी से बड़ी संख्या होती है, जो दी हुई संख्याओं को पूर्णतया विभाजित करती है।*

(ii) दो या दो से अधिक संख्याओं का ल.स. वह छोटी से छोटी संख्या होती है, जो दी गई संख्याओं से पूर्णतया विभाजित होती है।

(iii) यदि दी गई संख्याओं के अभाज्य गुणनखंडों में कोई उभयनिष्ठ गुणनखंड न हो तो उन संख्याओं का म.स. 1 होगा।

उदाहरण 5 अभाज्य गुणनखंड विधि द्वारा 26, 72 तथा 108 का महत्तम समापवर्तक (HCF) तथा लघुत्तम समापवर्तक (LCM) ज्ञात कीजिए। **[CBSE 2016]**

हल (i) $26 = 2^1 \times 13^1$

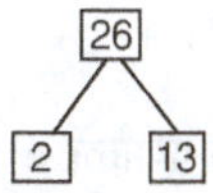

(ii) $72 = 2 \times 2 \times 2 \times 3 \times 3 = 2^3 \times 3^2$

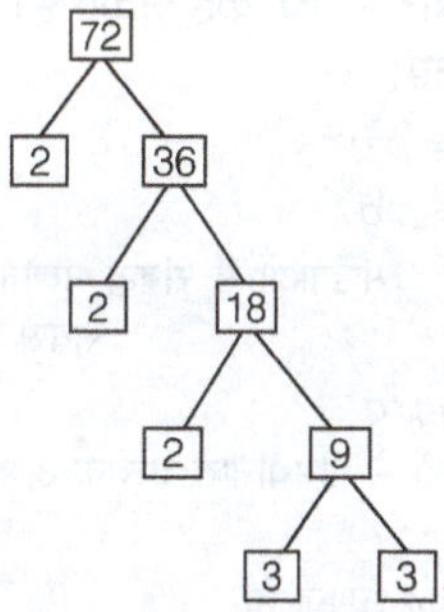

(iii) $108 = 2 \times 2 \times 3 \times 3 \times 3 = 2^2 \times 3^3$

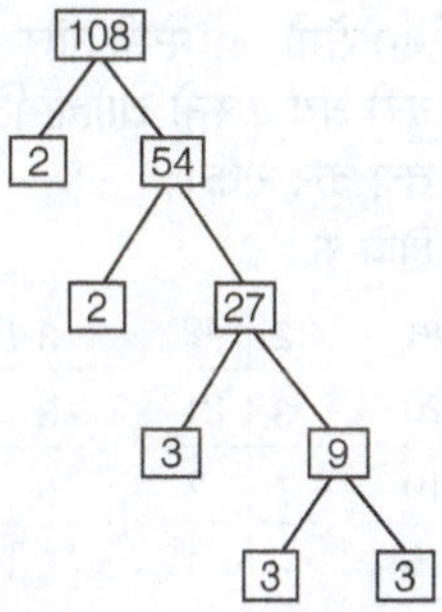

अतः म.स. $(26, 72, 108) = 2^1 = 2$

तथा ल.स. $(26, 72, 108) = 2^3, 3^3$ और 13^1 का गुणनफल

[प्रत्येक अभाज्य गुणनखंड की सबसे बड़ी घातों का गुणनफल]

$= 2^3 \times 3^3 \times 13$

$= 8 \times 27 \times 13$

$= 2808$

उदाहरण 6 निम्नतम भाज्य संख्या तथा निम्नतम अभाज्य संख्या का म.स. ज्ञात कीजिए। **[CBSE 2008]**

हल निम्नतम भाज्य संख्या $= 4 = 2 \times 2 = 2^2$

तथा निम्नतम अभाज्य संख्या $= 2 = 2^1$

$\therefore$ म.स. $(4, 2) = 2^1 = 2$

उदाहरण 7 अंकगणित की आधारभूत प्रमेय का प्रयोग करके 120 और 144 का ल.स. और म.स. ज्ञात कीजिए।

हल 120 के अभाज्य गुणनखंड $= 2 \times 2 \times 2 \times 3 \times 5 = 2^3 \times 3 \times 5$

तथा 144 के अभाज्य गुणनखंड $= 2 \times 2 \times 2 \times 2 \times 3 \times 3 = 2^4 \times 3^2$

$\therefore$ अंकगणित की आधारभूत प्रमेय के प्रयोग से,

ल.स. (120, 144) = संख्याओं में संबद्ध प्रत्येक अभाज्य गुणनखंड की सबसे बड़ी घातों का गुणनफल

$= 2^4 \times 3^2 \times 5 = 720$

तथा म.स. (120, 144) = संख्याओं में उभयनिष्ठ प्रत्येक अभाज्य गुणनखंड की सबसे छोटी घात का गुणनफल

$= 2^3 \times 3 = 24$

उदाहरण 8 यदि दो धनात्मक पूर्णांकों x और y को अभाज्य संख्याओं के रूप में $x = p^2q^3$ और $y = p^3q$ लिखा जा सकता है तो आप इसके ल.स. और म.स. के बारे में क्या कह सकते हैं? क्या ल.स., म.स. का गुणज है? स्पष्ट कीजिए।

हल दिया है, $x = p^2q^3$ और $y = p^3q$

तब, ल.स. $= p^3q^3$

[संख्याओं में संबद्ध प्रत्येक अभाज्य गुणनखंड की सबसे बड़ी घातों का गुणनफल]

और म.स. $= p^2q$

[संख्याओं में उभयनिष्ठ प्रत्येक अभाज्य गुणनखंड की सबसे छोटी घातों का गुणनफल]

हाँ, ल.स., म.स. का गुणज है।

उदाहरण 9 सुबह की सैर में, तीन व्यक्ति साथ घूमते हैं और उनके कदमों की माप क्रमशः 40 सेमी, 42 सेमी और 45 सेमी हैं। प्रत्येक को छोटी-से-छोटी कितनी दूरी तय करनी चाहिए जिससे प्रत्येक अपने पूरे कदमों में उस दूरी को तय कर सकें। **[NCERT Exemplar]**

हल अभाज्य गुणनखंड विधि से,

2	40
2	20
2	10
5	5
	1

2	42
3	21
7	7
	1

3	45
3	15
5	5
	1

$40 = 2 \times 2 \times 2 \times 5 = 2^3 \times 5$

$42 = 2 \times 3 \times 7$

तथा $45 = 3 \times 3 \times 5 = 3^2 \times 5$

40, 42 तथा 45 का ल.स. $= 2^3 \times 3^2 \times 5 \times 7 = 2520$

40 सेमी, 42 सेमी तथा 45 सेमी का ल.स. 2520 सेमी है। इसलिए प्रत्येक व्यक्ति द्वारा तय की गई छोटी-से-छोटी दूरी 2520 सेमी होनी चाहिए।

अतः प्रत्येक व्यक्ति 2520 सेमी दूरी को पूरे कदमों में तय करेगा।

संख्याओं तथा उनके म.स. तथा ल.स. के बीच संबंध

(Relation between Numbers and Their HCF and LCM)

(i) **किन्हीं दो धनात्मक पूर्णांकों a और b के लिए** दोनों संख्याओं और उनके म.स. तथा ल.स. के बीच संबंध निम्न है

$$\text{म.स.}\ (a, b) \times \text{ल.स.}\ (a, b) = a \times b$$

$$\Rightarrow \quad \text{म.स.}\ (a, b) = \frac{a \times b}{\text{ल.स.}\ (a, b)}$$

और $$\text{ल.स.}\ (a, b) = \frac{a \times b}{\text{म.स.}\ (a, b)}$$

(ii) **किन्हीं तीन धनात्मक पूर्णांकों a, b तथा c के लिए** तीनों संख्याओं और उनके म.स. तथा ल.स. के बीच संबंध निम्न है

$$\text{म.स.}\ (a, b, c) = \frac{(a \times b \times c) \times \text{ल.स.}\ (a, b, c)}{\text{ल.स.}\ (a, b) \times \text{ल.स.}\ (b, c) \times \text{ल.स.}\ (c, a)}$$

$$\text{ल.स.}\ (a, b, c) = \frac{(a \times b \times c) \times \text{म.स.}\ (a, b, c)}{\text{म.स.}\ (a, b) \times \text{म.स.}\ (b, c) \times \text{म.स.}\ (c, a)}$$

उदाहरण 10 यदि संख्याओं a और b का म.स. 12 है और इन संख्याओं का गुणनफल 3600 है, तब इन संख्याओं का ल.स. क्या है? **[CBSE 2016]**

हल दिया है, म.स.$(a, b) = 12$

तथा इनका गुणनफल, $a \times b = 3600$

हम जानते हैं कि,

म.स.$(a, b) \times$ ल.स. $(a, b) = a \times b$

$\therefore$ $12 \times$ ल.स. $(a, b) = 3600$

$\Rightarrow$ ल.स.$(a, b) = \frac{3600}{12} = 300$

अतः अभीष्ट ल.स. 300 है।

उदाहरण 11 यदि म.स.(35, 45) = 5 तथा ल.स. (35, 45) $= 63 \times a$ हो, तो a का मान ज्ञात कीजिए।

हल हम जानते हैं कि म.स. $\times$ ल.स. = दो संख्याओं का गुणनफल

$\Rightarrow$ $5 \times 63 \times a = 35 \times 45$

$\therefore$ $a = \frac{35 \times 45}{5 \times 63} = 5$

अतः a का मान 5 है।

उदाहरण 12 यदि म.स. (28, 35 तथा 343) = 7, तब ल.स. (28, 35 तथा 343) ज्ञात कीजिए।

हल दी गई संख्याएँ 28, 35 तथा 343 है।

म.स.(28, 35, 343) = 7

अब, म.स.(28, 35) = 7

म.स.(35, 343) = 7

म.स.(343, 28) = 7

हम जानते हैं कि

$$\text{ल.स.}\ (a, b, c) = \frac{(a \times b \times c) \times \text{म.स.}(a, b, c)}{\text{म.स.}(a, b) \times \text{म.स.}(b, c) \times \text{म.स.}(c, a)}$$

$\therefore$ ल.स.(28, 35 तथा 343)

$$= \frac{(28 \times 35 \times 343) \times \text{म.स.}(28, 35, 343)}{\text{म.स.}(28, 35) \times \text{म.स.}(35, 343) \times \text{म.स.}(343, 28)}$$

$$= \frac{28 \times 35 \times 343 \times 7}{7 \times 7 \times 7}$$

$= 4 \times 5 \times 343$

$= 6860$

प्रश्नावली 1.1

1. निम्नलिखित गुणनखंड वृक्ष में लुप्त संख्याएँ ज्ञात कीजिए।

(i)

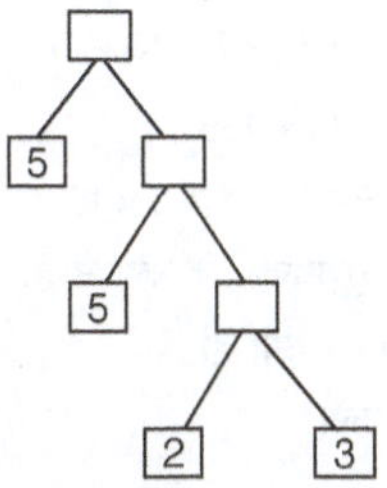

(ii)

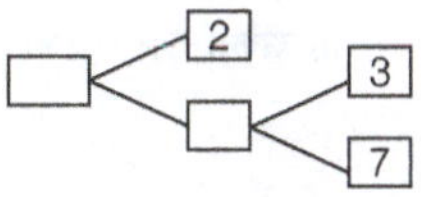

(iii)

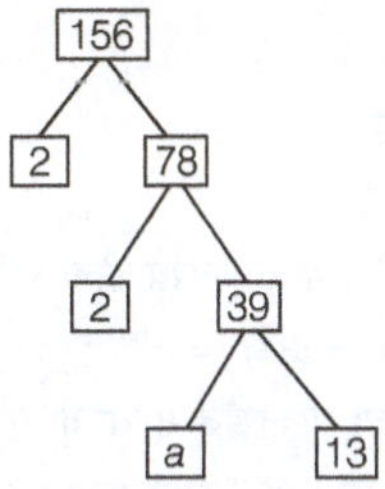

(iv)

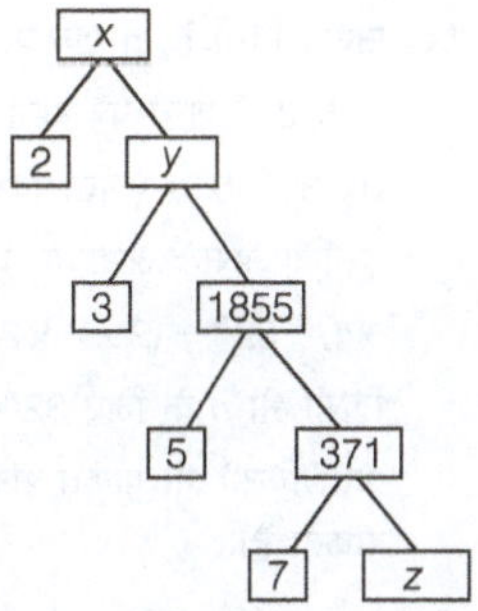

2. गुणनखंड वृक्ष के प्रयोग से निम्नलिखित संख्याओं के गुणनखंड कीजिए।

(i) 420 (ii) 468
(iii) 1008 (iv) 735

3. निम्नलिखित संख्याओं को अभाज्य गुणनखंडों के गुणनफल के रूप में लिखिए।

(i) 945 (ii) 650
(iii) 2644 (iv) 7325
(v) 20570 (vi) 874944

4. व्याख्या कीजिए कि निम्नलिखित संख्याएँ अभाज्य संख्या हैं या भाज्य संख्या हैं

(i) $5\times7\times11\times13+11$ **[CBSE 2016]**

(ii) $(3\times5\times13\times46)+23$ **[CBSE 2015]**

5. जाँच कीजिए कि क्या किसी भी प्राकृत संख्या n के लिए 32^n शून्य पर समाप्त हो सकता है? कारण बताइए।

6. सिद्ध कीजिए कि 16^n का अन्त अंक 0 या 5 से नहीं हो सकता है जहाँ n एक प्राकृत संख्या है।

7. यदि दो धनात्मक पूर्णांकों p और q को $p=ab^2$ तथा $q=a^3$ के रूप में व्यक्त करें, जहाँ a, b अभाज्य संख्याएँ हैं, तो ल.स. होगा **[CBSE 2011, NCERT Exemplar]**

8. अभाज्य गुणनखंड विधि द्वारा 96 तथा 404 का म.स. ज्ञात कीजिए।

9. गुणनखंड वृक्ष का प्रयोग करके 612 तथा 1314 के गुणनखंड कीजिए तथा इनका म.स. तथा ल.स. ज्ञात कीजिए।

10. अभाज्य गुणनखंड का प्रयोग करके 60, 84 तथा 108 का म.स. तथा ल.स. ज्ञात कीजिए।

11. एक आयताकार मैदान 18 मी 72 सेमी लंबा तथा 13 मी 20 सेमी चौड़ा है। इसमें एक ही माप की वर्गाकार टाइल लगानी है इस प्रकार की टाइलों की न्यूनतम संख्या ज्ञात कीजिए।

12. यदि लघुत्तम समापवर्तक (77, 99) = 693 है, तो म.स.(77, 99) ज्ञात कीजिए।

13. दिया गया है कि दो संख्याओं का म.स. 11 तथा उनका ल.स. 693 है। यदि एक संख्या 77 हो, तो दूसरी संख्या ज्ञात कीजिए। **[CBSE 2020 (Basic)]**

14. संख्याओं 92 और 510 का ल.स. ज्ञात कीजिए। ल.स. का उपयोग करके इनका म.स. भी ज्ञात कीजिए।

15. यदि म.स.(253, 440) = 11 तथा ल.स.(253, 440) = $253\times R$ हो, तो R का मान ज्ञात कीजिए। **[CBSE 2012, 11]**

16. 404 तथा 96 का म.स. तथा ल.स. ज्ञात कीजिए तथा निम्न का सत्यापन कीजिए

म.स. × ल.स. = दोनों दी गई संख्याओं का गुणनफल **[CBSE 2019]**

17. यदि संख्याओं 12 और 42 के ल.स. को $10m+4$ के रूप में व्यक्त किया जा सकता है, तो m का मान ज्ञात कीजिए।

18. यदि संख्याओं 210 और 55 के म.स. को $210\times5-55x$ के रूप में व्यक्त किया जा सके, तो x का मान ज्ञात कीजिए।

19. वह न्यूनतम संख्या ज्ञात कीजिए जो 1 से 10 तक की संख्याओं (1 तथा 10 सहित) से पूर्णतया भाज्य है।

20. वह बड़ी-से-बड़ी संख्या ज्ञात कीजिए, जिससे 31 और 99 के भाग करने पर शेषफल क्रमश: 5 और 8 प्राप्त हों। **[CBSE 2016]**

संकेत एवं हल

1. (i)

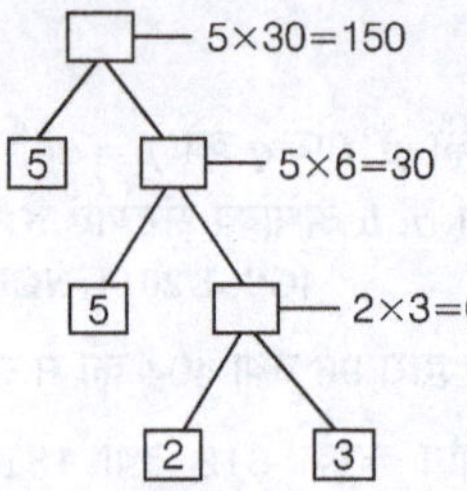

(ii) भाग (i) की भाँति स्वयं हल करें। **उत्तर** 21, 42

(iii) भाग (i) की भाँति स्वयं हल करें। **उत्तर** $a = 3$

(iv) भाग (i) की भाँति स्वयं हल करें।

उत्तर $x = 11130$, $y = 5565$ तथा $z = 53$

2. (i) **संकेत** 420 के गुणनखंडों का गुणनखंड वृक्ष निम्न है

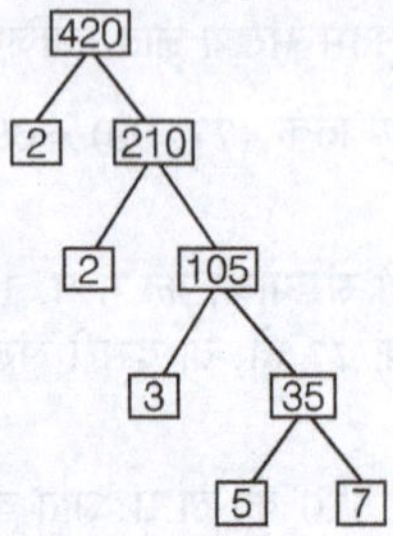

उत्तर $420 = 2\times2\times3\times5\times7$

(ii) भाग (i) की भाँति स्वयं हल करें।

उत्तर $468 = 2\times2\times3\times3\times13$

(iii) भाग (i) की भाँति स्वयं हल करें।

उत्तर $1008 = 2\times3\times4\times6\times7$

(iv) भाग (i) की भाँति स्वयं हल करें।

उत्तर $735 = 3\times5\times7\times7$

3. (i) **संकेत** 945 के गुणनखंड इस प्रकार हैं

3	945
3	315
3	105
5	35
7	7
	1

$\therefore$ इसके अभाज्य गुणनखंडों का गुणनफल $= 3^3\times5\times7$

(ii) भाग (i) की भाँति स्वयं हल करें। **उत्तर** $2\times5^2\times13$

(iii) भाग (i) की भाँति स्वयं हल करें।

उत्तर $2^2\times661$

(iv) भाग (i) की भाँति स्वयं हल करें।

उत्तर $5^2\times293$

(v) भाग (i) की भाँति स्वयं हल करें।

उत्तर $2\times5\times11^2\times17$

(vi) भाग (i) की भाँति स्वयं हल करें।

उत्तर $2^6\times3^2\times7^2\times31$

4. (i) **संकेत** $5\times7\times11\times13+11 = 11(5\times7\times13+1)$

$$= 11\times456$$

$$= 11\times2^3\times3\times19$$

जोकि अभाज्य गुणनखंडों के गुणनफल के रूप में है।

अतः दी गई संख्या एक भाज्य संख्या है।

(ii) भाग (i) की भाँति स्वयं हल करें।

उत्तर भाज्य संख्या

5. **संकेत** दिया है, n एक प्राकृत संख्या है।

माना 32^n शून्य पर समाप्त होती है

तब 32^n, 5 से पूर्णतः विभाजित होगी।

इसलिए इसके अभाज्य गुणनखंड में अंक 5 अवश्य होना चाहिए।

अब, $32^n = (2\times2\times2\times2\times2)^n = (2^5)^n = 2^{5n}$

किसी भी n के लिए 32^n के अभाज्य गुणनखंड में संख्या 5 नहीं आती है

अतः किसी भी प्राकृत संख्या n के लिए 32^n शून्य अंक पर समाप्त नहीं हो सकता है।

6. प्रश्न 5 की भाँति स्वयं हल करें।

7. p और q का ल.स. = ल.स. $(ab^2, a^3) = a^3b^2$

8. उदाहरण 5 की भाँति स्वयं हल करें।

म.स. (96, 404) $= 2^2 = 4$ **उत्तर** 4

9. **संकेत**

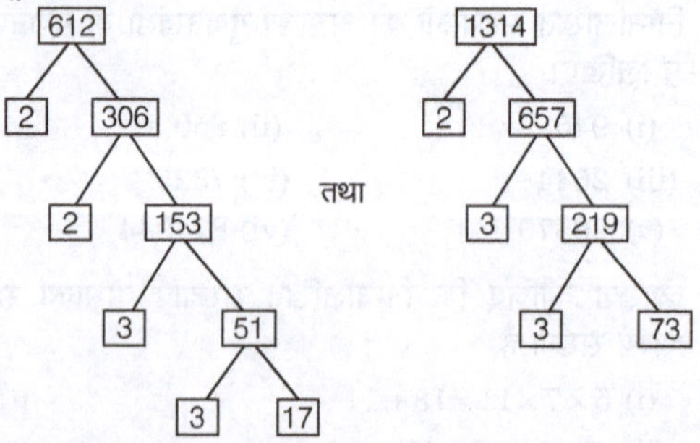

अतः म.स. (612, 1314) = 18 तथा ल.स. (612, 1314) = 44676

10. उदाहरण 5 की भाँति स्वयं हल करें।

उत्तर म.स. (60, 84, 108) = 12 तथा ल.स. = 3780

11. **संकेत** दिया है, लंबाई = 18 मी 72 सेमी = 1872 सेमी

चौड़ाई = 13 मी 20 सेमी = 1320 सेमी

टाइलों की न्यूनतम संख्या के लिए टाइल अधिकतम आकार की होनी चाहिए।

इसलिए सर्वप्रथम 1872 और 1320 का म.स. ज्ञात करते हैं।

$$1872 = 2\times2\times2\times2\times3\times3\times13$$

$$1320 = 2\times2\times2\times3\times5\times11$$

तब, म.स.(1872, 1320) $= 2\times2\times2\times3 = 24$

इसलिए अधिकतम आकार वाली टाइल की भुजा 24 सेमी की होगी।

अतः टाइलों की न्यूनतम अभीष्ट संख्या

$$= \frac{1872 \times 1320}{24 \times 24}$$

$$= 4290$$

12. **संकेत** म.स. (77, 99) = $\frac{77 \times 99}{\text{म.स.}(77, 99)}$

$$= \frac{77 \times 99}{693} = 11$$

13. हम जानते हैं कि, म.स. × ल.स. = दो संख्याओं का गुणनफल

⇒ $11 \times 693 = 77 \times$ दूसरी संख्या

⇒ दूसरी संख्या $= \frac{11 \times 693}{77}$

$$= 11 \times 9$$

$$= 99$$

14. **संकेत** $92 = 2^2 \times 23$

$510 = 2 \times 3 \times 5 \times 17$

इसलिए, अभीष्ट ल.स. $= 2^2 \times 3 \times 5 \times 23 \times 17 = 23460$

तथा म.स. $= \frac{\text{संख्याओं का गुणनफल}}{\text{ल.स.}}$

$$= \frac{92 \times 510}{23460}$$

$$= \frac{92 \times 51}{2346}$$

$$= \frac{4 \times 51}{102}$$

$= \frac{2 \times 51}{51}$ **उत्तर** 2

15. **संकेत** दिया है,

म.स.(253, 440) = 11 तथा ल.स.(253, 440) = $253 \times R$

∴ ल.स.(253, 440) = $\frac{253 \times 440}{\text{म.स.}(253, 440)}$

⇒ $253 \times R = \frac{253 \times 440}{11}$ **उत्तर** $R = 40$

16. 404 के अभाज्य गुणनखंड $= 2 \times 2 \times 101 = 2^2 \times 101$

तथा 96 के अभाज्य गुणनखंड $= 2 \times 2 \times 2 \times 2 \times 2 \times 3 = 2^5 \times 3$

ल.स. (404, 96) = संख्याओं में संबंध प्रत्येक अभाज्य गुणनखंड की सबसे बड़ी घातों का गुणनफल

$$= 2^5 \times 3^1 \times 101 = 9696$$

तथा म.स. (404, 96) = संख्याओं में उभयनिष्ठ प्रत्येक अभाज्य गुणनखंड की सबसे छोटी घात का गुणनफल

$$= 2^2 = 4$$

सत्यापन

⇒ म.स. × ल.स. = दोनों दी गई संख्याओं का गुणनफल

⇒ $9696 \times 4 = 404 \times 96 \Rightarrow 38784 = 38784$

17. **संकेत** ल.स. (12, 42) = $10m + 4$

⇒ $84 = 10m + 4 \Rightarrow m = 8$

18. **संकेत** म.स. (210, 55) = $210 \times 5 - 55x$

⇒ $5 = 210 \times 5 - 55x \Rightarrow 55x = 1050 - 5 \Rightarrow x = 19$

19. **संकेत** 1 से 10 तक की संख्याओं के गुणनखंड इस प्रकार हैं

$1 = 1$

$2 = 1 \times 2$

$3 = 1 \times 3$

$4 = 1 \times 2 \times 2$

$5 = 1 \times 5$

$6 = 1 \times 2 \times 3$

$7 = 1 \times 7$

$8 = 1 \times 2 \times 2 \times 2$

$9 = 1 \times 3 \times 3$

$10 = 1 \times 2 \times 5$

∴ 1 से 10 तक की संख्याओं का ल.स.

= ल.स.(1, 2, 3, 4, 5, 6, 7, 8, 9, 10)

$= 2 \times 2 \times 2 \times 3 \times 3 \times 5 \times 7$

उत्तर 2520

20. **संकेत** अभीष्ट सबसे बड़ी संख्या ज्ञात करने के लिए, हमें $31 - 5 = 26$ और $99 - 8 = 91$ का म.स. ज्ञात करना है।

अब, $26 = 2 \times 13$

और $91 = 7 \times 13$

इसलिए, 26 और 91 का म.स. 13 है। अतः अभीष्ट संख्या 13 है।

टॉपिक 2

अपरिमेय संख्याओं का पुनर्भ्रमण

वास्तविक संख्याएँ (Real Numbers)

परिमेय और अपरिमेय संख्याओं के संग्रह को वास्तविक संख्याएँ कहते हैं। वास्तविक संख्याओं के विभिन्न घटकों को नीचे दिए गए प्रवाह आरेख से सरलतापूर्वक समझा जा सकता है।

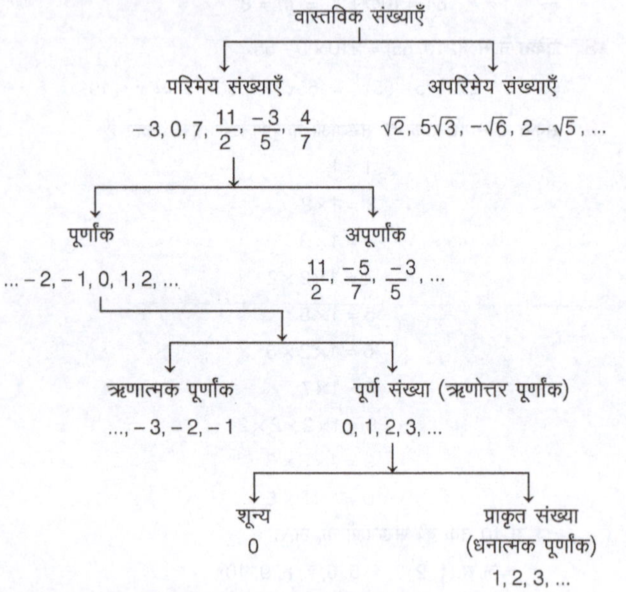

परिमेय संख्याएँ (Rational Numbers)

वे संख्याएँ जिनको $\frac{p}{q}$ के रूप में व्यक्त किया जा सके, जहाँ p और q पूर्णांक हैं तथा $q \neq 0$, परिमेय संख्याएँ कहलाती हैं।

उदाहरण— $\frac{4}{5}, \frac{6}{7}, \frac{15}{13}, \frac{-16}{9}$, 42.123456, आदि।

अपरिमेय संख्याएँ (Irrational Numbers)

वे संख्याएँ जिनको $\frac{p}{q}$ के रूप में व्यक्त नहीं किया जा सके, जहाँ p और q पूर्णांक है तथा $q \neq 0$, अपरिमेय संख्याएँ कहलाती हैं।

उदाहरण— $\sqrt{2}, \sqrt{3}, \sqrt{15}, \pi, -\frac{\sqrt{2}}{\sqrt{3}}$, 0.1011011101111... आदि।

नोट **सहअभाज्य पूर्णांक** *(Coprime integers) पूर्णांकों का ऐसा युग्म जिसका 1 (अथवा –1) के अतिरिक्त कोई उभयनिष्ठ गुणनखंड न हो, सहअभाज्य पूर्णांक कहलाते हैं।*

जैसे–(1, 3), (–2, 3), (6, 35) इत्यादि सहअभाज्य पूर्णांक हैं।

प्रमेय 1 *मान लीजिए p एक अभाज्य संख्या है तथा a एक धनात्मक पूर्णांक है। यदि p, a^2 को विभाजित करता है, तो p, a को भी विभाजित करेगा।*

उपपत्ति अंकगणित की आधारभूत प्रमेय के कथन द्वारा a को अभाज्य संख्याओं के गुणनफल के रूप में व्यक्त किया जा सकता है। माना a के अभाज्य गुणनखंड $a = p_1 p_2 p_3 \ldots p_n$ हैं, जहाँ $p_1, p_2, \ldots, p_n$ अभाज्य संख्याएँ हैं, परंतु यह आवश्यक नहीं है कि सब अलग-अलग हैं।

अब, $a = p_1 p_2 p_3 \ldots p_n$

$\Rightarrow \quad a^2 = (p_1 p_2 p_3 \ldots p_n)(p_1 p_2 p_3 \ldots p_n)$

$\Rightarrow \quad a^2 = p_1^2 p_2^2 p_3^2 \ldots p_n^2$

यह दिया गया है कि p अभाज्य है तथा a^2 को विभाजित करता है। अतः p, a^2 का एक अभाज्य गुणनखंड है। अंकगणित की आधारभूत प्रमेय की अद्वितीयता के गुण से a^2 के गुणनखंड केवल $p_1, p_2, p_3, \ldots, p_n$ हैं इसलिए $p_1, p_2, p_3, \ldots, p_n$ में से एक p है। इसका अर्थ यह है कि $p \mid p_1 p_2 p_3 \ldots p_n \Rightarrow p$, a को भी विभाजित करता है। इस प्रकार p, a^2 को विभाजित करता है तो p, a को भी विभाजित करेगा।

प्रमेय 2 *$\sqrt{2}$ एक अपरिमेय संख्या है।*

[CBSE 2023 (Standard) 2010, 09, 08]

उपपत्ति माना $\sqrt{2}$ एक परिमेय संख्या है अतः इसे $\frac{a}{b}$ के रूप में लिख सकते हैं, जहाँ a और b सहअभाज्य संख्याएँ हैं और $b \neq 0$

पुनः माना a और b में 1 के अतिरिक्त कोई उभयनिष्ठ गुणनखंड नहीं है।

अब, $\sqrt{2} = \frac{a}{b}$

दोनों पक्षों का वर्ग करने पर, $2 = \frac{a^2}{b^2}$

$\Rightarrow \quad 2b^2 = a^2 \quad \ldots(i)$

$\Rightarrow 2$, a^2 को विभाजित करता है।

$\Rightarrow 2$, a को विभाजित करता है [प्रमेय 1 से]

तब, हम $a = 2m$ लिख सकते हैं जहाँ, m कोई पूर्णांक है।

अब समी (i) में, $a = 2m$ रखने पर

$$2b^2 = (2m)^2 \Rightarrow 2b^2 = 4m^2$$

$\Rightarrow \quad b^2 = 2m^2$

$\Rightarrow 2$, b^2 को विभाजित करता है।

$\Rightarrow 2$, b को भी विभाजित करता है। [प्रमेय 1 से]

अतः a और b में कम-से-कम एक उभयनिष्ठ गुणनखंड है। परंतु इससे इस तथ्य को विरोधाभास प्राप्त होता है कि a और b में, 1 के अतिरिक्त कोई उभयनिष्ठ गुणनखंड नहीं है यह विरोधाभास हमें इस कारण प्राप्त हुआ है, क्योंकि हमने एक त्रुटिपूर्ण कल्पना कर ली है कि $\sqrt{2}$ एक परिमेय संख्या है।

अतः इससे यह निष्कर्ष निकलता है कि $\sqrt{2}$ एक अपरिमेय संख्या है।

संख्याओं की अपरिमेयता ज्ञात करने की विधि

हम जानते हैं कि ऐसी संख्या को जिसे $\frac{p}{q}$ के रूप में व्यक्त नहीं किया जा सके, जहाँ p और q पूर्णांक हैं तथा $q \neq 0$, अपरिमेय संख्या कहते हैं। साधारणतः किसी भी अभाज्य संख्या p के लिए, $\sqrt{p}$ एक अपरिमेय संख्या होती है। संख्याओं की अपरिमेयता सिद्ध करने के लिए हम **विरोधोक्ति द्वारा उपपत्ति** (Proof by contradiction) का प्रयोग करते हैं।

उदाहरण 1 दिखाइए कि $3\sqrt{2}$ एक अपरिमेय संख्या है। **[CBSE 2008]**

हल माना $3\sqrt{2}$ एक परिमेय संख्या है। तब, इसे $\frac{a}{b}$ के रूप में लिख सकते हैं, जहाँ, a और b सहअभाज्य संख्याएँ हैं और $b \neq 0$

$$\therefore \quad 3\sqrt{2} = \frac{a}{b} \Rightarrow \sqrt{2} = \frac{a}{3b} \quad \ldots(i)$$

चूँकि, यहाँ 3, a और b पूर्णांक हैं, इसलिए $\frac{a}{3b}$ एक परिमेय संख्या है इसलिए $\sqrt{2}$ भी एक परिमेय संख्या होगी।

परंतु यह इस तथ्य का विरोधाभास है कि $\sqrt{2}$ एक अपरिमेय संख्या है। इस प्रकार हमारी परिकल्पना गलत है। अतः $3\sqrt{2}$ एक अपरिमेय संख्या है।

उदाहरण 2 दिखाइए कि $5-\sqrt{3}$ एक अपरिमेय संख्या है।

इसे हम विरोधोक्ति का प्रयोग करके सिद्ध करेंगे, इसके लिए मानेंगे कि यह एक परिमेय संख्या है और फिर दिखाइए कि हमारी कल्पना गलत है।

हल माना $5-\sqrt{3}$ एक परिमेय संख्या है इसलिए इसे $\frac{a}{b}$ के रूप में लिख सकते हैं, जहाँ a और b अभाज्य संख्याएँ हैं और $b \neq 0$

$$\therefore \quad 5-\sqrt{3} = \frac{a}{b}$$

उपरोक्त समीकरण को पुनर्व्यवस्थित करने पर

$$5-\frac{a}{b} = \sqrt{3}$$

यहाँ, 5 और $\frac{a}{b}$ परिमेय संख्याएँ हैं अतः इनका अंतर भी परिमेय संख्या होगी।

$\therefore$ $\sqrt{3}$ एक परिमेय संख्या है परंतु इससे इस तथ्य का विरोधाभास प्राप्त होता है कि $\sqrt{3}$ एक अपरिमेय संख्या है इसलिए हमारी परिकल्पना गलत है। अतः $5-\sqrt{3}$ एक अपरिमेय संख्या है।

प्रश्नावली 1.2

1. दिखाइए कि निम्नलिखित में से प्रत्येक अपरिमेय संख्या हैं : **[CBSE 2023 (Standard)]**

(i) $\sqrt{3}$

(ii) $5\sqrt{7}$ (iii) $\frac{2\sqrt{3}}{5}$

(iv) $1-\sqrt{7}$ (v) $5-\sqrt{2}$

2. सिद्ध कीजिए कि $2\sqrt{3}+\sqrt{5}$ एक अपरिमेय संख्या है।

3. दिखाइए कि $(\sqrt{3}+\sqrt{5})^2$ एक अपरिमेय संख्या है। **[CBSE 2016]**

संकेत एवं हल

1. (i) प्रमेय 2 की भाँति स्वयं हल करें।
(ii) उदाहरण 1 की भाँति स्वयं हल करें।
(iii) उदाहरण 1 की भाँति स्वयं हल करें।
(iv) उदाहरण 2 की भाँति स्वयं हल करें।
(v) उदाहरण 2 की भाँति स्वयं हल करें।

2. (i) **संकेत** माना $2\sqrt{3}+\sqrt{5}$ एक परिमेय संख्या है। तब, यह $\frac{a}{b}$ के रूप में होगी जहाँ, a और b सहअभाज्य है तथा $b \neq 0$;

अब, $2\sqrt{3}+\sqrt{5} = \frac{a}{b} \Rightarrow 2\sqrt{3} = \frac{a}{b} - \sqrt{5}$

दोनों पक्षों का वर्ग करने पर,

$$12 = \left(\frac{a}{b} - \sqrt{5}\right)^2 \Rightarrow 12 = \frac{a^2}{b^2} + 5 - 2\sqrt{5}\frac{a}{b} \Rightarrow 2\sqrt{5}\frac{a}{b} = \frac{a^2}{b^2} - 7$$

$\Rightarrow \sqrt{5} = \frac{a^2-7b^2}{2ab}$; यहाँ, $\frac{a^2-7b^2}{2ab}$ एक परिमेय संख्या है।

$\therefore$ $\sqrt{5}$ भी एक परिमेय संख्या होगी जोकि विरोधाभास उत्पन्न करती है क्योंकि $\sqrt{5}$ एक अपरिमेय संख्या है। इसलिए हमारी कल्पना गलत है।

अतः $2\sqrt{3}+\sqrt{5}$ एक अपरिमेय संख्या है।

3. **संकेत** सर्वप्रथम, सर्वसमिका $(a+b)^2 = a^2+b^2+2ab$ का प्रयोग करें, उसके बाद प्रश्न 2 की भाँति स्वयं हल कीजिए।

NCERT फोल्डर

प्रश्नावली 1.1

1. निम्नलिखित संख्याओं को अभाज्य गुणनखंडों के गुणनफल के रूप में व्यक्त कीजिए।

(i) 140 (ii) 156
(iii) 3825 (iv) 5005
(v) 7429

सर्वप्रथम दी गई प्रत्येक संख्या के भाग विधि से अभाज्य गुणनखंड ज्ञात करते हैं। उसके बाद संख्या को उसके अभाज्य गुणनखंडों के गुणनफल रूप में लिखते हैं।

हल (i)

2	140
2	70
5	35
7	7
	1

$\therefore$ 140 के अभाज्य गुणखण्ड $= 2 \times 2 \times 5 \times 7$
$= 2^2 \times 5 \times 7$

(ii)

2	156
2	78
3	39
13	13
	1

$\therefore$ 156 के अभाज्य गुणखण्ड $= 2 \times 2 \times 3 \times 13$
$= 2^2 \times 3 \times 13$

(iii)

3	3825
3	1275
5	425
5	85
17	17
	1

$\therefore$ 3825 के अभाज्य गुणखण्ड $= 3 \times 3 \times 5 \times 5 \times 17$
$= 3^2 \times 5^2 \times 17$

(iv)

5	5005
7	1001
11	143
13	13
	1

$\therefore$ 5005 के अभाज्य गुणखण्ड $= 5 \times 7 \times 11 \times 13$

(v)

17	7429
19	437
23	23
	1

$\therefore$ 7429 के अभाज्य गुणखण्ड $= 17 \times 19 \times 23$

2. पूर्णांकों के निम्नलिखित युग्मों के म.स. और ल.स. ज्ञात कीजिए तथा इसकी जाँच कीजिए कि दो संख्याओं का गुणनफल = म.स. × ल.स. है।

(i) 26 और 91 (ii) 510 और 92
(iii) 336 और 54

हल (i) 26 और 91

यहाँ, $26 = 2 \times 13$ तथा $91 = 7 \times 13$

2	26
13	13
	1

7	91
13	13
	1

अतः 26 और 91 का ल.स. $= 2 \times 7 \times 13 = 182$
तथा 26 और 91 का म.स. $= 13$

सत्यापन

अब, ल.स. × म.स. $= 182 \times 13 = 2366$
तथा 26 और 91 का गुणनफल $= 26 \times 91 = 2366$
अतः संख्याओं का गुणनफल = म.स. × ल.स.

(ii) 510 और 92

यहाँ, $510 = 2 \times 3 \times 5 \times 17$ तथा $92 = 2 \times 2 \times 23$

2	510
3	255
5	85
17	17
	1

2	92
2	46
23	23
	1

अतः 510 और 92 का ल.स.
$= 2 \times 2 \times 3 \times 5 \times 17 \times 23 = 23460$
तथा 510 और 92 का म.स. $= 2$

सत्यापन

अब, ल.स. × म.स.= 23460 × 2 = 46920

तथा 510 और 92 का गुणनफल = 510 × 92 = 46920

अतः संख्याओं का गुणनफल = म.स. × ल.स.

(iii) 336 और 54

यहाँ, $336 = 2 \times 2 \times 2 \times 2 \times 3 \times 7$

तथा $54 = 2 \times 3 \times 3 \times 3$

2	336
2	168
2	84
2	42
3	21
7	7
	1

2	54
3	27
3	9
3	3
	1

अतः 336 और 54 का ल.स.

$= 2 \times 2 \times 2 \times 2 \times 3 \times 3 \times 3 \times 7 = 3024$

तथा 336 और 54 का म.स. $= 2 \times 3 = 6$

सत्यापन

अब, ल.स. × म.स. = 3024 × 6 = 18144

तथा 336 और 54 का गुणनफल = 336 × 54 = 18144

अतः संख्याओं का गुणनफल = म.स. × ल.स.

3. **अभाज्य गुणनखंड विधि द्वारा निम्नलिखित पूर्णांकों के म.स. और ल.स. ज्ञात कीजिए।**

(i) 12,15 तथा 21 (ii) 17, 23 तथा 29 (iii) 8, 9 तथा 25

हल (i)

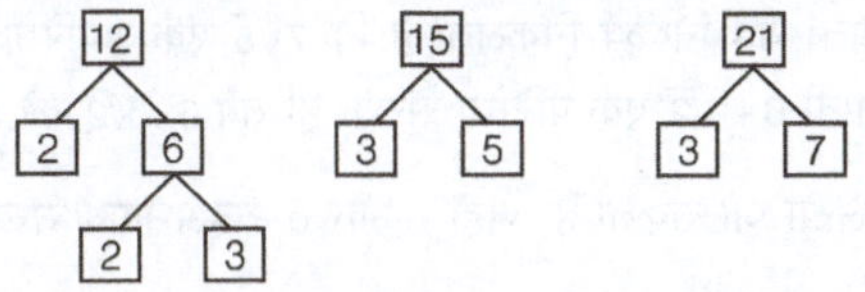

$12 = 2 \times 2 \times 3, \quad 15 = 3 \times 5, \quad 21 = 3 \times 7$

यहाँ, दी गई संख्याओं का उभयनिष्ठ गुणनखंड 3 है।

अतः म.स. (12, 15, 21) = 3

12, 15 और 21 का ल.स. = अभाज्य गुणनखंडों का गुणनफल

∴ ल.स. $= 2 \times 2 \times 3 \times 7 \times 5 = 420$

अतः ल.स. (12, 15, 21) = 420

(ii) 17, 23 और 29 में कोई उभयनिष्ठ गुणनखंड नहीं है। ये सभी अभाज्य हैं।

अतः म.स. = 1

ल.स. = सभी अभाज्य गुणनखंडों 17, 23 और 29 का गुणनफल

$= 17 \times 23 \times 29 = 11339$

अतः म.स. (17, 23, 29) = 1

तथा ल.स. (17, 23, 29) = 11339

(iii) दी गई संख्याओं के अभाज्य गुणनखंड करने पर,

$8 = 2 \times 2 \times 2 = 2^3$

$9 = 3 \times 3 = 3^2$

$25 = 5 \times 5 = 5^2$

∴ ल.स. $= 2^3 \times 3^2 \times 5^2$

$= 8 \times 9 \times 25 = 1800$

तथा म.स. = 1

4. **म.स. (306,657) = 9, दिया है। ल.स. (306, 657) ज्ञात कीजिए।**

हल दिया है, म.स. (306, 657) = 9

हम जानते हैं कि

ल.स. × म.स. = दो संख्याओं का गुणनफल

⇒ ल.स. × 9 = 306 × 657

⇒ ल.स. $= \dfrac{306 \times 657}{9} = 22338$

अतः ल.स. (306, 657) = 22338

5. **जाँच कीजिए कि क्या किसी प्राकृत संख्या n के लिए, संख्या 6^n अंक 0 पर समाप्त हो सकती है?** **[CBSE 2023 (Standard)]**

हल यदि संख्या 6^n, शून्य के साथ समाप्त होती है, तब यह 5 से विभाज्य होगी अर्थात् 6^n के अभाज्य गुणनखंडों में 5 अभाज्य संख्या है। यह संभव नहीं है क्योंकि 6^n के अभाज्य गुणनखंडों में केवल 2 और 3 हैं और अंकगणित की मूलभूत प्रमेय की अद्वितीयता का गुण आश्वसित करता है कि 6^n के अन्य गुणनखंड नहीं हैं।

अतः प्राकृत संख्या n का कोई भी मान ऐसा नहीं है जिसके लिए 6^n अंक शून्य पर समाप्त हो।

6. **व्याख्या कीजिए कि $7 \times 11 \times 13 + 13$ और $7 \times 6 \times 5 \times 4 \times 3 \times 2 \times 1 + 5$ भाज्य संख्याएँ क्यों हैं?**

हल दिया है, $7 \times 11 \times 13 + 13 = 1001 + 13 = 1014$

$1014 = 2 \times 3 \times 13 \times 13$

चूँकि यह दो से अधिक अभाज्य गुणनखंडों का गुणनफल है।

अतः यह एक संयुक्त संख्या है।

$7 \times 6 \times 5 \times 4 \times 3 \times 2 \times 1 + 5 = 5040 + 5 = 5045$

⇒ $5045 = 5 \times 1009$

यह अभाज्य गुणनखंड 5 और 1009 का गुणनफल है।

अतः यह एक संयुक्त संख्या है।

7. **किसी खेल के मैदान के चारों ओर एक वृत्ताकार पथ है। इस मैदान का एक चक्कर लगाने में सोनिया को 18 मिनट लगते हैं, जबकि इसी मैदान का एक चक्कर लगाने में रवि को 12 मिनट लगते हैं। मान लीजिए वे दोनों एक ही स्थान और एक ही समय पर चलना प्रारंभ करके एक ही दिशा में चलते हैं। कितने समय बाद वे पुनः प्रारंभिक स्थान पर मिलेंगे?**

हल वे पुनः प्रारंभिक बिंदु पर 18 और 12 मिनट के सबसे न्यूनतम उभयनिष्ठ गुणक पर मिलेंगे। 18 तथा 12 का ल.स. ज्ञात करना है।

दिया है, $18 = 2 \times 3 \times 3, \quad 12 = 2 \times 2 \times 3$

18 तथा 12 का ल.स. $= 2 \times 2 \times 3 \times 3 = 36$

अतः सोनिया तथा रवि पुनः प्रारंभिक बिंदु पर 36 मिनट बाद मिलेंगे।

प्रश्नावली 1.2

1. सिद्ध कीजिए कि $\sqrt{5}$ एक अपरिमेय संख्या है।

[CBSE 2023, 2020 (Standard)]

हल माना $\sqrt{5}$ एक परिमेय संख्या को दर्शाता है, तो $\sqrt{5}$ को $\frac{p}{q}$ के रूप में प्रदर्शित कर सकते हैं जहाँ, p और q सहअभाज्य है तथा $q \neq 0$

अब $\sqrt{5} = \frac{p}{q}$

दोनों पक्षों का वर्ग करने पर,

$$5 = \frac{p^2}{q^2} \Rightarrow p^2 = 5q^2 \quad \ldots(i)$$

$\Rightarrow 5, p^2$ को विभाजित करता है।

$\Rightarrow 5, p$ को भी विभाजित करेगा। ...(ii)

माना $p = 5m \Rightarrow p^2 = 25m^2$

समी (i) में, p^2 का मान रखने पर,

$$25m^2 = 5q^2 \Rightarrow 5m^2 = q^2$$

$\Rightarrow 5, q^2$ को विभाजित करता है।

$\Rightarrow 5, q$ को भी विभाजित करेगा। ...(iii)

समी (ii) से, p, 5 से विभाज्य है।

समी (iii) से, q भी 5 से विभाज्य है अर्थात् 5, p और q का उभयनिष्ठ गुणनखंड है। यह इस मान्यता का विरोध करता है कि p और q का कोई उभयनिष्ठ गुणनखंड नहीं है।

अतः $\sqrt{5}$ एक अपरिमेय संख्या है। **इति सिद्धम्**

2. सिद्ध कीजिए कि $3 + 2\sqrt{5}$ अपरिमेय संख्या है।

हल माना $3 + 2\sqrt{5}$ परिमेय संख्या है।

तब, $3 + 2\sqrt{5} = \frac{a}{b}$, जहाँ a और b सहअभाज्य हैं और $b \neq 0$

$$\Rightarrow \quad 2\sqrt{5} = \frac{a}{b} - 3 \Rightarrow \sqrt{5} = \frac{a}{2b} - \frac{3}{2}$$

चूँकि a और b पूर्णांक हैं।

इसलिए $\frac{a}{2b} - \frac{3}{2}$ परिमेय संख्याएँ हैं।

$\therefore$ $\sqrt{5}$ एक परिमेय संख्या है लेकिन $\sqrt{5}$ एक अपरिमेय संख्या है।

यह दर्शाता है कि हमारी अवधारणा गलत है।

अतः $3 + 2\sqrt{5}$ एक अपरिमेय संख्या है। **इति सिद्धम्**

3. सिद्ध कीजिए कि निम्नलिखित संख्याएँ अपरिमेय हैं।

(i) $\frac{1}{\sqrt{2}}$ (ii) $7\sqrt{5}$ (iii) $6 + \sqrt{2}$

हल (i) माना $\frac{1}{\sqrt{2}}$ एक परिमेय संख्या है तब $\frac{1}{\sqrt{2}}$ को $\frac{p}{q}$ के रूप में लिखा जा सकता है, जहाँ p और q सहअभाज्य संख्याएँ हैं तथा $q \neq 0$

तब $$\frac{1}{\sqrt{2}} = \frac{p}{q}$$

$$\Rightarrow \quad \frac{1 \times \sqrt{2}}{\sqrt{2} \times \sqrt{2}} = \frac{p}{q} \quad \text{[परिमेयीकरण करने पर]}$$

$$\Rightarrow \quad \frac{\sqrt{2}}{2} = \frac{p}{q}$$

$$\Rightarrow \quad \sqrt{2} = \frac{2p}{q}$$

चूँकि p तथा q पूर्णांक हैं। इसलिए $\frac{2p}{q}$ एक परिमेय संख्या है।

अतः $\sqrt{2}$ भी एक परिमेय संख्या होगी लेकिन यह तथ्य का विरोध करती है कि $\sqrt{2}$ एक अपरिमेय संख्या है।

अतः यह निष्कर्ष निकलता है कि $\frac{1}{\sqrt{2}}$ एक अपरिमेय संख्या है।

इति सिद्धम्

(ii) माना $7\sqrt{5}$ एक परिमेय संख्या है, तब $7\sqrt{5}$ को $\frac{p}{q}$ के रूप में लिखा जा सकता है, जहाँ p और q सहअभाज्य संख्याएँ हैं तथा $q \neq 0$

$$\therefore \quad 7\sqrt{5} = \frac{p}{q} \Rightarrow \sqrt{5} = \frac{p}{7q}$$

चूँकि p और q पूर्णांक हैं, इसलिए $\frac{p}{7q}$ एक परिमेय संख्या है। अतः संख्या $\sqrt{5}$ भी एक परिमेय संख्या होगी।

लेकिन यह तथ्य का विरोध करती है कि $\sqrt{5}$ एक अपरिमेय संख्या है।

अतः यह निष्कर्ष निकलता है कि $7\sqrt{5}$ एक अपरिमेय संख्या है।

(iii) माना $6 + \sqrt{2}$ एक परिमेय संख्या है। तब $6 + \sqrt{2}$ को $\frac{p}{q}$ के रूप में लिखा जा सकता है, जहाँ p और q सहअभाज्य संख्याएँ है तथा $q \neq 0$

$$\therefore \quad 6 + \sqrt{2} = \frac{p}{q} \Rightarrow \frac{p}{q} - 6 = \sqrt{2} \Rightarrow \sqrt{2} = \frac{p - 6q}{q}$$

चूँकि p और q पूर्णांक हैं।

इसलिए, $\frac{p - 6q}{q}$ भी एक परिमेय संख्या है और इसलिए $\sqrt{2}$ भी एक परिमेय संख्या है। लेकिन यह तथ्य का विरोध करती है कि $\sqrt{2}$ एक अपरिमेय संख्या है।

अतः यह निष्कर्ष निकलता है कि $6 + \sqrt{2}$ एक अपरिमेय संख्या है।

अध्याय : एक नजर में

- संख्या 1 के अतिरिक्त वे समस्त संख्याएँ जो 1 और स्वयं को छोड़कर किसी भी संख्या से विभाजित नहीं होती हो ***अभाज्य संख्याएँ*** कहलाती हैं।
- संख्या 1 के अतिरिक्त वे समस्त संख्याएँ जो स्वयं के अतिरिक्त अन्य दूसरी संख्याओं से भी विभाजित हो ***भाज्य संख्याएँ*** कहलाती हैं।
- वे संख्याएँ जिनका 1 के अतिरिक्त कोई अन्य गुणनखंड न हो ***सह अभाज्य संख्याएँ*** कहलाती हैं।
- यदि कोई संख्या किसी अन्य संख्या को पूर्णतया विभाजित (शेषफल शून्य हो) करती है तो विभाजित करने वाली संख्या विभाजित होने वाली संख्या का ***गुणनखंड*** कहलाती है।
- गुणनखंडों की एक शृंखला जो एक वृक्ष के रूप में होती है ***गुणनखंड वृक्ष*** कहलाती है।
- अंकगणित की आधारभूत प्रमेय के अनुसार, प्रत्येक भाज्य संख्या को अभाज्य संख्याओं के गुणनफल के रूप में व्यक्त (गुणनखंडित) किया जा सकता है तथा यह गुणनखंड अद्वितीय होता है, इस पर कोई ध्यान दिए बिना कि अभाज्य गुणनखंड किस क्रम में आ रहे हैं।
- किन्हीं दो संख्याओं a तथा b के लिए,

$$\text{म.स.}(a, b) = \frac{a \times b}{\text{ल.स.}(a, b)} \quad \text{तथा ल.स.}(a, b) = \frac{a \times b}{\text{म.स.}(a, b)}$$

- किन्हीं तीन संख्याओं a, b तथा c के लिए,

$$\text{म.स.}(a, b, c) = \frac{a \times b \times c \times \text{ल.स.}(a, b, c)}{\text{ल.स.}(a, b) \times \text{ल.स.}(b, c) \times \text{ल.स.}(c, a)}$$

तथा

$$\text{ल.स.}(a, b, c) = \frac{a \times b \times c \times \text{म.स.}(a, b, c)}{\text{म.स.}(a, b) \times \text{म.स.}(b, c) \times \text{म.स.}(c, a)}$$

- वे संख्याएँ जिन्हें $\frac{p}{q}$ के रूप में व्यक्त किया जा सके तथा $q \neq 0$ ***परिमेय संख्याएँ*** कहलाती है।
- वे संख्याएँ जिन्हें $\frac{p}{q}$ के रूप में व्यक्त नहीं किया जा सके तथा $q \neq 0$ ***अपरिमेय संख्याएँ*** कहलाती है।
- यदि कोई अभाज्य संख्या p है और p, a^2 को विभाजित करता है तो p, a को भी विभाजित करेगा, जहाँ a एक धनात्मक पूर्णांक है।
- यदि कोई धनात्मक अभाज्य p संख्या है, तो $\sqrt{p}$ एक अपरिमेय संख्या होती है।

परीक्षा अभ्यास

यहाँ अध्याय से संबंधित सभी संभावित प्रश्नों को दिया गया है, इन प्रश्नों का अभ्यास करके व याद रखकर छात्र अध्याय से संबंधित किसी भी प्रश्न का उत्तर दे पाएँगे।

बहुविकल्पीय प्रश्न

1. 15, 18 और 24 का ल. स. है

(a) 90 (b) 120 (c) 240 (d) 360

2. निम्नलिखित में कौन-सा एक सहअभाज्य संख्याओं का युग्म है?

(a) (14, 35) (b) (18, 25) (c) (31, 93) (d) (32, 62)

3. दी गई संख्याओं में अभाज्य संख्या होगी

(a) 0 (b) 1 (c) 2 (d) 4

4. यदि 26, 156 का ल. स. 156 है , तो म. स. का मान है

(a) 156 (b) 26 (c) 13 (d) 6

कथन कारण प्रश्न

निर्देश (प्र. सं. 5-9 तक) *इनमें से प्रत्येक प्रश्न में एक कथन के बाद एक कारण दिया गया है। इनको ध्यानपूर्वक पढ़िए तथा निम्न विकल्पों के आधार पर प्रश्नों के उत्तर दीजिए।*

(a) यदि दोनों कथन व कारण सही हैं तथा कारण कथन का सही स्पष्टीकरण है।

(b) यदि दोनों कथन व कारण सही हैं परन्तु कारण कथन का सही स्पष्टीकरण नहीं है।

(c) यदि कथन सही है परन्तु कारण गलत है।

(d) यदि कथन गलत है परन्तु कारण सही है।

5. **कथन** $(3+\sqrt{5})$ व $(3-\sqrt{5})$ का गुणनफल एक परिमेय संख्या है।

कारण दो अपरिमेय संख्याओं का गुणनफल सदैव परिमेय संख्या होता है।

6. **कथन** 11 व 17 का म.स. 1 होता है।

कारण यदि p व q अभाज्य संख्याएँ हैं, तब p व q का म.स. 1 होता है।

7. **कथन** $\sqrt{2}$ एक अपरिमेय संख्या है।

कारण यदि p एक अभाज्य संख्या है, तब $\sqrt{p}$ एक अभाज्य संख्या होती है।

8. **कथन** यदि ल.स. =182, पूर्णांकों का गुणनफल $=26\times91$, तब म.स. =13

कारण ल.स. $\times$ पूर्णांकों का गुणनफल = म.स.

9. **कथन** हम कह सकते हैं कि 3/93 तथा 5/0 सही है।

कारण एक अशून्य पूर्णांक को एक पूर्णांक b का भाजक कहते हैं, यदि एक पूर्णांक c इस प्रकार है कि $b=ac$.

अतिलघु उत्तरीय प्रश्न

10. दो संख्याओं a तथा b का म.स. 5 तथा उनका ल.स. 200 है, तब गुणनफल ab ज्ञात कीजिए। **[CBSE 2019]**

11. क्या संख्या 6^n जहाँ, n एक प्राकृत संख्या है, अंक 5 पर समाप्त हो सकती है? कारण दीजिए। **[NCERT Exemplar]**

12. क्या किन्हीं दो संख्याओं का म. स. 18 और ल. स. 380 हो सकता है? कारण बताइए। **[NCERT Exemplar]**

लघु उत्तरीय प्रश्न

13. तीन भिन्न-भिन्न सड़कों के चौराहे पर यातायात की लाईट क्रमशः 48 सेकंड, 72 सेकंड और 108 सेकंड के बाद बदलती है। यदि वे 7:00 बजे एकसाथ बदलती हैं, तो कितने समय बाद वे दोबारा एक साथ बदलेंगी? **[CBSE 2023 (Standard)]**

14. n के किस मान के लिए, $2^n\times5^n$ के प्रसार का अंत 5 पर होगा।

15. यदि n एक प्राकृत संख्या है, तो सिद्ध कीजिए कि 8^n, शून्य अंक पर समाप्त नहीं होता है। **[CBSE 2023 (Standard)]**

अथवा

जाँच कीजिए कि क्या 8^n के मान का अंतिम अंक शून्य हो सकता है, जबकि n एक प्राकृत संख्या है। **[CBSE 2016]**

16. सबसे छोटी विषम भाज्य संख्या और सबसे छोटी विषम अभाज्य संख्या के म.स. और ल.स. ज्ञात कीजिए। यदि एक विषम संख्या p, q^2 को विभाजित करती है, तो क्या यह q^3 को भी विभाजित करेगी? स्पष्ट कीजिए। **[CBSE 2016]**

17. एक विद्यालय में कक्षा X के दो अनुभाग A तथा B हैं। अनुभाग A में 32 विद्यार्थी तथा अनुभाग B में 36 विद्यार्थी हैं। कक्षा के पुस्तकालय में पुस्तकों की न्यूनतम संख्या ज्ञात कीजिए ताकि वह अनुभाग A अथवा अनुभाग B के विद्यार्थियों में बराबर बाँटी जा सके।

दीर्घ उत्तरीय प्रश्न

20. यदि $\sqrt{ab}$ एक अपरिमेय संख्या है तो, सिद्ध कीजिए कि $(\sqrt{a}+\sqrt{b})$ एक अपरिमेय संख्या है।

18. सिद्ध कीजिए कि $\sqrt{p}+\sqrt{q}$ एक अपरिमेय संख्या है, जहाँ p और q अभाज्य संख्याएँ हैं। **[NCERT Exemplar]**

19. दिया है कि $\sqrt{3}$ एक अपरिमेय संख्या है, दर्शाइए कि $(5+2\sqrt{3})$ एक अपरिमेय संख्या है। **[CBSE 2020 (Basic)]**

केस स्टडी आधारित प्रश्न

21. कक्षा X के विद्यार्थियों की अध्ययन कुशलता को बढ़ाने के लिए विद्यालय कक्षा पुस्तकालय को स्थापित करने के लिए आप तथा आपके दो मित्रों को चुनता है। यहाँ कक्षा X के दो सेक्शन हैं, सेक्शन A तथा सेक्शन B। यहाँ सेक्शन A के 32 विद्यार्थी तथा सेक्शन B के 36 विद्यार्थी हैं।

उपरोक्त जानकारी के आधार पर निम्न प्रश्नों के उत्तर दीजिए।

(i) कक्षा पुस्तकालय में रखी जाने वाली पुस्तकों की न्यूनतम संख्या क्या होगी जिससे कि सेक्शन A या सेक्शन B के मध्य सभी विद्यार्थियों को समान संख्या में पुस्तकें बाँटी जा सकें?

(a) 144 (b) 128 (c) 288 (d) 272

(ii) यदि दो धनात्मक पूर्णांकों का गुणनफल, उनके म.स. तथा ल.स. के गुणनफल के बराबर हो, तब म.स. (32, 36) होगा

(a) 2 (b) 4
(c) 6 (d) 8

(iii) 36 को अभाज्य संख्याओं के गुणनफल के रूप में निम्न में से किस प्रकार व्यक्त किया जा सकता है।

(a) $2^2 \times 3^2$ (b) $2^1 \times 3^3$
(c) $2^3 \times 3^1$ (d) $2^0 \times 3^0$

(iv) $7\times11\times13\times15+15$ है

(a) अभाज्य संख्या
(b) सहभाज्य संख्या
(c) न तो अभाज्य न ही सहभाज्य
(d) उपरोक्त में से कोई नहीं

(v) यदि p तथा q दो धनात्मक पूर्णांक इस प्रकार हैं कि $p=ab^2$ तथा $q=a^2b$, जहाँ a तथा b अभाज्य संख्याएँ हैं, तब ल.स. (p, q) होगा

(a) ab (b) a^2b^2
(c) a^3b^2 (d) a^3b^3

22. एक शिक्षण संस्थान द्वारा एक शैक्षणिक सेमिनार आयोजित किया गया जहाँ पर विभिन्न विषयों के विशेषज्ञों ने भाग लिया। प्रतिभागियों ने हिन्दी, अंग्रेजी तथा गणित में क्रमशः 60, 84 तथा 108 अंक प्राप्त किए।

उपरोक्त जानकारी के आधार पर निम्न प्रश्नों के उत्तर दीजिए।

(i) प्रत्येक कमरे में समान विषयों के बराबर संख्या के प्रतिभागियों को बैठाया गया है, तब प्रत्येक कमरे में समान विषयों के बराबर संख्या में कितने प्रतिभागियों को बैठाया जा सकता है?

(a) 14 (b) 12 (c) 16 (d) 18

(ii) सेमिनार के दौरान कितने न्यूनतम कमरों की आवश्यकता होगी?

(a) 11 (b) 31 (c) 41 (d) 21

(iii) 60, 84 तथा 108 का ल.स. होगा

(a) 3780 (b) 3680 (c) 4780 (d) 4680

(iv) 60, 84 तथा 108 के म.स. तथा ल.स. का गुणनफल होगा

(a) 55360 (b) 35360 (c) 45500 (d) 45360

(v) 108 को अभाज्य संख्या के रूप में किस प्रकार व्यक्त कर सकते हैं?

(a) $2^3\times3^2$ (b) $2^3\times3^3$ (c) $2^2\times3^2$ (d) $2^2\times3^3$

23. आपके विद्यालय में गणित की प्रदर्शनी आयोजित की जाती है। आपके एक मित्र को गुणनखण्ड वृक्ष का प्रारूप बनाने के लिए कहा जाता है। जिसमें उसे कुछ समस्या आती है एवं वह आपको कुछ सहायता के लिए कहता है उस प्रतियोगिता को पूर्ण करने के लिए।

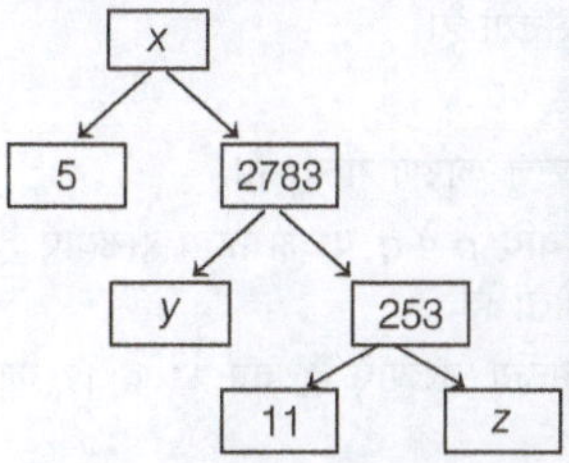

गुणनखण्ड वृक्ष को देखकर निम्नलिखित प्रश्नों के उत्तर दीजिए

(i) x का मान क्या होगा?

(a) 15005 (b) 13915
(c) 56920 (d) 17429

(ii) y का मान क्या होगा?

(a) 23 (b) 22 (c) 11 (d) 19

(iii) z का मान क्या होगा?

(a) 22 (b) 23 (c) 17 (d) 19

(iv) अंकगणित की आधारभूत प्रमेय की सहायता से बताइए कि 13915 एक

(a) सहअभाज्य संख्या
(b) अभाज्य संख्या
(c) न तो अभाज्य न ही सहअभाज्य
(d) सम संख्या

(v) 13915 के अभाज्य गुणनखण्ड हैं

(a) $5 \times 11^3 \times 13^2$ (b) $5 \times 11^3 \times 23^2$
(c) $5 \times 11^2 \times 23$ (d) $5 \times 11^2 \times 13^2$

संकेत एवं हल

1. (*d*) 15, 18 और 24 के अभाज्य गुणनखंड करने पर,

$$15 = 3 \times 5 = 3^1 \times 5^1$$
$$18 = 2 \times 3 \times 3 = 2^1 \times 3^2$$
$$24 = 2 \times 2 \times 2 \times 3 = 2^3 \times 3^1$$

$\therefore$ 15, 18 और 24 का ल. स. $= 2^3 \times 3^2 \times 5^1$ [बड़ी घात लेने पर] $= 360$

2. (*b*) हम जानते हैं कि जिन संख्याओं का म.स. 1 होता है, सहअभाज्य संख्याएँ कहलाती हैं।

$\because$ म. स. (18, 25) = 1

अतः (18, 25) सहअभाज्य संख्याओं का युग्म है।

3. (*c*)

4. (*b*) हम जानते है कि,

म.स. $\times$ ल.स. = पहली संख्या $\times$ दूसरी संख्या

$\Rightarrow$ म.स. $\times 156 = 26 \times 156$

उत्तर 26

5. (*c*) $\because (3+\sqrt{5})(3-\sqrt{5}) = (3)^2 - (\sqrt{5})^2$

$[\because (a+b)(a-b) = a^2 - b^2]$

$= 9 - 5 = 4$

$\therefore$ कथन सही है।

परन्तु हम जानते हैं कि किसी परिमेय संख्या का उसकी संयुग्मी अपरिमेय संख्या से गुणनफल सदैव परिमेय होता है तथा दो अपरिमेय संख्याओं का गुणनफल अपरिमेय या परिमेय संख्या हो सकता है।

जैसे- $(3+\sqrt{5})(3+\sqrt{5}) = (3+\sqrt{5})^2$

$= (3)^2 + (\sqrt{5})^2 + 2 \times 3 \times \sqrt{5}$

$= 9 + 5 + 6\sqrt{5}$

$= 14 + 6\sqrt{5}$

जोकि एक अपरिमेय संख्या है।

$\therefore$ कारण गलत है।

अतः कथन सही है परन्तु कारण गलत है।

6. (*a*) हम जानते हैं कि यदि p व q दो अभाज्य संख्याएँ हैं, तब p व q का म.स. 1 होता है।

तथा 11 व 17 दो अभाज्य संख्याएँ हैं, तब 11 व 17 का म.स. 1 होगा।

अतः कथन व कारण दोनों सही हैं तथा कारण, कथन का सही स्पष्टीकरण है।

7. (*a*) हम जानते हैं कि यदि p एक अभाज्य संख्या है, तब $\sqrt{p}$ एक अभाज्य संख्या होती है।

यहाँ, 2 एक अभाज्य संख्या है, तब $\sqrt{2}$ एक अपरिमेय संख्या है।

अतः कथन व कारण दोनों सही हैं तथा कारण, कथन का सही स्पष्टीकरण है।

8. (*c*) हम जानते हैं कि

म.स. $\times$ ल.स. = पूर्णांकों का गुणनफल

दिया है, ल.स. =182 तथा पूर्णांकों का गुणनफल $= 26 \times 91$

$\therefore$ $182 \times$ म.स. $= 26 \times 91$

$\Rightarrow$ म.स. $= \frac{26 \times 91}{182} = 13$

अतः कथन सही है परन्तु कारण गलत है।

9. (*a*) यदि $3/93 \Rightarrow 93$ को 3 पूर्णतः विभाजित करता है।

$\Rightarrow$ $93 = c \times 3$ [$\because c$ एक पूर्णांक है]

इसी प्रकार, $5/0 \Rightarrow 0$ को 5 पूर्णतः विभाजित करता है।

$\Rightarrow$ $0 = d \times 5$ [$\because d$ एक पूर्णांक है]

अतः कथन व कारण दोनों सही हैं तथा कारण, कथन का सही स्पष्टीकरण है।

10. दिया है, म.स. $(a, b) = 5$

तथा ल.स. $(a, b) = 200$

$\therefore$ म.स. $\times$ ल.स. = पहली संख्या $\times$ दूसरी संख्या

$\Rightarrow$ $ab = 5 \times 200 \Rightarrow ab = 1000$

11. नहीं, क्योंकि $6^n = (2 \times 3)^n = 2^n \times 3^n$

12. नहीं, यहाँ म. स., ल. स. को विभाजित नहीं करता है।

13. **संकेत** $48 = 2 \times 2 \times 2 \times 2 \times 3$

$72 = 2 \times 2 \times 2 \times 3 \times 3$

$108 = 2 \times 2 \times 3 \times 3 \times 3$

इसलिए, ल.स. (48, 72, 108) $= 2 \times 2 \times 2 \times 2 \times 3 \times 3 \times 3 = 432$

अब, 432 सेकंड = 7 मिनट और 12 सेकंड

अतः वे एकसाथ दोबारा 7:07:12 पर बदलेंगी।

14. **संकेत** ज्ञात है, $2^n \times 5^n$

यदि $n = 1$, तब $2 \times 5 = 10$

यदि $n = 2$, तब $2^2 \times 5^2 = (2 \times 5)^2 = 100$

इसी प्रकार $n = 3, 4, 5 \ldots$ के लिए भी

इस प्रकार n के सभी मानों के लिए $2^n \times 5^n$ के प्रसार का अंत 0 पर है।

अतः n के किसी भी मान के लिए $2^n \times 5^n$ का अंत 5 पर नहीं होगा।

15. **संकेत** यदि संख्या 8^n किसी प्राकृत संख्या n के लिए, के मान का अंतिम अंक शून्य है, तो यह 2 और 5 से विभाज्य होनी चाहिए अर्थात् 8^n के अभाज्य गुणनखंडों में 2 और 5 अभाज्य संख्याएँ होनी चाहिए। यह संभव नहीं है, क्योंकि $8^n = (2^3)^n = (2 \times 2 \times 2)^n$ है। इसलिए, अंकगणित की आधारभूत प्रमेय यह सुनिश्चित करती है कि 8^n के गुणनखंड में 2 के अतिरिक्त कोई दूसरा अभाज्य गुणनखंड नहीं है। इसलिए ऐसी कोई प्राकृत संख्या n नहीं है, जिसके लिए 8^n के मान का अंतिम अंक शून्य है।

16. **संकेत** सबसे छोटी विषम भाज्य संख्या = 9

तथा सबसे छोटी विषम अभाज्य संख्या = 3

$\therefore$ 9 और 3 का म.स. = 3

तथा 9 और 3 का ल.स. = 9

अब, यदि कोई विषम संख्या p, q^2 को विभाजित करती है तब p, q^2 का एक गुणनखंड होगी।

$\therefore \quad q^2 = pm$, [जहाँ, m एक पूर्णांक है] ...(i)

$\Rightarrow \quad q^3 = pm \cdot q$ [समी (i) से]

$\Rightarrow \quad q^3 = p(mq)$

$\Rightarrow p, q^3$ का एक गुणनखंड है।

$\Rightarrow p, q^3$ को विभाजित करेगी।

17. **संकेत** पुस्तकें अनुभाग A तथा B के विद्यार्थियों में बराबर-बराबर बाँटी जानी है इसलिए, पुस्तकों की संख्या 32 तथा 36 की गुणज होनी चाहिए। अतः पुस्तकों की संख्या 32 तथा 36 का ल.स. होना चाहिए।

अब $\quad 32 = 2^5$ तथा $36 = 2^2 \times 3^2$

$\therefore$ 32 तथा 36 का ल.स. $= 2^5 \times 3^2 = 288$

अतः वांछित पुस्तकों की संख्या 288 है।

18. **संकेत** माना $\sqrt{p} + \sqrt{q}$ एक परिमेय संख्या है।

तब, $\sqrt{p} + \sqrt{q} = a$, जहाँ a एक परिमेय संख्या है।

$$\therefore \quad \sqrt{q} = a - \sqrt{p}$$

दोनों पक्षों का वर्ग करने पर,

$$(\sqrt{q})^2 = (a - \sqrt{p})^2$$

$$\Rightarrow \quad q = a^2 + p - 2a\sqrt{p}$$

$$\Rightarrow \quad \sqrt{p} = \frac{a^2 + p - q}{2a},$$

जोकि दाएँ पक्ष के परिमेय होने का विरोध करता है, जबकि $\sqrt{p}$ एक अपरिमेय संख्या है।

चूँकि p और q अभाज्य संख्याएँ हैं।

अतः $\sqrt{p} + \sqrt{q}$ एक अपरिमेय संख्या है।

19. माना $5 + 2\sqrt{3}$ एक परिमेय संख्या है।

$$\therefore \quad 5 + 2\sqrt{3} = \frac{a}{b} \quad \text{[जहाँ } a \text{ व } b \text{ पूर्णांक हैं]}$$

$$\Rightarrow \quad 2\sqrt{3} = \frac{a}{b} - 5$$

$$\Rightarrow \quad 2\sqrt{3} = \frac{a - 5b}{b}$$

$$\Rightarrow \quad \sqrt{3} = \frac{a - 5b}{2b}$$

चूँकि a तथा b पूर्णांक हैं, इसलिए $\frac{a - 5b}{2b}$ एक परिमेय संख्या होगी परन्तु दिया गया है कि $\sqrt{3}$ एक अपरिमेय संख्या है, जिससे हमारी अवधारणा का विरोधाभास प्रतीत होता है।

अतः $(5 + 2\sqrt{3})$ एक अपरिमेय संख्या है।

20. **संकेत** माना $(\sqrt{a} + \sqrt{b})$ एक परिमेय संख्या है, इसलिए ऐसा पूर्णांक r ज्ञात किया जा सकता है कि $(\sqrt{a} + \sqrt{b}) = r$

जहाँ a और b परिमेय संख्या हैं।

दोनों पक्षों का वर्ग करने पर,

$$(\sqrt{a} + \sqrt{b})^2 = r^2$$

$$\Rightarrow \quad a + b + 2\sqrt{ab} = r^2$$

$$[\because (a + b)^2 = a^2 + b^2 + 2ab]$$

$$\Rightarrow \quad 2\sqrt{ab} = r^2 - a - b$$

$$\Rightarrow \quad \sqrt{ab} = \frac{r^2 - a - b}{2}$$

चूँकि r, a तथा b परिमेय संख्याएँ हैं।

$\Rightarrow \frac{r^2 - (a + b)}{2}$ परिमेय संख्या है।

इसलिए, $\sqrt{ab}$ भी एक परिमेय संख्या होगी परंतु इससे इस तथ्य का विरोधाभास प्राप्त होता है क्योंकि $\sqrt{ab}$ एक अपरिमेय संख्या है। अतः $(\sqrt{a} + \sqrt{b})$ एक अपरिमेय संख्या है।

21. (i) (c) दिया है, सेक्शन A में विद्यार्थियों की संख्या = 32

सेक्शन B में विद्यार्थियों की संख्या = 36

कक्षा पुस्तकालय में पुस्तकों की न्यूनतम संख्या

= (32, 36) का ल.स.

$= 2 \times 2 \times 2 \times 2 \times 2 \times 3 \times 3$

$= 2^5 \times 3^2$

$= 32 \times 9 = 288$

(ii) (b) दिया है, दो संख्याओं का गुणनफल = ल.स. × म.स.

$\therefore 32 \times 36$ = ल.स. (32, 36) × म.स. (32, 36)

$\Rightarrow 32 \times 36 = 288 \times$ म.स. (32, 36)

$\Rightarrow$ म.स. (32, 36) $= \frac{32 \times 36}{288} = 4$

(iii) (a) 36 के अभाज्य गुणनखण्ड हैं

$$36 = 2 \times 2 \times 3 \times 3$$

$$= 2^2 \times 3^2$$

(iv) (b) $7 \times 11 \times 13 \times 15 + 15$

$= 15015 + 15 = 15030$

अतः यह एक सहअभाज्य संख्या है।

(v) (*b*) दिया है, $p = ab^2$ तथा $q = a^2b$

ल.स. $(p, q) = a^2 \times b^2$

22. (i) (*b*) दिया है, प्रत्येक विषय में विशेषज्ञों की संख्या, हिन्दी में 60, अंग्रेजी में 84 तथा गणित में 108 है।

अतः प्रत्येक विषय के विशेषज्ञों का अभाज्य गुणनखण्ड है

$$60 = 2 \times 2 \times 3 \times 5 = 2^2 \times 3 \times 5$$

$$84 = 2 \times 2 \times 3 \times 7 = 2^2 \times 3 \times 7$$

तथा $108 = 2 \times 2 \times 3 \times 3 \times 3 = 2^2 \times 3^3$

= म.स. (60, 84, 108)

प्रत्येक उभयनिष्ठ गुणनखण्ड में न्यूनतम घात वाली संख्याओं का गुणनफल $= 2^2 \times 3 = 12$

(ii) (*d*) घटना के समय अभीष्ट कमरों की संख्या

$$= \frac{\text{प्रतिभागियों की कुल संख्या}}{12}$$

$$= \frac{252}{12} = 21$$

(iii) (*a*) (60, 84, 108) का ल.स.

= प्रत्येक अभाज्य गुणनखण्ड में उच्चतम घातों वाली संख्या का गुणनफल

$$= 2^2 \times 3^3 \times 5 \times 7$$

$$= 4 \times 27 \times 35$$

$$= 3780$$

(iv) (*d*) म.स. (60, 84, 108) × ल.स. (60, 84, 108)

$$= 12 \times 3780$$

$$= 45360$$

(v) (*d*) संख्या 108 को हम अभाज्य संख्याओं अर्थात् $2^2 \times 3^3$ के गुणनफल के रूप में व्यक्त कर सकते हैं।

23. (i) (*b*) $x = 5 \times 2783 = 13915$

(ii) (*c*) दिया है, $2783 = y \times 253$

$$\Rightarrow \quad y = \frac{2783}{253} = 11$$

(iii) (*b*) दिया है, $253 = 11 \times z$

$$\Rightarrow \quad z = \frac{253}{11} = 23$$

(iv) (*a*) अंकगणित की आधारभूत प्रमेय से 13915 एक सहअभाज्य संख्या है।

(v) (c) $13915 = 5 \times 11 \times 11 \times 23$

$$= 5 \times 11^2 \times 23$$

अध्याय

02

बहुपद (Polynomials)

पिछली कक्षाओं में, हमनें बहुपद, बहुपद के शून्यक तथा बहुपदों के गुणनखंड का अध्ययन किया। इस अध्याय में, हम बहुपद के शून्यकों के ज्यामितीय अर्थ, किसी बहुपद के शून्यकों तथा गुणांकों में संबंध, द्विघात तथा त्रिघात बहुपदों के बनने का अध्ययन करेंगे।

टॉपिक्स

- *बहुपद की परिभाषा*
- *बहुपद के शून्यक*
- *बहुपदों के शून्यकों का ज्यामितीय अर्थ*
- *बहुपदों के शून्यकों और गुणांकों में संबंध*
- *दिए गए शून्यकों से द्विघात तथा त्रिघात बहुपद बनाना*

बहुपद की परिभाषा (Definition of Polynomials)

ऐसे बीजीय व्यंजक, जिनमें चर राशियाँ केवल ऋणेत्तर पूर्णांक (धनात्मक तथा शून्य) घात के रूप में हों, बहुपद कहलाते हैं अर्थात् फलन $p(x)=a_0+a_1x+a_2x^2+\ldots+a_nx^n$ एक बहुपद है, जहाँ $a_0, a_1, a_2, \ldots, a_n$ वास्तविक संख्याएँ (Real numbers) हैं, जिन्हें **गुणांक** (Coefficients) कहते हैं, $a_n \neq 0$ तथा n एक ऋणेत्तर पूर्णांक (Non-negative integer) है।

जैसे— (i) $p(x)=3x^3-6x+10$ पूर्णांकों पर बहुपद है।

(ii) $p(x)=9x^2+\sqrt{7}x-\sqrt{3}$ वास्तविक संख्याओं पर बहुपद है।

(iii) $p(x)=\frac{3}{4}x^3-\frac{5}{4}x^2+2x-5$ परिमेय संख्याओं पर बहुपद है।

नोट *प्रत्येक बहुपद में पदों की संख्या निश्चित होती है तथा प्रत्येक बहुपद एक चर राशि पर निर्भर करता है।*

बहुपद की घात (Degree of a Polynomial)

किसी दिए गए बहुपद में सबसे बड़ी घात वाले पद के घातांक को, उस बहुपद की घात कहते हैं। जैसे—बहुपद $5y^3+2y^2+y+3$ में चर y की अधिकतम घात वाले पद $5y^3$ का घातांक 3 है। अतः बहुपद की घात 3 होगी।

उदाहरण 1 दिए गए बहुपद की घात बताइए।

(i) 3 (ii) $5x+\frac{1}{2}$ (iii) $3x^4-\frac{5}{2}x^2+7$

(iv) $3x^5-7x^3+\frac{3}{2}x-8$ (v) $9x^3-11$

हल (i) दिया गया बहुपद $=3=3\times1=3\times x^0=3x^0$। अतः बहुपद 3 की घात 0 है।

(ii) बहुपद $\left(5x+\frac{1}{2}\right)$ में चर x की सबसे बड़ी घात वाले पद $5x$ का घातांक 1 है। अतः बहुपद की घात 1 है।

(iii) दिए गए बहुपद $3x^4-\frac{5}{2}x^2+7$ में चर x की सबसे बड़ी घात वाले पद $3x^4$ का घातांक 4 है। अतः बहुपद की घात 4 है।

(iv) दिए गए बहुपद $3x^5-7x^3+\frac{3}{2}x-8$ में चर x की सबसे बड़ी घात वाले पद $3x^5$ का घातांक 5 है। अतः बहुपद की घात 5 है।

(v) दिए गए बहुपद $9x^3-11$ में चर x की सबसे बड़ी घात वाले पद $9x^3$ का घातांक 3 है। अतः बहुपद की घात 3 है।

नोट • *शून्य बहुपद की कोई घात नहीं होती है।*

• *कुछ व्यंजक जैसे* $\frac{1}{x+2}, \sqrt{x+2}, \frac{1}{x^2+x+2}$ *आदि बहुपद नहीं है।*

बहुपद के प्रकार (Types of Polynomials)

1. **रैखिक बहुपद** (Linear polynomial) ऐसा बहुपद जिसमें चर राशि की अधिकतम घात 1 हो, रैखिक बहुपद कहलाता है।

जैसे– (i) $f(x)=3x+5$, (ii) $g(y)=\sqrt{7}y-1$,

(iii) $p(z)=5z$, (iv) $\frac{3}{5}x+2$ आदि रैखिक बहुपद हैं।

साधारणतया रैखिक बहुपद का मानक रूप $ax+b$ होता है, जहाँ a तथा b अचर राशियाँ हैं तथा $a\neq 0$ है।

2. **द्विघात बहुपद** (Quadratic polynomial) ऐसा बहुपद जिसमें चर राशि की अधिकतम घात 2 हो, द्विघात बहुपद कहलाता है।

जैसे–(i) $f(x)=5x^2+3x-\frac{7}{5}$, (ii) $f(x)=7x^2-5x$

(iii) $f(x)=-x^2+\sqrt{3}x$ (iv) $f(y)=\sqrt{5}y^2-\frac{2}{3}y+3$

(v) $f(z)=4z^2+\frac{1}{7}$ आदि द्विघात बहुपद हैं।

साधारणतया द्विघात बहुपद का मानक रूप ax^2+bx+c होता है, जहाँ a, b और c वास्तविक संख्याएँ हैं तथा $a\neq 0$ है। इसी प्रकार, y में द्विघात बहुपद $ay^2+by+c=0$ होगा, जहाँ a, b और c अचर राशियाँ हैं तथा $a\neq 0$ है।

3. **त्रिघात बहुपद** (Cubic polynomial) ऐसा बहुपद जिसमें चर राशि की अधिकतम घात 3 हो, त्रिघात बहुपद कहलाता है।

जैसे– (i) $f(x)=8x^3$, (ii) $f(x)=9x^3+5x^2$,

(iii) $f(z)=13z^3-12z^2+11z+5$, (iv) $f(x)=\sqrt{3}-x^2+x^3$,

(v) $f(x)=2-x^3-\sqrt{5}x^2$, आदि त्रिघात बहुपद है।

साधारणतया त्रिघात बहुपद का मानक रूप ax^3+bx^2+cx+d होता है, जहाँ a, b, c और d अचर राशियाँ हैं तथा $a\neq 0$ है। इसी प्रकार, ay^3+by^2+cy+d, y में त्रिघात बहुपद है, जहाँ a, b, c और d अचर राशियाँ हैं तथा $a\neq 0$ है।

4. **चतुर्घात बहुपद** (Biquadratic polynomial) ऐसा बहुपद जिसमें चर राशि की अधिकतम घात 4 हो, चतुर्घात बहुपद कहलाता है। *जैसे*–

(i) $f(x)=x^4+2x^3-7x^2+5x+3$, (ii) $f(z)=z^4-7z^2+3$ आदि चतुर्घात बहुपद है। साधारणतया चतुर्घात बहुपद का मानक रूप $ax^4+bx^3+cx^2+dx+e$ होता है, जहाँ a, b, c, d तथा e अचर राशियाँ हैं तथा $a\neq 0$ है।

इसी प्रकार, $ay^4+by^3+cy^2+dy+e$, y में चतुर्घात बहुपद है, जहाँ a, b, c, d तथा e अचर राशियाँ हैं तथा $a\neq 0$ है।

उदाहरण 2 निम्नलिखित दिए गए बहुपदों के प्रकार को लिखें (घात के आधार पर)।

(i) $2x^2+3x+5$ (ii) $3y^3-5y^2+6y$

(iii) $7y+9$ (iv) $3+4z+8z^4$

(v) $\sqrt{3}y^2-\frac{3}{4}y+7$ (vi) $3-\sqrt{2}x^3+\frac{2}{7}x-4x^2$

सर्वप्रथम बहुपदों के प्रकार को ज्ञात करने के लिए चर राशि के अधिकतम घात की पहचान करेंगे। यदि चर राशि के अधिकतम घात एक या दो या तीन या चार हो, तब तद्नुसार बहुपदों के प्रकार रैखिक, द्विघातीय या त्रिघातीय या चतुर्घातीय होंगे।

हल (i) $2x^2+3x+5$

दिए गए बहुपद में, x की अधिकतम घात 2 है। अतः यह द्विघात बहुपद है।

(ii) $3y^3-5y^2+6y$

दिए गए बहुपद में, y की अधिकतम घात 3 है। अतः यह त्रिघात बहुपद है।

(iii) $7y+9$

दिए गए बहुपद में, y की अधिकतम घात 1 है। अतः यह रैखिक बहुपद है।

(iv) $8z^4+4z+3$

दिए गए बहुपद में, z की अधिकतम घात 4 है। अतः यह चतुर्घात बहुपद है।

(v) $\sqrt{3}y^2-\frac{3}{4}y+7$

दिए गए बहुपद में, y की अधिकतम घात 2 है। अतः यह द्विघात बहुपद है।

(vi) $-\sqrt{2}x^3-4x^2+\frac{2}{7}x+3$

दिए गए बहुपद में, x की अधिकतम घात 3 है। अतः यह त्रिघात बहुपद है।

दिए गए बिंदु पर बहुपद का मान

(Value of a Polynomial at a Given Point)

यदि $p(x)$ चर x में कोई बहुपद हो तथा एक वास्तविक संख्या α हो, तो $p(x)$ में x को α से प्रतिस्थापित करने पर प्राप्त संख्या $p(x)$ का $x=\alpha$ पर मान कहलाती है।

जैसे–यदि $p(x)=5x^2-3x+2$, तब $x=3$ पर इसका मान निम्न है

$$p(3)=5(3)^2-3(3)+2=5\times 9-9+2=45-9+2$$

$$\Rightarrow \quad p(3)=38$$

अतः $x=3$ पर $p(x)$ का मान 38 है।

बहुपद के शून्यक (Zeroes of a Polynomial)

यदि व्यंजक $f(x)$, x में बहुपद हो, तब एक वास्तविक संख्या k, बहुपद $f(x)$ का शून्यक कहलाती है, यदि और केवल यदि $f(k)=0$ हो।

जैसे–दिए गए बहुपद $p(x)=3x+5$ में यदि हम $x=\frac{-5}{3}$ रखते हैं, तब

$$p\left(\frac{-5}{3}\right)=3\times\left(\frac{-5}{3}\right)+5=0$$

अर्थात् $x=\frac{-5}{3}$ पर $p(x)=0$

अतः $\frac{-5}{3}$ बहुपद $p(x)=3x+5$ का एक शून्यक है।

नोट *(i) प्रत्येक वास्तविक संख्या शून्य बहुपद का शून्यक होती है।*

(ii) प्रत्येक द्विघात बहुपद के अधिक-से-अधिक दो शून्यक हो सकते हैं। परंतु कुछ द्विघात बहुपद ऐसे होते हैं, जिनके शून्यक वास्तविक संख्या नहीं होते हैं। जैसे– x^2+x+1

उदाहरण 3 यदि $f(x) = px + r$, तब $f(x)$ का शून्यक ज्ञात कीजिए।

हल दिया है, $f(x) = px + r$

$f(x)$ का शून्यक ज्ञात करने के लिए,

$f(x) = 0$ रखने पर, $px + r = 0 \Rightarrow x = \frac{-r}{p}$

अतः $\frac{-r}{p}$, $f(x)$ का शून्यक है।

उदाहरण 4 यदि बहुपद $p(x) = x^2 - x - 3a$ का एक शून्यक 3 है, तब a का मान ज्ञात कीजिए।

यदि m बहुपद $p(x)$ का शून्यक है, तब m बहुपद $p(x)$ को संतुष्ट करेगा अर्थात् बहुपद $p(x)$ में $x = m$ रखने पर बहुपद का मान 0 (शून्य) प्राप्त होगा। अतः $p(x) = 0$ को हल करके a का मान ज्ञात कीजिए।

हल दिया गया बहुपद, $p(x) = x^2 - x - 3a$

चूँकि, दिए गए बहुपद का शून्यक 3 है।

$\therefore \quad p(3) = 0 \Rightarrow (3)^2 - (3) - 3a = 0$ [$x = 3$ रखने पर]

$\Rightarrow \quad 9 - 3 - 3a = 0 \Rightarrow 6 - 3a = 0$

$\Rightarrow \quad a = \frac{6}{3} = 2$

अतः a का मान 2 है।

उदाहरण 5 यदि $x + a$, बहुपद $2x^2 + 2ax + 5x + 10$ का एक गुणनखंड है, तो a का मान ज्ञात कीजिए। **[CBSE 2016]**

हल माना $p(x) = 2x^2 + 2ax + 5x + 10$

चूँकि, $x + a$, $p(x)$ का एक गुणनखंड है।

इसलिए, $p(-a) = 0 \Rightarrow 2(-a)^2 + 2a(-a) + 5(-a) + 10 = 0$

$\Rightarrow \quad 2a^2 - 2a^2 - 5a + 10 = 0$

$\Rightarrow \quad 5a = 10 \Rightarrow a = 2$

उदाहरण 6 यदि द्विघात बहुपद $x^2 + (a+1)x + b$ के शून्यक 2 और -3 है, तो a और b के मान ज्ञात कीजिए। **[CBSE 2023 (Standard)]**

अथवा

यदि बहुपद $x^2 + (a+1)x + b$ के शून्यक 2 और -3 हैं, तब $(a + b)$ का मान ज्ञात कीजिए। **[CBSE 2016]**

हल दिया है, 2 और -3 बहुपद $x^2 + (a+1)x + b$ के शून्यक हैं।

$\therefore$ $x = 2$ रखने पर,

$(2)^2 + (a+1)2 + b = 0$

$\Rightarrow \quad 4 + 2a + 2 + b = 0$

$\Rightarrow \quad 2a + b = -6 \quad \ldots(i)$

पुनः $x = -3$ रखने पर, $(-3)^2 + (a+1)(-3) + b = 0$

$\Rightarrow \quad 9 - 3a - 3 + b = 0$

$\Rightarrow \quad -3a + b = -6 \quad \ldots(ii)$

समी (i) में से समी (ii) को घटाने पर,

$5a = 0 \Rightarrow a = 0$

समी (ii) में $a = 0$ रखने पर,

$-3(0) + b = -6 \Rightarrow b = -6$

अतः $\quad a + b = 0 + (-6) = -6$

बहुपद के शून्यकों का ज्यामितीय अर्थ

(Geometrical Meaning of the Zeroes of a Polynomial)

हम जानते हैं कि एक वास्तविक संख्या k बहुपद $p(x)$ का शून्यक है यदि $p(k) = 0$। बहुपद के शून्यकों के विषय में समझने के लिए सर्वप्रथम रैखिक और द्विघात बहुपद के आलेखीय निरूपण देखेंगे और फिर उनके शून्यकों (Zeroes) का ज्यामितीय अर्थ (Geometrical meaning) देखेंगे।

रैखिक बहुपद के शून्यक का ज्यामितीय अर्थ

सर्वप्रथम एक रैखिक बहुपद $ax + b, a \neq 0$ पर विचार करते हैं। हम जानते हैं कि $y = ax + b$ का आलेख (ग्राफ) एक सरल रेखा है, जो X-अक्ष को ठीक एक बिन्दु $\left(\frac{-b}{a}, 0\right)$ पर प्रतिच्छेद करती है। हम यह भी जानते हैं कि बहुपद $ax + b$ का शून्यक $\frac{-b}{a}$ होता है। अतः रैखिक बहुपद $ax + b, a \neq 0$ का केवल एक शून्यक है जो उस बिन्दु का x-निर्देशांक है, जहाँ $y = ax + b$ का आलेख (ग्राफ) X-अक्ष को प्रतिच्छेद करता है।

उदाहरण 7 रैखिक बहुपद $2x + 5$ को ग्राफ पेपर पर निरूपित कीजिए तथा इसका शून्यक ज्ञात कीजिए।

हल माना $y = 2x + 5$

इसका आलेख (ग्राफ) निरूपित करने के लिए x के दो या दो से अधिक भिन्न-भिन्न मानों के लिए y के भिन्न-भिन्न मानों की आवश्यकता होगी। इसके लिए सारणी निम्न है

x	-3	0	1
y	-1	5	7

अब बिंदुओं $A(-3, -1)$, $B(0, 5)$ तथा $C(1, 7)$ को ग्राफ पेपर पर अंकित करते हैं तथा उन्हें सरल रेखा द्वारा मिलाते हैं।

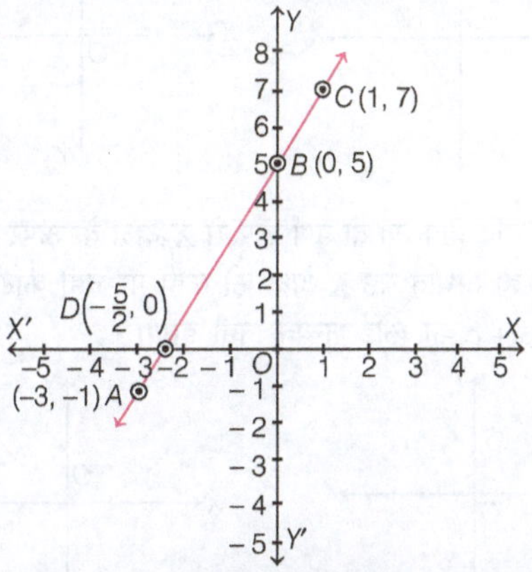

अतः $y = 2x + 5$ का आलेख (ग्राफ) बिंदुओं $A(-3, -1)$ तथा $C(1, 7)$ से जाने वाली एक सरल रेखा है, जोकि X-अक्ष को $x = -2$ तथा $x = -3$ के बीचों बीच, अर्थात् बिंदु $D\left(\frac{-5}{2}, 0\right)$ पर प्रतिच्छेद करता है।

चूँकि, रैखिक बहुपद $ax + b, a \neq 0$ का केवल एक शून्यक है, जो उस बिंदु का x-निर्देशांक है, जहाँ $y = ax + b$ का ग्राफ X-अक्ष को प्रतिच्छेद करता है।

$\therefore 2x + 5$ का शून्यक $= -\frac{5}{2}$

द्विघात बहुपद के शून्यक का ज्यामितीय अर्थ

किसी द्विघात बहुपद $ax^2+bx+c,\ a\neq 0$ के लिए संगत समीकरण $y=ax^2+bx+c$ के ग्राफ का आकार या तो ऊपर की ओर खुला $\cup$ की तरह अथवा नीचे की ओर खुला $\cap$ की तरह होगा जो इस पर निर्भर करेगा कि $a>0$ है या $a<0$.

इन वक्रों को परवलय (Parabola) कहते हैं अर्थात् यदि $a>0$, तब $y=ax^2+bx+c$ के ग्राफ का आकार $\cup$ की तरह होगा तथा यदि $a<0$, तब $y=ax^2+bx+c$ के ग्राफ का आकार $\cap$ की तरह होगा।

अब, $y=ax^2+bx+c$ के ग्राफ के आकार का प्रेक्षण करने के बाद निम्नलिखित तीन स्थितियाँ संभावित हैं

स्थिति I यदि ग्राफ X-अक्ष को दो भिन्न बिंदुओं A तथा A' पर काटता है, तब A और A' के x-निर्देशांक द्विघात बहुपद ax^2+bx+c के दो शून्यक होंगे।

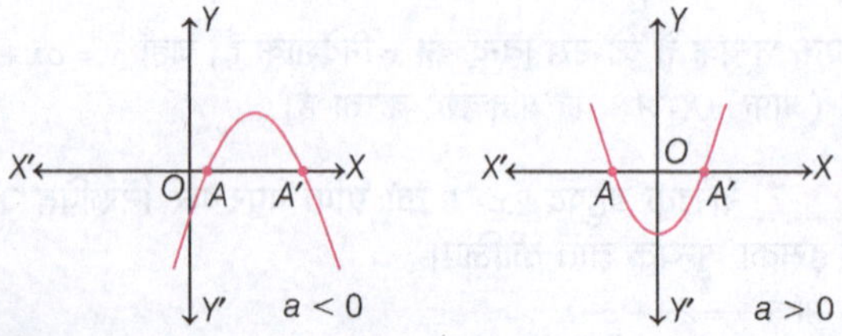

स्थिति II यदि ग्राफ X-अक्ष को केवल एक बिंदु पर स्पर्श करता है या दो संपाती बिंदुओं पर काटता है, तब स्थिति I के दो बिंदु A और A' यहाँ पर संपाती होकर एक बिंदु A हो जाते हैं। इस स्थिति में A का x-निर्देशांक द्विघात बहुपद ax^2+bx+c का केवल एक शून्यक होगा।

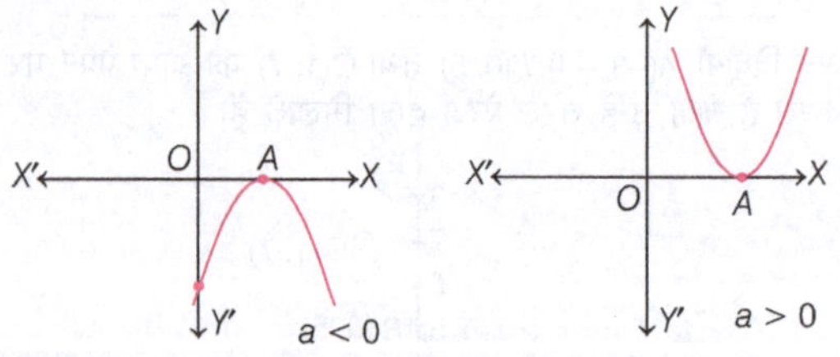

स्थिति III यदि ग्राफ या तो पूर्ण रूप से X-अक्ष के ऊपर या पूर्ण रूप से X-अक्ष के नीचे हो अर्थात् यह X-अक्ष को कहीं पर नहीं काटता, तब द्विघात बहुपद ax^2+bx+c का कोई शून्यक नहीं होगा।

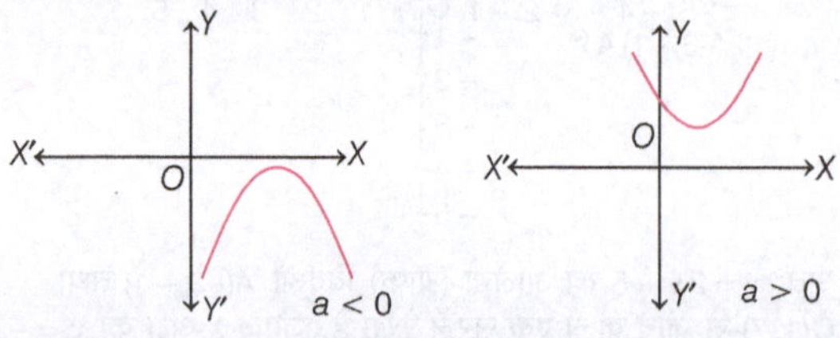

अत: ज्यामितीय रूप में देख सकते हैं कि किसी द्विघात बहुपद के दो भिन्न शून्यक या दो बराबर शून्यक (अर्थात् एक शून्यक) या कोई भी शून्यक नहीं हो सकते हैं। इसका अर्थ यह है कि घात 2 के किसी बहुपद के अधिकतम दो शून्यक हो सकते हैं। व्यापक रूप में, बहुपद $p(x)$ के शून्यक उन बिंदुओं के x-निर्देशांक होते हैं, जहाँ $y=p(x)$ का ग्राफ (आलेख) X-अक्ष को काटता है।

नोट *(i) घात n के बहुपद p(x) के लिए, y = p(x) का ग्राफ X-अक्ष को अधिक-से-अधिक n बिंदुओं पर प्रतिच्छेद करता है। अत: बहुपद जिसकी घात n है। उसके अधिक-से-अधिक n शून्यक हो सकते हैं।*

(ii) कभी-कभी बहुपद किसी अन्य चर के रूप में दिया होता है, तब शून्यक ज्ञात करने के लिए दिए गए चर को X-अक्ष पर लेते हैं।

उदाहरण 8 निम्न में से कौन-सा द्विघातीय बहुपद का ग्राफ नहीं है?

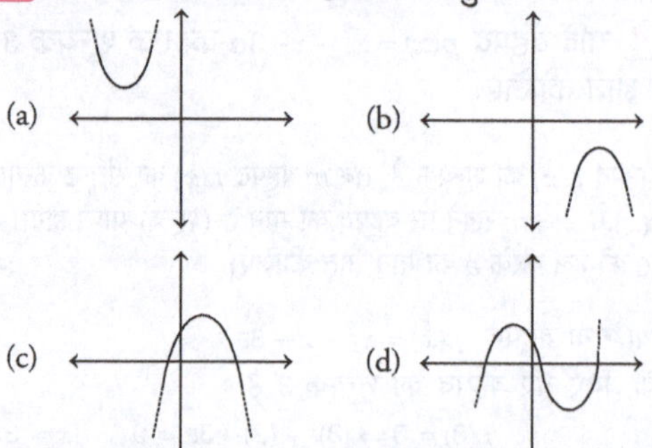

हल (d) हम जानते हैं कि द्विघातीय बहुपद का ग्राफ X- अक्ष को अधिकतम दो बिंदुओं पर प्रतिच्छेद कर सकता है। यहाँ विकल्प (d) में, वक्र X-अक्ष को तीन बिंदुओं पर प्रतिच्छेद कर रहा है। अत: यह द्विघातीय बहुपद को व्यक्त नहीं करता।

उदाहरण 9 द्विघात बहुपद x^2-4x-5 को ग्राफ पेपर पर निरूपित कीजिए तथा उसके शून्यक ज्ञात कीजिए।

हल माना $y=x^2-4x-5$

इसका ग्राफ निरूपित करने के लिए, x के कुछ मानों के संगत $y=x^2-4x-5$ के कुछ मान निम्न सारणी में दिए गए हैं:

x	−2	−1	0	1	2	3	4	5
y	7	0	−5	−8	−9	−8	−5	0

अब, इन सभी बिंदुओं को ग्राफ पेपर पर अंकित करके मिलाते हैं।

इस प्रकार, x^2-4x-5 का ग्राफ प्राप्त होता है, जोकि ऊपर की ओर खुला हुआ परवलय है तथा X-अक्ष को दो बिंदुओं $B(-1, 0)$ तथा $H(5, 0)$ पर प्रतिच्छेद करता है।

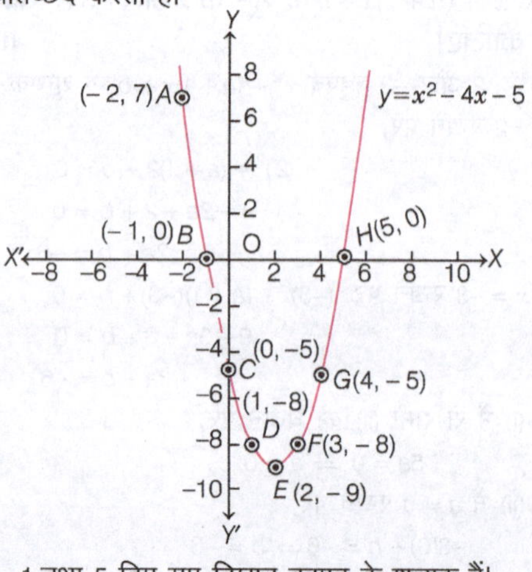

अत: −1 तथा 5 दिए गए द्विघात बहुपद के शून्यक हैं।

उदाहरण 10 त्रिघात बहुपद $x^3 - 4x$ को ग्राफ पेपर पर निरूपित कीजिए तथा उसके शून्यक ज्ञात कीजिए।

हल माना $y = x^3 - 4x$

इसके ग्राफ को निरूपित करने के लिए x के कुछ मानों के संगत $y = x^3 - 4x$ के कुछ मान निम्न सारणी में दिए गए हैं

x	−2	−1	0	1	2
y	0	3	0	−3	0

अब इन सभी बिंदुओं को ग्राफ पेपर पर अंकित करके ग्राफ खींचते हैं।

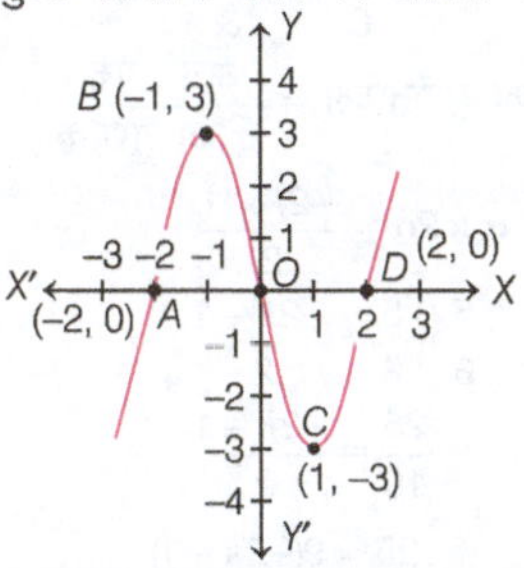

इस प्रकार, $y = x^3 - 4x$ का ग्राफ प्राप्त होता है, जोकि X-अक्ष को तीन बिंदुओं जिनके x-निर्देशांक −2, 0 तथा 2 हैं, पर प्रतिच्छेद करता है।
अतः त्रिघात बहुपद $x^3 - 4x$ के शून्यक (−2, 0, 2) हैं।

उदाहरण 11 दिए गए चित्र में, बहुपद $p(x)$ का ग्राफ प्रदर्शित है, $p(x)$ के शून्यकों की संख्या ज्ञात कीजिए।

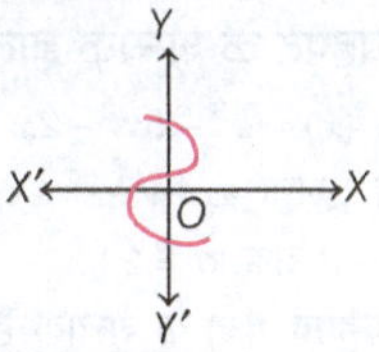

हल यहाँ, बहुपद $p(x)$ का ग्राफ X-अक्ष को केवल एक बिंदु पर प्रतिच्छेद करता है।
$\therefore p(x)$ के शून्यकों की संख्या = 1

बहुपद के शून्यकों और गुणांकों में संबंध
(Relationship between Zeroes and Coefficients of a Polynomial)

बहुपद के शून्यक अपने गुणांकों से संबंधित होते हैं। यहाँ, हम बहुपद के शून्यकों तथा गुणांकों में संबंध ज्ञात करेंगे।

- **रैखिक बहुपद के लिए** हम जानते हैं, यदि k बहुपद $p(x) = ax + b, a \neq 0$ का शून्यक है, तब $p(k) = ax + b = 0$ अर्थात् $k = \frac{-b}{a}$

  अतः रैखिक बहुपद $ax + b$ का शून्यक $= \frac{-b}{a} = -\frac{\text{अचर पद}}{x \text{ का गुणांक}}$

- **द्विघात बहुपद के लिए** माना α तथा β द्विघात बहुपद $p(x) = ax^2 + bx + c, a \neq 0$ के शून्यक हैं, तब $(x - \alpha)$ तथा $(x - \beta)$ बहुपद $p(x)$ के गुणनखंड होंगे।

  अतः $ax^2 + bx + c = k(x-\alpha)(x-\beta) = k\{x^2 - (\alpha+\beta)x + \alpha\beta\}$

  जहाँ, k एक अचर राशि है।

  $\Rightarrow \quad ax^2 + bx + c = kx^2 - k(\alpha+\beta)x + k\alpha\beta$

  दोनों पक्षों से x^2, x के गुणांक तथा अचर पद की तुलना करने पर,
  $a = k, b = -k(\alpha + \beta)$ तथा $c = k\alpha\beta$

  अब, $\frac{-k(\alpha+\beta)}{k} = \frac{b}{a} \Rightarrow \alpha + \beta = \frac{-b}{a}$

  अर्थात् शून्यकों का योग

  $$\alpha + \beta = -\frac{x \text{ का गुणांक}}{x^2 \text{ का गुणांक}} = \frac{-b}{a} \text{ और } \frac{k\alpha\beta}{k} = \alpha\beta = \frac{c}{a}$$

  अर्थात् शून्यकों का गुणनफल, $\alpha\beta = \frac{\text{अचर पद}}{x^2 \text{ का गुणांक}} = \frac{c}{a}$

- **त्रिघात बहुपद के लिए** माना α, β तथा γ त्रिघात बहुपद $p(x) = ax^3 + bx^2 + cx + d, a \neq 0$ के शून्यक हैं,

  तब $$\alpha + \beta + \gamma = -\frac{x^2 \text{ का गुणांक}}{x^3 \text{ का गुणांक}} = \frac{-b}{a}$$

  $$\alpha\beta + \beta\gamma + \gamma\alpha = \frac{x \text{ का गुणांक}}{x^3 \text{ का गुणांक}} = \frac{c}{a}$$

  तथा $$\alpha\beta\gamma = -\frac{\text{अचर पद}}{x^3 \text{ का गुणांक}} = \frac{-d}{a}$$

कुछ महत्त्वपूर्ण बीजगणितीय सर्वसमिकाएँ

वह बीजीय समीकरण जो चरों के सभी मानों के लिए सत्य हों, बीजीय सर्वसमिका कहलाती है। नीचे कुछ बीजीय सर्वसमिकाएँ दिए गए हैं, जो बहुपद के गुणनखंड करने में बहुत उपयोगी हैं।

- $(a + b)^2 = a^2 + b^2 + 2ab$
- $(a - b)^2 = a^2 + b^2 - 2ab = (a + b)^2 - 4ab$
- $(a + b)^2 - (a - b)^2 = 4ab$ तथा $(a + b)^2 + (a - b)^2 = 2(a^2 + b^2)$
- $(a^2 - b^2) = (a + b)(a - b)$
- $(a^3 + b^3) = (a + b)(a^2 + b^2 - ab) = (a + b)[(a + b)^2 - 3ab]$
- $(a^3 - b^3) = (a - b)(a^2 + b^2 + ab) = (a - b)[(a - b)^2 + 3ab]$
- $(a + b + c)^2 = a^2 + b^2 + c^2 + 2(ab + bc + ac)$
- $(a + b)^3 = a^3 + b^3 + 3ab(a + b)$ या $a^3 + b^3 + 3a^2b + 3ab^2$
- $(a - b)^3 = a^3 - b^3 - 3ab(a - b)$ या $a^3 - b^3 - 3a^2b + 3ab^2$
- $a^3 + b^3 + c^3 - 3abc = (a + b + c)(a^2 + b^2 + c^2 - ab - bc - ca)$

किसी द्विघात बहुपद के शून्यक ज्ञात करने तथा शून्यकों और गुणांकों के बीच के संबंध की सत्यता की जाँच करने पर आधारित प्रश्न

उदाहरण 12 द्विघात बहुपद $6x^2 - 3 - 7x$ के शून्यक ज्ञात कीजिए तथा शून्यकों व गुणांकों के बीच के संबंध की सत्यता की जाँच कीजिए। **[CBSE 2020 (Basic)]**

हल माना $f(x) = 6x^2 - 7x - 3 = 6x^2 - 9x + 2x - 3$
$= 3x(2x - 3) + 1(2x - 3) = (2x - 3)(3x + 1)$

$f(x) = 0$ रखने पर,
$(2x - 3)(3x + 1) = 0$

$\Rightarrow \quad 2x - 3 = 0$ या $3x + 1 = 0 \Rightarrow x = \frac{3}{2}$ या $x = -\frac{1}{3}$

अतः बहुपद $6x^2 - 3 - 7x$ के शून्यक $\frac{3}{2}$ तथा $-\frac{1}{3}$ है।

सत्यता की जाँच

यहाँ x^2 का गुणांक, $a = 6$, x का गुणांक, $b = -7$ तथा अचर पद $c = -3$

$\therefore$ शून्यकों का योग $= \frac{3}{2} + \left(-\frac{1}{3}\right) = \frac{3}{2} - \frac{1}{3}$

$= \frac{9-2}{6} = \frac{7}{6} = \frac{-(x \text{ का गुणांक})}{x^2 \text{ का गुणांक}}$

तथा शून्यकों का गुणनफल $= \frac{3}{2} \times \left(-\frac{1}{3}\right) = -\frac{1}{2} = \frac{\text{अचर पद}}{x^2 \text{ का गुणांक}}$

उदाहरण 13 यदि α तथा β बहुपद $x^2 - p(x+1) + c$ के शून्यक हैं, जो इस प्रकार हैं कि $(\alpha+1)(\beta+1) = 0$, तब c का मान ज्ञात कीजिए।

हल दिया है, α तथा β बहुपद $x^2 - px - p + c$ के शून्यक हैं।

$\therefore$ शून्यकों का योग, $\alpha + \beta = p$ ...(i)

तथा शून्यकों का गुणनफल, $\alpha\beta = c - p$ ...(ii)

साथ ही दिया है, $(\alpha+1)(\beta+1) = 0$

$\therefore \quad \alpha\beta + (\alpha+\beta) + 1 = 0$

$\Rightarrow \quad c - p + p + 1 = 0$ [समी (i) तथा (ii) से]

$\Rightarrow \quad c = -1$

उदाहरण 14 यदि α तथा β द्विघात बहुपद $p(x) = ax^2 + bx + c$ के शून्यक हैं, तब $\alpha^2\beta + \alpha\beta^2$ का मान ज्ञात कीजिए।

सर्वप्रथम, शून्यकों का योग $(\alpha+\beta)$ तथा शून्यकों का गुणनफल $(\alpha\beta)$ ज्ञात कीजिए, तब $(\alpha+\beta)$ तथा $(\alpha\beta)$ के मान से $\alpha^2\beta + \alpha\beta^2$ ज्ञात कीजिए।

हल दिया है, α तथा β बहुपद $p(x) = ax^2 + bx + c$ के शून्यक हैं।

$\therefore$ शून्यकों का योग, $\alpha + \beta = \frac{-b}{a}$

तथा शून्यकों का गुणनफल, $\alpha\beta = \frac{c}{a}$

अब, $\alpha^2\beta + \alpha\beta^2 = \alpha\beta(\alpha+\beta) = \frac{c}{a} \times \left(\frac{-b}{a}\right) = \frac{-bc}{a^2}$

उदाहरण 15 यदि द्विघात बहुपद $f(x) = ax^2 + bx + c$ के शून्यक α तथा β हैं, तो शून्यकों का अंतर ज्ञात कीजिए।

सर्वप्रथम, $(\alpha+\beta)$ तथा $(\alpha\beta)$ का मान ज्ञात कीजिए, तब शून्यकों के अंतर का मान सर्वसमिका $(\alpha-\beta)^2 = (\alpha+\beta)^2 - 4\alpha\beta$ या $(\alpha-\beta) = \pm\sqrt{(\alpha+\beta)^2 - 4\alpha\beta}$ द्वारा ज्ञात कीजिए।

हल दिया है, α तथा β बहुपद $f(x) = ax^2 + bx + c$ के शून्यक हैं।

$\therefore \quad \alpha + \beta = -\frac{x \text{ का गुणांक}}{x^2 \text{ का गुणांक}} = \frac{-b}{a}$ ...(i)

तथा $\quad \alpha\beta = \frac{\text{अचर पद}}{x^2 \text{ का गुणांक}} = \frac{c}{a}$ ...(ii)

हम जानते हैं कि

$(\alpha-\beta)^2 = (\alpha+\beta)^2 - 4\alpha\beta$

$\therefore \quad (\alpha-\beta)^2 = \left(\frac{-b}{a}\right)^2 - 4\left(\frac{c}{a}\right)$ [समी (i) तथा (ii) से]

$= \frac{b^2}{a^2} - \frac{4c}{a} = \frac{b^2 - 4ac}{a^2}$

दोनों पक्षों का वर्गमूल लेने पर,

$\alpha - \beta = \pm\frac{1}{a}\sqrt{b^2 - 4ac}$

जोकि शून्यकों का अभीष्ट अंतर है।

उदाहरण 16 यदि द्विघात बहुपद $2x^2 - 5x - (2k+1)$ का एक शून्यक दूसरे शून्यक का दोगुना है, तब द्विघात बहुपद के दोनों शून्यक तथा k का मान ज्ञात कीजिए।

हल माना α तथा 2α द्विघात बहुपद $2x^2 - 5x - (2k+1)$ के शून्यक हैं।

तब, $\alpha + 2\alpha = \frac{-x \text{ का गुणांक}}{x^2 \text{ का गुणांक}} = \frac{5}{2} \Rightarrow 3\alpha = \frac{5}{2} \Rightarrow \alpha = \frac{5}{6}$

$\therefore \quad 2\alpha = 2 \times \frac{5}{6} = \frac{5}{3}$

अतः बहुपद के शून्यक $\frac{5}{6}$ तथा $\frac{5}{3}$ हैं।

अब, शून्यकों का गुणनफल $= \frac{\text{अचर पद}}{x^2 \text{ का गुणांक}}$

$\therefore \quad \alpha \times 2\alpha = \frac{-2k-1}{2}$

$\Rightarrow \quad \frac{5}{6} \times \frac{5}{3} = \frac{-2k-1}{2}$

$\Rightarrow \quad \frac{25}{18} = \frac{-2k-1}{2}$

$\Rightarrow \quad 25 = 9(-2k-1)$

$\Rightarrow \quad 25 = -18k - 9$

$\Rightarrow \quad 18k = -9 - 25 \Rightarrow 18k = -34$

$\Rightarrow \quad k = \frac{-34}{18} = \frac{-17}{9}$

उदाहरण 17 यदि बहुपद $f(x) = x^3 - 5x^2 - 2x + 24$ के दो शून्यकों का गुणनफल 12 है, तब बहुपद के शून्यक ज्ञात कीजिए।

हल दिया गया बहुपद, $f(x) = x^3 - 5x^2 - 2x + 24$

दिए गए बहुपद की तुलना $ax^3 + bx^2 + cx + d$ से करने पर,

$a = 1, b = -5, c = -2$ तथा $d = 24$

माना α, β तथा γ बहुपद $f(x)$ के शून्यक हैं, जहाँ $\alpha\beta = 12$

तब, $\quad \alpha + \beta + \gamma = \frac{-b}{a} = \frac{-(-5)}{1} = 5$ ...(i)

$\alpha\beta + \beta\gamma + \gamma\alpha = \frac{c}{a} = \frac{-2}{1} = -2$ ...(ii)

तथा $\quad \alpha\beta\gamma = \frac{-d}{a} = \frac{-24}{1} = -24$ ...(iii)

समी (iii) में, $\alpha\beta = 12$ रखने पर,

$12\gamma = -24 \Rightarrow \gamma = \frac{-24}{12} = -2$

समी (i) से, $\quad \alpha + \beta - 2 = 5$ [यहाँ, $\gamma = -2$ रखने पर]

$\Rightarrow \quad \alpha + \beta = 7 \Rightarrow \alpha = 7 - \beta$

दिया है, $\quad \alpha\beta = 12$

$\Rightarrow \quad (7-\beta)\beta = 12$ [यहाँ, $\alpha = 7 - \beta$ रखने पर]

$\Rightarrow \quad 7\beta - \beta^2 = 12$

$\Rightarrow \quad \beta^2 - 7\beta + 12 = 0$

$\Rightarrow \quad \beta^2 - 3\beta - 4\beta + 12 = 0$

$\Rightarrow \quad \beta(\beta-3) - 4(\beta-3) = 0$

$\Rightarrow \quad (\beta-4)(\beta-3) = 0 \Rightarrow \beta = 4, 3$

जब $\beta = 4$, तब $\alpha = 7 - 4 = 3$

जब $\beta = 3$, तब $\alpha = 7 - 3 = 4$

अतः 3, 4 तथा −2 दिए गए बहुपद के शून्यक हैं।

उदाहरण 18 यदि बहुपद $(2x^4-9x^3+5x^2+3x-1)$ के दो शून्यक $(2+\sqrt{3})$ तथा $(2-\sqrt{3})$ हैं, तो इसके सभी शून्यक ज्ञात कीजिए। **[CBSE 2018]**

हल माना $p(x)=2x^4-9x^3+5x^2+3x-1$

इसके दो शून्यक $2+\sqrt{3}$ तथा $2-\sqrt{3}$ हैं।

$\therefore$ $(x-2-\sqrt{3})$ तथा $(x-2+\sqrt{3})$ बहुपद $p(x)$ के गुणनखंड हैं।

$$=(x-2-\sqrt{3})(x-2+\sqrt{3})=(x-2)^2-(\sqrt{3})^2$$
$$=x^2-4x+4-3=x^2-4x+1$$

अब, $p(x)$ को $g(x)=x^2-4x+1$ से भाग देने पर,

$$x^2-4x+1)2x^4-9x^3+5x^2+3x-1(2x^2-x-1$$
$$\underline{\begin{matrix}2x^4-8x^3+2x^2\\ -\quad+\quad-\end{matrix}}$$
$$-x^3+3x^2+3x$$
$$\underline{\begin{matrix}-x^3+4x^2-x\\ +\quad-\quad+\end{matrix}}$$
$$-x^2+4x-1$$
$$\underline{\begin{matrix}-x^2+4x-1\\ +\quad-\quad+\end{matrix}}$$
$$0$$

यहाँ, भागफल $=2x^2-x-1$ तथा शेषफल 0 है।

अब, $2x^2-x-1=2x^2-2x+x-1$
$$=2x(x-1)+1(x-1)=(x-1)(2x+1)$$

$\therefore$ $(x-1)(2x+1)=0\Rightarrow x=1,-\frac{1}{2}$

अतः बहुपद $2x^4-9x^3+5x^2+3x-1$ के सभी शून्यक $(2+\sqrt{3}),(2-\sqrt{3})$ तथा $-\frac{1}{2}$ हैं।

दिए गए शून्यकों से द्विघात तथा त्रिघात बहुपद बनाना (Formation of Quadratic and Cubic Polynomials from Given Zeroes)

(i) यदि किसी द्विघात बहुपद के शून्यक α तथा β हैं, तब द्विघात बहुपद निम्न हैं

$k[x^2-$ (शून्यकों का योग)$x+$ (शून्यकों का गुणनफल)]

अर्थात् $k[x^2-(\alpha+\beta)x+\alpha\beta]$, जहाँ k एक शून्येत्तर वास्तविक संख्या, शून्यकों का योग $=\alpha+\beta$ तथा शून्यकों का गुणनफल $=\alpha\beta$ है।

जैसे— यदि एक द्विघात बहुपद के शून्यकों का योग तथा गुणनफल क्रमशः 3 तथा 2 हैं, तब द्विघात बहुपद x^2-3x+2 होगी।

(ii) यदि किसी त्रिघात बहुपद के शून्यक α,β तथा γ हैं, तब त्रिघात बहुपद निम्न हैं $k[x^3-(\alpha+\beta+\gamma)x^2+(\alpha\beta+\beta\gamma+\gamma\alpha)x-\alpha\beta\gamma]$

जहाँ, k एक वास्तविक संख्या है।

जैसे— यदि शून्यकों का योग, दो-दो शून्यकों के गुणनफलों का योग तथा तीनों शून्यकों का गुणनफल क्रमशः $-1,2$ तथा 3 हैं, तब त्रिघात बहुपद $x^3-(-1)x^2+2x-3$ होगी।

नोट *सामान्यतया द्विघात तथा त्रिघात बहुपद बनाते समय हम $k=1$ लेते हैं।*

उदाहरण 19 एक द्विघात बहुपद ज्ञात कीजिए, जिसके शून्यकों का योग तथा गुणनफल क्रमशः -3 और 2 है। **[CBSE 2020 (Standard)]**

हल दिया है, शून्यकों का योग $(\alpha+\beta)=-3$

तथा शून्यकों का गुणनफल $(\alpha\beta)=2$

हम जानते हैं कि यदि एक द्विघात बहुपद के शून्यक α तथा β हैं, तब द्विघात समीकरण निम्न है

x^2- (शून्यकों का योग)$x+$ शून्यकों का गुणनफल

$\therefore$ अभीष्ट द्विघात बहुपद $=x^2-(-3)x+2=x^2+3x+2$

नोट *कोई अन्य द्विघात बहुपद, जो दिए गए शर्तों को संतुष्ट करता है, $k(x^2+3x+2)$ के रूप में होगा, जहाँ k एक वास्तविक संख्या है।*

उदाहरण 20 यदि द्विघात बहुपद x^2-25 के शून्यक α तथा β हैं, तब एक द्विघात बहुपद बनाइए जिसके शून्यक $1+\alpha$ तथा $1+\beta$ हैं। **[CBSE 2016]**

हल माना $p(x)=x^2-25$

$p(x)$ के शून्यक ज्ञात करने के लिए, $p(x)=0$ रखने पर,

$$x^2-25=0$$
$$\Rightarrow\qquad x=\pm5$$

माना $\alpha=5$ तथा $\beta=-5$

अब, $1+\alpha=1+5=6$

तथा $1+\beta=1-5=-4$

अतः 6 तथा -4 नए द्विघात बहुपद के शून्यक हैं।

$\therefore$ नया द्विघात बहुपद निम्न है

$$(x-6)(x+4)\text{ या }x^2-2x-24$$

उदाहरण 21 एक त्रिघात बहुपद ज्ञात कीजिए, जिसके तीन शून्यक 3, -1 तथा $\frac{-1}{3}$ हैं।

हल माना त्रिघात बहुपद के शून्यक निम्न हैं

$$\alpha=3,\beta=-1\text{ तथा }\gamma=\frac{-1}{3}$$

तब, $\alpha+\beta+\gamma=3+(-1)+\left(\frac{-1}{3}\right)=2-\frac{1}{3}=\frac{5}{3}$

$$\alpha\beta+\beta\gamma+\gamma\alpha=(3)(-1)+(-1)\left(\frac{-1}{3}\right)+\left(\frac{-1}{3}\right)(3)$$
$$=-3+\frac{1}{3}-1$$
$$=\frac{-11}{3}$$

तथा $\alpha\beta\gamma=(3)(-1)\left(\frac{-1}{3}\right)=1$

अब, अभीष्ट त्रिघात बहुपद

$$=k[x^3-(\alpha+\beta+\gamma)x^2+(\alpha\beta+\beta\gamma+\gamma\alpha)x-\alpha\beta\gamma]$$

[जहाँ, k एक शून्येत्तर अचर राशि है]

$$=k\left[x^3-\left(\frac{5}{3}\right)x^2+\left(\frac{-11}{3}\right)x-1\right]$$
$$=\frac{k[3x^3-5x^2-11x-3]}{3}$$
$$=3x^3-5x^2-11x-3$$ [यहाँ, $k=3$ लेने पर]

NCERT फोल्डर

प्रश्नावली 2.1

1. किसी बहुपद $p(x)$ के लिए, $y = p(x)$ का ग्राफ नीचे (आकृति में) दिया है। प्रत्येक स्थिति में, $p(x)$ के शून्यकों की संख्या ज्ञात कीजिए।

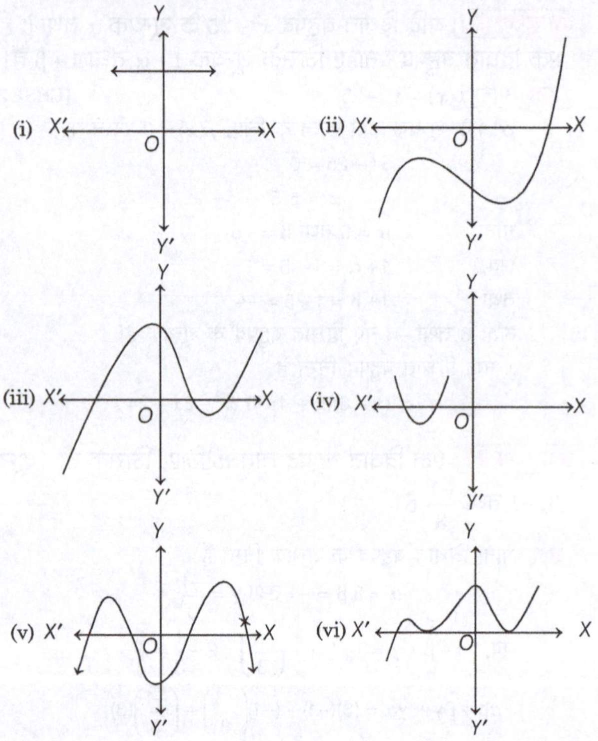

हल (i) कोई शून्यक नहीं है, क्योंकि ग्राफ X-अक्ष पर प्रतिच्छेद नहीं करता है।

(ii) शून्यकों की संख्या 1 है, क्योंकि ग्राफ X-अक्ष पर केवल एक बिंदु पर प्रतिच्छेद करता है।

(iii) शून्यकों की संख्या 3 है, क्योंकि ग्राफ X-अक्ष पर तीन बिंदुओं पर प्रतिच्छेद करता है।

(iv) शून्यकों की संख्या 2 है, क्योंकि ग्राफ X-अक्ष पर दो बिंदुओं पर प्रतिच्छेद करता है।

(v) शून्यकों की संख्या 4 है, क्योंकि ग्राफ X-अक्ष पर चार बिंदुओं पर प्रतिच्छेद करता है।

(vi) शून्यकों की संख्या 3 है, क्योंकि ग्राफ X-अक्ष पर तीन बिंदुओं पर प्रतिच्छेद करता है।

प्रश्नावली 2.2

1. निम्न द्विघात बहुपदों के शून्यक ज्ञात कीजिए और शून्यकों तथा गुणांकों के बीच संबंध की सत्यता की जाँच कीजिए।

(i) $x^2 - 2x - 8$ (ii) $4s^2 - 4s + 1$

(iii) $6x^2 - 3 - 7x$ (iv) $4u^2 + 8u$

(v) $t^2 - 15$ (vi) $3x^2 - x - 4$

हल (i) दिया है, $x^2 - 2x - 8 = x^2 - 4x + 2x - 8$

$= x(x-4) + 2(x-4) = (x-4)(x+2)$

शून्यक ज्ञात करने के लिए, $x^2 - 2x - 8 = 0$

$\Rightarrow \quad x + 2 = 0$ और $x - 4 = 0$

$\Rightarrow \quad x = -2$ और $x = 4$

अतः बहुपद $x^2 - 2x - 8$ के शून्यक -2 और 4 हैं।

अब, शून्यकों का योग $= -2 + 4 = 2 = -\dfrac{x \text{ का गुणांक}}{x^2 \text{ का गुणांक}}$

तथा शून्यकों का गुणनफल $= (-2)(4) = -8 = \dfrac{\text{अचर पद}}{x^2 \text{ का गुणांक}}$

(ii) दिया है, $4s^2 - 4s + 1 = 4s^2 - 2s - 2s + 1$

$= 2s(2s-1) - 1(2s-1)$

$= (2s-1)(2s-1) = (2s-1)^2$

अब, $4s^2 - 4s + 1 = 0 \Rightarrow 2s - 1 = 0$

$\Rightarrow \quad s = \dfrac{1}{2}$

अतः बहुपद $4s^2 - 4s + 1$ के शून्यक $\dfrac{1}{2}$ तथा $\dfrac{1}{2}$ हैं।

अब, शून्यकों का योग $= \dfrac{1}{2} + \dfrac{1}{2} = 1 = -\left(-\dfrac{4}{4}\right)$

$= -\dfrac{s \text{ का गुणांक}}{s^2 \text{ का गुणांक}}$

तथा शून्यकों का गुणनफल $= \dfrac{1}{2} \times \dfrac{1}{2} = \dfrac{1}{4} = \dfrac{\text{अचर पद}}{s^2 \text{ का गुणांक}}$

(iii) दिया है, $6x^2 - 3 - 7x = 6x^2 - 7x - 3$

$= 6x^2 - 9x + 2x - 3$

$= 3x(2x-3) + 1(2x-3)$

$= (3x+1)(2x-3)$

अब, $6x^2 - 7x - 3 = 0$

$\Rightarrow \quad 3x + 1 = 0$ और $2x - 3 = 0$

$\Rightarrow \quad x = -\dfrac{1}{3}$ और $x = \dfrac{3}{2}$

अतः बहुपद $6x^2 - 3 - 7x$ के शून्यक $-\frac{1}{3}$ तथा $\frac{3}{2}$ हैं।

अब, शून्यकों का योग $= -\frac{1}{3} + \frac{3}{2} = \frac{7}{6}$

$$= -\left(-\frac{7}{6}\right) = -\frac{x \text{ का गुणांक}}{x^2 \text{ का गुणांक}}$$

तथा शून्यकों का गुणनफल $= \left(-\frac{1}{3}\right)\left(\frac{3}{2}\right) = -\frac{1}{2}$

$$= -\frac{3}{6} = \frac{\text{अचर पद}}{x^2 \text{ का गुणांक}}$$

(iv) दिया है, $4u^2 + 8u = 4u(u+2)$

अब, $4u^2 + 8u = 0$

$\Rightarrow 4u = 0$ और $u + 2 = 0 \Rightarrow u = 0$ और $u = -2$

अतः बहुपद $4u^2 + 8u$ के शून्यक क्रमशः 0 तथा −2 हैं।

अब, शून्यकों का योग $= 0 + (-2) = -2 = -\frac{8}{4}$

$$= -\frac{u \text{ का गुणांक}}{u^2 \text{ का गुणांक}}$$

तथा शून्यकों का गुणनफल $= 0 \times (-2) = 0 = \frac{0}{4} = \frac{\text{अचर पद}}{u^2 \text{ का गुणांक}}$

(v) दिया है, $t^2 - 15 = (t - \sqrt{15})(t + \sqrt{15})$

अब, $t^2 - 15 = 0$

$\Rightarrow t - \sqrt{15} = 0$ और $t + \sqrt{15} = 0$

$\Rightarrow t = \sqrt{15}$ और $t = -\sqrt{15}$

अतः बहुपद $t^2 - 15$ के शून्यक $\sqrt{15}$ तथा $-\sqrt{15}$ हैं।

अब, शून्यकों का योग $= \sqrt{15} + (-\sqrt{15}) = 0$

$$= -\frac{0}{1} = -\frac{t \text{ का गुणांक}}{t^2 \text{ का गुणांक}}$$

तथा शून्यकों का गुणनफल $= (\sqrt{15}) \times (-\sqrt{15}) = -15$

$$= -\frac{15}{1} = \frac{\text{अचर पद}}{t^2 \text{ का गुणांक}}$$

(vi) दिया है, $3x^2 - x - 4 = 3x^2 + 3x - 4x - 4$

$= 3x(x+1) - 4(x+1)$

$= (x+1)(3x-4)$

अब, $3x^2 - x - 4 = 0$

$\Rightarrow x + 1 = 0$ और $3x - 4 = 0$

$\Rightarrow x = -1$ और $3x = 4$ या $= \frac{4}{3}$

अतः बहुपद $3x^2 - x - 4$ के शून्यक −1 तथा $\frac{4}{3}$ हैं।

अब, शून्यकों का योग $= -1 + \frac{4}{3} = \frac{1}{3} = -\left(-\frac{1}{3}\right)$

$$= -\frac{x \text{ का गुणांक}}{x^2 \text{ का गुणांक}}$$

तथा शून्यकों का गुणनफल $= (-1) \times \left(\frac{4}{3}\right) = -\frac{4}{3} = \frac{\text{अचर पद}}{x^2 \text{ का गुणांक}}$

2. एक द्विघात बहुपद ज्ञात कीजिए, जिसके शून्यकों के योग तथा गुणनफल क्रमशः दी गई संख्याएँ हैं।

(i) $\frac{1}{4}, -1$ (ii) $\sqrt{2}, \frac{1}{3}$ (iii) $0, \sqrt{5}$

(iv) 1, 1 (v) $-\frac{1}{4}, \frac{1}{4}$ (vi) 4, 1

> अभीष्ट द्विघात बहुपद ज्ञात करने के लिए दिए गए शून्यकों के योग और गुणनफल को निम्न समीकरण में रखिए $x^2 -$ (शून्यकों का योग) $x +$ शून्यकों का गुणनफल

हल माना बहुपद $ax^2 + bx + c$ है तथा उसके शून्यक α और β हैं।

(i) यहाँ, $\alpha + \beta = \frac{1}{4}$ तथा $\alpha\beta = -1$

अतः अभीष्ट द्विघात बहुपद

$= k\{x^2 -$ (शून्यकों का योग) $x +$ (शून्यकों का गुणनफल)}

$$= k\left\{x^2 - \left(\frac{1}{4}\right)x + (-1)\right\}$$

$$= k\left\{x^2 - \frac{1}{4}x - 1\right\}$$

यदि $k = 4$, तब द्विघात बहुपद $4x^2 - x - 4$ है।

(ii) यहाँ, $\alpha + \beta = \sqrt{2}$ तथा $\alpha\beta = \frac{1}{3}$

अतः द्विघात बहुपद

$= k\{x^2 -$ (शून्यकों का योग) $x +$ (शून्यकों का गुणनफल)}

$$= k\left\{x^2 - \sqrt{2}x + \frac{1}{3}\right\}$$

यदि $k = 3$, तब द्विघात बहुपद $3x^2 - 3\sqrt{2}x + 1$ है।

(iii) यहाँ, $\alpha + \beta = 0$ तथा $\alpha\beta = \sqrt{5}$

अतः द्विघात बहुपद

$= x^2 -$ (शून्यकों का योग) $x +$ (शून्यकों का गुणनफल)

$= x^2 - 0 \times x + \sqrt{5} = x^2 + \sqrt{5}$

(iv) यहाँ, $\alpha + \beta = 1$ तथा $\alpha\beta = 1$

अतः द्विघात बहुपद

$= x^2 -$ (शून्यकों का योग) $x +$ (शून्यकों का गुणनफल)

$= x^2 - (1)x + (1)$

$= x^2 - x + 1$

(v) यहाँ, $\alpha + \beta = -\frac{1}{4}$ तथा $\alpha\beta = \frac{1}{4}$

अतः द्विघात बहुपद

$= k\{x^2 -$ (शून्यकों का योग) $x +$ (शून्यकों का गुणनफल)}

$$= k\left\{x^2 - \left(-\frac{1}{4}\right)x + \frac{1}{4}\right\} = k\left\{x^2 + \frac{1}{4}x + \frac{1}{4}\right\}$$

यदि $k = 4$, तब द्विघात बहुपद $4x^2 + x + 1$ है।

(vi) यहाँ, $\alpha + \beta = 4$ तथा $\alpha\beta = 1$

अतः द्विघात बहुपद

$= x^2 -$ (शून्यकों का योग) $x +$ (शून्यकों का गुणनफल)

$= x^2 - 4x + 1$

अध्याय : एक नजर में

- एक चर x में एक बहुपद एक बीजीय व्यंजक $p(x) = a_n x^n + a_{n-1}x^{n-1} + ... + a_2 x^2 + a_1 x + a_0$ के रूप का होता है। जहाँ, $a_0, a_1, a_2, ...a_n$ अचर हैं तथा $a_n \neq 0$
- बहुपद में चर की अधिकतम घात वाले पद के घातांक को बहुपद की घात कहा जाता है।
- विभिन्न घात वाले बहुपदों के मानक रूप निम्न हैं

घात	बहुपद का नाम	बहुपद का मानक रूप
0	शून्येत्तर अचर बहुपद	$p(x) = a, a \neq 0$
1	रैखिक बहुपद	$p(x) = ax + b, a \neq 0$
2	द्विघात बहुपद	$p(x) = ax^2 + bx + c, a \neq 0$
3	त्रिघात बहुपद	$p(x) = ax^3 + bx^2 + cx + d, a \neq 0$
4	चतुर्घात बहुपद	$p(x) = ax^4 + bx^3 + cx^2 + dx + e, a \neq 0$

- यदि $p(x)$ चर x में कोई बहुपद है तथा α एक वास्तविक संख्या है, तो $p(x)$ में x को α से प्रतिस्थापित करने पर प्राप्त संख्या $p(x)$ का $x = \alpha$ पर मान कहलाती है।
- यदि व्यंजक $f(x)$, x में बहुपद हो, तब एक वास्तविक संख्या k, बहुपद $f(x)$ का शून्यक बहुपद के शून्यकों का ज्यामितीय अर्थ बहुपद $p(x)$ के शून्यक उन बिंदुओं के x–निर्देशांक होते हैं, जहाँ $y = p(x)$ का ग्राफ (आलेख) X-अक्ष को काटता है।
- एक द्विघात बहुपद के अधिकतम दो वास्तविक शून्यक तथा त्रिघात बहुपद के अधिकतम तीन वास्तविक शून्यक होते हैं।
- n घात के बहुपद के अधिकतम n वास्तविक शून्यक हो सकते हैं। यदि और केवल यदि $f(k) = 0$ हो।
- किसी बहुपद के शून्यकों और गुणांकों में संबंध
  (i) यदि द्विघात बहुपद $ax^2 + bx + c$ के शून्यक α और β हैं, तब $\alpha + \beta = \frac{-b}{a}$ तथा $\alpha\beta = \frac{c}{a}$
  (ii) यदि त्रिघात बहुपद $ax^3 + bx^2 + cx + d$ के शून्यक α, β तथा γ हैं, तब $\alpha + \beta + \gamma = \frac{-b}{a}, \alpha\beta + \beta\gamma + \gamma\alpha = \frac{c}{a}$ और $\alpha\beta\gamma = \frac{-d}{a}$
- दिए गए शून्यकों से द्विघात तथा त्रिघात बहुपद बनाना
  (i) यदि α तथा β एक द्विघात बहुपद के शून्यक हैं, तब द्विघात बहुपद $k[x^2 - (\alpha + \beta)x + \alpha\beta]$, जहाँ k एक शून्येत्तर वास्तविक संख्या है, होती है।
  (ii) यदि α, β तथा γ एक त्रिघात बहुपद के शून्यक हैं, तब त्रिघात बहुपद निम्न है।
  $k[x^3 - (\alpha + \beta + \gamma)x^2 + (\alpha\beta + \beta\gamma + \gamma\alpha)x - \alpha\beta\gamma]$, जहाँ k एक शून्येत्तर वास्तविक संख्या है।

परीक्षा अभ्यास

यहाँ अध्याय से संबंधित सभी संभावित प्रश्नों को दिया गया है, इन प्रश्नों का अभ्यास करके व याद रखकर छात्र अध्याय से संबंधित किसी भी प्रश्न का उत्तर दे पाएँगे।

बहुविकल्पीय प्रश्न

1. एक द्विघात बहुपद के अधिक-से-अधिक शून्यकों की संख्या होगी **[NCERT Exemplar]**

(a) 1 (b) 2 (c) 3 (d) 4

2. शून्यकों 6 तथा −1 वाले कितने बहुपद होंगे? **[NCERT Exemplar]**

(a) एक (b) दो
(c) तीन (d) तीन से अधिक

3. बहुपद (x^2-2x-3) के शून्यक होंगे

(a) −3, 1 (b) −3, −1
(c) 3, −1 (d) 3, 1

4. एक द्विघात बहुपद के शून्यकों का योग तथा गुणनफल क्रमश: 1 तथा 1 हैं, बहुपद होगा **[NCERT Exemplar]**

(a) x^2-x+1 (b) x^2+x+1
(c) x^2+x-1 (d) x^2-x-1

5. निम्नलिखित में से कौन-सा ग्राफ द्विघात बहुपद का नहीं है?

(a)
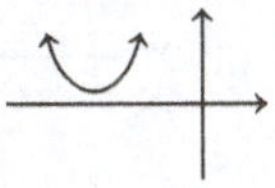

(b)
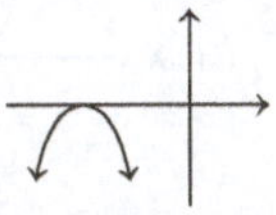

(c)
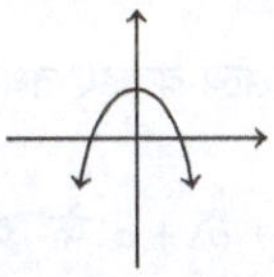

(d)
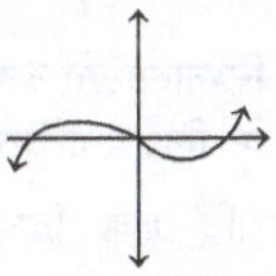

6. किसी बहुपद $f(x)$ के लिए $y=f(x)$ का ग्राफ दिया है। ग्राफ में $f(x)$ के शून्यांकों की संख्या होगी **[NCERT Exemplar]**

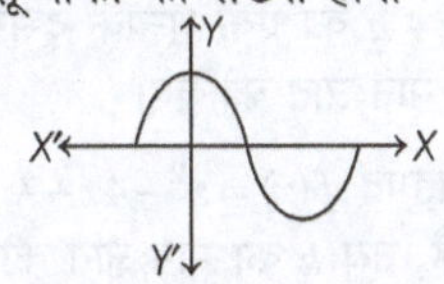

(a) 1 (b) 3
(c) 2 (d) 4

7. यदि द्विघातीय बहुपद $(k-1)x^2+kx+1$ का एक शून्यक −3 है, तब k का मान है

(a) $\frac{4}{3}$ (b) $-\frac{4}{3}$ (c) $\frac{2}{3}$ (d) $-\frac{2}{3}$

8. एक द्विघात बहुपद जिसके शून्यक −3 और 4 हैं, है **[NCERT Exemplar]**

(a) x^2-x-12 (b) x^2+x+12
(c) $\frac{x^2}{2}-\frac{x}{2}-6$ (d) $2x^2+2x-24$

9. बहुपद $x^2-3x-m(m+3)$ के शून्यक हैं **[CBSE 2020 (Standard)]**

(a) $m, m+3$ (b) $-m, (m+3)$
(c) $m, -(m+3)$ (d) $-m, -(m+3)$

10. निम्न ग्राफ में दिखाए गए बहुपद $p(x)$ के शून्यकों की संख्या है **[CBSE 2020 (Basic)]**

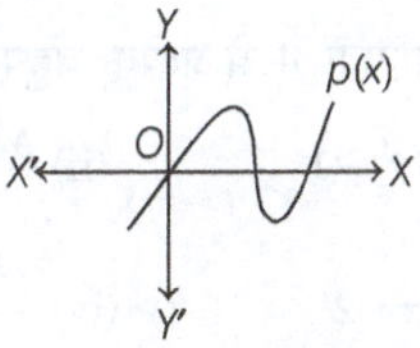

(a) 3 (b) 2
(c) 1 (d) 4

कथन कारण प्रश्न

निर्देश (प्र. सं. 11-15 तक) *इनमें से प्रत्येक प्रश्न में एक कथन के बाद एक कारण दिया गया है। इनको ध्यानपूर्वक पढ़िए तथा निम्न विकल्पों के आधार पर प्रश्नों के उत्तर दीजिए।*

(a) यदि दोनों कथन व कारण सही हैं तथा कारण कथन का सही स्पष्टीकरण है।
(b) यदि दोनों कथन व कारण सही हैं परन्तु कारण कथन का सही स्पष्टीकरण नहीं है।
(c) यदि कथन सही है परन्तु कारण गलत है।
(d) यदि कथन गलत है परन्तु कारण सही है।

11. कथन x^2+4x+6 के दो शून्यक हैं।

कारण एक द्विघात बहुपद के अधिकतम दो शून्यक हो सकते हैं।

12. कथन यदि एक द्विघात बहुपद के शून्यक 3 व 4 हैं, तब बहुपद $x^2-7x+12$ है।

कारण यदि एक द्विघात बहुपद के शून्यक α व β हैं, तब द्विघात बहुपद $x^2-(\alpha+\beta)x+\alpha\beta$ है।

13. **कथन** यदि बहुपद $x^3-12x^2+3x+10$ के शून्यक $(a-d), a$ व $(a+d)$ है, तब a का मान 4 है।

कारण यदि $p(x)=ax^3+bx^2+cx+d, a\neq 0$ के शून्यक α, β व γ हैं, तब $\alpha\beta\gamma=-\frac{d}{a}$.

14. **कथन** यदि x^2-8x+1 के शून्यक α, β हैं, तब $\frac{1}{\alpha}+\frac{1}{\beta}-\alpha\beta$ का मान 7 है।

कारण यदि द्विघात बहुपद $ax^2+bx+c, a\neq 0$ के शून्यक α व β हैं, तब $\alpha+\beta=-\frac{b}{a}$ तथा $\alpha\beta=\frac{c}{a}$

15. **कथन** यदि बहुपद $3x^2+11x-4$ के शून्यक m व n हैं, तब $12(m^2+n^2)+145mn=0$

कारण यदि बहुपद ax^2+bx+c के शून्यक α व β हैं, तब $\frac{\alpha}{\beta}+\frac{\beta}{\alpha}=\frac{b^2}{ac}+2$

अतिलघु उत्तरीय प्रश्न

16. निम्नलिखित बहुपदों में से प्रत्येक बहुपद की घात बताइए।

(i) $7y^5+6y^2-1$ (ii) $\frac{y^4+3y^2+y}{y}$

(iii) $3x^2+7x+2$ (iv) $\frac{t^8-3t^7+2t^5-6t^2}{t^2}$

(v) $-x+1$ (vi) -10

17. निम्नलिखित बहुपदों में से प्रत्येक बहुपद का प्रकार घात के आधार पर बताइए।

(i) $f(p)=3-p^2+\sqrt{7}p$

(ii) $p(v)=\sqrt{3}v^4-\frac{2}{3}v+7$

(iii) $q(x)=\frac{\sqrt{2}}{5}x^3+1$

(iv) $r(x)=3$

(v) $p(z)=\sqrt{5}z+2\sqrt{2}$

(vi) $r(t)=\frac{-t+3t^2-4t^3}{t}$

18. k के किस मान के लिए, बहुपद $2x^2+x+k$ का शून्यक 3 होगा।

19. यदि बहुपद $f(x)=ax^2-3(a-1)x-1$ का एक शून्यक 2 है, तब a का मान ज्ञात कीजिए।

20. यदि बहुपद $3x^2-2kx+2m$ के शून्यक 2 तथा 3 हैं, तब k तथा m के मान ज्ञात कीजिए।

21. बहुपद के शून्यकों के ज्यामितीय अर्थ को बताइए।

22. दिए गए चित्र में $y=p(x)$ का ग्राफ दिया गया है, जहाँ $p(x)$ एक बहुपद है। $p(x)$ के शून्यकों की संख्या ज्ञात कीजिए।

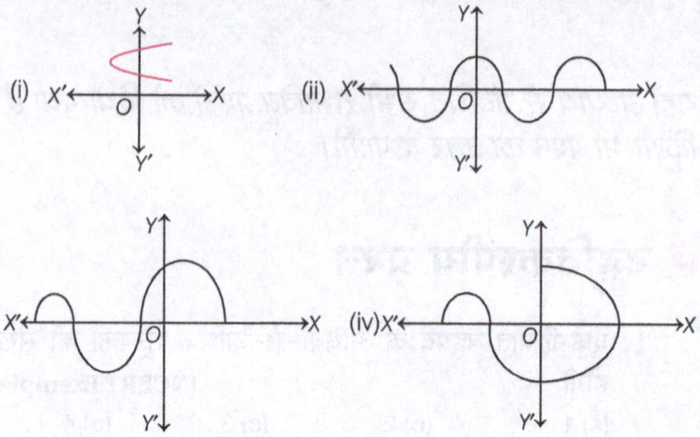

23. रैखिक बहुपद $x+5$ का ग्राफ निरूपित कीजिए तथा दिए गए बहुपद के शून्यक भी ज्ञात कीजिए।

24. बहुपद $\frac{-t^9+4t^6+7t^5}{t^5}$ की घात ज्ञात कीजिए।

25. यदि द्विघात बहुपद kx^2+3x+k का एक शून्यक 2 है, तो k का मान ज्ञात कीजिए। **[CBSE 2023 (Standard)]**

26. बहुपद $p(x)$ के लिए $y=p(x)$ का ग्राफ नीचे दिया गया है। निम्नलिखित स्थिति में $p(x)$ के शून्यकों की संख्या ज्ञात कीजिए। प्रत्येक दशा में यह भी बताइए कि $p(x)$ रैखिक बहुपद है या द्विघातीय बहुपद।

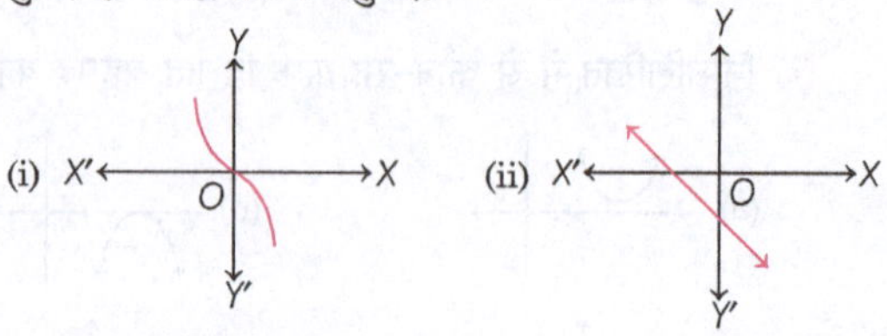

27. निम्नलिखित कथन सत्य है या असत्य बताइए तथा अपने उत्तर के लिए औचित्य दीजिए।

यदि एक द्विघात बहुपद ax^2+bx+c के दोनों शून्यक ऋणात्मक हों, तो a, b और c में से सभी का समान चिह्न होता है।

28. यदि $2x^2-3x+k$ का एक शून्यक दूसरे शून्यक का व्युत्क्रम है, तब k का मान ज्ञात कीजिए। **[CBSE 2010]**

29. यदि द्विघात बहुपद $f(x)=x^2-4x+k$ के शून्यकों के वर्गों का योग 20 है, तब k का मान ज्ञात कीजिए।

30. द्विघात बहुपद ज्ञात कीजिए जिसके शून्यक $\sqrt{3}+\sqrt{5}$ और $\sqrt{5}-\sqrt{3}$ हैं।

31. यदि द्विघात बहुपद ax^2+bx+c, जहाँ $c\neq 0$ के शून्यक बराबर हैं, तो सिद्ध कीजिए कि c और a एक ही चिह्न के हैं। **[NCERT Exemplar]**

लघु उत्तरीय प्रश्न

32. निम्नलिखित द्विघात बहुपद को ग्राफ पर निरूपित कीजिए तथा उनके शून्यक भी ज्ञात कीजिए।

(i) $-x^2+x+6$ (ii) x^2-6x+9

(iii) y^2-4 (iv) $3z^2-z$

(v) $6x^2-7x+2$ (vi) $-2x^2+5x+7$

33. निम्नलिखित द्विघात बहुपद के शून्यकों को ज्ञात कीजिए और शून्यकों तथा गुणांकों के बीच के संबंध की सत्यता की जाँच कीजिए।

(i) $5x^2-8x-4$ (ii) $x^2-20x+91$

(iii) $x^2-(\sqrt{2}+1)x+\sqrt{2}$ (iv) $a(x^2+1)-x(a^2+1)$

34. द्विघात बहुपद $y^2+92y+1920$ के शून्यक ज्ञात कीजिए।

35. यदि किसी बहुपद x^2-7x+k के शून्यक α तथा β हैं, जहाँ $\alpha-\beta=1$, तब k का मान ज्ञात कीजिए। **[CBSE 2015]**

36. यदि किसी बहुपद $2y^2+7y+5$ के शून्यक α तथा β हैं, तब $\alpha+\beta+\alpha\beta$ का मान ज्ञात कीजिए। **[CBSE 2010]**

37. यदि किसी द्विघात बहुपद $f(x)=3x^2-5x-2$ के शून्यक α तथा β हैं, तो $\alpha^3+\beta^3$ का मान ज्ञात कीजिए।

38. यदि बहुपद $4x^2-3x-7$ के शून्यक α तथा β हैं, तो $\frac{1}{\alpha}+\frac{1}{\beta}$ का मान ज्ञात कीजिए। **[CBSE 2023 (Standard)]**

39. यदि बहुपद $3x^2-8x+2k+1$ का एक शून्यक दूसरे शून्यक का सात गुणा है, तब शून्यकों तथा k का मान ज्ञात कीजिए। **[CBSE 2010]**

40. निम्नलिखित व्यंजकों में से कौन-कौन एक चर में बहुपद है और कौन-कौन नहीं हैं? कारण सहित उत्तर दीजिए।

(i) $x^3+\frac{1}{x^2}+\frac{1}{x}+1$ (ii) x^2+x+3

(iii) $y^{-1/2}-3y+2$ (iv) $\sqrt{2}y^3+\sqrt{3}y$

41. यदि बहुपद $(a^2+9)x^2+13x+6a$ का शून्यक दूसरे शून्यक का व्युत्क्रम है, तब a का मान ज्ञात कीजिए।

42. यदि α और β द्विघात बहुपद $p(x)=x^2-(k+6)x+2(2k-1)$ के शून्यक हैं, तो k का मान ज्ञात कीजिए यदि $\alpha+\beta=\frac{\alpha\beta}{2}$

43. यदि बहुपद $x^2-(k+6)x+2(2k-1)$ के शून्यकों का योग उनके गुणनफल का आधा है, तो k का मान ज्ञात कीजिए। **[CBSE 2019]**

44. एक द्विघात बहुपद ज्ञात कीजिए जिसके शून्यक 2 तथा -6 हैं। बहुपद के शून्यकों तथा गुणांकों के बीच के संबंध की सत्यता की जाँच कीजिए। **[CBSE 2010]**

45. एक त्रिघात बहुपद ज्ञात कीजिए, जिसके शून्यक $\frac{2+\sqrt{5}}{2}$, $\frac{2-\sqrt{5}}{2}$ तथा 4 हैं।

46. यदि बहुपद $Lx^4+Mx^3+Nx^2+Rx+P$ के शून्यक 1 तथा -1 हैं, तब सिद्ध कीजिए कि $L+N+P=M+R$

47. -3 तथा 5 शून्यकों वाले बहुपदों की संख्या कितनी होगी? **[CBSE 2023 (Standard)]**

48. यदि किसी द्विघात बहुपद $f(x)=x^2+x-2$ के शून्यक α तथा β हैं, तब एक ऐसा बहुपद ज्ञात कीजिए जिसका शून्यक $(2\alpha+1)$ और $(2\beta+1)$ हैं। **[CBSE 2015]**

49. यदि एक द्विघात बहुपद $f(x)=ax^2+bx+c$ के शून्यक α तथा β हैं, तब $\frac{1}{\alpha}-\frac{1}{\beta}$ का मान ज्ञात कीजिए।

50. द्विघात बहुपद $7y^2-\frac{11}{3}y-\frac{2}{3}$ के शून्यक गुणनखंड विधि से ज्ञात कीजिए और शून्यकों तथा गुणांकों के बीच संबंध की सत्यता की जाँच कीजिए।

51. द्विघात बहुपद $q(x)=\sqrt{3}x^2+10x+7\sqrt{3}$ के शून्यकों को ज्ञात कीजिए और शून्यकों तथा गुणांकों के बीच संबंध की सत्यता की जाँच कीजिए।

52. क्या किसी विषम पूर्णांक $k>1$ के लिए, द्विघात बहुपद x^2+kx+k के समान शून्यक हो सकते हैं? **[NCERT Exemplar]**

53. यदि बहुपद $p(x)=(a+1)x^2+(2a+3)x+(3a+4)$ के शून्यकों का योग -1 है, तब इसके शून्यकों का गुणनफल ज्ञात कीजिए।

दीर्घ उत्तरीय प्रश्न

54. यदि बहुपद $p(x)=6x^2+x-1$ के शून्यक α तथा β हैं, तब $\frac{\alpha}{\beta}+\frac{\beta}{\alpha}+2\left(\frac{1}{\alpha}+\frac{1}{\beta}\right)+3\alpha\beta$ का मान ज्ञात कीजिए।

55. यदि द्विघात बहुपद $f(x)=x^2-3x-2$ के शून्यक α और β हैं, तब एक बहुपद ज्ञात कीजिए जिसके शून्यक हैं

(i) $\frac{2\alpha}{\beta}$ तथा $\frac{2\beta}{\alpha}$

(ii) $(2\alpha+3\beta)$ तथा $(3\alpha+2\beta)$

(iii) $\frac{\alpha^2}{\beta}$ तथा $\frac{\beta^2}{\alpha}$

(iv) $\frac{1}{2\alpha+\beta}$ तथा $\frac{1}{2\beta+\alpha}$

56. यदि बहुपद $ax^2+bx+b=0$ के शून्यक $m:n$ अनुपात में हैं, तो $\sqrt{\frac{m}{n}}+\sqrt{\frac{n}{m}}$ का मान ज्ञात कीजिए।

57. यदि द्विघात बहुपद $f(x)=px^2+qx+r$ के शून्यक α तथा β हैं, तो $\frac{1}{p\alpha+q}+\frac{1}{p\beta+q}$ का मान ज्ञात कीजिए।

58. यदि द्विघात बहुपद $p(s)=3s^2-6s+4$ के शून्यक α तथा β हैं, तो $\frac{\alpha}{\beta}+\frac{\beta}{\alpha}+2\left(\frac{1}{\alpha}+\frac{1}{\beta}\right)+3\alpha\beta$ का मान ज्ञात कीजिए।

59. यदि द्विघात बहुपद $f(x)=x^2-px+q$ के शून्यक α तथा β हैं, तो सिद्ध कीजिए कि $\frac{\alpha^2}{\beta^2}+\frac{\beta^2}{\alpha^2}=\frac{p^4}{q^2}-\frac{4p^2}{q}+2$

केस स्टडी आधारित प्रश्न

60. नीचे दी गई आकृति में कुछ प्राकृतिक परवलय आकृतियों के उदाहरण दिए गए हैं जोकि द्विघात बहुपद के द्वारा दर्शाए गए हैं। एक परवलयी मेहराब जोकि परवलय के प्रारूप का है।

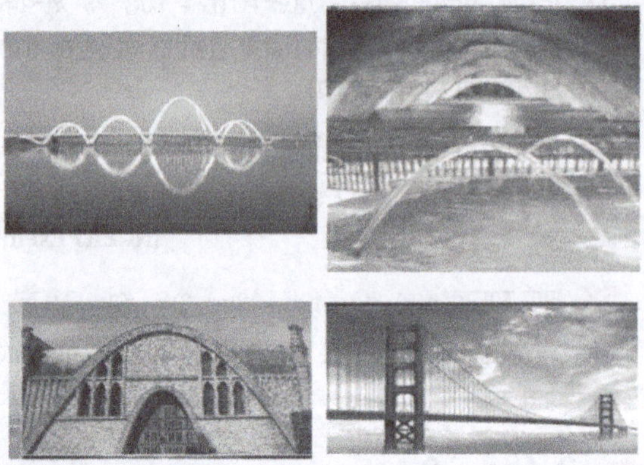

उपरोक्त आकृतियों में वक्र भार उठाने की विभिन्न उत्तम विधियों को दर्शाते हैं जोकि पुल तथा अन्य विभिन्न रूपों में पाए जाते हैं।

उपरोक्त जानकारी के आधार पर निम्न प्रश्नों के उत्तर दीजिए।

(i) द्विघात बहुपद के मानक रूप ax^2+bx+c में, a, b तथा c हैं

(a) सभी वास्तविक संख्याएँ
(b) सभी परिमेय संख्याएँ
(c) a एक अशून्य वास्तविक संख्या, b तथा c कोई वास्तविक संख्याएँ
(d) सभी पूर्णांक

(ii) यदि द्विघात बहुपद के मूल बराबर हैं, जहाँ विविक्तकर $D=b^2-4ac$ है, तब

(a) $D>0$ (b) $D<0$
(c) $D\geq 0$ (d) $D=0$

(iii) यदि α तथा $\frac{1}{\alpha}$ द्विघात बहुपद $2x^2-x+8k$ के शून्यक हैं, तब k है

(a) 4 (b) $\frac{1}{4}$ (c) $\frac{-1}{4}$ (d) 2

(iv) $x^2+1=0$ का आलेख है

(a) दो विभिन्न बिन्दुओं पर X-अक्ष को प्रतिच्छेद करता है
(b) X-अक्ष को एक बिन्दु पर स्पर्श करता है
(c) न तो स्पर्श करता है न ही X-अक्ष को प्रतिच्छेद करता है
(d) या तो स्पर्श करता है या X-अक्ष को प्रतिच्छेद करता है

(v) यदि मूलों का योगफल $-p$ तथा मूलों का गुणनफल $-\frac{1}{p}$ है, तब द्विघात बहुपद है

(a) $k\left[-px^2+\frac{x}{p}+1\right]$ (b) $k\left[px^2-\frac{x}{p}-1\right]$
(c) $k\left[x^2+px-\frac{1}{p}\right]$ (d) $k\left[x^2-px+\frac{1}{p}\right]$

61. आसन शरीर की वह अवस्था है जिसमें वास्तविक तथा सामान्य रूप में शांतचित मुद्रा में बैठा जाता है अर्थात् इसका परिवर्तित रूप हथ योग तथा आधुनिक योग रूप में व्यायाम के रूप में विभिन्न प्रकार की शारीरिक अवस्थाओं में देखने में मिलता है। शरीर को मुड़ाना, बैठाना, घुमाना आदि सन्तुलन बनाए रखने की अवस्था व्यायाम है। दी गई आकृति में शरीर की विभिन्न अवस्थाओं को दर्शाया गया है जोकि द्विघात बहुपद से सम्बन्धित है।

उपरोक्त जानकारी के आधार पर निम्न प्रश्नों के उत्तर दीजिए।

(i) उपरोक्त में शरीर की अवस्था की आकृति निम्न में से है

(a) घुमावदार (b) दीर्घवृत्त
(c) रैखिक (d) परवलय

(ii) नीचे की ओर परवलय का आलेख दर्शाता है, यदि

(a) $a \geq 0$ (b) $a = 0$
(c) $a < 0$ (d) $a > 0$

(iii) दिए गए आलेख में, बहुपद के कितने शून्यक हैं?

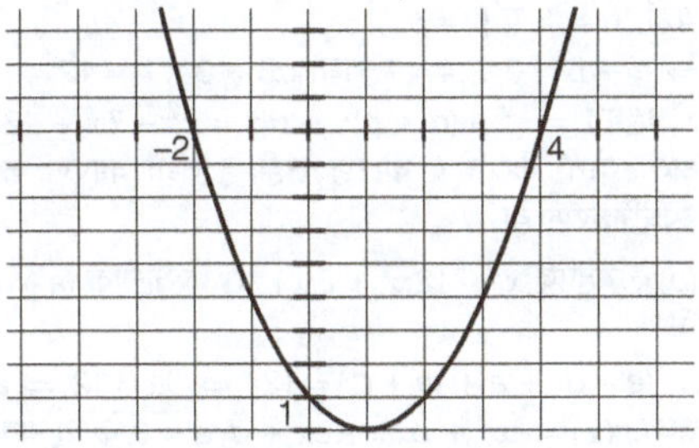

(a) 0 (b) 1 (c) 2 (d) 3

(iv) दिए गए आलेख में दो शून्यक हैं

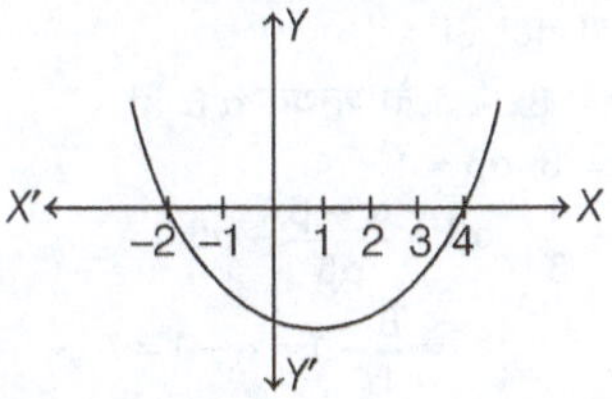

(a) 2, 4 (b) – 2, 4 (c) – 8, 4 (d) 2, – 8

(v) द्विघात बहुपद $4\sqrt{3}x^2 + 5x - 2\sqrt{3}$ के शून्यक हैं

(a) $\frac{2}{\sqrt{3}}, \frac{\sqrt{3}}{4}$ (b) $-\frac{2}{\sqrt{3}}, \frac{\sqrt{3}}{4}$
(c) $\frac{2}{\sqrt{3}}, -\frac{\sqrt{3}}{4}$ (d) $-\frac{2}{\sqrt{3}}, -\frac{\sqrt{3}}{4}$

62. बास्केटबॉल तथा फुटबॉल दोनों खेल वृत्ताकार बॉल से ही खेले जाते हैं। कभी-कभी एथलीट इसी बॉल को दोनों खेलों में इस्तेमाल करता है। फर्क बस इतना होता है कि फुटबॉल पैर से खेला जाता है तथा बास्केटबॉल हाथों से खेला जाता है। फुटबॉल मैदानी खेल है जबकि बॉस्केटबॉल प्रांगण में अन्दर ही खेला जा सकता है। दोनों ही खेलों में, बॉल का पथ परवलयाकार रूप में ज्ञात होता है।

उपरोक्त जानकारी के आधार पर निम्न प्रश्नों के उत्तर दीजिए

(i) अनुरेखित पथ की आकृति निम्न में से है

(a) सर्पिल आकार
(b) दीर्घवृत्त
(c) रैखिक
(d) परवलय

(ii) परवलय का आलेख नीचे की ओर खुलेगा, यदि

(a) $a = 0$
(b) $a < 0$
(c) $a > 0$
(d) $a \geq 0$

(iii) निम्नलिखित आलेख को देखकर उत्तर दीजिए

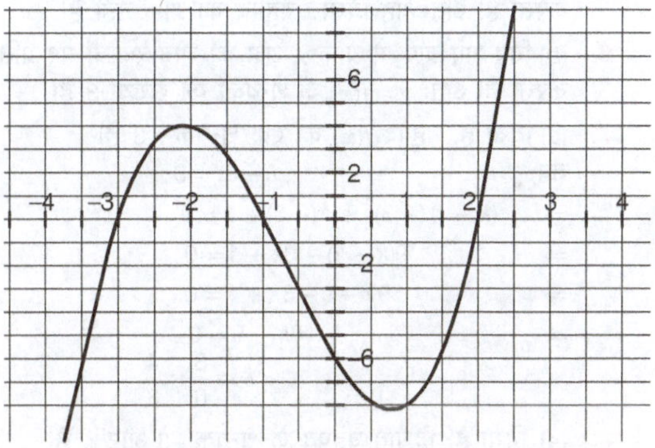

उपरोक्त आलेख में बहुपद में कितने शून्यक हो सकते हैं?

(a) 0
(b) 1
(c) 2
(d) 3

(iv) उपरोक्त आकृति में तीन शून्यक कौन-से हैं?

(a) 2, 3, – 1
(b) – 2, 3, 1
(c) – 3, – 1, 2
(d) – 2, – 3, – 1

(v) बहुपद का व्यंजक कौन-सा होगा?

(a) $x^3 + 2x^2 - 5x - 6$
(b) $x^3 + 2x^2 - 5x + 6$
(c) $x^3 + 2x^2 + 5x - 6$
(d) $x^3 + 2x^2 + 5x + 6$

संकेत एवं हल

1. (b) एक द्विघात बहुपद के अधिकतम शून्यकों की संख्या 2 होती है।

2. (d) $k(x-6)(x+1) = k(x^2 - 5x - 6)$ के रूप में अपरिमित बहुपद होंगे।

3. (c) दिया बहुपद $= x^2 - 2x - 3$

$$= x^2 - (3-1)x - 3$$
$$= x^2 - 3x + x - 3$$
$$= x(x-3) + 1(x-3)$$
$$= (x-3)(x+1)$$

शून्यक के लिए, $(x-3)(x+1) = 0$

यदि $x - 3 = 0$, तब $x = 3$

यदि $x + 1 = 0$, तब $x = -1$

अतः बहुपद के शून्यक 3,–1 हैं।

4. (a) दिया है, शून्यकों का योग = 1, शून्यकों का गुणनफल = 1

$\because$ द्विघात बहुपद = $k[x^2$ – (शून्यकों का योग) x + शून्यकों का गुणनफल]

$$= k[x^2 - x + 1]$$
$= x^2 - x + 1$ [जहाँ $k = 1$ (वास्तविक संख्या)]

5. (d) विकल्प (d) में ग्राफ X-अक्ष को तीन स्थानों पर प्रतिच्छेद करता है। अतः यह द्विघात बहुपद का ग्राफ नहीं है।

6. (b) दिए गए ग्राफ में ग्राफ X-अक्ष को तीन स्थानों पर प्रतिच्छेद करता है। अतः $y = f(x)$ के शून्यकों की संख्या 3 है।

7. (a) दिया है, बहुपद $f(x)$ का एक शून्यक –3 है।

तब, $f(-3) = 0$

$\Rightarrow \quad (k-1)(-3)^2 + k(-3) + 1 = 0$

$\Rightarrow \quad 9(k-1) - 3k + 1 = 0$

$\Rightarrow \quad 9k - 9 - 3k + 1 = 0$

$\Rightarrow \quad 6k - 8 = 0$

$\therefore \quad k = \frac{8}{6} = \frac{4}{3}$

8. (a) दिया है, द्विघात बहुपद के शून्यक –3 और 4 हैं।

$\therefore$ शून्यकों का योग $= -3 + 4 = 1$

शून्यकों का गुणनफल $= (-3) \times 4 = -12$

$\therefore$ द्विघातीय बहुपद = x^2 – (शून्यकों का योगफल) x + (शून्यकों का गुणनफल)

$$= x^2 - (1)x + (-12) = x^2 - x - 12$$

9. (b) दिया है, $f(x) = x^2 - 3x - m(m+3)$

$f(x)$ का शून्यक ज्ञात करने के लिए, $f(x) = 0$ रखने पर,

$$x^2 - 3x - m(m+3) = 0$$

$\Rightarrow x^2 - 3x - mx + mx - m(m+3) = 0$

$\Rightarrow x^2 - mx - 3x + mx - m(m+3) = 0$

$\Rightarrow x[x - (m+3)] + m[x - (m+3)] = 0$

$\Rightarrow \quad [x - (m+3)](x+m) = 0$

$\Rightarrow \quad x = -m, (m+3)$

10. (a) यहाँ, बहुपद $p(x)$ का ग्राफ X-अक्ष को तीन बिंदुओं पर प्रतिच्छेद करता है।

$\therefore$ $p(x)$ के शून्यकों की संख्या = 3

11. (d) हम जानते हैं कि किसी भी द्विघात बहुपद में अधिकतम दो शून्यक हो सकते है।

परन्तु $x^2 + 4x + 6$ के वास्तविक शून्यक नहीं है। इसलिए कथन गलत है परन्तु कारण सही है।

12. (a) हम जानते हैं कि यदि बहुपद के शून्यक α व β है, तब द्विघात बहुपद $x^2 - (\alpha+\beta)x + \alpha\beta$ होता है।

यहाँ, $\alpha = 3$ व $\beta = 4$

$\Rightarrow \alpha + \beta = 3 + 4 = 7$ तथा $\alpha\beta = 3 \times 4 = 12$

$\therefore$ बहुपद $= x^2 - (\alpha+\beta)x + \alpha\beta = x^2 - 7x + 12$

अतः दोनों कथन व कारण सही है तथा कारण कथन का सही स्पष्टीकरण है।

13. (b) $\because$ बहुपद $x^3 - 12x^2 + 3x + 10$ के शून्यक $(a-d), a\ (a+d)$ हैं।

$\therefore \quad (a-d) + a + (a+d) = 12 \Rightarrow 3a = 12 \Rightarrow a = 4$

तथा $p(x) = ax^3 + bx^2 + cx + d, a \neq 0$ के शून्यक α, β व γ हैं, तब $\alpha\beta\gamma = -\frac{d}{a}$

अतः कथन व कारण दोनों सही है परन्तु कारण, कथन का सही स्पष्टीकरण नहीं है।

14. (a) $\because \quad x^2 - 8x + 1$ के शून्यक α, β है।

$\therefore \alpha + \beta = 8, \alpha\beta = 1$

अतः, $\frac{1}{\alpha} + \frac{1}{\beta} - \alpha\beta = \frac{\alpha+\beta}{\alpha\beta} - \alpha\beta$

$$= \frac{8}{1} - 1 = 8 - 1 = 7$$

तथा हम जानते हैं कि $ax^2 + bx + c, a \neq 0$ के शून्यक α एवं β है, तब $\alpha + \beta = -\frac{b}{a}$ तथा $\alpha\beta = \frac{c}{a}$

अतः, कथन व कारण दोनों सही हैं तथा कारण, कथन का सही स्पष्टीकरण है।

15. (c) हम जानते हैं कि $ax^2 + bx + c, a \neq 0$ के शून्यक α व β है, तब,

$$\alpha + \beta = -\frac{b}{a} \text{ तथा } \alpha\beta = \frac{c}{a}$$

तब $3x^2 + 11x - 4$ के शून्यक m व n हैं, तब

$$m + n = -\frac{11}{3} \text{ तथा } mn = -\frac{4}{3}$$

$\therefore \quad 12(m^2 + n^2) + 145mn$

$$= 12[(m+n)^2 - 2mn] + 145\,mn$$
$$= 12\,(m+n)^2 - 24mn + 145\,mn$$
$$= 12\left(-\frac{11}{3}\right)^2 + 121 \times \left(-\frac{4}{3}\right)$$
$$= 12 \times \frac{121}{9} - \frac{484}{3}$$
$$= \frac{484}{3} - \frac{484}{3} = 0$$

तथा $\frac{\alpha}{\beta} + \frac{\beta}{\alpha} = \frac{\alpha^2 + \beta^2}{\alpha\beta} = \frac{(\alpha+\beta)^2 - 2\alpha\beta}{\alpha\beta}$

$$= \frac{(-b/a)^2 - 2\left(\frac{c}{a}\right)}{c/a} = \frac{b^2 - 2ac}{ac}$$

अतः कथन सही है परन्तु कारण गलत है।

16. (i) 5 (ii) 3 (iii) 2
(iv) 6 (v) 1 (vi) शून्य

17. (i) द्विघात बहुपद (ii) चतुर्घात बहुपद (iii) त्रिघात बहुपद
(iv) अचर बहुपद (v) रैखिक बहुपद (vi) द्विघात बहुपद

18. **संकेत** $2(3)^2 + 3 + k = 0 \Rightarrow k = -21$

19. **संकेत** $f(2) = 0 \Rightarrow a = \frac{5}{2}$

20. **संकेत** $f(2) = 0$ तथा $f(3) = 0 \Rightarrow 2k - m = 6$ ...(i)
और $6k - 2m = 27$ ...(ii)
समी (i) तथा (ii) को हल करने पर, $m = 9$ और $k = \frac{15}{2}$

21. **संकेत** ज्यामितीय रूप से, बहुपद $f(x)$ का शून्यक उस बिंदु का x-निर्देशांक होता है, जहाँ $y = f(x)$ का ग्राफ X-अक्ष को प्रतिच्छेद करता है।

22. **संकेत** (i) $y = p(x)$ का ग्राफ X-अक्ष को किसी भी बिंदु पर प्रतिच्छेद नहीं करता है। $\therefore y = p(x)$ का कोई भी शून्यक नहीं होगा। (ii) 5 (iii) 4 (iv) 3

23. **संकेत** माना $y = x + 5$, तब $y = x + 5$ का ग्राफ एक सरल रेखा होगा, जो X-अक्ष को $x = -5$ पर प्रतिच्छेद करता है। अतः दिए गए बहुपद का शून्यक –5 होगा।

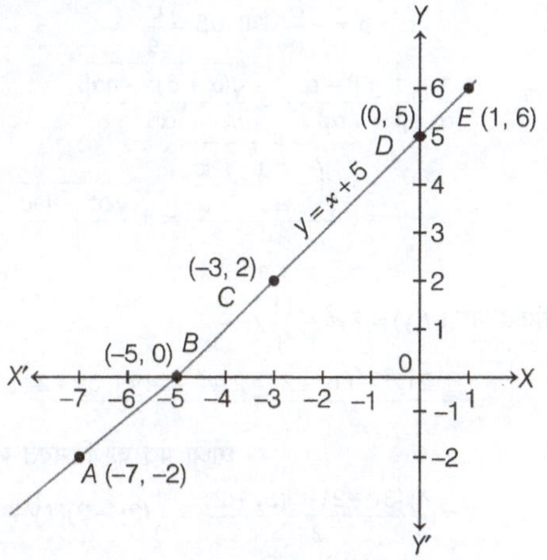

24. **संकेत** दिया गया बहुपद $= \frac{-t^9 + 4t^6 + 7t^5}{t^5} = -t^4 + 4t + 7$
$\therefore$ घात = 4

25. **संकेत** दिया है, 2 बहुपद $p(x) = kx^2 + 3x + k$ का एक शून्यक है।
$\therefore p(-2) = 0 \Rightarrow k(2)^2 + 3(2) + k = 0$
$\Rightarrow 4k + 6 + k = 0$
$k = \frac{-6}{5}$

26. **संकेत**
(i) ग्राफ X-अक्ष को केवल एक बिंदु पर प्रतिच्छेद करता है।
$\therefore$ शून्यकों की संख्या 1 होगी।
$\because$ दिया गया वक्र न तो सरल रेखा है और न ही परवलय है।
$\therefore$ बहुपद न तो रैखिक होगा और न ही द्विघातीय।

(ii) $\because$ ग्राफ X-अक्ष को केवल एक बिंदु पर प्रतिच्छेद करता है।
$\therefore$ शून्यकों की संख्या 1 होगी।
$\because$ दिया गया वक्र सरल रेखा है।
$\therefore$ बहुपद रैखिक होगा।

27. **संकेत** सत्य, $\because -\frac{b}{a}$ = शून्यकों का योग < 0
$\therefore \frac{b}{a} > 0$ तथा शून्यकों का गुणनफल $= \frac{c}{a} > 0$
$\therefore a, b$ और c में सभी का समान चिह्न होगा।

28. **संकेत** दिया गया बहुपद $2x^2 - 3x + k$ है।
माना α और $\frac{1}{\alpha}$ दिए गए बहुपद के शून्यक हैं।
तब, $\alpha \times \frac{1}{\alpha} = \frac{\text{अचर पद}}{x^2 \text{ का गुणांक}} \Rightarrow 1 = \frac{k}{2} \Rightarrow k = 2$

29. **संकेत** दिया है, $f(x) = x^2 - 4x + k$
माना $f(x)$ के शून्यक α और β हैं।
तब, $\alpha + \beta = -\frac{b}{a} = 4$ और $\alpha\beta = \frac{c}{a} = k$
$\therefore$ प्रश्नानुसार $\alpha^2 + \beta^2 = 20$
$\Rightarrow (\alpha + \beta)^2 - 2\alpha\beta = 20$
$[\because a^2 + b^2 = (a + b)^2 - 2ab]$
$\Rightarrow 4^2 - 2k = 20$
$\Rightarrow 16 - 2k = 20$
$\Rightarrow -2k = 4$
$\Rightarrow k = -2$

30. **संकेत** शून्यकों का योग $= \sqrt{3} + \sqrt{5} + \sqrt{5} - \sqrt{3} = 2\sqrt{5}$
शून्यकों का गुणनफल $= (\sqrt{5} + \sqrt{3})(\sqrt{5} - \sqrt{3}) = (\sqrt{5})^2 - (\sqrt{3})^2$
$= 5 - 3 = 2$
अतः अभीष्ट बहुपद $= x^2 - 2\sqrt{5}x + 2$

31. **संकेत** माना α और α बहुपद $ax^2 + bx + c$ के समान शून्यक हैं।
तब, $\alpha \cdot \alpha = \frac{c}{a}$
$\Rightarrow \alpha^2 = \frac{c}{a}$
$\Rightarrow \frac{c}{a} > 0$ [$\because \alpha^2$ हमेशा धनात्मक होगा]
$\Rightarrow c$ और a समान चिह्न के हैं।

32. उदाहरण 9 की भाँति स्वयं ग्राफ बनाएँ।
उत्तर (i) शून्यक : –2, 3
(ii) 3, 3 (iii) 2, – 2 (iv) 0, $\frac{1}{3}$ (v) $\frac{1}{2}, \frac{2}{3}$ (vi) $-1, \frac{7}{2}$

33. उदाहरण 12 की भाँति स्वयं हल करें।
उत्तर (i) $\frac{-2}{5}, 2$ (ii) 13, 7 (iii) $\sqrt{2}, 1$ (iv) $a, \frac{1}{a}$

34. **संकेत** माना $p(y) = y^2 + 92y + 1920 = (y + 32)(y + 60)$
अब $p(y)$ के शून्यक ज्ञात करने के लिए, $p(y) = 0$ लेते हैं।
शून्यक $y = -32, -60$

35. **संकेत** $\alpha + \beta = 7$ ...(i)
$\alpha - \beta = 1$ ...(ii)
समी (i) तथा (ii) को हल करने पर, $\alpha = 4$ तथा $\beta = 3$
अब, $k = \alpha\beta = 12$

36. **संकेत** $\alpha + \beta + \alpha\beta = \frac{-7}{2} + \frac{5}{2} = -1$

37. संकेत $\alpha^3+\beta^3=(\alpha+\beta)^3-3\alpha\beta(\alpha+\beta)$

उत्तर $\frac{215}{27}$

38. संकेत $\frac{1}{\alpha}+\frac{1}{\beta}=\frac{\alpha+\beta}{\alpha\beta}=\frac{\frac{3}{4}}{\frac{-7}{4}}=\frac{-3}{7}$

39. उदाहरण 16 की भाँति स्वयं हल करें। **उत्तर** $k=\frac{2}{3}$

40. संकेत हम जानते हैं कि एक चर x में एक बहुपद एक बीजीय व्यंजक $p(x)=a_nx^n+a_{n-1}x^{n-1}+...+a_1x+a_0$ के रूप का होता है। जहाँ, n एक धनात्मक पूर्णांक है और $a_0, a_1, a_2, ... a_n$ एक अचर हैं तथा $a_n \neq 0$

(i) दिए गए बहुपद को $x^3+x^{-2}+x^{-1}+1$ के रूप में लिख सकते हैं

यहाँ, x की घात 3, –2 तथा –1 हैं।

चूँकि, –2 और –1 ऋणात्मक पूर्णांक हैं।

इसलिए, दिया गया व्यंजक बहुपद नहीं होगा।

(ii) यहाँ, चर x की घात 2 और 1 हैं, इसलिए दिया गया व्यंजक बहुपद होगा।

(iii) यहाँ, चर y की घात $-\frac{1}{2}$ तथा 1 है।

चूँकि, $-\frac{1}{2}$ एक ऋणात्मक वास्तविक संख्या है, इसलिए दिया गया व्यंजक बहुपद नहीं होगा।

(iv) यहाँ, चर y की घात 3 और 1 हैं, इसलिए दिया गया व्यंजक बहुपद होगा।

41. संकेत माना α तथा $\frac{1}{\alpha}$ दिए गए बहुपद के शून्यक हैं, जोकि एक दूसरे का व्युत्क्रम हैं।

दिए गए बहुपद की तुलना Ax^2+Bx+C से करने पर,

$$A=a^2+9, B=13 \text{ तथा } C=6a$$

अब, शून्यकों का गुणनफल

$$\alpha\times\frac{1}{\alpha}=\frac{\text{अचर पद}}{x^2 \text{ का गुणांक}}$$

$$\Rightarrow \quad 1=\frac{6a}{a^2+9}$$

$$\Rightarrow \quad a^2+9=6a \Rightarrow a^2-6a+9=0$$

$$\Rightarrow \quad (a-3)^2=0 \quad [\because (x-y)^2=x^2+y^2-2xy]$$

$$\therefore \quad a=3$$

42. संकेत यहाँ, $\alpha+\beta=k+6$ तथा $\alpha\beta=2(2k-1)$

प्रश्नानुसार, $k+6=\frac{2(2k-1)}{2} \Rightarrow k=7$

43. दिया है, $x^2-(k+6)x+2(2k-1)$

यहाँ, $a=1, b=-(k+6)$ तथा $c=2(2k-1)$

शून्यकों का योगफल $=\frac{-\{-(k+6)\}}{1}=k+6$

तथा शून्यकों का गुणनफल $=2(2k-1)$

प्रश्नानुसार,

$$k+6=\frac{1}{2}(4k-2)$$

$$\Rightarrow \quad k+6=2k-1$$

$$\Rightarrow \quad k=7$$

44. संकेत माना $\alpha=2$ और $\beta=-6$

तब, अभीष्ट बहुपद $=x^2-(\alpha+\beta)x+\alpha\beta=x^2+4x-12$

यहाँ, शून्यकों का योग $=\alpha+\beta=-4=-\frac{x \text{ का गुणांक}}{x^2 \text{ का गुणांक}}$

तथा शून्यकों का गुणनफल $=-12=\frac{\text{अचर पद}}{x^2 \text{ का गुणांक}}$

45. उदाहरण 21 की भाँति स्वयं हल करें।

उत्तर $4x^3-24x^2+31x+4$

46. संकेत माना $f(x)=Lx^4+Mx^3+Nx^2+Rx+P$

यहाँ, $f(1)=0$ और $f(-1)=0$

$$\Rightarrow \quad L+M+N+R+P=0 \quad \text{...(i)}$$

$$\text{तथा} \quad L-M+N-R+P=0 \quad \text{...(ii)}$$

समी (ii) से, $L+N+P=M+R$ **इति सिद्धम्**

47. संकेत वह बहुपद जिसके शून्यक α तथा β हैं, $k[x^2-(\alpha+\beta)x+\alpha\beta]$

जहाँ k शून्येत्तर अचर राशि होती है।

$\therefore$ बहुपद जिसके शून्यक – 3 और 5 हैं, ऐसे बहुपदों की संख्या अनंत होगी।

48. उदाहरण 20 की भाँति स्वयं हल करें। **उत्तर** x^2-9

49. संकेत दिया है, $f(x)=ax^2+bx+c$

$$\therefore \quad \alpha+\beta=-\frac{b}{a} \text{ तथा } \alpha\beta=\frac{c}{a}$$

अब, $$\frac{1}{\alpha}-\frac{1}{\beta}=\frac{\beta-\alpha}{\alpha\beta}=\pm\frac{\sqrt{(\alpha+\beta)^2-4\alpha\beta}}{\alpha\beta}$$

$$=\pm\frac{\sqrt{\left(-\frac{b}{a}\right)^2-\frac{4c}{a}}}{\frac{c}{a}}=\pm\frac{\sqrt{b^2-4ac}}{c}$$

50. संकेत माना $f(y)=7y^2-\frac{11}{3}y-\frac{2}{3}$

$$=\frac{21y^2-11y-2}{3}=\frac{21y^2-14y+3y-2}{3}$$

[मध्य पद को विभक्त करने पर]

$$=\frac{7y(3y-2)+1(3y-2)}{3}=\frac{1}{3}(3y-2)(7y+1)$$

अब, शून्यक ज्ञात करने के लिए,

$$\therefore \quad 7y^2-\frac{11}{3}y-\frac{2}{3}=0 \Rightarrow 3y-2=0 \text{ या } 7y+1=0$$

$$y=\frac{2}{3} \text{ या } y=-\frac{1}{7}$$

अतः $7y^2-\frac{11}{3}y-\frac{2}{3}$ के शून्यक $\frac{2}{3}$ तथा $-\frac{1}{7}$ होंगे

सत्यापन

शून्यकों का योग $=\frac{2}{3}-\frac{1}{7}=\frac{14-3}{21}=\frac{11}{21}=-\left(\frac{-11}{3\times7}\right)$

$$=(-1)\left(\frac{y \text{ का गुणांक}}{y^2 \text{ का गुणांक}}\right)$$

तथा शून्यकों का गुणनफल $=\left(\frac{2}{3}\right)\left(-\frac{1}{7}\right)=\frac{-2}{21}=\frac{-2}{3\times7}$

$$=\left(\frac{\text{अचर पद}}{y^2 \text{ का गुणांक}}\right)$$

अतः बहुपद के शून्यकों तथा गुणांकों के बीच संबंध सत्यापित होता है।

51. संकेत दिया है, $q(x)=\sqrt{3}x^2+10x+7\sqrt{3}$
मध्य पद को विभक्त करने पर,

$$q(x)=\sqrt{3}x^2+3x+7x+7\sqrt{3}$$
$$=\sqrt{3}x(x+\sqrt{3})+7(x+\sqrt{3})$$
$$=(x+\sqrt{3})(\sqrt{3}x+7)$$

$q(x)$ के शून्यक ज्ञात करने के लिए, $q(x)=0$

$\therefore \quad (x+\sqrt{3})(\sqrt{3}x+7)=0$

$\Rightarrow \quad x+\sqrt{3}=0$ तथा $\sqrt{3}x+7=0$

$\Rightarrow \quad x=-\sqrt{3}$ तथा $x=\frac{-7}{\sqrt{3}}$

अतः $q(x)$ के शून्यक $\alpha=-\sqrt{3}$ तथा $\beta=\frac{-7}{\sqrt{3}}$ होंगे।

सत्यापन

यहाँ, $\alpha+\beta=-\sqrt{3}+\left(\frac{-7}{\sqrt{3}}\right)=\frac{-3-7}{\sqrt{3}}=\frac{-10}{\sqrt{3}}$

$$=\left(-\frac{x \text{ का गुणांक}}{x^2 \text{ का गुणांक}}\right)$$

तथा $\alpha\beta=-\sqrt{3}\times\left(\frac{-7}{\sqrt{3}}\right)=\frac{7\sqrt{3}}{\sqrt{3}}=\frac{\text{अचर पद}}{x^2 \text{ का गुणांक}}$

अतः बहुपद के शून्यकों तथा गुणांकों के बीच संबंध सत्यापित होता हैं।

52. संकेत माना दिया गया बहुपद है

$$p(x)=x^2+kx+k$$

इसकी तुलना ax^2+bx+c से करने पर,

$$a=1, b=k \text{ तथा } c=k$$

माना α तथा α द्विघात बहुपद के समान शून्यक हैं।

तब, $\alpha+\alpha=-\frac{b}{a}=\frac{-k}{1}\Rightarrow 2\alpha=\frac{-k}{1}\Rightarrow\alpha=-\frac{k}{2}$

और $\alpha\cdot\alpha=\frac{c}{a}=\frac{k}{1}$

$\Rightarrow \quad \alpha^2=k$

$\therefore \quad \left(-\frac{k}{2}\right)^2=k \qquad \left[\because \alpha=\frac{-k}{2}\right]$

$\Rightarrow \quad k^2-4k=0\Rightarrow k(k-4)=0\Rightarrow k=0, 4$

अतः समान मूल तभी संभव हैं जब $k=0$ या 4 हो।

अतः दिया गया कथन गलत है।

53. संकेत दिए गए बहुपद $p(x)=(a+1)x^2+(2a+3)x+(3a+4)$ की तुलना Ax^2+Bx+C से करने पर, $A=a+1, B=2a+3$ तथा $C=3a+4$

अब, शून्यकों का योग $=-\frac{B}{A}=-1$ [दिया है]

$\Rightarrow \frac{-(2a+3)}{a+1}=-1\Rightarrow 2a+3=a+1\Rightarrow a=-2$

शून्यकों का गुणनफल $=\frac{C}{A}=\frac{3a+4}{a+1}=\frac{3(-2)+4}{-2+1} \quad [\because a=-2]$

$$=2$$

54. संकेत $\frac{\alpha}{\beta}+\frac{\beta}{\alpha}+2\left(\frac{1}{\alpha}+\frac{1}{\beta}\right)+3\alpha\beta$

$$=\frac{\alpha^2+\beta^2}{\alpha\beta}+2\left(\frac{\alpha+\beta}{\alpha\beta}\right)+3\alpha\beta$$

$$=\frac{-2}{3}$$

55. संकेत दिया है, $\alpha+\beta=3$ तथा $\alpha\beta=-2$

अब, अभीष्ट बहुपद निम्न हैं

(i) **संकेत** $x^2-\left(\frac{2\alpha}{\beta}+\frac{2\beta}{\alpha}\right)x+\left(\frac{2\alpha}{\beta}\right)\left(\frac{2\beta}{\alpha}\right)$

$$=x^2-2\left(\frac{\alpha^2+\beta^2}{\alpha\beta}\right)x+4$$

$$=x^2-2\left(\frac{(\alpha+\beta)^2-2\alpha\beta}{\alpha\beta}\right)x+4=x^2+13x+4$$

(ii) **संकेत** $x^2-(2\alpha+3\beta+3\alpha+2\beta)x+(2\alpha+3\beta)(3\alpha+2\beta)$

$$=x^2-(5\alpha+5\beta)x+(6\alpha^2+4\alpha\beta+9\alpha\beta+6\beta^2)$$
$$=x^2-5(\alpha+\beta)x+[6(\alpha^2+\beta^2)+13\alpha\beta]$$
$$=x^2-15x+52$$

(iii) **संकेत** $k\left[x^2-\left(\frac{\alpha^2}{\beta}+\frac{\beta^2}{\alpha}\right)x+\left(\frac{\alpha^2}{\beta}\right)\left(\frac{\beta^2}{\alpha}\right)\right]$

$$=k\left[x^2-\left(\frac{\alpha^3+\beta^3}{\alpha\beta}\right)x+\alpha\beta\right]$$

$$=k\left[x^2-\left(\frac{(\alpha+\beta)^3-3\alpha\beta(\alpha+\beta)}{\alpha\beta}\right)x+\alpha\beta\right]$$

$=2x^2+45x-4 \qquad [k=2$ लेने पर$]$

(iv) **संकेत** $k\left[x^2-\left(\frac{1}{2\alpha+\beta}+\frac{1}{2\beta+\alpha}\right)x+\frac{1}{(2\alpha+\beta)(2\beta+\alpha)}\right]$

$$=k\left[x^2-\left(\frac{2\beta+\alpha+2\alpha+\beta}{(2\alpha+\beta)(2\beta+\alpha)}\right)x+\frac{1}{(2\alpha+\beta)(2\beta+\alpha)}\right]$$

$=16x^2-9x+1 \qquad [k=16$ लेने पर$]$

56. संकेत माना बहुपद ax^2+bx+b के शून्यक $m\alpha$ और $n\alpha$ हैं।

$\therefore$ शून्यकों का योग

$$m\alpha+n\alpha=\frac{-x \text{ का गुणांक}}{x^2 \text{ का गुणांक}}=-\frac{b}{a}$$

$\Rightarrow \quad \alpha(m+n)=\frac{-b}{a}\Rightarrow\alpha=\frac{-b}{a(m+n)}$

और शून्यकों का गुणनफल

$$m\alpha\times n\alpha=\frac{\text{अचर पद}}{x^2 \text{ का गुणांक}}=\frac{b}{a}$$

$\Rightarrow \quad mn\alpha^2=\frac{b}{a}$

$\Rightarrow \quad mn\left[\frac{b^2}{a^2(m+n)^2}\right]=\frac{b}{a} \qquad \left[\because \alpha=\frac{-b}{a(m+n)}\right]$

$\Rightarrow \quad \frac{mnb}{a(m+n)^2}=1$

$\Rightarrow \quad \frac{mn}{(m+n)^2}=\frac{a}{b}$

$\Rightarrow \quad \frac{mn}{m^2+2mn+n^2}=\frac{a}{b}$

$\Rightarrow \quad \frac{1}{\frac{m^2}{mn}+\frac{2mn}{mn}+\frac{n^2}{mn}}=\frac{a}{b}$

[बाएँ पक्ष के अंश तथा हर में mn से भाग देने पर]

$\Rightarrow \quad \frac{1}{\frac{m}{n}+2+\frac{n}{m}}=\frac{a}{b}$

$\Rightarrow \quad \frac{m}{n}+2+\frac{n}{m}=\frac{b}{a}$

$\Rightarrow \quad \left(\sqrt{\frac{m}{n}}\right)^2+2\sqrt{\frac{m}{n}}\sqrt{\frac{n}{m}}+\left(\sqrt{\frac{n}{m}}\right)^2=\frac{b}{a}$

$\left[\because 1=\sqrt{\frac{m}{n}}\sqrt{\frac{n}{m}}\right]$

$\Rightarrow \quad \left(\sqrt{\frac{m}{n}}+\sqrt{\frac{n}{m}}\right)^2=\frac{b}{a} \quad [\because a^2+2ab+b^2=(a+b)^2]$

$\therefore \quad \sqrt{\frac{m}{n}}+\sqrt{\frac{n}{m}}=\sqrt{\frac{b}{a}}$

[यहाँ, हम धनात्मक वर्गमूल लेंगे क्योंकि $\sqrt{\frac{m}{n}}$ तथा $\sqrt{\frac{n}{m}}$ का मान सदैव धनात्मक होगा]

57. संकेत दिया है, α तथा β द्विघात बहुपद $f(x)=px^2+qx+r$ के शून्यक हैं।

$\therefore$ शून्यकों का योग, $\alpha+\beta=-\frac{x \text{ का गुणांक}}{x^2 \text{ का गुणांक}}=-\frac{q}{p}$

तथा शून्यकों का गुणनफल, $\alpha\beta=\frac{r}{p}$

अब, $\frac{1}{p\alpha+q}+\frac{1}{p\beta+q}=\frac{p\beta+q+p\alpha+q}{(p\alpha+q)(p\beta+q)}$

$=\frac{p(\alpha+\beta)+2q}{p^2\alpha\beta+pq\alpha+pq\beta+q^2}$

$\Rightarrow \quad \frac{1}{p\alpha+q}+\frac{1}{p\beta+q}=\frac{p(\alpha+\beta)+2q}{p^2\alpha\beta+pq(\alpha+\beta)+q^2} \quad \ldots(i)$

समी (i) में, $\alpha+\beta=\frac{-q}{p}$ और $\alpha\beta=\frac{r}{p}$ रखने पर,

$\frac{1}{p\alpha+q}+\frac{1}{p\beta+q}=\frac{p\times\left(\frac{-q}{p}\right)+2q}{p^2\times\frac{r}{p}+pq\times\left(\frac{-q}{p}\right)+q^2}$

$=\frac{-q+2q}{pr-q^2+q^2}=\frac{q}{pr}$

58. संकेत

सर्वप्रथम, $\alpha+\beta$ और $\alpha\beta$ का मान ज्ञात करें, तब दिए गए संबंध को सरल करें।

दिया है, α तथा β द्विघात बहुपद $p(s)=3s^2-6s+4$ के शून्यक हैं।

$\therefore \quad \alpha+\beta=-\frac{s \text{ का गुणांक}}{s^2 \text{ का गुणांक}}=\frac{-(-6)}{3}=\frac{6}{3}=2$

तथा $\quad \alpha\beta=\frac{\text{अचर पद}}{s^2 \text{ का गुणांक}}=\frac{4}{3}$

अब, $\frac{\alpha}{\beta}+\frac{\beta}{\alpha}+2\left(\frac{1}{\alpha}+\frac{1}{\beta}\right)+3\alpha\beta$

$=\frac{\alpha^2+\beta^2}{\alpha\beta}+2\left(\frac{\alpha+\beta}{\alpha\beta}\right)+3\alpha\beta$

$=\frac{(\alpha+\beta)^2-2\alpha\beta}{\alpha\beta}+2\left(\frac{\alpha+\beta}{\alpha\beta}\right)+3\alpha\beta$

$[\because a^2+b^2=(a+b)^2-2ab]$

$=\frac{(2)^2-2(4/3)}{4/3}+2\left(\frac{2}{4/3}\right)+3\times\frac{4}{3}$

$[\because \alpha+\beta=2 \text{ और } \alpha\beta=4/3]$

$=\frac{4-\frac{8}{3}}{\frac{4}{3}}+2\times 2\times\frac{3}{4}+4$

$=\frac{12-8}{3}\times\frac{3}{4}+3+4$

$=\frac{4}{3}\times\frac{3}{4}+7=1+7=8$

59. संकेत सिद्ध करना है

$\frac{\alpha^2}{\beta^2}+\frac{\beta^2}{\alpha^2}=\frac{p^4}{q^2}-\frac{4p^2}{q}+2$

दिया है, α तथा β बहुपद $f(x)=x^2-px+q$ के शून्यक हैं।

$\therefore$ शून्यकों का योग, $\alpha+\beta=\frac{-(-p)}{1}=p$

तथा शून्यकों का गुणनफल, $\alpha\beta=\frac{q}{1}=q$

अब, बायाँ पक्ष $=\frac{\alpha^2}{\beta^2}+\frac{\beta^2}{\alpha^2}=\frac{\alpha^4+\beta^4}{\alpha^2\beta^2}$

$=\frac{(\alpha^2)^2+(\beta^2)^2}{\alpha^2\beta^2}$

$=\frac{(\alpha^2+\beta^2)^2-2\alpha^2\beta^2}{\alpha^2\beta^2}$

$[\because a^2+b^2=(a+b)^2-2ab]$

$=\frac{[(\alpha+\beta)^2-2\alpha\beta]^2-2(\alpha\beta)^2}{(\alpha\beta)^2}$

$\alpha+\beta=p$ और $\alpha\beta=q$ रखने पर

बायाँ पक्ष $=\frac{[p^2-2q]^2-2q^2}{q^2}$

$=\frac{(p^2)^2+(2q)^2-2\times p^2\times 2q-2q^2}{q^2}$

$[\because (a-b)^2=a^2+b^2-2ab]$

$=\frac{p^4+4q^2-4p^2q-2q^2}{q^2}$

$=\frac{p^4+2q^2-4p^2q}{q^2}=\frac{p^4}{q^2}-\frac{4p^2}{q}+2$

= दायाँ पक्ष

$\therefore$ बायाँ पक्ष = दायाँ पक्ष **इति सिद्धम्**

60. (i) (c) द्विघात बहुपद ax^2+bx+c; के मानक रूप में a एक अशून्य वास्तविक संख्या तथा b व c कोई वास्तविक संख्याएँ होती हैं।

(ii) (d) द्विघात बहुपद में, यदि मूल बराबर हैं, तब विविक्तकर, $D=0$

(iii) (b) दिया है, α तथा $\frac{1}{\alpha}$ द्विघात बहुपद $2x^2-x+8k$ के शून्यक हैं।

अब, शून्यकों का गुणनफल $=\alpha\times\frac{1}{\alpha}=\frac{\text{अचर पद}}{x^2 \text{ का गुणांक}}$

$\Rightarrow \quad 1=\frac{8k}{2}$

$\Rightarrow \quad k=\frac{2}{8}=\frac{1}{4}$

परीक्षा अभ्यास

(iv) (c) दिया गया समीकरण $x^2+1=0$ है।

$\therefore \quad x^2=-1$

इसके काल्पनिक मूल हैं।

अतः यह न तो स्पर्श करता है न ही X-अक्ष को प्रतिच्छेद करता है।

(v) (c) दिया है, मूलों का योगफल $= -p$

तथा मूलों का गुणनफल $= -\frac{1}{p}$

$\therefore$ द्विघात बहुपद $= k\,[x^2 -$ (मूलों का योगफल) x

+ मूलों का गुणनफल)]

$$= k\left[x^2-(-p)\,x+\left(-\frac{1}{p}\right)\right]$$

$$= k\left[x^2+px-\frac{1}{p}\right]$$

61. (i) (d) दी गई अवस्थाओं की आकृति परवलयाकार रूप में है।

(ii) (c) परवलय का आलेख नीचे की ओर खुलेगा, यदि $a<0$

(iii) (b) दिए गए आलेख में, हम देख सकते हैं कि वक्र X-अक्ष को केवल एक बिन्दु पर काटता है।

अतः दिए गए बहुपद में शून्यकों की संख्या 1 है।

(iv) (b) वक्र X-अक्ष को दो बिन्दुओं $x=-2$ तथा $x=4$ पर काटता है।

अतः दिए गए आलेख में दो शून्यक -2 तथा 4 हैं।

(v) (b) माना $p(x)=4\sqrt{3}x^2+5x-2\sqrt{3}$

$$= 4\sqrt{3}x^2+(8-3)\,x-2\sqrt{3}$$

[मध्य पद को विभक्त करके]

$$= 4\sqrt{3}x^2+8x-3x-2\sqrt{3}$$

$$= 4x\,(\sqrt{3}x+2)-\sqrt{3}\,(\sqrt{3}x+2)$$

$$= (4x-\sqrt{3})(\sqrt{3}x+2)$$

शून्यक ज्ञात करने के लिए, $p(x)=0$

$\therefore \quad (4x-\sqrt{3})(\sqrt{3}x+2)=0$

$\Rightarrow \quad 4x-\sqrt{3}=0$

तथा $\quad \sqrt{3}x+2=0$

$\Rightarrow \quad x=\frac{\sqrt{3}}{4}$

तथा $\quad x=-\frac{2}{\sqrt{3}}$

62. (i) (d) दी गई आकृति में अनुरेखित पथ का रूप परवलय रूप में है।

(ii) (c) परवलय का आलेख नीचे की ओर खुलेगा, यदि $a>0$

(iii) (d) दिए गए आलेख में हम देख सकते हैं कि वक्र X-अक्ष को तीन बिन्दुओं पर प्रतिच्छेद करता है अतः दिए गए बहुपद में शून्यकों की संख्या 3 है।

(iv) (c) दिया गया वक्र X-अक्ष को बिन्दुओं $x=-3,-1$ तथा 2 पर प्रतिच्छेद करता है।

अतः दिए गए आलेख में तीन शून्यक $-3,-1,2$ हैं।

(v) (a) चूँकि, दिए गए बहुपद के तीन शून्यक हैं इसलिए, यह एक त्रिघात बहुपदीय है।

अब, शून्यकों का योगफल $=-3-1+2=-2$

दो शून्यकों का एकसाथ गुणन करके योग करने पर,

$$= -3\times(-1)+(-1)\times 2+2\times(-3)$$

$$= 3-2-6=-5$$

तथा सभी शून्यकों का गुणनफल $=-3\times(-1)\times 2=6$

$\therefore$ अभीष्ट त्रिघात बहुपद

$= x^3 -$ (शून्यकों का योगफल) x^2

+ (दो शून्यकों का एक साथ गुणन करके योग करने पर) x

− (तीन शून्यकों का गुणनफल)

$$= x^3-(-2)\,x^2+(-5)\,x-6$$

$$= x^3+2x^2-5x-6$$

अध्याय

03

दो चर वाले रैखिक समीकरण

(Linear Equations in Two Variables)

पिछली कक्षाओं में हम रैखिक समीकरण के अध्ययन की शुरूआत कर चुके हैं, जहाँ हम एक और दो चर वाले रैखिक समीकरण तथा उनके ग्राफ के बारे में अध्ययन कर चुके हैं। इस अध्याय में हम दो चरो में रैखिक समीकरण युग्म, रेखाओं की सुसंगतता, दो चर वाले रैखिक समीकरणों को हल करने की विभिन्न विधि, दो चर वाले रैखिक समीकरण के सामान्य समीकरण तथा इबारती प्रश्नों का अध्ययन करेंगे।
यहाँ, हम पिछली कक्षाओं में पढ़े हुए रैखिक समीकरणों के बारे में संक्षिप्त चर्चा करेंगे।

टॉपिक्स

- *रैखिक समीकरण युग्म*
- *रैखिक समीकरण युग्म हल करने की बीजीय विधि*
- *विलोपन विधि*

टॉपिक 1
रैखिक समीकरण युग्म

समीकरण

चार अंकगणितीय संक्रियाओं, +, −, × तथा ÷ द्वारा जुड़े चर तथा अचर के संयोजन को **बीजगणितीय व्यंजक** (Algebraic expression) कहते हैं।

'बराबर' चिन्ह (=) के साथ एक बीजगणितीय व्यंजक **समीकरण** (Equation) कहलाता है। बिना बराबर (समता) चिन्ह के यह केवल एक व्यंजक होगा।

या

समीकरण एक कथन है जिसमें दो बीजगणितीय व्यंजक समान होते हैं। *जैसे*— $5x + 15 = 0$ एक समीकरण है लेकिन, $5x + 15$ एक व्यंजक है।

एक चर में रैखिक समीकरण

(Linear Equation in One Variable)

केवल एक चर वाले समीकरण जिसकी अधिकतम घात 1 हो, एक चर वाले रैखिक समीकरण कहलाते हैं।

नीचे दी गई प्रत्येक समीकरण एक चर में रैखिक समीकरण है

(i) $6x + 7 = 10 + 3x$ (ii) $\frac{y+2}{4} - \frac{y-4}{2} = 5 - y$

(iii) $5z - 3 = \frac{z}{2} - 11$ (iv) $\sqrt{3}x - 6\sqrt{3}x = 10\sqrt{3}$

नोट *'रेखीय' का अर्थ चर पर घात 1 से है।*

एक चर में रैखिक समीकरण का हल

(Solution of a Linear Equation in One Variable)

चर का वह मान, जिसे दिए गए समीकरण में रखने पर इसके दोनों पक्षों का मान बराबर हो जाता है, समीकरण का हल (या मूल) कहलाता है

उदाहरण— $x = 2$, रैखिक समीकरण $2x + 7 = 13 - x$ का एक हल है

सत्यापन दिए गए समीकरण में $x = 2$ रखने पर,

बायाँ पक्ष $= 2 \times 2 + 7 = 11$ तथा दायाँ पक्ष $= 13 - 2 = 11$

इस प्रकार, बायाँ पक्ष = दायाँ पक्ष

अत: $x = 2$ समीकरण का हल है

नोट *(i) एक चर वाले रैखिक समीकरण को हल करने का अर्थ चर का वह मान ज्ञात करना जो दिए गए समीकरण को संतुष्ट करता हो।*

(ii) प्रत्येक एक चर वाले रैखिक समीकरण का अद्वितीय हल होता है।

दो चरों में रैखिक समीकरण

(Linear Equation in Two Variables)

दो चरों x और y में रैखिक समीकरण को प्राय: निम्नलिखित रूपों में लिखा जाता है

(i) $ax + by + c = 0$; $a \neq 0$; $b \neq 0$, a, b तथा c वास्तविक अचर हैं

(ii) $ax + by = d$, $a \neq 0$, $b \neq 0$; a, b तथा d वास्तविक अचर हैं

उदाहरण— $3x - y + 7 = 0$ तथा $7x + y = 3$ दो चरों x तथा y में रैखिक समीकरण है।

नोट *हम प्राय: प्रतिबंध को $a \neq 0$, $b \neq 0$ से व्यक्त करते हैं अर्थात् a तथा b दोनों $a^2 + b^2 \neq 0$ के लिए शून्येत्तर हैं।*

दो चरों में रैखिक समीकरण के हल

(Solution of a Linear Equation in Two Variables)

x तथा y के मानों का युग्म, जो समीकरण $ax + by + c = 0$, $a \neq 0$, $b \neq 0$ को संतुष्ट करता है, रैखिक समीकरण का हल कहलाता है।

उदाहरण— $x = 2$, $y = -2$, रैखिक समीकरण $5x + 3y = 4$ का हल है।

सत्यापन दिए गए समीकरण के बाएँ पक्ष में $x = 2$ तथा $y = -2$ रखने पर,

बायाँ पक्ष $= 5 \times 2 + 3(-2) = 10 - 6 = 4 =$ दायाँ पक्ष

अत: $x = 2$ तथा $y = -2$ समीकरण $5x + 3y = 4$ का एक हल है।

नोट *दो चरों वाले रैखिक समीकरण का अद्वितीय हल नहीं होता है। उदाहरण के लिए (– 4, 8) भी समीकरण $5x + 3y = 4$ का हल है।*

दो चरों वाले रैखिक समीकरण को लिखने तथा उनका आलेख बनाने की विधि

दो चरों वाले रैखिक समीकरण का आलेख सदैव एक सरल रेखा को निरूपित करता है, रैखिक समीकरण $ax + by + c = 0$ का आलेख खींचना निम्न उदाहरण द्वारा समझेंगे।

उदाहरण 1 अखिला अपने गाँव के एक मेले में गई। वह एक चरखी (Giant wheel) की सवारी करना चाहती थी और हूपला (Hoopla) खेलना चाहती थी यदि प्रत्येक बार की सवारी के लिए उसे ₹ 3 तथा हूपला खेलने के लिए ₹ 4 खर्च करने पड़े, तब उसने कुल ₹ 20 खर्च किए। इन स्थितियों को निरूपित करने के लिए दो चर वाला रैखिक समीकरण लिखिए तथा इसका आलेख भी खींचिए।

हल सर्वप्रथम चर राशियों की पहचान कीजिए तथा माना ये राशियाँ x तथा y हैं। माना सवारी करने की संख्या $= x$

तथा उसके द्वारा हूपला खेलने की संख्या $= y$

'x' बार सवारी करने का व्यय = ₹ $3x$

'y' बार हूपला खेल खेलने का व्यय = ₹ $4y$

कुल व्यय = ₹ 20

दी गई स्थितियों को x तथा y के पदों में लिखिए।

माना समीकरण $ax + by + c = 0$ है

∴ समीकरण $3x + 4y = 20$ ... (i)

समी (i) दी गई स्थिति को निरूपित करने के लिए अभीष्ट समीकरण है

एक अज्ञात राशि को दूसरे राशि के पदों में लिखिए। यहाँ, y को x के पदों में लिखिए।

अर्थात् $y = -\left(\frac{ax + c}{b}\right)$

समी (i) से, $y = \frac{20 - 3x}{4}$

x के कम-से-कम दो मानों के लिए चरण 3 में प्राप्त समीकरण से y के संगत मान ज्ञात कीजिए। इस प्रकार माना दो हल (x_1, y_1) तथा (x_2, y_2) हैं।

यदि संभव हो तो, x के ऐसे पूर्णांक मानों का चयन कीजिए जिससे y का संगत मान भी पूर्णांक प्राप्त हो।

समीकरण $3x + 4y = 20$ के लिए तालिका निम्न है

x	0	4
$y = \frac{20 - 3x}{4}$	5	2

इस प्रकार बिंदु $A(0, 5)$ तथा $B(4, 2)$ हैं।

उपर्युक्त स्केल लेकर ग्राफ पेपर पर बिंदुओं (x_1, y_1) और (x_2, y_2) को आलेखित कीजिए तथा इन्हें आपस में मिलाकर समीकरण $ax + by + c = 0$ का अभीष्ट आलेख प्राप्त कीजिए।

बिंदुओं $A(0, 5)$ और $B(4, 2)$ को आलेख पत्र पर आलेखित कीजिए।

इन बिंदुओं को एक रेखा द्वारा मिलाने पर हमें निम्नलिखित ग्राफ प्राप्त होता है।

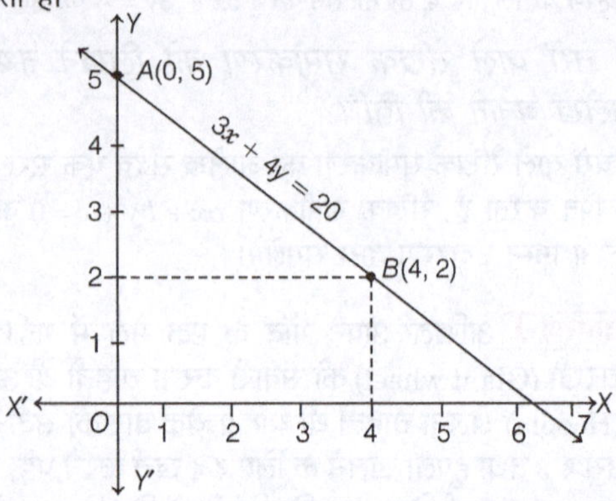

इस प्रकार, रेखा AB, समीकरण $3x + 4y = 20$ का आलेख निरूपित करता है

नोट *दो चरों वाले रैखिक समीकरण के आलेख पर स्थित प्रत्येक बिंदु (a, b) रैखिक समीकरण का हल कहलाता है अर्थात् रैखिक समीकरण का प्रत्येक हल रैखिक समीकरण के आलेख पर स्थित बिंदु है।*

दो चरों वाले रैखिक समीकरणों के युग्म

(Pair of Linear Equations in Two Variables)

दो समान चर (माना x तथा y) में दो रैखिक समीकरणों को दो चरों के रैखिक समीकरणों का युग्म कहते हैं। दो चरों x तथा y में दो चरों के रैखिक समीकरणों का सामान्य रूप निम्नलिखित है

$$a_1x + b_1y + c_1 = 0 \text{ तथा } a_2x + b_2y + c_2 = 0$$

जहाँ $a_1, b_1, c_1, a_2, b_2, c_2$ सभी वास्तविक संख्या हैं।

तथा $a_1^2 + b_1^2 \neq 0, a_2^2 + b_2^2 \neq 0$

नोट *कभी-कभी हम दो चरों के रैखिक समीकरणों के युग्म को दो चरों वाले रैखिक **समीकरण का निकाय** भी कहते हैं।*

दो चरों वाले रैखिक समीकरण युग्म का आलेखीय निरूपण

हम जानते हैं कि दो चरों वाला रैखिक समीकरण एक सरल रेखा को निरूपित करता है। इसी प्रकार दो चरों का रैखिक समीकरण युग्म एकसाथ लेने पर दो सरल रेखाओं को निरूपित करता है। यदि एक तल में दो रेखाएँ दी गई हों, तो निम्न में से केवल एक ही संभावना हो सकती है

1. दो रेखाएँ जो रैखिक समीकरण युग्म को निरूपित करती हैं, केवल एक बिंदु पर **प्रतिच्छेद** करती है।

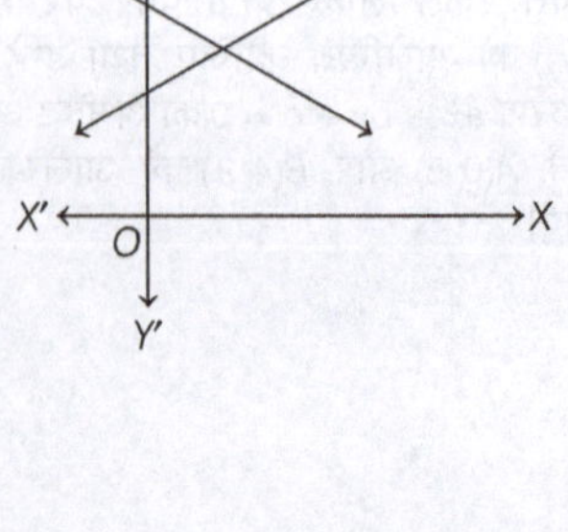

या

2. दो रेखाएँ जो रैखिक समीकरण युग्म को निरूपित करती हैं, प्रतिच्छेद नहीं करती अर्थात् दोनों रेखाएँ एक-दूसरे के **समांतर** होती हैं।

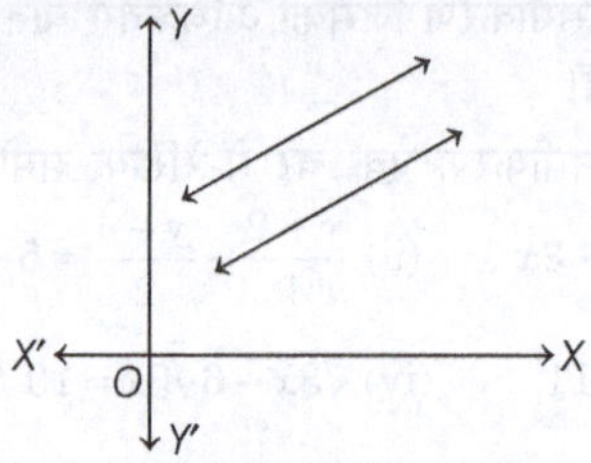

या

3. दो रेखाएँ जो रैखिक समीकरण युग्म को निरूपित करती हैं, संपाती होती हैं। अर्थात् एक-दूसरे को पूर्णतः **ढक लेती** हैं।

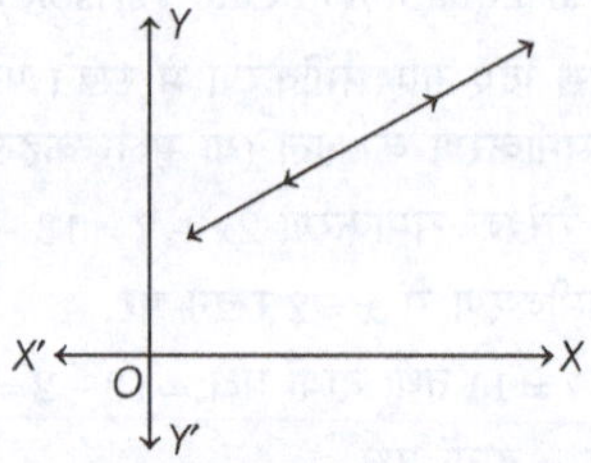

शाब्दिक प्रश्नों का बीजीय निरूपण

(Algebraic Representation of Word Problem)

रैखिक समीकरणों के रूप में शाब्दिक प्रश्नों का रूपांतरण, इसका बीजीय रूपांतरण कहलाता है कभी-कभी एक कथन या शाब्दिक प्रश्न दिया होता है तथा हमें इसे दो चरों वाले रैखिक समीकरण युग्मों के रूप में लिखना होता है इसके लिए हम निम्नलिखित चरणों का प्रयोग करते हैं।

चरण I दिए गए कथन में चर राशियों की पहचान कीजिए तथा माना ये x और y हैं।

चरण II प्रश्न में दी गई स्थितियों का प्रयोग करके अज्ञात राशियों x और y में समीकरणों को बनाइए।

उदाहरण 2 एक भिन्न के अंश व हर में 2 जोड़ने पर भिन्न का मान $\frac{4}{5}$ हो जाता है और यदि उसके अंश तथा हर दोनों में से 4 घटाया जाता है, तो भिन्न का मान $\frac{1}{2}$ हो जाता है। इस स्थिति का बीजगणितीय तथा आलेखीय निरूपण कीजिए।

भिन्न को $\frac{x}{y}$ के रूप में लिखेंगे, तब दिए गए प्रतिबंधों का प्रयोग कर दो रैखिक समीकरण लिखेंगे।

हल माना भिन्न का अंश x तथा हर y है, तब भिन्न $\frac{x}{y}$ होगा।

अब दिए गए प्रतिबन्ध I के अनुसार, $\frac{x+2}{y+2} = \frac{4}{5}$

$\Rightarrow \quad 5x + 10 = 4y + 8$ [दोनों तरफ वज्रगुणन करने पर]

$\Rightarrow \quad 5x - 4y + 2 = 0$ ...(i)

तथा दिए गए प्रतिबंध II के अनुसार,

$\frac{x-4}{y-4} = \frac{1}{2} \Rightarrow 2x - 8 = y - 4$ [दोनों तरफ वज्रगुणन करने पर]

$\Rightarrow \quad 2x - y - 4 = 0$ ...(ii)

अत: दिए गए प्रश्न का बीजगणितीय निरूपण निम्न है

$5x - 4y + 2 = 0$ तथा $2x - y - 4 = 0$

दिए गए प्रश्न का आलेखीय निरूपण करने के लिए, हमें कम-से-कम प्रत्येक समीकरण का दो हल ज्ञात करना होता है।

समी (i) से, $y = \frac{5x+2}{4}$

समीकरण $5x - 4y + 2 = 0$ के लिए तालिका निम्न है

x	2	–2	6
$y = \frac{5x+2}{4}$	3	–2	8

इसलिए, बिंदु: $A(2, 3)$, $B(-2, -2)$ तथा $C(6, 8)$ होंगे।

हम इन बिंदुओं को ग्राफ पेपर पर अंकित करेंगे तथा सरल रेखा $5x - 4y + 2 = 0$ को निरूपित करने के लिए इन बिंदुओं को मिलाएँगे।

समी (ii) से, $y = 2x - 4$

समीकरण $2x - y - 4 = 0$ के लिए तालिका निम्न है

x	0	2	6
$y = 2x - 4$	–4	0	8

इसलिए बिंदु $P(0, -4)$, $Q(2, 0)$ तथा $C(6, 8)$ होंगे।

अब, हम इन बिंदुओं को ग्राफ पेपर पर अंकित करेंगे तथा सरल रेखा $2x - y - 4 = 0$ को निरूपित करने के लिए इन्हें मिलाएँगे।

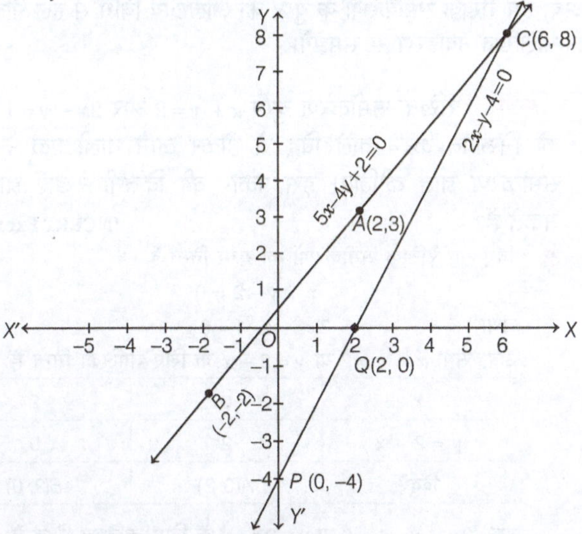

यहाँ, समी (i) तथा (ii) को प्रदर्शित करने वाली रेखा बिंदु $C(6, 8)$ पर प्रतिच्छेद करती है।

उदाहरण 3 निम्न रैखिक समीकरण युग्म का आलेखीय निरूपण कीजिए तथा वह बिंदु भी ज्ञात कीजिए, जहाँ रेखाएँ Y-अक्ष को प्रतिच्छेद करती हैं।

$$3x + y - 5 = 0; \; 2x - y - 5 = 0$$

हल दिया है, रैखिक समीकरण युग्म $3x + y - 5 = 0$ तथा $2x - y - 5 = 0$ है

अब, हमें उपरोक्त समीकरणों में से प्रत्येक के लिए कम-से-कम दो हल ज्ञात करने हैं। जैसा कि निम्नलिखित तालिका में दर्शाया गया है

रेखा $3x + y - 5 = 0$

या $y = 5 - 3x$ के लिए तालिका निम्न है

x	1	0	2
$y = 5 - 3x$	2	5	–1
बिंदु	$A(1, 2)$	$B(0, 5)$	$C(2, -1)$

अब, इन सभी बिंदुओं को ग्राफ पेपर पर अंकित कीजिए तथा सरल रेखा BC प्राप्त करने के लिए इन्हें मिलाइए।

अब, रेखा $2x - y - 5 = 0$

या $y = 2x - 5$ के लिए तालिका निम्न है

x	1	0	3
$y = 2x - 5$	–3	–5	1
बिंदुएँ	$D(1, -3)$	$E(0, -5)$	$F(3, 1)$

अब, इन सभी बिंदुओं को ग्राफ पेपर पर अंकित करें तथा सरल रेखा EF प्राप्त करने के लिए इन्हें मिलाइए।

अत: हम निम्न ग्राफ प्राप्त करेंगे तथा ग्राफ से स्पष्ट है कि दोनों रेखाएँ एक-दूसरे को बिंदु $C(2, -1)$ पर प्रतिच्छेद करेंगी।

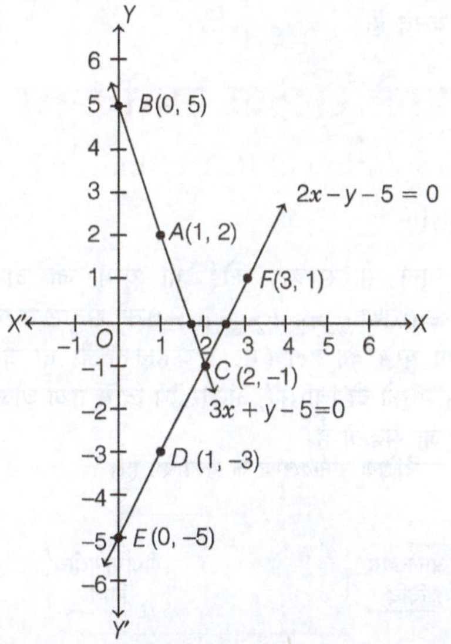

रेखा $3x + y - 5 = 0$, Y-अक्ष को बिंदु $B(0, 5)$ पर प्रतिच्छेद करती है तथा रेखा $2x - y - 5 = 0$, Y-अक्ष को बिंदु $E(0, -5)$ पर प्रतिच्छेद करती है।

उदाहरण 4 आदित्य बिंदु (1, 4) तथा (0, 6) को मिलाने वाली रेखा के अनुदिश टहल रहा है। अद्विति बिंदु (3, 4) तथा (1, 0) को मिलाने वाली रेखा के अनुदिश टहल रही है। दोनों रेखाओं को ग्राफ पेपर पर आलेखित कीजिए तथा वह बिंदु ज्ञात कीजिए, जहाँ दोनों एक-दूसरे को पार करते हैं। **[CBSE 2015, 16]**

हल माना दिए गए बिंदु निम्न हैं

$A(1, 4), B(0, 6), C(3, 4)$ तथा $D(1, 0)$

बिंदुओं A तथा B को निरूपित कर उन्हें मिलाने पर आदित्य द्वारा चला गया मार्ग प्राप्त होगा। उसी प्रकार बिंदु C तथा D को निरूपित कर उन्हें मिलाने पर हमें अद्विति द्वारा चला गया मार्ग प्राप्त होगा।

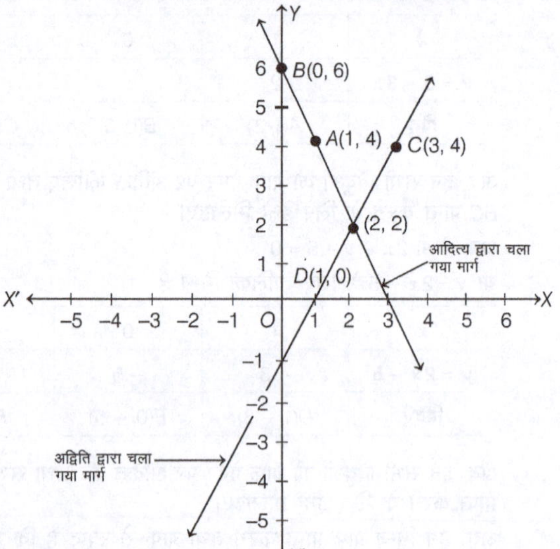

ग्राफ से यह स्पष्ट है कि आदित्य तथा अद्विति एक-दूसरे को बिंदु $(2, 2)$ पर पार करते हैं।

दो चरों वाले रैखिक समीकरण युग्म का हल (Solution of Pair of Linear Equation in Two Variables)

x और y के मानों से सम्बद्ध कोई भी युग्म जो दोनों समीकरणों $a_1x + b_1y + c_1 = 0$ तथा $a_2x + b_2y + c_2 = 0$ को संतुष्ट करता हो, दिए गए रैखिक समीकरण युग्म का हल (मूल) कहलाता है। दो चर वाले रैखिक समीकरणों के युग्म को दो विधियों, आलेखीय विधि तथा बीजगणितीय विधि द्वारा हल किया जा सकता है।

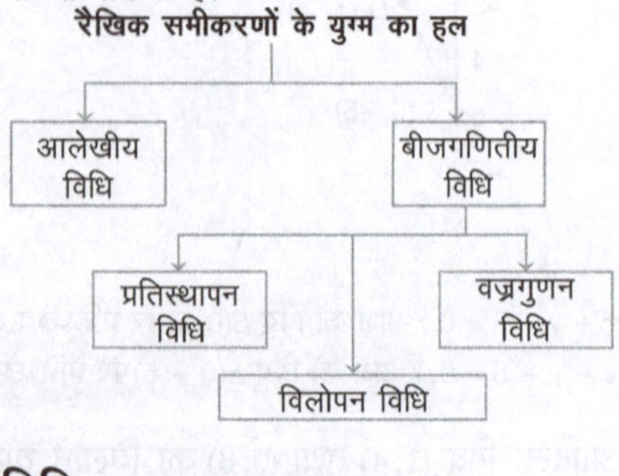

आलेखीय विधि (Graphical Method)

माना दो चरों में रैखिक समीकरण निम्न हैं-

$$a_1x + b_1y + c_1 = 0 \text{ तथा } a_2x + b_2y + c_2 = 0$$

दोनों समीकरणों को एक साथ लेने पर ये दो सरल रेखाओं को निरूपित करते हैं, तब तीन स्थितियाँ संभव हैं

स्थिति I

यदि रैखिक समीकरण निकाय का ग्राफ दो प्रतिच्छेदी रेखाएँ निरूपित करता है, तब प्रतिच्छेद बिंदु का निर्देशांक [माना (a, b)] रैखिक समीकरण का हल होता है।

नोट *इस स्थिति में केवल एक ही प्रतिच्छेद बिंदु होता है जोकि अद्वितीय होता है। इसलिए, निकाय का हल अद्वितीय होगा और इस तरह के रैखिक समीकरण युग्म को रैखिक समीकरणों का संगत (Consistent) युग्म कहते हैं।*

स्थिति II

यदि रैखिक समीकरण निकाय का ग्राफ दो समान्तर रेखाओं को निरूपित करे, तो उनका कोई प्रतिच्छेद बिंदु नहीं होता अर्थात् x और y के युग्म का कोई मान नहीं होता, जो दोनों समीकरणों को सन्तुष्ट करता हो। अत: निकाय का कोई हल नहीं होगा और इस तरह के रैखिक समीकरण युग्म को रैखिक समीकरणों का **असंगत** (Inconsistent) युग्म कहते हैं।

स्थिति III

यदि रैखिक समीकरण निकाय का ग्राफ संपाती रेखाओं को निरूपित करे, तो अपरिमित रूप से अनेक उभयनिष्ठ बिंदु होंगे।

अत: निकाय के अपरिमित रूप से अनेक हल होंगे और इस तरह के रैखिक समीकरण युग्म को रैखिक समीकरणों का **आश्रित** (Dependent) युग्म कहते हैं।

नोट *रैखिक समीकरणों का आश्रित युग्म सदैव संगत होता है।*

अब, हम रैखिक समीकरणों के युग्म का आलेखीय विधि से हल ज्ञात करना निम्नलिखित उदाहरण से समझेंगे।

उदाहरण 5 रैखिक समीकरण युग्म $x + y = 2$ और $2x - y = 1$ के हल को निरूपित करने वाले बिंदु से होकर जाने वाली एक रेखा की समीकरण ज्ञात कीजिए। इस प्रकार की कितनी रेखाएँ ज्ञात कर सकते हैं? **[NCERT Exemplar]**

हल दिए गए रैखिक समीकरणों का युग्म निम्न है

$$x + y - 2 = 0 \quad ...(i)$$

तथा

$$2x - y - 1 = 0 \quad ...(ii)$$

अब, समी $x + y = 2$ या $y = 2 - x$ के लिए तालिका निम्न है:

x	0	2
$y = 2 - x$	2	0
बिंदुएँ	$A(0, 2)$	$B(2, 0)$

समी $2x - y - 1 = 0$ या $y = 2x - 1$ के लिए तालिका निम्न है:

x	0	2
$y = 2x - 1$	-1	3
बिंदुएँ	$C(0, -1)$	$D(2, 3)$

बिंदु $A(0, 2)$ तथा $B(2, 0)$ को ग्राफ पेपर पर आलेखित करके रेखा AB प्राप्त करें। उसी प्रकार, बिंदु $C(0, -1)$ और $D(2, 3)$ को ग्राफ पेपर पर आलेखित कर तथा उन्हें मिलाकर रेखा CD प्राप्त कीजिए।

रेखाएँ AB तथा CD बिंदु $E(1, 1)$ पर प्रतिच्छेद करती हैं। इसलिए (1, 1), दिए गए रैखिक समीकरणों के युग्म का हल होगा।

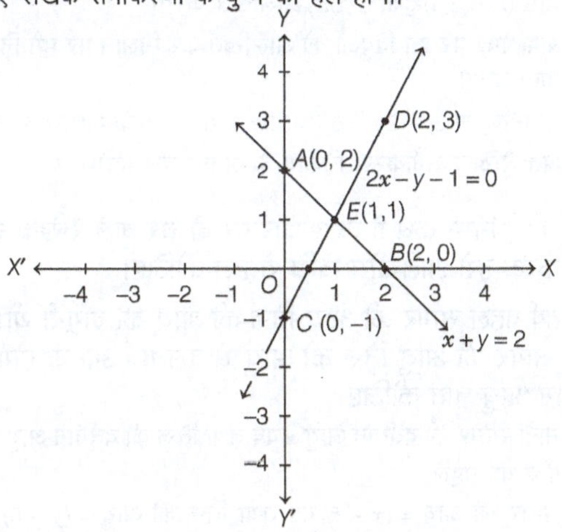

ग्राफ से यह स्पष्ट है कि रैखिक समीकरण $x + y = 2$ तथा $2x - y = 1$ के प्रतिच्छेदन बिंदु से अनन्त रेखाएँ गुजर सकती हैं अर्थात् बिंदु $E(1, 1)$ अनन्त रेखाओं। जैसे— $y = x$, $2x + y = 3$, $x + 2y = 3$ आदि को संतुष्ट करेगा।

उदाहरण 6 **निम्नलिखित रैखिक समीकरण युग्म को आलेखीय विधि से हल कीजिए**

$$3x - 4y + 3 = 0;\ 3x + 4y - 21 = 0$$

X-अक्ष के साथ इन समीकरणों को निरूपित करने वाली रेखाओं द्वारा बने त्रिभुजाकार क्षेत्र के शीर्षों का निर्देशांक ज्ञात कीजिए तथा इस त्रिभुज का क्षेत्रफल भी ज्ञात कीजिए। **[CBSE 2016]**

हल दिए गए रैखिक समीकरणों के युग्म निम्न हैं

$$3x - 4y + 3 = 0 \quad \text{...(i)}$$

तथा $$3x + 4y - 21 = 0 \quad \text{...(ii)}$$

समीकरण $3x - 4y + 3 = 0$ या $y = \frac{3x + 3}{4}$ के लिए तालिका निम्न है

x	3	−1
$y = \frac{3x+3}{4}$	3	0
बिंदुएँ	$A(3, 3)$	$B(-1, 0)$

बिंदुओं $A(3, 3)$ तथा $B(-1, 0)$ को ग्राफ पेपर पर आलेखित करने पर रेखा AB प्राप्त होती है।

अब, समीकरण $3x + 4y - 21 = 0$ या $y = \frac{21 - 3x}{4}$ के लिए तालिका निम्न है।

x	3	7
$y = \frac{21-3x}{4}$	3	0
बिंदुएँ	$A(3, 3)$	$C(7, 0)$

बिंदुओं $A(3, 3)$ तथा $C(7, 0)$ को ग्राफ पेपर पर आलेखित कर उसे मिलाने पर हमें रेखा AC प्राप्त होगा। दिए गए समीकरणों का आलेख निम्न होगा।

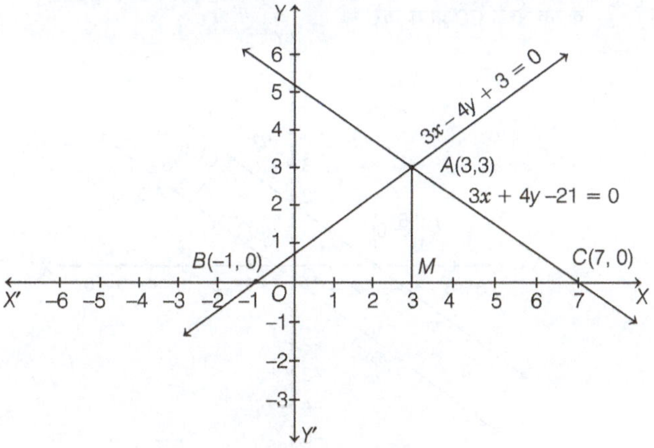

अत: ΔABC के शीर्षों के निर्देशांक निम्न हैं

$A(3, 3)$, $B(-1, 0)$ तथा $C(7, 0)$

$\therefore \Delta ABC$ का क्षेत्रफल $= \frac{1}{2} \times AM \times BC$

$= \frac{1}{2} \times 3 \times 8 = 12$ वर्ग इकाई

उदाहरण 7 **आलेखीय विधि से सिद्ध कीजिए कि निम्न रैखिक समीकरण युग्म असंगत है (अर्थात् कोई हल नहीं है)।**

$$3x - 4y - 1 = 0 \text{ तथा } 2x - \frac{8}{3}y + 5 = 0$$

हल दिया गया रैखिक समीकरण युग्म है

$$3x - 4y - 1 = 0$$

तथा $2x - \frac{8}{3}y + 5 = 0$

समी $3x - 4y - 1 = 0$ या $y = \frac{3x - 1}{4}$ के लिए सारणी निम्न है:

x	3	−1
$y = \frac{3x-1}{4}$	2	−1
बिंदुएँ	$A(3, 2)$	$B(-1, -1)$

समी $2x - \frac{8}{3}y + 5 = 0$ या $y = \frac{6x + 15}{8}$ के लिए सारणी निम्न है:

x	$\frac{3}{2}$	$-\frac{5}{2}$
$y = \frac{6x+15}{8}$	3	0
बिंदुएँ	$C\left(\frac{3}{2}, 3\right)$	$D\left(\frac{-5}{2}, 0\right)$

ग्राफ पेपर पर बिंदुओं $A(3, 2)$ तथा $B(-1, -1)$ को आलेखित करके रेखा AB प्राप्त करें।

उसी प्रकार ग्राफ पेपर पर $C\left(\frac{3}{2}, 3\right)$ तथा $D\left(\frac{-5}{2}, 0\right)$ को आलेखित करके रेखा CD प्राप्त करें।

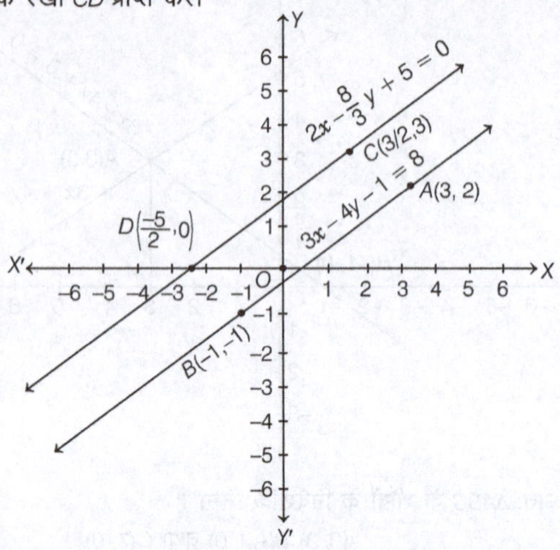

दिए गए ग्राफ से यह स्पष्ट है कि समीकरण $3x - 4y - 1 = 0$ तथा $2x - \frac{8}{3}y + 5 = 0$ से निरूपित रेखाएँ एक-दूसरे के समांतर हैं। इसलिए दोनों रेखाओं का कोई उभयनिष्ठ बिंदु नहीं होगा।

अतः दिया गया रैखिक समीकरण युग्म असंगत है। **इति सिद्धम्**

उदाहरण 8 **आलेखीय विधि से सिद्ध कीजिए कि समीकरण निकाय $x + 2y = 5$, $3x + 6y = 15$ के अनंत हल हैं।**

रैखिक समीकरण निकाय के अनंत हल होंगे, यदि समीकरणों के आलेख संपाती रेखाओं को निरूपित करते हैं।

हल सर्वप्रथम, समीकरण $x + 2y = 5$ ...(i)

$\Rightarrow$ $y = \frac{5 - x}{2}$

समीकरण $x + 2y = 5$ के लिए सारणी निम्न है:

x	5	3	1
$y = \frac{5 - x}{2}$	0	1	2

$\therefore$ बिंदु $A(5, 0)$, $B(3, 1)$ तथा $C(1, 2)$ होंगे।

अब, दूसरा समीकरण $3x + 6y = 15$ को लेकर $3x + 6y = 15$ के दोनों पक्षों में 3 से भाग देने पर, $x + 2y = 5$

जोकि समी (i) के समान है।

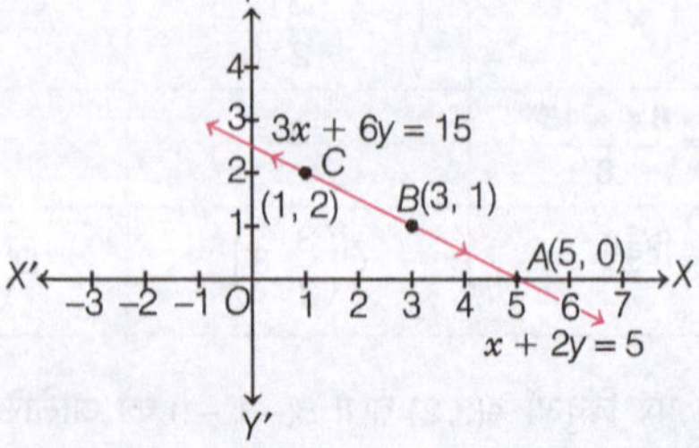

इसलिए, दोनों समीकरणों के बिंदु समान होंगे। तब, ग्राफ पेपर पर बिंदु $A(5, 0)$, $B(3, 1)$ तथा $C(1, 2)$ आलेखित करेंगे।

ग्राफ पेपर पर इन बिंदुओं को आलेखित कर मिलाने पर हमें निम्न आलेख प्राप्त होगा।

$\therefore$ समीकरण $x + 2y = 5$ तथा $3x + 6y = 15$ के आलेख संपाती हैं।

अतः रैखिक समीकरण निकाय के अनन्त हल होंगे।

उदाहरण 9 **निम्न कथनों के आधार पर दो चर वाले रैखिक समीकरण ज्ञात करके इसे आलेखीय विधि से हल कीजिए।**

पाँच वर्ष पहले सागर की आयु तिरू की आयु की दोगुनी थी। दस वर्ष बाद, सागर की आयु तिरू की आयु से दस वर्ष अधिक होगी। उनकी वर्तमान आयु ज्ञात कीजिए।

हल माना सागर की वर्तमान आयु x वर्ष तथा तिरू की वर्तमान आयु y वर्ष है।

पाँच वर्ष पहले,

सागर की आयु $= (x - 5)$ वर्ष तथा तिरू की आयु $= (y - 5)$ वर्ष

दिए गए प्रतिबन्ध के अनुसार,

$$(x - 5) = 2(y - 5) \Rightarrow x - 5 = 2y - 10$$

$\Rightarrow$ $x - 2y + 5 = 0$

दस वर्ष बाद,

सागर की आयु $= (x + 10)$ वर्ष

तथा तिरू की आयु $= (y + 10)$ वर्ष

दिए गए प्रतिबंध के अनुसार,

$$x + 10 = (y + 10) + 10$$

$\Rightarrow$ $x + 10 = y + 20$

$\Rightarrow$ $x - y - 10 = 0$

अतः प्राप्त रैखिक समीकरणों के युग्म निम्न हैं

$x - 2y + 5 = 0$ ...(i)

तथा $x - y - 10 = 0$ ...(ii)

अब, समी (i) तथा (ii) में प्रत्येक का कम-से-कम दो हल प्राप्त कर इनका आलेख निरूपित करेंगे। समीकरणों का हल निम्नलिखित तालिका में दिया गया है

समीकरण $x - 2y + 5 = 0$ या $y = \frac{x + 5}{2}$ के लिए तालिका निम्न है:

x	5	−5
$y = \frac{x + 5}{2}$	5	0
बिंदु	$A(5, 5)$	$B(-5, 0)$

$x - y - 10 = 0$ या $y = x - 10$ के लिए तालिका निम्न है:

x	5	10
$y = x - 10$	−5	0
बिंदु	$C(5, -5)$	$D(10, 0)$

बिंदु $A(5, 5)$ तथा $B(-5, 0)$ को ग्राफ पेपर पर आलेखित करके रेखा AB प्राप्त करें।

उसी प्रकार बिंदु $C(5, -5)$ तथा $D(10, 0)$ को ग्राफ पेपर पर आलेखित करें तथा उन्हें मिलाकर रेखा CD प्राप्त करें।

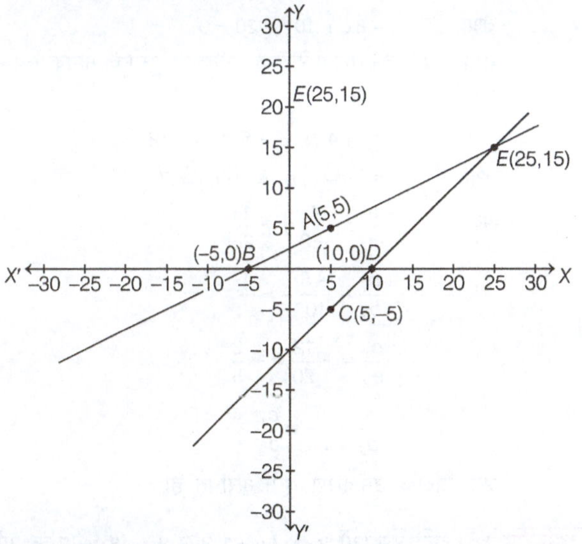

ग्राफ से यह स्पष्ट है कि रेखा AB तथा CD एक-दूसरे को बिंदु $E(25, 15)$ पर प्रतिच्छेद करती हैं।

$\therefore x = 25$ तथा $y = 15$ अभीष्ट हल होगा।

अत: सागर की वर्तमान आयु = 25 वर्ष

तथा तिरू की वर्तमान आयु = 15 वर्ष

उदाहरण 10 चंपा एक 'सेल' में कुछ पैंट और स्कर्ट खरीदने गई। जब उसकी सहेलियों ने पूछा कि उसने प्रत्येक के कितने नग खरीदे, तो उसने उत्तर दिया, "स्कर्ट की संख्या खरीदी गई पैंटों की संख्या की दो गुनी से दो कम है साथ ही, स्कर्ट की संख्या खरीदी गई पैंटों की संख्या की चार गुनी से भी चार कम" सहेलियों को यह जानने में सहायता कीजिए कि चंपा ने कितनी पैंट और स्कर्ट खरीदी?

हल यहाँ, चंपा द्वारा खरीदें गए पैंटों की संख्या तथा स्कर्टों की संख्या अज्ञात है।

माना पैंटों की संख्या x तथा स्कर्टों की संख्या y है।

स्थिति I स्कर्टों की संख्या = 2 × पैंटों की संख्या – 2

अर्थात् $\quad y = 2x - 2 \quad$ ...(i)

स्थिति II स्कर्टों की संख्या = 4 × पैंटों की संख्या –4

अर्थात् $\quad y = 4x - 4 \quad$ ...(ii)

अब, समीकरण $y = 2x - 2$ के लिए तालिका,

x	2	0
$y = 2x - 2$	2	–2

$\therefore$ बिंदु $A(2, 2)$ तथा $B(0, -2)$ होंगे।

समीकरण $y = 4x - 4$ के लिए तालिका,

x	0	1
$y = 4x - 4$	–4	0

$\therefore$ बिंदु $P(0, -4)$ तथा $Q(1, 0)$ होंगे।

बिंदु $A(2, 2), B(0, -2)$ तथा $P(0, -4), Q(1, 0)$ को ग्राफ पेपर पर आलेखित करने तथा उन बिंदुओं को मिलाने पर हमें क्रमश: समीकरण $y = 2x - 2$ तथा $y = 4x - 4$ का ग्राफ प्राप्त होगा।

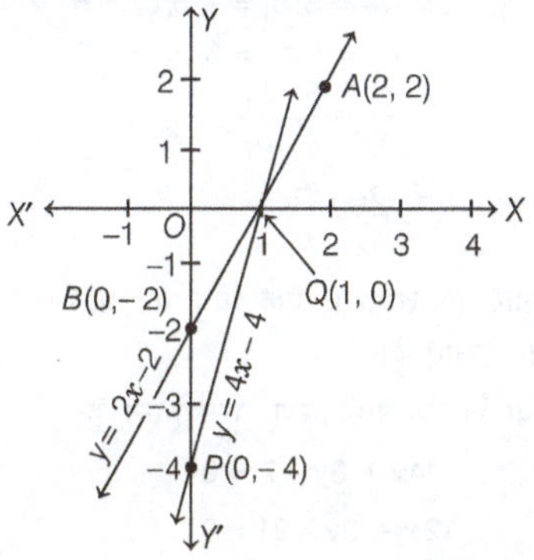

उपरोक्त आलेख से यह स्पष्ट है कि दोनों रेखाएँ बिंदु $(1, 0)$ पर प्रतिच्छेद करती हैं।

$\therefore x = 1, y = 0$ समीकरणों का हल होगा।

अत: चंपा द्वारा खरीदी गई पैंटों की संख्या 1 तथा स्कर्टों की संख्या शून्य है अर्थात् उसने कोई स्कर्ट नहीं खरीदी।

रेखाओं की प्रकृति तथा संगतता

(Nature of Line and Consistency)

रैखिक समीकरण युग्म $a_1x + b_1y + c_1 = 0$ तथा $a_2x + b_2y + c_2 = 0$ के संगत रेखाओं का आलेखीय निरूपण, बीजगणितीय व्याख्या (अर्थात् हलों की संख्या) तथा संगतता निम्नलिखित सारणी में दिया गया है

अनुपातों की तुलना	आलेखीय निरूपण	बीजगणितीय व्याख्या	संगतता
$\frac{a_1}{a_2} \neq \frac{b_1}{b_2}$	प्रतिच्छेदी रेखाएँ	एक और केवल एक हल (अद्वितीय)	निकाय संगत है
$\frac{a_1}{a_2} = \frac{b_1}{b_2} = \frac{c_1}{c_2}$	संपाती रेखाएँ	अनंत हल	निकाय संगत है (निर्भर है)
$\frac{a_1}{a_2} = \frac{b_1}{b_2} \neq \frac{c_1}{c_2}$	समांतर रेखाएँ	कोई हल नहीं	निकाय असंगत है

उदाहरण 11 अनुपातों $\frac{a_1}{a_2}, \frac{b_1}{b_2}$ तथा $\frac{c_1}{c_2}$ की तुलना करके ज्ञात कीजिए कि निम्न समीकरण युग्म द्वारा निरूपित रेखाएँ एक बिंदु पर प्रतिच्छेद करती हैं, समांतर है अथवा संपाती है।

(i) $3x - 5y + 8 = 0, 7x + 6y - 9 = 0$

(ii) $4x + 3y - 7 = 0, 12x - 9y = 21$

(iii) $x - 2y + 5 = 0, 8y - 4x + 20 = 0$

हल (i) दिया गया रैखिक समीकरण युग्म निम्न है

$$3x - 5y + 8 = 0 \quad \text{...(i)}$$

तथा

$$7x + 6y - 9 = 0 \quad \text{...(ii)}$$

समी (i) व (ii) की तुलना क्रमशः $a_1x + b_1y + c_1 = 0$ तथा $a_2x + b_2y + c_2 = 0$ से करने पर,

$a_1 = 3, b_1 = -5, c_1 = 8$

तथा $a_2 = 7, b_2 = 6, c_2 = -9$

यहाँ, $\frac{a_1}{a_2} = \frac{3}{7}, \frac{b_1}{b_2} = \frac{-5}{6}$

$\therefore \frac{a_1}{a_2} \neq \frac{b_1}{b_2}$

अतः रेखाएँ (i) तथा (ii) एक बिंदु पर प्रतिच्छेद करती हैं अर्थात् प्रतिच्छेदी रेखाएँ हैं।

(ii) दिया गया रैखिक समीकरण युग्म निम्न है

$4x + 3y - 7 = 0$ ...(i)

तथा $12x + 9y - 21 = 0$ ...(ii)

समी (i) तथा (ii) की तुलना रैखिक समीकरण युग्म के मानक रूप से करने पर,

$a_1 = 4, b_1 = 3, c_1 = -7$

तथा $a_2 = 12, b_2 = 9, c_2 = -21$

अब, $\frac{a_1}{a_2} = \frac{4}{12} = \frac{1}{3}$

$\frac{b_1}{b_2} = \frac{3}{9} = \frac{1}{3}$

तथा $\frac{c_1}{c_2} = \frac{-7}{-21} = \frac{1}{3}$

$\because \frac{a_1}{a_2} = \frac{b_1}{b_2} = \frac{c_1}{c_2}$

अतः रेखाएँ (i) व (ii) संपाती हैं।

(iii) दिया गया रैखिक समीकरण युग्म निम्न है

$x - 2y + 5 = 0$ ...(i)

तथा $-4x + 8y + 20 = 0$ ...(ii)

समी (i) तथा (ii) की तुलना रैखिक समीकरण युग्म के मानक रूप से करने पर,

$a_1 = 1, b_1 = -2, c_1 = 5$

तथा $a_2 = -4, b_2 = 8, c_2 = 20$

अब, $\frac{a_1}{a_2} = \frac{1}{-4} = -\frac{1}{4}$

$\frac{b_1}{b_2} = \frac{-2}{8} = -\frac{1}{4}$

तथा, $\frac{c_1}{c_2} = \frac{5}{20} = \frac{1}{4}$

$\because \frac{a_1}{a_2} = \frac{b_1}{b_2} \neq \frac{c_1}{c_2}$

अतः रेखाएँ (i) व (ii) समांतर रेखाएँ हैं।

उदाहरण 12 रैखिक समीकरण युग्म $4x - 5y - 12 = 0$, $10y + 20 = 8x$, संगत/असंगत हैं **[CBSE 2016]**

हल दिए गए रैखिक समीकरणों के युग्म निम्न हैं

$4x - 5y - 12 = 0$ ...(i)

तथा $-8x + 10y + 20 = 0$ ...(ii)

समी (i) व (ii) की तुलना रैखिक समीकरण युग्म के मानक रूप से करने पर,

$a_1 = 4, b_1 = -5, c_1 = -12$

तथा $a_2 = -8, b_2 = 10, c_2 = 20$

अब, $\frac{a_1}{a_2} = \frac{4}{-8} = -\frac{1}{2}$

$\frac{b_1}{b_2} = \frac{-5}{10} = -\frac{1}{2}$

$\frac{c_1}{c_2} = -\frac{12}{20} = -\frac{3}{5}$

$\because \frac{a_1}{a_2} = \frac{b_1}{b_2} \neq \frac{c_1}{c_2}$

अतः रैखिक समीकरण युग्म असंगत है।

उदाहरण 13 यदि रेखाओं $2x + ky = 1$ और $3x - 5y = 7$ के अद्वितीय हल हैं, तो k का मान ज्ञात कीजिए।

हल दिए गए समीकरण को हम लिख सकते हैं $2x + ky - 1 = 0$ तथा $3x - 5y - 7 = 0$

इनकी तुलना $a_1x + b_1y + c_1 = 0$ तथा $a_2x + b_2y + c_2 = 0$ से करने पर,

$a_1 = 2, b_1 = k, c_1 = -1$

तथा $a_2 = 3, b_2 = -5, c_2 = 7$

एक रैखिक समीकरण युग्म का अद्वितीय हल होगा, यदि

$\frac{a_1}{a_2} \neq \frac{b_1}{b_2} \Rightarrow \frac{2}{3} \neq \frac{k}{-5} \Rightarrow k \neq \frac{-10}{3}$

अतः दिए गए रेखाओं का $\frac{-10}{3}$ के अतिरिक्त सभी वास्तविक मानों के लिए अद्वितीय हल होगा।

उदाहरण 14 यदि समीकरणों $kx - 2y = 3$ तथा $3x + y = 5$ एक बिन्दु पर दो प्रतिच्छेदी रेखाओं को निरूपित करती है, तो k का मान ज्ञात कीजिए। **[CBSE 2020 (Basic)]**

हल दी गई रेखाओं के समीकरण निम्न है

$kx - 2y = 3$

तथा $3x + y = 5$

यहाँ, $a_1 = k, b_1 = -2, c_1 = -3$

तथा $a_2 = 3, b_2 = 1, c_2 = -5$

प्रतिच्छेदी रेखाओं के लिए,

$\frac{a_1}{a_2} \neq \frac{b_1}{b_2}$

$\Rightarrow \frac{k}{3} \neq \frac{-2}{1}$

$\Rightarrow k \neq -6$

उदाहरण 15 k के किस मान के लिए निम्न रैखिक समीकरण युग्म का अनंत हल होगा।

$$2x+3y=4 \text{ तथा } (k+2)x+6y=3k+2$$

अनंत हल के लिए, या संपाती रेखाओं के लिए रैखिक समीकरण युग्म प्रतिबंध $\frac{a_1}{a_2}=\frac{b_1}{b_2}=\frac{c_1}{c_2}$ को संतुष्ट करेगा।

हल दिया गया रैखिक समीकरण युग्म है

$2x+3y-4=0$ तथा $(k+2)x+6y-(3k+2)=0$

दिए गए समीकरण को मानक समीकरण $a_1x+b_1y+c_1=0$ तथा $a_2x+b_2y+c_2=0$ से तुलना करने पर,

$$a_1=2, b_1=3, c_1=-4$$

तथा $$a_2=k+2, b_2=6, c_2=-(3k+2)$$

अनंत हल के लिए, $\frac{a_1}{a_2}=\frac{b_1}{b_2}=\frac{c_1}{c_2}$

$$\therefore \quad \underset{\text{I}}{\frac{2}{k+2}}=\underset{\text{II}}{\frac{3}{6}}=\underset{\text{III}}{\frac{-4}{-(3k+2)}} \quad \text{...(i)}$$

I तथा II को लेने पर,

$$\frac{2}{k+2}=\frac{3}{6} \Rightarrow \frac{2}{k+2}=\frac{1}{2} \Rightarrow k+2=4 \Rightarrow k=2$$

जोकि समी (i) के अंतिम दो पदों को भी संतुष्ट करता है।

अत: k का अभीष्ट मान 2 है।

उदाहरण 16 p के किस मान के लिए निम्न रैखिक समीकरण युग्म समांतर रेखाओं को निरूपित करेगा?

$$-x+py-1=0 \text{ तथा } px-y-1=0$$ **[NCERT Exemplar]**

हल दिया गया रैखिक समीकरण युग्म है

$$-x+py-1=0 \quad \text{...(i)}$$

तथा $$px-y-1=0 \quad \text{...(ii)}$$

दिए गए समीकरणों को मानक समीकरण $a_1x+b_1y+c_1=0$ तथा $a_2x+b_2y+c_2=0$ से करने पर,

$$a_1=-1, b_1=p, c_1=-1$$

तथा $$a_2=p, b_2=-1, c_2=-1$$

अब रैखिक समीकरण युग्म समांतर रेखाओं को निरूपित करेगा (अर्थात् जिसका कोई हल नहीं है) यदि

$$\frac{a_1}{a_2}=\frac{b_1}{b_2}\neq\frac{c_1}{c_2} \Rightarrow \underset{\text{I}}{-\frac{1}{p}}=\underset{\text{II}}{\frac{p}{-1}}\neq\underset{\text{III}}{\frac{-1}{-1}} \quad \text{...(iii)}$$

I तथा II को लेने पर, $-\frac{1}{p}=\frac{p}{-1} \Rightarrow p^2=1 \Rightarrow p=\pm 1$

$\because$ $p=-1$ समी (iii) के अन्तिम दो पदों को संतुष्ट नहीं करता है।

$\therefore$ $p=1$ अभीष्ट मान होगा।

अत: $p=1$ के लिए दिया गया समीकरण निकाय समांतर रेखाओं को निरूपित करेगा।

प्रश्नावली 3.1

1. पाँच वर्ष पूर्व जैकब की आयु उसके बेटे की आयु की सात गुनी थी। पाँच वर्ष बाद जैकब की आयु उसके बेटे की आयु की तीन गुनी हो जाएगी। इस स्थिति को बीजगणितीय एवं ग्राफीय रूपों में निरूपित कीजिए।

2. अरुणा के पास केवल ₹ 1 तथा ₹ 5 के सिक्के हैं। यदि उसके पास सिक्कों की कुल संख्या 55 तथा कुल धनराशि ₹ 75 है, तो इस स्थिति को बीजगणितीय एवं ग्राफीय रूपों में व्यक्त कीजिए।

3. निम्न रैखिक समीकरणों के युग्म को ग्राफीय विधि से हल कीजिए।
$2x-y+3=0$ तथा $3x-5y+1=0$ **[CBSE 2015]**

4. आलेखीय विधि से जाँच कीजिए कि निम्न रैखिक समीकरणों के युग्म का कोई हल नहीं, अद्वितीय हल या अनन्त हल है।

$$15x-30y+1=0, 3x-\frac{24}{4}y+\frac{1}{5}=0$$

5. आलेखीय विधि से निम्न समीकरणों के संगत होने की जाँच कीजिए। यदि संगत है, तो आलेखीय विधि से हल ज्ञात कीजिए।

$$2x-y=0, x+y=0$$

6. आलेखीय विधि से रैखिक समीकरणों के युग्म $x-y=-1$ तथा $2x+y-10=0$ का हल ज्ञात कीजिए। इन रेखाओं तथा X-अक्ष के द्वारा बने त्रिभुज के शीर्षों को भी ज्ञात कीजिए।

7. आलेखीय विधि से रैखिक समीकरणों के युग्म $3x+y-11=0$, $x-y-1=0$ को हल कीजिए। इन रेखाओं तथा Y-अक्ष के द्वारा बने त्रिभुज के शीर्षों को भी ज्ञात कीजिए।

8. आलेखीय विधि से निम्न रैखिक समीकरणों के युग्म को हल कीजिए। इन रेखाओं तथा Y-अक्ष के द्वारा बने त्रिभुज के शीर्षों को भी ज्ञात कीजिए। **[CBSE 2010, 12]**

$$x-y+1=0, 3x+2y-12=0$$

9. रेखाएँ $7x-5y=3$ तथा $21x-15y=5$ दो सीधे रास्तों को निरूपित करती हैं। जाँच कीजिए कि ये रास्ते एक-दूसरे को पार (cross) (प्रतिच्छेद) करेंगे या नहीं?

10. रैखिक समीकरणों का एक ऐसा युग्म लिखिए जिसका एक हल $x=-1$, $y=3$ अद्वितीय हो। आप ऐसे कितने युग्म लिख सकते हैं। **[NCERT Exemplar]**

11. आलेखीय विधि से रैखिक समीकरणों के युग्म $4x-y-8=0$ तथा $2x-3y+6=0$ के संगतता की जाँच कीजिए। इन रेखाओं तथा X-अक्ष द्वारा बने त्रिभुज के शीर्षों को भी ज्ञात कीजिए। **[CCE 2012, 10]**

12. अनुपात $\frac{a_1}{a_2}, \frac{b_1}{b_2}$ तथा $\frac{c_1}{c_2}$ की तुलना कर ज्ञात कीजिए कि निम्न रैखिक समीकरणों के युग्म संगत हैं या असंगत?

(i) $\frac{4}{3}x+2y=8$ तथा $2x+3y=12$

(ii) $4x-y=4$ तथा $3x+2y=14$

(iii) $3x-5y=11$ तथा $6x-10y=7$

(iv) $6x-3y=12$ तथा $2x-y=4$

13. अनुपात $\frac{a_1}{a_2}, \frac{b_1}{b_2}$ तथा $\frac{c_1}{c_2}$ की तुलना कर ज्ञात कीजिए कि निम्न रैखिक समीकरणों के युग्म एक-दूसरे को एक बिंदु पर प्रतिच्छेद करते हैं या समान्तर हैं या संपाती हैं।

(i) $2x+3y=3$ तथा $x-2y=2$

(ii) $4x-2y=10$ तथा $6x-3y=12$

(iii) $3x-4y-1=0$ तथा $2x-\frac{8}{3}y+5=0$

(iv) $x-3y-7=0$ तथा $3x-9y=21$

14. k के किस मान के लिए निम्न रैखिक समीकरणों के निकाय का अद्वितीय हल होगा?

(i) $kx+2y=5, 3x+y=1$

(ii) $x-3y=5, 5x+ky=10$

(iii) $kx+2y=4, 8x+ky=11$

(iv) $4x-5y=k, 2x-3y=12$

15. k के किस मान के लिए निम्न रैखिक समीकरणों के निकाय का कोई हल नहीं होगा?

(i) $4x+5y=17, kx+15y=33$

(ii) $kx+2y=5, 8x+ky=20$

(iii) $3x+y=1, (2k-1)x+(k-1)y=(2k+1)$

(iv) $3x-y-5=0, 6x-2y+k=0$ **[CBSE 2008]**

16. k के किस मान के लिए निम्न रैखिक समीकरणों के निकाय का अनंत हल होगा?

(i) $4x+7y=10; (k+2)x+21y=3k$

(ii) $2x+(k-2)y=k; 6x+(2k-1)y=2k+5$

(iii) $2x+3y=2; (k+2)x+(2k+1)=2(k-1)$

(iv) $x+(k+1)y=5, (k+1)x+9y=(8k-1)$

17. p तथा q के किस मान के लिए निम्न रैखिक समीकरणों के निकाय का अनंत हल होगा?

(i) $(2p-1)x+3y=5; 3x+(q-1)y=2$

(ii) $2x+3y=7;$

$(p+q+1)x+(p+2q+2)y=4(p+q)+1$

18. k के किस मान के लिए रैखिक समीकरणों के निकाय $kx+3y=3$ तथा $12x+ky=6$ समांतर रेखाओं को निरूपित करेगा।

19. k का मान ज्ञात करे, जब रैखिक समीकरणों के निकाय $x+2y=3$, $5x+ky+7=0$ निरूपित करता है

(i) प्रतिच्छेदी रेखाओं को

(ii) समांतर रेखाओं को

क्या k के किसी मान के लिए दिए गए समीकरणों के निकाय संपाती रेखाओं को निरूपित करते हैं?

निर्देश (प्र.सं. 20 से 23) *निम्नलिखित प्रश्नों को आलेखीय विधि से हल कीजिए।*

20. 4 कुर्सियों तथा 3 मेज का मूल्य ₹ 210 है तथा 5 कुर्सियों तथा 2 मेज का मूल्य ₹ 175 है। एक कुर्सी तथा एक मेज का मूल्य ज्ञात कीजिए।

21. 4 पेन और 4 पेंसिल बॉक्सों का मूल्य ₹ 100 है। यदि एक पेन के मूल्य का तीन गुना एक पेंसिल बॉक्स के मूल्य से ₹ 15 अधिक है। उपरोक्त स्थिति के लिए, रैखिक समीकरणों का एक युग्म बनाइए। एक पेन और एक पेंसिल बॉक्स के मूल्य भी ज्ञात कीजिए।

22. दो वर्ष पहले, सलीम की आयु अपनी पुत्री की आयु की तिगुनी थी तथा छ: वर्ष बाद उसकी आयु पुत्री की आयु के दुगुने से 4 वर्ष अधिक होगी। उनकी वर्तमान आयु क्या है? **[NCERT Exemplar]**

23. दो संख्याएँ 5:6 के अनुपात में हैं। यदि प्रत्येक संख्या में से 8 घटा दिया जाए, तो यह अनुपात 4:5 हो जाता है। ये संख्याएँ ज्ञात कीजिए। **[NCERT Exemplar]**

संकेत एवं हल

1. **संकेत** माना जैकब तथा उसके बेटे की वर्तमान आयु क्रमश: x तथा y हैं।

∴ प्रश्नानुसार,

स्थिति I $(x-5)=7(y-5) \Rightarrow x-7y+30=0$ ...(i)

स्थिति II $(x+5)=3(y+5) \Rightarrow x-3y-10=0$ ...(ii)

अत: इसका बीजीय निरूपण होगा

$x-7y+30=0$ तथा $x-3y-10=0$

आलेखीय निरूपण के लिए समी (i) तथा (ii) के ग्राफ आलेखित कीजिए।

2. प्रश्न 1 की भाँति स्वयं हल करें।

उत्तर $x+y-55=0, x+5y-75=0$

3. $x=-2, y=-1$

4. **संकेत** दिए गए समीकरणों का ग्राफ संपाती रेखाओं को निरूपित करता है। अत: दिए गए रैखिक समीकरणों के युग्म का अनंत हल होगा।

5. **संकेत** दिए गए रैखिक समीकरणों का आलेख एक-दूसरे को मूलबिंदु पर प्रतिच्छेद करता है। इसलिए दिया गया रैखिक समीकरण का युग्म संगत है।

उत्तर $x=0, y=0$

6. उदाहरण 6 की भाँति स्वयं हल करें। **उत्तर** $x=3, y=4$;

त्रिभुज के शीर्ष (3, 4), (–1, 0) तथा (5, 0) हैं।

7. उदाहरण 6 की भाँति स्वयं हल करें। **उत्तर** $x=3, y=2$

त्रिभुज के शीर्ष (3, 2), (0, – 1) तथा (0, 11) हैं।

8. उदाहरण 6 की भाँति स्वयं हल करें।

उत्तर $x = 2, y = 3$, त्रिभुज के शीर्ष (0, 6), (0, 1) तथा (2, 3) हैं।

9. दोनों सीधे रास्ते एक-दूसरे के समांतर हैं। अतः वे एक-दूसरे को पार नहीं करेंगे।

10. $3x + 2y = 3, x + y = 2$; अनंत युग्म संभव हैं।

11. उदाहरण 6 तथा 7 की भाँति स्वयं हल करें।

उत्तर हाँ, त्रिभुज के शीर्ष (– 3, 0), (2, 0) तथा (3, 4) होंगे।

12. (i) **संकेत** दिए गए समीकरणों को मानक समीकरणों से तुलना करने पर,

$$a_1 = \frac{4}{3}, b_1 = 2, c_1 = -8$$

तथा $a_2 = 2, b_2 = 3, c_2 = -12$

अब, $\frac{a_1}{a_2} = \frac{2}{3}, \frac{b_1}{b_2} = \frac{2}{3}$ तथा $\frac{c_1}{c_2} = \frac{2}{3}$

$$\therefore \quad \frac{a_1}{a_2} = \frac{b_1}{b_2} = \frac{c_1}{c_2}$$

अतः दिए गए समीकरण के युग्म संगत हैं।

(ii) भाग (i) की भाँति स्वयं हल करें। **उत्तर** संगत

(iii) भाग (i) की भाँति स्वयं हल करें। **उत्तर** असंगत

(iv) भाग (i) की भाँति स्वयं हल करें। **उत्तर** संगत

13. प्रश्न 12 (i) की भाँति स्वयं हल करें।

उत्तर (i) प्रतिच्छेदी रेखाएँ (ii) समांतर रेखाएँ (iii) समांतर रेखाएँ (iv) संपाती रेखाएँ

14. (i) **संकेत** अद्वितीय हल के लिए, $\frac{a_1}{a_2} \neq \frac{b_1}{b_2} \Rightarrow \frac{k}{3} \neq \frac{2}{1} \Rightarrow k \neq 6$

(ii) भाग (i) की भाँति स्वयं हल करें। **उत्तर** $k \neq -15$

(iii) भाग (i) की भाँति स्वयं हल करें। **उत्तर** $k \neq \pm 4$

(iv) **संकेत** अद्वितीय हल के लिए,

$$\frac{a_1}{a_2} \neq \frac{b_1}{b_2} \Rightarrow \frac{4}{2} \neq \frac{-5}{-3}$$

जोकि k के प्रत्येक वास्तविक मान के लिए सत्य है।

15. (i) **संकेत** कोई हल नहीं होने के लिए,

$$\frac{a_1}{a_2} = \frac{b_1}{b_2} \neq \frac{c_1}{c_2}$$

$$\Rightarrow \quad \frac{4}{k} = \frac{5}{15} \neq \frac{-17}{-33}$$

$$\Rightarrow \quad \frac{4}{k} = \frac{5}{15}$$

$$\Rightarrow \quad k = 12$$

(ii) कोई हल नहीं होने के लिए,

$$\frac{k}{8} = \frac{2}{k} \neq \frac{-5}{-20}$$

$$\Rightarrow \quad k = \pm 4$$

(iii) भाग (i) की भाँति स्वयं हल करें। **उत्तर** $k = 2$

(iv) भाग (i) की भाँति स्वयं हल करें। **उत्तर** $k \neq -10$

16. (i) **संकेत** अनन्त हल के लिए,

$$\frac{a_1}{a_2} = \frac{b_1}{b_2} = \frac{c_1}{c_2}$$

$$\Rightarrow \quad \frac{4}{k+2} = \frac{7}{21} = \frac{-10}{-3k} \Rightarrow k = 10$$

(ii) भाग (i) की भाँति स्वयं हल करें। **उत्तर** $k = 5$

(iii) भाग (i) की भाँति स्वयं हल करें। **उत्तर** $k = 4$

(iv) भाग (i) की भाँति स्वयं हल करें। **उत्तर** $k = 2$

17. (i) **संकेत** अनन्त हल के लिए,

$$\frac{a_1}{a_2} = \frac{b_1}{b_2} = \frac{c_1}{c_2}$$

$$\Rightarrow \quad \frac{2p-1}{3} = \frac{3}{q-1} = \frac{-5}{-2}$$

उत्तर $p = \frac{17}{4}, q = \frac{11}{5}$

(ii) भाग (i) की भाँति स्वयं हल करें। **उत्तर** $p = 3, q = 2$

18. **संकेत** रेखाओं का समांतर होने के लिए प्रतिबंध,

$$\frac{a_1}{a_2} = \frac{b_1}{b_2} \neq \frac{c_1}{c_2}$$

उत्तर $k = -6$

19. (i) $k \neq 10$

(ii) $k = 10$

k के किसी भी मान के लिए दिए गए रैखिक समीकरणों के निकाय का अनंत हल नहीं होगा अर्थात् दिए गए समीकरणों का निकाय संपाती रेखाएँ निरूपित नहीं करता है।

20. **संकेत** माना एक कुर्सी तथा एक मेज की कीमत क्रमशः ₹ x तथा ₹ y हैं।

तब, $4x + 3y = 210$ ...(i)

तथा $5x + 2y = 175$ ...(ii)

समी (i) तथा (ii) से ग्राफ आलेखित कर प्रतिच्छेद बिंदु के निर्देशांक ज्ञात कीजिए।

उत्तर एक कुर्सी की कीमत ₹ 15 तथा एक मेज की कीमत ₹ 50 है।

21. प्रश्न 20 की भाँति स्वयं हल करें।

उत्तर एक पेन का मूल्य = ₹ 10

तथा एक पेंसिल का मूल्य = ₹ 15

22. प्रश्न 1 की भाँति स्वयं हल करें।

उत्तर सलीम की आयु = 38 वर्ष

सलीम की बेटी की आयु = 14 वर्ष

23. **संकेत** माना दो संख्याएँ x तथा y हैं।

तब, $\frac{x}{y} = \frac{5}{6} \Rightarrow y = \frac{6x}{5}$ ...(i)

साथ ही, $\frac{x-8}{y-8} = \frac{4}{5} \Rightarrow 5x - 4y = 8$ ...(ii)

अभीष्ट संख्याओं को ज्ञात करने के लिए समी (i) तथा समी (ii) का ग्राफ आलेखित कीजिए। **उत्तर** संख्याएँ 40 व 48 हैं।

टॉपिक 2
रैखिक समीकरण युग्म हल करने की बीजीय विधि

आलेखीय विधि पूर्णांकीय हलों के लिए उपर्युक्त विधि है परन्तु यह अपूर्णांकीय हलों के लिए उपर्युक्त नहीं है क्योंकि कभी-कभी जरूरत के अनुसार बनाए गए समीकरणों को आलेखीय विधि से हल करना जटिल हो जाता है। इसलिए, रैखिक समीकरण युग्म को हल करने की विविध बीजगणितीय (बीजीय) विधियाँ हैं जिसका प्रयोग करके हम रैखिक समीकरण युग्मों को हल कर सकते हैं।

रैखिक समीकरण युग्म के हल ज्ञात करने के लिए कुछ बीजगणितीय विधियाँ निम्नलिखित हैं

(i) प्रतिस्थापन विधि (Substitution Method)

(ii) विलोपन विधि (Elimination Method)

प्रतिस्थापन विधि (Substitution Method)

इस विधि में, दिए गए समीकरणों में से किसी एक समीकरण के एक चर का मान दूसरे चर के पद में व्यक्त कर दूसरे समीकरण में प्रतिस्थापित करते हैं। तब हमें एक चर में समीकरण प्राप्त होता है, जिसे आसानी से हल किया जा सकता है इस विधि को निम्न उदाहरण की सहायता से समझाया जा सकता है।

उदाहरण 1 निम्न रैखिक समीकरण निकाय $x+8y=19$ तथा $2x+11y=28$ को प्रतिस्थापन विधि से हल कीजिए तथा सत्यापित भी कीजिए।

हल दिया है, $x + 8y = 19$ ...(i)

तथा $2x + 11y = 28$ ...(ii)

समी (i) से, $x = 19 - 8y$ ...(iii)

$x = 19 - 8y$ समी (ii) में प्रतिस्थापित करने पर,

$$2(19 - 8y) + 11y = 28$$

$$\Rightarrow 38 - 16y + 11y = 28$$

$$\Rightarrow 5y = 38 - 28 = 10 \Rightarrow y = \frac{10}{5} = 2$$

$y = 2$ समी (iii) में रखने पर,

$$x = 19 - 8 \times 2 = 19 - 16 = 3$$

अत: $x = 3$ तथा $y = 2$ अभीष्ट हल हैं।

सत्यापन

समी (i) तथा (ii) में क्रमश: $x = 3$ तथा $y = 2$ रखने पर,

समी (i) से, बायाँ पक्ष $= x + 8y = 3 + 8(2)$

$= 3 + 16 = 19 =$ दायाँ पक्ष

समी (ii) से, बायाँ पक्ष $= 2x + 11y = 2(3) + 11(2)$

$= 6 + 22 = 28 =$ दायाँ पक्ष

अत: हल $x = 3, y = 2$ सत्यापित हो गया।

उदाहरण 2 निम्न रैखिक समीकरण निकाय को प्रतिस्थापन विधि से हल कीजिए।

(i) $3x - 7y = 1$ तथा $x - y = -1$

(ii) $x + 2y - 3 = 0$ तथा $3x - 2y + 7 = 0$ **[CBSE 2016]**

हल (i) दिया गया रैखिक समीकरण युग्म है

$3x - 7y = 1$ ...(i)

तथा $x - y = -1$ ...(ii)

समी (ii) से, $y = x + 1$

समी (i) में, $y = x + 1$ प्रतिस्थापित करने पर,

$$3x - 7(x + 1) = 1 \Rightarrow 3x - 7x - 7 = 1$$

$$\Rightarrow -4x = 1 + 7 \Rightarrow x = \frac{8}{-4} = -2$$

अब $y = x + 1$ में $x = -2$ रखने पर,

$$y = -2 + 1 = -1$$

अत: दिए गए समीकरण निकाय का हल होगा

$$x = 2 \text{ तथा } y = -1$$

(ii) दिया गया रैखिक समीकरण युग्म है

$x + 2y - 3 = 0$ ...(i)

तथा $3x - 2y + 7 = 0$ ...(ii)

समी (i) से, $x = 3 - 2y$ ...(iii)

$x = 3 - 2y$ को समी (ii) में प्रतिस्थापित करने पर,

$$3(3 - 2y) - 2y + 7 = 0$$

$$\Rightarrow 9 - 6y - 2y + 7 = 0$$

$$\Rightarrow -8y + 16 = 0$$

$$\Rightarrow -8y = -16 \Rightarrow y = 2$$

समी (i) में $y = 2$ रखने पर,

$$x = 3 - 4 = -1$$

अत: दिए गए समीकरण निकाय का हल होगा

$$x = -1 \text{ तथा } y = 2$$

उदाहरण 3 निम्न रैखिक समीकरण निकाय को हल कीजिए

$$ax + by - a + b = 0 \text{ तथा } bx - ay - a - b = 0$$

हल दिए गए समीकरण निकाय को हम लिख सकते हैं

$ax + by = a - b$ ...(i)

$bx - ay = a + b$ ...(ii)

समी (i) से, $by = a - b - ax$

$\Rightarrow y = \dfrac{a - b - ax}{b}$ ...(iii)

y का मान को समी (ii) में रखने पर,

$$bx - a\left[\frac{a-b-ax}{b}\right] = a + b$$

$\Rightarrow$ $b^2x - a(a - b - ax) = b(a + b)$

[दोनों पक्षों में b से गुणा करने पर]

$\Rightarrow$ $b^2x - a^2 + ab + a^2x = ab + b^2$

$\Rightarrow$ $(b^2 + a^2)x = ab + b^2 + a^2 - ab$

$\Rightarrow$ $x = \frac{a^2 + b^2}{a^2 + b^2} = 1$

समी (iii) में $x = 1$ रखने पर,

$$y = \frac{a-b-a}{b} \Rightarrow y = -\frac{b}{b} = -1$$

अत: दिए गए निकाय का हल होगा

$x = 1$ तथा $y = -1$

उदाहरण 4 रोमिला एक स्टेशनरी की दुकान में गई और ₹ 9 में 2 पेंसिल तथा 3 रबड़ खरीदी। उसकी सहेली सोनाली ने रोमिला के पास नई तरह की पेंसिल और रबड़ देखी और उसने भी ₹ 18 में 4 पेंसिल और 6 रबड़ खरीदी। प्रत्येक पेंसिल तथा रबड़ का मूल्य ज्ञात कीजिए।

हल माना एक पेंसिल का मूल्य ₹ x तथा एक रबड़ का मूल्य ₹ y है।

तब प्रश्नानुसार, रैखिक समीकरण युग्म होगा

$$2x + 3y = 9 \quad \text{...(i)}$$

तथा $$4x + 6y = 18 \quad \text{...(ii)}$$

समी (i) से, $x = \frac{9-3y}{2}$

x का मान समी (ii) में रखने पर,

$$4\left(\frac{9-3y}{2}\right) + 6y = 18$$

$\Rightarrow$ $2(9 - 3y) + 6y = 18$

$\Rightarrow$ $18 - 6y + 6y = 18 \Rightarrow 18 = 18$

इस कथन में कोई चर नहीं है, लेकिन यह y के प्रत्येक मान के लिए सत्य है। [$\because$ बायाँ पक्ष = दायाँ पक्ष]

इसलिए, हम y का विशिष्ट मान प्राप्त नहीं कर सकते और तब हम x का विशिष्ट मान प्राप्त नहीं कर सकते।

अत: समी (i) तथा (ii) के अनन्त हल होंगे तथा हम पेंसिल तथा रबड़ का अद्वितीय मूल्य नहीं ज्ञात कर सकते। चूँकि समीकरणों के अनन्त उभयनिष्ठ हल अस्तित्व में हैं।

नोट *यह स्थिति इसलिए आई है क्योंकि दिए गए दोनों समीकरण समान हैं।*

प्रश्नावली 3.2

1. निम्न समीकरणों के निकाय को प्रतिस्थापन विधि से कीजिए।

(i) $x + y = 8,\ 2x - 3y = 1$

(ii) $3x + 2y = 10,\ 12x + 8y = 30$

(iii) $2x - 7y = 11,\ 6x - 21y = 33$

(iv) $\sqrt{2}x + \sqrt{5}y = 0,\ \sqrt{6}x + \sqrt{15}y = 0$

2. निम्न रैखिक समीकरणों के युग्म को प्रतिस्थापन विधि से हल कीजिए।

(i) $x - y = 2,\ 3x + 2y = 16$

(ii) $7x - 4y = 3,\ x + 2y = 3$

(iii) $3x + 7y = 37,\ 5x + 6y = 39$

(iv) $\frac{3x-4y}{2} = 10,\ \frac{3x+2y}{4} = 2$

(v) $y = \frac{2}{3}x + 6,\ 2y - 4x = 20$

(vi) $3x - \frac{y+7}{11} = 8,\ 2y + \frac{x+11}{7} = 10$

(vii) $1.1x + 1.5y + 2.3 = 0,\ 0.7x - 0.2y = 2$

(viii) $\sqrt{7}x + \sqrt{11}y = 0,\ \sqrt{3}x - \sqrt{5}y = 0$

3. (i) समीकरण $2x - 3y = 13$ तथा $7x - 2y = 20$ को हल कीजिए और $y = mx + 7$ के लिए m का मान ज्ञात कीजिए।

(ii) समीकरण $5x + 4y = 10$ तथा $3x - 2y + 16 = 0$ को हल कीजिए और इसलिए $y = mx + 3$ के लिए m का मान ज्ञात कीजिए।

4. निम्न रैखिक समीकरणों के युग्म में x तथा y का मान प्रतिस्थापन विधि से ज्ञात कीजिए।

(i) $x + y = a + b,\ ax - by = a^2 - b^2$ **[CBSE 2023 (Standard)]**

(ii) $\frac{x}{a} + \frac{y}{b} = 2,\ ax - by = a^2 - b^2$

(iii) $\frac{bx}{a} - \frac{ay}{b} + a + b = 0,\ bx - ay + 2ab = 0$

(iv) $2(ax - by) + a + 4b = 0,\ 2(bx + ay) + (b - 4a) = 0,$

(v) $2\left(\frac{x}{a}\right) + \frac{y}{b} = 2,\ \frac{x}{a} - \frac{y}{b} = 4$

5. एक आदमी के पास ₹ 1 तथा 50 पैसे के सिक्के हैं जिसे मिलाकर कुल धनराशि ₹ 100 है। यदि सभी 50 पैसे के सिक्कों तथा सभी ₹ 1 के सिक्कों की कीमत समान है, तो ₹ 1 तथा 50 पैसे के सिक्कों की संख्या ज्ञात कीजिए।

6. ΔABC में, $\angle C = 5\angle B = 3(\angle A + \angle B)$, ΔABC के सभी कोणों के मान ज्ञात कीजिए।

7. एक आयताकार बाग की परिमिति 54 मी है। इसके आकार को कम करने पर इसकी लंबाई वास्तविक लंबाई के $\frac{3}{5}$ हो जाती है तथा चौड़ाई इसकी वास्तविक चौड़ाई के $\frac{3}{4}$ हो जाती है। यदि आकार कम करने के बाद बाग की परिमिति 36 मी है, बाग की वास्तविक लंबाई तथा चौड़ाई ज्ञात कीजिए।

संकेत एवं हल

1. (i) **संकेत** दिया गया समीकरण निकाय है,

$$x + y = 8 \quad ...(i)$$

$$2x - 3y = 1 \quad ...(ii)$$

समी (i) से, $y = 8 - x$

तब, समी (ii) से,

$$2x - 3(8 - x) = 1 \Rightarrow 5x = 25 \Rightarrow x = 5$$

$\therefore \quad y = 8 - 5 = 3$

अतः $x = 5, y = 3$

(ii) **संकेत** दिया गया समीकरण निकाय है,

$$3x + 2y = 10 \quad ...(i)$$

तथा $12x + 8y = 30 \quad ...(ii)$

समी (i) से, $y = \dfrac{10 - 3x}{2}$

समी (ii) से, $12x + 8\left(\dfrac{10 - 3x}{2}\right) = 30$

$\Rightarrow \quad 12x + 40 - 12x = 30 \Rightarrow 40 = 30$

अतः कथन असत्य है, इसलिए कोई हल अस्तित्व में नहीं है।

(iii) **संकेत** दिया गया समीकरण निकाय है,

$$2x - 7y = 11 \quad ...(i)$$

तथा $6x - 21y = 33 \quad ...(ii)$

समी (i) से, $y = \dfrac{2x - 11}{7}$

तब, समी (ii) से

$$6x - 21\left(\frac{2x - 11}{7}\right) = 33 \Rightarrow 33 = 33$$

अतः कथन सत्य है, इसलिए दिए गए रैखिक समीकरणों के युग्म का अनंत हल होगा।

(iv) भाग (iii) की भाँति स्वयं हल करें। **उत्तर** अनंत हल होंगे।

2. (i) **संकेत** दिया गया रैखिक समीकरणों का युग्म है

$$x - y = 2 \quad ...(i)$$

तथा $3x + 2y = 16 \quad ...(ii)$

समी (i) से, $y = x - 2$ को समी (ii) में प्रतिस्थापित करने पर,

$$x = 4$$

उत्तर $x = 4, y = 2$

(ii) भाग (i) की भाँति स्वयं हल करें।

उत्तर $x = 1, y = 1$

(iii) भाग (i) की भाँति स्वयं हल करें।

उत्तर $x = 3, y = 4$

(iv) **संकेत** दिए गए समीकरण हैं

$$\frac{3x - 4y}{2} = 10 \Rightarrow 3x - 4y = 20 \quad ...(i)$$

तथा $\dfrac{3x + 2y}{4} = 2 \Rightarrow 3x + 2y = 8 \quad ...(ii)$

उत्तर $x = 4, y = -2$

(v) भाग (i) की भाँति स्वयं हल करें। **उत्तर** $x = -3, y = 4$

(vi) **संकेत** दिया गया समीकरण निकाय है

$$3x - \frac{y + 7}{11} = 8 \Rightarrow y = 33x - 95 \quad ...(i)$$

तथा $2y + \dfrac{x + 11}{7} = 10 \Rightarrow 14y + x = 59 \quad ...(ii)$

उत्तर $x = 3, y = 4$

(vii) **संकेत** दिया गए समीकरण में 10 से गुणा करने पर,

$$11x + 15y + 23 = 0 \quad ...(i)$$

तथा $7x - 2y = 20 \quad ...(ii)$

अब, भाग (i) की भाँति हल करें

उत्तर $x = 2, y = -3$

(viii) **संकेत** दिए गए समीकरण हैं

$$\sqrt{7}x + \sqrt{11}y = 0 \quad ...(i)$$

$$\sqrt{3}x - \sqrt{5}y = 0 \quad ...(ii)$$

समी (ii) से, $y = \dfrac{\sqrt{3}x}{\sqrt{5}}$

समी (i) से, $\sqrt{7}x + \sqrt{11} \times \dfrac{\sqrt{3}}{\sqrt{5}}x = 0$

$\therefore \quad y = \sqrt{\dfrac{3}{5}} \times 0 = 0$

अतः $x = 0, y = 0$

3. **संकेत** सर्वप्रथम, x तथा y का मान ज्ञात करने के लिए दिए गए समीकरण को प्रश्न 1 की भाँति हल करें, और तब x तथा y का मान $y = mx + 7$ या $y = mx + 3$ में रखकर m का मान ज्ञात करें।

उत्तर (i) $x = 2, y = -3, m = -5$

(ii) $x = -2, y = 5, m = -1$

4. (i) **संकेत** दिए गए समीकरण हैं

$$x + y = a + b \Rightarrow y = a + b - x$$

तथा $ax - by = a^2 - b^2$

समी (ii) में $y = a + b - x$ रखने पर,

$$ax - b(a + b - x) = a^2 - b^2$$

$\Rightarrow \quad (a + b)x = a^2 - b^2 + ab + b^2$

$\Rightarrow \quad x = \dfrac{a(a + b)}{a + b} = a$

$\therefore \quad y = a + b - a = b$

अतः $x = a, y = b$

(ii) भाग (i) की भाँति स्वयं हल करें। **उत्तर** $x = a, y = b$

(iii) भाग (i) की भाँति स्वयं हल करें। **उत्तर** $x = -a, y = b$

(iv) भाग (i) की भाँति स्वयं हल करें।

उत्तर $x = -\dfrac{1}{2}, y = 2$

(v) भाग (i) की भाँति स्वयं हल करें। **उत्तर** $x = 2a, y = -2b$

5. **संकेत** माना ₹ 1 तथा 50 पैसे के सिक्कों की संख्या क्रमशः x तथा y है।

तब, $$x + \frac{1}{2}y = 100 \quad ...(i)$$

तथा $$x = \frac{1}{2}y \quad ...(ii)$$

तब समी (i) से,

$$\frac{1}{2}y + \frac{1}{2}y = 100 \Rightarrow y = 100$$

$\therefore$ समी (ii) से, $$x = \frac{1}{2} \times 100 = 50$$

अतः ₹ 1 के सिक्कों की संख्या = 50

50 पैसे के सिक्कों की संख्या = 100

6. **संकेत** माना $\angle A$ तथा $\angle B$ का मान क्रमशः x तथा y है।

तब, $\angle C = 5\angle B = 3(\angle A + \angle B)$

$\Rightarrow \angle C = 5y$ और $\angle C = 3(x + y) \Rightarrow 5y = 3(x + y)$

$$\Rightarrow 2y - 3x = 0 \quad ...(i)$$

तथा $$\angle A + \angle B + \angle C = 180°$$

$$\Rightarrow x + y + 5y = 180°$$

$$\Rightarrow x + 6y = 180° \quad ...(ii)$$

अतः समी (i) तथा (ii) को हल करने पर,

उत्तर $\angle A = 18°, \angle B = 27°, \angle C = 135°$

7. **संकेत** माना बाग की वास्तविक लंबाई तथा चौड़ाई क्रमशः x तथा y हैं।

तब, $$2(x + y) = 54$$

$$\Rightarrow x + y = 27 \quad ...(i)$$

तथा $$2\left(\frac{3}{5}x + \frac{3}{4}y\right) = 26$$

$$\Rightarrow 4x + 5y = 120 \quad ...(ii)$$

समी (i) तथा (ii) को हल करने पर,

उत्तर लंबाई = 15 मी, चौड़ाई = 12 मी

टॉपिक 3
विलोपन विधि

इस विधि में, दोनों समीकरणों के दोनों चरों में से एक चर को उनके गुणांक को समान कर विलुप्त करते हैं। एक चर को विलुप्त करने के पश्चात् शेष समीकरण एक चर वाला समीकरण होगा, जिसे आसानी से हल किया जा सकता है।

इस प्रक्रिया से प्राप्त एक चर के मान को दूसरी समीकरण में प्रतिस्थापित कर दूसरे चर का मान ज्ञात करते हैं

इस विधि को निम्न उदाहरण से समझा जा सकता है।

उदाहरण 1 निम्न समीकरणों के युग्म को विलोपन विधि से हल कीजिए।

(i) $2x + 3y = 8$ तथा $4x + 6y = 7$

(ii) $ax + by - a + b = 0$ तथा $bx - ay - a - b = 0$ **[CBSE 2016]**

हल (i) दिए गए समीकरणों का युग्म है

$$2x + 3y = 8 \quad ...(i)$$

तथा $$4x + 6y = 7 \quad ...(ii)$$

दोनों समीकरणों में x का गुणांक समान बनाने के लिए समी (i) में 2 से गुणा करने पर,

$$4x + 6y = 16 \quad ...(iii)$$

समी (ii) को समी (iii) में से घटाने पर,

$$(4x - 4x) + (6y - 6y) = 16 - 7 \Rightarrow 0 = 9$$

$\therefore$ जोकि असत्य कथन है, क्योंकि इसमें कोई चर नहीं है।

अतः दिए गए रैखिक समीकरण युग्म का कोई हल नहीं है।

अर्थात् दिया गया रैखिक समीकरण युग्म असंगत होगा।

(ii) दिया गया रैखिक समीकरण युग्म है,

$$ax + by = a - b \quad ...(i)$$

$$bx - ay = a + b \quad ...(ii)$$

समी (i) में a से तथा समी (ii) में b से गुणा करने पर,

$$a^2x + aby = a^2 - ab \quad ...(iii)$$

$$b^2x - aby = ab + b^2 \quad ...(iv)$$

समी (iii) तथा (iv) को जोड़ने पर,

$$a^2x + aby + b^2x - aby = a^2 - ab + ab + b^2$$

$$\Rightarrow (a^2 + b^2)x = (a^2 + b^2)$$

$$\Rightarrow x = \frac{a^2 + b^2}{a^2 + b^2} = 1$$

समी (i) में $x = 1$ रखने पर,

$$a + by = a - b \Rightarrow y = -\frac{b}{b} = -1$$

अतः $x = 1, y = -1$

उदाहरण 2 दो व्यक्तियों की आय का अनुपात 9 : 7 है तथा उनके व्यय का अनुपात 4 : 3 है। यदि उनमें से प्रत्येक प्रति महीने ₹ 2000 की बचत करता है, तो उनकी मासिक आय ज्ञात कीजिए। ऊपर दिए गए आँकड़ों से रैखिक समीकरण युग्म बनाएँ तथा उन्हें विलोपन विधि से हल कीजिए। हल को सत्यापित भी कीजिए।

हल दिया है, आय का अनुपात = 9 : 7

तथा व्यय का अनुपात = 4 : 3

प्रत्येक व्यक्ति द्वारा बचत = ₹ 2000

माना दोनों व्यक्तियों की आय क्रमशः $9x$ तथा $7x$ है और दोनों व्यक्तियों का व्यय क्रमशः $4y$ तथा $3y$ है।

$\therefore$ प्रश्नानुसार, रैखिक समीकरण होंगे

$$9x - 4y = 2000 \quad ...(i)$$

तथा $$7x - 3y = 2000 \quad ...(ii)$$

दोनों समीकरणों में x के गुणांक समान बनाने के लिए समी (i) में 7 से तथा समी (ii) में 9 से गुणा करने पर,

$$63x - 28y = 14000 \quad ...(iii)$$

तथा $$63x - 27y = 18000 \quad ...(iv)$$

समी (iv) को समी (iii) में से घटाने पर,

$$-28y + 27y = 14000 - 18000$$

$\Rightarrow$ $$-y = -4000 \Rightarrow y = 4000$$

समी (i) में $y = 4000$ रखने पर,

$$9x - 4 \times 4000 = 2000 \Rightarrow 9x = 2000 + 16000$$

$\Rightarrow$ $$x = \frac{18000}{9} = 2000$$

अतः दोनों व्यक्तियों की मासिक आय क्रमशः 9(2000) तथा 7(2000) अर्थात् ₹ 18000 तथा ₹ 14000 है।

सत्यापन

समी (i) तथा (ii) में $x = 2000$ तथा $y = 4000$ रखने पर,

समी (i) से, बायाँ पक्ष $= 9x - 4y = 9(2000) - 4(4000)$

$= 18000 - 16000 = 2000 =$ दायाँ पक्ष

समी (ii) से, बायाँ पक्ष $= 7x - 3y = 7(2000) - 3(4000)$

$= 14000 - 12000 = 2000 =$ दायाँ पक्ष

अतः हल सत्यापित हो गया।

उदाहरण 3 निम्न रैखिक समीकरण युग्म को हल कीजिए।

$$41x + 53y = 135 \text{ तथा } 53x + 41y = 147$$

हल दिया गया रैखिक समीकरण युग्म है

$$41x + 53y = 135 \quad ...(i)$$

तथा $$53x + 41y = 147 \quad ...(ii)$$

समी (i) तथा (ii) को जोड़ने पर,

$$94x + 94y = 282$$

$\Rightarrow$ $x + y = 3$ [दोनों पक्षों में 94 से भाग देने पर] ...(iii)

समी (i) को समी (ii) में से घटाने पर,

$$12x - 12y = 12$$

$\Rightarrow$ $x - y = 1$ [दोनों पक्षों में 12 से भाग देने पर] ...(iv)

अब समी (iii) और (iv) का योग करने पर,

$$2x = 4 \Rightarrow x = 2$$

समी (iii) में $x = 2$ रखने पर,

$$y = 3 - 2 = 1$$

अतः $x = 2$ तथा $y = 1$ अभीष्ट हल हैं।

नोट *यदि ऊपर दिए गए प्रश्न में समी (i) तथा (ii) में, दोनों में से किसी चर के गुणांक को समान बनाते, तो समीकरण को हल करना कठिन हो जाता।*

उदाहरण 4 अरुणा के पास केवल ₹ 1 और ₹ 2 के सिक्के हैं। यदि उसके पास कुल 50 सिक्के हैं तथा कुल धनराशि ₹ 75 है, तो ₹ 1 और ₹ 2 के सिक्कों की संख्याएँ ज्ञात कीजिए। **[NCERT Exemplar]**

हल माना ₹ 1 के सिक्कों की संख्या $= x$

तथा ₹ 2 के सिक्कों की संख्या $= y$

अब, दिए प्रतिबंध के अनुसार,

$$x + y = 50 \quad ...(i)$$

तथा, $x \times 1 + y \times 2 = 75$

$\Rightarrow$ $$x + 2y = 75 \quad ...(ii)$$

समी (i) को समी (ii) में से घटाने पर,

$$(x + 2y) - (x + y) = 75 - 50 \Rightarrow y = 25$$

समी (i) में $y = 25$ रखने पर,

$$x + 25 = 50 \Rightarrow x = 25$$

अतः अरुणा के पास ₹ 1 के सिक्कों की संख्या 25 तथा ₹ 2 के सिक्कों की संख्या 25 है।

प्रश्नावली 3.3

1. निम्न रैखिक समीकरणों के युग्म को विलोपन विधि से हल कीजिए।

(i) $8x + 5y = 11, x + y = 4$

(ii) $x - y = 3, 3x - 2y = 10$

(iii) $4x - 3y = 8, 6x - y = \frac{29}{3}$

(iv) $11x + 15y + 23 = 0, 7x - 2y - 20 = 0$

(v) $3x - 5y = 4, 9x - 2y - 7 = 0$

(vi) $x - 2y = 3, 3x - 3y = 5$

(vii) $0.4x + 0.3y = 1.7, 0.7x - 0.2y = 0.8$

(viii) $\frac{x}{4} + \frac{y}{3} = -\frac{1}{12}, \frac{x}{2} - \frac{5}{4}y = \frac{7}{4}$

(ix) $\frac{x}{3} + \frac{y}{3} = 14, \frac{5x}{6} - \frac{y}{3} + 7 = 0$

2. निम्न रैखिक समीकरणों के युग्म को विलोपन विधि से हल कीजिए।

(i) $ax + by = c, a^2x + b^2y = c^2$

(ii) $(a + b)x + (a - b)y = 2ab, (a + b)x - (a - b)y = ab$

(iii) $\frac{bx}{a} + \frac{ay}{b} = a^2 + b^2, x + y = 2ab$

3. निम्न रैखिक समीकरणों के युग्म को विलोपन विधि से हल कीजिए।

(i) $89x + 91y = 449, 91x + 89y = 451$

(ii) $117x + 231y = 579, 231x + 117y = 465$

(iii) $41x - 17y = 99, 17x - 41y = 75$

4. समीकरण $\frac{x}{10} + \frac{y}{5} - 1 = 0$ और $\frac{x}{8} + \frac{y}{6} = 15$ के युग्म का हल ज्ञात कीजिए। इसके बाद λ का मान भी ज्ञात कीजिए, यदि $y = \lambda x + 5$ है।

5. दो अंकों की एक संख्या के अंकों का योग 8 है। यदि उस संख्या तथा उसके अंकों का स्थान परस्पर बदलने से प्राप्त संख्या का अन्तर 18 हो, तो उस संख्या को ज्ञात कीजिए।

6. यदि एक आयत की लंबाई 5 इकाई कम कर दें तथा चौड़ाई 2 इकाई बढ़ा दें, तो इसका क्षेत्रफल 80 वर्ग इकाई कम हो जाता है। यदि इसकी लंबाई में 10 इकाई की वृद्धि की जाए तथा चौड़ाई में 5 इकाई की कमी की जाए, तो इसका क्षेत्रफल 50 वर्ग इकाई बढ़ जाता है। आयत की लंबाई तथा चौड़ाई ज्ञात कीजिए।

7. शीना बैंक से ₹ 1000 निकालने जाती है तथा केशियर को केवल ₹ 100 और ₹ 50 के नोट देने के लिए बोलती है। वह कुल 14 नोट प्राप्त करती है। वह ₹ 100 और ₹ 50 के कितने नोट प्राप्त करती है?

संकेत एवं हल

1. (i) **संकेत** दिया गया रैखिक समीकरणों का युग्म है

$$8x + 5y = 11 \quad \ldots(i)$$

तथा $$x + y = 4 \quad \ldots(ii)$$

समी (ii) में 8 से गुणा करने के बाद समी (i) में से घटाने पर,

$$-3y = -21$$

$$\Rightarrow \quad y = 7$$

समी (ii) में $y = 7$ रखने पर,

$$x = 4 - 7 = -3$$

अत: $x = -3, y = 7$

(ii) भाग (i) की भाँति स्वयं हल करें। **उत्तर** $x = 4, y = 1$

(iii) भाग (i) की भाँति स्वयं हल करें। **उत्तर** $x = \frac{3}{2}, y = -\frac{2}{3}$

(iv) भाग (i) की भाँति स्वयं हल करें। **उत्तर** $x = 2, y = -3$

(v) भाग (i) की भाँति स्वयं हल करें। **उत्तर** $x = \frac{9}{13}, y = \frac{-5}{13}$

(vi) भाग (i) की भाँति स्वयं हल करें। **उत्तर** $x = \frac{1}{3}, y = -\frac{4}{3}$

(vii) **संकेत** दिए गए रैखिक समीकरणों का युग्म है

$$0.4x + 0.3y = 1.7 \quad \ldots(i)$$

तथा $$0.7x - 0.2y = 0.8 \quad \ldots(ii)$$

समी (i) में 20 तथा समी (ii) में 30 से गुणा करने के बाद जोड़ने पर,

$29x = 58 \Rightarrow x = 2$

समी (ii) में $x = 2$ रखने पर,

$$0.7 \times 2 - 0.8 = 0.2y \Rightarrow y = 3$$

अत: $x = 2$ तथा $y = 3$

(viii) **संकेत** दिए गए रैखिक समीकरणों का युग्म है

$$\frac{x}{4} + \frac{y}{3} = -\frac{1}{12}$$

$$\Rightarrow \quad 3x + 4y = -1 \quad \ldots(i)$$

तथा $$\frac{x}{2} - \frac{5}{4}y = \frac{7}{4} \Rightarrow 2x - 5y = 7 \quad \ldots(ii)$$

समी (i) में 5 से तथा समी (ii) में 4 से गुणा करने के बाद जोड़ने पर,

$23x = 23 \Rightarrow x = 1$

समी (ii) में $x = 1$ रखने पर,

$$2 \times 1 - 7 = 5y \Rightarrow y = -1$$

2. (i) **संकेत** दिया गया रैखिक समीकरणों का युग्म है

$$ax + by = c \quad \ldots(i)$$

$$a^2x + b^2y = c^2 \quad \ldots(ii)$$

समी (i) में a से गुणा करने के बाद समी (ii) से घटाने पर,

$$b^2y - aby = c^2 - ca$$

$$by(b - a) = c(c - a)$$

$$y = \frac{c(c-a)}{b(b-a)}$$

समी (i) में y का मान रखने पर,

$$ax = c - \frac{bc(c-a)}{b(b-a)} = \frac{cb - ac - c^2 + ac}{(b-a)} \Rightarrow x = \frac{c(b-c)}{a(b-a)}$$

उत्तर $x = \frac{c(b-c)}{a(b-a)}, y = \frac{c(c-a)}{b(b-a)}$

(ii) भाग (i) की भाँति स्वयं हल करें।

उत्तर $x = \frac{3ab}{2(a+b)}, y = \frac{ab}{2(a-b)}$

(iii) भाग (i) की भाँति स्वयं हल करें। **उत्तर** $x = ab, y = ab$

3. प्रश्न 1 (i) की भाँति स्वयं हल करें।

उत्तर (i) $x = 3, y = 2$ (ii) $x = 1, y = 2$ (iii) $x = 2, y = -1$

4. **संकेत** दोनों समीकरणों को हल कर x तथा y का मान ज्ञात कीजिए तथा इसे समीकरण $y = \lambda x + 5$ में रखकर λ का मान ज्ञात कीजिए।

उत्तर $x = 340, y = -165, \lambda = -\frac{1}{2}$

5. **संकेत** माना इकाई स्थान का अंक x है तथा दहाई स्थान का अंक y है।

तब, $x + y = 8$

तथा $(10x + y) - (10y + x) = 18 \Rightarrow 9x - 9y = 18$

उत्तर $x = 5, y = 3$

$\therefore$ अभीष्ट संख्या = 53

6. **संकेत** माना आयत की लंबाई तथा चौड़ाई क्रमश: x तथा y हैं।

$\therefore$ आयत का क्षेत्रफल $= xy$

प्रश्नानुसार, $(x - 5)(y + 2) = xy - 80 \Rightarrow 2x - 5y = -70$

$$\Rightarrow \quad (x + 10)(y - 5) = xy + 50$$

$$\Rightarrow \quad -5x + 10y = 100$$

उत्तर लंबाई = 40 इकाई, चौड़ाई = 30 इकाई

7. **संकेत** माना ₹ 100 तथा ₹ 50 के नोट की संख्या क्रमश: x तथा y हैं।

तब प्रश्नानुसार, $x + y = 14$

$$100x + 50y = 1000$$

उत्तर ₹ 100 के नोटों की संख्या = 6

₹ 50 के नोटों की संख्या = 8

NCERT फोल्डर

प्रश्नावली 3.1

1. निम्न समस्याओं में रैखिक समीकरणों के युग्म बनाइए और उनको ग्राफीय विधि से हल कीजिए

(i) कक्षा X के 10 विद्यार्थियों ने गणित की एक पहेली प्रतियोगिता में भाग लिया। यदि लड़कियों की संख्या लड़कों की संख्या से 4 अधिक हो, तो प्रतियोगिता में भाग लेने वाले लड़कों और लड़कियों की संख्या ज्ञात कीजिए।

(ii) 5 पेंसिल और 7 कलमों का मूल्य ₹ 50 है, जबकि 7 पेंसिल तथा 5 कलमों का मूल्य ₹ 46 है। एक पेंसिल और एक कलम का मूल्य ज्ञात कीजिए।

हल (i) माना लड़कों की संख्या x तथा लड़कियों की संख्या y है।

प्रश्नानुसार, $x + y = 10$ ...(i)

$y = x + 4$ ...(ii)

समी (i) से, $y = 10 - x$

यदि $x = 3$, तब $y = 10 - 3 = 7$

यदि $x = 5$, तब $y = 10 - 5 = 5$

यदि $x = 6$, तब $y = 10 - 6 = 4$

x	3	5	6
$y = 10 - x$	7	5	4
बिंदु	$A(3, 7)$	$B(5, 5)$	$C(6, 4)$

समी (ii) से, $y = x + 4$

यदि $x = 1$, तब $y = 1 + 4 = 5$

यदि $x = 3$, तब $y = 3 + 4 = 7$

यदि $x = -1$, तब $y = -1 + 4 = 3$

x	1	3	−1
$y = x + 4$	5	7	3
बिंदु	$D(1, 5)$	$A(3, 7)$	$E(-1, 3)$

बिंदुओं $A(3,7)$, $B(5,5)$, $C(6,4)$, $D(1,5)$ तथा $E(-1,3)$ को आलेखित कीजिए और समीकरणों को निरूपित करने के लिए उनसे जाने वाली रेखाएँ खींचिए।

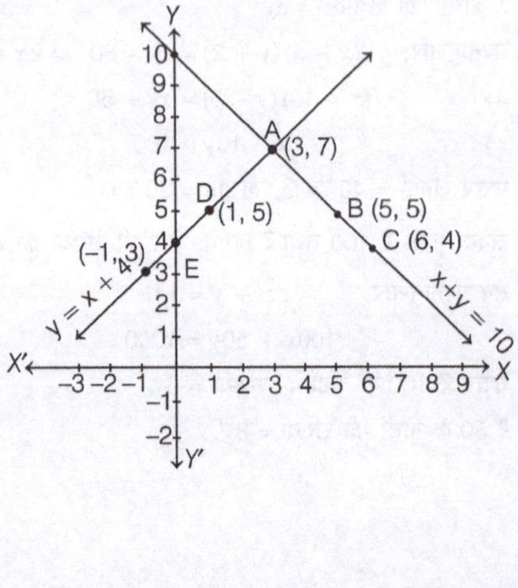

ये दोनों रेखाएँ एक-दूसरे को बिंदु $A(3, 7)$ पर प्रतिच्छेद करती हैं।

अतः $x = 3$ तथा $y = 7$ रैखिक समीकरण युग्म का हल है।

∴ लड़कों की संख्या = 3

तथा लड़कियों की संख्या = 7

(ii) माना एक पेंसिल का मूल्य = ₹ x

तथा एक पेन का मूल्य = ₹ y

तब प्रश्नानुसार, $5x + 7y = 50$ ...(i)

तथा $7x + 5y = 46$ ...(ii)

समी (i) से, $5x + 7y = 50 \Rightarrow 7y = 50 - 5x$

$\Rightarrow y = \dfrac{50 - 5x}{7}$

यदि $x = 10$, तब $y = \dfrac{50 - 5 \times 10}{7} = 0$

यदि $x = 3$, तब $y = \dfrac{50 - 5 \times 3}{7} = 5$

x	10	3
y	0	5

समी (ii) से, $7x + 5y = 46$

$\Rightarrow 5y = 46 - 7x$

$\Rightarrow y = \dfrac{46 - 7x}{5}$

यदि $x = 8$, तब $y = \dfrac{46 - 7 \times 8}{5} = -2$

यदि $x = 3$, तब $y = \dfrac{46 - 7 \times 3}{5} = 5$

x	8	3
y	−2	5

बिंदुओं $A(3,5)$, $B(10,0)$, $C(8,-2)$ को आलेखित कीजिए और समीकरणों को निरूपित करने के लिए उनसे (बिंदुओं से) जाने वाली रेखाएँ AB और AC खींचिए।

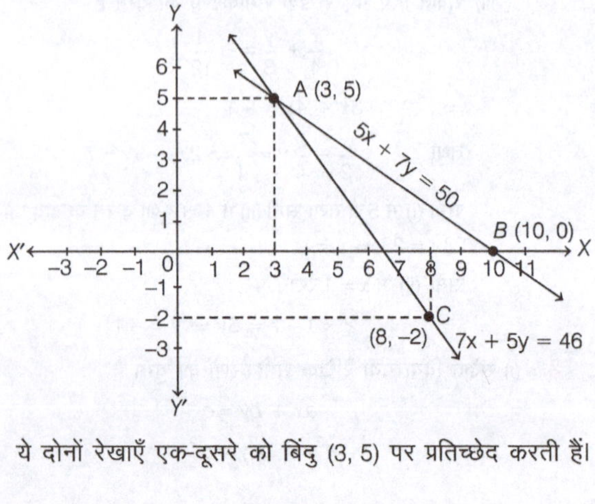

ये दोनों रेखाएँ एक-दूसरे को बिंदु (3, 5) पर प्रतिच्छेद करती हैं।

अतः $x = 3$ तथा $y = 5$ रैखिक समीकरण युग्म का हल है।

$\therefore$ एक पेंसिल का मूल्य = ₹ 3

तथा एक पेन का मूल्य = ₹ 5

2. अनुपातों $\frac{a_1}{a_2}, \frac{b_1}{b_2}$ और $\frac{c_1}{c_2}$ की तुलना करके ज्ञात कीजिए कि निम्न समीकरण युग्म द्वारा निरूपित रेखाएँ एक बिंदु पर प्रतिच्छेद करती हैं, समांतर हैं अथवा संपाती हैं

(i) $5x-4y+8=0; 7x+6y-9=0$

(ii) $9x+3y+12=0 ; 18x+6y+24=0$

(iii) $6x-3y+10=0 ; 2x-y+9=0$

हल (i) दिए गए रैखिक समीकरणों के युग्म हैं

$5x - 4y + 8 = 0$ ...(i)

तथा $7x + 6y - 9 = 0$ ...(ii)

समी (i) व (ii) की तुलना क्रमशः $a_1x + b_1y + c_1 = 0$ तथा $a_2x + b_2y + c_2 = 0$ से करने पर,

$a_1 = 5, b_1 = -4, c_1 = 8$;

$a_2 = 7, b_2 = 6, c_2 = -9$

$$\frac{a_1}{a_2} = \frac{5}{7}, \frac{b_1}{b_2} = \frac{-4}{6} = \frac{-2}{3}$$

$$\therefore \quad \frac{a_1}{a_2} \neq \frac{b_1}{b_2}$$

अतः रेखाएँ (i) व (ii) एक बिंदु पर प्रतिच्छेद करती हैं अर्थात् प्रतिच्छेदी रेखाएँ हैं।

(ii) भाग (i) की भाँति स्वयं हल करें। **उत्तर** संपाती रेखाएँ।

(iii) भाग (i) की भाँति स्वयं हल करें। **उत्तर** समांतर रेखाएँ।

3. अनुपातों $\frac{a_1}{a_2}, \frac{b_1}{b_2}$ और $\frac{c_1}{c_2}$ की तुलना करके ज्ञात कीजिए कि निम्न रैखिक समीकरणों के युग्म संगत हैं या असंगत।

(i) $3x+2y=5; 2x-3y=7$

(ii) $2x-3y=8; 4x-6y=9$

(iii) $\frac{3}{2}x+\frac{5}{3}y=7; 9x-10y=14$

(iv) $5x-3y=11; -10x+6y=-22$

(v) $\frac{4}{3}x+2y=8; 2x+3y=12$

हल (i) दिया गया रैखिक समीकरण युग्म है

$3x + 2y = 5$ तथा $2x - 3y = 7$

दिए गए रैखिक समीकरण युग्म को निम्न प्रकार लिख सकते हैं

$3x + 2y - 5 = 0$ ...(i)

तथा $2x - 3y - 7 = 0$ ...(ii)

समी (i) व (ii) की तुलना क्रमशः $a_1x + b_1y + c_1 = 0$ तथा $a_2x + b_2y + c_2 = 0$ से करने पर,

$a_1 = 3, b_1 = 2, c_1 = -5$;

$a_2 = 2, b_2 = -3, c_2 = -7$

$$\frac{a_1}{a_2} = \frac{3}{2}; \frac{b_1}{b_2} = \frac{2}{-3}; \frac{c_1}{c_2} = \frac{-5}{-7} = \frac{5}{7}$$

$$\therefore \quad \frac{a_1}{a_2} \neq \frac{b_1}{b_2}$$

अतः रेखाएँ (i) व (ii) संगत हैं।

(ii) दिया गया रैखिक समीकरण युग्म है

$2x - 3y = 8$ तथा $4x - 6y = 9$

दिए गए रैखिक समीकरण युग्म को निम्न प्रकार लिख सकते हैं

$2x - 3y - 8 = 0$ ...(i)

तथा $4x - 6y - 9 = 0$ ...(ii)

समी (i) व (ii) की तुलना क्रमशः $a_1x + b_1y + c_1 = 0$ तथा $a_2x + b_2y + c_2 = 0$ से करने पर,

$a_1 = 2, b_1 = -3, c_1 = -8$;

$a_2 = 4, b_2 = -6, c_2 = -9$

$$\frac{a_1}{a_2} = \frac{2}{4} = \frac{1}{2}; \frac{b_1}{b_2} = \frac{-3}{-6} = \frac{1}{2}; \frac{c_1}{c_2} = \frac{-8}{-9} = \frac{8}{9}$$

$$\therefore \quad \frac{a_1}{a_2} = \frac{b_1}{b_2} \neq \frac{c_1}{c_2}$$

अतः रैखिक समीकरण युग्म असंगत है।

(iii) भाग (i) की भाँति स्वयं हल करें। **उत्तर** संगत।

(iv) दिया गया रैखिक समीकरण युग्म है

$5x - 3y = 11$ तथा $-10x + 6y = -22$

दिए गए रैखिक समीकरण युग्म को निम्न प्रकार लिख सकते हैं

$5x - 3y - 11 = 0$ ...(i)

तथा $-10x + 6y + 22 = 0$ ...(ii)

समी (i) व (ii) की तुलना क्रमशः $a_1x + b_1y + c_1 = 0$ तथा $a_2x + b_2y + c_2 = 0$ से करने पर,

$a_1 = 5, b_1 = -3, c_1 = -11; a_2 = -10, b_2 = 6, c_2 = 22$

$$\Rightarrow \quad \frac{a_1}{a_2} = \frac{5}{-10} = -\frac{1}{2}; \frac{b_1}{b_2} = \frac{-3}{6} = -\frac{1}{2}$$

तथा $\frac{c_1}{c_2} = \frac{-11}{22} = -\frac{1}{2}$

$$\therefore \quad \frac{a_1}{a_2} = \frac{b_1}{b_2} = \frac{c_1}{c_2}$$

अतः रैखिक समीकरण युग्म संगत है।

(v) भाग (iv) की भाँति स्वयं हल करें। **उत्तर** संगत (या आश्रित)।

4. निम्न रैखिक समीकरणों के युग्मों में से कौन-से युग्म संगत/असंगत हैं, यदि संगत हैं, तो ग्राफीय विधि से हल ज्ञात कीजिए

(i) $x+y=5$ तथा $2x+2y=10$

(ii) $x-y=8$ तथा $3x-3y=16$

(iii) $2x+y-6=0$ तथा $4x-2y-4=0$

(iv) $2x-2y-2=0$ तथा $4x-4y-5=0$

हल (i) दिया गया रैखिक समीकरण युग्म है

$x + y = 5$ तथा $2x + 2y = 10$

दिए गए रैखिक समीकरण युग्म को निम्न प्रकार लिख सकते हैं

$x + y - 5 = 0$ ...(i)

$2x + 2y - 10 = 0$ ...(ii)

समी (i) व (ii) की तुलना क्रमशः $a_1x + b_1y + c_1 = 0$ तथा $a_2x + b_2y + c_2 = 0$ से करने पर,

$a_1 = 1, b_1 = 1, c_1 = -5$;

$a_2 = 2, b_2 = 2, c_2 = -10$

$$\therefore \quad \frac{a_1}{a_2} = \frac{b_1}{b_2} = \frac{c_1}{c_2}$$

अतः दिया गया रैखिक युग्म संगत है अर्थात् अपरिमित रूप से अनंत हल हैं।

अब, समी (i) से, $y = 5 - x$

यदि $x = 0$, तब $y = 5 - 0 = 5$

यदि $x = 5$, तब $y = 5 - 5 = 0$

x	0	5
y	5	0
बिंदु	$A(0, 5)$	$B(5, 0)$

अब, समी (ii) से,

$$2x + 2y = 10 \Rightarrow 2y = 10 - 2x$$

$$\therefore \quad y = \frac{10 - 2x}{2} = \frac{2(5 - x)}{2} = 5 - x$$

यदि $x = 0$, तब $y = 5 - 0 = 5$

यदि $x = 2$, तब $y = 5 - 2 = 3$

x	0	2
y	5	3
बिंदु	$A(0, 5)$	$C(2, 3)$

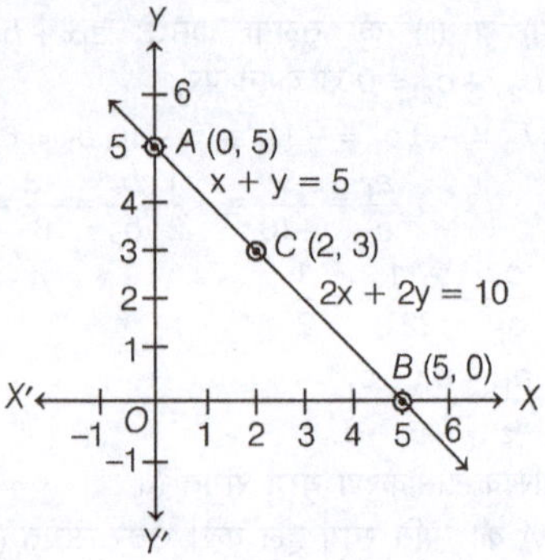

बिंदुओं को आलेखित करने पर, हमें एक रेखा ACB प्राप्त होती है। अतः रैखिक समीकरण युग्म संगत है।

(ii) दिया गया रैखिक युग्म है

$$x - y = 8 \text{ तथा } 3x - 3y = 16$$

यहाँ, $a_1 = 1,\ b_1 = -1,\ c_1 = -8,$

$a_2 = 3, b_2 = -3, c_2 = -16$

$$\frac{a_1}{a_2} = \frac{1}{3}; \frac{b_1}{b_2} = \frac{-1}{-3} = \frac{1}{3} \text{ तथा } \frac{c_1}{c_2} = \frac{-8}{-16} = \frac{1}{2}$$

$$\therefore \quad \frac{a_1}{a_2} = \frac{b_1}{b_2} \neq \frac{c_1}{c_2}$$

अतः दी गई समीकरणों से निरूपित रेखाएँ समांतर हैं। अतः इनका कोई हल नहीं है। इसलिए, दी गई रैखिक समीकरणों का युग्म असंगत है।

(iii) दिया गया रैखिक युग्म है

$$2x + y - 6 = 0 \quad \dots(i)$$

तथा $$4x - 2y - 4 = 0 \quad \dots(ii)$$

यहाँ, $a_1 = 2, b_1 = 1, c_1 = -6;$

$a_2 = 4, b_2 = -2, c_2 = -4$

$$\frac{a_1}{a_2} = \frac{2}{4} = \frac{1}{2}; \quad \frac{b_1}{b_2} = \frac{1}{-2} \text{ तथा } \frac{c_1}{c_2} = \frac{-6}{-4} = \frac{3}{2}$$

इस प्रकार $\frac{1}{2} \neq -\frac{1}{2}$

$$\therefore \quad \frac{a_1}{a_2} \neq \frac{b_1}{b_2}$$

अतः रैखिक समीकरणों का युग्म संगत है तथा दी गई रेखाओं का अद्वितीय (एक) हल है। अब, प्रश्न 1 के समान ग्राफ आलेखित करने पर, हमें निम्नलिखित ग्राफीय निरूपण प्राप्त है।

बिंदुओं $A(0, 6)$ और $B(3, 0)$ को आलेखित करने पर हमें एक सीधी रेखा AB प्राप्त होती है और बिंदुओं $C(0, -2)$ तथा $D(1, 0)$ को आलेखित करने पर रेखा CD प्राप्त होती है। रेखा AB व CD एक-दूसरे को बिंदु $E(2, 2)$ पर प्रतिच्छेद करती हैं।

अतः $x = 2, y = 2$ दिए गए समीकरणों के हल हैं।

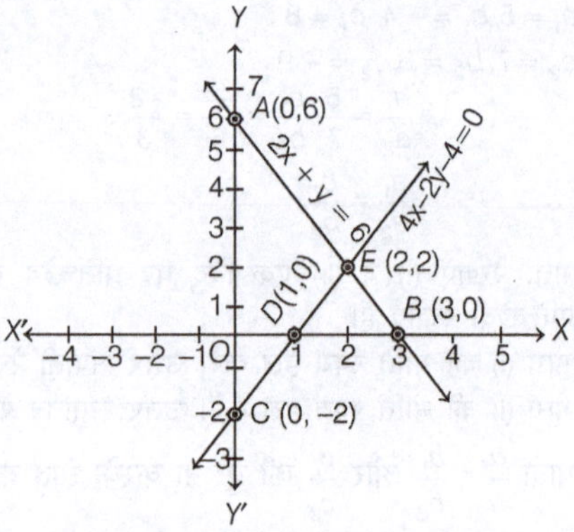

(iv) भाग (ii) की भाँति स्वयं हल करें। **उत्तर** असंगत

5. **एक आयताकार बाग, जिसकी लंबाई, चौड़ाई से 4 मी अधिक है, का अर्द्धपरिमाप 36 मी है। बाग की विमाएँ ज्ञात कीजिए।**

हल माना बाग की लंबाई $= x$ मी तथा चौड़ाई $= y$ मी

तब आयताकार बाग का परिमाप $= 2$(लंबाई + चौड़ाई) $= 2(x + y)$

$\therefore$ बाग का अर्द्धपरिमाप $= (x + y)$

$$x + y = 36 \quad \dots(i)$$

प्रश्नानुसार, $x = y + 4$

$$\Rightarrow \quad x - y = 4 \quad \dots(ii)$$

समी (i) से, $x + y = 36$

$$\therefore \quad y = 36 - x$$

यदि $x = 20$, तब $y = 36 - 20 = 16$

यदि $x = 24$, तब $y = 36 - 24 = 12$

x	20	24
y	16	12

समी (ii) से, $x - y = 4$

$$\therefore \quad y = x - 4$$

यदि $x = 8$, तब $y = 8 - 4 = 4$

यदि $x = 6$, तब $y = 6 - 4 = 2$

x	8	6
y	4	2

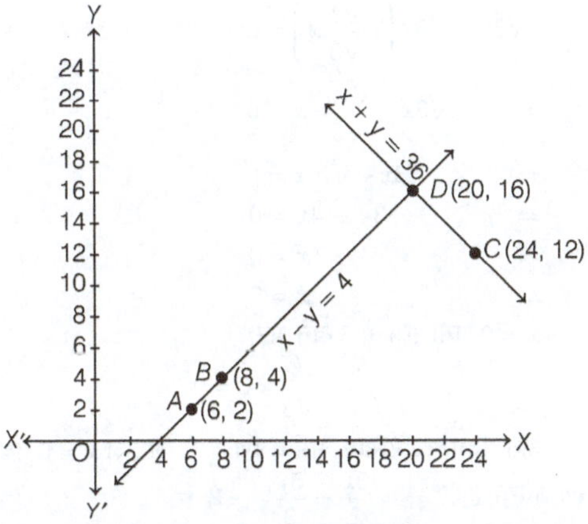

बिंदुओं (20, 16) और (24, 12) को आलेखित करके मिलाते हैं और बिंदुओं (8, 4) और (6, 2) को आलेखित करके मिलाते हैं। दोनों रेखाएँ एक-दूसरे को बिंदु (20, 16) पर प्रतिच्छेद करती हैं। इसलिए $x = 20, y = 16$ दिए गए समीकरणों के हल हैं।

अतः आयताकार बाग की लंबाई 20 मी तथा चौड़ाई 16 मी है।

6. **एक रैखिक समीकरण $2x + 3y - 8 = 0$ दी गई है। दो चरों में एक ऐसी और रैखिक समीकरण लिखिए, ताकि प्राप्त युग्म का ज्यामितीय निरूपण**

(i) प्रतिच्छेद करती रेखाएँ हों।

(ii) समांतर रेखाएँ हों।

(iii) संपाती रेखाएँ हों।

हल दी गई रैखिक समीकरण है

$$2x + 3y - 8 = 0 \quad \ldots(i)$$

(i) प्रतिच्छेदी रेखाओं के लिए, $\frac{a_1}{a_2} \neq \frac{b_1}{b_2}$

अतः कोई प्रतिच्छेदी रेखा $3x + 2y - 9 = 0$ या $3x + 2y - 7 = 0$ हो सकती है।

(ii) समांतर रेखाओं के लिए, $\frac{a_1}{a_2} = \frac{b_1}{b_2} \neq \frac{c_1}{c_2}$

अतः समी (i) के समांतर रेखा $6x + 9y + 7 = 0$ हो सकती है।

(iii) संपाती रेखाओं के लिए, $\frac{a_1}{a_2} = \frac{b_1}{b_2} = \frac{c_1}{c_2}$

अतः समी (i) की संपाती रेखा $4x + 6y - 16 = 0$ हो सकती है।

7. **समीकरणों $x - y + 1 = 0$ और $3x + 2y - 12 = 0$ का ग्राफ खींचिए। X-अक्ष और इन रेखाओं से बने त्रिभुज के शीर्षों के निर्देशांक ज्ञात कीजिए और त्रिभुजाकार पटल को छायांकित कीजिए।**

हल दिया गया रैखिक समीकरण युग्म है

$$x - y + 1 = 0 \quad \ldots(i)$$

तथा $$3x + 2y - 12 = 0 \quad \ldots(ii)$$

समी (i) से, $x - y + 1 = 0$

$\Rightarrow \quad y = x + 1$

यदि $x = -1$, तब $y = -1 + 1 = 0$

यदि $x = 0$, तब $y = 0 + 1 = 1$

यदि $x = 1$, तब $y = 1 + 1 = 2$

x	−1	0	1
y	0	1	2

समी (ii) से,

$$3x + 2y - 12 = 0$$

$\Rightarrow \quad 2y = 12 - 3x$

$\Rightarrow \quad y = \frac{12 - 3x}{2}$

यदि $x = 0$, तब

$$y = \frac{12 - 3 \times 0}{2} = \frac{12 - 0}{2} = \frac{12}{2} = 6$$

यदि $x = 2$, तब

$$y = \frac{12 - 3 \times 2}{2} = \frac{12 - 6}{2} = \frac{6}{2} = 3$$

यदि $x = 4$, तब

$$y = \frac{12 - 3 \times 4}{2} = \frac{12 - 12}{2} = \frac{0}{2} = 0$$

x	0	2	4
y	6	3	0

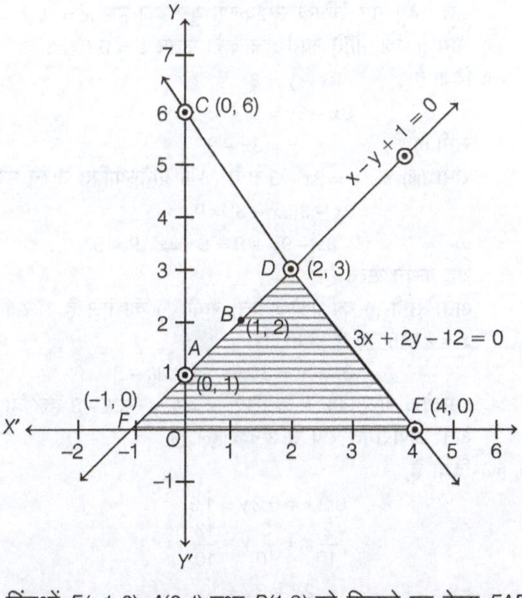

बिंदुओं $F(-1, 0)$, $A(0, 1)$ तथा $B(1, 2)$ को मिलाने पर रेखा FAB प्राप्त होती है। इसी प्रकार, बिंदुओं $E(4, 0)$, $D(2, 3)$ तथा $C(0, 6)$ को मिलाने पर रेखा EDC प्राप्त होती है।

स्पष्ट है कि दोनों रेखाएँ एक-दूसरे को बिंदु $D(2, 3)$ पर प्रतिच्छेद करती हैं। अतः $x = 2$ और $y = 3$ दिए गए समीकरणों के युग्म का हल है। रेखा CD, X-अक्ष को बिंदु $E(4, 0)$ पर तथा रेखा AB, X'-अक्ष को बिंदु $F(-1, 0)$ पर काटती है।

अतः त्रिभुज के शीर्ष के निर्देशांक $D(2, 3)$, $E(4, 0)$ तथा $F(-1, 0)$ हैं।

प्रश्नावली 3.2

1. निम्न रैखिक समीकरण युग्म को प्रतिस्थापन विधि से हल कीजिए

(i) $x+y=14, x-y=4$

(ii) $s-t=3, \frac{s}{3}+\frac{t}{2}=6$

(iii) $3x-y=3, 9x-3y=9$

(iv) $0.2x+0.3y=1.3, 0.4x+0.5y=2.3$

(v) $\sqrt{2}x+\sqrt{3}y=0, \sqrt{3}x-\sqrt{8}y=0$

(vi) $\frac{3x}{2}-\frac{5y}{3}=-2, \frac{x}{3}+\frac{y}{2}=\frac{13}{6}$

हल (i) दिया है,

$$x+y=14 \quad \ldots(i)$$
$$x-y=4 \quad \ldots(ii)$$

समी (ii) से, $y=x-4$

$y=x-4$ समी (i) में प्रतिस्थापित करने पर,

$$x+x-4=14 \Rightarrow 2x=14+4$$
$$\therefore \quad x=\frac{18}{2}=9$$

$x=9$ समी (i) में रखने पर,

$$9+y=14$$
$$\therefore \quad y=14-9=5$$

अतः दिए गए रैखिक समीकरण युग्म का हल $x=9, y=5$ है।

(ii) भाग (i) की भाँति स्वयं हल करें। **उत्तर** $s=9, t=6$

(iii) दिया है,

$$3x-y=3 \quad \ldots(i)$$
$$9x-3y=9 \quad \ldots(ii)$$

समी (i) से, $y=3x-3 \quad \ldots(iii)$

समी (iii) से, $y=3x-3$ समी (ii) में प्रतिस्थापित करने पर,

$$9x-3(3x-3)=9$$
$$\Rightarrow \quad 9x-9x+9=9 \Rightarrow 9=9$$

यह कथन सत्य है।

अतः समी (i) का प्रत्येक हल, समी (ii) का हल है और विलोमतः

$x=k$ समी (i) में रखने पर,

$$3k-y=3 \Rightarrow y=3k-3$$

$\therefore$ प्रत्येक वास्तविक k के लिए, $x=k, y=3k-3$ हल हैं।

अतः अपरिमित रूप से अनेक हल हैं।

(iv) दिया है,

$$0.2x+0.3y=1.3$$
$$\frac{2}{10}x+\frac{3}{10}y=\frac{13}{10}$$
$$\Rightarrow \quad 2x+3y=13 \quad \ldots(i)$$

तथा $0.4x+0.5y=2.3$

$$\frac{4}{10}x+\frac{5}{10}y=\frac{23}{10}$$
$$\Rightarrow \quad 4x+5y=23 \quad \ldots(ii)$$

अब, भाग (i) की भाँति स्वयं हल करें। **उत्तर** $x=2, y=3$

(v) दिया है,

$$\sqrt{2}x+\sqrt{3}y=0 \quad \ldots(i)$$
$$\sqrt{3}x-\sqrt{8}y=0 \quad \ldots(ii)$$

समी (i) से,

$$\sqrt{3}y=-\sqrt{2}x$$
$$y=-\frac{\sqrt{2}}{\sqrt{3}}x \quad \ldots(iii)$$

समी (iii) से y का मान समी (ii) में प्रतिस्थापित करने पर,

$$\sqrt{3}x-\sqrt{8}\cdot\left(-\frac{\sqrt{2}}{\sqrt{3}}x\right)=0$$
$$\Rightarrow \quad \sqrt{3}x+\frac{\sqrt{16}}{\sqrt{3}}\cdot x=0$$
$$\Rightarrow \quad 3x+\sqrt{16}x=0$$
$$\Rightarrow \quad 3x+4x=0$$
$$\Rightarrow \quad 7x=0$$
$$\therefore \quad x=0$$

$x=0$ समी (iii) में रखने पर,

$$y=-\frac{\sqrt{2}}{\sqrt{3}}\times 0=0$$

अतः दिए गए रैखिक समीकरण युग्म का हल $x=0$ तथा $y=0$ है।

(vi) दिया है,

$$\frac{3x}{2}-\frac{5y}{3}=-2$$
$$\frac{9x-10y}{6}=-2$$
$$\Rightarrow \quad 9x-10y=-12 \quad \ldots(i)$$

तथा $\frac{x}{3}+\frac{y}{2}=\frac{13}{6}$

$$\Rightarrow \quad \frac{2x+3y}{6}=\frac{13}{6}$$
$$2x+3y=13 \quad \ldots(ii)$$

अब, भाग (i) की भाँति स्वयं हल करें। **उत्तर** $x=2, y=3$

2. $2x+3y=11$ और $2x-4y=-24$ को हल कीजिए और इससे m का वह मान ज्ञात कीजिए जिसके लिए $y=mx+3$ हो।

हल दिया है,

$$2x+3y=11 \quad \ldots(i)$$
$$2x-4y=-24 \quad \ldots(ii)$$

समी (ii) से, $4y=2x+24$

$$y=\frac{x+12}{2} \quad \ldots(iii)$$

समी (iii) से $y=\frac{x+12}{2}$ समी (i) में प्रतिस्थापित करने पर,

$$2x+3\left(\frac{x+12}{2}\right)=11 \Rightarrow 2x+\frac{3x+36}{2}=11$$
$$\Rightarrow \quad 4x+3x+36=22 \Rightarrow 7x=22-36$$
$$\Rightarrow \quad 7x=-14 \Rightarrow x=\frac{-14}{7}=-2$$

$x=-2$ समी (iii) में प्रतिस्थापित करने पर,

$$y=\frac{-2+12}{2}=\frac{10}{2} \Rightarrow y=5$$

अतः $x=-2$ तथा $y=5$

$y=mx+3$ में $x=-2$ तथा $y=5$ रखने पर,

$$5=m(-2)+3$$
$$\Rightarrow \quad 5-3=m(-2)$$
$$\Rightarrow \quad 2=m(-2)$$
$$\Rightarrow \quad m=\frac{2}{-2}=-1$$

3. निम्न समस्याओं के रैखिक समीकरण युग्म बनाइए और उनके हल प्रतिस्थापन विधि द्वारा ज्ञात कीजिए।

(i) दो संख्याओं का अंतर 26 है और एक संख्या दूसरी संख्या की तीन गुनी है। संख्याएँ ज्ञात कीजिए।

(ii) दो संपूरक कोणों में बड़ा कोण छोटे कोण से $18°$ अधिक है। दोनों कोण ज्ञात कीजिए।

(iii) एक क्रिकेट टीम के कोच ने 7 बल्ले तथा 6 गेंदें ₹ 3800 में खरीदे। बाद में उसने 3 बल्ले तथा 5 गेंदें ₹ 1750 में खरीदे। प्रत्येक बल्ले और प्रत्येक गेंद का मूल्य ज्ञात कीजिए।

(iv) एक नगर में टैक्सी के भाड़े में एक नियत भाड़े के अतिरिक्त तय की गई दूरी पर भाड़ा सम्मिलित किया जाता है। 10 किमी दूरी के लिए भाड़ा ₹ 105 है तथा 15 किमी के लिए भाड़ा ₹ 155 है। नियत भाड़ा तथा प्रति किमी भाड़ा क्या है? एक व्यक्ति को 25 किमी यात्रा करने के लिए कितना भाड़ा देना होगा? **[CBSE 2010]**

(v) यदि किसी भिन्न के अंश और हर दोनों में 2 जोड़ दिया जाए, तो वह $\frac{9}{11}$ हो जाती है। यदि अंश और हर दोनों में 3 जोड़ दिया जाए, तो वह $\frac{5}{6}$ हो जाती है। वह भिन्न ज्ञात कीजिए। **[CBSE 2010]**

(vi) पाँच वर्ष बाद जैकब की आयु उसके पुत्र की आयु से तीन गुनी हो जाएगी। पाँच वर्ष पूर्व जैकब की आयु उसके पुत्र की आयु की सात गुनी थी। उनकी वर्तमान आयु क्या है?

हल (i) माना दो संख्याएँ x तथा y हैं, $(x > y)$

प्रश्नानुसार, $x - y = 26$ ...(i)

तथा $x = 3y$ ...(ii)

समी (ii) से $x = 3y$ समी (i) में प्रतिस्थापित करने पर,

$3y - y = 26 \Rightarrow 2y = 26$

$\therefore$ $y = 13$

$y = 13$ समी (ii) में रखने पर,

$x = 3 \times 13 = 39$

अतः संख्याएँ 39 व 13 हैं।

(ii) माना दो संपूरक कोण x तथा y हैं।

प्रश्नानुसार, $x + y = 180°$ ...(i)

तथा $x - y = 18°$ ...(ii)

समी (ii) से, $y = x - 18°$ ...(iii)

समी (iii) से y का मान समी (i) में प्रतिस्थापित करने पर,

$x + x - 18° = 180°$

$\Rightarrow$ $2x = 180° + 18° \Rightarrow 2x = 198°$

$\therefore$ $x = 99°$

$x = 99°$ समी (i) में रखने पर,

$99° + y = 180°$

$\therefore$ $y = 180° - 99° = 81°$

अतः कोण 99° तथा 81° हैं।

(iii) माना एक बल्ले का मूल्य = ₹ x तथा एक गेंद का मूल्य = ₹ y

प्रश्नानुसार,

$7x + 6y = 3800$ ...(i)

तथा $3x + 5y = 1750$ ...(ii)

अब प्रश्न-2 की भाँति हल करने पर, हमें प्राप्त है

$x = 500, y = 50$

अतः एक बल्ले का मूल्य = ₹ 500

तथा एक गेंद का मूल्य = ₹ 50

(iv) माना टैक्सी का नियत शुल्क = ₹ x तथा प्रति किमी शुल्क = ₹ y

तब प्रश्नानुसार, $x + 10y = 105$ ...(i)

तथा $x + 15y = 155$ ...(ii)

समी (i) से, $x = 105 - 10y$ ...(iii)

समी (iii) से x का मान समी (ii) में प्रतिस्थापित करने पर,

$105 - 10y + 15y = 155$

$\Rightarrow$ $5y = 155 - 105 \Rightarrow 5y = 50$

$\therefore$ $y = \frac{50}{5} = 10$

$y = 10$ समी (iii) में रखने पर,

$x = 105 - 10y = 105 - 10 \times 10 = 105 - 100$

$\therefore$ $x = 5$

अतः टैक्सी का नियत शुल्क = ₹ 5 तथा प्रति किमी शुल्क = ₹ 10

25 किमी की यात्रा के लिए चुकाया गया शुल्क = $x + 25y$

$= 5 + 25 \times 10 = 5 + 250 =$ ₹ 255

(v) माना अंश = x तथा हर = y

$\therefore$ भिन्न = $\frac{x}{y}$, जहाँ x व y धन पूर्णांक हैं।

प्रश्नानुसार, $\frac{x+2}{y+2} = \frac{9}{11} \Rightarrow 11x + 22 = 9y + 18$

$\Rightarrow$ $11x - 9y = 18 - 22$

$\Rightarrow$ $11x - 9y = -4$ ...(i)

तथा $\frac{x+3}{y+3} = \frac{5}{6} \Rightarrow 6x + 18 = 5y + 15$

$\Rightarrow$ $6x - 5y = 15 - 18$

$\therefore$ $6x - 5y = -3$ ...(ii)

समी (ii) से, $5y = 6x + 3$

$\therefore$ $y = \frac{6x+3}{5}$ ...(iii)

समी (iii) से y का मान समी (i) में प्रतिस्थापित करने पर,

$11x - 9\left(\frac{6x+3}{5}\right) = -4$

$\Rightarrow$ $55x - 54x - 27 = -20 \Rightarrow x = -20 + 27$

$\therefore$ $x = 7$

$x = 7$ समी (iii) में रखने पर,

$y = \frac{6 \times 7 + 3}{5} = \frac{42 + 3}{5} = \frac{45}{5} = 9$

$\therefore$ $y = 9$

अतः भिन्न = $\frac{x}{y} = \frac{7}{9}$

(vi) माना जैकब के पुत्र की वर्तमान आयु = x वर्ष

तथा जैकब की वर्तमान आयु = y वर्ष

5 वर्ष बाद,

जैकब के पुत्र की आयु = $(x + 5)$ वर्ष

तथा जैकब की आयु = $(y + 5)$ वर्ष

प्रश्नानुसार, $(y + 5) = 3(x + 5) \Rightarrow y + 5 = 3x + 15$

$\Rightarrow$ $3x - y = -10$ ...(i)

5 वर्ष पहले,

जैकब के पुत्र की आयु = $(x - 5)$ वर्ष

तथा जैकब की आयु = $(y - 5)$ वर्ष

प्रश्नानुसार, $(y - 5) = 7(x - 5) \Rightarrow y - 5 = 7x - 35$

$\Rightarrow$ $7x - y = 30$ ...(ii)

समी (i) से, $y = 3x + 10$ ...(iii)

समी (iii) से $y = 3x + 10$ समी (ii) में प्रतिस्थापित करने पर,

$7x - (3x + 10) = 30 \Rightarrow 7x - 3x - 10 = 30$

$\Rightarrow 4x = 30 + 10 \Rightarrow 4x = 40$

$\therefore x = \frac{40}{4} = 10$

$x = 10$ समी (iii) में रखने पर,

$y = 3 \times 10 + 10 = 30 + 10 = 40$

$\therefore y = 40$

अत: जैकब के पुत्र की वर्तमान आयु = 10 वर्ष

तथा जैकब की वर्तमान आयु = 40 वर्ष

प्रश्नावली 3.3

1. निम्न समीकरणों के युग्म को विलोपन विधि तथा प्रतिस्थापन विधि से हल कीजिए

(i) $x + y = 5$ और $2x - 3y = 4$

(ii) $3x + 4y = 10$ और $2x - 2y = 2$

(iii) $3x - 5y - 4 = 0$ और $9x = 2y + 7$

(iv) $\frac{x}{2} + \frac{2y}{3} = -1$ और $x - \frac{y}{3} = 3$

हल (i) **विलोपन विधि से हल**

दिया है, $x + y = 5$ ...(i)

तथा $2x - 3y = 4$ ...(ii)

समी (i) को 3 से गुणा करके समी (ii) में जोड़ने पर,

$$\begin{array}{r} 3x + 3y = 15 \\ 2x - 3y = 4 \\ + \quad - \quad + \\ \hline 5x = 19 \end{array}$$

$\therefore x = \frac{19}{5}$

$x = \frac{19}{5}$ समी (i) में रखने पर,

$\frac{19}{5} + y = 5$

$\Rightarrow y = 5 - \frac{19}{5} \Rightarrow y = \frac{25 - 19}{5} = \frac{6}{5}$

अत: $x = \frac{19}{5}$ तथा $y = \frac{6}{5}$

प्रतिस्थापन विधि से हल

दिया है, $x + y = 5$ ...(i)

तथा $2x - 3y = 4$ ...(ii)

समी (i) से, $y = 5 - x$ ...(iii)

y का मान समी (ii) में प्रतिस्थापित करने पर,

$2x - 3(5 - x) = 4$

$\Rightarrow 2x - 15 + 3x = 4 \Rightarrow 5x = 4 + 15$

$\Rightarrow x = \frac{19}{5}$

$x = \frac{19}{5}$ समी (iii) में रखने पर,

$y = 5 - \frac{19}{5} \Rightarrow y = \frac{25 - 19}{5} = \frac{6}{5}$

अत: $x = \frac{19}{5}$ तथा $y = \frac{6}{5}$

(ii) भाग (i) की भाँति स्वयं हल करें। **उत्तर** $x = 2$ और $y = 1$

(iii) भाग (i) की भाँति स्वयं हल करें। **उत्तर** $x = \frac{9}{13}, y = \frac{-5}{13}$

(iv) **विलोपन विधि से हल**

दिया है, $\frac{x}{2} + \frac{2y}{3} = -1$ ...(i)

तथा $x - \frac{y}{3} = 3$ ...(ii)

समी (ii) को 2 से गुणा करके समी (i) में जोड़ने पर,

$$\begin{array}{r} \frac{x}{2} + \frac{2y}{3} = -1 \\ 2x - \frac{2y}{3} = 6 \\ + \quad - \quad + \\ \hline \frac{x}{2} + 2x = -1 + 6 \end{array}$$

$\Rightarrow \frac{x + 4x}{2} = 5 \Rightarrow 5x = 10$

$\therefore x = 2$

$x = 2$ समी (i) में रखने पर,

$\frac{2}{2} + \frac{2y}{3} = -1 \Rightarrow 1 + \frac{2y}{3} = -1$

$\Rightarrow \frac{2y}{3} = -1 - 1 \Rightarrow \frac{2y}{3} = -2 \Rightarrow 2y = -6$

$y = \frac{-6}{2} = -3$

अत: $x = 2$ और $y = -3$

प्रतिस्थापन विधि से हल

दिया है, $\frac{x}{2} + \frac{2y}{3} = -1$ ...(i)

तथा $x - \frac{y}{3} = 3$ ...(ii)

समी (ii) से, $\frac{y}{3} = x - 3 \Rightarrow y = 3(x - 3)$ ...(iii)

$y = 3(x - 3)$ समी (i) में प्रतिस्थापित करने पर,

$\frac{x}{2} + \frac{2}{3} \times 3(x - 3) = -1$

$\Rightarrow \frac{x}{2} + 2(x - 3) = -1 \Rightarrow \frac{x}{2} + 2x - 6 = -1$

$\Rightarrow x + 4x - 12 = -2 \Rightarrow 5x = -2 + 12$

$\therefore x = \frac{10}{5} = 2$

$x = 2$ समी (iii) में रखने पर, $y = 3(2 - 3) = -3$

अत: $x = 2$ तथा $y = -3$

2. निम्न समस्याओं में रैखिक समीकरणों के युग्म बनाइए और उनके हल (यदि उनका अस्तित्व हो) विलोपन विधि से ज्ञात कीजिए

(i) यदि हम अंश में 1 जोड़ दें तथा हर में से 1 घटा दें, तो भिन्न 1 में बदल जाती है। यदि हर में 1 जोड़ दें, तो यह $\frac{1}{2}$ हो जाती है। वह भिन्न क्या है?

(ii) पाँच वर्ष पहले नूरी की आयु सोनू की आयु की तीन गुनी थी। दस वर्ष पश्चात् नूरी की आयु सोनू की आयु की दोगुनी हो जाएगी। नूरी और सोनू की वर्तमान आयु कितनी है?

(iii) दो अंकों की संख्या के अंकों का योग 9 है। इस संख्या का नौ गुना, संख्या के अंकों को पलटने से बनी संख्या का दोगुना है। वह संख्या ज्ञात कीजिए। **[CBSE 2010]**

(iv) मीना ₹ 2000 निकालने के लिए एक बैंक गई। उसने खजाँची से ₹ 50 तथा ₹ 100 के नोट देने के लिए कहा। मीना ने कुल 25 नोट प्राप्त किए। ज्ञात कीजिए कि उसने ₹ 50 और ₹ 100 के कितने-कितने नोट प्राप्त किए?

(v) किराए पर पुस्तकें देने वाले किसी पुस्तकालय का प्रथम तीन दिनों का एक नियत किराया है तथा उसके बाद प्रत्येक अतिरिक्त दिन का अलग किराया है। सरिता ने सात दिनों तक एक पुस्तक रखने के लिए ₹ 27 अदा किए, जबकि शूशी ने एक पुस्तक पाँच दिनों तक रखने के लिए ₹ 21 अदा किए। नियत किराया तथा प्रत्येक अतिरिक्त दिन का किराया ज्ञात कीजिए।

हल (i) माना भिन्न $\frac{x}{y}$ है।

प्रश्नानुसार, $\frac{x+1}{y-1}=1 \Rightarrow x+1=y-1$

$\Rightarrow \quad x-y=-2 \quad \ldots(i)$

तथा $\frac{x}{y+1}=\frac{1}{2} \Rightarrow 2x=y+1$

$\Rightarrow \quad 2x-y=1 \quad \ldots(ii)$

समी (ii) में से समी (i) को घटाने पर,

$$\begin{array}{r} 2x-y=1 \\ x-y=-2 \\ - \quad + \quad \quad + \\ \hline x=3 \end{array}$$

$x=3$ समी (ii) में रखने पर,

$2\times3-y=1 \Rightarrow -y=1-6$

$\therefore \quad y=5$

अतः भिन्न $=\frac{3}{5}$

(ii) माना नूरी की वर्तमान आयु $= x$ वर्ष

तथा सोनू की वर्तमान आयु $= y$ वर्ष

5 वर्ष पहले, नूरी की आयु $=(x-5)$ वर्ष

तथा सोनू की आयु $=(y-5)$ वर्ष

प्रश्नानुसार, $x-5=3(y-5)$

$\Rightarrow \quad x-5=3y-15$

$\Rightarrow \quad x-3y=-10 \quad \ldots(i)$

10 वर्ष बाद,

नूरी की आयु $=(x+10)$ वर्ष तथा सोनू की आयु $=(y+10)$ वर्ष

प्रश्नानुसार,

$(x+10)=2(y+10)$

$\Rightarrow \quad x+10=2y+20$

$\Rightarrow \quad x-2y=20-10$

$\Rightarrow \quad x-2y=10 \quad \ldots(ii)$

समी (i) में से समी (ii) को घटाने पर,

$$\begin{array}{r} x-3y=-10 \\ x-2y=10 \\ - \quad + \quad \quad - \\ \hline -y=-20 \end{array}$$

$\therefore \quad y=20$

$y=20$ समी (ii) में रखने पर,

$x-2\times20=10$

$\therefore \quad x=50$ वर्ष

अतः नूरी की वर्तमान आयु $=50$ वर्ष

तथा सोनू की वर्तमान आयु $=20$ वर्ष

(iii) माना इकाई का अंक $= x$ तथा दहाई का अंक $= y$

$\therefore$ संख्या $=10y+x$

प्रश्नानुसार, अंकों का योग $=9$

$x+y=9 \quad \ldots(i)$

अंकों को पलटने पर, इकाई का अंक $= y$

तथा दहाई का अंक $= x$

$\therefore$ नई संख्या $=10x+y$

प्रश्नानुसार, $9(x+10y)=2(10x+y)$

$\Rightarrow \quad 9x+90y=20x+2y$

$\Rightarrow 9x+90y-20x-2y=0$

$\Rightarrow \quad -11x+88y=0 \Rightarrow x-8y=0$

$\therefore \quad x=8y \quad \ldots(ii)$

समी (ii) से $x=8y$ समी (i) में प्रतिस्थापित करने पर,

$8y+y=9 \Rightarrow 9y=9$

$\therefore \quad y=1$

$y=1$ समी (i) में रखने पर, $x+1=9$

$\therefore \quad x=8$

अतः संख्या $=10y+x=10\times1+8=18$

(iv) माना ₹ 50 के नोटों की संख्या $= x$

तथा ₹ 100 के नोटों की संख्या $= y$

प्रश्नानुसार, $x+y=25 \quad \ldots(i)$

तथा $50x+100y=2000 \Rightarrow x+2y=40 \quad \ldots(ii)$

[दोनों पक्षों में 50 से भाग करने पर]

समी (ii) में से समी (i) को घटाने पर,

$$\begin{array}{r} x+2y=40 \\ x+\ y=25 \\ - \quad - \quad - \\ \hline y=15 \end{array}$$

$y=15$ समी (i) में रखने पर,

$x+15=25$

$\therefore \quad x=25-15=10$

अतः ₹ 50 के नोटों की संख्या $=10$

तथा ₹ 100 के नोटों की संख्या $=15$

(v) माना पहले तीन दिनों का नियत किराया $=$ ₹ x

तथा प्रत्येक दिन का अतिरिक्त किराया $=$ ₹ y

सरिता ने 7 दिनों तक पुस्तक रखने का किराया दिया $=$ ₹ 27

प्रश्नानुसार, $x+4y=27 \quad \ldots(i)$

शूशी ने 5 दिनों तक पुस्तक रखने का किराया दिया $=$ ₹ 21

$x+2y=21 \quad \ldots(ii)$

समी (i) में से समी (ii) को घटाने पर,

$$\begin{array}{r} x+4y=27 \\ x+2y=21 \\ - \quad - \quad - \\ \hline 2y=6 \end{array}$$

$\therefore \quad y=3$

$y=3$ समी (ii) में रखने पर, $x+2\times3=21$

$\Rightarrow \quad x=21-6=15$

अतः पहले तीन दिनों का नियत किराया $=$ ₹ 15

तथा प्रत्येक दिन का अतिरिक्त किराया $=$ ₹ 3

परीक्षा अभ्यास

यहाँ अध्याय से संबंधित सभी संभावित प्रश्नों को दिया गया है, इन प्रश्नों का अभ्यास करके व याद रखकर छात्र अध्याय से संबंधित किसी भी प्रश्न का उत्तर दे पाएँगे।

बहुविकल्पीय प्रश्न

1. k का वह मान जिसके लिए रैखिक समीकरण निकाय $x+2y=3$ तथा $5x+ky+7=0$ असंगत है **[CBSE 2020 (Standard)]**

(a) $-\frac{14}{3}$ (b) $\frac{2}{3}$ (c) 5 (d) 10

2. k का मान जिसके लिए समीकरण युग्म $kx=y+2$ तथा $6x=2y+3$ के अनंत अनेक हल है, हैं, **[CBSE 2023 (Standard)]**

(a) 3 (b) अस्तित्व में नहीं है
(c) -3 (d) 4

3. यदि समीकरण $x+y=10$ का एक हल $x=3m+2$ तथा $y=4$ है, तो m का मान है **[NCERT Exemplar]**

(a) $\frac{4}{3}$ (b) $\frac{1}{3}$ (c) $\frac{5}{3}$ (d) $-\frac{2}{3}$

4. समीकरणों $a_1x+b_1y+c_1=0$ और $a_2x+b_2y+c_2=0$ का कोई हल नहीं होने का प्रतिबंध है

(a) $\frac{a_1}{a_2}\neq\frac{b_1}{b_2}$ (b) $\frac{a_1}{a_2}=\frac{b_1}{b_2}\neq\frac{c_1}{c_2}$
(c) $\frac{a_1}{a_2}=\frac{b_1}{b_2}=\frac{c_1}{c_2}$ (d) $a_1a_2+b_1b_2+c_1c_2=0$

5. p के किस मान के लिए, रैखिक समीकरण युग्म $6x+5y=4$ तथा $12x+py=-8$ का कोई हल नहीं होगा? **[NCERT Exemplar]**

(a) 9 (b) 10 (c) 7 (d) 6

6. समीकरण $x-2y=2$ का कौन-सा एक हल हो सकता है?

(a) $x=6, y=2$ (b) $x=4, y=4$
(c) $x=3, y=1$ (d) $x=2, y=6$

7. $x=a$ तथा $y=2$ समीकरण $x+y=4$ का एक हल है, तब a का मान होगा **[NCERT Exemplar]**

(a) 4 (b) 6 (c) 2 (d) 1

कथन कारण प्रश्न

निर्देश (प्र. सं. 8-12 तक) *इनमें से प्रत्येक प्रश्न में एक कथन के बाद एक कारण दिया गया है। इनको ध्यानपूर्वक पढ़िए तथा निम्न विकल्पों के आधार पर प्रश्नों के उत्तर दीजिए।*

(a) यदि दोनों कथन व कारण सही हैं तथा कारण कथन का सही स्पष्टीकरण है।
(b) यदि दोनों कथन व कारण सही हैं परन्तु कारण कथन का सही स्पष्टीकरण नहीं है।
(c) यदि कथन सही है परन्तु कारण गलत है।
(d) यदि कथन गलत है परन्तु कारण सही है।

8. कथन जब $k=-4$, तब रैखिक समीकरणों $x+(k+1)y=5$ व $(k+1)x+9y=8k-1$ के अनन्त अनेक हल हैं।

कारण $a_1x+b_1y+c_1=0$ तथा $a_2x+b_2y+c_2=0$ के अनन्त अनेक हल होते हैं यदि $\frac{a_1}{a_2}=\frac{b_1}{b_2}=\frac{c_1}{c_2}$

9. कथन q का मान ± 2 है, यदि रेखा $2x+y-q^2-3=0$ तो हल $x=3, y=1$ है।

कारण रेखा का हल रेखा की समीकरण को सन्तुष्ट करेगा।

10. कथन k का मान जिसके लिए समीकरणों $kx-y=2$, $6x-2y=3$ का अद्वितीय हल है, 3 है।

कारण रैखिक समीकरण निकाय $a_1x+b_1y+c_1=0$ व $a_2x+b_2y+c_2=0$ का अद्वितीयक हल होगा, यदि $\frac{a_1}{a_2}\neq\frac{b_1}{b_2}$.

11. कथन $x+y-4=0$ व $2x+ky-3=0$ का कोई हल नहीं होगा यदि $k=2$.

कारण $a_1x+b_1y+c_1=0$ व $a_2x+b_2y+c_2=0$ संगत होंगे यदि $\frac{a_1}{a_2}\neq\frac{b_1}{b_2}$

12. कथन यदि समीकरण निकाय $2x+3y=7$ तथा $2ax+(a+b)y=28$ के अनन्त हल है, तब $2a-b=0$.

कारण समीकरण निकाय $3x-5y=9$ तथा $6x-10y=8$ का अद्वितीय हल है।

अतिलघु उत्तरीय प्रश्न

13. रैखिक समीकरणों के युग्म $y=0$ तथा $y=-6$ को हल कीजिए।

14. यदि $x=a, y=b$ समीकरणों $x-y=2$ तथा $x+y=4$ के हल हैं, तो a तथा b के मान ज्ञात कीजिए। **[NCERT Exemplar]**

15. रैखिक समीकरणों $2x - y = 3$ और $4x - y = 5$ से निरूपित रेखाओं की प्रकृति ज्ञात कीजिए।

16. क्या समीकरण $x + 3y - 1 = 3$ तथा $2x + 6y = 6$ संपाती रेखाओं के युग्म को निरूपित करते हैं? यदि हाँ, तो सत्यापित कीजिए।

निर्देश (17-20) *बिना आलेखित किये, ज्ञात कीजिए कि निम्न रैखिक समीकरणों के युग्म द्वारा निरूपित रेखाएँ एक बिंदु पर प्रतिच्छेद करती हैं या समांतर अथवा संपाती हैं।*

17. $5x - 4y + 8 = 0$; $7x + 6y - 9 = 0$

18. $6x - 3y + 10 = 0$; $2x - y + 9 = 0$

19. $9x + 3y + 12 = 0$; $18x + 6y + 24 = 0$

20. $2x - y = 2$; $2y - 4x = 2$

21. समीकरण युग्मों के हलों की संख्या ज्ञात कीजिए
$x + 2y + 5 = 0, -3x - 6y + 1 = 0$

22. c के किस मान के लिए निम्न रैखिक समीकरणों के युग्म के अद्वितीय हल होंगे, $2x + 2y = 8$ तथा $8x + 10y = c$

23. निम्न रैखिक समीकरणों के युग्म का अद्वितीय हल होने के लिए प्रतिबंध ज्ञात कीजिए।
$ax + by = c$ तथा $lx + my = n$

24. λ का मान क्या होना चाहिए, जिसके लिए निम्न रैखिक समीकरणों के युग्म का अनन्त हल होगा?
$5x + \lambda y = 4$ तथा $15x + 3y = 12$

25. p के किस मान के लिए रैखिक समीकरणों के युग्म $6x + 5y = 4$ तथा $12x + py = -8$ का कोई हल नहीं होगा?

26. k के किस मान के लिए रैखिक समीकरणों के युग्म $3x - y - 5 = 0$ तथा $6x - 2y - k = 0$ का कोई हल नहीं होगा?

27. यदि $3x - 2y = 5$ तथा $3y - 2x = 3$ हों, तो $x + y$ का मान ज्ञात कीजिए।

28. दिए गए चित्र में, $ABCD$ एक समांतर चतुर्भुज है x तथा y के मान ज्ञात कीजिए।

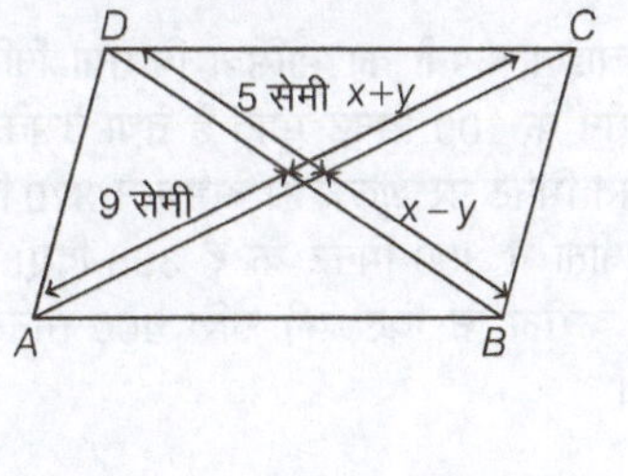

लघु उत्तरीय प्रश्न

29. निम्न रेखाओं द्वारा बने त्रिभुज के शीर्षों के निर्देशांक ग्राफीय विधि से ज्ञात कीजिए। **[NCERT Exemplar]**

$$y = x, 3y = x, x + y = 8$$

30. k के किस मान के लिए समीकरणों के युग्म $kx + 2y = 5$, $3x + 4y = 1$ का कोई हल नहीं है। **[CBSE 2023 (Basic)]**

31. एक रैखिक समीकरण $2x = 5y + 4$ दी गई है दो चरों में एक और रैखिक समीकरण लिखिए ताकि प्राप्त युग्म का ज्यामितीय निरूपण जैसा कि

(i) प्रतिच्छेद करती रेखाएँ हों।

(ii) समांतर रेखाएँ हों।

(iii) संपाती रेखाएँ हों

32. a और b का मान ज्ञात कीजिए जिसके लिए निम्न रैखिक समीकरणों के युग्म का अनंत हल है।

$$3x - (a + 1)y = 2b - 1 \text{ तथा } 5x + (1 - 2a)y = 3b$$

33. दो सीधे रास्तों को रेखाओं $7x - 5y = 3$ तथा $14x - 10y = 5$ द्वारा निरूपित किया जाता है। जाँच करें कि दोनों रास्ते एक-दूसरे को पार (cross) करते हैं या नहीं?

निर्देश (34-37) *निम्न रैखिक समीकरण युग्म को प्रतिस्थापन विधि द्वारा हल कीजिए।*

34. $\frac{3}{2}x - y = \frac{1}{4}$; $x + \frac{1}{2}y = 1$

35. $3x + y = 4$; $2(y - 5) = -5x$

36. $1.4x + 3.9y = 6.4$; $0.2x - 1.3y = 1.2$

37. $0.1x - 0.2y = 2$; $x + y = 17$

निर्देश (38-43) *निम्न रैखिक समीकरणों के युग्म को विलोपन विधि से हल कीजिए।*

38. $3x - 4y = 11$; $7x - 5y = 4$

39. $2x + 3y - 5 = 0$; $3x - 2y - 14 = 0$

40. $3x + 2y = 7$; $2x - 5y + 8 = 0$

41. $11x + 15y + 23 = 0$; $7x - 2y - 20 = 0$

42. $0.4x + 0.3y = 1.7$; $0.7x - 0.2y = 0.8$

43. $\frac{x}{7} + \frac{y}{3} = 5$; $\frac{x}{7} - \frac{y}{9} = 1$

44. एक पिता की आयु अपने दो बच्चों की आयु के योग के तीन गुने के बराबर है। 5 वर्ष बाद उसकी आयु अपने दो बच्चों के योग के दोगुनी होगी। पिता की आयु ज्ञात कीजिए। **[CBSE 2010, 11]**

45. दिए गए आयत में x तथा y के मान ज्ञात कीजिए।

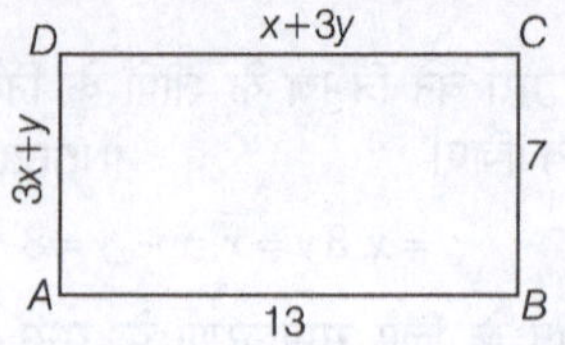

[NCERT Exemplar]

46. दो संख्याओं का योग 120 है तथा एक संख्या दूसरी संख्या की तीन गुनी है संख्याओं का मान ज्ञात कीजिए।

47. दिखाइए कि समीकरणों का रैखिक युग्म $x = 2y$ तथा $y = 2x$ का (0, 0) पर अद्वितीय हल होगा।

48. यदि रेखाओं $3x - 2y = 10$ तथा $5x + y = 8$ के प्रतिच्छेद बिंदु से रेखा $3x + ay = 8$ गुजरती है, तो a का मान ज्ञात कीजिए।

49. दो परीक्षा कक्षाओं A और B में कुछ विद्यार्थी हैं। दोनों कक्षाओं में विद्यार्थियों की संख्याएँ बराबर करने के लिए, A से B में 10 विद्यार्थी भेजे जाते हैं। परंतु यदि B से 20 विद्यार्थी A में भेज दिए जाएँ, तो A में विद्यार्थियों की संख्या B के विद्यार्थियों की संख्या की दोगुनी हो जाती है। दोनों कक्षाओं के विद्यार्थियों की संख्या ज्ञात कीजिए। [NCERT Exemplar]

50. यदि दो धनात्मक संख्याओं का योगफल 108 है और उनका अंतर 8 है, तो संख्याएँ ज्ञात कीजिए।

लघु उत्तरीय प्रश्न

51. रैखिक समीकरण युग्म $x - y + 2 = 0$ तथा $4x - y - 4 = 0$ का आलेख खींचिए तथा इन रेखाओं तथा X-अक्ष से बने त्रिभुज का निर्देशांक ज्ञात कीजिए।

52. रेखाओं $x = -2$ तथा $y = 3$ का आलेख खींचिए तथा इन रेखाओं, X-अक्ष और Y-अक्ष से बनी आकृति के शीर्षों के निर्देशांक ज्ञात कीजिए, साथ ही आकृति का क्षेत्रफल भी ज्ञात कीजिए।

53. λ के किस (किन) मान (मानों) के लिए रैखिक समीकरण युग्म $\lambda x + y = \lambda^2$ तथा $x + \lambda y = 1$
दो चरों वाले रैखिक समीकरणों के युग्म
(i) का कोई हल नहीं होगा?
(ii) के अपरिमित रूप से अनेक हल होंगे?
(iii) का एक अद्वितीय हल होगा?

54. दिखाइए कि निम्न समीकरण निकाय का अद्वितीय हल है। साथ ही दिए गए समीकरण निकाय का हल भी ज्ञात कीजिए।

$$3x + 5y = 12 \text{ तथा } 5x + 3y = 4$$

[NCERT Exemplar]

निर्देश (55-56) निम्न समीकरण निकाय का हल ज्ञात कीजिए।

55. $\frac{x}{a} + \frac{y}{b} = a + b; \frac{x}{a^2} + \frac{y}{b^2} = 2; a, b \neq 0$

[CBSE 2010, NCERT Exemplar]

56. $ax + by = 1; bx + ay = \frac{2ab}{a^2 + b^2}$

[CBSE 2010]

57. 2 कुर्सी तथा तीन मेज की कीमत ₹ 5650 है जबकि 3 कुर्सी तथा दो मेज की कीमत ₹ 7100 है एक कुर्सी तथा एक मेज की कीमत ज्ञात कीजिए। [NCERT Exemplar]

58. रेखाओं $3x - y = 3$, $2x - 3y = 2$ तथा $x + 2y = 8$ से बनने वाले त्रिभुज के शीर्ष बीजीय विधि से निर्धारित कीजिए।

[NCERT Exemplar]

59. निम्न रैखिक समीकरणों के युग्म को आलेखीय विधि से हल कीजिए। $2x + y = 6$ तथा $2x - y + 2 = 0$ तथा X-अक्ष के साथ इन समीकरणों को निरूपित करने वाली रेखाएँ जो त्रिभुज बनाती हैं तथा Y-अक्ष के साथ इन समीकरणों को निरूपित करने वाली रेखाएँ जो त्रिभुज बनाती हैं उनके क्षेत्रफलों का अनुपात ज्ञात कीजिए।

60. A व B के पास कुछ आम हैं। A, B से कहता है कि यदि तुम मुझे 30 आम दे दो तो मेरे पास तुमसे दुगुने आम हो जाएँगे। B जवाब देता है कि यदि तुम मुझे 10 आम दे दो तो मेरे पास तुमसे तिगुने आम हो जाएँगे। A तथा B के पास कितने-कितने आम हैं?

61. दो अंकों की एक संख्या को उसके अंकों का परस्पर स्थान बदलने पर प्राप्त संख्या में जोड़ा जाए तो योगफल 99 प्राप्त होता है। यदि उस संख्या के अंकों का अंतर 3 हो, तो संख्या ज्ञात कीजिए। [CBSE 2010]

62. निम्न रैखिक समीकरणों द्वारा निरूपित रेखाओं का प्रतिच्छेद बिंदु चरों का विलोपन करके ज्ञात कीजिए।

$$2ax - by = 2a^2 - b^2 \text{ तथा } ax + 2by = a^2 + 2b^2$$

सिद्ध करें कि समीकरणों के निकाय समीकरण $(a - b)x + (a + b)y = a^2 + b^2$ द्वारा निरूपित के साथ संगामी (Concurrent) होगा।

63. एक व्यक्ति ने 4 घोड़े और 9 गायें ₹ 1340 में खरीदी। उसने घोड़ों को 10% लाभ और गायों को 20% लाभ पर बेचा और उसको कुल लाभ ₹ 188 हुआ। उसने एक घोड़े के लिए कितना मूल्य अदा किया? [CBSE 2016]

64. एक मोबाइल कंपनी का मासिक किराया निश्चित है, जिसमें एक महीने के 100 मिनट मुफ्त है तथा उसके पश्चात् प्रत्येक अतिरिक्त मिनट पर शुल्क है। अभय ने 370 मिनट के ₹ 433 तथा अनीता ने 300 मिनट के ₹ 398 दिए। इसी योजना के अंतर्गत करीना के बिल की राशि 400 मिनट के लिए ज्ञात कीजिए।

दीर्घ उत्तरीय प्रश्न

65. यदि एक आयत की लंबाई 5 मी बढ़ाई और चौड़ाई 4 मी घटाई जाती है, तो क्षेत्रफल 160 मी^{2} घट जाता है। हालाँकि, यदि लंबाई 10 मी घटाई और चौड़ाई 2 मी बढ़ाई जाती है, तो क्षेत्रफल 100 मी^{2} घट जाता है। आयत की विमाएँ ज्ञात कीजिए। **[CBSE 2016]**

66. रेल के एक आधे टिकट के लिए, पूरे किराए का आधा तथा आरक्षण शुल्क उतना ही देना पड़ता है जितना पूरे टिकट के लिए देना होता है। स्टेशन A से स्टेशन B तक के लिए एक प्रथम श्रेणी के आरक्षित टिकट की लागत ₹ 2530 है। साथ ही, A से B तक के लिए, एक प्रथम श्रेणी टिकट और एक प्रथम श्रेणी आधे टिकट की लागत ₹ 3810 है। स्टेशन A से स्टेशन B तक का प्रथम श्रेणी का पूरा किराया ज्ञात कीजिए तथा साथ ही एक टिकट पर आरक्षण शुल्क भी ज्ञात कीजिए।

केस स्टडी आधारित प्रश्न

67. एक परीक्षा में 'सत्य' या 'असत्य' आधारित प्रश्न पूछे जाते हैं। प्रत्येक सही प्रश्न के लिए 1 अंक दिया जाता है जबकि प्रत्येक गलत उत्तर के लिए $\frac{1}{4}$ अंक काट दिया जाता है।

एक विद्यार्थी उनमें से कुछ प्रश्नों के उत्तर जानता है बाकी प्रश्नों को वह अनुमान से हल करता है। वह 120 प्रश्नों के उत्तर देता है तथा 90 अंक प्राप्त करता है।

प्रश्नों का प्रकार	सही उत्तर के लिए अंक	गलत उत्तर के लिए काटा गया अंक
सत्य/असत्य	1	0.25

उपरोक्त सूचना के आधार पर निम्नलिखित प्रश्नों के उत्तर दीजिए

(i) यदि उसके द्वारा अनुमान से किए हुए प्रश्न गलत हो जाते हैं, तब वह कितने प्रश्नों का सही उत्तर देता है?

(ii) उसने कितने प्रश्नों का उत्तर अनुमान से दिया है?

(iii) यदि अनुमान द्वारा किए गए सभी प्रश्न गलत हैं तथा वह 80 प्रश्नों के उत्तर सही देता है, तब कितने अंक प्राप्त करेगा?

(iv) यदि उसके द्वारा अनुमान से किए गए सभी प्रश्न गलत है, तब 95 अंक प्राप्त करने के लिए कितने प्रश्नों का उत्तर सही देना होगा?

68. अमित एक घर खरीदने का विचार करता है जिसका प्रारूप नीचे दिया गया है। दो कमरों तथा रसोई का आकार तथा माप इस प्रकार दिया है कि उनका क्षेत्रफल 95 वर्ग मी है।

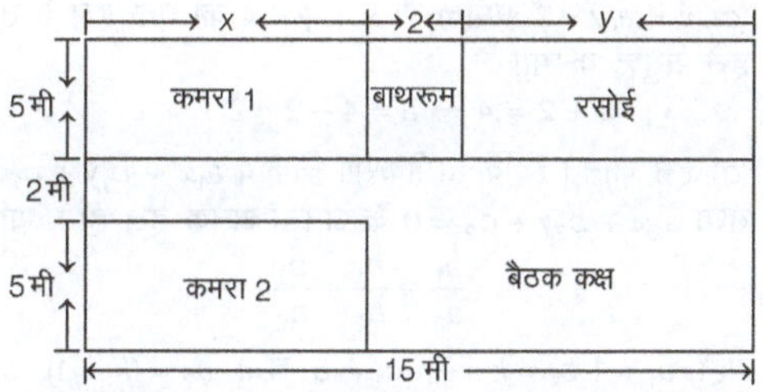

उपरोक्त सूचना के आधार पर निम्नलिखित प्रश्नों के उत्तर दीजिए

(i) उपरोक्त परिस्थिति को दो चरों वाले रैखिक समीकरण में लिखिए।

(ii) प्रारूप में बाह्य दीवार की लम्बाई ज्ञात कीजिए।

(iii) प्रत्येक कमरे तथा रसोई का क्षेत्रफल ज्ञात कीजिए।

(iv) प्रारूप में बैठक कक्ष का क्षेत्रफल ज्ञात कीजिए।

(v) रसोई में टाइल लगाने का खर्चा ज्ञात कीजिए यदि दर ₹ 50 प्रति वर्ग मी हो।

संकेत एवं हल

1. (*d*) दी गई रैखिक समीकरण निकाय है

$$x + 2y = 3$$

तथा $5x + ky + 7 = 0$

यहाँ $a_1 = 1, b_1 = 2, c_1 = -3$

तथा $a_2 = 5, b_2 = k, c_2 = 7$

समीकरण निकाय असंगत होगी, यदि

$$\frac{a_1}{a_2} = \frac{b_1}{b_2} \neq \frac{c_1}{c_2}$$

$$\frac{1}{5} = \frac{2}{k} \neq -\frac{3}{7}$$

प्रथम दो पद लेने पर,

$$\frac{1}{5} = \frac{2}{k}$$

$\Rightarrow$ $k = 10$

2. (*b*) दी गई रेखाओं के समीकरण है

$$kx = y + 2 \text{ तथा } 6x = 2y + 3$$

यहाँ, $a_1 = k, b_1 = -1, c_1 = -2$

तथा $a_2 = 6, b_2 = -2, c_2 = -3$

संपाती रेखाओं के लिए,

$$\frac{a_1}{a_2} = \frac{b_1}{b_2} = \frac{c_1}{c_2}$$

$\Rightarrow$ $\frac{k}{6} = \frac{-1}{-2} = \frac{-2}{-3}$

$\Rightarrow$ $\frac{k}{6} = \frac{1}{2} = \frac{2}{3}$

3. (*a*) दिए गए समीकरण में $x = 3m + 2$ तथा $y = 4$ रखने पर,

$$(3m + 2) + (4) = 10 \Rightarrow 3m + 6 = 10$$

$\Rightarrow$ $3m = 4 \Rightarrow m = \frac{4}{3}$

4. (b) समीकरणों $a_1x + b_1y + c_1 = 0$ तथा $a_2x + b_2y + c_2 = 0$ का कोई हल नहीं होगा यदि $\frac{a_1}{a_2} = \frac{b_1}{b_2} \neq \frac{c_1}{c_2}$

5. (b) दिया गया समीकरण युग्म निम्न है

$$6x + 5y = 4 \text{ तथा } 12x + py = -8$$

यहाँ, $a_1 = 6, b_1 = 5, c_1 = -4$

तथा $a_2 = 12, b_2 = p, c_2 = 8$

कोई हल नहीं के लिए,

$$\frac{a_1}{a_2} = \frac{b_1}{b_2} \neq \frac{c_1}{c_2} \Rightarrow \frac{6}{12} = \frac{5}{p} \neq \frac{-4}{8}$$

$\Rightarrow$ $p = 10$ (I और II अनुपात से)

6. (a) $x = 6, y = 2$ समीकरण में रखने पर,

बायाँ पक्ष $= 6 - 2(2) = 6 - 4 = 2 =$ दायाँ पक्ष

अतः $x = 6, y = 2$ समीकरण $x - 2y = 2$ का एक हल है।

अन्य किसी विकल्प के मान समीकरण को संतुष्ट नहीं करते हैं।

7. (c) $x = a, y = 2$ समीकरण $x + y = 4$ का एक हल है तब यह इसे संतुष्ट करेगा।

$\therefore$ $a + 2 = 4 \Rightarrow a = 4 - 2 = 2$

8. (d) हम जानते हैं कि समीकरण निकाय $a_1x + b_1y + c_1 = 0$ तथा $a_2x + b_2y + c_2 = 0$ के अनन्त अनेक हल होंगे, यदि

$$\frac{a_1}{a_2} = \frac{b_1}{b_2} = \frac{c_1}{c_2}$$

यहाँ $a_1 = 1, b_1 = k + 1, c_1 = 5$ तथा $a_2 = (k + 1), b_2 = 9, c_2 = 8k - 1$

$$\therefore \quad \frac{1}{k+1} = \frac{k+1}{9} = \frac{5}{8k-1}$$

$\Rightarrow$ $8k - 1 = 5(k + 1) \Rightarrow 8k - 1 = 5k + 5$

$\Rightarrow$ $8k - 5k = 5 + 1 \Rightarrow 3k = 6 \Rightarrow k = 2$

अतः कथन गलत है परन्तु कारण सही है।

9. (b) चूँकि $x = 3, y = 1$ समीकरण $2x + y - q^2 - 3 = 0$ का हल है।

$\Rightarrow 6 + 1 - q^2 - 3 = 0 \Rightarrow q^2 = 4 \Rightarrow q = \pm 2$

तथा हम जानते हैं कि $a_1x + b_1y + c_1 = 0$ व $a_2x + b_2y + c_2 = 0$ के अनन्त अनेक हल हैं, यदि

$\frac{a_1}{a_2} = \frac{b_1}{b_2} = \frac{c_1}{c_2}$

अतः दोनों कथन व कारण सही हैं परन्तु कारण कथन का सही स्पष्टीकरण नहीं है।

10. (d) हम जानते हैं कि समीकरण निकाय $a_1x + b_1y + c_1 = 0$ व $a_2x + b_2y + c_2 = 0$ का अद्वितीयक हल होगा, यदि

यहाँ, $\frac{a_1}{a_2} \neq \frac{b_1}{b_2}$

$$a_1 = k, b_1 = -1, c_1 = 2,$$

तथा $a_2 = 6, b_2 = -2, c_2 = 3$

अद्वितीय हल होने के लिए,

$$\frac{a_1}{a_2} \neq \frac{b_1}{b_2} \Rightarrow \frac{k}{6} \neq \frac{1}{2} \Rightarrow k \neq \frac{6}{2} \Rightarrow k \neq 3$$

अतः कथन गलत है परन्तु कारण सही है।

11. (b) हम जानते हैं कि समीकरण निकाय $a_1x + b_1y + c_1 = 0$ तथा $a_2x + b_2y + c_2 = 0$ का कोई हल नहीं होगा, यदि

$$\frac{a_1}{a_2} = \frac{b_1}{b_2} \neq \frac{c_1}{c_2}$$

तथा संगत होगा यदि

$$\frac{a_1}{a_2} \neq \frac{b_1}{b_2}$$

यहाँ $a_1 = 1, b_1 = 1, c_1 = -4$ तथा $a_2 = 2, b_2 = k, c_3 = -3$

$\therefore$ $\frac{1}{2} = \frac{1}{k} \neq \frac{4}{3} \Rightarrow k = 2$

अतः कथन व कारण दोनों सही हैं, परन्तु कारण, कथन का सही स्पष्टीकरण नहीं है।

12. (c) हम जानते हैं कि समीकरण निकाय $a_1x + b_1y + c_1 = 0$ तथा $a_2x + b_2y + c_2 = 0$ के अनन्त हल है, यदि

$$\frac{a_1}{a_2} = \frac{b_1}{b_2} = \frac{c_1}{c_2}$$

तथा अद्वितीय हल है, यदि

$$\frac{a_1}{a_2} \neq \frac{b_1}{b_2}$$

कथन यहाँ $a_1 = 2, b_1 = 3, c_1 = -7,$

तथा $a_2 = 2a, b_2 = (a + b), c_2 = -28$

$\therefore$ अनन्त हल के लिए

$$\frac{a_1}{a_2} = \frac{b_1}{b_2} = \frac{c_1}{c_2} \Rightarrow \frac{2}{2a} = \frac{3}{a+b} = \frac{-7}{-28}$$

$\Rightarrow 3a = a + b \Rightarrow 2a - b = 0$

कारण यहाँ $a_1 = 3, b_1 = -5, c_1 = 9,$

तथा $a_2 = 6, b_2 = -10, c_2 = +8$

अद्वितीय हल के लिए

$$\frac{a_1}{a_2} \neq \frac{b_1}{b_2} \text{ परन्तु } \frac{3}{6} = \frac{-5}{-10}$$

$\therefore$ कथन सही है परन्तु कारण गलत है।

13. **संकेत** $\because y = 0$ तथा $y = -6$ दो समांतर रेखाएँ हैं।

$\therefore$ कोई हल अस्तित्व में नहीं है।

14. **संकेत** $x = a$ तथा $x = b$ दिए गए समीकरणों में रखने पर,

$$a - b = 2 \quad \text{...(i)}$$
$$a + b = 4 \quad \text{...(ii)}$$

समी (i) तथा (ii) को हल करने पर,

$$a = 3 \text{ तथा } b = 1$$

15. **संकेत** अनुपातों $\frac{a_1}{a_2}, \frac{b_1}{b_2}$ तथा $\frac{c_1}{c_2}$ से तुलना करने पर

उत्तर एक बिंदु पर प्रतिच्छेद करती है।

16. **संकेत** दिए गए समीकरण में

$$\frac{a_1}{a_2} = \frac{b_1}{b_2} \neq \frac{c_1}{c_2}$$

$\therefore$ दिए गए समीकरणों द्वारा निरूपित रेखाएँ समांतर हैं परंतु संपाती नहीं हैं।

17. टॉपिक 1, उदाहरण 11 की भाँति स्वयं हल करें।

उत्तर एक बिंदु पर प्रतिच्छेदी रेखाएँ है।

18. टॉपिक 1, उदाहरण 11 की भाँति स्वयं हल करें।

उत्तर समांतर रेखाएँ

19. टॉपिक 1, उदाहरण 11 की भाँति स्वयं हल करें।

उत्तर संपाती रेखाएँ

20. टॉपिक 1, उदाहरण 11 की भाँति स्वयं हल करें।

उत्तर समांतर रेखाए।

21. **संकेत** कोई हल नहीं है। **उत्तर** 0

22. **संकेत** दिया है, समीकरणों का युग्म

$$2x + 2y = 8 \text{ तथा } 8x + 10y = c$$

यहाँ, $\frac{a_1}{a_2} = \frac{2}{8} = \frac{1}{4}, \frac{b_1}{b_2} = \frac{2}{10} = \frac{1}{5}$ तथा $\frac{c_1}{c_2} = \frac{-8}{-c} = \frac{8}{c}$

अद्वितीय हल के लिए $\frac{a_1}{a_2} \neq \frac{b_1}{b_2}$ [c के सभी मानों के लिए]

∴ रैखिक समीकरणों के युग्म का अद्वितीय हल होगा।

23. **संकेत** अद्वितीय हल के लिए,

$$\frac{a_1}{a_2} \neq \frac{b_1}{b_2} \Rightarrow \frac{a}{l} \neq \frac{b}{m}$$

$\Rightarrow \quad am \neq bl$

∴ $am \neq bl$ अभीष्ट प्रतिबन्ध होगा।

24. **संकेत** अनन्त हल के लिए, $\frac{a_1}{a_2} = \frac{b_1}{b_2} = \frac{c_1}{c_2} \Rightarrow \frac{1}{3} = \frac{\lambda}{3} = \frac{1}{3}$

$\Rightarrow \quad \lambda = 1$

25. **संकेत** कोई हल नहीं होने के लिए,

$$\frac{a_1}{a_2} = \frac{b_1}{b_2} \neq \frac{c_1}{c_2} \Rightarrow \frac{6}{12} = \frac{5}{p} \neq -\frac{4}{8} \Rightarrow p = 10$$

26. **संकेत** कोई हल नहीं होने के लिए,

$$\frac{a_1}{a_2} = \frac{b_1}{b_2} \neq \frac{c_1}{c_2} \Rightarrow \frac{1}{2} = \frac{1}{2} \neq \frac{5}{k} \Rightarrow k \neq 10$$

अतः k के प्रत्येक मान के लिए 10 के अतिरिक्त, दिए गए निकाय का कोई हल नहीं है।

27. **संकेत** दिया है, $3x - 2y = 5$ ...(i)

तथा $-2x + 3y = 3$ ...(ii)

दिए गए दोनों समीकरणों का योग करने पर,

$$x + y = 8$$

28. **संकेत** हम जानते हैं कि समांतर चतुर्भुज के विकर्ण एक-दूसरे को समद्विभाजित करते हैं।

∴ $x + y = 9$ ...(i)

तथा $x - y = 5$ ...(ii)

समी (i) तथा (ii) हल करने पर,

$$x = 7 \text{ तथा } y = 2$$

29. (0, 0), (4, 4), (6, 2)

30. टॉपिक 1, उदाहरण 16 की भाँति स्वयं हल करें।

उत्तर $k = 3/2$

31. NCERT फोल्डर, प्रश्नावली 3.1, प्रश्न 6 की भाँति स्वयं हल करें।

उत्तर

(i) $5x - 2y + 8 = 0$

(ii) $4x - 10y - 8 = 0$

(iii) $2x + 5y + 10 = 0$

32. **संकेत** अपरिमित रूप से अनन्त हल के लिए,

$$\frac{a_1}{a_2} = \frac{b_1}{b_2} = \frac{c_1}{c_2}$$

∴ $\frac{3}{5} = \frac{-(a+1)}{1-2a} = \frac{2b-1}{3b}$

∴ $a = 8$ तथा $b = 5$

33. **संकेत** दिए गए समीकरणों में, $\frac{a_1}{a_2} = \frac{b_1}{b_2} \neq \frac{c_1}{c_2}$

अतः दोनों रास्ते एक-दूसरे के समांतर होंगे।

∴ दोनों रास्ते एक-दूसरे को प्रतिच्छेद नहीं करेंगे।

34. NCERT फोल्डर, प्रश्नावली 3.2, प्रश्न 1 की भाँति स्वयं हल करें। **उत्तर** $x = \frac{9}{14}, y = \frac{5}{7}$

35. NCERT फोल्डर, प्रश्नावली 3.2, प्रश्न 1 की भाँति स्वयं हल करें। **उत्तर** $x = -2, y = 10$

36. NCERT फोल्डर, प्रश्नावली 3.2, प्रश्न 1 की भाँति स्वयं हल करें। **उत्तर** $x = 5, y = \frac{-2}{13}$

37. NCERT फोल्डर, प्रश्नावली 3.2, प्रश्न 1 की भाँति स्वयं हल करें। **उत्तर** $x = 18, y = -1$

38. NCERT फोल्डर, प्रश्नावली 3.3, प्रश्न 1 की भाँति स्वयं हल करें। **उत्तर** $x = -3, y = -5$

39. NCERT फोल्डर, प्रश्नावली 3.3, प्रश्न 1 की भाँति स्वयं हल करें। **उत्तर** $x = 4, y = -1$

40. NCERT फोल्डर, प्रश्नावली 3.3, प्रश्न 1 की भाँति स्वयं हल करें। **उत्तर** $x = 1, y = 2$

41. NCERT फोल्डर, प्रश्नावली 3.3, प्रश्न 1 की भाँति स्वयं हल करें। **उत्तर** $x = 2, y = -3$

42. NCERT फोल्डर, प्रश्नावली 3.3, प्रश्न 1 की भाँति स्वयं हल करें। **उत्तर** $x = 2, y = 3$

43. NCERT फोल्डर, प्रश्नावली 3.3, प्रश्न 1 की भाँति स्वयं हल करें। **उत्तर** $x = 14, y = 9$

44. **संकेत** माना पिता की आयु तथा दोनों बच्चों की आयु का योग क्रमशः x वर्ष तथा y वर्ष है।

प्रतिबन्ध I से $x = 3y$ ...(i)

प्रतिबन्ध II से $x + 5 = 2(y + 10)$ ...(ii)

समी (i) तथा (ii) को हल करने पर,

$$x = 45, y = 15$$

∴ पिता की आयु 45 वर्ष है।

45. **संकेत** आयत के गुण से,

$DC = AB \Rightarrow x + 3y = 13$ ...(i)

तथा $AD = BC \Rightarrow 3x + y = 7$ ...(ii)

समी (i) तथा (ii) को हल करने पर,

$$x = 1 \text{ तथा } y = 4$$

46. 90, 30

48. **संकेत** $3x - 2y = 10$ ...(i)

तथा $5x + y = 8$ ...(ii)

समी (i) तथा (ii) को हल करने पर हमें प्रतिच्छेद बिंदु प्राप्त होगा।

∴ प्रतिच्छेद बिंदु ≡ (2, − 2)

∵ $3x + ay = 8$ प्रतिच्छेद बिंदु से गुजरता है

∴ बिंदु (2, − 2) समीकरण $3x + ay = 8$ को संतुष्ट करेगा

∴ $3(2) + a(-2) = 8$

∴ $a = -1$

49. **संकेत** माना कक्षा A तथा कक्षा B में विद्यार्थियों की संख्या क्रमशः x तथा y हैं

$\therefore$ प्रश्नानुसार,

$$x - 10 = y + 10 \Rightarrow x - y = 20 \quad \ldots(i)$$

तथा $(x + 20) = 2(y - 20) \Rightarrow x - 2y = -60 \quad \ldots(ii)$

समी (i) तथा (ii) से, $x = 100, y = 80$

50. **संकेत** माना अभीष्ट संख्याएँ x और y हैं तब,

प्रश्नानुसार $\quad x + y = 108 \quad \ldots(i)$

तथा $\quad x - y = 8 \quad \ldots(ii)$

समी (i) तथा (ii) को हल करने पर, $x = 58, y = 50$

उत्तर अभीष्ट संख्याएँ 58 तथा 50 हैं।

51. 6 वर्ग इकाई

52. **संकेत** (0, 0), (0, 3), (− 2, 0) तथा क्षेत्रफल = 6 वर्ग इकाई

53. (i) **संकेत** कोई हल नहीं होने के लिए

$$\frac{a_1}{a_2} = \frac{b_1}{b_2} \neq \frac{c_1}{c_2}$$

$$\Rightarrow \quad \frac{\lambda}{1} = \frac{1}{\lambda} \neq \frac{\lambda^2}{1} \quad \ldots(i)$$

$$\Rightarrow \quad \lambda = 1, -1$$

$\because \lambda = 1$ समी (i) को संतुष्ट नहीं करता है

$\therefore \lambda = -1$ अभीष्ट मान होगा।

(ii) **संकेत** अपरिमित रूप से अनन्त हल के लिए

$$\frac{a_1}{a_2} = \frac{b_1}{b_2} = \frac{c_1}{c_2} \Rightarrow \frac{\lambda}{1} = \frac{1}{\lambda} = \frac{\lambda^2}{1}$$

$\lambda = 0, 1$

लेकिन $\lambda \neq 0$

$\therefore \quad \lambda = 1$

(iii) **संकेत** अद्वितीय हल के लिए

$$\frac{a_1}{a_2} \neq \frac{b_1}{b_2} \Rightarrow \frac{\lambda}{1} \neq \frac{1}{\lambda} \Rightarrow \lambda^2 \neq 1$$

$\therefore \quad \lambda \neq \pm 1$

अतः λ के सभी वास्तविक मानों के लिए ±1 के अतिरिक्त के लिए दिए गए युग्म का अद्वितीय हल है।

54. **संकेत** अनुपातों $\frac{a_1}{a_2}, \frac{b_1}{b_2}, \frac{c_1}{c_2}$ की तुलना कीजिए तथा बीजीय विधि से हल ज्ञात कीजिए। **उत्तर** $x = -1, y = 3$

55. $x = a^2, y = b^2$

56. $x = \frac{a}{a^2 + b^2}, y = \frac{b}{a^2 + b^2}$

57. एक कुर्सी की कीमत = ₹ 2000 तथा एक मेज की कीमत = ₹ 550

58. **संकेत** दिए गए समीकरण निम्न हैं

$$3x - y = 3 \quad \ldots(i)$$

$$2x - 3y = 2 \quad \ldots(ii)$$

तथा $\quad x + 2y = 8 \quad \ldots(iii)$

माना रेखा (i), (ii) तथा (iii), ΔABC के क्रमशः भुजा AB, BC तथा CA को निरूपित करते हैं।

समी (i) और (ii) को हल करने पर, हमें शीर्ष B के निर्देशांक प्राप्त होते हैं।

$\therefore B$ का निर्देशांक $\equiv (1, 0)$

समी (ii) तथा (iii) को हल करने पर, C के निर्देशांक प्राप्त होते हैं।

$\therefore C$ का निर्देशांक $\equiv (4, 2)$

समी (i) तथा (iii) को हल करने पर A के निर्देशांक प्राप्त होते हैं।

$\therefore A$ का निर्देशांक $\equiv (2, 3)$

59. **संकेत** दी गई समीकरण $2x + y = 6$ और $2x - y + 2 = 0$

समीकरण $2x + y = 6$ या $y = 6 - 2x$ के लिए तालिका

x	0	1	3
$y = 6 - 2x$	6	4	0
बिंदु	$B(0, 6)$	$E(1, 4)$	$A(3, 0)$

ग्राफ पेपर पर सभी बिंदुओं को अंकित करके इन्हें आपस में मिलाकर रेखा AB प्राप्त कीजिए।

समीकरण $2x - y + 2 = 0$ या $y = 2x + 2$ के लिए तालिका

x	0	−1	1
$y = 2x - 2$	2	0	4
बिंदु	$D(0, 2)$	$C(-1, 0)$	$E(1, 4)$

अब ग्राफ पेपर पर सभी बिंदुओं को अंकित करके इन्हें आपस में मिलाकर रेखा CE प्राप्त कीजिए।

तब, ΔACE का क्षेत्रफल $= \frac{1}{2} \times AC \times PE$

$$= \frac{1}{2} \times 4 \times 4 = 8 \text{ वर्ग इकाई}$$

तथा ΔBDE का क्षेत्रफल $= \frac{1}{2} \times BD \times QE = \frac{1}{2} \times 4 \times 1$

$= 2$ वर्ग इकाई

अतः ΔACE और ΔBDE के क्षेत्रफल का अनुपात = 4 : 1

60. **संकेत** प्रश्नानुसार,

$$x + 30 = 2(y - 30)$$

$$\Rightarrow \quad x + 30 = 2y - 60$$

$$\Rightarrow \quad x - 2y = -90 \quad \ldots(i)$$

तथा $\quad y + 10 = 3(x - 10)$

$$\Rightarrow \quad 10 + 30 = 3x - y$$

$$\Rightarrow \quad 3x - y = 40 \quad \ldots(ii)$$

समी (i) तथा (ii) को हल करने पर,

$$x = 34, y = 62$$

61. **संकेत** माना इकाई अंक x और दहाई अंक y हैं।

$\therefore$ मूल संख्या $= 10y + x$

संख्याओं को आपस में बदलने पर $= 10y + x$

प्रश्नानुसार, $(10y + x) + (10x + y) = 99$

$$\Rightarrow \quad x + y = 9 \quad \ldots(i)$$

पुनः प्रश्नानुसार, $y - x = 3$ (यदि $y > x$) $\quad \ldots(ii)$

तथा $x - y = 3$ (यदि $x > y$) $\quad \ldots(iii)$

समी (i), (ii) तथा (iii) से,

अभीष्ट संख्याएँ 63 और 36 होंगी।

62. **संकेत** दी गई रेखाएँ हैं $2ax - by = 2a^2 - b^2$ ...(i)
तथा $ax + 2by = a^2 + 2b^2$ ...(ii)
समी (i) को 2 से गुणा करके समी (ii) में से $y = b$ घटाने पर y का मान समी (i) में रखने पर $\Rightarrow x = a$
इसके पश्चात् समीकरण को संपाती रेखाओं के लिए सिद्ध कीजिए।

63. **संकेत** माना एक घोड़े का मूल्य = ₹ x
और एक गाय का मूल्य = ₹ y
प्रश्नानुसार, $4x + 9y = 1340$ ... (i)
तथा $4\left(\frac{10x}{100}\right) + 9\left(\frac{20y}{100}\right) = 188$
$\Rightarrow 4x + 18y = 1880$ ... (ii)
समी (i) तथा (ii) को हल करने पर, हमें प्राप्त हैं
$x = 200$ तथा $y = 60$
अतः एक घोड़े का मूल्य = ₹ 200
तथा एक गाय का मूल्य = ₹ 60

64. **संकेत** माना निश्चित किराया ₹ x और प्रत्येक अतिरिक्त मिनट के लिए किराया ₹ y है।
तब, प्रश्नानुसार, $x + (370 - 100)y = 433$
$\Rightarrow x + 270y = 433$ ... (i)
और $x + (300 - 100)y = 398$
$\Rightarrow x + 200y = 398$ ... (ii)
समी (i) तथा (ii) को हल करने पर, हमें प्राप्त हैं
$x = 298$ तथा $y = \frac{1}{2}$
∴ करीना द्वारा 400 मिनट के लिए दी गई राशि
$= 298 + (400 - 100) \times \frac{1}{2}$
$= 298 + \frac{300}{2} = 298 + 150 =$ ₹ 448

65. **संकेत** माना आयत की लंबाई और चौड़ाई क्रमशः x मी और y मी हैं।
प्रश्नानुसार, $xy - (x + 5)(y - 4) = 160$
$\Rightarrow 4x - 5y = 140$ ... (i)
और $xy - (x - 10)(y + 2) = 100$
$\Rightarrow x - 5y = -40$ ... (ii)
समी (i) तथा (ii) को घटाने पर हमें प्राप्त है,
$x = 60, \ y = 20$
अतः आयत की लंबाई 60 मी और चौड़ाई 20 मी हैं।

66. **संकेत** माना प्रथम श्रेणी का पूरा किराया = ₹ x
तब, आधा प्रथम श्रेणी का किराया = ₹ $\frac{x}{2}$
तथा प्रति टिकट आरक्षण का खर्चा = ₹ y
स्थिति I स्टेशन A से B तक जाने का किराया = ₹ 2530
प्रश्नानुसार, $x + y = 2530$ ...(i)
स्थिति II स्टेशन A से स्टेशन B तक एक आरक्षित प्रथम श्रेणी तथा मूल आरक्षित प्रथम श्रेणी का आधा टिकट का किराया = ₹ 3810
प्रश्नानुसार, $x + y + \frac{x}{2} + y = 3810$
$\Rightarrow 3x + 4y = 7620$ ...(ii)
समी (i) और (ii) से, हमें प्राप्त है
$x = 2500$ तथा $y = 30$

67. माना उन प्रश्नों की संख्या x है जिनके उत्तर वह जानता है तथा अनुमान से किए गए प्रश्नों की संख्या y है।
तब, $x + y = 120$ ...(i)
तथा $x - \frac{1}{4}y = 90 \Rightarrow 4x - y = 360$ ...(ii)
समी (i) तथा (ii) का योग करने पर,
$5x = 480 \Rightarrow x = \frac{480}{5} = 96$
समी (i) में $x = 96$ रखने पर,
$96 + y = 120 \Rightarrow y = 120 - 96 = 24$
(i) वह 96 प्रश्नों के सही उत्तर देता है।
(ii) वह 24 प्रश्नों में अनुमान लगाता है।
(iii) 120 प्रश्नों में 80 प्रश्नों का उत्तर सही तथा 40 प्रश्नों के उत्तर में अनुमान लगाता है।
तब, प्राप्त किए गए अंक $= 80 - 40$ का $\frac{1}{4} = 80 - \frac{1}{4} \times 40$
$= 80 - 10 = 70$
(iv) प्रश्नानुसार, $x - (120 - x)$ का $\frac{1}{4} = 95$
$\Rightarrow x - \frac{1}{4} \times (120 - x) = 95$
$\Rightarrow 4x - 120 + x = 380$
$\Rightarrow 5x = 500 \Rightarrow x = 100$
अतः 95 अंक प्राप्त करने के लिए उसे 100 प्रश्न सही करने होंगे।

68. (i) दी गई आकृति में हम देख सकते है कि दो कमरों का क्षेत्रफल $= 2(5x) = 10x$ मी^{2}
रसोई का क्षेत्रफल $= 5 \times y = 5y$ मी^{2}
प्रश्नानुसार,
दो कमरों तथा रसोई का क्षेत्रफल = 95 मी^{2}
∴ $10x + 5y = 95 \Rightarrow 2x + y = 19$ ...(i)
साथ ही, घर की लम्बाई = 15 सेमी
∴ $x + 2 + y = 15 \Rightarrow x + y = 13$ ... (ii)
अतः रैखिक समीकरण युग्म
$2x + y = 19$ तथा $x + y = 13$
(ii) प्रारूप में बाह्य दीवार की लम्बाई $= 2(l + b)$
$= 2(15 + 12) = 2(27)$
$= 54$ मी
(iii) समी (i) तथा (ii) को हल करने पर,
$x = 6$ तथा $y = 7$
∴ प्रत्येक कमरे का क्षेत्रफल $= 5 \times x = 5 \times 6 = 30$ मी^{2}
तथा रसोई का क्षेत्रफल $= 5 \times y = 5 \times 7 = 35$ मी^{2}
(iv) बैठक कक्ष का क्षेत्रफल $= 15 \times (5 + 2) -$ कमरे 2 का क्षेत्रफल
$= 15 \times 7 - 5 \times 6$
$= 105 - 30 = 75$ मी^{2}
(v) चूँकि, रसोई का क्षेत्रफल $= 5 \times y = 5 \times 7 = 35$ मी^{2}
परन्तु दिया है कि रसोई में टाइल लगाने की दर ₹ 50 प्रति मी^{2} है।
∴ रसोई में टाइल लगाने का खर्चा $= 35 \times 50$
$=$ ₹ 1750

अध्याय

04

द्विघात समीकरण

(Quadratic Equation)

पिछले अध्याय में हम बहुपद के विषय में पढ़ चुके हैं। इस अध्याय में, हम द्विघात समीकरण तथा उसके मूलों को ज्ञात करने के तरीकों का अध्ययन करेंगे। हम अपने वास्तविक जीवन की परिस्थितियों पर आधारित द्विघात समीकरण के कुछ अनुप्रयोगों की भी चर्चा करेंगे।

टॉपिक्स

- *द्विघात समीकरण व उसके हल*
- *गुणनखंड विधि द्वारा द्विघात समीकरण का हल*
- *द्विघाती सूत्र द्वारा द्विघात समीकरण का हल*
- *द्विघात समीकरण पर आधारित इबारती प्रश्न तथा उनके हल*

टॉपिक 1

द्विघात समीकरण व उसके हल

द्विघात समीकरण (Quadratic Equation)

चर x में द्विघात समीकरण $ax^2 + bx + c = 0$ के प्रकार की होती है जहाँ a, b तथा c वास्तविक संख्याएँ हैं तथा $a \neq 0$ है। जैसे- $x^2 - 5x + 20 = 0$, $-2x^2 + 1 + 300x = 0$, $x - 3x^2 + 7 = 0$ तथा $4x^2 - 3x = 0$ आदि द्विघात समीकरण के उदाहरण हैं।

किसी द्विघात समीकरण $p(x) = 0$ के पदों को घातों के घटते क्रम में लिखने पर प्राप्त समीकरण द्विघात समीकरण का **मानक रूप** कहलाता है अर्थात् समीकरण $ax^2 + bx + c = 0$, चर x में द्विघात समीकरण का मानक रूप है।

जैसे— $x^2 + 7x + 12 = 0$, $4x^2 - x + 6 = 0$, $3x^2 + 2x - 4 = 0$ आदि द्विघात समीकरण के मानक रूप हैं जबकि $x^2 - 5 + 2x = 0$, $3x + 4x^2 - 2 = 0$ अपने मानक रूप में नही हैं।

द्विघात समीकरण की जाँच करने की विधि

यदि दी गई समीकरण $ax^2 + bx + c = 0$, $a \neq 0$ के रूप में है अर्थात् x की अधिकतम घात 2 है तथा x^2 का गुणांक (a) अशून्य है, तब दी गई समीकरण द्विघात समीकरण होती है।

उदाहरण 1 जाँच कीजिए कि निम्न द्विघात समीकरण हैं या नहीं

(i) $(x-1)(x+2)=(x-3)(x+1)$ (ii) $(x+1)^2=2(x-3)$

हल (i) दी गई समीकरण, $(x-1)(x+2)=(x-3)(x+1)$

यहाँ, बाएँ पक्ष में $(x-1)$ तथा $(x+2)$ गुणा में हैं व दाएँ पक्ष में $(x-3)$ तथा $(x+1)$ भी गुणा में हैं, इसलिए सबसे पहले हम इनका सरलीकरण करते हैं।

बायाँ पक्ष $=(x-1)(x+2)=x^2+2x-x-2$

$=x^2+x-2$

दायाँ पक्ष $=(x-3)(x+1)=x^2+x-3x-3$

$=x^2-2x-3$

तब, दी गई समीकरण निम्न है

$$x^2+x-2=x^2-2x-3$$

$\Rightarrow \quad x^2-x^2+x+2x-2+3=0$ [पक्षांतरण करने पर]

$\Rightarrow \quad 3x+1=0$

यह $ax^2+bx+c=0, a\neq 0$ के प्रकार का समीकरण नहीं है क्योंकि यहाँ $a=0$ तथा यह घात 1 का समीकरण है, अतः दिया गया समीकरण द्विघात समीकरण को निरूपित नहीं करता है।

(ii) दी गई समीकरण, $(x+1)^2=2(x-3)$

$\Rightarrow \quad x^2+2x+1=2x-6$ $[\because (a+b)^2=a^2+2ab+b^2]$

$\Rightarrow x^2+2x+1-2x+6=0$ [पक्षांतरण करने पर]

$\Rightarrow \quad x^2+0x+7=0$ ...(i)

यह $ax^2+bx+c=0, a\neq 0$ के प्रकार की समीकरण है। अतः दिया गया समीकरण द्विघात समीकरण को निरूपित करता है।

***नोट** ऊपर दिए गए उदाहरण में, दिया गया समीकरण द्विघात समीकरण जैसा प्रतीत होता है, लेकिन वह द्विघात समीकरण नहीं है। इसलिए दिया गया समीकरण द्विघात है या नहीं इसका निर्णय लेने से पहले दिये गए समीकरण को सरल करें।*

द्विघात समीकरण के मूल या हल

(Solutions or Roots of a Quadratic Equation)

चर के वे सभी मान, जो दिए गए द्विघात समीकरण को संतुष्ट करते हैं, द्विघात समीकरण के मूल या हल कहलाते हैं।

व्यापक रूप में, एक वास्तविक संख्या α द्विघात समीकरण $ax^2+bx+c=0$, $a\neq 0$ का एक मूल कहलाती है, यदि $a\alpha^2+b\alpha+c=0$ हो। प्रत्येक द्विघात समीकरण के अधिक-से-अधिक दो भिन्न वास्तविक मूल हो सकते हैं।

***नोट** द्विघात बहुपद के शून्यक तथा द्विघात समीकरण के मूल समान होते हैं।*

चर राशि का मान द्विघात समीकरण का हल/मूल है या नहीं, जाँच करने की विधि

माना दिया गया द्विघात समीकरण $p(x)$ है तथा $x=\alpha$, x का दिया गया मान है $x=\alpha$ दिए गए समीकरण का हल है या नहीं, यह ज्ञात करने के लिए निम्नलिखित चरणों का प्रयोग करते हैं।

चरण I दिए गए समीकरण को $p(x)=0$ के रूप में (मानक रूप में) लिखिए (यदि इस रूप में नहीं है)।

चरण II अब, $p(x)$ में, $x=\alpha$ रखने पर यदि $p(\alpha)=0$ तब $x=\alpha$ दिए गए समीकरण का हल है अन्यथा नहीं है।

उदाहरण 2 जाँच कीजिए कि $x=\frac{-1}{2}, x=\frac{1}{3}$ दी गई द्विघात समीकरण $6x^2-x-2=0$ के हल हैं या नहीं।

हल (ii) दिया गया समीकरण $p(x)=0$ के रूप का है।

जहाँ, $\quad p(x)=6x^2-x-2$ ...(i)

समी (i) में $x=\frac{-1}{2}$ रखने पर,

$$p\left(\frac{-1}{2}\right)=6\left(\frac{-1}{2}\right)^2-\left(\frac{-1}{2}\right)-2$$

$$=\frac{6}{4}+\frac{1}{2}-2=\frac{6+2-8}{4}=\frac{8-8}{4}$$

$\Rightarrow \quad p\left(\frac{-1}{2}\right)=0$

अतः $x=\frac{-1}{2}$, दी गई द्विघात समीकरण का एक हल है।

अब, समी (i) में $x=\frac{1}{3}$ रखने पर,

$$p\left(\frac{1}{3}\right)=6\left(\frac{1}{3}\right)^2-\left(\frac{1}{3}\right)-2=6\times\frac{1}{9}-\frac{1}{3}-2$$

$$=\frac{6}{9}-\frac{1}{3}-2=\frac{6-3-18}{9}=\frac{-15}{9}$$

$\Rightarrow \quad p\left(\frac{1}{3}\right)\neq 0$

अतः $x=\frac{1}{3}$ दी गई द्विघात समीकरण का हल नहीं है।

द्विघात समीकरण में उपस्थित अज्ञात अचर राशि का मान ज्ञात करना, जब समीकरण का मूल ज्ञात हो

कभी-कभी किसी द्विघात समीकरण में कोई राशि अज्ञात रहती है तथा द्विघात समीकरण का मूल दिया होता है, तब उस ज्ञात मूल को दी हुई समीकरण में चर के स्थान पर रखकर समीकरण को हल करके उस अज्ञात राशि का मान ज्ञात करते हैं। इसी प्रकार, कभी-कभी किसी द्विघात समीकरण में कोई दो राशि अज्ञात रहती हैं तथा द्विघात समीकरण के दोनों मूल दिए होते हैं, तब उन ज्ञात मूलों को दी गई समीकरण में चर के स्थान पर बारी-बारी रखकर दो अज्ञात राशि वाले दो रैखिक समीकरण ज्ञात करते हैं। इन समीकरणों को हल करके उन अज्ञात राशियों का मान ज्ञात करते हैं।

उदाहरण 3 निम्नलिखित प्रत्येक समीकरण में, k का मान ज्ञात कीजिए जिसके लिए दिया गया मान समीकरण का एक हल है

(i) $kx^2+2x-3=0, x=2$ (ii) $x^2+2ax-k=0, x=-a$

हल (i) दी गई समीकरण $kx^2+2x-3=0$ है तथा $x=2$ समीकरण का एक मूल है।

अतः $x=2$ समीकरण को संतुष्ट करेगा।

$x=2$ दी गई समीकरण में रखने पर,

$k(2)^2+2(2)-3=0 \Rightarrow 4k+4-3=0 \Rightarrow 4k=-1$

$\Rightarrow \quad k=-\frac{1}{4}$

अतः दी गई समीकरण में अज्ञात राशि k का मान $-\frac{1}{4}$ है।

(ii) यहाँ, $x=-a$ दिए गए समीकरण का एक हल है, अतः यह दिए गए समीकरण को संतुष्ट करेगा।

दिए गए समीकरण में, $x = -a$ रखने पर,

$$(-a)^2 + 2a(-a) - k = 0$$
$$\Rightarrow a^2 - 2a^2 - k = 0$$
$$\Rightarrow -a^2 - k = 0$$
$$\Rightarrow k = -a^2$$

अत: दी गई अज्ञात राशि k का मान $-a^2$ है।

उदाहरण 4 यदि समीकरण $ax^2 - 15x + 2b = 0$ के मूल $x = 2$ और $x = 3$ हों, तो a और b के मान ज्ञात कीजिए।

हल दी गई समीकरण $ax^2 - 15x + 2b = 0$ है।

$\because x = 2$ समीकरण का एक मूल है।

$\therefore x = 2$ दी गई समीकरण में रखने पर,

$$a(2)^2 - 15(2) + 2b = 0$$
$$\Rightarrow 4a - 30 + 2b = 0$$
$$\Rightarrow 4a + 2b = 30 \quad \ldots(i)$$

पुन: $x = 3$ भी समीकरण का एक मूल है।

$\therefore x = 3$ दी गई समीकरण में रखने पर,

$$a(3)^2 - 15(3) + 2b = 0$$
$$\Rightarrow 9a - 45 + 2b = 0$$
$$\Rightarrow 9a + 2b = 45 \quad \ldots(ii)$$

समी (ii) में से समी (i) को घटाने पर,

$$5a = 15 \Rightarrow a = 3$$

a का मान समी (i) में रखने पर,

$$4(3) + 2b = 30 \Rightarrow 12 + 2b = 30$$
$$\Rightarrow 2b = 30 - 12 = 18 \Rightarrow b = 9$$

अत: $a = 3$ तथा $b = 9$

प्रश्नावली 4.1

1. जाँच कीजिए कि क्या निम्नलिखित समीकरण द्विघात समीकरण हैं या नहीं?

(i) $x + \frac{3}{x} = x^2$ (ii) $2x^2 - 5x = x^2 - 2x + 3$

(iii) $x^2 - \frac{1}{x^2} = 5$ (iv) $x^2 - 3x - \sqrt{x} + 4 = 0$

(v) $x(2x+3) = (x+2)$ (vi) $(x-2)^2 + 1 = 2x - 3$

(vii) $y(8y+5) = y^2 + 3$ (viii) $y(2y+15) = 2(y^2 + y + 8)$

(ix) $(x+2)(x-2) = (x+3)(x+4)$

(x) $(2x-1)^2 - 4x^2 + 5 = 0$

(xi) $\frac{16}{x} - 1 = \frac{15}{x+1}$

(xii) $\frac{1}{(x-1)(x-2)} + \frac{1}{(x-2)(x-3)} = \frac{2}{3}$

2. क्या $\sqrt{2}x^2 + 7x + 5\sqrt{2} = 0$ एक द्विघात समीकरण है? यदि हाँ, तो कारण बताएँ।

3. क्या $x = -2$, समीकरण $x^2 - 2x + 8 = 0$ का हल है? **[CBSE 2008]**

4. सिद्ध कीजिए कि $x = -3$, समीकरण $x^2 + 6x + 9 = 0$ का हल है।

5. निम्नलिखित में कौन समीकरण $2x^2 - 5x - 3 = 0$ का हल है?

(i) $x = 3$ (ii) $x = 4$

(iii) $x = -\frac{1}{2}$ (iv) $x = -1$

(v) $x = 2/3$ (vi) $x = 2$

6. निम्नलिखित में कौन समीकरण $3x^2 + 2x - 1 = 0$ का मूल है?

(i) $x = -1$ (ii) $x = \frac{1}{3}$ (iii) $x = \frac{-1}{2}$

(iv) $x = 2$ (v) $x = 3$ (vi) $x = \frac{1}{2}$

7. निम्नलिखित प्रत्येक समीकरण में ज्ञात कीजिए कि x का दिया गया मान दिए गए समीकरण का हल है या नहीं।

(i) $x^2 - x + 1 = 0$; $x = 1, x = -1$

(ii) $x^2 + \sqrt{2}x - 4 = 0$; $x = \sqrt{2}, x = -2\sqrt{2}$

(iii) $2x^2 - x + 9 = x^2 + 4x + 3$; $x = 2, x = 3$

(iv) $\sqrt{5}x^2 - 8x + 3\sqrt{5} = 0$; $x = \sqrt{5}, x = \frac{3}{\sqrt{5}}$

(v) $\frac{2x}{x-3} + \frac{1}{2x+3} + \frac{3x+9}{(x-3)(2x+3)} = 0$; $x = 3, x = -1$

(vi) $\frac{4}{x} - 3 = \frac{5}{2x+3}$; $x = 1, x = -2$

(vii) $\sqrt{x+4} = x - 1$, $x = 3, x = 1$

(viii) $x^2 + (\sqrt{5}+1)x + \sqrt{5} = 0$, $x = 1, x = -\sqrt{5}$

8. निम्नलिखित प्रत्येक समीकरण में अज्ञात राशि का मान ज्ञात कीजिए जिसके लिए x का/के मान दिए गए समीकरण का/के हल हैं।

(i) $x^2 - k^2 = 0$, $x = 0.3$

(ii) $3x^2 + 2ax - 3 = 0$; $x = \frac{-1}{2}$

(iii) $7x^2 + kx - 3 = 0$; $x = \frac{2}{3}$

(iv) $kx^2 + \sqrt{2}x - 4 = 0$; $x = \sqrt{2}$

(v) $ax^2 + bx + 1 = 0$; $x = 1, x = 2$

(vi) $ax^2 + bx - 6 = 0$; $x = \frac{3}{4}, x = -2$

(vii) $5x^2 + px + q = 0$; $x = -2, x = -\frac{1}{5}$

(viii) $kx^2 + tx + 1 = 0$; $x = 0.2, x = 0.1$

9. यदि $(x+a)$, समीकरण $2x^2 + 2ax + 5x + 10 = 0$ का एक गुणनखंड है, तब a का मान ज्ञात कीजिए। **[CBSE 2008]**

संकेत एवं हल

1. **संकेत** उदाहरण 1 की भाँति स्वयं हल करें। **उत्तर** (i) नहीं (ii) हाँ (iii) नहीं (iv) नहीं (v) हाँ (vi) हाँ (vii) हाँ (viii) नहीं (ix) नहीं (x) नहीं (xi) हाँ (xii) नहीं
2. **संकेत** उदाहरण 1 की भाँति स्वयं हल करें। **उत्तर** हाँ, क्योंकि घात 2 है।
3. **संकेत** उदाहरण 2 की भाँति स्वयं हल करें। **उत्तर** नहीं
4. **संकेत** उदाहरण 2 की भाँति स्वयं हल करें।
5. **संकेत** उदाहरण 2 की भाँति स्वयं हल करें। **उत्तर** (i) तथा (iii)
6. **संकेत** उदाहरण 2 की भाँति स्वयं हल करें। **उत्तर** (i) तथा (iii)
7. **संकेत** उदाहरण 2 की भाँति स्वयं हल करें।

उत्तर (i) 1 और -1 दोनों दिए गए समीकरण के हल नहीं हैं।

(ii) $\sqrt{2}$ और $-2\sqrt{2}$ दोनों दिए गए समीकरण के हल हैं।

(iii) 2 और 3 दोनों दिए गए समीकरण के हल हैं।

(iv) $\sqrt{5}$ और $\dfrac{3}{\sqrt{5}}$ दोनों दिए गए समीकरण के हल हैं।

(v) केवल -1 दिए गए समीकरण का हल है।

(vi) -2 और 1 दोनों दिए गए समीकरण के हल हैं।

(vii) 1 और 3 दोनों दिए गए समीकरण के हल नहीं हैं।

(viii) केवल $-\sqrt{5}$ दिए गए समीकरण का हल है।

8\. (i) **संकेत** उदाहरण 3 की भाँति स्वयं हल करें। **उत्तर** $k = -0.3$ या 0.3

(ii) **संकेत** उदाहरण 3 की भाँति स्वयं हल करें। **उत्तर** $a = \dfrac{-9}{4}$

(iii) **संकेत** उदाहरण 3 की भाँति स्वयं हल करें। **उत्तर** $k = -\dfrac{1}{6}$

(iv) **संकेत** उदाहरण 3 की भाँति स्वयं हल करें। **उत्तर** $k = 1$

(v) **संकेत** उदाहरण 4 की भाँति स्वयं हल करें। **उत्तर** $a = \dfrac{1}{2}, b = \dfrac{-3}{2}$

(vi) **संकेत** उदाहरण 4 की भाँति स्वयं हल करें। **उत्तर** $a = 4, b = 5$

(vii) **संकेत** उदाहरण 4 की भाँति स्वयं हल करें। **उत्तर** $p = 11, q = 2$

(viii) **संकेत** उदाहरण 4 की भाँति स्वयं हल करें। **उत्तर** $k = 50, t = -15$

9\. **संकेत** यदि $(x + a)$ समीकरण $2x^2 + 2ax + 5x + 10 = 0$ का एक गुणनखंड है, तो $x = -a$ दिए गए समीकरण को संतुष्ट करेगा। अब उदाहरण 3 की भाँति स्वयं हल करें। **उत्तर** $a = 2$

टॉपिक 2

गुणनखंड विधि द्वारा द्विघात समीकरण का हल

एक द्विघात समीकरण को तीन विधियों से हल किया जा सकता है- गुणनखंड विधि द्वारा, पूर्ण वर्ग बनाकर तथा द्विघाती सूत्र (श्रीधराचार्य सूत्र) द्वारा

इस टॉपिक में, हम द्विघात समीकरण का हल गुणनखंड विधि द्वारा करना सीखेंगे।

गुणनखंड विधि द्वारा हल ज्ञात करने के लिए निम्न चरणों का प्रयोग करते हैं

चरण I सर्वप्रथम, दी गई द्विघात समीकरण को मानक रूप अर्थात् $ax^2 + bx + c = 0$ के रूप में लिखते हैं (यदि मानक रूप में नहीं है) और a, b, c के मान ज्ञात करते हैं।

चरण II a तथा c की गुणा करने पर प्राप्त गुणनफल ac के गुणनखंडों का ऐसा युग्म p, q (माना) ज्ञात करते हैं जिनका योग b के बराबर हो अर्थात् $p + q = b$ और $pq = ac$

चरण III मध्य पद bx के स्थान पर $px + qx$ रखकर गुणनखंड ज्ञात करते हैं।

चरण IV अब, प्रत्येक गुणनखंड को शून्य के बराबर रखते हैं तथा x का मान ज्ञात करते हैं।

x के ये मान ही दी गई द्विघात समीकरण के अभीष्ट मूल हैं।

इस विधि को निम्नलिखित उदाहरणों द्वारा सरलतापूर्वक समझा जा सकता है।

उदाहरण 1 दी गई द्विघात समीकरण $x^2 + 5x + 6 = 0$ के गुणनखंड विधि द्वारा मूल ज्ञात कीजिए।

हल दी गई द्विघात समीकरण, $x^2 + 5x + 6 = 0$ की तुलना मानक द्विघात समीकरण $ax^2 + bx + c = 0$ से करने पर,

$$a = 1,\ b = 5 \text{ तथा } c = 6$$

अब, $a \times c = 1 \times 6 = 6$

यहाँ, 6 के संभव गुणनखंड युग्म 1 और 6, 2 और 3 हैं।

$\because \quad 2 + 3 = 5 = b$

$\therefore$ मध्य पद $5x$ के स्थान पर $2x + 3x$ रखते हैं। तब,

$$x^2 + 5x + 6 = 0$$

$$\Rightarrow \quad x^2 + 2x + 3x + 6 = 0$$

$$\Rightarrow \quad x(x + 2) + 3(x + 2) = 0$$

$$\Rightarrow \quad (x + 2)(x + 3) = 0$$

अब, यदि $x + 2 = 0$, तब $x = -2$

और यदि $x + 3 = 0$, तब $x = -3$

अतः दी गई द्विघात समीकरण के अभीष्ट मूल -2 तथा -3 हैं।

उदाहरण 2 निम्नलिखित द्विघात समीकरणों को गुणनखंड विधि से हल कीजिए।

(i) $x^2-14x+24=0$ (ii) $4\sqrt{5}x^2+7x-3\sqrt{5}=0$ **[CBSE 2013]**

हल (i) दी गई द्विघात समीकरण $x^2-14x+24=0$ की तुलना मानक द्विघात समीकरण $ax^2+bx+c=0$ से करने पर,

$a=1,\ b=-14$ तथा $c=24$

यहाँ, $ac=1\times 24=24$

अतः गुणनखंड 12 और 2 है

$\therefore\quad x^2-(12+2)x+24=0$

$\Rightarrow\quad x^2-12x-2x+24=0$

$\Rightarrow\quad x(x-12)-2(x-12)=0$

$\Rightarrow\quad (x-2)(x-12)=0$

$\Rightarrow\quad x-2=0$ या $x-12=0$

$\Rightarrow\quad x=2$ या $x=12$

अतः समीकरण $x^2-14x+24=0$ के मूल 2 और 12 हैं।

(ii) दी गई द्विघात समीकरण $4\sqrt{5}x^2+7x-3\sqrt{5}=0$ की तुलना मानक द्विघात समीकरण $ax^2+bx+c=0$ से करने पर,

$a=4\sqrt{5},\ b=7$ तथा $c=-3\sqrt{5}$

अब, $ac=4\sqrt{5}\times(-3\sqrt{5})=-60$

यहाँ, −60 का अभीष्ट गुणनखंड युग्म 12, −5 है। $[\because 12+(-5)=7]$

$\therefore\quad 4\sqrt{5}x^2+7x-3\sqrt{5}=0$

$\Rightarrow\quad 4\sqrt{5}x^2+(12-5)x-3\sqrt{5}=0$

$\Rightarrow\quad 4\sqrt{5}x^2+12x-5x-3\sqrt{5}=0$

$\Rightarrow\quad 4\sqrt{5}x^2+12x-\sqrt{5}\cdot\sqrt{5}x-3\sqrt{5}=0\quad[\because 5=\sqrt{5}\cdot\sqrt{5}]$

$\Rightarrow\quad 4x(\sqrt{5}x+3)-\sqrt{5}(\sqrt{5}x+3)=0$

$\Rightarrow\quad (\sqrt{5}x+3)(4x-\sqrt{5})=0$

यदि $\sqrt{5}x+3=0$, तब $\sqrt{5}x=-3$

$\Rightarrow\quad x=\dfrac{-3}{\sqrt{5}}$

यदि $4x-\sqrt{5}=0$, तब $4x=\sqrt{5}\Rightarrow x=\dfrac{\sqrt{5}}{4}$

अतः दी गई द्विघात समीकरण के अभीष्ट हल $\dfrac{-3}{\sqrt{5}}$ तथा $\dfrac{\sqrt{5}}{4}$ हैं।

उदाहरण 3 समीकरण $\dfrac{x-1}{x-2}+\dfrac{x-3}{x-4}=3\dfrac{1}{3}$ को गुणनखंड विधि से हल कीजिए। **[CBSE 2005]**

हल दिया है, $\dfrac{x-1}{x-2}+\dfrac{x-3}{x-4}=3\dfrac{1}{3}$

$\Rightarrow\quad \dfrac{(x-1)(x-4)+(x-3)(x-2)}{(x-2)(x-4)}=\dfrac{10}{3}$

$\Rightarrow\quad \dfrac{x^2-4x-x+4+x^2-2x-3x+6}{x^2-4x-2x+8}=\dfrac{10}{3}$

$\Rightarrow\quad \dfrac{2x^2-10x+10}{x^2-6x+8}=\dfrac{10}{3}\Rightarrow\dfrac{2(x^2-5x+5)}{x^2-6x+8}=\dfrac{10}{3}$

$\Rightarrow\quad 3(x^2-5x+5)=5(x^2-6x+8)$

[दोनों पक्षों में 2 से भाग देने तथा वज्रगुणन करने पर]

$\Rightarrow\quad 3x^2-15x+15=5x^2-30x+40$

$\Rightarrow\quad 5x^2-30x+40-3x^2+15x-15=0$

$\Rightarrow\quad 2x^2-15x+25=0$

$\Rightarrow\quad 2x^2-10x-5x+25=0$ [गुणनखंड द्वारा]

$\Rightarrow\quad 2x(x-5)-5(x-5)=0$

$\Rightarrow\quad (x-5)(2x-5)=0\Rightarrow x-5=0$ या $2x-5=0$

$\Rightarrow\quad x=5$ या $x=\dfrac{5}{2}$

अतः दिए गए द्विघात समीकरण के मूल 5 और $\dfrac{5}{2}$ हैं।

उदाहरण 4 x के लिए हल कीजिए $\dfrac{1}{x+4}-\dfrac{1}{x-7}=\dfrac{11}{30},\ x\neq-4,7$

हल दिया है, $\dfrac{1}{x+4}-\dfrac{1}{x-7}=\dfrac{11}{30}$

$\Rightarrow\quad \dfrac{x-7-x-4}{(x+4)(x-7)}=\dfrac{11}{30}\Rightarrow\dfrac{-11}{(x+4)(x-7)}=\dfrac{11}{30}$

$\Rightarrow\quad (x+4)(x-7)=-30\Rightarrow x^2-7x+4x-28=-30$

$\Rightarrow\quad x^2-3x-28+30=0\Rightarrow x^2-3x+2=0$

$\Rightarrow\quad x^2-2x-x+2=0\Rightarrow x(x-2)-1(x-2)=0$

$\Rightarrow\quad (x-2)(x-1)=0\Rightarrow x=1,2$

प्रश्नावली 4.2

निर्देश (प्र. सं. 1-21) निम्नलिखित में प्रत्येक समीकरण को गुणनखंड विधि द्वारा हल कीजिए।

1. $t^2+3t-10=0$ **2.** $x^2-10x+21=0$

3. $8x^2-22x-21=0$ **4.** $15y^2=41y-14$

5. $6x^2+40=31x$ **6.** $21x^2-2x+\dfrac{1}{21}=0$

7. $3x^2-2\sqrt{6}x+2=0$ **[CBSE 2023 (Basic)]**

8. $x^2-(\sqrt{2}+1)x+\sqrt{2}=0$

9. $\sqrt{3}x^2+11x+6\sqrt{3}=0$ **10.** $4\sqrt{5}x^2+3x-2\sqrt{5}=0$

11. $\sqrt{3}x^2-2\sqrt{2}x-2\sqrt{3}=0$ **[CBSE 2014]**

12. $5x+\dfrac{1}{x}=6\ ;\ x\neq 0$ **13.** $\dfrac{1}{x-3}-\dfrac{1}{x+5}=\dfrac{1}{6}\ ;\ x\neq 3,-5$

14. $\dfrac{2x}{x-3}+\dfrac{1}{2x+3}+\dfrac{3x+9}{(x-3)(2x+3)}=0,\ x\neq 3,\dfrac{-3}{2}$

15. $\dfrac{21}{x^2}-\dfrac{29}{x}-10=0\ ;\ x\neq 0$

16. $\dfrac{x+1}{x-1}-\dfrac{x-1}{x+1}=\dfrac{5}{6}\ ;\ x\neq -1,1$

17. $\dfrac{2x}{x-4}+\dfrac{2x-5}{x-3}=\dfrac{25}{3}\ ;\ x\neq 4,3$

18. $\frac{2}{x^2}-\frac{5}{x}+2=0$ **[CBSE 2013]**

19. $\frac{x+3}{x+2}=\frac{3x-7}{2x-3}$

20. $2\left(\frac{x+2}{2x-3}\right)-9\left(\frac{2x-3}{x+2}\right)=3$

21. $2\left(\frac{2x-1}{x+3}\right)-3\left(\frac{x+3}{2x-1}\right)=5$

निर्देश (प्र. सं. 22-25) x के लिए हल कीजिए।

22. $\frac{p}{x-q}+\frac{q}{x-p}=2\,;x\neq p, q$

23. $x^2+5x-(a^2+a-6)=0$ **[CBSE 2015]**

24. $6a^2x^2-7abx-3b^2=0$, $a\neq 0$

25. $4x^2-4a^2x+(a^4-b^4)=0$ **[CBSE 2015]**

संकेत एवं हल

1. **संकेत** चूँकि c ऋणात्मक है, इसलिए 10 के ऐसे गुणनखंड ज्ञात कीजिए जिनका अंतर 3 हो। **उत्तर** –5, 2

2. उदाहरण 1 की भाँति स्वयं हल करें। **उत्तर** 3, 7

3. उदाहरण 2 की भाँति स्वयं हल करें। **उत्तर** $\frac{7}{2}, \frac{-3}{4}$

4. उदाहरण 2 की भाँति स्वयं हल करें। **उत्तर** $\frac{7}{3}, \frac{2}{5}$

5. उदाहरण 2 की भाँति स्वयं हल करें। **उत्तर** $\frac{8}{3}, \frac{5}{2}$

6. **संकेत** समीकरण के दोनों पक्षों में 21 से गुणा करें, तब उदाहरण 2 की भॉति स्वयं हल करें। **उत्तर** $\frac{1}{21}, \frac{1}{21}$

7. **संकेत** $ac=-6$, $\sqrt{6}$ और $\sqrt{6}$ गुणनखंड के रूप में लें। **उत्तर** $\frac{\sqrt{2}}{\sqrt{3}}, \frac{\sqrt{2}}{\sqrt{3}}$

8. **संकेत** सर्वप्रथम सरल करें तथा उसके बाद उभयनिष्ठ लें। **उत्तर** $\sqrt{2}$, 1

9. **संकेत** $ac=(\sqrt{3})(6\sqrt{3})=18$, ऐसे गुणनखंड लें जिनका योग 11 हो तथा गुणनफल 18 हो। **उत्तर** $-3\sqrt{3}, \frac{-2\sqrt{3}}{3}$

10. उदाहरण 2 की भाँति स्वयं हल करें। **उत्तर** $\frac{-2}{\sqrt{5}}, \frac{\sqrt{5}}{4}$

11. उदाहरण 2 की भाँति स्वयं हल करें। **उत्तर** $\frac{-\sqrt{2}}{\sqrt{3}}, \sqrt{6}$

12. **संकेत** समीकरण को x से गुणा करें तब अभीष्ट समीकरण $5x^2-6x+1=0$ है। **उत्तर** 1, $\frac{1}{5}$

13. **संकेत** द्विघात समीकरण बनाने के लिए पहले हर का ल.स.(LCM) लें उसके बाद वज्रगुणन करें। तब प्राप्त समीकरण $x^2+2x-63=0$ है।
उत्तर –9, 7

14. उदाहरण 3 की भाँति स्वयं हल करें। **उत्तर** –1

15. **संकेत** समीकरण को x^2 से गुणा करें। तब अभीष्ट समीकरण $10x^2+29x-21=0$ है। **उत्तर** $\frac{-7}{2}, \frac{3}{5}$

16. उदाहरण 3 की भाँति स्वयं हल करें। **उत्तर** 5, $\frac{-1}{5}$

17. उदाहरण 3 की भाँति स्वयं हल करें। **उत्तर** 6, $\frac{40}{13}$

18. प्रश्न 15 की भाँति स्वयं हल करें। **उत्तर** 2, $\frac{1}{2}$

19. **संकेत** वज्रगुणन करें, उसके बाद सरल करें। अभीष्ट समीकरण $x^2-4x-5=0$ होगा।
उत्तर 5, 1

20. **संकेत** माना $\frac{x+2}{2x-3}=y$

तब, दी गई समीकरण निम्न है

$$2y-\frac{9}{y}=3$$

$$\Rightarrow \quad 2y^2-3y-9=0$$

$$\Rightarrow \quad y=3 \text{ या } 2y=-3$$

अब, $y=3 \Rightarrow \frac{x+2}{2x-3}=3 \Rightarrow x=11/5$

तथा $2y=-3$

$$\Rightarrow \frac{2(x+2)}{2x-3}=-3 \Rightarrow x=5/8$$

उत्तर $\frac{11}{5}, \frac{5}{8}$

21. प्रश्न 20 की भाँति स्वयं हल करें। **उत्तर** $\frac{-1}{5}$, –10

22. **संकेत** प्रश्न 13 की भाँति स्वयं हल करें।
अभीष्ट समीकरण

$$2x^2-3x(p+q)+(p+q)^2=0$$

उत्तर $p+q, \frac{p+q}{2}$

23. **संकेत** सर्वप्रथम गुणनखंड कीजिए, $a^2+a-6=(a-2)(a+3)$
उसके बाद $x^2+5x-(a-2)(a+3)=0$ के गुणनखंड कीजिए।
उत्तर $(a+3), (a-2)$

24. $6a^2x^2-7abx-3b^2=0$

$\Rightarrow 6a^2x^2-9abx+2abx-3b^2=0 \Rightarrow (2ax-3b)(3ax+b)=0$

उत्तर $\frac{-b}{3a}, \frac{3b}{2a}$

25. **संकेत** सर्वप्रथम गुणनखंड कीजिए, $(a^4-b^4)=(a^2-b^2)(a^2+b^2)$, उसके बाद $4x^2-4a^2x+(a^2-b^2)(a^2+b^2)=0$ के गुणनखंड कीजिए। **उत्तर** $\frac{a^2-b^2}{2}, \frac{a^2+b^2}{2}$

टॉपिक 3

द्विघाती सूत्र द्वारा द्विघात समीकरण का हल

पूर्ण वर्ग बनाकर द्विघात समीकरण का हल ज्ञात करना एक लंबी प्रक्रिया है इसमें समय का अधिक लगना महत्त्वपूर्ण समस्या है। इस लंबी प्रक्रिया से बचने के लिए हम द्विघाती सूत्र का अध्ययन करेंगे।

माना एक द्विघात समीकरण $ax^2 + bx + c = 0$ है तथा $b^2 - 4ac \geq 0$, तब द्विघात समीकरण के हल निम्न हैं

$$x = \frac{-b \pm \sqrt{b^2 - 4ac}}{2a} \text{ या } x = \frac{-b \pm \sqrt{D}}{2a}$$

जहाँ, $D = b^2 - 4ac$ को द्विघात समीकरण का **विविक्तकर** (Discriminant) कहते हैं। इस सूत्र को श्रीधराचार्य सूत्र (Sridharacharya formula) भी कहा जाता है।

उदाहरण 1 द्विघाती सूत्र का प्रयोग करके निम्नलिखित द्विघात समीकरणों के मूल ज्ञात कीजिए

(i) $2x^2 - 3x - 5 = 0$ (ii) $-3x^2 + 5x + 12 = 0$

हल (i) दी गई समीकरण $2x^2 - 3x - 5 = 0$ की तुलना मानक द्विघात समीकरण $ax^2 + bx + c = 0$ से करने पर,

$$a = 2, b = -3 \text{ तथा } c = -5$$

अब, द्विघाती सूत्र से,

$$x = \frac{-b \pm \sqrt{b^2 - 4ac}}{2a}$$

$$= \frac{-(-3) \pm \sqrt{(-3)^2 - 4(2)(-5)}}{2(2)}$$

$$= \frac{3 \pm \sqrt{9 + 40}}{4} = \frac{3 \pm \sqrt{49}}{4} = \frac{3 \pm 7}{4}$$

धनात्मक चिह्न लेने पर,

$$x = \frac{3+7}{4} = \frac{10}{4} = \frac{5}{2}$$

ऋणात्मक चिह्न लेने पर,

$$x = \frac{3-7}{4} = \frac{-4}{4} = -1$$

अतः दी गई समीकरण के अभीष्ट मूल $\frac{5}{2}$ तथा -1 हैं।

(ii) दी गई समीकरण $-3x^2 + 5x + 12 = 0$ की तुलना मानक द्विघात समीकरण $ax^2 + bx + c = 0$ से करने पर,

$$a = -3, b = 5 \text{ तथा } c = 12$$

अब, द्विघाती सूत्र से,

$$x = \frac{-b \pm \sqrt{b^2 - 4ac}}{2a}$$

$$= \frac{-(5) \pm \sqrt{(5)^2 - 4(-3)(12)}}{2(-3)}$$

$$= \frac{-5 \pm \sqrt{25 + 144}}{-6} = \frac{-5 \pm \sqrt{169}}{-6} = \frac{-5 \pm 13}{-6}$$

धनात्मक चिह्न लेने पर,

$$x = \frac{-5+13}{-6} = \frac{8}{-6} = -\frac{4}{3}$$

ऋणात्मक चिह्न लेने पर,

$$x = \frac{-5-13}{-6} = \frac{-18}{-6} = 3$$

अतः दी गई द्विघात समीकरण के अभीष्ट मूल $-\frac{4}{3}$ तथा 3 हैं।

उदाहरण 2 द्विघात समीकरण $\sqrt{3}x^2 + 10x - 8\sqrt{3} = 0$ को द्विघातीय सूत्र द्वारा हल कीजिए।

हल दी गई समीकरण $\sqrt{3}x^2 + 10x - 8\sqrt{3} = 0$ की तुलना मानक द्विघात समीकरण $ax^2 + bx + c = 0$ से करने पर,

$$a = \sqrt{3}, b = 10 \text{ तथा } c = -8\sqrt{3}$$

द्विघाती सूत्र से,

$$x = \frac{-b \pm \sqrt{b^2 - 4ac}}{2a}$$

$$\therefore \quad x = \frac{-10 \pm \sqrt{(10)^2 - 4 \times \sqrt{3} \times (-8\sqrt{3})}}{2 \times \sqrt{3}}$$

$$= \frac{-10 \pm \sqrt{100 + 96}}{2\sqrt{3}}$$

$$= \frac{-10 \pm \sqrt{196}}{2\sqrt{3}}$$

$$= \frac{-10 \pm 14}{2\sqrt{3}}$$

धनात्मक चिह्न लेने पर,

$$x = \frac{-10+14}{2\sqrt{3}} = \frac{4}{2\sqrt{3}} = \frac{2}{\sqrt{3}}$$

तथा ऋणात्मक चिह्न लेने पर,

$$x = \frac{-10-14}{2\sqrt{3}} = -\frac{24}{2\sqrt{3}}$$

$$= \frac{-12 \times \sqrt{3}}{\sqrt{3} \times \sqrt{3}} = -4\sqrt{3}$$

अतः $\frac{2}{\sqrt{3}}$ तथा $-4\sqrt{3}$ दी गई द्विघात समीकरण के अभीष्ट मूल हैं।

द्विघात समीकरण के विविक्तकर एवं मूलों की प्रकृति में संबंध (Relationship between Discriminant and Nature of Roots)

द्विघात सूत्र से, द्विघात समीकरण $ax^2 + bx + c = 0$, जहाँ $a \neq 0$, के मूल निम्न हैं

$$x = \frac{-b \pm \sqrt{b^2 - 4ac}}{2a} \quad \text{या} \quad x = \frac{-b \pm \sqrt{D}}{2a}$$

जहाँ, $D = b^2 - 4ac$ को विविक्तकर (discriminant) कहते हैं मूलों की प्रकृति विविक्तकर D पर निर्भर करती है, क्योंकि D का मान शून्य, धनात्मक या ऋणात्मक हो सकता है।

इस प्रकार तीन स्थितियाँ उत्पन्न होती हैं

स्थिति I जब $D = 0$ अर्थात् $b^2 - 4ac = 0$

यदि $D = b^2 - 4ac = 0$, तब $x = \frac{-b \pm 0}{2a}$

$$\Rightarrow \quad x = \frac{-b}{2a}, \frac{-b}{2a}$$

अतः द्विघात समीकरण के दोनों मूल समान, वास्तविक या पुनरावृत्ति या संपाती हैं।

स्थिति II जब $D > 0$ अर्थात् $b^2 - 4ac > 0$

यदि $D = b^2 - 4ac > 0$, तब

$$x = \frac{-b + \sqrt{D}}{2a} \text{ तथा } \frac{-b - \sqrt{D}}{2a}$$

इस प्रकार, द्विघात समीकरण के दो भिन्न वास्तविक मूल होंगे।

स्थिति III जब $D < 0$ अर्थात् $b^2 - 4ac < 0$

यदि $D = b^2 - 4ac < 0$, तब $\sqrt{D}$ का परिकलन वास्तविक मान के लिए नहीं कर सकते अर्थात् ऐसी कोई वास्तविक संख्या नहीं है जिसका वर्ग $b^2 - 4ac$ है इस प्रकार द्विघात समीकरण का कोई वास्तविक मूल नहीं है अर्थात् काल्पनिक मूल है दूसरे शब्दों में हम कह सकते हैं कि द्विघात समीकरण के मूलों का अस्तित्व नहीं है। उपरोक्त स्थितियों को निम्नलिखित प्रवाह आरेख से समझा जा सकता है।

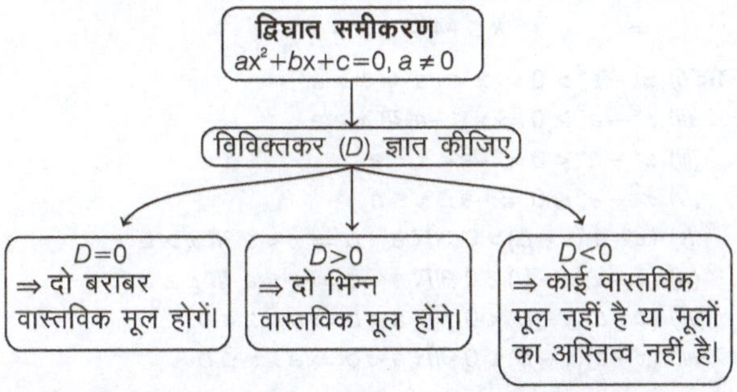

उदाहरण 3 द्विघात समीकरण $9x^2 - 12x + 4 = 0$ का विविक्तकर ज्ञात कीजिए।

हल दी गई द्विघात समीकरण $9x^2 - 12x + 4 = 0$ की तुलना मानक द्विघात समीकरण $ax^2 + bx + c = 0$ से करने पर,

$$a = 9, b = -12 \text{ तथा } c = 4$$

$\therefore$ विविक्तकर, $D = b^2 - 4ac$

$$= (-12)^2 - 4 \times 9 \times 4$$
$$= 144 - 144$$
$$= 0$$

अतः दी गई द्विघात समीकरण का विविक्तकर 0 (शून्य) है।

उदाहरण 4 यदि समीकरण $6x^2 - bx + 2 = 0$ का विविक्तकर 1 है, तब b का मान ज्ञात कीजिए। **[CBSE 2012]**

हल दी गई द्विघात समीकरण $6x^2 - bx + 2 = 0$ की तुलना मानक द्विघात समीकरण $ax^2 + bx + c = 0$ से करने पर,

$a = 6, b = -b$

तथा $c = 2$

विविक्तकर, $D = b^2 - 4ac$

$\Rightarrow \quad 1 = (-b)^2 - 4 \times 6 \times 2$ [दिया है, $D = 1$]

$\Rightarrow \quad 1 = b^2 - 48$

$\Rightarrow \quad b^2 = 49$

$\Rightarrow \quad b = \pm 7$ [दोनों पक्षों का वर्गमूल लेने पर]

अतः b का अभीष्ट मान -7 या 7 है।

उदाहरण 5 निम्नलिखित द्विघात समीकरण के मूलों की प्रकृति ज्ञात कीजिए। यदि इनके मूल वास्तविक हों, तब मूलों को भी ज्ञात कीजिए।

(i) $4x^2 + 12x + 9 = 0$ (ii) $3x^2 + 5x - 7 = 0$

(iii) $7y^2 - 4y + 5 = 0$

हल (i) दी गई द्विघात समीकरण $4x^2 + 12x + 9 = 0$ की तुलना मानक द्विघात समीकरण $ax^2 + bx + c = 0$, से करने पर

$$a = 4, b = 12 \text{ और } c = 9$$

अब $D = b^2 - 4ac$

$$= (12)^2 - 4(4)(9) = 144 - 144 = 0$$

$\because D = 0$, इसलिए दिए गए द्विघात समीकरण के दो बराबर वास्तविक मूल होंगे जोकि निम्न सूत्र से ज्ञात करेंगे

$$x = \frac{-b \pm \sqrt{D}}{2a} = \frac{-12 \pm 0}{2(4)} = \frac{-12 \pm 0}{8}$$

$$\Rightarrow \quad x = \frac{-12 + 0}{8} \text{ या } x = \frac{-12 - 0}{8}$$

$$\Rightarrow \quad x = -\frac{3}{2} \text{ या } x = -\frac{3}{2}$$

अतः $\frac{-3}{2}$ तथा $\frac{-3}{2}$ अभीष्ट मूल हैं।

(ii) दी गई द्विघात समीकरण $3x^2 + 5x - 7 = 0$ की तुलना मानक द्विघात समीकरण $ax^2 + bx + c = 0$ से करने पर,

$$a = 3, b = 5 \text{ और } c = -7$$

अब, $D = b^2 - 4ac = (5)^2 - 4(3)(-7) = 25 + 84 = 109$

$\because D > 0$, इसलिए दिए गए द्विघात समीकरण के दो भिन्न वास्तविक मूल होंगे, तब

$$x = \frac{-b \pm \sqrt{D}}{2a} = \frac{-5 \pm \sqrt{109}}{2(3)}$$

$$\Rightarrow \quad x = \frac{-5 + \sqrt{109}}{6} \text{ या } x = \frac{-5 - \sqrt{109}}{6}$$

अतः $\frac{-5 + \sqrt{109}}{6}$ तथा $\frac{-5 - \sqrt{109}}{6}$ अभीष्ट मूल हैं।

(iii) दी गई द्विघात समीकरण $7y^2 - 4y + 5 = 0$ की तुलना मानक द्विघात समीकरण $ax^2 + bx + c = 0$ से करने पर,

$$a = 7, b = -4 \text{ और } c = 5$$

अब, $D = b^2 - 4ac = (-4)^2 - 4(7)(5)$

$$= 16 - 140$$
$$= -124 < 0$$

$\because D < 0$, इसलिए दिए गए द्विघात समीकरण का कोई वास्तविक मूल नहीं है।

द्विघात समीकरण में अज्ञात राशि का मान ज्ञात करना, जबकि मूलों की प्रकृति दी गई हो

यदि दी गई द्विघात समीकरण के मूलों की प्रकृति ज्ञात हो तथा द्विघात समीकरण में कोई राशि अज्ञात हो, तो उस अज्ञात राशि का मान ज्ञात करने के लिए, सर्वप्रथम अज्ञात राशि के पदों में विविक्तकर ज्ञात करते हैं, फिर उपर्युक्त दशा $D>0$ या $D=0$ या $D<0$ का प्रयोग कर सरल करके अज्ञात राशि का मान ज्ञात करते हैं।

उदाहरण 6 यदि द्विघात समीकरण $(k-12)x^2+2(k-12)x+2=0$ के मूल बराबर हैं, तो k का मान ज्ञात कीजिए।

हल दी गई द्विघात समीकरण $(k-12)x^2+2(k-12)x+2=0$ की तुलना मानक द्विघात समीकरण $ax^2+bx+c=0$ से करने पर,

$$a=k-12,\ b=2(k-12) \text{ और } c=2$$

अब, $D=b^2-4ac$

$$=[2(k-12)]^2-4(k-12)(2)$$
$$=4(k-12)^2-8(k-12)$$
$$=(k-12)[4(k-12)-8]$$
$$=(k-12)(4k-48-8)$$
$$=(k-12)(4k-56)$$

चूँकि समीकरण के मूल बराबर हैं।

इसलिए $D=0$

$\Rightarrow (k-12)(4k-56)=0$

$\Rightarrow k-12=0$ या $4k-56=0$

$\Rightarrow k=12$ या $k=\frac{56}{4}$

$\Rightarrow k=12$ या $k=14$

लेकिन $k=12$, दिए गए समीकरण को संतुष्ट नहीं करता है क्योंकि $k=12$ लेने पर x^2 तथा x का गुणांक शून्य हो जाता है। अतः k का अभीष्ट मान 14 होगा।

उदाहरण 7 p के वे मान ज्ञात कीजिए जिनके लिए द्विघात समीकरण $x^2-2px+1=0$ के कोई वास्तविक मूल नहीं है। **[CBSE 2020 (Basic)]**

हल दिया है, $x^2-2px+1=0$

किसी द्विघात समीकरण के वास्तविक मूल नहीं होंगे, यदि

$$D=b^2-4ac<0$$

$\therefore (-2p)^2-4\times1\times1<0$

$\Rightarrow 4p^2-4<0$

$\Rightarrow 4p^2<4$

$\Rightarrow p^2<1$

$\Rightarrow -1<p<1$

यदि p अन्तराल $(-1, 1)$ में स्थित है, तब द्विघात समीकरण के मूल वास्तविक नहीं होंगे।

उदाहरण 8 यदि समीकरण $9x^2+3kx+4=0$ के मूल वास्तविक हों, तो k का मान ज्ञात कीजिए।

हल दी गई द्विघात समीकरण $9x^2+3kx+4=0$ की तुलना मानक द्विघात समीकरण $ax^2+bx+c=0$ से करने पर,

$$a=9,\ b=3k,\ c=4$$

अब, $D=b^2-4ac=(3k)^2-4(9)(4)$

$$=9k^2-144$$

चूँकि समीकरण के मूल वास्तविक हैं।

इसलिए $D\geq0$

$\Rightarrow 9k^2-144\geq0$

$\Rightarrow 9(k^2-16)\geq0$

$\Rightarrow k^2-16\geq0$ $[\because 9\neq0]$

$\Rightarrow k^2-(4)^2\geq0$

$\Rightarrow (k-4)(k+4)\geq0$ $[\because a^2-b^2=(a-b)(a+b)]$

$\Rightarrow k\leq-4$ या $k\geq4$

नोट (i) $x^2-a^2>0 \Rightarrow x<-a$ या $x>a$

(ii) $x^2-a^2\geq0 \Rightarrow x\leq-a$ या $x\geq a$

(iii) $x^2-a^2<0 \Rightarrow -a<x<a$

(iv) $x^2-a^2\leq0 \Rightarrow -a\leq x\leq a$

(v) $(x-a)(x-b)>0$ और $a<b \Rightarrow x<a$ या $x>b$

(vi) $(x-a)(x-b)\geq0$ और $a<b \Rightarrow x\leq a$ या $x\geq b$

(vii) $(x-a)(x-b)<0$ और $a<b \Rightarrow a<x<b$

(viii) $(x-a)(x-b)\leq0$ और $a<b \Rightarrow a\leq x\leq b$

प्रश्नावली 4.3

निर्देश (प्र. सं. 1-4) निम्नलिखित द्विघात समीकरणों के मूल द्विघात सूत्र का प्रयोग करके ज्ञात कीजिए

1. $\frac{1}{2}x^2 - \sqrt{11}x + 1 = 0$

2. $\frac{14}{x+3} - 1 = \frac{5}{x+1}; x \neq -3, -1$

3. $abx^2 + (b^2 - ac)x - bc = 0, a, b \neq 0$

4. $3a^2x^2 + 8abx + 4b^2 = 0, a \neq 0$

5. निम्नलिखित द्विघात समीकरण के विविक्तकर ज्ञात कीजिए

(i) $3x^2 - 4x + 7 = 0$ (ii) $\sqrt{3}x^2 - 2\sqrt{2}x - 2\sqrt{3} = 0$

(iii) $2x^2 + 3x + m = 0$ (iv) $x^2 + x + 7 = 0$

(v) $(4x-3)^2 + 20x = 11$ (vi) $4a^2x^2 + 8abx + 4b^2 = 0$

(vii) $1 = \frac{13x}{12x^2 + 3}$ (viii) $(3x+1)^2 + (x-2)^2 = 50$

6. यदि समीकरण $5x^2 - sx + 4 = 0$ का विविक्तकर 1 है, तब s का मान ज्ञात कीजिए।

7. निम्नलिखित द्विघात समीकरण के मूलों की प्रकृति ज्ञात कीजिए।

(i) $4x^2 - 2x = 3$ (ii) $3\sqrt{3}x^2 + 10x + \sqrt{3} = 0$

(iii) $3x^2 - 2\sqrt{15}x + 5 = 0$

(iv) $(x+3)(x-1) = 3\left(x - \frac{1}{3}\right)$

(v) $4x^2 + 4ax + (a^2 + b^2) = 0$

8. यदि निम्नलिखित द्विघात समीकरण के मूल वास्तविक तथा समान हैं, तो k का मान ज्ञात कीजिए।

(i) $5x^2 - 10x + k = 0$ **[CBSE 2023 (Basic)]**

(ii) $x^2 - 2(k+1)x + k^2 = 0$

(iii) $kx^2 - 2\sqrt{5}x + 4 = 0$

(iv) $x^2 - 2x(1+3k) + 7(3+2k) = 0$

9. यदि द्विघात समीकरण $x^2 + m(4x + m - 1) + 2 = 0$ के मूल वास्तविक हैं, तो m का मान ज्ञात कीजिए।

10. n के किस मान के लिए द्विघात समीकरण $(n+3)x^2 - (5-n)x + 1 = 0$ के मूल संपाती होंगे।

11. यदि द्विघात समीकरण $(c^2 - ab)x^2 - 2(a^2 - bc)x + b^2 - ac = 0$ के मूल समान हैं, तो सिद्ध कीजिए कि $a = 0$ या $a^3 + b^3 + c^3 = 3abc$

12. किस प्रतिबंध के लिए, द्विघात समीकरण $(a^2 + b^2)x^2 - 2(ac + bd)x + (c+d) = 0$ के मूल समान हैं?

संकेत एवं हल

1. संकेत उदाहरण 2 की भाँति स्वयं हल करें। **उत्तर** $-3 + \sqrt{11}, 3 + \sqrt{11}$

2. संकेत सर्वप्रथम दिए गए समीकरण को सरल कीजिए, तब उदाहरण 2 की भाँति स्वयं हल करें। **उत्तर** 1, 4

3. संकेत उदाहरण 2 की भाँति स्वयं हल करें। **उत्तर** $\frac{c}{b}, \frac{-b}{a}$

4. संकेत उदाहरण 2 की भाँति स्वयं हल करें। **उत्तर** $\frac{-2b}{a}, \frac{-2b}{3a}$

5. संकेत विविक्तकर, $D = b^2 - 4ac$ ज्ञात करने के लिए दिए गए द्विघात समीकरण की तुलना मानक द्विघात समीकरण $ax^2 + bx + c = 0; a \neq 0$ से करे तथा a, b और c का मान ज्ञात कर $D = b^2 - 4ac$ में रखें।

उत्तर (i) –68 (ii) 32 (iii) 9 – 8 m

(iv) –27 (v) 144 (vi) 0 (vii) 25 (viii) 1804

6. संकेत उदाहरण 4 की भाँति स्वयं हल करें।

उत्तर $s = -9$ या 9

7. संकेत उदाहरण 5 की भाँति स्वयं हल करें।

उत्तर (i) वास्तविक तथा असमान (ii) वास्तविक तथा असमान

(iii) वास्तविक तथा समान (iv) वास्तविक तथा असमान

(v) काल्पनिक मूल

8. संकेत वास्तविक तथा समान मूल के लिए $D = 0$ अर्थात्, $b^2 - 4ac = 0$ लें

उत्तर (i) $k = 5$ (ii) $k = \frac{-1}{2}$

(iii) $k = \frac{5}{4}$ (iv) $k = 2$ या $\frac{-10}{9}$

9. संकेत $x^2 + m(4x + m - 1) + 2 = 0$

$\Rightarrow x^2 + 4mx + (m^2 - m + 2) = 0$

अब, वास्तविक मूल के लिए $D \geq 0$

उत्तर $m \leq -1$ या $m \geq \frac{2}{3}$

10. संकेत यहाँ संपाती मूल का अर्थ समान मूल है अर्थात् $D = 0$।

उत्तर 1 या 13

12. संकेत $D = b^2 - 4ac = 0$ का प्रयोग कीजिए।

उत्तर $ad = bc$

टॉपिक 4

द्विघात समीकरण पर आधारित इबारती प्रश्न तथा उनके हल

वास्तविक जीवन से संबंधित कई समस्याओं को हल करने में हम द्विघात समीकरणों का प्रयोग करते हैं। इन द्विघात समीकरणों का हल ही हमें समस्या का हल देता है। इस टॉपिक में हम द्विघात समीकरण के सरल अनुप्रयोग पर आधारित प्रश्नों को हल करना सीखेंगे।

इबारती समस्याओं को हल करने की विधि

द्विघात समीकरण पर आधारित समस्याओं को हल करने के लिए, निम्नलिखित चरणों का प्रयोग करते हैं

चरण I सर्वप्रथम, प्रथम राशि को चर (x) मानें तथा फिर दी गई स्थितियों का प्रयोग करके अन्य राशियों को x के पदों में लिखिए।

चरण II दी गई स्थितियों के अनुसार, चरण I में प्राप्त राशि के लिए समीकरण लिखिए।

चरण III चरण II में प्राप्त समीकरण को सरल करके द्विघात समीकरण प्राप्त कीजिए।

चरण IV अब, किसी एक विधि गुणनखंड विधि, पूर्ण वर्ग बनाकर या द्विघाती सूत्र द्वारा द्विघात समीकरण को हल करके चर (x) का मान ज्ञात कीजिए।

चरण V पुनः जाँच कीजिए कि चरण IV में प्राप्त चर के मान दी गई स्थितियों को संतुष्ट करते हैं या नहीं।

चरण VI उपर्युक्त राशियों के मान ज्ञात कीजिए साथ ही, प्रश्न में पूछे गए अन्य अज्ञात सूचनाओं का भी मान ज्ञात कीजिए।

विभिन्न प्रकार के इबारती प्रश्न

प्रकार I संख्या पर आधारित इबारती प्रश्न

उदाहरण 1 तीन क्रमागत प्राकृत संख्याओं के वर्गों का योग 110 है। संख्याओं को ज्ञात कीजिए।

हल माना तीन क्रमागत प्राकृत संख्याएँ क्रमशः $x, x+1$ और $x+2$ हैं।

प्रश्नानुसार, $x^2+(x+1)^2+(x+2)^2=110$

$\Rightarrow \quad x^2+x^2+2x+1+x^2+4x+4=110$

$[\because (a+b)^2=a^2+2ab+b^2]$

$\Rightarrow \quad 3x^2+6x+5=110 \Rightarrow 3x^2+6x-105=0$

$\Rightarrow \quad 3(x^2+2x-35)=0 \Rightarrow x^2+2x-35=0 \quad [\because 3\neq 0]$

यह अभीष्ट द्विघात समीकरण है।

अब गुणनखण्ड विधि से

$x^2+7x-5x-35=0 \Rightarrow x(x+7)-5(x+7)=0$

$\Rightarrow \quad (x+7)(x-5)=0$

$\Rightarrow \quad x+7=0$ या $x-5=0$

$\Rightarrow \quad x=-7$ या $x=5$

लेकिन $x\neq -7$ क्योंकि x प्राकृत संख्या है।

$\therefore \quad x=5$

अतः तीन क्रमागत प्राकृत संख्याएँ क्रमशः 5, 5 + 1 और 5 + 2 अर्थात् 5, 6 और 7 हैं।

उदाहरण 2 दो अंकों की एक संख्या इस प्रकार है कि इसके अंकों का गुणनफल 12 है। यदि इस संख्या में 36 जोड़ा जाए तो संख्या के अंकों का स्थान परस्पर बदल जाता है। वह दो अंकों की संख्या ज्ञात कीजिए।

हल माना संख्या के दहाई का अंक x है।

प्रश्नानुसार,

अंकों का गुणनफल = 12

अर्थात् दहाई का अंक × इकाई का अंक = 12

$\Rightarrow$ इकाई का अंक $=\dfrac{12}{x}$ [$\because$ दहाई का अंक $= x$]

$\therefore$ दो अंकों की संख्या $=10x+\dfrac{12}{x}$

साथ ही दिया है कि संख्या में 36 जोड़ने पर संख्या के अंकों का स्थान परस्पर बदल जाता है।

$\therefore \quad 10x+\dfrac{12}{x}+36=10\times\dfrac{12}{x}+x$

$\Rightarrow \quad 10x^2+12+36x=120+x^2$ [x से गुणा करने पर]

$\Rightarrow \quad 9x^2-108+36x=0$

$\Rightarrow \quad x^2+4x-12=0$ [दोनों तरफ 9 से भाग देने पर]

जोकि अभीष्ट द्विघात समीकरण है।

अब, गुणनखंड विधि से

$x^2+6x-2x-12=0$

$\Rightarrow \quad x(x+6)-2(x+6)=0$

$\Rightarrow \quad (x+6)(x-2)=0 \Rightarrow x+6=0$ या $x-2=0$

$\Rightarrow \quad x=-6$ या $x=2$

लेकिन संख्या का कोई भी अंक ऋणात्मक नहीं हो सकता।

$\therefore \quad x=2$

अतः अभीष्ट दो अंकों की संख्या $=10\times 2+\dfrac{12}{2}=26$

उदाहरण 3 अमित और सुमित दोनों के पास कुल 45 कंचे हैं। दोनों में से प्रत्येक 5 कंचे खो देता है और अब उनके पास बचे हुए कंचों की संख्या का गुणनफल 124 है। उनके पास शुरुआत में कितने कंचे थे?

हल दिया है, अमित और सुमित दोनों के पास कुल 45 कंचे है।

माना, अमित के पास x कंचे हैं।

तब सुमित के पास कंचों की संख्या $=45-x$

$\because$ दोनों में से प्रत्येक 5 कंचे खो देता है।

$\therefore$ अमित के पास कंचों की संख्या $=x-5$

तथा सुमित के पास कंचों की संख्या $=45-x-5=40-x$

अब, कंचों की संख्या का गुणनफल = 124

$\therefore \quad (x-5)(40-x) = 124$

$\Rightarrow \quad 40x - x^2 - 200 + 5x = 124$

$\Rightarrow \quad -x^2 + 45x - 200 - 124 = 0$

$\Rightarrow \quad -x^2 + 45x - 324 = 0$

$\Rightarrow \quad x^2 - 45x + 324 = 0$ [(−1)से गुणा करने पर]

यह अभीष्ट द्विघात समीकरण है।

अब गुणनखंड विधि से द्विघात समीकरण को हल करने पर

$x^2 - 36x - 9x + 324 = 0$

$\Rightarrow \quad x(x-36) - 9(x-36) = 0$

$\Rightarrow \quad (x-36)(x-9) = 0$

$\Rightarrow \quad x - 36 = 0$ या $x - 9 = 0$

$\Rightarrow \quad x = 36$ या $x = 9$

जब अमित के पास 36 कंचे होंगे तब सुमित के पास = 45 − 36 = 9 कंचे होंगे।

और जब अमित के पास 9 कंचे होंगे। तब सुमित के पास = 45 − 9 = 36 कंचे होंगे।

प्रकार II उम्र पर आधारित इबारती प्रश्न

उदाहरण 4 एक साल पूर्व, एक आदमी की आयु अपनी पुत्री की आयु की आठ गुना थी। वर्तमान में उसकी आयु उसकी पुत्री की आयु के वर्ग के बराबर है। पिता व पुत्री की वर्तमान आयु ज्ञात कीजिए।

हल माना पुत्री की वर्तमान आयु = x वर्ष

एक साल पूर्व पुत्री की आयु = $(x-1)$ वर्ष

एक साल पूर्व आदमी की आयु = $8(x-1)$ वर्ष

= $(8x-8)$ वर्ष

आदमी की वर्तमान आयु = $(8x - 8 + 1) = (8x - 7)$ वर्ष

प्रश्नानुसार, $\quad 8x - 7 = x^2$

$\Rightarrow \quad x^2 - 8x + 7 = 0$

जोकि अभीष्ट द्विघात समीकरण है।

अब, $\quad x^2 - 7x - x + 7 = 0$ [गुणनखंड करने पर]

$\Rightarrow \quad x(x-7) - 1(x-7) = 0$

$\Rightarrow \quad (x-7)(x-1) = 0$

$\Rightarrow \quad x - 7 = 0$ या $x - 1 = 0$

$\Rightarrow \quad x = 7$ या $x = 1$

लेकिन $x = 1$ संभव नहीं है, क्योंकि $x = 1$ के लिए पुत्री तथा पिता की वर्तमान आयु समान हो जाएगी।

इसलिए $x = 7$

अतः पुत्री की वर्तमान आयु = 7 वर्ष तथा

आदमी की वर्तमान आयु = $8 \times 7 - 7 = 49$ वर्ष

उदाहरण 5 3 वर्ष पूर्व वरूण की आयु (वर्षों में) का व्युत्क्रम और अब से 5 वर्ष पश्चात् उसकी आयु के व्युत्क्रम का योग $\frac{1}{3}$ है। इसकी वर्तमान आयु ज्ञात कीजिए। **[CBSE 2023 (Basic)]**

हल माना वरूण की वर्तमान आयु x वर्ष है।

∴ तीन वर्ष पूर्व वरूण की आयु = $(x-3)$ वर्ष

तथा पाँच वर्ष बाद वरूण की आयु = $(x+5)$ वर्ष

प्रश्नानुसार,

$$\frac{1}{x-3} + \frac{1}{x+5} = \frac{1}{3}$$

$$\Rightarrow \quad \frac{x+5+x-3}{(x-3)(x+5)} = \frac{1}{3}$$

$$\Rightarrow \quad \frac{2x+2}{x^2 - 3x + 5x - 15} = \frac{1}{3}$$

$\Rightarrow \quad 3(2x+2) = x^2 + 2x - 15$

$\Rightarrow \quad 6x + 6 = x^2 + 2x - 15$

$\Rightarrow \quad x^2 + 2x - 15 - 6x - 6 = 0$

$\Rightarrow \quad x^2 - 4x - 21 = 0$

जोकि अभीष्ट द्विघात समीकरण है।

अब, द्विघात समीकरण के गुणनखंड करने पर,

$x^2 - 7x + 3x - 21 = 0$

$\Rightarrow \quad x(x-7) + 3(x-7) = 0$

$\Rightarrow \quad (x-7)(x+3) = 0$

$\Rightarrow \quad x - 7 = 0$ या $x + 3 = 0$

$\Rightarrow \quad x = 7$ या $x = -3$

लेकिन $x = -3$ असंभव है क्योंकि आयु ऋणात्मक नहीं हो सकती।

अतः वरूण की वर्तमान आयु = 7 वर्ष।

प्रकार III समय, चाल तथा दूरी पर आधारित इबारती प्रश्न

उदाहरण 6 एक सवारी गाड़ी 360 किमी की यात्रा करने में 3 घंटे कम समय लगाती है यदि उसकी चाल वास्तविक चाल से 10 किमी/घंटा बढ़ा दी जाए। रेलागाड़ी की वास्तविक चाल ज्ञात कीजिए।

> यहाँ, सवारी गाड़ी की वास्तविक चाल ज्ञात करनी है, इसलिए हम गाड़ी की वास्तविक चाल x किमी/घंटा मानेंगे तथा दिए गए इबारती प्रश्न को सूत्र : समय = $\frac{\text{दूरी}}{\text{चाल}}$ का प्रयोग कर द्विघात समीकरण में परिवर्तित करके हल करेंगे।

हल माना गाड़ी की वास्तविक चाल = x किमी/घंटा

तब, समय = $\frac{\text{दूरी}}{\text{चाल}}$ का प्रयोग करने पर,

गाड़ी द्वारा लिया गया समय

= $\frac{360}{x}$ घंटे [दिया है, दूरी = 360 किमी]

यदि चाल 10 किमी/घंटा बढ़ा दी जाए, तब गाड़ी की नई चाल

= $(x+10)$ किमी/घंटा

तथा गाड़ी द्वारा लिया गया समय = $\left(\frac{360}{x+10}\right)$ घंटे

प्रश्नानुसार, $\quad \frac{360}{x} = \frac{360}{x+10} + 3$

$$\Rightarrow \quad \frac{360}{x} - \frac{360}{x+10} = 3$$

$$\Rightarrow \quad \frac{360(x+10-x)}{x(x+10)} = 3$$

$$\Rightarrow \quad \frac{360 \times 10}{3} = x(x+10)$$

$\Rightarrow \quad 1200 = x^2 + 10x$

$\Rightarrow \quad x^2 + 10x - 1200 = 0$

$\Rightarrow \quad x^2 + 40x - 30x - 1200 = 0$ [गुणनखंड करने पर]

$\Rightarrow \quad x(x + 40) - 30(x + 40) = 0$

$\Rightarrow \quad (x + 40)(x - 30) = 0$

$\Rightarrow \quad x + 40 = 0$ या $x - 30 = 0$

$\Rightarrow \quad x = -40$ या $x = 30$

लेकिन चाल ऋणात्मक नहीं हो सकती।

$\therefore \quad x = 30$

अतः सवारी गाड़ी की वास्तविक चाल 30 किमी/घंटा है।

उदाहरण 7 **एक नाव की शांत जल में चाल 15 किमी/घंटा है। यदि नाव 30 किमी धारा के विपरीत दिशा में जाकर पुनः उसी जगह 4 घंटे 30 मिनट में वापस लौट आती है, तो धारा की चाल ज्ञात कीजिए।**

हल माना धारा की चाल $= x$ किमी/घंटा

दिया है, शांत जल में नाव की चाल = 15 किमी/घंटा

$\therefore$ धारा के विपरीत नाव की चाल $= (15 - x)$ किमी/घंटा

तथा धारा की दिशा में नाव की चाल $= (15 + x)$ किमी/घंटा

प्रश्नानुसार,

$$\frac{30}{15 - x} + \frac{30}{15 + x} = 4\frac{1}{2}$$

[$\because$ दूरी = 30 किमी और समय $= \frac{\text{दूरी}}{\text{चाल}}$ तथा 4 घंटे 30 मिनट $= \left(4 + \frac{30}{60}\right)$ घंटे $= \left(4 + \frac{1}{2}\right)$ घंटे $= 4\frac{1}{2}$ घंटे]

$$\Rightarrow \quad \frac{30(15 + x) + 30(15 - x)}{(15 - x)(15 + x)} = \frac{9}{2}$$

$$\Rightarrow \quad \frac{450 + 30x + 450 - 30x}{(15)^2 - x^2} = \frac{9}{2}$$

[$\because (A - B)(A + B) = A^2 - B^2$]

$$\Rightarrow \quad \frac{900}{225 - x^2} = \frac{9}{2}$$

$$\Rightarrow \quad \frac{900 \times 2}{9} = 225 - x^2$$

$\Rightarrow \quad 200 = 225 - x^2 \Rightarrow x^2 - 225 + 200 = 0$

$\Rightarrow \quad x^2 - 25 = 0 \quad \Rightarrow \quad x^2 = 25$

$\Rightarrow \quad x = \pm 5$ [दोनों पक्षों का वर्गमूल लेने पर]

क्योंकि चाल ऋणात्मक नहीं हो सकती है, इसलिए x का मान ऋणात्मक नहीं होगा।

अतः धारा की चाल = 5 किमी/घंटा

प्रकार IV कार्य तथा समय पर आधारित इबारती प्रश्न

उदाहरण 8 **दो नलों को एक साथ चलाने पर एक हौज $3\frac{1}{13}$ मिनट में भरती है। यदि हौज को भरने में एक नल दूसरे नल की अपेक्षा 3 मिनट का समय अधिक लेता है, तो प्रत्येक नल हौज को अलग-अलग कितने समय में भरेगा?**

हल माना तेजी से भरने वाला नल हौज को x मिनट में भरता है।

तब, धीमी गति से भरने वाला नल हौज को $(x + 3)$ मिनट में भरेगा।

तेजी से भरने वाले नल द्वारा 1 मिनट में भरे हौज का भाग $= \frac{1}{x}$

$\therefore$ तेजी से भरने वाले नल द्वारा $3\frac{1}{13}$ मिनट में भरें हौज का भाग

$$= 3\frac{1}{13} \times \frac{1}{x} = \frac{40}{13x}$$

इसी प्रकार धीमी गति से भरने वाले नल द्वारा $3\frac{1}{13}$ मिनट में भरे हौज का भाग $= \frac{40}{13} \times \frac{1}{x + 3} = \frac{40}{13(x + 3)}$

प्रश्नानुसार, $\frac{40}{13x} + \frac{40}{13(x + 3)} = 1$

$$\Rightarrow \quad \frac{40}{13}\left[\frac{1}{x} + \frac{1}{x + 3}\right] = 1$$

$$\Rightarrow \quad 40\left[\frac{x + 3 + x}{x(x + 3)}\right] = 13$$

$\Rightarrow \quad 40(2x + 3) = 13x(x + 3)$

$\Rightarrow \quad 80x + 120 = 13x^2 + 39x$

$\Rightarrow \quad 13x^2 + 39x - 80x - 120 = 0$

$\Rightarrow \quad 13x^2 - 41x - 120 = 0$

$\Rightarrow \quad 13x^2 - 65x + 24x - 120 = 0$

$\Rightarrow \quad 13x(x - 5) + 24(x - 5) = 0$

$\Rightarrow \quad (x - 5)(13x + 24) = 0$

$\Rightarrow \quad x - 5 = 0$ या $13x + 24 = 0$

$\Rightarrow \quad x = 5$ या $x = \frac{-24}{13}$

$\because$ समय ऋणात्मक नहीं हो सकता।

$\therefore x = 5$

अतः तेजी से भरने वाले नल द्वारा हौज को भरने में लगा समय = 5 मिनट

तथा धीमी गति से चलने वाले नल द्वारा हौज को भरने में लगा समय $= (5 + 3) = 8$ मिनट

प्रकार V ज्यामिति पर आधारित इबारती प्रश्न

उदाहरण 9 **एक समकोण त्रिभुज का कर्ण उसकी सबसे छोटी भुजा के दुगुने से 6 मी अधिक है। यदि तीसरी भुजा कर्ण से 2 मी कम हो, तो त्रिभुज की तीनों भुजाएँ ज्ञात कीजिए।** **[CBSE 2012, 11]**

हल माना समकोण त्रिभुज की सबसे छोटी भुजा की लंबाई $= x$ मी

तब कर्ण की लंबाई $= (2x + 6)$ मी तथा

तीसरी भुजा की लंबाई $= (2x + 6 - 2)$ मी $= (2x + 4)$ मी

पाइथागोरस प्रमेय से,

$$(2x + 6)^2 = x^2 + (2x + 4)^2$$

[$\because$ (कर्ण)^2 = (लंब)^2 + (आधार)^2]

$\Rightarrow \quad 4x^2 + 24x + 36 = x^2 + 4x^2 + 16x + 16$

[$\because (a + b)^2 = a^2 + 2ab + b^2$]

$\Rightarrow \quad x^2 + 4x^2 + 16x + 16 - 4x^2 - 24x - 36 = 0$

$\Rightarrow \quad x^2 - 8x - 20 = 0$

द्विघाती सूत्र से,

$$x = \frac{-(-8) \pm \sqrt{(-8)^2 - 4 \times 1 \times (-20)}}{2 \times 1}$$

$$\left[\because x = \frac{-b \pm \sqrt{b^2 - 4ac}}{2a}; \text{ जहाँ } a = 1, b = -8 \text{ और } c = -20\right]$$

$\Rightarrow \quad x = \frac{8 \pm \sqrt{64+80}}{2} \Rightarrow x = \frac{8 \pm \sqrt{144}}{2}$

$\Rightarrow \quad x = \frac{8 \pm 12}{2} \Rightarrow x = \frac{8+12}{2}$ या $x = \frac{8-12}{2}$

$\Rightarrow \quad x = \frac{20}{2}$ या $x = \frac{-4}{2} \Rightarrow x = 10$ या $x = -2$

लेकिन भुजा की लंबाई ऋणात्मक नहीं हो सकती।

$\therefore x = 10$

अतः सबसे छोटी भुजा की लंबाई = 10 मी

कर्ण की लंबाई $= 2 \times 10 + 6 = 26$ मी

तथा तीसरी भुजा की लंबाई $= 2 \times 10 + 4 = 24$ मी

प्रकार VI क्षेत्रमिति पर आधारित इबारती प्रश्न

उदाहरण 10 एक किसान 64 मी^{2} आयताकार क्षेत्र में सब्जी की क्यारी बनाना चाहता है चूँकि उसके पास केवल 24 मी लंबाई का काँटेदार तार है। अतः क्यारी के तीनों ओर ही वह तार लगा देता है और चौथी ओर वह अपने घर की दीवार से घेर देता है क्यारी की लंबाई व चौड़ाई ज्ञात कीजिए।

हल माना आयताकार क्यारी की चौड़ाई = x मी

दिया है, आयताकार क्यारी का क्षेत्रफल = 64 मी^{2}

$\therefore$ क्यारी की लंबाई $= \frac{\text{क्यारी का क्षेत्रफल}}{\text{क्यारी की चौड़ाई}} = \frac{64}{x}$ मी

प्रश्नानुसार, किसान 24 मी लंबाई के तार को क्यारी के तीन ओर लगाता है।

$\therefore \quad x + x + \frac{64}{x} = 24 \Rightarrow \frac{x^2 + x^2 + 64}{x} = 24$

$\Rightarrow \quad 2x^2 + 64 = 24x \Rightarrow x^2 - 12x + 32 = 0$

$\Rightarrow \quad x^2 - 8x - 4x + 32 = 0 \Rightarrow x(x-8) - 4(x-8) = 0$

$\Rightarrow \quad (x-8)(x-4) = 0$

यदि $(x-4) = 0$, तब $x = 4$ तथा यदि $(x-8) = 0$, तब $x = 8$

अतः क्यारी की चौड़ाई = 4 मी

तथा लंबाई $= \frac{64}{4} = 16$ मी

[$\because$ यदि चौड़ाई $x = 8$ मी, लंबाई $= \frac{64}{8} = 8$ मी
तब, क्यारी वर्गाकार होगी जोकि मान्य नहीं है]

उदाहरण 11 दो वर्गों के क्षेत्रफलों का योगफल 468 मी^{2} है। यदि उनके परिमापों का अन्तर 24 मी हो, तो दोनों वर्गों की भुजाएँ ज्ञात कीजिए। **[CBSE 2020 (Basic)]**

हल माना दोनों वर्गों की भुजाएँ x मी और y मी हैं।

तब, पहले वर्ग का क्षेत्रफल = x^2 मी^{2}

[$\because$ वर्ग का क्षेत्रफल = (भुजा)^2]

दूसरे वर्ग का क्षेत्रफल = y^2 मी^{2}

तथा पहले वर्ग का परिमाप = $4x$ मी [$\because$ वर्ग का परिमाप = 4 × भुजा]

दूसरे वर्ग का परिमाप = $4y$ मी

प्रश्नानुसार, दो वर्गों के क्षेत्रफलों का योग = 468 मी^{2}

$\therefore \quad x^2 + y^2 = 468 \quad \ldots(i)$

तथा उनके परिमापों का अंतर = 24 मी

$\therefore \quad 4x - 4y = 24 \Rightarrow x - y = 6$

$\Rightarrow \quad y = x - 6 \quad \ldots(ii)$

समी (i) में y का मान रखने पर,

$x^2 + (x-6)^2 = 468$

$\Rightarrow \quad x^2 + x^2 - 12x + 36 - 468 = 0$ [$\because (a-b)^2 = a^2 - 2ab + b^2$]

$\Rightarrow \quad 2x^2 - 12x - 432 = 0$

$\Rightarrow \quad x^2 - 6x - 216 = 0$

$\Rightarrow \quad x^2 - (18x - 12x) - 216 = 0$

$\Rightarrow \quad x^2 - 18x + 12x - 216 = 0$

$\Rightarrow \quad x(x-18) + 12(x-18) = 0$

$\Rightarrow \quad (x-18)(x+12) = 0$

यदि $x - 18 = 0$, तब $x = 18$

तथा यदि $x + 12 = 0$, तब $x = -12$

यहाँ, $x \neq -12$, चूँकि भुजा ऋणात्मक नहीं हो सकती।

$\therefore \quad x = 18$

अतः पहले वर्ग की भुजा = x = 18 मी

तथा दूसरे वर्ग की भुजा = $y = (18-6) = 12$ मी [समी (ii) से]

प्रकार VII विविध इबारती प्रश्न

उदाहरण 12 एक दुकानदार एक खिलौने को ₹ 24 में बेचता है। यदि उसका लाभ प्रतिशत खिलौने के क्रय मूल्य के बराबर हो, तो वस्तु का क्रय मूल्य ज्ञात कीजिए।

यहाँ खिलौने का क्रय मूल्य ज्ञात करना है, इसलिए हम वस्तु के क्रय मूल्य को ₹ x मानेंगे तथा निम्न सूत्र का प्रयोग कर हल करेंगे।

लाभ $= \frac{\text{लाभ\%} \times \text{क्रय मूल्य}}{100}$ तथा विक्रय मूल्य = क्रय मूल्य + लाभ

हल माना खिलौने का क्रय मूल्य = ₹ x

तब, लाभ % = क्रय मूल्य [दिया है]

$\therefore$ लाभ % = x

लाभ $= \frac{\text{लाभ\%} \times \text{क्रय मूल्य}}{100}$

$\Rightarrow$ लाभ $= \frac{x \times x}{100} = ₹ \frac{x^2}{100}$

अब, विक्रय मूल्य = क्रय मूल्य + लाभ

$\therefore \quad 24 = x + \frac{x^2}{100}$ [$\because$ विक्रय मूल्य = ₹ 24]

$\Rightarrow \quad 24 = \frac{100x + x^2}{100}$

$\Rightarrow \quad 2400 = 100x + x^2$

$\Rightarrow \quad x^2 + 100x - 2400 = 0$

$\Rightarrow \quad x^2 + 120x - 20x - 2400 = 0$ [गुणनखंड करने पर]

$\Rightarrow \quad x(x+120) - 20(x+120) = 0$

$\Rightarrow \quad (x+120)(x-20) = 0$

$\Rightarrow \quad x + 120 = 0$ या $x - 20 = 0$

$\Rightarrow \quad x = -120$ या $x = 20$

लेकिन क्रय मूल्य ऋणात्मक नहीं हो सकता।

अतः खिलौने का क्रय मूल्य = ₹ 20

प्रश्नावली 4.4

1. यदि दो संख्याओं का अंतर 2 तथा उनका गुणनफल 360 हो, तो संख्याएँ ज्ञात कीजिए।

2. दो क्रमागत प्राकृत संख्याओं का गुणनफल 210 है, तो संख्याएँ ज्ञात कीजिए।

3. यदि एक संख्या तथा उसके व्युत्क्रम का योग $\frac{17}{4}$ हो, तो वह संख्या ज्ञात कीजिए।

4. यदि दो संख्याओं का अंतर तथा गुणनफल क्रमशः 3 और 504 हों, तो वे संख्याएँ ज्ञात कीजिए।

5. एक भिन्न का हर उसके अंश से 3 अधिक है। यदि संख्या तथा उसके व्युत्क्रम का योग $\frac{29}{10}$ है, तो भिन्न ज्ञात कीजिए।

6. यदि 5 वर्ष पहले राम की आयु तथा 9 वर्ष बाद राम की आयु का गुणनफल 15 है, तो राम की वर्तमान आयु ज्ञात कीजिए।

7. 29 को दो भागों में ऐसे विभाजित कीजिए कि विभाजित भागों के वर्गों का योग 425 आए।

8. दो क्रमागत विषम संख्याओं का गुणनफल 143 है तो संख्याएँ ज्ञात कीजिए।

9. कुछ विद्यार्थियों ने पिकनिक पर जाने की योजना बनाईं। पिकनिक में भोजन का कुल बजट ₹2000 था। लेकिन उनमें से 5 विद्यार्थी पिकनिक पर नहीं आ सके, जिसके कारण प्रत्येक विद्यार्थी के भोजन के खर्च में ₹20 की वृद्धि हो गई। पिकनिक में कितने विद्यार्थी गये तथा प्रत्येक विद्यार्थी को भोजन पर कितना खर्च करना पड़ा।

10. यदि एक समकोण त्रिभुज का परिमाप तथा कर्ण की माप क्रमशः 70 इकाई और 29 इकाई हो तो अन्य भुजाओं की माप ज्ञात कीजिए।

11. एक आदमी के पास यात्रा पर खर्च के लिए ₹360 हैं। यदि वह यात्रा 4 दिन के लिए बढ़ा देता है तो उसे अपने दैनिक खर्चे में ₹3 की कटौती करनी पड़ती है। यात्रा की वास्तविक अवधि ज्ञात कीजिए।

12. एक आयताकार खेत की लंबाई 20 मी तथा चौड़ाई 14 मी है। खेत के चारों ओर समान चौड़ाई का एक रास्ता है जिसका क्षेत्रफल 111 वर्ग मी है। रास्ते की चौड़ाई ज्ञात कीजिए। **[CBSE 2013,12]**

13. एक 600 किमी की उड़ान में, एक हवाई जहाज खराब मौसम के कारण धीमा उड़ता है। पूरी यात्रा में हवाई जहाज की औसत चाल 200 किमी/घंटा से घट जाती है तथा उड़ान के समय में 30 मिनट की वृद्धि हो जाती है। उड़ान की कुल अवधि ज्ञात कीजिए।

14. एक त्रिभुज का क्षेत्रफल 480 सेमी^{2} है। यदि त्रिभुज का आधार उसकी ऊँचाई के दोगुने से 8 सेमी अधिक है, तो त्रिभुज की भुजाओं को ज्ञात कीजिए। **[CBSE 2013]**

15. दो अंकों की संख्या के अंकों का गुणनफल 35 है। यदि संख्या में 18 जोड़ दिया जाए तो अंकों का स्थान बदल जाता है। संख्या ज्ञात कीजिए।

16. 27 वर्ष बाद, संजय की आयु उसके 29 वर्ष पहले की आयु के वर्ग के बराबर है। उसकी वर्तमान आयु ज्ञात कीजिए।

संकेत एवं हल

1. **संकेत** $x(x-2)=360$ **उत्तर** 18, 20 या −20, −18

2. **संकेत** $x(x+1)=210$ **उत्तर** 14 और 15

3. 4 या $\frac{1}{4}$

4. प्रश्न 1 की भाँति स्वयं हल करें। **उत्तर** 21, 24 या −24, −21

5. **संकेत** माना अंश $= x$, तब हर $= x+3$

प्रश्नानुसार, $\frac{x}{x+3}+\frac{x+3}{x}=\frac{29}{10} \Rightarrow x^2+3x-10=0$ **उत्तर** $\frac{2}{5}$

6. **संकेत** 5 वर्ष पहले राम की आयु $= x-5$

9 वर्ष बाद राम की आयु $= x+9$ **उत्तर** 6 वर्ष

7. **संकेत** $x^2+(29-x)^2=425$ **उत्तर** 16, 13

8. **संकेत** दो क्रमागत विषम संख्या x और $x+2$ हैं। **उत्तर** 11, 13

9. **संकेत** माना विद्यार्थियों की संख्या x हैं।

प्रश्नानुसार, $\frac{2000}{x-5}=\frac{2000}{x}+20 \Rightarrow x^2-5x-500=0$

उत्तर 20, 100

10. **संकेत** माना एक भुजा $=x$, तब अन्य भुजा $= 70-(29+x)=41-x$

अब, $x^2+(41-x)^2=(29)^2$ को हल कीजिए।

उत्तर 20 इकाई तथा 21 इकाई

11. **संकेत** माना यात्रा की वास्तविक अवधि $= x$ दिन

$\frac{360}{x}-\frac{360}{x+4}=3 \Rightarrow x^2+4x-480=0$ **उत्तर** 20 दिन

12. **संकेत** रास्ते का क्षेत्रफल = रास्ते के साथ खेत का क्षेत्रफल − रास्ते को छोड़कर खेत का क्षेत्रफल

उत्तर 1.5 मी

13. **संकेत** $\frac{600}{x}-\frac{600}{x+\frac{1}{2}}=200 \Rightarrow 2x^2+x-3=0$ **उत्तर** 1 घंटा

14. **संकेत** माना ऊँचाई x है। तब आधार $= 8+2x$

$\therefore$ समकोण त्रिभुज का क्षेत्रफल $=\frac{1}{2}\times$ आधार $\times$ ऊँचाई

उत्तर 20 सेमी, 48 सेमी तथा 52 सेमी

15. **संकेत** माना दहाई का अंक x है। तब इकाई का अंक $=\frac{35}{x}$

प्रश्नानुसार, $\left(x+10\times\frac{35}{x}\right)+18=\frac{35}{x}+10x \Rightarrow x^2-2x-35=0$

उत्तर 57

16. **संकेत** माना संजय की वर्तमान आयु $= x$

27 वर्ष बाद संजय की आयु $= x+27$

29 वर्ष पहले संजय की आयु $= x-29$ **उत्तर** 37 वर्ष

NCERT फोल्डर

प्रश्नावली 4.1

1. जाँच कीजिए कि क्या निम्न द्विघात समीकरण हैं?

(i) $(x+1)^2 = 2(x-3)$

(ii) $x^2 - 2x = (-2)(3-x)$

(iii) $(x-2)(x+1) = (x-1)(x+3)$

(iv) $(x-3)(2x+1) = x(x+5)$

(v) $(2x-1)(x-3) = (x+5)(x-1)$

(vi) $x^2 + 3x + 1 = (x-2)^2$

(vii) $(x+2)^3 = 2x(x^2-1)$

(viii) $x^3 - 4x^2 - x + 1 = (x-2)^3$

हल (i) टॉपिक 1, उदाहरण 1 की भाँति स्वयं हल करें।

उत्तर यह द्विघात समीकरण है।

(ii) दी गई समीकरण निम्न है

$$x^2 - 2x = (-2)(3-x)$$

$$\Rightarrow \quad x^2 - 2x = -6 + 2x$$

$$\Rightarrow \quad x^2 - 2x - 2x + 6 = 0$$

$$\Rightarrow \quad x^2 - 4x + 6 = 0$$

जोकि $ax^2 + bx + c = 0$ के रूप में है।

अत: $x^2 - 2x = (-2)(3-x)$ द्विघात समीकरण है।

(iii) टॉपिक 1, उदाहरण 1 की भाँति स्वयं हल करें।

उत्तर यह द्विघात समीकरण नहीं है।

(iv) टॉपिक 1, उदाहरण 1 की भाँति स्वयं हल करें।

उत्तर यह द्विघात समीकरण है।

(v) टॉपिक 1, उदाहरण 1 की भाँति स्वयं हल करें।

उत्तर यह द्विघात समीकरण है।

(vi) दी गई समीकरण निम्न है

$$x^2 + 3x + 1 = (x-2)^2$$

$$\Rightarrow \quad x^2 + 3x + 1 = x^2 + 4 - 4x$$

$$[\because (a-b)^2 = a^2 - 2ab + b^2]$$

$$\Rightarrow \quad x^2 + 3x + 1 - x^2 - 4 + 4x = 0$$

$$\Rightarrow \quad 7x - 3 = 0$$

जोकि $ax^2 + bx + c = 0$ के रूप में नहीं है, जहाँ $a \neq 0$ तथा b और c कोई वास्तविक संख्याएँ हैं। अत: यह एक द्विघात समीकरण नहीं है।

(vii) दी गई समीकरण निम्न है

$$(x+2)^3 = 2x(x^2-1)$$

$$\Rightarrow \quad x^3 + 8 + 3x^2(2) + 3x(2)^2 = 2x^3 - 2x$$

$$[\because (a+b)^3 = a^3 + b^3 + 3ab^2 + 3a^2b]$$

$$\Rightarrow \quad x^3 + 8 + 6x^2 + 12x = 2x^3 - 2x$$

$$\Rightarrow \quad x^3 + 8 + 6x^2 + 12x - 2x^3 + 2x = 0$$

$$\Rightarrow \quad -x^3 + 6x^2 + 14x + 8 = 0$$

जोकि $ax^2 + bx + c = 0,\ a \neq 0$ के रूप में नहीं है।

अत: $(x+2)^3 = 2x(x^2-1)$ एक द्विघात समीकरण नहीं है।

(viii) दी गई समीकरण निम्न है

$$x^3 - 4x^2 - x + 1 = (x-2)^3$$

$$\Rightarrow \quad x^3 - 4x^2 - x + 1 = x^3 - 3(x^2)2 + 3x(2)^2 - (2)^3$$

$$[\because (a-b)^3 = a^3 - b^3 + 3ab^2 - 3a^2b]$$

$$\Rightarrow \quad x^3 - 4x^2 - x + 1 = x^3 - 6x^2 + 12x - 8$$

$$\Rightarrow \quad x^3 - 4x^2 - x + 1 - x^3 + 6x^2 - 12x + 8 = 0$$

$$\therefore \quad 2x^2 - 13x + 9 = 0$$

जोकि $ax^2 + bx + c = 0,\ a \neq 0$ के रूप में है।

अत: $x^3 - 4x^2 - x + 1 = (x-2)^3$ एक द्विघात समीकरण है।

2. निम्न स्थितियों को द्विघात समीकरणों के रूप में निरूपित कीजिए

(i) एक आयताकार भूखंड का क्षेत्रफल 528 मी^{2} है। क्षेत्र की लंबाई (मी में) चौड़ाई के दोगुने से एक अधिक है। हमें भूखंड की लंबाई और चौड़ाई ज्ञात करनी है।

(ii) दो क्रमागत धनात्मक पूर्णांकों का गुणनफल 306 है। हमें पूर्णांकों को ज्ञात करना है।

(iii) रोहन की माँ उससे 26 वर्ष बड़ी है। इनकी आयु (वर्षों में) का गुणनफल, अब से तीन वर्ष पश्चात् 360 हो जाएगा। हमें रोहन की वर्तमान आयु ज्ञात करनी है।

(iv) एक रेलगाड़ी 480 किमी की दूरी समान चाल से तय करती है। यदि इसकी चाल 8 किमी/घंटा कम होती, तो वह उसी दूरी को तय करने में 3 घंटे अधिक लेती। हमें रेलगाड़ी की चाल ज्ञात करनी है।

हल (i) माना भूखंड की चौड़ाई = x मी, तब भूखंड की लंबाई = $(2x+1)$ मी

आयताकार भूखंड का क्षेत्रफल = 528 मी^{2} [दिया है]

आयताकार भूखंड का क्षेत्रफल = लंबाई × चौड़ाई

$$\therefore \quad (2x+1)x = 528$$

$$\Rightarrow \quad 2x^2 + x = 528$$

$$\Rightarrow \quad 2x^2 + x - 528 = 0$$

चूँकि यह $ax^2 + bx + c = 0,\ a \neq 0$ के रूप में है।

अत: दी गई स्थिति अभीष्ट द्विघात समीकरण में व्यक्त है।

(ii) माना दो क्रमागत धन पूर्णांक x और $x+1$ हैं।

तब, प्रश्नानुसार, दो क्रमागत धन पूर्णांकों का गुणनफल = 306

$$\Rightarrow \quad x(x+1) = 306$$

$$\Rightarrow \quad x^2 + x = 306$$

$$\Rightarrow \quad x^2 + x - 306 = 0$$

चूँकि यह $ax^2 + bx + c = 0,\ a \neq 0$ के रूप में है।

अत: दी गई स्थिति अभीष्ट द्विघात समीकरण में व्यक्त है।

(iii) माना रोहन की आयु = x वर्ष

तब, उसकी माँ की आयु = $(x + 26)$ वर्ष

तीन वर्ष बाद, रोहन की आयु = $(x + 3)$ वर्ष

रोहन की माँ की आयु = $[(x + 26) + 3] = (x + 29)$ वर्ष

प्रश्नानुसार, $(x + 3)(x + 29) = 360$

$\Rightarrow \quad x^2 + 29x + 3x + 87 = 360$

$\therefore \quad x^2 + 32x - 273 = 0$

अतः यह $ax^2 + bx + c = 0, a \neq 0$ के रूप में है।

इसलिए, यह अभीष्ट द्विघात समीकरण है।

(iv) माना रेलगाड़ी की चाल = x किमी/घंटा

रेलगाड़ी द्वारा तय की गई दूरी = 480 किमी

अतः 480 किमी दूरी तय करने में लिया गया समय

$= \frac{480}{x}$ घंटे $\left[\because \text{समय} = \frac{\text{दूरी}}{\text{चाल}}\right]$

यदि चाल 8 किमी/घंटा कम होती है अर्थात् $(x - 8)$ किमी/घंटा

तब, 480 किमी दूरी तय करने में लगा समय = $\frac{480}{x - 8}$ घंटे

प्रश्नानुसार, $\frac{480}{x - 8} - \frac{480}{x} = 3$

$\Rightarrow \quad \frac{480x - 480(x - 8)}{x(x - 8)} = 3$

$\Rightarrow \quad 480x - 480x + 3840 = 3x(x - 8)$

$\Rightarrow \quad 3840 = 3x^2 - 24x$

$\Rightarrow \quad 3x^2 - 24x - 3840 = 0$

$\Rightarrow \quad 3(x^2 - 8x - 1280) = 0$

$\Rightarrow \quad x^2 - 8x - 1280 = 0$

[दोनों पक्षों को 3 से भाग करने पर]

अतः यह $ax^2 + bx + c = 0$ के रूप में है।

इसलिए यह अभीष्ट द्विघात समीकरण है।

प्रश्नावली 4.2

1. गुणनखंड विधि से निम्न द्विघात समीकरणों के मूल ज्ञात कीजिए

(i) $x^2 - 3x - 10 = 0$

(ii) $2x^2 + x - 6 = 0$

(iii) $\sqrt{2}\, x^2 + 7x + 5\sqrt{2} = 0$

(iv) $2x^2 - x + \frac{1}{8} = 0$

(v) $100x^2 - 20x + 1 = 0$

हल (i) टॉपिक 2, उदाहरण 1 की भाँति स्वयं हल करें।

उत्तर समीकरण $x^2 - 3x - 10 = 0$ के मूल −2 और 5 हैं।

(ii) दी गई समीकरण निम्न है

$2x^2 + x - 6 = 0 \Rightarrow 2x^2 + (4x - 3x) - 6 = 0$

$\Rightarrow 2x^2 + 4x - 3x - 6 = 0 \quad [\because 4 \times (-3) = -12$ या $4 - 3 = 1]$

$\Rightarrow 2x(x + 2) - 3(x + 2) = 0 \Rightarrow (x + 2)(2x - 3) = 0$

अब, $x + 2 = 0 \Rightarrow x = -2$

और $2x - 3 = 0 \Rightarrow x = \frac{3}{2}$

अतः समीकरण $2x^2 + x - 6 = 0$ के मूल −2 और $\frac{3}{2}$ हैं।

(iii) दी गई समीकरण निम्न है

$\sqrt{2}x^2 + 7x + 5\sqrt{2} = 0$

$\Rightarrow \sqrt{2}x^2 + (5x + 2x) + 5\sqrt{2} = 0$

$\Rightarrow \sqrt{2}x^2 + 5x + 2x + 5\sqrt{2} = 0$ [$\because 5 \times 2 = 10$ तथा $5 + 2 = 7$]

$\Rightarrow \quad x(\sqrt{2}x + 5) + \sqrt{2}(\sqrt{2}x + 5) = 0$

$\Rightarrow \quad (\sqrt{2}x + 5)(x + \sqrt{2}) = 0$

अब, $\sqrt{2}x + 5 = 0$

$\Rightarrow \quad x = -\frac{5}{\sqrt{2}}$

या $x + \sqrt{2} = 0$

$\Rightarrow \quad x = -\sqrt{2}$

अतः समीकरण $\sqrt{2}x^2 + 7x + 5\sqrt{2} = 0$ के मूल $-\frac{5}{\sqrt{2}}$ और $-\sqrt{2}$ हैं।

(iv) भाग (iii) की भाँति स्वयं हल करें।

उत्तर समीकरण $2x^2 - x + \frac{1}{8} = 0$ के मूल $\frac{1}{4}$ और $\frac{1}{4}$ हैं।

(v) भाग (iii) की भाँति स्वयं हल करें।

उत्तर समीकरण $100x^2 - 20x + 1 = 0$ के मूल $\frac{1}{10}$ और $\frac{1}{10}$ हैं।

2. निम्नलिखित द्विघात समीकरणों को हल कीजिए।

(i) $x^2 - 45x + 324 = 0$ (ii) $x^2 - 55x + 750 = 0$

हल (i) दी गई समीकरण निम्न है

$x^2 - 45x + 324 = 0$

$\Rightarrow \quad x^2 - (36x + 9x) + 324 = 0$

$\Rightarrow \quad x^2 - 36x - 9x + 324 = 0$

$\Rightarrow \quad x(x - 36) - 9(x - 36) = 0$

$\Rightarrow \quad (x - 36)(x - 9) = 0$

अब, $x - 36 = 0$

$\Rightarrow \quad x = 36$

और $x - 9 = 0$

$\Rightarrow \quad x = 9$

अतः समीकरण $x^2 - 45x + 324 = 0$ के मूल 9 और 36 हैं।

(ii) भाग (i) की भाँति स्वयं हल करें।

उत्तर समीकरण $x^2 - 55x + 750 = 0$ के मूल 25 और 30 हैं।

3. ऐसी दो संख्याएँ ज्ञात कीजिए, जिनका योग 27 हो और गुणनफल 182 हो।

हल माना एक संख्या x हैं।

तब, दूसरी संख्या $27 - x$ होगी। [$\because$ दोनों संख्याओं का योगफल = 27]

प्रश्नानुसार,

इन संख्याओं का गुणनफल = 182

$\therefore \quad x(27 - x) = 182 \Rightarrow 27x - x^2 = 182$

$\Rightarrow \quad x^2 - 27x + 182 = 0 \Rightarrow x^2 - 14x - 13x + 182 = 0$

[$\because (-14) \times (-13) = 182$ तथा $-14 - 13 = -27$]

$\Rightarrow x(x - 14) - 13(x - 14) = 0 \Rightarrow (x - 14)(x - 13) = 0$

$\Rightarrow x - 14 = 0$ या $x - 13 = 0 \Rightarrow x = 14$ या $x = 13$

यदि $x = 14$, तब $27 - x = 27 - 14 = 13$

यदि $x = 13$, तब $27 - x = 27 - 13 = 14$

अतः दोनों स्थितियों में, संख्याएँ 13 तथा 14 हैं।

4. दो क्रमागत धनात्मक पूर्णांक ज्ञात कीजिए, जिनके वर्गों का योग 365 हो।

हल टॉपिक 4, उदाहरण 1 की भाँति स्वयं हल करें।

उत्तर दो क्रमागत धनात्मक पूर्णांक 13 और 14 हैं।

5. एक समकोण त्रिभुज की ऊँचाई इसके आधार से 7 सेमी कम है। यदि कर्ण 13 सेमी का हो, तो अन्य दो भुजाएँ ज्ञात कीजिए।

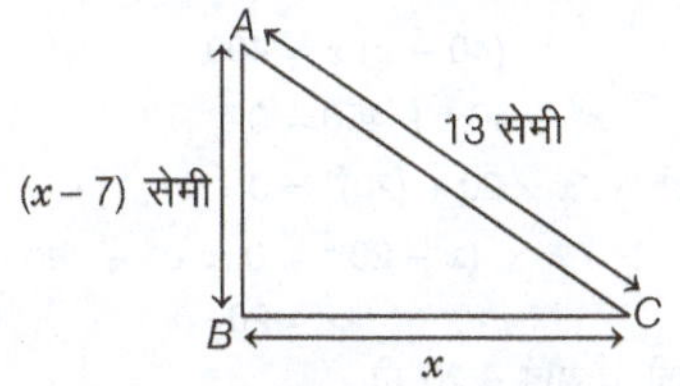

हल टॉपिक 4, उदाहरण 9 की भाँति स्वयं हल करें।

उत्तर त्रिभुज का आधार = 12 सेमी और ऊँचाई = 12 – 7 = 5 सेमी

6. एक कुटीर उद्योग एक दिन में कुछ बर्तनों का निर्माण करता है। एक विशेष दिन यह देखा गया कि प्रत्येक नग की निर्माण लागत (₹ में) उस दिन के निर्माण किए बर्तनों की संख्या के दोगुने से 3 अधिक थी। यदि उस दिन की कुल निर्माण लागत ₹ 90 थी, तो निर्मित बर्तनों की संख्या और प्रत्येक नग की लागत ज्ञात कीजिए।

हल माना निर्मित वस्तुओं की संख्या = x

तथा प्रत्येक नग की लागत = $(2x + 3)$ [दिए गए प्रतिबंध से]

अतः निर्माण का कुल मूल्य = वस्तुओं की संख्या × निर्माण का मूल्य

$= x(2x + 3)$

प्रश्नानुसार, $x(2x + 3) = 90$

$\Rightarrow \quad 2x^2 + 3x = 90$

$\Rightarrow \quad 2x^2 + 3x - 90 = 0$

$\Rightarrow \quad 2x^2 + (15 - 12)x - 90 = 0$

[∵ $15 \times (-12) = -180$ तथा $15 - 12 = 3$]

$\Rightarrow \quad 2x^2 + 15x - 12x - 90 = 0$

$\Rightarrow \quad x(2x + 15) - 6(2x + 15) = 0$

$\Rightarrow \quad (2x + 15)(x - 6) = 0$

अब, $2x + 15 = 0$

$\Rightarrow \quad x = -\dfrac{15}{2}$

और $x - 6 = 0$

$\Rightarrow \quad x = 6$

$\therefore \quad x = -\dfrac{15}{2}$ और 6

लेकिन x ऋणात्मक नहीं हो सकता अर्थात् निर्मित बर्तनों की संख्या धनात्मक होगी।

$\therefore \quad x = 6$

अतः निर्मित बर्तनों की संख्या = 6

तथा प्रत्येक बर्तन की लागत $= (2 \times 6 + 3) =$ ₹ 15

प्रश्नावली 4.3

1. निम्न द्विघात समीकरणों के मूलों की प्रकृति ज्ञात कीजिए। यदि मूलों का अस्तित्व हो, तो उन्हें ज्ञात कीजिए।

(i) $2x^2 - 3x + 5 = 0$ (ii) $3x^2 - 4\sqrt{3}x + 4 = 0$

(iii) $2x^2 - 6x + 3 = 0$

हल टॉपिक 3, उदाहरण 5 की भाँति स्वयं हल करें।

उत्तर (i) समीकरण $2x^2 - 3x + 5 = 0$ के मूल वास्तविक नहीं हैं अर्थात् काल्पनिक मूल हैं।

(ii) समान वास्तविक मूल $\dfrac{2}{\sqrt{3}}$ और $\dfrac{2}{\sqrt{3}}$ हैं।

(iii) वास्तविक मूल $\dfrac{3+\sqrt{3}}{2}$ और $\dfrac{3-\sqrt{3}}{2}$ हैं।

2. निम्न प्रत्येक द्विघात समीकरण में k का ऐसा मान ज्ञात कीजिए कि उसके दो मूल बराबर हों।

(i) $2x^2 + kx + 3 = 0$

(ii) $kx(x - 2) + 6 = 0$ **[CBSE 2023 (Standard)]**

हल (i) टॉपिक 3, उदाहरण 6 की भाँति स्वयं हल करें।

उत्तर $k = \pm 2\sqrt{6}$

(ii) दी गई समीकरण निम्न है

$kx(x - 2) + 6 = 0$

$\Rightarrow \quad kx^2 - 2kx + 6 = 0 \quad \ldots(i)$

समी (i) की तुलना $ax^2 + bx + c = 0$ से करने पर,

$a = k, b = -2k$ तथा $c = 6$

∴ विविक्तकर, $D = b^2 - 4ac = (-2k)^2 - 4 \times k \times 6$

$= 4k^2 - 24k = 4k(k - 6)$

समान मूलों के लिए, $D = 0$

$\Rightarrow \quad 4k(k - 6) = 0$

$\Rightarrow \quad k = 0$ या $k = 6$

लेकिन $k = 0$ दिए गए समीकरण को संतुष्ट नहीं करता है, क्योंकि यदि $k = 0$, तब x^2 तथा x के गुणांक शून्य हो जाएँगे। अतः k का अभीष्ट मान 6 है।

3. क्या एक ऐसी आम की बगिया बनाना संभव है जिसकी लंबाई, चौड़ाई से दोगुनी हो और उसका क्षेत्रफल 800 मी² हो? यदि है, तो उसकी लंबाई और चौड़ाई ज्ञात कीजिए।

हल माना आयताकार आम की बगिया की चौड़ाई = x मी

∴ आयताकार आम की बगिया की लंबाई = $2x$ मी [दिए गए प्रतिबंध से]

प्रश्नानुसार,

आयताकार आम की बगिया का क्षेत्रफल = 800 मी²

∴ लंबाई × चौड़ाई $= 2x \times (x) = 800$

$\Rightarrow \quad 2x^2 = 800$

$\Rightarrow \quad x^2 = 400$

$\Rightarrow \quad x = \pm 20$

क्योंकि चौड़ाई ऋणात्मक नहीं हो सकती। अतः ऋणात्मक चिह्न संभव नहीं है।

∴ चौड़ाई $x = 20$ मी

तथा लंबाई $= 2 \times 20 = 40$ मी

4. क्या निम्न स्थिति संभव है? यदि है, तो उनकी वर्तमान आयु ज्ञात कीजिए। दो मित्रों की आयु का योग 20 वर्ष है। 4 वर्ष पहले उनकी आयु का गुणनफल 48 था।

हल माना दो मित्रों में से एक की आयु = x वर्ष

तब दूसरे मित्र की आयु = $(20 - x)$ वर्ष

[∵ दो मित्रों की आयु का योग 20 वर्ष है]

4 वर्ष पहले दो मित्रों में से एक की आयु = $(x - 4)$ वर्ष

तब 4 वर्ष पहले दूसरे मित्र की आयु = $(20 - x - 4) = (16 - x)$ वर्ष

प्रश्नानुसार, $(x-4)(16-x)=48$

$\Rightarrow$ $16x - x^2 - 64 + 4x = 48$

$\Rightarrow$ $x^2 - 20x + 112 = 0$

$ax^2 + bx + c = 0$ से तुलना करने पर,

$a = 1, b = -20$ तथा $c = 112$

$\therefore$ विविक्तकर, $D = b^2 - 4ac$

$= (-20)^2 - 4 \times 1 \times 112$

$= 400 - 448$

$= -48 < 0$

चूँकि विविक्तकर ऋणात्मक है इसलिए वास्तविक मूल संभव नहीं हैं। अतः दी गई स्थिति सम्भव नहीं है।

5. **क्या परिमाप 80 मी तथा क्षेत्रफल 400 मी² के एक पार्क को बनाना संभव है? यदि है, तो उसकी लंबाई और चौड़ाई ज्ञात कीजिए।**

हल माना पार्क की चौड़ाई $= x$ मी

तब प्रश्नानुसार,

आयताकार पार्क का परिमाप = 80 मी

$\Rightarrow$ 2 (लंबाई + चौड़ाई) = 80 मी

$\Rightarrow$ लंबाई + चौड़ाई = 40 मी

$\Rightarrow$ लंबाई = $(40 - x)$ मी

$\therefore$ आयताकार पार्क का क्षेत्रफल = लंबाई × चौड़ाई

$= (40 - x)x$ मी²

परंतु प्रश्नानुसार,

आयताकार पार्क का क्षेत्रफल = 400 मी²

$\therefore$ $(40 - x)x = 400$

$\Rightarrow$ $x^2 - 40x + 400 = 0$

$\Rightarrow$ $x^2 - 2x \times 20 + (20)^2 = 0$

$\Rightarrow$ $(x - 20)^2 = 0$ $[\because a^2 - 2ab + b^2 = (a-b)^2]$

$\therefore$ $x = 20$

अतः पार्क की चौड़ाई = 20 मी

और पार्क की लंबाई = $(40 - 20)$ = 20 मी

अतः यह संभव है कि एक ऐसा आयताकार पार्क बनाया जाए, जिसकी लंबाई और चौड़ाई समान हों।

अध्याय : एक नजर में

- *द्विघात समीकरण का मानक रूप $ax^2 + bx + c = 0$ है, जहाँ $a \neq 0$ तथा a, b तथा c वास्तविक संख्याएँ हैं।*
- *वास्तविक संख्या α, द्विघात समीकरण $ax^2 + bx + c = 0, a \neq 0$, का मूल या हल कहलाती है यदि $a(\alpha)^2 + b(\alpha) + c = 0$*
- *$ax^2 + bx + c, x \neq 0$ का गुणनखंड करने के लिए (यदि गुणनखंड हो सकते हैं) दिए गए द्विघात बहुपद के मध्य पद को दो भागों में विभाजित करके द्विघात बहुपद को दो रैखिक गुणनखंडों के गुणनफल के रूप में लिखते हैं तथा प्रत्येक गुणनखंड को शून्य के बराबर मानकर दिए गए द्विघात समीकरण के संभव मूल ज्ञात करते हैं।*
- *द्विघात समीकरण $ax^2 + bx + c = 0, a \neq 0$ के मूलों को द्विघाती सूत्र के प्रयोग द्वारा भी ज्ञात किया जा सकता है।*

द्विघाती सूत्र से $x = \dfrac{-b \pm \sqrt{b^2 - 4ac}}{2a}$

यहाँ, $b^2 - 4ac = D$ को विविक्तकर कहते हैं।

- *मूलों के प्रकृति की पहचान करना*
  - *(i) यदि $D = b^2 - 4ac = 0$, तब द्विघात समीकरण के दोनों मूल समान वास्तविक या पुनरावृत्ति या संपाती होंगे।*
  - *(ii) यदि $D = b^2 - 4ac > 0$, तब द्विघात समीकरण के दो भिन्न वास्तविक मूल होंगे।*
  - *(iii) यदि $D = b^2 - 4ac < 0$, तब द्विघात समीकरण का कोई वास्तविक मूल नहीं है या मूलों का अस्तित्व नहीं है।*

परीक्षा अभ्यास

यहाँ अध्याय से संबंधित सभी संभावित प्रश्नों को दिया गया है, इन प्रश्नों का अभ्यास करके व याद रखकर छात्र अध्याय से संबंधित किसी भी प्रश्न का उत्तर दे पाएँगे।

बहुविकल्पीय प्रश्न

1. द्विघात समीकरण $x^2 - 0.04 = 0$ के मूल है **[CBSE 2020 (Standard)]**

(a) ± 0.2 (b) ± 0.02 (c) 0.4 (d) 2

2. निम्न में से कौन द्विघात समीकरण है? **[NCERT Exemplar]**

(a) $(x+1)^2 = 2(x-3)$ (b) $(x-2)(x+1) = (x-1)(x+3)$

(c) $x^2 + 3x + 1 = (x-2)^2$ (d) $(x+2)^3 = 2x(x^2-1)$

3. यदि $x^2 - \frac{1}{9} = 0$, तो x का मान होगा

(a) 0 (b) $\pm\frac{1}{2}$ (c) $\pm\frac{1}{3}$ (d) $\pm\frac{1}{4}$

4. यदि $\frac{1}{x^2+5} = \frac{1}{9}$ है, तो x का मान होगा

(a) ± 1 (b) ± 2 (c) ± 3 (d) ± 4

5. यदि द्विघात समीकरण $x^2 + 2x - p = 0$ का एक हल –2 हो, तो p का मान क्या होगा? **[NCERT Exemplar]**

(a) 0 (b) 1 (c) 2 (d) 3

6. समीकरण $5(x-5)(x+5) = 55$ का हल होगा **[NCERT Exemplar]**

(a) ± 3 (b) ± 5 (c) ± 6 (d) ± 7

7. द्विघात समीकरण $3x^2 + 4x - 5 = 0$ का विविक्तकर है

(a) 89 (b) 76 (c) 71 (d) 13

8. समीकरण $2x^2 + 5x + 4 = 0$ के मूल होंगे **[NCERT Exemplar]**

(a) परिमेय और बराबर (b) परिमेय और असमान

(c) अपरिमेय (d) काल्पनिक

9. यदि समीकरण $2x^2 - 8x + c = 0$ के मूल बराबर हैं, तो c का मान होगा

(a) 2 (b) 4 (c) 6 (d) 8

10. यदि द्विघात समीकरण $3x^2 - 6x + k = 0$ के मूल समान हैं, तो k का मान है **[NCERT Exemplar]**

(a) 3 (b) 6 (c) 9 (d) 12

कथन कारण प्रश्न

निर्देश (प्र. सं. 11-15 तक) *इनमें से प्रत्येक प्रश्न में एक कथन के बाद एक कारण दिया गया है। इनको ध्यानपूर्वक पढ़िए तथा निम्न विकल्पों के आधार पर प्रश्नों के उत्तर दीजिए।*

(a) यदि दोनों कथन व कारण सही हैं तथा कारण कथन का सही स्पष्टीकरण है।

(b) यदि दोनों कथन व कारण सही हैं, परन्तु कारण कथन का सही स्पष्टीकरण नहीं है।

(c) यदि कथन सही है परन्तु कारण गलत है।

(d) यदि कथन गलत है परन्तु कारण सही है।

11. कथन समीकरण $x^2 + x + 4 = 0$ के समान मूल है।

कारण द्विघात समीकरण $ax^2 + bx + c = 0, a \neq 0$ के समान मूल है, यदि $b^2 - 4ac = 0$

12. कथन $2x^2 + 7x - 15 = 0$ के मूल –5 व $\frac{3}{2}$ हैं।

कारण द्विघात समीकरण $ax^2 + bx + c = 0, a \neq 0$ के मूल निम्न द्वारा दिए हैं।

$$x = \frac{-b \pm \sqrt{b^2 - 4ac}}{2a}$$

13. कथन $x^2 + 4kx + 25 = 0$ के वास्तविक मूल नहीं है, यदि $-\frac{5}{2} < k < \frac{5}{2}$

कारण द्विघात समीकरण $ax^2 + bx + c = 0, a \neq 0$ के मूल वास्तविक होंगे, यदि $b^2 - 4ac \geq 0$

14. कथन यदि समीकरण $y^2 + 4my + n = 0$ के बराबर वास्तविक मूल है, तब $m^2 = \frac{n}{4}$

कारण यदि समीकरण $ax^2 + bx + c = 0, a \neq 0$ के लिए $b^2 - 4ac = 0$, तब $x = -\frac{b}{2a}, -\frac{b}{2a}$

15. कथन यदि $x = 3$ द्विघात समीकरण $x^2 - 2kx - 6 = 0$ का एक मूल है, तब k का मान $\frac{1}{2}$ है।

कारण यदि x का कोई मान द्विघात समीकरण $ax^2 + bx + c = 0, a \neq 0$ का एक मूल है, तो x का यह मान समीकरण को सन्तुष्ट करेगा।

अतिलघु उत्तरीय प्रश्न

16. यदि $b = 0, c < 0$ क्या यह सत्य है कि $x^2 + bx + c = 0$ के मूल संख्यात्मक रूप से समान परंतु चिह्न में विपरीत हों? तर्क दीजिए। **[NCERT Exemplar]**

17. यदि समीकरण $kx^2-3\sqrt{2}x+4\sqrt{2}=0$ का विविक्तकर 14 है, तब k का मान ज्ञात कीजिए।

18. क्या एक ऐसी द्विघात समीकरण का अस्तित्व है, जिसके गुणांक परिमेय हो, परंतु उसके दोनों मूल अपरिमेय हो? तर्क दीजिए। **[NCERT Exemplar]**

19. निम्न दिया गया कथन सत्य है या असत्य? "प्रत्येक द्विघात समीकरण का कम से कम एक वास्तविक मूल होता है।" तर्क दीजिए।

20. यदि दो क्रमागत पूर्णांकों का गुणनफल 306 है, तो इस स्थिति को द्विघात समीकरण के रूप में लिखिए।

21. यदि एक संख्या को उसके वर्ग के दोगुने में जोड़ने पर परिणाम 21 आता है, तो इस स्थिति को द्विघात समीकरण के रूप में लिखिए। **[CBSE 2014, 15]**

22. द्विघात समीकरण $5x^2-2x-3=0$ के मूलों की प्रकृति ज्ञात कीजिए। **[CBSE 2015]**

लघु उत्तरीय प्रश्न

23. निम्नलिखित में कौन द्विघात समीकरण नहीं है?

(i) $(\sqrt{2}x+\sqrt{3})^2=3x^2-5x$

(ii) $(x^2+2x)^2=x^4+3+4x^2$ **[NCERT Exemplar]**

24. द्विघात समीकरण $x^2-(\sqrt{5}+1)x+\sqrt{5}=0$ को हल कीजिए। **[CBSE 2015]**

25. समीकरण $\sqrt{6x+7}-(2x-7)=0$ को हल कीजिए। **[CBSE 2016]**

26. समीकरण $ax^2+a=a^2x+x$ के मूल ज्ञात कीजिए।

27. सिद्ध कीजिए कि समीकरण $(x^2+1)^2-x^2=0$ के मूल अवास्तविक हैं। **[NCERT Exemplar]**

28. समीकरण $x^2-7x-18$ के मूलों का संख्यात्मक अंतर ज्ञात कीजिए। **[CBSE 2015]**

29. k का वह मान ज्ञात कीजिए जिसके लिए समीकरण $x^2+4x+k=0$ के मूल वास्तविक हों। **[CBSE 2023 (Basic)]**

30. यदि समीकरण $x^2+kx-\frac{5}{4}=0$ का एक मूल $\frac{1}{2}$ है, तो k का मान ज्ञात कीजिए। **[NCERT Exemplar, CBSE 2011]**

31. द्विघात समीकरण $px(x-3)+9=0$ में p का ऐसा मान ज्ञात कीजिए कि उसके दो बराबर मूल हों।

32. यदि $x=\sqrt{5+\sqrt{5+\sqrt{5+\ldots\infty}}}$ तथा x एक प्राकृत संख्या है, तो द्विघात समीकरण ज्ञात कीजिए।

परीक्षा अभ्यास

लघु उत्तरीय प्रश्न

33. द्विघात समीकरण $x^2-3\sqrt{5}x+10=0$ के मूल ज्ञात कीजिए। **[CBSE 2011]**

34. द्विघात समीकरण $4\sqrt{3}x^2+5x-2\sqrt{3}=0$ को हल कीजिए। **[CBSE 2013, 12]**

35. यदि दो क्रमागत विषम संख्याओं के वर्गों का योग 130 है, तो वे संख्याएँ ज्ञात कीजिए। **[CBSE 2013]**

36. समीकरण $\frac{16}{x}-1=\frac{15}{x+1}$; $x\neq 0,-1$ को हल कीजिए।

37. दो संख्याओं का अन्तर 4 है यदि उनके व्युत्क्रम का अन्तर $\frac{4}{21}$ है, तो दोनों संख्याएँ ज्ञात कीजिए। **[CBSE 2008]**

38. दो संख्याओं का योग 15 है। यदि इनके व्युत्क्रमों का योग $\frac{3}{10}$ है, तो इन संख्याओं को ज्ञात कीजिए। **[CBSE 2023 (Standard)]**

39. अपराह्न 2 बजकर t मिनट पर मिनट वाली सुई को अपराह्न 3 बजे का समय दिखाने के लिए $\frac{t^2}{4}$ मिनट से 3 मिनट कम समय की आवश्यकता है, तब t का मान ज्ञात कीजिए।

40. 7 वर्ष पहले वरूण की आयु स्वाति की आयु के वर्ग की 5 गुनी थी। अब से 3 वर्ष बाद स्वाति की आयु वरूण की आयु की $\frac{2}{5}$ गुनी होगी। उनकी वर्तमान आयु ज्ञात कीजिए। **[CBSE 2006]**

41. यदि एक संख्या तथा उसके धनात्मक वर्गमूल का योग $\frac{6}{25}$ है, तो वह संख्या ज्ञात कीजिए।

42. एक भिन्न का अंश उसके हर से 3 कम है। यदि हर में 1 जोड़ा जाता है, तो भिन्न $\frac{1}{15}$ घट जाती है। भिन्न ज्ञात कीजिए।

43. तीन क्रमागत प्राकृत संख्याएँ हैं, जिसमें मध्य संख्या का वर्ग अन्य दो संख्याओं के वर्गों के अन्तर से 60 अधिक है। संख्या ज्ञात कीजिए। **[CBSE 2016]**

44. निम्न समीकरण को चर x के लिए हल कीजिए
$\frac{1}{a+b+x}=\frac{1}{a}+\frac{1}{b}+\frac{1}{x}$, जहाँ $a, b, x\neq 0$ और $a+b+x\neq 0$

45. यदि समीकरण $x^2+2cx+ab=0$ के मूल वास्तविक तथा असमान हैं, तो सिद्ध कीजिए कि समीकरण $x^2-2(a+b)x+a^2+b^2+2c^2=0$ के मूल वास्तविक नहीं होंगे।

दीर्घ उत्तरीय प्रश्न

46. निम्न समीकरण को हल कीजिए

$$\frac{1}{(x-1)(x-2)}+\frac{1}{(x-2)(x-3)}=\frac{2}{3};\,x\neq 1,2,3$$ **[CBSE 2016]**

47. निम्न समीकरण को x के लिए हल कीजिए

$$\frac{1}{x+1}+\frac{2}{x+2}=\frac{4}{x+4},\,x\neq -1,-2,-4$$

48. समीकरण $5^{(x+1)}+5^{(2-x)}=5^3+1$ के मूल गुणनखंड विधि से ज्ञात कीजिए।

49. यदि -5 द्विघात समीकरण $2x^2+px-15=0$ का मूल है तथा द्विघात समीकरण $p(x^2+x)+k=0$ के मूल समान हैं, तो k का मान ज्ञात कीजिए। **[CBSE 2016]**

50. कपड़े के टुकड़े का मूल्य ₹ 200 है। यदि यह कपड़ा 5 मी और लम्बा होता तथा उसका मूल्य ₹ 2 प्रति मी कम होता तो भी इसके कुल कीमत में कोई अंतर नहीं होता। कपड़े की लंबाई और उसका प्रति मीटर मूल्य ज्ञात कीजिए। **[CBSE 2015]**

51. 6500 रुपये को समान रूप से कुछ लोगों में बाँटा गया। यदि 15 व्यक्ति और होते तो प्रत्येक व्यक्ति को 30 रुपये कम मिलते। व्यक्तियों की वास्तविक संख्या ज्ञात कीजिए। **[CBSE 2013, 12]**

52. एक दुकानदार कुछ किताबें ₹ 1200 में खरीदता है। यदि वह इतने ही रुपयों में 10 किताबें और खरीदे तो प्रति किताब का मूल्य पहले से ₹ 20 कम होता तो बताइए वह कितनी किताबें खरीदता है?

53. यदि समीकरण $(1+m^2)x^2+(2mc)x+(c^2-a^2)=0$ के मूल समान हैं, तो सिद्ध कीजिए कि $c^2=a^2(1+m^2)$

54. एक रेलगाड़ी एक औसतन गति से 54 किमी की दूरी तय करती है और बाद में 63 किमी की दूरी पहली गति से 6 किमी/घण्टा अधिक औसतन गति से तय करती है। यदि रेलगाड़ी पूरी यात्रा 3 घण्टे में तय करती है, तो इसकी पहली औसतन गति क्या थी? **[CBSE 2023 (Standard)]**

55. एक वायुयान अपने निर्धारित समय से 30 मिनट के विलम्ब से चला। 1500 किमी की दूरी पर अपने गंतव्य पर ठीक समय पर पहुँचने के लिए इसे अपनी सामान्य चाल को 100 किमी/घण्टा बढ़ाना पड़ा। वायुयान की सामान्य चाल ज्ञात कीजिए। **[CBSE 2019]**

56. दो नलों को एक साथ चलाने पर एक हौज $11\frac{1}{9}$ मिनट में भर सकता है। यदि हौज को भरने में एक नल दूसरे नल की अपेक्षा 5 मिनट अधिक समय लेता है, तो प्रत्येक नल हौज को कितने-कितने समय में भरेगा? **[CBSE 2016]**

57. एक फैक्ट्री अपने माल की उत्पादन वृद्धि दर एक समान प्रतिशत से बनाए रखती है। यदि पिछले दो वर्षों में उत्पादन दोगुना हो गया हो, तो वृद्धि दर ज्ञात कीजिए।

58. निम्न समीकरण को हल कीजिए

$$x=\cfrac{1}{2-\cfrac{1}{2-\cfrac{1}{2-x}}};\,x\neq 2$$

59. यदि समीकरण $(a-b)x^2+(b-c)x+(c-a)=0$ के मूल समान हों, तो सिद्ध कीजिए कि $2a=b+c$ **[CBSE 2015]**

60. एक वर्गाकार क्षेत्र की भुजा 44 मी है। इसके बीच में एक वर्गाकार फूलों की क्यारी बनाई गई है। क्यारी के चारों ओर एक समान चौड़ाई का मार्ग छोड़ा गया है। फूलों की क्यारी को ₹ 2.75 प्रति वर्ग मी की दर से समतल किया जाता है तथा मार्ग पर ₹ 1.50 प्रति वर्ग मी की दर से कंक्रीट बिछाई जाती है। यदि इसमें कुल खर्च ₹ 4904 हो, तो मार्ग की चौड़ाई ज्ञात कीजिए।

61. x के लिए हल कीजिए $\left(\frac{2x}{x-5}\right)^2+\frac{10x}{x-5}-24=0,\,x\neq 0$ **[CBSE 2016]**

62. एक लड़के तथा उसके भाई की आयु का योग 25 वर्ष है तथा उनकी आयु (वर्षों में) का गुणनफल 126 है इनकी वर्तमान आयु ज्ञात कीजिए। **[CBSE 2016]**

63. तेज बारिश के कारण एक वायुयान 40 मिनट की देरी से चला तथा अपने गंतव्य, जोकि 1600 किमी की दूरी पर है, पर समय से पहुँचने के लिए इसे अपनी चाल, मूल चाल से 400 किमी/घंटा बढ़ानी पड़ी वायुयान की मूल चाल ज्ञात कीजिए। **[CBSE 2016]**

64. किसी भिन्न का अंश हर से 1 कम है। यदि अंश और हर प्रत्येक में 3 जोड़ा जाए, तो भिन्न में $\frac{3}{28}$ की वृद्धि हो जाती है वह भिन्न ज्ञात कीजिए।

65. पाँच वर्ष पूर्व एक महिला की आयु (वर्षों में) अपने पुत्र की आयु के वर्ग के बराबर थी। अब से दस वर्ष पश्चात्, उसकी आयु अपने पुत्र की आयु की दोगुनी हो जाएगी ज्ञात कीजिए।

(a) पाँच वर्ष पूर्व पुत्र की आयु

(b) महिला की वर्तमान आयु **[CBSE 2015]**

66. कुछ विद्यार्थियों में 300 संतरें समान रूप से वितरित किए गए। यदि वहाँ 10 विद्यार्थी और होते, तो प्रत्येक को 1 संतरा कम मिलता। विद्यार्थियों की संख्या ज्ञात कीजिए।

केस स्टडी आधारित प्रश्न

67. राज तथा अजय दोनों घनिष्ठ मित्र हैं। दोनों मित्रों के परिवार ने कार द्वारा रानी खेत घूमने का निर्णय लिया। राज की कार की गति x किमी/घण्टा है, जबकि अजय की कार की गति, राज की कार की गति से 5 किमी/घण्टा अधिक है। राज, अजय की तुलना में 400 किमी की दूरी तय करने में 4 घण्टे अधिक लेता है। **[CBSE Question Bank]**

(i) अजय की कार द्वारा 2 घण्टे में तय की गई दूरी क्या होगी?

(a) $2(x+5)$ किमी (b) $(x-5)$ किमी
(c) $2(x+10)$ किमी (d) $(2x+5)$ किमी

(ii) निम्न में से कौन-सी द्विघात समीकरण राज की कार की गति को दर्शाती है?

(a) $x^2-5x-500=0$ (b) $x^2+4x-400=0$
(c) $x^2+5x-500=0$ (d) $x^2-4x+400=0$

(iii) राज की कार की गति क्या है?

(a) 20 किमी/घण्टा (b) 15 किमी/घण्टा
(c) 25 किमी/घण्टा (d) 10 किमी/घण्टा

(iv) अजय को 400 किमी की दूरी तय करने में कितना समय लगा?

(a) 20 घण्टे (b) 40 घण्टे
(c) 25 घण्टे (d) 16 घण्टे

संकेत एवं हल

1. (a) दी गई द्विघात समीकरण है

$$x^2-0.04=0 \Rightarrow x^2-(0.2)^2=0$$
$$\Rightarrow (x+0.2)(x-0.2)=0 \Rightarrow x=\pm 0.2$$

2. (a) $(x+1)^2=2(x-3) \Rightarrow x^2+1+2x-2x+6=0$

$\Rightarrow x^2+7=0 \Rightarrow x^2+0x+7=0$

यह $ax^2+bx+c=0$ के रूप की है।

अतः यह द्विघात समीकरण है।

3. (c) दिया है, $x^2-\frac{1}{9}=0$

$\Rightarrow x^2=\frac{1}{9}$ [पक्षांतरण करने पर]

$\Rightarrow x=\pm\sqrt{\frac{1}{9}}$ [दोनों पक्षों का वर्गमूल लेने पर]

$\therefore x=\pm\frac{1}{3}$

4. (b) दिया है, $\frac{1}{x^2+5}=\frac{1}{9} \Rightarrow x^2+5=9$ [वज्रगुणन करने पर]

$\Rightarrow x^2=9-5$ [पक्षांतरण करने पर]

$\Rightarrow x^2=4$

$\Rightarrow x=\pm\sqrt{4}$ [दोनों पक्षों का वर्गमूल लेने पर]

$\Rightarrow x=\pm 2$

5. (a) दिया है, द्विघात समीकरण $x^2+2x-p=0$ का एक हल -2 है, इसलिए $x=-2$ द्विघात समीकरण को संतुष्ट करेगा।

दी गई समीकरण में $x=-2$ रखने पर,

$$(-2)^2+2(-2)-p=0 \Rightarrow 4-4-p=0$$
$$\Rightarrow -p=0 \Rightarrow p=0$$

अतः p का अभीष्ट मान 0 है।

6. (c) दिया है, $5(x-5)(x+5)=55$

$\Rightarrow (x-5)(x+5)=\frac{55}{5}$

$\Rightarrow x^2-25=11$ [$\because (a-b)(a+b)=a^2-b^2$]

$\Rightarrow x^2=11+25$ [पक्षांतरण करने पर]

$\Rightarrow x^2=36 \Rightarrow x=\pm\sqrt{36}$ [दोनों पक्षों का वर्गमूल लेने पर]

$\Rightarrow x=\pm 6$

7. (b) द्विघात समीकरण $3x^2+4x-5=0$ की तुलना मानक द्विघात समीकरण $ax^2+bx+c=0$ से करने पर,

$a=3, b=4$ तथा $c=-5$

$\therefore$ विविक्तकर, $D=b^2-4ac=(4)^2-4\times3\times(-5)$
$=16+60=76$

8. (d) दी गई समीकरण $2x^2+5x+4=0$ की तुलना मानक द्विघात समीकरण $ax^2+bx+c=0$ से करने पर,

$a=2, b=5$ तथा $c=4$

$\therefore$ विविक्तकर, $D=b^2-4ac=(5)^2-4\times2\times4$
$=25-32=-7<0$

यहाँ, $D<0$, अतः मूल काल्पनिक होंगे।

9. (d) दी गई समीकरण $2x^2-8x+c=0$ की तुलना मानक द्विघात समीकरण $ax^2+bx+c=0$ से करने पर,

$a=2, b=-8$ तथा $c=c$

$\because$ दी गई समीकरण के मूल बराबर हैं।

$\therefore$ विविक्तकर, $D=0$

$\Rightarrow b^2-4ac=0 \Rightarrow (-8)^2-4(2)c=0$

$\Rightarrow 64-8c=0 \Rightarrow 8c=64$

$\Rightarrow c=\frac{64}{8}=8$

$\therefore c=8$

10. (a) दी गई समीकरण $3x^2-6x+k=0$ की $ax^2+bx+c=0$ से तुलना करने पर, $a=3, b=-6, c=k$

∵ मूल समान हैं

∴ विविक्तकर = 0

⇒ $b^2-4ac=0 \Rightarrow (-6)^2-4(3)(k)=0$

⇒ $36-12k=0 \Rightarrow 12k=36 \Rightarrow k=\frac{36}{12}=3$

11. (d) हम जानते हैं कि द्विघात समीकरण $ax^2+bx+c=0, a\neq 0$ के समान मूल है, तब $b^2-4ac=0$

यहाँ, $a=1, b=1, c=4$

$\therefore\ b^2-4ac=1-4\times1\times4=-15<0$

अतः कथन गलत है परन्तु कारण सही है।

12. (a) हम जानते हैं कि द्विघात समीकरण $ax^2+bx+c=0, a\neq 0$ के मूल श्रीधराचार्य सूत्र द्वारा ज्ञात कर सकते हैं, जो निम्न है

$$x=\frac{-b\pm\sqrt{b^2-4ac}}{2a}$$

यहाँ, $a=2, b=7, c=-15$

$$\therefore\ x=\frac{-7\pm\sqrt{49+4\times2\times15}}{2\times2}$$

$$=\frac{-7\pm\sqrt{49+120}}{4}=\frac{-7\pm\sqrt{169}}{4}$$

$$=\frac{-7\pm13}{4}=\frac{-7+13}{4} \text{ या } \frac{-7-13}{4}$$

$$=\frac{6}{4} \text{ या } \frac{-20}{4}=\frac{3}{2} \text{ या } -5$$

अतः कथन व कारण दोनों सही हैं तथा कारण कथन का सही स्पष्टीकरण है।

13. (b) चूँकि $x^2+4kx+25=0$ के वास्तविक मूल नहीं हैं।

$\therefore\ (4k)^2-4\times1\times25<0$

⇒ $16k^2-100<0 \Rightarrow 4k^2<25$

⇒ $k^2<\frac{25}{4} \Rightarrow \frac{-5}{2}<k<\frac{5}{2}$

अतः कथन व कारण दोनों सही हैं, परन्तु कारण कथन का सही स्पष्टीकरण नहीं है।

14. (a) हम जानते हैं कि द्विघात समीकरण $ax^2+bx+c=0, a\neq 0$ के समान मूल होते हैं, यदि $b^2-4ac=0$ तथा मूल $x=\frac{-b}{2a}, \frac{-b}{2a}$ होते हैं।

यहाँ $a=1, b=4m$ तथा $c=n$

$\therefore\ b^2-4ac=0 \Rightarrow 16m^2-4n=0$

⇒ $4m^2=n \Rightarrow m^2=\frac{n}{4}$

अतः कथन व कारण दोनों सही हैं तथा कारण कथन का सही स्पष्टीकरण है।

15. (a) हम जानते हैं कि x का कोई मान द्विघात समीकरण $ax^2+bx+c=0, a\neq 0$ को सन्तुष्ट करता है, तब x का वह मान समीकरण का मूल होगा।

यहाँ $x=3$ द्विघात समीकरण $x^2-2kx-6=0$ का मूल है।

$\therefore\ (3)^2-2\times k\times3-6=0$

⇒ $9-6k-6=0 \Rightarrow 3-6k=0 \Rightarrow k=\frac{1}{2}$

अतः कथन व कारण दोनों सही हैं तथा कारण कथन का सही स्पष्टीकरण है।

16. **संकेत** सत्य; चूँकि द्विघात समीकरण $x^2+bx+c=0$ का विविक्तकर

$$=b^2-4(1)c>0$$

$$[\because b^2-4c=(0)^2-4c=-4c]$$

इसलिए, मूल अस्तित्व में है तथा मूल को निम्न सूत्र से ज्ञात करेंगे।

$$x=\frac{-b\pm\sqrt{D}}{2}=\frac{-0\pm\sqrt{D}}{2}=\frac{\pm\sqrt{D}}{2}$$

अतः समीकरण $x^2+bx+c=0$ के मूल संख्यात्मक रूप से समान परंतु चिह्न में विपरीत होंगे।

17. **संकेत** दी गई समीकरण $kx^2-3\sqrt{2}x+4\sqrt{2}=0$ की तुलना $ax^2+bx+c=0$ से करने पर,

$$a=k, b=-3\sqrt{2} \text{ तथा } c=4\sqrt{2}$$

दिया है, विविक्तकर = 14

⇒ $(-3\sqrt{2})^2-4(k)(4\sqrt{2})=14$

⇒ $18-16\sqrt{2}k=14$

⇒ $16\sqrt{2}k=18-14$

⇒ $k=\frac{4}{16\sqrt{2}}=\frac{1}{4\sqrt{2}}$

18. **संकेत** हाँ, द्विघात समीकरण $2x^2+x-4=0$ पर विचार कीजिए जिसके गुणांक परिमेय हैं।

दिए गए द्विघात समीकरण के मूल

$\frac{-1+\sqrt{33}}{4}$ और $\frac{-1-\sqrt{33}}{4}$ हैं जोकि अपरिमेय है।

19. असत्य, द्विघात समीकरण $x^2+4=0$ का एक भी मूल वास्तविक नहीं है।

20. **संकेत** माना x तथा $(x+1)$ दो क्रमागत पूर्णांक हैं।

⇒ $x(x+1)=306$

⇒ $x^2+x-306=0$

21. **संकेत** माना संख्या x है।

प्रश्नानुसार, $2x^2+x=21$

22. टॉपिक 3, उदाहरण 5 की भाँति स्वयं हल करें।

उत्तर दिए गए द्विघात समीकरण के मूल वास्तविक तथा असमान हैं।

23. टॉपिक 1, उदाहरण 1 की भाँति स्वयं हल करें।

उत्तर (i) द्विघात समीकरण हैं।

(ii) द्विघात समीकरण नहीं है।

24. टॉपिक 3 के उदाहरण 2 की भाँति स्वयं हल करें।

उत्तर अभीष्ट मूल $\sqrt{5}$ तथा 1 हैं।

25. **संकेत** दिया है $\sqrt{6x+7}-(2x-7)=0$

⇒ $\sqrt{6x+7}=2x-7$

⇒ $(\sqrt{6x+7})^2=(2x-7)^2$ [दोनों पक्षों का वर्ग करने पर]

⇒ $4x^2-34x+42=0$

अब, गुणनखंड विधि से हल करने पर,

$$x=7 \text{ या } x=\frac{3}{2}$$

लेकिन $x=\frac{3}{2}$, दिए गए द्विघात समीकरण को संतुष्ट नहीं करता।

∴ x का अभीष्ट मान 7 है।

26. **संकेत** दिया है, $ax^2 + a = a^2x + x$

$\Rightarrow \quad ax^2 - a^2x - x + a = 0$

$\Rightarrow \quad x = a$ या $x = \frac{1}{a}$

27. **संकेत** दिया है, $(x^2+1)^2 - x^2 = 0$

$\Rightarrow \quad x^4 + x^2 + 1 = 0 \quad \ldots(i)$

माना $x^2 = y$, तब समी (i) निम्न है

$y^2 + y + 1 = 0$

विविक्तकर $D = b^2 - 4ac = (1)^2 - 4(1)(1) = 1 - 4 = -3$

चूँकि, $D < 0$

$\therefore \quad y^2 + y + 1 = 0$

अर्थात् $x^4 + x^2 + 1 = 0$ या $(x^2+1)^2 - x^2 = 0$ के मूल वास्तविक नहीं हैं।

28. **संकेत** दिया है, $x^2 - 7x - 18 = 0$

द्विघातीय सूत्र से, $x = \frac{-(-7) \pm \sqrt{(-7)^2 - 4 \times 1 \times (-18)}}{2 \times 1}$

$\Rightarrow x = 9$ या $x = -2$

अब, मूलों का संख्यात्मक अंतर $= 9 - (-2) = 11$

29. टॉपिक 3 के उदाहरण 8 की भाँति स्वयं हल करें।

उत्तर $k \le 4$

30. **संकेत** दिया है, समीकरण $x^2 + kx - \frac{5}{4} = 0 \quad \ldots(i)$

का एक मूल $\frac{1}{2}$ है।

अब, समी (i) में $x = \frac{1}{2}$ रखने पर,

$$\left(\frac{1}{2}\right)^2 + k\left(\frac{1}{2}\right) - \frac{5}{4} = 0 \Rightarrow 2k = 4 \Rightarrow k = 2$$

31. NCERT फोल्डर प्रश्नावली 4.3 के प्रश्न 2 (ii) की भाँति स्वयं हल करें।

उत्तर $p = 4$

32. **संकेत** दिया है, $x = \sqrt{5 + \sqrt{5 + \sqrt{5 + \ldots\infty}}}$

तब, $x = \sqrt{5 + x}$

$\Rightarrow \quad x^2 = (\sqrt{5+x})^2$ [दोनों पक्षों का वर्ग करने पर]

$\Rightarrow \quad x^2 = 5 + x$

$\Rightarrow \quad x^2 - x - 5 = 0$

33. टॉपिक 3 के उदाहरण 2 की भाँति स्वयं हल करें।

उत्तर $2\sqrt{5}$ और $\sqrt{5}$

34. टॉपिक 3 के उदाहरण 2 की भाँति स्वयं हल करें।

उत्तर $\frac{\sqrt{3}}{4}$ और $-\frac{2}{\sqrt{3}}$

35. टॉपिक 4, उदाहरण 1 की भाँति स्वयं हल करें।

उत्तर दो क्रमागत विषम संख्याएँ 7 और 9 हैं।

36. **संकेत** दिया है, $\frac{16}{x} - 1 = \frac{15}{x+1}$

$\Rightarrow \quad \frac{16}{x} - \frac{15}{x+1} = 1$

$\Rightarrow \quad \frac{16(x+1) - 15x}{x(x+1)} = 1$

$\Rightarrow \quad x^2 = 16 \Rightarrow x = \pm 4$

37. **संकेत** माना पहली संख्या x है।

तब दूसरी संख्या $= x + 4$ [$\because$ दोनों संख्याओं का अंतर = 4]

प्रश्नानुसार, $\frac{1}{x} - \frac{1}{x+4} = \frac{4}{21} \Rightarrow \frac{4}{x^2+4x} = \frac{4}{21}$

$\Rightarrow \quad \frac{1}{x^2+4x} = \frac{1}{21} \Rightarrow x^2 + 4x - 21 = 0$

$\Rightarrow \quad x^2 + 7x - 3x - 21 = 0$ [गुणनखंड विधि से]

$\Rightarrow \quad x = -7$ या 3

जब $x = -7$, तब $x + 4 = -7 + 4 = -3$

जब $x = 3$, तब $x + 4 = 3 + 4 = 7$

उत्तर $-7, -3$ या 3, 7

38. प्रश्न 37 की भाँति स्वयं हल करें। **उत्तर** 10, 5 या 5, 10

39. **संकेत** 2 बजे तथा 3 बजे के बीच का समय = 1 घंटा = 60 मिनट

$\therefore \quad t + \left(\frac{t^2}{4} - 3\right) = 60$

$\Rightarrow \quad 4t + t^2 - 12 = 240$

$\Rightarrow \quad t^2 + 4t - 252 = 0$

$\Rightarrow \quad t = -18$ या $t = 14$

$\because$ समय ऋणात्मक नहीं हो सकता

$\therefore \quad t \ne -18$

अतः $\quad t = 14$

40. **संकेत** माना 7 वर्ष पहले स्वाति की आयु x वर्ष थी।

$\therefore$ 7 वर्ष पहले वरूण की आयु $= 5x^2$ वर्ष

प्रश्नानुसार,

$x + 10 = \frac{2}{5}(5x^2 + 10) \Rightarrow 2x^2 - x - 6 = 0$

गुणनखंड विधि से, $x = 2$ या $x = \frac{-3}{2}$

चूँकि आयु ऋणात्मक नहीं हो सकती इसलिए $x \ne \frac{-3}{2}$

अतः स्वाति की वर्तमान आयु $= (2 + 7) = 9$ वर्ष

तथा वरूण की वर्तमान आयु $= [(5) \times (2)^2 + 7] = 27$ वर्ष

41. **संकेत** माना संख्या x है, तब संख्या का धनात्मक वर्गमूल $\sqrt{x}$ है।

प्रश्नानुसार, $x + \sqrt{x} = \frac{6}{25}$

$\Rightarrow \quad 25x + 25\sqrt{x} - 6 = 0 \quad \ldots(i)$

माना $\sqrt{x} = y \Rightarrow x = y^2 \quad \ldots(ii)$

समी (i) में, $x = y^2$ रखने पर,

$25y^2 + 25y - 6 = 0$

अब, समीकरण को गुणनखंड विधि से हल करने पर,

$y = -\frac{6}{5}, \frac{1}{5}$

परंतु $y = -\frac{6}{5}$ संभव नहीं है

$\therefore \quad \sqrt{x} = y = \frac{1}{5} \Rightarrow x = \frac{1}{25}$

42. **संकेत** प्रश्नानुसार, $\frac{x}{(x+3)+1} = \frac{x}{x+3} - \frac{1}{15}$

[यहाँ, x = भिन्न का अंश

$\therefore x + 3$ = भिन्न का हर है]

अब, टॉपिक 2 के प्रश्नावली 4.2 के प्रश्न संख्या 13 की भाँति स्वयं हल करें। **उत्तर** $\frac{2}{5}$

परीक्षा अभ्यास

43. **संकेत** माना तीन क्रमागत प्राकृत संख्याएँ $x, x+1$ तथा $x+2$ हैं।

प्रश्नानुसार, $(x+1)^2 = 60 + [(x+2)^2 - x^2]$

$\Rightarrow \quad x^2 - 2x - 63 = 0$

अब, गुणनखंड विधि से हल करें। **उत्तर** 9, 10, 11

44. **संकेत** दिया है, $\dfrac{1}{a+b+x} = \dfrac{1}{a} + \dfrac{1}{b} + \dfrac{1}{x}$

$\Rightarrow \quad \dfrac{1}{a} + \dfrac{1}{b} = \dfrac{1}{a+b+x} - \dfrac{1}{x}$

$\Rightarrow \quad \dfrac{a+b}{ab} = \dfrac{-(a+b)}{(a+b+x)x}$

$\Rightarrow \quad x^2 + ax + bx + ab = 0$

$\Rightarrow \quad (x+a)(x+b) = 0 \Rightarrow x = -a$ या $x = -b$

45. **संकेत** दी गई समीकरण निम्न हैं

$x^2 + 2cx + ab = 0 \quad \ldots(i)$

तथा $x^2 - 2(a+b)x + a^2 + b^2 + 2c^2 = 0 \quad \ldots(ii)$

समी (i) का विविक्तकर, $D_1 = 4(c^2 - ab)$

समी (ii) का विविक्तकर, $D_2 = -8(c^2 - ab)$

$\because$ समी (i) के मूल वास्तविक तथा असमान हैं।

$\therefore \quad D_1 > 0$

$\Rightarrow \quad 4(c^2 - ab) > 0$

$\Rightarrow \quad -8(c^2 - ab) < 0$ [−2 से गुणा करने पर]

$\Rightarrow \quad D_2 < 0$

$\therefore$ समी (ii) के मूल वास्तविक नहीं होंगे।

46. **संकेत** दी गई समीकरण निम्न है

$\dfrac{1}{(x-1)(x-2)} + \dfrac{1}{(x-2)(x-3)} = \dfrac{2}{3}$

$\Rightarrow \quad \dfrac{x-3+x-1}{(x-1)(x-2)(x-3)} = \dfrac{2}{3} \Rightarrow \dfrac{1}{(x-1)(x-3)} = \dfrac{1}{3}$

$\Rightarrow \quad x^2 - 4x = 0$

$\Rightarrow \quad x(x-4) = 0 \Rightarrow x = 0, 4$

47. प्रश्न 46 की भाँति स्वयं हल करें। **उत्तर** $2 \pm 2\sqrt{3}$

48. **संकेत** दिया है, $5^{(x+1)} + 5^{(2-x)} = 5^3 + 1 \Rightarrow 5^x \cdot 5 + \dfrac{5^2}{5^x} = 126$

माना $5^x = y \Rightarrow 5y + \dfrac{5^2}{y} = 126 \Rightarrow 5y^2 - 126y + 25 = 0$

अब, समीकरण को गुणनखंड विधि से हल करने पर,

$y = 25, y = \dfrac{1}{5} \Rightarrow 5^x = 5^2, 5^x = 5^{-1}$ **उत्तर** 2, −1

49. **संकेत** द्विघात समीकरण $2x^2 + px - 15 = 0$ का एक मूल −5 है।

$\therefore \quad 2(-5)^2 + p(-5) - 15 = 0 \Rightarrow p = 7$

अब, $\quad p(x^2 + x) + k = 0$

$\Rightarrow \quad 7x^2 + 7x + k = 0 \quad [\because p = 7]$

विविक्तकर, $D = (7)^2 - 4(7)(k) = 49 - 28k$

$\because 7x^2 + 7x + k = 0$ के मूल समान हैं।

$\therefore \quad D = 0 \Rightarrow 49 - 28k = 0 \Rightarrow k = \dfrac{7}{4}$

50. **संकेत** माना कपड़े की लंबाई = x मी

प्रश्नानुसार, $\dfrac{200}{x+5} = \dfrac{200}{x} - 2 \Rightarrow x^2 + 5x - 500 = 0$

अब, गुणनखंड विधि से स्वयं हल करें। **उत्तर** 20 मी, ₹ 10

51. **संकेत** माना व्यक्तियों की वास्तविक संख्या x है।

प्रश्नानुसार, $\dfrac{6500}{x+15} = \dfrac{6500}{x} - 30 \Rightarrow x^2 + 15x - 3250 = 0$

अब, गुणनखंड विधि से स्वयं हल करें। **उत्तर** 50

52. प्रश्न 50 की भाँति स्वयं हल करें। **उत्तर** 20

53. **संकेत** दिए गए द्विघात समीकरण के मूल समान हैं।

$\therefore$ दिए गए समीकरण का विविक्तकर, $D = 0$

$\Rightarrow \quad (2mc)^2 - 4(1+m^2)c^2 - a^2 = 0$

54. माना मूल औसत चाल = x

54 किमी दूरी तय करने में लगा समय $(t_1) = \dfrac{54}{x}$ घंटे

63 किमी दूरी तय करने में लगा समय $(t_2) = \dfrac{63}{x+6}$ घंटे

पूर्ण दूरी तय करने में लगा समय = 3 घंटे

$\Rightarrow \quad t_1 + t_2 = 3$

$\Rightarrow \quad \dfrac{54}{x} + \dfrac{63}{x+6} = 3$

$\Rightarrow \quad 54(x+6) + 63x = 3x(x+6)$

$\Rightarrow \quad 54x + 324 + 63x = 3x^2 + 18x$

$\Rightarrow \quad 3x^2 + 18x - 54x - 63x - 324 = 0$

$\Rightarrow \quad 3x^2 - 99x - 324 = 0$

$\Rightarrow \quad x^2 - 33x - 108 = 0$

$\Rightarrow \quad x^2 - 36x + 3x - 108 = 0$

$\Rightarrow \quad x(x-36) + 3(x-36) = 0$

$\Rightarrow \quad (x-36)(x+3) = 0$

$\Rightarrow \quad x - 36 = 0$ या $x + 3 = 0$

$\therefore \quad x = 36 \quad [\because x \neq -3]$

$\therefore$ रेलगाड़ी की मूल औसत चाल = 36 किमी/घंटा

55. माना वायुयान की सामान्य चाल = x किमी/घण्टा

दिया है, दूरी = 1500 किमी

1500 किमी सामान्य चाल से पहुँचने में लगा समय = $\dfrac{1500}{x}$ घण्टे

नयी चाल (वायुयान) = $(x + 100)$ किमी/घण्टा

गंतव्य पर पहुँचने में लगा समय = $\left(\dfrac{1500}{x+100}\right)$ घंटे

प्रश्नानुसार, $\dfrac{1500}{x+100} + \dfrac{1}{2} = \dfrac{1500}{x}$

$\Rightarrow \quad \dfrac{3000 + x + 100}{2(x+100)} = \dfrac{1500}{x}$

$\Rightarrow \quad x(3100 + x) = 1500(2x + 200)$

$\Rightarrow \quad 3100x + x^2 = 3000x + 300000$

$\Rightarrow \quad x^2 + 100x - 300000 = 0$

$\Rightarrow \quad x^2 + 600x - 500x - 300000 = 0$

$\Rightarrow \quad x(x+600) - 500(x+600) = 0$

$\Rightarrow \quad (x-500)(x+600) = 0$

$\Rightarrow \quad x - 500 = 0$ या $x + 600 = 0$

$\Rightarrow \quad x = 500 \quad [\because x \neq -600]$

$\therefore$ वायुयान की वास्तविक चाल = 500 किमी/घंटा

56. टॉपिक 4 के उदाहरण 8 की भाँति स्वयं हल करें।
उत्तर 20 मिनट, 25 मिनट

57. संकेत माना फैक्ट्री की शुरूआती (2 वर्ष पहले) उत्पादन p है तथा उत्पादन में प्रति वर्ष वृद्धि $x\%$ है।

$\therefore$ पहले वर्ष के अंत में उत्पादन $= p + \dfrac{px}{100} = p\left(1 + \dfrac{x}{100}\right)$

दूसरे वर्ष के अंत में उत्पादन

$$= p\left(1+\frac{x}{100}\right) + \frac{xp}{100}\left[\left(1+\frac{x}{100}\right)\right] = p\left(1+\frac{x}{100}\right)^2$$

$\because$ दो वर्षों में उत्पादन दोगुना हो जाता है।

$$\therefore \quad p\left(1+\frac{x}{100}\right)^2 = 2p \Rightarrow x^2 + 200x - 10000 = 0$$

अब, समीकरण को द्विघातीय सूत्र से स्वयं हल कीजिए। **उत्तर** 41.4%

58. संकेत दिया है, $x = \dfrac{1}{2 - \dfrac{1}{2 - \dfrac{1}{2-x}}}$

हल करने पर, $\dfrac{3-2x}{2(3-2x)-(2-x)} = 0 \Rightarrow 3x^2 - 6x + 3 = 0$

$\Rightarrow \quad (x-1)^2 = 0 \Rightarrow x = 1$

59. प्रश्न 53 की भाँति स्वयं हल करें।

60. संकेत माना मार्ग की चौड़ाई $= x$ मी

वर्गाकार क्षेत्र का क्षेत्रफल $= (44)^2 = 1936$ मी^{2}

वर्गाकार क्यारी का क्षेत्रफल $= (44-2x)^2$ मी^{2}

$\therefore$ मार्ग का क्षेत्रफल = वर्गाकार क्षेत्र का क्षेत्रफल – क्यारी का क्षेत्रफल

$$= 1936 - (44-2x)^2 = (176x - 4x^2)$$

क्यारी को समतल करने का खर्च

$$= (44-2x)^2 \times \frac{275}{100} = 11(22-x)^2$$

मार्ग पर कंकरीट बिछाने का खर्च

= मार्ग का क्षेत्रफल × दर

$$= (176x - 4x^2) \times \frac{150}{100} = 6(44 - x^2)$$

प्रश्नानुसार, कुल खर्च = ₹ 4904

$\therefore \quad 11(22-x)^2 + 6(44x - x^2) = 4904$

$\Rightarrow \quad x^2 - 44x + 84 = 0$ **उत्तर** 2 मी

61. संकेत माना $\dfrac{2x}{x-5} = y$

तब, दिया गया समीकरण निम्न है, $y^2 + 5y - 24 = 0$

हल करने पर, $y = -8$ या $y = 3$

अब, $\dfrac{2x}{x-5} = -8 \Rightarrow x = 4$ तथा $\dfrac{2x}{x-5} = 3 \Rightarrow x = 15$

62. संकेत माना दोनों भाइयों की आयु x और $25 - x$ हैं।

[क्योंकि योग 25 वर्ष है]

प्रश्नानुसार, $\quad x(25-x) = 126 \Rightarrow 25x - x^2 = 126$

$\Rightarrow \quad x^2 - 25x + 126 = 0$

हल करने पर $x = 18$ या $x = 7$

अतः दोनों भाइयों की आयु 18 वर्ष और 7 वर्ष है।

63. संकेत माना वायुयान की मूल चाल $= x$ किमी/घंटा

$\therefore$ 1600 किमी दूरी तय करने में लगा समय $= \dfrac{1600}{x}$ घंटे

नई चाल $= (x + 400)$ किमी/घंटा

$\therefore$ नई चाल से 1600 किमी दूरी तय करने में लगा समय $= \dfrac{1600}{x+400}$ घंटे

प्रश्नानुसार,

$$\frac{1600}{x} - \frac{1600}{x+400} = \frac{40}{60} \Rightarrow x^2 + 400x - 960000 = 0$$

हल करने पर, $x = 800$

अतः वायुयान की मूल चाल = 800 किमी/घंटा

64. $\dfrac{3}{4}$

65. संकेत माना पुत्र की आयु पाँच वर्ष पूर्व x वर्ष थी तब, महिला की पाँच वर्ष पूर्व आयु $= x^2$ वर्ष

प्रश्नानुसार, $x^2 + 15 = 2(x+15) \Rightarrow x^2 - 2x - 15 = 0$

हल करने पर, $x = 5$

[$x = -3$, चूँकि आयु ऋणात्मक नहीं हो सकती]

(a) पाँच वर्ष पूर्व पुत्र की आयु = 5 वर्ष

(b) महिला की वर्तमान आयु $= x^2 + 5 = (5)^2 + 5 = 30$ वर्ष

66. संकेत माना विद्यार्थियों की संख्या x है

प्रश्नानुसार, $\dfrac{300}{x} - \dfrac{300}{x+10} = 1 \Rightarrow x^2 + 10x - 3000 = 0$

हल करने पर, $x = -60$ या $x = 50$

अतः विद्यार्थियों की संख्या 50 है।

67. (i) (a) चूँकि अजय की कार एक घण्टे में $(x+5)$ किमी की दूरी तय करती है। इसलिए, दो घण्टे में अजय की कार $2(x+5)$ किमी की दूरी तय करेगी।

(ii) (c) $\because$ समय $= \dfrac{\text{दूरी}}{\text{चाल}}$

400 किमी की दूरी तय करने में अजय तथा राज द्वारा लिया गया समय, $t_1 = \dfrac{400}{x+5}$ घंटे तथा $t_2 = \dfrac{400}{x}$ घंटे

प्रश्नानुसार, $\quad t_2 = t_1 + 4$

$$\therefore \quad \frac{400}{x} = \frac{400}{x+5} + 4$$

$$\Rightarrow \quad \frac{100}{x} = \frac{100}{x+5} + 1 \quad \text{[4 से भाग देने पर]}$$

$\Rightarrow \quad 100(x+5) = 100x + x(x+5)$

$\Rightarrow \quad 100x + 500 = 100x + x^2 + 5x$

$\Rightarrow \quad x^2 + 5x - 500 = 0$

(iii) (a) द्विघात समीकरण $x^2 + 5x - 500 = 0$ की $ax^2 + bx + c = 0$ से तुलना करने पर,

$a = 1, b = 5$ तथा $c = -500$

$$\because \quad x = \frac{-b \pm \sqrt{b^2 - 4ac}}{2a}$$

$$= \frac{-5 \pm \sqrt{(5)^2 - 4 \times (1)(-500)}}{2 \times 1}$$

$$= \frac{-5 \pm \sqrt{25 + 2000}}{2} = \frac{-5 \pm \sqrt{2025}}{2}$$

$$= \frac{-5 \pm 45}{2} = \frac{-50}{2}, \frac{40}{2} = -25, 20$$

चूँकि, चाल ऋणात्मक नहीं हो सकती, इसलिए $x = 20$

अतः राज की कार की गति 20 किमी/घण्टा है।

(iv) (d) अजय द्वारा 400 किमी की दूरी तय करने में लगा समय

$$t_1 = \frac{400}{(x+5)} = \frac{400}{20+5} = \frac{400}{25} = 16 \text{ घण्टे}$$

अध्याय

05

समांतर श्रेढ़ी (Arithmetic Progression)

इस अध्याय में हम ऐसे अनुक्रम (Sequence) का अध्ययन करेंगे जिसमें उत्तरोत्तर पद अपने से पहले पदों में एक निश्चित संख्या जोड़ने पर प्राप्त किए जाते हैं। यहाँ पर हम इस तरह के अनुक्रम के किसी भी पद का मान तथा पदों के योग ज्ञात करने के लिए सूत्र भी ज्ञात करेंगे।

टॉपिक्स

- *समांतर श्रेढ़ी का परिचय*
- *समांतर श्रेढ़ी का nवाँ पद*
- *समांतर श्रेढ़ी के प्रथम n पदों का योगफल*

अनुक्रम (Sequence)

संख्याओं का एक समूह, जिसको निश्चित क्रम में रखा गया हो और जो निश्चित नियमानुसार हो अनुक्रम में कहलाता है। जैसे—

(i) संख्याएँ 1, 10, 12, 16, 100,... एक अनुक्रम बनाती हैं जिसमें संख्याएँ आरोही क्रम में हैं।

(ii) संख्याएँ 3, 6, 9,...एक अनुक्रम बनाती हैं, जिसका प्रत्येक पद अपने पूर्व पद में 3 जोड़ने पर प्राप्त होता है।

(iii) संख्याएँ 1, 4, 16, 64,... एक अनुक्रम बनाती हैं, जिसका प्रत्येक पद अपने पूर्व पद में 4 से गुणा करके प्राप्त होता है।

अनुक्रम की प्रत्येक संख्या एक **पद** (Term) कहलाती है। माना एक अनुक्रम $a_1, a_2, a_3, \ldots, a_n$ है।
तब प्रथम पद $= a_1$, द्वितीय पद $= a_2$, तृतीय पद $= a_3$ तथा nवाँ पद $= a_n$ है, जो अनुक्रम का **व्यापक पद** (General term) है। एक अनुक्रम परिमित (Finite) कहलाती है यदि उसमें पदों की संख्या परिमित हो अन्यथा वह अपरिमित (Infinite) अनुक्रम कहलाती है।

श्रेढ़ी (Progression)

ऐसा अनुक्रम, जिसमें पदों को कुछ विशेष प्रतिबंधों (नियमों) के साथ लिखा जा सके अर्थात् जिसका प्रत्येक पद किसी विशेष नियम के अंतर्गत व्यवस्थित हो, श्रेढ़ी कहलाती है।
जैसे—

(i) अनुक्रम 5, 7, 9, 11,.... एक श्रेढ़ी है, क्योंकि इसका प्रत्येक पद उसके पूर्व पद में 2 जोड़कर प्राप्त किया गया है।

(ii) अनुक्रम 3, 10, 18, 21, 35,....एक श्रेढ़ी नहीं है, क्योंकि इसके पद किसी विशेष नियम के अंतर्गत व्यवस्थित नहीं किए जा सकते।

नोट *सभी श्रेढ़ियाँ अनुक्रम होती हैं परंतु सभी अनुक्रम श्रेढ़ी नहीं होती हैं।*

इस अध्याय में, हम श्रेढ़ी के केवल एक प्रकार 'समांतर श्रेढ़ी' के बारे में अध्ययन करेंगे।

टॉपिक 1
समांतर श्रेढ़ी का परिचय

समांतर श्रेढ़ी (Arithmetic Progression)

ऐसी श्रेढ़ी जिसमें प्रत्येक पद, प्रत्येक पूर्व पद में नियत संख्या जोड़ने से या घटाने से प्राप्त होता है, समांतर श्रेढ़ी कहलाती हैं। इस निश्चित संख्या को समांतर श्रेढ़ी का **सार्व अंतर** (Common difference) कहते हैं अर्थात् एक श्रेढ़ी जिसमें किसी पद और उसके पूर्वगामी पद का अंतर समस्त श्रेढ़ी में स्थिर रहता है, समांतर श्रेढ़ी कहलाती है। सार्व अंतर धनात्मक, ऋणात्मक या शून्य हो सकता है।

दूसरे शब्दों में, संख्याओं $a_1, a_2, a_3, \ldots, a_n$ की सूची को समांतर श्रेढ़ी कहते हैं, यदि एक चर संख्या d (सार्व अंतर) अस्तित्व में इस प्रकार हो, कि

$$a_2 = a_1 + d$$
$$a_3 = a_2 + d$$
$$a_4 = a_3 + d \ldots.$$
$$a_n = a_{n-1} + d \text{ इत्यादि}$$

सूची की प्रत्येक संख्या को **पद** कहते हैं।

सामान्यत: $a, a + d, a + 2d, a + 3d, \ldots$ एक समांतर श्रेढ़ी को निरूपित करती है, जहाँ प्रथम पद a तथा सार्व अंतर d है। इसे समांतर श्रेढ़ी का **व्यापक रूप** (General form) कहते हैं। यदि किसी समांतर श्रेढ़ी में पदों की संख्या परिमित (सीमित) है तो इसे **परिमित समांतर श्रेढ़ी** अन्यथा इसे **अपरिमित समांतर श्रेढ़ी** कहते हैं।

समांतर श्रेढ़ी की जाँच करना जब संख्याओं की एक सूची दी गई हो

कभी-कभी संख्याओं की सूची या अनुक्रम दिए गए होते हैं और हमें इस अनुक्रम के समांतर श्रेढ़ी में होने या न होने की जाँच करनी होती है। इसके लिए हम क्रमागत पदों के अंतर ज्ञात करते हैं। यदि अंतर समान आते हैं तो दी गई संख्याओं की सूची समांतर श्रेढ़ी में है अन्यथा नहीं।

नोट *दो क्रमागत पदों के अंतर ज्ञात करने के लिए हमें अगले पद से पूर्व पद को घटाना चाहिए चाहे अगला पद छोटा ही हो।*

उदाहरण 1 जाँच कीजिए कि अनुक्रम 13, 10, 7, 4...समांतर श्रेढ़ी है या नहीं?

हल दिया गया अनुक्रम 13, 10, 7,4... हैं।

$\therefore$ $a_2 - a_1 = 10 - 13 = -3$

$a_3 - a_2 = 7 - 10 = -3$

$a_4 - a_3 = 4 - 7 = -3$

$\because$ किन्ही दो क्रमागत पदों का अंतर समान है।

अतः दिया गया अनुक्रम एक समांतर श्रेढ़ी है।

उदाहरण 2 निम्नलिखित स्थिति में प्राप्त संख्याओं की सूची समांतर श्रेढ़ी में है या नहीं जाँच कीजिए। संदीप प्रत्येक महीने के आरम्भ में ₹ 500 खर्च करता है तो प्रत्येक महीने के अंत में जो धन बचता है उसकी सूची जबकि आरम्भ में उसके पास कुल ₹ 12000 थे।

हल दिया है, आरंभ में संदीप के पास कुल राशि = ₹ 12000

प्रत्येक महीने के शुरूआत में संदीप द्वारा किया गया खर्च = ₹ 500

पहले महीने के शुरूआत में संदीप के पास राशि

t_1 = ₹ 12000

दूसरे महीने के शुरूआत में संदीप के पास राशि,

$t_2 = 12000 - 500$ = ₹ 11500

तीसरे महीने के शुरूआत में संदीप के पास राशि,

$t_3 = 11500 - 500$ = ₹ 11000

चौथे महीने के शुरूआत में संदीप के पास राशि

$t_4 = 11000 - 500$ = ₹ 10500

अब राशियों की सूची 12000, 11500, 11000, 10500,....

यहाँ, $t_2 - t_1 = t_3 - t_2 = t_4 - t_3 = -500$

अर्थात् $t_{k+1} - t_k$ सदैव समान रहता है।

अतः ऊपर दी गई संख्याओं की सूची समांतर श्रेढ़ी बनाती है।

समांतर श्रेढ़ी का सार्व अंतर ज्ञात करने की विधि

दी गई संख्याओं की सूची $a_1, a_2, a_3, a_4, \ldots, a_n$ समांतर श्रेढ़ी की सूची में हैं, तो सार्व अंतर (d) किन्ही दो क्रमागत पदों का अंतर होगा

अर्थात् $d = a_2 - a_1 = a_3 - a_2 = a_4 - a_3 = \ldots = a_n - a_{n-1}$

नोट *यदि समांतर श्रेढ़ी का सार्व अंतर शून्य है अर्थात् $d = 0$, तो समांतर श्रेढ़ी का प्रत्येक पद प्रथम पद के समान होगा।*

उदाहरण 3 निम्नलिखित समांतर श्रेढ़ियों के सार्व अंतर ज्ञात कीजिए

(i) $3, -2, -7, -12, \ldots.$ (ii) 11, 11, 11, 11,......

(iii) $5\frac{1}{2}, 9\frac{1}{2}, 13\frac{1}{2}, 17\frac{1}{2}, \ldots.$

हल (i) दी गई समांतर श्रेढ़ी $3, -2, -7, -12 \ldots$

यहाँ, $a_1 = 3, a_2 = -2, a_3 = -7, a_4 = -12, \ldots$

$\therefore$ सार्व अंतर $(d) = a_2 - a_1 = -2 - 3 = -5$

(ii) दी गई समांतर श्रेढ़ी 11, 11, 11, 11, ...

यहाँ, $a_1 = 11, a_2 = 11, a_3 = 11, a_4 = 11 \ldots$

$\therefore$ सार्व अंतर $(d) = a_2 - a_1 = 11 - 11 = 0$

(iii) दी गई समांतर श्रेढ़ी $5\frac{1}{2}, 9\frac{1}{2}, 13\frac{1}{2}, 17\frac{1}{2}, \ldots$

यहाँ, $a_1 = 5\frac{1}{2}, a_2 = 9\frac{1}{2}, a_3 = 13\frac{1}{2}, a_4 = 17\frac{1}{2}$

$\therefore$ सार्व अंतर $(d) = a_2 - a_1$

$= 9\frac{1}{2} - 5\frac{1}{2}$

$= \frac{19}{2} - \frac{11}{2} = \frac{8}{2} = 4$

समांतर श्रेढ़ी ज्ञात करना जब पहला पद तथा सार्व अंतर दिया हो

किसी भी समांतर श्रेढ़ी को लिखने के लिए उसके प्रथम पद a तथा सार्व अंतर d का ज्ञान होना आवश्यक है। अभीष्ट समांतर श्रेढ़ी ज्ञात करने के लिए a और d का मान $a, a+d, a+2d, a+3d, \ldots$ में रखते हैं।

उदाहरण 4 समांतर श्रेढ़ी लिखिए, जिसका प्रथम पद 5 तथा सार्व अंतर -3 है।

हल दिया है, पहला पद, $a = 5$, सार्व अंतर, $d = -3$

a और d का मान समांतर श्रेढ़ी के व्यापक रूप

$a, a+d, a+2d, a+3d, \ldots$ में रखने पर,

$$5, 5-3, 5+2(-3), 5+3(-3), \ldots$$

या $5, 2, 5-6, 5-9, \ldots$ या $5, 2, -1, -4, \ldots$

जोकि अभीष्ट समांतर श्रेढ़ी है।

प्रश्नावली 5.1

1. समांतर श्रेढ़ी : 5, 8, 11, 14, ... के प्रथम पद तथा सार्व अंतर ज्ञात कीजिए।

2. समांतर श्रेढ़ी : $\sqrt{3}, 2\sqrt{3}, 3\sqrt{3}, \ldots$ का सार्व अंतर ज्ञात कीजिए।

3. जाँच कीजिए की अनुक्रम 7, 13, 19, 25,..... समांतर श्रेढ़ी में है या नहीं। इसका सार्व अंतर भी ज्ञात कीजिए।

4. निम्न में से कौन-सी अनुक्रम समांतर श्रेढ़ी में है? तर्क दीजिए।

(i) 1, 1, 2, 2, 3, 3, ... (ii) $\sqrt{3}, \sqrt{12}, \sqrt{27}, \sqrt{48} \ldots$

(iii) 0.3, 0.33, 0.333, ...

(iv) $4, 4+\sqrt{2}, 4+2\sqrt{2}, 4+3\sqrt{2}, \ldots$ **[NCERT Exemplar]**

5. समांतर श्रेढ़ी : 6, 12, 18,..... के सार्व अंतर तथा अगले दो पद ज्ञात कीजिए।

6. एक समांतर श्रेढ़ी के प्रथम चार पद ज्ञात कीजिए जिसका पहला पद -2 तथा सार्व अंतर -2 है।

7. निम्न सूत्रों द्वारा परिभाषित संख्याओं की सूची के प्रथम 4 पद ज्ञात कीजिए।

(i) $a_n = (-1)^{n-1} n^4$ (ii) $a_n = 2n+3$

(iii) $a_n = n(n+1)$ (iv) $a_n = \dfrac{n^2}{n+2}$ (v) $a_n = 2^n$

8. सिद्ध कीजिए कि $a_n = 3n^2 - 5$ द्वारा परिभाषित अनुक्रम समांतर श्रेढ़ी में नहीं है।

9. सिद्ध कीजिए कि $a_n = 2n^2 + 1$ द्वारा परिभाषित अनुक्रम समांतर श्रेढ़ी में है अथवा नहीं।

10. सिद्ध कीजिए कि nवें पद $\dfrac{3+n}{4}$ द्वारा परिभाषित अनुक्रम समांतर श्रेढ़ी में है तथा इसका सार्व अंतर भी ज्ञात कीजिए।

11. समांतर श्रेढ़ी : $(a+b), (a+1)+b, (a+1)+(b+1), \ldots$ के अगले तीन पद ज्ञात कीजिए। **[NCERT Exemplar]**

12. यदि एक समान्तर श्रेढ़ी का nवां पद $(7-4n)$ है, तो इसका सार्वान्तर क्या है? **[CBSE 2020 (Standard)]**

13. किसी अनुक्रम के संख्याओं की सूची निम्न सूत्रों द्वारा परिभाषित हो, तो जाँच कीजिए कि क्या श्रेढ़ी समांतर श्रेढ़ी है? तर्क दीजिए

(i) $t_n = 5+6n$ (ii) $t_n = 3n-2$ (iii) $t_n = 2n^2+1$

(iv) $t_n = 4n^3+3$ (v) $t_n = 9-11n^2$

14. निम्नलिखित स्थिति से प्राप्त अनुक्रम समांतर श्रेढ़ी में है या नहीं जाँच कीजिए। "प्रत्येक वर्ष खाते में प्राप्त राशियों की सूची, जब ₹ 100, 4% प्रतिवर्ष की चक्रवृद्धि ब्याज की दर से जमा किया जाता है।"

संकेत एवं हल

1. 5, 3 **2.** $\sqrt{3}$ **3.** हाँ, 6

4. (i) नहीं (ii) हाँ (iii) नहीं (iv) हाँ

5. $d = 6$, अगले दो पद 24 तथा 30 हैं। **6.** $-2, -4, -6$ तथा -8

7. संकेत a_n में $n = 1, 2, 3$ तथा 4 रखें

(i) $1, -16, 81, -256$ (ii) 5, 7, 9, 11

(iii) 2, 6, 12, 20 (iv) $\frac{1}{3}, 1, \frac{9}{5}, \frac{8}{3}$ (v) 2, 4, 8, 16

8. संकेत $a_n = 3n^2 - 5$ द्वारा परिभाषित अनुक्रम $-2, 7, 22, 43 \ldots$

यहाँ, $7-(-2) = 9, 22-7 = 15, 43-22 = 21$

चूँकि क्रमागत दो पदों का अंतर समान नहीं है। अतः ये समांतर श्रेढ़ी में नहीं है।

9. संकेत $a_n = 2n^2+1$; $a_{n+1} = 2(n^2+1)+1$

$\therefore \quad a_{n+1} - a_n = 4n+2$

यह n से स्वतंत्र पद नहीं है। अतः यह समांतर श्रेढ़ी नहीं है।

10. $\frac{1}{4}$ **11.** $(a+2)+(b+1), (a+2)+(b+2), (a+3)+(b+2)$

12. यहाँ, $a_n = 7-4n$

$\therefore a_1 = 7-4 \Rightarrow a_1 = 3$ तथा $a_2 = 7-8 = -1$

अब, सार्वान्तर $d = a_2 - a_1 = -1-3 = -4$

13. संकेत सर्वप्रथम $t_{n+1} - t_n$ से ज्ञात कीजिए कि n से स्वतंत्र पद है या नहीं।

उत्तर (i) हाँ (ii) हाँ (iii) नहीं (iv) नहीं (v) नहीं

14. नहीं

टॉपिक 2
समांतर श्रेढ़ी का nवाँ पद

माना समांतर श्रेढ़ी का प्रथम पद a तथा सार्व अंतर d है, तब इसका nवाँ पद

$$a_n = a + (n-1)d$$

समांतर श्रेढ़ी का nवाँ पद व्यापक पद (General term) कहलाता है।
यदि किसी समांतर श्रेढ़ी में कुल n पद हों तथा nवाँ पद अर्थात् अंतिम पद l हो, तब

$$l = a + (n-1)d$$

जहाँ, a पहला पद तथा d सार्व अंतर है।

उदाहरण 1 अनुक्रम $7, 3, -1, -5, \ldots$ का 20वाँ पद ज्ञात कीजिए।

हल दिया गया अनुक्रम $7, 3, -1, -5, \ldots$

यहाँ, $d = 3 - 7 = -1 - 3 = -5 + 1 = -4$

$\therefore$ दिया गया अनुक्रम एक समांतर श्रेढ़ी में है,

जिसमें $a = 7$ तथा $d = -4$

अब, nवाँ पद, $a_n = a + (n-1)d$

$\therefore$ $n = 20$ रखने पर,

$a_{20} = a + (20-1)d$

$\Rightarrow \quad a_{20} = 7 + 19(-4) \quad [\because a = 7, d = -4]$

$\Rightarrow \quad a_{20} = 7 - 76 = -69$

अतः दिए गए अनुक्रम का 20वाँ पद -69 है।

उदाहरण 2 यदि एक समान्तर श्रेढ़ी का सार्वान्तर $(d) = -4$ तथा सातवाँ पद $(a_7) = 4$ है, तो श्रेढ़ी का प्रथम पद ज्ञात कीजिए।
[CBSE 2020 (Standard)]

हल दिया है, $d = -4$ तथा $a_7 = 4$

माना श्रेढ़ी का प्रथम पद a है,

तब $a_7 = a + (6-1)d$

$\Rightarrow \quad 4 = a + 5(-4) \Rightarrow 4 = a - 20 \Rightarrow a = 4 + 20 = 24$

अतः प्रथम पद 24 है।

उदाहरण 3 अनुक्रम $3, 6, 9, 12, \ldots, 111$ में पदों की संख्या ज्ञात कीजिए।

हल दिया गया अनुक्रम $3, 6, 9, 12, \ldots, 111$ है।

यहाँ, $6 - 3 = 9 - 6 = 12 - 9 = 3$

अतः यह एक समांतर श्रेढ़ी है जिसका पहला पद $a = 3$

तथा सार्व अंतर $d = 3$

माना अनुक्रम में पदों की संख्या n है।

तब, nवाँ पद $= 111 \Rightarrow a + (n-1)d = 111$

$\Rightarrow \quad 3 + (n-1) \times 3 = 111 \Rightarrow 3(1 + n - 1) = 111$

$\Rightarrow \quad n = \frac{111}{3} \Rightarrow n = 37$

उदाहरण 4 समांतर श्रेढ़ी : $21, 18, 15, \ldots$ में कौन-सा पद -81 है?

हल दी गई समांतर श्रेढ़ी $21, 18, 15, \ldots$ है।

यहाँ, $a = 21$ तथा $d = 18 - 21 = -3$

माना दी गई समांतर श्रेढ़ी का nवाँ पद -81 है

तब, $a_n = -81$

$\Rightarrow \quad a + (n-1)d = -81 \quad \ldots(i)$

समी (i) में, a तथा d के मान रखने पर,

$21 + (n-1)(-3) = -81$

$\Rightarrow \quad 21 - 3n + 3 = -81$

$\Rightarrow \quad 24 - 3n = -81$

$\Rightarrow \quad -3n = -81 - 24 = -105$

$\Rightarrow \quad n = \frac{-105}{-3} = 35$

अतः दी गई समांतर श्रेढ़ी का 35वाँ पद -81 है।

उदाहरण 5 यदि किसी समांतर श्रेढ़ी का 7वाँ पद -1 तथा 16वाँ पद 17 है, तो उसका व्यापक पद ज्ञात कीजिए।

हल माना समांतर श्रेढ़ी का पहला पद a तथा सार्व अंतर d है।

दिया है, समांतर श्रेढ़ी का 7वाँ पद $= -1$

तथा समांतर श्रेढ़ी का 16वाँ पद $= 17$

$\therefore \quad a_7 = -1$ और $a_{16} = 17$

अब, $a + (7-1)d = -1 \Rightarrow a + 6d = -1 \quad \ldots(i)$

तथा $a + (16-1)d = 17 \Rightarrow a + 15d = 17 \quad \ldots(ii)$

$[\because a_n = a + (n-1)d]$

समी (i) को समी (ii) में से घटाने पर,

$a + 15d - a - 6d = 17 + 1$

$\Rightarrow \quad 9d = 18 \Rightarrow d = 2$

समी (i) में, $d = 2$ रखने पर,

$a + 6 \times 2 = -1$

$\Rightarrow \quad a + 12 = -1$

$\Rightarrow \quad a = -13$

अतः व्यापक पद, $a_n = a + (n-1)d$

$\Rightarrow \quad a_n = -13 + (n-1)2 \quad [\because a = -13$ तथा $d = 2]$

$= -13 + 2n - 2$

$= 2n - 15$

उदाहरण 6 7 से विभाजित होने वाले दो अंकों की कुल संख्याएँ कितनी होंगी?

हल दो अंकों की संख्याएँ निम्नलिखित हैं

$10, 11, 12, 13, 14, \ldots, 97, 98, 99$

जिनमें केवल $14, 21, 28, \ldots, 98$ ही 7 से विभाजित हैं।

यहाँ, $21 - 14 = 28 - 21 = 7$

अतः दी गई संख्याओं की सूची समांतर श्रेढ़ी में है

जिसका पहला पद, $a = 14$ तथा सार्व अंतर, $d = 7$

माना ऊपर दिए गए अनुक्रम में पदों की संख्या n है

तब, $a_n = 98$

$\Rightarrow$ $a + (n-1)d = 98$ $[\because a_n = a + (n-1)d]$

$\Rightarrow$ $14 + (n-1)7 = 98 \Rightarrow 14 + 7n - 7 = 98$

$\Rightarrow$ $7n = 91 \Rightarrow n = \frac{91}{7} = 13$

अतः 7 से विभाजित दो अंकों की कुल 13 संख्याएँ होंगी।

उदाहरण 7 ₹ 2000 की राशि 7% वार्षिक ब्याज की दर से निवेश की जाती है। प्रत्येक वर्ष के अंत में ब्याज की गणना कीजिए। क्या प्रत्येक वर्ष के अंत में प्राप्त ब्याज समांतर श्रेढ़ी में है? यदि हाँ, तो 20 वर्ष के अंत में प्राप्त ब्याज ज्ञात कीजिए।

हल दिया है, मूलधन, $P =$ ₹ 2000

ब्याज की दर, $R = 7\%$ प्रति वर्ष

समय, $T = 1, 2, 3, 4, \ldots$

हम जानते हैं कि साधारण ब्याज निम्नलिखित सूत्र से ज्ञात किया जा सकता है

साधारण ब्याज $= \frac{\text{मूलधन} \times \text{ब्याज की दर} \times \text{समय}}{100}$

$\therefore$ पहले वर्ष के अंत में साधारण ब्याज $= \frac{2000 \times 7 \times 1}{100} =$ ₹ 140

दूसरे वर्ष के अंत में साधारण ब्याज $= \frac{2000 \times 7 \times 2}{100} =$ ₹ 280

तीसरे वर्ष के अंत में साधारण ब्याज $= \frac{2000 \times 7 \times 3}{1000} =$ ₹ 420

$\therefore$ प्रत्येक वर्ष के अंत में प्राप्त ब्याज का अनुक्रम निम्न है

140, 280, 420, ...

यहाँ, $280 - 140 = 420 - 280 = 140$

अतः उपरोक्त अनुक्रम समांतर श्रेढ़ी में है, जिसका

पहला पद, $a = 140$

तथा सार्व अंतर, $d = 140$

अब, 20 वर्ष के अंत में प्राप्त साधारण ब्याज उपरोक्त समांतर श्रेढ़ी का 20वाँ पद होगा।

$\therefore$ $a_{20} = a + (20-1)d = 140 + 19 \times 140$
$= 140 + 2660 = 2800$

अतः 20 वर्ष के अंत में प्राप्त ब्याज ₹ 2800 है।

समांतर श्रेढ़ी का अंत से nवाँ पद

(nth Term from the End of an AP)

माना समांतर श्रेढ़ी का प्रथम पद a, सार्व अंतर d तथा अंतिम पद l है, तब

समांतर श्रेढ़ी का अंत से nवाँ पद $= l - (n-1)d$

उदाहरण 8 समांतर श्रेढ़ी 4, 9, 14, ..., 254 का अंत से 10वाँ पद ज्ञात कीजिए।

हल दी गई समांतर श्रेढ़ी : 4, 9, 14,...,254

यहाँ, $l =$ अंतिम पद $= 254$

$d =$ सार्व अंतर $= 9 - 4 = 5$

$\therefore$ अंत से 10वाँ पद $= l - (10-1)d = l - 9d$
$= 254 - 9 \times 5$
$= 254 - 45 = 209$

वैकल्पिक विधि

दिए गए समांतर श्रेढ़ी को उलटने पर प्राप्त श्रेढ़ी, 254,......14, 9, 4

यहाँ, पहला पद, $a = 254$

तथा सार्व अंतर, $d = -5$

अब, नई समांतर श्रेढ़ी का दसवाँ पद $= a_{10}$
$= 254 + (10-1)(-5)$
$= 254 - 9 \times 5 = 209$

अतः दी गई समांतर श्रेढ़ी का अंत से दसवाँ पद = 209

प्रश्नावली 5.2

1. समांतर श्रेढ़ी : $-5, -\frac{5}{2}, 0, \frac{5}{2}, \ldots.$ का 11वाँ पद ज्ञात कीजिए। **[NCERT Exemplar]**
2. यदि $d = -4$, $n = 7$ तथा $a_n = 4$ हो, तो a का मान ज्ञात कीजिए। **[CBSE 2019, NCERT Exemplar]**
3. किसी समांतर श्रेढ़ी का प्रथम पद 5, सार्व अंतर 3 तथा अंतिम पद 80 हो, तो पदों की संख्या ज्ञात कीजिए।
4. जाँच कीजिए कि 0 समांतर श्रेढ़ी 31, 28, 25, ... का एक पद है।
5. यदि समांतर श्रेढ़ी 25, 50, 75, 100, ... का p वाँ पद $x = 1000$ है, तो p का मान ज्ञात कीजिए।
6. यदि एक समांतर श्रेढ़ी का 11वाँ पद 80 तथा 16वाँ पद 110 है, तो 31वाँ पद ज्ञात कीजिए।
7. समांतर श्रेढ़ी : 3, 8, 13, 18 ... का कौन-सा पद इसके 31वें पद से 130 ज्यादा है।
8. समांतर श्रेढ़ी 17, 14, 11, ... (–40) का अंत से 6वाँ पद ज्ञात कीजिए।
9. एक व्यक्ति ऋण का भुगतान ₹ 100 की प्रथम किस्त से शुरू करता है। यदि वह प्रत्येक किस्त में ₹ 5 प्रतिमाह बढ़ाता है, तो 30वीं किस्त की राशि क्या होगी?
10. 10 तथा 300 के बीच ऐसे कितनी संख्याएँ होंगी, जिनको 4 से भाग देने पर शेषफल 3 आए।
11. यदि 5000 की राशि 8% वार्षिक ब्याज की दर से निवेश किया जाता है। प्रत्येक वर्ष के अंत में ब्याज की गणना कीजिए। क्या प्रत्येक वर्ष के अंत में प्राप्त ब्याज समांतर श्रेढ़ी में है? 30 वर्ष के अंत में प्राप्त ब्याज भी ज्ञात कीजिए।
12. एक टैक्सी का किराया प्रथम किलोमीटर के लिए ₹ 15 है और प्रथम किलोमीटर के बाद अतिरिक्त किराया ₹ 8 है। प्रत्येक किलोमीटर के बाद कुल किराया 15, 8, 8, 8,.....समांतर श्रेढ़ी में नहीं है। क्या कथन सत्य है? कारण दीजिए। **[NCERT Exemplar]**

संकेत एवं हल

1. उदाहरण 1 की भाँति स्वयं हल करें। **उत्तर** 20
2. 28
3. उदाहरण 3 की भाँति स्वयं हल करें। **उत्तर** 26
4. **संकेत** माना $a_n = 0$ और तब n ज्ञात करें **उत्तर** नहीं
5. **संकेत** यहाँ, $a_p = 1000$ **उत्तर** 40
6. उदाहरण 5 की भाँति स्वयं हल करें। **उत्तर** 200
7. **संकेत** माना $a_n = 130 + a_{31}$, तब n का मान ज्ञात कीजिए। **उत्तर** 57वाँ
8. उदाहरण 8 की भाँति स्वयं हल करें। **उत्तर** – 25
9. ₹ 245
10. **संकेत** अभीष्ट संख्या 11, 15, 19, ..., 299 है
उत्तर 73
11. उदाहरण 7 की भाँति स्वयं हल करें।
उत्तर 400, 800, 1200, ... हाँ, ₹ 12000
12. **संकेत** प्रत्येक किलोमीटर के बाद किराया 15, 23, 31, 39,.....
उत्तर नहीं

टॉपिक 3
समांतर श्रेणी के प्रथम n पदों का योगफल

माना किसी समांतर श्रेढ़ी का प्रथम पद a, सार्व अंतर d तथा प्रथम n पदों का योगफल S_n है, तब

$$n \text{ पदों का योगफल, } S_n = \frac{n}{2}[2a + (n-1)d]$$

या

$$S_n = \frac{n}{2}[a + a_n]$$

जहाँ, a_n = समांतर श्रेढ़ी का nवाँ पद है।
यदि समांतर श्रेढ़ी का nवाँ पद l है, तब

$$S_n = \frac{n}{2}[a + l]$$

उदाहरण 1 समांतर श्रेढ़ी : 8, 3, – 2, ... के प्रथम 22 पदों का योगफल ज्ञात कीजिए।

हल दी गई समांतर श्रेढ़ी निम्न है 8, 3, – 2, ...
यहाँ, प्रथम पद, $a = 8$
सार्व अंतर $d = 3 - 8 = -5$ तथा $n = 22$

$\because$ प्रथम n पदों का योग, $S_n = \frac{n}{2}[2a + (n-1)d]$

$\therefore$ प्रथम 22 पदों का योग, $S_{22} = \frac{22}{2}[2 \times 8 + (22-1) \times (-5)]$

$= 11[16 + 21 \times (-5)]$

$= 11(16 - 105) = 11(-89) = -979$

अतः समांतर श्रेढ़ी के प्रथम 22 पदों का योगफल – 979 होगा।

उदाहरण 2 किसी समांतर श्रेढ़ी का प्रथम पद 1 तथा 20वाँ पद 58 है। प्रथम 20 पदों का योगफल ज्ञात कीजिए।

हल दिया है $a = 1, l = 58$ तथा $n = 20$
अब, प्रथम 20 पदों का योग,

$$S_{20} = \frac{20}{2}(1 + 58) \qquad \left[\because S_n = \frac{n}{2}(a + l)\right]$$

$= 10(59) = 590$

उदाहरण 3 समांतर श्रेढ़ी के प्रथम 24 पदों का योग ज्ञात कीजिए, जिसका nवाँ पद $a_n = 3 + 2n$ है।

हल दिया है,
समांतर श्रेढ़ी का nवाँ पद, $a_n = 3 + 2n$
$\therefore a_1 = 3 + 2 = 5$ तथा $a_{24} = 3 + 2 \times 24 = 3 + 48 = 51$
स्पष्टतः प्रथम 24 पदों का योग,

$$S_{24} = \frac{24}{2}[a + a_{24}] \qquad \left[S_n = \frac{n}{2}(a + l)\right]$$

$= 12[5 + 51] = 12 \times 56 = 672$

उदाहरण 4 समान्तर श्रेढ़ी 24, 21, 18, ... के कितने पद लिए जाएँ ताकि उनका योग 78 हो? **[CBSE 2020 (Basic)]**

हल दी गई समान्तर श्रेढ़ी 24, 21, 18, ... है।
$\therefore \quad a = 24, d = 21 - 24 = -3$

अब, $S_n = \frac{n}{2}[2a + (n-1)d]$

$\Rightarrow \quad 78 = \frac{n}{2}[2 \times 24 + (n-1)(-3)]$

$\Rightarrow 156 = n[48 + 3 - 3n] \Rightarrow 156 = 51n - 3n^2$

$\Rightarrow \quad 3n^2 - 51n + 156 = 0$

$\Rightarrow \quad n^2 - 17n + 52 = 0$

$\Rightarrow n^2 - 13n - 4n + 52 = 0$

$\Rightarrow n(n-13) - 4(n-13) = 0$

$\Rightarrow \quad (n-13)(n-4) = 0 \Rightarrow n = 4, 13$

उदाहरण 5 समांतर श्रेढ़ी $20, 19\frac{1}{3}, 18\frac{2}{3}, \ldots$ के कितने पदों का योग 300 है?

हल दी गई समांतर श्रेढ़ी $20, 19\frac{1}{3}, 18\frac{2}{3}, \ldots$ है।

यहाँ, $a = 20$

तथा $d = 19\frac{1}{3} - 20 = \frac{58}{3} - 20 = \frac{58 - 60}{3} = -\frac{2}{3}$

माना समांतर श्रेढ़ी का योग 300 प्राप्त करने के लिए n पदों की आवश्यकता है।

हम जानते हैं कि $S_n = \frac{n}{2}[2a + (n-1)d]$

$\Rightarrow \quad 300 = \frac{n}{2}\left[2(20) + (n-1)\left(\frac{-2}{3}\right)\right] \left[\because a = 20 \text{ तथा } d = -\frac{2}{3}\right]$

$\Rightarrow \quad 600 = n\left[40 - \frac{2}{3}n + \frac{2}{3}\right]$

$\Rightarrow \quad 600 = \frac{1}{3}[120n - 2n^2 + 2n]$

$\Rightarrow 600 \times 3 = 122n - 2n^2$

$\Rightarrow \quad 1800 + 2n^2 - 122n = 0$

$\Rightarrow \quad 2[n^2 - 61n + 900] = 0$

$\Rightarrow \quad n^2 - 61n + 900 = 0$

$\Rightarrow \quad n^2 - 36n - 25n + 900 = 0$

$\Rightarrow \quad n(n-36) - 25(n-36) = 0$

$\Rightarrow \quad (n-36)(n-25) = 0 \Rightarrow n = 36$ या 25

$\because a$ धनात्मक तथा d ऋणात्मक है

$\therefore n$ के दोनों मान संभव हैं

अतः दी गई समांतर श्रेढ़ी के 25 पदों का योग

= दी गई AP के 36 पदों का योग

= 300

उदाहरण 6 **किसी समांतर श्रेढ़ी के प्रथम 10 पदों का योगफल 140 तथा प्रथम 16 पदों का योग 320 है, तो समांतर श्रेढ़ी के प्रथम m पदों का योगफल ज्ञात कीजिए।**

हल माना समांतर श्रेढ़ी का प्रथम पद a तथा सार्व अंतर d है।

दिया है, प्रथम 10 पदों का योग, $S_{10} = 140$

$\Rightarrow \quad \frac{10}{2}[2a + (10-1)d] = 140$

$\Rightarrow \quad 2a + 9d = \frac{140}{5}$

$\Rightarrow \quad 2a + 9d = 28 \quad \ldots(i)$

साथ ही दिया है,

प्रथम 16 पदों का योग, $\quad S_{16} = 320$

$\Rightarrow \quad \frac{16}{2}[2a + (16-1)d] = 320$

$\Rightarrow \quad 2a + 15d = \frac{320}{8}$

$\Rightarrow \quad 2a + 15d = 40 \quad \ldots(ii)$

समी (i) को समी (ii) में से घटाने पर,

$6d = 12 \Rightarrow d = 2$

समी (i) में, $d = 2$ रखने पर,

$2a + 9(2) = 28 \Rightarrow 2a + 18 = 28$

$\Rightarrow \quad 2a = 28 - 18 \Rightarrow a = \frac{10}{2} = 5$

$\therefore \quad a = 5$ तथा $d = 2$

अतः प्रथम m पदों का योग

$S_m = \frac{m}{2}[2a + (m-1)d] = \frac{m}{2}[2(5) + (m-1)2]$

$= m[5 + (m-1)] = m[5 + m - 1]$

$= m(m+4) = m^2 + 4m$

किसी समांतर श्रेढ़ी के nवाँ पद ज्ञात करना जब प्रथम n पदों का योग दिया हो

यदि समांतर श्रेढ़ी के प्रथम n पदों का योग S_n है, तो nवाँ पद निम्न सूत्र से ज्ञात किया जा सकता है

$$\boxed{a_n = S_n - S_{n-1}}$$

जहाँ, S_{n-1}, S_n में n के स्थान पर $(n-1)$ प्रतिस्थापित करने पर प्राप्त होता है।

उदाहरण 7 **किसी समांतर श्रेढ़ी के प्रथम n पदों का योगफल $S_n = 6n + 7n^2$ है, तो समांतर श्रेढ़ी का nवाँ पद ज्ञात कीजिए। समांतर श्रेढ़ी का 10वाँ पद भी ज्ञात कीजिए।**

हल दिया है, $\quad S_n = 6n + 7n^2$

$\therefore \quad S_{n-1} = 6(n-1) + 7(n-1)^2$

$= 6n - 6 + 7(n^2 + 1 - 2n)$

$= 6n - 6 + 7n^2 + 7 - 14n$

$= 7n^2 - 8n + 1$

अब, $a_n = S_n - S_{n-1} = 6n + 7n^2 - (7n^2 - 8n + 1) = 14n - 1$

$\therefore$ समांतर श्रेढ़ी का 10वाँ पद, $a_{10} = 14 \times 10 - 1$

$= 140 - 1 = 139$

उदाहरण 8 **एक व्यक्ति ₹ 3250 के ऋण का भुगतान पहले महीने ₹ 20 से शुरू करता है। यदि वह प्रत्येक किस्त में ₹ 15 प्रतिमाह बढ़ाता हो, तब ऋण का पूर्ण भुगतान होने में कितना समय लगेगा?**

हल दिया है, ऋण की कुल राशि = ₹ 3250

पहले महीने भुगतान की गई राशि = ₹ 20

प्रति महीने राशि में वृद्धि = ₹ 15

स्पष्टतः प्रति महीने भुगतान राशि की सूची एक समांतर श्रेढ़ी में है जिसका प्रथम पद, $a = 20$ तथा सार्व अंतर $d = 15$

माना ऋण के पूर्ण भुगतान होने में n महीने लगते हैं, तब $S_n = 3250$

$\Rightarrow \quad \frac{n}{2}[2a + (n-1)d] = 3250$

$\Rightarrow \quad \frac{n}{2}[2(20) + (n-1)15] = 3250$

$\Rightarrow \quad n[40 + 15n - 15] = 3250 \times 2$

$\Rightarrow \quad 25n + 15n^2 = 6500$

$\Rightarrow \quad 3n^2 + 5n - 1300 = 0$ [दोनों तरफ 5 से भाग देने पर]

$\Rightarrow \quad 3n^2 + 65n - 60n - 1300 = 0$

$\Rightarrow \quad n(3n + 65) - 20(3n + 65) = 0$

$\Rightarrow \quad (n-20)(3n+65) = 0$

$\Rightarrow \quad n = 20$ या $n = \frac{-65}{3}$

$\because \; n$ ऋणात्मक नहीं हो सकता

$\therefore \quad n = 20$

अतः ऋण का पूर्ण भुगतान करने में 20 महीने लगेंगे।

उदाहरण 9 **कनिका को जेब खर्च 1 जनवरी, 2008 को दिया गया। वह इसमें से अपने पिग्गी बैंक में पहले दिन ₹ 1 डालती है, दूसरे दिन ₹ 2 डालती है, तीसरे दिन ₹ 3 डालती है तथा ऐसा ही महीने में अंत तक करती रहती है। उसने अपनी जेब खर्च में से ₹ 204 खर्च भी किए और पाया कि महीने के अंत में उसके पास अभी भी ₹ 100 शेष हैं। उस महीने उसको कितना जेब खर्च मिला था?** **[NCERT Exemplar]**

हल माना उसका जेब खर्च ₹ x है।
अब वह अपने पिग्गी बैंक में पहले दिन ₹ 1, दूसरे दिन ₹ 2, तीसरे दिन ₹ 3 डालती है तथा ऐसा ही महीने के अंत तक करती है।
स्पष्टतः जितने रुपए वह अपने पिग्गी बैंक में डालती है वह समांतर श्रेढ़ी के रूप में हैं। जिसमें पदों की संख्या = 31
प्रथम पद, $a = 1$ तथा सार्व अंतर, $d = 2 - 1 = 1$
अब, प्रथम 31 पदों का योग $S_{31} = \frac{31}{2}[2 \times 1 + (31-1) \times 1]$

[$\because n$ पदों का योग, $S_n = \frac{n}{2}[2a + (n-1)d]$]

$$= \frac{31}{2}(2 + 30) = \frac{31 \times 32}{2} = 31 \times 16 = 496$$

$\therefore$ कनिका महीने के अंत तक अपनी जेब खर्च से ₹ 496 लेती है तथा उसने अपनी जेब खर्च से ₹ 204 खर्च भी किए और पाया की महीने के अंत में उसके पास अभी भी ₹ 100 शेष है।
ऊपर लिखे प्रतिबंध के अनुसार,
$(x - 496) - 204 = 100 \Rightarrow x - 700 = 100 \Rightarrow x =$ ₹ 800
अतः उस महीने उसको ₹ 800 जेब खर्च मिला।

समांतर माध्य (Arithmetic Mean (AM))

यदि a, b तथा c समांतर श्रेढ़ी में हैं, तो b को a तथा c का समांतर माध्य कहा जाता है।
$\because a, b$ तथा c समांतर श्रेढ़ी में हैं

$$\therefore \quad b - a = c - b \Rightarrow 2b = a + c \Rightarrow b = \frac{a+c}{2}$$

अतः a तथा c का समांतर माध्य $= \frac{a+c}{2}$

उदाहरण 10 2 तथा 12 का समांतर माध्य ज्ञात कीजिए।

हल माना 2 तथा 12 का समांतर माध्य b है,
तब $b = \frac{2+12}{2} = \frac{14}{2} \Rightarrow b = 7$

समांतर श्रेढ़ी में पदों का चुनाव
(Selection of Terms in an AP)

कभी-कभी समस्या को सरलतापूर्वक हल करने के लिए दिए गए पदों की संख्या के अनुसार समांतर श्रेढ़ी में निम्न पदों को लेते हैं

पदों की संख्या	पद	सार्व अंतर
3	$a-d, a, a+d$	d
4	$a-3d, a-d, a+d, a+3d$	$2d$
5	$a-2d, a-d, a, a+d, a+2d$	d

उदाहरण 11 यदि चार संख्याएँ समांतर श्रेढ़ी में हैं जिनका योग 20 तथा उनके वर्गों का योग 120 है, तो चारों संख्याएँ ज्ञात कीजिए।

हल माना समांतर श्रेढ़ी में चार संख्याएँ $a-3d, a-d, a+d, a+3d$ हैं, तब दिए गए प्रतिबंध के अनुसार,

$$(a-3d) + (a-d) + (a+d) + (a+3d) = 20 \quad \text{...(i)}$$

तथा $(a-3d)^2 + (a-d)^2 + (a+d)^2 + (a+3d)^2 = 120$ ...(ii)
समी (i) से, $4a = 20 \Rightarrow a = 5$
समी (ii) से, $a^2 + 9d^2 - 6da + a^2 + d^2 - 2ad + a^2 + d^2 + 2ad + a^2 + 9d^2 + 6ad = 120$
$\Rightarrow 4a^2 + 20d^2 = 120 \Rightarrow a^2 + 5d^2 = 30$
$\Rightarrow 25 + 5d^2 = 30$ [$\because a = 5$]
$\Rightarrow 5d^2 = 30 - 25 = 5 \Rightarrow d^2 = \frac{5}{5} = 1 \Rightarrow d = \pm 1$
यदि $d = 1$, तो संख्याएँ 2, 4, 6, 8
यदि $d = -1$, तो संख्याएँ 8, 6, 4, 2
अतः संख्याएँ 2, 4, 6, 8 अथवा 8, 6, 4, 2 हैं।

उदाहरण 12 एक समान्तर श्रेढ़ी के चार क्रमागत पदों की संख्याओं का योग 32 है तथा पहली और आखिरी संख्या के गुणनफल का बीच की दो संख्याओं के गुणनफल से अनुपात 7 : 15 है, संख्याएँ ज्ञात कीजिए। **[CBSE 2019]**

हल माना संख्याएँ $(a-3d), (a-d), (a+d)$ तथा $(a+3d)$ है।
$\therefore a - 3d + a - d + a + d + a + 3d = 32 \Rightarrow 4a = 32 \Rightarrow a = 8$
अब, $\frac{(a-3d)(a+3d)}{(a-d)(a+d)} = \frac{7}{15}$
$\Rightarrow 15a^2 - 135d^2 = 7a^2 - 7d^2 \Rightarrow 8a^2 = 128d^2$
$\Rightarrow d^2 = \frac{8a^2}{128} = \frac{8 \times 8 \times 8}{128} = 4 \Rightarrow d^2 = 4 \Rightarrow d = \pm 2$
$\therefore$ संख्याएँ $(8-6, 8-2, 8+2, 8+6)$ या $(8+6, 8+2, 8-2, 8-6)$
अर्थात 2, 6, 10, 14 या 14, 10, 6, 2 है।

प्रश्नावली 5.3

1. समांतर श्रेढ़ी : 50, 46, 42,..... के 10 पदों का योगफल ज्ञात कीजिए।

2. समांतर श्रेढ़ी : 2, 4, 6, ...200 के 100 पदों का योगफल ज्ञात कीजिए।

3. किसी समांतर श्रेढ़ी जिसका nवाँ पद $1 - 4n$ है उसके प्रथम 25 पदों का योगफल ज्ञात कीजिए।

4. किसी समांतर श्रेढ़ी के प्रथम 6 पदों का योगफल 36 तथा प्रथम 16 पदों का योगफल 256 है, तो समांतर श्रेढ़ी के प्रथम 10 पदों का योगफल ज्ञात कीजिए। **[NCERT Exemplar]**

5. समांतर श्रेढ़ी : 64, 60, 56,... के उन पदों का योगफल ज्ञात कीजिए जिनका योग 544 है।

6. किसी समांतर श्रेढ़ी के n पदों का योग $S_n = n(4n+1)$ है, तो समांतर श्रेढ़ी का nवाँ पद ज्ञात कीजिए तथा समांतर श्रेढ़ी भी ज्ञात कीजिए। **[NCERT Exemplar]**

7. किसी समांतर श्रेढ़ी के n पदों का योगफल $S_n = 2n^2 + 5n$ है, तो समांतर श्रेढ़ी का nवाँ पद ज्ञात कीजिए।

8. किसी समांतर श्रेढ़ी के प्रथम 21 पदों का योगफल ज्ञात कीजिए जिसका दूसरा पद 8 तथा चौथा पद 4 हो।

9. एक समांतर श्रेढ़ी के प्रथम 17 पदों का योगफल ज्ञात कीजिए जिसका चौथा तथा 9वाँ पद क्रमश: – 15 और – 30 हो।

10. किसी समांतर श्रेढ़ी के प्रथम p पदों का योगफल q तथा प्रथम q पदों का योगफल p हो, तो उस समांतर श्रेढ़ी के प्रथम $(p+q)$ पदों का योगफल ज्ञात कीजिए।

11. यदि तीन संख्याएँ जोकि समांतर श्रेढ़ी में हैं उनका योगफल तथा गुणनफल क्रमश: –3 तथा 8 हो, तो संख्याएँ ज्ञात कीजिए।

12. 228 लट्ठो (logs) को ढेरों के रूप में इस प्रकार रखा जाता है कि सबसे नीचे वाली पंक्ति में 30 लट्ठे उससे अगली पंक्ति में 28 लट्ठे, उससे अगली पंक्ति में 26 इत्यादि, ये 228 लट्ठे कितनी पंक्ति में रखे गए हैं तथा सबसे ऊपरी पंक्ति में कितने लट्ठे हैं?

13. यासमीन पहले महीने ₹ 32 की बचत करती है, दूसरे महीने में ₹ 36 की बचत करती है तथा तीसरे महीने में ₹ 40 की बचत करती है। यदि वह इसी प्रकार बचत करती रहे, तो कितने महीनों में वह ₹ 2000 की बचत कर लेगी? **[NCERT Exemplar]**

14. किसी कक्षा में विद्यार्थियों की आयु समांतर श्रेढ़ी में हैं जिनका सार्व अंतर 4 महीने है। यदि सबसे कम उम्र के विद्यार्थी की आयु 8 वर्ष हो तथा सभी विद्यार्थियों की आयु का योग 168 वर्ष हो, तो कक्षा में विद्यार्थियों की संख्या ज्ञात कीजिए।

15. सिद्ध कीजिए कि $2n$ पदों में अंतिम आधे पदों का योगफल $3n$ पदों के योगफल के एक तिहाई के बराबर है।

16. किसी समांतर श्रेढ़ी के प्रथम 6 पदों का योग 42 है तथा उसके 10वें और 30वें पद का अनुपात 1 : 3 है तो समांतर श्रेढ़ी का पहला तथा 13वाँ पद ज्ञात कीजिए।

17. एक आदमी ₹ 3600 की देनदारी को 40 वार्षिक किस्तों में चुकाने की व्यवस्था करता है जो एक समांतर श्रेढ़ी के रूप में हैं। यदि उसकी 30 किस्तों के भुगतान के बाद मृत्यु हो जाती है जबकि एक तिहाई देनदारी बाकी है, तो उसके द्वारा दी गई आठवीं किस्त की रकम ज्ञात कीजिए।

18. किसी समांतर श्रेढ़ी के प्रथम पाँच पदों का योगफल और उसी समांतर श्रेढ़ी के प्रथम सात पदों के योगफलों का योग 167 है। यदि इस समांतर श्रेढ़ी के प्रथम 10 पदों का योग 235 है, तो इसके प्रथम 20 पदों का योगफल ज्ञात कीजिए।

19. निम्न समीकरण को हल कीजिए।

$$1+4+7+10+\ldots+x=287$$ **[CBSE 2020 (Basic)]**

संकेत एवं हल

1. 320 **2.** 10100 **3.** – 1275 **4.** 100 **5.** 16, 17

6. **संकेत** समांतर श्रेढ़ी ज्ञात करने के लिए a_n में $n = 1, 2, 3, \ldots$ रखें

उत्तर $8n - 3$, 5, 13, 21, ...

7. $4n+3$ **8.** – 210 **9.** – 510

10. **संकेत** दिया है, $S_p = q$ तथा $S_q = p$

$\Rightarrow s[2a+(p-1)d] = 2q$ तथा $q[2a+(q-1)d] = 2p$

घटाने पर, $2a + (p+q-1)d = -2$

अब, $S_{p+q} = \dfrac{p+q}{2}[2a+(p+q-1)d]$

$$= \left(\frac{p+q}{2}\right)[-2] = -(p+q)$$

11. **संकेत** माना समांतर श्रेढ़ी की तीन संख्याएँ $a-d, a, a+d$ हैं

उत्तर – 4, – 1, 2 या 2, – 1, – 4

12. 12 और 8 **13.** 25 महीने

14. **संकेत** सार्व अंतर = 4 महीने = $\frac{1}{3}$ वर्ष

कक्षा में छात्रों की संख्या = 16

15. **संकेत** सिद्ध करने के लिए $S_{2n} - S_n = \frac{1}{3}S_{3n}$

16. **संकेत** दिया है, $S_6 = 42$ तथा $\frac{a_{10}}{a_{30}} = \frac{1}{3}$

$\Rightarrow \quad 2a + 5d = 14$ और $a = d$

उत्तर $a_1 = 2$ तथा $a_{13} = 26$

17. **संकेत** माना किस्तों की राशि $a, a+d, a+2d, \ldots$ हैं

$\therefore$ प्रश्नानुसार, $S_{40} = 3600$ तथा $S_{30} = 3600 - \frac{1}{3} \times 3600 = 2400$

$\Rightarrow \quad 2a + 39d = 180$ तथा $2a + 29d = 160$

अब a और d ज्ञात कीजिए और तब a_8 ज्ञात कीजिए। **उत्तर** a_8 = ₹ 65

18. **संकेत** दिया है, $S_5 + S_7 = 167$ और $S_{10} = 235 \Rightarrow 12a + 31d = 167$

और $\quad 2a + 9d = 47$

अब a तथा d ज्ञात कीजिए और तब S_{20} ज्ञात कीजिए। **उत्तर** $S_{20} = 970$

19. दिया है, $1+4+7+10+\ldots+x = 287$

यहाँ, $a = 1$, $d = 4 - 1 = 3$ तथा $S_n = 287$

अब, $S_n = \frac{n}{2}[2a+(n-1)d]$

$\Rightarrow 287 = \frac{n}{2}[2+(n-1)3]$

$\Rightarrow 574 = n(3n-1)$

$\Rightarrow 3n^2 - n - 574 = 0$

अब, $n = \dfrac{1 \pm \sqrt{1-4(3)(-574)}}{2\times 3} = \dfrac{1\pm\sqrt{6889}}{6} = \dfrac{1\pm 83}{6}$

$n = 14 \quad \left[\because n \neq -\frac{41}{3}\right]$

अब, $S_n = \frac{n}{2}(a+l) \Rightarrow 287 = \frac{14}{2}(1+x)$

$\Rightarrow 574 = 14(1+x)$

$\Rightarrow 1 + x = \frac{574}{14} \Rightarrow 1 + x = 41 \Rightarrow x = 40$

NCERT फोल्डर

प्रश्नावली 5.1

1. निम्नलिखित स्थितियों में से किन स्थितियों में संबद्ध संख्याओं की सूची समांतर श्रेढ़ी में है और क्यों?

(i) प्रत्येक किलोमीटर के बाद का टैक्सी का किराया, जबकि प्रथम किलोमीटर के लिए किराया ₹ 15 है और प्रत्येक अतिरिक्त किलोमीटर के लिए किराया ₹ 8 है।

(ii) किसी बेलन (cylinder) में उपस्थित हवा की मात्रा, जबकि वायु निकालने वाला पंप प्रत्येक बार बेलन की शेष हवा का $\frac{1}{4}$ भाग बाहर निकाल देता है।

(iii) प्रत्येक मीटर की खुदाई के बाद, एक कुआँ खोदने में आई लागत, जबकि प्रथम मीटर खुदाई की लागत ₹ 150 है और बाद में प्रत्येक मीटर खुदाई की लागत ₹ 50 बढ़ती जाती है।

(iv) खाते में प्रत्येक वर्ष का मिश्रधन, जबकि ₹ 10000 की राशि 8% वार्षिक की दर से चक्रवृद्धि ब्याज पर जमा की जाती है।

हल (i) प्रश्नानुसार, प्रथम किलोमीटर की यात्रा का किराया

अर्थात् 1 किमी का किराया ₹ 15 है और अगले 2 किमी, 3 किमी, 4 किमी, ... का किराया क्रमशः ₹ (15 + 8), ₹ (15 + 2 × 8), ₹ (15 + 3 × 8), ... हैं

अर्थात् 15, 23, 31, 39, ...

यहाँ, प्रत्येक अगला पद, पिछले पद में 8 जोड़ने पर प्राप्त होता है।

अतः यह समांतर श्रेढ़ी है।

(ii) माना बेलन में उपस्थित वायु की मात्रा y यूनिट है।

प्रश्नानुसार, प्राप्त सूची निम्न है

$$y, \left(y-\frac{y}{4}=\frac{3y}{4}\right), \left(\frac{3y}{4}-\frac{1}{4}\cdot\frac{3y}{4}=\frac{12y-3y}{16}=\frac{9y}{16}\right), \ldots$$

$$\Rightarrow \quad y, \frac{3y}{4}, \frac{9y}{16}, \ldots$$

अब, $\quad a_2-a_1=\frac{3y}{4}-y=-\frac{y}{4}$

और $\quad a_3-a_2=\frac{9y}{16}-\frac{3y}{4}=\frac{9y-12y}{16}=-\frac{3y}{16}$

यहाँ, $\quad \frac{3y}{4}-y \neq \frac{9y}{16}-\frac{3y}{4}$

अतः उपरोक्त श्रेढ़ी समांतर श्रेढ़ी के रूप में नहीं है, क्योंकि सार्व अंतर समान नहीं है।

(iii) प्रश्नानुसार, पहले मीटर, दूसरे मीटर, तीसरे मीटर, ... आदि को खोदने की कीमत क्रमशः ₹ 150, ₹ (150 + 50), ₹ (200 + 50), ... अर्थात् ₹ 150, ₹ 200, ₹ 250, ... आदि।

यहाँ, प्रत्येक अगला पद, पिछले पद में 50 जोड़ने पर प्राप्त होता है।

अतः यह समांतर श्रेढ़ी है।

(iv) प्रश्नानुसार, पहले वर्ष, दूसरे वर्ष, तीसरे वर्ष, ... आदि। खातों में धनराशि क्रमशः

$$10000,\ 10000\left(1+\frac{8}{100}\right),\ 10000\left(1+\frac{8}{100}\right)^2, \ldots$$

अर्थात् $\quad 10000, 10000\times\frac{108}{100}, 10000\times\frac{108}{100}\times\frac{108}{100}, \ldots$

अर्थात् 10000, 10800, 11664, ...

अब, $\quad d = 10800 - 10000 = 800$

और $\quad d = 11664 - 10800 = 864$

$\because \quad 800 \neq 864$

इसलिए सार्व अंतर समान नहीं है। अतः यह समांतर श्रेढ़ी नहीं है।

2. दी हुई समांतर श्रेढ़ी के प्रथम चार पद लिखिए, जबकि प्रथम पद a और सार्व अंतर d निम्नलिखित हैं

(i) $a=10, d=10$ (ii) $a=-2, d=0$

(iii) $a=4, d=-3$ (iv) $a=-1, d=\frac{1}{2}$

(v) $a=-1.25, d=-0.25$

हल (i) दिया है, $a = 10, d = 10$

माना समांतर श्रेढ़ी के प्रथम चार पद $a, a+d, a+2d$ तथा $a+3d$ हैं।

अब, $\quad a = 10$

$$a+d = 10+10 = 20$$
$$a+2d = 10+2\times10 = 30$$
$$a+3d = 10+3\times10 = 40$$

अतः समांतर श्रेढ़ी के प्रथम चार पद क्रमशः 10, 20, 30 तथा 40 हैं।

(ii) दिया है, $a = -2, d = 0$

माना समांतर श्रेढ़ी के प्रथम चार पद क्रमशः $a, a+d, a+2d$ और $a+3d$ हैं।

अब, $\quad a = -2$

$$a+d = -2+0 = -2$$
$$a+2d = -2+2(0) = -2$$
$$a+3d = -2+3(0) = -2$$

अतः समांतर श्रेढ़ी के प्रथम चार पद क्रमशः −2, −2, −2, −2 हैं।

(iii) दिया है, $a = 4, d = -3$

माना समांतर श्रेढ़ी के प्रथम चार पद $a, a+d, a+2d$ तथा $a+3d$ हैं।

अब, $\quad a = 4$

$$a+d = 4+(-3) = 1$$
$$a+2d = 4+2(-3) = -2$$
$$a+3d = 4+3(-3) = -5$$

अतः समांतर श्रेढ़ी के प्रथम चार पद क्रमशः 4, 1, −2 तथा −5 हैं।

(iv) दिया है, $a = -1, d = \frac{1}{2}$

माना समांतर श्रेढ़ी के प्रथम चार पद क्रमशः $a, a+d, a+2d$ तथा $a+3d$ हैं।

अब,
$$a = -1$$
$$a+d = -1+\frac{1}{2} = -\frac{1}{2}$$
$$a+2d = -1+2\times\frac{1}{2} = 0$$
$$a+3d = -1+3\times\frac{1}{2} = \frac{1}{2}$$

अतः समांतर श्रेढ़ी के प्रथम चार पद क्रमशः $-1, -\frac{1}{2}$, 0 और $\frac{1}{2}$ हैं।

(v) दिया है, $a = -1.25$ और $d = -0.25$

माना समांतर श्रेढ़ी के प्रथम चार पद क्रमशः $a, a+d, a+2d$ और $a+3d$ हैं।

अब, $a = -1.25$
$$a+d = -1.25+(-0.25) = -1.25-0.25 = -1.50$$
$$a+2d = -1.25+2(-0.25) = -1.25-0.50 = -1.75$$
$$a+3d = -1.25+3(-0.25) = -1.25-0.75 = -2.00$$

अतः समांतर श्रेढ़ी के प्रथम चार पद क्रमशः $-1.25, -1.50, -1.75$ और -2.00 हैं।

3. निम्नलिखित में से प्रत्येक समांतर श्रेढ़ी के लिए प्रथम पद और सार्व अंतर लिखिए।

(i) 3, 1, –1, –3, ... (ii) – 5, – 1, 3, 7, ...

(iii) $\frac{1}{3}, \frac{5}{3}, \frac{9}{3}, \frac{13}{3}, \ldots$ (iv) 0.6, 1.7, 2.8, 3.9, ...

हल (i) प्रथम पद, $a = 3$

सार्व अंतर, d = दूसरा पद – प्रथम पद
$$= 1-3 = -2$$

(ii) प्रथम पद $(a) = -5$

सार्व अंतर, d = दूसरा पद – प्रथम पद
$$= -1-(-5) = -1+5 = 4$$

(iii) प्रथम पद $(a) = \frac{1}{3}$

सार्व अंतर, d = दूसरा पद – प्रथम पद
$$= \frac{5}{3}-\frac{1}{3} = \frac{4}{3}$$

(iv) प्रथम पद, $a = 0.6$

सार्व अंतर, d = दूसरा पद – प्रथम पद
$$= 1.7-0.6 = 1.1$$

4. निम्नलिखित श्रेणियों में से कौन-कौन समांतर श्रेढ़ी हैं? यदि कोई समांतर श्रेढ़ी है, तो इसका सार्व अंतर ज्ञात कीजिए तथा इनके तीन पद और लिखिए।

(i) 2, 4, 8, 16, ...

(ii) $2, \frac{5}{2}, 3, \frac{7}{2}, \ldots$

(iii) – 1.2, – 3.2, – 5.2, – 7.2, ...

(iv) $-10, -6, -2, 2, \ldots$

(v) $3, 3+\sqrt{2}, 3+2\sqrt{2}, 3+3\sqrt{2}, \ldots$

(vi) 0.2, 0.22, 0.222, 0.2222, ...

(vii) $0, -4, -8, -12, \ldots$

(viii) $-\frac{1}{2}, -\frac{1}{2}, -\frac{1}{2}, -\frac{1}{2}, \ldots$

(ix) $1, 3, 9, 27, \ldots$

(x) $a, 2a, 3a, 4a, \ldots$

(xi) $a, a^2, a^3, a^4, \ldots$

(xii) $\sqrt{2}, \sqrt{8}, \sqrt{18}, \sqrt{32}, \ldots$

(xiii) $\sqrt{3}, \sqrt{6}, \sqrt{9}, \sqrt{12}, \ldots$

(xiv) $1^2, 3^2, 5^2, 7^2, \ldots$

(xv) $1^2, 5^2, 7^2, 73, \ldots$

हल (i) 2, 4, 8, 16, ...

यहाँ, $a_1 = 2, a_2 = 4, a_3 = 8, a_4 = 16$
$$a_2 - a_1 = 4-2 = 2, \quad a_3 - a_2 = 8-4 = 4$$
$$a_4 - a_3 = 16-8 = 8$$

स्पष्ट है कि $a_2 - a_1 \neq a_3 - a_2$

अतः दी गई श्रेढ़ी समांतर श्रेढ़ी में नहीं है क्योंकि सार्व अंतर समान नहीं है।

(ii) $2, \frac{5}{2}, 3, \frac{7}{2}, \ldots$

यहाँ, $a_1 = 2, a_2 = \frac{5}{2}, a_3 = 3, a_4 = \frac{7}{2}, \ldots$
$$a_2 - a_1 = \frac{5}{2}-2 = \frac{5-4}{2} = \frac{1}{2}$$
$$a_3 - a_2 = 3-\frac{5}{2} = \frac{6-5}{2} = \frac{1}{2}$$
$$a_4 - a_3 = \frac{7}{2}-3 = \frac{7-6}{2} = \frac{1}{2}$$

स्पष्ट है कि लगातार एक के बाद एक पदों का अंतर नियत है। अतः संख्याएँ समांतर श्रेढ़ी में हैं।

तथा सार्व अंतर $= \frac{1}{2}$

अतः समांतर श्रेढ़ी के अगले तीन पद
$$a_5 = a_4 + d = \frac{7}{2}+\frac{1}{2} = \frac{7+1}{2} = \frac{8}{2} = 4$$
$$a_6 = a_5 + d = 4+\frac{1}{2} = \frac{8+1}{2} = \frac{9}{2} = 4.5$$
$$a_7 = a_6 + d = \frac{9}{2}+\frac{1}{2} = \frac{9+1}{2} = \frac{10}{2} = 5$$

(iii) –1.2, –3.2, –5.2, –7.2, ...

यहाँ, $a_1 = -1.2, a_2 = -3.2, a_3 = -5.2, a_4 = -7.2$

अब, $a_2 - a_1 = -3.2-(-1.2) = -3.2+1.2 = -2$
$$a_3 - a_2 = -5.2-(-3.2) = -5.2+3.2 = -2$$

और $a_4 - a_3 = -7.2-(-5.2) = -7.2+5.2 = -2$

स्पष्ट है कि लगातार एक के बाद एक पदों का अंतर नियत है। अतः दी गई संख्याएँ समांतर श्रेढ़ी में हैं। अतः समांतर श्रेढ़ी के अगले तीन पद
$$a_5 = a_4 + d = -7.2+(-2) = -9.2$$
$$a_6 = a_5 + d = -9.2+(-2) = -11.2$$
$$a_7 = a_6 + d = -11.2+(-2) = -13.2$$

(iv) $-10, -6, -2, 2, \ldots$

यहाँ, $a_1 = -10, a_2 = -6, a_3 = -2, a_4 = 2$

अब, $a_2 - a_1 = -6 - (-10) = -6 + 10 = 4$

$a_3 - a_2 = -2 - (-6) = -2 + 6 = 4$

$a_4 - a_3 = 2 - (-2) = 2 + 2 = 4$

स्पष्ट है कि लगातार एक के बाद एक पदों का अंतर नियत है। अतः दी गई संख्याएँ समांतर श्रेढ़ी में हैं।

समांतर श्रेढ़ी के अगले तीन पद

$a_5 = a_4 + d = 2 + 4 = 6$

$a_6 = a_5 + d = 6 + 4 = 10$

$a_7 = a_6 + d = 10 + 4 = 14$

(v) $3, 3+\sqrt{2}, 3+2\sqrt{2}, 3+3\sqrt{2}, \ldots$

यहाँ, $a_1 = 3, a_2 = 3+\sqrt{2}, a_3 = 3+2\sqrt{2}, a_4 = 3+3\sqrt{2}$

अब, $a_2 - a_1 = 3 + \sqrt{2} - 3 = \sqrt{2}$

$a_3 - a_2 = 3 + 2\sqrt{2} - 3 - \sqrt{2} = \sqrt{2}$

$a_4 - a_3 = 3 + 3\sqrt{2} - 3 - 2\sqrt{2} = \sqrt{2}$

स्पष्ट है कि लगातार एक के बाद एक पदों का अंतर नियत है। अतः दी गई संख्याएँ समांतर श्रेढ़ी में हैं।

समांतर श्रेढ़ी के अगले तीन पद

$a_5 = a_4 + d = 3 + 3\sqrt{2} + \sqrt{2} = 3 + 4\sqrt{2}$

$a_6 = a_5 + d = 3 + 4\sqrt{2} + \sqrt{2} = 3 + 5\sqrt{2}$

$a_7 = a_6 + d = 3 + 5\sqrt{2} + \sqrt{2} = 3 + 6\sqrt{2}$

(vi) $0.2, 0.22, 0.222, 0.2222, \ldots$

यहाँ, $a_1 = 0.2, a_2 = 0.22, a_3 = 0.222, a_4 = 0.2222$

अब, $a_2 - a_1 = 0.22 - 0.2 = 0.02$

$a_3 - a_2 = 0.222 - 0.22 = 0.002$

$a_4 - a_3 = 0.2222 - 0.222 = 0.0002$

स्पष्ट है कि दी गई श्रेढ़ी समांतर श्रेढ़ी नहीं है क्योंकि सार्व अंतर समान नहीं है।

(vii) $0, -4, -8, -12, \ldots$

यहाँ, $a_1 = 0, a_2 = -4, a_3 = -8, a_4 = -12$

अब, $a_2 - a_1 = -4 - 0 = -4$

$a_3 - a_2 = -8 - (-4) = -8 + 4 = -4$

$a_4 - a_3 = -12 - (-8) = -12 + 8 = -4$

स्पष्ट है कि एक के बाद एक पदों का अंतर नियत है। अतः दी गई संख्याएँ समांतर श्रेढ़ी में हैं। समांतर श्रेढ़ी के अगले तीन पद

$a_5 = a_4 + d = -12 + (-4) = -16$

$a_6 = a_5 + d = -16 + (-4) = -20$

$a_7 = a_6 + d = -20 + (-4) = -24$

(viii) $-\frac{1}{2}, -\frac{1}{2}, -\frac{1}{2}, -\frac{1}{2}, \ldots$

यहाँ, $a_1 = -\frac{1}{2}, a_2 = -\frac{1}{2}, a_3 = -\frac{1}{2}, a_4 = -\frac{1}{2}$

अब, $a_2 - a_1 = -\frac{1}{2} - \left(-\frac{1}{2}\right) = -\frac{1}{2} + \frac{1}{2} = 0$

$a_3 - a_2 = -\frac{1}{2} - \left(-\frac{1}{2}\right) = -\frac{1}{2} + \frac{1}{2} = 0$

$a_4 - a_3 = -\frac{1}{2} - \left(-\frac{1}{2}\right) = -\frac{1}{2} + \frac{1}{2} = 0$

स्पष्ट है कि पदों का अंतर नियत है। अतः दी गई श्रेढ़ी समांतर श्रेढ़ी है। समांतर श्रेढ़ी के अगले तीन पद

$a_5 = a_4 + d = -\frac{1}{2} + 0 = -\frac{1}{2}$

$a_6 = a_5 + d = -\frac{1}{2} + 0 = -\frac{1}{2}$

$a_7 = a_6 + d = -\frac{1}{2} + 0 = -\frac{1}{2}$

(ix) $1, 3, 9, 27, \ldots$

यहाँ, $a_1 = 1, a_2 = 3, a_3 = 9, a_4 = 27$

अब, $a_2 - a_1 = 3 - 1 = 2$

$a_3 - a_2 = 9 - 3 = 6$

$a_4 - a_3 = 27 - 9 = 18$

स्पष्ट है कि दी गई श्रेढ़ी समांतर श्रेढ़ी में है क्योंकि सार्व अंतर समान नहीं है।

(x) $a, 2a, 3a, 4a, \ldots$

यहाँ, $a_1 = a, a_2 = 2a, a_3 = 3a, a_4 = 4a$

अब, $a_2 - a_1 = 2a - a = a$

$a_3 - a_2 = 3a - 2a = a$

$a_4 - a_3 = 4a - 3a = a$

स्पष्ट है कि पदों का अंतर (सार्व अंतर) नियत है। अतः दी गई श्रेढ़ी समांतर श्रेढ़ी है। अतः समांतर श्रेढ़ी के अगले तीन पद

$a_5 = a_4 + d \; 4a + a = 5a$

$a_6 = a_5 + d = 5a + a = 6a$

$a_7 = a_6 + d = 6a + a = 7a$

(xi) $a, a^2, a^3, a^4, \ldots$

यहाँ, $a_1 = a, a_2 = a^2, a_3 = a^3, a_4 = a^4$

अब, $a_2 - a_1 = a^2 - a = a(a-1)$

$a_3 - a_2 = a^3 - a^2 = a^2(a-1)$

$a_4 - a_3 = a^4 - a^3 = a^3(a-1)$

स्पष्ट है कि दी गई श्रेढ़ी, समांतर श्रेढ़ी नहीं है क्योंकि सार्व अंतर समान नहीं है।

(xii) $\sqrt{2}, \sqrt{8}, \sqrt{18}, \sqrt{32}, \ldots$

यहाँ, $a_1 = \sqrt{2}, a_2 = \sqrt{8} = 2\sqrt{2}, a_3 = \sqrt{18} = 3\sqrt{2}$,

$a_4 = \sqrt{32} = 4\sqrt{2}$

अब, $a_2 - a_1 = 2\sqrt{2} - \sqrt{2} = \sqrt{2}$

$a_3 - a_2 = 3\sqrt{2} - 2\sqrt{2} = \sqrt{2}$

$a_4 - a_3 = 4\sqrt{2} - 3\sqrt{2} = \sqrt{2}$

स्पष्ट है कि पदों का अंतर (सार्व अंतर) नियत है। अतः दी गई श्रेढ़ी समांतर श्रेढ़ी है। समांतर श्रेढ़ी के अगले तीन पद

$a_5 = a_4 + d = 4\sqrt{2} + \sqrt{2} = 5\sqrt{2}$

$a_6 = a_5 + d = 5\sqrt{2} + \sqrt{2} = 6\sqrt{2}$

$a_7 = a_6 + d = 6\sqrt{2} + \sqrt{2} = 7\sqrt{2}$

(xiii) $\sqrt{3}, \sqrt{6}, \sqrt{9}, \sqrt{12}, \ldots$

यहाँ, $a_1 = \sqrt{3}, a_2 = \sqrt{6}, a_3 = \sqrt{9} = 3, a_4 = \sqrt{12} = 2\sqrt{3}$

अब, $a_2 - a_1 = \sqrt{6} - \sqrt{3} = \sqrt{3 \times 2} - \sqrt{3} = \sqrt{3}(\sqrt{2} - 1)$

$a_3 - a_2 = \sqrt{9} - \sqrt{6} = 3 - \sqrt{3 \times 2} = \sqrt{3}(\sqrt{3} - \sqrt{2})$

$a_4 - a_3 = \sqrt{12} - \sqrt{9} = 2\sqrt{3} - 3 = \sqrt{3}(2 - \sqrt{3})$

स्पष्ट है कि दी गई श्रेढ़ी समांतर श्रेढ़ी नहीं है क्योंकि सार्व अंतर समान नहीं है।

(xiv) $1^2, 3^2, 5^2, 7^2, \ldots$

यहाँ, $a_1 = 1^2, a_2 = 3^2, a_3 = 5^2, a_4 = 7^2$

अब, $a_2 - a_1 = 3^2 - 1^2 = 9 - 1 = 8$

$a_3 - a_2 = 5^2 - 3^2 = 25 - 9 = 16$

$a_4 - a_3 = 7^2 - 5^2 = 49 - 25 = 24$

स्पष्ट है कि

$a_3 - a_2 \neq a_2 - a_1$

अतः दी गई श्रेढ़ी समांतर श्रेढ़ी नहीं है क्योंकि सार्व अंतर समान नहीं है।

(xv) $1^2, 5^2, 7^2, 73 \ldots$

यहाँ, $a_1 = 1^2 = 1, a_2 = 5^2 = 25, a_3 = 7^2 = 49, a_4 = 73$

अब, $a_2 - a_1 = 5^2 - 1^2 = 25 - 1 = 24$

$a_3 - a_2 = 7^2 - 5^2 = 49 - 25 = 24$

$a_4 - a_3 = 73 - 7^2 = 73 - 49 = 24$

स्पष्ट है कि पदों का अंतर (सार्व अंतर) नियत है। अतः दी गई श्रेढ़ी समांतर श्रेढ़ी है। समांतर श्रेढ़ी के अगले तीन पद

$a_5 = a_4 + d = 73 + 24 = 97$

$a_6 = a_5 + d = 97 + 24 = 121$

$a_7 = a_6 + d = 121 + 24 = 145$

प्रश्नावली 5.2

1. निम्नलिखित सारणी में, रिक्त स्थानों को भरिए, जहाँ समांतर श्रेढ़ी का प्रथम पद a, सार्व अंतर d और nवाँ पद a_n है।

क्र.सं.	a	d	n	a_n
(i)	7	3	8	...
(ii)	– 18	...	10	0
(iii)	...	–3	18	–5
(iv)	– 18.9	2.5	...	3.6
(v)	3.5	0	105	...

हल (i) समांतर श्रेढ़ी का nवाँ पद, $a_n = a + (n-1)d$

$= 7 + (8-1)3 = 7 + 7 \times 3 = 7 + 21 = 28$

(ii) समांतर श्रेढ़ी का nवाँ पद, $a_n = a + (n-1)d$

$\Rightarrow \quad 0 = -18 + (10-1)d$

$\Rightarrow \quad 18 = 9d \Rightarrow d = \frac{18}{9} = 2$

(iii) समांतर श्रेढ़ी का nवाँ पद, $a_n = a + (n-1)d$

$\Rightarrow -5 = a + (18-1)(-3) \Rightarrow -5 = a + 17(-3)$

$\Rightarrow -5 = a - 51 \quad \Rightarrow \quad a = -5 + 51 = 46$

(iv) समांतर श्रेढ़ी का nवाँ पद, $a_n = a + (n-1)d$

$\Rightarrow \quad 3.6 = -18.9 + (n-1)2.5$

$\Rightarrow \quad 3.6 + 18.9 = (n-1)2.5$

$\Rightarrow \quad 22.5 = (n-1)2.5 \quad \Rightarrow \quad n - 1 = \frac{22.5}{2.5}$

$\Rightarrow \quad n - 1 = 9 \quad \Rightarrow \quad n = 9 + 1 = 10$

(v) समांतर श्रेढ़ी का nवाँ पद, $a_n = a + (n-1)d$

$= 3.5 + (105-1) \times 0 = 3.5 + 104 \times 0 = 3.5 + 0 = 3.5$

2. निम्नलिखित में सही उत्तर चुनिए और उसका औचित्य दीजिए।

(i) समांतर श्रेढ़ी 10, 7, 4, ..., का 30वाँ पद है

(a) 97 (b) 77 (c) – 77 (d) – 87

(ii) समांतर श्रेढ़ी $-3, -\frac{1}{2}, 2, \ldots$, का 11वाँ पद है

(a) 28 (b) 22 (c) – 38 (d) $-48\frac{1}{2}$

हल (i) (c) यहाँ, प्रथम पद, $a = 10$, सार्व अंतर, $d = 7 - 10 = -3$

पदों की संख्या $(n) = 30$

$\because$ समांतर श्रेढ़ी का nवाँ पद, $a_n = a + (n-1)d$

$\therefore \quad a_{30} = 10 + (30-1)(-3)$

$= 10 + 29(-3)$

$= 10 - 87 = -77$

(ii) (b) यहाँ, प्रथम पद, $a = -3$,

सार्व अंतर, $d = -\frac{1}{2} - (-3) = -\frac{1}{2} + 3 = \frac{-1+6}{2} = \frac{5}{2}$

पदों की संख्या $(n) = 11$

समांतर श्रेढ़ी का nवाँ पद, $a_n = a + (n-1)d$

$\therefore \quad a_{11}$वाँ पद $= -3 + (11-1)\frac{5}{2} = -3 + 10 \times \frac{5}{2}$

$= -3 + 25 = 22$

3. निम्नलिखित समांतर श्रेढ़ियों में, रिक्त खानों (boxes) के पदों को ज्ञात कीजिए

(i) 2, □, 26 (ii) □, 13, □, 3

(iii) 5, □, □, $9\frac{1}{2}$ (iv) – 4, □, □, □, □, 6

(v) □, 38, □, □, □, –22

हल (i) माना 2, □, 26 क्रमशः $a, a+d$ और $a+2d$ समांतर श्रेढ़ी में हैं

$\therefore \quad a = 2, a + 2d = 26$

$\Rightarrow \quad 2 + 2d = 26$

$\Rightarrow \quad 2d = 26 - 2 = 24$

$\Rightarrow \quad d = \frac{24}{2} = 12$

अतः रिक्त पद $= a + d = 2 + 12 = 14$

(ii) माना □, 13, □, 3 क्रमशः $a, a+d, a+2d$ और $a+3d$ समांतर श्रेढ़ी में हैं।

यहाँ, $a + d = 13$ ...(i)

$a + 3d = 3$ ...(ii)

समी (ii) को समी (i) में से घटाने पर,

$$\begin{array}{r} a + d = 13 \\ a + 3d = 3 \\ - \quad - \quad - \\ \hline -2d = 10 \end{array}$$

$\therefore \quad d = \frac{10}{-2} = -5$

d का मान समी (i) में रखने पर,

$a - 5 = 13$

$\therefore \quad a = 13 + 5 = 18$

अतः रिक्त पद, $a = 18$

तथा $a + 2d = 18 + 2 \times (-5) = 18 - 10 = 8$

(iii) माना 5, □, □, $9\frac{1}{2}$ क्रमशः $a, a+d, a+2d$ और $a+3d$ समांतर श्रेढ़ी में हैं।

यहाँ, $a = 5$

$a+3d = 9\frac{1}{2} \Rightarrow 5+3d = \frac{19}{2}$

$\Rightarrow 3d = \frac{19}{2} - 5 \Rightarrow 3d = \frac{19-10}{2}$

$\Rightarrow 3d = \frac{9}{2} \Rightarrow d = \frac{9}{2\times 3} = \frac{3}{2}$

अतः रिक्त पद,

$a+d = 5+\frac{3}{2} = \frac{13}{2}$

तथा $a+2d = 5+2\times\frac{3}{2} = \frac{16}{2} = 8$

(iv) माना -4, □, □, □, □, 6 क्रमशः $a, a+d, a+2d, a+3d, a+4d$ और $a+5d$ समांतर श्रेढ़ी में हैं।

यहाँ, $a = -4$

$a+5d = 6 \Rightarrow -4+5d = 6$

$\Rightarrow 5d = 6+4 \Rightarrow d = \frac{10}{5} = 2$

अतः रिक्त पद,

$a+d = -4+2 = -2;$

$a+2d = -4+2\times 2 = 0$

$a+3d = -4+3\times 2 = 2$

तथा $a+4d = -4+4\times 2 = 4$

(v) माना □, 38, □, □, □, -22 क्रमशः $a, a+d, a+2d, a+3d, a+4d$ और $a+5d$ समांतर श्रेढ़ी में हैं।

$\therefore a+d = 38$ ...(i)

$a+5d = -22$ ...(ii)

समी (i) में से समी (ii) को घटाने पर,

$$\begin{array}{r} a+d = 38 \\ a+5d = -22 \\ - \quad - \qquad + \\ \hline -4d = 60 \end{array}$$

$\therefore d = \frac{60}{-4} = -15$

d का मान समी (i) में रखने पर,

$a-15 = 38$

$\Rightarrow a = 38+15 = 53$

अतः रिक्त पद, $a = 53$

$a+2d = 53+2\times(-15) = 53-30 = 23$

$a+3d = 53+3\times(-15) = 53-45 = 8$

और $a+4d = 53+4\times(-15) = 53-60 = -7$

4. समांतर श्रेढ़ी 3, 8, 13, 18, ... का कौन-सा पद 78 है?

हल माना समांतर श्रेढ़ी का nवाँ पद = 78

दिया है, 3, 8, 13, 18, ... समांतर श्रेढ़ी में हैं।

प्रथम पद $(a) = 3$ और सार्व अंतर $(d) = 8-3 = 5$

$\therefore n$वाँ पद $= a+(n-1)d$

$\Rightarrow 78 = 3+(n-1)(5)$

$\Rightarrow 78-3 = (n-1)(5)$

$\Rightarrow \frac{75}{5} = (n-1)$

$\Rightarrow (n-1) = 15$

$\Rightarrow n = 15+1 = 16$

अतः 16वाँ पद 78 है।

5. निम्नलिखित समांतर श्रेणियों में से प्रत्येक श्रेढ़ी में कितने पद हैं?

(i) 7, 13, 19, ..., 205 (ii) 18, $15\frac{1}{2}$, 13, ..., -47

हल (i) माना समांतर श्रेढ़ी में पदों की संख्या $= n$, तब nवाँ पद, $a_n = 205$, प्रथम पद, $a = 7$,

सार्व अंतर $(d) = 13-7 = 6$

$\therefore a_n = a+(n-1)d$ से,

$\Rightarrow 205 = 7+(n-1)6$

$\Rightarrow 205-7 = (n-1)6$

$\Rightarrow 198 = (n-1)6$

$\Rightarrow n-1 = \frac{198}{6} \Rightarrow n-1 = 33$

$\therefore n = 33+1 = 34$

अतः पदों की संख्या = 34

(ii) माना समांतर श्रेढ़ी में पदों की संख्या $= n$, तब nवाँ पद $(a_n) = -47$, प्रथम पद $(a) = 18$,

सार्व अंतर $(d) = 15\frac{1}{2} - 18 = \frac{31}{2} - 18 = \frac{31-36}{2} = -\frac{5}{2}$

$\therefore$ nवाँ पद $(a_n) = a+(n-1)d$ से,

$-47 = 18+(n-1)\left(-\frac{5}{2}\right)$

$\Rightarrow -47-18 = (n-1)\left(-\frac{5}{2}\right)$

$\Rightarrow -65 = -\frac{5}{2}(n-1)$

$\Rightarrow \frac{65\times 2}{5} = n-1 \Rightarrow n-1 = 26$

$\therefore n = 26+1 = 27$

अतः समांतर श्रेढ़ी का nवाँ पद = 27

6. क्या समांतर श्रेढ़ी 11, 8, 5, 2, ... का एक पद -150 है? क्यों?

हल यहाँ, $a_1 = 11, a_2 = 8, a_3 = 5, a_4 = 2$

अब, $a_2 - a_1 = 8-11 = -3$

$a_3 - a_2 = 5-8 = -3$

$a_4 - a_3 = 2-5 = -3$

स्पष्ट है कि पदों का अंतर (सार्व अंतर) नियत है। अतः दी गई श्रेढ़ी समांतर श्रेढ़ी है। सार्व अंतर $(d) = -3$

माना समांतर श्रेढ़ी का nवाँ पद, $a_n = -150$

$a_n = a+(n-1)d$ से,

$-150 = 11+(n-1)(-3)$

$\Rightarrow -150-11 = (n-1)(-3)$

$\Rightarrow -161 = (n-1)(-3)$

$\Rightarrow (n-1) = \frac{161}{3}$

$\therefore n = \frac{161}{3}+1 = \frac{164}{3}$

लेकिन n धन पूर्णांक होना चाहिए। अतः हमारी धारणा गलत थी। अतः -150 दी गई समांतर श्रेढ़ी का कोई पद नहीं है।

7. उस समांतर श्रेढ़ी का 31वाँ पद ज्ञात कीजिए जिसका 11वाँ पद 38 है और 16वाँ पद 73 है।

हल माना समांतर श्रेढ़ी का प्रथम पद a और सार्व अंतर d है।

प्रश्नानुसार,

$$a_{11} = a + (11-1)d = 38 \quad [\because \; a_{11} = 38, \text{दिया है}]$$

$$\Rightarrow \quad a + 10d = 38 \quad \ldots(\text{i})$$

इसी प्रकार,

$$a_{16} = a + 15d = 73 \quad [\because a = 16 \; = 73, \text{ दिया है}] \ldots(\text{ii})$$

समी (ii) में से समी (i) को घटाने पर,

$$5d = 35 \Rightarrow d = \frac{35}{5} = 7$$

d का मान समी (i) में रखने पर,

$$a + 10 \times 7 = 38$$

$$\Rightarrow \quad a = 38 - 70 = -32$$

अतः समांतर श्रेढ़ी का 31वाँ पद $= a + 30d$
$$= -32 + 30 \times 7$$
$$= -32 + 210 = 178$$

8. एक समांतर श्रेढ़ी में 50 पद हैं, जिसका तीसरा पद 12 है और अंतिम पद 106 है। इसका 29वाँ पद ज्ञात कीजिए।

हल माना समांतर श्रेढ़ी का प्रथम पद a और सार्व अंतर d है।

प्रश्नानुसार,

$$a_3 = a + 2d = 12 \quad [\because a_3 = 12] \ldots(\text{i})$$

तथा

$$a_{50} = a + 49d = 106 \quad [\because a_{50} = 106] \ldots(\text{ii})$$

समी (ii) में से समी (i) को घटाने पर,

$$47d = 94$$

$$\therefore \quad d = \frac{94}{47} = 2$$

d का मान समी (i) में रखने पर,

$$a + 2 \times 2 = 12$$

$$\Rightarrow \quad a = 12 - 4 = 8$$

अतः समांतर श्रेढ़ी का 29वाँ पद, $a_{29} = a + 28d$
$$= 8 + 28 \times 2 = 8 + 56 = 64$$

9. यदि किसी समांतर श्रेढ़ी के तीसरे और नौवें पद क्रमशः 4 और –8 हैं, तो इसका कौन-सा पद शून्य होगा?

हल माना प्रथम पद a और सार्व अंतर d है।

प्रश्नानुसार,

$$a_3 = a + 2d = 4 \quad \ldots(\text{i})$$

तथा

$$a_9 = a + 8d = -8 \quad \ldots(\text{ii})$$

समी (i) को समी (ii) में से घटाने पर,

$$\begin{array}{r} a + 8d = -8 \\ \underline{\underset{-}{a} + \underset{-}{2d} = \underset{-}{4}} \\ 6d = -12 \end{array}$$

$$\therefore \quad d = -\frac{12}{6} = -2$$

d का मान समी (i) में रखने पर,

$$a + 2 \times (-2) = 4$$

$$\Rightarrow \quad a = 4 + 4 = 8$$

माना समांतर श्रेढ़ी का nवाँ पद शून्य (0) है।

$$\therefore \quad a + (n-1)d = 0$$

$$\Rightarrow \quad 8 + (n-1)(-2) = 0$$

$$\Rightarrow \quad (n-1)(-2) = -8$$

$$\Rightarrow \quad n - 1 = \frac{-8}{-2} = 4$$

$$\Rightarrow \quad n = 4 + 1 = 5$$

अतः समांतर श्रेढ़ी का 5वाँ पद शून्य है।

10. किसी समांतर श्रेढ़ी का 17वाँ पद उसके 10वें पद से 7 अधिक है। इसका सार्व अंतर ज्ञात कीजिए।

हल माना प्रथम पद a तथा सार्व अंतर d है।

दिया है, $a_{17} - a_{10} = 7$

$$\Rightarrow \quad a + 16d - (a + 9d) = 7 \quad [\because a_n = a + (n-1)d]$$

$$\Rightarrow \quad a + 16d - a - 9d = 7$$

$$\Rightarrow \quad 7d = 7 \Rightarrow d = 1$$

अतः समांतर श्रेढ़ी का सार्व अंतर 1 है।

11. समांतर श्रेढ़ी 3, 15, 27, 39, ... का कौन-सा पद 54वें पद से 132 अधिक होगा?

हल यहाँ, प्रथम पद $(a) = 3$ और सार्व अंतर $(d) = 15 - 3 = 12$

तब $a_{54} = a + 53d = 3 + 53 \times 12 = 3 + 636 = 639$

माना a_n, 54वें पद से 132 अधिक है।

तब, $a_n = a_{54} + 132$ [दी गई शर्त से]

$$\Rightarrow \quad a_n = 639 + 132 \Rightarrow a_n = 771$$

$$\because \quad a_n = a + (n-1)d$$

$$\therefore \quad 771 = 3 + (n-1)12$$

$$\Rightarrow \quad 771 - 3 = (n-1)12$$

$$\Rightarrow \quad 768 = (n-1)12$$

$$\Rightarrow \quad n - 1 = \frac{768}{12} \Rightarrow n - 1 = 64$$

$$\Rightarrow \quad n = 64 + 1 = 65$$

अतः समांतर श्रेढ़ी के 65वें पद का मान 54वें पद से 132 अधिक है।

12. दो समांतर श्रेढ़ियों का सार्व अंतर समान है। यदि इनके 100वें पदों का अंतर 100 है, तो इनके 1000 वें पदों का अंतर क्या होगा?

हल माना दो समांतर श्रेढ़ियाँ क्रमशः $a_1, a_2, a_3, \ldots, a_n$ तथा $b_1, b_2, b_3, \ldots, b_n$ हैं।

दिया है, दोनों समांतर श्रेढ़ियों के सार्व अंतर समान हैं।

प्रथम श्रेढ़ी का nवाँ पद,

$$a_n = a_1 + (n-1)d \quad \ldots(\text{i})$$

द्वितीय श्रेढ़ी का nवाँ पद,

$$b_n = b_1 + (n-1)d \quad \ldots(\text{ii})$$

समी (i) में से समी (ii) को घटाने पर,

$$a_n - b_n = [a_1 + (n-1)d] - [b_1 + (n-1)d]$$

$$\Rightarrow \quad a_n - b_n = a_1 - b_1 \quad [\because n \in N]$$

अब प्रश्नानुसार,

$$a_{100} - b_{100} = a_1 - b_1 = 100$$

$$\therefore \quad a_{1000} - b_{1000} = a_1 - b_1$$

$$\Rightarrow \quad a_{1000} - b_{1000} = 100$$

अतः दोनों समांतर श्रेढ़ी के 1000वें पदों का अंतर 100 होगा।

13. **तीन अंकों वाली कितनी संख्याएँ 7 से विभाज्य हैं?**

हल हम जानते हैं कि तीन अंकीय संख्या 105 प्रथम और 994 अंतिम है, जो 7 से विभाजित हैं। इस प्रकार, श्रेढ़ी 105, 112, 119, ..., 994 है।

$\therefore \quad d = 112 - 105 = 7$

माना समांतर श्रेढ़ी में n पद हैं। तब

nवाँ पद $= 994$

$a_n = a + (n-1)d$ से,

$994 = 105 + (n-1)7$

$\Rightarrow \quad 994 - 105 = (n-1)7$

$\Rightarrow \quad 889 = (n-1)7$

$\Rightarrow \quad (n-1) = \frac{889}{7}$

$\Rightarrow \quad n - 1 = 127$

$\Rightarrow \quad n = 127 + 1$

$\Rightarrow \quad n = 128$

अतः 3-अंकीय संख्याएँ जो 7 से विभाज्य हैं 128 हैं।

14. **10 और 250 के बीच में 4 के कितने गुणज हैं?**

हल 12, 10 और 250 के बीच प्रथम पूर्णांक हैं, जो 4 का गुणज है। जब 250 को 4 से भाग करते हैं, तो 2 शेष बचता है।

$\therefore$ 250 − 2 = 248, 4 से विभाज्य सबसे बड़ी संख्या होगी, जोकि 10 और 250 के अंतर्गत आती है।

तब प्रथम पद $(a) = 12$, अंतिम पद $(l) = 248$ और सार्व अंतर $(d) = 4$

माना श्रेढ़ी के पदों की संख्या n है।

$\therefore \quad a_n = a + (n-1)d$ से,

$\Rightarrow \quad 248 = 12 + (n-1)4$

$\Rightarrow \quad 248 - 12 = (n-1)4$

$\Rightarrow \quad 236 = (n-1)4$

$\Rightarrow \quad n - 1 = \frac{236}{4}$

$\Rightarrow \quad n - 1 = 59$

$\Rightarrow \quad n = 59 + 1 = 60$

अतः 10 और 250 के बीच में 4 के 60 गुणज हैं।

15. **n के किस मान के लिए, दोनों समांतर श्रेढ़ियों 63, 65, 67, ... और 3, 10, 17, ... के nवें पद बराबर होंगे?**

हल प्रथम श्रेढ़ी का प्रथम पद = 63

सार्व अंतर = 65 − 63 = 2

और द्वितीय श्रेढ़ी का प्रथम पद = 3

सार्व अंतर = 10 − 3 = 7

प्रश्नानुसार, दोनों समांतर श्रेढ़ियों के nवें पद समान हैं।

$\therefore \quad 63 + (n-1)2 = 3 + (n-1)7$

$\Rightarrow \quad 2(n-1) - (n-1)7 = 3 - 63$

$\Rightarrow \quad 2n - 2 - 7n + 7 = -60$

$\Rightarrow \quad -5n + 5 = -60$

$\Rightarrow \quad -5n = -60 - 5$

$\Rightarrow \quad -5n = -65$

$\therefore \quad n = \frac{-65}{-5} = 13$

अतः दी गई दोनों श्रेढ़ियों के 13वें पद समान हैं।

16. **वह समांतर श्रेढ़ी ज्ञात कीजिए, जिसका तीसरा पद 16 है और 7वाँ पद 5वें पद से 12 अधिक है।**

हल माना समांतर श्रेढ़ी का प्रथम पद a और सार्व अंतर d है।

दिया है, तीसरा पद, $a_3 = 16$

$\Rightarrow \quad a + 2d = 16 \quad \ldots(i)$

और 7वाँ पद = 12 + 5 वाँ पद

$\Rightarrow \quad a_7 = 12 + a_5$

$\Rightarrow \quad a_7 - a_5 = 12$

$\Rightarrow \quad a + 6d - a - 4d = 12$

$\Rightarrow \quad 2d = 12$

$\therefore \quad d = 6$

समी (i) में d का मान रखने पर,

$a + 12 = 16$

$\Rightarrow \quad a = 4$

अतः समांतर श्रेढ़ी के पद, $a = 4$

$a + d = 4 + 6 = 10$

$a + 2d = 4 + 2 \times 6 = 16$

$\vdots \quad \vdots \quad \vdots$

अतः समांतर श्रेढ़ी 4, 10, 16, ... है।

17. **समांतर श्रेढ़ी 3, 8, 13, ..., 253 में अंतिम पद से 20वाँ पद ज्ञात कीजिए।**

हल दिया है, अंतिम पद $(l) = 253$

सार्व अंतर $(d) = 8 - 3 = 5$

$\therefore$ अंत से 20वाँ पद $= l - (n-1)d$

$= 253 - (20-1) \times 5$

$= 253 - 19 \times 5$

$= 253 - 95 = 158$

18. **किसी समांतर श्रेढ़ी के चौथे और 8वें पदों का योग 24 है तथा छठे और 10वें पदों का योग 44 है। इस समांतर श्रेढ़ी के प्रथम तीन पद ज्ञात कीजिए।**

हल माना प्रथम पद a और सार्व अंतर d है।

प्रश्नानुसार,

$a_4 + a_8 = 24 \Rightarrow a + 3d + a + 7d = 24$

$\Rightarrow \quad 2(a + 5d) = 24 \Rightarrow a + 5d = 12 \quad \ldots(i)$

और $\quad a_6 + a_{10} = 44$

$\Rightarrow \quad a + 5d + a + 9d = 44$

$\Rightarrow \quad 2(a + 7d) = 44$

$\Rightarrow \quad a + 7d = 22 \quad \ldots(ii)$

समी (ii) में से समी (i) को घटाने पर,

$2d = 10 \Rightarrow d = 5$

d का मान समी (i) में रखने पर,

$a + 25 = 12 \Rightarrow a = 12 - 25 = -13$

अतः समांतर श्रेढ़ी के प्रथम तीन पद, $a = -13$

$a + d = -13 + 5 = -8$

और $\quad a + 2d = -13 + 10 = -3$

अर्थात् श्रेढ़ी के प्रथम तीन पद क्रमशः −13, − 8 और −3 हैं।

19. सुब्बाराव ने 1995 में ₹ 5000 के मासिक वेतन पर कार्य आरंभ किया और प्रत्येक वर्ष ₹ 200 की वेतन वृद्धि प्राप्त की। किस वर्ष में उसका वेतन ₹ 7000 हो गया?

हल वर्षों 1995, 1996, 1997, ... आदि में सुब्बाराव द्वारा प्राप्त किया गया वेतन ₹ 5000, ₹ 5200, ₹ 5400, ..., ₹ 7000 है।

अतः 5000, 5200, 5400, ..., 7000 समांतर श्रेढ़ी में हैं।

$\therefore d = a_2 - a_1 = a_3 - a_2 = 200$

माना श्रेढ़ी में पदों की संख्या n है। तब, $a_n = 7000$

$\Rightarrow \quad 7000 = a + (n-1)d \quad [\because a_n = a + (n-1)d]$

$\Rightarrow \quad 7000 = 5000 + (n-1)200$

$\Rightarrow \quad 7000 - 5000 = (n-1)200$

$\Rightarrow \quad 2000 = (n-1)200$

$\Rightarrow \quad (n-1) = \frac{2000}{200} = 10$

$\therefore \quad n = 10 + 1 = 11$

अतः नौकरी के 11वें वर्ष में सुब्बाराव का वार्षिक वेतन ₹ 7000 हो जाएगा।

20. रामकली ने किसी वर्ष के प्रथम सप्ताह में ₹ 5 की बचत की और फिर अपनी साप्ताहिक बचत ₹ 1.75 बढ़ाती गई। यदि n वें सप्ताह में उसकी साप्ताहिक बचत ₹ 20.75 हो जाती है, तो n ज्ञात कीजिए।

हल रामकली की साप्ताहिक बचत क्रमशः

₹ 5, ₹ 5 + ₹ 1.75, ₹ 5 + 2 × ₹ 1.75, ₹ 5 + 3 × ₹ 1.75, ...

अर्थात् ₹ 5, ₹ 6.75, ₹ 8.50, ₹ 10.25, ...

माना रामकली n सप्ताह में ₹ 20.75 बचाएगी।

तब, $5 + (n-1) \times 1.75 = 20.75$

$\Rightarrow \quad (n-1) \times (1.75) = 15.75$

$\Rightarrow \quad (n-1) = \frac{15.75}{1.75}$

$\Rightarrow \quad n - 1 = 9$

$\Rightarrow \quad n = 9 + 1$

$\Rightarrow \quad n = 10$

अतः रामकली 10 सप्ताह में ₹ 20.75 बचाएगी।

प्रश्नावली 5.3

1. निम्नलिखित समांतर श्रेढ़ियों का योग ज्ञात कीजिए

(i) 2, 7, 12, ..., 10 पदों तक।

(ii) −37, −33, −29, ..., 12 पदों तक।

(iii) 0.6, 1.7, 2.8, ..., 100 पदों तक।

(iv) $\frac{1}{15}, \frac{1}{12}, \frac{1}{10}, \ldots$, 11 पदों तक।

हल (i) माना दी गई समांतर श्रेढ़ी का प्रथम पद a और सार्व अंतर d है।

दिया है, $a = 2, d = 7 - 2 = 5, n = 10$

$\therefore$ समांतर श्रेढ़ी के n पदों का योगफल,

$$S_n = \frac{n}{2}[2a + (n-1)d]$$

$$\Rightarrow \quad S_{10} = \frac{10}{2}[2 \times 2 + (10-1)5]$$

$$= 5(4 + 45) = 5 \times 49 = 245$$

(ii) दिया है, $a = -37, d = -33 - (-37) = -33 + 37 = 4$

तथा $n = 12$

$\therefore$ समांतर श्रेढ़ी के n पदों का योगफल,

$$S_n = \frac{n}{2}[2a + (n-1)d] \text{ से,}$$

$$\Rightarrow \quad S_{12} = \frac{12}{2}[2(-37) + (12-1)4]$$

$$= 6[-74 + 11 \times 4]$$

$$= 6 \times (-30)$$

$$= -180$$

(iii) दिया है, $a = 0.6, d = 1.7 - 0.6 = 1.1$

तथा $n = 100$

$$\therefore \quad S_n = \frac{n}{2}[2a + (n-1)d] \text{ से,}$$

$$S_{100} = \frac{100}{2}[2 \times 0.6 + (100-1)1.1]$$

$$= 50(1.2 + 99 \times 1.1)$$

$$= 50(1.2 + 108.9)$$

$$= 50 \times 110.1$$

$$= 5505$$

(iv) यहाँ, $a = \frac{1}{15}, d = \frac{1}{12} - \frac{1}{15} = \frac{5-4}{60} = \frac{1}{60}$

तथा $n = 11$

$$\therefore \quad S_n = \frac{n}{2}[2a + (n-1)d] \text{ से,}$$

$$S_{11} = \frac{11}{2}\left[2 \times \frac{1}{15} + (11-1)\frac{1}{60}\right]$$

$$= \frac{11}{2}\left(\frac{2}{15} + 10 \times \frac{1}{60}\right)$$

$$= \frac{11}{2}\left(\frac{2}{15} + \frac{1}{6}\right)$$

$$= \frac{11}{2} \times \left(\frac{4+5}{30}\right)$$

$$= \frac{11}{2} \times \frac{9}{30} = \frac{33}{20}$$

2. नीचे दिए हुए योगफलों को ज्ञात कीजिए।

(i) $7 + 10\frac{1}{2} + 14 + \ldots + 84$

(ii) $34 + 32 + 30 + \ldots + 10$

(iii) $-5 + (-8) + (-11) + \ldots + (-230)$

हल (i) $7 + 10\frac{1}{2} + 14 + \ldots + 84$

यहाँ, प्रथम पद $(a) = 7$, $d = 10\frac{1}{2} - 7 = \frac{21}{2} - 7 = \frac{7}{2}$

तथा अंतिम पद $l = a_n = 84$

$a_n = a + (n-1)d$ से,

$$84 = 7 + (n-1)\frac{7}{2}$$

$$\Rightarrow \quad 84 - 7 = (n-1)\frac{7}{2}$$

$$\Rightarrow \quad 77 \times 2 = (n-1) \times 7 \quad \Rightarrow \quad (n-1) = \frac{77 \times 2}{7}$$

$$\Rightarrow \quad n - 1 = 22 \quad \Rightarrow \quad n = 22 + 1 = 23$$

अब, n पदों के योगफल $(S_n) = \frac{n}{2}[2a+(n-1)d]$ से,

$$S_{23} = \frac{23}{2}\left[2\times7+(23-1)\frac{7}{2}\right]$$
$$= \frac{23}{2}(14+77)$$
$$= \frac{23}{2}\times 91 = \frac{2093}{2}$$
$$= 1046.5$$

(ii) $34 + 32 + 30 + \ldots + 10$

अंतिम पद $(l) = a_n = 10$

प्रथम पद $(a) = 34$ तथा सार्व अंतर, $d = 32-34 = -2$

$\therefore \quad a_n = a+(n-1)d$

$10 = 34+(n-1)(-2)$

$\Rightarrow \quad 10-34 = (n-1)(-2)$

$\Rightarrow \quad -24 = (n-1)(-2)$

$\Rightarrow \quad (n-1) = \frac{-24}{-2}$

$\Rightarrow \quad n-1 = 12$

$\Rightarrow \quad n = 12+1 = 13$

अब, n पदों के योगफल, $(S_n) = \frac{n}{2}[2a+(n-1)d]$ से,

$$S_{13} = \frac{13}{2}[2\times34+(13-1)(-2)]$$
$$= \frac{13}{2}[68-24]$$
$$= \frac{13}{2}\times 44 = 286$$

(iii) $-5+(-8)+(-11)+\ldots+(-230)$

प्रथम पद, $a=-5$, सार्व अंतर, $d = -8-(-5) = -8+5 = -3$

तथा अंतिम पद, $l = a_n = -230$

$\therefore \; a_n = a+(n-1)d$ से,

$-230 = -5+(n-1)(-3)$

$\Rightarrow \quad -230+5 = (n-1)(-3)$

$\Rightarrow \quad -225 = (n-1)(-3)$

$\Rightarrow \quad (n-1) = \frac{-225}{-3}$

$\Rightarrow \quad n-1 = 75$

$\Rightarrow \quad n = 75+1 = 76$

अब, $S_n = \frac{n}{2}[2a+(n-1)d]$ से,

$$S_{76} = \frac{76}{2}[2(-5)+(76-1)(-3)]$$
$$= 38[-10+(-225)]$$
$$= 38\times(-235) = -8930$$

3. एक समांतर श्रेढ़ी में,

(i) $a=5, d=3$ और $a_n=50$ दिया है। n और S_n ज्ञात कीजिए।

(ii) $a=7$ और $a_{13}=35$ दिया है। d और S_{13} ज्ञात कीजिए।

(iii) $a_{12}=37$ और $d=3$ दिया है। a और S_{12} ज्ञात कीजिए।

(iv) $a_3=15$ और $S_{10}=125$ दिया है। d और a_{10} ज्ञात कीजिए।

(v) $d=5$ और $S_9=75$ दिया है। a और a_9 ज्ञात कीजिए।

(vi) $a=2, d=8$ और $S_n=90$ दिया है। n और a_5 ज्ञात कीजिए।

(vii) $a=8, a_n=62$ और $S_n=210$ दिया है। n और d ज्ञात कीजिए।

(viii) $a_n=4, d=2$ और $S_n=-14$ दिया है। n और a ज्ञात कीजिए।

(ix) $a=3, n=8$ और $S=192$ दिया है। d ज्ञात कीजिए।

(x) $l=28, S=144$ और कुल 9 पद हैं। a ज्ञात कीजिए।

हल (i) यहाँ, $a=5, d=3, a_n=50$

$a_n = a+(n-1)d$ से,

$50 = 5+(n-1)3$

$\Rightarrow \quad 45 = (n-1)3$

$\Rightarrow \quad n-1 = \frac{45}{3}$

$\Rightarrow \quad n-1 = 15$

$\Rightarrow \quad n = 16$

अब $S_n = \frac{n}{2}[2a+(n-1)d]$ से,

$$S_{16} = \frac{16}{2}[2\times5+(16-1)3]$$
$$= 8(10+45)$$
$$= 8\times55 = 440$$

अतः $n=16$ और $S_n = 440$ है।

(ii) यहाँ, $a=7$ और $a_{13} = 35 = l$

माना समांतर श्रेढ़ी का सार्व अंतर d है।

तब $\quad a_{13} = 35$

$\Rightarrow \quad a+12d = 35 \Rightarrow 7+12d = 35$

$\Rightarrow \quad 12d = 35-7$

$\Rightarrow \quad 12d = 28$

$\Rightarrow \quad d = \frac{28}{12} = \frac{7}{3}$

अब, $S_n = \frac{n}{2}(a+l)$ से,

$$S_{13} = \frac{13}{2}(7+35)$$
$$= \frac{13}{2}\times 42 = 273$$

अतः $d = \frac{7}{3}$ और $S_{13} = 273$

(iii) यहाँ, $l = a_{12} = 37$ और $d = 3$

माना समांतर श्रेढ़ी का प्रथम पद a है।

तब $\quad a_{12} = 37$

$\Rightarrow \quad a+11d = 37$

$\Rightarrow \quad a+11\times3 = 37$

$\Rightarrow \quad a = 37-33$

$\Rightarrow \quad a = 4$

अब, $S_n = \frac{n}{2}(a+l)$ से,

$$S_{12} = \frac{12}{2}(4+37) = \frac{12}{2}\times41 = \frac{492}{2} = 246$$

(iv) यहाँ, $a_3 = 15$ और $S_{10} = 125$

माना दी गई समांतर श्रेढ़ी का प्रथम पद a और सार्व अंतर d है।

तब $a_3 = 15$

$\Rightarrow a + 2d = 15$ $\quad [\because a_n = a + (n-1)d]$ ...(i)

और $S_{10} = 125$

$\Rightarrow \frac{10}{2}[2a + (10-1)d] = 125$ $\quad \left[\because S_n = \frac{n}{2}[2a + (n-1)]d\right]$

$\Rightarrow 5(2a + 9d) = 125$

$\Rightarrow 2a + 9d = 25$ ...(ii)

समी (i) को 2 से गुणा करके समी (ii) को घटाने पर,

$$\begin{array}{r} 2a + 4d = 30 \\ 2a + 9d = 25 \\ - \quad - \quad \quad - \\ \hline -5d = 5 \end{array}$$

$\Rightarrow d = -1$

d का मान समी (i) में रखने पर,

$a + 2(-1) = 15$

$\Rightarrow a = 15 + 2$

$\Rightarrow a = 17$

$\therefore a_{10} = a + 9d = 17 + 9(-1) = 17 - 9 = 8$

अतः $d = -1$ और $a_{10} = 8$ है।

(v) यहाँ, $d = 5$ और $S_9 = 75$

माना समांतर श्रेढ़ी का प्रथम पद a है।

तब, $S_9 = 75$

$\Rightarrow \frac{9}{2}[2a + (9-1)5] = 75$ $\quad \left[\because S_n = \frac{n}{2}[2a + (n-1)]d\right]$

$\Rightarrow \frac{9}{2}(2a + 40) = 75$

$\Rightarrow 9a + 180 = 75$

$\Rightarrow 9a = 75 - 180$

$\Rightarrow a = \frac{-105}{9} = -\frac{35}{3}$

$\therefore a_9 = a + 8d = -\frac{35}{3} + 8 \times 5$

$= -\frac{35}{3} + 40 = \frac{-35 + 120}{3} = \frac{85}{3}$

अतः $a = -\frac{35}{3}$ और $a_9 = \frac{85}{3}$ है।

(vi) यहाँ, $a = 2, d = 8$ और $S_n = 90$

$S_n = 90$

$\Rightarrow \frac{n}{2}[2 \times 2 + (n-1)8] = 90$ $\quad \left[\because S_n = \frac{n}{2}[2a + (n-1)]d\right]$

$\Rightarrow n[4 + (n-1)8] = 180$

$\Rightarrow n(4 + 8n - 8) = 180$

$\Rightarrow n(8n - 4) = 180$

$\Rightarrow n(4n - 2) = 90$

$\Rightarrow n(2n - 1) = 45$

$\Rightarrow 2n^2 - n - 45 = 0$

$\therefore n = \frac{-(-1) \pm \sqrt{(-1)^2 - 4 \times 2 \times (-45)}}{2 \times 2}$

$\left[\because x = \frac{-b \pm \sqrt{b^2 - 4ac}}{2a}\right]$

$\Rightarrow n = \frac{1 \pm \sqrt{1 + 360}}{4} = \frac{1 \pm \sqrt{361}}{4}$

$\Rightarrow n = \frac{1 \pm 19}{4}$

$\Rightarrow n = 5, -\frac{9}{2}$

$\therefore n = 5$

$\left[\because n \neq -\frac{9}{2}, \text{ पदों की संख्या ऋणात्मक नहीं हो सकती}\right]$

अब $a_n = a + (n-1)d$ से

$a_5 = 2 + (5-1)8$

$\Rightarrow a_5 = 2 + 4 \times 8 \Rightarrow a_5 = 34$

अतः $n = 5$ और $a_5 = 34$ है।

(vii) यहाँ, $a = 8, l = a_n = 62$ और $S_n = 210$

माना समांतर श्रेढ़ी का सार्व अंतर d और पदों की संख्या n तथा अंतिम पद l है।

$\because S_n = 210$

$\Rightarrow \frac{n}{2}(a + l) = 210$ $\quad \left[\because S_n = \frac{n}{2}(a + l)\right]$

$\Rightarrow \frac{n}{2}(8 + 62) = 210$

$\Rightarrow \frac{n}{2} \times 70 = 210$

$\Rightarrow n = \frac{210 \times 2}{70}$

$\Rightarrow n = 6$

और $a_n = 62$

$\Rightarrow a_6 = 62$

$\Rightarrow a + 5d = 62$ $\quad [\because a_n = a + (n-1)d]$

$\Rightarrow 8 + 5d = 62$

$\Rightarrow 5d = 62 - 8$

$\Rightarrow 5d = 54$

$\Rightarrow d = \frac{54}{5}$

अतः $d = \frac{54}{5}$ और $n = 6$ है।

(viii) यहाँ, $l = a_n = 4, d = 2$ और $S_n = -14$

माना समांतर श्रेढ़ी का प्रथम पद a और पदों की संख्या n है।

तब $a_n = 4$

$\Rightarrow a + (n-1)2 = 4$ $\quad [\because a_n = a + (n-1)d]$

$\Rightarrow a = 4 - 2(n-1)$ ...(i)

और $S_n = -14$

$\Rightarrow \frac{n}{2}(a + l) = -14$ $\quad \left[\because S_n = \frac{n}{2}(a + l)\right]$

$\Rightarrow n(a + 4) = -28$ $\quad [\because l = a_n]$

$\Rightarrow n[4 - 2(n-1) + 4] = -28$ $\quad$ [समी(i) से]

$\Rightarrow n[4 - 2n + 2 + 4] = -28$

$\Rightarrow n(10 - 2n) = -28$

$\Rightarrow n(5 - n) = -14$

$\Rightarrow 5n - n^2 = -14$

$\Rightarrow n^2 - 5n - 14 = 0 \Rightarrow n^2 - 7n + 2n - 14 = 0$

$\Rightarrow n(n-7) + 2(n-7) = 0 \Rightarrow (n-7)(n+2) = 0$

$\Rightarrow n = 7, -2$

$\therefore \quad n = 7$

[$\because n \neq -2$, पदों की संख्या ऋणात्मक नहीं हो सकती है]

n का मान समी (i) में रखने पर,

$$a = 4 - 2(7-1) = 4 - 12 = -8$$

अतः $a = -8$ और $n = 7$ है।

(ix) यहाँ, $a = 3, n = 8$ और $S_n = 192$

माना समांतर श्रेढ़ी का सार्व अंतर d है।

तब $\quad S_n = 192$

$\Rightarrow \quad 192 = \frac{8}{2}[2 \times 3 + (8-1)d]$

$\left[\because S_n = \frac{n}{2}[2a + (n-1)d]\right]$

$\Rightarrow \quad 192 = 4(6 + 7d)$

$\Rightarrow \quad 48 = 6 + 7d$

$\Rightarrow \quad 48 - 6 = 7d$

$\Rightarrow \quad 42 = 7d$

$\Rightarrow \quad d = \frac{42}{7} = 6$

अतः सार्व अंतर $d = 6$ है।

(x) यहाँ, अंतिम पद $(l) = a_n = 28$

$S_n = 144$ और $n = 9$

माना समांतर श्रेढ़ी का प्रथम पद a है।

अब $\quad S_n = 144 \Rightarrow \frac{n}{2}(a + l) = 144$

$\Rightarrow \quad \frac{9}{2}(a + 28) = 144 \Rightarrow (a + 28) = \frac{144 \times 2}{9}$

$\Rightarrow \quad a + 28 = 32 \Rightarrow a = 32 - 28$

$\Rightarrow \quad a = 4$

अतः समांतर श्रेढ़ी का प्रथम पद, $a = 4$ है।

4. **636 योग प्राप्त करने के लिए, समांतर श्रेढ़ी 9, 17, 25, ... के कितने पद लेने चाहिए?**

हल माना पदों की संख्या $= n$

यहाँ, प्रथम पद, $a = 9$ और सार्व अंतर, $d = 17 - 9 = 8$

दिया है, $S_n = 636$

$\Rightarrow \quad \frac{n}{2}[2a + (n-1)d] = 636$

$\Rightarrow \quad \frac{n}{2}[2 \times 9 + (n-1)8] = 636$

$\Rightarrow \quad \frac{n}{2}[18 + 8(n-1)] = 636$

$\Rightarrow \quad n[9 + 4(n-1)] = 636$

$\Rightarrow \quad n(9 + 4n - 4) = 636$

$\Rightarrow \quad n(4n + 5) = 636$

$\Rightarrow \quad 4n^2 + 5n = 636$

$\Rightarrow \quad 4n^2 + 5n - 636 = 0$

$\therefore \quad n = \frac{-5 \pm \sqrt{(5)^2 - 4 \times 4 \times (-636)}}{2(4)}$

$\left[\because x = \frac{-b \pm \sqrt{b^2 - 4ac}}{2a}\right]$

$\Rightarrow \quad n = \frac{-5 \pm \sqrt{25 + 10176}}{8} \Rightarrow n = \frac{-5 \pm \sqrt{10201}}{8}$

$\Rightarrow \quad n = \frac{-5 \pm 101}{8} \Rightarrow n = \frac{96}{8}, \frac{-106}{8} = 12, \frac{-53}{4}$

$\therefore \quad n = 12$

$\left[\because n \neq -\frac{53}{4}\text{, पदों की संख्या ऋणात्मक नहीं हो सकती है}\right]$

अतः योग 636 प्राप्त करने के लिए 12 पद लेने चाहिए।

5. **किसी समांतर श्रेढ़ी का प्रथम पद 5, अंतिम पद 45 और योग 400 है। पदों की संख्या और सार्व अंतर ज्ञात कीजिए।**

हल माना समांतर श्रेढ़ी का सार्व अंतर d और पदों की संख्या n है।

दिया है, $a = 5, l = a_n = 45$

$S_n = 400$

तब $S_n = \frac{n}{2}(a + l)$ से,

$$400 = \frac{n}{2}(5 + 45)$$

$\Rightarrow \quad 800 = 50n$

$\Rightarrow \quad n = \frac{800}{50} = 16$

और $\quad l = 45$

$\Rightarrow \quad a + (n-1)d = 45 \qquad [\because l = a_n = a + (n-1)d]$

$\Rightarrow \quad 5 + (16-1)d = 45$

$\Rightarrow \quad 15d = 45 - 5 = 40$

$\therefore \quad d = \frac{40}{15} = \frac{8}{3}$

अतः सार्व अंतर $\frac{8}{3}$ और पदों की संख्या 16 है।

6. **किसी समांतर श्रेढ़ी के प्रथम और अंतिम पद क्रमशः 17 और 350 हैं। यदि सार्व अंतर 9 है, तो इसमें कितने पद हैं और इनका योग क्या है?**

हल दिया है, $a = 17, l = a_n = 350, d = 9$

$a_n = 350$

$\Rightarrow \quad a + (n-1)d = 350 \qquad [\because l = a_n = a + (n-1)d]$

$\Rightarrow \quad 17 + (n-1)9 = 350 \Rightarrow (n-1)9 = 350 - 17$

$\Rightarrow \quad (n-1) = \frac{333}{9} \Rightarrow n - 1 = 37$

$\Rightarrow \quad n = 37 + 1 \Rightarrow n = 38$

अब $\quad S_n = \frac{n}{2}[2a + (n-1)d]$ से,

$S_{38} = \frac{38}{2}[2 \times 17 + (38-1)9]$

$= \frac{38}{2}(34 + 333) = \frac{38}{2} \times 367 = 6973$

अतः पदों की संख्या 38 और पदों का योग 6973 है।

7. **उस समांतर श्रेढ़ी के प्रथम 22 पदों का योग ज्ञात कीजिए, जिसमें $d = 7$ और 22वाँ पद 149 है।**

हल माना प्रथम पद a है।

दिया है, $\quad d = 7$ और $a_{22} = 149$

तब $\quad a_n = a + (n-1)d$ से,

$a_{22} = a + (22-1)7 \Rightarrow 149 = a + 147$

$\Rightarrow \quad 149 - 147 = a \Rightarrow 2 = a$

$\therefore \quad a = 2$

अब, $S_n = \frac{n}{2}[2a+(n-1)d]$ से,

$$S_{22} = \frac{22}{2}[2 \times 2 + (22-1)7]$$
$$= 11(4 + 21 \times 7) = 11(4 + 147) = 11 \times 151 = 1661$$

अतः समांतर श्रेढ़ी के प्रथम 22 पदों का योगफल 1661 है।

8. उस समांतर श्रेढ़ी के 51 पदों का योग ज्ञात कीजिए, जिसके दूसरे और तीसरे पद क्रमशः 14 और 18 हैं।

हल माना समांतर श्रेढ़ी का प्रथम पद a और सार्व अंतर d है।

दूसरा पद, $a_2 = 14$

$\Rightarrow \quad a + d = 14 \quad \ldots(i)$

तीसरा पद, $a_3 = 18$

$\Rightarrow \quad a + 2d = 18 \quad \ldots(ii)$

समी (i) को समी (ii) में से घटाने पर,

$$a + 2d = 18$$
$$a + d = 14$$
$$- \quad - \quad -$$
$$d = 4$$

d का मान समी (i) में रखने पर,

$$a = 14 - 4 = 10$$

$\therefore$ 51 पदों का योग, $S_{51} = \frac{51}{2}[2 \times 10 + (51-1)4]$

$$\left[\because S_n = \frac{n}{2}[2a+(n-1)d]\right]$$

$$= \frac{51}{2}(20 + 200) = \frac{51}{2} \times 220$$
$$= 51 \times 110 = 5610$$

अतः समांतर श्रेढ़ी के 51 पदों का योग 5610 है।

9. यदि किसी समांतर श्रेढ़ी के प्रथम 7 पदों का योग 49 है और प्रथम 17 पदों का योग 289 है, तो इसके प्रथम n पदों का योग ज्ञात कीजिए।

हल माना प्रथम पद a और सार्व अंतर d है।

दिया है, सात पदों का योग, $S_7 = 49$ और 17 पदों का योग, $S_{17} = 289$

अब $\quad S_7 = 49$

$\Rightarrow \quad \frac{7}{2}[2a + (7-1)d] = 49 \quad \left[\because S_n = \frac{n}{2}[2a+(n-1)d]\right]$

$\Rightarrow \quad 2a + 6d = 14$

$\Rightarrow \quad a + 3d = 7 \quad \ldots(i)$

और $\quad S_{17} = 289$

$\Rightarrow \quad \frac{17}{2}[2a + (17-1)d] = 289$

$\Rightarrow \quad 2a + 16d = 34 \Rightarrow a + 8d = 17 \quad \ldots(ii)$

समी (ii) में से समी (i) को घटाने पर,

$$5d = 10$$

$\Rightarrow \quad d = 2$

d का मान समी (i) में रखने पर,

$$a + 3 \times 2 = 7$$

$\Rightarrow \quad a = 7 - 6 \Rightarrow a = 1$

अतः n पदों का योग, $S_n = \frac{n}{2}[2a + (n-1)d]$

$$= \frac{n}{2}[2 \times 1 + (n-1)2]$$
$$= \frac{n}{2}[2 + 2n - 2] = \frac{n}{2}(2n) = n^2$$

10. दर्शाइए कि $a_1, a_2, \ldots, a_n, \ldots$ से एक समांतर श्रेढ़ी बनती है, यदि a_n नीचे दिए अनुसार परिभाषित है

(i) $a_n = 3 + 4n$ (ii) $a_n = 9 - 5n$

साथ ही, प्रत्येक स्थिति में, प्रथम 15 पदों का योग ज्ञात कीजिए।

हल (i) यहाँ, $a_n = 3 + 4n$

$n = 1, 2, 3, 4, \ldots$ रखने पर,

$$a_1 = 3 + 4(1) = 7$$
$$a_2 = 3 + 4(2) = 11$$
$$a_3 = 3 + 4(3) = 15$$
$$a_4 = 3 + 4(4) = 19$$
$$\ldots \ldots \ldots \ldots$$
$$\ldots \ldots \ldots \ldots$$
$$a_n = 3 + 4n$$

अतः 7, 11, 15, 19, ..., $(3 + 4n)$ समांतर श्रेढ़ी में हैं।

सार्व अंतर, $d = 11 - 7 = 4$

यहाँ, $a = 7, d = 4$ और $n = 15$

$\therefore$ 15 पदों का योग $(S_{15}) = \frac{15}{2}[2a + (n-1)d]$

$$= \frac{15}{2}[2 \times 7 + (15-1)4]$$
$$= \frac{15}{2}(14 + 14 \times 4) = \frac{15}{2} \times 70 = 525$$

(ii) यहाँ, $a_n = 9 - 5n$

$n = 1, 2, 3, 4, \ldots$ रखने पर,

$$a_1 = 9 - 5 \times 1 = 4$$
$$a_2 = 9 - 5 \times 2 = -1$$
$$a_3 = 9 - 5 \times 3 = -6$$
$$a_4 = 9 - 5 \times 4 = -11$$
$$\ldots \ldots \ldots \ldots$$
$$\ldots \ldots \ldots \ldots$$
$$a_n = 9 + 5n$$

अतः श्रेढ़ी 4, –1, –6, –11, ..., $(9 + 5n)$ समांतर श्रेढ़ी है।

प्रथम पद $(a) = 4$, सार्व अंतर $= -1 - 4 = -5$

$\therefore$ अब $S_n = \frac{n}{2}[2a + (n-1)d]$ से,

$$\therefore \quad S_{15} = \frac{15}{2}[2 \times 4 + (15-1)(-5)]$$
$$= \frac{15}{2}(8 - 70) = \frac{15}{2} \times (-62) = -465$$

11. यदि किसी समांतर श्रेढ़ी के प्रथम n पदों का योग $4n - n^2$ है, तो इसका प्रथम पद (अर्थात् S_1) क्या है? प्रथम दो पदों का योग क्या है? दूसरा पद क्या है? इसी प्रकार, तीसरे, 10वें और n वें पद ज्ञात कीजिए।

हल दिया है, $S_n = 4n - n^2$

$n = 1, 2, 3, 4, \ldots$ रखने पर,

$S_1 = 4\times1 - 1 = 3$ (प्रथम पद)

$S_2 = 4\times2 - 2^2 = 4$

$\therefore$ समांतर श्रेढ़ी का nवाँ पद,

$$a_n = S_{n+1} - S_n$$

दूसरा पद $= S_2 - S_1 = 4 - 3 = 1$

$n = 3$ रखने पर, $S_3 = 4\times3 - 3^2 = 3$

तीसरा पद $= S_3 - S_2 = 3 - 4 = -1$

$n = 9$ रखने पर, $S_9 = 4\times9 - 9^2 = -45$

$n = 10$ रखने पर, $S_{10} = 4\times10 - 10^2 = -60$

$\therefore$ दसवाँ पद $= S_{10} - S_9 = -60 + 45 = -15$

दिया है, $S_n = 4n - n^2$

$n = n - 1$ रखने पर,

$S_{n-1} = 4(n-1) - (n-1)^2$

$= 4n - 4 - n^2 + 2n - 1 = -n^2 + 6n - 5$

$\therefore$ nवाँ पद $= S_n - S_{n-1}$

$= 4n - n^2 - (-n^2 + 6n - 5)$

$= 4n - n^2 + n^2 - 6n + 5 = -2n + 5 = 5 - 2n$

12. ऐसे प्रथम 40 धन पूर्णांकों का योग ज्ञात कीजिए जो 6 से विभाज्य हैं।

हल 6 से विभाज्य 40 धन पूर्णांक 6, 12, 18, ... हैं।

प्रथम पद = 6, सार्व अंतर, $d = 12 - 6 = 6$, पदों की संख्या $n = 40$

$\therefore$ $S_n = \frac{n}{2}[2a + (n-1)d]$ से,

$$S_{40} = \frac{40}{2}[2\times6 + (40-1)6]$$

$= 20(12 + 234) = 20\times246 = 4920$

13. 8 के प्रथम 15 गुणजों का योग ज्ञात कीजिए।

हल 8 के प्रथम 15 गुणज $8\times1, 8\times2, 8\times3, 8\times4, \ldots, 8\times15$

अर्थात् 8, 16, 24, 32, ..., 120 हैं।

यहाँ, प्रथम पद $(a) = 8$, सार्व अंतर $(d) = 16 - 8 = 8$

तथा अंतिम पद $(l) = 120$ और पदों की संख्या $(n) = 15$

$\therefore$ 15 पदों का योग, $S_{15} = \frac{15}{2}(8 + 120)$ $\left[\because S_n = \frac{n}{2}(a + l)\right]$

$= \frac{15}{2}\times128 = 960$

14. 0 और 50 के बीच की विषम संख्याओं का योग ज्ञात कीजिए।

हल 0 और 50 के बीच विषम संख्याएँ क्रमशः 1, 3, 5,..., 49 हैं।

यहाँ, प्रथम पद $(a) = 1$, अंतिम पद $(l) = 49$

सार्व अंतर $(d) = 3 - 1 = 2$

माना पदों की संख्या n है।

$\therefore$ nवाँ पद, $a_n = a + (n-1)d = l$

$\Rightarrow$ $1 + (n-1)2 = 49 \Rightarrow (n-1)2 = 48$

$\Rightarrow$ $n - 1 = 24 \Rightarrow n = 25$

अब, n पदों का योगफल, $S_n = \frac{n}{2}(a + l)$ से,

$$S_{25} = \frac{25}{2}(1 + 49)$$

$= \frac{25}{2}\times50 = 625$

15. निर्माण कार्य से संबंधित किसी ठेके में, एक निश्चित तिथि के बाद कार्य को विलंब से पूरा करने के लिए, जुर्माना लगाने का प्रावधान इस प्रकार है—पहले दिन के लिए ₹ 200, दूसरे दिन के लिए ₹ 250, तीसरे दिन के लिए ₹ 300 इत्यादि अर्थात् प्रत्येक उत्तरोत्तर दिन का जुर्माना अपने से ठीक पहले दिन के जुर्माने से ₹ 50 अधिक है। एक ठेकेदार को जुर्माने के रूप में कितनी राशि अदा करनी पड़ेगी, यदि वह इस कार्य में 30 दिन का विलंब कर देता है?

हल यहाँ प्रत्येक लगातार बढ़ते दिन का दंड, पिछले दिन से ₹ 50 अधिक है। अतः पहले, दूसरे, तीसरे, ... आदि दिनों का दंड समांतर श्रेढ़ी में होगा।

माना n दिनों का दंड $= a_n$

$\therefore$ 200, 250, 300, ... समांतर श्रेढ़ी में हैं।

यदि ठेकेदार कार्य को 30 दिन देरी से करता है, तब उसे दंड के रूप में S_{30} कर देना होगा,

$S_n = \frac{n}{2}[2a + (n-1)d]$ से,

$$S_{30} = \frac{30}{2}[2\times200 + (30-1)50]$$

$= 15(400 + 29\times50)$

$= 15(400 + 1450) = 15\times1850 = 27750$

अतः 30 दिन का विलंब कर ₹ 27750 है।

16. किसी स्कूल के विद्यार्थियों को उनके समग्र शैक्षिक प्रदर्शन करने के लिए 7 नकद पुरस्कार देने के लिए ₹ 700 की राशि रखी गई है। यदि प्रत्येक पुरस्कार अपने से ठीक पहले पुरस्कार से ₹ 20 कम है, तो प्रत्येक पुरस्कार का मान ज्ञात कीजिए।

हल माना पुरस्कार क्रमशः $a + 60, a + 40, a + 20, a, a - 20, a - 40$ और $a - 60$ हैं।

प्रश्नानुसार, $a + 60 + a + 40 + a + 20$

$+ a + a - 20 + a - 40 + a - 60 = 700$

$\Rightarrow$ $7a = 700 \Rightarrow a = \frac{700}{7} = 100$

अतः सात पुरस्कार क्रमशः 100 + 60, 100 + 40, 100 + 20, 100, 100 − 20, 100 − 40 और 100 − 60

अर्थात् 160, 140, 120, 100, 80, 60, 40 हैं।

17. एक स्कूल के विद्यार्थियों ने वायु प्रदूषण कम करने के लिए स्कूल के अंदर और बाहर पेड़ लगाने के बारे में सोचा। यह निर्णय लिया गया कि प्रत्येक कक्षा का प्रत्येक अनुभाग अपनी कक्षा की संख्या के बराबर पेड़ लगाएगा। उदाहरणार्थ, कक्षा I का एक अनुभाग 1 पेड़ लगाएगा, कक्षा II का एक अनुभाग 2 पेड़ लगाएगा, कक्षा III का एक अनुभाग 3 पेड़ लगाएगा, इत्यादि और ऐसा कक्षा XII तक के लिए चलता रहेगा। प्रत्येक कक्षा के तीन अनुभाग हैं। इस स्कूल के विद्यार्थियों द्वारा लगाए गए कुल पेड़ों की संख्या कितनी होगी?

हल प्रश्नानुसार, प्रत्येक कक्षा के तीन वर्ग हैं। इसलिए प्रत्येक वर्ग ने पौधे लगाए अर्थात् कक्षा I, कक्षा II, कक्षा III, ..., कक्षा XII द्वारा लगाए गए पौधे निम्न हैं

$$1\times3, 2\times3, 3\times3, \ldots, 12\times3,$$

स्पष्ट है कि 3, 6, 9, ..., 36 समांतर श्रेढ़ी में हैं।

यहाँ, प्रथम पद $(a)=3$, सार्व अंतर $(d)=6-3=3$

अंतिम पद $(l)=36$

अब, समांतर श्रेढ़ी का nवाँ पद, $a_n=a+(n-1)d$

$\Rightarrow \quad 3+(n-1)(3)=36$

$\Rightarrow \quad (n-1)3=36-3$

$\Rightarrow \quad n-1=\dfrac{33}{3}$

$\Rightarrow \quad n-1=11$

$\therefore \quad n=12$

अतः विद्यार्थियों द्वारा लगाए गए पौधों की संख्या

$$=\frac{12}{2}(3+36)=6\times39=234 \qquad \left[\because S_n=\frac{n}{2}(a+l)\right]$$

18. केंद्र A से प्रारंभ करते हुए बारी-बारी से केंद्रों A और B को लेते हुए, त्रिज्याओं 0.5 सेमी, 1.0 सेमी, 1.5 सेमी, 2.0 सेमी ... वाले उत्तरोत्तर अर्द्धवृत्तों को खींचकर एक सर्पिल (spiral) बनाया गया है, जैसा कि आकृति में दर्शाया गया है। 13 क्रमागत अर्द्धवृत्तों से बने इस सर्पिल की कुल लंबाई क्या है? $\left[\pi=\dfrac{22}{7}\text{ लीजिए}\right]$

[**संकेत** क्रमशः केन्द्रों $A, B, A, B\ldots$ वाले अर्द्धवृत्तों की लंबाईयाँ $l_1, l_2, l_3, l_4\ldots$ हैं।]

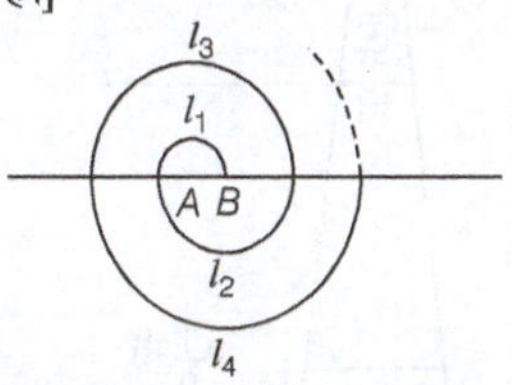

हल 13 क्रमागत अर्द्धवृत्तों को खींचकर एक सर्पिल बनाया गया है जिसकी लंबाई

$$=(\pi\times0.5+\pi\times1.0+\pi\times1.5+\pi\times2.0+\ldots+\pi\times6.5)$$
$$=\pi\times0.5(1+2+3+\ldots+13)$$

जोकि समांतर श्रेढ़ी में हैं।

यहाँ, प्रथम पद $(a)=1$, सार्व अंतर $(d)=2-1=1$

तथा पदों की संख्या, $\quad n=13$

$\therefore \quad n$ पदों का योग,

$$S_n=\frac{n}{2}[2a+(n-1)d]$$
$$=\pi\times0.5\times\frac{13}{2}[2\times1+(13-1)\times1]$$
$$=\pi\times0.5\times\frac{13}{2}[2+12]$$
$$=\frac{22}{7}\times\frac{5}{10}\times\frac{13}{2}\times14=143 \text{ सेमी}$$

अतः 13 क्रमागत अर्द्धवृत्तों से बने सर्पिल की लंबाई 143 सेमी है।

19. 200 लट्ठों (logs) को ढेरी के रूप में इस प्रकार रखा जाता है कि सबसे नीचे वाली पंक्ति में 20 लट्ठे, उससे अगली पंक्ति में 19 लट्ठे, उससे अगली पंक्ति में 18 लट्ठे, इत्यादि (आकृति देखिए)। ये 200 लट्ठे कितनी पंक्तियों में रखे गए हैं तथा सबसे ऊपरी पंक्ति में कितने लट्ठे हैं?

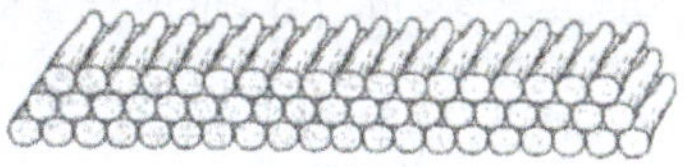

हल लट्ठों को प्रत्येक पंक्ति में एक श्रेढ़ी 20, 19, 18, 17, ... के रूप में रखा गया है। स्पष्ट है कि यह समांतर श्रेढ़ी है।

यहाँ, $\quad a=20,\ d=19-20=-1$ और $S_n=200$

अब $\quad S_n=\dfrac{n}{2}[2a+(n-1)d]$ से,

$\Rightarrow \quad 200=\dfrac{n}{2}[2\times20+(n-1)(-1)]$

$\Rightarrow \quad 400=n(40-n+1)$

$\Rightarrow \quad 400=40n-n^2+n$

$\Rightarrow \quad n^2-41n+400=0$

$\Rightarrow \quad n^2-25n-16n+400=0$

$\Rightarrow \quad n(n-25)-16(n-25)=0$

$\Rightarrow \quad (n-25)(n-16)=0$

$\Rightarrow \quad n=16$ या $n=25$

अतः पंक्तियों की संख्या या तो 25 या 16 है।

जब $n=16$, तब $a_n=a+(n-1)d$ से

$a_{16}=20+(16-1)(-1)=20-15=5$

जब $n=25$, तब $a_n=a+(n-1)d$ से,

$a_{16}=20+(25-1)(-1)=20-24=-4$

$\because$ पंक्ति में लट्ठों की संख्या ऋणात्मक नहीं हो सकती है]

अतः पंक्तियों की संख्या 16 और अंतिम पंक्ति में लट्ठों की संख्या 5 है।

20. एक आलू दौड़ (potato race) में प्रारंभिक स्थान पर एक बाल्टी रखी हुई है जो पहले आलू से 5 मी की दूरी पर है तथा अन्य आलुओं को एक सीधी रेखा में परस्पर 3 मी की दूरियों पर रखा गया है। इस रेखा पर 10 आलू रखे गए हैं।

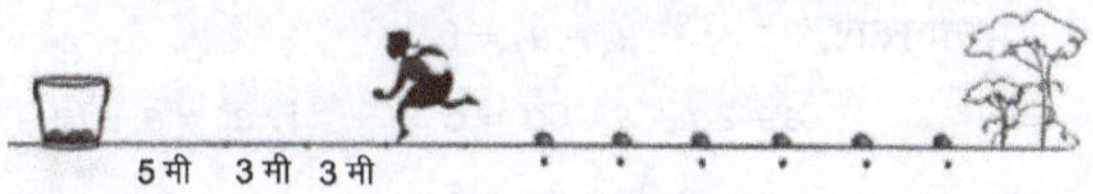

प्रत्येक प्रतियोगी बाल्टी से चलना प्रारंभ करती है, निकटतम आलू को उठाती है, उसे लेकर वापस आकर दौड़कर बाल्टी में डालती है, दूसरा आलू उठाने के लिए वापस दौड़ती है, उसे उठाकर वापस बाल्टी में डालती है और वह ऐसा तब तक करती रहती है, जब तक सभी आलू बाल्टी में न आ जाएँ। इसमें प्रतियोगी को कुल कितनी दूरी दौड़नी पड़ेगी?

[**संकेत** पहले और दूसरे आलुओं को उठाकर बाल्टी में डालने तक दौड़ी गई दूरी $=2\times5+2\times(5+3)$ है।]

हल प्रश्नानुसार, एक प्रतियोगी पहला आलू, दूसरा आलू, तीसरा आलू, ... उठाती है।

प्रतियोगी द्वारा तय की गई दूरियाँ 2×5, $2\times(5+3)$, $2\times(5+3+3)$, $2\times(5+3+3+3)$, ... अर्थात् 10, 16, 22, 28, ... है जोकि समांतर श्रेढ़ी में हैं।

यहाँ, प्रथम पद $(a)=10$, सार्व अंतर, $(d)=16-10=6$

तथा पदों की संख्या $=10$

$\therefore$ n पदों का योग $(S_n) = \frac{n}{2}[2a+(n-1)d]$ से,

$$S_{10} = \frac{10}{2}[2\times10+(10-1)6]$$
$$= 5[20+9\times6]$$
$$= 5\times74 = 370$$

अतः प्रतियोगी द्वारा तय की गई दूरी 370 मी है।

प्रश्नावली 5.4 (ऐच्छिक)

1. समांतर श्रेढ़ी 121, 117, 113, ..., का कौन-सा पद सबसे पहला ऋणात्मक पद होगा? [संकेत $a_n < 0$ के लिए n ज्ञात कीजिए।]

हल दिया है, प्रथम पद $(a) = 121$,

और सार्व अंतर $(d) = 117 - 121 = -4$

चूँकि समांतर श्रेढ़ी में n पद हैं।

$\therefore$ $a_n = a+(n-1)d$
$= 121+(n-1)(-4) = 121-4n+4 = 125-4n$

प्रथम ऋणात्मक पद के लिए, $a_n < 0$

$\Rightarrow$ $125-4n < 0$

$\Rightarrow$ $125 < 4n$

$\Rightarrow$ $4n > 125 \Rightarrow n > \frac{125}{4}$

$\Rightarrow$ $n > 31\frac{1}{4}$

$\therefore$ n का न्यूनतम मान 32 है।

अतः समांतर श्रेढ़ी का 32वाँ पद प्रथम ऋणात्मक पद होगा।

2. किसी समांतर श्रेढ़ी के तीसरे और सातवें पदों का योग 6 है और उनका गुणनफल 8 है। इस समांतर श्रेढ़ी के प्रथम 16 पदों का योग ज्ञात कीजिए।

हल माना समांतर श्रेढ़ी का प्रथम पद a और सार्व अंतर d है।

प्रश्नानुसार, $a_3 + a_7 = 6$

$\Rightarrow$ $a+2d+a+6d = 6$ $[\because a_n = a+(n-1)d]$

$\Rightarrow$ $2a+8d = 6$

$\Rightarrow$ $a+4d = 3$ ...(i)

और $a_3 \cdot a_7 = 8$

$\Rightarrow$ $(a+2d)(a+6d) = 8$

$\Rightarrow$ $\{(a+4d)-2d\}\{(a+4d)+2d\} = 8$

$\Rightarrow$ $(3-2d)(3+2d) = 8$ [समी (i) से]

$\Rightarrow$ $9-4d^2 = 8$ $[\because (a-b)(a+b) = a^2-b^2]$

$\Rightarrow$ $4d^2 = 9-8 \Rightarrow d^2 = \frac{1}{4} \Rightarrow d = \pm\frac{1}{2}$

$d = \frac{1}{2}$ समी (i) में रखने पर,

$a+4\times\frac{1}{2} = 3$

$\Rightarrow$ $a = 3-2$

$\Rightarrow$ $a = 1$

$\therefore$ प्रथम 16 पदों का योग $= S_{16}$

$$= \frac{16}{2}\left[2\times1+(16-1)\cdot\frac{1}{2}\right]$$
$$= 8\left[2+15\times\frac{1}{2}\right] = 8\left(\frac{19}{2}\right) = 76$$

$d = -\frac{1}{2}$ समी (i) में रखने पर,

$a+4\left(-\frac{1}{2}\right) = 3 \Rightarrow a = 3+2 = 5$

$\therefore$ समांतर श्रेढ़ी के प्रथम 16 पदों का योगफल

$$= \frac{16}{2}\left[2\times5+(16-1)\left(-\frac{1}{2}\right)\right]$$
$$= 8\left[10+15\times\left(-\frac{1}{2}\right)\right]$$
$$= 8\left[\frac{20-15}{2}\right] = 4\times5 = 20$$

अतः समांतर श्रेढ़ी के 16 पदों का योग क्रमशः 20 और 76 है।

3. एक सीढ़ी के क्रमागत डंडे परस्पर 25 सेमी की दूरी पर हैं (देखिए आकृति)। डंडों की लंबाई एकसमान रूप से घटती जाती है तथा सबसे निचले डंडे की लंबाई 45 सेमी है और सबसे ऊपर वाले डंडे की लंबाई 25 सेमी है। यदि ऊपरी और निचले डंडे के बीच की दूरी $2\frac{1}{2}$ मी है, तो डंडों को बनाने के लिए लकड़ी की कितनी लंबाई की आवश्यकता होगी? [संकेत डंडों की संख्या $= \frac{250}{25}+1$ है।]

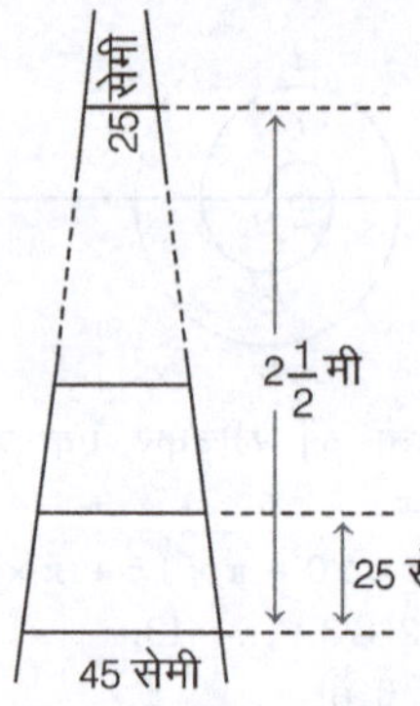

हल प्रश्नानुसार, डंडों की संख्या

$$= \frac{2\frac{1}{2} \text{ मी}}{25 \text{ सेमी}}+1 = \frac{250}{25}+1 = 11$$

अतः डंडों को बनाने के लिए आवश्यक लकड़ी की लंबाई

$$= \frac{11}{2}[25+45] \quad \left[\because S_n = \frac{n}{2}(a+l)\right]$$
$$= \frac{11}{2}\times70 = 385 \text{ सेमी}$$

4. एक पंक्ति के मकानों को क्रमागत रूप से संख्या 1 से 49 तक अंकित किया गया है। दर्शाइए कि x का एक ऐसा मान है कि x से अंकित मकान से पहले के मकानों की संख्याओं का योग उसके बाद वाले मकानों की संख्याओं के योग के बराबर है। x का मान ज्ञात कीजिए। [संकेत $S_{x-1} = S_{49} - S_x$ है।]

हल एक पंक्ति के मकानों की क्रमागत संख्या 1, 2, 3, ..., 49 है। स्पष्ट है कि संख्याओं की सूची समांतर श्रेढ़ी बनाती है।

यहाँ, $a = 1, d = 2 - 1 = 1$

$$S_x = \frac{x}{2}[2a + (x-1)d]$$

$$= \frac{x}{2}[2 \times 1 + (x-1) \times 1] = \frac{x}{2}(2 + x - 1) = \frac{x}{2}(x+1)$$

$$\therefore \quad S_{x-1} = \frac{x-1}{2}[2 \times 1 + (x-1-1) \times 1]$$

$$= \frac{x-1}{2}[2 + (x-2)] = \frac{x-1}{2}(x) = \frac{x^2 - x}{2}$$

और $S_{49} = \frac{49}{2}[2 \times 1 + (49-1) \times 1]$

$$= \frac{49}{2}[2 + 48] = \frac{49}{2} \times 50 = 49 \times 25$$

प्रश्नानुसार, $S_{x-1} = S_{49} - S_x$

$$\Rightarrow \quad \frac{x^2 - x}{2} = 49 \times 25 - \frac{x^2 + x}{2}$$

$$\Rightarrow \quad \frac{x^2 - x}{2} + \frac{x^2 + x}{2} = 49 \times 25$$

$$\Rightarrow \quad \frac{x^2 - x + x^2 + x}{2} = 1225 \Rightarrow \frac{2x^2}{2} = 1225$$

$$\Rightarrow \quad x^2 = 1225 \quad \Rightarrow x = \pm 35$$

$\therefore \quad x = 35 \quad$ [$\because x$ ऋणात्मक नहीं हो सकता है]

5. एक फुटबॉल के मैदान में एक छोटा चबूतरा है जिसमें 15 सीढ़ियाँ बनी हुई हैं। इन सीढ़ियों में से प्रत्येक की लंबाई 50 मी है और वह ठोस कंक्रीट (concrete) की बनी है। प्रत्येक सीढ़ी में $\frac{1}{4}$ मी की चढ़ाई है और $\frac{1}{2}$ मी का फैलाव (चौड़ाई) है (देखिए आकृति)। इस चबूतरे को बनाने में लगी कंक्रीट का कुल आयतन परिकलित कीजिए।

[**संकेत** पहली सीढ़ी को बनाने में लगी कंक्रीट का आयतन $= \frac{1}{4} \times \frac{1}{2} \times 50$ मी^{3}]

हल पहली सीढ़ी, दूसरी सीढ़ी, तीसरी सीढ़ी, ... को बनाने में लगी कंक्रीट का आयतन क्रमशः

$$\frac{1}{4} \times \frac{1}{2} \times 50, \left(2 \times \frac{1}{4}\right) \times \frac{1}{2} \times 50, \left(3 \times \frac{1}{4}\right) \times \frac{1}{2} \times 50, \ldots$$

अर्थात् $\frac{50}{8}, 2 \times \frac{50}{8}, 3 \times \frac{50}{8}, \ldots$

अतः कुल कंक्रीट का आयतन $= \frac{50}{8} + 2 \times \frac{50}{8} + 3 \times \frac{50}{8} + \ldots$

$$= \frac{50}{8}(1 + 2 + 3 + \ldots) = \frac{50}{8} \times \left[\frac{15}{2}\{2 \times 1 + (15-1) \times 1\}\right]$$

$$\left[\because S_n = \frac{n}{2}[2a + (n-1)d]\right]$$

$$= \frac{50}{8} \times \frac{15}{2}(2 + 14) = \frac{50}{8} \times \frac{15}{2} \times 16 = \frac{25 \times 15}{8} \times 16$$

$$= 50 \times 15 = 750 \text{ मी}^3$$

अध्याय : एक नजर में

- *निश्चित नियमानुसार निश्चित क्रम में व्यवस्थित संख्याओं की सूची को अनुक्रम कहते हैं।*
- *ऐसा अनुक्रम जिसके पद हमेशा एक निश्चित प्रतिरूप का पालन करते हैं श्रेढ़ी कहलाती है।*
- *एक समांतर श्रेढ़ी वह अनुक्रम है जिसमें प्रत्येक पद (प्रथम पद को छोड़कर) उसके पूर्ववर्ती पद में एक निश्चित संख्या d जोड़ने अथवा घटाने पर प्राप्त होता है, यह निश्चित संख्या d समांतर श्रेढ़ी का सार्व अंतर कहलाती है।*
- *व्यापक रूप में $a, a + d, a + 2d, a + 3d, \ldots$ समांतर श्रेढ़ी प्रदर्शित करता है, जहाँ 'a' प्रथम पद तथा d सार्व अंतर है।*
- *यदि समांतर श्रेढ़ी में पदों की संख्या परिमित है, तब इसे परिमित समांतर श्रेढ़ी अन्यथा अपरिमित समांतर श्रेढ़ी कहते हैं।*
- *यदि एक समांतर श्रेढ़ी का प्रथम पद a तथा सार्व अंतर d है, तो उसका nवाँ पद (व्यापक पद) $a_n = a + (n-1)d$ द्वारा प्राप्त होता है।*
- *यदि एक समांतर श्रेढ़ी में m पद हैं, तब mवें पद को समांतर श्रेढ़ी का अंतिम पद कहते हैं तथा इसे l से व्यक्त करते हैं*
  $$a_m = l = a + (m-1)d$$
  जहाँ, a = प्रथम पद तथा d = सार्व अंतर
- *समांतर श्रेढ़ी के अंत से nवाँ पद*
  $= l - (n-1)d$ *जहाँ, d = सार्व अंतर तथा l = अंतिम पद*
- *किसी समांतर श्रेढ़ी के प्रथम n पदों का योग*
  $$S_n = \frac{n}{2}[2a + (n-1)d]$$
  जहाँ, a = प्रथम पद, d = सार्व अंतर
- *यदि समांतर श्रेढ़ी में केवल n पद हों, तब*
  $$S_n = \frac{n}{2}[a + l]$$
  जहाँ, a = प्रथम पद तथा l = अंतिम पद
- *प्रथम n धनात्मक पूर्णांकों का योग, $S_n = \frac{n(n+1)}{2}$*
- *एक समांतर श्रेढ़ी में पदों का चयन करना*
  (i) समांतर श्रेढ़ी के तीन पदों का चयन इस प्रकार करेंगे
  $a - d, a, a + d$
  (ii) समांतर श्रेढ़ी के चार पदों का चयन इस प्रकार करेंगे
  $a - 3d, a - d, a + d, a + 3d$
  (iii) समांतर श्रेढ़ी के पाँच पदों का चयन इस प्रकार करेंगे
  $a - 2d, a - d, a, a + d, a + 2d$
- *a तथा c का समांतर माध्य $= \frac{a+c}{2}$*

परीक्षा अभ्यास

यहाँ अध्याय से संबंधित सभी संभावित प्रश्नों को दिया गया है, इन प्रश्नों का अभ्यास करके व याद रखकर छात्र अध्याय से संबंधित किसी भी प्रश्न का उत्तर दे पाएँगे।

बहुविकल्पीय प्रश्न

1. समांतर श्रेढ़ी $3, 1, -1, -3$ ... के लिए सार्वअंतर होगा **[NCERT Exemplar]**

(a) 1 (b) 2
(c) –2 (d) 3

2. समांतर श्रेढ़ी $x-7, x-2, x+3$ का 10वाँ पद है

(a) $x + 70$ (b) $x + 38$
(c) $x + 45$ (d) $x + 50$

3. समांतर श्रेढ़ी $\sqrt{2}, \sqrt{8}, \sqrt{18}, ...$ का अगला पद होगा **[NCERT Exemplar]**

(a) $\sqrt{32}$ (b) $\sqrt{29}$
(c) $\sqrt{35}$ (d) $\sqrt{31}$

4. समांतर श्रेढ़ी $10, 7, 4, ... -62$ में अंतिम पद से 11वाँ पद है **[CBSE 2023 (Standard)]**

(a) 25 (b) 16
(c) –32 (d) 0

5. समांतर श्रेढ़ी $-3, -\frac{1}{2}, 2 ...,$ का 11वाँ पद है

(a) 28 (b) 22 (c) –38 (d) $-48\frac{1}{2}$

6. यदि एक समांतर श्रेढ़ी का सार्वअंतर –4 तथा 10 वाँ पद –8, तो श्रेणी का प्रथम पद होगा **[NCERT Exemplar]**

(a) –40 (b) 20
(c) 28 (d) 36

7. यदि किसी समांतर श्रेढ़ी का n वाँ पद $3n-4$ है, तब उसका 10 वाँ पद है **[NCERT Exemplar]**

(a) 30 (b) 26
(c) 10 (d) 34

कथन कारण प्रश्न

निर्देश (प्र. सं. 8-12 तक) *इनमें से प्रत्येक प्रश्न में एक कथन के बाद एक कारण दिया गया है। इनको ध्यानपूर्वक पढ़िए तथा निम्न विकल्पों के आधार पर प्रश्नों के उत्तर दीजिए।*

(a) यदि दोनों कथन व कारण सही हैं तथा कारण कथन का सही स्पष्टीकरण है।
(b) यदि दोनों कथन व कारण सही हैं परन्तु कारण कथन का सही स्पष्टीकरण नहीं है।
(c) यदि कथन सही है परन्तु कारण गलत है।
(d) यदि कथन गलत है परन्तु कारण सही है।

8. कथन एक समान्तर श्रेणी का प्रथम पद व सार्वान्तर क्रमशः m व p हैं, तब 13वाँ पद $a + 10p$ होगा।

कारण समान्तर श्रेणी में $S_n - S_{n-1} = a_n$

9. कथन समान्तर श्रेणी में, $S_n = n^2 + n$, तब $T_{20} = 40$

कारण समान्तर श्रेणी में, $a_n - a_{n-1} = d$

10. कथन यदि समान्तर श्रेणी में, $T_n = 2n^2 - 1$, तब इसके प्रथम n पदों का योग n^3 होता है।

कारण यदि a, l व n एक समान्तर श्रेणी के क्रमशः प्रथम पद, अन्तिम पद तथा पदों की संख्या हैं, तब $S_n = \frac{n}{2}(a + l)$

11. कथन प्रथम 10 सम प्राकृतिक संख्याओं का योग 120 है।

कारण यदि एक समान्तर श्रेणी में a, l व d क्रमशः प्रथम पद, अन्तिम पद तथा सार्वान्तर है, तब अन्त में nवाँ पद $l-(n-1)d$ होता है।

12. कथन समान्तर श्रेणी $-5, -\frac{5}{2}, 0, \frac{5}{2} 5...$ का 25वाँ पद 55 है।

कारण एक समान्तर श्रेणी का nवाँ पद $T_n = a + (n+1)d$ होता है, जहाँ a, d व n क्रमशः प्रथम पद, सार्वान्तर तथा पदों की संख्या होती है।

अतिलघु उत्तरीय प्रश्न

13. समांतर श्रेढ़ी $3, 1, -1, -3, ...$ का अगला पद ज्ञात कीजिए।

14. समांतर श्रेढ़ी $\frac{1}{p}, \frac{1-p}{p}, \frac{1-2p}{p}, ...$ का सार्वअंतर ज्ञात कीजिए।

15. k के किस मान के लिए $k+9, 2k-1$ तथा $2k+7$ समांतर श्रेढ़ी के क्रमागत पद होंगे?

16. यदि $-5, x, 3$ किसी समांतर श्रेढ़ी के तीन क्रमागत पद हैं, तो x का मान ज्ञात कीजिए। **[CBSE 2023 (Basic)]**

17. नीचे दिए गए निम्नलिखित अनुक्रम का 19वाँ पद ज्ञात कीजिए

$$t_n = \begin{cases} n^2, & \text{जब } n \text{ सम} \\ n^2 - 1, & \text{जब } n \text{ विषम} \end{cases}$$

18. एक समांतर श्रेढ़ी के लिए, यदि $a_{18} - a_{14} = 32$, तब सार्व अंतर d का मान ज्ञात कीजिए।

19. 1 से लेकर 100 तक की सभी प्राकृत संख्याओं का योग ज्ञात कीजिए।

20. समांतर श्रेढ़ी $y-7, y-2, y+3, ...$ का 15वाँ पद ज्ञात कीजिए।

21. दिया गया अनुक्रम जिसका nवाँ पद, $a_n = (-1)^{n-1} \cdot n^3$ है का 7वाँ पद ज्ञात कीजिए।

22. समांतर श्रेढ़ी $-5, -\frac{5}{2}, 0, \frac{5}{2}, ...$ का 25वाँ पद ज्ञात कीजिए।

23. क्या 68 समांतर श्रेढ़ी $7, 10, 13, ...$ का एक पद है?

24. समांतर श्रेढ़ी $21, 42, 63, 84, ...$ का कौन-सा पद 210 है? **[NCERT Exemplar]**

25. समांतर श्रेढ़ी $-11, -8, -5, ..., 49$ के अंत से चौथा पद ज्ञात कीजिए।

26. समांतर श्रेढ़ी $7, 10, 13, ..., 184$ का अन्त से 7वाँ पद ज्ञात कीजिए।

27. एक समांतर श्रेढ़ी का nवाँ पद $(2n+1)$ है, तब इसके प्रथम तीन पदों का योगफल ज्ञात कीजिए।

28. यदि एक समांतर श्रेढ़ी का सार्व अंतर 3 है, तब $a_{20} - a_{15}$ का मान ज्ञात कीजिए।

29. p के किस मान के लिए तीन क्रमागत पद $2p+1, 13$ तथा $5p-3$ समांतर श्रेढ़ी में होंगे?

30. एक समांतर श्रेढ़ी, जिसका n वाँ पद $a_n = 3n + 7$ द्वारा दिया गया है, का सार्व अंतर ज्ञात कीजिए। **[CBSE 2023 (Standard)]**

31. समांतर श्रेढ़ी: 3, 8 13, ..., 118 का अंत से छठा पद ज्ञात कीजिए।

लघु उत्तरीय प्रश्न

32. यदि $\frac{1+3+5+.... n \text{ पदों तक}}{2+5+8+.... n \text{ पदों तक}} = 9$, तो n का मान ज्ञात कीजिए।

33. यदि एक समांतर श्रेढ़ी का दूसरा पद 13 तथा 5वाँ पद 25 है, तब इसका 7वाँ पद ज्ञात कीजिए।

34. यदि संख्याएँ $2n-1, 3n+2$ तथा $6n-1$ समांतर श्रेढ़ी में हैं, तब n का मान ज्ञात कीजिए तथा संख्याओं को भी ज्ञात कीजिए।

35. यदि $21, a, b$ तथा -3 समांतर श्रेढ़ी में हैं, तब $(a + b)$ का मान ज्ञात कीजिए।

36. 101 तथा 999 के बीच प्राकृत संख्याओं की संख्या को ज्ञात कीजिए जो 2 तथा 5 दोनों से विभाजित हैं।

37. समांतर श्रेढ़ी का 9वाँ पद शून्य है। सिद्ध कीजिए कि समांतर श्रेढ़ी का 29वाँ पद, 19वें पद का दोगुना है। **[NCERT Exemplar]**

38. उस समांतर श्रेढ़ी का सार्व अंतर ज्ञात कीजिए, जिसका पहला पद 8, अंतिम पद 65 तथा इसके सभी पदों का योगफल 730 है। **[CBSE 2023 (Standard)]**

39. समांतर श्रेढ़ी : 84, 80, 76, 73,... का कौन-सा पद प्रथम ऋणात्मक पद होगा?

40. ज्ञात कीजिए कि दो अंकों की कितनी संख्याएँ हैं जो 6 से विभाजित हैं?

41. तीन अंकों की कुल प्राकृत संख्याओं का योगफल ज्ञात कीजिए जोकि 11 के गुणज हो।

42. एक समांतर श्रेढ़ी के प्रथम 25 पदों का योगफल ज्ञात कीजिए जिसका nवाँ पद, $a_n = 7 - 3n$ है।

43. समान्तर श्रेढ़ी 3, 15, 27, 39, ... का कौन-सा पद इसके 21वें पद से 120 अधिक है। **[CBSE 2018]**

44. समांतर श्रेढ़ी का 16वाँ पद, 8वें पद के दोगुने से 1 अधिक है, यदि समांतर श्रेढ़ी का 12वाँ पद 47 है, तब इसका nवाँ पद ज्ञात कीजिए।

45. समांतर श्रेढ़ी के तीन क्रमागत पद $k^2 + 4k + 8$, $2k^2 + 3k + 6$ और $3k^2 + 4k + 4$ हैं, तब k का मान ज्ञात कीजिए। **[NCERT Exemplar]**

46. समांतर श्रेढ़ी $a_1, a_2, a_3, ...$ के 24 पदों का योगफल ज्ञात कीजिए जबकि ज्ञात है

$$a_1 + a_5 + a_{10} + a_{15} + a_{20} + a_{24} = 225$$

47. 500 तथा 900 के बीच स्थित 7 के सभी गुणजों का योगफल ज्ञात कीजिए।

48. 50 से बड़ी दो अंकों की कुल संख्याओं का योगफल ज्ञात कीजिए जिनमें 7 से भाग करने पर शेषफल 4 बचता है।

49. समांतर श्रेढ़ी : 120, 116, 112, ... का कौन-सा पद प्रथम ऋणात्मक पद होगा?

50. एक समांतर श्रेढ़ी का चौथा पद शून्य है। सिद्ध कीजिए कि समांतर श्रेढ़ी का 25वाँ पद, 11वें पद का तीन गुना है।

51. 207 को ऐसे तीन भागों में विभाजित कीजिए कि ये समांतर श्रेढ़ी में हों और दो छोटे भागों का गुणनफल 4623 हो।

52. एक समांतर श्रेढ़ी के प्रथम तीन पदों का योगफल 33 है। यदि प्रथम तथा तीसरे पद का गुणनफल दूसरे पद से 29 अधिक है, तब समांतर श्रेढ़ी ज्ञात कीजिए।

53. दो-अंकों की विषम धनात्मक संख्याओं का योगफल ज्ञात कीजिए।

54. यदि एक समांतर श्रेढ़ी का 12वाँ पद 213 तथा इसके प्रथम चार पदों का योगफल 24 है, तब इसके प्रथम 10 पदों का योगफल ज्ञात कीजिए।

55. यदि किसी समांतर श्रेढ़ी के पहले n पदों का योग $3n^2 + n$ और उसका सार्व अंतर 6 हो, तो पहला पद ज्ञात कीजिए। **[CBSE 2023 (Standard)]**

56. एक समांतर श्रेढ़ी के पहले, 3वें तथा 17वें पदों का योगफल 216 है। समांतर श्रेढ़ी के प्रथम 13 पदों का योगफल ज्ञात कीजिए।

57. एक समांतर श्रेढ़ी के 5वें और 9वें पदों का योगफल 72 है तथा 7वें और 12वें पदों का योगफल 97 है। समांतर श्रेढ़ी ज्ञात कीजिए।

58. यदि चार संख्याएँ समांतर श्रेढ़ी में हैं जबकि इनका योगफल 50 तथा सबसे बड़ी संख्या सबसे छोटी संख्या का 4 गुना है तब संख्याएँ ज्ञात कीजिए।

59. यदि एक समांतर श्रेढ़ी में पदों की संख्या $(2n-1)$ है, तब सिद्ध कीजिए कि इसके विषम पदों का योगफल तथा सम पदों के योगफल का अनुपात $(n+1):n$ है।

60. यदि दो समांतर श्रेढ़ी 9, 7, 5, ... तथा 24, 21, 18, ... का nवाँ पद समान है, तब n का मान तथा पद का मान ज्ञात कीजिए।

61. बढ़ती हुई समांतर श्रेढ़ी के प्रथम पद तथा पाँचवें पद का योग 26 है तथा दूसरे और चौथे पद का गुणनफल 160 है। समांतर श्रेढ़ी के प्रथम सात पदों का योग ज्ञात कीजिए।

62. समांतर श्रेढ़ी का 8वाँ पद, दूसरे पद का आधा है और 11वाँ पद, चौथे पद के $\frac{1}{3}$ से 1 अधिक है। 15वाँ पद ज्ञात कीजिए।

63. समांतर श्रेढ़ी के प्रथम $n, 2n$ तथा $3n$ पदों का योगफल क्रमशः S_1, S_2 तथा S_3 है, तब सिद्ध कीजिए कि $S_3 = 3(S_2 - S_1)$

64. तीन समांतर श्रेढ़ियों के प्रथम n पदों का योगफल क्रमशः S_1, S_2 तथा S_3 है। प्रत्येक समांतर श्रेढ़ियों का प्रथम पद इकाई है तथा उनका सार्व अंतर क्रमशः 1, 2 तथा 3 है, तब सिद्ध कीजिए $S_1 + S_3 = 2S_2$

65. 10 तथा 300 के बीच ऐसी कितनी संख्याएँ होंगी, जो 9 की गुणज होंगी?

66. यदि एक समांतर श्रेढ़ी में $a = 1, a_n = 20$ तथा $S_n = 399$ हो, तो n का मान ज्ञात कीजिए।

67. एक समांतर श्रेढ़ी का सार्व अंतर ज्ञात कीजिए जिसका प्रथम पद 5 तथा इसके प्रथम 4 पदों का योग इसके अगले 4 पदों के योग का आधा है।

68. 1 से 500 तक के बीच के उन पूर्णांकों का योग ज्ञात कीजिए, जो 2 के साथ-साथ 5 के गुणज हो।

69. समांतर श्रेढ़ी का प्रथम पद 8 और सार्व अंतर 20 के n पदों का योगफल, अन्य समांतर श्रेढ़ी जिसका प्रथम पद -30 और सार्व अंतर 8 है, के $2n$ पदों के योगफल के बराबर है। n का मान ज्ञात कीजिए। **[NCERT Exemplar]**

70. यदि एक समांतर श्रेढ़ी में, $S_n = n^2p$ तथा $S_m = m^2p, m \neq n$, तो सिद्ध कीजिए कि $S_p = p^3$।

दीर्घ उत्तरीय प्रश्न

71. प्रतिवर्ष एक पेड़, उससे पहले वर्ष से 5 सेमी कम बढ़ता है। यदि पहले वर्ष में इसमें 1 मी की बढ़ोत्तरी हुई हो, तो कितने वर्षों में इस पेड़ की बढ़ोत्तरी रुक जाएगी?

72. जसपाल सिंह अपने कुल ₹ 118000 के ऋण को मासिक किस्तों में, ₹ 1000 की पहली किस्त से प्रारम्भ करते हुए चुकाता है। यदि वह प्रति मास की किस्त ₹ 100 बढ़ाता जाता है, तो उसके द्वारा 30वीं किस्त में कितनी राशि चुकाई जाएगी? 30वीं किस्त के बाद उसको कितना ऋण चुकाना और शेष रहेगा?

73. समीकरण $-4 + (-1) + 2 + ... + x = 437$ को हल कीजिए। **[CBSE 2023 (Standard) NCERT Exemplar]**

74. यदि समांतर श्रेढ़ी का mवाँ पद $\frac{1}{n}$ तथा nवाँ पद $\frac{1}{m}$ है। तब दिखाइए कि इसके mn पदों का योगफल $\frac{1}{2}(mn+1)$ है।

75. समांतर श्रेढ़ी के प्रथम p, q तथा r पदों का योगफल क्रमशः a, b तथा c है, तब दिखाइए कि

$$\frac{a}{p}(q-r) + \frac{b}{q}(r-p) + \frac{c}{r}(p-q) = 0$$

76. समांतर श्रेढ़ी के चार क्रमागत संख्याओं का योगफल 32 है, पहले और अंतिम पदों का गुणनफल तथा बीच के दो पदों के गुणनफल का अनुपात 7 : 15 है, तो संख्याओं को ज्ञात कीजिए। **[NCERT Exemplar]**

77. यदि $a_1, a_2, \ldots, a_{n-2}, a_{n-1}, a_n$ समांतर श्रेढ़ी में हैं तब सिद्ध कीजिए कि

$$\frac{1}{a_1 \cdot a_n} + \frac{1}{a_2 \cdot a_{n-1}} + \frac{1}{a_3 \cdot a_{n-2}} + \ldots + \frac{1}{a_n \cdot a_1} = \frac{2}{a_1 + a_n}\left(\frac{1}{a_1} + \frac{1}{a_2} + \ldots + \frac{1}{a_n}\right)$$

78. समांतर श्रेढ़ी के प्रथम m तथा n पदों के योगफल का अनुपात $m^2 : n^2$ है। दिखाइए कि mवाँ पद तथा nवाँ पद का अनुपात $(2m-1):(2n-1)$ है।

परीक्षा अभ्यास

79. यदि एक समांतर श्रेढ़ी के nवें पद का n गुना, mवें पद के m गुना के बराबर है, तो सिद्ध कीजिए कि इसका $(m+n)$वाँ पद शून्य के बराबर होगा।

80. यदि एक समांतर श्रेढ़ी का mवाँ पद $\frac{1}{n}$ तथा nवाँ पद $\frac{1}{m}$ है, तो सिद्ध कीजिए कि इसका mnवाँ पद 1 है।

81. यदि एक समांतर श्रेढ़ी का p वाँ, q वाँ तथा r वाँ पद क्रमशः a, b तथा c है, तो सिद्ध कीजिए कि

$$(a-b)\,r+(b-c)\,p+(c-a)\,q=0$$

82. समीकरण $1+4+7+10+..........+x=287$ को हल कीजिए।

83. यदि एक समांतर श्रेढ़ी के प्रथम p पदों का योग उसके प्रथम q पदों $(p\neq q)$ के योग के बराबर है, तो सिद्ध कीजिए कि इसके प्रथम $(p+q)$ पदों का योग शून्य होगा।

84. यदि एक समांतर श्रेढ़ी का p वाँ पद a तथा q वाँ पद b है, तो सिद्ध कीजिए कि इसका $(p+q)$ वाँ पद $\frac{p+q}{2}\left[a+b+\frac{(a-b)}{p-q}\right]$ है।

85. यदि $a_1, a_2, ... a_n$ समांतर श्रेढ़ी में हैं, जहाँ $a_i>0$ (सभी i के लिए) तो सिद्ध कीजिए कि

$$\frac{1}{\sqrt{a_1}+\sqrt{a_2}}+\frac{1}{\sqrt{a_2}+\sqrt{a_3}}+..........+\frac{1}{\sqrt{a_{n-1}}+\sqrt{a_n}}=\frac{n-1}{\sqrt{a_1}+\sqrt{a_n}}$$

केस स्टडी आधारित प्रश्न

86. न्यूनतम श्रमशक्ति की लागत तथा मजबूत तकनीकी एवं इंजीनियरिंग क्षमता के कारण भारत एक तुलनात्मक रूप से उत्पादन की गुणवत्ता श्रेणी में उच्च स्थान रखता है। फैक्ट्री में टीवी सेट के उत्पादन में प्रतिवर्ष बढ़ोत्तरी होती जा रही है। यह छठे वर्ष में 16000 तथा नौवें वर्ष में 22600 टीवी सेट उत्पादित करता है। **[CBSE Question Bank]**

उपरोक्त सूचना के आधार पर निम्नलिखित प्रश्नों के उत्तर दीजिए

(i) प्रथम वर्ष के पश्चात् उत्पादन ज्ञात कीजिए।

(ii) आठवें वर्ष के पश्चात् उत्पादन ज्ञात कीजिए।

(iii) तीसरे वर्ष के पश्चात् उत्पादन ज्ञात कीजिए।

अथवा

कौन-से वर्ष में उत्पादन 29200 होगा?

87. आपका मित्र वीर 200 मी दौड़ प्रतियोगिता में भाग लेना चाहता है। वर्तमान में वह यह दूरी 51 सेकण्ड में तय करता है तथा प्रत्येक दिन प्रैक्टिस के साथ समय में 2 सेकण्ड की कमी हो जाती है। अब वह ये दूरी 31 सेकण्ड में पूरी करना चाहता है।

उपरोक्त सूचना के आधार पर निम्नलिखित प्रश्नों के उत्तर दीजिए।

(i) दी गई स्थिति को निम्न में कौन-सी समान्तर श्रेढ़ी दर्शाती है?
(a) 51, 53, 55....
(b) 51, 49, 47....
(c) – 51, – 53, – 55....
(d) 51, 55, 59...

(ii) जब तक वह अपने लक्ष्य को प्राप्त नहीं कर लेता, उसे कितने दिन तक प्रैक्टिस करनी होगी?
(a) 10
(b) 12
(c) 11
(d) 9

(iii) उपरोक्त स्थिति के अनुसार, प्राप्त समान्तर श्रेढ़ी में कौन-सा पद नहीं है?
(a) 41
(b) 30
(c) 37
(d) 39

अथवा

यदि समान्तर श्रेढ़ी का nवाँ पद $a_n=2n+3$ है, तब समान्तर श्रेढ़ी का सार्वान्तर है
(a) 2 (b) 3
(c) 5 (d) 1

88. आपका बड़ा भाई एक कार खरीदना चाहता है जिसके लिए वह बैंक से कार लोन लेने का निर्णय करता है। वह बैंक से ₹ 118000 लोन लेता है तथा ₹ 1000 की प्रति माह किश्त से लोन चुकाना प्रारम्भ करता है। वह अपनी प्रत्येक माह की किश्त में ₹ 100 प्रतिमाह वृद्धि करता है।

उपरोक्त सूचना के आधार पर निम्नलिखित प्रश्नों के उत्तर दीजिए

(i) 30वीं किश्त में उसके द्वारा चुकाया गया धन क्या होगा?
(a) ₹ 3900 (b) ₹ 3500
(c) ₹ 3700 (d) ₹ 3600

(ii) 30वीं किश्त के अन्त में कुल चुकाया गया धन क्या होगा?
(a) ₹ 37000 (b) ₹ 73500
(c) ₹ 75300 (d) ₹ 75000

(iii) 30वीं किश्त के पश्चात् उसे कितना धन चुकाना होगा?
(a) ₹ 45500 (b) ₹ 49000
(c) ₹ 44500 (d) ₹ 54000

अथवा

यदि किश्तों की कुल संख्या 40 हो, तब उसके द्वारा अन्त में चुकाया गया कुल धन होगा?
(a) ₹ 4900 (b) ₹ 3900
(c) ₹ 5900 (d) ₹ 9400

संकेत एवं हल

1. (*c*) दी गई श्रेणी के लिए $a_1 = 3, a_2 = 1, a_3 = -1$
$\therefore \; d = a_2 - a_1 = a_3 - a_2 = \ldots = 1 - 3 = -2$

2. (*b*) यहाँ, प्रथम पद, $(a) = x - 7$,
सार्वअंतर $(d) = (x-2) - (x-7) = 5$
$\therefore$ 10वाँ पद $= a + 9d = (x-7) + 9(5)$
$= x - 7 + 45 = x + 38$

3. (*a*) यहाँ, $a_1 = \sqrt{2}, a_2 = \sqrt{8} = 2\sqrt{2}$ तथा $a_3 = \sqrt{18} = 3\sqrt{2}$
अब, $d = a_2 - a_1 = 2\sqrt{2} - \sqrt{2} = \sqrt{2}$
$\therefore \; a_4 = a_3 + d = 3\sqrt{2} + \sqrt{2} = 4\sqrt{2} = \sqrt{32}$

4. (*c*) दी गई श्रेणी 10, 7, 4, ..., – 62
यहाँ, $l = -62, d = 7 - 10 = -3$
$\therefore$ अंत से 11वाँ पद $= l - (11-1)d = l - 10d$
$= -62 - 10(-3) = -62 + 30 = -32$

5. (*b*) दी गई श्रेणी $-3, -\frac{1}{2}, 2 \ldots,$
यहाँ, $a = -3, d = -\frac{1}{2} - (-3) = -\frac{1}{2} + 3 = \frac{5}{2}, n = 11$
$\therefore \; a_n = a + (n-1)d$
$\Rightarrow \; a_{11} = -3 + (11-1)\left(\frac{5}{2}\right) = -3 + 10 \times \frac{5}{2}$
$= -3 + 25 = 22$

6. (*c*) दिया है, $d = -4, a_{10} = -8, n = 10$
माना प्रथम पद *a* है।
$\therefore \; a_n = a + (n-1)d$
$\Rightarrow \; a_{10} = -8 = a + (10-1)(-4)$
$\Rightarrow \; -8 = a - 36 \Rightarrow a = -8 + 36 = 28$

7. (*b*) दिया है, $a_n = 3n - 4$
$n = 10$ रखने पर, $a_{10} = 3(10) - 4$
$= 30 - 4 = 26$

8. (*d*) $\because a = m$ तथा $d = p$
$\therefore \; 13 = a + (13-1)d = m + 12p$
अतः कथन गलत है परन्तु कारण सही है।

9. (*b*) $\because S_n = n^2 + n$
$\therefore \; T_n = S_n - S_{n-1} = n^2 + n - \{(n-1)^2 + (n-1)\}$
$= n^2 + n - (n-1)^2 - n + 1$
$= n^2 + 1 - n^2 + 2n - 1 = 2n$
$\Rightarrow T_{20} = 2 \times 20 = 40$
तथा $a_n - a_{n-1} = d$
अतः कथन व कारण दोनों सही हैं, परन्तु कारण, कथन का सही स्पष्टीकरण नहीं है।

10. (*a*) $\because T_n = 2n^2 - 1$ तथा $T_1 = a = 2 - 1 = 1$
$\therefore \; S_n = \frac{n}{2}(a + l) = \frac{n}{2}(1 + 2n^2 - 1) = n^3$
अतः कथन व कारण दोनों सही है तथा कारण कथन का सही स्पष्टीकरण है।

11. (*d*) हम जानते हैं कि प्रथम 10 समप्राकृतिक संख्याओं में पहली संख्या 2 तथा अन्तिम संख्या 20 होती है।
$\therefore \; S_n = \frac{n}{2}(a + l)$ से,
$S_{10} = \frac{10}{2}(2 + 20) = \frac{10 \times 22}{2} = 110$
अतः कथन गलत है परन्तु कारण सही है।

12. (*c*) हम जानते हैं कि एक समान्तर श्रेणी का प्रथम पद, पदों की संख्या तथा सार्वान्तर क्रमशः *a*, *n* व *d* हो, तो
$T_n = a + (n-1)d$
यहाँ, $a = -5, n = 25, d = -\frac{5}{2} + 5 = \frac{5}{2}$
$\therefore T_{25} = -5 + (25-1)\left(\frac{5}{2}\right) = -5 + 60 = 55$
अतः कथन सही है परन्तु कारण गलत है।

परीक्षा अभ्यास

13. **संकेत** यहाँ, $a = 3, d = 1 - 3 = -2$

$\therefore \quad a_5 = a + 4d = -5$

14. **संकेत** सार्व अंतर, d = दूसरा पद − पहला पद

$= \frac{1-p}{p} - \frac{1}{p} = -1$

15. **संकेत** माना $a_1 = k + 9, a_2 = 2k - 1$ तथा $a_3 = 2k + 7$ समांतर श्रेढ़ी के पद हैं।

$\therefore \quad a_2 - a_1 = a_3 - a_2 \Rightarrow k = 18$

16. प्रश्न 15 की भाँति स्वयं हल करें। **उत्तर** $x = -1$

17. **संकेत** $n = 19$ जोकि विषम है

$\therefore \quad t_n = n^2 - 1$

$\Rightarrow \quad a_{19} = (19)^2 - 1 = 360$

18. **संकेत** $a_{18} - a_{14} = 32$

$\Rightarrow (a + 17d) - (a + 13d) = 32$

$\Rightarrow \quad d = 8$

19. **संकेत** $a = 1, d = 1$

तब, $S_n = \frac{n}{2}[2a + (n-1)d]$ से,

$S_{100} = 5050$

20. **संकेत** यहाँ, $a = y - 7, d = (y - 2) - (y - 7) = 5$

$\therefore \quad a_{15} = a + 14d \quad [\because a_n = a + (n-1)d]$

$= y + 63$

21. **संकेत** दिया है, nवाँ पद $(a_n) = (-1)^{n-1} \cdot n^3$

$\therefore$ 7वाँ पद $(a_7) = (-1)^{7-1} \cdot (7)^3 = (-1)^6 \cdot 7^3$

$= 1 \times 343 = 343$

22. **संकेत** $a = -5, d = \frac{-5}{2} + 5 = \frac{5}{2}$

$\therefore \quad a_{25} = -5 + (25-1)\frac{5}{2} = 55 \quad [\because a_n = a + (n-1)d]$

23. NCERT फोल्डर 5.2, प्रश्न 6 की भाँति स्वयं हल करें।

उत्तर नहीं

24. टॉपिक 2, उदाहरण 4 की भाँति स्वयं हल करें। **उत्तर** 10वाँ पद

25. टॉपिक 2, उदाहरण 8 की भाँति स्वयं हल करें। **उत्तर** 40

26. टॉपिक 2, उदाहरण 8 की भाँति स्वयं हल करें। **उत्तर** 166

27. **संकेत** दिया है, $a_n = 2n + 1$

$n = 1, 2, 3, \ldots$ रखने पर,

$a_1 = a = 3$

$a_2 = 5$

$a_3 = 7$

$\therefore \quad S_3 = 15 \quad \left[\because S_n = \frac{n}{2}(a + l)\right]$

वैकल्पिक विधि $S_3 = a_1 + a_2 + a_3 = 15$

28. **संकेत** दिया है, $d = 3$

$\therefore \quad a_{20} - a_{15} = (a + 19d) - (a + 14d)$

$[\because a_n = a + (n-1)d]$

$= 5d = 15$

29. प्रश्न 15 की भाँति स्वयं हल करें। **उत्तर** 4

30. **संकेत** सार्व अंतर, $d = a_{n+1} - a_n$

$= 3(n+1) + 7 - (3n + 7)$

$= 3n + 3 + 7 - 3n - 7 = 3$

31. टॉपिक 2, उदाहरण 8 की भाँति स्वयं हल करें। **उत्तर** 93

32. **संकेत** $\frac{1 + 3 + 5 + \ldots n \text{ पदों तक}}{2 + 5 + 8 + \ldots 8 \text{ पदों तक}} = 9$

$\Rightarrow \quad \frac{\frac{n}{2}[2(1) + (n-1)2]}{\frac{8}{2}[2(2) + (8-1)3]} = 9 \left[\because S_n = \frac{n}{2}\{2a + (n-1)d\}\right]$

$\therefore \quad n = 30$

33. NCERT फोल्डर 5.2, प्रश्न 7 की भाँति स्वयं हल करें।

उत्तर 33

34. प्रश्न 15 की भाँति स्वयं हल करें।

उत्तर $n = 3$ तथा संख्याएँ 5, 11, 17 हैं संख्याओं को ज्ञात करने के लिए, दिए गए संख्याओं में $n = 3$ रखते हैं।

35. **संकेत** 21, a, b तथा − 3 समांतर श्रेढ़ी में हैं।

$\therefore \quad a - 21 = b - a$

$\Rightarrow \quad 2a - b = 21 \quad \ldots(i)$

तथा $\quad -3 - b = b - a \Rightarrow a - 2b = 3 \quad \ldots(ii)$

समी (i) व (ii) को हल करने पर,

$a = 13, b = 5$

अतः $\quad a + b = 18$

36. **संकेत** 101 तथा 999 के बीच प्राकृत संख्याएँ, जो 2 तथा 5 दोनों से अर्थात् 10 से विभाजित हैं इस प्रकार हैं 110, 120, 130,....., 990 जोकि समांतर श्रेढ़ी में हैं

यहाँ, $\quad a = 110, d = 10, l = 990$

$\therefore l = a_n = a + (n-1)d$ से,

$n = 89$

37. **संकेत** माना समांतर श्रेढ़ी का प्रथम पद a और सार्व अंतर d है।

दिया है, $\quad a_9 = 0$

$\Rightarrow \quad a + 8d = 0 \quad [\because a_n = a + (n-1)d]$

$\Rightarrow \quad a = -8d \quad \ldots(i)$

अब, $\quad a_{29} = a + 28d$

$\Rightarrow \quad a_{29} = -8d + 28d \quad$ [समी (i) से]

$\Rightarrow \quad a_{29} = 20d \quad \ldots(ii)$

और $\quad a_{19} = a + 18d = -8d + 18d \quad$ [समी (i) से]

$\Rightarrow \quad a_{19} = 10d \quad \ldots(iii)$

समी (ii) व (iii) से,

$a_{29} = 2 \times a_{19}$ **इति सिद्धम्**

38. **संकेत** माना समांतर श्रेढ़ी का सार्व अंतर d और पदों की संख्या n है।

दिया है, $a = 8, l = 65, S_n = 730$

तब, $\quad S_n = \frac{n}{2}(a + l)$ से,

$730 = \frac{n}{2}(8 + 65)$

$\Rightarrow \quad 1460 = n(73)$

$\Rightarrow \quad n = \frac{1460}{73}$

$\Rightarrow \quad n = 20$

अब, $l = a + (n-1)d$ से,

$65 = 8 + (20 - 1)d$

$\Rightarrow \quad 65 - 8 = 19d \Rightarrow 19d = 57$

$\Rightarrow \quad d = \frac{57}{19} = 3$

अतः सार्व अंतर 3 है।

39. संकेत $a = 84, d = -4$

∴ nवाँ पद $= 88 - 4n$ $[\because a_n = a + (n-1)d]$

ऋणात्मक पद के लिए, $88 - 4n < 0$

⇒ $4n > 88$

⇒ $n > \frac{88}{4} = 22$

∴ प्रथम ऋणात्मक पद 23वाँ पद होगा।

40. टॉपिक 2, उदाहरण 6 की भाँति स्वयं हल करें। **उत्तर** 15

41. संकेत तीन-अंकों की कुल प्राकृत संख्याएँ जो 11 के गुणज हैं इस प्रकार हैं 110, 121, 132, ..., 990 जोकि समांतर श्रेढ़ी में हैं।

∴ $a = 110, d = 11$ तथा अंतिम पद $= 990$

$l = a_n = a + (n-1)d$ से,

⇒ $n = 81$

∴ $S_{81} = 44550$ $\left[\because S_n = \frac{n}{2}(a + l)\right]$

42. टॉपिक 3, उदाहरण 3 की भाँति स्वयं हल करें। **उत्तर** 800

43. संकेत दी गई श्रेढ़ी है 3, 15, 27, 39, ...

यहाँ, $a = 3$ तथा $d = 15 - 3 = 12$

∵ $a_n = a + (n-1)d$

$= 3 + (n-1)12$

$= 3 + 12n - 12 = 12n - 9$

∴ $a_{21} = a + 20d$

$= 3 + 12 \times 20 = 243$

प्रश्नानुसार,

$a_n = 120 + a_{21}$

⇒ $12n - 9 = 120 + 243$

⇒ $12n - 9 = 363$

⇒ $12n = 372$

⇒ $n = 32$

44. संकेत दिया है, $a_{12} = 47$

⇒ $a + 11d = 47$ $[\because a_n = a + (n-1)d]$ ...(i)

तथा $a_{16} = 1 + 2a_8$

⇒ $a - d = -1$ ...(i)

समी (i) तथा (ii) को हल करने पर,

$a = 3$ तथा $d = 4$

∴ $a_n = a + (n-1)d = 3 + (n-1)(4)$

$= 4n - 1$

45. प्रश्न 15 की भाँति स्वयं हल करें। **उत्तर** 0 (शून्य)

46. संकेत $a_1 + a_5 + a_{10} + a_{15} + a_{20} + a_{24} = 225$

⇒ $2a + 23d = 75$ ...(i)

अब, $S_{24} = \frac{24}{2}[2a + (24-1)d]$

$= 12[2a + 23d] = 12 \times 75$ [समी (i) से]

$= 900$

47. संकेत 500 तथा 900 के बीच स्थित 7 के गुणज 504, 511, 518,..., 896 हैं, जोकि समांतर श्रेढ़ी में हैं।

∴ $a = 504, d = 7, a_n = 896$

⇒ $a + (n-1)d = 896 \Rightarrow n = 57$

∴ $S_{57} = \frac{n}{2}(a + l)$

$= \frac{57}{2}(504 + 896) = 39900$

48. संकेत 50 से बड़ी दो अंकों की संख्या जिनमें 7 से भाग करने पर शेषफल 4 आता है इस प्रकार हैं 53, 60, 67,....., 95 जोकि एक समांतर श्रेढ़ी है, $a = 53, d = 60 - 53 = 7, l = 95$

$l = a + (n-1)d$ से,

⇒ $95 = 53 + (n-1)7$

⇒ $n = 7$

∴ $S_7 = 518$ $\left[\because S_n = \frac{n}{2}(a + l)\right]$

49. प्रश्न 39 की भाँति स्वयं हल करें। **उत्तर** 32 वाँ पद

50. संकेत माना a तथा d दिए गए समांतर श्रेढ़ी का प्रथम पद तथा सार्व अंतर हैं।

दिया है, $a_4 = 0 \Rightarrow a + 3d = 0$

⇒ $a = -3d$ ...(i)

अब, $a_{25} = a + (25-1)d = a + 24d$

$= -3d + 24d$ [समी (i) से]

⇒ $a_{25} = 21d$ ...(ii)

तथा $a_{11} = a + (11-1)d = a + 10d$

$= -3d + 10d$ [समी (i) से]

⇒ $a_{11} = 7d$ ...(iii)

समी (ii) तथा (iii) से,

$a_{25} = 3a_{11}$ **इति सिद्धम्**

51. संकेत माना 207 के तीन भाग $a - d, a, a + d$ हैं।

प्रश्नानुसार, $(a - d) + a + (a + d) = 207$

⇒ $a = \frac{207}{3} = 69$

तथा दो छोटे भागों का गुणनफल $= 4623 \Rightarrow a(a - d) = 4623$

⇒ $69(69 - d) = 4623 \Rightarrow -d = 67 - 69$

⇒ $-d = -2 \Rightarrow d = 2$

अतः तीन भाग क्रमशः $(69 - 2), 69, (69 + 2)$ या 67, 69, 71 हैं।

52. संकेत माना समांतर श्रेढ़ी में तीन पद $a - d, a, a + d$ हैं।

तब, $(a - d) + a + (a + d) = 33$

⇒ $a = 11$

तथा दिया है, प्रथम तथा तीसरे पदों का गुणनफल दूसरे पद से 29 अधिक है

अर्थात् $(a - d)(a + d) = a + 29$

⇒ $a^2 - d^2 = a + 29$

⇒ $d^2 = 81 \Rightarrow d = \pm 9$

इस प्रकार, दो समांतर श्रेढ़ी संभव हैं जो इस प्रकार हैं 2, 11, 20,... अथवा 20, 11, 2,...

53. NCERT फोल्डर प्रश्नावली 5.3, प्रश्न 14 की भाँति स्वयं हल कीजिए। **उत्तर** 2475

नोट दो अंकों की विषम धनात्मक संख्याएँ 11, 13, 15, 17,....,99

54. संकेत माना समांतर श्रेढ़ी का प्रथम पद a तथा सार्व अंतर d है।

तब, प्रश्नानुसार, $a_{12} = 213$

⇒ $a + 11d = 213$ ...(i)

तथा $S_4 = 24$

⇒ $\frac{4}{2}[2a + (4-1)d] = 24 \Rightarrow 2(2a + 3d) = 24$

⇒ $2a + 3d = 12$ ...(ii)

समी (i) तथा (ii) से,

$a = -\frac{507}{19}$ तथा $d = \frac{414}{19}$

तब, $S_{10} = 713.68$ $\left[\because S_n = \frac{n}{2}[2a + (n-1)d]\right]$

55. **संकेत** दिया है, $S_n = 3n^2 + n$

$\therefore \quad S_{n-1} = 3(n-1)^n + (n-1)$

$= 3n^2 + 3 - 6n + n - 1$

$= 3n^2 - 5n + 2$

अब, $a_n = S_n - S_{n-1}$

$= 3n^2 + n - (3n^2 - 5n + 2)$

$\Rightarrow a_n = 6n - 2$

$\therefore$ पहला पद, $a_1 = 6(1) - 2$

$= 4$

56. **संकेत** माना $a_1 = a, a_3 = a + 2d, a_{17} = a + 16d$

प्रश्नानुसार, $a_1 + a_3 + a_{17} = 216$

$\Rightarrow a + (a + 2d) + (a + 16d) = 216$

$\Rightarrow a + 6d = 72$ ...(i)

$S_{13} = \frac{13}{2}[2a + (13-1)d] \left\{\because S_n = \frac{n}{2}[2a + (n-1)d]\right\}$

$\Rightarrow S_{13} = \frac{13}{2}[2(a + 6d)] = \frac{13}{2}(2 \times 72)$ [समी (i) से]

$= 936$

57. NCERT फोल्डर प्रश्नावली 5.2, प्रश्न 18 की भाँति स्वयं हल कीजिए। **उत्तर** 6, 11, 16, 21, 26,.....

58. **संकेत** माना चार संख्याएँ समांतर श्रेढ़ी में इस प्रकार हैं $a, a + d, a + 2d$ तथा $a + 3d$ तथा $d > 0$

प्रश्नानुसार, $a + (a + d) + (a + 2d) + (a + 3d) = 50$

$\Rightarrow 2a + 3d = 25$ ...(i)

तथा $a + 3d = 4(a)$

$\Rightarrow a = d$ ...(ii)

समी (i) व (ii) से, $a = d = 5$

अतः अभीष्ट संख्याएँ 5, 10, 15 तथा 20 हैं।

नोट समांतर श्रेढ़ी में चार संख्याएँ $a - 3d, a - d, a + d, a + 3d$ सुविधानुसार मानते हैं।

59. **संकेत** माना दिए गए समांतर श्रेढ़ी का प्रथम पद a तथा सार्व अंतर d तथा kवाँ पद a_k है।

तब, $a_k = a + (k-1)d$

अब माना S_1 = विषम पदों का योगफल

$\Rightarrow S_1 = a_1 + a_3 + a_5 + \dots + a_{2n+1}$

$\Rightarrow S_1 = \frac{n+1}{2}(a_1 + a_{2n+1}) \left[\because S_n = \frac{n}{2}(a + l)\right]$

$\Rightarrow S_1 = \frac{n+1}{2}[a + a + (2n + 1 - 1)d]$

$[\because a_n = a + (n-1)d]$

$\Rightarrow S_1 = (n+1)(a + nd)$

तथा S_2 = सम पदों का योगफल

$\Rightarrow S_2 = a_2 + a_4 + a_6 + \dots + a_{2n}$

$\Rightarrow S_2 = \frac{n}{2}(a_2 + a_{2n}) \Rightarrow S_2 = n(a + nd)$

अभीष्ट अनुपात $= S_1 : S_2 = (n+1)(a + nd) : n(a + nd)$

$= (n+1) : n$ **इति सिद्धम्**

60. NCERT फोल्डर प्रश्नावली 5.2, प्रश्न 15 की भाँति स्वयं हल करें। **उत्तर** $n = 16$ तथा nवाँ पद $= -21$

संकेत दोनों समांतर श्रेढ़ी में से किसी में भी $n = 16$ रखकर 16वाँ पद ज्ञात कीजिए।

61. **संकेत** माना समांतर श्रेढ़ी का प्रथम पद a तथा सार्व अंतर $d > 0$, है तब प्रश्नानुसार, $a_1 + a_5 = 26$

$\Rightarrow a + 2d = 13$ ...(i)

तथा $a_2 \times a_4 = 160$

$\Rightarrow (a + d) \times (a + 3d) = 160$

$\Rightarrow (13 - d)(13 + d) = 160$ [समी (i) से]

$\Rightarrow d^2 = 9 \Rightarrow d = \pm 3$

$\Rightarrow d = 3$ $(\because d > 0)$

समी (i) से, $a = 7$

अतः $S_7 = 112 \left\{\because S_n = \frac{n}{2}[2a + (n-1)d]\right\}$

62. **संकेत** माना समांतर श्रेढ़ी का प्रथम पद a और सार्व अंतर d है।

प्रश्नानुसार, $a_8 = \frac{1}{2}a_2$

$\Rightarrow a + 7d = \frac{1}{2}(a + d)$ $[\because a_n = a + (n-1)d]$

$\Rightarrow a + 13d = 0$ ...(i)

और $a_{11} = \frac{1}{3}a_4 + 1 \Rightarrow 2a + 27d = 3$ ...(ii)

समी (i) तथा (ii) को हल करने पर,

$a = -39$ तथा $d = 3$

$\therefore a_{15} = a + 14d = 3$

63. **संकेत** माना दी गई समांतर श्रेढ़ी का प्रथम पद a तथा सार्वअंतर d है, तब प्रश्नानुसार,

$S_1 = S_n = \frac{n}{2}[2a + (n-1)d]$ ...(i)

$S_2 = S_{2n} = \frac{2n}{2}[2a + (2n-1)d]$ ...(ii)

तथा $S_3 = S_{3n} = \frac{3n}{2}[2a + (3n-1)d]$ ...(iii)

अब, $S_2 - S_1 = \frac{2n}{2}[2a + (2n-1)d] - \frac{n}{2}[2a + (n-1)d]$

$= \frac{n}{2}[2a + (3n-1)d]$

$\therefore 3(S_2 - S_1) = \frac{3n}{2}[2a + (3n-1)d]$

$\Rightarrow 3(S_2 - S_1) = S_3$ [समी (iii) से]

अतः $S_3 = 3(S_2 - S_1)$ **इति सिद्धम्**

64. **संकेत** S_1 = समांतर श्रेढ़ी के प्रथम n पदों का योगफल जिसका प्रथम पद 1 तथा सार्व अंतर 1 है।

$\Rightarrow S_1 = \frac{n}{2}[2 \times 1 + (n-1) \times 1]$

$= \frac{n}{2}(n+1) \left[\because S_n = \frac{n}{2}\{2a + (n-1)d\}\right]$

S_2 = समांतर श्रेढ़ी के प्रथम n पदों का योगफल जिसका प्रथम पद 1 तथा सार्व अंतर 2 है।

$\Rightarrow S_2 = \frac{n}{2}[2 \times 1 + (n-1) \times 2] = n^2$

तथा S_3 = समांतर श्रेढ़ी के प्रथम n पदों का योगफल जिसका प्रथम पद 1 तथा सार्व अंतर 3 है।

$\Rightarrow S_3 = \frac{n}{2}[2 \times 1 + (n-1)3] = \frac{n}{2}(3n-1)$

अब, $S_1 + S_3 = \frac{n}{2}(n+1) + \frac{n}{2}(3n-1) = \frac{n}{2}(4n) = 2n^2$

$\Rightarrow S_1 + S_3 = 2S_2$ $[\because S_2 = n^2]$

इति सिद्धम्

65. 32

66. $n = 38$

67. **संकेत** प्रश्नानुसार $S_4 = \frac{1}{2}$ (a_5, a_6, a_7, a_8 का योग) $= \frac{1}{2}(S_8 - S_4)$

$\Rightarrow \quad 2S_4 = S_8 - S_4 \Rightarrow 3S_4 = S_8$ ...(i)

स्पष्टतः $S_4 = \frac{4}{2}[2a + (4-1)d]$

$\left[\because S_n = \frac{n}{2}\{2a + (n-1)d\}\right]$

$\Rightarrow \quad S_4 = 20 + 6d$

तथा $S_8 = \frac{8}{2}[2 \times 5 + (8-1)d] = 40 + 28d$

S_4 तथा S_8 का मान समी (i) में रखने पर,

$3(20 + 6d) = 40 + 28d \Rightarrow d = 2$

68. 12750

69. $n = 11$

71. **संकेत** दिया है, पेड़, उससे पहले वर्ष से 5 सेमी या 0.05 मी कम बढ़ता है

∴ निम्नलिखित अनुक्रम प्राप्त होता है

$1, (1 - 0.05), (1 - 2 \times 0.05), \ldots 0$

इस प्रकार, 1, 0.95, 0.90,...0 समांतर श्रेढ़ी में हैं।

यहाँ, $a = 1, d = 0.95 - 1 = -0.05$ और $l = 0$

अब, $l = a_n = a + (n-1)d$

$\Rightarrow \quad (n-1)\,0.05 = 1 \Rightarrow n - 1 = \frac{1}{0.05}$

$\Rightarrow \quad n = \frac{100}{5} + 1 = 20 + 1 = 21$

72. **संकेत** 30 किस्तों में चुकाई गई धनराशि है

1000 + 1100 + 1200, + ...30 पद, जोकि समांतर श्रेढ़ी में हैं।

अब, $a = 1000, d = 100$

$a_n = a + (n-1)d$

30वीं किस्त $(a_{30}) = 1000 + (30-1) \times 100$

$= 1000 + 2900 = 3900$

30वीं किस्त की धनराशि = ₹ 3900

अब, $S_{30} = \frac{30}{2}[1000 + 3900] = 15 \times 4900 =$ ₹ 73500

30वीं किस्त के बाद शेष ऋण

= 118000 − 73500 = ₹ 44500

73. **संकेत** दिया है, $-4 + (-1) + 2 + \ldots + x = 437$ ...(i)

यहाँ, $-4 + (-1) + \ldots + x$ समांतर श्रेढ़ी में हैं।

प्रथम पद, $(a) = -4$, सार्व अंतर, $(d) = -1 + 4 = 3$ और अंतिम पद, $(a_n) = l = x$

अब, $(a_n) = l = a + (n-1)d$ से,

$x = -4 + (n-1)3 \Rightarrow x + 4 = (n-1)3$

$\Rightarrow \quad (n-1) = \frac{x+4}{3} \quad \Rightarrow n = \frac{x+4}{3} + 1$

$\Rightarrow \quad n = \frac{x+4+3}{3} \quad \Rightarrow n = \frac{x+7}{3}$

$\therefore \quad S_n = \frac{n}{2}[2a + (n-1)d]$

$= \frac{x+7}{2 \times 3}\left[2(-4) + \left(\frac{x+4}{3}\right) \cdot 3\right]$

$= \frac{x+7}{6}(-8 + x + 4) = \frac{(x+7)}{6}(x-4)$

समी (i) से, $S_n = 437$

$\therefore \quad \frac{(x+7)(x-4)}{6} = 437$

$\Rightarrow \quad x^2 + 7x - 4x - 28 = 437 \times 6$

$\Rightarrow \quad x^2 + 3x - 28 = 2622$

$\Rightarrow \quad x^2 + 3x - 28 - 2622 = 0$

$\Rightarrow \quad x^2 + 3x - 2650 = 0$

$\Rightarrow \quad x = \frac{-3 \pm \sqrt{(3)^2 - 4(-2650)}}{2}$ [द्विघातीय सूत्र से]

$\Rightarrow \quad x = \frac{-3 \pm \sqrt{9 + 10600}}{2} \Rightarrow x = \frac{-3 \pm \sqrt{10609}}{2}$

$\Rightarrow \quad x = \frac{-3 \pm 103}{2} \Rightarrow x = \frac{100}{2}, -\frac{106}{2}$

$\Rightarrow \quad x = 50, -53$

अतः $x = 50$

[∵ x का मान ऋणात्मक नहीं हो सकता अर्थात् $x \neq -53$]

74. **संकेत** माना समांतर श्रेढ़ी का प्रथम पद a तथा सार्व अंतर d है।

दिया है, $a_m = \frac{1}{n}$

$\Rightarrow \quad a + (m-1)d = \frac{1}{n}$ ...(i)

तथा $a_n = \frac{1}{m} \Rightarrow a + (n-1)d = \frac{1}{m}$ ...(ii)

समी (i) तथा (ii) को हल करने पर,

$a = \frac{1}{mn}, d = \frac{1}{mn}$

अब $S_{mn} = \frac{mn}{2}[2a + (mn-1)d]$

$\left[\because S_n = \frac{n}{2}\{2a + (n-1)d\}\right]$

$\Rightarrow \quad S_{mn} = \frac{mn}{2}\left[\frac{2}{mn} + (mn-1)\frac{1}{mn}\right]$

$= \frac{1}{2}(mn + 1)$ **इति सिद्धम्**

75. **संकेत** माना दिए गए समांतर श्रेढ़ी का प्रथम पद A तथा सार्व अंतर D है।

दिया है a = प्रथम p पदों का योगफल

$\Rightarrow \quad a = \frac{p}{2}[2A + (p-1)D] \left[\because S_n = \frac{n}{2}\{2a + (n-1)d\}\right]$

$\Rightarrow \quad \frac{a}{p} = \frac{1}{2}[2A + (p-1)D]$ ...(i)

$b = q$ पदों का योगफल

$\Rightarrow \quad b = \frac{q}{2}[2A + (q-1)D]$

$\Rightarrow \quad \frac{b}{q} = \frac{1}{2}[2A + (q-1)D]$ ...(ii)

तथा $c = r$ पदों का योगफल

$\Rightarrow \quad c = \frac{r}{2}[2A + (r-1)D]$

$\Rightarrow \quad \frac{c}{r} = \frac{1}{2}[2A + (r-1)D]$ ...(iii)

समी (i), (ii) तथा (iii) को क्रमशः $(q-r)$, $(r-p)$ तथा $(p-q)$ से गुणा करके जोड़ने पर,

$\frac{a}{p}(q-r) + \frac{b}{q}(r-p) + \frac{c}{r}(p-q)$

$= \frac{1}{2}[\{2A + (p-1)D\}(q-r) + \{2A + (q-1)D\}(r-p) + \{2A + (r-1)D\}(p-q)]$

$= \frac{1}{2}[2A(q-r+r-p+p-q) + D\{(p-1)(q-r) + (q-1)(r-p) + (r-1)(p-q)\}]$

$= \frac{1}{2}[2A \times 0 + D(pq - pr - q + r + qr - qp - r + p + rp - rq - p + q)]$

$= \frac{1}{2}[0 + D \times 0] = 0$ **इति सिद्धम्**

76. **संकेत** माना समांतर श्रेढ़ी की चार क्रमागत संख्याएँ

$a-3d, a-d, a+d, a+3d$ हैं।

तब, $(a-3d)+(a-d)+(a+d)+(a+3d) = 32$

$\Rightarrow 4a = 32 \Rightarrow a = 8$

∵ पहले और अंतिम पदों का गुणनफल तथा बीच के दो पदों के गुणनफल का अनुपात 7:15 है।

$\therefore \frac{(a-3d)(a+3d)}{(a-d)(a+d)} = \frac{7}{15}$

$\Rightarrow \frac{a^2-9d^2}{a^2-d^2} = \frac{7}{15}$

$\Rightarrow 15a^2 - 135d^2 = 7a^2 - 7d^2$

$\Rightarrow 8a^2 = 128d^2 \Rightarrow a^2 = 16d^2$

$\Rightarrow 64 = 16d^2$ $[\because a = 8]$

$\Rightarrow d^2 = 4 \Rightarrow d = \pm 2$

अतः संख्याएँ 2, 6, 10, 14 या 14, 10, 6, 2 हैं।

77. **संकेत** माना समांतर श्रेढ़ी का प्रथम पद a_1 तथा सार्व अंतर d है।

तब, $\frac{1}{a_1} + \frac{1}{a_n} = \frac{a_1 + a_n}{a_1 \cdot a_n}$

$\frac{1}{a_2} + \frac{1}{a_n - 1} = \frac{a_2 + a_{n-1}}{a_2 \cdot a_{n-1}} = \frac{a_1 + d + a_n - d}{a_2 \cdot a_{n-1}}$

$[\because a_n - a_{n-1} = d \Rightarrow a_{n-1} = a_n - d]$

$= \frac{a_1 + a_n}{a_2 \cdot a_{n-1}}$

इसी प्रकार, $\frac{1}{a_3} + \frac{1}{a_{n-2}} = \frac{a_1 + a_n}{a_3 \cdot a_{n-2}}$

....
....
....

$\frac{1}{a_n} + \frac{1}{a_1} = \frac{a_1 + a_n}{a_1 \cdot a_n}$

उपरोक्त को जोड़ने पर,

$2\left[\frac{1}{a_1} + \frac{1}{a_2} + \frac{1}{a_3} + \ldots + \frac{1}{a_n}\right]$

$= (a_1 + a_n)\left[\frac{1}{a_1 \cdot a_n} + \frac{1}{a_2 \cdot a_{n-1}} + \frac{1}{a_3 \cdot a_{n-2}} + \ldots + \frac{1}{a_n \cdot a_1}\right]$

$\Rightarrow \frac{1}{a_1 \cdot a_n} + \frac{1}{a_2 \cdot a_{n-1}} + \frac{1}{a_3 \cdot a_{n-2}} + \ldots + \frac{1}{a_n \cdot a_1}$

$= \frac{2}{a_1 + a_n}\left(\frac{1}{a_1} + \frac{1}{a_2} + \ldots + \frac{1}{a_n}\right)$ **इति सिद्धम्**

78. **संकेत** माना दी गई समांतर श्रेढ़ी का प्रथम पद a तथा सार्व अंतर d है, तब प्रथम m तथा n पदों का योग क्रमशः निम्न है

$S_m = \frac{m}{2}[2a + (m-1)d]$

तथा $S_n = \frac{n}{2}[2a + (n-1)d]$

$\because \frac{S_m}{S_n} = \frac{m^2}{n^2}$

$\therefore \frac{\frac{m}{2}[2a + (m-1)d]}{\frac{n}{2}[2a + (n-1)d]} = \frac{m^2}{n^2} \Rightarrow \frac{2a + (m-1)d}{2a + (n-1)d} = \frac{m}{n}$

$\Rightarrow d = 2a$

अभीष्ट अनुपात $= \frac{a_m}{a_n} = \frac{a + (m-1)d}{a + (n-1)d}$

$= \frac{a + (m-1)2a}{a + (n-1)2a} = \frac{2m-1}{2n-1}$

या $a_m : a_n = (2m-1):(2n-1)$ **इति सिद्धम्**

79. **संकेत** $a_n = a + (n-1)d$

$a_m = a + (m-1)d$

प्रश्नानुसार, $n[a + (n-1)d] = m[a + (m-1)d]$

$\Rightarrow a = (1 - m - n)d$

अब, $a_{m+n} = a + (m+n-1)d$

$= (1-m-n)d + (m+n-1)d = 0$

80. **संकेत** $a_m = a + (m-1)d = \frac{1}{n}$ ...(i)

$a_n = a + (n-1)d = \frac{1}{m}$ ...(ii)

समी (i) व (ii) को हल करने पर,

$a = \frac{1}{mn} \Rightarrow d = \frac{1}{mn}$

अब, $a_{mn} = a + (mn-1)d = \frac{1}{mn} + (mn-1)\frac{1}{mn} = 1$

81. प्रश्न 75 की भाँति स्वयं हल करें।

82. प्रश्न 73 की भाँति स्वयं हल करें। **उत्तर** $x = 40$

83. प्रश्न 79 की भाँति स्वयं हल करें।

84. प्रश्न 80 की भाँति स्वयं हल करें।

85. प्रश्न 77 की भाँति स्वयं हल करें।

86. (i) माना प्रथम वर्ष टीवी सेट का उत्पादन a इकाई है तब क्रमागत वर्षों में उत्पादन $a+d, a+2d$, ... होगा।

अतः $a, a+d, a+2d, \ldots$

यहाँ, एक समान्तर श्रेणी है जिसका प्रथम प्रद a तथा सार्वान्तर d है।

दिया है, $T_6 = 16000$ तथा $T_9 = 22600$

$\therefore a + (6-1)d = 16000$

तथा $a + (9-1)d = 22600$ $[\because T_n = a + (n-1)d]$

$\Rightarrow a + 5d = 16000$ ...(i)

$\Rightarrow a + 8d = 22600$ ...(ii)

समी (ii) में से समी (i) को घटाने पर,

$3d = 22600 - 16000$

$\Rightarrow 3d = 6600 \Rightarrow d = 2200$

समी (i) में $d = 2200$ रखने पर,

$a + 5 \times 2200 = 16000$

$\Rightarrow a = 16000 - 11000 = 5000$

अतः प्रथम वर्ष के पश्चात् उत्पादन 5000 टीवी सेट है।

(ii) 8वें वर्ष के पश्चात् उत्पादन

$T_8 = a + (8-1)d = 5000 + 7 \times 2200$

$= 5000 + 15400 = 20400$

अतः 8 वर्ष पश्चात् उत्पादन 20400 टीवी सेट होंगे।

(iii) प्रथम 3 वर्ष के पश्चात् उत्पादन

$$S_3 = \frac{3}{2}[2a + (3 - 1)d]$$
$$= \frac{3}{2}[2 \times 5000 + 2 \times 2200]$$
$$= 3[5000 + 2200]$$
$$= 3 \times 7200 = 21600$$

अथवा

माना nवें वर्ष में उत्पादन 29200 था।

$\because \quad T_n = a + (n-1)d$

$\therefore \quad 29200 = 5000 + (n-1)2200$

$\Rightarrow (n-1)2200 = 24200$

$\Rightarrow \quad (n-1) = \frac{24200}{2200}$

$\Rightarrow \quad n - 1 = 11$

$\Rightarrow \quad n = 12$

87. (i) (*b*) पहले दिन वीर 200 मी की दूरी तय करने में 51 सेकण्ड का समय लेता है। परन्तु अगले प्रत्येक दिन में 2 सेकण्ड कम समय लेता है।

अतः समान्तर श्रेढ़ी होगी 51, 49, 47, ...

(ii) (*c*) चूँकि, वीर यह दौड़ 31 सेकण्ड में पूर्ण करना चाहता है।
माना वीर यह लक्ष्य n दिनों में प्राप्त करता है।

$\therefore \quad T_n = a + (n-1)d$

यहाँ $a = 51, d = 49 - 51 = -2$

$\therefore \quad 31 = 51 + (n-1)(-2)$

$\Rightarrow \quad (n-1)2 = 20$

$\Rightarrow \quad (n-1) = 10$

$\Rightarrow \quad n = 11$

अतः लक्ष्य प्राप्त करने के लिए 11 दिनों की आवश्यकता होगी।

(iii) (*b*) यहाँ, समान्तर श्रेढ़ी में, हमें श्रेढ़ी में विषम पद प्राप्त होते हैं। अतः समान्तर श्रेढ़ी में 30वाँ पद नहीं हो सकता।

अथवा

(a) दिया है, $a_n = 2n + 3$

$\therefore$ सार्वान्तर $= a_{n+1} - a_n$

$$= 2(n+1) + 3 - (2n+3)$$
$$= 2n + 2 + 3 - 2n - 3 = 2$$

88. (i) (*a*) चूँकि, वह पहली किश्त में ₹ 1000 देता है, तब आगे की किश्तें 1100, 1200, ... होगी।

इस प्रकार, समान्तर श्रेढ़ी 1000, 1100, 1200, ...

यहाँ, $a = 1000, d = 1100 - 1000 = 100$

अब, $T_{30} = a + (30-1)d$

$$= 1000 + 29 \times 100$$
$$= 1000 + 2900$$
$$= 3900$$

अतः 30वीं किश्त में दिया गया धन ₹ 3900 होगा।

(ii) (*b*) अब, $S_{30} = \frac{30}{2}[2a + (30-1)d]$

$$= 15(2 \times 1000 + 29 \times 100)$$
$$= 15(2000 + 2900)$$
$$= 15 \times 4900$$
$$= ₹\ 73500$$

(iii) (c) 30वीं किश्त के पश्चात्, उसे धन देना होगा।

$$= 118000 - 73500 = ₹\ 44500$$

अथवा

(*a*) 40वीं किश्त का मूल्य

$$T_{40} = a + (40-1)d$$
$$= 1000 + 39 \times 100$$
$$= 1000 + 3900 = ₹\ 4900$$

यूनिट टेस्ट (बीजगणित)

{अध्याय— 2, 3, 4, 5}

40 अंक

यूनिट टेस्ट 1

1. दिखाइए कि समीकरण $x^2 + \sqrt{2}\,x - 4 = 0$ का एक मूल $x = \sqrt{2}$ है। [1]

2. यदि द्विघात बहुपद $f(x) = x^2 - 4x + k$ के शून्यकों का गुणनफल 3 है, तो 'k' का मान ज्ञात कीजिए। [1]

3. k का वह मान ज्ञात करो, जिसके लिए समीकरण युग्म $3x - 2y = 0$ तथा $kx + 5y = 0$ के अनंत हल हों। [1]

4. क्या 184 अनुक्रम 3, 7, 11.... का एक पद है? [2]

5. द्विघात समीकरण $8x^2 - 22x - 21 = 0$ को गुणनखंड विधि से हल करो। [2]

6. समीकरण $y = x, x = 6$ तथा $y = 0$ से प्राप्त त्रिभुज का क्षेत्रफल ज्ञात कीजिए। [2]

7. $2x + 3y = 11$ और $2x - 4y = -24$ को हल कीजिए और इससे m का वह मान ज्ञात कीजिए जिसके लिए $y = mx + 3$ हो। [3]

8. 50 से 500 के बीच 7 से विभाजित होने वाली प्राकृत संख्याएँ ज्ञात कीजिए। [3]

9. यदि बहुपद $f(x) = x^3 - 5x^2 - 16x + 80$ के दो शून्यक परिणाम में समान तथा विपरीत चिह्नों के हो, तो तीसरा शून्यक ज्ञात कीजिए। [3]

10. रोहन की माँ रोहन से 26 वर्ष बड़ी है। अब से 3 वर्ष बाद उनकी आयु का गुणनफल 360 हो जायेगा। दोनों की आयु ज्ञात करने के लिए द्विघात समीकरण बनाइए। [3]

11. सिद्ध कीजिए कि निम्न रैखिक समीकरण युग्म एक अद्वितीय हल रखता है। [3]

12. यदि एक समांतर श्रेणी का m वाँ पद $1/n$ तथा n वाँ पद $1/m$ हो, तो सिद्ध कीजिए कि श्रेणी का mn वाँ पद 1 के बराबर होगा। [4]

13. समीकरण $\sqrt{2x + 9} + x = 13$ को हल कीजिए। [4]

14. द्विघाती सूत्र का प्रयोग करके निम्न द्विघात समीकरण को हल कीजिए।

$$\sqrt{3}x^2 + 11x + 6\sqrt{3} = 0$$ [4]

15. सिद्ध कीजिए कि द्विघात समीकरण $3x^2 + 2\sqrt{5}x - 5 = 0$ के मूल वास्तविक और असमान हैं। मूलों को भी ज्ञात कीजिए। [4]

यूनिट टेस्ट 2

1. k के किस मान के लिए निम्न समीकरण युग्म का कोई हल नहीं है?

$$x + 2y = 5,\ 3x + ky + 15 = 0$$ [1]

2. यदि द्विघात बहुपद $f(x) = x^2 - 8x + k$ के शून्यकों के वर्गों का योग 40 हो, तो k का मान ज्ञात करो। [1]

3. द्विघात समीकरण $3\sqrt{3}x^2 + 10x + \sqrt{3} = 0$ का विविक्तकर ज्ञात कीजिए। [1]

4. यदि एक समांतर श्रेणी के प्रथम p पदों का योग $ap^2 + bp$ है, तो उसका सार्वांतर ज्ञात कीजिए। [2]

5. क्या $x = 3$ निम्न समीकरण का मूल है?

$$\sqrt{x^2 - 4x + 3} + \sqrt{x^2 - 9} = \sqrt{4x^2 - 14x + 16}$$ [2]

6. प्रतिस्थापन विधि का उपयोग करके निम्न समीकरण युग्म का हल कीजिए।

$$2x + 3y = 9,\ 3x + 4y = 5$$ [2]

7. तीन अंकों के एक धनात्मक पूर्णांक के अंक समांतर श्रेणी में है तथा उनका योग 15 है। अंकों के उल्टे क्रम में लिखने से प्राप्त संख्या, वास्तविक संख्या से 594 कम है। संख्या ज्ञात कीजिए। [3]

8. 16 को दो भागों में इस प्रकार विभाजित करो कि बड़े भाग के वर्ग का दोगुना, छोटे भाग के वर्ग से 164 अधिक हो। [3]

9. समीकरणों $4x - \dfrac{6}{y} = 15$ व $6x - \dfrac{8}{y} = 14$ को हल करो तथा इसकी सहायता से p का मान ज्ञात करो, जबकि $y = px - 2$ है। [3]

10. बहुपद $f(x) = x^3 - 5x^2 - 2x + 24$ के शून्यक ज्ञात कीजिए, यदि इसके दो शून्यकों का गुणनफल 12 है। [3]

11. ज्ञात कीजिए कि रैखिक समीकरणों का युग्म $2x - 3y = 8;\ 4x - 6y = 9$ संगत है या असंगत। [3]

12. यदि निम्न रैखिक समीकरण युग्म के अनंत हल हो, तो a तथा b के मान ज्ञात करों।

$$2x - (a - 4)y = 2b + 1;\ 4x - (a - 1)y = 5b - 1$$ [4]

13. यदि एक समांतर श्रेणी के m वें पद का m गुना n वे पद के n गुना के बराबर हो, तो सिद्ध कीजिए कि समांतर श्रेणी का $(m + n)$ वाँ पद शून्य होगा। [4]

14. द्विघात समीकरण $\sqrt{2}x^2 + 7x + 5\sqrt{2} = 0$ को गुणनखंड विधि द्वारा हल कीजिए। [4]

15. ऊँटों के एक समूह का एक चौथाई भाग जंगल में दिखाई दिया। उसमें से समूह में शामिल कुल ऊँटों की संख्या के वर्गमूल का दोगुना समूह पहाड़ों पर चला गया तथा शेष 15 ऊँट एक नदी के किनारे देखे गए। बताओ उस समूह में कुल कितने ऊँट शामिल थे? [4]

यूनिट टेस्ट 3

1. यदि समीकरण $x^2 + kx + 64 = 0$ और $x^2 - 8x + k = 0$ वास्तविक मूल रखते हैं, तो k का धनात्मक मान ज्ञात कीजिए। [1]

2. k का वह मान ज्ञात करो, जिसके लिए समीकरण युग्म $x + ky = 0$ तथा $2x - y = 0$ का अद्वितीय हल है। [1]

3. यदि समीकरण $ax^2 + bx + c = 0$ का एक मूल अन्य मूल का तीन गुणा है, तो $b^2 : ac$ ज्ञात कीजिए। [1]

4. यदि एक समांतर श्रेणी का n वाँ पद $a_n = 3 - 5n$ है, तो इसके n पदों का योगफल ज्ञात कीजिए। [2]

5. यदि $x = 2$ और $x = 3$ समीकरण $3x^2 - 2kx + 2m = 0$ के मूल हो, तो k और m का मान ज्ञात कीजिए। [2]

6. $2x^2 + 3x + k = 0$ द्विघात समीकरण में k के ऐसे मान ज्ञात कीजिए कि उसके मूल वास्तविक तथा बराबर हों। [2]

7. यदि बहुपद $f(x) = 2x^2 + 5x + k$ के शून्यक α, β संबंध $\alpha^2 + \beta^2 + \alpha\beta = \frac{21}{4}$ को संतुष्ट करते हो, तो k का मान ज्ञात करो। [3]

8. दो व्यक्तियों की आय का अनुपात 9 : 7 है। जबकि उनके खर्चों का अनुपात 4 : 3 है। यदि प्रत्येक व्यक्ति ₹ 200 प्रतिमाह की बचत करता हो, तो प्रत्येक की मासिक आय ज्ञात करो। [3]

9. एक रेलगाड़ी एक समान चाल से 90 किमी की दूरी तय करती है। यदि चाल 15 किमी/घंटा अधिक होती, तो यात्रा तय करने में 30 मिनट कम लगते। रेलगाड़ी की वास्तविक चाल ज्ञात कीजिए। [3]

10. 150 श्रमिकों को एक कार्य को निश्चित दिनों में पूरा करने के लिए नियुक्त किया जाता है। दूसरे दिन 4 श्रमिकों को निकाल दिया गया, चार और श्रमिकों को तीसरे दिन निकाला गया तथा यह क्रम इसी प्रकार चला। कार्य को पूरा करने में 8 दिन अधिक लग गए। कार्य को पूरा करने में लगे कुल दिनों की संख्या ज्ञात कीजिए। [3]

11. निम्न समीकरण युग्म को हल कीजिए
$(a + b)x + (a - b)y = 2ab, (a + b)x - (a - b)y = ab$ [3]

12. प्रतिस्थापन विधि से निम्न समीकरण युग्म हल कीजिए।
$\frac{x}{a} + \frac{y}{b} = 2$ तथा $ax - by = a^2 - b^2$ [4]

13. यदि द्विघात समीकरण $2x^2 + px - 15 = 0$ का एक मूल -5 है तथा द्विघात समीकरण $p(x^2 + x) + k = 0$ के मूल बराबर हों, तो k का मान ज्ञात कीजिए। [4]

14. यदि एक समांतर श्रेणी का सातवाँ पद -1 तथा 16 वाँ पद 17 है, तो उसका व्यापक पद ज्ञात कीजिए। [4]

15. द्विघाती सूत्र के द्वारा निम्न समीकरण के मूल ज्ञात कीजिए।
$abx^2 + (b^2 - ac)x - bc = 0$ [4]

उत्तरमाला

यूनिट टेस्ट 1

2. $k = 3$ **3.** $-\frac{15}{2}$ **4.** नहीं
5. $\frac{7}{2}, -\frac{3}{4}$ **6.** 18 वर्ग इकाई **7.** $m = -1$
8. $n = 64$ **9.** 4, – 4 और 5 **10.** $x^2 + 32x - 273 = 0$
13. समीकरण का कोई हल नहीं है। **14.** $\frac{-2}{\sqrt{3}}, \frac{-9}{\sqrt{3}}$
15. $\frac{\sqrt{5}}{3}, -\sqrt{5}$

यूनिट टेस्ट 2

1. 6 **2.** $k = 12$ **3.** 64
4. $2a$ **5.** नहीं **6.** $x = -21, y = 17$
7. 852 **8.** 10 व 6
9. $x = -9, y = \frac{-2}{17}, p = \frac{-32}{153}$ **10.** 3,4, –2
11. असंगत **12.** $a = 7, b = 3$
14. $\frac{-5}{\sqrt{2}}, -\sqrt{2}$ **15.** 36

यूनिट टेस्ट 3

1. $k = 16$ **2.** $k \neq -\frac{1}{2}$
3. 16 : 3 **4.** $\frac{n}{2}(1 - 5n)$ **5.** $k = \frac{15}{2}, m = 9$
6. $\frac{9}{8}$ **7.** $k = 2$ **8.** ₹1800, ₹1400
9. 45 किमी/घंटा **10.** 25 दिन
11. $x = \frac{3ab}{2(a + b)}, y = \frac{ab}{2(a - b)}$
12. $x = a, y = b$ **13.** $\frac{7}{4}$
14. $2n - 15$ **15.** $x = \frac{c}{b}, x = -\frac{b}{a}$

अध्याय

06

त्रिभुज (Triangles)

पिछली कक्षाओं में, हम त्रिभुजों और उनके अनेक गुणधर्मों के बारे में पढ़ चुके हैं तथा हम सर्वांगसम आकृतियों के बारे में भी पढ़ चुके हैं। हम जानते हैं कि दो ज्यामितीय आकृतियाँ सर्वांगसम कहलाती हैं यदि उनके समान आकार (Shape) तथा समान आमाप (Size) हों। इस अध्याय में, हम ऐसी आकृतियों के बारे में अध्ययन करेंगे जिनके आकार समान हो परन्तु उनके आमाप का समान होना आवश्यक नहीं है।

टॉपिक्स

- *समरूप आकृति तथा समरूप त्रिभुज*
- *त्रिभुजों की समरूपता के लिए कसौटियाँ*

टॉपिक 1

समरूप आकृति तथा समरूप त्रिभुज

समरूप आकृतियाँ (Similar Figures)

दो ज्यामितीय आकृतियाँ समरूप कहलाती हैं यदि उनके आकार समान हों परंतु उनकी आमाप समान न हों अथवा एक आकृति को दूसरे के समरूप कहते हैं यदि उनकी संगत भुजाएँ एक ही अनुपात में हों तथा उनके संगत कोण बराबर हों।

समरूप आकृतियों के कुछ उदाहरण नीचे दिए गए हैं

(i) 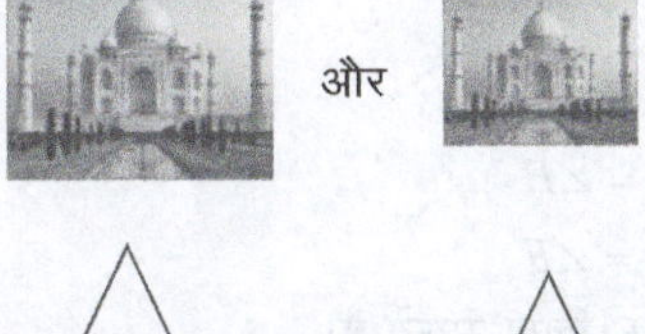

(ii) 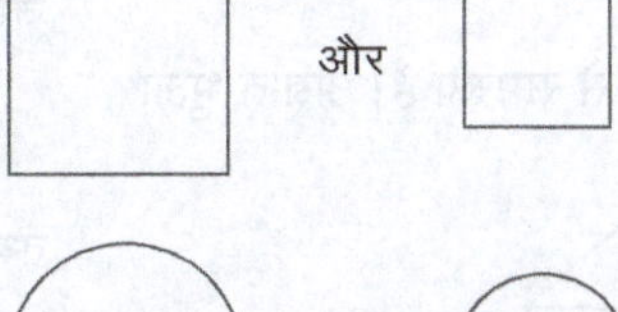

(iii) 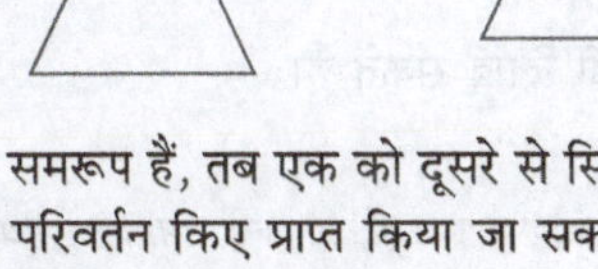

(iv) 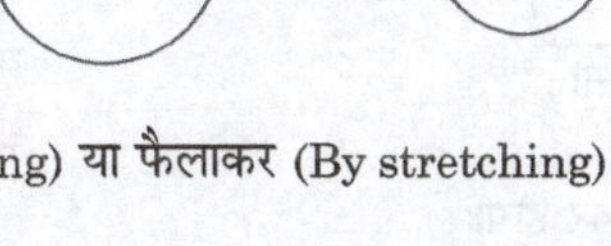

यदि दो आकृति समरूप हैं, तब एक को दूसरे से सिकोड़कर (By shrinking) या फैलाकर (By stretching) बिना कोई आकार में परिवर्तन किए प्राप्त किया जा सकता है।

समरूप आकृतियों के विभिन्न भागों में एकैकी संगतता (One to one correspondence) होती है। समरूपता के सिद्धांत का प्रयोग पहाड़ अथवा चंद्रमा जैसी दूरस्थ वस्तुओं की ऊँचाई और दूरी को मापने में किया जाता है।

समरूप बहुभुज (Similar Polygons)

भुजाओं की समान संख्या वाले दो बहुभुज समरूप होते हैं यदि

(i) इनके संगत कोण समान हों।

(ii) इनकी संगत भुजाएँ एक ही अनुपात में अर्थात् समानुपातिक हों।

यदि दो बहुभुजों के लिए (i) और (ii) में से केवल एक प्रतिबंध सत्य हो, तब वे समरूप नहीं हो सकते हैं।

यह सिद्ध किया जा सकता है कि यदि एक बहुभुज दूसरे बहुभुज के समरूप है तथा दूसरा बहुभुज तीसरे बहुभुज के समरूप है, तब पहला बहुभुज तीसरे बहुभुज के समरूप होगा।

उदाहरण 1 समरूप और असमरूप आकृतियों के युग्म के दो उदाहरण दीजिए।

हल (i) समरूप आकृतियों का उदाहरण

(a) सभी वर्ग (b) सभी नियमित षट्भुज

(ii) असमरूप आकृतियों का उदाहरण

(a) विभिन्न कोण माप वाले दो समद्विबाहु त्रिभुज

(b) विभिन्न कोण माप वाले दो समचतुर्भुज

उदाहरण 2 बताइए कि दिए गए चतुर्भुज समरूप हैं या नहीं।

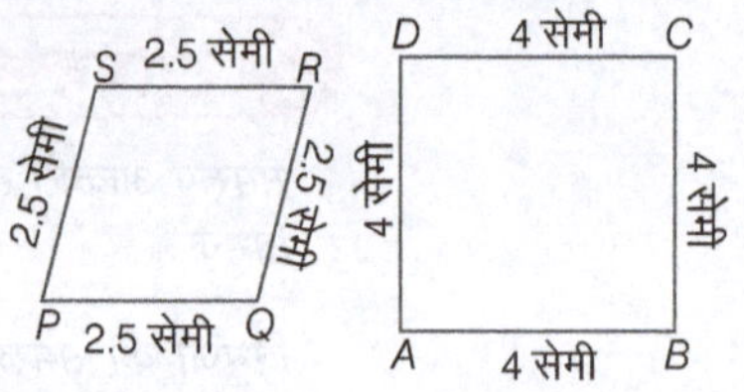

हल यहाँ, $\frac{PQ}{AB} = \frac{2.5}{4} = \frac{25}{10 \times 4} = \frac{5}{8}$ तथा $\frac{RQ}{BC} = \frac{2.5}{4} = \frac{25}{10 \times 4} = \frac{5}{8}$

स्पष्टतया, चतुर्भुज *ABCD* तथा *PQRS* की संगत भुजाएँ समानुपाती हैं परंतु संगत कोण बराबर नहीं हैं।

अतः चतुर्भुज *ABCD* तथा *PQRS* समरूप नहीं हैं।

नोट *दो समरूप आकृतियों के मापन की तुलना के अनुपात को **स्केल गुणक** (Scale factor) या **प्रतिनिधित्व भिन्न** (Representative scale) कहते हैं। यह आकृतियों की संगत भुजाओं के अनुपात के बराबर होता है। हम संगत भुजाओं का प्रयोग करके समरूप आकृतियों की अज्ञात भुजाओं को ज्ञात कर सकते हैं।*

उदाहरण 3 दी गई आकृतियाँ गणितीय रूप से समरूप हैं। अज्ञात भुजा की गणना कीजिए।

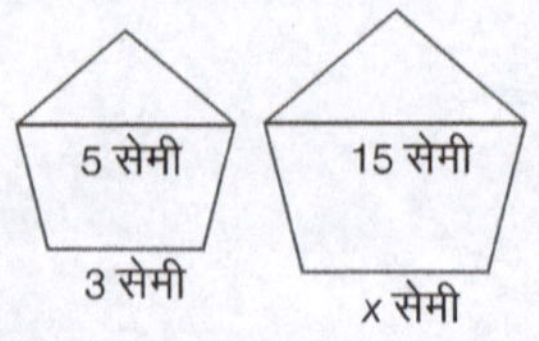

हल दिया है, दोनों आकृतियाँ समरूप हैं।

इसलिए, संगत भुजाओं का अनुपात बराबर होगा

$\therefore \quad \frac{3}{x} = \frac{5}{15}$

$\Rightarrow \quad x = \frac{3 \times 15}{5} = 9$ सेमी

समरूप त्रिभुज (Similar Triangles)

एक त्रिभुज, तीन रेखाओं से घिरी हुई समतलीय आकृति है जिसमें तीन भुजाएँ तथा तीन कोण होते हैं।

दो त्रिभुज समरूप कहलाते हैं, यदि

(i) उनके संगत कोण समान हों तथा

(ii) उनकी संगत भुजाएँ समानुपाती हों (अर्थात् संगत भुजाओं के बीच लंबाई का अनुपात बराबर हो)

जैसे— ΔABC और ΔPQR में,

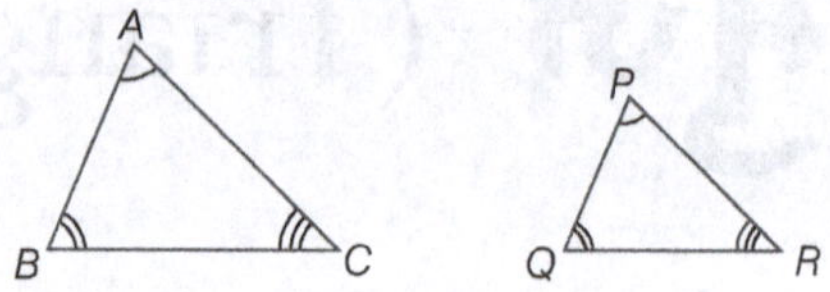

यदि $\angle A = \angle P, \angle B = \angle Q, \angle C = \angle R$

तथा $\frac{AB}{PQ} = \frac{BC}{QR} = \frac{AC}{PR}$

तब, $\Delta ABC \sim \Delta PQR$

जहाँ, चिह्न '~' को 'समरूप' पढ़ते हैं।

विलोमतः

यदि $\Delta ABC, \Delta PQR$ के समरूप है, तब

$\angle A = \angle P, \angle B = \angle Q, \angle C = \angle R$

तथा $\frac{AB}{PQ} = \frac{BC}{QR} = \frac{AC}{PR}$

दो समरूप त्रिभुजों का प्रतीकात्मक निरूपण (Symbolic Representation of Two Similar Triangles)

दो त्रिभुजों की समरूपता को उनके शीर्षों के सही संगत प्रतीकात्मक निरूपण के रूप में व्यक्त कर सकते हैं।

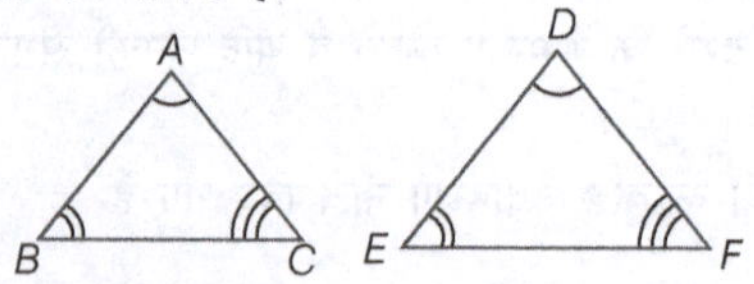

जैसे— ΔABC तथा ΔDEF में,

$\angle A = \angle D$

$\angle B = \angle E$

तथा $\angle C = \angle F$

तब, $\Delta ABC \sim \Delta DEF$ लिख सकते हैं।

परंतु इसे $\Delta ABC \sim \Delta EDF$

या $\Delta BAC \sim \Delta DEF$ नहीं लिख सकते हैं।

नोट

- *यदि दो त्रिभुजों के संगत कोण बराबर हों, तो उन्हें समान कोणीय त्रिभुज कहते हैं।*
- *दो समबाहु त्रिभुजों में संगत भुजाओं का अनुपात सदैव समान रहता है।*
- *सभी सर्वांगसम आकृतियाँ समरूप होती हैं, परंतु सभी समरूप आकृतियों का सर्वांगसम होना आवश्यक नहीं है।*

उदाहरण 4 यदि $\Delta ABC \sim \Delta PQR$, $AB = 6.5$ सेमी, $PQ = 10.4$ सेमी तथा ΔABC का परिमाप = 60 सेमी, ΔPQR का परिमाप ज्ञात कीजिए।

हल दिया है, $\Delta ABC \sim PQR$, $AB = 6.5$ सेमी और $PQ = 10.4$ सेमी

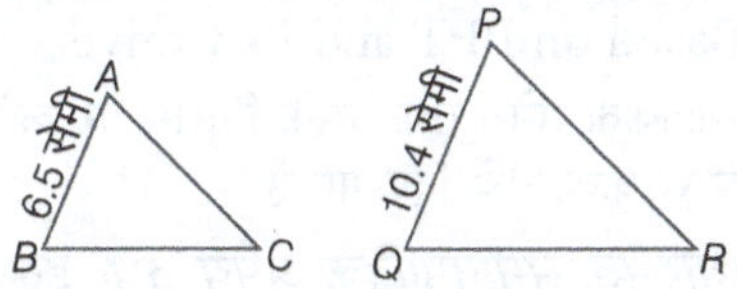

$\because \quad \Delta ABC \sim \Delta PQR$

$\therefore \quad \dfrac{AB}{PQ} = \dfrac{BC}{QR} = \dfrac{AC}{PR} = \dfrac{6.5}{10.4} = \dfrac{65}{104}$

[$\because$ समरूप त्रिभुजों की संगत भुजाएँ समानुपाती होती हैं]

$\Rightarrow \quad AB = \dfrac{65}{104}PQ,\ BC = \dfrac{65}{104}QR$ तथा $AC = \dfrac{65}{104}PR$

दिया है, ΔABC का परिमाप = 60

$\Rightarrow \quad AB + BC + AC = 60$

$\Rightarrow \quad \dfrac{65}{104}(PQ + QR + PR) = 60$

$\Rightarrow \quad PQ + QR + PR = \dfrac{60 \times 104}{65} = 96$ सेमी

$\therefore$ ΔPQR का परिमाप 96 सेमी है।

उदाहरण 5 यदि $\Delta ABC \sim \Delta EDF$ इस प्रकार है कि $AB = 5$ सेमी, $AC = 7$ सेमी, $DF = 15$ सेमी तथा $DE = 12$ सेमी है, तब त्रिभुजों की अन्य भुजाओं की लंबाई ज्ञात कीजिए।

हल दिया है, $\Delta ABC \sim \Delta EDF$,

$AB = 5$ सेमी, $AC = 7$ सेमी, $DF = 15$ सेमी तथा $DE = 12$ सेमी ...(i)

$\because \quad \Delta ABC \sim \Delta EDF$

$\therefore \quad \dfrac{AB}{ED} = \dfrac{AC}{EF} = \dfrac{BC}{DF}$

[$\because$ समरूप त्रिभुजों की संगत भुजाएँ समानुपाती होती हैं]

$\Rightarrow \quad \dfrac{5}{12} = \dfrac{7}{EF} = \dfrac{BC}{15}$ [समी (i) से]

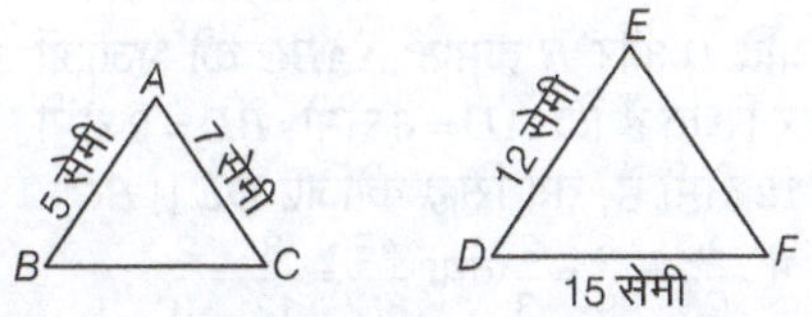

पहले तथा दूसरे पदों को लेने पर,

$\dfrac{5}{12} = \dfrac{7}{EF}$

$\Rightarrow \quad EF = \dfrac{7 \times 12}{5} = 16.8$ सेमी

पहले तथा तीसरे पदों को लेने पर,

$\dfrac{5}{12} = \dfrac{BC}{15}$

$\Rightarrow \quad BC = \dfrac{5 \times 15}{12} = 6.25$ सेमी

अतः त्रिभुज की अन्य भुजाओं की लंबाई

$EF = 16.8$ सेमी

तथा $BC = 6.25$ सेमी

आधारभूत समानुपातिकता प्रमेय
(Basic Proportionality Theorem)

प्रमेय 1 *यदि किसी त्रिभुज की एक भुजा के समांतर अन्य दो भुजाओं को भिन्न-भिन्न बिंदुओं पर प्रतिच्छेद करने के लिए एक रेखा खींची जाए, तो ये अन्य दो भुजाएँ एक ही अनुपात में विभाजित हो जाती हैं।*

(इस प्रमेय को थेल्स प्रमेय भी कहते हैं)

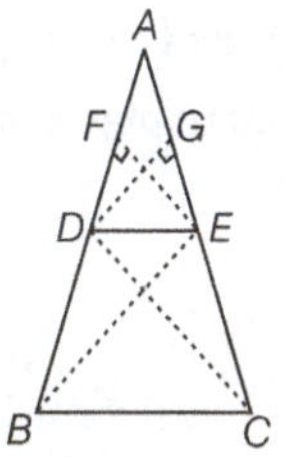

दिया है ΔABC जिसमें एक रेखा DE, BC के समांतर AB को D पर तथा AC को E पर प्रतिच्छेदित करती है अर्थात् $DE \parallel BC$

सिद्ध करना है $\dfrac{AD}{DB} = \dfrac{AE}{EC}$

रचना BE तथा CD को मिलाइए। $EF \perp AB$ तथा $DG \perp AC$ खींचिए।

उपपत्ति $\dfrac{\text{ar}(\Delta ADE)}{\text{ar}(\Delta BDE)} = \dfrac{\frac{1}{2} \times AD \times EF}{\frac{1}{2} \times BD \times EF} = \dfrac{AD}{DB}$ ...(i)

$\left[\because \text{त्रिभुज का क्षेत्रफल} = \dfrac{1}{2} \times \text{आधार} \times \text{ऊँचाई}\right]$

इसी प्रकार, $\dfrac{\text{ar}(\Delta ADE)}{\text{ar}(\Delta DEC)} = \dfrac{\frac{1}{2} \times AE \times DG}{\frac{1}{2} \times EC \times DG} = \dfrac{AE}{EC}$ ...(ii)

$\because$ ΔBDE और ΔDEC एक आधार DE तथा समान समांतर रेखाओं BC और DE के बीच बने दो त्रिभुज हैं।

$\therefore \quad \text{ar}(\Delta BDE) = \text{ar}(\Delta DEC)$ ...(iii)

समी (i), (ii) तथा (iii) से, $\dfrac{AD}{DB} = \dfrac{AE}{EC}$ ...(iv) **इति सिद्धम्**

उपप्रमेय हमें सिद्ध करना है कि (i) $\dfrac{AB}{DB} = \dfrac{AC}{EC}$ या $\dfrac{DB}{AB} = \dfrac{EC}{AC}$

(ii) $\dfrac{AD}{AB} = \dfrac{AE}{AC}$ अथवा $\dfrac{AB}{AD} = \dfrac{AC}{AE}$

अब, समी (iv) से,

$$\frac{AD}{DB} = \frac{AE}{EC}$$

दोनों पक्षों में 1 जोड़ने पर,

$$\frac{AD}{DB} + 1 = \frac{AE}{EC} + 1 \Rightarrow \frac{AD + DB}{DB} = \frac{AE + EC}{EC}$$

$\Rightarrow \quad \dfrac{AB}{DB} = \dfrac{AC}{EC}$

अथवा $\quad \dfrac{DB}{AB} = \dfrac{EC}{AC}$

इसी प्रकार, समी (iv) के पदों का व्युत्क्रम लेने पर,

$\dfrac{AD}{AB} = \dfrac{AE}{AC}$

अथवा $\quad \dfrac{AB}{AD} = \dfrac{AC}{AE}$

प्रमेय 2 *(आधारभूत समानुपातिकता प्रमेय का विलोम) यदि एक रेखा किसी त्रिभुज की दो भुजाओं को एक ही अनुपात में विभाजित करे, तो वह तीसरी भुजा के समांतर होती है।*

दिया है ΔABC और रेखा DE, AB को D पर तथा AC को E पर इस प्रकार प्रतिच्छेदित करती है कि

$$\frac{AD}{DB}=\frac{AE}{EC} \quad ...(i)$$

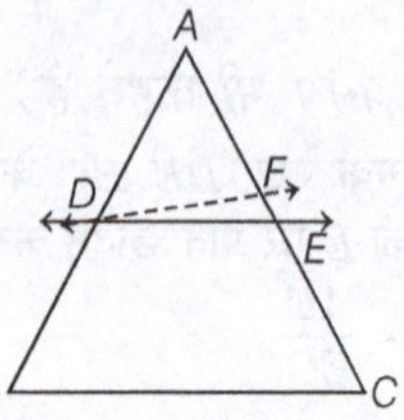

सिद्ध कीजिए $DE \parallel BC$

उपपत्ति ΔABC में, $\dfrac{AD}{DB}=\dfrac{AE}{EC}$

ΔABC में, माना DE, BC के समांतर नहीं है। अब, रेखा DF, BC के समांतर खींचते हैं जोकि AC को F पर प्रतिच्छेदित करती है।

आधारभूत समानुपातिकता प्रमेय का प्रयोग करने पर,

$$\frac{AD}{DB}=\frac{AF}{FC} \quad ...(ii)$$

समी (i) तथा (ii) से,

$$\frac{AE}{EC}=\frac{AF}{FC} \quad ...(iii)$$

समी (iii) के दोनों पक्षों में 1 जोड़ने पर,

$$\frac{AE}{EC}+1=\frac{AF}{FC}+1$$

$$\Rightarrow \quad \frac{AE+EC}{EC}=\frac{AF+FC}{FC}$$

$$\Rightarrow \quad \frac{AC}{EC}=\frac{AC}{FC}$$

$$\therefore \quad EC=FC$$

इस प्रकार, हम कह सकते है कि बिंदु E और F संपाती हैं। अत: DF, DE के संपाती है। चूँकि DF, BC के समांतर है।

अत: DE भी BC के समांतर है अर्थात् $DE \parallel BC$ **इति सिद्धम्**

महत्त्वपूर्ण प्रमेय

- **मध्य-बिंदु प्रमेय** किसी त्रिभुज की किन्हीं दो भुजाओं के मध्य-बिंदुओं को मिलाने वाला रेखाखंड तीसरी भुजा के समांतर होता है।
- **कोण समद्विभाजक प्रमेय** किसी त्रिभुज के एक कोण का अंत: समद्विभाजक, विपरीत भुजा को दो रेखाखंड में इस प्रकार विभाजित करता है कि दोनों रेखाखंड त्रिभुज की अन्य दो भुजाओं के समानुपाती होते हैं।

आधारभूत समानुपातिकता प्रमेय तथा इसके विलोम पर आधारित प्रश्न

(Questions Based on BPT and Its Converse)

आधारभूत समानुपातिकता प्रमेय तथा इसके विलोम पर कई प्रकार के प्रश्न आधारित हैं, इनमें से कुछ नीचे दिए गए हैं

प्रकार 1 *आधारभूत समानुपातिक प्रमेय तथा इसके विलोम का प्रयोग करके कुछ अन्य परिणामों को सिद्ध करना।*

उदाहरण 6 ΔABC में, बिंदु P और Q क्रमशः भुजाओं CA तथा CB पर इस प्रकार स्थित हैं कि $CA=16$ सेमी, $CP=10$ सेमी, $CB=30$ सेमी और $CQ=25$ सेमी। क्या $PQ \parallel AB$ है?

हल दिया है, $CQ = 25$ सेमी, $CB = 30$ सेमी, $CP = 10$ सेमी

तथा $CA = 16$ सेमी

$\therefore \quad \dfrac{CQ}{CB}=\dfrac{25}{30}=\dfrac{5}{6}$ और $\dfrac{CP}{CA}=\dfrac{10}{16}=\dfrac{5}{8}$

अब, $\dfrac{CQ}{CB}\neq\dfrac{CP}{CA} \Rightarrow \dfrac{CB}{CQ}\neq\dfrac{CA}{CP} \Rightarrow \dfrac{CB}{CQ}-1\neq\dfrac{CA}{CP}-1$

$\Rightarrow \quad \dfrac{CB-CQ}{CQ}\neq\dfrac{CA-CP}{CP}$

$\Rightarrow \quad \dfrac{QB}{CQ}\neq\dfrac{PA}{CP}$ या $\dfrac{CQ}{QB}\neq\dfrac{CP}{PA}$

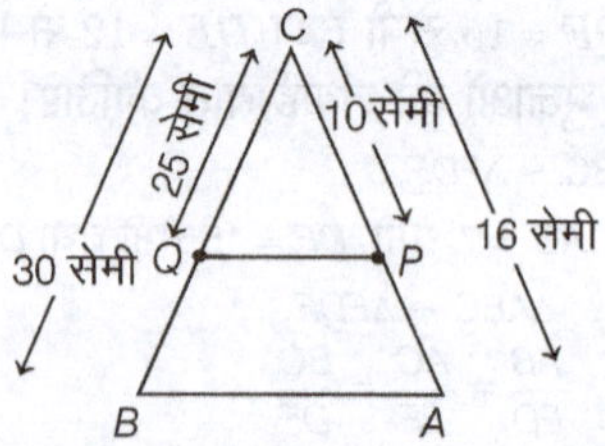

इस प्रकार आधारभूत समानुपातिकता प्रमेय के विलोम से हम कह सकते हैं कि PQ, AB के समांतर नहीं है।

उदाहरण 7 यदि D और E क्रमशः ΔABC की भुजाओं AB तथा AC पर इस प्रकार स्थित हैं कि $AD=6$ सेमी, $BD=9$ सेमी, $AE=8$ सेमी और $EC=12$ सेमी है, तब सिद्ध कीजिए $DE \parallel BC$

हल ΔABC में, $\dfrac{AD}{DB}=\dfrac{6}{9}=\dfrac{2}{3}$ तथा $\dfrac{AE}{EC}=\dfrac{8}{12}=\dfrac{2}{3}$

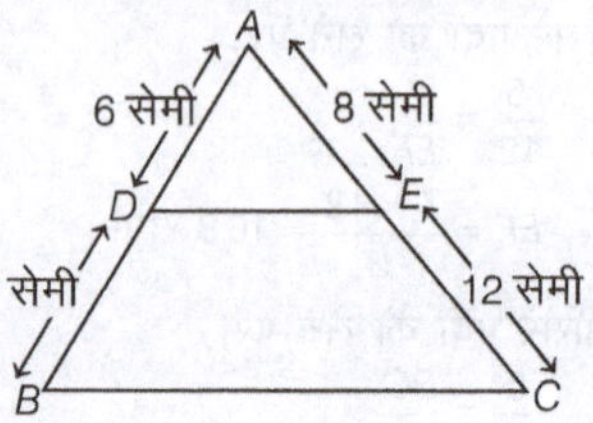

इस प्रकार, $\dfrac{AD}{DB}=\dfrac{AE}{EC}$

अत: $DE \parallel BC$ [आधारभूत समानुपातिकता प्रमेय के विलोम से]

इति सिद्धम्

उदाहरण 8 नीचे दिए गए ΔABC में, $DE \,||\, AC$ यदि $DC \,||\, AP$, जहाँ बिंदु P, BC को आगे बढ़ाने पर स्थित है, तब सिद्ध कीजिए कि

$$\frac{BE}{EC} = \frac{BC}{CP}$$

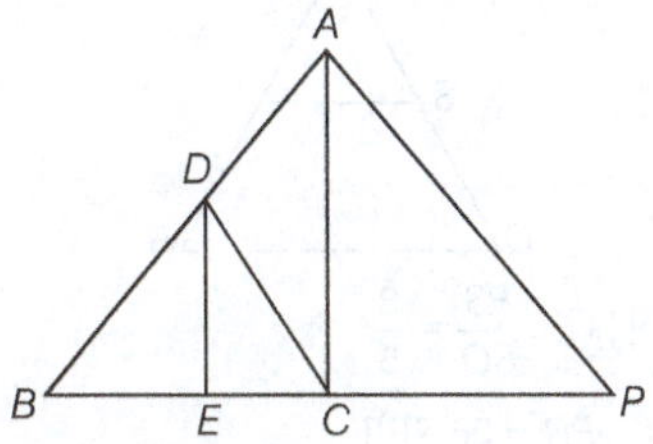

हल दिया है, ΔABC में, $DE \,||\, AC$

$$\frac{BE}{EC} = \frac{BD}{DA} \quad \text{[आधारभूत समानुपातिकता प्रमेय से]...(i)}$$

साथ ही ΔABP में,

$DC \,||\, AP$ [दिया है]

इसलिए, $\frac{BC}{CP} = \frac{BD}{DA}$ [आधारभूत समानुपातिकता प्रमेय से] ...(ii)

समी (i) तथा (ii) से,

$$\frac{BE}{EC} = \frac{BC}{CP}$$

इति सिद्धम्

उदाहरण 9 दी गई आकृति में, $ABCD$ एक समलंब है, जिसमें $AB \,||\, DC$ है तथा बिंदु E और F असमांतर भुजाओं AD और BC पर इस प्रकार हैं कि $EF \,||\, AB$ है। सिद्ध कीजिए कि $\frac{AE}{ED} = \frac{BF}{FC}$ है।

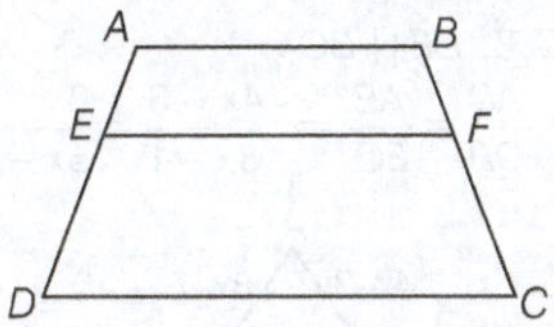

[CBSE 2016, 15]

अथवा

एक समलंब में, दशाईए कि समलंब की समांतर भुजाओं के समांतर खींची गई रेखा असमांतर भुजाओं को समानुपात में विभाजित करती है। **[CBSE 2016]**

हल **दिया है** समलंब $ABCD$ में,

$AB \,||\, CD$

और $EF \,||\, AB$

$\Rightarrow$ $AB \,||\, DC \,||\, EF$

सिद्ध करना है $\frac{AE}{ED} = \frac{BF}{FC}$

रचना AC को मिलाइए

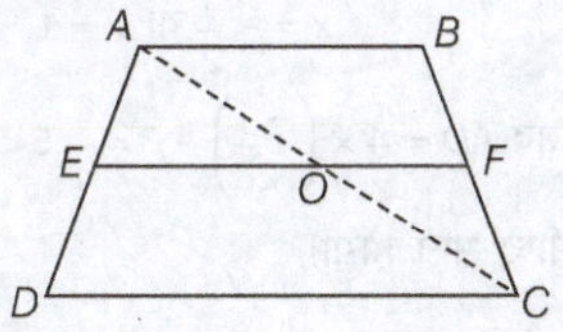

उपपत्ति अब, ΔADC में, $OE \,||\, CD$ [चूँकि $EF \,||\, CD$]

इसलिए, $\frac{AE}{ED} = \frac{AO}{OC}$ [आधारभूत समानुपातिकता प्रमेय से]...(i)

अब ΔACB में, $OF \,||\, AB$ [चूँकि $EF \,||\, AB$]

इसलिए, $\frac{AO}{OC} = \frac{BF}{FC}$ [आधारभूत समानुपातिकता प्रमेय से]...(ii)

समी (i) और (ii) से,

$$\frac{AE}{ED} = \frac{BF}{FC}$$

इति सिद्धम्

उदाहरण 10 निम्न आकृति में, यदि $\frac{AD}{DC} = \frac{BE}{EC}$ तथा $\angle CDE = \angle CED$ हो, तो सिद्ध कीजिए कि ΔCAB समद्विबाहु है।

हल दिया है, ΔABC में,

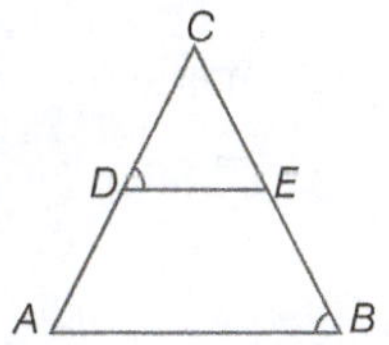

$$\frac{AD}{DC} = \frac{BE}{EC}$$

अतः आधारभूत समानुपातिकता प्रमेय के विलोम से,

$DE \,||\, AB$

$\Rightarrow$ $\angle CDE = \angle CAB$ और $\angle CED = \angle CBA$ [संगत कोण]

परंतु दिया है, $\angle CDE = \angle CED$

$\therefore$ $\angle CAB = \angle CBA \Rightarrow \angle A = \angle B \Rightarrow BC = AC$

[$\because$ समान कोणों की सम्मुख भुजाएँ समान होती हैं]

$\Rightarrow$ ΔCAB समद्विबाहु है। **इति सिद्धम्**

उदाहरण 11 दी गई आकृति में, ΔABC व ΔDBC एक ही आधार BC के एक ही तरफ स्थित दो त्रिभुज हैं। यदि $PQ \,||\, AB$ और $PR \,||\, BD$ है, तब सिद्ध कीजिए कि $QR \,||\, AD$

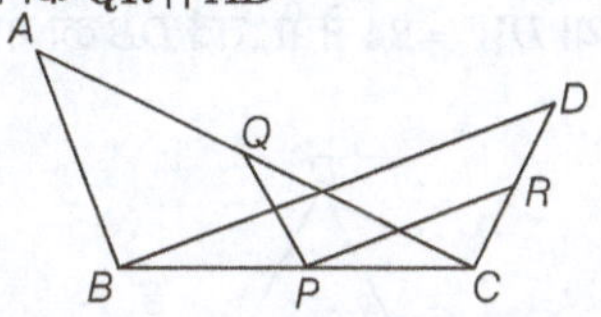

हल **दिया है** ΔABC और ΔDBC एक ही आधार BC के एक ही तरफ स्थित दो त्रिभुज हैं।

सिद्ध करना है $QR \,||\, AD$

रचना QR तथा AD को मिलाइए।

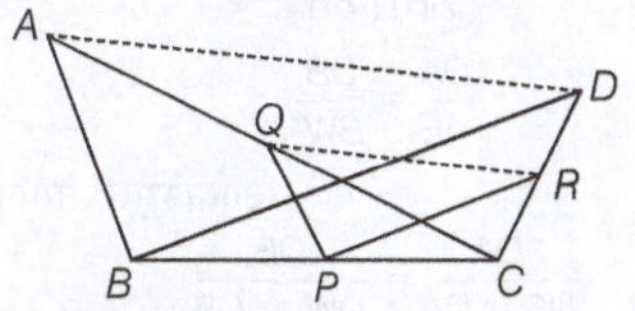

उपपत्ति यहाँ, $PQ \,||\, AB$

$\therefore$ $\frac{CP}{PB} = \frac{CQ}{QA}$ [आधारभूत समानुपातिकता प्रमेय से] ...(i)

तथा $PR \,||\, BD$

$\therefore$ $\frac{CP}{PB} = \frac{CR}{RD}$ [आधारभूत समानुपातिकता प्रमेय से]...(ii)

समी (i) तथा (ii) से, $\frac{CQ}{QA} = \frac{CR}{RD}$

अतः $QR \,||\, AD$ [आधारभूत समानुपातिकता प्रमेय के विलोम से]

इति सिद्धम्

प्रकार II *अज्ञात भुजाओं की लंबाई ज्ञात करना।*

उदाहरण 12 दी गई आकृति में $DE \parallel BC$, यदि $AD = 3$ सेमी, $DB = 4$ सेमी तथा $AE = 6$ सेमी, तब EC ज्ञात कीजिए।

[CBSE 2016]

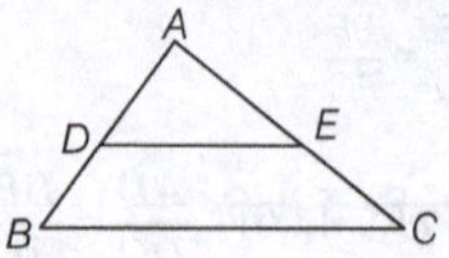

हल दिया है, ΔABC में,

$$DE \parallel BC$$

माना $EC = x$ सेमी

$$\Rightarrow \frac{AD}{DB} = \frac{AE}{EC} \quad \text{[आधारभूत समानुपातिकता प्रमेय से]}$$

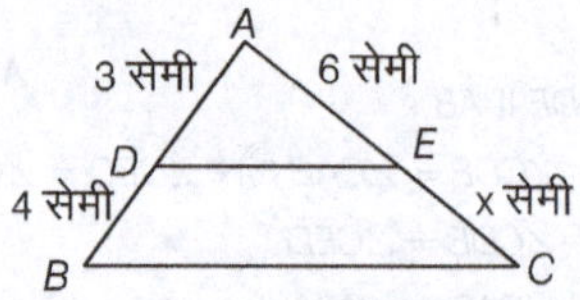

$$\frac{3}{4} = \frac{6}{x}$$

$$\Rightarrow x = 8 \text{ सेमी}$$

अतः $EC = 8$ सेमी

उदाहरण 13 ΔDEW में, यदि $AB \parallel EW$ और $AD = 4$ सेमी, $DE = 12$ सेमी तथा $DW = 24$ सेमी, तब DB का मान ज्ञात कीजिए।

[CBSE 2015]

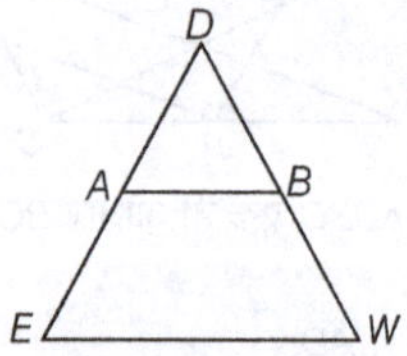

हल दिया है, $AB \parallel EW$

$$\therefore \frac{DA}{AE} = \frac{DB}{BW}$$

[आधारभूत समानुपातिकता प्रमेय से]

$$\Rightarrow \frac{DA}{DE - DA} = \frac{DB}{DW - DB}$$

$$\Rightarrow \frac{4}{12 - 4} = \frac{DB}{24 - DB}$$

$$\Rightarrow \frac{4}{8} = \frac{DB}{24 - DB}$$

$$\Rightarrow 24 - DB = 2\,DB$$

$$\Rightarrow 24 = 3\,DB$$

$$\Rightarrow DB = \frac{24}{3} = 8 \text{ सेमी}$$

उदाहरण 14 ΔPQR में, $ST \parallel QR$, $\frac{PS}{SQ} = \frac{3}{5}$ और $PR = 28$ सेमी, PT का मान ज्ञात कीजिए।

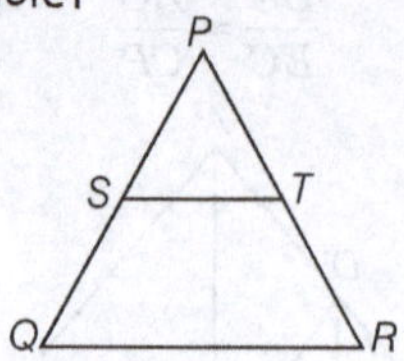

हल दिया है, $ST \parallel QR$, $\frac{PS}{SQ} = \frac{3}{5}$

तथा $PR = 28$ सेमी

आधारभूत समानुपातिकता प्रमेय का प्रयोग करने पर,

$$\frac{PS}{SQ} = \frac{PT}{TR}$$

$$\Rightarrow \frac{PS}{SQ} = \frac{PT}{PR - PT} \Rightarrow \frac{3}{5} = \frac{PT}{28 - PT}$$

$$\Rightarrow 3(28 - PT) = 5\,PT$$

$$\Rightarrow 84 = 5\,PT + 3\,PT \Rightarrow PT = \frac{84}{8}$$

$$\Rightarrow PT = 10.5 \text{ सेमी}$$

अतः PT की लंबाई 10.5 सेमी होगी।

उदाहरण 15 ΔABC में, बिंदु D और E क्रमशः भुजाओं AB और AC पर इस प्रकार स्थित हैं कि $DE \parallel BC$। यदि $AD = 4x - 3$, $AE = 8x - 7$, $BD = 3x - 1$ तथा $CE = 5x - 3$, तब x का मान ज्ञात कीजिए।

हल दिया है, ΔABC में, $DE \parallel BC$

थेल्स प्रमेय से, $\frac{AD}{DB} = \frac{AE}{EC} \Rightarrow \frac{4x - 3}{3x - 1} = \frac{8x - 7}{5x - 3}$

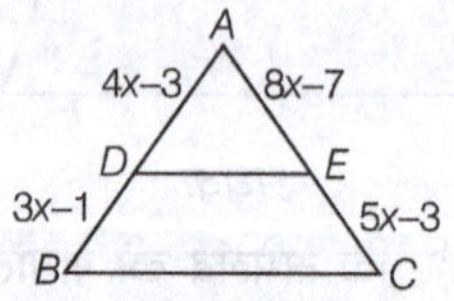

$[\because AD = 4x - 3,\ DB = 3x - 1,\ AE = 8x - 7,\ EC = 5x - 3]$

$$\Rightarrow (4x - 3)(5x - 3) = (8x - 7)(3x - 1)$$

$$\Rightarrow 20x^2 - 12x + 9 - 15x = 24x^2 - 21x - 8x + 7$$

$$\Rightarrow 4x^2 - 2x - 2 = 0$$

$$\Rightarrow 2x^2 - x - 1 = 0 \quad \text{[2 से भाग करने पर]}$$

$$\Rightarrow 2x^2 - 2x + x - 1 = 0$$

$$\Rightarrow 2x(x - 1) + 1(x - 1) = 0$$

$$\Rightarrow (2x + 1)(x - 1) = 0$$

$$\Rightarrow x = -\frac{1}{2} \text{ या } x = 1$$

यदि $x = -\frac{1}{2}$, तब $AD = 4 \times \left(\frac{-1}{2}\right) - 3 = -5 < 0$ [जो संभव नहीं है]

अतः $x = 1$ अभीष्ट मान होगा।

प्रश्नावली 6.1

1. ΔPQR और ΔMST में, $\angle P = 55°$, $\angle Q = 25°$, $\angle M = 100°$ और $\angle S = 25°$ है। क्या $\Delta QPR \sim \Delta TSM$ है? क्यों? **[NCERT Exemplar]**

2. यदि $\Delta ABC \sim \Delta DFE$, $\angle A = 30°$, $\angle C = 50°$, $AB = 5$ सेमी, $AC = 8$ सेमी और $DF = 7.5$ सेमी, तब DE और $\angle F$ का मान ज्ञात कीजिए। **[NCERT Exemplar]**

3. अज्ञात चर का मान ज्ञात कीजिए, यदि ΔABC तथा ΔPQR समरूप हैं।

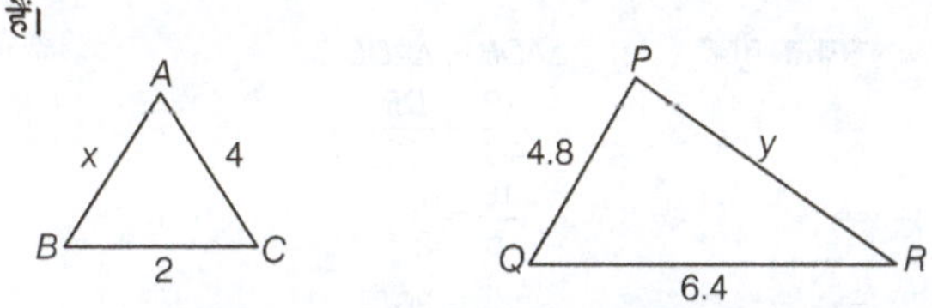

4. दी गई आकृति में, $\Delta OAB \sim \Delta OCD$, यदि $AB = 8$ सेमी, $BO = 6.4$ सेमी, $OC = 3.5$ सेमी तथा $CD = 5$ सेमी, तब OA और DO के मान ज्ञात कीजिए।

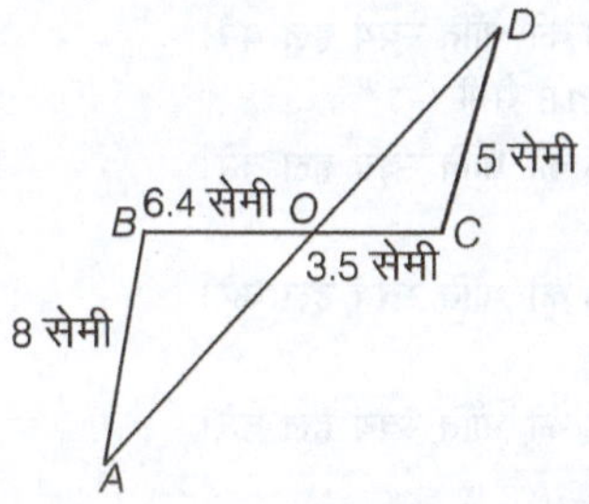

5. दी गई आकृति में, यदि $DE \parallel BC$, तब x का मान ज्ञात कीजिए।

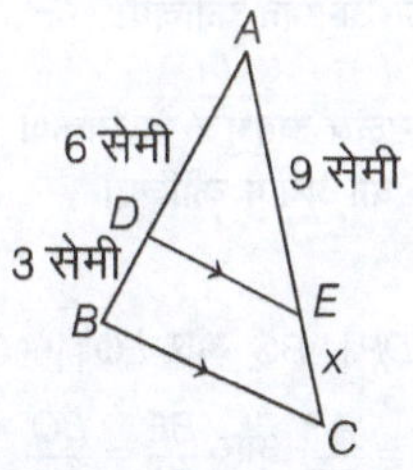

6. दी गई आकृति में, यदि $\Delta ADB \sim \Delta ADC$, तब p का मान ज्ञात कीजिए।

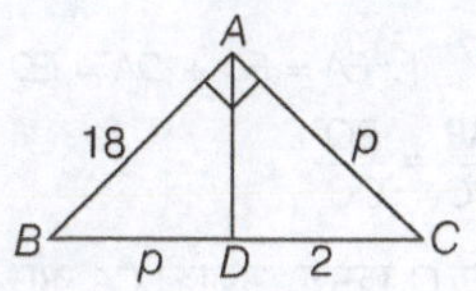

7. ΔABC में, P और Q, AB और AC पर स्थित बिंदु हैं जबकि $PQ \parallel BC$, यदि $AP = 4$ सेमी, $AQ = 3$ सेमी तथा $PB = 2$ सेमी, तब AC का मान ज्ञात कीजिए।

8. दी गई आकृति में, यदि $\frac{AD}{DB} = \frac{3}{5}$ और $AC = 4.8$ सेमी, तब AE का मान ज्ञात कीजिए।

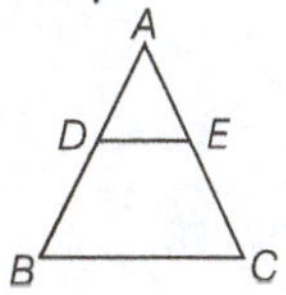

9. दी गई आकृति में, $DE \parallel BC$ यदि $AD = x$, $DB = x - 2$, $AE = x + 2$ तथा $EC = x - 1$, तब x का मान ज्ञात कीजिए। **[CBSE 2023 (Standard)]**

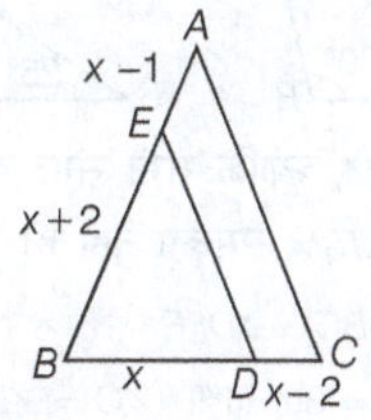

10. दी गई आकृति में, $DE \parallel BC$ है, तो x का मान ज्ञात कीजिए।

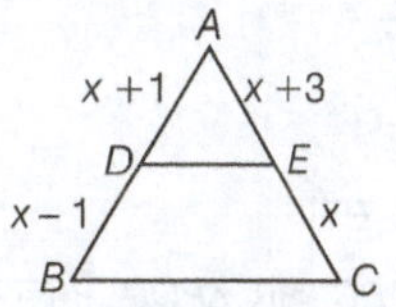

11. ΔABC में, $DE \parallel BC$ (देखें आकृति) है। x का मान ज्ञात कीजिए। **[CBSE 2015]**

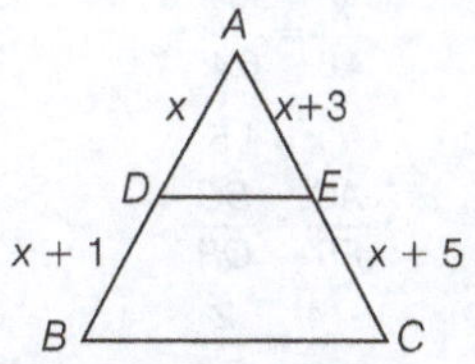

12. ΔABC तथा ΔAMP क्रमशः B और M पर दो समकोण त्रिभुज हैं, तब सिद्ध कीजिए कि $CA \times MP = PA \times BC$

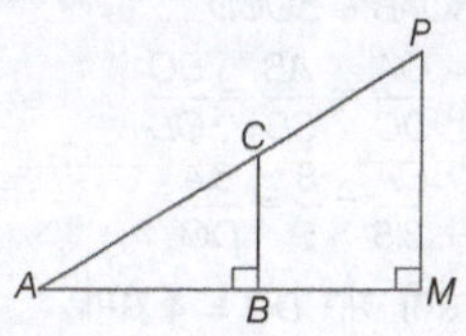

13. दी गई आकृति में, यदि $AB || CD$, तब x का मान ज्ञात कीजिए।

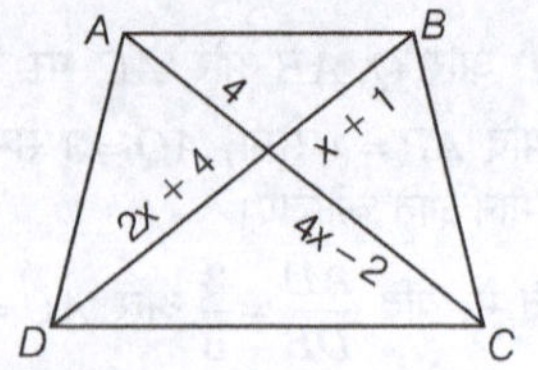

14. दी गई आकृति में, D और E भुजा AB पर स्थित दो बिंदु हैं, जबकि $AD = BE$। यदि $DP || BC$ और $EQ || AC$, तब सिद्ध कीजिए $PQ || AB$

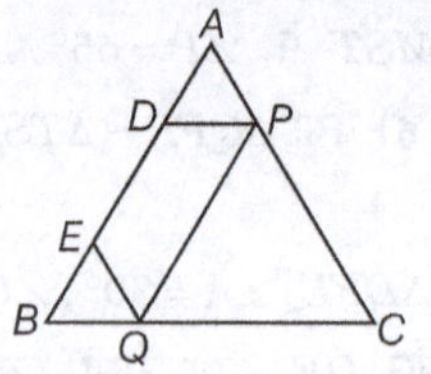

संकेत एवं हल

1. संकेत ΔPQR तथा ΔTSM में,

$\angle P = \angle T$, $\angle Q = \angle S$ तथा $\angle R = \angle M$

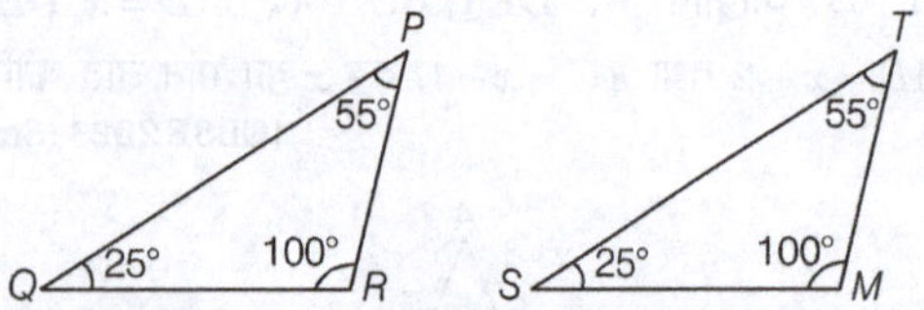

तब, $\Delta PQR \sim \Delta TSM$, क्योंकि सभी संगत कोण समान हैं।

अतः ΔQPR तथा ΔTSM समरूप नहीं हैं।

2. संकेत दिया है, $\Delta ABC \sim \Delta DFE$

$\therefore$ $\angle D = \angle A = 30°$ तथा $\angle C = \angle E = 50°$

तब $\angle B = \angle F = 180° - (50° + 30°) = 100°$

अब, $\frac{AB}{DF} = \frac{AC}{DE}$

$\Rightarrow$ $\frac{5}{7.5} = \frac{8}{DE}$

$\Rightarrow$ $DE = 12$ सेमी

3. संकेत दिया है, ΔABC और ΔPQR समरूप हैं

$\therefore$ $\frac{AB}{PQ} = \frac{BC}{QR}$

$\Rightarrow$ $\frac{x}{4.8} = \frac{2}{6.4}$

$\Rightarrow$ $x = 1.5$

तथा $\frac{AC}{PR} = \frac{BC}{QR}$

$\Rightarrow$ $\frac{4}{y} = \frac{2}{6.4}$

$\Rightarrow$ $y = 12.8$

4. संकेत दिया है, $\Delta OAB \sim \Delta OCD$

$\therefore$ $\frac{OA}{OC} = \frac{AB}{CD} = \frac{BO}{OD}$

$\Rightarrow$ $\frac{OA}{3.5} = \frac{8}{5} = \frac{6.4}{DO}$

उत्तर $OA = 5.6$ सेमी और $DO = 4$ सेमी

5. संकेत उदाहरण 12 की भाँति स्वयं हल करें।

उत्तर $x = 4.5$ सेमी

6. संकेत चूँकि $\Delta ADB \sim \Delta ADC$

$\Rightarrow$ $\frac{AB}{AC} = \frac{DB}{DC}$

$\Rightarrow$ $\frac{18}{p} = \frac{p}{2}$

$\Rightarrow$ $p^2 = 36$

$\Rightarrow$ $p = 6$ सेमी

7. उदाहरण 13 की भाँति स्वयं हल करें।

उत्तर $AC = 4.5$ सेमी

8. उदाहरण 14 की भाँति स्वयं हल करें।

उत्तर $AE = 1.8$ सेमी

9. उदाहरण 15 की भाँति स्वयं हल करें।

उत्तर $x = 4$

10. उदाहरण 15 की भाँति स्वयं हल करें।

उत्तर $x = 3$

11. उदाहरण 15 की भाँति स्वयं हल करें।

उत्तर $x = 3$

12. संकेत ΔABC और ΔAMP को समरूप दिखाइए,

तब $\frac{AC}{AP} = \frac{BC}{MP}$ का अनुपात कीजिए।

13. संकेत परिणाम 'समलंब चतुर्भुज के विकर्ण एक-दूसरे को समानुपात में विभाजित करते हैं' का प्रयोग कीजिए।

उत्तर $x = 3$

14. संकेत ΔABC में, $DP || BC$ और $EQ || AC$

$\therefore$ $\frac{AD}{DB} = \frac{AP}{PC}$ और $\frac{BE}{EA} = \frac{BQ}{QC}$

$\frac{AD}{DB} = \frac{AP}{PC}$ और $\frac{AD}{DB} = \frac{BQ}{QC}$

$[\because EA = ED + DA = ED + BE = BD, AD = BE]$

$\Rightarrow$ $\frac{AP}{PC} = \frac{BQ}{QC}$

ΔABC में, P और Q क्रमशः भुजाओं CA और CB को समान अनुपात में विभाजित करते हैं।

$\Rightarrow$ $PQ || AB$

टॉपिक 2

त्रिभुजों की समरूपता के लिए कसौटियाँ

दो त्रिभुजों की समरूपता की जाँच के लिए, हम देखते हैं कि उनके संगत कोणों के सभी युग्मों में समानता का संबंध तथा उनकी संगत भुजाओं के सभी युग्मों में अनुपात की समानता का संबंध है या नहीं।

जैसा कि हम जानते हैं कि दो त्रिभुजों की सर्वांगसमता के लिए दोनों त्रिभुजों के संगत भागों के केवल तीन युग्म ही निहित होते हैं। इसी प्रकार यहाँ भी हम दो त्रिभुजों की समरूपता के लिए कुछ ऐसी कसौटियाँ प्राप्त करेंगे जिनमें इन दोनों त्रिभुजों के संगत भागों के सभी छः युग्मों के स्थान पर, अपेक्षाकृत कम युग्मों के बीच संबंध निहित हों।

त्रिभुजों की समरूपता के लिए कसौटियाँ निम्नवत् हैं

1. कोण-कोण-कोण समरूपता कसौटी

(AAA Similarity Criterion)

यदि दो त्रिभुजों में संगत कोण बराबर हों, तो उनकी संगत भुजाएँ एक ही अनुपात में (समानुपाती) होती हैं और इसलिए ये त्रिभुज समरूप होते हैं। इस समरूपता (या प्रमेय) को निम्नलिखित प्रकार से सिद्ध किया जा सकता है।

दिया है ΔABC और ΔDEF में,

$\angle A = \angle D, \angle B = \angle E$ और $\angle C = \angle F$

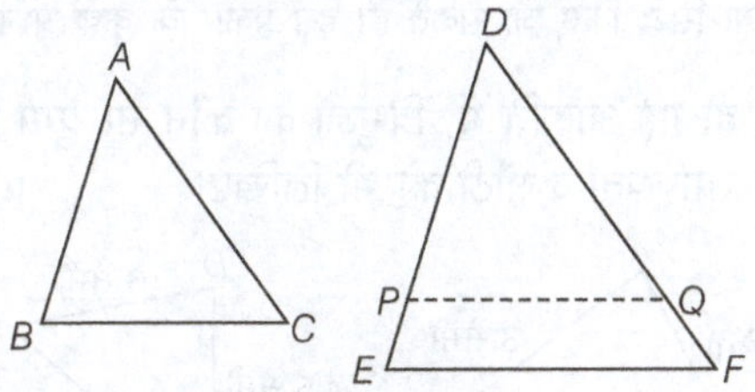

सिद्ध करना है संगत भुजाएँ एक ही अनुपात में हैं

अर्थात् $\dfrac{AB}{DE} = \dfrac{AC}{DF} = \dfrac{BC}{EF} (< 1)$

और तब, $\Delta ABC \sim \Delta DEF$

रचना DE से $DP = AB$ और DF से $DQ = AC$ काटिए तथा PQ को मिलाइए।

उपपत्ति ΔABC तथा ΔDPQ में,

$AB = DP$ [रचना से] ...(i)

$AC = DQ$ [रचना से]...(ii)

तथा $\angle A = \angle D$ [दिया है]

$\therefore$ $\Delta ABC \cong \Delta DPQ$ [SAS सर्वांगसमता नियम से]

$\Rightarrow$ $\angle B = \angle P$ [CPCT से]

परंतु $\angle B = \angle E$ [दिया है]

$\therefore$ $\angle P = \angle E$

$\Rightarrow$ $PQ \parallel EF$ [$\because$ संगत कोण बराबर हैं]

ΔDEF में आधारभूत समानुपातिकता प्रमेय से,

$$\frac{DP}{PE} = \frac{DQ}{QF} \Rightarrow \frac{PE}{DP} = \frac{QF}{DQ}$$ [व्युत्क्रम लेने पर]

दोनों पक्षों में 1 जोड़ने पर,

$$\frac{PE}{DP} + 1 = \frac{QF}{DQ} + 1 \Rightarrow \frac{PE + DP}{DP} = \frac{QF + DQ}{DQ}$$

$\Rightarrow$ $\dfrac{DE}{DP} = \dfrac{DF}{DQ} \Rightarrow \dfrac{DE}{AB} = \dfrac{DF}{AC}$ [समी (i) और (ii) से]

या $\dfrac{AB}{DE} = \dfrac{AC}{DF}$ [व्युत्क्रम लेने पर]...(iii)

इसी प्रकार, हम सिद्ध कर सकते हैं कि $\dfrac{AB}{DE} = \dfrac{BC}{EF}$ ...(iv)

समी (iii) तथा (iv) से, $\dfrac{AB}{DE} = \dfrac{AC}{DF} = \dfrac{BC}{EF} (< 1)$

$\therefore$ $\Delta ABC \sim \Delta DEF$ **इति सिद्धम्**

नोट *यदि एक त्रिभुज के दो कोण किसी अन्य त्रिभुज के दो कोणों के क्रमशः बराबर हों, तो त्रिभुज के कोण योग गुणधर्म के कारण, इसका तीसरा कोण भी बराबर होगा, इसलिए इसे AA समरूपता कसौटी भी कहा जा सकता है।*

2. भुजा-भुजा-भुजा समरूपता कसौटी

(SSS Similarity Criterion)

यदि दो त्रिभुजों में एक त्रिभुज की भुजाएँ दूसरे त्रिभुज की भुजाओं के समानुपाती (अर्थात् एक ही अनुपात में) हों, तो इनके संगत कोण बराबर होते हैं और इसलिए दोनों त्रिभुज समरूप होते हैं। इस समरूपता (या प्रमेय) को निम्नलिखित तरीके से सिद्ध किया जा सकता है

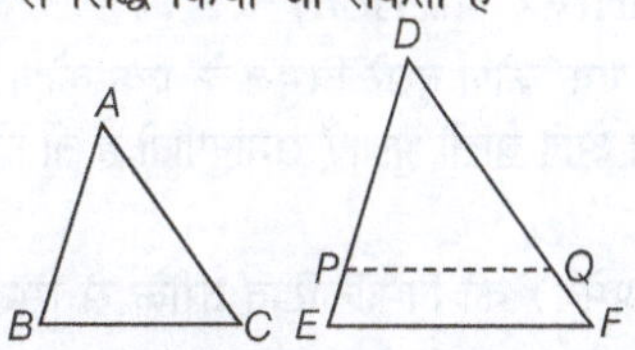

दिया है ΔABC तथा ΔDEF इस प्रकार हैं कि

$\dfrac{AB}{DE} = \dfrac{BC}{EF} = \dfrac{CA}{FD} (< 1)$ ...(i)

सिद्ध करना है संगत कोण बराबर होते हैं

अर्थात् $\angle A = \angle D, \angle B = \angle E, \angle C = \angle F$ और तब, $\Delta ABC \sim \Delta DEF$

रचना DE से, $DP = AB$ तथा DF से, $DQ = AC$ काटिए तथा PQ को मिलाइए।

उपपत्ति दिया है, $\dfrac{AB}{DE} = \dfrac{AC}{DF}$

$\Rightarrow$ $\dfrac{DP}{DE} = \dfrac{DQ}{DF}$ [$\because DP = AB$ और $DQ = AC$]

$\Rightarrow$ $PQ \parallel EF$

[आधारभूत समानुपातिकता प्रमेय के विलोम से]

तब, $\angle DPQ = \angle E$ तथा $\angle DQP = \angle F$ ...(ii)

ΔDPQ और ΔDEF में,

$\angle DPQ = \angle E$ और $\angle DQP = \angle F$

इसलिए समरूपता की AA कसौटी से,

$\Delta DPQ \sim \Delta DEF$

$\Rightarrow$ $\dfrac{DP}{DE} = \dfrac{DQ}{DF} = \dfrac{PQ}{EF}$ ...(iii)

[चूँकि समरूप त्रिभुजों की संगत भुजाएँ समानुपाती होती हैं]

समी (i) में, $AB = DP$ तथा $AC = DQ$ रखने पर,

$\dfrac{DP}{DE} = \dfrac{DQ}{DF} = \dfrac{BC}{EF}$ ...(iv)

ΔABC तथा ΔDPQ में, $BC = PQ$ [समी (iii) तथा (iv) से]

$AB = DP$ [रचना से]

और $AC = DQ$ [रचना से]

$\therefore$ $\Delta ABC \cong \Delta DPQ$ [SSS सर्वांगसमता नियम से]

इस प्रकार, $\angle A = \angle D, \angle B = \angle DPQ$

और $\angle C = \angle DQP$ [CPCT से]

$\Rightarrow$ $\angle A = D, \angle B = \angle E$

और $\angle C = \angle F$ [समी (ii) से]

$\therefore$ $\Delta ABC \sim \Delta DEF$ **इति सिद्धम्**

नोट *दो त्रिभुजों की समरूपता की स्थिति में यह आवश्यक नहीं है कि दोनों कसौटियों (या प्रतिबन्धों) AAA तथा SSS की जाँच कीजिए, क्योंकि एक प्रतिबंध दूसरे प्रतिबंध को इंगित करता है।*

3. भुजा-कोण-भुजा समरूपता कसौटी

(SAS Similarity Criterion)

यदि एक त्रिभुज का एक कोण दूसरे त्रिभुज के एक कोण के बराबर हो तथा इन कोणों के अंतर्गत आने वाली भुजाएँ समानुपाती हैं तो दोनों त्रिभुज समरूप होते हैं।

इस समरूपता (या प्रमेय) को निम्नलिखित तरीके से सिद्ध किया जा सकता है?

दिया है ΔABC तथा ΔDEF इस प्रकार हैं कि

$\dfrac{AB}{DE} = \dfrac{AC}{DF} (<1)$ ...(i)

तथा $\angle A = \angle D$ ...(ii)

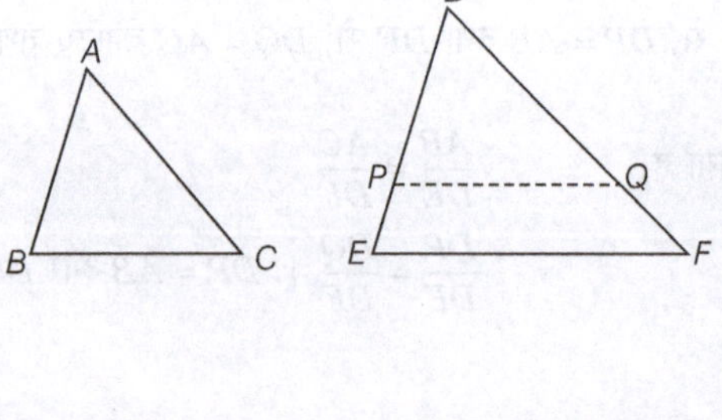

सिद्ध करना है $\Delta ABC \sim \Delta DEF$

रचना DE से $DP = AB$ तथा DF से $DQ = AC$ काटिए तथा PQ को मिलाइए।

उपपत्ति ΔABC तथा ΔDPQ में

$AB = DP$ [रचना से]

$AC = DQ$ [रचना से]

तथा $\angle A = \angle D$ [दिया है]

$\therefore$ $\Delta ABC \cong \Delta DPQ$ [SAS सर्वांगसमता नियम से] ...(iii)

समी (i) से, $\dfrac{AB}{DE} = \dfrac{AC}{DF}$

$\Rightarrow$ $\dfrac{DP}{DE} = \dfrac{DQ}{DF}$ [$\because AB = DP$ और $AC = DQ$]

$\Rightarrow$ $PQ \parallel EF$ [आधारभूत समानुपातिकता प्रमेय के विलोम से]

अब, $\angle DPQ = \angle E$

तथा $\angle DQP = \angle F$ [संगत कोण]

$\therefore$ $\Delta DPQ \sim \Delta DEF$ [AA समरूपता कसौटी से]...(iv)

समी (iii) तथा (iv) से, $\Delta ABC \sim \Delta DEF$ [चूँकि, दो सर्वांगसम त्रिभुज सदैव समरूप होते हैं परंतु इसका विलोम सत्य नहीं है] **इति सिद्धम्**

त्रिभुजों की समरूपता पर आधारित समस्याएँ

(Problems Based on Similarity of Triangles)

उपरोक्त समरूपता की तीनों कसौटियों का प्रयोग करके कई प्रकार की समस्याएँ या प्रश्न हल या सिद्ध किए जा सकते हैं। इस प्रकार के कुछ प्रश्न निम्न हैं

उदाहरण 1 दी गई आकृति में, त्रिभुजों का कौन-सा युग्म समरूप है? प्रयुक्त हुई समरूपता कसौटी को भी लिखिए। **[CBSE 2015]**

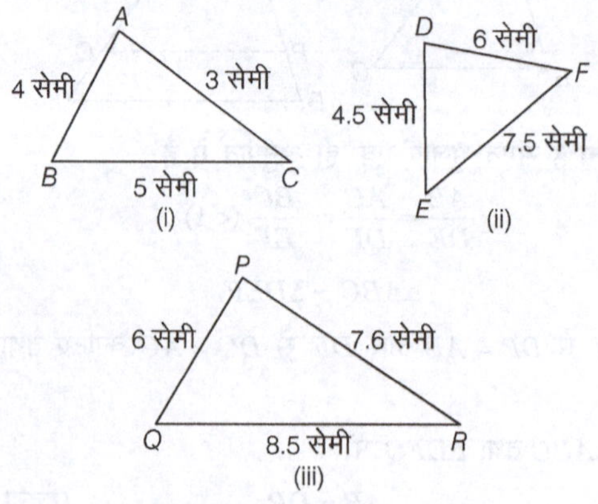

हल यहाँ, $\dfrac{AB}{DF} = \dfrac{4}{6} = \dfrac{2}{3}$, $\dfrac{BC}{EF} = \dfrac{5}{7.5} = \dfrac{2}{3}$

तथा $\dfrac{AC}{DE} = \dfrac{3}{4.5} = \dfrac{2}{3}$

इस प्रकार, $\dfrac{AB}{DF} = \dfrac{BC}{EF} = \dfrac{AC}{DE}$

$\therefore$ $\Delta ABC \sim \Delta DFE$ [SSS समरूपता कसौटी]

अतः दी गई आकृति में आकृति (i) तथा (ii) समरूप हैं, परंतु अन्य कोई त्रिभुजों का युग्म समरूप नहीं है।

उदाहरण 2 दी गई आकृति में, कौन-से दो त्रिभुज समरूप हैं? प्रयुक्त हुई समरूपता कसौटी को भी लिखिए। **[CBSE 2016]**

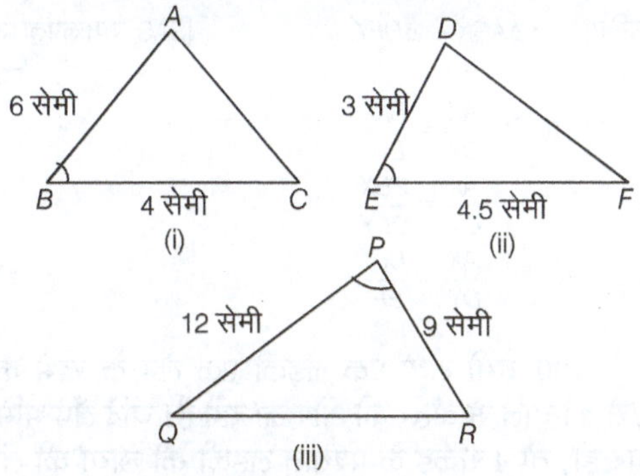

हल यहाँ, $\frac{AB}{EF} = \frac{6}{4.5} = \frac{60}{45} = \frac{4}{3}$

$\frac{BC}{DE} = \frac{4}{3} \Rightarrow \frac{AB}{EF} = \frac{BC}{DE}$

और $\angle ABC = \angle FED$ [दिया है]

अतः $\Delta ABC \sim \Delta FED$ [SAS समरूपता कसौटी से]

अतः आकृति (i) और (ii) समरूप त्रिभुज हैं, परंतु त्रिभुजों का कोई अन्य युग्म समरूप नहीं है।

उदाहरण 3 दिए गए त्रिभुजों के युग्म में अज्ञात राशि का मान ज्ञात कीजिए, अपने उत्तर का कारण भी दीजिए।

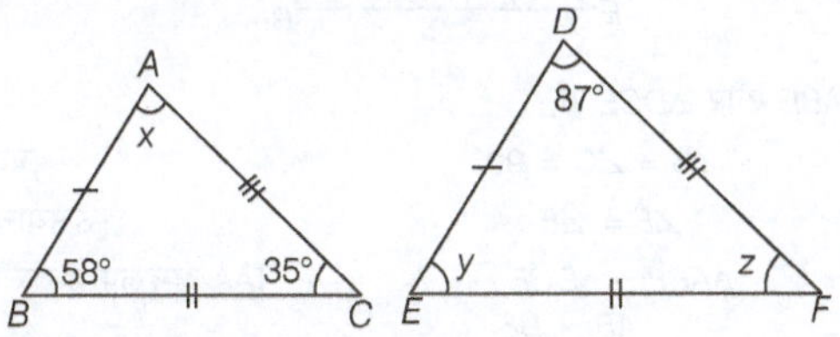

हल दिया है, $AB = DE, BC = EF$

और $AC = DF$

$\therefore$ $\Delta ABC \sim \Delta DEF$ [SSS समरूपता कसौटी से]

तब, $\angle x = 87°, \angle y = 58°$ और $\angle z = 35°$

[चूँकि समरूप त्रिभुजों के संगत कोण बराबर होते हैं]

उदाहरण 4 दी गई आकृतियों में, $\angle P$ का मान ज्ञात कीजिए।

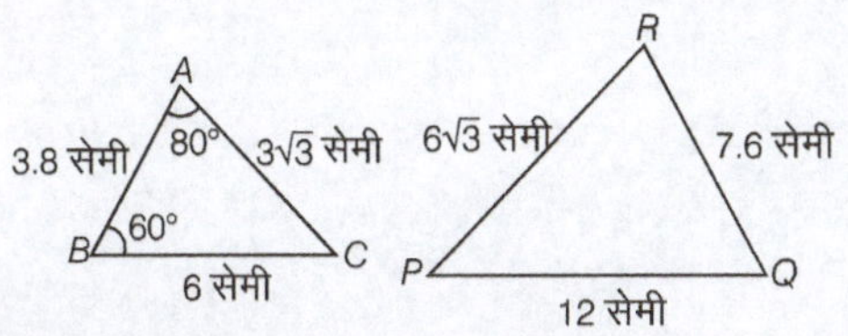

सर्वप्रथम संगत भुजाओं का अनुपात ज्ञात कीजिए, यदि अनुपात समान है, तब त्रिभुज समरूप होंगे तथा उनके संगत कोण भी समान होंगे, तब त्रिभुज के कोण योग गुण का प्रयोग करके तीसरे कोण को भी ज्ञात कीजिए।

हल ΔABC तथा ΔRQP में,

$\frac{AB}{RQ} = \frac{3.8}{7.6} = \frac{1}{2}$,

$\frac{BC}{QP} = \frac{6}{12} = \frac{1}{2}$ और $\frac{CA}{PR} = \frac{3\sqrt{3}}{6\sqrt{3}} = \frac{1}{2}$

$\because$ $\frac{AB}{RQ} = \frac{BC}{QP} = \frac{CA}{PR} = \frac{1}{2}$

$\therefore$ $\Delta ABC \sim \Delta RQP$ [SSS समरूपता कसौटी से]

अतः $\angle P = \angle C$ ...(i)

[चूँकि समरूप त्रिभुजों के संगत कोण समान होते हैं]

ΔABC में, $\angle A + \angle B + \angle C = 180°$ [त्रिभुज के कोण योग गुण से]

$\Rightarrow$ $80° + 60° + \angle C = 180°$

[$\because \angle A = 80°$ और $\angle B = 60°$, दिया है]

$\Rightarrow$ $\angle C = 180° - 140° = 40°$

समी (i) से, $\angle P = 40°$

उदाहरण 5 दी गई आकृति में समकोण ΔBAC और ΔBDC क्रमशः A और D पर समकोण बनाते हैं तथा उभयनिष्ठ भुजा BC के एक ही ओर स्थित हैं। यदि भुजाएँ AC और BD एक-दूसरे को P पर काटती हैं, तो सिद्ध कीजिए कि

$$AP \times PC = DP \times PB$$ **[CBSE 2000]**

हल ΔAPB और ΔDPC में,

$\angle A = \angle D = 90°$

तथा $\angle APB = \angle DPC$ [शीर्षाभिमुख कोण]

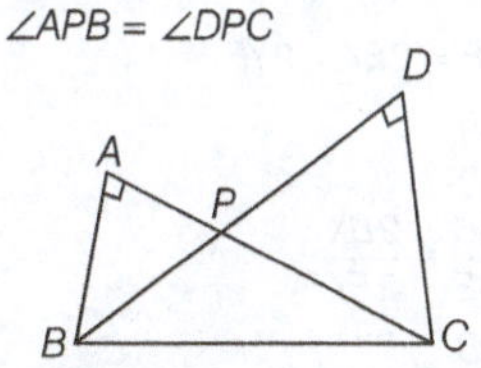

अतः समरूपता की AA कसौटी से,

$\Delta APB \sim \Delta DPC \Rightarrow \frac{AP}{DP} = \frac{PB}{PC}$

$\Rightarrow$ $AP \times PC = DP \times PB$ **इति सिद्धम्**

उदाहरण 6 दी गई आकृति में, $\angle ABC = 90°$ तथा $BD \perp AC$। यदि $BD = 8$ सेमी और $AD = 4$ सेमी, तब CD का मान ज्ञात कीजिए।

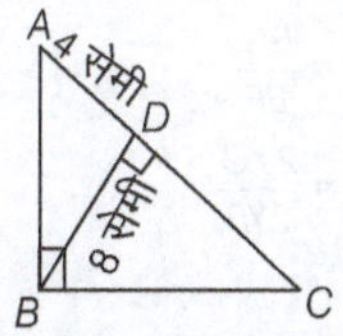

हल दिया है, $BD = 8$ सेमी तथा $AD = 4$ सेमी

ΔADB तथा ΔBDC में,

$\angle BDA = \angle CDB$ [प्रत्येक 90°]

$\angle DBA = \angle DCB$ [प्रत्येक $(90° - \angle A)$]

$\therefore$ $\Delta ADB \sim \Delta BDC$ [AA समरूपता कसौटी से]

$\Rightarrow$ $\frac{BD}{CD} = \frac{AD}{BD}$

[चूँकि समरूप त्रिभुजों की संगत भुजाएँ समानुपाती होती हैं।]

$\Rightarrow$ $CD = \frac{BD^2}{AD}$

$\therefore$ $CD = \frac{8^2}{4} = \frac{64}{4} = 16$ सेमी

उदाहरण 7 यदि $\Delta ABC \sim \Delta DEF$ है तथा AX और DY क्रमशः ΔABC और ΔDEF की माध्यिकाएँ हैं, तो सिद्ध कीजिए कि

(i) $\Delta ABX \sim \Delta DEY$ (ii) $\Delta ACX \sim \Delta DFY$

(iii) $\dfrac{AX}{DY} = \dfrac{BC}{EF}$ **[CBSE 2015, 14]**

हल दिया है, $\Delta ABC \sim \Delta DEF$

इसलिए, $\dfrac{AB}{DE} = \dfrac{BC}{EF} = \dfrac{CA}{FD}$ ...(i)

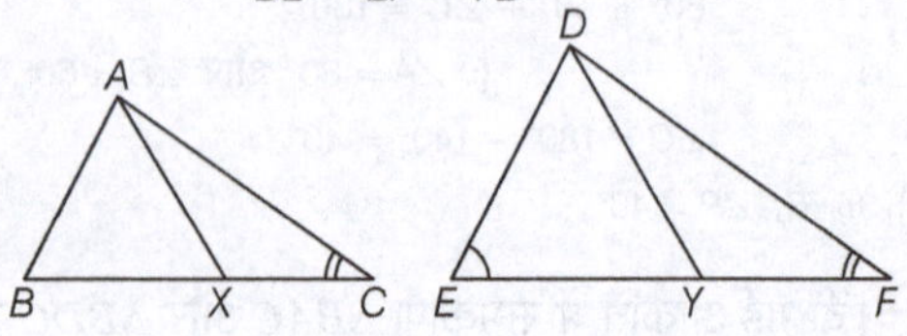

$\angle A = \angle D, \angle B = \angle E$ और $\angle C = \angle F$ ...(ii)

[समरूप त्रिभुज में संगत भुजाएँ समानुपातिक होती हैं तथा संगत कोण समान होते हैं]

हम जानते हैं कि माध्यिका सम्मुख भुजा को समद्विभाजित करती है।

$\therefore$ $BX = XC$

$\Rightarrow$ $BC = 2BX = 2XC$

तथा $EY = YF$

$\Rightarrow$ $EF = 2EY = 2YF$

अब, $\dfrac{AB}{DE} = \dfrac{BC}{EF}$ से,

$\Rightarrow$ $\dfrac{AB}{DE} = \dfrac{2BX}{2EY}$

$\Rightarrow$ $\dfrac{AB}{DE} = \dfrac{BX}{EY}$ ...(iii)

(i) अब, ΔABX और ΔDEY में,

$\dfrac{AB}{DE} = \dfrac{BX}{EY}$ [समी (iii) से]

और $\angle B = \angle E$ [समी (ii) से]

इसलिए, $\Delta ABX \sim \Delta DEY$ [SAS समरूपता कसौटी द्वारा]

इति सिद्धम्

(ii) पुनः $\dfrac{AC}{DF} = \dfrac{BC}{EF}$ [समी (i) से]

$\Rightarrow$ $\dfrac{AC}{DF} = \dfrac{2XC}{2YF}$

$\Rightarrow$ $\dfrac{AC}{DF} = \dfrac{XC}{YF}$

और $\angle C = \angle F$ [समी (ii) से]

इसलिए, $\Delta ACX \sim \Delta DFY$ [SAS समरूपता कसौटी से]

इति सिद्धम्

(iii) भाग (i) से, $\dfrac{AX}{DY} = \dfrac{BX}{EY}$

$\Rightarrow$ $\dfrac{AX}{DY} = \dfrac{2BX}{2EY}$

$\Rightarrow$ $\dfrac{AX}{DY} = \dfrac{BC}{EF}$ **इति सिद्धम्**

उदाहरण 8 100 सेमी लंबी एक लड़की एक लैंप के खंभे के पाद से 1.9 मी/से की चाल से बाहर की ओर जा रही है। यदि लैंप भूमि से 5 मी ऊँचाई पर हो, तो 4 सेकंड के पश्चात् लड़की की छाया की लंबाई ज्ञात कीजिए। **[CBSE 2016]**

हल लड़की की चाल = 1.9 मी/से

4 सेकंड के बाद लड़की द्वारा तय की गई दूरी = $1.9 \times 4 = 7.6$ मी

लैंप AB की लंबाई = 5 मी

लड़की CD की लंबाई = 100 सेमी = 1 मी

लड़की की छाया $EC = ?$

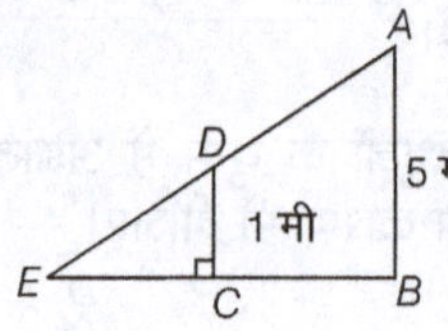

ΔABE और ΔDCE में,

$\angle B = \angle C = 90°$ [प्रत्येक 90°]

$\angle E = \angle E$ [उभयनिष्ठ कोण]

$\therefore$ $\Delta ABE \sim \Delta DCE$ [AA समरूपता कसौटी द्वारा]

तब, $\dfrac{AB}{CD} = \dfrac{BE}{EC}$

$\Rightarrow$ $\dfrac{5}{1} = \dfrac{7.6 + EC}{EC}$

$\Rightarrow$ $5EC = 7.6 + EC \Rightarrow 4EC = 7.6$

$\Rightarrow$ $EC = \dfrac{7.6}{4} = 1.9$ मी

अतः 4 सेकंड के पश्चात् लड़की की छाया की लंबाई 1.9 मी है।

प्रश्नावली 6.2

1. दी गई आकृति में, $\angle MLN$ का मान ज्ञात कीजिए। **[CBSE 2010]**

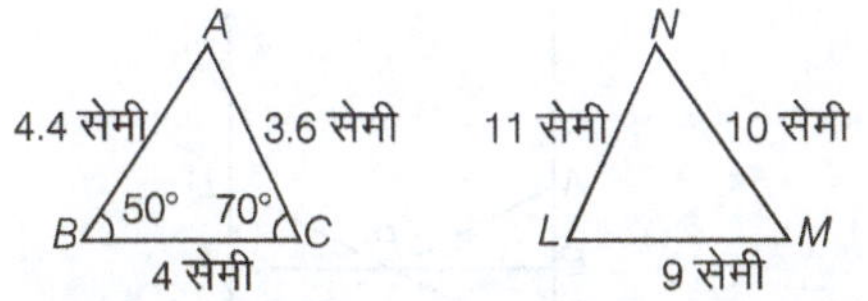

2. दी गई आकृति में, $\angle ABC = 90°$ तथा $BD \perp AC$। यदि $AB = 5.7$ सेमी, $BD = 3.8$ सेमी तथा $CD = 5.4$ सेमी हो, तब BC का मान ज्ञात कीजिए।

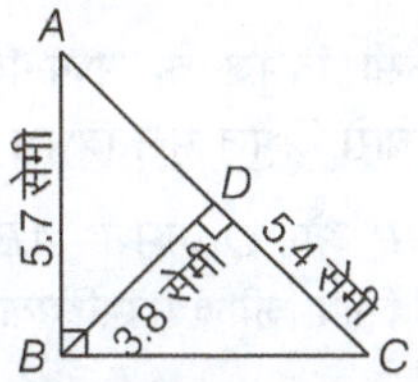

3. दी गई आकृति में, दो रेखाखंड AC और BD परस्पर बिंदु P पर इस प्रकार प्रतिच्छेद करते है कि $PA = 6$ सेमी, $PB = 3$ सेमी, $PC = 2.5$ सेमी, $PD = 5$ सेमी, $\angle APB = 50°$ और $\angle CDP = 30°$ है, तब $\angle PBA$ का मान ज्ञात कीजिए। **[NCERT Exemplar]**

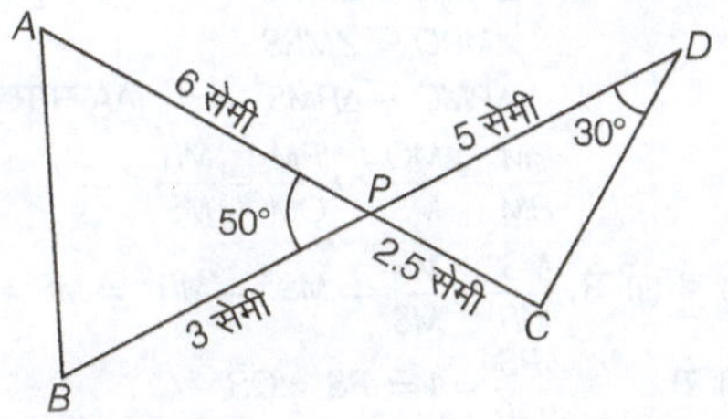

4. बताइए कि दिए गए त्रिभुजों का युग्म समरूप है या नहीं। समरूपता की स्थिति में कसौटी को भी लिखिए। **[CBSE 2015]**

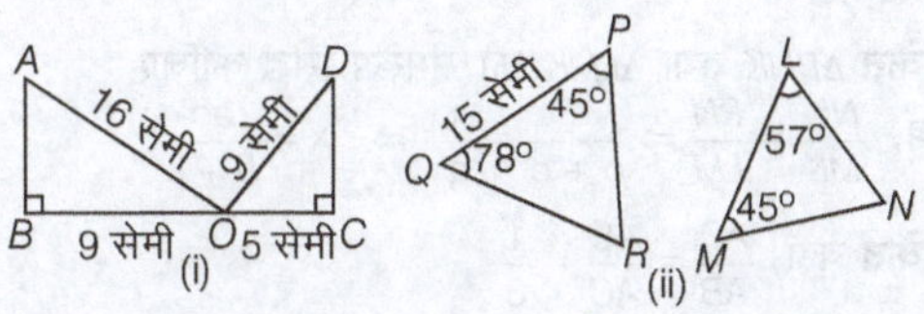

5. दी गई आकृति में, यदि $\angle BAC = 90°$ तथा $AD \perp BC$, सिद्ध कीजिए कि $AD^2 = BD \cdot CD$। **[NCERT Exemplar]**

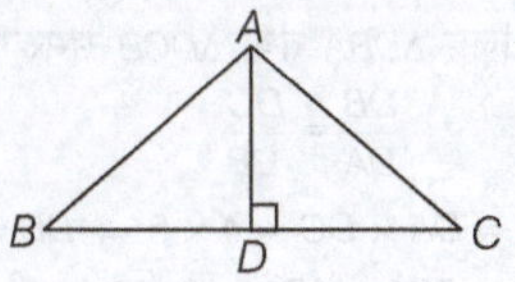

6. दी गई आकृति में, $\Delta ACB \sim \Delta APQ$ है। यदि $CB = 8$ सेमी, $PQ = 4$ सेमी, $BA = 6.5$ सेमी, तथा $AP = 2.8$ सेमी हो, तो CA और AQ ज्ञात कीजिए।

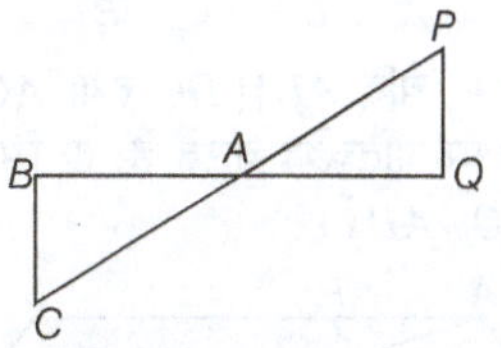

7. $PQRS$ समलंब है जबकि $PQ || SR$ विकर्ण PR और SQ एक-दूसरे को M पर प्रतिच्छेद करते हैं तथा $\Delta PMS \sim \Delta QMR$ सिद्ध कीजिए कि $PS = QR$ **[CBSE 2011]**

8. 8 मी ऊँचे एक लंबवत् डंडे की भूमि पर परछाई 6 मी लंबी है। उसी समय एक टावर की भूमि पर परछाई 30 मी लंबी है। टावर की ऊँचाई ज्ञात कीजिए। **[CBSE 2015]**

9. निम्न आकृति में, $\angle N = \angle M = 46°$। x का मान a, b तथा c के पदों में लिखिए, जहाँ a, b और c क्रमशः रेखाखंड LM, MN तथा NK की लंबाइयाँ हैं।

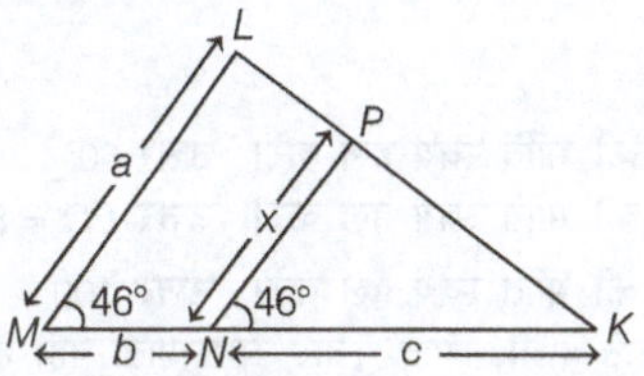

10. बिंदु P और Q, ΔABC के क्रमशः भुजाओं AB और AC पर स्थित हैं, यदि $AP = 3$ सेमी, $PB = 6$ सेमी $AQ = 5$ सेमी तथा $QC = 10$ सेमी, तब दिखाइए कि $BC = 3PQ$। **[CBSE 2010]**

11. संलग्न आकृति में, ABC एक त्रिभुज है जिसका $\angle B$ समकोण है तथा $BD \perp AC$ है। यदि $AD = 4$ सेमी और $CD = 5$ सेमी है, तो BD और AB ज्ञात कीजिए। **[NCERT Exemplar]**

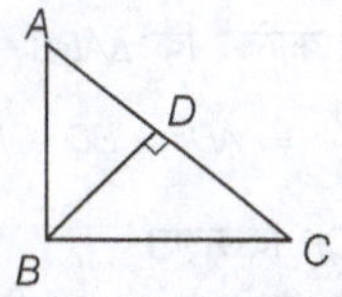

12. दी गई आकृति में, $AB || PQ || CD$, $AB = x$ इकाई, $CD = y$ इकाई तथा $PQ = z$ इकाई, सिद्ध कीजिए कि $\frac{1}{x} + \frac{1}{y} = \frac{1}{z}$ **[CBSE 2015]**

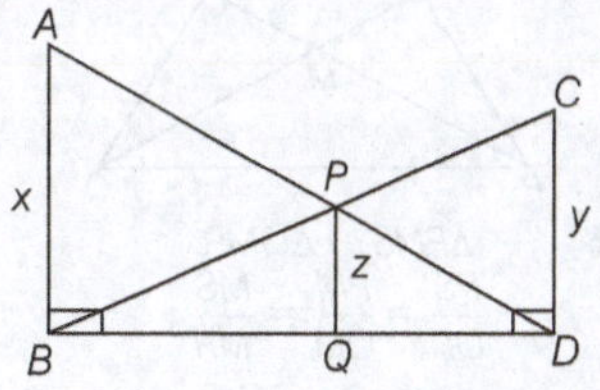

13. निम्न आकृति में, यदि $\angle ACB = \angle CDA$, $AC = 8$ सेमी और $AD = 3$ सेमी है, तो BD ज्ञात कीजिए।

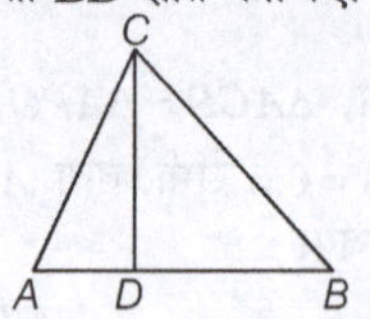

14. दी गई आकृति में, यदि $AB \parallel DC$ तथा AC और PQ परस्पर बिंदु O पर प्रतिच्छेद करते हैं, तो सिद्ध कीजिए कि $OA \cdot CQ = OC \cdot AP$ है। **[NCERT Exemplar]**

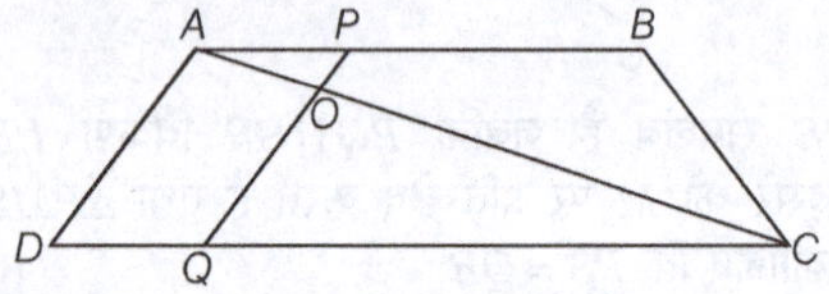

15. सड़क पर लगा एक बिजली का बल्ब एक खंभे पर सड़क के स्तर से 6 मी ऊपर लगाया गया है। यदि 1.5 मी लंबाई वाली एक महिला की छाया 3 मी लंबी है, तो ज्ञात कीजिए कि वह महिला खंभे के आधार से कितनी दूरी पर खड़ी है? **[NCERT Exemplar]**

16. निम्न आकृति में, $l \parallel m$ तथा रेखाखंड AB, CD और EF, बिंदु P पर संगामी हैं। सिद्ध कीजिए कि $\frac{AE}{BF} = \frac{AC}{BD} = \frac{CE}{FD}$ **[NCERT Exemplar]**

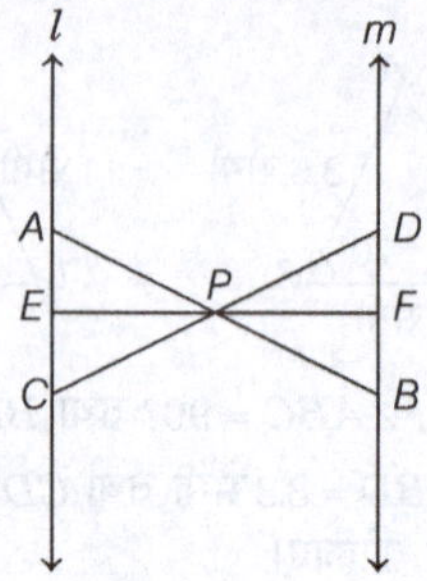

17. सिद्ध कीजिए किसी त्रिभुज के मध्य-बिंदुओं को मिलाने वाले रेखाखंडों से बने चारों त्रिभुज मूल त्रिभुज के समरूप हैं।

18. ΔABC में, बिंदु P और Q क्रमशः AB और AC पर स्थित हैं तथा $PQ \parallel BC$, सिद्ध कीजिए माध्यिका PQ को समद्विभाजित करती है।

संकेत एवं हल

1. उदाहरण 4 की भाँति स्वयं हल करें। **उत्तर** $60°$

2. उदाहरण 6 की भाँति स्वयं हल करें। **उत्तर** $BC = 8.1$ सेमी

3. उदाहरण 4 की भाँति स्वयं हल करें। **उत्तर** $100°$

4. **संकेत** आकृति (i) में, संगत भुजाएँ समानुपाती नहीं हैं।

आकृति (ii) में, ΔLMN में

$\angle LMN + \angle MNL + \angle MLN = 180°$ [त्रिभुज के कोण योग गुण से]

$\Rightarrow$ $45° + \angle MNL + 57° = 180°$

$\Rightarrow$ $\angle MNL = 78°$

$\angle QPR = \angle LMN = 45°$

$\angle PQR = \angle MNL = 78°$

इस प्रकार, $\Delta PQR \sim \Delta MNL$ [AA समरूपता कसौटी से]

5. **संकेत** सर्वप्रथम सिद्ध कीजिए कि $\Delta ADB \sim \Delta ADC$

तब, $\frac{BD}{AD} = \frac{AD}{CD} \Rightarrow AD^2 = BD \cdot CD$

6. **संकेत** $\Delta ABC \sim \Delta AQP$ दिखाइए।

उत्तर $AC = 5.6$ सेमी तथा $AQ = 3.25$ सेमी

7. **संकेत दिया है** $\Delta PMS \sim \Delta QMR$ तथा $PQ \parallel SR$

सिद्ध करना है $PS = QR$

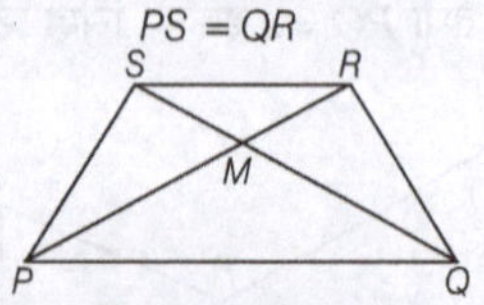

उपपत्ति चूँकि $\Delta PMS \sim \Delta QMR$

इसलिए, $\frac{PS}{QR} = \frac{PM}{QM} = \frac{MS}{MR}$ ...(i)

[$\because$ समरूप त्रिभुजों की संगत भुजाएँ समानुपाती होती हैं]

अब ΔPMQ और ΔRMS में,

$\angle PMQ = \angle RMS$ [शीर्षाभिमुख कोण]

$\angle MPQ = \angle MRS$ [एकांतर कोण]

$\therefore$ $\Delta PMQ \sim \Delta RMS$ [AA समरूपता कसौटी से]

$\Rightarrow$ $\frac{PM}{RM} = \frac{MQ}{MS} \Rightarrow \frac{PM}{QM} = \frac{MR}{MS}$ ...(ii)

समी (i) व (ii) से, $\frac{MS}{MR} = \frac{MR}{MS} \Rightarrow MS^2 = MR^2 \Rightarrow MS = MR$

समी (i) से, $\frac{PS}{QR} = 1 \Rightarrow PS = QR$

8. **संकेत** दिए गए प्रतिबंध के अनुसार आकृति बनाइए, तब दिखाइए कि दोनों त्रिभुज AA समरूपता कसौटी से समरूप हैं फिर दोनों त्रिभुजों की संगत भुजाएँ समानुपाती होंगी का प्रयोग करके अभीष्ट ऊँचाई ज्ञात कीजिए।

उत्तर 40 मी

9. **संकेत** ΔPNK तथा ΔLMK को समरूप सिद्ध कीजिए

तब, $\frac{NK}{MK} = \frac{PN}{LM} \Rightarrow \frac{c}{b+c} = \frac{x}{a} \Rightarrow x = \frac{ac}{b+c}$

10. **संकेत** यहाँ, $\frac{AP}{AB} = \frac{AQ}{AC} = \frac{1}{3}$

सिद्ध कीजिए कि ΔAPQ तथा ΔABC समरूप हैं।

तब, $\frac{AP}{AB} = \frac{AQ}{AC} = \frac{PQ}{BC} = \frac{1}{3} \Rightarrow BC = 3PQ$

11. **संकेत** सिद्ध कीजिए ΔDBA तथा ΔDCB समरूप हैं।

तब, $\frac{DB}{DA} = \frac{DC}{DB}$

$\Rightarrow$ $DB^2 = DA \times DC = 4 \times 5 \Rightarrow DB = 2\sqrt{5}$ सेमी

ΔADB में, $AB^2 = BD^2 + AD^2 = (2\sqrt{5})^2 + 4^2 \Rightarrow AB = 6$ सेमी

12. संकेत सिद्ध कीजिए ΔDQP तथा ΔDBA समरूप हैं।

तब, $\frac{QP}{BA} = \frac{DQ}{DB} \Rightarrow \frac{z}{x} = \frac{DQ}{BD}$ ...(i)

इसी प्रकार, $\frac{z}{y} = \frac{BQ}{BD}$ ...(ii)

समी (i) तथा (ii) को जोड़ने पर,

$$\frac{z}{x} + \frac{z}{y} = \frac{DQ}{BD} + \frac{BQ}{BD} = 1$$

$\Rightarrow$ $\frac{z}{x} + \frac{z}{y} = 1$

$\Rightarrow$ $\frac{1}{x} + \frac{1}{y} = \frac{1}{z}$

13. संकेत AA समरूपता कसौटी से ΔADC तथा ΔACB को समरूप सिद्ध कीजिए। फिर समरूप त्रिभुजों की संगत भुजाएँ समानुपाती हैं का प्रयोग करके AB का मान ज्ञात कीजिए।

अब, $BD = AB - AD$ में मान प्रतिस्थापित करके BD का मान ज्ञात कीजिए। **उत्तर** $BD = \frac{55}{3}$ सेमी

14. संकेत ΔAOP तथा ΔCOQ को समरूप सिद्ध कीजिए

तब, $\frac{OA}{OC} = \frac{AP}{CQ}$

[$\because$ समरूप त्रिभुजों की संगत भुजाएँ समानुपाती होती हैं]

15. संकेत दिए गए प्रतिबंध के अनुसार आकृति बनाइए, तब दिखाइए कि दोनों त्रिभुज AAA समरूपता कसौटी से समरूप हैं फिर दोनों त्रिभुजों की संगत भुजाएँ समानुपाती होंगी का प्रयोग करके अभीष्ट ऊँचाई ज्ञात कीजिए।

उत्तर 9 मी

16. संकेत ΔAPC तथा ΔBPD में,

$\angle APC = \angle BPD$ [शीर्षाभिमुख कोण]

तथा $\angle PAC = \angle PBD$ [एकांतर कोण]

$\therefore$ $\Delta APC \sim \Delta BPD$ [AA समरूपता कसौटी से]

$\Rightarrow$ $\frac{AP}{PB} = \frac{AC}{DB} = \frac{PC}{PD}$ ...(i)

[$\because$ समरूप त्रिभुजों की संगत भुजाएँ समानुपाती होती हैं]

ΔAPE तथा ΔBPF में,

$\angle APE = \angle BPF$ [शीर्षाभिमुख कोण]

तथा $\angle PAE = \angle PBF$ [एकांतर कोण]

$\therefore$ $\Delta APE \sim \Delta BPF$ [AA समरूपता कसौटी से]

$\Rightarrow$ $\frac{AP}{PB} = \frac{AE}{BF} = \frac{PE}{PF}$ ...(ii)

[$\because$ समरूप त्रिभुजों की संगत भुजाएँ समानुपाती होती हैं]

ΔPEC और ΔPFD में,

$\angle EPC = \angle FPD$ [शीर्षाभिमुख कोण]

तथा $\angle PCE = \angle PDF$ [एकांतर कोण]

$\therefore$ $\Delta PEC \sim \Delta PFD$ [AA समरूपता कसौटी से]

$\Rightarrow$ $\frac{PE}{PF} = \frac{PC}{PD} = \frac{EC}{FD}$ ...(iii)

[$\because$ समरूप त्रिभुजों की संगत भुजाएँ समानुपाती होती हैं]

समी (i), (ii) तथा (iii) से,

$$\frac{AP}{PB} = \frac{AC}{BD} = \frac{AE}{BF} = \frac{PE}{PF} = \frac{EC}{FD}$$

$\therefore$ $\frac{AE}{BF} = \frac{AC}{BD} = \frac{CE}{FD}$

17. संकेत माना F और E क्रमशः AB और AC के मध्य-बिंदु हैं।

$\therefore$ $FE \parallel BC$

तथा $\angle AFE = \angle B$

तब, (i) ΔAEF और ΔABC समरूप हैं। [AA समरूपता से]

इसी प्रकार, (ii) $\Delta FBD \sim \Delta ABC$ (iii) $\Delta EDC \sim \Delta ABC$

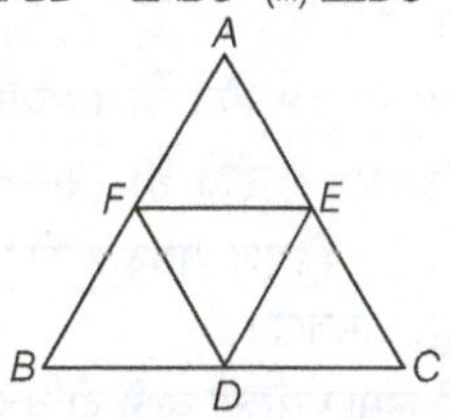

अब, $\Delta DEF \sim \Delta ABC$

स्पष्टतया $ED \parallel AF$ तथा $DF \parallel EA$

$\therefore$ $AFDE$ एक समांतर चतुर्भुज है

$\therefore$ $\angle EDF = \angle A$

[$\because$ समांतर चतुर्भुज के विपरीत कोण बराबर होते हैं]

इसी प्रकार, $BDEF$ एक समांतर चतुर्भुज है

$\therefore$ $\angle DEF = \angle B$

[$\because$ समांतर चतुर्भुज के विपरीत कोण बराबर होते हैं]

इस प्रकार, ΔABC तथा ΔDEF में,

$\angle A = \angle EDF$

$\angle B = \angle DEF$

$\therefore$ $\Delta ABC \sim \Delta DEF$ [AA समरूपता से]

18. संकेत ΔAPR तथा ΔABD में,

$\angle APR = \angle ABD$ [संगत कोण]

$\angle ARP = \angle ADB$ [संगत कोण]

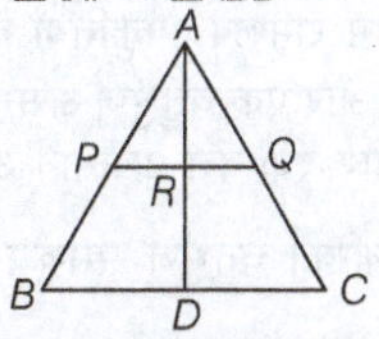

$\therefore$ $\Delta APR \sim \Delta ABD$ [AA समरूपता कसौटी से]

$\frac{PR}{BD} = \frac{AR}{AD}$ ...(i)

इसी प्रकार, हम सिद्ध करेंगे $\frac{AR}{AD} = \frac{RQ}{DC}$ ...(ii)

समी (i) और (ii) से,

$\frac{PR}{BD} = \frac{RQ}{DC}$ [$\because AD$ माध्यिका है]

$\Rightarrow$ $PR = RQ$

अतः माध्यिका AD, PQ को समद्विभाजित करती है।

NCERT फोल्डर

प्रश्नावली 6.1

1. कोष्ठकों में दिए शब्दों में से सही शब्दों का प्रयोग करते हुए, रिक्त स्थानों को भरिए।

(i) सभी वृत्त ………… होते हैं। (सर्वांगसम, समरूप)

(ii) सभी वर्ग ………… होते हैं। (समरूप, सर्वांगसम)

(iii) सभी ………… त्रिभुज समरूप होते हैं। (समद्विबाहु, समबाहु)

(iv) भुजाओं की समान संख्या वाले दो बहुभुज समरूप होते हैं यदि (a) उनके संगत कोण ………… हों तथा (b) उनकी संगत भुजाएँ ………… हों। (बराबर, समानुपाती)

हल (i) सभी वृत्त **समरूप** होते हैं क्योंकि वृत्तों के आकार समान होते हैं परंतु माप नहीं।

(ii) सभी वर्ग **समरूप** होते हैं क्योंकि वर्गों के आकार समान होते हैं परंतु माप नहीं।

(iii) सभी समबाहु त्रिभुज **समरूप** होते हैं क्योंकि समबाहु त्रिभुजों के आकार समान होते हैं परंतु माप नहीं।

(iv) भुजाओं की समान संख्या वाले दो बहुभुज समरूप होते हैं यदि

(a) उनके संगत कोण **बराबर** हों।

(b) उनकी संगत भुजाएँ **समानुपाती** हों।

2. निम्नलिखित युग्मों के दो भिन्न-भिन्न उदाहरण दीजिए।

(i) समरूप आकृतियाँ।

(ii) ऐसी आकृतियाँ जो समरूप नहीं हैं।

हल (i) (a) समबाहु त्रिभुजों का युग्म समरूप आकृतियों का होता है।

(b) वर्गों के युग्म समरूप आकृतियों के होते हैं।

(ii) (a) एक त्रिभुज और एक चतुर्भुज असमान आकृतियों का युग्म है।

(b) एक वर्ग और एक वृत्त असमान आकृतियों का युग्म है।

3. बताइए कि निम्नलिखित चतुर्भुज समरूप हैं या नहीं।

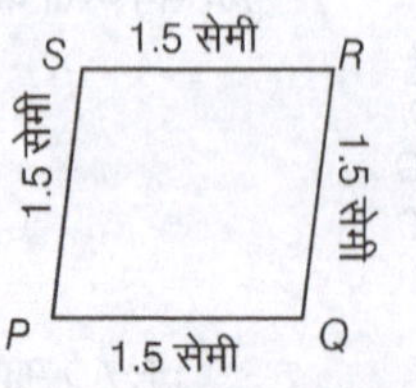

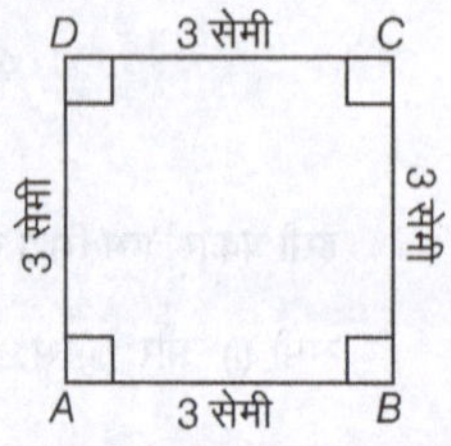

हल आकृति में दिए गए दोनों चतुर्भुज समान नहीं हैं क्योंकि इनके संगत कोण समान नहीं हैं। यह चित्रों से स्पष्ट है कि $\angle A = 90°$ तथा $\angle P \neq 90°$ है।

प्रश्नावली 6.2

1. आकृति (i) और (ii) में, $DE \parallel BC$ है। आकृति (i) में EC और (ii) में AD ज्ञात कीजिए।

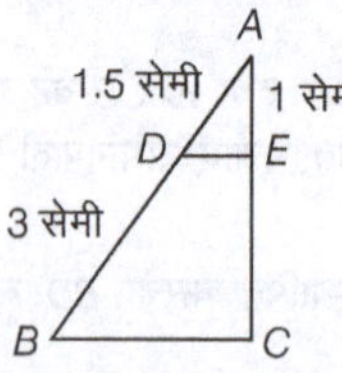

(i)

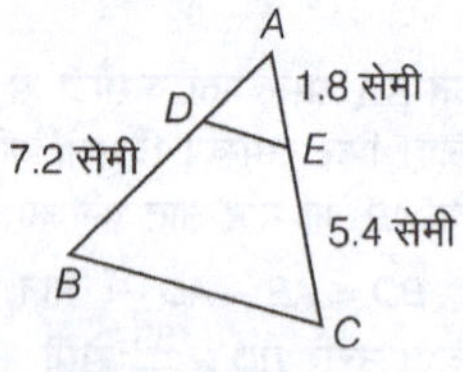

(ii)

हल आकृति (i) में, $DE \parallel BC$ [दिया है]

$\Rightarrow \dfrac{AD}{DB} = \dfrac{AE}{EC}$ [आधारभूत समानुपातिकता प्रमेय से]

$\Rightarrow \dfrac{1.5}{3} = \dfrac{1}{EC}$

[$\because AD = 1.5$ सेमी, $DB = 3$ सेमी और $AE = 1$ सेमी]

$\Rightarrow EC = \dfrac{3}{1.5} = 2$ सेमी

आकृति (ii) में, $DE \parallel BC$ [दिया है]

$\Rightarrow \dfrac{AD}{DB} = \dfrac{AE}{EC}$ [आधारभूत समानुपातिकता प्रमेय से]

$\Rightarrow \dfrac{AD}{7.2} = \dfrac{1.8}{5.4}$

[$\because AE = 1.8$ सेमी, $EC = 5.4$ सेमी और $BD = 7.2$ सेमी]

$\therefore AD = \dfrac{1.8 \times 7.2}{5.4} = 2.4$ सेमी

2. किसी ΔPQR की भुजाओं PQ और PR पर क्रमश: बिंदु E और F स्थित हैं। निम्नलिखित में से प्रत्येक स्थिति के लिए, बताइए कि क्या $EF \parallel QR$ है?

(i) $PE = 3.9$ सेमी, $EQ = 3$ सेमी, $PF = 3.5$ सेमी और $FR = 2.4$ सेमी

(ii) $PE = 4$ सेमी, $QE = 4.5$ सेमी, $PF = 8$ सेमी और $RF = 9$ सेमी

(iii) $PQ = 1.28$ सेमी, $PR = 2.56$ सेमी, $PE = 0.18$ सेमी और $PF = 0.36$ सेमी

हल (i) चित्र में, $\dfrac{PE}{EQ} = \dfrac{3.9}{3} = 1.3$

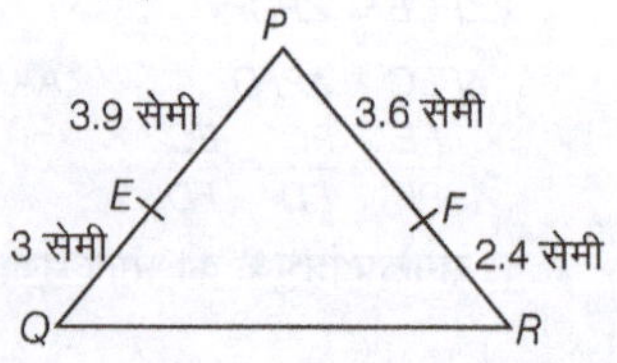

$$\frac{PF}{FR}=\frac{3.6}{2.4}=\frac{3}{2}=1.5$$

$$\Rightarrow \quad \frac{PE}{EQ}\neq\frac{PF}{FR}$$

अतः EF, QR के समांतर नहीं है क्योंकि आधारभूत समानुपातिकता प्रमेय संतुष्ट नहीं होती है।

(ii) चित्र में, $\frac{PE}{EQ}=\frac{4}{4.5}=\frac{40}{45}=\frac{8}{9}$

और $\frac{PF}{FR}=\frac{8}{9}$

$$\Rightarrow \quad \frac{PE}{EQ}=\frac{PF}{FR}$$

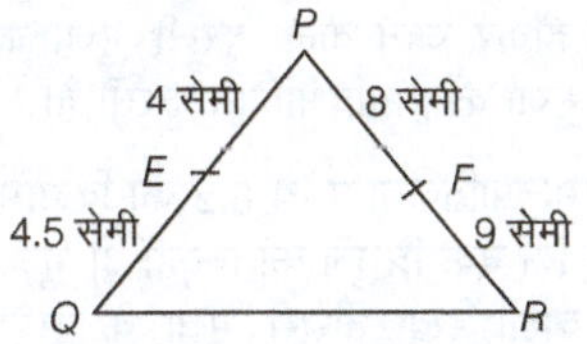

अतः $EF \parallel QR$, क्योंकि आधारभूत समानुपातिकता प्रमेय संतुष्ट होती है।

(iii) चित्र में, $\frac{PE}{EQ}=\frac{PE}{PQ-PE}$

$$=\frac{0.18}{1.28-0.18}$$

$$=\frac{0.18}{1.10}=\frac{9}{55}$$

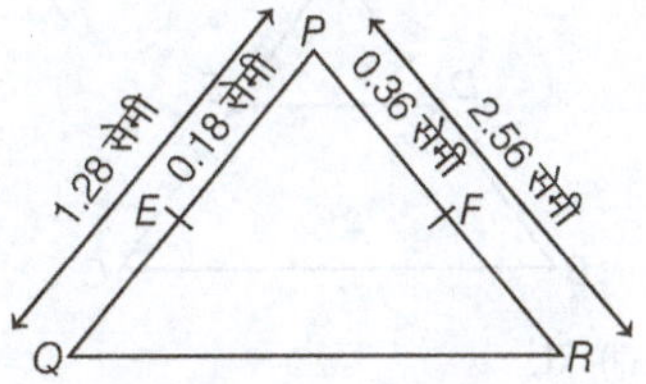

और $\frac{PF}{FR}=\frac{PF}{PR-PF}$

$$=\frac{0.36}{2.56-0.36}=\frac{0.36}{2.20}=\frac{9}{55}$$

$$\Rightarrow \quad \frac{PE}{EQ}=\frac{PF}{FR}$$

अतः $EF \parallel QR$, क्योंकि आधारभूत समानुपातिकता प्रमेय संतुष्ट होती है।

3. दी गई आकृति में, यदि $LM \parallel CB$ और $LN \parallel CD$ हो, तो सिद्ध कीजिए कि $\frac{AM}{AB}=\frac{AN}{AD}$

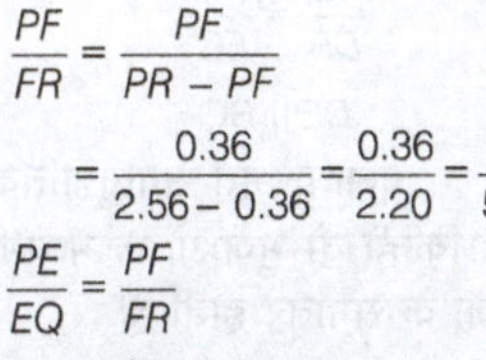

हल ΔACB में, $LM \parallel CB$ [दिया है]

$\Rightarrow \frac{AM}{MB}=\frac{AL}{LC}$ [आधारभूत समानुपातिकता प्रमेय से]...(i)

ΔACD में, $LN \parallel CD$ [दिया है]

$\Rightarrow \frac{AN}{ND}=\frac{AL}{LC}$ [आधारभूत समानुपातिकता प्रमेय से]...(ii)

समी (i) व (ii) से,

$$\frac{AM}{MB}=\frac{AN}{ND}$$

$$\Rightarrow \quad \frac{MB}{AM}=\frac{ND}{AN}$$

$$\Rightarrow \quad \frac{MB}{AM}+1=\frac{ND}{AN}+1$$

[दोनों पक्षों में 1 जोड़ने पर]

$$\Rightarrow \quad \frac{MB+AM}{AM}=\frac{ND+AN}{AN}$$

$$\Rightarrow \quad \frac{AM}{AM+MB}=\frac{AN}{AN+ND}$$

$$\Rightarrow \quad \frac{AM}{AB}=\frac{AN}{AD}$$

इति सिद्धम्

4. दी गई आकृति में, यदि $DE \parallel AC$ और $DF \parallel AE$ हो, तब सिद्ध कीजिए कि $\frac{BF}{FE}=\frac{BE}{EC}$ है।

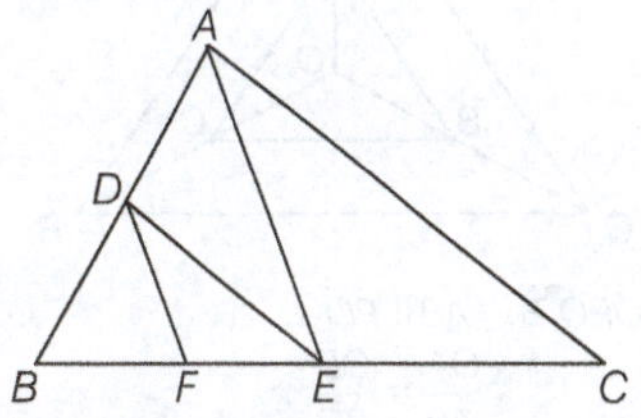

हल ΔBAC में, $DE \parallel AC$ [दिया है]

$\Rightarrow \frac{BE}{EC}=\frac{BD}{DA}$ [आधारभूत समानुपातिकता प्रमेय से]...(i)

ΔBAE में, $DF \parallel AE$ [दिया है]

$\Rightarrow \frac{BF}{FE}=\frac{BD}{DA}$ [आधारभूत समानुपातिकता प्रमेय से]...(ii)

समी (i) व (ii) से,

$$\frac{BF}{FE}=\frac{BE}{EC}$$

इति सिद्धम्

5. आकृति में, $DE \parallel OQ$ और $DF \parallel OR$ है। दर्शाइए कि $EF \parallel QR$ है।

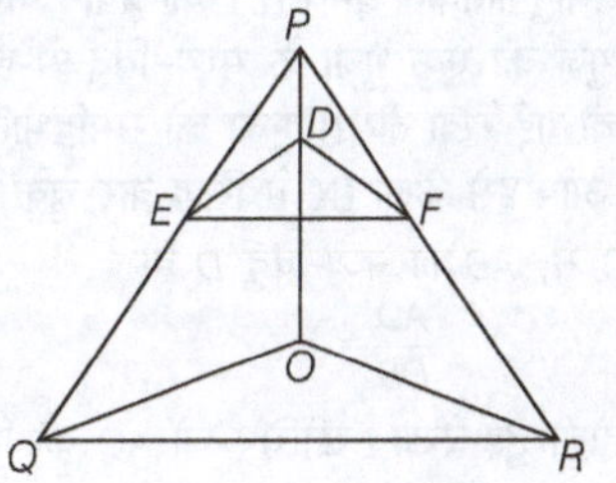

हल दिया है, $DE \parallel OQ$ तथा $DF \parallel OR$

ΔPQO में,

$$\frac{PE}{EQ} = \frac{PD}{DO}$$ [आधारभूत समानुपातिकता प्रमेय से] ...(i)

ΔPOR में,

$$\frac{PF}{FR} = \frac{PD}{DO}$$ [आधारभूत समानुपातिकता प्रमेय से]...(ii)

समी (i) व (ii) से,

$$\frac{PE}{EQ} = \frac{PF}{FR}$$

अब ΔPQR में,

$$\frac{PE}{EQ} = \frac{PF}{FR}$$ [ऊपर सिद्ध किया जा चुका है]

$\therefore$ $EF \parallel QR$

[आधारभूत समानुपातिकता प्रमेय के विलोम से]

इति सिद्धम्

6. आकृति में क्रमशः OP, OQ और OR पर स्थित बिंदु A, B और C इस प्रकार हैं कि $AB \parallel PQ$ और $AC \parallel PR$ है। दर्शाइए कि $BC \parallel QR$ है।

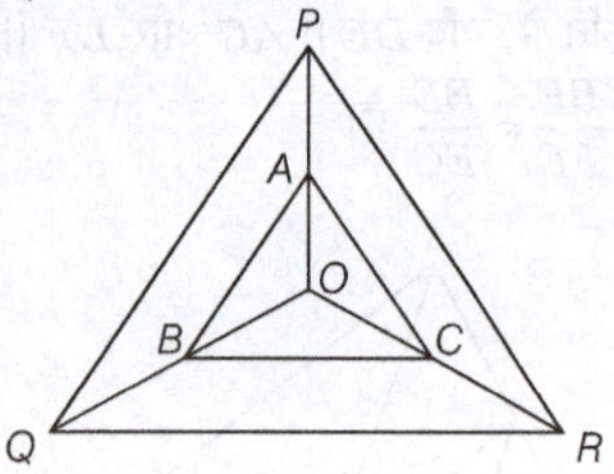

हल दिया है, ΔOPQ में, $AB \parallel PQ$

$$\Rightarrow \frac{OA}{AP} = \frac{OB}{BQ}$$ ...(i)

[आधारभूत समानुपातिकता प्रमेय से]

ΔOPR में, $AC \parallel PR$ [दिया है]

$$\Rightarrow \frac{OA}{AP} = \frac{OC}{CR}$$

[आधारभूत समानुपातिकता प्रमेय से]...(ii)

समी (i) व (ii) से, $\frac{OB}{BQ} = \frac{OC}{CR}$

$\Rightarrow$ $BC \parallel QR$

[आधारभूत समानुपातिकता प्रमेय के विलोम से]

इति सिद्धम्

7. आधारभूत समानुपातिकता प्रमेय 6.1 का प्रयोग करते हुए सिद्ध कीजिए कि एक त्रिभुज की एक भुजा के मध्य-बिंदु से होकर दूसरी भुजा के समांतर खींची गई रेखा तीसरी भुजा को समद्विभाजित करती है। (याद कीजिए कि आप इसे कक्षा IX में सिद्ध कर चुके हैं।)

हल माना ΔABC में, AB का मध्य-बिंदु D है।

तब, $$\frac{AD}{DB} = 1$$ ...(i)

बिंदु D से होती हुई रेखा l खींचिए जो AC को बिंदु E पर मिलती है तथा $l \parallel BC$

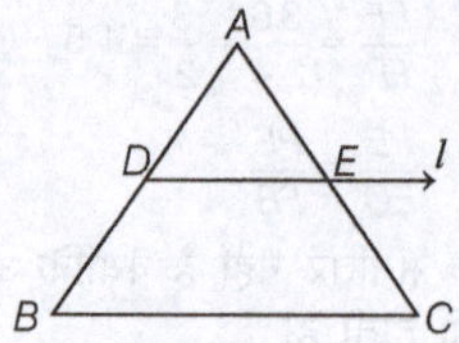

आधारभूत समानुपातिकता प्रमेय से,

$$\frac{AD}{DB} = \frac{AE}{EC}$$

$$\therefore \frac{AE}{EC} = 1$$ [समी (i) से]

$$\Rightarrow AE = EC$$

इसलिए E, AC का मध्य-बिंदु है। अतः त्रिभुज की एक भुजा के मध्य-बिंदु से होकर जाने वाली दूसरी भुजा के समांतर खींची गई रेखा तीसरी भुजा को समद्विभाजित करती है। **इति सिद्धम्**

8. आधारभूत समानुपातिकता प्रमेय 6.2 का विलोम का प्रयोग करते हुए सिद्ध कीजिए कि एक त्रिभुज की किन्हीं दो भुजाओं के मध्य-बिंदुओं को मिलाने वाली रेखा तीसरी भुजा के समांतर होती है। (याद कीजिए कि आप कक्षा IX में ऐसा कर चुके हैं)

हल माना ΔABC में, बिंदु D तथा E क्रमशः भुजाओं AB और AC के मध्य-बिंदु हैं।

तब $$\frac{AD}{DB} = 1$$ ...(i)

तथा $$\frac{AE}{EC} = 1$$ ...(ii)

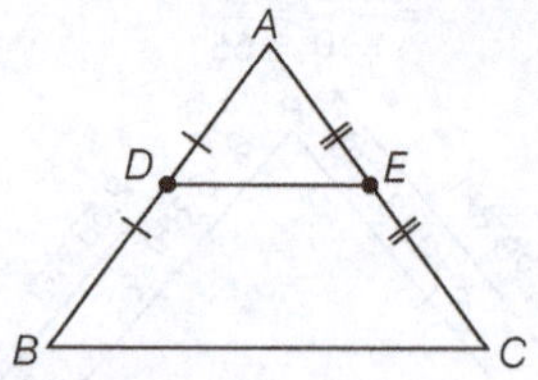

समी (i) व (ii) से,

$$\frac{AD}{DB} = \frac{AE}{EC}$$

$$\Rightarrow DE \parallel BC$$

[आधारभूत समानुपातिकता के विलोम प्रमेय से]

अतः त्रिभुज की किन्ही दो भुजाओं के मध्य-बिंदुओं को मिलाने वाली रेखा तीसरी भुजा के समांतर होती है। **इति सिद्धम्**

9. $ABCD$ एक समलंब है, जिसमें $AB \parallel DC$ है तथा इसके विकर्ण परस्पर बिंदु O पर प्रतिच्छेद करते हैं। दर्शाइए कि $\frac{AO}{BO} = \frac{CO}{DO}$ है। **[CBSE 2023 (Standard)]**

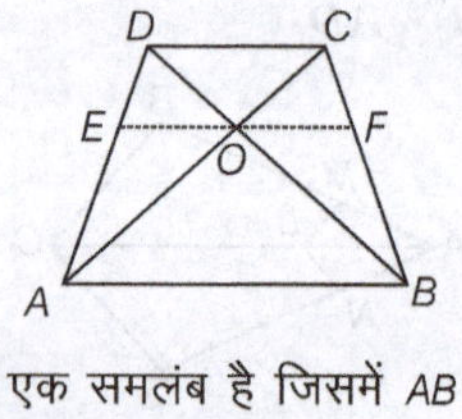

हल **दिया है** $ABCD$ एक समलंब है जिसमें $AB \parallel DC$, विकर्ण AC और BD बिंदु O पर प्रतिच्छेद करते हैं।

सिद्ध करना है $\frac{AO}{BO} = \frac{CO}{DO}$

रचना $EOF \parallel AB \parallel CD$ खींचिए।

उपपत्ति ΔACD में, $OE \parallel CD$ [रचना से]

$\Rightarrow \quad \frac{AE}{ED} = \frac{AO}{OC}$

[आधारभूत समानुपातिकता प्रमेय से] ...(i)

ΔABD में, $OE \parallel BA$

$\Rightarrow \quad \frac{DE}{EA} = \frac{DO}{OB}$

[आधारभूत समानुपातिकता प्रमेय से]

$\Rightarrow \quad \frac{AE}{ED} = \frac{OB}{OD}$ ...(ii)

समी (i) व (ii) से, $\frac{AO}{OC} = \frac{OB}{OD}$

अर्थात् $\frac{AO}{BO} = \frac{CO}{DO}$ **इति सिद्धम्**

10. एक चतुर्भुज *ABCD* के विकर्ण परस्पर बिंदु *O* पर इस प्रकार प्रतिच्छेद करते हैं कि $\frac{AO}{BO} = \frac{CO}{DO}$ है। दर्शाइए कि *ABCD* एक समलंब है।

हल दिया है, *ABCD* एक चतुर्भुज है जिसके विकर्ण *AC* और *BD* बिंदु *O* पर इस प्रकार प्रतिच्छेद करते है कि

$\frac{AO}{BO} = \frac{CO}{DO}$ या $\frac{AO}{OC} = \frac{BO}{OD}$ ...(i)

बिंदु *O* से होते हुए $OE \parallel BA$ खींचिए। रेखा *OE*, *AD* को बिंदु *E* पर मिलती है।

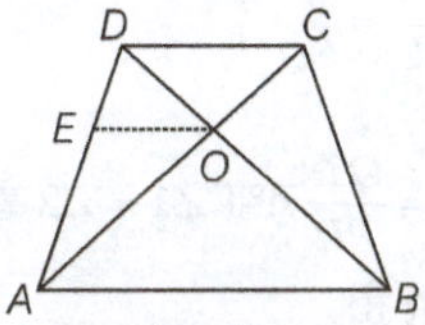

ΔDAB में, $EO \parallel AB$

$\Rightarrow \quad \frac{DE}{EA} = \frac{DO}{OB}$

$\Rightarrow \quad \frac{AE}{ED} = \frac{BO}{OD}$ ...(ii)

समी (i) तथा (ii) से,

$\frac{AO}{OC} = \frac{AE}{ED}$

$\Rightarrow \quad OE \parallel CD$

[आधारभूत समानुपातिकता प्रमेय के विलोम से]

अब, $BA \parallel OE$ ...(iii)

तथा $OE \parallel CD$ ...(iv)

समी (iii) व (iv) से, $AB \parallel CD$

अतः चतुर्भुज *ABCD* एक समलंब है। **इति सिद्धम्**

प्रश्नावली 6.3

1. बताइए कि दी गई आकृतियों में दिए त्रिभुजों के युग्मों में से कौन-कौन से युग्म समरूप हैं। उस समरूपता कसौटी को लिखिए जिसका प्रयोग आपने उत्तर देने में किया है तथा साथ ही समरूप त्रिभुजों को सांकेतिक रूप में व्यक्त कीजिए।

(i)

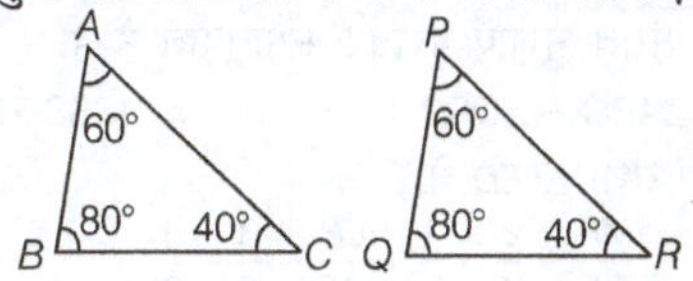

(ii)

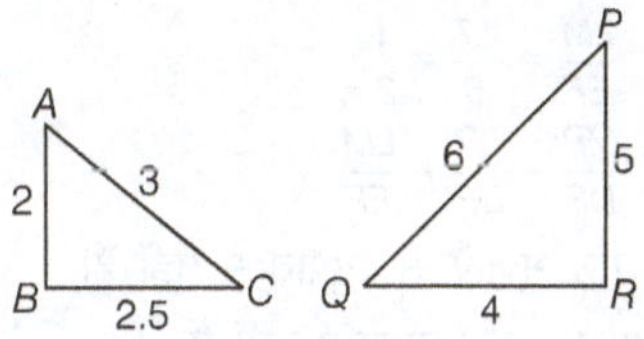

(iii)

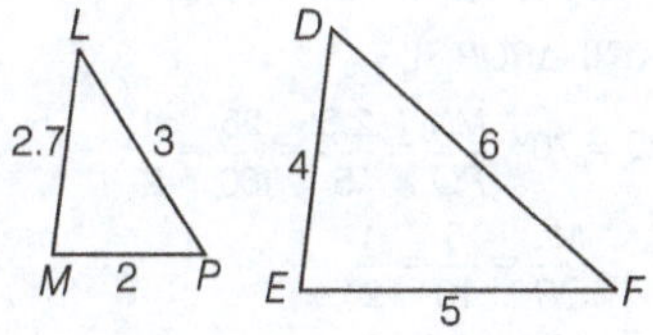

(iv)

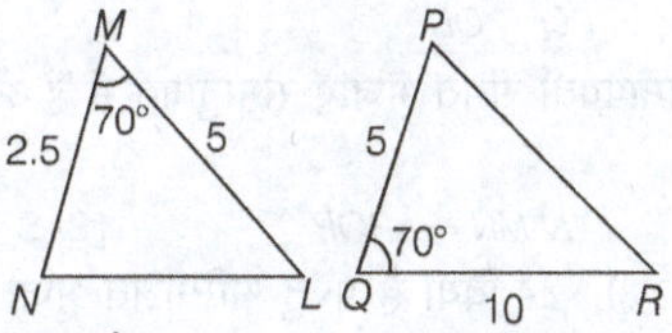

(v)

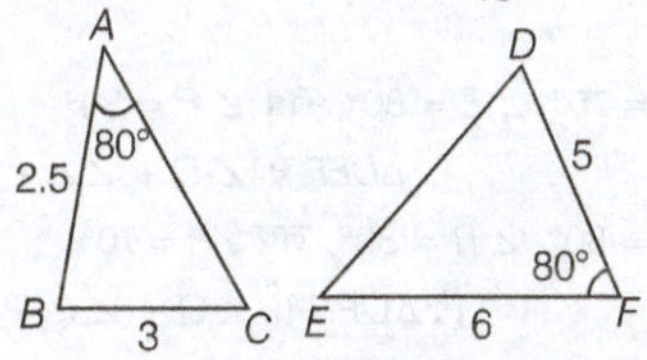

(vi)

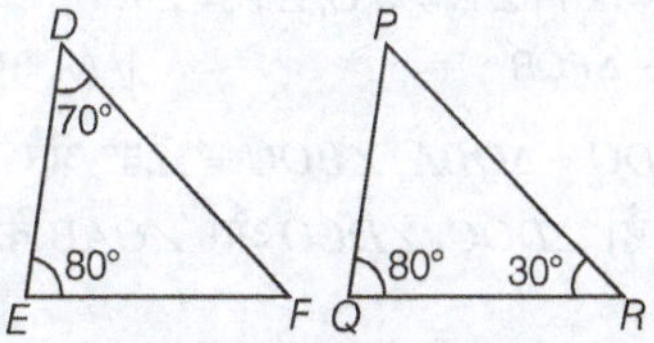

हल (i) हाँ, ΔABC तथा ΔPQR में,

$\angle A = \angle P = 60°$,

$\angle B = \angle Q = 80°$

तथा $\angle C = \angle R = 40°$

[$\because$ दोनों त्रिभुजों के संगत कोण बराबर हैं।

$\therefore \quad \Delta ABC \sim \Delta PQR$ [AAA समरूपता से]

(ii) हाँ, ΔABC तथा ΔQRP में,

$$\frac{AB}{QR}=\frac{2}{4}=\frac{1}{2},$$

$$\frac{BC}{RP}=\frac{2.5}{5}=\frac{25}{50}=\frac{1}{2}$$

तथा $\frac{CA}{PQ}=\frac{3}{6}=\frac{1}{2}$

यहाँ, सभी संगत भुजाएँ बराबर समानुपात में हैं।

$\therefore$ $\Delta ABC \sim \Delta QRP$ [SSS समरूपता से]

(iii) नहीं, ΔLMP तथा ΔFED में,

$$\frac{MP}{DE}=\frac{2}{4}=\frac{1}{2},\ \frac{LP}{DF}=\frac{3}{6}=\frac{1}{2}$$

तथा $\frac{LM}{EF}=\frac{2.7}{5}\neq\frac{1}{2}$

अर्थात् $\frac{MP}{DE}=\frac{LP}{DF}\neq\frac{LM}{EF}$

यहाँ, सभी संगत भुजाएँ समानुपात में नहीं हैं।

अतः ΔLMP और ΔFED समरूप नहीं हैं।

(iv) हाँ, ΔLMN तथा ΔRQP में,

$$\angle M=\angle Q=70°,\ \frac{MN}{PQ}=\frac{2.5}{5}=\frac{25}{50}=\frac{1}{2}$$

तथा $\frac{ML}{QR}=\frac{5}{10}=\frac{1}{2}$

अर्थात् $\frac{MN}{PQ}=\frac{ML}{QR}$

यहाँ, दो समीपवर्ती संगत भुजाएँ समानुपात में हैं और एक कोण समान है।

$\therefore$ $\Delta LMN \sim \Delta RQP$ [SAS समरूपता से]

(v) नहीं, ΔABC में, $\angle A$ दिया है परंतु सम्मिलित भुजा AC नहीं दी हुई है।

(vi) हाँ, $\angle D=70°,\ \angle E=80°,$ तब $\angle F=30°$

[$\because \Delta DEF$ में, $\angle D+\angle E+\angle F=180°$]

तथा $\angle Q=80°,\ \angle R=30°,$ तब $\angle P=70°$

[$\because \Delta QPR$ में, $\angle Q+\angle P+\angle R=180°$]

यहाँ, $\angle D=\angle P, \angle E=\angle Q, \angle F=\angle R$

$\therefore$ $\Delta DEF \sim \Delta PQR$ [AAA समरूपता से]

2. आकृति में, $\Delta ODC \sim \Delta OBA$, $\angle BOC=125°$ और $\angle CDO=70°$ है। $\angle DOC$, $\angle DCO$ और $\angle OAB$ के मान ज्ञात कीजिए।

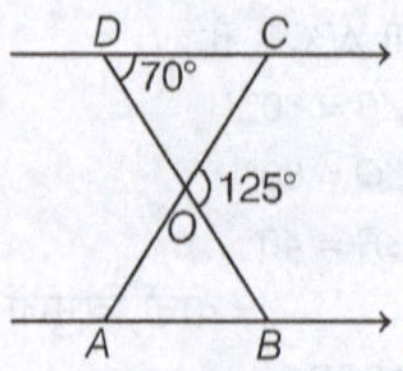

हल यहाँ, DOB एक सरल रेखा है।

$\therefore$ $\angle DOC+\angle BOC=180°$

$\angle DOC+125°=180°$

$\Rightarrow$ $\angle DOC=180°-125°=55°$

$\angle DCO+\angle CDO+\angle DOC=180°$

[$\because$ त्रिभुज के तीनों कोणों का योग 180° होता है]

$\Rightarrow$ $\angle DCO+70°+55°=180°$

$\Rightarrow$ $\angle DCO+125°=180°$

$\Rightarrow$ $\angle DCO=180°-125°=55°$

अब, $\Delta ODC \sim \Delta OBA$ [दिया है]

$\Rightarrow$ $\angle OCD=\angle OAB$

$\Rightarrow$ $\angle OAB=\angle OCD=\angle DCO=55°$

अर्थात् $\angle OAB=55°$

अतः $\angle DOC=55°, \angle DCO=55°$ तथा $\angle OAB=55°$

3. समलंब $ABCD$, जिसमें $AB \parallel DC$ है, के विकर्ण AC और BD परस्पर O पर प्रतिच्छेद करते हैं। दो त्रिभुजों की समरूपता कसौटी का प्रयोग करते हुए दर्शाइए कि $\frac{OA}{OC}=\frac{OB}{OD}$ है।

हल **दिया है** समलंब चतुर्भुज $ABCD$ जिसके विकर्ण AC और BD परस्पर बिंदु O पर प्रतिच्छेद करते हैं।

सिद्ध करना है $\frac{OA}{OC}=\frac{OB}{OD}$

उपपत्ति ΔOCD तथा ΔOAB में, $AB \parallel DC$ [दिया है]

$\Rightarrow$ $\angle 1=\angle 3, \angle 2=\angle 4$ [एकांतर कोण]

$\angle DOC=\angle BOA$ [शीर्षाभिमुख कोण]

$\therefore$ $\Delta OCD \sim \Delta OAB$ [AAA समरूपता से]

$\Rightarrow$ $\frac{OC}{OA}=\frac{OD}{OB}$

[समरूप त्रिभुजों की संगत भुजाओं के अनुपात बराबर होते हैं]

$\therefore$ $\frac{OA}{OC}=\frac{OB}{OD}$ [व्युत्क्रम लेने पर]

इति सिद्धम्

4. आकृति में, $\frac{QR}{QS}=\frac{QT}{PR}$ तथा $\angle 1=\angle 2$ है। दर्शाइए कि $\Delta PQS \sim \Delta TQR$ है। **[CBSE 2023 (Basic)]**

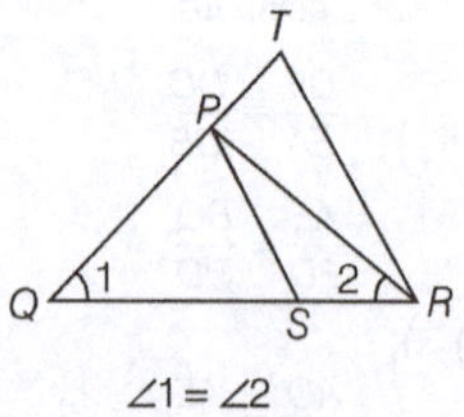

हल ΔPQR में, $\angle 1=\angle 2$ [दिया है]

$\Rightarrow$ $PQ=PR$

[$\because$ त्रिभुज के समान कोणों की सम्मुख भुजाएँ समान होती हैं]

दिया है, $\frac{QR}{QS}=\frac{QT}{PR}$

$\Rightarrow$ $\frac{QR}{QS}=\frac{QT}{PQ}$ [$\because PQ=PR$, ऊपर सिद्ध किया जा चुका है]

$\Rightarrow$ $\frac{QS}{QR}=\frac{PQ}{QT}$ [व्युत्क्रम लेने पर] ...(i)

अब, ΔPQS और ΔTQR में,

$\angle PQS=\angle TQR$ [प्रत्येक $=\angle 1$]

तथा $\frac{QS}{QR}=\frac{PQ}{QT}$ [समी (i) से]

$\therefore$ $\Delta PQS \sim \Delta TQR$ [SAS समरूपता से]

5. ΔPQR की भुजाओं PR और QR पर क्रमशः बिंदु S और T इस प्रकार स्थित हैं कि $\angle P = \angle RTS$ है। दर्शाइए कि $\Delta RPQ \sim \Delta RTS$ है।

हल ΔPQR की भुजाओं PR और QR पर क्रमशः बिंदु S और T इस प्रकार स्थित हैं कि $\angle P = \angle RTS$

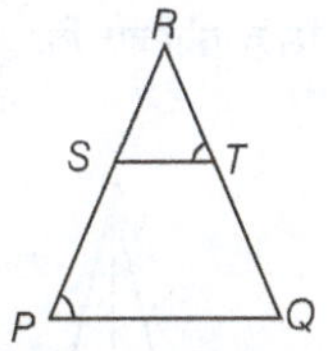

अर्थात् $\angle RPQ = \angle RTS$ [दिया है]

$\angle PRQ = \angle SRT$ [प्रत्येक $= \angle R$]

$\therefore$ $\Delta RPQ \sim \Delta RTS$ [AAA समरूपता से]

इति सिद्धम्

6. दी गई आकृति में, यदि $\Delta ABE \cong \Delta ACD$ है, तो दर्शाइए कि $\Delta ADE \sim \Delta ABC$ है।

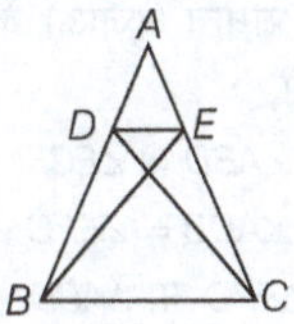

हल दिया है, $\Delta ABE \cong \Delta ACD$

$\Rightarrow$ $AB = AC$ तथा $AE = AD$ [CPCT से]

$\Rightarrow$ $\frac{AB}{AC} = 1$ तथा $\frac{AD}{AE} = 1$

$\Rightarrow$ $\frac{AB}{AC} = \frac{AD}{AE}$ [$\because$ प्रत्येक 1 के समान है]

अब, ΔADE तथा ΔABC में,

$\frac{AD}{AE} = \frac{AB}{AC}$ [सिद्ध किया जा चुका है]

अर्थात् $\frac{AD}{AB} = \frac{AE}{AC}$

और $\angle DAE = \angle BAC$ [$\because$ प्रत्येक $\angle A$ के समान है]

अतः $\Delta ADE \sim \Delta ABC$ [SAS समरूपता से]

इति सिद्धम्

7. दी गई आकृति में, ΔABC के शीर्षलंब AD और CE परस्पर बिंदु P पर प्रतिच्छेद करते हैं। दर्शाइए कि

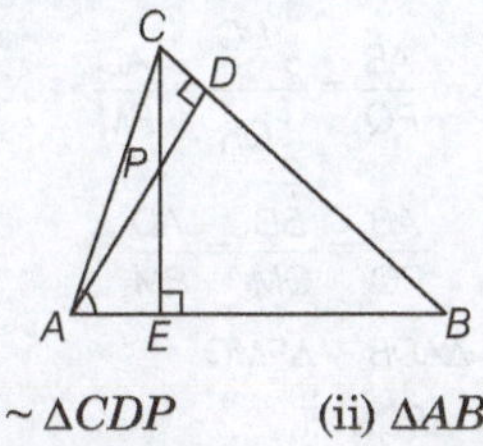

(i) $\Delta AEP \sim \Delta CDP$ (ii) $\Delta ABD \sim \Delta CBE$

(iii) $\Delta AEP \sim \Delta ADB$ (iv) $\Delta PDC \sim \Delta BEC$

हल दिया है, शीर्षलंब AD और CE परस्पर बिंदु P पर प्रतिच्छेद करते हैं।

(i) ΔAEP तथा ΔCDP में,

$\angle AEP = \angle CDP$ [प्रत्येक 90°]

और $\angle APE = \angle CPD$ [शीर्षाभिमुख कोण]

$\therefore$ $\Delta AEP \sim \Delta CDP$ [AA समरूपता से]

(ii) ΔABD तथा ΔCBE में,

$\angle ADB = \angle CEB$ [प्रत्येक 90°]

और $\angle ABD = \angle CBE$ [उभयनिष्ठ कोण]

$\therefore$ $\Delta ABD \sim \Delta CBE$ [AA समरूपता से]

(iii) ΔAEP तथा ΔADB में,

$\angle AEP = \angle ADB$ [प्रत्येक 90°]

और $\angle PAE = \angle DAB$ [उभयनिष्ठ कोण]

$\therefore$ $\Delta AEP \sim \Delta ADB$ [AA समरूपता से]

(iv) ΔPDC तथा ΔBEC में,

$\angle PDC = \angle BEC$ [प्रत्येक 90°]

और $\angle PCD = \angle BCE$ [उभयनिष्ठ कोण]

$\therefore$ $\Delta PDC \sim \Delta BEC$ [AA समरूपता से]

8. समांतर चतुर्भुज $ABCD$ की बढ़ाई गई भुजा AD पर स्थित E एक बिंदु है तथा BE भुजा CD को F पर प्रतिच्छेद करती है। दर्शाइए कि $\Delta ABE \sim \Delta CFB$ है। **[CBSE 2023 (Basic)]**

हल समांतर चतुर्भुज $ABCD$ की बढ़ाई गई भुजा AD पर स्थित E एक बिंदु है तथा BE भुजा CD को F पर प्रतिच्छेद करती है।

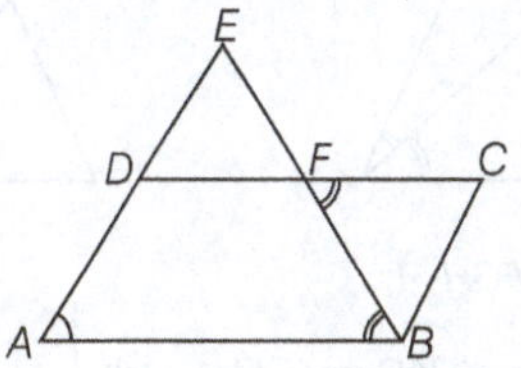

समांतर चतुर्भुज $ABCD$ में,

$\angle A = \angle C$

[समांतर चतुर्भुज के सम्मुख कोण हैं] ...(i)

अब ΔABE तथा ΔCFB में,

$\angle EAB = \angle BCF$ [समी (i) से]

$\angle ABE = \angle BFC$ [एकांतर कोण; $\because AB \parallel FC$]

$\therefore$ $\Delta ABE \sim \Delta CFB$ [AA समरूपता से]

9. दी गई आकृति में, ΔABC और ΔAMP दो समकोण त्रिभुज हैं, जिनके $\angle B$ और $\angle M$ समकोण हैं। सिद्ध कीजिए कि

(i) $\Delta ABC \sim \Delta AMP$ (ii) $\frac{CA}{PA} = \frac{BC}{MP}$

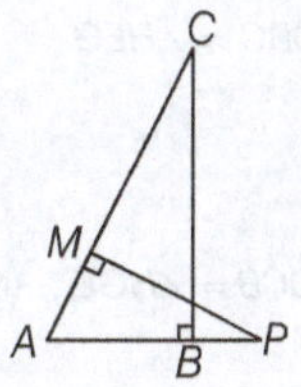

हल (i) ΔABC तथा ΔAMP में,

$\angle ABC = \angle AMP$ [प्रत्येक 90°, दिया है]

$\angle BAC = \angle PAM$ [उभयनिष्ठ कोण]

$\therefore$ $\Delta ABC \sim \Delta AMP$ [AA समरूपता से]

(ii) भाग (i) से, $\Delta ABC \sim \Delta AMP$

$$\therefore \quad \frac{AC}{AP} = \frac{BC}{MP}$$

[समरूप त्रिभुजों की संगत भुजाओं के अनुपात समान होते हैं]

$$\Rightarrow \quad \frac{CA}{PA} = \frac{BC}{MP}$$ इति सिद्धम्

10. CD और GH क्रमश: $\angle ACB$ और $\angle EGF$ के ऐसे समद्विभाजक हैं कि बिंदु D और H क्रमश: ΔABC और ΔFEG की भुजाओं AB और FE पर स्थित हैं। यदि $\Delta ABC \sim \Delta FEG$ है, तो दर्शाइए कि

(i) $\dfrac{CD}{GH} = \dfrac{AC}{FG}$

(ii) $\Delta DCB \sim \Delta HGE$

(iii) $\Delta DCA \sim \Delta HGF$

हल ΔABC तथा ΔFEG में, $\angle ACB$ तथा $\angle EGF$ के समद्विभाजक CD तथा GH इस प्रकार हैं कि D, AB पर तथा H, FE पर स्थित है।

$\Delta ABC \sim \Delta FEG$ [दिया है]

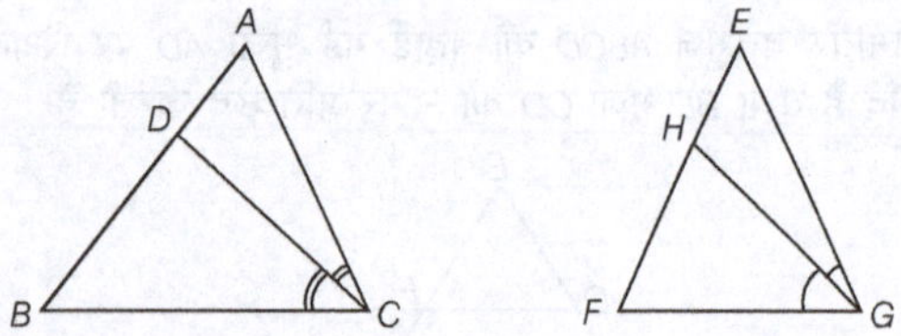

(i) ΔACD तथा ΔFGH में,

$$\angle CAD = \angle GFH \quad \ldots(i) \left\{\begin{aligned} &\because \Delta ABC \sim \Delta FEG \\ &\therefore \angle CAB = \angle GFE \\ &\Rightarrow \angle CAD = \angle GFH \end{aligned}\right.$$

$$\angle ACD = \angle FGH \quad \ldots(ii) \left\{\begin{aligned} &\because \Delta ABC \sim \Delta FEG \\ &\therefore \angle ACB = \angle FGE \\ &\Rightarrow \frac{1}{2}\angle ACB = \frac{1}{2}\angle FGE \\ &\Rightarrow \angle ACD = \angle FGH \end{aligned}\right.$$

समी (i) तथा (ii) से,

$\Delta ACD \sim \Delta FGH$ [AA समरूपता से]

$$\therefore \quad \frac{CD}{GH} = \frac{AC}{FG}$$

[$\because$ दो समरूप त्रिभुजों की संगत भुजाएँ समानुपात में होती हैं]

(ii) ΔDCB तथा ΔHGE में,

$$\angle DBC = \angle HEG \quad \ldots(iii) \left\{\begin{aligned} &\because \Delta ABC \sim \Delta FEG \\ &\therefore \angle ABC = \angle FEG \\ &\Rightarrow \angle DBC = \angle HEG \end{aligned}\right.$$

$$\angle DCB = \angle HGE \quad \ldots(iv) \left\{\begin{aligned} &\because \Delta ABC \sim \Delta FEG \\ &\therefore \angle ACB = \angle FGE \\ &\Rightarrow \frac{1}{2}\angle ACB = \frac{1}{2}\angle FGE \\ &\Rightarrow \angle DCB = \angle HGE \end{aligned}\right.$$

समी (iii) तथा (iv) से,

$\Delta DCB \sim \Delta HGE$ [AA समरूपता से]

(iii) ΔDCA तथा ΔHGF में,

$\angle DAC = \angle HFG$ ...(v) [समी (i) से]

$\angle DCA = \angle HGF$ ...(vi) [समी (ii) से]

समी (v) तथा (vi) से,

$\Delta DCA \sim \Delta HGF$ [AA समरूपता से]

11. आकृति में, $AB = AC$ वाले एक समद्विबाहु ΔABC की बढ़ाई गई भुजा CB पर स्थित E एक बिंदु है। यदि $AD \perp BC$ और $EF \perp AC$ है, तो सिद्ध कीजिए कि $\Delta ABD \sim \Delta ECF$ है। **[CBSE 2023 (Standard)]**

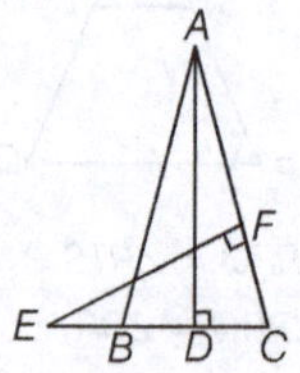

हल दिया है, ΔABC एक समद्विबाहु त्रिभुज है जिसमें $AB = AC$

साथ ही, $AD \perp BC$ तथा $EF \perp AC$

अब, $AB = AC \Rightarrow \angle B = \angle C$ ...(i)

[$\because$ त्रिभुज की समान भुजाओं के सम्मुख कोण समान होते हैं]

ΔADB तथा ΔEFC में,

$\angle ABD = \angle ECF$ [समी (i) से]

तथा $\angle ADB = \angle EFC$ [प्रत्येक 90°]

$\therefore$ $\Delta ADB \sim \Delta EFC$ या $\Delta ABD \sim \Delta ECF$ [AA समरूपता से]

12. ΔABC की भुजाएँ AB और BC तथा माध्यिका AD, अन्य ΔPQR की क्रमश: भुजाओं PQ और QR तथा माध्यिका PM के समानुपाती हैं (देखिए आकृति)। दर्शाइए कि $\Delta ABC \sim \Delta PQR$ है।

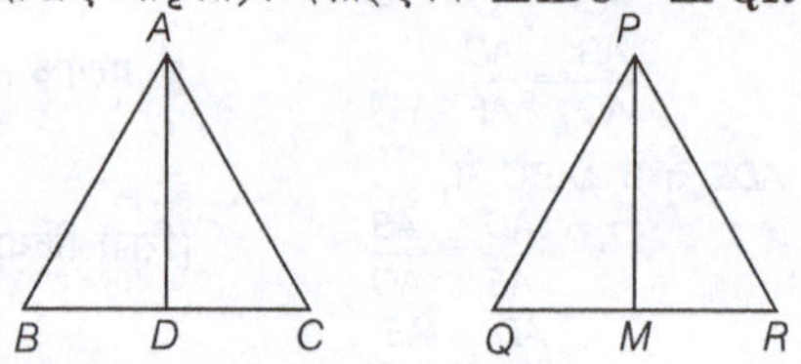

हल दिया है ΔABC तथा ΔPQR में,

AD तथा PM उनकी माध्यिकाएँ हैं।

तथा $$\frac{AB}{PQ} = \frac{BC}{QR} = \frac{AD}{PM} \quad \ldots(i)$$

सिद्ध करना है $\Delta ABC \sim \Delta PQR$

उपपत्ति दिया है, $$\frac{AB}{PQ} = \frac{BC}{QR} = \frac{AD}{PM}$$

$$\Rightarrow \quad \frac{AB}{PQ} = \frac{\frac{1}{2}BC}{\frac{1}{2}QR} = \frac{AD}{PM}$$

$$\Rightarrow \quad \frac{AB}{PQ} = \frac{BD}{QM} = \frac{AD}{PM}$$

$\therefore$ $\Delta ADB \sim \Delta PMQ$ [SSS समरूपता से]

अब, ΔABC तथा ΔPQR में,

$$\frac{AB}{PQ} = \frac{BC}{QR}$$ [दिया है]

तथा $\angle B = \angle Q$

$\therefore$ $\Delta ABC \sim \Delta PQR$ [SAS समरूपता से]

13. एक ΔABC की भुजा BC पर एक बिंदु D इस प्रकार स्थित है कि $\angle ADC = \angle BAC$ है। दर्शाइए कि $CA^2 = CB \cdot CD$ है।

हल ΔABC तथा ΔDAC में,

$\angle BAC = \angle ADC$ [दिया है]

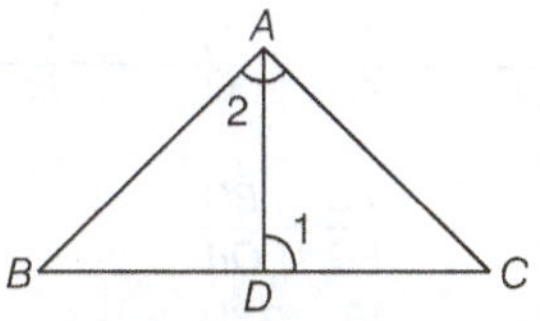

तथा $\angle ACB = \angle DCA$ [उभयनिष्ठ $\angle C$]

$\therefore$ $\Delta ABC \sim \Delta DAC$ [AA समरूपता से]

$\Rightarrow$ $\frac{AC}{DC} = \frac{BC}{CA}$

$\Rightarrow$ $\frac{AC}{CB} = \frac{CD}{CA}$

$\Rightarrow$ $\frac{CA}{CD} = \frac{CB}{CA}$

$\Rightarrow$ $CA \times CA = CB \times CD$

$\therefore$ $CA^2 = CB \times CD$ **इति सिद्धम्**

14. ΔABC की भुजाएँ AB और AC तथा माध्यिका AD एक अन्य ΔPQR की भुजाओं PQ और PR तथा माध्यिका PM के क्रमशः समानुपाती हैं। दर्शाइए कि $\Delta ABC \sim \Delta PQR$ है।

हल **दिया है** ΔABC तथा ΔPQR में,

AD तथा PM क्रमशः इनकी माध्यिकाएँ हैं।

$\therefore$ $\frac{AB}{PQ} = \frac{AC}{PR} = \frac{AD}{PM}$ ...(i)

सिद्ध करना है $\Delta ABC \sim \Delta PQR$

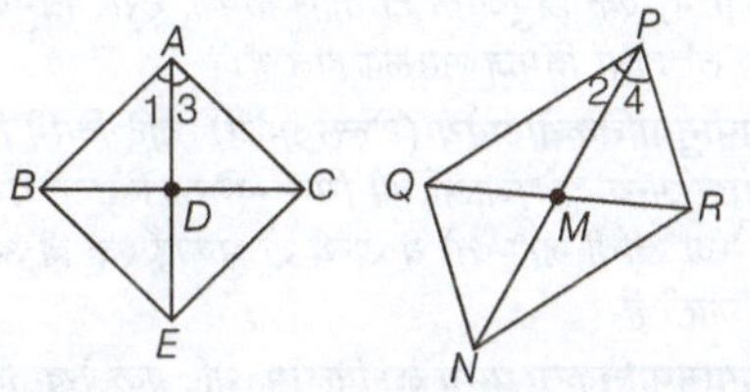

रचना AD को E तक इस प्रकार बढ़ाइए कि $AD = DE$ तथा PM को N तक इस प्रकार बढ़ाइए कि $PM = MN$, अब BE, CE, QN तथा RN को मिलाइए।

उपपत्ति चतुर्भुज $ABEC$ तथा $PQNR$ समांतर चतुर्भुज हैं, चूँकि इनके विकर्ण एक-दूसरे को क्रमशः बिंदु D तथा M पर समद्विभाजित करते हैं।

$\therefore$ $BE = AC$

तथा $QN = PR$

$\Rightarrow$ $\frac{BE}{AC} = 1$ तथा $\frac{QN}{PR} = 1$

$\Rightarrow$ $\frac{BE}{QN} = \frac{AC}{PR}$

$\Rightarrow$ $\frac{BE}{QN} = \frac{AB}{PQ}$ [समी (i) से]

अर्थात् $\frac{AB}{PQ} = \frac{BE}{QN}$ ...(ii)

समी (i) से, $\frac{AB}{PQ} = \frac{AD}{PM} = \frac{2AD}{2PM} = \frac{AE}{PN}$

[चूँकि, विकर्ण एक-दूसरे को समद्विभाजित करते हैं]

अर्थात् $\frac{AB}{PQ} = \frac{AE}{PN}$ ...(iii)

समी (ii) तथा (iii) से,

$\frac{AB}{PQ} = \frac{BE}{QN} = \frac{AE}{PN}$

$\Rightarrow$ $\Delta ABE \sim \Delta PQN$ [SSS समरूपता से]

$\Rightarrow$ $\angle 1 = \angle 2$ ...(iv)

इसी प्रकार, सिद्ध कर सकते हैं

$\Delta ACE \sim \Delta PRN$

$\Rightarrow$ $\angle 3 = \angle 4$ ...(v)

समी (iv) तथा (v) को जोड़ने पर,

$\angle 1 + \angle 3 = \angle 2 + \angle 4$

$\Rightarrow$ $\angle BAC = \angle QPR$

तथा $\frac{AB}{PQ} = \frac{AC}{PR}$ [समी (i) से]

$\therefore$ $\Delta ABC \sim \Delta PQR$ [SAS समरूपता से]

इति सिद्धम्

15. लंबाई 6 मी वाले एक ऊर्ध्वाधर स्तंभ की भूमि पर छाया की लंबाई 4 मी है, जबकि उसी समय एक मीनार की छाया की लंबाई 28 मी है। मीनार की ऊँचाई ज्ञात कीजिए।

हल माना AB एक ऊर्ध्वाधर स्तंभ है जिसकी ऊँचाई 6 मी और स्तंभ की भूमि पर छाया की लंबाई 4 मी है और क्षैतिज से θ कोण बनाती है अर्थात् $BC = 4$ मी

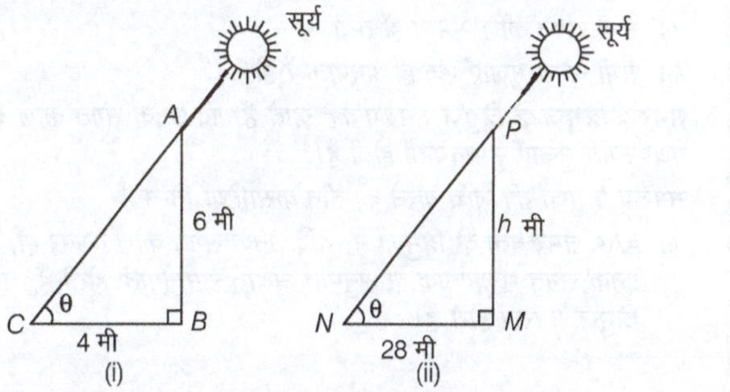

पुनः माना PM एक मीनार है जिसकी ऊँचाई h मी और मीनार की भूमि पर छाया की लंबाई 28 मी है और क्षैतिज से θ कोण बनाती है।

अर्थात् $NM = 28$ मी

ΔABC तथा ΔPMN में,

$\angle C = \angle N = \theta$

तथा $\angle ABC = \angle PMN = 90°$

$\therefore$ $\Delta ABC \sim \Delta PMN$ [AA समरूपता से]

अब, $\frac{AB}{PM} = \frac{BC}{MN}$

$\Rightarrow$ $\frac{AB}{BC} = \frac{PM}{MN} \Rightarrow \frac{6}{4} = \frac{h}{28}$

$\Rightarrow$ $h = \frac{6 \times 28}{4} = 42$ मी

अतः मीनार की ऊँचाई 42 मी है।

16. AD और PM, ΔABC और ΔPQR की क्रमशः माध्यिकाएँ हैं, जबकि $\Delta ABC \sim \Delta PQR$ है। सिद्ध कीजिए कि $\dfrac{AB}{PQ} = \dfrac{AD}{PM}$ है।

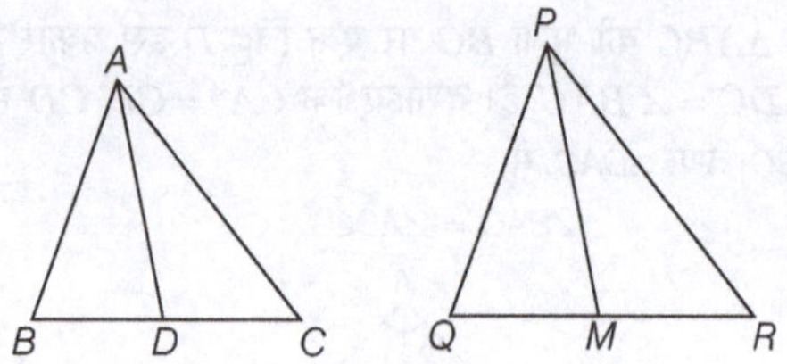

हल ΔABC तथा ΔPQR की भुजा BC तथा QR पर क्रमशः बिंदु D तथा M इस प्रकार हैं कि AD तथा PM, ΔABC तथा ΔPQR की माध्यिकाएँ हैं।

दिया है, $\Delta ABC \sim \Delta PQR$

$$\Rightarrow \quad \frac{AB}{PQ} = \frac{BC}{QR} = \frac{AC}{PR} \quad \ldots(i)$$

तथा $\angle A = \angle P, \angle B = \angle Q, \angle C = \angle R$ ...(ii)

अब,
$$\left.\begin{aligned} BD = CD = \frac{1}{2}BC \\ QM = RM = \frac{1}{2}QR \end{aligned}\right\} \quad \ldots(iii)$$

[$\because D$, BC का मध्य-बिंदु है तथा M, QR का मध्य-बिंदु है]

समी (i) से, $\dfrac{AB}{PQ} = \dfrac{BC}{QR}$

$\Rightarrow \quad \dfrac{AB}{PQ} = \dfrac{2BD}{2QM}$ [समी (iii) से]

$\Rightarrow \quad \dfrac{AB}{PQ} = \dfrac{BD}{QM}$

तथा $\angle ABD = \angle PQM$ [$\because \angle B = \angle Q$]

$\Rightarrow \quad \Delta ABD \sim \Delta PQM$ [SAS समरूपता से]

अतः $\dfrac{AB}{PQ} = \dfrac{AD}{PM}$ **इति सिद्धम्**

अध्याय : एक नजर में

- ***समरूप आकृतियाँ*** दो ज्यामितीय आकृतियाँ समरूप आकृतियाँ कहलाती है।
- यदि उनके आकार समान हों, परंतु आवश्यक नहीं है कि उनकी अमाप भी समान हों।
- ***समरूप बहुभुज*** भुजाओं की समान संख्या वाले दो बहुभुज समरूप होते हैं यदि उनके
  - (i) सभी संगत कोण समान हों तथा
  - (ii) सभी संगत भुजाएँ एक ही अनुपात में हों।
- ***समरूप त्रिभुज*** दो त्रिभुज समरूप कहे जाते हैं यदि उनके संगत कोण बराबर तथा संगत भुजाएँ समानुपाती होती हैं।
- समरूप त्रिभुजों की जाँच करने की तीन कसौटियाँ निम्न हैं
  - (i) **AAA *समरूपता*** दो त्रिभुजों में, यदि उनके संगत कोण बराबर हों, तब इनके संगत भुजाए एक ही अनुपात अर्थात् समानुपाती होती हैं, तब दोनों त्रिभुज समरूप होते हैं।
  - (ii) **SAS *समरूपता*** यदि एक त्रिभुज का एक कोण दूसरे त्रिभुज के एक कोण के बराबर हो तथा इन कोणों के अंतर्गत आने वाली भुजाएँ एक ही अनुपात में हों, तो दोनों त्रिभुज समरूप होते हैं।
  - (iii) **SSS *समरूपता*** दो त्रिभुजों में, यदि एक त्रिभुज की संगत भुजाएँ दूसरे त्रिभुज की भुजाओं के समानुपाती हों, तब उनके संगत कोण बराबर होते हैं और इसलिए दोनों त्रिभुज समरूप होते हैं।
- यदि दो त्रिभुजों में, एक त्रिभुज के दो कोण क्रमशः दूसरे त्रिभुज के दो कोणों के बराबर हों, तो दोनों त्रिभुज समरूप होते हैं।
- ***आधारभूत समानुपातिकता प्रमेय*** (थेल्स प्रमेय) यदि किसी त्रिभुज की एक भुजा के समांतर अन्य दो भुजाओं को भिन्न-भिन्न बिंदुओं पर प्रतिच्छेद करने के लिए एक रेखा खींची जाए, तो ये अन्य दो भुजाएँ एक ही अनुपात में विभाजित हो जाती हैं।
- ***आधारभूत समानुपातिकता प्रमेय का विलोम*** यदि एक रेखा किसी त्रिभुज की दो भुजाओं को एक ही अनुपात में विभाजित करे, तो वह तीसरी भुजा के समांतर होती है।

परीक्षा अभ्यास

यहाँ अध्याय से संबंधित सभी संभावित प्रश्नों को दिया गया है, इन प्रश्नों का अभ्यास करके व याद रखकर छात्र अध्याय से संबंधित किसी भी प्रश्न का उत्तर दे पाएँगे।

बहुविकल्पीय प्रश्न

1. दी गई आकृति में $DE \parallel BC$ है, तब AD का मान है **[NCERT Exemplar]**

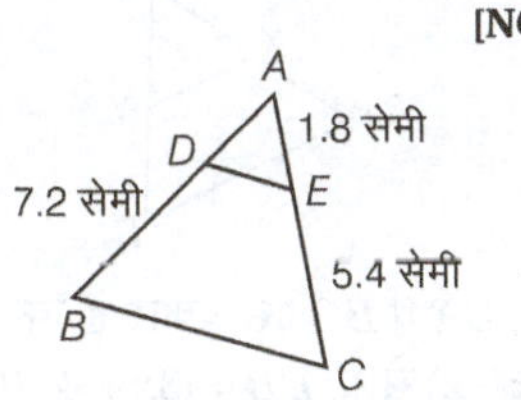

(a) 3.6 सेमी (b) 1.6 सेमी
(c) 2.4 सेमी (d) 4.8 सेमी

2. दी गई आकृति में, $\angle MLN$ का मान है

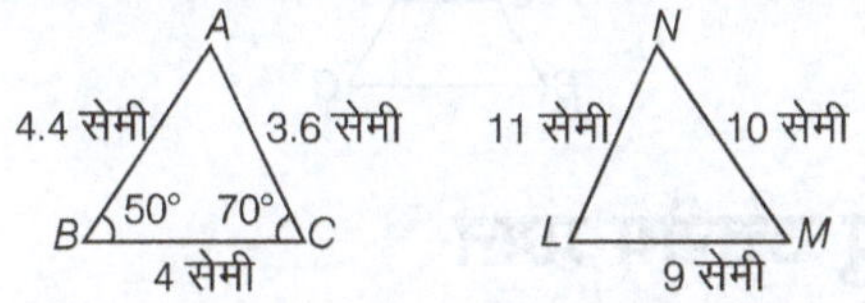

(a) 60° (b) 30°
(c) 90° (d) 120°

3. चित्र में, ΔABC के आधार BC के समांतर रेखाखंड PQ खींचा गया है। यदि $PQ : BC = 1:3$ हो, तो AP और PB का अनुपात होगा **[NCERT Exemplar]**

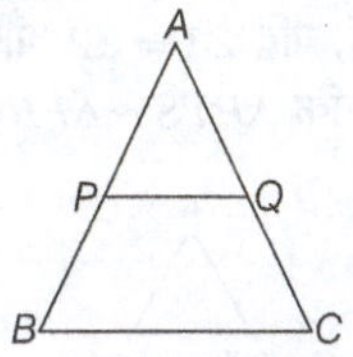

(a) 1 : 2 (b) 1 : 3
(c) 1 : 4 (d) 2 : 3

4. दी गई आकृति में, $\Delta ADB \sim \Delta ADC$ है, तब P का मान ज्ञात कीजिए।

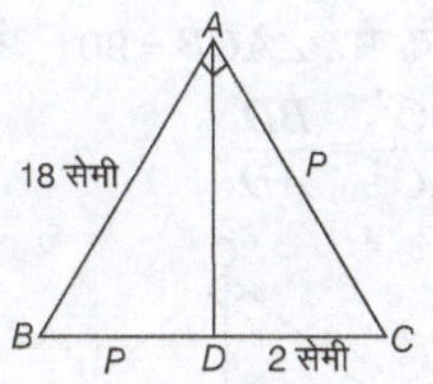

(a) 9 सेमी
(b) 6 सेमी
(c) 7 सेमी
(d) 8 सेमी

5. दी गई आकृति में, $\angle BAC = 90°$ तथा $AD \perp BC$ है, तब

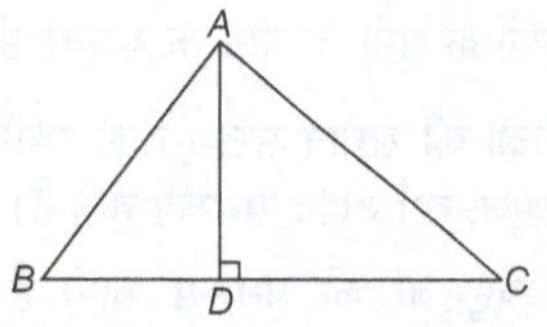

(a) $BD \cdot CD = BC^2$ (b) $AB \cdot AC = BC^2$
(c) $BD \cdot CD = AD^2$ (d) $AB \cdot AC = AD^2$

6. त्रिभुजों ABC तथा DEF में, $\angle B = \angle E$, $\angle F = \angle C$ तथा $AB = 3DE$ है, तब दोनों त्रिभुज होंगे **[NCERT Exemplar]**

(a) सर्वांगसम परंतु समरूप नहीं
(b) समरूप परंतु सर्वांगसम नहीं
(c) न तो सर्वांगसम और न ही समरूप
(d) सर्वांगसम तथा समरूप दोनों

7. चित्र में $AB = 3$ सेमी, $AC = 6$ सेमी, $BD = 2$ सेमी और $CD = 4$ सेमी, तो $\angle BAD$ और $\angle CAD$ का अनुपात होगा **[NCERT Exemplar]**

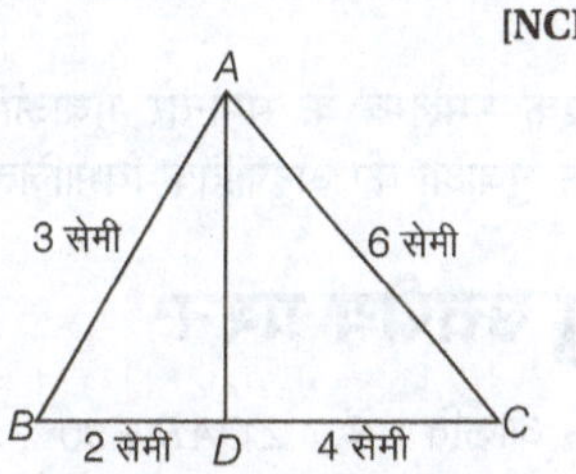

(a) 2 : 4 (b) 1 : 1
(c) 3 : 6 (d) 6 : 3

कथन कारण प्रश्न

निर्देश (प्र. सं. 8-12 तक) *इनमें से प्रत्येक प्रश्न में एक कथन के बाद एक कारण दिया गया है। इनको ध्यानपूर्वक पढ़िए तथा निम्न विकल्पों के आधार पर प्रश्नों के उत्तर दीजिए।*

(a) यदि दोनों कथन व कारण सही हैं तथा कारण कथन का सही स्पष्टीकरण है।
(b) यदि दोनों कथन व कारण सही हैं परन्तु कारण कथन का सही स्पष्टीकरण नहीं है।
(c) यदि कथन सही है परन्तु कारण गलत है।
(d) यदि कथन गलत है परन्तु कारण सही है।

8. **कथन** $\Delta ABC \sim \Delta PQR$ इस प्रकार है कि $ar(\Delta ABC) = 36$ सेमी^{2} तथा $ar(\Delta PQR) = 49$ सेमी^{2}, यदि $AB = 6$ सेमी, तब $PQ = 10$ सेमी।

कारण यदि $\Delta ABC \sim \Delta DEF$, तब

$$\frac{\text{ar}(\Delta ABC)}{\text{ar}(\Delta DEF)} = \frac{AB^2}{DE^2} = \frac{BC^2}{EF^2} = \frac{AC^2}{DF^2}$$

9. **कथन** एक समचतुर्भुज की भुजा 15 सेमी तथा एक विकर्ण की लम्बाई 20 सेमी है। दूसरे विकर्ण की लम्बाई $10\sqrt{6}$ सेमी है।

कारण एक समचतुर्भुज की चारों भुजाओं के वर्गों का योग इसके विकर्णों के वर्गों के योग के बराबर होता है।

10. **कथन** भुजाओं की समान संख्या वाले सभी समबहुभुज *जैसे*- समबाहु त्रिभुज, वर्ग आदि समरूप होते हैं।

कारण दो बहुभुजों को समरूप कहते है यदि उनके संगत कोण बराबर तथा संगत भुजाओं की लम्बाईयाँ अनुपातिक होती है।

11. **कथन** यदि एक रेखा एक त्रिभुज की किन्हीं दो भुजाओं को समानुपात में विभाजित करती है, तब रेखा तीसरी भुजा के समान्तर होती है।

कारण एक त्रिभुज की किन्हीं दो भुजाओं के मध्य बिन्दुओं को मिलाने वाला रेखा खण्ड तीसरी भुजा के समान्तर होता है।

12. **कथन** समलम्ब $ABCD$ में, $DC \parallel AB$, E व F क्रमशः AD व BC पर इस प्रकार है कि $EF \parallel AB$ तब $\frac{AE}{ED} = \frac{BF}{FC}$.

कारण एक समलम्ब के समान्तर भुजाओं के समान्तर रेखा असमान्तर भुजाओं को अनुपातिक विभाजित करती है।

अतिलघु उत्तरीय प्रश्न

13. दी गई आकृति में, $\angle CAB = 90°$, $AD \perp BC$ तथा $\Delta BDA \sim \Delta BAC$। यदि $AC = 75$ सेमी, $AB = 1$ मी और $BC = 1.25$ मी, तब AD का मान ज्ञात कीजिए।

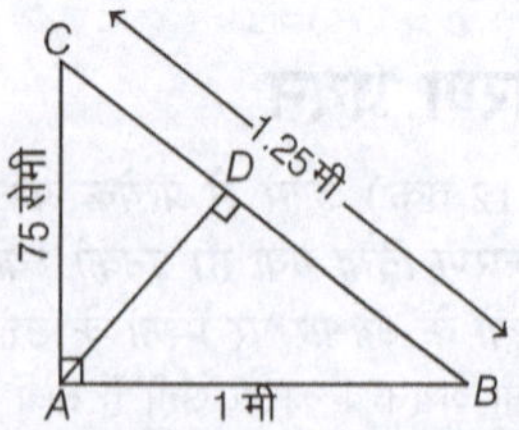

14. दो समरूप ΔABC और ΔPQR के परिमाप क्रमशः 18 सेमी और 12 सेमी हैं। यदि $PQ = 5$ सेमी, तब AB का मान ज्ञात कीजिए।

15. 1 मी लंबी ऊर्ध्वाधर छड़ की छाया की लंबाई जमीन पर 80 सेमी लंबी है। यदि उसी समय एक मीनार की छाया की लंबाई 30 मी हो, तो मीनार की ऊँचाई ज्ञात कीजिए।

16. दी गई आकृति में, $XY \parallel BC$, तब YC की लंबाई ज्ञात कीजिए।

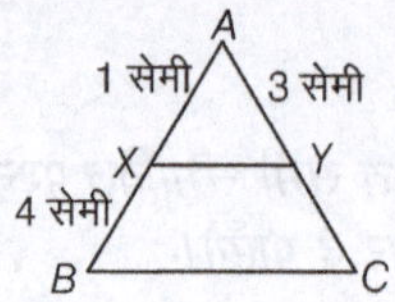

17. दी गई आकृति में, $XY \parallel QR$, $\frac{PQ}{XQ} = \frac{7}{3}$ तथा $PR = 6.3$ सेमी है, तब YR का मान ज्ञात कीजिए।

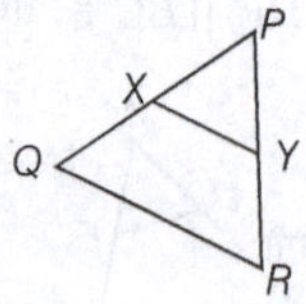

18. ΔABC में, $DE \parallel BC$ इस प्रकार है कि $AD = 7x - 4$ सेमी, $AE = (5x - 2)$ सेमी, $DB = (3x + 4)$ सेमी तथा $EC = 3x$ सेमी है, तब x का मान ज्ञात कीजिए।

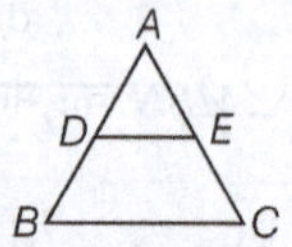

लघु उत्तरीय प्रश्न

19. $ABCD$ एक समलंब है, जिसमें $AB \parallel DC$ है तथा बिंदु P और Q क्रमशः AD और BC पर इस प्रकार स्थित हैं कि $PQ \parallel DC$ है। यदि $PD = 18$ सेमी, $BQ = 35$ सेमी तथा $QC = 15$ सेमी है, तो AD ज्ञात कीजिए। **[NCERT Exemplar]**

20. दी गई आकृति में, यदि $\angle 1 = \angle 2$ और $\Delta NSQ \cong \Delta MTR$ है, तो सिद्ध कीजिए कि $\Delta PTS \sim \Delta PRQ$ है। **[NCERT Exemplar]**

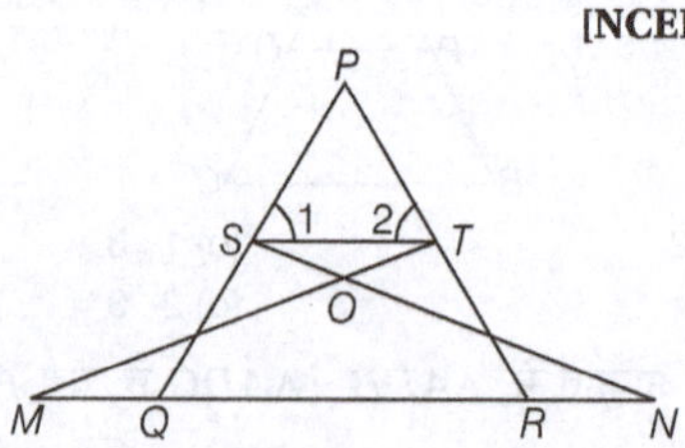

21. दी गई आकृति में, $\angle ACB = 90°$ और $CD \perp AB$, सिद्ध कीजिए कि $\frac{BC^2}{AC^2} = \frac{BD}{AD}$ **[CBSE 2015]**

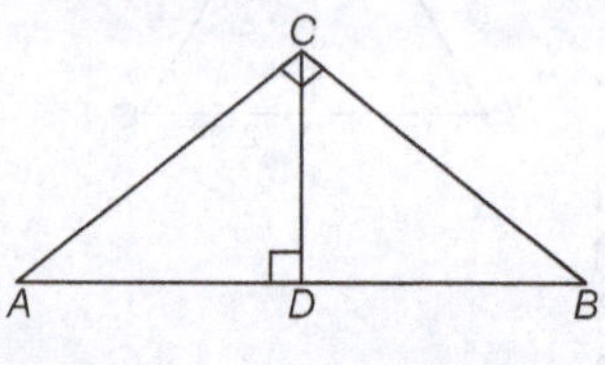

परीक्षा अभ्यास

22. ΔABC में, यदि $\angle ADE = \angle B$, सिद्ध कीजिए कि $\Delta ADE \sim \Delta ABC$ तथा यदि $AD = 7.6$ सेमी, $AE = 7.2$ सेमी, $BE = 4.2$ सेमी तथा $BC = 8.4$ सेमी। DE का मान ज्ञात कीजिए। **[CBSE 2015]**

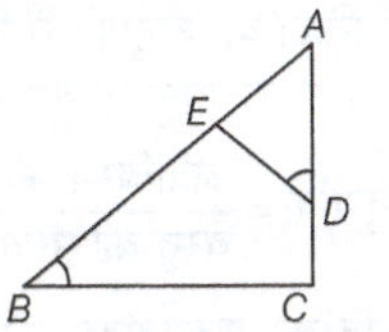

23. एक 95 सेमी लंबा लड़का एक लैंप के खंभे के आधार से 1.5 मी/से की चाल से बाहर की ओर जा रहा है। यदि लैंप के खंभे की ऊँचाई भूमि से 3.8 मी हो, तो 5 सेकंड पश्चात् लड़के की छाया की लंबाई ज्ञात कीजिए।

24. ΔPQR में, PR पर कोई बिंदु N इस प्रकार है कि $QN \perp PR$। यदि $PN \cdot NR = QN^2$, सिद्ध कीजिए कि $\angle PQR = 90°$ **[NCERT Exemplar]**

25. दी गई आकृति में, ΔABC तथा ΔDBC दोनों एक ही आधार भुजा BC पर स्थित हैं। P बिंदु भुजा BC पर इस प्रकार स्थित है कि $PQ \parallel BA$ तथा $PR \parallel BD$ है, तब सिद्ध कीजिए कि $QR \parallel AD$

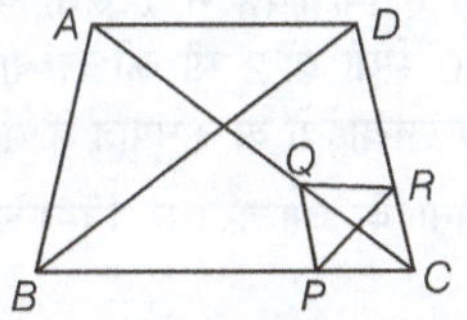

26. दी गई आकृति में, ABC एक समकोण त्रिभुज है जिसमें $\angle C$ समकोण है तथा $DE \perp AB$ है, तब सिद्ध कीजिए कि $\Delta ABC \sim \Delta ADE$ तथा AE और DE की लंबाई भी ज्ञात कीजिए।

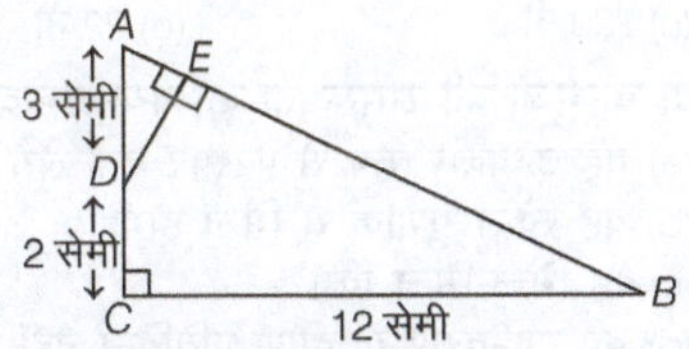

27. ΔABC में, $\angle A$ अधिक कोण है, $PB \perp PC$ तथा $QC \perp QB$, तब सिद्ध कीजिए कि $AB \times AQ = AC \times AP$

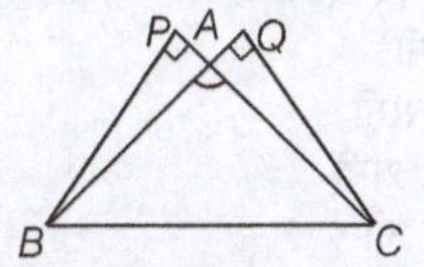

28. दी गई आकृति में, यदि $AB \perp BC$ है $DE \perp AC$ और $GF \perp BC$ है, तब सिद्ध कीजिए कि $\Delta ADE \sim \Delta GCF$

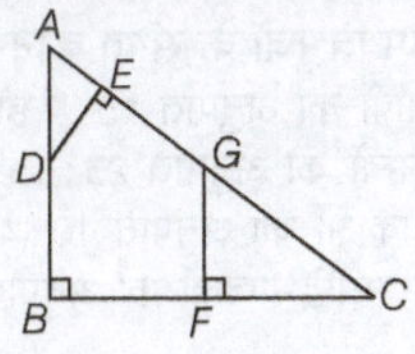

29. दी गई आकृति में, $DB \perp BC$ तथा $DE \perp AB$ है, तब सिद्ध कीजिए कि $\dfrac{BE}{DE} = \dfrac{AC}{BC}$

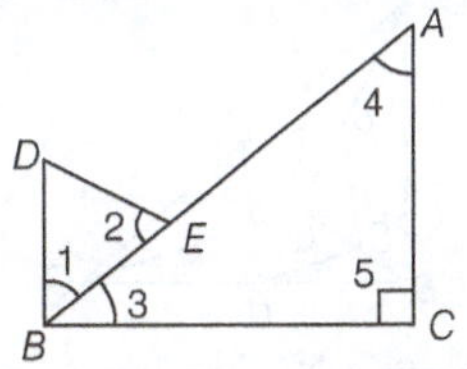

दीर्घ उत्तरीय प्रश्न

30. दी गई आकृति ΔABC में, BC का मध्य-बिंदु P है और AP का मध्य-बिंदु Q है। यदि BQ को बढ़ाने पर वह AC से R पर मिलती है, तब सिद्ध कीजिए $RA = \dfrac{1}{3} CA$

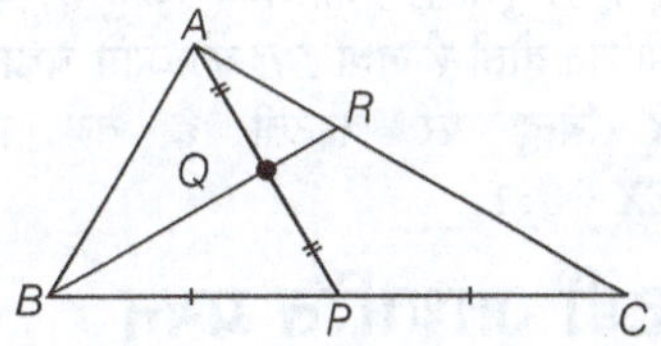

[CBSE 2016]

31. दी गई आकृति में $ABCD$ एक समांतर चतुर्भुज है। AB, P पर और CD, Q पर इस प्रकार विभाजित होता है कि $AP : PB = 3 : 2$ और $CQ : QD = 4 : 1$। यदि PQ, AC से R पर मिलता है, तब सिद्ध कीजिए कि $AR = \dfrac{3}{7} AC$

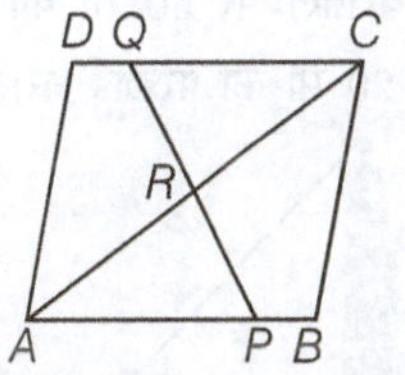

32. दी गई आकृति में, रेखाखंड DF, ΔABC की भुजा AC को बिंदु E पर इस प्रकार प्रतिच्छेद करता है कि E, भुजा AC का मध्य-बिंदु है और $\angle AEF = \angle AFE$ है। सिद्ध कीजिए कि $\dfrac{BD}{CD} = \dfrac{BF}{CE}$ है। **[NCERT Exemplar]**

[संकेत AB पर ऐसा बिंदु G लीजिए कि $CG \parallel DF$ हो।]

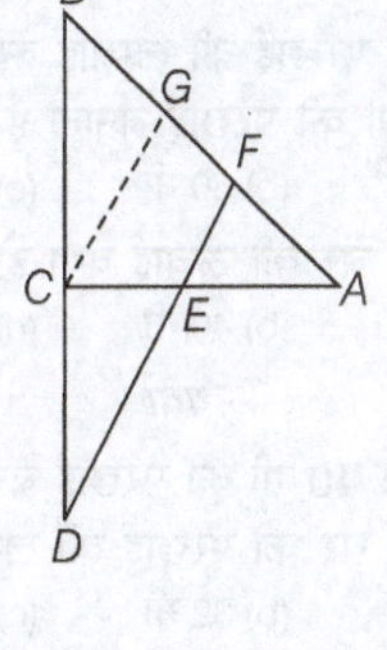

33. दी गई आकृति में, यदि $PQRS$ एक समांतर चतुर्भुज है और $AB \parallel PS$, सिद्ध कीजिए कि $OC \parallel SR$ **[NCERT Exemplar]**

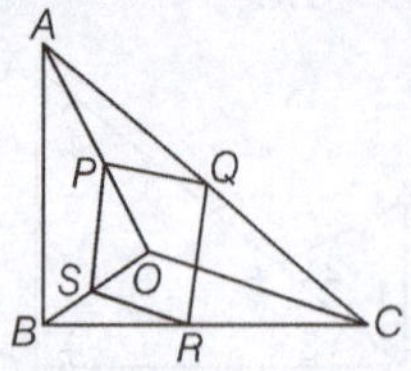

34. दी गई आकृति में, $PQ \parallel BA$ तथा $PR \parallel CA$ है, $PD = 12$ सेमी है, तब $BD \times CD$ ज्ञात कीजिए।

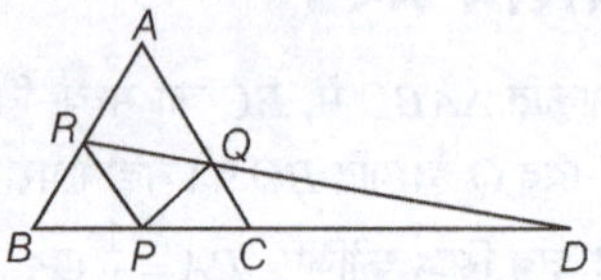

35. ΔABC में, D भुजा BC का मध्य-बिन्दु है, AD, E बिंदु पर समद्विभाजित होती है तथा BE को आगे बढ़ाने पर यह AC को X बिन्दु पर काटती है तब सिद्ध कीजिए $BE : EX = 3 : 1$

केस स्टडी आधारित प्रश्न

36. विजय अपने घर के पास समरूप औसत ऊँचाई का टॉवर ढूँढ़ना चाहता है, इसके लिए वह समरूप त्रिभुजों के गुणधर्म प्रयोग करता है। विजय के घर की ऊँचाई 20 मी हो यदि उसके घर की परछाई धरातल पर 10 मी दूरी पर प्राप्त हो। एक समय, टॉवर धरातल पर 50 मी की परछाई बनाता है तथा अजय का घर 20 मी की परछाई धरातल पर बनाता है।

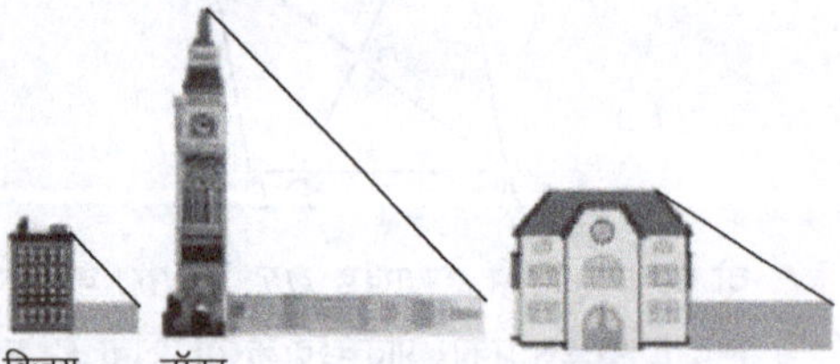

उपरोक्त सूचना के आधार पर निम्नलिखित प्रश्नों के उत्तर दीजिए।

(i) टॉवर की ऊँचाई क्या होगी?
(a) 20 मी (b) 50 मी (c) 100 मी (d) 200 मी

(ii) टॉवर की परछाई की लम्बाई क्या होगी जब विजय का घर 12 मी की परछाई बनाता है?
(a) 75 मी (b) 50 मी (c) 45 मी (d) 60 मी

(iii) अजय के घर की ऊँचाई क्या होगी?
(a) 30 मी (b) 40 मी (c) 50 मी (d) 20 मी

अथवा

जब टॉवर 40 मी की परछाई बनाता है, तब उसी समय अजय के घर की परछाई की लम्बाई क्या होगी?
(a) 16 मी (b) 32 मी (c) 20 मी (d) 8 मी

37. किसी वस्तु का मापन चित्रण उसी आकार के परन्तु भिन्न माप की वस्तु के समान है। मापन चित्रण लम्बाई का तुलनात्मक अध्ययन है जो कि चित्रण में उपयोग की गई लम्बाई को दर्शाता है, यहाँ स्केल को अनुपात में लिखते है। समरूप त्रिभुज में दो संगत भुजाओं के अनुपात को स्केल गुणांक कहते है।

$$\text{स्केल गुणांक} = \frac{\text{प्रतिबिम्ब की लम्बाई}}{\text{वस्तु की संगत लम्बाई}}$$

यदि एक आकृति को पुनरावर्तित करके प्राप्त किया जा सके, तब वह समरूप आकृति होगी अर्थात् दो आकृतियाँ समरूप कहलाएगी, यदि एक आकृति को मोड़कर, आकार में परिवर्तन करके या घुमाकर पुनः प्राप्त किया जा सके। नीचे दिए गए चित्र में, ट्रेन के इंजन का एक तरफ का दृश्य दिखाया गया है। यहाँ स्केल गुणांक 1 : 200 है।

इसका आशय है कि चित्र में 1 सेमी की लम्बाई, वास्तविक इंजन की 200 सेमी या 2 मी की लम्बाई के संगत है। स्केल गुणांक को दो लम्बाईयों के अनुपात में भी लिखा जा सकता है।

उपरोक्त सूचना के आधार पर निम्नलिखित प्रश्नों के उत्तर दीजिए।

(i) यदि मॉडल की लम्बाई 11 सेमी हो, तब चित्र में दर्शाये गए रेल के इंजन की लम्बाई कपलिंग को सम्मिलित करके क्या होगी?
(a) 22 सेमी (b) 220 सेमी
(c) 220 मी (d) 22 मी

(ii) दो बहुभुजों की समरूपता का क्या प्रभाव होगा?
(a) वह ऊर्ध्वाधर रूप से परस्पर ढक लेंगे
(b) वह स्केल गुणांक से भिन्न होगा
(c) वह भिन्न-भिन्न होंगे
(d) वह एक-दूसरे के दर्पण प्रतिबिम्ब नहीं होंगे

(iii) वास्तव में दरवाजे की लम्बाई क्या होगी, यदि चित्र में दिखाए गए दरवाजे की चौड़ाई 0.35 सेमी हो?
(a) 0.7 मी
(b) 0.7 सेमी
(c) 0.07 सेमी
(d) 0.07 मी

अथवा

यदि दो समरूप त्रिभुजों का स्केल गुणांक 5 : 3 है, तब दो समरूप त्रिभुजों के संगत कौन-सा कथन सत्य होगा?
(a) परिमापों का अनुपात 15 : 1 होगा
(b) शीर्षलम्बों का अनुपात 25 : 15 होगा
(c) माध्यिकाओं का अनुपात 10 : 4 होगा
(d) कोण समद्विभाजकों का अनुपात 11 : 5 होगा

संकेत एवं हल

1. (c) दी गई आकृति में, $DE \parallel BC$

$\Rightarrow \frac{AD}{DB} = \frac{AE}{EC}$ [आधारभूत समानुपातिकता प्रमेय से]

$\Rightarrow \frac{AD}{7.2} = \frac{1.8}{5.4}$

[$\because AE = 1.8$ सेमी, $EC = 5.4$ सेमी और $BD = 7.2$ सेमी]

$\therefore AD = \frac{1.8 \times 7.2}{5.4} = 2.4$ सेमी

2. (a) दी गई आकृति में, $\angle A = 180° - (50° + 70°) = 60°$

अब, ΔABC तथा ΔLMN में,

$$\frac{AB}{NL} = \frac{BC}{NM} = \frac{AC}{LM}$$

$\therefore \Delta ABC \sim \Delta LNM$

$\Rightarrow \angle MLN = \angle A = 60°$

3. (a) चूँकि $PQ \parallel BC$

$\therefore \angle APQ = \angle ABC$ तथा $\angle AQP = \angle ACB$

ΔAPQ तथा ΔABC में,

$\angle APQ = \angle ABC$ तथा $\angle AQP = \angle ACB$

AA समरूपता कसौटी से, $\Delta APQ \sim \Delta ABC$

$\therefore \frac{AP}{AB} = \frac{PQ}{BC}$

$\Rightarrow \frac{AP}{AB} = \frac{1}{3} \Rightarrow 3AP = AB$

$\Rightarrow 3AP = AP + PB$

$\Rightarrow 2AP = PB \Rightarrow \frac{AP}{PB} = \frac{1}{2}$

$\Rightarrow AP : PB = 1 : 2$

4. (b) $\because \Delta ADB \sim \Delta ADC$,

अतः संगत भुजाएँ समानुपात में होंगी।

$\therefore \frac{AB}{AC} = \frac{BD}{DC}$

$\Rightarrow \frac{18}{P} = \frac{P}{2}$

$\Rightarrow P^2 = 36$

$\Rightarrow P = 6$ सेमी

5. (c) ΔABD तथा ΔADC में,

$\angle BDA = \angle ADC = 90°$ [उभयनिष्ठ कोण]

$\angle DBA = \angle DAC$ [प्रत्येक $90° - \angle C$]

$\therefore \Delta ABD \sim \Delta CAD$ [AA समरूप कसौटी से]

$\therefore \frac{BD}{AD} = \frac{AD}{CD}$

$\Rightarrow BD \cdot CD = AD^2$

6. (b) ΔABC और ΔDEF में,

$\angle B = \angle E$ [दिया है]

$\Rightarrow \angle F = \angle C$ [दिया है]

$\therefore \Delta ABC \sim \Delta DEF$ [AA समरूपता कसौटी से]

इसलिए, AB और DE संगत भुजाएँ है।

लेकिन, $AB = 3DE$ [दिया है]

$\therefore \Delta ABC, \Delta DEF$ सर्वांगसम नहीं होंगे।

7. (b) ΔBAD और ΔCAD में,

$$\frac{AB}{AC} = \frac{BD}{DC}$$

तथा AD उभयनिष्ठ है।

$\therefore \Delta BAD \sim \Delta CAD$

$\therefore \angle BAD = \angle CAD$

या $\angle BAD : \angle CAD = 1:1$

8. (d) हम जानते हैं कि $\Delta ABC \sim \Delta DEF$, तब

$$\frac{ar(\Delta ABC)}{ar(\Delta DEF)} = \frac{AB^2}{DE^2} = \frac{BC^2}{EF^2} = \frac{AC^2}{DF^2}$$

यहाँ $ar(\Delta ABC) = 36$ सेमी^{2}, $ar(\Delta PQR) = 49$ सेमी^{2}

तथा $AB = 6$ सेमी

$\therefore \frac{ar(\Delta ABC)}{ar(\Delta PQR)} = \frac{AB^2}{PQ^2}$

$\Rightarrow \frac{36}{49} = \frac{6^2}{PQ^2}$

$\Rightarrow PQ^2 = 49$

$\Rightarrow PQ = 7$ सेमी

अतः कथन गलत है परन्तु कारण सही है।

9. (d) हम जानते हैं कि भुजा a वाले समचतुर्भुज में d_1 व d_2 इसके दो विकर्ण हैं, तब

$$4a^2 = d_1^2 + d_2^2$$

यहाँ $a = 15$ सेमी, $d_1 = 20$ सेमी

$\therefore 4 \times 15^2 = 20^2 + d_2^2$

$\Rightarrow d_2^2 = 900 - 400 = 500$

$\Rightarrow d_2 = \sqrt{500} = 10\sqrt{5}$ सेमी

अतः कथन गलत है परन्तु कारण सही है।

10. (a) हम जानते है कि दो बहुभुज समरूप होते हैं यदि उनके संगत कोण बराबर हो तथा भुजाएँ अनुपातिक हो।
समबाहु त्रिभुज व वर्ग में सभी कोण बराबर तथा भुजाएँ बराबर होती हैं। इसलिए समबहुभुज समरूप होते हैं। अतः, दोनों कथन व कारण सही हैं तथा कारण, कथन का सही स्पष्टीकरण है।

11. (b) कथन आधारभूत प्रमेय है तथा कारण मध्य-बिन्दु प्रमेय है। परन्तु मध्य-बिन्दु प्रमेय आधारभूत प्रमेय का स्पष्टीकरण नहीं है। अतः कथन व कारण दोनों सही है तथा कारण, कथन का सही स्पष्टीकरण नहीं है।

12. (a) दिया है, $EF \parallel AB$

$\therefore OE \parallel AB \parallel CD$ [$\because AB \parallel CD$]

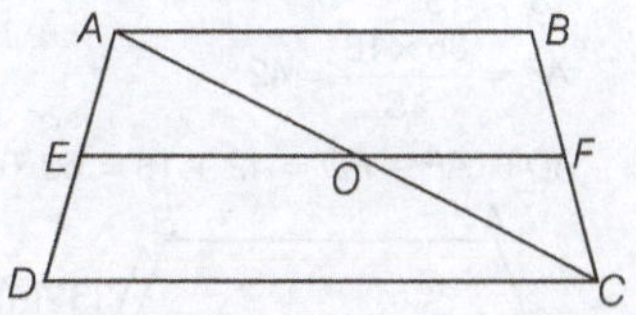

ΔACD में, $\frac{AE}{ED} = \frac{AO}{OC}$ ...(i)

इसी प्रकार, ΔABC में, $\frac{AO}{OC} = \frac{BF}{FC}$ ...(ii)

समी. (i) व (ii) से, $\frac{AE}{ED} = \frac{BF}{FC}$

∴ समलम्ब में समान्तर भुजाओं के समान्तर रेखा असमान्तर रेखाओं को समान अनुपात में विभाजित करती है। अतः कथन व कारण दोनों सही है तथा कारण, कथन का सही स्पष्टीकरण है।

13. **संकेत** ΔBDA और ΔBAC में,

$$\angle BAC = \angle BDA = 90°$$

$$\angle B = \angle B \quad \text{[उभयनिष्ठ कोण]}$$

∴ $\Delta BDA \sim \Delta BAC$ [AA समरूपता कसौटी से]

⇒ $\dfrac{AD}{AC} = \dfrac{BA}{BC}$

⇒ $\dfrac{AD}{0.75} = \dfrac{1}{1.25}$

⇒ $AD = 0.6$ मी = 60 सेमी

14. **संकेत** हम जानते हैं कि समरूप त्रिभुजों की संगत भुजाएँ उनके परिमाप के समानुपाती होती हैं।

∴ $\Delta ABC \sim \Delta PQR$

⇒ $\dfrac{AB}{PQ} = \dfrac{18}{12}$

⇒ $AB = \dfrac{18 \times 5}{12}$ [PQ = 5 सेमी, दिया है]

$= 7.5$ सेमी

15. **संकेत** माना मीनार की ऊँचाई h मी है।

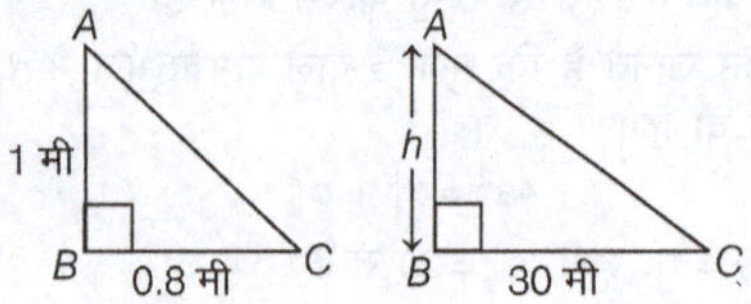

[∵ 80 सेमी = 0.8 मी]

चूँकि स्पष्ट है कि दोनों त्रिभुज समरूप हैं।

∴ $\dfrac{1}{0.8} = \dfrac{h}{30} \Rightarrow h = \dfrac{30}{0.8} = 37.5$ मी

16. टॉपिक 1 के उदाहरण 12 की भाँति स्वयं हल करें।
उत्तर 12 सेमी

17. टॉपिक 1 के उदाहरण 14 की भाँति स्वयं हल करें।
उत्तर 2.7 सेमी

18. टॉपिक 1 के उदाहरण 15 की भाँति स्वयं हल करें।
उत्तर 4 सेमी

19. **संकेत** $ABCD$ एक समलंब है तथा बिंदु P और Q क्रमशः AD और BC पर इस प्रकार स्थित हैं कि $PQ \parallel DC$ है। PQ को मिलाइए।

तब, $\dfrac{AP}{PD} = \dfrac{BQ}{QC}$ [आधारभूत समानुपातिकता प्रमेय से]

⇒ $\dfrac{AP}{18} = \dfrac{35}{15}$

⇒ $AP = \dfrac{35 \times 18}{15} = 42$

∴ $AD = AP + PD = 42 + 18 = 60$ सेमी

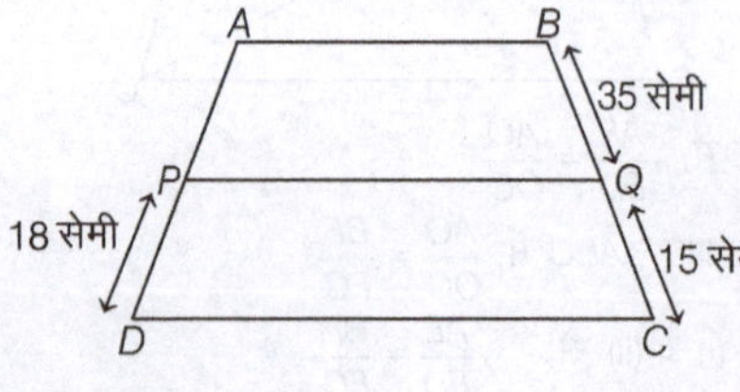

20. **संकेत** दिया है, $\Delta NSQ \cong \Delta MTR$

∴ $SQ = TR$ ...(i)

साथ ही, $\angle 1 = \angle 2$

⇒ $PT = PS$ ...(ii)

[∵ समान कोणों की सम्मुख भुजाएँ समान होती हैं]

समी (i) तथा (ii) से,

$$\frac{PS}{SQ} = \frac{PT}{TR}$$

⇒ $ST \parallel QR$

[आधारभूत समानुपातिकता प्रमेय के विलोम से]

∴ $\angle 1 = \angle PQR$ तथा $\angle 2 = \angle PRQ$ [संगत कोण]

ΔPTS और ΔPRQ में, $\angle P = \angle P$ [उभयनिष्ठ कोण]

$\angle 1 = \angle PQR$

तथा $\angle 2 = \angle PRQ$

∴ $\Delta PTS \sim \Delta PRQ$ [AAA समरूपता कसौटी से]

21. **संकेत** ΔADC और ΔACB में,

$\angle ADC = \angle ACB$ [प्रत्येक 90°]

$\angle DAC = \angle CAB$ [उभयनिष्ठ कोण]

∴ $\Delta ADC \sim \Delta ACB$ [AA समरूपता कसौटी से]

तब $\dfrac{AD}{AC} = \dfrac{AC}{BA}$

[चूँकि समरूप त्रिभुजों की संगत भुजाएँ समानुपाती होती हैं]

⇒ $AC^2 = AB \times AD$ ...(i)

इसी प्रकार, $\Delta BDC \sim \Delta BCA$

∴ $\dfrac{BD}{BC} = \dfrac{BC}{AB}$

[चूँकि समरूप त्रिभुजों की संगत भुजाएँ समानुपाती होती हैं]

⇒ $BC^2 = AB \times BD$ ...(ii)

समी (ii) को समी (i) से भाग करने पर,

$$\frac{BC^2}{AC^2} = \frac{BD}{AD}$$

इति सिद्धम्

22. **संकेत** ΔADE और ΔABC में,

$\angle ADE = \angle ABC$ [दिया है]

$\angle DAE = \angle BAC$ [उभयनिष्ठ कोण]

अतः $\Delta ADE \sim \Delta ABC$ [AA समरूपता कसौटी से]

तब, $\dfrac{AD}{AB} = \dfrac{AE}{AC} = \dfrac{DE}{BC}$

[समरूप त्रिभुजों की संगत भुजाएँ समानुपाती होती हैं]

⇒ $\dfrac{7.6}{7.2 + 4.2} = \dfrac{DE}{8.4}$ [∵ $AB = AE + BE$]

⇒ $\dfrac{7.6}{11.4} \times 8.4 = DE$

⇒ $DE = 5.6$ सेमी

23. **संकेत** माना AB लैम्प का खंभा है जिसकी ऊँचाई 3.8 मी है तथा DE लड़के की छाया है जिसकी लंबाई माना $DE = x$ मी

$BD = 1.5 \times 5 = 7.5$ मी

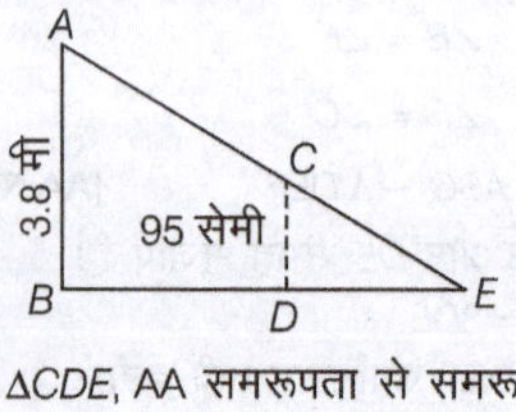

ΔABE और ΔCDE, AA समरूपता से समरूप है।

परीक्षा अभ्यास

$\therefore \quad \dfrac{BE}{DE} = \dfrac{AB}{CD}$

[समरूप त्रिभुजों की संगत भुजाएँ समानुपाती होती हैं]

$\Rightarrow \quad \dfrac{7.5 + x}{x} = \dfrac{3.8}{0.95}$ $\quad$ $\left[95 \text{ सेमी} = \dfrac{95}{100} \text{ मी} = 0.95 \text{ मी}\right]$

24. संकेत दिया है ΔPQR में, PR पर कोई बिंदु N इस प्रकार है कि $QN \perp PR$ तथा $PN \cdot NR = QN^2$

सिद्ध कीजिए $\quad \angle PQR = 90°$

उपपत्ति ज्ञात है, $PN \cdot NR = QN^2$

$\Rightarrow \quad PN \cdot NR = QN \cdot QN$

$\Rightarrow \quad \dfrac{PN}{QN} = \dfrac{QN}{NR}$ ...(i)

ΔQNP और ΔRNQ में,

$\dfrac{PN}{QN} = \dfrac{QN}{NR}$ तथा $\angle PNQ = \angle RNQ$ [प्रत्येक 90°]

$\therefore \quad \Delta QNP \sim \Delta RNQ$ [SAS समरूपता कसौटी से]

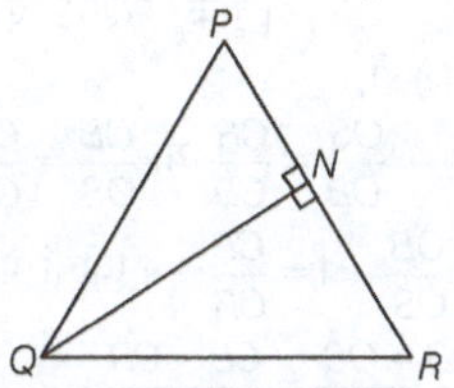

तब, ΔQNP और ΔRNQ समरूप हैं।

$\angle PQN = \angle QRN$ और $\angle RQN = \angle QPN$

दोनों समीकरणों को जोड़ने पर,

$\angle PQN + \angle RQN = \angle QRN + \angle QPN$

$\Rightarrow \quad \angle PQR = \angle QRN + \angle QPN$ ...(ii)

ΔPQR में, $\angle PQR + \angle QPR + \angle QRP = 180°$

[त्रिभुज के कोण योग गुण से]

$\Rightarrow \quad \angle PQR + \angle QPN + \angle QRN = 180°$

[$\because \angle QPR = \angle QPN$ और $\angle QRP = \angle QRN$]

$\Rightarrow \quad \angle PQR + \angle PQR = 180°$ [समी (ii) से]

$\Rightarrow \quad 2\,\angle PQR = 180°$

$\Rightarrow \quad \angle PQR = \dfrac{180°}{2} = 90°$

$\therefore \quad \angle PQR = 90°$ **इति सिद्धम्**

25. (i) सर्वप्रथम ΔACB तथा ΔBCD में आधारभूत समानुपातिकता प्रमेय लागू करें, तत्पश्चात् परिणामों की तुलना करें।

(ii) आधारभूत समानुपातिकता प्रमेय की विलोम प्रमेय का उपयोग करें।

26. संकेत $\Delta ABC \sim \Delta ADE$ को AA समरूपता कसौटी से सिद्ध कीजिए।

उत्तर $AE = \dfrac{15}{13}$ सेमी तथा $DE = \dfrac{36}{13}$ सेमी

27. संकेत $\Delta APB \sim \Delta AQC$ सिद्ध कीजिए [AA समरूपता कसौटी से]

28. संकेत चूँकि $AB \perp BC$ तथा $GF \perp BC$, इसलिए $AB \parallel GF$ तथा

$\angle BAC = \angle FGC$ [संगत कोण]

अब, ΔADE तथा ΔGCF में, AA समरूपता कसौटी का उपयोग करें।

29. संकेत चूँकि $DB \perp BC$ तथा $AC \perp BC$, इसलिए $DB \parallel AC$

तथा $\angle 1 = \angle 4$ [संगत कोण]

अब, ΔBDE तथा ΔABC में, AA समरूपता कसौटी का उपयोग करें।

30. संकेत दिया है ΔABC में, BC का मध्य-बिंदु P और AP का मध्य-बिंदु Q है।

रचना $PT \parallel BR$ खींचिए

सिद्ध करना है $\quad RA = \dfrac{1}{3} CA$

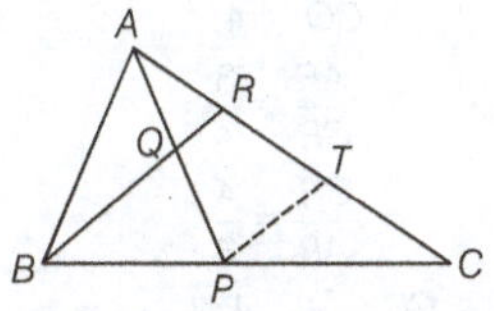

उपपत्ति ΔCBR में, $PT \parallel BR$

$\therefore \quad \dfrac{CT}{TR} = \dfrac{CP}{BP}$ [आधारभूत समानुपातिक प्रमेय से]

$\Rightarrow \quad \dfrac{CT}{TR} = 1$ [BC का मध्य-बिंदु P है]

$\Rightarrow \quad CT = TR$ ...(i)

ΔAPT में, $\quad QR \parallel PT$

$\therefore \quad \dfrac{AQ}{QP} = \dfrac{AR}{RT}$

[आधारभूत समानुपातिक प्रमेय से]

$\Rightarrow \quad 1 = \dfrac{AR}{RT}$ [$\because AP$ का मध्य-बिंदु Q है]

$\Rightarrow \quad AR = RT$ ...(ii)

समी (i) और (ii) से, $\quad AR = RT = CT$

$\therefore \quad AR = \dfrac{1}{3} AC$

31. संकेत दिया है $ABCD$ एक समांतर चतुर्भुज इस प्रकार है कि

$AP : PB = 3 : 2$ तथा $CQ : QD = 4 : 1$

सिद्ध करना है $\quad AR = \dfrac{3}{7} AC$

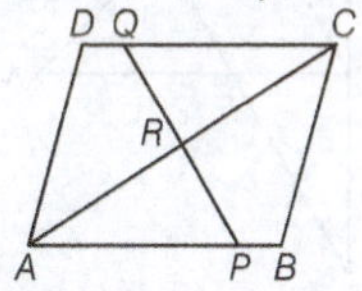

उपपत्ति $ABCD$ एक समांतर चतुर्भुज है, इसलिए विपरीत भुजा बराबर और समांतर हैं।

ΔAPR और ΔCQR में,

$\angle ARP = \angle CRQ$ [शीर्षाभिमुख कोण]

$\angle RPA = \angle RQC$

[$\because$ एकांतर कोण, $AB \parallel CD$ और PQ तिर्यक रेखा है]

तथा $\quad \angle RAP = \angle RCQ$

$\therefore \quad \Delta APR \sim CQR$ [AAA समरूपता कसौटी से]

तब, $\quad \dfrac{AP}{CQ} = \dfrac{PR}{QR} = \dfrac{AR}{CR}$ ...(i)

दिया है, $\quad AP = \dfrac{3}{5} AB$ ...(ii)

[$\because AP : PB = 3 : 2 \Rightarrow AP = \dfrac{3}{5} AB$]

तथा $CQ = \frac{4}{5} CD = \frac{4}{5} AB$ ...(iii)

$[\because CQ : QD = 4:1 \Rightarrow CQ = \frac{4}{5} CD$ तथा $CD = AB]$

समी (ii) में समी (iii) से भाग देने पर,

$$\frac{AP}{CQ} = \frac{\frac{3}{5} AB}{\frac{4}{5} AB}$$

$$\Rightarrow \frac{AP}{CQ} = \frac{3}{4}$$

$$\Rightarrow \frac{AR}{CR} = \frac{3}{4}$$ [समी (i) से]

$$\Rightarrow \frac{CR}{AR} = \frac{4}{3}$$

$$\Rightarrow \frac{CR}{AR} + 1 = \frac{4}{3} + 1$$ [दोनों पक्षों में 1 जोड़ने पर]

$$\Rightarrow \frac{CR + AR}{AR} = \frac{7}{3}$$

$$\Rightarrow \frac{AC}{AR} = \frac{7}{3}$$ $[\because CR + AR = AC]$

$$\therefore AR = \frac{3}{7} AC$$

32. **संकेत** AB पर ऐसा बिंदु G लीजिए कि $CG \parallel DF$

बिंदु E, AC का मध्य-बिंदु है।

$\therefore CE = EA, \angle AEF = \angle AFE$

ΔBCG तथा ΔBDF में,

$$CG \parallel EF$$

$$\therefore \frac{BC}{CD} = \frac{BG}{GF}$$ [आधारभूत समानुपातिकता प्रमेय से]

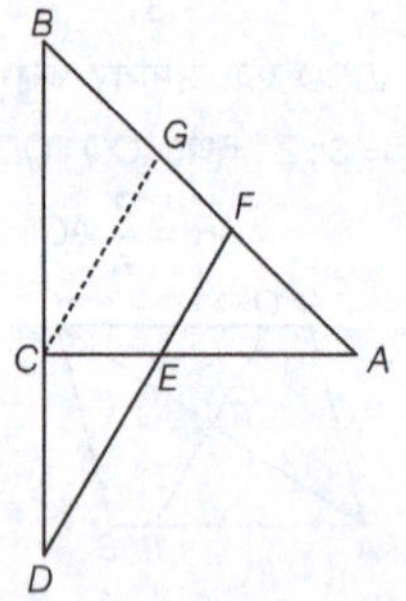

$$\Rightarrow \frac{BC}{CD} = \frac{BF - GF}{CE}$$ $[\because CG \parallel EF]$

$$= \frac{BF - CE}{CE} = \frac{BF}{CE} - 1$$

$$\Rightarrow \frac{BC}{CD} + 1 = \frac{BF}{CE}$$

$$\Rightarrow \frac{BC + CD}{CD} = \frac{BF}{CE}$$

$$\Rightarrow \frac{BD}{CD} = \frac{BF}{CE}$$ इति सिद्धम्

33. **संकेत दिया है** $PQRS$ एक समांतर चतुर्भुज इस प्रकार है कि $PQ \parallel SR$ और $PS \parallel QR$ तथा $AB \parallel PS$

सिद्ध करना है $OC \parallel SR$

उपपत्ति ΔOPS और ΔOAB में

$PS \parallel AB$ [दिया है]

$\angle POS = \angle AOB$ [उभयनिष्ठ कोण]

$\angle OSP = \angle OBA$ [संगत कोण]

$\therefore \Delta OPS \sim \Delta OAB$ [AA समरूपता कसौटी से]

तब, $\frac{PS}{AB} = \frac{OS}{OB}$ ...(i)

ΔCQR और ΔCAB में,

$QR \parallel PS \parallel AB$

$\angle QCR = \angle ACB$ [उभयनिष्ठ कोण]

$\angle CRQ = \angle CBA$ [संगत कोण]

$\therefore \Delta CQR \sim CAB$ [AA समरूपता कसौटी से]

तब, $\frac{QR}{AB} = \frac{CR}{CB}$

$\Rightarrow \frac{PS}{AB} = \frac{CR}{CB}$ ...(ii)

[चूँकि, $PQRS$ एक समांतर चतुर्भुज है।]

समी (i) और (ii) से,

$$\frac{OS}{OB} = \frac{CR}{CB} \text{ या } \frac{OB}{OS} = \frac{CB}{CR}$$

$$\Rightarrow \frac{OB}{OS} - 1 = \frac{CB}{CR} - 1$$ [दोनों पक्षों में से 1 घटाने पर]

$$\Rightarrow \frac{OB - OS}{OS} = \frac{CB - CR}{CR}$$

$$\Rightarrow \frac{BS}{OS} = \frac{BR}{CR}$$

$$SR \parallel OC$$

[आधारभूत समानुपातिक प्रमेय के विलोम से] **इति सिद्धम्**

34. **संकेत** ΔRDP में, दिया है, $PR \parallel CQ$ $[\because PR \parallel CA]$

$\therefore \frac{DC}{DP} = \frac{DQ}{DR}$ ... (i)

ΔRDB में, दिया है

$PQ \parallel BR$ $[\because PQ \parallel BA]$

$\therefore \frac{DP}{DB} = \frac{DQ}{DR}$ ... (ii)

समी (i) व (ii) से, $\frac{DC}{DP} = \frac{DP}{DB}$

$\Rightarrow DC \times DB = DP^2$

या $CD \times BD = PD^2 = (12)^2 = 144$ सेमी^{2}

35. **संकेत** $DY \parallel BX$ खीचिए, तब $\Delta BCX \sim \Delta DCY$

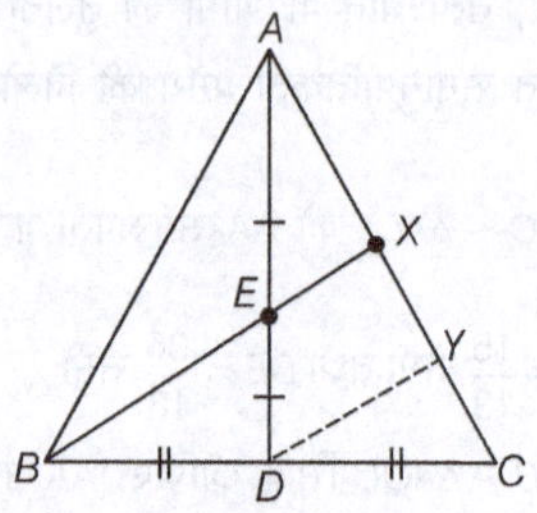

$$\Rightarrow \frac{BX}{DY} = \frac{BC}{DC}$$

$$\Rightarrow \frac{BX}{DY} = 2$$ ...(i)

इसी प्रकार, $\Delta AEX \sim \Delta ADY$

$\Rightarrow \quad \frac{EX}{DY} = \frac{1}{2}$ ...(ii)

समी (i) तथा (ii) से,

$\frac{BX}{EX} = 4 \Rightarrow BE + EX = 4EX$

$\Rightarrow \quad 3EX = BE \Rightarrow \frac{BE}{EX} = \frac{3}{1}$

36. (i) (*c*) माना टावर की ऊँचाई $CD = h$ मी है, विजय के घर की ऊँचाई $BE = 20$ मी है तथा अजय के घर की ऊँचाई GF है।

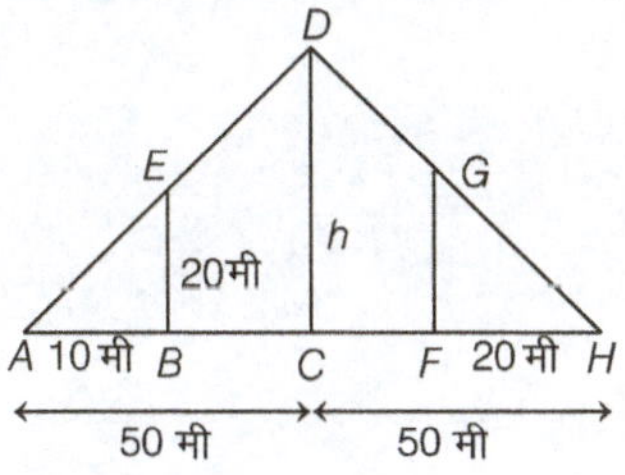

$\because \quad \Delta ACD \sim ABE$

$\therefore \quad \frac{AC}{AB} = \frac{CD}{EB}$

$\Rightarrow \quad \frac{50}{10} = \frac{h}{20}$

$\Rightarrow \quad h = 100$ मी

(ii) (*d*) दिया है, $AB = 12$ मी, माना $AC = h$

समरूप ΔABE तथा ΔACD में,

$\frac{AB}{AC} = \frac{BE}{CD}$

$\Rightarrow \quad \frac{12}{h} = \frac{20}{100}$

$\Rightarrow \quad h = \frac{12 \times 100}{20}$

$= 12 \times 5 = 60$ मी

(iii) (*b*) माना अजय के घर की ऊँचाई, $GF = h_1$

$\because \quad \Delta HFG \sim \Delta HCD$

$\therefore \quad \frac{HF}{HC} = \frac{FG}{CD}$

$\Rightarrow \quad \frac{20}{50} = \frac{h_1}{100}$

$\Rightarrow \quad h_1 = \frac{20 \times 100}{50} = 40$ मी

अथवा

(*a*) दिया है, $HC = 40$ सेमी

माना अजय के घर की परछाई $HF = l$ मी है।

$\because \quad \Delta HFG \sim \Delta HCD$

$\therefore \quad \frac{HF}{HC} = \frac{FG}{CD}$

$\Rightarrow \quad \frac{l}{40} = \frac{40}{100}$

$\Rightarrow \quad l = \frac{40 \times 40}{100} = 16$ मी

37. (i) (*d*) दिया है, स्केल गुणांक =1:200

इसका आशय है कि चित्र में दर्शाए गए रेल के इंजन के 1 सेमी की लम्बाई वास्तविक इंजन की लम्बाई के 200 सेमी (या 2 मी) के बराबर होगी।

इसलिए, इंजन की लम्बाई $= 11 \times 200 = 2200$ सेमी = 22 सेमी

(ii) (*d*) दो बहुभुजों की समरूपता में दोनों बहुभुज एक-दूसरे के दर्पण प्रतिबिम्ब नहीं होते हैं।

(iii) (*a*) दरवाजे की वास्तविक चौड़ाई $= 0.35 \times 200$

$= 70$ सेमी

$= 0.7$ मी

अथवा

(iv) (*b*) यदि दो समरूप त्रिभुजों का स्केल गुणांक 5:3 है, तब उनके शीर्षलम्बों का अनुपात 25:15 होगा।

अध्याय

07

निर्देशांक ज्यामिति
(Coordinate Geometry)

कक्षा-IX में, एक तल पर किसी बिंदु के निर्देशांक तथा अक्षों की सहायता से स्थिति ज्ञात करना सीख चुके हैं। इस अध्याय में दो बिंदुओं के बीच की दूरी जिनके निर्देशांक दिए हुए हों तथा दो बिंदुओं को मिलाने से बने रेखाखंड को एक दिए अनुपात में विभाजित करने वाले बिंदु के निर्देशांक ज्ञात करना सीखेंगे।

टॉपिक्स

- निर्देशांक ज्यामिति से संबंधित संकल्पनाओं का पुनरावलोकन
- दूरी सूत्र
- विभाजन सूत्र

टॉपिक 1
निर्देशांक ज्यामिति से संबंधित संकल्पनाओं का पुनरावलोकन

गणित की वह शाखा, जिसमें दो लंबवत् रेखाओं की सहायता से ज्यामिति से संबंधित समस्याओं को हल करने के लिए बीजगणितीय विधियों के प्रयोग से किसी बिंदु की स्थिति निर्धारित करते हैं निर्देशांक ज्यामिति कहलाती है।

कार्तीय पद्धति (Cartesian System)

तल में किसी बिंदु की स्थिति दर्शाने के लिए जिस पद्धति का प्रयोग किया जाता है, उसे कार्तीय पद्धति कहते हैं। कार्तीय पद्धति में दो परस्पर लंबवत् रेखाएँ XX' एवं YY' खींचते हैं, जो परस्पर एक-दूसरे को बिंदु O पर प्रतिच्छेद करती हैं। इन रेखाओं के प्रतिच्छेद बिंदु को मूलबिंदु कहते हैं, जिसे O से व्यक्त किया जाता है तथा XOX' व YOY' को **समकोणिक निर्देशांक** अक्ष कहते हैं।

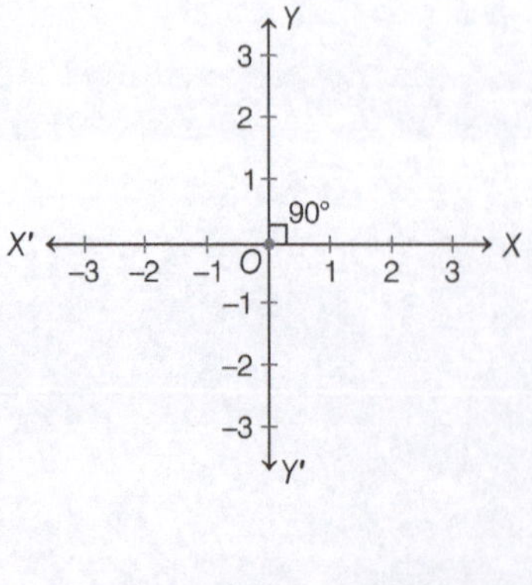

- **X-अक्ष** (X-axis) रेखा XOX' को X-अक्ष कहते हैं। OX, X-अक्ष की **धनात्मक दिशा** तथा OX', X-अक्ष की **ऋणात्मक दिशा** को निरूपित करती है।
- **Y-अक्ष** (Y-axis) रेखा YOY' को Y-अक्ष कहते हैं। OY, Y-अक्ष की **धनात्मक दिशा** तथा OY', Y-अक्ष की **ऋणात्मक दिशा** को निरूपित करती है।

नोट
- *ऊर्ध्वाधर तथा क्षैतिज अक्षों के बीच का कोण 90° होता है।*
- *X-अक्ष के लंबवत् कोई भी रेखा, Y-अक्ष के समांतर होती है।*
- *Y-अक्ष के लंबवत् कोई भी रेखा, X-अक्ष के समांतर होती है।*

चतुर्थांश (Quadrants)

X-अक्ष और Y-अक्ष का प्रतिच्छेद समतल को चार भागों में विभाजित करता है। इन चारों भागों के प्रत्येक भाग को चतुर्थांश कहते हैं, जिन्हें OX से वामावर्त (Anti-clockwise) दिशा में क्रमशः प्रथम, द्वितीय, तृतीय और चतुर्थ चतुर्थांश कहते हैं। इस प्रकार, अक्षों तथा चतुर्थांशों से जो तल बनता है, उसे **XY-तल या कार्तीय तल या निर्देशांक तल** कहते हैं तथा अक्षों को निर्देशांक अक्ष कहते हैं।

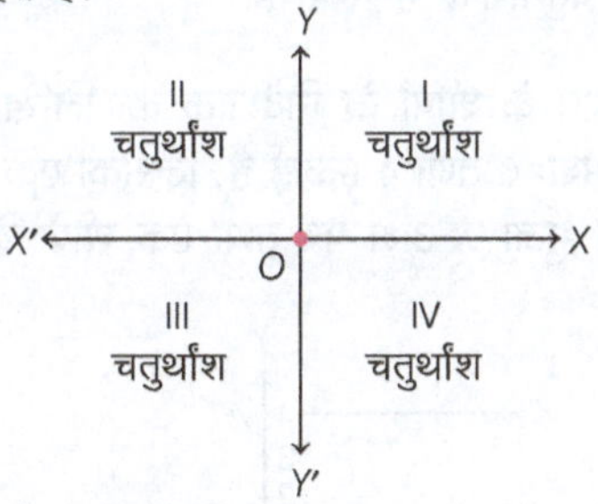

(i) XOY को प्रथम चतुर्थांश कहते हैं।
(ii) $X'OY$ को द्वितीय चतुर्थांश कहते हैं।
(iii) $X'OY'$ को तृतीय चतुर्थांश कहते हैं।
(iv) XOY' को चतुर्थ चतुर्थांश कहते हैं।

कार्तीय तल में किसी बिंदु के निर्देशांक
(Coordinates of a Point in Cartesian Plane)

वह समतल जिस पर X-अक्ष और Y-अक्ष स्थित होते हैं, **कार्तीय तल** (Cartesian plane) या **XY-समतल** (XY-plane) कहलाता है।

किसी बिंदु को कार्तीय तल में दर्शाने के लिए इसकी X-अक्ष और Y-अक्ष से लंबवत् दूरी की आवश्यकता होती है। इन दूरियों को ही बिंदु के निर्देशांक कहते हैं। कार्तीय तल में स्थित प्रत्येक बिंदु के दो निर्देशांक होते हैं x-निर्देशांक और y-निर्देशांक।

(i) किसी बिंदु का x-निर्देशांक, Y-अक्ष से X-अक्ष की दिशा में नापी गई लंबवत् दूरी होती है। x-निर्देशांक को **भुज** (Abscissa) भी कहते हैं।

(ii) किसी बिंदु का y-निर्देशांक, X-अक्ष से Y-अक्ष की दिशा में नापी गई लंबवत् दूरी होती है। y-निर्देशांक को **कोटि** (Ordinate) भी कहते हैं। किसी बिंदु के x-निर्देशांक और y-निर्देशांक को संयुक्त रूप से बिंदु के **निर्देशांक** कहते हैं।

माना समतल में कोई बिंदु P है। बिंदु P से X-अक्ष तथा Y-अक्ष पर क्रमशः PA तथा PB लंब खींचिए। दूरी PB बिंदु P के भुज या x-निर्देशांक तथा दूरी PA बिंदु P की कोटि या y-निर्देशांक को दर्शाती है।

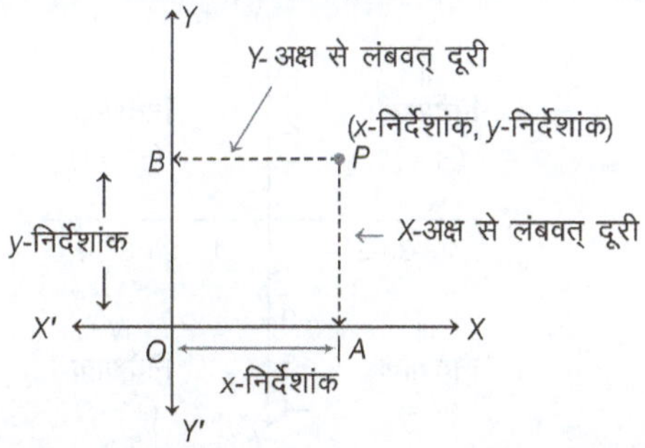

इस प्रकार, यदि $PB = OA = x$ तथा $PA = OB = y$ हो, तो बिंदु P के निर्देशांक x और y होंगे, जिन्हें क्रमित युग्म $P(x, y)$ से प्रदर्शित करते हैं। किसी बिंदु के निर्देशांक निरूपित करने वाले बिंदु के भुज को सदैव क्रमित युग्म में पहले स्थान पर तथा कोटि को दूसरे स्थान पर लिखते हैं। अतः $(x, y) \neq (y, x)$

महत्त्वपूर्ण बिंदु

(i) X-अक्ष पर स्थित प्रत्येक बिंदु की X-अक्ष से लंबवत् दूरी शून्य होती है इसलिए इनकी कोटि 0(शून्य) होती है इसलिए X-अक्ष पर स्थित प्रत्येक बिंदु के निर्देशांक (x, 0) के रूप में होते हैं।

(ii) Y-अक्ष पर स्थित प्रत्येक बिंदु की Y-अक्ष से लंबवत् दूरी शून्य होती है इसलिए इनका भुज 0(शून्य) होता है इसलिए Y-अक्ष पर स्थित प्रत्येक बिंदु के निर्देशांक (0, y) के रूप में होते हैं।

(iii) मूलबिंदु के निर्देशांक (0, 0) होते हैं क्योंकि इसकी दोनों अक्षों से दूरी शून्य (0) होती है। अतः इसलिए इसका भुज और कोटि 0(शून्य) होती है।

उदाहरण 1 दिए गए चित्र में, OA तथा OC का प्रतिच्छेद बिंदु O है तथा $OABC$ एक वर्ग है जिसकी भुजा 4 इकाई है। बिंदु A, B तथा C के निर्देशांक ज्ञात करो।

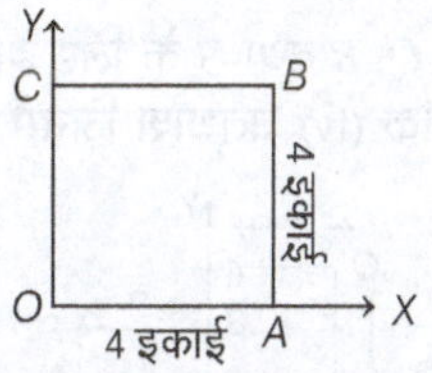

हल यहाँ, बिंदु A, भुजा OA पर स्थित है जोकि रेखाओं OX तथा OY के प्रतिच्छेद बिंदु O से 4 इकाई की दूरी पर है। इसलिए बिंदु A के निर्देशांक (4, 0) होंगे तथा बिंदु C भुजा OC पर स्थित है जोकि प्रतिच्छेद बिंदु O से 4 इकाई की दूरी पर है। इसलिए बिंदु C के निर्देशांक (0, 4) होंगे। बिंदु B दोनों अक्षों से 4 इकाई की दूरी पर है अतः बिंदु B के निर्देशांक (4, 4) होंगे।

निर्देशांकों के चिह्न की परिपाटी
(Sign-convention of Coordinates)

चतुर्थांश में स्थित किसी बिंदु के निर्देशांकों के चिह्न ज्ञात करने के लिए कुछ महत्त्वपूर्ण बिंदु निम्न हैं

- यदि कोई बिंदु प्रथम चतुर्थांश में स्थित है, तब बिंदु (+, +) के रूप का होगा क्योंकि प्रथम चतुर्थांश धनात्मक X-अक्ष तथा धनात्मक Y-अक्ष से परिबद्ध होता है।

- यदि कोई बिंदु द्वितीय चतुर्थांश में स्थित है तब बिंदु (–, +) के रूप में होगा क्योंकि द्वितीय चतुर्थांश ऋणात्मक X-अक्ष तथा धनात्मक Y-अक्ष से परिबद्ध होता है।

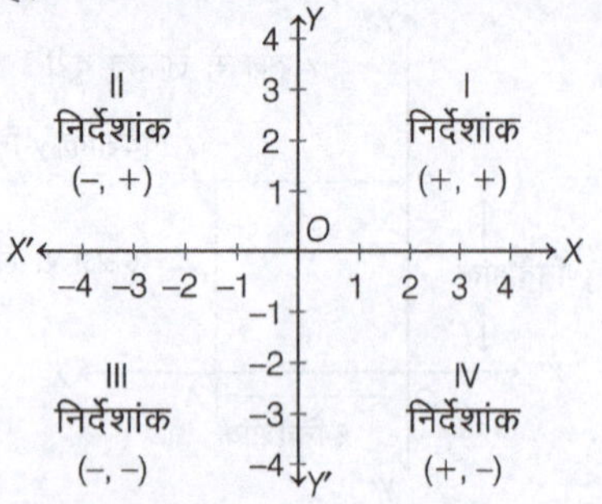

- यदि कोई बिंदु तृतीय चतुर्थांश में स्थित है तब बिंदु (–, –) के रूप में होगा क्योंकि तृतीय चतुर्थांश ऋणात्मक X-अक्ष और ऋणात्मक Y-अक्ष से परिबद्ध होता है।
- यदि कोई बिंदु चतुर्थ चतुर्थांश में स्थित है तब बिंदु (+, –) के रूप में होगा क्योंकि चतुर्थ चतुर्थांश धनात्मक X-अक्ष और ऋणात्मक Y-अक्ष से परिबद्ध होता है।

विभिन्न चतुर्थांशों में स्थित बिंदुओं के निर्देशांकों के चिह्नों को निम्न सारणी द्वारा समझा जा सकता है

क्षेत्र	चतुर्थांश	X तथा Y-अक्ष की प्रकृति	x-निर्देशांक के चिह्न	y- निर्देशांक के चिह्न	बिंदु के निर्देशांक
XOY	I	$x>0, y>0$	+	+	(+, +)
$X'OY$	II	$x<0, y>0$	–	+	(–, +)
$X'OY'$	III	$x<0, y<0$	–	–	(–, –)
XOY'	IV	$x>0, y<0$	+	–	(+, –)

उदाहरण 2 बिंदुओं P, Q, R तथा S के लिए ज्ञात कीजिए (i) भुज (ii) कोटि (iii) निर्देशांक (iv) चतुर्थांश जिनमें बिंदु स्थित हैं।

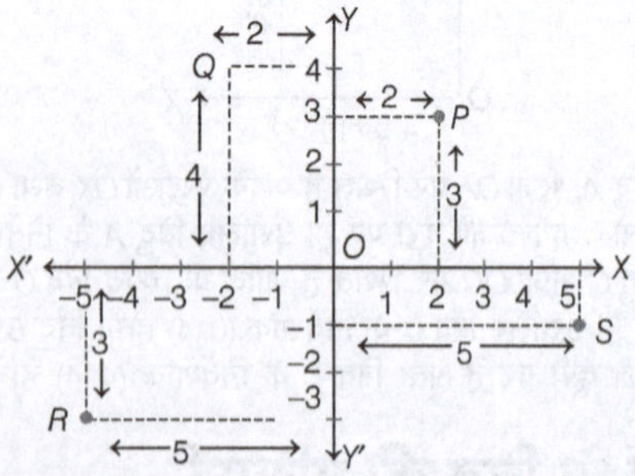

हल बिंदु P के लिए

(i) बिंदु का भुज $(x) = 2$

(ii) बिंदु की कोटि $(y) = 3$

(iii) बिंदु का निर्देशांक = (2,3)

(iv) (+, +) प्रकार का बिंदु (c) चतुर्थांश-I में स्थित होता है, अतः बिंदु (2, 3) प्रथम चतुर्थांश में स्थित है।

बिंदु Q के लिए,

(i) बिंदु का भुज $(x) = -2$

(ii) बिंदु की कोटि $(y) = 4$

(iii) बिंदु का निर्देशांक = (–2, 4)

(iv) (–, +) प्रकार की बिंदु चतुर्थांश-II में स्थित होता है, अतः बिंदु (–2, 4) चतुर्थांश-II में स्थित है।

बिंदु R के लिए

(i) बिंदु का भुज $(x) = -5$

(ii) बिंदु की कोटि $(y) = -3$

(iii) बिंदु का निर्देशांक = (–5, – 3)

(iv) (–, –) प्रकार की बिंदु चतुर्थांश-III में स्थित होता है, अतः बिंदु (–5, –3) चतुर्थांश-III में स्थित है।

बिंदु S के लिए

(i) बिंदु का भुज $(x) = 5$

(ii) बिंदु की कोटि $(y) = -1$

(iii) बिंदु का निर्देशांक = (5, – 1)

(iv) (+, –) प्रकार की बिंदु चतुर्थांश-IV में स्थित होता है, अतः बिंदु (5, –1) चतुर्थांश-IV में स्थित है।

उदाहरण 3 आयत के शीर्षों के निर्देशांक को लिखिए जिसकी लंबाई तथा चौड़ाई क्रमशः 6 तथा 4 इकाई हैं, जिसका एक शीर्ष मूलबिंदु पर स्थित है। लंबी भुजा X-अक्ष पर तथा एक शीर्ष द्वितीय-चतुर्थांश में स्थित है।

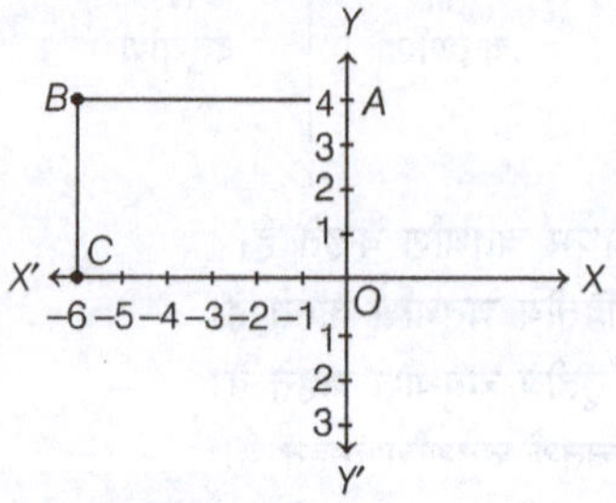

हल प्रश्नानुसार, आवश्यक आकृति को नीचे दिया गया है,

बिंदु O का निर्देशांक = (0, 0)

बिंदु A का निर्देशांक = (0, 4)

बिंदु B का निर्देशांक = (–6, 4)

बिंदु C का निर्देशांक = (–6, 0)

उदाहरण 4 कार्तीय तल में निम्नलिखित प्रत्येक बिंदु की स्थिति निर्धारित कीजिए।

(i) (–4, 0) (ii) (0, 6)

(iii) (4, 0) (iv) (0, – 8)

हल (i) (–4, 0) यह X-अक्ष पर स्थित है।

(ii) (0, 6) यह Y-अक्ष पर स्थित है।

(iii) (4, 0) यह X-अक्ष पर स्थित है।

(iv) (0, – 8) यह Y-अक्ष पर स्थित है।

प्रश्नावली 7.1

1. चित्र को देखिए तथा निम्नलिखित को ज्ञात कीजिए।

(i) B का निर्देशांक (ii) C का निर्देशांक

(iii) बिंदु D का भुज (iv) बिंदु H की कोटि

(v) बिंदु L का निर्देशांक

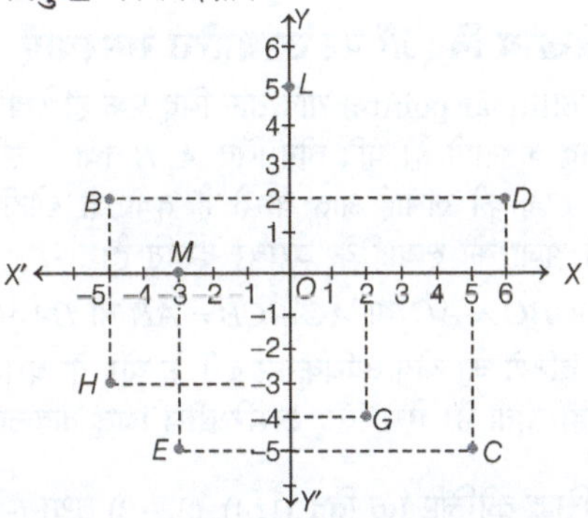

2. यदि $PQRS$ एक वर्ग है जिसकी प्रत्येक भुजा की लंबाई $2a$ है। वर्ग के शीर्षों के निर्देशांक ज्ञात कीजिए जबकि बिंदु P मूलबिंदु है तथा PQ और PS क्रमश: OX और OY के साथ है।

3. निम्नलिखित बिंदुओं का कार्तीय तल में स्थान निर्धारित कीजिए तथा इनको आपस में क्रम से मिलाकर और प्राप्त चित्र की पहचान कीजिए $A(1, 3), B(1, -1), C(7, -1)$ तथा $D(7, 3)$ तथा उस बिंदु का निर्देशांक ज्ञात कीजिए जहाँ विकर्ण एक-दूसरे को काटते हों।

4. चतुर्भुज को बनाइए तथा चतुर्भुज का नाम भी बताइए, यदि उसके शीर्ष निम्न हों

(i) $(1, 1), (2, 4), (8, 4)$ तथा $(10, 1)$

(ii) $(-2, -2), (-4, 2), (-6, -2)$ तथा $(-4, -6)$

5. (i) बिंदुओं $P(-2, 4)$ और $Q(-2, -5)$ को आलेखित कीजिए।

(ii) PQ की लंबाई ज्ञात कीजिए।

(iii) बिंदुओं I और J का निर्देशांक ज्ञात कीजिए जबकि $PI = IJ = JQ$

6. (i) बिंदुओं $M(5, -3)$ और $N(-3, -3)$ को आलेखित कीजिए।

(ii) MN की लंबाई ज्ञात कीजिए।

(iii) रेखा MN पर स्थित बिंदुओं A, B तथा C का निर्देशांक ज्ञात कीजिए, जबकि $MA = AB = BC = CN$

संकेत एवं हल

1. (i) $(-5, 2)$ (ii) $(5, -5)$ (iii) 6

(iv) -3 (v) $(0, 5)$

2. $P(0, 0), Q(2a, 0), R(2a, 2a), S(0, 2a)$

3. **संकेत** प्राप्त चित्र एक आयत होगा तथा उस बिंदु का निर्देशांक $(4, 1)$ है, जहाँ दोनों विकर्ण एक-दूसरे को काटते हैं।

4. छात्र ग्राफ पेपर पर स्वयं बनाएँ।

(i) समलंब (ii) समचतुर्भुज

5. (ii) 9 इकाई (iii) I का निर्देशांक $= (-2, 1)$, J का निर्देशांक $= (-2, -2)$

6. (ii) 8 इकाई

(iii) बिंदुओं के निर्देशांक $A(3, -3), B(1, -3)$ तथा $C(-1, -3)$

टॉपिक 2

दूरी सूत्र

एक समतल में स्थित किन्हीं दो बिंदुओं के बीच की दूरी उन दोनों बिंदुओं को मिलाने वाले रेखाखंड की लंबाई के बराबर होती है। माना किसी समतल में दो बिंदु $P(x_1, y_1)$ तथा $Q(x_2, y_2)$ के बीच की दूरी d है। तब,

$$d = \sqrt{(x_2 - x_1)^2 + (y_2 - y_1)^2}$$

या

$$d = \sqrt{(x_1 - x_2)^2 + (y_1 - y_2)^2}$$

अर्थात्

$$PQ = \sqrt{(\text{भुजों का अंतर})^2 - (\text{कोटियों का अंतर})^2}$$

माना $X'OX$ और $Y'OY$ निर्देशांक अक्ष हैं।

उपपत्ति माना XOX' तथा YOY' निर्देशांक हैं और $P(x_1, y_1)$ तथा $Q(x_2, y_2)$ दो बिंदु हैं। PL तथा QM, X-अक्ष पर लंब हैं और PR, QM पर लंब है।

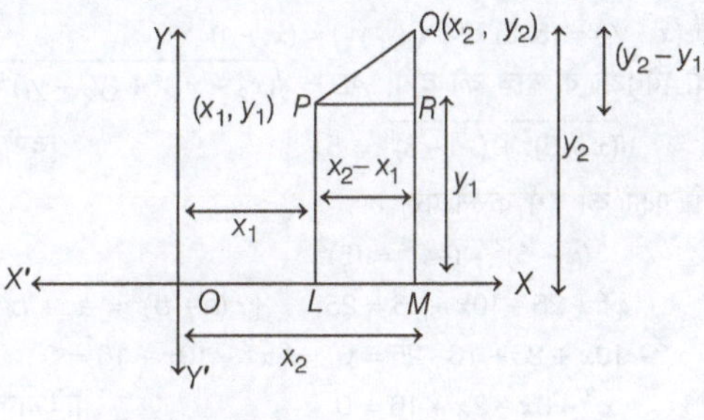

$\because$ $OL = x_1, OM = x_2$

तब, $LM = PR = OM - OL = x_2 - x_1$ तथा $PL = y_1, QM = y_2$

तब, $QR = QM - RM$

$= QM - PL = y_2 - y_1$ $[\because RM = PL]$

अब, समकोण ΔPRQ में,

$PQ^2 = PR^2 + QR^2$ [पाइथागोरस प्रमेय से]

$\Rightarrow d^2 = (x_2 - x_1)^2 + (y_2 - y_1)^2$

$\Rightarrow d = \sqrt{(x_2 - x_1)^2 + (y_2 - y_1)^2}$ [वर्गमूल लेने पर]

$= \sqrt{(x\text{-निर्देशांकों के बीच की दूरी})^2 + (y\text{-निर्देशांकों के बीच की दूरी})^2}$

या $d = \sqrt{(\text{भुजों का अंतर})^2 + (\text{कोटियों का अंतर})^2}$

नोट

- *दो बिंदुओं के बीच की दूरी सदैव धनात्मक होती है।*
- *यदि बिंदु P(x, y) की मूलबिंदु (0, 0) से दूरी ज्ञात करनी हो, तब*

$d = \sqrt{x^2 + y^2}$

उदाहरण 1 बिंदुओं (8, –2) और (3, –6) के बीच की दूरी ज्ञात कीजिए।

हल ∵ दिए गए बिंदु (8, – 2) और (3, – 6) हैं।

माना $x_1 = 8, y_1 = -2, x_2 = 3$ तथा $y_2 = -6$

तब, बिंदुओं (8, – 2) और (3, – 6) के बीच की दूरी

$= \sqrt{(x_2 - x_1)^2 + (y_2 - y_1)^2}$ [दूरी सूत्र से]

$= \sqrt{(3-8)^2 + (-6+2)^2}$

$= \sqrt{(-5)^2 + (4)^2} = \sqrt{25 + 16} = \sqrt{41}$ इकाई

उदाहरण 2 मूलबिंदु से बिंदु (3, –4) की दूरी ज्ञात कीजिए।

हल दिया गया बिंदु P(3, – 4) तथा मूलबिंदु O(0, 0) हैं।

तब, $x_1 = 3, y_1 = -4, x_2 = 0$ तथा $y_2 = 0$

बिंदु (3, – 4) की मूलबिंदु (0, 0) से दूरी

दूरी $= \sqrt{(x_2 - x_1)^2 + (y_2 - y_1)^2}$ [दूरी सूत्र से]

$d = \sqrt{(0-3)^2 + (0+4)^2}$

$= \sqrt{(3)^2 + (4)^2} = \sqrt{9 + 16} = \sqrt{25} = 5$ इकाई

उदाहरण 3 यदि बिंदुओं (5, 3) और (x, –1) के बीच की दूरी 5 मात्रक है, तब x का मान ज्ञात कीजिए।

हल माना दिए गए बिंदु A(5, 3) और B(x, – 1) हैं।

$\therefore AB = 5$ [दिया है]

यहाँ $(x_1, y_1) = (5, 3)$ तथा $(x_2, y_2) = (x, -1)$

∴ दो बिंदुओं के बीच की दूरी, $AB = \sqrt{(x_2 - x_1)^2 + (y_2 - y_1)^2}$

$\Rightarrow \sqrt{(x-5)^2 + (-1-3)^2} = 5$ [दूरी सूत्र से]

दोनों पक्षों का वर्ग करने पर,

$\Rightarrow (x-5)^2 + (-4)^2 = (5)^2$

$\Rightarrow x^2 + 25 - 10x + 16 = 25$ $[\because (a-b)^2 = a^2 + b^2 - 2ab]$

$\Rightarrow x^2 - 10x + 25 + 16 - 25 = 0 \Rightarrow x^2 - 10x + 16 = 0$

$\Rightarrow x^2 - 8x - 2x + 16 = 0$ [विभाजन द्वारा]

$\Rightarrow x(x-8) - 2(x-8) = 0$

$\Rightarrow (x-8)(x-2) = 0 \Rightarrow x - 8 = 0$

या $x - 2 = 0 \Rightarrow x = 8$ या $x = 2$

अतः x का अभीष्ट मान 8 और 2 है।

दूरी सूत्र पर आधारित कुछ विभिन्न समस्याएँ

कई समस्याएँ दूरी सूत्र से हल की जाती हैं जिनमें कुछ नीचे दिए गए हैं

प्रकार I संरेखीय बिंदुओं पर आधारित समस्याएँ

संरेखी बिंदु (Collinear points) यदि तीन बिंदु एक ही रेखा पर स्थित हों, तो वे संरेखी बिंदु कहलाते हैं। यदि तीन बिंदु A, B तथा C संरेखीय हैं, तब AB, BC तथा CA की लंबाई ज्ञात करते है तथा दो छोटी लंबाइयों का योगफल तीसरी भुजा की लंबाई के बराबर दर्शाते हैं।

अर्थात् $AB + BC = AC$ या $AC + CB = AB$ या $BA + AC = BC$

और यदि छोटी दूरियों का योग अधिकतम दूरी के योग के बराबर नहीं है, तो बिंदुएँ संरेख नहीं होती हैं। ऐसे बिंदु **असंरेखीय बिंदु** कहलाते हैं।

उदाहरण 4 सिद्ध कीजिए कि बिंदु (1, 4), (3, –2) तथा (–3, 16) संरेख हैं।

हल माना दिए गए बिंदु A(1, 4), B(3, – 2) तथा C(–3, 16) हैं।

तब, $AB = \sqrt{(3-1)^2 + (-2-4)^2}$

[दूरी $= \sqrt{(x_2 - x_1)^2 + (y_2 - y_1)^2}$ से]

$= \sqrt{4 + 36} = \sqrt{40} = 2\sqrt{10}$

$BC = \sqrt{(-3-3)^2 + (16+2)^2} = \sqrt{36 + 324} = \sqrt{360} = 6\sqrt{10}$

तथा $AC = \sqrt{(-3-1)^2 + (16-4)^2} = \sqrt{16 + 144} = \sqrt{160} = 4\sqrt{10}$

यहाँ, $AB + AC = 2\sqrt{10} + 4\sqrt{10} = 6\sqrt{10} = BC$

अतः दिए गए बिंदु संरेख हैं।

प्रकार II समदूरस्थ बिंदुओं पर आधारित समस्याएँ

यदि कोई बिंदु X दिए गए दो बिंदुओं A और B से समदूरस्थ है, तब $AX = BX$ का प्रयोग करके सरल करेंगे।

नोट *यदि बिंदु P, दो बिंदुओं A और B से समदूरस्थ हैं, तब यह AB के समद्विभाजक पर स्थित होगा।*

उदाहरण 5 यदि बिंदु P(x, y) बिंदुओं A(5, 1) और B(1, 5) से समदूरस्थ है तो सिद्ध कीजिए कि $x = y$ **[CBSE 2023 (Standard)]**

हल दिया है बिंदु P(x, y), बिंदुओं A(5, 1) और B(1, 5) से समदूरस्थ है

$\therefore AP = BP$

$\Rightarrow AP^2 = BP^2$

दोनों पक्षों का वर्ग करने पर,

$\Rightarrow (x-5)^2 + (y-1)^2 = (x-1)^2 + (y-5)^2$

$[\because \text{दूरी} = \sqrt{(x_2 - x_1)^2 + (y_2 - y_1)^2}]$

$\Rightarrow x^2 + 25 - 10x + y^2 + 1 - 2y = x^2 + 1 - 2x + y^2 + 25 - 10y$

$\Rightarrow -10x + 2x = -10y + 2y$

$\Rightarrow -8x = -8y$

$\Rightarrow x = y$ इति सिद्धम्

उदाहरण 6 Y-अक्ष पर वह बिंदु ज्ञात कीजिए जो $A(6, 5)$ और $B(-4, 3)$ से समदूरस्थ है। **[CBSE 2012]**

हल माना बिंदु P, Y-अक्ष पर स्थित है। इसलिए इसका निर्देशांक $(0, y)$ रूप में होगा।

$\therefore \quad AP = PB$ [दिया है]

$AP^2 = PB^2$ [दोनों ओर का वर्ग करने पर]

$(0-6)^2 + (y-5)^2 = (0+4)^2 + (y-3)^2$

$\left[\because \text{दूरी} = \sqrt{(x_2 - x_1)^2 + (y_2 - y_1)^2}\right]$

$\Rightarrow \quad (0-6)^2 + (y-5)^2 = 16 + y^2 - 6y + 9$

$\Rightarrow \quad 36 + y^2 - 10y + 25 = 25 + y^2 - 6y$

$[\because (a-b)^2 = a^2 + b^2 - 2ab]$

$\Rightarrow \quad 36 = 25 - 25 + 10y - 6y$

$\Rightarrow \quad 36 = 4y \Rightarrow y = 9$

अतः अभीष्ट बिंदु $(0, 9)$ है।

प्रकार III ज्यामितीय आकृति पर आधारित समस्याएँ

इसके अंतर्गत तीन या चार बिंदु दिए होते हैं और यह ज्ञात करना होता है कि ये बिंदु दी गई ज्यामितीय आकृति बनाते हैं या नहीं। इन समस्याओं को हल करते समय निम्न बिंदुओं को ध्यान में रखना चाहिए

(i) यदि दी गई आकृति त्रिभुज है, तब सिद्ध करते हैं कि किन्हीं दो भुजाओं का योग तीसरी भुजा से बड़ा है।

(ii) यदि दी गई आकृति समद्विबाहु त्रिभुज है, तब सिद्ध करते हैं कि त्रिभुज की कोई दो भुजा आपस में बराबर है।

(iii) यदि दी गई आकृति समकोण त्रिभुज है, तब सिद्ध करते हैं कि बड़ी भुजा का वर्ग शेष दो भुजाओं के वर्गों के योगफल के बराबर है।

(iv) यदि दी गई आकृति समबाहु त्रिभुज है, तब सिद्ध करते हैं कि तीनों भुजाएँ आपस में बराबर हैं।

(v) यदि दी गई आकृति समांतर चतुर्भुज है, तब सिद्ध करते हैं कि आमने-सामने की भुजाएँ बराबर हैं।

(vi) यदि दी गई आकृति आयत है, तब सिद्ध करते हैं कि आमने-सामने की भुजाएँ आपस में बराबर तथा विकर्ण भी परस्पर बराबर हैं।

(vii) यदि दी गई आकृति समांतर चतुर्भुज है लेकिन आयत नहीं है, तब सिद्ध करते हैं कि आमने-सामने की भुजाएँ बराबर हैं लेकिन विकर्ण बराबर नहीं हैं।

(viii) यदि दी गई आकृति वर्ग है, तब सिद्ध करते हैं कि चारों भुजाएँ आपस में बराबर हैं तथा विकर्ण भी आपस में बराबर हैं।

(ix) यदि दी गई आकृति समचतुर्भुज है, तब सिद्ध करते हैं कि चारों भुजाएँ बराबर हैं।

(x) यदि दी गई आकृति समचतुर्भुज है लेकिन वर्ग नहीं है, तब सिद्ध करते हैं कि चारों भुजाएँ बराबर हैं लेकिन विकर्ण बराबर नहीं हैं।

दूरी सूत्र का प्रयोग करके दी गई आकृति की भुजाओं की माप ज्ञात कीजिए तथा उपरोक्त दिए गए परिणाम का प्रयोग करके प्रश्न का उत्तर दें।

नोट *दिया गया चतुर्भुज ABCD (माना) एक वर्ग होगा सिद्ध करने के लिए हम निम्नलिखित प्रक्रिया का प्रयोग करते हैं सर्वप्रथम भुजाओं AB, BC, CA और AD को समान दिखाइए उसके बाद विकर्णों AC और AD को समान दिखाइए अब* $AB^2 + BC^2 = AC^2$ *को दिखाइए इस प्रकार पाइथागोरस प्रमेय के विलोम से,* $\angle B = 90°$ *प्राप्त होगा अतः दिए गए चतुर्भुज के चारों भुजाएँ समान हैं सभी प्रत्येक कोण 90° है इसलिए ABCD एक वर्ग है।*

उदाहरण 7 क्या दिए गए तीन बिंदु $(3, 2)$, $(-2, -3)$ और $(2, 3)$ एक त्रिभुज बनाते हैं? यदि हाँ तो किस प्रकार का त्रिभुज होगा?

हल माना दिए गए बिंदु, $A(3, 2)$, $B(-2, -3)$ और $C(2, 3)$ हैं।

तब, $AB = \sqrt{(-2-3)^2 + (-3-2)^2}$

$\left[\because \text{दूरी} = \sqrt{(x_2 - x_1)^2 + (y_2 - y_1)^2}\right]$

$= \sqrt{(-5)^2 + (-5)^2} = \sqrt{25 + 25}$

$= \sqrt{50} = 7.07$ इकाई (लगभग)

$BC = \sqrt{(2+2)^2 + (3+3)^2} = \sqrt{4^2 + 6^2}$

$= \sqrt{16 + 36} = \sqrt{52} = 7.21$ इकाई (लगभग)

तथा $CA = \sqrt{(3-2)^2 + (2-3)^2}$

$= \sqrt{1^2 + (-1)^2} = \sqrt{2} = 1.41$ इकाई (लगभग)

दिए गए बिंदु A, B तथा C एक त्रिभुज बनाएँगे, यदि दो भुजाओं का योग तीसरी भुजा से बड़ा है।

यहाँ, $AB + BC > CA$, $BC + CA > AB$ और $CA + AB > BC$

अतः दिए गए बिंदु एक त्रिभुज बनाते हैं।

अब, $(\sqrt{52})^2 = (\sqrt{50})^2 + (\sqrt{2})^2$

अर्थात् $(BC)^2 = (AB)^2 + (CA)^2$

इसलिए पाइथागोरस प्रमेय के व्युत्क्रम से, $\angle A = 90°$

अतः ΔBAC एक समकोण त्रिभुज है।

उदाहरण 8 सिद्ध कीजिए कि बिंदु $(0, -1)$, $(2, 1)$, $(0, 3)$ तथा $(-2, 1)$ एक वर्ग के शीर्ष हैं।

हल माना दिए गए बिंदु $A(0, -1)$, $B(2, 1)$, $C(0, 3)$ तथा $D(-2, 1)$ हैं।

हम जानते है कि,

दो बिंदुओं के बीच की दूरी $= \sqrt{(x_2 - x_1)^2 + (y_2 - y_1)^2}$

$\therefore$ भुजा, $AB = \sqrt{(2-0)^2 + (1+1)^2} = \sqrt{(2)^2 + (2)^2} = \sqrt{4+4}$

$= \sqrt{8} = 2\sqrt{2}$ इकाई

भुजा, $BC = \sqrt{(0-2)^2 + (3-1)^2} = \sqrt{(-2)^2 + (2)^2}$

$= \sqrt{4+4} = \sqrt{8} = 2\sqrt{2}$ इकाई

तथा भुजा, $CD = \sqrt{(-2-0)^2 + (1-3)^2}$

$= \sqrt{(-2)^2 + (-2)^2}$

$= \sqrt{4+4}$

$= \sqrt{8} = 2\sqrt{2}$ इकाई

भुजा, $DA = \sqrt{(0+2)^2 + (-1-1)^2}$

$= \sqrt{(2)^2 + (-2)^2} = \sqrt{4+4}$

$= \sqrt{8} = 2\sqrt{2}$ इकाई

विकर्ण, $BD = \sqrt{(-2-2)^2 + (1-1)^2}$

$= \sqrt{(-4)^2 + (0)^2} = \sqrt{16} = 4$ इकाई

तथा विकर्ण, $AC = \sqrt{(0-0)^2 + (3+1)^2}$

$= \sqrt{(0)^2 + (4)^2} = \sqrt{0 + 16}$

$= \sqrt{16} = 4$ इकाई

यहाँ, चतुर्भुज $ABCD$ की चारों भुजाएँ परस्पर समान हैं तथा विकर्ण भी परस्पर समान हैं। अतः $ABCD$ एक वर्ग है।

प्रश्नावली 7.2

1. एक बिन्दु $P(x, y)$ की मूलबिन्दु से दूरी ज्ञात कीजिए। **[CBSE 2019]**

2. दिए गए बिंदुओं के बीच दूरी ज्ञात कीजिए।
   (i) $(-7, -3)$ और $(-5, -11)$ (ii) $\left(-\frac{6}{5}, -3\right)$ और $\left(-4, -\frac{7}{5}\right)$
   (iii) $(a\sin\alpha, -b\cos\alpha)$ और $(-a\cos\alpha, b\sin\alpha)$
   (iv) $(\cos\alpha, -\sin\alpha)$ और $(-\cos\alpha, \sin\alpha)$

3. दिखाइए कि बिंदुओं $(4, 2)$, $(7, 5)$ तथा $(9, 7)$ से त्रिभुज नहीं बनाया जा सकता है।

4. यदि बिंदु $P(x, y)$ बिंदुओं $A(5, 1)$ और $B(1, 5)$ से समान दूरी पर हो, तो सिद्ध कीजिए कि $3x = 2y$ **[CBSE 2005]**

5. दिखाइए कि बिंदु $(1, -1)$, $(5, -2)$ और $(9, 5)$ संरेख हैं।

6. दिखाइए कि बिंदु $(3, 2)$, $\left(4, \frac{5}{2}\right)$ तथा $(5, 3)$ संरेख हैं।

7. X-अक्ष पर वह बिंदु ज्ञात कीजिए जो बिंदु $(7, -4)$ से $2\sqrt{5}$ इकाई दूरी पर है, इस प्रकार के कितने बिंदु हो सकते हैं।

8. यदि बिंदुओं $(2, y)$ और $(-4, 3)$ के बीच की दूरी 10 मात्रक है, तो y का मान ज्ञात कीजिए।

9. यदि कोई बिंदु P बिंदुओं $A(-7, -5)$ और $B(-9, -1)$ से समदूरस्थ है तथा उसका भुज उसकी कोटि के समान है, तो बिंदु P के निर्देशांक ज्ञात कीजिए। **[CBSE 2016]**

10. दिखाइए कि बिंदुएँ $A(4, 7)$, $B(0, 6)$, $C(4, 5)$ और $D(8, 6)$ एक समचतुर्भुज के शीर्ष हैं। **[CBSE 2016]**

11. दिखाइए कि बिंदुओं $A(5, -1)$, $B(-3, 2)$ तथा $C(1, 6)$ से बना त्रिभुज समद्विबाहु है। **[CBSE 2016]**

12. यदि एक वर्ग के दो विपरीत शीर्ष $(3, 4)$ तथा $(1, -1)$ हैं, तो वर्ग के अन्य शीर्षों के निर्देशांक ज्ञात कीजिए।

13. यदि बिंदु $P(3, 4)$ बिंदुओं $A(a+b, b-a)$ और $B(a-b, a+b)$ से समदूरस्थ है, तो सिद्ध कीजिए कि $3b - 4a = 0$ है। **[CBSE 2016]**

14. यदि बिंदु $A(x, y)$ बिंदुओं $B(2, -3)$ तथा $C(-4, 5)$ से समदूरस्थ है, तो सिद्ध कीजिए $3x - 4y + 7 = 0$

15. यदि समबाहु त्रिभुज के दो बिंदु $(0, 0)$ और $(3, \sqrt{3})$ है, तब तीसरा बिंदु ज्ञात कीजिए।

संकेत एवं हल

1. दिया गया बिन्दु $P(x, y)$ तथा मूलबिन्दु $O(0, 0)$ है।
   तब, $x_1 = x$, $y_1 = y$, $x_2 = 0$ तथा $y_2 = 0$
   $\therefore$ अभीष्ट दूरी $= \sqrt{(x_2 - x_1)^2 + (y_2 - y_1)^2}$
   $= \sqrt{(0 - x)^2 + (0 - y)^2}$
   $= \sqrt{x^2 + y^2}$ इकाई

2. (i) $\sqrt{68}$ (ii) $\frac{\sqrt{260}}{5}$ (iii) $\sqrt{a^2 + b^2}(\sin\alpha + \cos\alpha)$ (iv) 2

4. **संकेत** $PA = PB$
   तत्पश्चात् $PA^2 = PB^2$ की सहायता से स्वयं हल करें।

5. उदाहरण 4 की भाँति स्वयं हल करें।

6. उदाहरण 4 की भाँति स्वयं हल करें।

7. **संकेत** X-अक्ष पर कोई बिंदु $(x, 0)$ लें फिर दूरी सूत्र का प्रयोग करें तथा $(9, 0)$ और $(5, 0)$; बिंदुओं को ज्ञात करें। अभीष्ट बिंदुओं की संख्या = 2

8. उदाहरण 3 की भाँति स्वयं हल करें। **उत्तर** 11, –5

9. **संकेत** माना बिंदु P के निर्देशांक (x, y) हैं, क्योंकि भुज और कोटि समान हैं अर्थात् $x = y$; तब दूरी सूत्र का प्रयोग करें।
   उत्तर बिंदु P के निर्देशांक $(2, 2)$ हैं।

10. **संकेत** समचतुर्भुज के गुण का प्रयोग करें।

11. **संकेत** समद्विबाहु त्रिभुज के गुण का प्रयोग करें।

12. $\left(\frac{9}{2}, \frac{1}{2}\right)$ तथा $\left(-\frac{1}{2}, \frac{5}{2}\right)$
    वर्ग के गुण तथा दूरी सूत्र का प्रयोग कीजिए।

13. **संकेत** PA की दूरी = PB की दूरी

14. **संकेत** AB के बीच की दूरी = AC के बीच की दूरी

15. **संकेत** माना $O(0, 0)$ तथा $A(3, \sqrt{3})$ है तथा माना तीसरा बिंदु $B(x, y)$ है, तब,
    $OB = OA$ [$\because OAB$ एक समबाहु त्रिभुज है]
    और $OA = AB$
    उत्तर $(0, 2\sqrt{3})$ या $(3, -\sqrt{3})$

टॉपिक 3
विभाजन सूत्र

इस टॉपिक में हम उस बिंदु का निर्देशांक ज्ञात करने के लिए सूत्र स्थापित करेंगे जो दिए गए रेखाखंड को अंत: विभाजित करती है।

रेखाखंड का अंत:विभाजन
(Internal Division of a Line Segment)

बिंदुओं $P(x_1, y_1)$ और $Q(x_2, y_2)$ को मिलाने वाले रेखाखंड को $m_1 : m_2$ के अनुपात में अंत: विभाजित करने वाले बिंदु R के निर्देशांक निम्न हैं

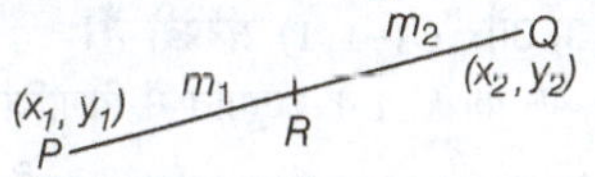

$$R(x, y) = \left(\frac{m_1x_2 + m_2x_1}{m_1 + m_2}, \frac{m_1y_2 + m_2y_1}{m_1 + m_2}\right)$$

इस सूत्र को अन्त: विभाजन के लिए विभाजन सूत्र के रूप में जानते हैं।

उपपत्ति माना PQ एक रेखाखंड है, जिसके सिरों के निर्देशांक क्रमश: $P(x_1, y_1)$ तथा $Q(x_2, y_2)$ हैं। इस रेखाखंड पर कोई बिंदु $R(x, y)$, रेखाखंड को $PR : RQ = m_1 : m_2$ में अंत: विभाजित करता है।

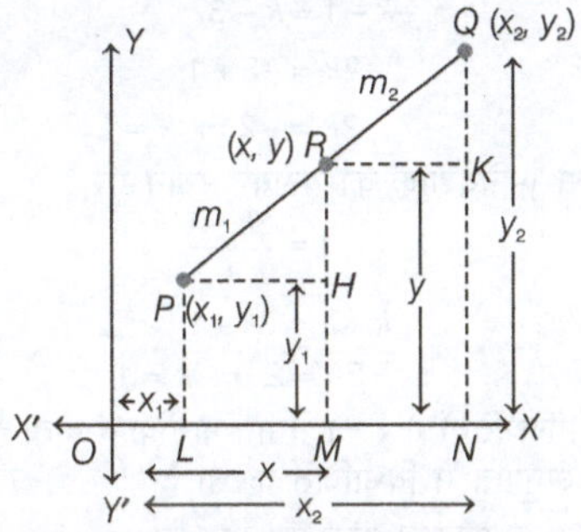

X-अक्ष पर बिंदु P से PL, बिंदु R से RM तथा बिंदु Q से QN लंब डाले गए हैं। बिंदु P से $PH \perp RM$ तथा R से $RK \perp QN$ डाले गए हैं।

इस प्रकार, समकोण ΔRHP तथा ΔQKR बनते हैं।

अब, $OL = x_1, OM = x, ON = x_2$

$PL = y_1, QN = y_2, RM = y$

$PH = LM = OM - OL = x - x_1$

$RH = RM - HM = y - y_1$

$RK = MN = ON - OM = (x_2 - x)$

तथा $QK = QN - KN = (y_2 - y)$

यहाँ, ΔRHP और ΔQKR समरूप त्रिभुज है।

अर्थात् $\Delta RHP \sim \Delta QKR$

$$\therefore \quad \frac{PH}{RK} = \frac{RH}{QK} = \frac{PR}{RQ}$$

$$\Rightarrow \quad \frac{x - x_1}{x_2 - x} = \frac{y - y_1}{y_2 - y} = \frac{m_1}{m_2}$$

प्रथम और तृतीय पद लेने पर,

$$\frac{x - x_1}{x_2 - x} = \frac{m_1}{m_2}$$

$\Rightarrow \quad m_2(x - x_1) = m_1(x_2 - x)$ [वज्रगुणन करने पर]

$\Rightarrow \quad m_2x - m_2x_1 = m_1x_2 - m_1x$

$\Rightarrow \quad m_1x + m_2x = m_1x_2 + m_2x_1$

$\Rightarrow \quad x(m_1 + m_2) = m_1x_2 + m_2x_1$

$$\Rightarrow \quad x = \frac{m_1x_2 + m_2x_1}{m_1 + m_2}$$

पुन: द्वितीय और तृतीय पद लेने पर,

$$\frac{y - y_1}{y_2 - y} = \frac{m_1}{m_2}$$

$\Rightarrow \quad m_2(y - y_1) = m_1(y_2 - y)$

$\Rightarrow \quad m_2y - m_2y_1 = m_1y_2 - m_1y$

$\Rightarrow \quad m_1y + m_2y = m_1y_2 + m_2y_1$

$\Rightarrow \quad y(m_1 + m_2) = m_1y_2 + m_2y_1$

$$\Rightarrow \quad y = \frac{m_1y_2 + m_2y_1}{m_1 + m_2}$$

अत: बिंदु R के निर्देशांक $= \left(\frac{m_1x_2 + m_2x_1}{m_1 + m_2}, \frac{m_1y_2 + m_2y_1}{m_1 + m_2}\right)$

नोट *(i) अंत: विभाजन की स्थिति में, रेखाखंड को विभाजित करने वाला बिंदु रेखाखंड के मध्य स्थित होता है। परंतु बाह्य विभाजन में बिंदु रेखाखंड के मध्य स्थित नहीं होता है।*

(ii) यदि दिया गया बिंदु P रेखाखंड AB को $m_1 : m_2$ के अनुपात में बाह्य विभाजित करता है, तब P के निर्देशांक इस प्रकार होंगे

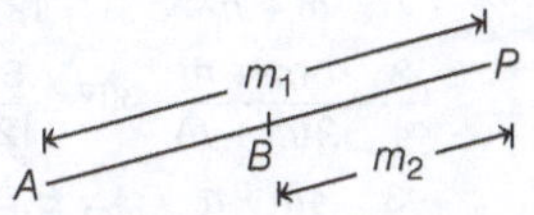

$$P(x, y) = \frac{m_1x_2 - m_2x_1}{m_1 - m_2}, \frac{m_1y_2 - m_2y_1}{m_1 - m_2}$$

इस सूत्र को बाह्य विभाजन के लिए विभाजन सूत्र के रूप में जानते हैं।

विशेष दशा (Special Case)

यदि कोई बिंदु P, बिंदुओं $A(x_1, y_1)$ और $B(x_2, y_2)$ को मिलाने वाले रेखाखंड को 1 : 1 के अनुपात में अंत: विभाजित करता है तब हम रेखाखंड का मध्य-बिंदु प्राप्त करते हैं। इस प्रकार बिंदुओं $A(x_1, y_1)$ और $B(x_2, y_2)$ को मिलाने वाले रेखाखंड के मध्य-बिंदु P के निर्देशांक निम्न हैं

$$P(x, y) = \left(\frac{x_1 + x_2}{2}, \frac{y_1 + y_2}{2}\right)$$

उदाहरण 1 बिंदुओं (5, 1) और (–10, 11) को मिलाने वाले रेखाखंड को 2 : 3 के अनुपात में अंतः विभाजित करने वाले बिंदु के निर्देशांक ज्ञात कीजिए।

हल माना अंतः विभाजन बिंदु के निर्देशांक (x, y) हैं।

यहाँ, $(x_1, y_1) = (5, 1)$, $(x_2, y_2) = (-10, 11)$

तथा $m_1 : m_2 = 2 : 3$

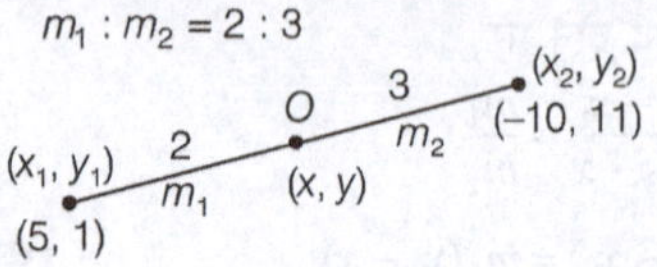

अब, $x = \frac{m_1x_2 + m_2x_1}{m_1 + m_2} = \frac{2(-10) + 3(5)}{2 + 3}$

$= \frac{-20 + 15}{5} = \frac{-5}{5} = -1$

और $y = \frac{m_1y_2 + m_2y_1}{m_1 + m_2}$

$= \frac{2(11) + 3(1)}{2 + 3} = \frac{22 + 3}{5} = \frac{25}{5} = 5$

अतः अंतः विभाजन करने वाले बिंदु के निर्देशांक $(-1, 5)$ हैं।

उदाहरण 2 बिंदु $P\left(\frac{3}{4}, \frac{5}{12}\right)$, बिंदुओं $A\left(\frac{1}{2}, \frac{3}{2}\right)$ और $B(2, -5)$ को जोड़ने वाले रेखाखंड को किस अनुपात में विभाजित करता है?

हल माना $P\left(\frac{3}{4}, \frac{5}{12}\right)$ रेखाखंड AB को $m : n$ के अनुपात में अंतः विभाजित करता है।

विभाजन सूत्र से,

$$(x, y) = \left(\frac{mx_2 + nx_1}{m + n}, \frac{my_2 + ny_1}{m + n}\right)$$

$$\therefore \left(\frac{3}{4}, \frac{5}{12}\right) = \left(\frac{2m + \frac{n}{2}}{m + n}, \frac{-5m + \frac{3}{2}n}{m + n}\right)$$

दोनों पक्षों की तुलना करने पर,

$\Rightarrow \frac{3}{4} = \frac{2m + \frac{n}{2}}{m + n}$ और $\frac{5}{12} = \frac{-5m + \frac{3}{2}n}{m + n}$

$\Rightarrow \frac{3}{4} = \frac{4m + n}{2(m + n)}$ और $\frac{5}{12} = \frac{-10m + 3n}{2(m + n)}$

$\Rightarrow \frac{3}{2} = \frac{4m + n}{m + n}$ और $\frac{5}{6} = \frac{-10m + 3n}{m + n}$

$\Rightarrow 3m + 3n = 8m + 2n$ और $5m + 5n = -60m + 18n$

$\Rightarrow 3m - 8m = 2n - 3n$ और $5m + 60m = 18n - 5n$

$\Rightarrow -5m = -n$ और $65m = 13n$

$\Rightarrow 5m = n$ और $\frac{m}{n} = \frac{13}{65} \Rightarrow \frac{m}{n} = \frac{1}{5}$

$\therefore \frac{m}{n} = \frac{1}{5}$

अतः बिंदु $\left(\frac{3}{4}, \frac{5}{12}\right)$, बिंदुओं $A\left(\frac{1}{2}, \frac{3}{2}\right)$ और $B(2, -5)$ को जोड़ने वाले रेखाखंड को 1 : 5 के अनुपात में विभाजित करता है।

नोट *अतः अनुपात x-निर्देशांक या y-निर्देशांक में से किसी एक की तुलना करके भी ज्ञात किया जा सकता है।*

विभाजन सूत्र पर आधारित विभिन्न प्रकार के प्रश्न

प्रकार I विभाजन सूत्र का प्रयोग करके संरेखीय दिखाना

बिंदुओं A, B और C को विभाजन सूत्र से संरेखीय दिखाने के लिए सर्वप्रथम हम मानते हैं कि बिंदु C, AB को $k:1$ के अनुपात में विभाजित करता है उसके बाद विभाजन सूत्र का प्रयोग करके C के x तथा y के निर्देशांकों को अलग-अलग ज्ञात करते हैं। यदि k का मान दोनों समीकरणों से समान मिलता है, तब बिंदु A, B और C संरेखीय अन्यथा नहीं।

उदाहरण 3 विभाजन सूत्र का प्रयोग करके दिखाइए कि बिंदुएँ $A(-3, -1), B(1, 3)$ और $C(-1, 1)$ संरेखी हैं। **[CBSE 2011]**

हल माना $C(-1, 1)$, AB को $k : 1$ के अनुपात में विभाजित करता है

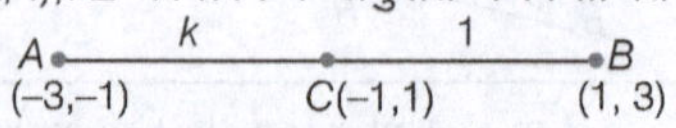

तब, विभाजन सूत्र के प्रयोग से, हमें प्राप्त है

$$C(-1, 1) = C\left(\frac{k - 3}{k + 1}, \frac{3k - 1}{k + 1}\right)$$

दोनों पक्षों से x-निर्देशांक को बराबर रखने पर,

$$-1 = \frac{k - 3}{k + 1}$$

$\Rightarrow -k - 1 = k - 3$

$\Rightarrow -2k = -3 + 1$

$\Rightarrow -2k = -2 \Rightarrow k = 1$

दोनों पक्षों से y-निर्देशांक को बराबर रखने पर,

$$1 = \frac{3k - 1}{k + 1}$$

$\Rightarrow k + 1 = 3k - 1$

$\Rightarrow 2k = 2 \Rightarrow k = 1$

क्योंकि दोनों स्थितियों में k का समान मान प्राप्त होता है अतः बिंदु C, AB को 1 : 1 के अनुपात में विभाजित करता है।

अतः बिंदुएँ A, B और C संरेखीय बिंदु हैं।

प्रकार II विभाजन अनुपात और विभाजित बिंदु ज्ञात करना

कभी-कभी रेखाखंड के सिरों के बिंदुएँ तथा रेखाखंड को विभाजित करने वाला अक्ष दिया होता है, हमें विभाजन अनुपात और विभाजन बिंदु ज्ञात करना होता है ऐसी स्थिति में हम सर्वप्रथम विभाजन सूत्र का प्रयोग करके दिए गए प्रतिबंध के अनुसार विभाजन अनुपात ज्ञात करते हैं।

उसके बाद विभाजन सूत्र का प्रयोग करके विभाजन बिंदु ज्ञात करेंगे।

उदाहरण 4 बिंदुओं (5, –6) तथा (–1, –4) को जोड़ने वाले रेखाखंड को Y-अक्ष किस अनुपात में विभाजित करता है? विभाजन के निर्देशांक भी ज्ञात कीजिए।

अथवा

बिंदुओं (5, – 6) और (– 1, – 4) को मिलाने वाले रेखाखंड को Y-अक्ष जिस अनुपात में विभाजित करता है, उस अनुपात को ज्ञात कीजिए।

[CBSE 2023 (Standard)]

हल माना बिंदुओं $A(5, -6)$ तथा $B(-1, -4)$ को मिलाने वाला रेखाखंड AB है। यह भी माना Y-अक्ष रेखाखंड AB को $k:1$ के अनुपात में बिंदु P पर विभाजित करता है।

तब, विभाजन सूत्र से,

$$P \text{ के निर्देशांक} = \left(\frac{-k+5}{k+1}, \frac{-4k-6}{k+1}\right) \quad \ldots(i)$$

परंतु Y-अक्ष पर भुज O होता है। इसलिए, बिंदु P का X-निर्देशांक शून्य होगा।

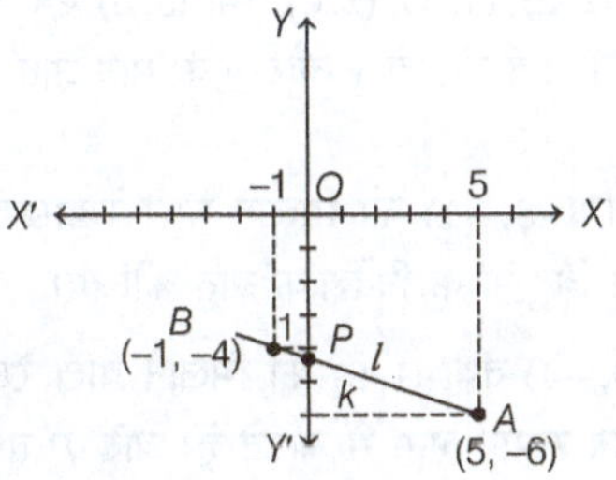

अतः $\frac{-k+5}{k+1} = 0 \Rightarrow -k+5=0 \Rightarrow k=5$

अतः अभीष्ट अनुपात $5:1$ होगा।

अब k का मान समी (i) में रखने पर,

$$P \text{ के निर्देशांक} = \left(\frac{-5+5}{5+1}, \frac{-4(5)-6}{5+1}\right) = \left(0, \frac{-26}{6}\right) = \left(0, \frac{-13}{3}\right)$$

जोकि अभीष्ट प्रतिच्छेद बिंदु है।

प्रकार III ज्यामितीय आकृति के अज्ञात शीर्ष ज्ञात करने पर आधारित प्रश्न

कभी-कभी हमें रेखाखंड का अंतः बिंदु या ज्यामितीय आकृति (समांतर चतुर्भुज, त्रिभुज, वृत्त आदि) के अज्ञात शीर्ष को ज्ञात करना होता है इसके लिए हम रेखाखंड और ज्यामितीय आकृति के गुण का प्रयोग करेंगे।

उदाहरण 5 यदि बिंदु (a, b), बिंदुओं $A(10, -6)$ और $B(k, 4)$ को मिलाने वाले रेखाखंड का मध्य-बिंदु है तथा $a - 2b = 18$ है, तो k का मान और दूरी AB ज्ञात कीजिए।

हल चूँकि AB का मध्य-बिंदु (a, b) है।

$$\therefore \quad (a, b) = \left(\frac{10+k}{2}, \frac{-6+4}{2}\right)$$

$$(a, b) = \left(\frac{10+k}{2}, -1\right)$$

निर्देशांकों की तुलना करने पर,

$$a = \frac{10+k}{2} \quad \ldots(i)$$

$$b = -1 \quad \ldots(ii)$$

दिया है, $a - 2b = 18$

समी (ii) से, $a - 2(-1) = 18 \Rightarrow a + 2 = 18 \Rightarrow a = 16$

समी (i) से, $16 = \frac{10+k}{2} \Rightarrow 32 = 10 + k \Rightarrow k = 22$

अतः बिंदु $A = (10, -6)$, $B = (22, 4)$

$$\therefore \quad AB = \sqrt{(22-10)^2 + (4+6)^2}$$

$$[\because \text{दूरी} = \sqrt{(x_2 - x_1)^2 + (y_2 - y_1)^2}]$$

$$= \sqrt{(12)^2 + (10)^2} = \sqrt{144 + 100} = \sqrt{244} = 2\sqrt{61}$$

उदाहरण 6 एक वृत्त के व्यास के सिरों के निर्देशांक $(-1, 5)$ और $(3, -1)$ हैं। इसके केंद्र के निर्देशांक और त्रिज्या ज्ञात कीजिए।

हल माना व्यास AB के सिरों के निर्देशांक $A(-1, 5)$ और $B(3, -1)$ हैं तथा केंद्र P है।

$\because$ वृत्त के केंद्र P के निर्देशांक = व्यास AB के मध्य-बिंदु के निर्देशांक

$$= \frac{x_1 + x_2}{2}, \frac{y_1 + y_2}{2} = \left[\frac{-1+3}{2}, \frac{5+(-1)}{2}\right] = \left(\frac{2}{2}, \frac{4}{2}\right) = (1, 2)$$

और वृत्त की त्रिज्या = P से A या B की दूरी $= \sqrt{(1+1)^2 + (2-5)^2}$

$$[\because d = \sqrt{(x_2 - x_1)^2 + (y_2 - y_1)^2}]$$

$$= \sqrt{(2)^2 + (-3)^2} = \sqrt{4+9} = \sqrt{13} \text{ इकाई}$$

प्रकार IV रेखाखंड के समत्रिभाजित बिंदुओं को ज्ञात करने पर आधारित प्रश्न

समत्रिभाजित बिंदुएँ रेखाखंड को तीन बराबर भागों में विभाजित करती हैं।

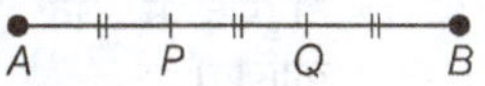

रेखाखंड AB पर दो बिंदुएँ P और Q को ज्ञात करके इसे विभाजित किया जाता है।

माना $AP = PQ = QB = x$

तब $AP = x$ और $PB = PQ + QB = x + x = 2x$

$\therefore$ $AP : PB = x : 2x = 1 : 2$

तथा $AQ = AP + PQ = x + x = 2x$ और $QB = x$

तब $AQ : QB = 2x : x = 2 : 1$

इस प्रकार समत्रिभाजित बिंदुओं को ज्ञात करते हैं और दो बिंदुएँ P और Q (माना) रेखा AB को क्रमशः $1:2$ और $2:1$ के अनुपात में विभाजित करते हैं।

उदाहरण 7 बिंदुओं $(1, -2)$ और $(-3, 4)$ को जोड़ने वाले रेखाखंड को समत्रिभाजित करने वाले बिंदुओं के निर्देशांक ज्ञात कीजिए।

हल मान लीजिए दिए गए बिंदु $A(1, -2)$ और $B(-3, 4)$ हैं तथा रेखाखंड AB को समत्रिभाजित करने वाले बिंदु P और Q हैं, अर्थात् $AP = PQ = QB = \lambda$ (माना) है।

$\therefore$ $PB = PQ + QB = 2\lambda$

और $AQ = AP + PQ = 2\lambda$

$\Rightarrow$ $AP : PB = \lambda : 2\lambda = 1 : 2$

और $AQ : QB = 2\lambda : \lambda = 2 : 1$

अतः बिंदु P रेखाखंड AB को $1:2$ के अनुपात में अंतः विभाजित करता है जबकि बिंदु Q रेखाखंड AB को $2:1$ के अनुपात में अंतः विभाजित करता है। अतः P और Q के निर्देशांक निम्न है

$$P\left(\frac{1 \times (-3) + 2 \times 1}{1+2}, \frac{1 \times 4 + 2 \times (-2)}{1+2}\right) = P\left(-\frac{1}{3}, 0\right)$$

$$Q\left(\frac{2 \times (-3) + 1 \times 1}{2+1}, \frac{2 \times 4 + 1 \times (-2)}{2+1}\right) = Q\left(-\frac{5}{3}, 2\right)$$

अतः बिंदुओं $(1, -2)$ और $(-3, 4)$ को जोड़ने वाले रेखाखंड को समत्रिभाजित करने वाले बिंदुओं के निर्देशांक $\left(-\frac{1}{3}, 0\right)$ और $\left(-\frac{5}{3}, 2\right)$ हैं।

टिप्पणी स्पष्ट है कि BP का मध्य-बिंदु Q है। अतः Q के निर्देशांक मध्य-बिंदु वाले सूत्र से भी ज्ञात किए जा सकते हैं।

नोट *यदि बिंदु P, Q और R रेखाखंड AB को चार बराबर भागों में विभाजित करते हैं, तब P, AB को $1:3$ के अनुपात में, R, AB को $3:1$ के अनुपात में और Q, AB को $1:1$ के अनुपात में विभाजित करेगा।*

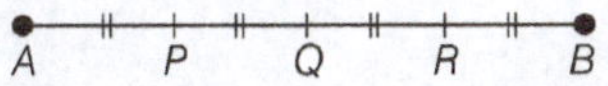

प्रश्नावली 7.3

1. निम्नलिखित चित्र में, AD त्रिभुज की माध्यिका है तब, D के निर्देशांक ज्ञात कीजिए।

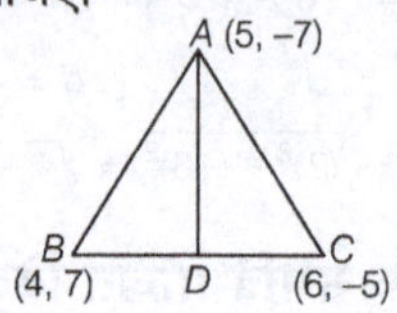

2. बिंदु (6, 3) और (–4, 5) को मिलाने वाली रेखाखंड को 3 : 2 अनुपात में अंत: विभाजित करने वाले बिंदु के निर्देशांक ज्ञात कीजिए।

3. किसी वृत्त के एक व्यास के एक छोर के निर्देशांक (4, –1) है तथा वृत्त के केन्द्र के निर्देशांक (1, –3) हैं, तो व्यास के दूसरे छोर के निर्देशांक ज्ञात कीजिए।

4. उस वृत्त का केंद्र ज्ञात कीजिए, जिसके व्यास के सिरों के निर्देशांक (–3, –2) और (3, 2) हैं।

5. बिंदु C का निर्देशांक ज्ञात कीजिए यदि $B\left(\frac{1}{2}, 6\right)$, बिंदुओं $A(3,5)$ और C को मिलाने वाले रेखाखंड की 1 : 3 के अनुपात में विभाजित करता है।

6. विभाजन सूत्र का प्रयोग करके दर्शाइए कि बिंदुएँ $P(2, -1), Q(0, 1)$ और $R(-3, 4)$ संरेखी हैं।

7. विभाजन सूत्र का प्रयोग करके सिद्ध कीजिए कि बिंदु (2, –2), (–3, 8) और (–1, 4) संरेखीय हैं।

8. बिंदुओं $A(3, 3)$ और $B(-3, -3)$ को मिलाने वाले रेखाखंड को बिंदु $P(0, 0)$ किस अनुपात में विभाजित करता है? **[CBSE 2016]**

9. यदि बिंदु (1, 2), (4, y), (x, 6) तथा (3, 5) एक समांतर चतुर्भुज के इसी क्रम में शीर्ष हों, तो x और y के मान ज्ञात कीजिए। **[CBSE 2016]**

10. (5, – 7) तथा (8, –1) को मिलाने वाले रेखाखंड को समत्रिभाजित करने वाले बिंदुओं के निर्देशांक ज्ञात कीजिए। **[CBSE 2016]**

11. बिंदुओं (3, –4) तथा (1, 2) को मिलाने वाले रेखाखंड को बिंदु P तथा Q तीन समान भाग में बाँटते हैं। यदि P तथा Q के निर्देशांक $(p, -2)$ तथा $\left(\frac{5}{3}, q\right)$ हैं, तो p तथा q के मान ज्ञात कीजिए। **[CBSE 2012]**

12. बिन्दुओं (1, – 3) तथा (4, 5) को मिलाने वाला रेखाखण्ड, X-अक्ष द्वारा जिस अनुपात में विभाजित होता है, वह ज्ञात कीजिए। X-अक्ष के इस बिन्दु के निर्देशांक भी ज्ञात कीजिए। **[CBSE 2018]**

13. बिंदु R के निर्देशांक ज्ञात कीजिए जो बिंदुओं $P(-1, 3)$ और $Q(2, 5)$ को मिलाने वाली रेखा पर स्थित है, जबकि $PR = \frac{3}{5}PQ$

14. यदि $P(9a-2, -b)$, $A(3a+1, -3)$ और $B(8a, 5)$ को जोड़ने वाले रेखाखंड AB को 3 : 1 के अनुपात में विभाजित करता है, तब a और b के मान ज्ञात कीजिए। $a^2 + b^2$ का मान भी ज्ञात कीजिए।

संकेत एवं हल

1. D, BC का मध्य-बिंदु है। **उत्तर** (5, 1)

2. उदाहरण 1 की भाँति स्वयं हल करें।
उत्तर $\left(0, \frac{21}{5}\right)$

3. उदाहरण 6 की भाँति स्वयं हल करें।
उत्तर (–2, – 5)

4. मध्य-बिंदु का प्रयोग कीजिए। **उत्तर** (0, 0)

5. (–7, 9)

6. उदाहरण 3 की भाँति स्वयं हल करें।

7. उदाहरण 3 की भाँति स्वयं हल करें।

8. उदाहरण 2 की भाँति स्वयं हल करें। **उत्तर** 1 : 1

9. समांतर चतुर्भुज के गुण का प्रयोग कीजिए। **उत्तर** $x = 6$ और $y = 3$

10. उदाहरण 7 की भाँति स्वयं हल करें। **उत्तर** (6, – 5) तथा (7, – 3)

11. $p = \frac{7}{3}, q = 0$

12. माना अभीष्ट अनुपात k:1 है तब विभाजन सूत्र द्वारा बिन्दु $A(1, -3)$ तथा $B(4, 5)$ को मिलाने वाले रेखाखण्ड को K:1 के अनुपात में विभाजित करने वाले बिन्दु M के निर्देशांक हैं।

$$\left(\frac{kx_2 + x_1}{k+1}, \frac{ky_2 + y_1}{k+1}\right) \text{ अर्थात् } \left(\frac{4k-3}{k+1}, \frac{5k-3}{k+1}\right)$$

यह बिन्दु X-अक्ष पर स्थित है। इसलिए X-अक्ष पर कोटि $y = 0$ है।

$$\therefore \quad \frac{5k-3}{k+1} = 0 \Rightarrow 5k - 3 = 0 \Rightarrow k = \frac{3}{5}$$

अत: अभीष्ट अनुपात 3 : 5 है।

और विभाजन बिन्दु के निर्देशांक $= \left(\frac{4 \times \frac{3}{5} - 3}{\frac{3}{5} + 1}, \frac{5 \times \frac{3}{5} - 3}{\frac{3}{5} + 1}\right)$

$$= \left(\frac{\frac{12}{5} - 3}{\frac{3+5}{5}}, 0\right) = \left(\frac{-\frac{3}{5}}{\frac{8}{5}}, 0\right) = \left(-\frac{3}{8}, 0\right)$$

13. $\left(\frac{-4}{5}, \frac{9}{5}\right)$

14. $a = 1$, $b = -3$ तथा $a^2 + b^2 = 10$

NCERT फोल्डर

प्रश्नावली 7.1

1. बिंदुओं के निम्नलिखित युग्मों के बीच की दूरियाँ ज्ञात कीजिए
(i) (2, 3) और (4, 1)
(ii) (– 5, 7) और (– 1, 3)
(iii) (a, b) और $(-a, -b)$

हल (i) माना $A(2, 3)$ और $B(4, 1)$ दिए गए बिंदु हैं।

यहाँ, $x_1 = 2, y_1 = 3, x_2 = 4, y_2 = 1$

$$\therefore \quad AB = \sqrt{(x_2 - x_1)^2 + (y_2 - y_1)^2} = \sqrt{(4-2)^2 + (1-3)^2}$$
$$= \sqrt{(2)^2 + (-2)^2} = \sqrt{4+4} = \sqrt{8} = 2\sqrt{2} \text{ इकाई}$$

(ii) माना $A(-5, 7)$ और $B(-1, 3)$ दिए गए बिंदु हैं।

यहाँ, $x_1 = -5, y_1 = 7, x_2 = -1, y_2 = 3$

$$\therefore \quad AB = \sqrt{(x_2 - x_1)^2 + (y_2 - y_1)^2}$$
$$= \sqrt{[-1-(-5)]^2 + (3-7)^2}$$
$$= \sqrt{(-1+5)^2 + (-4)^2} = \sqrt{(4)^2 + (-4)^2}$$
$$= \sqrt{16+16} = \sqrt{32} = 4\sqrt{2} \text{ इकाई}$$

(iii) माना $A(a, b)$ और $B(-a, -b)$ दिए गए बिंदु हैं।

यहाँ, $x_1 = a, y_1 = b, x_2 = -a, y_2 = -b$

$$\therefore \quad AB = \sqrt{(x_2 - x_1)^2 + (y_2 - y_1)^2}$$
$$= \sqrt{(-a-a)^2 + (-b-b)^2}$$
$$= \sqrt{(-2a)^2 + (-2b)^2} = \sqrt{4a^2 + 4b^2}$$
$$= 2\sqrt{a^2 + b^2} \text{ इकाई}$$

2. बिंदुओं (0, 0) और (36, 15) के बीच की दूरी ज्ञात कीजिए। क्या अब आप दोनों शहरों A और B के बीच की दूरी ज्ञात कर सकते हैं?

हल माना दिए गए बिंदु $A(0, 0)$ और $B(36, 15)$ हैं।

यहाँ, $x_1 = 0, y_1 = 0, x_2 = 36, y_2 = 15$

$$\text{चूँकि } AB = \sqrt{(x_2 - x_1)^2 + (y_2 - y_1)^2} = \sqrt{(36-0)^2 + (15-0)^2}$$
$$= \sqrt{(36)^2 + (15)^2} = \sqrt{1296 + 225} = \sqrt{1521} = 39 \text{ इकाई}$$

चूँकि दोनों शहरों की स्थिति $A(0, 0)$ तथा $B(36, 15)$ दी गई है। अतः दोनों शहरों के बीच की दूरी 39 इकाई है।

3. निर्धारित कीजिए कि क्या बिंदु (1, 5), (2, 3) और (– 2, – 11) संरेखीय हैं?

हल माना $A(1, 5), B(2, 3)$ और $C(-2, -11)$ दिए गए बिंदु हैं।

$$\text{तब} \quad AB = \sqrt{(2-1)^2 + (3-5)^2} = \sqrt{1^2 + (-2)^2}$$
$$= \sqrt{1+4} = \sqrt{5}$$

$$BC = \sqrt{(-2-2)^2 + (-11-3)^2}$$
$$= \sqrt{(-4)^2 + (-14)^2} = \sqrt{16+196} = \sqrt{212}$$

$$CA = \sqrt{\{1-(-2)\}^2 + \{5-(-11)\}^2}$$
$$= \sqrt{(1+2)^2 + (5+11)^2}$$
$$= \sqrt{3^2 + 16^2} = \sqrt{9+256} = \sqrt{265}$$

अब, $AB + AC = \sqrt{5} + \sqrt{265} \neq \sqrt{212}$

$AB + AC \neq BC$

इसी प्रकार, $AB \neq BC + AC$ तथा $AC \neq AB + BC$

अतः A, B और C असंरेखीय हैं।

4. जाँच कीजिए कि क्या बिंदु $(5, -2), (6, 4)$ और $(7, -2)$ एक समद्विबाहु त्रिभुज के शीर्ष हैं?

हल माना दिए गए बिंदु $P(5, -2), Q(6, 4)$ और $R(7, -2)$ हैं।

$$\text{तब} \quad PQ = \sqrt{(x_2 - x_1)^2 + (y_2 - y_1)^2} = \sqrt{(6-5)^2 + \{4-(-2)\}^2}$$
$$= \sqrt{(1)^2 + (4+2)^2} = \sqrt{1^2 + 6^2} = \sqrt{1+36} = \sqrt{37}$$

$$QR = \sqrt{(7-6)^2 + (-2-4)^2} = \sqrt{(1)^2 + (-6)^2}$$
$$= \sqrt{1+36} = \sqrt{37}$$

$$\text{तथा} \quad RP = \sqrt{(5-7)^2 + \{-2-(-2)\}^2} = \sqrt{(-2)^2 + (-2+2)^2}$$
$$= \sqrt{4+0} = \sqrt{4} = 2$$

$\therefore \quad PQ = QR$

अतः ΔPQR समद्विबाहु त्रिभुज है।

5. किसी कक्षा में, चार मित्र बिंदुओं A, B, C और D पर बैठे हुए हैं जैसा कि आकृति में दर्शाया गया है। चम्पा और चमेली कक्षा के अंदर आती हैं और कुछ मिनट तक देखने के बाद, चम्पा चमेली से पूछती है, 'क्या तुम नहीं सोचती हो कि $ABCD$ एक वर्ग है? 'चमेली इससे सहमत नहीं है। दूरी सूत्र का प्रयोग करके, बताइए कि इनमें कौन सही है?

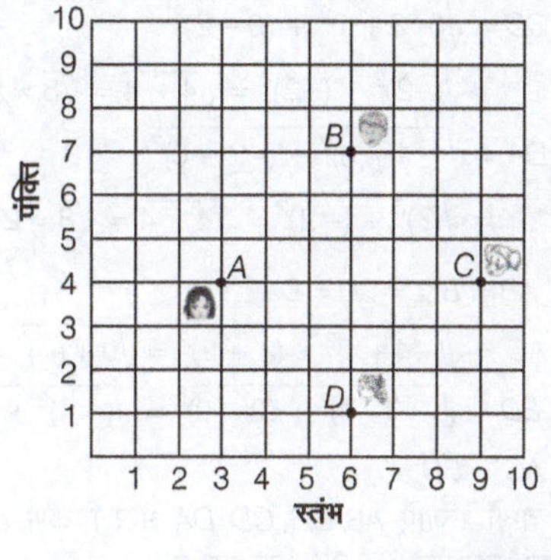

हल दी गई आकृति से, बिंदु A, B, C तथा D के निर्देशांक क्रमशः $(3, 4), (6, 7), (9, 4)$ और $(6, 1)$ हैं।

$\therefore \quad AB = \sqrt{(6-3)^2 + (7-4)^2}$

$[\because d = \sqrt{(x_2 - x_1)^2 + (y_2 - y_1)^2}\,]$

$= \sqrt{3^2 + 3^2} = \sqrt{9+9} = \sqrt{18} = 3\sqrt{2}$

$BC = \sqrt{(9-6)^2 + (4-7)^2}$

$= \sqrt{3^2 + (-3)^2} = \sqrt{9+9} = \sqrt{18} = 3\sqrt{2}$

$CD = \sqrt{(6-9)^2 + (1-4)^2} = \sqrt{(-3)^2 + (-3)^2}$

$= \sqrt{9+9} = \sqrt{18} = 3\sqrt{2}$

तथा $\quad DA = \sqrt{(3-6)^2 + (4-1)^2} = \sqrt{(-3)^2 + 3^2}$

$= \sqrt{9+9} = \sqrt{18} = 3\sqrt{2}$

$\therefore \quad AB = BC = CD = DA$

अब, $AC = \sqrt{(3-9)^2 + (4-4)^2} = \sqrt{(-6)^2 + (0)^2} = \sqrt{36} = 6$

और $BD = \sqrt{(6-6)^2 + (7-1)^2}$

$= \sqrt{0^2 + (6)^2} = \sqrt{0+36} = \sqrt{36} = 6$

$\therefore \quad AC = BD$

चूँकि चारों भुजाएँ AB, BC, CD और AD समान हैं और विकर्ण AC और BD समान हैं।

अतः चतुर्भुज $ABCD$ एक वर्ग है।

$\therefore$ चम्पा सही है।

6. **निम्नलिखित बिंदुओं द्वारा बनने वाले चतुर्भुज का प्रकार (यदि कोई है, तो) बताइए तथा अपने उत्तर के लिए कारण भी दीजिए**

(i) $(-1, -2), (1, 0), (-1, 2), (-3, 0)$

(ii) $(-3, 5), (3, 1), (0, 3), (-1, -4)$

(iii) $(4, 5), (7, 6), (4, 3), (1, 2)$

हल (i) माना दिए गए बिंदु $A(-1, -2), B(1, 0), C(-1, 2)$ और $D(-3, 0)$ हैं, तब

$AB = \sqrt{(1+1)^2 + (0+2)^2}$

$[\because d = \sqrt{(x_2 - x_1)^2 + (y_2 - y_1)^2}\,]$

$= \sqrt{2^2 + 2^2} = \sqrt{4+4} = \sqrt{8} = 2\sqrt{2}$

$BC = \sqrt{(-1-1)^2 + (2-0)^2}$

$= \sqrt{(-2)^2 + (2)^2} = \sqrt{4+4} = \sqrt{8} = 2\sqrt{2}$

$CD = \sqrt{(-3+1)^2 + (0-2)^2}$

$= \sqrt{(-2)^2 + (-2)^2} = \sqrt{4+4} = \sqrt{8} = 2\sqrt{2}$

$DA = \sqrt{(-1+3)^2 + (-2-0)^2}$

$= \sqrt{(2)^2 + (-2)^2} = \sqrt{4+4} = \sqrt{8} = 2\sqrt{2}$

$\therefore \quad AB = BC = CD = DA$

अब, $AC = \sqrt{(-1+1)^2 + (2+2)^2} = \sqrt{0 + (4)^2} = 4$

और $BD = \sqrt{(-3-1)^2 + (0-0)^2} = \sqrt{(-4)^2 + 0} = \sqrt{(4)^2} = 4$

$\therefore \quad AC = BD$

चूँकि चारों भुजाएँ AB, BC, CD, DA और विकर्ण AC व BD समान हैं। अतः चतुर्भुज $ABCD$ एक वर्ग है।

(ii) माना दिए गए बिंदु $A(-3, 5), B(3, 1), C(0, 3)$ तथा $D(-1, -4)$ हैं। चित्र से, बिंदु A, C व B संरेखीय हैं। अतः दिए गए बिंदुओं से कोई चतुर्भुज नहीं बनेगा।

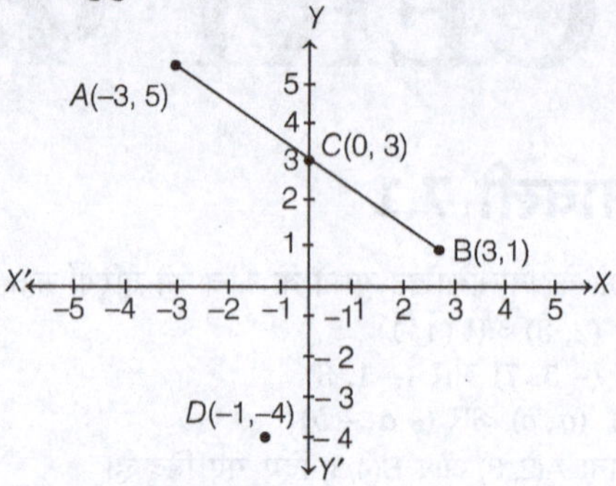

(iii) माना दिए गए बिंदु $A(4, 5), B(7, 6), C(4, 3)$ और $D(1, 2)$ हैं।

तब $\quad AB = \sqrt{(7-4)^2 + (6-5)^2}$

$[\because d = \sqrt{(x_2 - x_1)^2 + (y_2 - y_1)^2}\,]$

$= \sqrt{3^2 + 1^2} = \sqrt{9+1} = \sqrt{10}$ इकाई

$BC = \sqrt{(4-7)^2 + (3-6)^2}$

$= \sqrt{(-3)^2 + (-3)^2}$

$= \sqrt{9+9} = \sqrt{18} = 3\sqrt{2}$ इकाई

$CD = \sqrt{(1-4)^2 + (2-3)^2}$

$= \sqrt{(-3)^2 + (-1)^2} = \sqrt{9+1} = \sqrt{10}$ इकाई

$DA = \sqrt{(4-1)^2 + (5-2)^2}$

$= \sqrt{3^2 + 3^2} = \sqrt{9+9} = \sqrt{18} = 3\sqrt{2}$ इकाई

$AC = \sqrt{(4-4)^2 + (3-5)^2}$

$= \sqrt{0 + (-2)^2} = \sqrt{4} = 2$ इकाई

$BD = \sqrt{(1-7)^2 + (2-6)^2} = \sqrt{(-6)^2 + (-4)^2}$

$= \sqrt{36+16} = \sqrt{52} = 2\sqrt{13}$ इकाई

$\because \quad AB = CD$ और $BC = DA$ तथा $AC \neq BD$

अतः चतुर्भुज $ABCD$ एक समांतर चतुर्भुज है।

7. **X-अक्ष पर वह बिंदु ज्ञात कीजिए, जो $(2, -5)$ और $(-2, 9)$ के समदूरस्थ है।**

हल चूँकि बिंदु X-अक्ष पर है।

$\therefore$ कोटि $y = 0$

अतः X-अक्ष पर बिंदु $A(x, 0)$ है। चूँकि बिंदु $A(x, 0)$, बिंदुओं $B(2, -5)$ और $C(-2, 9)$ से समान दूरी पर है।

$\therefore AB = AC$

दोनों पक्षों का वर्ग करने पर,

$\Rightarrow AB^2 = AC^2 \Rightarrow (x-2)^2 + (0+5)^2 = (x+2)^2 + (0-9)^2$

$[\because d = \sqrt{(x_2 - x_1)^2 + (y_2 - y_1)^2}\,]$

$\Rightarrow \quad x^2 - 4x + 4 + 25 = x^2 + 4x + 4 + 81$

$\Rightarrow \quad x^2 - 4x + 29 - x^2 - 4x = 85$

$\Rightarrow \quad -8x = 85 - 29 \Rightarrow -8x = 56$

$\therefore \quad x = -7$

अतः X-अक्ष पर बिंदु $(-7, 0)$ है जो बिंदुओं $(2, -5)$ और $(-2, 9)$ से समदूरस्थ है।

8. y का वह मान ज्ञात कीजिए, जिसके लिए बिंदु $P(2, -3)$ और $Q(10, y)$ के बीच की दूरी 10 मात्रक है।

हल प्रश्नानुसार, $PQ = 10$ मात्रक [दिया है]

$$\Rightarrow \sqrt{(10-2)^2 + (y+3)^2} = 10$$

$$\left[\because d = \sqrt{(x_2 - x_1)^2 + (y_2 - y_1)^2}\right]$$

$$\Rightarrow \sqrt{(8)^2 + (y+3)^2} = 10$$

$$\Rightarrow \sqrt{64 + y^2 + 9 + 6y} = 10$$

$$\Rightarrow \sqrt{y^2 + 6y + 73} = 10$$

दोनों पक्षों का वर्ग करने पर,

$$y^2 + 6y + 73 = 100$$

$$\Rightarrow y^2 + 6y + 73 - 100 = 0$$

$$\Rightarrow y^2 + 6y - 27 = 0$$

$$\Rightarrow y^2 + 9y - 3y - 27 = 0$$

$$\Rightarrow y(y+9) - 3(y+9) = 0$$

$$\Rightarrow (y+9)(y-3) = 0$$

$$\therefore \quad y = -9 \text{ या } y = 3$$

9. यदि बिंदु $Q(0, 1)$, बिंदुओं $P(5, -3)$ और $R(x, 6)$ से समदूरस्थ है, तो x के मान ज्ञात कीजिए। दूरियाँ QR और PR भी ज्ञात कीजिए।

हल चूँकि बिंदु $Q(0, 1)$, बिंदुओं $P(5, -3)$ और $R(x, 6)$ से समदूरस्थ है।

$$\therefore \quad QP = QR$$

दोनों पक्षों का वर्ग करने पर,

$$\Rightarrow QP^2 = QR^2$$

$$\Rightarrow (5-0)^2 + (-3-1)^2 = (x-0)^2 + (6-1)^2$$

$$\left[\because d = \sqrt{(x_2 - x_1)^2 + (y_2 - y_1)^2}\right]$$

$$\Rightarrow (5)^2 + (-4)^2 = x^2 + (5)^2$$

$$\Rightarrow 25 + 16 = x^2 + 25$$

$$\Rightarrow x^2 = 25 + 16 - 25$$

$$\Rightarrow x^2 = 16 \Rightarrow x = \sqrt{16}$$

$$\Rightarrow x = \pm 4 \Rightarrow x = 4, -4$$

चूँकि बिंदु $R(4, 6)$ या $(-4, 6)$ हैं।

अब, QR = बिंदु $Q(0, 1)$ और $R(4, 6)$ के बीच की दूरी

$$= \sqrt{(4-0)^2 + (6-1)^2}$$

$$= \sqrt{(4)^2 + (5)^2}$$

$$= \sqrt{16+25} = \sqrt{41} \text{ मात्रक}$$

और QR = बिंदु $Q(0, 1)$ और $(-4, 6)$ के बीच की दूरी

$$= \sqrt{(-4-0)^2 + (6-1)^2} = \sqrt{(-4)^2 + 5^2}$$

$$= \sqrt{16+25} = \sqrt{41} \text{ मात्रक}$$

तथा PR = बिंदुओं $P(5, -3)$ और $R(4, 6)$ के बीच की दूरी

$$= \sqrt{(4-5)^2 + (6+3)^2} = \sqrt{(-1)^2 + (9)^2}$$

$$= \sqrt{1+81} = \sqrt{82} \text{ मात्रक}$$

और PR = बिंदुओं $P(5, -3)$ और $R(-4, 6)$ के बीच की दूरी

$$= \sqrt{(-4-5)^2 + (6+3)^2} = \sqrt{(-9)^2 + (9)^2}$$

$$= \sqrt{81+81} = \sqrt{162} = 9\sqrt{2} \text{ मात्रक}$$

10. x और y में एक ऐसा संबंध ज्ञात कीजिए कि बिंदु (x, y), बिंदुओं $(3, 6)$ और $(-3, 4)$ से समदूरस्थ हो।

हल माना बिंदु $A(x, y)$ बिंदुओं $B(3, 6)$ और $C(-3, 4)$ से समदूरस्थ है।

$$\therefore \quad AB = AC$$

दोनों पक्षों का वर्ग करने पर,

$$\Rightarrow AB^2 = AC^2$$

$$\Rightarrow (3-x)^2 + (6-y)^2 = (-3-x)^2 + (4-y)^2$$

$$\Rightarrow (x-3)^2 + (y-6)^2 = (x+3)^2 + (y-4)^2$$

$$\left[\because d = \sqrt{(x_2 - x_1)^2 + (y_2 - y_1)^2}\right]$$

$$\Rightarrow x^2 - 6x + 9 + y^2 - 12y + 36 = x^2 + 6x + 9 + y^2 - 8y + 16$$

$$\Rightarrow x^2 + y^2 - 6x - 12y + 45 - x^2 - y^2 - 6x + 8y - 25 = 0$$

$$\Rightarrow -12x - 4y + 20 = 0$$

$$\Rightarrow -4(3x + y - 5) = 0$$

$$\Rightarrow 3x + y - 5 = 0 \quad [\because -4 \neq 0]$$

प्रश्नावली 7.2

1. उस बिंदु के निर्देशांक ज्ञात कीजिए, जो बिंदुओं $(-1, 7)$ और $(4, -3)$ को मिलाने वाले रेखाखंड को $2:3$ के अनुपात में विभाजित करता है।

हल माना बिंदु के निर्देशांक (x, y) हैं।

दिया है, $x_1 = -1$, $y_1 = 7$; $x_2 = 4$, $y_2 = -3$

और $m_1 = 2$, $m_2 = 3$

विभाजन सूत्र से,

$$x = \frac{m_1 x_2 + m_2 x_1}{m_1 + m_2} = \frac{2(4) + 3(-1)}{2+3} = \frac{8-3}{5} = \frac{5}{5} = 1$$

$$\text{और } y = \frac{m_1 y_2 + m_2 y_1}{m_1 + m_2} = \frac{2(-3) + 3(7)}{2+3} = \frac{-6+21}{5} = \frac{15}{5} = 3$$

अतः बिंदु के निर्देशांक $(1, 3)$ हैं।

2. बिंदुओं $(4, -1)$ और $(-2, -3)$ को जोड़ने वाले रेखाखंड को समत्रिभाजित करने वाले बिंदुओं के निर्देशांक ज्ञात कीजिए।

हल माना बिंदुओं $A(4, -1)$ और $B(-2, -3)$ को जोड़ने वाले रेखाखंड को समत्रिभाजित करने वाले बिंदु P और Q हैं। तब

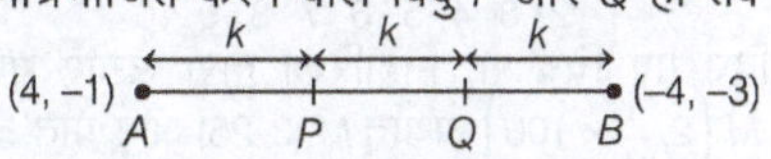

$$AP = PQ = BQ = k \quad \text{[माना]}$$

$$\therefore \quad PB = PQ + QB = 2k$$

$$\text{और} \quad AQ = AP + PQ = 2k$$

$$AP : PB = k : 2k = 1 : 2$$

$$\text{और} \quad AQ : QB = 2k : k = 2 : 1$$

चूँकि बिंदु P, AB को $1:2$ के अनुपात में अंतः विभाजित करता है।

$$\therefore \text{ बिंदु } P \text{ के निर्देशांक} = \left(\frac{m_1 x_2 + m_2 x_1}{m_1 + m_2}, \frac{m_1 y_2 + m_2 y_1}{m_1 + m_2}\right)$$

$$= \left(\frac{1 \times (-2) + 2 \times 4}{1+2}, \frac{1 \times (-3) + 2 \times (-1)}{1+2}\right)$$

$$= \left(\frac{-2+8}{3}, \frac{-3-2}{3}\right) = \left(\frac{6}{3}, \frac{-5}{3}\right) = \left(2, -\frac{5}{3}\right)$$

और बिंदु Q, AB को $2:1$ के अनुपात में अंतः विभाजित करता है।

∴ बिंदु Q के निर्देशांक

$$= \left(\frac{2\times(-2)+1\times 4}{2+1}, \frac{2\times(-3)+1\times(-1)}{2+1}\right)$$

$$\left(\text{सूत्र } \frac{m_1x_2+m_2x_1}{m_1+m_2} \text{ तथा } \frac{m_1y_2+m_2y_1}{m_1+m_2} \text{ का प्रयोग करने पर}\right)$$

$$= \left(\frac{-4+4}{3}, \frac{-6-1}{3}\right) = \left(0, -\frac{7}{3}\right)$$

अतः रेखाखंड को समत्रिभाजित करने वाले बिंदुओं के निर्देशांक $\left(2, -\frac{5}{3}\right)$ और $\left(0, -\frac{7}{3}\right)$ हैं।

3. आपके स्कूल में खेल-कूद क्रियाकलाप आयोजित करने के लिए, एक आयताकार मैदान $ABCD$ में, चूने से परस्पर 1 मी की दूरी पर पंक्तियाँ बनाई गई हैं। AD के अनुदिश परस्पर 1 मी की दूरी पर 100 गमले रखे गए हैं, जैसा कि आकृति में दर्शाया गया है। निहारिका दूसरी पंक्ति में AD के 1/4 भाग के बराबर की दूरी दौड़ती है और वहाँ एक हरा झंडा गाड़ देती है। प्रीत आठवीं पंक्ति में AD के 1/5 भाग के बराबर की दूरी दौड़ती है और वहाँ एक लाल झंडा गाड़ देती है। दोनों झंडों के बीच की दूरी क्या है? यदि रश्मि को एक नीला झंडा इन दोनों झंडों को मिलाने वाले रेखाखंड पर ठीक आधी दूरी (बीच में) पर गाड़ना हो, तो उसे अपना झंडा कहाँ गाड़ना चाहिए?

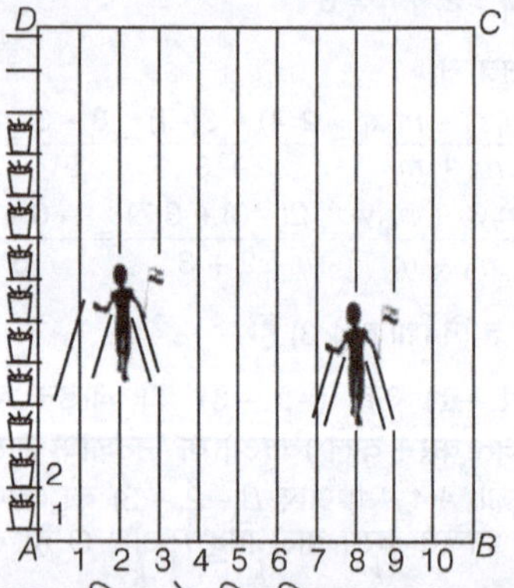

हल ऊपर दिए गए चित्र से, निहारिका द्वारा लगाए गए हरे झंडे की स्थिति $M\left(2, \frac{1}{4}\times 100\right)$ अर्थात् $M(2, 25)$ और प्रीत द्वारा लगाए गए लाल झंडे की स्थिति $N\left(8, \frac{1}{5}\times 100\right)$ अर्थात् $N(8, 20)$ है।

अब, $MN = \sqrt{(8-2)^2+(20-25)^2}$

$$= \sqrt{(6)^2+(-5)^2}$$

$$= \sqrt{36+25} = \sqrt{61}$$

अतः झंडों के बीच की दूरी $= \sqrt{61}$

माना P रश्मि द्वारा लगाया गया नीला झंडा MN रेखाखंड पर ठीक आधी दूरी (बीच में) पर गाड़ने की स्थिति है।

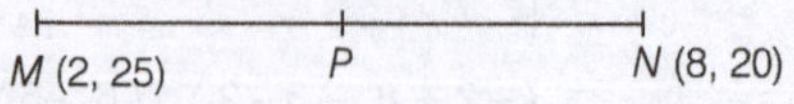

$$\therefore \; P \text{ के निर्देशांक} = \left(\frac{x_1+x_2}{2}, \frac{y_1+y_2}{2}\right) = \left(\frac{2+8}{2}, \frac{25+20}{2}\right)$$

$$= \left(\frac{10}{2}, \frac{45}{2}\right) = (5, 22.5)$$

अतः नीला झंडा 5वीं रेखा में 22.5 मी ऊपर गाड़ना चाहिए।

4. बिंदुओं $(-3, 10)$ और $(6, -8)$ को जोड़ने वाले रेखाखंड को बिंदु $(-1, 6)$ किस अनुपात में विभाजित करता है?

हल माना बिंदु $A(-1, 6)$, बिंदुओं $B(-3, 10)$ और $(6, -8)$ को जोड़ने वाले रेखाखंड को $k:1$ अनुपात में विभाजित करता है। तब

$$A \text{ के निर्देशांक} = \left(\frac{6k-3}{k+1}, \frac{-8k+10}{k+1}\right)$$

$$\left[\because \text{अंतः विभाजन अनुपात} = \left(\frac{m_1x_2+m_2x_1}{m_1+m_2}, \frac{m_1y_2+m_2y_1}{m_1+m_2}\right)\right]$$

लेकिन A के निर्देशांक $(-1, 6)$ हैं।

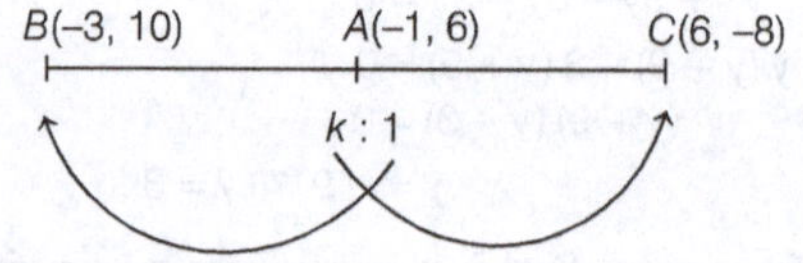

निर्देशांकों की तुलना करने पर,

$$\frac{6k-3}{k+1} = 1 \quad \text{और} \quad \frac{-8k+10}{k+1} = 6$$

$$\Rightarrow \quad 6k-3 = -k-1 \quad \text{और} \quad -8k+10 = 6k+6$$

$$\Rightarrow \quad 6k+k = -1+3 \quad \text{और} \quad -8k-6k = 6-10$$

$$\Rightarrow \quad 7k = 2 \quad \text{और} \quad -14k = -4$$

$$k = \frac{2}{7} \quad \text{और} \quad k = \frac{4}{14} = \frac{2}{7}$$

अतः बिंदु A रेखाखंड BC को $2:7$ के अनुपात में विभाजित करेगा।

5. वह अनुपात ज्ञात कीजिए, जिसमें बिंदुओं $A(1, -5)$ और $B(-4, 5)$ को मिलाने वाला रेखाखंड X-अक्ष से विभाजित होता है। इस विभाजन बिंदु के निर्देशांक भी ज्ञात कीजिए।

हल माना अभीष्ट अनुपात $k:1$ है। तब विभाजन सूत्र द्वारा, बिंदु $A(1, -5)$ तथा $B(-4, 5)$ को मिलाने वाले रेखाखंड को $k:1$ के अनुपात में विभाजित करने वाले बिंदु M के निर्देशांक हैं

$$\left(\frac{kx_2+1x_1}{k+1}, \frac{ky_2+1y_1}{k+1}\right) \text{ अर्थात्} \left(\frac{-4k+1}{k+1}, \frac{5k-5}{k+1}\right)$$

यह बिंदु X-अक्ष पर स्थित है। इसलिए X-अक्ष पर कोटि $y = 0$ है।

$$\therefore \quad \frac{5k-5}{k+1} = 0 \Rightarrow 5k-5 = 0$$

$$\therefore \quad k = \frac{5}{5} = 1$$

अतः अभीष्ट अनुपात $1:1$ है।

$$\text{और विभाजन बिंदु के निर्देशांक} = \left(\frac{-4k+1}{k+1}, \frac{5k-5}{k+1}\right)$$

$$= \left(\frac{-4\times1+1}{1+1}, \frac{5\times1-5}{1+1}\right)$$

$$= \left(\frac{-4+1}{2}, \frac{5-5}{2}\right) = \left(\frac{-3}{2}, 0\right)$$

6. **यदि बिंदु (1, 2), (4, y), (x, 6) और (3, 5), इसी क्रम में लेने पर, एक समांतर चतुर्भुज के शीर्ष हों, तो x और y ज्ञात कीजिए।**

हल माना $A(1, 2)$, $B(4, y)$, $C(x, 6)$ और $D(3, 5)$ समांतर चतुर्भुज के शीर्ष हैं।

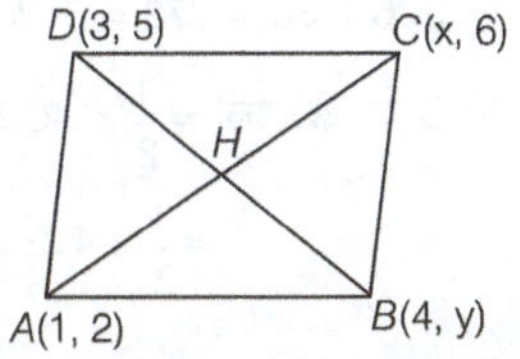

चूँकि $ABCD$ एक समांतर चतुर्भुज है।

चूँकि AC और BD एक-दूसरे को समद्विभाजित करेंगे।

अतः AC और BD का मध्य-बिंदु एक ही होगा।

$\therefore$ AC का मध्य-बिंदु $= BD$ का मध्य-बिंदु

$$\left(\frac{1+x}{2}, \frac{2+6}{2}\right) = \left(\frac{4+3}{2}, \frac{y+5}{2}\right)$$

निर्देशांकों की तुलना करने पर,

$$\frac{1+x}{2} = \frac{4+3}{2} \quad \text{और} \quad \frac{2+6}{2} = \frac{y+5}{2}$$

$\Rightarrow$ $1 + x = 7$ और $8 = 5 + y$

$\Rightarrow$ $x = 6$ और $y = 3$

7. **बिंदु A के निर्देशांक ज्ञात कीजिए, जहाँ AB एक वृत्त का व्यास है जिसका केंद्र (2, −3) है तथा B के निर्देशांक (1, 4) हैं।**

हल माना AB वृत्त का व्यास है जिसका केंद्र $C(2, -3)$ है तथा B के निर्देशांक $(1, 4)$ हैं।

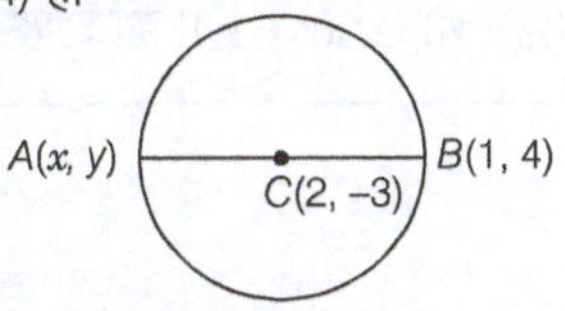

माना बिंदु A के निर्देशांक (x, y) हैं।

चूँकि AB वृत्त का व्यास है तथा AB का मध्य-बिंदु C है।

मध्य-बिंदु C के निर्देशांक $\left(\frac{x+1}{2}, \frac{y+4}{2}\right)$ हैं।

$$\left[\because \text{मध्य-बिंदु के निर्देशांक} = \left(\frac{x_1 + x_2}{2}, \frac{y_1 + y_2}{2}\right)\right]$$

परंतु बिंदु C के निर्देशांक $(2, -3)$ हैं।

$\therefore$ $\frac{x+1}{2} = 2$ और $\frac{y+4}{2} = -3$

$\Rightarrow$ $x + 1 = 4$ और $y + 4 = -6$

$\Rightarrow$ $x = 3$ और $y = -10$

अतः बिंदु A के निर्देशांक $(3, -10)$ हैं।

8. **यदि A और B क्रमशः (−2, −2) और (2, −4) हों, तो बिंदु P के निर्देशांक ज्ञात कीजिए, ताकि $AP = \frac{3}{7} AB$ हो और P रेखाखंड AB पर स्थित हो।**

हल प्रश्नानुसार, $AP = \frac{3}{7} AB \Rightarrow \frac{AB}{AP} = \frac{7}{3} \Rightarrow \frac{AP + PB}{AP} = \frac{7}{3}$

$$\Rightarrow \frac{AP + PB}{AP} = \frac{3+4}{3} \Rightarrow 1 + \frac{PB}{AP} = 1 + \frac{4}{3}$$

$$\Rightarrow \frac{PB}{AP} = \frac{4}{3} \Rightarrow \frac{AP}{PB} = \frac{3}{4}$$

$\therefore$ $AP : PB = 3 : 4$

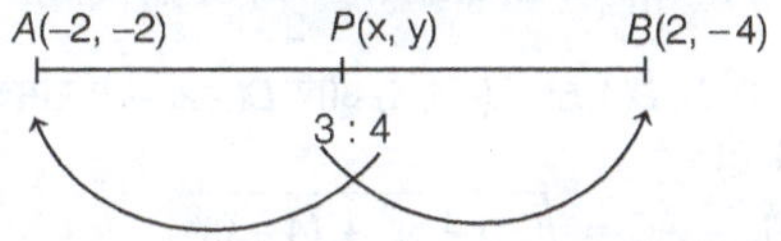

माना बिंदु $P(x, y)$, बिंदुओं $A(-2, -2)$ और $B(2, -4)$ को जोड़ने वाले रेखाखंड को $3 : 4$ के अनुपात में विभाजित करता है। तब

$$P \text{ के निर्देशांक} = \left(\frac{m_1x_2 + m_2x_1}{m_1 + m_2}, \frac{m_1y_2 + m_2y_1}{m_1 + m_2}\right)$$

$$= \left(\frac{3 \times 2 + 4(-2)}{3+4}, \frac{3 \times (-4) + 4 \times (-2)}{3+4}\right)$$

$$= \left(\frac{6-8}{7}, \frac{-12-8}{7}\right) = \left(-\frac{2}{7}, -\frac{20}{7}\right)$$

अतः बिंदु P के अभीष्ट निर्देशांक $\left(-\frac{2}{7}, \frac{-20}{7}\right)$ हैं।

9. **बिंदुओं A(−2, 2) और B(2, 8) को जोड़ने वाले रेखाखंड AB को चार बराबर भागों में विभाजित करने वाले बिंदुओं के निर्देशांक ज्ञात कीजिए।**

हल माना बिंदु P, Q और R, रेखाखंड AB पर इस प्रकार हैं कि

$$AP = PQ = QR = RB$$

माना $AP = PQ = QR = RB = k$

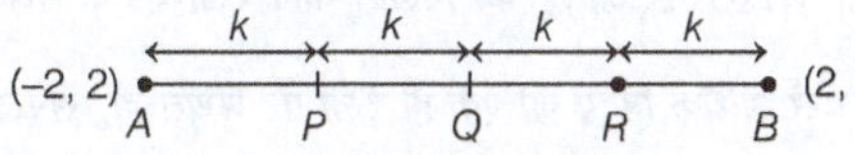

अब, $\frac{AP}{PB} = \frac{k}{3k} = \frac{1}{3}$

अतः P, AB को $1 : 3$ के अनुपात में अंतः विभाजित करता है।

$$\because \text{ बिंदु } P \text{ के निर्देशांक} = \left(\frac{m_1x_2 + m_2x_1}{m_1 + m_2}, \frac{m_1y_2 + m_2y_1}{m_1 + m_2}\right)$$

$$= \left(\frac{1 \times 2 + 3(-2)}{1+3}, \frac{1 \times 8 + 3 \times 2}{1+3}\right)$$

$$= \left(\frac{2-6}{4}, \frac{8+6}{4}\right) = \left(\frac{-4}{4}, \frac{14}{4}\right) = \left(-1, \frac{7}{2}\right)$$

पुनः $\frac{AR}{RB} = \frac{3k}{k} = \frac{3}{1}$

अतः R, AB को $3 : 1$ के अनुपात में अंतः विभाजित करता है।

$$\therefore \text{ बिंदु } R \text{ के निर्देशांक} = \left(\frac{3 \times 2 + 1 \times (-2)}{3+1}, \frac{3 \times 8 + 1 \times 2}{3+1}\right)$$

$$= \left(\frac{6-2}{4}, \frac{24+2}{4}\right) = \left(\frac{4}{4}, \frac{26}{4}\right) = \left(1, \frac{13}{2}\right)$$

चूँकि AB का मध्य-बिंदु Q है।

$$\therefore \text{ बिंदु } Q \text{ के निर्देशांक} = \left(\frac{-2+2}{2}, \frac{2+8}{2}\right)$$

$$\left[\because \text{मध्य-बिंदु} = \left(\frac{x_1 + x_2}{2}, \frac{y_1 + y_2}{2}\right)\right]$$

$$= \left(\frac{0}{2}, \frac{10}{2}\right) = (0, 5)$$

अतः अभीष्ट बिंदु $\left(-1, \frac{7}{2}\right), \left(1, \frac{13}{2}\right)$ और $(0, 5)$ हैं।

10. एक समचतुर्भुज का क्षेत्रफल ज्ञात कीजिए जिसके शीर्ष, इसी क्रम में (3, 0), (4, 5), (–1, 4) और (–2, –1) हैं।

[**संकेत**—*समचतुर्भुज का क्षेत्रफल* $= \frac{1}{2}$ *(उसके विकर्णों का गुणनफल)*]

हल माना $A(3, 0)$, $B(4, 5)$, $C(-1, 4)$ और $D(-2, -1)$ समचतुर्भुज $ABCD$ के शीर्ष हैं।

$\therefore$ विकर्ण, $AC = \sqrt{(-1-3)^2 + (4-0)^2}$

$[\because d = \sqrt{(x_2 - x_1)^2 + (y_2 - y_1)^2}\,]$

$= \sqrt{(-4)^2 + 4^2}$

$= \sqrt{16 + 16} = \sqrt{32} = 4\sqrt{2}$ मात्रक

और विकर्ण, $BD = \sqrt{(-2-4)^2 + (-1-5)^2} = \sqrt{(-6)^2 + (-6)^2}$

$= \sqrt{36 + 36} = \sqrt{72} = 6\sqrt{2}$ मात्रक

$\therefore$ समचतुर्भुज $ABCD$ का क्षेत्रफल $= \frac{1}{2} \times AC \times BD$

$= \frac{1}{2} \times 4\sqrt{2} \times 6\sqrt{2} = 24$ वर्ग इकाई

अध्याय : एक नजर में

- *यदि* $P(x_1, y_1)$ *तथा* $Q(x_2, y_2)$ *रेखाखंड PQ के अंत: बिंदु हैं, तब दूरी सूत्र से बिंदुओं P और Q के बीच,* $PQ = \sqrt{(x_2 - x_1)^2 + (y_2 - y_1)^2}$ *या* $\sqrt{(x_1 - x_2)^2 + (y_1 - y_2)^2}$ *इस प्रकार,* $PQ = \sqrt{(\text{निर्देशांकों के भुजों का अंतर})^2 + (\text{निर्देशांकों की कोटियों का अंतर})^2}$
- *यदि कोई बिंदु* $P(x, y)$ *तथा मूलबिंदु* $O(0, 0)$ *है, तब O से P की दूरी* $OP = \sqrt{x^2 + y^2}$
- *बिंदुओं* (x_1, y_1) *और* (x_2, y_2) *को मिलाने वाले रेखाखंड को यदि बिंदु* $P(x, y)$, $m_1 : m_2$ *के अनुपात में अंत: विभाजित करता है, तब*
  $$x = \frac{m_1x_2 + m_2x_1}{m_1 + m_2},\ y = \frac{m_1y_2 + m_2y_1}{m_1 + m_2}$$
- *बिंदुओं* $A(x_1, y_1)$ *और* $B(x_2, y_2)$ *को मिलाने वाले रेखाखंड के मध्य-बिंदु के निर्देशांक* $= \left(\frac{x_1 + x_2}{2}, \frac{y_1 + y_2}{2}\right)$ *हैं।*
- *तीन या तीन से अधिक बिंदुएँ जो एक ही रेखा पर स्थित हों, संरेखीय कहलाती हैं।*
- *यदि* $A(x_1, y_1)$, $B(x_2, y_2)$ *तथा* $C(x_3, y_3)$ ΔABC *के शीर्ष हैं, तब* ΔABC *का क्षेत्रफल* $= \frac{1}{2}|\,x_1(y_2 - y_3) + x_2(y_3 - y_1) + x_3(y_1 - y_2)\,|$ *वर्ग इकाई*

परीक्षा अभ्यास

बहुविकल्पीय प्रश्न

1. $X-$ अक्ष पर एक बिंदु, जो बिंदु $A(2,-5)$ और $B(-2,9)$ से समदूरस्थ है, का निर्देशांक होगा

(a) $(-7, 0)$ (b) $(0, 7)$ (c) $(0, -7)$ (d) $(7, 0)$

2. बिंदुओं $(5, 0)$ और $(-12, 0)$ के बीच की दूरी है **[NCERT Exemplar]**

(a) 5 इकाई (b) 7 इकाई
(c) 13 इकाई (d) 17 इकाई

3. एक रेखा Y तथा X-अक्ष को क्रमश: बिंदु P तथा Q पर काटती है। यदि PQ का मध्य-बिंदु $(2, -5)$ है, तब P तथा Q के निर्देशांक क्रमश: होंगे

(a) $(0, -10), (4, 0)$ (b) $(10, 0), (0, 2)$
(c) $(1, -2), (2, -3)$ (d) इनमें से कोई नहीं

4. बिंदु $(3, 4)$ की Y-अक्ष से दूरी होगी

(a) 1 इकाई (b) 3 इकाई
(c) 4 इकाई (d) 5 इकाई

5. बिंदुओं $(-2,6)$ और $(-2,10)$ को मिलाने वाले रेखाखंड के मध्य-बिंदु के निर्देशांक होंगे

(a) $(-2,3)$ (b) $(-2,5)$
(c) $(-2,8)$ (d) $(0, 2)$

6. यदि बिंदुओं $(-2, 2b)$ तथा $(3a, 4)$ को मिलाने वाले रेखाखंड के मध्य-बिंदु के निर्देशांक $(2, 2a+2)$ है, तब a व b के मान क्रमश: हैं **[NCERT Exemplar]**

(a) 4, 2 (b) 2, 4
(c) 5, 3 (d) 3, 5

7. बिंदु $(5, 0)$ की मूलबिंदु से दूरी है **[CBSE 2023 (Basic)]**

(a) 0 इकाई (b) 5 इकाई (c) $\sqrt{5}$ इकाई (d) 5^2 इकाई

8. चित्र में बिंदु P के निर्देशांक होंगे **[NCERT Exemplar]**

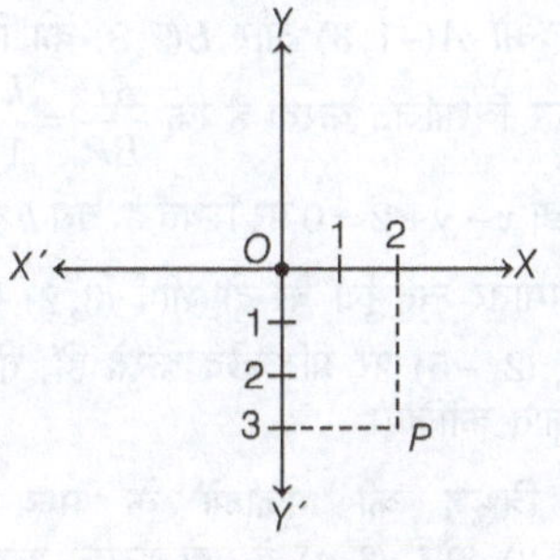

(a) $(2, -3)$ (b) $(-3, 2)$
(c) $(2, 3)$ (d) $(3, 2)$

9. Y-अक्ष पर एक बिंदु, जो बिंदुओं $A(6,5)$ और $B(-4,3)$ से समदूरस्थ है, का निर्देशांक होगा

(a) $(0, 9)$ (b) $(0, -9)$ (c) $(0, 5)$ (d) $(0, 3)$

कथन कारण प्रश्न

निर्देश (प्र. सं. 10-14 तक) *इनमें से प्रत्येक प्रश्न में एक कथन के बाद एक कारण दिया गया है। इनको ध्यानपूर्वक पढ़िए तथा निम्न विकल्पों के आधार पर प्रश्नों के उत्तर दीजिए।*

(a) यदि दोनों कथन व कारण सही हैं तथा कारण कथन का सही स्पष्टीकरण है।
(b) यदि दोनों कथन व कारण सही हैं परन्तु कारण कथन का सही स्पष्टीकरण नहीं है।
(c) यदि कथन सही है परन्तु कारण गलत है।
(d) यदि कथन गलत है परन्तु कारण सही है।

10. कथन बिन्दुओं जो $A(4,-1)$ व $B(-2,-3)$ को मिलाने वाले रेखा खण्ड को तीन बराबर भागों में विभाजित करते हैं, के निर्देशांक $\left(2, \frac{-5}{3}\right)$ व $\left(0, \frac{-7}{3}\right)$ हैं।

कारण बिन्दु जो AB को अनुपात $1:3$ व $3:1$ में विभाजित करते हैं, AB के समत्रिभाजन के बिन्दु कहलाते है।

11. कथन तीन बिन्दु A, B व C इस प्रकार हैं कि $AB + BC > AC$, तब वे संरेखीय होंगे।

कारण तीन बिन्दु संरेख होंगे यदि वे एक सरल रेखा पर स्थित हैं।

12. कथन X-अक्ष पर कोई ऐसा बिन्दु नहीं है जिसकी बिन्दु $(2, 3)$ से दूरी $c(c<3)$ हो।

कारण दो बिन्दुओं (x_1, y_1) व (x_2, y_2) के बीच की दूरी $\sqrt{(x_2 - x_1)^2 + (y_2 - y_1)^2}$ होती है।

13. कथन बिन्दु $P(x, y)$ की मूलबिन्दु से दूरी $\sqrt{x^2 - y^2}$ होती है।

कारण यदि बिन्दुओं $A(-3, b)$ तथा $B(1, b+4)$ को मिलाने वाले रेखाखण्ड का मध्य-बिन्दु $P(-1, 1)$ है, तब b का मान -1 होता है।

14. कथन यदि बिन्दु $A(4,3)$ व $B(x,5)$ केन्द्र $O(2,3)$ वाले वृत्त पर स्थित हैं, तब x का मान 2 है।

कारण यदि तीन बिन्दु $(0,0)$, $(3\sqrt{3})$ व $(3, \lambda)$ एक समबाहु त्रिभुज बनाते हैं, तब λ का मान $\pm\sqrt{2}$ होता है।

अतिलघु उत्तरीय प्रश्न

15. चित्र में दिखाए गए बिंदु P के निर्देशांक ज्ञात कीजिए।

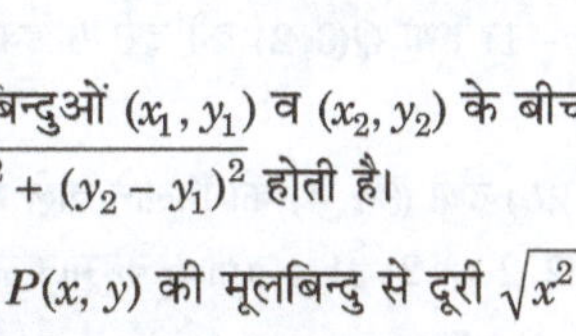

16. Y-अक्ष से बिंदु $A(5, 12)$ की लंबवत् दूरी ज्ञात कीजिए।

17. बिंदु $P(2, 3)$ की X-अक्ष से दूरी कितनी है। **[NCERT Exemplar]**

18. बिंदु $P(-6, 8)$ की मूलबिंदु से दूरी ज्ञात कीजिए। **[NCERT Exemplar]**

19. यदि बिंदु A, Y-अक्ष पर स्थित कोई बिंदु है जिसकी कोटि 3 है तथा बिंदु B का निर्देशांक $(-5, 2)$ है तब AB की दूरी ज्ञात कीजिए।

20. यदि बिंदु $P(x, y)$ बिंदुओं $L(5, 1)$ और $M(-1, 5)$ से समदूरस्थ है तब x और y में संबंध ज्ञात कीजिए।

21. यदि बिंदुओं $A(6, 1), B(8, 2), C(9, 4)$ और $D(p, 3)$ एक समांतर चतुर्भुज के शीर्ष इसी क्रम में हों, तो p का मान ज्ञात कीजिए।

22. यदि एक वृत्त का केंद्र $(5, a)$ है तथा वृत्त पर दो बिंदु $(9, 1)$ और $(5, 5)$ हैं, तो a का मान ज्ञात कीजिए। वृत्त का क्षेत्रफल भी ज्ञात कीजिए।

23. यदि एक वृत्त के व्यास के सिरों के निर्देशांक क्रमश: $(1, 5)$ और $(7, 13)$ हों, तब उसकी त्रिज्या की लंबाई क्या होगी?

24. बिंदुओं $(10\cos 30°, 0)$ और $(0, \cos 60°)$ के बीच दूरी ज्ञात कीजिए।

25. बिंदुओं $P\left(\frac{-11}{3}, 5\right)$ और $Q\left(\frac{-2}{3}, 5\right)$ के बीच दूरी ज्ञात कीजिए। **[CBSE 2023 (Standard)]**

26. वृत्त की त्रिज्या ज्ञात कीजिए जिसके व्यास के सिरों के निर्देशांक $(24, 1)$ तथा $(2, 23)$ हैं।

27. x का मान ज्ञात कीजिए जबकि बिंदुओं $A(x, -5)$ तथा $B(3, 2)$ की दूरी $\sqrt{58}$ इकाई है।

28. बिंदुओं $P(x, -1)$ तथा $Q(3, 2)$ की दूरी 5 इकाई है, तो x का मान ज्ञात कीजिए।

29. बिंदुओं $(-2, 2b)$ तथा $(3a, 4)$ को मिलाने वाले रेखाखंड के मध्य-बिंदु के निर्देशांक $(2, 2a+2)$ है। a तथा b के मान ज्ञात कीजिए।

30. सिद्ध कीजिए कि बिंदु $(3, -2), (4, 0), (6, -3)$ और $(5, -5)$ एक समांतर चतुर्भुज के शीर्ष हैं।

31. यदि $A(-1, 3), B(1, -1)$ तथा $C(5, 1)$ एक ΔABC के शीर्ष हैं, तो शीर्ष A से गुजरने वाली माध्यिका की लंबाई ज्ञात कीजिए।

32. यदि बिन्दु $C(k, 4)$, बिन्दुओं $A(2, 6)$ तथा $B(5, 1)$ को मिलाने वाले रेखाखण्ड को $2:3$ के अनुपात में बाँटता है, तो k का मान ज्ञात कीजिए। **[CBSE 2020 (Basic)]**

लघु उत्तरीय प्रश्न

33. उस बिंदु को ज्ञात कीजिए जो बिंदुओं $A(-2, -5)$ और $B(2, 5)$ को मिलाने वाले रेखाखंड को समद्विभाजित करें।

34. $AOBC$ एक आयत है जिसके तीन शीर्षों के निर्देशांक $A(0, 3), O(0, 0)$ तथा $B(5, 0)$ हैं, तब इसके विकर्णों की लंबाई ज्ञात कीजिए।

35. त्रिभुज जिसके शीर्षों के निर्देशांक $(0, 4), (0, 0)$ तथा $(3, 0)$ हैं, तो त्रिभुज का परिमाप ज्ञात कीजिए। **[NCERT Exemplar]**

36. यदि बिंदु $P(2, 1)$ बिंदुओं $A(4, 2)$ और $B(8, 4)$ को मिलाने वाले रेखाखंड पर स्थित है, तो AP और AB की लंबाई ज्ञात कीजिए। **[NCERT Exemplar]**

37. यदि बिंदुओं $(4, p)$ और $(1, 0)$ के बीच की दूरी 5 हो, तब p का मान ज्ञात कीजिए। **[NCERT Exemplar]**

38. यदि बिंदु $C(p, 4)$ बिंदुओं $A(2, 6)$ और $B(5, 1)$ को मिलाने वाले रेखाखंड का $2:3$ में विभाजित करें, तब p का मान ज्ञात कीजिए।

39. यदि एक वृत्त के किसी व्यास के एक सिरे के निर्देशांक $(2, 3)$ हैं तथा इसके केंद्र के निर्देशांक $(-2, 5)$ हैं, तो इस व्यास के दूसरे सिरे के निर्देशांक ज्ञात करें। **[CBSE 2011]**

40. X-अक्ष पर वह बिंदु ज्ञात कीजिए जो बिंदुओं $(-1, 0)$ और $(5, 0)$ से समदूरस्थ है।

41. यदि बिंदुओं $A(k, -5)$ और $B(2, 7)$ के बीच की दूरी 13 इकाई है, तो k का मान ज्ञात कीजिए।

42. सिद्ध कीजिए कि $(0, 0), (5, 5)$ और $(-5, 5)$ एक समद्विबाहु समकोण त्रिभुज के शीर्ष हैं, तब कर्ण की लंबाई ज्ञात कीजिए। **[CBSE 2014, 16]**

43. जाँच कीजिए कि बिंदुएँ $(-4, 0), (4, 0)$ तथा $(0, 3)$ समद्विबाहु या समबाहु त्रिभुज के शीर्ष हैं। **[NCERT Exemplar]**

44. एक वृत्त का केंद्र $(3x-8, 2x-5)$ है। यदि वृत्त बिंदु $A(4, 3)$ से होकर जाता है और उसके व्यास की लंबाई $4\sqrt{13}$ इकाई है, तो x का मान ज्ञात कीजिए। **[CBSE 2016]**

45. यदि एक वृत्त का केंद्र मूलबिंदु पर है और $(5, 0)$ वृत्त पर स्थित है, तब दिखाइए कि बिंदु $Q(6, 8)$ वृत्त के बाहर स्थित है।

46. उन बिंदुओं के निर्देशांक ज्ञात कीजिए, जो बिंदुओं $(1, -2)$ और $(-3, 4)$ को मिलाने वाले रेखाखंड को समत्रिभाजित करते हैं।

47. यदि बिन्दुओं $A(3, 4)$ तथा $B(k, 6)$ को मिलाने वाला रेखाखण्ड का मध्य-बिन्दु $P(x, y)$ है तथा $x+y-10=0$ है, तो k का मान ज्ञात कीजिए।

48. बिंदु P, बिंदुओं $A(-1, 3)$ और $B(9, 8)$ को मिलाने वाले रेखाखंड को इस प्रकार विभाजित करता है कि $\frac{AP}{BP} = \frac{k}{1}$

यदि बिंदु रेखा $x-y+2=0$ पर स्थित है, तब k का मान ज्ञात कीजिए।

49. यदि एक समांतर चतुर्भुज के दो शीर्ष $(3, 2)$ और $(-1, 0)$ हैं तथा विकर्ण बिंदु $(2, -5)$ पर प्रतिच्छेद करते हो, तो समांतर चतुर्भुज के अन्य शीर्ष ज्ञात कीजिए।

50. यदि एक त्रिभुज की भुजाओं के मध्य-बिंदु के निर्देशांक $(1, 1), (2, -3)$ और $(3, 4)$ हैं, तो इसके शीर्षों के निर्देशांक ज्ञात कीजिए।

51. यदि एक त्रिभुज का एक शीर्ष $(1, 1)$ और इससे गुजरने वाली भुजाओं के मध्य-बिंदु के निर्देशांक $(-2, 3)$ और $(5, 2)$ हों, तो इसके अन्य शीर्षों के निर्देशांक ज्ञात कीजिए।

52. बिंदुओं $(-2, -3)$ और $(5, 6)$ को जोड़ने वाली रेखाखंड
(i) X-अक्ष
(ii) Y-अक्ष द्वारा किस अनुपात में विभाजित होती हैं। प्रत्येक स्थिति में विभाजन बिंदु के निर्देशांक ज्ञात कीजिए।

53. यदि ΔABC के शीर्ष $A(7, -3), B(5, 3)$ और $C(3, -1)$ हैं, तो इसकी माध्यिकाओं की लंबाई ज्ञात कीजिए।

54. दिखाइए कि ΔABC के शीर्ष $A(-2, 0)$, $B(2, 0)$ और $C(0, 2)$; ΔDEF के शीर्ष $D(-4, 0)$, $E(4, 0)$ और $F(0, 4)$ समरूप हैं। **[NCERT Exemplar]**

55. बिंदुओं $P\left(\frac{\sin\theta}{2}, 0\right)$ तथा $Q\left(0, \frac{\cos\theta}{2}\right)$ की बीच की दूरी ज्ञात कीजिए।

56. जाँच कीजिए कि बिंदुएँ $(20, 3)$, $(19, 8)$ तथा $(2, -9)$ बिंदु $(7, 3)$ से समदूरस्थ हैं।

57. त्रिभुज जिसके शीर्ष $(0, 0)$, $(1, 0)$ तथा $(0, 1)$ हैं, तो त्रिभुज का परिमाप ज्ञात कीजिए।

58. सिद्ध कीजिए कि बिंदुएँ $(3, 0)$, $(6, 4)$ तथा $(-1, 3)$ एक समद्विबाहु समकोण त्रिभुज के शीर्ष हैं।

59. यदि बिंदु $A(4, 3)$ तथा $B(x, 5)$ वृत्त पर स्थित हैं जिसका केंद्र $O(2, 3)$ है, तब $x^2 + 5$ का मान ज्ञात कीजिए।

60. यदि बिंदु $(3, 4)$ तथा $(k, 7)$ का मध्य-बिंदु (x, y) है और $2x + 2y + 1 = 0$, तो k का मान ज्ञात करो।

61. यदि बिंदु $P(x, y)$, बिंदुओं $A(a + b, b - a)$ और $B(a - b, a + b)$ से समदूरस्थ हैं, तो सिद्ध कीजिए कि $bx = ay$

62. बिंदुओं $(0, 0)$, $(-2, 1)$ और $(-3, 2)$ से गुजरने वाले वृत्त के केंद्र के निर्देशांक ज्ञात कीजिए। इस वृत्त की त्रिज्या भी ज्ञात कीजिए।

63. यदि बिंदु $A(2, -4)$, $P(3, 8)$ और $Q(-10, y)$ से समदूरस्थ हैं, तब y का मान ज्ञात कीजिए तथा PQ की दूरी भी ज्ञात कीजिए।

64. सिद्ध कीजिए कि शीर्षों $P(22, 5)$, $Q(7, 10)$, $R(12, 11)$ तथा $S(3, 24)$ से निर्मित चतुर्भुज, समांतर चतुर्भुज नहीं है।

65. दिखाइए कि $A(1, 0)$, $B(0, 1)$, $C(1, 2)$ और $D(2, 1)$ एक समांतर चतुर्भुज $ABCD$ के शीर्ष हैं। क्या $ABCD$ एक आयत है?

66. एक चतुर्भुज $ABCD$ के शीर्ष $A(0, 5)$, $B(-2, -2)$, $C(5, 0)$ और $D(7, 7)$ हैं। सिद्ध कीजिए कि चतुर्भुज $ABCD$ एक समचतुर्भुज है। **[CBSE 2016]**

67. यदि बिंदुओं $A(-1, -1)$, $B(-1, 4)$, $C(5, 4)$ तथा $D(5, -1)$ से निर्मित चतुर्भुज एक आयत है, बिंदु P, Q, R तथा S क्रमशः भुजाओं AB, BC, CD तथा DA की मध्य-बिंदुएँ, ज्ञात $PQRS$ एक वर्ग, आयत या समचतुर्भुज है? उत्तर की जाँच कीजिए।

68. ΔABC के शीर्ष $A(5, 5)$, $B(1, 5)$ तथा $C(3, 1)$ हैं। एक रेखा इस प्रकार खींची जाती है कि वह भुजा AB और AC को बिंदु P व Q पर इस प्रकार काटती है कि $\frac{AP}{AB} = \frac{AQ}{AC} = \frac{3}{4}$, तब रेखाखंड PQ की लंबाई ज्ञात कीजिए।

69. दिखाइए कि बिंदु $(1, 7)$, $(4, 2)$, $(-1, -1)$ और $(-4, 4)$ इसी क्रम में वर्ग के शीर्ष हैं। इसका क्षेत्रफल भी ज्ञात कीजिए। **[CBSE 2016]**

70. बिंदुओं $(3, -4)$ और $(1, 2)$ को जोड़ने वाली रेखाखंड को बिंदु P और Q तीन बराबर भागों में विभाजित करते हैं। यदि P और Q के निर्देशांक क्रमशः $(p, -2)$ और $\left(\frac{5}{3}, q\right)$ हैं, तो p और q के मान ज्ञात कीजिए। **[CBSE 2005]**

71. बिंदुओं $(2, 1)$ और $(5, -8)$ को जोड़ने वाली रेखाखंड को बिंदु P और Q तीन बराबर भागों में विभाजित करते हैं, यदि बिंदु P रेखा $2x - y + k = 0$ पर स्थित हो, तो k का मान ज्ञात कीजिए। **[CBSE 2005]**

72. यदि A और B के निर्देशांक क्रमशः $(-2, -2)$ और $(2, -4)$ हैं, तो P के निर्देशांक इस प्रकार ज्ञात कीजिए कि $AP = \frac{3}{7}AB$ हो। **[NCERT, CBSE 2008, 09]**

73. यदि $R(x, y)$ दो बिंदुओं $P(a, b)$ तथा $Q(b, a)$ को मिलाने वाली रेखा पर स्थित हों, तो सिद्ध करो कि $x + y = a + b$ **[CBSE 2010]**

74. संलग्न चित्र में, एक समकोण ΔBOA दिया है। कर्ण AB का मध्य-बिंदु C है। सिद्ध कीजिए कि यह बिंदु शीर्ष O, A और B से समान दूरी पर है।

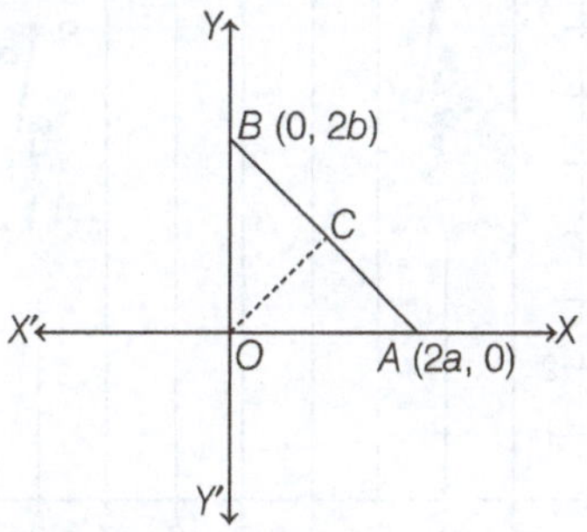

[CBSE 2006]

75. यदि ΔABC के शीर्ष $A(5, -1)$, $B(-3, -2)$ और $C(-1, 8)$ हैं, तो शीर्ष A से गुजरने वाली माध्यिका की लंबाई ज्ञात कीजिए तथा त्रिभुज के केंद्रक के निर्देशांक भी ज्ञात कीजिए। **[CBSE 2006]**

C दीर्घ उत्तरीय प्रश्न

76. बिंदुओं $A(10, -6)$ तथा $B(k, 4)$ को मिलाने वाले रेखाखंड का मध्य-बिंदु (a, b), $a - 2b = 18$ पर स्थित है, तो k का मान ज्ञात कीजिए।

77. बिंदु $P\left(\frac{3}{4}, \frac{5}{12}\right)$, बिंदुओं $A\left(\frac{1}{2}, \frac{3}{2}\right)$ और $B(2, -6)$ को जोड़ने वाले रेखाखंड को किस अनुपात में विभाजित करता है?

78. उन बिंदुओं के निर्देशांक ज्ञात कीजिए जो बिंदुओं $A(-2, -2)$ तथा $B(2, 8)$ को मिलाने वाले रेखाखंड को चार समान भागों में अंतः विभाजित करते हैं।

79. बिंदुएँ P, Q, R, S तथा T बिंदुएँ $A(1, 2)$ तथा $B(6, 7)$ को छः समान भागों में विभाजित करते हैं, तो P, Q, R, S, T के निर्देशांक ज्ञात करो।

80. किसी समांतर चतुर्भुज के एक विकर्ण के सिरों के निर्देशांक $(3, -4)$ तथा $(-6, 5)$ हैं। यदि दूसरे विकर्ण का एक सिरा $(-2, 1)$ है, तो शेष शीर्ष के निर्देशांक ज्ञात कीजिए।

81. आयुष अपने घर से ऑफिस जाने के लिए निकलता है परंतु वह सीधे ऑफिस जाने के बजाय सर्वप्रथम बैंक जाता है उसके पश्चात् अपनी पुत्री के स्कूल जाता है यदि उसका घर (2,4), बैंक (5,8), स्कूल (13,14) तथा उसका ऑफिस (13,26) पर स्थित है यदि सभी निर्देशांक किलोमीटर में है, तो ज्ञात कीजिए ऑफिस जाने में उसने कितनी अतिरिक्त दूरी तय की?

केस स्टडी आधारित प्रश्न

82. आपके विद्यालय में खेल दिवस प्रतियोगिता आयोजित करने के लिए, आयताकार मैदान $ABCD$ में प्रत्येक 1 मी की दूरी पर चाक पाउडर की सहायता से रेखाएँ खींची जाती हैं।

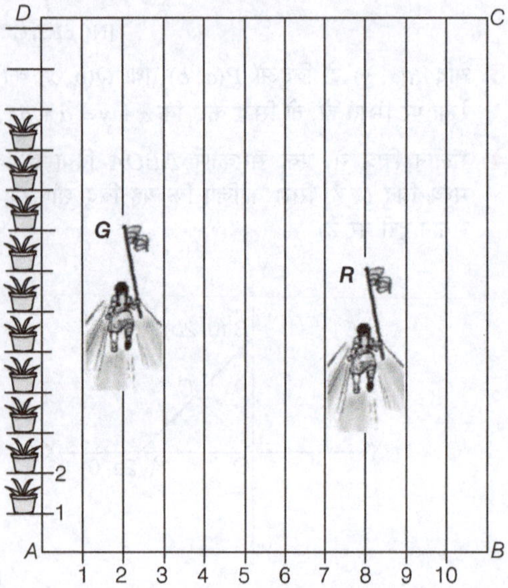

AD के सापेक्ष प्रत्येक 1 मी की दूरी पर 100 पौधों के गमले रखे जाते हैं जैसा कि चित्र में दर्शाया गया है। निहारिका दूसरी रेखा में AD के $\frac{1}{4}$ वें भाग के बराबर दूरी तक दौड़ती है तथा एक हरे रंग का झण्डा रोपित करती है। प्रीती आठवीं रेखा में AD के $\frac{1}{5}$ वें भाग के बराबर दूरी तक दौड़ती है तथा एक लाल झण्डा रोपित करती है।

उपरोक्त जानकारी के आधार पर निम्न प्रश्नों के उत्तर दीजिए।

(i) हरे झण्डे की स्थिति ज्ञात कीजिए।

(a) (2, 25) (b) (2, 0.25)
(c) (25, 2) (d) (0, – 25)

(ii) लाल झण्डे की स्थिति ज्ञात कीजिए।

(a) (8, 0)
(b) (20, 8)
(c) (8, 20)
(d) (8, 0.2)

(iii) दोनों झण्डों के मध्य दूरी कितनी होगी?

(a) $\sqrt{41}$ मी
(b) $\sqrt{11}$ मी
(c) $\sqrt{61}$ मी
(d) $\sqrt{51}$ मी

अथवा

यदि रश्मी को दोनों झण्डों को मिलाने वाली रेखा के ठीक मध्य एक नीले रंग का झण्डा रोपित करना हो, तब वह किस स्थिति पर झण्डा रोपित करेगी?

(a) (5, 22.5)
(b) (10, 22)
(c) (2, 8.5)
(d) (2.5, 20)

संकेत एवं हल

1. (a) माना X-अक्ष पर बिंदु $P(x, 0)$ है। [∵ X-अक्ष पर y -निर्देशांक = 0]

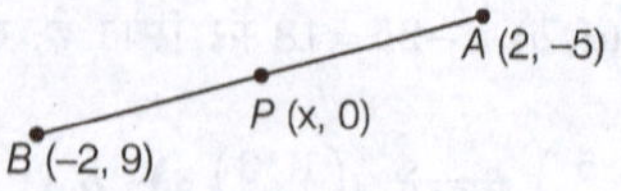

प्रश्नानुसार, $PA = PB$

$\Rightarrow \sqrt{(x-2)^2+(0+5)^2} = \sqrt{(x+2)^2+(0-9)^2}$

$\left[\because d = \sqrt{(x_1-x_2)^2+(y_1-y_2)^2}\right]$

$\Rightarrow x^2+4-4x+25 = x^2+4+4x+81$

[दोनों पक्षों का वर्ग करने पर]

$\Rightarrow -4x-4x = 81-25$

$\Rightarrow -8x = 56$

$\Rightarrow x = \frac{56}{-8} = -7$

अतः बिंदु (– 7, 0) है।

2. (d) बिंदुओं (5, 0) और (– 12, 0) के बीच दूरी $= \sqrt{(5+12)^2+(0-0)^2}$

$\left[\because (x_1, y_1) \text{ तथा } (x_2, y_2) \text{ के बीच की दूरी } = \sqrt{(x_1-x_2)^2+(y_1-y_2)^2}\right]$

$= \sqrt{(17)^2} = 17$ इकाई

3. (a) माना बिंदु P तथा Q के निर्देशांक $(0, y)$ तथा $(x, 0)$ हैं।

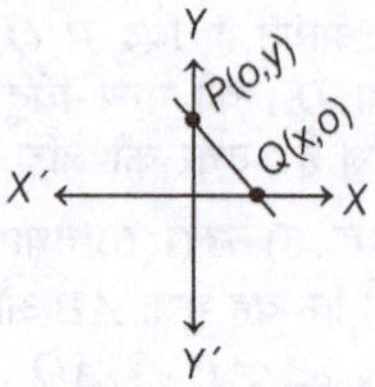

∴ PQ के मध्य-बिंदु के निर्देशांक, $x = \frac{x_1+x_2}{2}$

$\Rightarrow 2 = \frac{0+x}{2} \Rightarrow x = 4$

तथा $y = \frac{y_1 + y_2}{2}$

$\Rightarrow \quad -5 = \frac{y + 0}{2}$

$\Rightarrow \quad y = -10$

अतः P तथा Q के निर्देशांक $(0, -10)$ तथा $(4, 0)$ हैं।

4. (b) बिंदु (3, 4) की Y-अक्ष से दूरी = Y-अक्ष से X-अक्ष की दिशा में नापी गई लम्बवत् दूरी = 3 इकाई

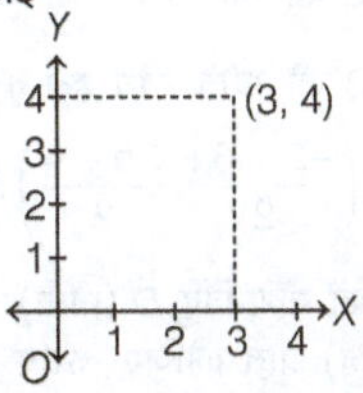

5. (c) दिया है, $(-2, 6) = (x_1, y_1)$ तथा $(-2, 10) = (x_2, y_2)$

$\therefore (x_1, y_1)$ और (x_2, y_2) को मिलाने वाले रेखाखंड के मध्य-बिंदु के निर्देशांक

$$x = \frac{x_1 + x_2}{2} = \frac{-2 + (-2)}{2} = \frac{-4}{2} = -2$$

$$y = \frac{y_1 + y_2}{2} = \frac{6 + 10}{2} = \frac{16}{2} = 8$$

$\therefore$ मध्य-बिंदु के निर्देशांक $(-2, 8)$ हैं।

6. (b) दिया है, बिंदुओं $(-2, 2b)$ तथा $(3a, 4)$ को मिलाने वाले रेखाखंड के मध्य-बिंदु के निर्देशांक $(2, 2a + 2)$ हैं।

$\therefore \quad x = \frac{x_1 + x_2}{2} \Rightarrow 2 = \frac{-2 + 3a}{2}$

$\Rightarrow \quad 4 = -2 + 3a \Rightarrow a = \frac{6}{3} = 2$

तथा $\quad y = \frac{y_1 + y_2}{2}$

$\Rightarrow \quad 2a + 2 = \frac{2b + 4}{2}$

$\Rightarrow \quad 4a + 4 = 2b + 4 \Rightarrow b = 4$

7. (b) मूलबिंदु के निर्देशांक (0, 0) होते हैं।

$\therefore$ (5, 0) और (0, 0) के बीच की दूरी $= \sqrt{(0 - 5)^2 + (0 - 0)^2}$

[$\because (x_1, y_1)$ तथा (x_2, y_2) के बीच की दूरी $= \sqrt{(x_2 - x_1)^2 + (y_2 - y_1)^2}$]

$= \sqrt{25} = 5$ इकाई

8. (a) चित्र से, बिंदु P की X-अक्ष से दूरी या y-निर्देशांक (कोटि) = – 3

बिंदु P की Y-अक्ष से दूरी या x-निर्देशांक (भुज) = 2

अतः बिंदु P के निर्देशांक = (2, – 3)

9. (a) माना Y-अक्ष पर बिंदु $P(0, y)$ है। [$\because Y$-अक्ष पर x-निर्देशांक = 0]

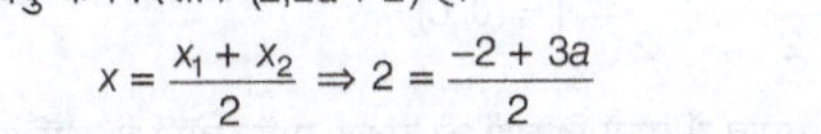

प्रश्नानुसार, $\quad PA = PB$

$\Rightarrow \sqrt{(0 - 6)^2 + (y - 5)^2} = \sqrt{(0 + 4)^2 + (y - 3)^2}$

[$\because (x_1, y_1)$ तथा (x_2, y_2) के बीच की दूरी $= \sqrt{(x_1 - x_2)^2 + (y_1 - y_2)^2}$]

$\Rightarrow \quad 36 + y^2 + 25 - 10y = 16 + y^2 + 9 - 6y$

[दोनों पक्षों का वर्ग करने पर]

$\Rightarrow \quad -10y + 6y = 25 - 61$

$\Rightarrow \quad -4y = -36$

$\Rightarrow \quad y = \frac{36}{4} = 9$

अतः निर्देशांक (0, 9) हैं।

10. (c) माना A व B को मिलाने वाले रेखाखण्ड को तीन बराबर भागों में विभाजित करने वाले बिन्दु P व Q हैं।

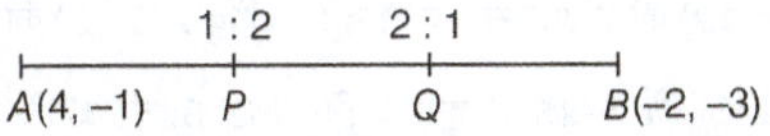

P के निर्देशांक $= \left(\frac{-2 + 8}{1 + 2}, \frac{-3 - 2}{2 + 1}\right)$

$= \left(2, -\frac{5}{3}\right)$

तथा Q के निर्देशांक $= \left(\frac{-4 + 4}{1}, \frac{-6 - 1}{1 + 2}\right) = \left(0, -\frac{7}{3}\right)$

तथा हम जानते हैं कि बिन्दु जो AB को 1 : 2 व 2 : 1 में विभाजित करते है, AB के समत्रिभाजन के बिन्दु कहलाते है। अतः, कथन सही है परन्तु कारण गलत है।

11. (d) हम जानते हैं कि तीन बिन्दु A, B व C संरेख होंगे, यदि $AB + BC = AC$ तथा तीनों एक सरल रेखा पर स्थित हो। अतः कथन गलत है परन्तु कारण सही है।

12. (d) माना Y-अक्ष पर बिन्दु $(x_1, 0)$ हैं, तब

$$\sqrt{(x_1 - 2)^2 + 9} = c$$

$\Rightarrow \quad (x_1 - 2)^2 + 9 = c^2$

$\Rightarrow \quad (x_1 - 2)^2 = c^2 - 9$

$\Rightarrow \quad x_1 - 2 = \sqrt{c^2 - 9}$

$\Rightarrow \quad c < 3$

$\Rightarrow \quad c^2 - 9 < 0$

$\therefore x_1$ काल्पनिक होगा।

तथा हम जानते है कि (x_1, y_1) व (x_2, y_2) के बीच की दूरी

$= \sqrt{(x_2 - x_1)^2 + (y_2 - y_1)^2}$

अतः, कथन गलत है परन्तु कारण सही है।

13. (d) हम जानते हैं कि $P(x, y)$ की मूलबिन्दु से दूरी $\sqrt{x^2 + y^2}$ होती है। $A(-3, b)$ व $B(1, b + 4)$ को मिलाने वाले रेखाखण्ड के मध्य-बिन्दु के निर्देशांक $= \left(\frac{-3 + 1}{2}, \frac{b + b + 4}{2}\right)$

$= (-1, b + 2)$

परन्तु मध्य-बिन्दु के निर्देशांक = (– 1, 1)

$\therefore \quad b + 2 = 1 \Rightarrow b = -1$

अतः, कथन गलत है परन्तु कारण सही है।

14. (c) $\because$ केन्द्र O के वृत्त पर बिन्दु A व B स्थित हैं।

$\Rightarrow \quad OA = OB$

$\Rightarrow \sqrt{(4 - 2)^2 + (3 - 3)^2} = \sqrt{(x - 2)^2 + (5 - 3)^2}$

$\Rightarrow \quad 2 = \sqrt{(x - 2)^2 + 4}$

$\Rightarrow \quad (x - 2)^2 = 0$

$\Rightarrow \quad x = 2$

माना समबाहु त्रिभुज के शीर्ष $A(0, 0), B(3, \sqrt{3})$ व $C(3, \lambda)$ हैं।

$\therefore \quad AB = AC$

$\Rightarrow \sqrt{(3-0)^2+(\sqrt{3}-0)^2}=\sqrt{(3-0)^2+(\lambda-0)^2}$

$\Rightarrow \quad 9+3=9+\lambda^2$

$\Rightarrow \quad \lambda^2=3$

$\Rightarrow \quad \lambda=\pm\sqrt{3}$

अतः कथन सही है परन्तु कारण गलत है।

15. $P(3,-2)$

16. बिंदु $A(5, 12)$ की Y-अक्ष से लंबवत् दूरी = बिंदु $A(5, 12)$ का भुज = 5 इकाई

17. बिंदु $P(2, 3)$ की X-अक्ष से दूरी = बिंदु $P(2, 3)$ की कोटि = 3 इकाई

18. टॉपिक 2, उदाहरण 2 की भाँति स्वयं हल करें। **उत्तर** 10 इकाई

19. **संकेत** चूँकि बिंदु A, Y-अक्ष पर स्थित है,

अतः इसका भुज = 0 और कोटि = 3

इस प्रकार A का निर्देशांक = (0, 3) अब टॉपिक 2, उदाहरण 1 की भाँति स्वयं हल करें। **उत्तर** $\sqrt{26}$ इकाई

20. टॉपिक 2, उदाहरण 5 की भाँति स्वयं हल करें। **उत्तर** $3x=2y$

21. **संकेत** हम जानते हैं कि समांतर चतुर्भुज के विकर्ण एक-दूसरे को समद्विभाजित करते हैं।

अतः विकर्ण AC के मध्य-बिंदु के निर्देशांक = विकर्ण BD के मध्य-बिंदु के निर्देशांक

अर्थात् $\left(\frac{6+9}{2}, \frac{1+4}{2}\right)=\left(\frac{8+p}{2}, \frac{2+3}{2}\right)$

$\Rightarrow \left(\frac{15}{2}, \frac{5}{2}\right)=\left(\frac{8+p}{2}, \frac{5}{2}\right) \Rightarrow \frac{15}{2}=\frac{8+p}{2}$

$\Rightarrow \quad 15=8+p \Rightarrow p=7$

22. **संकेत** हम प्राप्त करते हैं

$(5-9)^2+(a-1)^2=(5-5)^2+(a-5)^2$

$\Rightarrow \quad 16+a^2-2a+1=0+a^2-10a+25$

$\Rightarrow \quad 10a-2a=25-17 \Rightarrow 8a=8$

$\Rightarrow \quad a=\frac{8}{8}=1$

इसलिए, वृत्त का केंद्र (5, 1) है।

इसलिए, इसकी त्रिज्या $r=\sqrt{(9-5)^2+(1-1)^2}=4$ इकाई

अतः वृत्त का क्षेत्रफल $=\pi r^2=\pi\times 16=16\pi$ वर्ग इकाई

23. **संकेत** माना वृत्त के व्यास के सिरे $A(x_1, y_1)=(1, 5)$ तथा $B(x_2, y_2)=(7, 13)$

तब, A व B के मध्य की दूरी,

$AB=\sqrt{(x_2-x_1)^2+(y_2-y_1)^2}$

$=\sqrt{(7-1)^2+(13-5)^2}=\sqrt{(6)^2+(8)^2}$

$=\sqrt{36+64}=\sqrt{100}=10$

$\therefore$ व्यास, $AB=10$ इकाई

अतः त्रिज्या $=\frac{\text{व्यास}}{2}=\frac{1}{2}\times 10=5$ इकाई

24. **संकेत** यहाँ, $x_1=10\cos 30°$, $y_1=0$ और $x_2=0$, $y_2=10\cos 60°$

$\therefore$ बिंदुओं के बीच की दूरी

$=\sqrt{(0-10\cos 30°)^2+(10\cos 60°-0)^2}$ [दूरी सूत्र से]

$=\sqrt{[(x_2-x_1)^2+(y_2-y_1)^2]}=\sqrt{(10)^2\left(\frac{\sqrt{3}}{2}\right)^2+(10)^2\left(\frac{1}{2}\right)^2}$

$=\sqrt{\frac{300}{4}+\frac{100}{4}}$ $\left[\because \cos 30°=\frac{\sqrt{3}}{2} \text{ और } \cos 60°=\frac{1}{2}\right]$

$=\sqrt{\frac{400}{4}}=\sqrt{100}=10$ इकाई

25. प्रश्न 24 की भाँति स्वयं हल करें। **उत्तर** 3 इकाई

26. प्रश्न 23 की भाँति स्वयं हल करें। **उत्तर** $11\sqrt{2}$ इकाई

27. टॉपिक 2, उदाहरण 3 की भाँति स्वयं हल करें। **उत्तर** $x=0, 6$

28. टॉपिक 2, उदाहरण 3 की भाँति स्वयं हल करें। **उत्तर** $x=-1, 7$

29. **संकेत** $(2, 2a+2)=\left(\frac{-2+3a}{2}, \frac{2b+4}{2}\right)$ **उत्तर** $a=2, b=4$

31. **संकेत** सर्वप्रथम BC का मध्य-बिंदु D (माना) ज्ञात कीजिए तत्पश्चात् AD के बीच की दूरी (माध्यिका) ज्ञात कीजिए। **उत्तर** 5 इकाई

32. दिए गए बिन्दु $A(2,6)$ तथा $B(5,1)$ हैं।

यहाँ $(x_1, y_1)=(2, 6)$ तथा $(x_2, y_2)=(5, 1)$ तथा $m_1 : m_2=2:3$

$\therefore k=\frac{2\times 5+3\times 2}{2+3}=\frac{10+6}{5}=\frac{16}{5}$

33. **संकेत** हम जानते हैं कि किसी रेखाखंड का समद्विभाजक रेखाखंड को दो बराबर भागों में विभाजित करता है इस प्रकार रेखाखंड का लंब समद्विभाजक रेखाखंड का मध्य-बिंदु होता है

$\therefore$ बिंदुओं $A(-2, -5)$ और $B(2, 5)$ को मिलाने वाले रेखाखंड का मध्य-बिंदु

$=\left(\frac{-2+2}{2}, \frac{-5+5}{2}\right)=(0, 0)$

34. **संकेत** आयत में दोनों विकर्णों की लंबाई समान होती हैं इसलिए विकर्ण AB की लंबाई = बिंदुओं $A(0, 3)$ तथा $B(5, 0)$ के बीच की दूरी

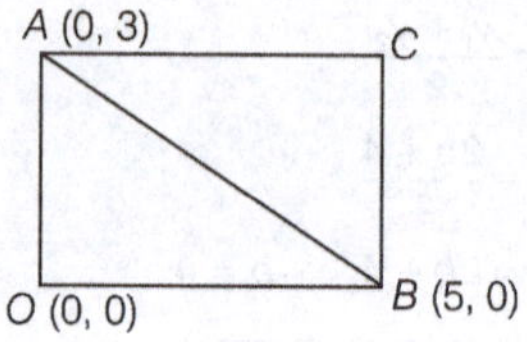

यहाँ, $x_1=0$, $y_1=3$, $x_2=5$ तथा $y_2=0$

$\therefore$ दूरी सूत्र से, $AB=\sqrt{(x_2-x_1)^2+(y_2-y_1)^2}$

$=\sqrt{(5-0)^2+(0-3)^2}$

$=\sqrt{(5)^2+(-3)^2}$

$=\sqrt{25+9}$

$=\sqrt{34}$ इकाई

अतः प्रत्येक विकर्णों की लंबाई $=\sqrt{34}$ इकाई

35. **संकेत** चित्र से स्पष्ट है कि

ΔAOB का परिमाप = दूरी (AO) + दूरी (OB) + दूरी (AB)

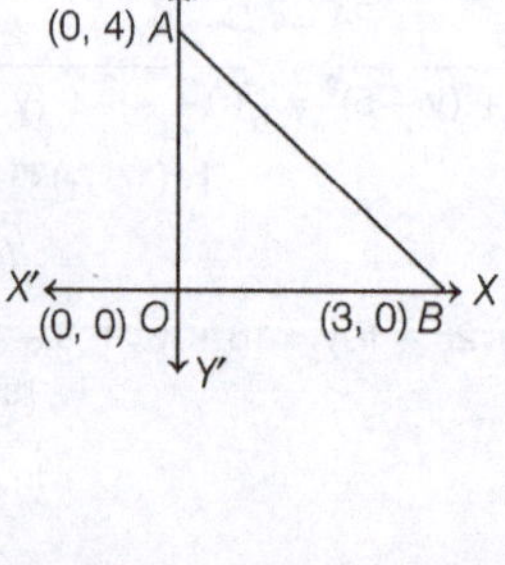

$= \sqrt{(0-0)^2+(4-0)^2} + \sqrt{(0-3)^2+(0-0)^2}$

$+\sqrt{(0-3)^2+(4-0)^2}$ [दूरी सूत्र से]

$= 4+3+5 = 12$ इकाई

अतः दिए गए त्रिभुज का परिमाप 12 इकाई है।

36. संकेत यहाँ, $AP = \sqrt{(2-4)^2+(1-2)^2}$

[$\because$ दूरी सूत्र से $= \sqrt{(x_2-x_1)^2+(y_2-y_1)^2}$]

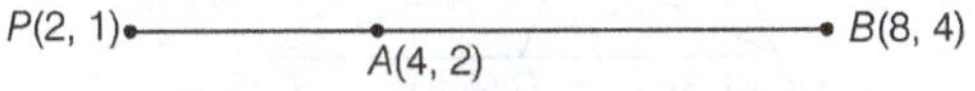

$= \sqrt{(-2)^2+(-1)^2} = \sqrt{4+1} = \sqrt{5}$ इकाई

$AB = \sqrt{(8-4)^2+(4-2)^2}$

$= \sqrt{(4)^2+(2)^2} = \sqrt{16+4}$

$= \sqrt{20} = 2\sqrt{5}$ इकाई

37. टॉपिक 2, उदाहरण 3 की भाँति स्वयं हल करें। **उत्तर** $p = \pm 4$

38. संकेत विभाजन सूत्र के प्रयोग से

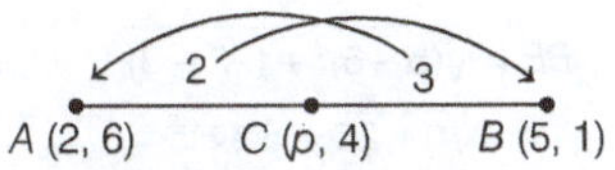

$(p, 4) = \left(\frac{3\times2+2\times5}{2+3}, \frac{3\times6+2\times1}{2+3}\right)$

$= \left(\frac{6+10}{5}, \frac{18+2}{5}\right) = \left(\frac{16}{5}, \frac{20}{5}\right)$

$\Rightarrow (p, 4) = \left(\frac{16}{5}, 4\right)$

x-निर्देशांक को दोनों पक्षों में बराबर करने पर,

$p = \frac{16}{5}$

39. संकेत माना AB व्यास के दूसरे सिरे B का निर्देशांक (x, y) है।

और $-2 = \frac{2+x}{2}$

और $-4 = 2 + x$

$\Rightarrow -4-2 = x$

$\Rightarrow x = -6$

और $5 = \frac{3+y}{2}$

$\Rightarrow 10 = 3 + y$ [$\because$ बिंदु O, AB का मध्य-बिंदु है]

और $10 - 3 = y$ और $y = 7$

अतः B के निर्देशांक $(-6, 7)$ हैं।

40. टॉपिक 2, उदाहरण 6 की भाँति स्वयं हल करें। **उत्तर** $p(2, 0)$

41. टॉपिक 2, उदाहरण 3 की भाँति स्वयं हल करें। **उत्तर** $k = 7, -3$

42. संकेत माना बिंदु (0, 0), (5, 5) और (–5, 5) शीर्षों A, B और C को प्रदर्शित करते हैं।

इसलिए, $AB = \sqrt{(0-5)^2+(0-5)^2} = \sqrt{25+25} = \sqrt{50}$

$= 5\sqrt{2}$ इकाई

$BC = \sqrt{(5+5)^2+(5-5)^2} = \sqrt{(10)^2} = 10$ इकाई

और $AC = \sqrt{(0+5)^2+(0-5)^2} = \sqrt{25+25} = \sqrt{50}$

$= 5\sqrt{2}$ इकाई है।

चूँकि, $AB^2 + AC^2 = 50 + 50 = 100 = BC^2$ है।

और $AB = AC$ है, इसलिए A, B और C एक समद्विबाहु समकोण त्रिभुज के शीर्ष हैं।

इसका कर्ण $= BC = 10$ इकाई

43. संकेत माना $A = (x_1, y_1) = (-4, 0)$, $B = (x_2, y_2) = (4, 0)$

तथा $C = (x_3, y_3) = (0, 3)$

अब $AB = \sqrt{[4-(-4)^2]+(0-0)^2}$ [दूरी सूत्र से]

$= \sqrt{(4+4)^2} = \sqrt{8^2} = 8$ इकाई

$BC = \sqrt{(0-4)^2+(3-0)^2} = \sqrt{(-4)^2+(3)^2}$

$= \sqrt{16+9} = \sqrt{25} = 5$ इकाई

तथा $AC = \sqrt{[0-(-4)^2]+(3-0)^2} = \sqrt{(4)^2+(3)^2}$

$= \sqrt{16+9} = \sqrt{25} = 5$ इकाई

$\because$ $BC = AC$

अतः ΔABC, समद्विबाहु त्रिभुज के शीर्ष हैं।

44. संकेत व्यास $= 4\sqrt{13}$ इकाई है। इसलिए, त्रिज्या $= 2\sqrt{13}$ इकाई है।

इसलिए, $(3x-8-4)^2 + (2x-5-3)^2 = (2\sqrt{13})^2$

$\Rightarrow (3x-12)^2 + (2x-8)^2 = 52$

$\Rightarrow 9x^2 + 144 - 72x + 4x^2 + 64 - 32x = 52$

$\Rightarrow 13x^2 - 104x + 208 - 52 = 0$

$\Rightarrow 13x^2 - 104x + 156 = 0$

$\Rightarrow x^2 - 8x + 12 = 0$

$\Rightarrow x^2 - 6x - 2x + 12 = 0$

$\Rightarrow x(x-6) - 2(x-6) = 0$

$\Rightarrow (x-6)(x-2) = 0$

$\Rightarrow (x-6) = 0$

$\Rightarrow x = 6$

या $(x-2) = 0$ या $x = 2$

45. संकेत अब, $OP = \sqrt{(5-0)^2+(0-0)^2}$

$= \sqrt{5^2+0^2} = 5$ [वृत्त की त्रिज्या]

$OQ = \sqrt{(6-0)^2+(8-0)^2}$

$= \sqrt{6^2+8^2} = \sqrt{36+64} = \sqrt{100} = 10$ इकाई

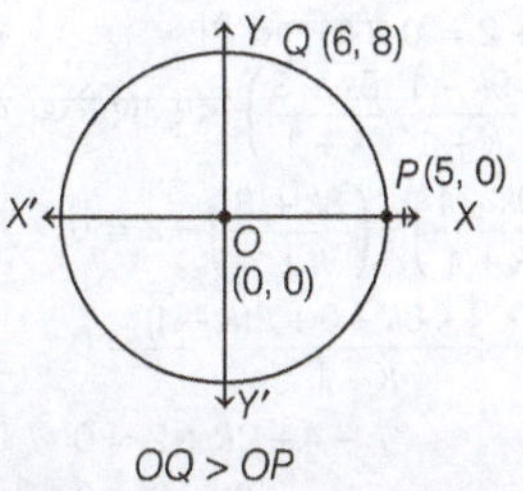

$\therefore$ $OQ > OP$

अतः यह बिंदु $Q(6, 8)$ वृत्त के बाहर स्थित है। **इति सिद्धम्**

46. संकेत माना बिंदु A (1, –2) और B (–3, 4) को समत्रिभाजित करने वाले बिंदुओं के निर्देशांक P (a,b) और Q (c, d) हैं।

तब, $AP = PQ = QB = x$ [माना]

$\therefore$ $PB = PQ + QB = x + x = 2x$

तथा $AQ = AP + PQ = x + x = 2x$

$\Rightarrow \quad AP : PB = x : 2x = 1 : 2$

तथा $AQ : QB = 2x : x = 2 : 1$

$\because$ बिंदु $P(a, b)$ रेखा AB को 1:2 के अनुपात में विभाजित करता है।

$$\therefore \quad a = \frac{1(-3)+2(1)}{1+2} \quad \left[\because x = \frac{m_1x_2 + m_2x_1}{m_1 + m_2}\right]$$

$$= \frac{-3+2}{3} = \frac{-1}{3}$$

तथा $$b = \frac{1(4)+2(-2)}{1+2} \quad \left[\because y = \frac{m_1y_2 + m_2y_1}{m_1 + m_2}\right]$$

$$= \frac{4-4}{3} = \frac{0}{3} = 0$$

$\therefore$ बिंदु P के निर्देशांक $= \left(\frac{-1}{3}, 0\right)$

चूँकि बिंदु $Q(c, d)$ रेखा AB को 2 : 1 के अनुपात में विभाजित करता है।

$$\therefore \quad c = \frac{2(-3)+1(1)}{2+1} = \frac{-6+1}{3} = \frac{-5}{3}$$

तथा $$d = \frac{2(4)+1(-2)}{2+1} = \frac{8-2}{3} = \frac{6}{3} = 2$$

$\therefore$ बिंदु Q के निर्देशांक $= \left(\frac{-5}{3}, 2\right)$

अतः रेखाखंड AB को समत्रिभाजित करने वाले बिंदुओं के निर्देशांक $\left(-\frac{1}{3}, 0\right)$ और $\left(\frac{-5}{3}, 2\right)$ हैं।

47. दिए गए बिन्दु $A(3, 4)$ तथा $B(k, 6)$ हैं।

AB का मध्य-बिन्दु $P(x, y) = \left(\frac{3+k}{2}, \frac{4+6}{2}\right) = \left(\frac{k+3}{2}, 5\right)$

$\therefore \quad x = \frac{k+3}{2}$ तथा $y = 5$

$\because \quad x + y - 10 = 0$

$\Rightarrow \quad \frac{k+3}{2} + 5 - 10 = 0$

$\Rightarrow \quad k + 3 + 10 - 20 = 0$

$\Rightarrow \quad k - 7 = 0$

$\Rightarrow \quad k = 7$

48. संकेत माना P के निर्देशांक (x, y) हैं, तब विभाजन सूत्र से

$$x = \frac{9k + (-1)}{k+1}, \; y = \frac{8k+3}{k+1}$$

क्योंकि $x - y + 2 = 0$ पर स्थित है।

इस प्रकार, $P\left(\frac{9k-1}{k+1}, \frac{8k+3}{k+1}\right)$ दिए गए रेखा को संतुष्ट करेगा।

इस प्रकार, $\left(\frac{9k-1}{k+1}\right) - \left(\frac{8k+3}{k+1}\right) + 2 = 0$

$\Rightarrow \quad \frac{9k-1-8k-3+2(k+1)}{k+1} = 0$

$\Rightarrow \quad k - 4 + 2k + 2 = 0$

$\Rightarrow \quad 3k - 2 = 0$

$\Rightarrow \quad k = \frac{2}{3}$

49. $(1, -12), (5, -10)$

50. $(2, 10), (0, -4), (4, 2)$

51. $(-5, 5), (9, 3)$

52. (i) $1 : 2; \left(\frac{1}{3}, 0\right)$ (ii) $2 : 5; \left(0, \frac{-3}{7}\right)$

53. संकेत माना त्रिभुज की भुजाओं BC, CA और AB के मध्य-बिंदु क्रमशः D, E और F हैं, तो D, E और F के निर्देशांक निम्न हैं:

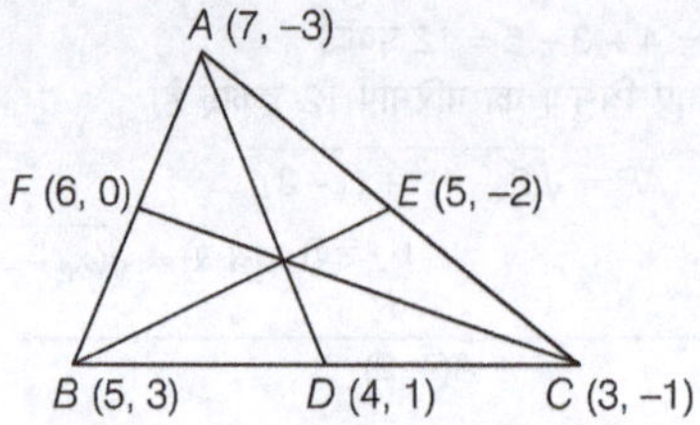

$$D\left(\frac{5+3}{2}, \frac{3-1}{2}\right) = D(4, 1)$$

$$E\left(\frac{3+7}{2}, \frac{-1-3}{2}\right) = E(5, -2)$$

और $$F\left(\frac{7+5}{2}, \frac{-3+3}{2}\right) = F(6, 0)$$

$\therefore \quad AD = \sqrt{(7-4)^2 + (-3-1)^2}$

$= \sqrt{9+16} = 5$ इकाई

$BE = \sqrt{(5-5)^2 + (-2-3)^2}$

$= \sqrt{0+25} = 5$ इकाई

तथा $CF = \sqrt{(6-3)^2 + (0+1)^2}$

$= \sqrt{9+1} = \sqrt{10}$ इकाई

54. संकेत अब, $AB = \sqrt{(-2-2)^2 + (0-0)^2}$

$= \sqrt{(-4)^2 + 0} = 4$ इकाई

$BC = \sqrt{(2-0)^2 + (0-2)^2}$

$= \sqrt{4+4} = \sqrt{8} = 2\sqrt{2}$ इकाई

$CA = \sqrt{(0-2)^2 + (2-0)^2}$

$= \sqrt{4+4}$

$= \sqrt{8} = 2\sqrt{2}$ इकाई

$FD = \sqrt{(0+4)^2 + (0-4)^2}$

$= \sqrt{4^2 + (-4)^2}$

$= \sqrt{16+16}$

$= \sqrt{32} = 4\sqrt{2}$ इकाई

$FE = \sqrt{(4-0)^2 + (0-4)^2}$

$= \sqrt{4^2 + 4^2}$

$= \sqrt{16+16}$

$= \sqrt{32}$

$= 4\sqrt{2}$ इकाई

तथा $ED = \sqrt{[4-(-4)]^2 + (0)^2} = \sqrt{(4+4)^2}$

$= \sqrt{8^2} = 8$ इकाई

यहाँ हम देखते हैं कि ΔDEF की भुजाएँ ΔABC की भुजाओं की दोगुनी हैं। अतः दोनों त्रिभुज समरूप हैं।

55. $\frac{1}{2}$ इकाई

56. हाँ

57. प्रश्न 30 की भाँति स्वयं हल करें। **उत्तर** $2 + \sqrt{2}$ इकाई

58. प्रश्न 37 की भाँति स्वयं हल करें।

59. संकेत चूँकि बिंदु $A(4, 3)$ तथा $B(x, 5)$ उस वृत्त पर स्थित है जिसका केंद्र $O(2, 3)$ है। अतः $OA = OB$ [वृत्त की त्रिज्याएँ]

उत्तर 9

60. संकेत $(x, y) = \left(\frac{k+3}{2}, \frac{11}{2}\right)$, (x, y) दी गई रेखा को संतुष्ट करेंगे।

उत्तर −15

61. टॉपिक 2, उदाहरण 5 की भाँति स्वयं हल करें।

62. संकेत माना $P(x, y)$ उस वृत्त का केंद्र है, जो बिंदुओं $O(0, 0)$, $A(-2, 1)$ तथा $B(-3, 2)$ से गुजरता है।

$$OP = AP = BP$$

अब, $OP = AP$

$\Rightarrow OP^2 = AP^2$

$\Rightarrow x^2 + y^2 = (x+2)^2 + (y-1)^2$

$\Rightarrow x^2 + y^2 = x^2 + y^2 + 4x - 2y + 5$

$\Rightarrow 4x - 2y + 5 = 0$ ...(i)

तथा $OP = BP$

$\Rightarrow OP^2 = BP^2$

$\Rightarrow x^2 + y^2 = (x+3)^2 + (y-2)^2$

$\Rightarrow x^2 + y^2 = x^2 + y^2 + 6x - 4y + 13$

$\Rightarrow 6x - 4y + 13 = 0$ ...(ii)

समी (i) तथा (ii) को हल करने पर,

$$x = \frac{3}{2} \text{ और } y = \frac{11}{2}$$

अतः वृत्त के केंद्र के निर्देशांक $\left(\frac{3}{2}, \frac{11}{2}\right)$ है।

$\therefore$ त्रिज्या $= OP = \sqrt{x^2 + y^2} = \sqrt{\frac{9}{4} + \frac{121}{4}} = \frac{1}{2}\sqrt{130}$ इकाई

63. संकेत दिए गए बिंदु $A(2, -4)$, $P(3, 8)$ तथा $Q(-10, y)$ हैं।

प्रश्नानुसार, $PA = QA$

$\Rightarrow \sqrt{(2-3)^2 + (-4-8)^2} = \sqrt{(2+10)^2 + (-4-y)^2}$ [दूरी सूत्र से]

$\Rightarrow \sqrt{(-1)^2 + (-12)^2} = \sqrt{(12)^2 + (4+y)^2}$

$\Rightarrow \sqrt{1 + 144} = \sqrt{144 + 16 + y^2 + 8y}$

$\Rightarrow \sqrt{145} = \sqrt{160 + y^2 + 8y}$

दोनों पक्षों का वर्ग करने पर,

$$145 = 160 + y^2 + 8y$$

$\Rightarrow y^2 + 8y + 160 - 145 = 0$

$\Rightarrow y^2 + 8y + 15 = 0$

$\Rightarrow y^2 + 5y + 3y + 15 = 0$ [गुणनखंड करने पर]

$\Rightarrow y(y+5) + 3(y+5) = 0$

$\Rightarrow (y+5)(y+3) = 0$

$\Rightarrow y + 5 = 0$ या $y + 3 = 0$

$\Rightarrow y = -5$ या $y = -3$

अब $PQ = \sqrt{(-10-3)^2 + (y-8)^2}$

−5 के लिए, $PQ = \sqrt{(-13)^2 + (-5-8)^2} = \sqrt{(-13)^2 + (-13)^2}$

$= \sqrt{169 + 169} = \sqrt{338}$ इकाई

−3 के लिए, $PQ = \sqrt{(-13)^2 + (-3-8)^2} = \sqrt{(-13)^2 + (-11)^2}$

$= \sqrt{169 + 121} = \sqrt{290}$ इकाई

अतः y के मान −5, −3 हैं तथा PQ की दूरी $= \sqrt{338}$ इकाई तथा $\sqrt{290}$ इकाई हैं।

64. संकेत दिए गए चतुर्भुज के शीर्ष इस प्रकार हैं $P(22, 5)$, $Q(7, 10)$, $R(12, 11)$ तथा $S(3, 24)$

अब, $PQ = \sqrt{(7-22)^2 + (10-5)^2}$ [दूरी सूत्र से]

$= \sqrt{(-15)^2 + (5)} = \sqrt{225 + 25}$

$= \sqrt{250} = 5\sqrt{10}$ इकाई

$QR = \sqrt{(12-7)^2 + (11-10)^2}$

$= \sqrt{(5)^2 + (1)^2}$

$= \sqrt{25 + 1} = \sqrt{26}$ इकाई

$RS = \sqrt{(3-12)^2 + (24-11)^2}$

$= \sqrt{(-9)^2 + (13)^2}$

$= \sqrt{81 + 169} = \sqrt{250}$

$= 5\sqrt{10}$ इकाई

तथा $SP = \sqrt{(22-3)^2 + (5-24)^2}$

$= \sqrt{(19)^2 + (-19)^2}$

$= 19\sqrt{1+1} = 19\sqrt{2}$ इकाई

यहाँ हम देखते हैं कि चतुर्भुज की विपरीत भुजाएँ $QR \neq SP$ अर्थात् समान नहीं हैं। अतः चतुर्भुज के दिए गए शीर्ष समांतर चतुर्भुज के नहीं हैं।

65. संकेत विकर्ण AC का मध्य-बिंदु $= \left(\frac{1+1}{2}, \frac{0+2}{2}\right) = (1, 1)$

विकर्ण BD का मध्य-बिंदु $= \left(\frac{0+2}{2}, \frac{1+1}{2}\right) = (1, 1)$

इसलिए, विकर्ण परस्पर O पर समद्विभाजित करते हैं।

अतः $ABCD$ एक समांतर चतुर्भुज है।

अब, $AC = \sqrt{(1-1)^2 + (0-2)^2} = 2$ इकाई

तथा $BD = \sqrt{(2-0)^2 + (1-1)^2} = 2$ इकाई

अर्थात् $AC = BD$

इसका अर्थ है कि विकर्ण समान है।

इसलिए, $ABCD$ एक आयत भी है।

66. संकेत $AB = \sqrt{(0+2)^2 + (5+2)^2}$

$= \sqrt{4 + 49}$

$= \sqrt{53}$ इकाई

$BC = \sqrt{(5+2)^2 + (0+2)^2}$

$= \sqrt{53}$ इकाई

$CD = \sqrt{(7-5)^2 + (7-0)^2}$

$= \sqrt{4 + 49}$

$= \sqrt{53}$ इकाई

तथा $AD = \sqrt{(7-0)^2 + (7-5)^2}$

$= \sqrt{49 + 4} = \sqrt{53}$ इकाई

$AC = \sqrt{(5-0)^2 + (0-5)^2}$

$= \sqrt{50}$ इकाई

$BD = \sqrt{(7+2)^2 + (7+2)^2}$

$= \sqrt{81 + 81}$

$= \sqrt{162}$ इकाई

इसलिए, $AB = BC = CD = AD = \sqrt{53}$

अतः $ABCD$ एक समचतुर्भुज है।

67. संकेत दिया है, आयत $ABCD$ के शीर्ष $A(-1,-1), B(-1, 4), C(5, 4)$ तथा $D(5,-1)$ हैं तथा P, Q, R तथा S, क्रमशः AB, BC, CD तथा DA के मध्य-बिंदु हैं।

P के निर्देशांक $=\left(\frac{-1-1}{2}, \frac{-1+4}{2}\right)=\left(-1, \frac{3}{2}\right)$

$\left[\because \text{मध्य-बिंदु के निर्देशांक} = \left(\frac{x_1+x_2}{2}, \frac{y_1+y_2}{2}\right)\right]$

$\therefore Q$ के निर्देशांक $=\left(\frac{5-1}{2}, \frac{4+4}{2}\right)=(2, 4)$

R के निर्देशांक $=\left(\frac{5+5}{2}, \frac{4-1}{2}\right)=\left(5, \frac{3}{2}\right)$

तथा S के निर्देशांक $=\left(\frac{-1+5}{2}, \frac{-1-1}{2}\right)=(2,-1)$

अब, $PQ=\sqrt{(2+1)^2+\left(4-\frac{3}{2}\right)^2}=\frac{\sqrt{61}}{2}$ इकाई

$QR=\sqrt{(5-2)^2+\left(\frac{3}{2}-4\right)^2}=\frac{\sqrt{61}}{2}$ इकाई

$RS=\sqrt{(2-5)^2+\left(-1-\frac{3}{2}\right)^2}$

$=\sqrt{9+\frac{25}{4}}=\frac{\sqrt{61}}{2}$ इकाई

तथा $SP=\sqrt{(-1-2)^2+\left(\frac{3}{2}+1\right)^2}=\sqrt{\frac{61}{4}}=\frac{\sqrt{61}}{2}$ इकाई

$PR=\sqrt{(5+1)^2+\left(\frac{3}{2}-\frac{3}{2}\right)^2}=\sqrt{6^2+0}=6$ इकाई

तथा $SQ=\sqrt{(2-2)^2+(4+1)^2}=\sqrt{0+5^2}=5$ इकाई

इस प्रकार, $PQ=QR=RS=SP$ तथा $PR \neq SQ$

अतः $PQRS$ एक समचतुर्भुज है।

68. संकेत दिए गए ΔABC के शीर्ष क्रमशः $A(5, 5), B(1, 5)$ और $C(3, 1)$ हैं तथा

$$\frac{AP}{AB}=\frac{AQ}{AC}=\frac{3}{4}$$

$\Rightarrow \quad \frac{AP}{AP+PB}=\frac{AQ}{AQ+QC}=\frac{3}{4}$

$\Rightarrow \quad \frac{AP}{AP+PB}=\frac{3}{4}, \frac{AQ}{AQ+QC}=\frac{3}{4}$

$\Rightarrow \quad 4AP=3AP+3PB$

तथा $\quad 4AQ=3AQ+3QC \Rightarrow AP=3PB$

तथा $\quad AQ=3QC \Rightarrow \frac{AP}{PB}=\frac{3}{1}$ तथा $\frac{AQ}{QC}=\frac{3}{1}$

अतः बिंदु P तथा Q क्रमशः भुजा AB तथा AC को $3:1$ के अनुपात में विभाजित करते हैं।

$\therefore$ बिंदु P के निर्देशांक $=\left(\frac{3\times1+1\times5}{3+1}, \frac{3\times5+1\times5}{3+1}\right)$

$=\left(\frac{3+5}{4}, \frac{15+5}{4}\right)=\left(\frac{8}{4}, \frac{20}{4}\right)=(2, 5)$

तथा बिंदु Q के निर्देशांक

$=\left(\frac{3\times3+1\times5}{3+1}, \frac{3\times1+1\times5}{3+1}\right)$

$=\left(\frac{9+5}{4}, \frac{3+5}{4}\right)=\left(\frac{14}{4}, \frac{8}{4}\right)=\left(\frac{7}{2}, 2\right)$

अब, रेखाखंड PQ की लंबाई = बिंदुओं P और Q के बीच की दूरी

$=\sqrt{\left(\frac{7}{2}-2\right)^2+(2-5)^2}$

$\left[\because d=\sqrt{(x_2-x_1)^2+(y_2-y_1)^2}\right]$

$=\sqrt{\left(\frac{7-4}{2}\right)^2+(-3)^2}=\sqrt{\left(\frac{3}{2}\right)^2+(-3)^2}$

$=\sqrt{\frac{9}{4}+9}=\sqrt{\frac{9+36}{4}}$

$=\sqrt{\frac{45}{4}}=\frac{3}{2}\sqrt{5}$ इकाई

69. संकेत हम प्राप्त करते हैं

$AB=\sqrt{(4-1)^2+(2-7)^2}=\sqrt{9+25}=\sqrt{34}$ इकाई

$BC=\sqrt{(4+1)^2+(2+1)^2}=\sqrt{25+9}=\sqrt{34}$ इकाई

$CD=\sqrt{(-1+4)^2+(-1-4)^2}=\sqrt{9+25}=\sqrt{34}$ इकाई

और $AD=\sqrt{(1+4)^2+(7-4)^2}=\sqrt{25+9}=\sqrt{34}$

इसलिए, $ABCD$ की सभी भुजाएँ समान हैं।

इसलिए, यह एक समचतुर्भुज है।

इसके अतिरिक्त,

$AC=\sqrt{(1+1)^2+(7+1)^2}$

$=\sqrt{4+64}=\sqrt{68}$ इकाई

और $BD=\sqrt{(4+4)^2+(2-4)^2}$

$=\sqrt{64+4}=\sqrt{68}$ इकाई

इसलिए, विकर्ण भी समान हैं। अतः $ABCD$ एक वर्ग है।

वर्ग $ABCD$ को क्षेत्रफल $=\sqrt{34}\times\sqrt{34}=34$ वर्ग इकाई

70. $p=\frac{7}{3}, q=0$ **71.** $k=-8$

72. $\left(\frac{-2}{7}, \frac{-20}{7}\right)$

75. संकेत माना D भुजा BC का मध्य-बिंदु है। अतः बिंदु D के निर्देशांक $\left(\frac{-3-1}{2}, \frac{-2+8}{2}\right)$ अर्थात् $(-2, 3)$ हैं। स्पष्ट है कि AD शीर्ष A से गुजरने वाली माध्यिका है। बिंदुओं A और D के निर्देशांक क्रमशः $(5,-1)$ और $(-2, 3)$ हैं। विभाजन सूत्र के प्रयोग से

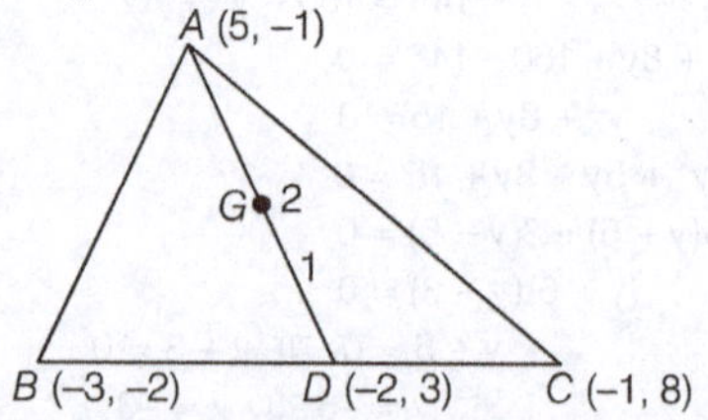

$AD=\sqrt{(5+2)^2+(-1-3)^2}$

$=\sqrt{49+16}=\sqrt{65}$ इकाई

माना ΔABC का केंद्रक G है। हम जानते हैं कि G माध्यिका AD पर स्थित है तथा इसे $2:1$ के अनुपात में विभाजित करता है।

अतः G के निर्देशांक $=\left(\frac{2\times-2+1\times5}{2+1}, \frac{2\times3+1\times-1}{2+1}\right)$

$=\left(\frac{-4+5}{3}, \frac{6-1}{3}\right)=\left(\frac{1}{3}, \frac{5}{3}\right)$

76. संकेत चूँकि AB का मध्य-बिंदु (a, b) है।

$$\therefore \quad (a, b) = \left(\frac{10+k}{2}, \frac{-6+4}{2}\right)$$

$$(a, b) = \left(\frac{10+k}{2}, -1\right)$$

निर्देशांकों की तुलना करने पर,

$$a = \frac{10+k}{2} \quad \ldots(i)$$

$$b = -1 \quad \ldots(ii)$$

दिया है, $a - 2b = 18$

समी (ii) से, $a - 2(-1) = 18$

$\Rightarrow \quad a + 2 = 18$

$\Rightarrow \quad a = 16$

समी (i) से, $16 = \frac{10+k}{2}$

$\Rightarrow \quad 32 = 10 + k$

$\Rightarrow \quad k = 22$

77. संकेत माना $P\left(\frac{3}{4}, \frac{5}{12}\right)$ रेखाखंड AB को $m : n$ के अनुपात में अंतः विभाजित करता है।

विभाजन सूत्र से, $(x, y) = \left(\frac{mx_2 + nx_1}{m+n}, \frac{my_2 + ny_1}{m+n}\right)$

$$\therefore \quad \left(\frac{3}{4}, \frac{5}{12}\right) = \left(\frac{2m - \frac{n}{2}}{m+n}, \frac{-5m + \frac{3}{2}n}{m+n}\right)$$

दोनों पक्षों की तुलना करने पर,

$\Rightarrow \quad \frac{3}{4} = \frac{2m - \frac{n}{2}}{m+n}$ और $\frac{5}{12} = \frac{-5m + \frac{3}{2}n}{m+n}$

$\Rightarrow \quad \frac{3}{4} = \frac{4m - n}{2(m+n)}$ और $\frac{5}{12} = \frac{-10m + 3n}{2(m+n)}$

$\Rightarrow \quad \frac{3}{2} = \frac{4m - n}{m+n}$ और $\frac{5}{6} = \frac{-10m + 3n}{m+n}$

$\Rightarrow \quad 3m + 3n = 8m - 2n$

और $\quad 5m + 5n = -60m + 18n$

$\Rightarrow \quad 3m - 8m = -2n - 3n$

और $\quad 5m + 60m = 18n - 5n$

$\Rightarrow \quad -5m = -5n$ और $65m = 13n$

$\Rightarrow \quad m = n$

और $\quad \frac{m}{n} = \frac{13}{65}$

चूँकि $m = n$ संतुष्ट नहीं करता।

$$\therefore \quad \frac{m}{n} = \frac{1}{5}$$

78. NCERT फोल्डर की प्रश्नावली 7.2 के प्रश्न 9 की भाँति स्वयं हल करें।

79. NCERT फोल्डर की प्रश्नावली 7.2 के प्रश्न 9 की भाँति स्वयं हल करें।

80. संकेत समांतर चतुर्भुज के विकर्ण एक-दूसरे को समद्विभाजित करते हैं।

उत्तर $(-1, 10)$

81. संकेत दूरी सूत्र का प्रयोग करके स्वयं हल करें।

उत्तर 2.4 किमी

82. (i) (a) दिया है कि निहारिका AD की एक-चौथाई दूरी पर हरा झण्डा रोपित करती है

अर्थात् $\frac{1}{4} \times 100 = 25$ मी, दूसरी रेखा के प्रारम्भ से

इसलिए, बिन्दु G का निर्देशांक $(2, 25)$ होगा।

(ii) (c) प्रीति AD की $\frac{1}{5}$-वीं दूरी पर लाल झण्डा रोपित करती है

अर्थात् $\frac{1}{5} \times 100 = 20$ मी, 8वीं रेखा पर प्रारम्भ से दूरी

अतः बिन्दु R के निर्देशांक $(8, 20)$ है।

(iii) (c) झण्डों के मध्य दूरी $= GR$

$$= \sqrt{(8-2)^2 + (20-25)^2}$$

$$= \sqrt{6^2 + 5^2} = \sqrt{36 + 25} = \sqrt{61} \text{ मी}$$

अथवा

(a) माना वह बिन्दु $A(x, y)$ है, जहाँ रशमी नीले रंग का झण्डा रोपित करती है।

$\Rightarrow \quad x = \frac{2+8}{2}, y = \frac{25+20}{2}$

$\Rightarrow \quad x = \frac{10}{2} = 5, y = \frac{45}{2} = 22.5$

अतः $A(x, y) = (5, 22.5)$

अध्याय

08

त्रिकोणमिति का परिचय

(Introduction of Trigonometry)

अंग्रेजी शब्द 'Trigonometry' की व्युत्पत्ति ग्रीक शब्दों 'tri' (जिसका अर्थ तीन है), 'gon' (जिसका अर्थ भुजा है) और 'metron' (जिसका अर्थ माप है) से हुई है। त्रिकोणमिति में एक त्रिभुज की भुजाओं और कोणों के बीच के संबंधों का अध्ययन करते हैं। इस अध्याय में हम एक समकोण त्रिभुज की भुजाओं के कुछ अनुपातों का उसके न्यूनकोणों के सापेक्ष अध्ययन करेंगे। सर्वप्रथम, हम 0° और 90° के बीच के माप वाले कोणों के त्रिकोणमितीय अनुपातों को परिभाषित करेंगे। तब, हम कुछ विशिष्ट कोणों के त्रिकोणमितीय अनुपात परिकलित करेंगे और इन अनुपातों से संबंधित कुछ सर्वसमिकाएँ, जिन्हें त्रिकोणमितीय सर्वसमिकाएँ कहा जाता है, स्थापित करेंगे।

टॉपिक्स

- त्रिकोणमितीय अनुपात
- कुछ विशिष्ट कोणों के त्रिकोणमितीय अनुपात
- त्रिकोणमितीय सर्वसमिकाएँ

टॉपिक 1
त्रिकोणमितीय अनुपात

किसी समकोण त्रिभुज में उसके न्यूनकोणों के सापेक्ष भुजाओं के अनुपात को **त्रिकोणमितीय अनुपात** कहते हैं। ये छः प्रकार के होते हैं, जिन्हें क्रमशः sine, cosine, tangent, cotangent, secant और cosecant कहते हैं। संक्षेप में इन्हें क्रमशः sin, cos, tan, cot, sec और cosec कहते हैं।

यदि किसी समकोण त्रिभुज का एक न्यून कोण θ है, तो न्यूनकोण की सम्मुख भुजा (सामने की भुजा) को **लंब** (Perpendicular), समकोण (90°) की सम्मुख भुजा को **कर्ण** (Hypotenuse) तथा तीसरी भुजा को **आधार** (Base) कहते हैं।

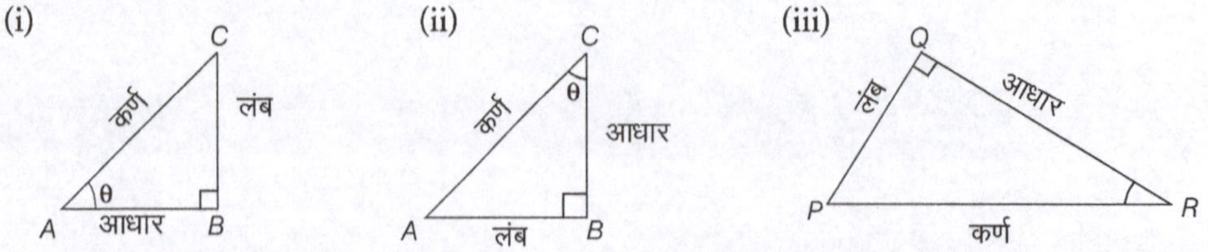

माना समकोण ΔABC में, $\angle B$ समकोण है। यदि $\angle CAB = \theta$ है, तो कोण θ के लिए लंब BC, आधार AB तथा कर्ण AC है और यदि $\angle ACB = \theta$ है, तो इस कोण के लिए AB लंब, BC आधार तथा AC कर्ण है। अब, त्रिकोणमितीय अनुपातों को निम्न प्रकार परिभाषित करते हैं।

- $\sin\theta = \dfrac{\text{लंब}}{\text{कर्ण}} = \dfrac{BC}{AC}$ • $\cos\theta = \dfrac{\text{आधार}}{\text{कर्ण}} = \dfrac{AB}{AC}$
- $\tan\theta = \dfrac{\text{लंब}}{\text{आधार}} = \dfrac{BC}{AB}$ • $\cot\theta = \dfrac{\text{आधार}}{\text{लंब}} = \dfrac{AB}{BC}$
- $\sec\theta = \dfrac{\text{कर्ण}}{\text{आधार}} = \dfrac{AC}{AB}$ • $\text{cosec}\,\theta = \dfrac{\text{कर्ण}}{\text{लंब}} = \dfrac{AC}{BC}$

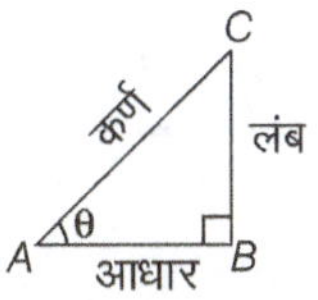

इसी प्रकार, समकोण त्रिभुज ABC में, $\angle C$ के त्रिकोणमितीय अनुपात

(i) $\sin C = \dfrac{AB}{AC}$ (ii) $\cos C = \dfrac{BC}{AC}$

(iii) $\tan C = \dfrac{AB}{BC}$ (iv) $\text{cosec}\, C = \dfrac{AC}{AB}$

(v) $\sec C = \dfrac{AC}{BC}$ (vi) $\cot C = \dfrac{BC}{AB}$

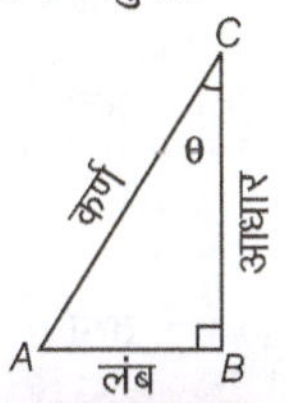

त्रिकोणमितीय अनुपातों को याद करने का तरीका

sinθ	cosθ	tanθ
L	A	L
K	K	A

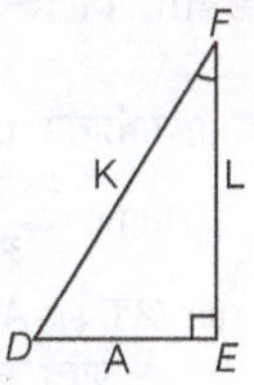

$\dfrac{LAL}{KKA}$, जहाँ L = लंब, K = कर्ण तथा A = आधार

अत: $\sin\theta = \dfrac{\text{लंब(L)}}{\text{कर्ण (K)}}$, $\cos\theta = \dfrac{\text{आधार(A)}}{\text{कर्ण (K)}}$, $\tan\theta = \dfrac{\text{लंब(L)}}{\text{आधार(A)}}$

$\text{cosec}\theta = \dfrac{\text{कर्ण (K)}}{\text{लंब(L)}}$, $\sec\theta = \dfrac{\text{कर्ण (K)}}{\text{आधार(A)}}$, $\cot\theta = \dfrac{\text{आधार(A)}}{\text{लंब(L)}}$

कुछ महत्त्वपूर्ण बिंदु (Some Important Points)

- प्रत्येक त्रिकोणमितीय अनुपात एक वास्तविक संख्या होती है, उनकी कोई इकाई नहीं होती।
- किसी कोण के प्रत्येक त्रिकोणमितीय अनुपातों का मान त्रिभुज के आकार पर निर्भर नहीं करता बल्कि यह केवल कोण पर निर्भर करता है।
- किसी कोण के त्रिकोणमितीय अनुपातों का मान त्रिभुज की भुजा की लंबाई के साथ नहीं बदलता, यदि कोण समान रहता है।
- यदि किसी न्यूनकोण के लिए कोई एक त्रिकोणमितीय अनुपात ज्ञात हो, तो उस कोण के लिए अन्य त्रिकोणमितीय अनुपातों को आसानी से ज्ञात किया जा सकता है।
- किसी समद्विबाहु ΔABC में, जहाँ B समकोण है, $\angle A$ या $\angle C$ के लिए प्राप्त त्रिकोणमितीय अनुपात के मान बराबर होते हैं।
- हम जानते हैं, कर्ण किसी समकोण त्रिभुज की सबसे लंबी भुजा होती है, इसलिए $\sin A$ या $\cos A$ का मान हमेशा 1 से छोटा (या बराबर) होता है, जबकि $\sec A$ या $\text{cosec}\, A$ का मान हमेशा 1 से बड़ा (या बराबर) होता है।

पाइथागोरस प्रमेय (Pythagoras Theorem)

पाइथागोरस प्रमेय के अनुसार, किसी समकोण त्रिभुज में

$$(\text{कर्ण})^2 = (\text{लंब})^2 + (\text{आधार})^2$$

अर्थात् किसी समकोण ΔABC में, यदि $\angle B = 90°$

तब, $AC^2 = AB^2 + BC^2$

या $c^2 = a^2 + b^2$

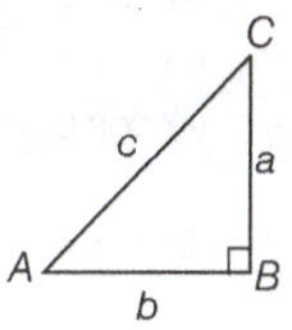

नोट
- $\sin\theta \neq \sin \times \theta$ या $\cos\theta \neq \cos \times \theta$
- $\sin^2\theta = (\sin\theta)^2$ या $\cos^3\theta = (\cos\theta)^3$
- $(\sin\theta)^{-1} = \dfrac{1}{\sin\theta} \neq \sin^{-1}\theta$

उदाहरण 1 निम्न त्रिभुज में x के सापेक्ष में लंब, कर्ण तथा आधार (क्रम से) दर्शाइए।

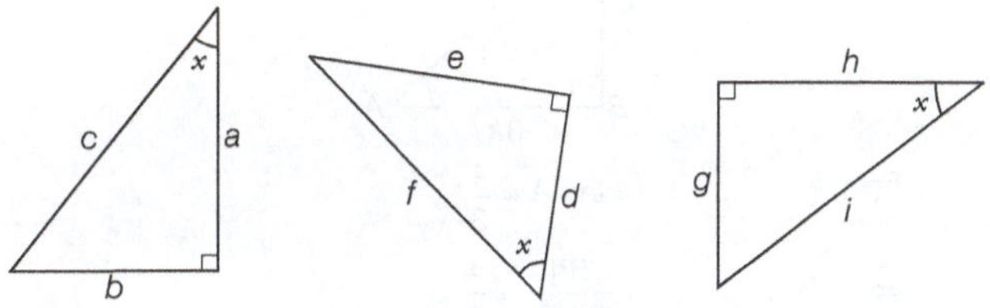

(i) (ii) (iii)

हल x के लिए,

(i) लंब $= b$, कर्ण $= c$ तथा आधार $= a$

(ii) लंब $= e$, कर्ण $= f$ तथा आधार $= d$

(iii) लंब $= g$, कर्ण $= i$ तथा आधार $= h$

उदाहरण 2 निम्न चित्र से ज्ञात कीजिए

(i) $\sin A$ (ii) $\cos C$

(iii) $\tan A$ (iv) $\text{cosec}\, C$

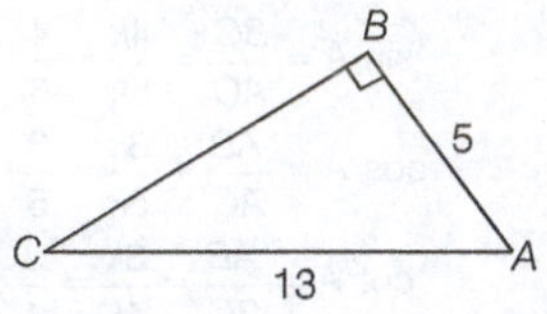

सर्वप्रथम, पाइथागोरस प्रमेय ($AC^2 = AB^2 + BC^2$) का प्रयोग कर त्रिभुज की शेष भुजाओं को ज्ञात कीजिए, तब निम्नलिखित सूत्रों का प्रयोग कर त्रिकोणमितीय अनुपातों को ज्ञात कीजिए।

$\sin A = \dfrac{\text{लंब}}{\text{कर्ण}}$, $\cos A = \dfrac{\text{आधार}}{\text{कर्ण}}$, $\tan A = \dfrac{\text{लंब}}{\text{आधार}}$, $\text{cosec}\, A = \dfrac{\text{कर्ण}}{\text{लंब}}$

हल दिया है, $\angle ABC = 90°$, $AC = 13$ और $AB = 5$

अब ΔABC में,

$AC^2 = AB^2 + BC^2$ [पाइथागोरस प्रमेय के प्रयोग से]

$\Rightarrow 13^2 = 5^2 + BC^2$

$\Rightarrow BC^2 = 169 - 25$

$= 144$

$\therefore BC = \sqrt{144} = 12$

(i) $\sin A = \frac{\text{लंब}}{\text{कर्ण}} = \frac{BC}{AC} = \frac{12}{13}$

(ii) $\cos C = \frac{\text{आधार}}{\text{कर्ण}} = \frac{BC}{AC} = \frac{12}{13}$

(iii) $\tan A = \frac{\text{लंब}}{\text{आधार}} = \frac{BC}{AB} = \frac{12}{5}$

(iv) $\text{cosec } C = \frac{\text{कर्ण}}{\text{लंब}} = \frac{AC}{AB} = \frac{13}{5}$

उदाहरण 3 यदि $\tan A = \frac{4}{3}$, तो $\angle A$ के शेष अन्य त्रिकोणमितीय अनुपातों को ज्ञात कीजिए।

हल सर्वप्रथम, ΔABC बनाइए, जिसका $\angle B$ समकोण है।

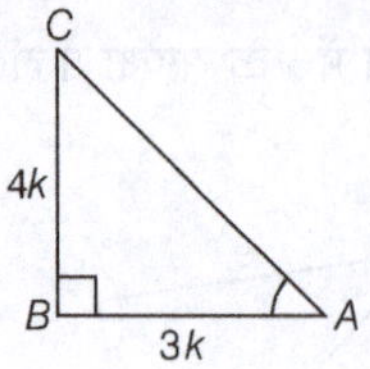

दिया है, $\tan A = \frac{4}{3}$

$\Rightarrow \frac{\text{लंब}}{\text{आधार}} = \frac{4}{3}$

$\Rightarrow \frac{BC}{AB} = \frac{4}{3}$

माना $BC = 4k$ और $AB = 3k$

जहाँ, k धनात्मक पूर्णांक है।

ΔABC में पाइथागोरस प्रमेय से,

$$AC^2 = BC^2 + AB^2$$

$$\Rightarrow AC^2 = (4k)^2 + (3k)^2 = 16k^2 + 9k^2$$

$$\Rightarrow AC^2 = 25k^2$$

$$\Rightarrow AC = \sqrt{25k^2} = 5k$$

अब, $\sin A = \frac{BC}{AC} = \frac{4k}{5k} = \frac{4}{5}$

$\cos A = \frac{AB}{AC} = \frac{3k}{5k} = \frac{3}{5}$

$\cot A = \frac{AB}{BC} = \frac{3k}{4k} = \frac{3}{4}$

$\text{cosec } A = \frac{AC}{BC} = \frac{5k}{4k} = \frac{5}{4}$

तथा $\sec A = \frac{AC}{AB} = \frac{5k}{3k} = \frac{5}{3}$

उदाहरण 4 ΔPQR में, $\angle Q$ समकोण है, $QR = 3$ सेमी तथा $PR - PQ = 1$ सेमी है, तो $\sin R, \cos R$ तथा $\tan R$ के मान ज्ञात कीजिए। **[CBSE 2016]**

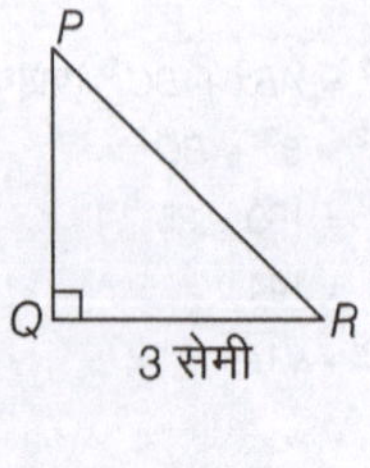

हल ΔPQR एक समकोण त्रिभुज है, $\angle Q = 90°$ तथा $QR = 3$ सेमी

$\therefore$ पाइथागोरस प्रमेय से,

$$PR^2 = PQ^2 + QR^2$$

$$\Rightarrow QR^2 = PR^2 - PQ^2$$

$$\Rightarrow (3)^2 = PR^2 - PQ^2 \quad [\because QR = 3 \text{ सेमी}]$$

$$\Rightarrow PR^2 - PQ^2 = 9$$

$$\Rightarrow (PR + PQ)(PR - PQ) = 9 \quad [\because a^2 - b^2 = (a+b)(a-b)]$$

$$\Rightarrow (PR + PQ)(1) = 9 \quad [\because PR - PQ = 1]$$

$$\Rightarrow PR + PQ = 9$$

$PR + PQ = 9$ तथा $PR - PQ = 1$ को हल करने पर,

$$PR = 5 \text{ तथा } PQ = 4$$

अतः $\sin R = \frac{PQ}{PR} = \frac{4}{5}$

$\cos R = \frac{QR}{PR} = \frac{3}{5}$

तथा $\tan R = \frac{PQ}{QR} = \frac{4}{3}$

उदाहरण 5 ΔABC में, $\angle B$ समकोण है, यदि $\tan A = 1$ तो $2 \sin A \cos A = 1$ की सत्यता की जाँच कीजिए।

(i) सर्वप्रथम, $\tan A$ को लम्ब और आधार के रूप में व्यक्त करेंगे अर्थात् $\tan A = \frac{\text{लंब}}{\text{आधार}}$ और तब पाइथगोरस प्रमेय से तीसरी भुजा कर्ण ज्ञात करेंगे।

(ii) अब, $\sin A$ और $\cos A$ का मान ज्ञात करेंगे और दिए गए परिणाम की सत्यता की जाँच करेंगे।

हल दिया है, ΔABC जिसमें $\angle B = 90°$

ΔABC में, $\tan A = \frac{\text{लंब}}{\text{आधार}}$

$\Rightarrow \frac{BC}{AB} = 1$

$\Rightarrow BC = AB$

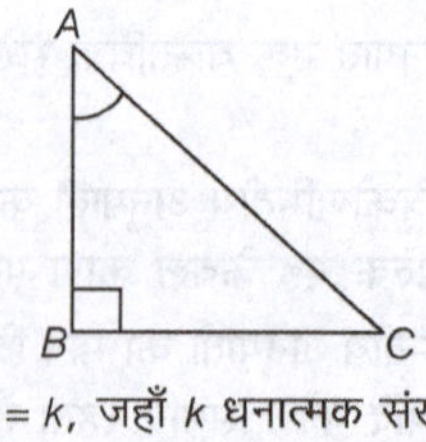

माना $AB = BC = k$, जहाँ k धनात्मक संख्या है।

अब, $AC = \sqrt{AB^2 + BC^2}$ [पाइथागोरस प्रमेय से]

$= \sqrt{(k)^2 + (k)^2} = k\sqrt{2}$

$\therefore \sin A = \frac{\text{लंब}}{\text{कर्ण}} = \frac{BC}{AC} = \frac{k}{\sqrt{2}\,k} = \frac{1}{\sqrt{2}}$

तथा $\cos A = \frac{\text{आधार}}{\text{कर्ण}} = \frac{AB}{AC} = \frac{k}{\sqrt{2}\,k} = \frac{1}{\sqrt{2}}$

अब, बायाँ पक्ष $= 2 \sin A \cos A = 2\left(\frac{1}{\sqrt{2}}\right)\left(\frac{1}{\sqrt{2}}\right)$

$= 1 =$ दायाँ पक्ष

इति सिद्धम्

त्रिकोणमितीय अनुपातों में संबंध

(Relations between Trigonometric Ratios)

त्रिकोणमितीय अनुपातों के बीच संबंध का अध्ययन निम्न दो प्रकारों से किया जा सकता है

व्युत्क्रम संबंध (Reciprocal Relation)

त्रिकोणमितीय अनुपातों एवं उनके व्युत्क्रमों में निम्न संबंध है

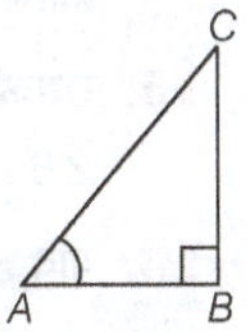

(i) $\sin A = \dfrac{1}{\text{cosec } A}$ तथा $\text{cosec } A = \dfrac{1}{\sin A}$

$$\left[\because \sin A = \frac{\text{लंब}}{\text{कर्ण}} = \frac{BC}{AC} = \frac{1}{AC/BC} = \frac{1}{\text{cosec } A}\right]$$

(ii) $\cos A = \dfrac{1}{\sec A}$ या $\sec A = \dfrac{1}{\cos A}$

$$\left[\because \cos A = \frac{\text{आधार}}{\text{कर्ण}} = \frac{AB}{AC} = \frac{1}{AC/AB} = \frac{1}{\sec A}\right]$$

(iii) $\tan A = \dfrac{1}{\cot A}$ या $\cot A = \dfrac{1}{\tan A}$

$$\left[\because \tan A = \frac{\text{लंब}}{\text{आधार}} = \frac{BC}{AB} = \frac{1}{AB/BC} = \frac{1}{\cot A}\right]$$

नोट
- $\sin A \cdot \text{cosec } A = 1$
- $\cos A \cdot \sec A = 1$
- $\tan A \cdot \cot A = 1$

भागफल संबंध (Quotient Relation)

समकोण ΔABC में, $\angle B$ समकोण है, तब

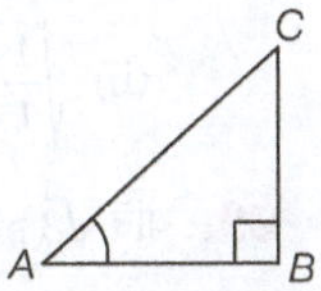

(i) $\tan A = \dfrac{\sin A}{\cos A}$

$$\left[\because \tan A = \frac{\text{लंब}}{\text{आधार}} = \frac{BC}{AB} = \frac{BC/AC}{AB/AC} = \frac{\sin A}{\cos A}\right]$$

(ii) $\cot A = \dfrac{\cos A}{\sin A}$

$$\left[\because \cot A = \frac{\text{आधार}}{\text{लंब}} = \frac{AB}{BC} = \frac{AB/AC}{BC/AC} = \frac{\cos A}{\sin A}\right]$$

उदाहरण 6 यदि $m \cot A = n$, तो $\dfrac{m \sin A - n \cos A}{n \cos A + m \sin A}$ का मान ज्ञात कीजिए। **[CBSE 2015]**

हल दिया है, $m \cot A = n$

$\Rightarrow \quad m \cdot \dfrac{1}{\tan A} = n \qquad \left[\because \cot A = \dfrac{1}{\tan A}\right]$

$\Rightarrow \quad \tan A = \dfrac{m}{n} \qquad \ldots(i)$

अब, $\dfrac{m \sin A - n \cos A}{n \cos A + m \sin A} = \dfrac{m \cdot \dfrac{\sin A}{\cos A} - n}{n + m \cdot \dfrac{\sin A}{\cos A}}$

[अंश तथा हर में cos A से भाग देने पर]

$= \dfrac{m \tan A - n}{n + m \tan A} = \dfrac{m \cdot \dfrac{m}{n} - n}{n + m \cdot \dfrac{m}{n}}$ [समी (i) से]

$= \dfrac{\dfrac{m^2 - n^2}{n}}{\dfrac{n^2 + m^2}{n}} = \dfrac{m^2 - n^2}{m^2 + n^2}$

उदाहरण 7 यदि θ न्यूनकोण है तथा $3 \sin \theta = 4 \cos \theta$, तब $4 \sin^2 \theta - 3 \cos^2 \theta + 2$ का मान ज्ञात कीजिए।

सर्वप्रथम दिए गए समीकरण को त्रिकोणमितीय अनुपात में रूपांतरित करें तथा पाइथागोरस प्रमेय का प्रयोग कर तीसरी भुजा ज्ञात करें। तत्पश्चात् $\sin \theta$ तथा $\cos \theta$ का मान ज्ञात कर $4 \sin^2 \theta - 3 \cos^2 \theta + 2$ में रखिए।

हल दिया गया समीकरण निम्न है

$3 \sin \theta = 4 \cos \theta \Rightarrow \dfrac{\sin \theta}{\cos \theta} = \dfrac{4}{3} \Rightarrow \tan \theta = \dfrac{4}{3} \qquad \ldots(i)$

अब, ΔABC बनाए, जिसमें $\angle B = 90°$

तथा माना $\angle A = \theta$

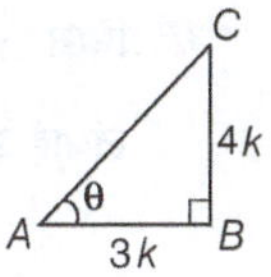

समी (i) से, $\tan \theta = \dfrac{4}{3} = \dfrac{\text{लंब}}{\text{आधार}} = \dfrac{BC}{AB}$

माना $BC = 4k$ तथा $AB = 3k$,

जहाँ k एक धनात्मक पूर्णांक है।

पाइथागोरस प्रमेय से, $CA^2 = AB^2 + BC^2$

$\Rightarrow \quad CA^2 = (3k)^2 + (4k)^2 = 9k^2 + 16k^2$

$\Rightarrow \quad CA^2 = 25k^2 \Rightarrow CA = 5k$

अब, $\sin \theta = \dfrac{\text{लंब}}{\text{कर्ण}} = \dfrac{4k}{5k} = \dfrac{4}{5}$ तथा $\cos \theta = \dfrac{\text{आधार}}{\text{कर्ण}} = \dfrac{3k}{5k} = \dfrac{3}{5}$

$\therefore 4 \sin^2 \theta - 3 \cos^2 \theta + 2 = 4\left(\dfrac{4}{5}\right)^2 - 3\left(\dfrac{3}{5}\right)^2 + 2$

$= 4\left(\dfrac{16}{25}\right) - 3\left(\dfrac{9}{25}\right) + 2$

$= \dfrac{64}{25} - \dfrac{27}{25} + 2 = \dfrac{64 - 27 + 50}{25} = \dfrac{87}{25} = 3\dfrac{12}{25}$

उदाहरण 8 सिद्ध कीजिए $\dfrac{\text{cosec}^2 \theta - \cos^2 \theta}{\cot^2 \theta} = \sec^2 \theta - \sin^2 \theta$

हल बायाँ पक्ष $= \dfrac{\text{cosec}^2 \theta - \cos^2 \theta}{\cot^2 \theta} = \dfrac{\dfrac{1}{\sin^2 \theta} - \cos^2 \theta}{\dfrac{\cos^2 \theta}{\sin^2 \theta}}$

$\left[\because \text{cosec } A = \dfrac{1}{\sin A} \text{ तथा } \cot A = \dfrac{\cos A}{\sin A}\right]$

$= \dfrac{\dfrac{1 - \cos^2 \theta \sin^2 \theta}{\sin^2 \theta}}{\dfrac{\cos^2 \theta}{\sin^2 \theta}} = \dfrac{1 - \cos^2 \theta \sin^2 \theta}{\sin^2 \theta} \times \dfrac{\sin^2 \theta}{\cos^2 \theta}$

$= \dfrac{1 - \cos^2 \theta \sin^2 \theta}{\cos^2 \theta} = \dfrac{1}{\cos^2 \theta} - \dfrac{\cos^2 \theta \sin^2 \theta}{\cos^2 \theta}$

$= \sec^2 \theta - \sin^2 \theta \qquad \left[\because \dfrac{1}{\cos A} = \sec A\right]$

= दायाँ पक्ष

इति सिद्धम्

प्रश्नावली 8.1

1. यदि $\sin A = \frac{12}{13}$, तो $\cos A$ का मान ज्ञात कीजिए।

2. यदि $\tan\theta = \frac{a}{b}$, तो $\sec\theta$ का मान ज्ञात कीजिए।

3. यदि $\sin C = \frac{15}{17}$, तो $\sin A$ का मान ज्ञात कीजिए।

4. यदि $\sin\theta = \frac{24}{25}$ है, तब $\sin^2\theta + \cos^2\theta$ का मान ज्ञात कीजिए।

5. यदि $\sin A = \frac{3}{5}$ है, तब $\sin A\cos B + \cos A \sin B$ का मान ज्ञात कीजिए, जहाँ $\angle C = 90°$ है।

6. ΔABC में, यदि $AB = 2$ सेमी, $AC = 3$ सेमी तथा $\angle B = 90°$ हो, तो $\sin A$ का मान ज्ञात कीजिए।

7. निम्न ΔABC में, $\angle B = 90°$ तथा $\tan A = \frac{4}{3}$ हो, तो AC की लंबाई ज्ञात कीजिए।

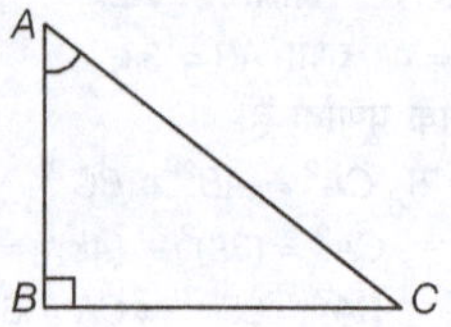

8. यदि $3\tan A = 4\sin A$, तब $\text{cosec}\,A$ और $\cot A$ में संबंध ज्ञात कीजिए।

9. ΔPQR में, $\angle Q = 90°$, $PQ = 10$ सेमी और $PR = 15$ सेमी, तब $\tan^2 P + \sec^2 P + 1$ का मान ज्ञात कीजिए।

10. यदि $17\cos A = 8$, तो $15\,\text{cosec}\,A - 8\sec B$ का मान ज्ञात कीजिए।

11. यदि $22\cos A - 3\sin A = 20\sin A$ है, तब $\tan^2 A + \sin^2 A \cdot \sec^2 A$ का मान ज्ञात कीजिए।

12. यदि $\tan A = \frac{3}{4}$, तो दिखाइए $\sin A\cos A = \frac{12}{25}$

[NCERT Exemplar]

13. यदि $\sin\alpha = \frac{1}{2}$, जहाँ α एक न्यूनकोण है, तो $3\cos\alpha - 4\cos^3\alpha$ का मान ज्ञात कीजिए।

14. यदि $\cos\theta = \frac{2}{3}$, तो $2\sec^2\theta + 2\tan^2\theta - 9$ का मान ज्ञात कीजिए।

15. समकोण ΔABC में, तथा यदि $AB = 5$ सेमी, $BC = 12$ सेमी तथा $\angle B = 90°$ हो, तो $\sin A, \sin C$ तथा $\tan A$ के मान ज्ञात कीजिए।

16. यदि $\sin A = \frac{3}{5}$, तो $\angle A$ के शेष सभी त्रिकोणमितीय अनुपात ज्ञात कीजिए।

17. यदि $15\cot A = 8$, तो $\angle A$ के शेष सभी त्रिकोणमितीय अनुपात ज्ञात कीजिए।

18. यदि $\tan\theta = \frac{4}{3}$, तो $\frac{\sin\theta + \cos\theta}{\sin\theta - \cos\theta}$ का मान ज्ञात कीजिए।

19. यदि $\text{cosec}\,A = 17$, तब $\frac{\tan A - \sec A}{\tan A + \sec A}$ ज्ञात कीजिए।

20. यदि $5\tan\alpha = 4$, तो दिखाइए $\frac{5\sin\alpha - 3\cos\alpha}{5\sin\alpha + 2\cos\alpha} = \frac{1}{6}$

21. यदि $3\tan A = 4$, तो दिखाइए।

(i) $\sqrt{\frac{\sec A - \text{cosec}\,A}{\sec A + \text{cosec}\,A}} = \frac{1}{\sqrt{7}}$

(ii) $\sqrt{\frac{1 - \sin A}{1 + \cos A}} = \frac{1}{2\sqrt{2}}$ **[CBSE 2015]**

22. यदि $\sqrt{3}\sin\theta = \cos\theta$, तो $\frac{\sin\theta\tan\theta\,(1 + \cot\theta)}{\sin\theta + \cos\theta}$ का मान ज्ञात कीजिए। **[CBSE 2015]**

23. सिद्ध कीजिए $\frac{\sec^2\theta - \sin^2\theta}{\tan^2\theta} = \text{cosec}^2\theta - \cos^2\theta$

24. सिद्ध कीजिए $(1 + \tan A + \cot A)(\sin A - \cos A)$
$= \sin A\tan A - \cot A\cos A$ **[CBSE 2015]**

25. ΔABC जिसका $\angle B$ समकोण है जिसमें $AC + BC = 49$ सेमी तथा $AB = 7$ सेमी है, तो $\sin A, \cos A, \tan C$ तथा $\sec C$ के मान ज्ञात कीजिए।

26. यदि $\sec\theta = \frac{4}{\sqrt{7}}$, तो दिखाइए

$$\sqrt{\frac{2\tan^2\theta - \text{cosec}^2\theta}{2\cos^2\theta - \cot^2\theta}} = \frac{20}{7}$$

संकेत एवं हल

1. **संकेत** आधार ज्ञात करने के लिए पाइथागोरस प्रमेय का प्रयोग करें। **उत्तर** $\frac{5}{13}$

2. **संकेत** कर्ण ज्ञात करने के लिए पाइथागोरस प्रमेय का प्रयोग करें।
उत्तर $\frac{\sqrt{a^2+b^2}}{a}$

3. **संकेत** आधार ज्ञात करने के लिए पाइथागोरस प्रमेय का प्रयोग करें, तब कोण के आधार पर $\sin A$ ज्ञात करें। **उत्तर** $\frac{8}{17}$

4. **संकेत** पाइथागोरस प्रमेय का प्रयोग करके आधार ज्ञात कीजिए। बाद में इसका प्रयोग कर $\cos\theta$ का मान ज्ञात कीजिए तथा दिए हुए व्यंजक में रखिए। **उत्तर** 1

5. 1

6. उदाहरण 2 की भाँति स्वयं हल करें। **उत्तर** $\frac{\sqrt{5}}{3}$

7. **संकेत** कर्ण ज्ञात करने के लिए पाइथागोरस प्रमेय का प्रयोग करें। **उत्तर** 5 सेमी

8. $3\operatorname{cosec} A = 4\cot A$

9. **संकेत** पाइथागोरस प्रमेय का प्रयोग कर आधार ज्ञात कीजिए। **उत्तर** 4.5 सेमी

10. **संकेत** $\cos A = \frac{8}{17} = \frac{\text{आधार}}{\text{कर्ण}}$

पाइथागोरस प्रमेय से, $(\text{लंब})^2 + 8^2 = 17^2 \Rightarrow \text{लंब} = 15$

तब, $15\operatorname{cosec} A - 8\sec B = 15\left(\frac{\text{कर्ण}}{\text{लंब}}\right) - 8\left(\frac{\text{कर्ण}}{\text{आधार}}\right)$

$$= 15\left(\frac{17}{15}\right) - 8\left(\frac{17}{8}\right) = 17 - 17 = 0$$

11. $2\times\left(\frac{22}{23}\right)^2$

12. उदाहरण 5 की भाँति स्वयं हल करें।

13. **संकेत** $\sin\alpha = \frac{1}{2} = \frac{\text{लंब}}{\text{कर्ण}}$

पाइथागोरस प्रमेय से, $(1)^2 + (\text{आधार})^2 = (2)^2 \Rightarrow \text{आधार} = \sqrt{3}$

अब, $\cos\alpha = \frac{\text{आधार}}{\text{कर्ण}} = \frac{\sqrt{3}}{2}$

दिए गए व्यंजक में $\sin\alpha$ तथा $\cos\alpha$ का मान रखें। **उत्तर** 0

14. प्रश्न 13 की भाँति स्वयं हल करें। **उत्तर** – 2

15. उदाहरण 2 की भाँति स्वयं हल करें।
उत्तर $\sin A = \frac{12}{13}, \sin C = \frac{5}{13}$ तथा $\tan A = \frac{12}{5}$

16. उदाहरण 3 की भाँति स्वयं हल करें।
उत्तर $\cos A = \frac{4}{5}, \tan A = \frac{3}{4}$

$\operatorname{cosec} A = \frac{5}{3}, \sec A = \frac{5}{4}$ तथा $\cot A = \frac{4}{3}$

17. उदाहरण 3 की भाँति स्वयं हल करें।
उत्तर $\sin A = \frac{15}{17}, \cos A = \frac{8}{17}$

$\tan A = \frac{15}{8}, \operatorname{cosec} A = \frac{17}{15}$ तथा $\sec A = \frac{17}{8}$

18. उदाहरण 6 की भाँति स्वयं हल करें। **उत्तर** 7

19. उदाहरण 6 की भाँति स्वयं हल करें। **उत्तर** $\frac{-8}{9}$

20. उदाहरण 6 की भाँति स्वयं हल करें।

21. **संकेत** $3\tan A = 4 \Rightarrow \tan A = \frac{4}{3} = \frac{\text{लंब}}{\text{आधार}}$

पाइथागोरस प्रमेय से,
$\text{कर्ण}^2 = 4^2 + 3^2 \Rightarrow \text{कर्ण} = 5$

$$\sec A = \frac{\text{कर्ण}}{\text{आधार}} = \frac{5}{3}, \operatorname{cosec} A = \frac{\text{कर्ण}}{\text{लंब}} = \frac{5}{4}$$

$$\cos A = \frac{\text{आधार}}{\text{कर्ण}} = \frac{3}{5}, \sin A = \frac{\text{लंब}}{\text{कर्ण}} = \frac{4}{5}$$

22. **संकेत** $\sqrt{3}\sin\theta = \cos\theta \Rightarrow \tan\theta = \frac{1}{\sqrt{3}}$

$$\therefore \quad \frac{\sin\theta\tan\theta(1+\cot\theta)}{\sin\theta+\cos\theta} = \frac{\tan\theta\tan\theta(1+\cot\theta)}{\tan\theta+1}$$

उत्तर $\frac{1}{\sqrt{3}}$

23. **संकेत** बायाँ पक्ष $= \frac{\sec^2\theta - \sin^2\theta}{\tan^2\theta}$

$$= \frac{\frac{1}{\cos^2\theta} - \sin^2\theta}{\frac{\sin^2\theta}{\cos^2\theta}} = \frac{1-\sin^2\theta\cos^2\theta}{\cos^2\theta}\times\frac{\cos^2\theta}{\sin^2\theta}$$

$$= \frac{1-\sin^2\theta\cos^2\theta}{\sin^2\theta}$$

$$= \operatorname{cosec}^2\theta - \cos^2\theta$$

24. **संकेत** बाँया पक्ष $= (1+\tan A+\cot A)(\sin A-\cos A)$

$$= \left(1+\frac{\sin A}{\cos A}+\frac{\cos A}{\sin A}\right)(\sin A-\cos A)$$

$$= \left(\frac{\sin A\cos A+\sin^2 A+\cos^2 A}{\sin A\cos A}\right)(\sin A-\cos A)$$

$$= \frac{\sin^3 A-\cos^3 A}{\sin A\cos A} = \frac{\sin^2 A}{\cos A} - \frac{\cos^2 A}{\sin A}$$

$$= \sin A\tan A - \cos A\cot A$$

25. उदाहरण 4 की भाँति स्वयं हल करें।
उत्तर $\sin A = \frac{24}{25}, \tan C = \frac{7}{24}, \cos A = \frac{7}{25}$ तथा $\sec C = \frac{25}{24}$

26. **संकेत** $\sec\theta = \frac{4}{\sqrt{7}} = \frac{\text{कर्ण}}{\text{आधार}}$

पाइथागोरस प्रमेय से, $(\text{लंब})^2 = (\text{कर्ण})^2 - (\text{आधार})^2 = 16 - 7 = 9$

$\Rightarrow \quad P = 3$

अब, $\quad \tan\theta = \frac{\text{लंब}}{\text{आधार}} = \frac{3}{\sqrt{7}},$

$$\operatorname{cosec}\theta = \frac{\text{कर्ण}}{\text{लंब}} = \frac{4}{3}, \cos\theta = \frac{\text{आधार}}{\text{कर्ण}} = \frac{\sqrt{7}}{4}, \cot\theta = \frac{\sqrt{7}}{3}$$

इन मानों को बाएँ पक्ष में दिए गए व्यंजक में रखें।

टॉपिक 2

कुछ विशिष्ट कोणों के त्रिकोणमितीय अनुपात

कुछ विशिष्ट कोणों का मान ज्यामितीय विधि से निम्न प्रकार परिकलित किया जा सकता है।

$45°$ के त्रिकोणमितीय अनुपात

(Trigonometric Ratios for an Angle of $45°$)

माना ΔABC एक समकोण त्रिभुज है जिसमें $\angle B = 90°$ तथा $\angle A = 45°$, तब तीसरा कोण भी $45°$ का होगा अर्थात् $\angle C = 45°$

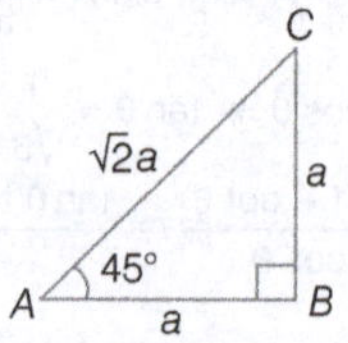

यहाँ, $\angle A = \angle C$

$\Rightarrow$ $BC = AB = a$

[चूँकि किसी त्रिभुज के समान कोणों की सम्मुख भुजाएँ बराबर होती हैं]

तब, $AC = \sqrt{2}\, a$ इकाई [पाइथागोरस प्रमेय से]

अब, त्रिकोणमितीय अनुपातों की परिभाषा के प्रयोग से,

$$\sin 45° = \frac{\text{लंब}}{\text{कर्ण}} = \frac{BC}{AC} = \frac{a}{\sqrt{2}\, a} = \frac{1}{\sqrt{2}}$$

इसी प्रकार, हम अन्य त्रिकोणमितीय अनुपात ज्ञात कर सकते हैं।

$30°$ और $60°$ के त्रिकोणमितीय अनुपात

(Trigonometric Ratios for Angles of $30°$ and $60°$)

माना ΔABC एक समबाहु त्रिभुज है जिसकी प्रत्येक भुजा की माप $2a$ है। तब, त्रिभुज का प्रत्येक कोण $60°$ का है

अर्थात् $\angle A = \angle B = \angle C = 60°$

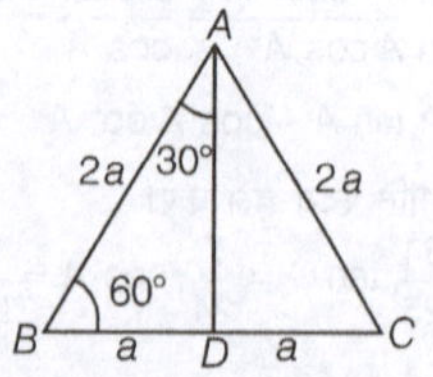

अब, शीर्ष A से भुजा BC पर लम्ब AD डालिए।

यहाँ, $\Delta ADB \cong \Delta ADC$ [दायाँ पक्ष सर्वांगसमता नियम से]

$\therefore$ $BD = DC = a$ इकाई

समकोण ΔADB में,

$$AD = \sqrt{(AB)^2 - (BD)^2}$$

$$= \sqrt{4a^2 - a^2} = \sqrt{3}\, a$$

कोण $60°$ के लिए

समकोण ΔADB में, $\sin 60° = \frac{\text{लंब}}{\text{कर्ण}} = \frac{AD}{AB} = \frac{\sqrt{3}\, a}{2a} = \frac{\sqrt{3}}{2}$

इसी प्रकार, हम अन्य त्रिकोणमितीय अनुपात ज्ञात कर सकते हैं।

कोण $30°$ के लिए

समकोण ΔADB में, $\sin 30° = \frac{\text{लंब}}{\text{कर्ण}} = \frac{BD}{AB} = \frac{a}{2a} = \frac{1}{2}$

इसी प्रकार, हम अन्य त्रिकोणमितीय अनुपात ज्ञात कर सकते हैं।

$0°$ तथा $90°$ के त्रिकोणमितीय अनुपात

(Trigonometric Ratios for Angles of $0°$ and $90°$)

कोण $0°$ के लिए

ΔABC में, जैसे-जैसे $\angle A$ छोटा होता जाता है, वैसे-वैसे भुजा BC की लंबाई कम होती जाती है तथा बिंदु C, बिंदु B के निकट आ जाता है और अंत में, जब $\angle A$, $0°$ के काफी निकट हो जाता है, तब AC लगभग वही हो जाता है जोकि AB है। जब $\angle A, 0°$ के अत्यधिक निकट होता है, तब $BC, 0$ के अत्यधिक निकट आ जाता है।

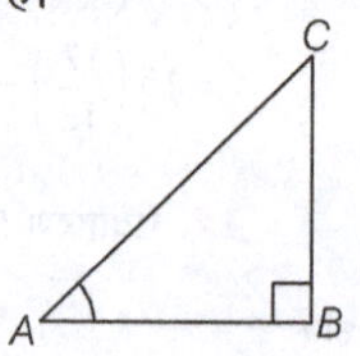

तब, $\sin A = \frac{BC}{AC}$ का मान 0 के अत्यधिक निकट आ जाता है और जब $\angle A, 0°$ के बहुत निकट होता है, तो AC और AB लगभग बराबर हो जाते हैं और इसलिए $\cos A = \frac{AB}{AC}$ का मान 1 के अत्यधिक निकट होता है।

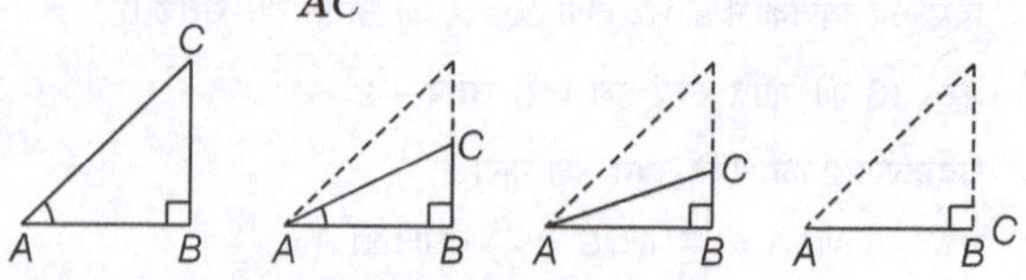

अतः जब $\angle A = 0°$, तब $\sin 0° = 0$ तथा $\cos 0° = 1$

इनका प्रयोग करके हम अन्य त्रिकोणमितीय अनुपात ज्ञात कर सकते हैं।

कोण $90°$ के लिए

ΔABC में, $\angle A$ जैसे-जैसे बड़ा होता जाता है $\angle C$ वैसे-वैसे छोटा होता जाता है तथा भुजा AB की लंबाई कम होती जाती है अर्थात् बिंदु A, बिंदु B के निकट होता जाता है। अंत में जब $\angle A, 90°$ के बहुत समीप आ जाता है, तो $\angle C, 0°$ के अत्यधिक निकट आ जाता है और भुजा AC भुजा BC के साथ लगभग संपाती हो जाती है।

इसलिए, $\sin A = \dfrac{BC}{AC}$, 1 के अत्यधिक निकट होता है और जब भुजा AC भुजा BC के लगभग बराबर हो जाती है, तो $\angle A$, $90°$ के अत्यधिक निकट होता है। तब $\angle C$, $0°$ के अत्यधिक निकट हो जाता है और भुजा AB लगभग शून्य हो जाती है, इसलिए $\cos A$ शून्य के अत्यधिक निकट होता है।

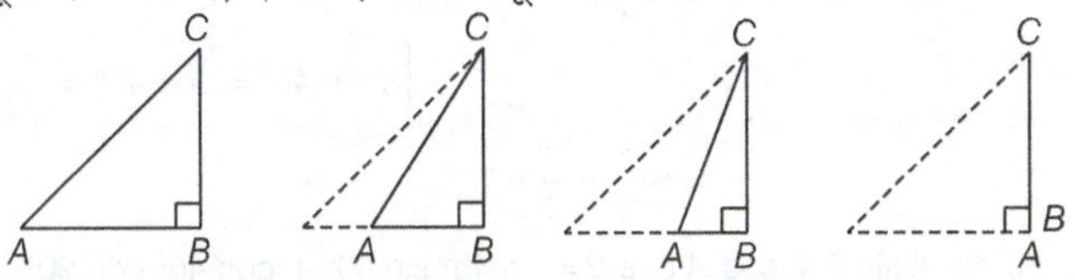

इस प्रकार, जब $\angle A = 90°$,

तब, $\sin 90° = \dfrac{BC}{AC} = \dfrac{BC}{BC} = 1$, $\cos 90° = \dfrac{AB}{AC} = \dfrac{0}{AC} = 0$

इनका प्रयोग करके, हम अन्य त्रिकोणमितीय अनुपात ज्ञात कर सकते हैं।

कुछ विशिष्ट कोणों के त्रिकोणमितीय अनुपातों के मान

कोण	$0°$ या 0	$30°$ या $\frac{\pi}{6}$	$45°$ या $\frac{\pi}{4}$	$60°$ या $\frac{\pi}{3}$	$90°$ या $\frac{\pi}{2}$
$\sin\theta$	0	$\frac{1}{2}$	$\frac{1}{\sqrt{2}}$	$\frac{\sqrt{3}}{2}$	1
$\cos\theta$	1	$\frac{\sqrt{3}}{2}$	$\frac{1}{\sqrt{2}}$	$\frac{1}{2}$	0
$\tan\theta$	0	$\frac{1}{\sqrt{3}}$	1	$\sqrt{3}$	∞
$\text{cosec}\,\theta$	∞	2	$\sqrt{2}$	$\frac{2}{\sqrt{3}}$	1
$\sec\theta$	1	$\frac{2}{\sqrt{3}}$	$\sqrt{2}$	2	∞
$\cot\theta$	∞	$\sqrt{3}$	1	$\frac{1}{\sqrt{3}}$	0

यहाँ, ∞ का अर्थ अपरिभाषित है।

नोट

- *उपरोक्त सारणी से स्पष्ट है कि जैसे-जैसे कोण का मान $0°$ से $90°$ तक बढ़ता जाता है, sin का मान 0 से बढ़कर 1 हो जाता है और cos का मान 1 से घटकर 0 हो जाता है।*
- *0 से भाग परिभाषित नहीं होता, इसलिए $\frac{1}{0}$ अनिर्धार्य (अपरिभाषित) मान है।*
- *$\tan\theta$ का मान 0 से ∞ तक बढ़ता है, जब $0 \le \theta \le 90°$*
- *$\cot\theta$ का मान ∞ से 0 तक घटता है, जब $0 \le \theta \le 90°$*
- *$\text{cosec}\,\theta$ का मान ∞ से 1 तक घटता है, जब $0 \le \theta \le 90°$*
- *$\sec\theta$ का मान 1 से ∞ तक बढ़ता है, जब $0° \le \theta \le 90°$*

उदाहरण 1 $\cos^2 30° + \sin^2 45° - \dfrac{1}{3}\tan^2 60°$ का मान ज्ञात कीजिए।

हल दिया है, $\cos^2 30° + \sin^2 45° - \dfrac{1}{3}\tan^2 60°$

$$= (\cos 30°)^2 + (\sin 45°)^2 - \frac{1}{3}(\tan 60°)^2$$

$$= \left(\frac{\sqrt{3}}{2}\right)^2 + \left(\frac{1}{\sqrt{2}}\right)^2 - \frac{1}{3}(\sqrt{3})^2$$

$$\left[\because \cos 30° = \frac{\sqrt{3}}{2}, \sin 45° = \frac{1}{\sqrt{2}} \text{ और } \tan 60° = \sqrt{3}\right]$$

$$= \frac{3}{4} + \frac{1}{2} - \frac{3}{3} = \frac{3+2}{4} - 1 = \frac{5}{4} - 1 = \frac{5-4}{4} = \frac{1}{4}$$

उदाहरण 2 $\dfrac{\cos 60° + \sin 45° - \cot 30°}{\tan 60° + \sec 45° - \text{cosec}\, 30°}$ का मान ज्ञात कीजिए।

हल $\dfrac{\cos 60° + \sin 45° - \cot 30°}{\tan 60° + \sec 45° - \text{cosec}\, 30°}$

$$= \frac{\frac{1}{2} + \frac{1}{\sqrt{2}} - \sqrt{3}}{\sqrt{3} + \sqrt{2} - 2}$$

$$\left[\begin{array}{l}\because \cos 60° = \frac{1}{2}, \sin 45° = \frac{1}{\sqrt{2}}, \cot 30° = \sqrt{3},\\ \tan 60° = \sqrt{3}, \sec 45° = \sqrt{2} \text{ और } \text{cosec}\, 30° = 2\end{array}\right]$$

$$= \frac{\frac{\sqrt{2} + 2 - 2\sqrt{2} \times \sqrt{3}}{2\sqrt{2}}}{\sqrt{3} + \sqrt{2} - 2}$$

$$= \frac{\sqrt{2} + 2 - 2\sqrt{6}}{2\sqrt{2}\,(\sqrt{3} + \sqrt{2} - 2)}$$

$$= \frac{\sqrt{2} + 2 - 2\sqrt{6}}{2\sqrt{6} + 2\sqrt{2} \times \sqrt{2} - 2\sqrt{2} \times 2} = \frac{\sqrt{2} + 2 - 2\sqrt{6}}{2\sqrt{6} + 4 - 4\sqrt{2}}$$

उदाहरण 3 $8\sqrt{3}\, \text{cosec}^2 30° \cdot \sin 60° \cdot \cos 60° \cdot \cos^2 45° \cdot \sin 45° \cdot \tan 30° \cdot \text{cosec}^3 45°$ का मान ज्ञात कीजिए। **[CBSE 2015]**

हल $8\sqrt{3}\, \text{cosec}^2 30° \cdot \sin 60° \cos 60° \cdot \cos^2 45° \cdot \sin 45° \cdot \tan 30° \cdot \text{cosec}^3 45°$

$$= 8\sqrt{3} \cdot \frac{1}{\sin^2 30°} \cdot \sin 60° \cdot \cos 60° \cdot \cos^2 45° \cdot \sin 45° \cdot \frac{\sin 30°}{\cos 30°} \cdot \frac{1}{\sin^3 45°}$$

$$= 8\sqrt{3} \cdot \frac{1}{\sin 30°} \cdot \sin 60° \cdot \cos 60° \cdot \cos^2 45° \cdot \frac{1}{\cos 30°} \cdot \frac{1}{\sin^2 45°}$$

$$= 8\sqrt{3} \cdot \frac{1}{\frac{1}{2}} \cdot \frac{\sqrt{3}}{2} \cdot \frac{1}{2} \cdot \left(\frac{1}{\sqrt{2}}\right)^2 \cdot \frac{1}{\frac{\sqrt{3}}{2}} \cdot \frac{1}{\left(\frac{1}{\sqrt{2}}\right)^2}$$

$$= 24 \cdot \frac{1}{4} \cdot \frac{2}{\sqrt{3}} \cdot 2 = \frac{24}{\sqrt{3}}$$

$$= \frac{24 \times \sqrt{3}}{\sqrt{3} \times \sqrt{3}} \quad \text{[अंश तथा हर में } \sqrt{3} \text{ से गुणा करने पर]}$$

$$= \frac{24\sqrt{3}}{3} = 8\sqrt{3}$$

उदाहरण 4 यदि $2\cos 3\theta = \sqrt{3}$, तो θ का मान ज्ञात कीजिए। **[CBSE 2015]**

हल दिया है, $2\cos 3\theta = \sqrt{3}$

$$\Rightarrow \quad \cos 3\theta = \frac{\sqrt{3}}{2} \Rightarrow \cos 3\theta = \cos 30° \quad \left[\because \cos 30° = \frac{\sqrt{3}}{2}\right]$$

$$\Rightarrow \quad 3\theta = 30° \quad [\because 3\theta \text{ तथा } 30° \text{ न्यून कोण हैं}]$$

$$\therefore \quad \theta = 10°$$

उदाहरण 5 θ का मान, $0°$ से $90°$ तक बढ़ जाने पर $\tan\theta$ के मान में क्या परिवर्तन होगा? **[CBSE 2016]**

हल θ का मान $0°$ से $90°$ तक बढ़ जाने पर $\tan\theta$ का मान बढ़ता है।

उदाहरण 6 यदि $\angle A = \angle B = 45°$, तो सिद्ध कीजिए कि

$\sin(A+B) = \sin A \cdot \cos B + \cos A \cdot \sin B$

हल दिया है, $\angle A = \angle B = 45°$

बायाँ पक्ष $= \sin(A+B)$

$= \sin(45° + 45°) = \sin 90° = 1$

तथा दायाँ पक्ष $= \sin A \cos B + \cos A \sin B$

$= \sin 45° \cos 45° + \cos 45° \sin 45°$

$= \frac{1}{\sqrt{2}} \cdot \frac{1}{\sqrt{2}} + \frac{1}{\sqrt{2}} \cdot \frac{1}{\sqrt{2}}$

$= \frac{1}{2} + \frac{1}{2} = 1 =$ बायाँ पक्ष

$\therefore \sin(A+B) = \sin A \cos B + \cos A \sin B$ **इति सिद्धम्**

उदाहरण 7 यदि $\sin(A-B) = \frac{1}{2}$ तथा $\cos(A+B) = \frac{1}{2}$, $0° < A+B < 90°$, $A > B$ तो A तथा B के मान ज्ञात कीजिए। **[CBSE 2012, 10, 08]**

हल दिया है, $\sin(A-B) = \frac{1}{2}$

$\Rightarrow \sin(A-B) = \sin 30°$ $\left[\because \sin 30° = \frac{1}{2}\right]$

दोनों पक्षों की तुलना करने पर,

$A - B = 30°$ ...(i)

साथ ही, $\cos(A+B) = \frac{1}{2}$

$\Rightarrow \cos(A+B) = \cos 60°$ $\left[\because \cos 60° = \frac{1}{2}\right]$

दोनों पक्षों की तुलना करने पर,

$A + B = 60°$ ...(ii)

समी (i) और (ii) को जोड़ने पर,

$2A = 90° \Rightarrow A = 45°$

समी (i) से, $45° - B = 30°$ $[\because A = 45°]$

$\Rightarrow B = 45° - 30°$

$\therefore B = 15°$

अतः $A = 45°$ तथा $B = 15°$

उदाहरण 8 यदि $\tan(3x + 30°) = 1$, तो x का मान ज्ञात कीजिए।

हल दिया है, $\tan(3x + 30°) = 1$

$\Rightarrow \tan(3x + 30°) = \tan 45°$ $[\because \tan 45° = 1]$

$\Rightarrow 3x + 30° = 45° \Rightarrow 3x = 45° - 30° = 15°$

$\Rightarrow x = 5°$

उदाहरण 9 ΔABC में जिसका $\angle B$ समकोण है तथा $\angle A = \angle C$, तो निम्नलिखित के मान ज्ञात कीजिए।

(i) $\sin A \cos C + \cos A \sin C$

(ii) $\sin A \sin B + \cos A \cos B$

हल दिया है, $\angle A = \angle C$

$\therefore \angle A + \angle B + \angle C = 180°$

[$\because$ त्रिभुज के तीनों कोणों का योग $180°$ होता है]

$\Rightarrow 90° + \angle A + \angle C = 180°$ $[\because \angle B = 90°]$

$\Rightarrow \angle A + \angle C = 90°$

$\Rightarrow 2\angle A = 90°$ और $2\angle C = 90°$ $[\because \angle A = \angle C]$

$\Rightarrow \angle A = 45°$ और $\angle C = 45°$

(i) $\sin A \cos C + \cos A \sin C$

$= \sin 45° \cos 45° + \cos 45° \sin 45°$

$= \frac{1}{\sqrt{2}} \times \frac{1}{\sqrt{2}} + \frac{1}{\sqrt{2}} \times \frac{1}{\sqrt{2}}$ $\left[\because \sin 45° = \cos 45° = \frac{1}{\sqrt{2}}\right]$

$= \frac{1}{2} + \frac{1}{2} = 1$

(ii) $\sin A \sin B + \cos A \cos B = \sin 45° \sin 90° + \cos 45° \cos 90°$

$= \frac{1}{\sqrt{2}} \times 1 + \frac{1}{\sqrt{2}} \times 0$

[$\because \sin 90° = 1$ और $\cos 90° = 0$]

$= \frac{1}{\sqrt{2}} + 0 = \frac{1}{\sqrt{2}}$

उदाहरण 10 यदि $\sin(A + 2B) = \frac{\sqrt{3}}{2}$ तथा $\cos(A + 4B) = 0°$, $A > B$ तो न्यून कोण A तथा B के मान ज्ञात कीजिए।

हल दिया है, $\sin(A + 2B) = \frac{\sqrt{3}}{2} = \sin 60°$ $\left[\because \sin 60° = \frac{\sqrt{3}}{2}\right]$

$\Rightarrow A + 2B = 60°$ ...(i)

पुनः $\cos(A + 4B) = 0° = \cos 90°$ $[\because \cos 90° = 0]$

$\Rightarrow A + 4B = 90°$ ...(ii)

समी (i) को समी (ii) से घटाने पर,

$A + 4B = 90°$

$A + 2B = 60°$

$-\quad -\quad\quad -$

$2B = 30°$

$\Rightarrow B = \frac{30°}{2} = 15°$

समी (i) में, $B = 15°$ रखने पर,

$A + 2 \times 15° = 60° \Rightarrow A + 30° = 60°$

$\Rightarrow A = 60° - 30° = 30°$

अतः $A = 30°$ और $B = 15°$

कुछ विशिष्ट कोणों के त्रिकोणमितीय अनुपातों पर आधारित प्रश्न

ऐसे बहुत से प्रश्न दिए होते हैं जिनमें एक या अधिक कोण दिए गए होते हैं तथा हमें इन विशिष्ट कोणों के त्रिकोणमितीय अनुपातों का प्रयोग कर त्रिभुज की भुजा (भुजाएँ) ज्ञात करनी होती है। इस प्रकार के प्रश्नों को हल करने के लिए हमारे पास कोई विशिष्ट विधि नहीं है, लेकिन निम्न उदाहरणों से इन प्रश्नों के हल करने की विधि को सरलतापूर्वक समझा जा सकता है।

उदाहरण 11 समकोण ΔABC में $\angle B$ समकोण और $AB = 5$ सेमी तथा $\angle ACB = 30°$ है, तब भुजाओं BC तथा AC की लंबाई ज्ञात कीजिए।

हल दिया है, $\angle C = \angle ACB = 30°$ तथा $AB = 5$ सेमी

$\tan 30° = \frac{5}{BC}$ $\left[\because \tan\theta = \frac{\text{लंब}}{\text{आधार}}\right]$

$$\Rightarrow \quad \frac{1}{\sqrt{3}} = \frac{5}{BC} \Rightarrow BC = 5\sqrt{3} \text{ सेमी}$$

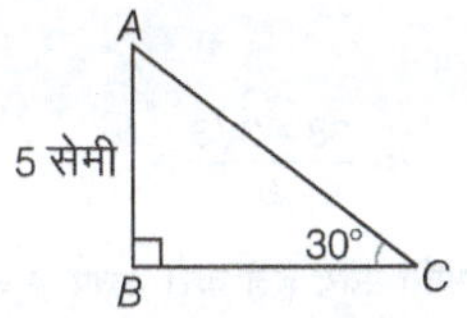

पाइथागोरस प्रमेय से, $AC^2 = \sqrt{AB^2 + BC^2}$

$$= \sqrt{5^2 + (5\sqrt{3})^2} = \sqrt{25 + 75} = \sqrt{100}$$

$\Rightarrow \quad AC = 10$ सेमी [वर्गमूल लेने पर]

$\therefore$ भुजा BC की लंबाई $= 5\sqrt{3}$ सेमी तथा भुजा AC की लंबाई $= 10$ सेमी

उदाहरण 12 संलग्न समकोण ΔPQR में, जिसका $\angle Q$ समकोण है, $PQ = 3$ सेमी तथा $PR = 6$ सेमी है, तो $\angle QPR$ तथा $\angle PRQ$ ज्ञात कीजिए।

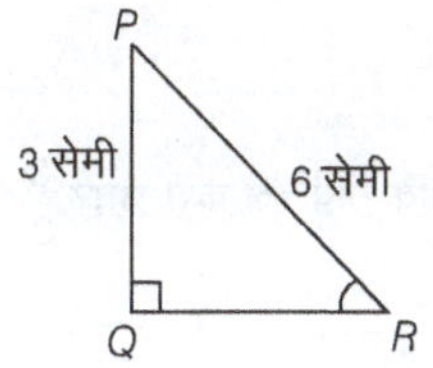

हल दिया है, $PQ = 3$ सेमी तथा $PR = 6$ सेमी

$$\therefore \quad \sin R = \frac{\text{लंब}}{\text{कर्ण}} = \frac{PQ}{PR} = \frac{3}{6} = \frac{1}{2}$$

$$\Rightarrow \quad \sin R = \sin 30° \quad \left[\because \sin 30° = \frac{1}{2}\right]$$

$\therefore R = 30°$ या $\angle PRQ = 30°$

ΔPQR में, $\angle P + \angle Q + \angle R = 180°$

[$\because$ त्रिभुज के तीनों कोणों का योग 180° होता है]

$\Rightarrow \angle P + 90° + 30° = 180° \Rightarrow \angle P = 180° - 120°$

$\therefore \angle P = 60°$ या $\angle QPR = 60°$

प्रश्नावली 8.2

1. $\sin^2 30° + \cos^2 45° + \cos^2 30°$ का मान ज्ञात कीजिए। **[CBSE 2010]**

2. $(\sin 30° + \cos 30°) - (\sin 60° + \cos 60°)$ का मान ज्ञात कीजिए।

3. $3 \sin 30° - 4 \sin^3 60°$ का मान ज्ञात कीजिए।

4. यदि $x \tan 45° \cdot \cos 60° = \sin 60° \cdot \cot 60°$ हो, तो x का मान ज्ञात कीजिए।

5. सिद्ध कीजिए कि
$(\sqrt{3} + 1)(3 - \cot 30°) = \tan^3 60° - 2 \sin 60°$ **[NCERT Exemplar]**

6. ΔABC में, $\angle C$ समकोण है, तो $\cos(A + B)$ का मान ज्ञात कीजिए।

7. निम्न के मान ज्ञात कीजिए।
(i) $\sin\theta \cos\theta$, जहाँ $\theta = 30°$
(ii) $3 \tan^2 45° + 2 \sin 45° \cos 45°$

8. यदि $\sin\theta - \cos\theta = 0, (0 \le \theta \le 90°)$, तो θ का मान ज्ञात कीजिए।

9. x का मान ज्ञात कीजिए, जहाँ
$2 \operatorname{cosec}^2 30° + x \sin^2 60° - \frac{3}{4} \tan^2 30° = 10$

10. सिद्ध कीजिए कि
(i) $2(\cos^2 45° + \tan^2 60°) - 6(\sin^2 45° - \tan^2 30°) = 6$
(ii) $2(\cos^4 60° + \sin^4 30°) - (\tan^2 60° - \cot^2 45°) + 3 \sec^2 30° = \frac{9}{4}$

11. $4 \tan 45° + \sqrt{3} \cot 60° + 3 \sin^2 60° + \tan 30° \cdot \cot 45°$ का मान ज्ञात कीजिए।

12. यदि $\tan A + \sin^2 45° - \cos^2 30° - \operatorname{cosec}^2 45° \cdot \sec^2 60° = 4$ है, तब $\tan A$ का मान ज्ञात कीजिए।

13. यदि $-y \sin 90° \cdot \cos 30° + \sin 30° \cdot \cos 90° = \frac{4}{5}$ है, तब y का मान ज्ञात कीजिए।

14. सिद्ध कीजिए $\sqrt{6}(\sqrt{2} + \sqrt{3})\left(\frac{\operatorname{cosec} 60°}{2} - \cos 45°\right) = -1$

15. $A = 60°$ के लिए, $\operatorname{cosec}^2 A - 2 \sin A + \tan A \cos A + 5$ का मान ज्ञात कीजिए।

16. यदि $\sin(A + B) = 1$ तथा $\sin(A - B) = \frac{1}{2}$, $0 \le A + B \le 90°$ तथा $A > B$ हो, तो A तथा B के मान ज्ञात कीजिए।

17. यदि $\sin(A + B) = 1$ तथा $\cos(A - B) = \frac{\sqrt{3}}{2}$ हो, तो A और B के मान ज्ञात कीजिए।

18. एक न्यूनकोण ΔABC में, $\tan(A + B - C) = 1$ तथा $\sec(B + C - A) = 2$, तो $\angle A, \angle B$ और $\angle C$ के मान ज्ञात कीजिए।

19. निम्न चित्र में, ΔPQR में $\angle Q$ समकोण है जिसमें $PQ = 5$ सेमी तथा $PR = 10$ सेमी हो, तो $\angle QPR$ तथा $\angle PRQ$ के मान ज्ञात कीजिए।

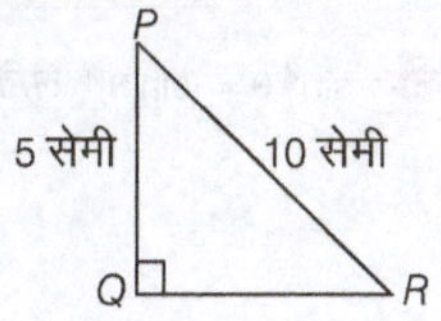

संकेत एवं हल

1. उदाहरण 1 की भाँति स्वयं हल करें। **उत्तर** $\frac{3}{2}$

2. 0 **3.** $\frac{3(1-\sqrt{3})}{2}$ **4.** $x = 1$

6. **संकेत** $A + B + C = 180° \Rightarrow A + B = 180° - C \Rightarrow A + B = 90°$

उत्तर 0

7. (i) $\frac{\sqrt{3}}{4}$ (ii) 4

8. **संकेत** $\sin\theta - \cos\theta = 0 \Rightarrow \sin\theta = \cos\theta$

$\Rightarrow \quad \tan\theta = 1 \Rightarrow \theta = 45°$

9. $x = 3$ **11.** $\frac{29\sqrt{3}+1}{4\sqrt{3}}$ **12.** $\frac{49}{4}$

13. $-\frac{8}{5\sqrt{3}}$ **15.** $\frac{38-3\sqrt{3}}{6}$

16. उदाहरण 10 की भाँति स्वयं हल करें। **उत्तर** $A = 60°$ तथा $B = 30°$

17. उदाहरण 10 की भाँति स्वयं हल करें। **उत्तर** $A = 60°$ तथा $B = 30°$

18. **संकेत** $A + B - C = 45°$, $B + C - A = 60°$ तथा $A + B + C = 180°$

अब तीनों समीकरण को स्वयं हल करें।

उत्तर $A = 60°$, $B = \frac{105°}{2}$ तथा $C = \frac{135°}{2}$

19. उदाहरण 12 की भाँति स्वयं हल करें।

उत्तर $\angle QPR = 60°$ तथा $\angle PRQ = 30°$

टॉपिक 3
त्रिकोणमितीय सर्वसमिकाएँ

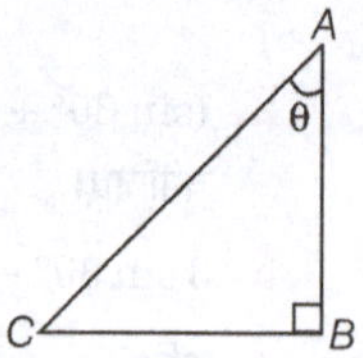

किसी कोण के लिए त्रिकोणमितीय अनुपातों वाला वह समीकरण जो उस कोण के उन सभी मानों से संतुष्ट हो जाता है जिनके लिए त्रिकोणमितीय अनुपात परिभाषित हैं, त्रिकोणमितीय सर्वसमिकाएँ कहलाती हैं। तीन आधारभूत त्रिकोणमितीय सर्वसमिकाएँ निम्न हैं

(i) $\sin^2\theta + \cos^2\theta = 1$ (ii) $1 + \tan^2\theta = \sec^2\theta$ (ii) $\cot^2\theta + 1 = \text{cosec}^2\theta$

त्रिकोणमितीय अनुपातों का अन्य त्रिकोणमितीय अनुपातों के पदों में रूपांतरण

कोण	$\sin\theta$	$\cos\theta$	$\tan\theta$	$\cot\theta$	$\sec\theta$	$\text{cosec}\,\theta$
$\sin\theta$	$\sin\theta$	$\sqrt{1-\cos^2\theta}$	$\frac{\tan\theta}{\sqrt{1+\tan^2\theta}}$	$\frac{1}{\sqrt{1+\cot^2\theta}}$	$\frac{\sqrt{\sec^2\theta-1}}{\sec\theta}$	$\frac{1}{\text{cosec}\,\theta}$
$\cos\theta$	$\sqrt{1-\sin^2\theta}$	$\cos\theta$	$\frac{1}{\sqrt{1+\tan^2\theta}}$	$\frac{\cot\theta}{\sqrt{1+\cot^2\theta}}$	$\frac{1}{\sec\theta}$	$\frac{\sqrt{\text{cosec}^2\theta-1}}{\text{cosec}\,\theta}$
$\tan\theta$	$\frac{\sin\theta}{\sqrt{1-\sin^2\theta}}$	$\frac{\sqrt{1-\cos^2\theta}}{\cos\theta}$	$\tan\theta$	$\frac{1}{\cot\theta}$	$\sqrt{\sec^2\theta-1}$	$\frac{1}{\sqrt{\text{cosec}^2\theta-1}}$
$\cot\theta$	$\frac{\sqrt{1-\sin^2\theta}}{\sin\theta}$	$\frac{\cos\theta}{\sqrt{1-\cos^2\theta}}$	$\frac{1}{\tan\theta}$	$\cot\theta$	$\frac{1}{\sqrt{\sec^2\theta-1}}$	$\sqrt{\text{cosec}^2\theta-1}$
$\sec\theta$	$\frac{1}{\sqrt{1-\sin^2\theta}}$	$\frac{1}{\cos\theta}$	$\sqrt{1+\tan^2\theta}$	$\frac{\sqrt{1+\cot^2\theta}}{\cot\theta}$	$\sec\theta$	$\frac{\text{cosec}\,\theta}{\sqrt{\text{cosec}^2\theta-1}}$
$\text{cosec}\,\theta$	$\frac{1}{\sin\theta}$	$\frac{1}{\sqrt{1-\cos^2\theta}}$	$\frac{\sqrt{1+\tan^2\theta}}{\tan\theta}$	$\sqrt{1+\cot^2\theta}$	$\frac{\sec\theta}{\sqrt{\sec^2\theta-1}}$	$\text{cosec}\,\theta$

नोट $\sin^2\theta = (\sin\theta)^2$ *लेकिन* $\sin\theta^2 \neq (\sin\theta)^2$, *यह नियम अन्य त्रिकोणमितीय अनुपातों के लिए भी सत्य है।*

उदाहरण 1 त्रिकोणमितीय अनुपातों $\cos A, \tan A$ और $\sec A$ को $\sin A$ के पदों में व्यक्त कीजिए।

हल हम जानते हैं कि

$$\cos^2 A + \sin^2 A = 1 \Rightarrow \cos^2 A = 1 - \sin^2 A$$

$$\Rightarrow \quad \cos A = \sqrt{1 - \sin^2 A}$$

अब, $$\tan A = \frac{\sin A}{\cos A} = \frac{\sin A}{\sqrt{1 - \sin^2 A}}$$

तथा $$\sec A = \frac{1}{\cos A} = \frac{1}{\sqrt{1 - \sin^2 A}}$$

उदाहरण 2 सिद्ध कीजिए कि $\cot A + \tan A = \sec A \cdot \operatorname{cosec} A$

हल बायाँ पक्ष $= \cot A + \tan A = \dfrac{\cos A}{\sin A} + \dfrac{\sin A}{\cos A}$

$[\because \cot\theta = \cos\theta / \sin\theta, \tan\theta = \sin\theta / \cos\theta]$

$$= \frac{\cos^2 A + \sin^2 A}{\sin A \cos A} = \frac{1}{\sin A \cos A} \quad [\because \sin^2\theta + \cos^2\theta = 1]$$

$$= \frac{1}{\sin A} \cdot \frac{1}{\cos A} = \operatorname{cosec} A \sec A$$

$\left[\because \operatorname{cosec}\theta = \dfrac{1}{\sin\theta} \text{ और } \sec\theta = \dfrac{1}{\cos\theta}\right]$

= दायाँ पक्ष **इति सिद्धम्**

उदाहरण 3 सिद्ध कीजिए $\sqrt{\dfrac{\operatorname{cosec} A - 1}{\operatorname{cosec} A + 1}} + \sqrt{\dfrac{\operatorname{cosec} A + 1}{\operatorname{cosec} A - 1}} = 2 \sec A$

हल बायाँ पक्ष $= \sqrt{\dfrac{\operatorname{cosec} A - 1}{\operatorname{cosec} A + 1}} + \sqrt{\dfrac{\operatorname{cosec} A + 1}{\operatorname{cosec} A - 1}}$

$$= \frac{[(\sqrt{\operatorname{cosec} A - 1})(\sqrt{\operatorname{cosec} A - 1}) + (\sqrt{\operatorname{cosec} A + 1})(\sqrt{\operatorname{cosec} A + 1})]}{(\sqrt{\operatorname{cosec} A + 1})(\sqrt{\operatorname{cosec} A - 1})}$$

$$= \frac{(\sqrt{\operatorname{cosec} A - 1})^2 + (\sqrt{\operatorname{cosec} A + 1})^2}{(\sqrt{(\operatorname{cosec} A + 1)})(\sqrt{\operatorname{cosec} A - 1})}$$

$$= \frac{(\operatorname{cosec} A - 1) + (\operatorname{cosec} A + 1)}{\sqrt{\operatorname{cosec}^2 A - 1}}$$

$[\because (\sqrt{a})^2 = a$ और $\sqrt{a+b} \times \sqrt{a-b} = \sqrt{a^2 - b^2}]$

$$= \frac{2 \operatorname{cosec} A}{\sqrt{\cot^2 A}} \quad [\because \operatorname{cosec}^2\theta = 1 + \cot^2\theta]$$

$$= \frac{2 \operatorname{cosec} A}{\cot A} = \frac{2}{\sin A} \times \frac{\sin A}{\cos A}$$

$\left[\because \operatorname{cosec}\theta = \dfrac{1}{\sin\theta} \text{ और } \cot\theta = \dfrac{\cos\theta}{\sin\theta}\right]$

$$= \frac{2}{\cos A} = 2 \sec A \quad \left[\because \frac{1}{\cos\theta} = \sec\theta\right]$$

= दायाँ पक्ष **इति सिद्धम्**

उदाहरण 4 सिद्ध कीजिए कि

$$\frac{\sin A + \cos A}{\sin A - \cos A} + \frac{\sin A - \cos A}{\sin A + \cos A} = \frac{2}{\sin^2 A - \cos^2 A}$$

हल बायाँ पक्ष $= \dfrac{\sin A + \cos A}{\sin A - \cos A} + \dfrac{\sin A - \cos A}{\sin A + \cos A}$

$$= \frac{(\sin A + \cos A)^2 + (\sin A - \cos A)^2}{(\sin A - \cos A)(\sin A + \cos A)}$$

$$= \frac{[\sin^2 A + 2\sin A \cos A + \cos^2 A + \sin^2 A - 2\sin A \cos A + \cos^2 A]}{\sin^2 A - \cos^2 A}$$

$[\because (a \pm b) = a^2 + b^2 \pm 2ab]$

$$= \frac{2\sin^2 A + 2\cos^2 A}{\sin^2 A - \cos^2 A} = \frac{2(\sin^2 A + \cos^2 A)}{\sin^2 A - \cos^2 A}$$

$$= \frac{2}{\sin^2 A - \cos^2 A} \quad [\because \sin^2\theta + \cos^2\theta = 1]$$

= दायाँ पक्ष **इति सिद्धम्**

उदाहरण 5 सर्वसमिका $\sec^2\theta = 1 + \tan^2\theta$ का प्रयोग कर दिखाइए कि $\dfrac{\sin\theta - \cos\theta + 1}{\sin\theta + \cos\theta - 1} = \dfrac{1}{\sec\theta - \tan\theta}$ **[CBSE 2011]**

हल बायाँ पक्ष $= \dfrac{\sin\theta - \cos\theta + 1}{\sin\theta + \cos\theta - 1} = \dfrac{\tan\theta - 1 + \sec\theta}{\tan\theta + 1 - \sec\theta}$

[अंश तथा हर में $\cos\theta$ से भाग देने पर]

$$= \frac{(\tan\theta + \sec\theta) - 1}{(\tan\theta - \sec\theta) + 1}$$

$$= \frac{[(\tan\theta + \sec\theta) - 1][\tan\theta - \sec\theta]}{[(\tan\theta - \sec\theta) + 1][\tan\theta - \sec\theta]}$$

[$(\tan\theta - \sec\theta)$ से गुणा तथा भाग करने पर]

$$= \frac{(\tan^2\theta - \sec^2\theta) - (\tan\theta - \sec\theta)}{(\tan\theta - \sec\theta + 1)(\tan\theta - \sec\theta)}$$

$[\because (a - b)(a + b) = a^2 - b^2]$

$$= \frac{-1 - \tan\theta + \sec\theta}{(\tan\theta - \sec\theta + 1)(\tan\theta - \sec\theta)}$$

$[\because \tan^2 A - \sec^2 A = -1]$

$$= \frac{-(\tan\theta - \sec\theta + 1)}{(\tan\theta - \sec\theta + 1)(\tan\theta - \sec\theta)}$$

$$= \frac{-1}{\tan\theta - \sec\theta}$$

$$= \frac{1}{\sec\theta - \tan\theta} = \text{दायाँ पक्ष}$$ **इति सिद्धम्**

उदाहरण 6 यदि $a \cos\theta - b \sin\theta = x$ तथा $a \sin\theta + b \cos\theta = y$, तो दिखाइए कि $a^2 + b^2 = x^2 + y^2$ **[CBSE 2012, 16]**

हल दिया है, $a \cos\theta - b \sin\theta = x$ ...(i)

तथा $a \sin\theta + b \cos\theta = y$ ...(ii)

समी (i) तथा (ii) को वर्ग करके जोड़ने पर,

$$x^2 + y^2 = a^2\cos^2\theta + b^2\sin^2\theta - 2ab\cos\theta\sin\theta + a^2\sin^2\theta + b^2\cos^2\theta + 2ab\sin\theta\cos\theta$$

$[\because (a + b)^2 = a^2 + b^2 + 2ab$ और $(a - b)^2 = a^2 + b^2 - 2ab]$

$$\Rightarrow x^2 + y^2 = a^2\cos^2\theta + b^2\sin^2\theta + a^2\sin^2\theta + b^2\cos^2\theta$$

$$\Rightarrow x^2 + y^2 = a^2(\cos^2\theta + \sin^2\theta) + b^2(\sin^2\theta + \cos^2\theta)$$

$$\Rightarrow \quad x^2 + y^2 = a^2 + b^2 \quad [\because \sin^2\theta + \cos^2\theta = 1]$$

इति सिद्धम्

उदाहरण 7 यदि $\tan\theta + \sin\theta = m$ तथा $\tan\theta - \sin\theta = n$, तो दिखाइए कि $(m^2 - n^2)^2 = 16\,mn$ या $(m^2 - n^2) = 4\sqrt{mn}$

[CBSE 2014, 11, 10]

हल दिया है, $\tan\theta + \sin\theta = m$ ...(i)

तथा $\tan\theta - \sin\theta = n$ ...(ii)

समी (i) तथा (ii) को जोड़ने पर,

$$2\tan\theta = m + n \Rightarrow \tan\theta = \frac{m+n}{2}$$

$$\therefore \quad \cot\theta = \frac{1}{\tan\theta} = \frac{2}{m+n} \quad ...(iii)$$

समी (ii) को समी (i) से घटाने पर,

$$2\sin\theta = m - n \Rightarrow \sin\theta = \frac{m-n}{2}$$

$$\therefore \quad \text{cosec}\,\theta = \frac{1}{\sin\theta} = \frac{2}{m-n} \quad ...(iv)$$

हम जानते हैं कि $\text{cosec}^2 - \cot^2\theta = 1$

$$\Rightarrow \left(\frac{2}{m-n}\right)^2 - \left(\frac{2}{m+n}\right)^2 = 1 \quad \text{[समी (iii) तथा (iv) से]}$$

$$\Rightarrow \frac{4}{(m-n)^2} - \frac{4}{(m+n)^2} = 1$$

$$\Rightarrow 4\left[\frac{1}{(m-n)^2} - \frac{1}{(m+n)^2}\right] = 1 \Rightarrow 4\left[\frac{(m+n)^2 - (m-n)^2}{(m-n)^2\,(m+n)^2}\right] = 1$$

$$\Rightarrow 4\left[\frac{(m^2 + n^2 + 2mn) - (m^2 + n^2 - 2mn)}{(m-n)^2\,(m+n)^2}\right] = 1$$

$[\because (A \pm B)^2 = A^2 + B^2 \pm 2AB]$

$$\Rightarrow 4\left[\frac{2mn + 2mn}{(m-n)^2(m+n)^2}\right] = 1 \Rightarrow \frac{16mn}{[(m-n)\,(m+n)]^2} = 1$$

$$\Rightarrow \frac{16mn}{(m^2 - n^2)^2} = 1 \Rightarrow (m^2 - n^2)^2 = 16mn$$

$$\therefore \quad (m^2 - n^2) = 4\sqrt{mn}$$

[धनात्मक वर्गमूल लेने पर] **इति सिद्धम्**

प्रश्नावली 8.3

1. $(\text{cosec}^2\theta - 1)\tan^2\theta$ का मान ज्ञात कीजिए।

2. सिद्ध कीजिए $\sqrt{\dfrac{1+\cos A}{1-\cos A}} = \text{cosec}\,A + \cot A$

3. सिद्ध कीजिए
$(1 - \sin A + \cos A)^2 = 2\,(1 - \sin A)\,(1 + \cos A)$

4. सिद्ध कीजिए $\dfrac{\sin\theta}{1+\cos\theta} + \dfrac{1+\cos\theta}{\sin\theta} = 2\,\text{cosec}\,\theta$

5. सिद्ध कीजिए $\sqrt{\dfrac{1-\sin\theta}{1+\sin\theta}} = \sec\theta - \tan\theta$ **[CBSE 2020 (Basic)]**

6. सिद्ध कीजिए $\sqrt{(1-\cos^2\theta)\sec^2\theta} = \tan\theta$

7. सिद्ध कीजिए $\dfrac{\sin\theta - 2\sin^3\theta}{2\cos^3\theta - \cos\theta} = \tan\theta$

8. यदि $\dfrac{\cot A}{1+\text{cosec}\,A} - \dfrac{\cot A}{1-\text{cosec}\,A} = \dfrac{k}{\cos A}$,
तब k का मान ज्ञात कीजिए।

9. अचर राशि a तथा b के मान ज्ञात कीजिए जिसके लिए
$\sin x \cdot \cos x\,(5\tan x + 2\cot x) = a + b\sin^2 x$ **[CBSE 2009]**

10. सिद्ध कीजिए $(1 + \tan^2\theta) + \left(1 + \dfrac{1}{\tan^2\theta}\right) = \dfrac{1}{\sin^2\theta - \sin^4\theta}$

11. सिद्ध कीजिए (i) $(1 + \cot\theta - \text{cosec}\,\theta)\,(1 + \tan\theta + \sec\theta) = 2$ **[CBSE 2010, 08]**

(ii) $\tan^2\theta + \cot^2\theta + 2 = \sec^2\theta + \text{cosec}^2\theta$ **[CBSE 2010]**

निर्देश (प्र.सं. 12-20) सिद्ध कीजिए कि

12. $\tan\theta - \cot\theta = \dfrac{2\sin^2\theta - 1}{\sin\theta \cdot \cos\theta}$

13. $\dfrac{\sec^2\theta - \sin^2\theta}{\tan^2\theta} = 1 + \cot^2\theta - \cos^2\theta$

14. $\dfrac{1 - \cos A + \sin A}{\sin A + \cos A - 1} = \dfrac{1 + \sin A}{\cos A}$ **[CBSE 2015]**

15. $(\text{cosec}\,\theta - \sin\theta)\,(\sec\theta - \cos\theta)$
$= \sin\theta \cdot \cos\theta = \dfrac{1}{\tan\theta + \cot\theta}$ **[CBSE 2009]**

16. $\sqrt{\dfrac{\sin A + 1}{1 - \sin A}} + \sqrt{\dfrac{1 - \sin A}{\sin A + 1}} = 2\sec A$ **[CBSE 2016]**

17. $\sqrt{\dfrac{\sec A - \tan A}{\sec A + \tan A}}\sqrt{\dfrac{\text{cosec}\,A - \cot A}{\text{cosec}\,A + \cot A}}$
$= (\sec A - \tan A)\,(\text{cosec}\,A - \cot A)$ **[CBSE 2016]**

18. $\sec^2\theta - \dfrac{\sin^2\theta - 2\sin^4\theta}{2\cos^4\theta - \cos^2\theta} = 1$ **[CBSE 2015]**

19. सिद्ध कीजिए $(1 + \tan A - \sec A) \times (1 + \tan A + \sec A)$
$= 2\tan A$ **[CBSE 2020 (Basic)]**

20. $\dfrac{\cos A}{1 - \tan A} + \dfrac{\sin^2 A}{\sin A - \cos A} = \sin A + \cos A$ **[CBSE 2015]**

21. यदि $2\sin A\cos A + (\cos A + \sin A)^2$
$- (2\cos A + \sin A)^2 = p\sin^2 A + q$ हो, तो p और q के मान ज्ञात कीजिए।

22. सिद्ध कीजिए $\dfrac{\text{cosec}\,\theta + \cot\theta}{\text{cosec}\,\theta - \cot\theta} = (\text{cosec}\,\theta + \cot\theta)^2$
$= 1 + 2\cot^2\theta + 2\,\text{cosec}\,\theta \cdot \cot\theta$ **[CBSE 2008]**

23. सिद्ध कीजिए $\frac{\sin A+\sin B}{\cos A+\cos B}+\frac{\cos A-\cos B}{\sin A-\sin B}=0$

24. सिद्ध कीजिए $q(p^2-1)=2p$, जहाँ $\sin\theta+\cos\theta=p$ तथा $\sec\theta+\text{cosec}\theta=q$

[NCERT Exemplar] [CBSE 2016]

25. यदि $\sec\theta+\tan\theta=p$ हो, तो दिखाइए $\sec\theta-\tan\theta=\frac{1}{p}$ तथा $\cos\theta$ तथा $\sin\theta$ के मान ज्ञात कीजिए।

26. सिद्ध कीजिए

$$\frac{\sin A}{1+\cos A}+\frac{\sin A}{1-\cos A}=\sqrt{\frac{1+\cos A}{1-\cos A}}+\sqrt{\frac{1-\cos A}{1+\cos A}}=2\,\text{cosec}\,A$$

[CBSE 2015]

27. सिद्ध कीजिए $\left(\frac{\sin A}{1+\cos A}+\frac{1+\cos A}{\sin A}\right)\left(\frac{\sin A}{1-\cos A}-\frac{1-\cos A}{\sin A}\right)=4\,\text{cosec}\,A\cot A$

[CBSE 2016]

28. यदि $\cos\theta-\sin\theta=\sqrt{2}\sin\theta$ हो, तो सिद्ध कीजिए कि $\cos\theta+\sin\theta=\sqrt{2}\cos\theta$ [CBSE 2014, 11]

29. सिद्ध कीजिए

$$2(\sin^6\theta+\cos^6\theta)-3(\sin^4\theta+\cos^4\theta)+1=0$$

30. यदि $m=\cos\theta-\sin\theta$ तथा $n=\cos\theta+\sin\theta$ हो, तो दिखाइए कि $\sqrt{\frac{m}{n}}+\sqrt{\frac{n}{m}}=\frac{2}{\sqrt{1-\tan^2\theta}}$

[CBSE 2016]

संकेत एवं हल

1. $\cot^2\theta\cdot\tan^2\theta=\frac{1}{\tan^2\theta}.\tan^2\theta=1$

2. संकेत बायाँ पक्ष $=\sqrt{\frac{1+\cos A}{1-\cos A}\times\frac{1+\cos A}{1+\cos A}}$

$=\frac{1+\cos A}{\sqrt{1-\cos^2 A}}=\frac{1+\cos A}{\sin A}$ $[\because 1-\cos^2\theta=\sin^2\theta]$

$=\text{cosec}\,A+\cot A$

3. संकेत बायाँ पक्ष $=(1-\sin A+\cos A)^2$

$=(1)^2+\sin^2 A+\cos^2 A-2\sin A(1)-2\sin A\cdot\cos A+2\cos A$

$=1+1-2\sin A-2\sin A\cdot\cos A+2\cos A$

$=2(1-\sin A)(1+\cos A)$

4. संकेत बायाँ पक्ष $=\frac{\sin^2\theta+\cos^2\theta+2\cos\theta+1}{(1+\cos\theta)\sin\theta}$

$=\frac{1+2\cos\theta+1}{(1+\cos\theta)\sin\theta}=\frac{2(1+\cos\theta)}{(1+\cos\theta)\sin\theta}$

$=2\,\text{cosec}\,\theta$

5. बायाँ पक्ष $=\sqrt{\frac{1-\sin\theta}{1+\sin\theta}}=\sqrt{\frac{(1-\sin\theta)(1-\sin\theta)}{(1+\sin\theta)(1-\sin\theta)}}$

$=\sqrt{\frac{(1-\sin\theta)^2}{1-\sin^2\theta}}=\sqrt{\frac{(1-\sin\theta)^2}{\cos^2\theta}}=\frac{1-\sin\theta}{\cos\theta}$

$=\sec\theta-\tan\theta$

6. संकेत बायाँ पक्ष $=(1-\cos^2\theta=\sin^2\theta)$ का प्रयोग कर हल करें।

8. $k=2$

9. संकेत $\sin x\cdot\cos x\left(\frac{5\sin x}{\cos x}+\frac{2\cos x}{\sin x}\right)=a+b\sin^2 x$

$\Rightarrow\quad 5\sin^2 x+2\cos^2 x=a+b\sin^2 x$

$\Rightarrow\quad 2+3\sin^2 x=a+b\sin^2 x$

दोनों पक्षों से अचरों तथा $\sin^2 x$ के गुणांकों की तुलना करने पर,

$a=2$ तथा $b=3$

10. संकेत बायाँ पक्ष $=\sec^2\theta+\frac{1+\tan^2\theta}{\tan^2\theta}$ $[\because\sec^2 A-\tan^2 A=1]$

$=\sec^2\theta+\frac{\sec^2\theta}{\sec^2\theta-1}=\frac{\sec^4\theta-\sec^2\theta+\sec^2\theta}{\sec^2\theta-1}$

$=\frac{\frac{1}{\cos^4\theta}}{\frac{1}{\cos^2\theta}-1}=\frac{1}{\cos^4\theta\,\frac{(1-\cos^2\theta)}{\cos^2\theta}}$ $\left[\because\sec A=\frac{1}{\cos A}\right]$

$=\frac{1}{\cos^2\theta\cdot\sin^2\theta}=\frac{1}{(1-\sin^2\theta)\sin^2\theta}=\frac{1}{\sin^2\theta-\sin^4\theta}$

11. संकेत (i) बायाँ पक्ष $=1+\tan\theta+\sec\theta+\cot\theta+\cot\theta\cdot\tan\theta+\cot\theta\cdot\sec\theta-\text{cosec}\,\theta-\text{cosec}\,\theta\cdot\tan\theta-\text{cosec}\,\theta\cdot\sec\theta$

$=1+\tan\theta+\sec\theta+\cot\theta+1+\text{cosec}\,\theta-\text{cosec}\,\theta-\sec\theta-\text{cosec}\,\theta\cdot\sec\theta$

$=2+\frac{\sin\theta}{\cos\theta}+\frac{\cos\theta}{\sin\theta}-\frac{1}{\cos\theta\cdot\sin\theta}$

$=\frac{2\cos\theta\cdot\sin\theta+\sin^2\theta+\cos^2\theta-1}{\cos\theta\cdot\sin\theta}$

$[\because\cos^2 A+\sin^2 A=1]$

$=2$

(ii) बायाँ पक्ष $=(1+\tan^2\theta)+(1+\cot^2\theta)=\sec^2\theta+\text{cosec}^2\theta$

13. संकेत बायाँ पक्ष $=\frac{\frac{1}{\cos^2\theta}-\sin^2\theta}{\frac{\sin^2\theta}{\cos^2\theta}}=\frac{1-\sin^2\theta\cdot\cos^2\theta}{\sin^2\theta}$

$=\text{cosec}^2\theta-\cos^2\theta=1+\cot^2\theta-\cos^2\theta$

14. संकेत बायाँ पक्ष $=\frac{1-\cos A+\sin A}{\sin A+\cos A-1}=\frac{\sec A+\tan A-1}{1-(\sec A-\tan A)}$

$=\frac{(\sec A+\tan A)-1}{1-(\sec A-\tan A)}\times\frac{1+(\sec A-\tan A)}{1+(\sec A-\tan A)}$

$=\frac{(\sec A+\tan A)+(\sec^2 A-\tan^2 A)-1-(\sec A-\tan A)}{1-(\sec^2 A+\tan^2 A-2\tan A\sec A)}$

$$= \frac{\tan A + 1 - 1 + \tan A}{1 - (1 + \tan^2 A + \tan^2 A - 2\tan A \sec A)}$$

$[\because \sec^2 A - \tan^2 A = 1]$

$$= \frac{2\tan A}{2\tan A(\sec A - \tan A)} = \frac{1}{\sec A - \tan A}$$

$$= \frac{\sec A + \tan A}{(\sec^2 A - \tan^2 A)} = \frac{\sec A + \tan A}{1}$$

$$= \frac{1 + \sin A}{\cos A} = \text{दायाँ पक्ष}$$

इति सिद्धम्

15. संकेत बायाँ पक्ष $= \left(\frac{1 - \sin^2\theta}{\sin\theta}\right)\left(\frac{1 - \cos^2\theta}{\cos\theta}\right) = \cos\theta \cdot \sin\theta$

और दायाँ पक्ष $= \frac{1}{\tan\theta + \cot\theta} = \frac{1}{\frac{\sin^2\theta + \cos^2\theta}{\sin\theta \cdot \cos\theta}} = \sin\theta \cdot \cos\theta$

16. संकेत बायाँ पक्ष $= \sqrt{\frac{1 + \sin A}{1 - \sin A} \times \frac{1 + \sin A}{1 + \sin A}} + \sqrt{\frac{1 - \sin A}{1 + \sin A} \times \frac{1 - \sin A}{1 - \sin A}}$

$$= \frac{1 + \sin A}{\cos A} + \frac{1 - \sin A}{\cos A} = 2\sec A$$

17. प्रश्न 16 की भाँति स्वयं हल करें।

18. संकेत बायाँ पक्ष $= \sec^2\theta - \frac{\frac{\sin^2\theta}{\cos^4\theta} - \frac{2\sin^4\theta}{\cos^4\theta}}{\frac{2\cos^4\theta}{\cos^4\theta} - \frac{\cos^2\theta}{\cos^4\theta}}$

$$= \sec^2\theta - \frac{\tan^2\theta \cdot \sec^2\theta - 2\tan^4\theta}{2 - \sec^2\theta}$$

$$= \sec^2\theta - \frac{\tan^2\theta(\sec^2\theta - 2\tan^2\theta)}{2 - \sec^2\theta}$$

$$= \sec^2\theta - \frac{\tan^2\theta(2 - \sec^2\theta)}{2 - \sec^2\theta}$$

$$= \sec^2\theta - \tan^2\theta = 1$$

19. बायाँ पक्ष $= (1 + \tan A - \sec A)^2 \times (1 + \tan A + \sec A)$

$= (1 + \tan A)^2 - (\sec A)^2$

$= 1 + \tan^2 A + 2\tan A - \sec^2 A$

$= \sec^2 A + 2\tan A - \sec^2 A$

$= 2\tan A =$ दायाँ पक्ष

21. संकेत सर्वप्रथम समीकरण के बाएँ पक्ष को विस्तारित करें और उसके बाद सरल करें। तब, सर्वसमिका के बाएँ पक्ष तथा दाएँ पक्ष के मानों की तुलना कर अभीष्ट मान ज्ञात करें।

उत्तर $p = 3$ तथा $q = -3$

22. संकेत बायाँ पक्ष $= \frac{\text{cosec}\,\theta + \cot\theta}{\text{cosec}\,\theta - \cot\theta} \times \frac{\text{cosec}\,\theta + \cot\theta}{\text{cosec}\,\theta + \cot\theta}$

$$= \frac{(\text{cosec}\,\theta + \cot\theta)^2}{\text{cosec}^2\theta - \cot^2\theta} = (\text{cosec}\,\theta + \cot\theta)^2$$

$= \text{cosec}^2\theta + \cot^2\theta + 2\,\text{cosec}\,\theta \cdot \cot\theta$

$= (1 + \cot^2\theta) + \cot^2\theta + 2\,\text{cosec}\,\theta \cdot \cot\theta$

$= 1 + 2\cot^2\theta + 2\,\text{cosec}\,\theta \cdot \cot\theta$

24. संकेत बायाँ पक्ष $= (\sec\theta + \text{cosec}\,\theta)[(\sin\theta + \cos\theta)^2 - 1]$

$= (\sec\theta + \text{cosec}\,\theta)(\sin^2\theta + \cos^2\theta + 2\sin\theta.\cos\theta - 1)$

$= 2\sin\theta + 2\cos\theta = 2p$

25. संकेत $\because \quad \sec\theta + \tan\theta = p$ ...(i)

बायाँ पक्ष $= \sec\theta - \tan\theta = \sec\theta - \tan\theta \times \frac{\sec\theta + \tan\theta}{\sec\theta + \tan\theta}$

$$= \frac{1}{\sec\theta + \tan\theta} = \frac{1}{p} \quad \text{...(ii)}$$

समी (i) तथा (ii) को जोड़ने पर,

$$2\sec\theta = p + \frac{1}{p} \Rightarrow \cos\theta = \frac{2p}{p^2 + 1}$$

$$\therefore \quad \sin\theta = \sqrt{1 - \left(\frac{2p}{p^2 + 1}\right)^2} = \frac{p^2 - 1}{p^2 + 1}$$

26. संकेत प्रथम पद $= \sin A\left(\frac{1 - \cos A + 1 + \cos A}{1 - \cos^2 A}\right) = \sin A \cdot \frac{2}{\sin^2 A}$

$$= \frac{2}{\sin A} = 2\,\text{cosec}\,A \quad \left[\because \frac{1}{\sin a} = \text{cosec}\,a\right]$$

= तीसरा पद

दूसरा पद $= \sqrt{\frac{1 + \cos A}{1 - \cos A}} + \sqrt{\frac{1 - \cos A}{1 + \cos A}}$

$$= \sqrt{\frac{1 + \cos A}{1 - \cos A} \times \frac{1 + \cos A}{1 + \cos A}} + \sqrt{\frac{1 - \cos A}{1 + \cos A} \times \frac{1 - \cos A}{1 - \cos A}}$$

$$= \frac{1 + \cos A}{\sqrt{\sin^2 A}} + \frac{1 - \cos A}{\sqrt{\sin^2 A}} \quad [\because \sin^2 a + \cos^2 a = 1]$$

$$= \frac{1 + \cos A + 1 - \cos A}{\sin A}$$

= तीसरा पद $\left[\because \frac{1}{\sin a} = \text{cosec}\,a\right]$

इति सिद्धम्

28. संकेत दिया है, $\cos\theta - \sin\theta = \sqrt{2}\sin\theta$

$\Rightarrow \cos\theta = \sqrt{2}\sin\theta + \sin\theta = \sin\theta(\sqrt{2} + 1)$

$$\Rightarrow \quad \sin\theta = \frac{\cos\theta}{(\sqrt{2} + 1)}$$

$$\Rightarrow \quad \sin\theta = \frac{\cos\theta}{\sqrt{2} + 1} \times \frac{\sqrt{2} - 1}{\sqrt{2} - 1}$$

$$\Rightarrow \quad \sin\theta = \frac{(\sqrt{2} - 1)\cos\theta}{2 - 1} = \sqrt{2}\cos\theta - \cos\theta$$

$\therefore \cos\theta + \sin\theta = \sqrt{2}\cos\theta$

29. संकेत बायाँ पक्ष $= 2(\sin^6\theta + \cos^6\theta) - 3(\sin^4\theta + \cos^4\theta) + 1$

$= 2[(\sin^2\theta)^3 + (\cos^2\theta)^3] - 3(\sin^4\theta + \cos^4\theta) + 1$

$= 2[(\sin^2\theta + \cos^2\theta)(\sin^4\theta + \cos^4\theta - \sin^2\theta\cos^2\theta)] - 3\sin^4\theta - 3\cos^4\theta + 1$

$= -\sin^4\theta - \cos^4\theta - 2\sin^2\theta\cos^2\theta + 1$

$= 1 - (\sin^4\theta + \cos^4\theta + 2\sin^2\theta\cos^2\theta)$

$= 1 - [(\sin^2\theta + \cos^2\theta)^2]$

$= 1 - 1 = 0 =$ दायाँ पक्ष

इति सिद्धम्

30. उदाहरण 7 की भाँति स्वयं हल करें।

NCERT फोल्डर

प्रश्नावली 8.1

1. ΔABC में, $\angle B$ समकोण है जिसमें $AB = 24$ सेमी तथा $BC = 7$ सेमी, तो निम्न के मान ज्ञात कीजिए।

(i) $\sin A, \cos A$ (ii) $\sin C, \cos C$

हल समकोण ΔABC में,

$AB = 24$ सेमी तथा $BC = 7$ सेमी [दिया है]

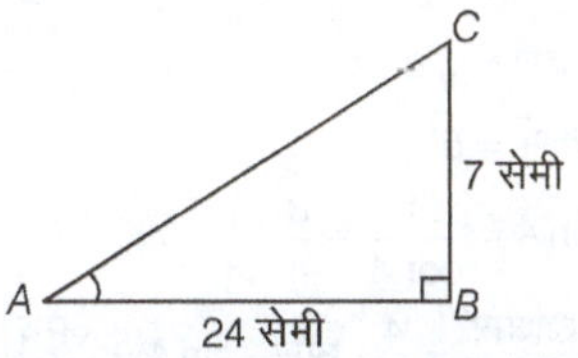

अब, $AC^2 = AB^2 + BC^2$ [पाइथागोरस प्रमेय से]

$= (24)^2 + (7)^2 = 576 + 49 = 625$

$\Rightarrow \quad AC = \sqrt{625}$

$\therefore \quad AC = 25$ सेमी

(i) अब, $\sin A = \frac{\text{लम्ब}}{\text{कर्ण}} = \frac{BC}{AC} = \frac{7}{25}$

तथा $\cos A = \frac{\text{आधार}}{\text{कर्ण}} = \frac{AB}{AC} = \frac{24}{25}$

(ii) $\sin C = \frac{\text{लम्ब}}{\text{कर्ण}} = \frac{AB}{AC} = \frac{24}{25}$ तथा $\cos C = \frac{\text{आधार}}{\text{कर्ण}} = \frac{BC}{AC} = \frac{7}{25}$

2. चित्र से, $\tan P - \cot R$ का मान ज्ञात कीजिए।

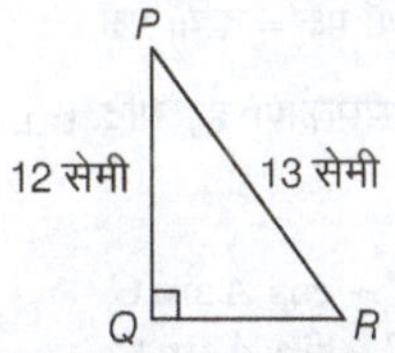

हल समकोण ΔPQR में,

$PQ = 12$ सेमी तथा $PR = 13$ सेमी

$PQ^2 + QR^2 = PR^2$ [पाइथागोरस प्रमेय से]

$\Rightarrow \quad (12)^2 + QR^2 = (13)^2$

$\Rightarrow \quad 144 + QR^2 = 169$

$\Rightarrow \quad QR^2 = 169 - 144 = 25$

$\Rightarrow \quad QR = \sqrt{25}$

$\therefore \quad QR = 5$ सेमी

अब, $\tan P = \frac{\text{लम्ब}}{\text{आधार}} = \frac{QR}{PQ} = \frac{5}{12}$

तथा $\cot R = \frac{\text{आधार}}{\text{लम्ब}} = \frac{QR}{PQ} = \frac{5}{12}$

$\therefore \quad \tan P - \cot R = \frac{5}{12} - \frac{5}{12} = 0$

3. यदि $\sin A = \frac{3}{4}$, तो $\cos A$ और $\tan A$ के मान ज्ञात कीजिए। **[CBSE 2014]**

हल दिया है, $\sin A = \frac{3}{4} \Rightarrow \frac{\text{लम्ब}}{\text{कर्ण}} = \frac{3}{4}$

माना लम्ब $= 3k$ और कर्ण $= 4k$

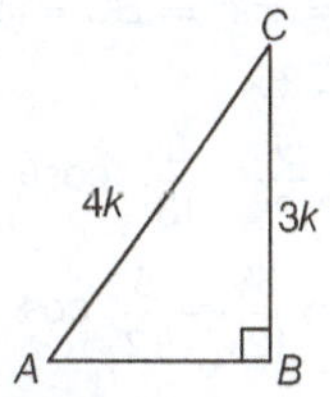

समकोण ΔABC में,

$\text{लम्ब}^2 + \text{आधार}^2 = \text{कर्ण}^2$ [पाइथागोरस प्रमेय से]

$\Rightarrow (3k)^2 + \text{आधार}^2 = (4k)^2 \Rightarrow 9k^2 + \text{आधार}^2 = 16k^2$

$\Rightarrow \text{आधार}^2 = 16k^2 - 9k^2 = 7k^2$

$\therefore \quad \text{आधार} = \sqrt{7}k$

अब, $\cos A = \frac{\text{आधार}}{\text{कर्ण}} = \frac{AB}{AC} = \frac{k\sqrt{7}}{4k} = \frac{\sqrt{7}}{4}$

तथा $\tan A = \frac{\text{लम्ब}}{\text{आधार}} = \frac{BC}{AB} = \frac{3k}{k\sqrt{7}} = \frac{3}{\sqrt{7}} \times \frac{\sqrt{7}}{\sqrt{7}} = \frac{3\sqrt{7}}{7}$

4. यदि $15 \cot A = 8$ हो, तो $\sin A$ और $\sec A$ के मान ज्ञात कीजिए।

हल दिया है, $15 \cot A = 8 \Rightarrow \cot A = \frac{8}{15} \Rightarrow \frac{\text{आधार}}{\text{लम्ब}} = \frac{8}{15}$

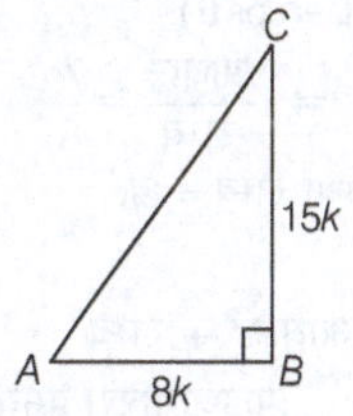

माना आधार $= 8k$ और लम्ब $= 15k$

समकोण ΔABC में,

$\text{कर्ण}^2 = \text{आधार}^2 + \text{लम्ब}^2$ [पाइथागोरस प्रमेय से]

$= (8k)^2 + (15k)^2$

$= 64k^2 + 225k^2 = 289k^2$

$\Rightarrow \quad \text{कर्ण} = \sqrt{289k^2}$

$\therefore \quad \text{कर्ण} = 17k$

अब, $\sin A = \frac{\text{लम्ब}}{\text{कर्ण}} = \frac{15k}{17k} = \frac{15}{17}$

और $\sec A = \frac{\text{कर्ण}}{\text{आधार}} = \frac{17k}{8k} = \frac{17}{8}$

5. यदि $\sec\theta = \dfrac{13}{12}$ हो, तो सभी त्रिकोणमितीय अनुपात ज्ञात कीजिए।

हल दिया है, $\sec\theta = \dfrac{13}{12} \Rightarrow \dfrac{\text{कर्ण}}{\text{आधार}} = \dfrac{13}{12}$

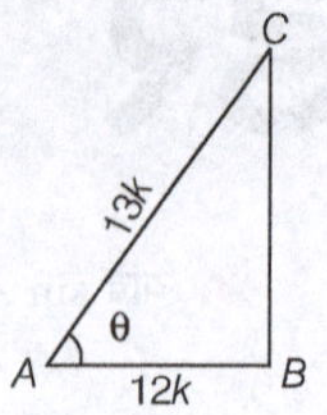

माना कर्ण = $13k$ तथा आधार = $12k$

समकोण ΔABC में,

$$AC^2 = AB^2 + BC^2$$

[पाइथागोरस प्रमेय से]

$\Rightarrow \quad BC^2 = AC^2 - AB^2$

$\Rightarrow \quad BC^2 = (13k)^2 - (12k)^2$

$\Rightarrow \quad BC^2 = 169k^2 - 144k^2$

$\Rightarrow \quad BC^2 = 25k^2 \Rightarrow BC = \sqrt{25k^2}$

$\therefore \quad BC = 5k$

अब, $\sin\theta = \dfrac{\text{लम्ब}}{\text{कर्ण}} = \dfrac{5k}{13k} = \dfrac{5}{13}$, $\cos\theta = \dfrac{\text{आधार}}{\text{कर्ण}} = \dfrac{12k}{13k} = \dfrac{12}{13}$

$\tan\theta = \dfrac{\text{लम्ब}}{\text{आधार}} = \dfrac{5k}{12k} = \dfrac{5}{12}$, $\operatorname{cosec}\theta = \dfrac{\text{कर्ण}}{\text{लम्ब}} = \dfrac{13k}{5k} = \dfrac{13}{5}$

$\sec\theta = \dfrac{\text{कर्ण}}{\text{आधार}} = \dfrac{13k}{12k} = \dfrac{13}{12}$ और $\cot\theta = \dfrac{\text{आधार}}{\text{लम्ब}} = \dfrac{12k}{5k} = \dfrac{12}{5}$

6. यदि $\angle A$ और $\angle B$ न्यूनकोण हैं तथा $\cos A = \cos B$, तो दिखाइए कि $\angle A = \angle B$

हल ΔABC में, $\cos A = \cos B$ [दिया है]

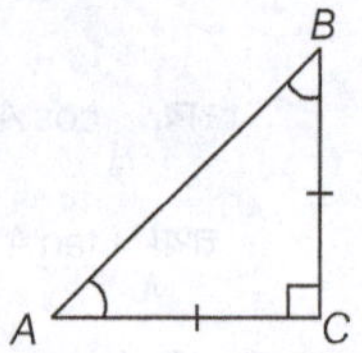

$\therefore \quad \dfrac{AC}{AB} = \dfrac{BC}{AB}$

$\Rightarrow \quad AC = BC \Rightarrow \angle B = \angle A$

[$\because$ समान भुजाओं के सम्मुख कोण समान होते हैं]

7. यदि $\cot\theta = \dfrac{7}{8}$ हो, तो निम्न के मान ज्ञात कीजिए।

(i) $\dfrac{(1+\sin\theta)(1-\sin\theta)}{(1+\cos\theta)(1-\cos\theta)}$ (ii) $\cot^2\theta$

हल दिया है, $\cot\theta = \dfrac{7}{8} \Rightarrow \dfrac{\text{आधार}}{\text{लम्ब}} = \dfrac{7}{8}$

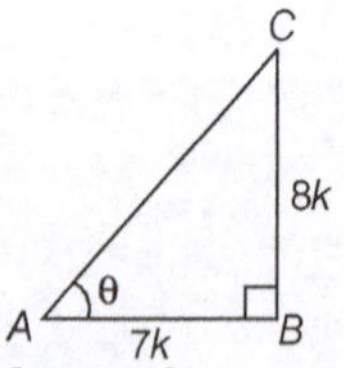

माना आधार = $7k$ तथा लम्ब = $8k$

समकोण ΔABC में,

$$\text{कर्ण}^2 = \text{आधार}^2 + \text{लम्ब}^2$$

[पाइथागोरस प्रमेय से]

$$= (7k)^2 + (8k)^2 = 49k^2 + 64k^2 = 113k^2$$

$$\text{कर्ण} = \sqrt{113k^2} = \sqrt{113}\,k$$

अब, $\sin\theta = \dfrac{\text{लम्ब}}{\text{कर्ण}} = \dfrac{8k}{k\sqrt{113}} = \dfrac{8}{\sqrt{113}}$

और $\cos\theta = \dfrac{\text{आधार}}{\text{कर्ण}} = \dfrac{7k}{k\sqrt{113}} = \dfrac{7}{\sqrt{113}}$

(i) $\dfrac{(1+\sin\theta)(1-\sin\theta)}{(1+\cos\theta)(1-\cos\theta)} = \dfrac{1^2 - \sin^2\theta}{1^2 - \cos^2\theta}$

[$\because (a+b)(a-b) = a^2 - b^2$]

$$= \frac{1-\left(\dfrac{8}{\sqrt{113}}\right)^2}{1-\left(\dfrac{7}{\sqrt{113}}\right)^2} = \frac{1-\dfrac{64}{113}}{1-\dfrac{49}{113}} = \frac{\dfrac{113-64}{113}}{\dfrac{113-49}{113}} = \frac{49}{64}$$

(ii) $\cot^2\theta = \left(\dfrac{7}{8}\right)^2 = \dfrac{49}{64}$ $\left[\text{दिया है}, \cot\theta = \dfrac{7}{8}\right]$

8. यदि $3\cot A = 4$ हो, तो जाँचिए कि $\dfrac{1-\tan^2 A}{1+\tan^2 A} = \cos^2 A - \sin^2 A$ है या नहीं। **[CBSE 2014]**

हल दिया है, $3\cot A = 4$

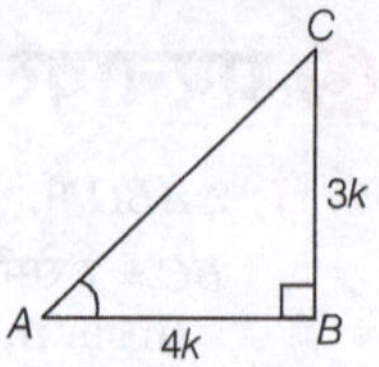

$\Rightarrow \quad \cot A = \dfrac{4}{3} \Rightarrow \dfrac{\text{आधार}}{\text{लम्ब}} = \dfrac{4}{3}$

माना आधार = $4k$ तथा लम्ब = $3k$

समकोण ΔABC में,

$$\text{कर्ण}^2 = \text{लम्ब}^2 + \text{आधार}^2$$

[पाइथागोरस प्रमेय से]

$$= (3k)^2 + (4k)^2 = 9k^2 + 16k^2 = 25k^2$$

$\Rightarrow \quad \text{कर्ण} = \sqrt{25k^2}$

$\therefore \quad \text{कर्ण} = 5k$

अब, $\tan A = \dfrac{1}{\cot A} = \dfrac{3}{4}$ $\left[\because \cot A = \dfrac{4}{3}\right]$

$\cos A = \dfrac{\text{आधार}}{\text{कर्ण}} = \dfrac{4}{5}$ और $\sin A = \dfrac{\text{लम्ब}}{\text{कर्ण}} = \dfrac{3}{5}$

$$\text{बायाँ पक्ष} = \frac{1-\tan^2 A}{1+\tan^2 A}$$

$$= \frac{1-\left(\dfrac{3}{4}\right)^2}{1+\left(\dfrac{3}{4}\right)^2} = \frac{\dfrac{16-9}{16}}{\dfrac{16+9}{16}} = \frac{\dfrac{7}{16}}{\dfrac{25}{16}} = \frac{7}{25} \quad \ldots\text{(i)}$$

तथा दायाँ पक्ष $= \cos^2 A - \sin^2 A = \left(\dfrac{4}{5}\right)^2 - \left(\dfrac{3}{5}\right)^2$

$$= \frac{16}{25} - \frac{9}{25} = \frac{16-9}{25} = \frac{7}{25} \quad \ldots\text{(ii)}$$

समी (i) व (ii) से, बायाँ पक्ष = दायाँ पक्ष

9. ΔABC में, $\angle B$ समकोण है, यदि $\tan A = \dfrac{1}{\sqrt{3}}$ हो, तो निम्न के मान ज्ञात कीजिए। **[CBSE 2011, 10]**

(i) $\sin A \cos C + \cos A \sin C$

(ii) $\cos A \cos C - \sin A \sin C$

हल दिया है, $\tan A = \dfrac{1}{\sqrt{3}} \Rightarrow \dfrac{\text{लम्ब}}{\text{आधार}} = \dfrac{1}{\sqrt{3}}$

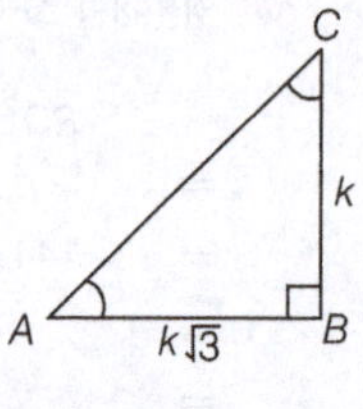

माना लम्ब = $1k$ तथा आधार = $\sqrt{3}k$

समकोण ΔABC में,

$$\text{आधार}^2 + \text{लम्ब}^2 = \text{कर्ण}^2$$

[पाइथागोरस प्रमेय से]

$\Rightarrow \quad (\sqrt{3}k)^2 + (k)^2 = \text{कर्ण}^2$

$\Rightarrow \quad 3k^2 + k^2 = \text{कर्ण}^2$

$\Rightarrow \quad \text{कर्ण}^2 = 4k^2 \Rightarrow \text{कर्ण} = \sqrt{4k^2}$

$\therefore \quad \text{कर्ण} = 2k$

(i) $\sin A \cos C + \cos A \sin C$

$$= \left(\frac{\text{लम्ब}}{\text{कर्ण}}\right)\left(\frac{\text{आधार}}{\text{कर्ण}}\right) + \left(\frac{\text{आधार}}{\text{कर्ण}}\right)\left(\frac{\text{लम्ब}}{\text{कर्ण}}\right)$$

$$= \left(\frac{BC}{AC}\right)\left(\frac{BC}{AC}\right) + \left(\frac{AB}{AC}\right)\left(\frac{AB}{AC}\right)$$
$$= \left(\frac{k}{2k}\right)\left(\frac{k}{2k}\right) + \left(\frac{k\sqrt{3}}{2k}\right)\left(\frac{k\sqrt{3}}{2k}\right)$$
$$= \frac{k^2}{4k^2} + \frac{3k^2}{4k^2} = \frac{4k^2}{4k^2} = \frac{4}{4} = 1$$

(ii) $\cos A \cos C - \sin A \sin C$
$$= \left(\frac{\text{आधार}}{\text{कर्ण}}\right)\left(\frac{\text{आधार}}{\text{कर्ण}}\right) - \left(\frac{\text{लम्ब}}{\text{कर्ण}}\right)\left(\frac{\text{लम्ब}}{\text{कर्ण}}\right)$$
$$= \left(\frac{AB}{AC}\right)\left(\frac{BC}{AC}\right) - \left(\frac{BC}{AC}\right)\left(\frac{AB}{AC}\right)$$
$$= \left(\frac{k\sqrt{3}}{2k}\right)\left(\frac{1k}{2k}\right) - \left(\frac{1k}{2k}\right)\left(\frac{k\sqrt{3}}{2k}\right)$$
$$= \frac{1}{2} \times \frac{\sqrt{3}}{2} - \frac{1}{2} \times \frac{\sqrt{3}}{2} = \frac{\sqrt{3}}{4} - \frac{\sqrt{3}}{4} = 0$$

10. ΔPQR में, $\angle Q$ समकोण है, जबकि $PR + QR = 25$ सेमी और $PQ = 5$ सेमी है, तो $\sin P$, $\cos P$ और $\tan P$ के मान ज्ञात कीजिए। **[CBSE 2010]**

हल माना $QR = x$ और $PR = y$

दिया है, $PR + QR = 25 \Rightarrow y + x = 25 \Rightarrow y = (25 - x)$ ...(i)

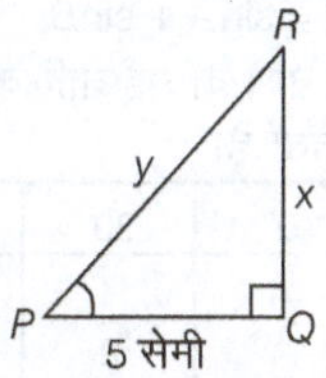

समकोण ΔPQR में,

$PQ^2 + QR^2 = PR^2$ [पाइथागोरस प्रमेय से]

$\Rightarrow (5)^2 + x^2 = y^2 \Rightarrow 25 + x^2 = (25 - x)^2$

[समी (i) से, y का मान रखने पर]

$\Rightarrow 25 + x^2 = 625 - 50x + x^2$

$\Rightarrow x^2 - x^2 + 50x = 625 - 25 \Rightarrow 50x = 600$

$\Rightarrow x = \frac{600}{50} = 12$ सेमी

समी (i) से, $y = 25 - 12 = 13$ सेमी

अतः $\sin P = \frac{x}{y} = \frac{12}{13}, \cos P = \frac{PQ}{PR} = \frac{5}{13}$ और $\tan P = \frac{QR}{PQ} = \frac{12}{5}$

11. निम्नलिखित में से सत्य और असत्य कथन छाँटिए। अपने उत्तर का कारण बताइए।

(i) $\tan A$ का मान हमेशा 1 से कम होता है।

(ii) $\angle A$ के किसी मान के लिए, $\sec A = \frac{12}{5}$

(iii) $\angle A$ के cosine के लिए संक्षिप्त रूप में $\cos A$ का प्रयोग करते हैं।

(iv) cot और A का गुणनफल $\cot A$ है।

(v) किसी कोण θ के लिए, $\sin\theta = \frac{4}{3}$

हल *(i) असत्य,* क्योंकि $\tan A$ का मान 0 से ∞ तक बढ़ता है, $\tan 45° = 1$

(ii) सत्य, क्योंकि $\sec A$ का मान 1 से ∞ तक बढ़ता है।

(iii) सत्य, क्योंकि $\cos A$, $\angle A$ के cosine का संक्षिप्त रूप है।

(iv) असत्य, क्योंकि $\cot A$ कोण तथा त्रिकोणमितीय अनुपात का एक संकेत है। हम cot और A को अलग नहीं कर सकते हैं।

(v) असत्य, क्योंकि $\sin\theta$ का मान हमेशा 0 और 1 के बीच रहता है। यहाँ, $\sin\theta = \frac{4}{3}$ है जोकि 1 से अधिक है। अतः यह संभव नहीं है।

प्रश्नावली 8.2

1. निम्नलिखित के मान ज्ञात कीजिए।

(i) $\sin 60° \cos 30° + \sin 30° \cos 60°$

(ii) $2\tan^2 45° + \cos^2 30° - \sin^2 60°$

(iii) $\dfrac{\cos 45°}{\sec 30° + \operatorname{cosec} 30°}$

(iv) $\dfrac{\sin 30° + \tan 45° - \operatorname{cosec} 60°}{\sec 30° + \cos 60° + \cot 45°}$

(v) $\dfrac{5\cos^2 60° + 4\sec^2 30° - \tan^2 45°}{\sin^2 30° + \cos^2 30°}$

हल *(i)* $\sin 60° \cos 30° + \sin 30° \cos 60°$
$$= \frac{\sqrt{3}}{2} \times \frac{\sqrt{3}}{2} + \frac{1}{2} \times \frac{1}{2} = \frac{3}{4} + \frac{1}{4} = \frac{3+1}{4} = \frac{4}{4} = 1$$

(ii) $2\tan^2 45° + \cos^2 30° - \sin^2 60°$
$$= 2(1)^2 + \left(\frac{\sqrt{3}}{2}\right)^2 - \left(\frac{\sqrt{3}}{2}\right)^2 = 2(1) + \frac{3}{4} - \frac{3}{4} = 2$$

(iii)
$$\frac{\cos 45°}{\sec 30° + \operatorname{cosec} 30°} = \frac{\frac{1}{\sqrt{2}}}{\frac{2}{\sqrt{3}} + \frac{2}{1}} = \frac{\frac{1}{\sqrt{2}}}{\frac{2 + 2\sqrt{3}}{\sqrt{3}}}$$
$$= \frac{1}{\sqrt{2}} \times \frac{\sqrt{3}}{(2 + 2\sqrt{3})} = \frac{\sqrt{3}}{2\sqrt{2} + 2\sqrt{6}}$$

अंश और हर में $(2\sqrt{2} - 2\sqrt{6})$ से गुणा करने पर,
$$= \frac{\sqrt{3}}{(2\sqrt{2} + 2\sqrt{6})} \times \frac{(2\sqrt{2} - 2\sqrt{6})}{(2\sqrt{2} - 2\sqrt{6})}$$
$$= \frac{2\sqrt{6} - 2\sqrt{18}}{(2\sqrt{2})^2 - (2\sqrt{6})^2} \quad [\because (a+b)(a-b) = a^2 - b^2]$$
$$= \frac{2\sqrt{6} - 2(3\sqrt{2})}{8 - 24} \quad [\because \sqrt{18} = \sqrt{9 \times 2} = 3\sqrt{2}]$$
$$= \frac{-2(3\sqrt{2} - \sqrt{6})}{-16} = \frac{3\sqrt{2} - \sqrt{6}}{8}$$

(iv)
$$\frac{\sin 30° + \tan 45° - \operatorname{cosec} 60°}{\sec 30° + \cos 60° + \cot 45°} = \frac{\frac{1}{2} + \frac{1}{1} - \frac{2}{\sqrt{3}}}{\frac{2}{\sqrt{3}} + \frac{1}{2} + 1}$$
$$= \frac{\frac{\sqrt{3} + 2\sqrt{3} - 4}{2\sqrt{3}}}{\frac{4 + \sqrt{3} + 2\sqrt{3}}{2\sqrt{3}}} = \frac{3\sqrt{3} - 4}{4 + 3\sqrt{3}}$$

अंश और हर में $(4 - 3\sqrt{3})$ से गुणा करने पर,
$$= \frac{(3\sqrt{3} - 4)}{(4 + 3\sqrt{3})} \times \frac{(4 - 3\sqrt{3})}{(4 - 3\sqrt{3})} = \frac{12\sqrt{3} - 27 - 16 + 12\sqrt{3}}{16 - 27}$$
$$= \frac{24\sqrt{3} - 43}{-11} = \frac{-(43 - 24\sqrt{3})}{-11} = \frac{43 - 24\sqrt{3}}{11}$$

(v) $\dfrac{5\cos^2 60° + 4\sec^2 30° - \tan^2 45°}{\sin^2 30° + \cos^2 30°}$

$$= \frac{5\left(\frac{1}{2}\right)^2 + 4\left(\frac{2}{\sqrt{3}}\right)^2 - (1)^2}{\left(\frac{1}{2}\right)^2 + \left(\frac{\sqrt{3}}{2}\right)^2}$$

$$= \frac{5\left(\frac{1}{4}\right) + 4\left(\frac{4}{3}\right) - 1}{\frac{1}{4} + \frac{3}{4}} = \frac{\frac{5}{4} + \frac{16}{3} - 1}{\frac{1}{4} + \frac{3}{4}}$$

$$= \frac{\frac{(15 + 64 - 12)}{12}}{\left(\frac{1+3}{4}\right)} = \frac{67}{12} \times \frac{4}{4} = \frac{67}{12}$$

2. सही विकल्प चुनिए और अपने उत्तर को स्पष्ट कीजिए।

(i) $\dfrac{2\tan 30°}{1 + \tan^2 30°}$ का मान है **[CBSE 2023 (Standard)]**

(a) $\sin 60°$ (b) $\cos 60°$ (c) $\tan 60°$ (d) $\sin 30°$

(ii) $\dfrac{1 - \tan^2 45°}{1 + \tan^2 45°}$ का मान है

(a) $\tan 90°$ (b) 1 (c) $\sin 45°$ (d) 0

(iii) $\sin 2A = 2\sin A$ सत्य है, जब A का मान है

(a) 0° (b) 30° (c) 45° (d) 60°

(iv) $\dfrac{2\tan 30°}{1 - \tan^2 30°}$ का मान है

(a) $\cos 60°$ (b) $\sin 60°$ (c) $\tan 60°$ (d) $\sin 30°$

हल *(i)* (a) $\dfrac{2\tan 30°}{1 + \tan^2 30°} = \dfrac{2\left(\frac{1}{\sqrt{3}}\right)}{1 + \left(\frac{1}{\sqrt{3}}\right)^2} = \dfrac{\frac{2}{\sqrt{3}}}{\left(1 + \frac{1}{3}\right)}$

$$= \frac{\frac{2}{\sqrt{3}}}{\left(\frac{3+1}{3}\right)} = \frac{2}{\sqrt{3}} \times \frac{3}{4} = \frac{\sqrt{3}}{2} = \sin 60°$$

(ii) (d) $\dfrac{1 - \tan^2 45°}{1 + \tan^2 45°} = \dfrac{1 - (1)^2}{1 + (1)^2} = \dfrac{1-1}{1+1} = \dfrac{0}{2} = 0$

(iii) (a) दिया है, $\sin 2A = 2\sin A$

जब $A = 0°$, तो $\sin(2 \times 0°) = 2\sin(0°) \Rightarrow \sin(0°) = 2(0)$

$0 = 0$, सत्य है।

(iv) (c) $\dfrac{2\tan 30°}{1 - \tan^2 30°} = \dfrac{2\left(\frac{1}{\sqrt{3}}\right)}{1 - \left(\frac{1}{\sqrt{3}}\right)^2} = \dfrac{2\left(\frac{1}{\sqrt{3}}\right)}{1 - \frac{1}{3}} = \dfrac{\frac{2}{\sqrt{3}}}{\frac{3-1}{3}}$

$$= \frac{2}{\sqrt{3}} \times \frac{3}{2} = \frac{3}{\sqrt{3}} = \sqrt{3} = \tan 60°$$

3. यदि $\tan(A + B) = \sqrt{3}$ और $\tan(A - B) = \dfrac{1}{\sqrt{3}}$; $0° < A + B \le 90°$; $A > B$, तो A और B के मान ज्ञात कीजिए। **[CBSE 2012, 11, 10]**

हल दिया है, $\tan(A + B) = \sqrt{3} \Rightarrow \tan(A + B) = \tan 60°$

$\Rightarrow \quad A + B = 60° \quad \ldots(i)$

तथा $\tan(A - B) = \dfrac{1}{\sqrt{3}}$

$\Rightarrow \quad \tan(A - B) = \tan 30° \Rightarrow A - B = 30° \quad \ldots(ii)$

समी (i) व (ii) को जोड़ने पर,

$$2A = 90° \Rightarrow A = \frac{90°}{2} = 45°$$

A का मान समी (i) में रखने पर,

$$45° + B = 60° \Rightarrow B = 60° - 45° = 15°$$

अतः $A = 45°$ और $B = 15°$

4. बताइए कि निम्नलिखित सत्य है या असत्य। अपने उत्तर का तर्क दीजिए।

(i) $\sin(A + B) = \sin A + \sin B$

(ii) θ के बढ़ने पर $\sin\theta$ का मान बढ़ता है।

(iii) θ के सभी मानों के लिए, $\sin\theta = \cos\theta$

(iv) $A = 0°$ पर $\cot A$ अपरिभाषित है।

हल *(i) असत्य,* क्योंकि

जब $A = 60°$ और $B = 30°$

तब, $\sin(A + B) = \sin(60° + 30°) = \sin 90° = 1$

तथा $\sin A + \sin B = \sin 60° + \sin 30° = \dfrac{\sqrt{3}}{2} + \dfrac{1}{2} = \dfrac{\sqrt{3}+1}{2}$

अतः $\sin(A + B) \ne \sin A + \sin B$

(ii) सत्य, क्योंकि यह नीचे दी गई तालिका से स्पष्ट है कि θ के बढ़ने से $\sin\theta$ का मान बढ़ता है।

θ	0°	30°	45°	60°	90°
$\sin\theta$	0	$\frac{1}{2}$	$\frac{1}{\sqrt{2}}$	$\frac{\sqrt{3}}{2}$	1

(iii) असत्य, क्योंकि यह केवल $\theta = 45°$ के लिए सत्य है।

(iv) सत्य, क्योंकि $A = 0°$ के लिए $\tan A = \tan 0° = 0$

$$\therefore \quad \cot A = \frac{1}{\tan A} = \frac{1}{0} = \text{अपरिभाषित}$$

प्रश्नावली 8.3

1. त्रिकोणमितीय अनुपातों $\sin A, \sec A$ और $\tan A$ को $\cot A$ के पदों में व्यक्त कीजिए।

हल *(i)* हम जानते हैं कि

$$\text{cosec}^2 A = 1 + \cot^2 A$$

$$\Rightarrow \quad \text{cosec } A = \sqrt{1 + \cot^2 A}$$

अब, $\sin A = \dfrac{1}{\text{cosec } A} = \dfrac{1}{\sqrt{1 + \cot^2 A}} \quad \left[\because \sin A = \dfrac{1}{\text{cosec } A}\right]$

(ii) हम जानते हैं कि

$$\sec^2 A = 1 + \tan^2 A$$

$\Rightarrow \sec A = \sqrt{1 + \tan^2 A} = \sqrt{1 + \left(\dfrac{1}{\cot A}\right)^2} \quad \left[\because \tan A = \dfrac{1}{\cot A}\right]$

$$= \sqrt{1 + \frac{1}{\cot^2 A}} = \sqrt{\frac{\cot^2 A + 1}{\cot^2 A}} = \frac{\sqrt{1 + \cot^2 A}}{\cot A}$$

(iii) $\tan A = \dfrac{1}{\cot A}$

2. sec A के पदों में $\angle A$ के सभी त्रिकोणमितीय अनुपात लिखिए।

हल (i) हम जानते हैं कि

$\sin^2 A + \cos^2 A = 1 \Rightarrow \sin^2 A = 1 - \cos^2 A$

$\therefore \quad \sin A = \sqrt{1-\cos^2 A} = \sqrt{1-\frac{1}{\sec^2 A}} \quad \left[\because \cos\theta = \frac{1}{\sec\theta}\right]$

$= \sqrt{\frac{\sec^2 A - 1}{\sec^2 A}} = \frac{\sqrt{\sec^2 A - 1}}{\sec A}$

(ii) $\cos A = \frac{1}{\sec A} \quad \left[\because \cos\theta = \frac{1}{\sec\theta}\right]$

(iii) हम जानते हैं कि

$\sec^2 A = 1 + \tan^2 A \Rightarrow \tan^2 A = \sec^2 A - 1$

$\therefore \quad \tan A = \sqrt{\sec^2 A - 1}$

(iv) $\cot A = \frac{1}{\tan A} = \frac{1}{\sqrt{\sec^2 A - 1}}$ [भाग (iii) का प्रयोग करने पर]

(v) $\text{cosec } A = \frac{1}{\sin A} = \frac{\sec A}{\sqrt{\sec^2 A - 1}}$ [भाग (i) का प्रयोग करने पर]

3. सही विकल्प चुनिए। अपने उत्तर के लिए तर्क दीजिए।

(i) $9\sec^2 A - 9\tan^2 A$ का मान है

(a) 1 (b) 9 (c) 8 (d) 0

(ii) $(1+\tan\theta+\sec\theta)(1+\cot\theta-\text{cosec}\theta)$ का मान है

(a) 0 (b) 1 (c) 2 (d) – 1

(iii) $(\sec A + \tan A)(1-\sin A)$ का मान है

(a) sec A (b) sin A (c) cosec A (d) cos A

(iv) $\frac{1+\tan^2 A}{1+\cot^2 A}$ का मान है

(a) $\sec^2 A$ (b) – 1 (c) $\cot^2 A$ (d) $\tan^2 A$

हल (i) (b) $9\sec^2 A - 9\tan^2 A$

$= 9(\sec^2 A - \tan^2 A) = 9 \times 1 \quad [\because \sec^2 A - \tan^2 A = 1]$

$= 9$

(ii) (c) $(1+\tan\theta+\sec\theta)(1+\cot\theta-\text{cosec}\,\theta)$

$= \left(1+\frac{\sin\theta}{\cos\theta}+\frac{1}{\cos\theta}\right)\left(1+\frac{\cos\theta}{\sin\theta}-\frac{1}{\sin\theta}\right)$

$\left[\because \tan A = \frac{\sin A}{\cos A}, \sec A = \frac{1}{\cos A}, \text{cosec } A = \frac{1}{\sin A} \text{ तथा } \cot A = \frac{\cos A}{\sin A}\right]$

$= \left[\frac{(\cos\theta+\sin\theta)+(1)}{\cos\theta}\right] \times \left[\frac{(\sin\theta+\cos\theta)-(1)}{\sin\theta}\right]$

$= \frac{(\cos\theta+\sin\theta)^2-(1)^2}{\cos\theta\cdot\sin\theta}$

$[\because (a+b)(a-b) = a^2 - b^2]$

$= \frac{\cos^2\theta+\sin^2\theta+2\sin\theta\cos\theta-1}{\cos\theta\sin\theta}$

$[\because (a+b)^2 = a^2+b^2+2ab]$

$= \frac{1+2\sin\theta\cos\theta-1}{\cos\theta\sin\theta} \quad [\because \cos^2 A + \sin^2 A = 1]$

$= \frac{2\sin\theta\cos\theta}{\cos\theta\sin\theta} = 2$

(iii) (d) $(\sec A + \tan A)(1-\sin A) = \left(\frac{1}{\cos A}+\frac{\sin A}{\cos A}\right)(1-\sin A)$

$\left[\because \sec\theta = \frac{1}{\cos\theta} \text{ तथा } \tan\theta = \frac{\sin\theta}{\cos\theta}\right]$

$= \left(\frac{1+\sin A}{\cos A}\right)(1-\sin A)$

$= \frac{(1+\sin A)(1-\sin A)}{\cos A}$

$= \frac{1-\sin^2 A}{\cos A} \quad [\because (a+b)(a-b) = a^2-b^2]$

$= \frac{\cos^2 A}{\cos A} \quad [\because \sin^2 A + \cos^2 A = 1]$

$= \cos A$

(iv) (d) $\frac{1+\tan^2 A}{1+\cot^2 A} = \frac{\sec^2 A}{\text{cosec}^2 A} \quad \left[\because 1+\tan^2\theta = \sec^2\theta \text{ तथा } 1+\cot^2\theta = \text{cosec}^2\theta\right]$

$= \frac{\frac{1}{\cos^2 A}}{\frac{1}{\sin^2 A}} \quad \left[\because \sec\theta = \frac{1}{\cos\theta} \text{ तथा } \text{cosec}\,\theta = \frac{1}{\sin\theta}\right]$

$= \frac{1}{\cos^2 A} \times \frac{\sin^2 A}{1} = \frac{\sin^2 A}{\cos^2 A}$

$= \tan^2 A$

4. निम्नलिखित सर्वसमिकाओं को सिद्ध कीजिए, जहाँ सम्मिलित कोण न्यूनकोण हैं जिनके लिए व्यंजक परिभाषित हैं।

(i) $(\text{cosec}\theta - \cot\theta)^2 = \frac{1-\cos\theta}{1+\cos\theta}$ **[CBSE 2012, 11, 10]**

(ii) $\frac{\cos A}{1+\sin A} + \frac{1+\sin A}{\cos A} = 2\sec A$

(iii) $\frac{\tan\theta}{1-\cot\theta} + \frac{\cot\theta}{1-\tan\theta} = 1 + \sec\theta\,\text{cosec}\,\theta$ **[CBSE 2012, 11, 10]**

[*संकेत—व्यंजक को* $\sin\theta$ *और* $\cos\theta$ *के पदों में लिखिए।*]

(iv) $\frac{1+\sec A}{\sec A} = \frac{\sin^2 A}{1-\cos A}$

[*संकेत—बाएँ पक्ष और दाएँ पक्ष को अलग-अलग सरल कीजिए।*]

(v) $\frac{\cos A - \sin A + 1}{\cos A + \sin A - 1} = \text{cosec } A + \cot A$

[*संकेत—सर्वसमिका* $\text{cosec}^2 A = 1 + \cot^2 A$ *का प्रयोग कीजिए।*]

(vi) $\sqrt{\frac{1+\sin A}{1-\sin A}} = \sec A + \tan A$ **[CBSE 2010]**

(vii) $\frac{\sin\theta - 2\sin^3\theta}{2\cos^3\theta - \cos\theta} = \tan\theta$

(viii) $(\sin A + \text{cosec } A)^2 + (\cos A + \sec A)^2 = 7 + \tan^2 A + \cot^2 A$ **[CBSE 2014, 12, 11, 10]**

(ix) $(\text{cosec } A - \sin A)(\sec A - \cos A) = \frac{1}{\tan A + \cot A}$ **[CBSE 2011, 10]**

[*संकेत—बाएँ पक्ष और दाएँ पक्ष को अलग-अलग सरल कीजिए।*]

(x) $\left(\frac{1+\tan^2 A}{1+\cot^2 A}\right) = \left(\frac{1-\tan A}{1-\cot A}\right)^2 = \tan^2 A$

हल (i) बायाँ पक्ष $= (\operatorname{cosec}\theta - \cot\theta)^2$

$$= \left(\frac{1}{\sin\theta} - \frac{\cos\theta}{\sin\theta}\right)^2 \quad \left[\because \operatorname{cosec} A = \frac{1}{\sin A} \text{ तथा } \cot A = \frac{\cos A}{\sin A}\right]$$

$$= \left(\frac{1-\cos\theta}{\sin\theta}\right)^2 = \frac{(1-\cos\theta)^2}{\sin^2\theta} = \frac{(1-\cos\theta)^2}{1-\cos^2\theta} \quad [\because \sin^2 A + \cos^2 A = 1]$$

$$= \frac{(1-\cos\theta)(1-\cos\theta)}{(1+\cos\theta)(1-\cos\theta)} \quad [\because a^2 - b^2 = (a+b)(a-b)]$$

$$= \frac{1-\cos\theta}{1+\cos\theta}$$

= दायाँ पक्ष

(ii) बायाँ पक्ष $= \frac{\cos A}{1+\sin A} + \frac{1+\sin A}{\cos A} = \frac{\cos^2 A + (1+\sin A)^2}{(1+\sin A)\cdot\cos A}$

$$= \frac{\cos^2 A + \sin^2 A + 1 + 2\sin A}{(1+\sin A)\cdot\cos A} \quad [\because (a+b)^2 = a^2 + b^2 + 2ab]$$

$$= \frac{1+1+2\sin A}{(1+\sin A)\cdot\cos A} \quad [\because \sin^2 A + \cos^2 A = 1]$$

$$= \frac{2+2\sin A}{(1+\sin A)\cdot\cos A} = \frac{2(1+\sin A)}{(1+\sin A)\cos A}$$

$$= \frac{2}{\cos A} = 2\sec A$$

= दायाँ पक्ष

(iii) बायाँ पक्ष $= \frac{\tan\theta}{1-\cot\theta} + \frac{\cot\theta}{1-\tan\theta}$

$$= \frac{\frac{\sin\theta}{\cos\theta}}{1-\frac{\cos\theta}{\sin\theta}} + \frac{\frac{\cos\theta}{\sin\theta}}{1-\frac{\sin\theta}{\cos\theta}} \quad \left[\because \tan A = \frac{\sin A}{\cos A} \text{ तथा } \cot A = \frac{\cos A}{\sin A}\right]$$

$$= \frac{\frac{\sin\theta}{\cos\theta}}{\frac{\sin\theta-\cos\theta}{\sin\theta}} + \frac{\frac{\cos\theta}{\sin\theta}}{\frac{\cos\theta-\sin\theta}{\cos\theta}}$$

$$= \frac{\sin\theta}{\cos\theta} \times \frac{\sin\theta}{\sin\theta-\cos\theta} + \frac{\cos\theta}{\sin\theta} \times \frac{\cos\theta}{\cos\theta-\sin\theta}$$

$$= \frac{\sin^2\theta}{\cos\theta(\sin\theta-\cos\theta)} + \frac{\cos^2\theta}{\sin\theta(\cos\theta-\sin\theta)}$$

$$= \frac{\sin^2\theta}{\cos\theta(\sin\theta-\cos\theta)} - \frac{\cos^2\theta}{\sin\theta(\sin\theta-\cos\theta)}$$

$$= \frac{\sin^3\theta - \cos^3\theta}{\cos\theta\cdot\sin\theta(\sin\theta-\cos\theta)}$$

$$= \frac{(\sin\theta-\cos\theta)\cdot(\sin^2\theta+\cos^2\theta+\sin\theta\cos\theta)}{\cos\theta\cdot\sin\theta\cdot(\sin\theta-\cos\theta)}$$

$$[\because a^3 - b^3 = (a-b)(a^2+b^2+ab)]$$

$$= \frac{1+\sin\theta\cos\theta}{\cos\theta\sin\theta} \quad [\because \sin^2\theta + \cos^2\theta = 1]$$

$$= \frac{1}{\cos\theta\cdot\sin\theta} + \frac{\sin\theta\cdot\cos\theta}{\sin\theta\cdot\cos\theta} = \frac{1}{\cos\theta\cdot\sin\theta} + 1$$

$$= 1 + \sec\theta\cdot\operatorname{cosec}\theta$$

$$\left[\because \frac{1}{\cos A} = \sec A \text{ तथा } \frac{1}{\sin A} = \operatorname{cosec} A\right]$$

= दायाँ पक्ष

(iv) बायाँ पक्ष $= \frac{1+\sec A}{\sec A} = \frac{1+\frac{1}{\cos A}}{\frac{1}{\cos A}} \quad \left[\because \sec\theta = \frac{1}{\cos\theta}\right]$

$$= \frac{\frac{\cos A + 1}{\cos A}}{\frac{1}{\cos A}} = \frac{\cos A + 1}{\cos A} \times \frac{\cos A}{1}$$

$$= \cos A + 1 = 1 + \cos A \quad \ldots\text{(i)}$$

दायाँ पक्ष $= \frac{\sin^2 A}{1-\cos A} = \frac{1-\cos^2 A}{1-\cos A} \quad [\because \sin^2 A + \cos^2 A = 1]$

$$= \frac{(1+\cos A)(1-\cos A)}{(1-\cos A)} \quad [\because a^2 - b^2 = (a+b)(a-b)]$$

$$= 1 + \cos A \quad \ldots\text{(ii)}$$

समी (i) व (ii) से, बायाँ पक्ष = दायाँ पक्ष

(v) बायाँ पक्ष $= \frac{\cos A - \sin A + 1}{\cos A + \sin A - 1}$

अंश और हर को $\sin A$ से भाग देने पर,

$$= \frac{\frac{\cos A}{\sin A} - \frac{\sin A}{\sin A} + \frac{1}{\sin A}}{\frac{\cos A}{\sin A} + \frac{\sin A}{\sin A} - \frac{1}{\sin A}} = \frac{\cot A - 1 + \operatorname{cosec} A}{\cot A + 1 - \operatorname{cosec} A}$$

$$\left[\because \cot\theta = \frac{\cos\theta}{\sin\theta} \text{ तथा } \sin\theta = \frac{1}{\operatorname{cosec}\theta}\right]$$

$$= \frac{\cot A + \operatorname{cosec} A - 1}{\cot A + 1 - \operatorname{cosec} A}$$

$$= \frac{(\cot A + \operatorname{cosec} A) - (\operatorname{cosec}^2 A - \cot^2 A)}{\cot A + 1 - \operatorname{cosec} A}$$

$$[\because 1 = \operatorname{cosec}^2 A - \cot^2 A]$$

$$= \frac{(\cot A + \operatorname{cosec} A) - [(\operatorname{cosec} A + \cot A)(\operatorname{cosec} A - \cot A)]}{\cot A + 1 - \operatorname{cosec} A}$$

$$[\because (a^2 - b^2) = (a+b)(a-b)]$$

$$= \frac{(\cot A + \operatorname{cosec} A)[1 - (\operatorname{cosec} A - \cot A)]}{\cot A + 1 - \operatorname{cosec} A}$$

$$= \frac{(\cot A + \operatorname{cosec} A)[1 - \operatorname{cosec} A + \cot A]}{\cot A + 1 - \operatorname{cosec} A}$$

$= \cot A + \operatorname{cosec} A = \operatorname{cosec} A + \cot A =$ दायाँ पक्ष

(vi) बायाँ पक्ष $= \sqrt{\frac{1+\sin A}{1-\sin A}}$

[अंश और हर को $\sqrt{1+\sin A}$ से गुणा करने पर]

$$= \sqrt{\frac{1+\sin A}{1-\sin A}} \times \sqrt{\frac{1+\sin A}{1+\sin A}} = \sqrt{\frac{(1+\sin A)(1+\sin A)}{(1-\sin A)(1+\sin A)}}$$

$$= \sqrt{\frac{(1+\sin A)^2}{1-\sin^2 A}} \quad [\because a^2 - b^2 = (a+b)(a-b)]$$

$$= \sqrt{\frac{(1+\sin A)^2}{\cos^2 A}} \quad [\because \sin^2 A + \cos^2 A = 1]$$

$$= \frac{1+\sin A}{\cos A} \quad \text{[वर्गमूल लेने पर]}$$

$$= \frac{1}{\cos A} + \frac{\sin A}{\cos A} = \sec A + \tan A$$

$$\left[\because \sec\theta = \frac{1}{\cos\theta} \text{ तथा } \tan\theta = \frac{\sin\theta}{\cos\theta}\right]$$

= दायाँ पक्ष

(vii) बायाँ पक्ष $= \dfrac{\sin\theta - 2\sin^3\theta}{2\cos^3\theta - \cos\theta} = \dfrac{\sin\theta\,(1 - 2\sin^2\theta)}{\cos\theta\,(2\cos^2\theta - 1)}$

$$= \frac{\sin\theta\,[1 - 2(1 - \cos^2\theta)]}{\cos\theta\,(2\cos^2\theta - 1)} \quad [\because \sin^2 A + \cos^2 A = 1]$$

$$= \frac{\sin\theta\,[1 - 2 + 2\cos^2\theta]}{\cos\theta\,[2\cos^2\theta - 1]} = \frac{\sin\theta\,(2\cos^2\theta - 1)}{\cos\theta\,(2\cos^2\theta - 1)}$$

$$= \frac{\sin\theta}{\cos\theta} = \tan\theta \quad \left[\because \tan A = \frac{\sin A}{\cos A}\right]$$

= दायाँ पक्ष

(viii) बायाँ पक्ष $= (\sin A + \operatorname{cosec} A)^2 + (\cos A + \sec A)^2$

$$= \sin^2 A + \operatorname{cosec}^2 A + 2\sin A \operatorname{cosec} A + \cos^2 A + \sec^2 A + 2\cos A \sec A$$

$$[\because (a+b)^2 = a^2 + b^2 + 2ab]$$

$$= (\sin^2 A + \cos^2 A) + (1 + \cot^2 A) + 2\sin A \cdot \frac{1}{\sin A} + (1 + \tan^2 A) + 2\cos A \cdot \frac{1}{\cos A}$$

$$\left[\begin{array}{l}\because 1 + \cot^2\theta = \operatorname{cosec}^2\theta \text{ तथा } \operatorname{cosec}\theta = \dfrac{1}{\sin\theta} \\ \sec^2\theta = 1 + \tan^2\theta \text{ तथा } \sec\theta = \dfrac{1}{\cos\theta}\end{array}\right]$$

$$= 1 + 1 + \cot^2 A + 2 + 1 + \tan^2 A + 2$$

$$[\because \sin^2\theta + \cos^2\theta = 1]$$

$= 7 + \tan^2 A + \cot^2 A =$ दायाँ पक्ष

(ix) बायाँ पक्ष $= (\operatorname{cosec} A - \sin A)(\sec A - \cos A)$

$$= \left(\frac{1}{\sin A} - \frac{\sin A}{1}\right)\left(\frac{1}{\cos A} - \frac{\cos A}{1}\right) \quad \left[\because \operatorname{cosec}\theta = \frac{1}{\sin\theta} \text{ तथा } \sec\theta = \frac{1}{\cos\theta}\right]$$

$$= \left(\frac{1 - \sin^2 A}{\sin A}\right)\left(\frac{1 - \cos^2 A}{\cos A}\right) = \frac{\cos^2 A}{\sin A} \times \frac{\sin^2 A}{\cos A}$$

$$= \cos A \sin A \quad \ldots(i)$$

अब, दायाँ पक्ष $= \dfrac{1}{\tan A + \cot A} = \dfrac{1}{\left(\dfrac{\sin A}{\cos A} + \dfrac{\cos A}{\sin A}\right)}$

$$= \frac{1}{\left(\dfrac{\sin^2 A + \cos^2 A}{\cos A \sin A}\right)} = \frac{1}{\dfrac{1}{\cos A \sin A}}$$

$$[\because \sin^2\theta + \cos^2\theta = 1]$$

$$= 1 \times \frac{\cos A \sin A}{1} = \cos A \sin A \quad \ldots(ii)$$

समी (i) व (ii) से, बायाँ पक्ष = दायाँ पक्ष

(x) बायाँ पक्ष $= \left(\dfrac{1 + \tan^2 A}{1 + \cot^2 A}\right) = \dfrac{\dfrac{1}{1} + \dfrac{\sin^2 A}{\cos^2 A}}{\dfrac{1}{1} + \dfrac{\cos^2 A}{\sin^2 A}}$

$$= \frac{\dfrac{\cos^2 A + \sin^2 A}{\cos^2 A}}{\dfrac{\sin^2 A + \cos^2 A}{\sin^2 A}} = \frac{\dfrac{1}{\cos^2 A}}{\dfrac{1}{\sin^2 A}} \quad [\because \sin^2\theta + \cos^2\theta = 1]$$

$= \dfrac{1}{\cos^2 A} \times \dfrac{\sin^2 A}{1} = \dfrac{\sin^2 A}{\cos^2 A} = \tan^2 A =$ दायाँ पक्ष

अध्याय : एक नजर में

- किसी समकोण त्रिभुज में किंहीं दो भुजाओं के अनुपात को त्रिकोणमितीय अनुपात कहते हैं।

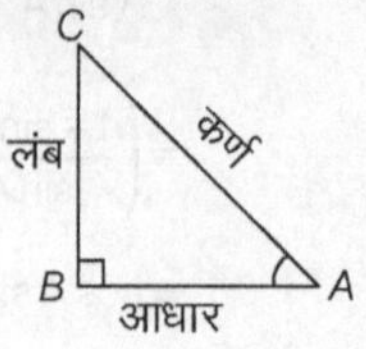

(i) $\sin A = \dfrac{\angle A \text{ के विपरीत भुजा}}{\text{कर्ण}} = \dfrac{BC}{AC}$

(ii) $\cos A = \dfrac{\angle A \text{ के संलग्न भुजा}}{\text{कर्ण}} = \dfrac{AB}{AC}$

(iii) $\tan A = \dfrac{\angle A \text{ के विपरीत भुजा}}{\angle A \text{ के संलग्न भुजा}} = \dfrac{BC}{AB}$

(iv) $\operatorname{cosec} A = \dfrac{\text{कर्ण}}{\angle A \text{ के विपरीत भुजा}} = \dfrac{AC}{BC}$

(v) $\sec A = \dfrac{\text{कर्ण}}{\angle A \text{ के संलग्न भुजा}} = \dfrac{AC}{AB}$

(vi) $\cot A = \dfrac{\angle A \text{ के संलग्न भुजा}}{\angle A \text{ के विपरीत भुजा}} = \dfrac{AB}{BC}$

- **व्युत्क्रम संबंध**

(i) $\sin A = \dfrac{1}{\operatorname{cosec} A}, \operatorname{cosec} A = \dfrac{1}{\sin A}$

(ii) $\cos A = \dfrac{1}{\sec A}, \sec A = \dfrac{1}{\cos A}$

(iii) $\tan A = \dfrac{1}{\cot A}, \cot A = \dfrac{1}{\tan A}$

- **भागफल संबंध**

(i) $\tan A = \dfrac{\sin A}{\cos A}$ (ii) $\cot A = \dfrac{\cos A}{\sin A}$

- कुछ विशिष्ट कोणों के त्रिकोणमितीय अनुपातों के मान

कोण	0° या 0	30° या $\frac{\pi}{6}$	45° या $\frac{\pi}{4}$	60° या $\frac{\pi}{3}$	90° या $\frac{\pi}{2}$
$\sin\theta$	0	$\frac{1}{2}$	$\frac{1}{\sqrt{2}}$	$\frac{\sqrt{3}}{2}$	1
$\cos\theta$	1	$\frac{\sqrt{3}}{2}$	$\frac{1}{\sqrt{2}}$	$\frac{1}{2}$	0
$\tan\theta$	0	$\frac{1}{\sqrt{3}}$	1	$\sqrt{3}$	∞
$\cot\theta$	∞	$\sqrt{3}$	1	$\frac{1}{\sqrt{3}}$	0
$\sec\theta$	1	$\frac{2}{\sqrt{3}}$	$\sqrt{2}$	2	∞
$\operatorname{cosec}\theta$	∞	2	$\sqrt{2}$	$\frac{2}{\sqrt{3}}$	1

यहाँ, ∞ का मान अपरिभाषित है।

- एक कोण के त्रिकोणमितीय अनुपातों से संबंधित समीकरण को त्रिकोणमितीय सर्वसमिका कहते हैं यदि यह संबंधित कोणों के सभी मानों के लिए सत्य होती है।

(i) $\sin^2\theta + \cos^2\theta = 1$

(ii) $1 + \tan^2\theta = \sec^2\theta$

(iii) $\cot^2\theta + 1 = \operatorname{cosec}^2\theta$

परीक्षा अभ्यास

बहुविकल्पीय प्रश्न

1. यदि $\cos A = \frac{4}{5}$ हो, तो $\cot A$ का मान होगा **[NCERT Exemplar]**

(a) $\frac{5}{4}$ (b) $\frac{4}{3}$ (c) $\frac{3}{4}$ (d) $\frac{5}{3}$

2. $\frac{2\tan 30^\circ}{1+\tan^2 30^\circ}$ का मान होगा

(a) $\sin 60^\circ$ (b) $\cos 60^\circ$ (c) $\tan 60^\circ$ (d) $\sin 30^\circ$

3. $\frac{2\tan 30^\circ}{1-\tan^2 30^\circ}$ का मान होगा

(a) $\cos 60^\circ$ (b) $\sin 60^\circ$ (c) $\tan 60^\circ$ (d) $\cot 30^\circ$

4. यदि $\sin A = \frac{3}{4}$, तो $\operatorname{cosec} A$ का मान होगा

(a) $\frac{3}{5}$ (b) $\frac{4}{5}$ (c) $\frac{\sqrt{7}}{4}$ (d) $\frac{4}{3}$

5. यदि $\tan A = \frac{1}{\sqrt{3}}$ तथा $\tan B = \sqrt{3}$, तो $\tan(A+B)$ का मान होगा

(a) 0 (b) $1/\sqrt{3}$ (c) 1 (d) ∞

6. $\frac{1-\tan^2 45^\circ}{1+\tan^2 45^\circ}$ का मान है

(a) $\cos 90^\circ$ (b) $\sin 90^\circ$ (c) $\tan 90^\circ$ (d) $\sin 45^\circ$

7. $\sin 2A = 2\sin A$ सत्य है, जब A का मान है

(a) 0° (b) 30° (c) 45° (d) 60°

कथन कारण प्रश्न

निर्देश (प्र. सं. 8-12 तक) *इनमें से प्रत्येक प्रश्न में एक कथन के बाद एक कारण दिया गया है। इनको ध्यानपूर्वक पढ़िए तथा निम्न विकल्पों के आधार पर प्रश्नों के उत्तर दीजिए।*

(a) यदि दोनों कथन व कारण सही हैं तथा कारण कथन का सही स्पष्टीकरण है।
(b) यदि दोनों कथन व कारण सही हैं परन्तु कारण कथन का सही स्पष्टीकरण नहीं है।
(c) यदि कथन सही है परन्तु कारण गलत है।
(d) यदि कथन गलत है परन्तु कारण सही है।

8. कथन समीकरण $\sec^2\theta = \frac{4xy}{(x+y)^2}$ सम्भव होगी, यदि $x = y$

कारण $\sec^2\theta \ge 1$ तथा इसलिए $(x-y)^2 \le 0$

9. कथन समकोण त्रिभुज ABC व DEF में कोण इस प्रकार है कि $\sin B = \sin E$, तब $\angle B = \angle E$

कारण $\Delta ABC \sim \Delta DEF$

10. कथन $\cos^2 A - \sin^2 A = 1$ एक त्रिकोणमितीय सर्वसमिका है।

कारण एक समीकरण जिसमें किसी कोण के त्रिकोणमितीय अनुपात हो, को सर्वममिका कहते है, यदि यह सम्मिलित कोण के सभी मानों के लिए सत्य है।

11. कथन $2\cos\theta = a + \frac{1}{a}$, जहाँ $a > 0, a \ne 1$

कारण $-1 \le \cos\theta \le 1 \ \forall\ \theta$

12. कथन समकोण त्रिभुज में $\tan\theta = \frac{3}{4}$, तब सबसे बड़ी भुजा 5 इकाई लम्बी है।

कारण (सबसे बड़ी भुजा)^2 = (कर्ण)^2
= (लम्ब)^2 + (आधार)^2

अतिलघु उत्तरीय प्रश्न

13. यदि $\sin\alpha = \frac{1}{2}$ तथा $\cos\beta = \frac{1}{2}$ हो, तो $(\alpha+\beta)$ का मान क्या होगा?

14. यदि $4x = \operatorname{cosec}\theta$ तथा $\frac{4}{x} = \cot\theta$ हो, तो $4\left[x^2 - \frac{1}{x^2}\right]$ का मान ज्ञात कीजिए। **[CBSE 2010]**

15. यदि $\frac{\cos\theta - \sin\theta}{\cos\theta + \sin\theta} = \frac{1-\sqrt{3}}{1+\sqrt{3}}$ हो, तो न्यूनकोण θ का मान ज्ञात कीजिए।

16. सिद्ध कीजिए $(\tan\theta + 2)(2\tan\theta + 1) = 5\tan\theta + 2\sec^2\theta$ **[NCERT Exemplar]**

17. सिद्ध कीजिए $\frac{\sin\theta - 2\sin^3\theta}{2\cos^3\theta - \cos\theta} = \tan\theta$

18. सिद्ध कीजिए $\sec A(1-\sin A)(\sec A + \tan A) = 1$

19. यदि $\cot\theta = \frac{15}{8}$, तो $\frac{(2+2\sin\theta)(1-\sin\theta)}{(1+\cos\theta)(2-2\cos\theta)}$ का मान ज्ञात कीजिए।

20. यदि $4\cos^2\theta = 3$, तब θ का मान ज्ञात कीजिए।

21. यदि $7\tan\theta = 4$ है, तब $\frac{7\sin\theta - 3\cos\theta}{7\sin\theta + 3\cos\theta}$ का मान ज्ञात कीजिए।

22. यदि $2\sin\theta - 1 = 0$, तब सिद्ध कीजिए कि

$$\sec\theta + \tan\theta = \sqrt{3}$$

23. यदि $\sin\theta = \frac{1}{2}$, तब सिद्ध कीजिए कि $3\cos\theta - 4\cos^3\theta = 0$

24. यदि $A = 30^\circ$ and $B = 60^\circ$, तब सिद्ध कीजिए कि $\sin(A+B) = \sin A\cos B + \cos A\sin B$

25. यदि $\sqrt{3}\tan\theta = 3\sin\theta$, तब $\sin^2\theta - \cos^2\theta$ का मान ज्ञात कीजिए। **[CBSE 2011]**

26. यदि $\cos A + \cos^2 A = 1$ हो, तो $\sin^2 A + \sin^4 A$ का मान ज्ञात कीजिए। **[NCERT Exemplar]**

27. $\left(\sin^2\theta + \dfrac{1}{1+\tan^2\theta}\right)$ का मान ज्ञात कीजिए। **[CBSE 2020 (Standard)]**

लघु उत्तरीय प्रश्न

28. यदि $\tan A = \sqrt{2} - 1$ हो, तो सिद्ध कीजिए
$$\frac{\tan A}{1+\tan^2 A} = \frac{\sqrt{2}}{4}$$

29. समकोण ΔACB में, $\angle C = 90°$, $AB = 29$ इकाई तथा $BC = 21$ इकाई है। यदि $\angle ABC = \theta$, तो $\cos^2\theta - \sin^2\theta$ तथा $\sin^2\theta + \cos^2\theta$ के मान ज्ञात कीजिए।

30. यदि $\tan\theta = \dfrac{1}{\sqrt{3}}$ हो, तो $\dfrac{\text{cosec}^2\theta - \sec^2\theta}{\text{cosec}^2\theta + \sec^2\theta}$ का मान ज्ञात कीजिए।

31. यदि $\tan\theta = 1$ तथा $\sin\phi = \dfrac{1}{\sqrt{2}}$ हो, तो $\cos(\theta + \phi)$ का मान ज्ञात कीजिए, जहाँ θ और ϕ दोनों न्यूनकोण हैं।

32. दिए गए चित्र में, ΔABC, B पर समकोण है। ΔBSC, S पर समकोण है तथा ΔBRS, R पर समकोण है, यदि $AB = 18$ सेमी, $BC = 7.5$ सेमी, $RS = 5$ सेमी, $RB = 6$ सेमी, $\angle BSR = x$ तथा $\angle SAB = y$, तो निम्न के मान ज्ञात कीजिए।

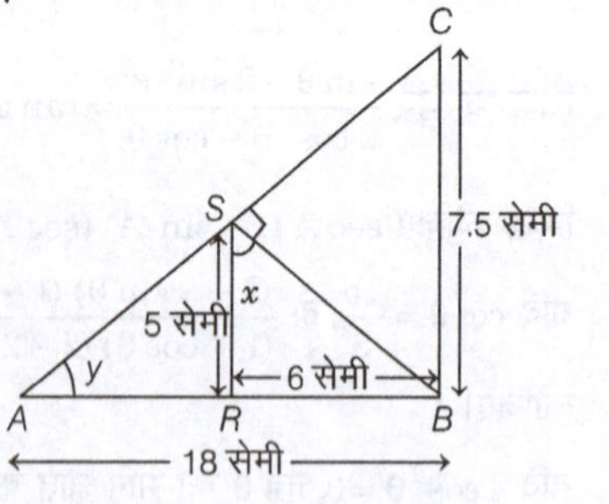

(i) $\tan x$ (ii) $\sin y$
(iii) $\cos y$

33. यदि $2\sin^2\theta - \cos^2\theta = 2$, तो θ का मान ज्ञात कीजिए। **[NCERT Exemplar]**

34. सिद्ध कीजिए $\dfrac{\sin\theta}{1-\cos\theta} = \text{cosec}\,\theta + \cot\theta$

35. दिखाइए कि $\dfrac{\sin\theta}{\text{cosec}\theta - 1} + \dfrac{\cos\theta}{1+\sec\theta} = \dfrac{\sin\theta\cos\theta}{(\sin\theta - \cos\theta)}$

36. यदि $\tan\theta = \dfrac{20}{21}$, तब सिद्ध कीजिए कि
$$\frac{1-\sin\theta+\cos\theta}{1+\sin\theta+\cos\theta} = \frac{3}{7}$$

37. दिखाइए कि $2(\cos^4 60° + \sin^4 30°) - (\tan^2 60° + \cot^2 45°) + 3\sec^2 30° = \dfrac{1}{4}$

38. सूत्र $\cos A = \sqrt{\dfrac{1+\cos 2A}{2}}$ का प्रयोग करके $\cos 15°$ का मान ज्ञात कीजिए।

39. दिया है कि $\tan(A-B) = \dfrac{\tan A - \tan B}{1+\tan A\cdot\tan B}$, तब $\tan 15°$ का मान ज्ञात कीजिए। **[CBSE 2016]**

40. सिद्ध कीजिए कि $\dfrac{\sin^4\theta + \cos^4\theta}{1 - 2\sin^2\theta\cdot\cos^2\theta} = 1$ **[CBSE 2015]**

41. सरल कीजिए $\dfrac{\sin^3\theta + \cos^3\theta}{\sin\theta + \cos\theta} + \sin\theta\cos\theta$ **[CBSE 2009]**

42. सिद्ध कीजिए कि
$$\frac{\text{cosec}\theta}{1+\sec\theta} + \frac{1+\sec\theta}{\text{cosec}\theta} = 2\,\text{cosec}^3\theta\,(\sec\theta - 1)$$

43. यदि $\sin^6 A + \cos^6 A + 3\sin^2 A\cdot\cos^2 A + 4 = k$, तब k का मान ज्ञात कीजिए।

44. यदि $m\sin\theta + n\cos\theta = p$ और $m\cos\theta - n\sin\theta = q$, तब सिद्ध कीजिए कि $m^2 + n^2 = p^2 + q^2$ **[CBSE 2012, 11, 10]**

45. सिद्ध कीजिए कि
$$\frac{\sin\theta}{\cot\theta + \text{cosec}\theta} = 2 + \frac{\sin\theta}{\cot\theta - \text{cosec}\theta}$$

46. यदि $7\sin^2 A + 3\cos^2 A = 4$, तब सिद्ध कीजिए कि $\tan A = \dfrac{1}{\sqrt{3}}$

47. यदि $\cos\theta + \sin\theta = \sqrt{2}\cos\theta$, तब सिद्ध कीजिए कि $\cos\theta - \sin\theta = \sqrt{2}\sin\theta$ **[CBSE 2012]**

48. यदि $\sec\theta = x + \dfrac{1}{4x}$ हो, तो $\sec\theta + \tan\theta$ का मान ज्ञात कीजिए।

49. सिद्ध कीजिए $\sqrt{\sec^2\theta + \text{cosec}^2\theta} = \tan\theta + \cot\theta$ **[NCERT Exemplar]**

50. निम्नलिखित समीकरणों में θ को लुप्त कीजिए।
(i) $x = a\sec\theta$, $y = b\tan\theta$
(ii) $x = k + a\cos\theta$, $y = h + b\sin\theta$

51. यदि $\sin\theta_1 + \sin\theta_2 + \sin\theta_3 = 3$, $0° < \theta_1, \theta_2, \theta_3 \le 90°$ हो, तो $\cos\theta_1 + \cos\theta_2 + \cos\theta_3$ का मान ज्ञात कीजिए।

52. सिद्ध कीजिए $\frac{\text{cosec}\,\theta + \cot\theta}{\text{cosec}\,\theta - \cot\theta} = 1 + 2\cot^2\theta + 2\,\text{cosec}^2\theta\cos\theta$

53. यदि $\tan\theta + \frac{1}{\tan\theta} = 2$, तो $\cot^2\theta + \frac{1}{\cot^2\theta}$ का मान ज्ञात कीजिए।

54. सिद्ध कीजिए
$(1 + \tan A\tan B)^2 + (\tan A - \tan B)^2 = \sec^2 A\sec^2 B$

55. यदि $a\cos\theta + b\sin\theta = m$ और $a\sin\theta - b\cos\theta = n$, तब दिखाइए $a^2 + b^2 = m^2 + n^2$ **[CBSE 2023 (Standard)]**

56. $A + B$ का मान ज्ञात कीजिए यदि $\tan A = \frac{2}{3}$ और $\tan B = \frac{3}{2}$, यदि यह भी दिया हो कि

$$\tan(A + B) = \frac{\tan A + \tan B}{1 - \tan A\tan B}$$

जहाँ, A और B न्यूनकोण हैं।

57. यदि $\cot\theta = 3x - \frac{1}{12x}$, तब दिखाइए

$$\cot\theta + \text{cosec}\,\theta = 6x \text{ or } -\frac{1}{6x}$$

58. यदि $\text{cosec}\,(A - B) = 2$ तथा $\cot\,(A + B) = \frac{1}{\sqrt{3}}$, जहाँ $0° < (A + B) \le 90°$, $A > B$, तब A और B के मान ज्ञात कीजिए। **[CBSE 2016]**

59. यदि $\frac{\cos\alpha}{\cos\beta} = m$ और $\frac{\cos\alpha}{\sin\beta} = n$, तब दिखाइए कि $(m^2 + n^2)\cos^2\alpha = n^2$ **[CBSE 2012]**

60. सिद्ध कीजिए कि $\frac{1}{(\sec x - \tan x)} - \frac{1}{\cos x} = \frac{1}{\cos x} - \frac{1}{\sec x + \tan x}$

61. सिद्ध कीजिए $\sqrt{\frac{\sec A + \tan A}{\sec A - \tan A}} \cdot \sqrt{\frac{\text{cosec}\,A - 1}{\text{cosec}\,A + 1}} = 1$

62. यदि $\sin A = \frac{1}{\sqrt{5}}$ और $\sin B = \frac{1}{\sqrt{10}}$, तब $\cos A$ और $\cos B$ का मान ज्ञात कीजिए।

सूत्र $\cos\,(A + B) = \cos A\cos B - \sin A\sin B$ का प्रयोग कीजिए और दिखाइए $A + B = 45°$ **[CBSE 2012]**

63. सिद्ध कीजिए कि $\sec^2 A - \left(\frac{\sin^2 A - 2\sin^4 A}{2\cos^4 A - \cos^2 A}\right) = 1$

64. दिए गए चित्र में, ΔABC एक समकोण त्रिभुज है तथा $\angle B$ समकोण है। यदि $BC = 7$ सेमी और $AC - AB = 1$ सेमी, तब $\sin A + \cos A$ का मान ज्ञात कीजिए।

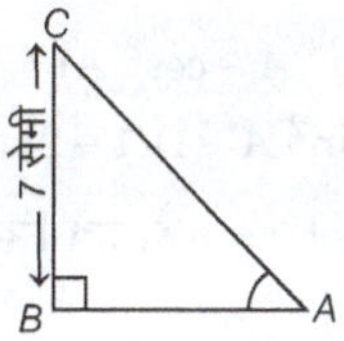

65. यदि $1 + \sin^2\theta = 3\sin\theta\,\cos\theta$, तब सिद्ध कीजिए $\tan\theta = 1$ या $\frac{1}{2}$ **[NCERT Exemplar]**

66. दिए गए चित्र में यदि D, BC का मध्य-बिंदु है, तब $\frac{\tan x}{\tan y}$ का मान ज्ञात कीजिए। **[CBSE 2010]**

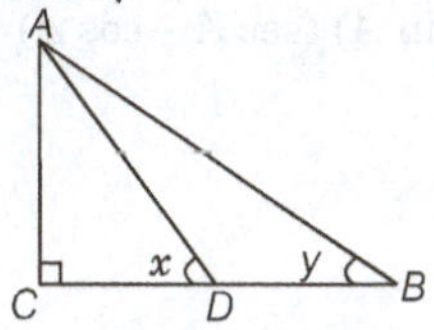

67. यदि $a\cos\theta - b\sin\theta = c$, तब दिखाइए कि $a\sin\theta + b\cos\theta = \pm\sqrt{a^2 + b^2 - c^2}$

दीर्घ उत्तरीय प्रश्न

68. सिद्ध कीजिए
$\cot^2 A\left[\frac{\sec A - 1}{1 + \sin A}\right] + \sec^2 A\left[\frac{\sin A - 1}{1 + \sec A}\right] = 0$

69. सिद्ध कीजिए $\left[\frac{1}{\sec^2\theta - \cos^2\theta} + \frac{1}{\text{cosec}^2\theta - \sin^2\theta}\right]$
$\sin^2\theta\cos^2\theta = \frac{1 - \sin^2\theta\cos^2\theta}{2 + \sin^2\theta\cos^2\theta}$

70. सिद्ध कीजिए
$\frac{1}{\text{cosec}\,\theta - \cot\theta} - \frac{1}{\sin\theta} = \frac{1}{\sin\theta} - \frac{1}{\text{cosec}\,\theta + \cot\theta}$ **[CBSE 2019]**

71. यदि $\tan A = a\tan B$ और $\sin A = b\sin B$, तो सिद्ध कीजिए $\cos^2 A = \frac{b^2 - 1}{a^2 - 1}$

72. यदि $\text{cosec}\,\theta - \sin\theta = m$ और $\sec\theta - \cos\theta = n$ हो, तो सिद्ध कीजिए $(m^2n)^{\frac{2}{3}} + (mn^2)^{\frac{2}{3}} = 1$

73. यदि $\tan\theta + \sec\theta = l$, तब सिद्ध कीजिए $\sec\theta = \frac{l^2 + 1}{2l}$ **[NCERT Exemplar]**

74. यदि $\sec A = \frac{17}{8}$, तब दिखाइए
$\frac{3 - 4\sin^2 A}{4\cos^2 A - 3} = \frac{3 - \tan^2 A}{1 - 3\tan^2 A}$ **[CBSE 2016]**

परीक्षा अभ्यास

75. दिखाइए कि $(\sin^8 A - \cos^8 A)$
$$= (2\sin^2 A - 1)(1 - 2\sin^2 A\cos^2 A)$$

76. यदि $\operatorname{cosec}\theta + \cot\theta = p$ है, तब सिद्ध कीजिए कि
$$\cos\theta = \frac{p^2-1}{p^2+1}.$$
[NCERT Exemplar]

77. सिद्ध कीजिए कि $\dfrac{\sin A - \cos A + 1}{\sin A + \cos A - 1} = \dfrac{1}{\sec A - \tan A}$
[CBSE 2020 (Standard), 2016]

78. सिद्ध कीजिए
$$(\operatorname{cosec} A - \sin A)(\sec A - \cos A) = \frac{1}{\tan A + \cot A}$$
[CBSE 2016]

79. यदि $\operatorname{cosec} A - \cot A = q$ है, तब दिखाइए
$$\frac{q^2-1}{q^2+1} + \cos A = 0$$
[CBSE 2016]

80. सिद्ध कीजिए $2\sec^2\theta - \sec^4\theta - 2\operatorname{cosec}^2\theta + \operatorname{cosec}^4\theta = \cot^4\theta - \tan^4\theta$ **[CBSE 2012, 10]**

81. यदि $x = r\sin A\cos B$, $y = r\sin A\sin B$ और $z = r\cos A$ है, तब दिखाइए $x^2 + y^2 + z^2 = r^2$

82. सिद्ध कीजिए
$$\left(\tan\theta + \frac{1}{\cos\theta}\right)^2 + \left(\tan\theta - \frac{1}{\cos\theta}\right)^2 = 2\left(\frac{1+\sin^2\theta}{1-\sin^2\theta}\right)$$
[CBSE 2012]

83. सिद्ध कीजिए $l^2m^2(l^2 + m^2 + 3) = 1$, यदि $\operatorname{cosec}\theta - \sin\theta = l$ और $\sec\theta - \cos\theta = m$ है।

संकेत एवं हल

1. (b) दिया है, $\cos A = \dfrac{4}{5} = \dfrac{\text{आधार}}{\text{कर्ण}} = \dfrac{AB}{AC}$

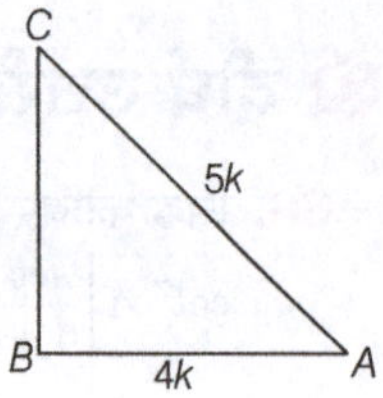

यहाँ, $AB = 4k$ तथा $AC = 5k$

समकोण ΔABC में पाइथागोरस प्रमेय से,
$$BC = \sqrt{AC^2 - AB^2} = \sqrt{(5k)^2 - (4k)^2}$$
$$= \sqrt{25k^2 - 16k^2} = \sqrt{9k^2} = 3k$$
$$\therefore \cot A = \frac{\text{आधार}}{\text{लंब}} = \frac{AB}{BC} = \frac{4k}{3k} = \frac{4}{3}$$

2. (a) $\dfrac{2\tan 30°}{1+\tan^2 30°} = \dfrac{2\times\frac{1}{\sqrt3}}{1+\left(\frac{1}{\sqrt3}\right)^2} = \dfrac{\frac{2}{\sqrt3}}{1+\frac{1}{3}}$
$$= \frac{2\times 3}{\sqrt3 \times 4} = \frac{\sqrt3}{2} = \sin 60°$$

3. (c) $\dfrac{2\tan 30°}{1-\tan^2 30°} = \dfrac{2\times\frac{1}{\sqrt3}}{1-\left(\frac{1}{\sqrt3}\right)^2} = \dfrac{\frac{2}{\sqrt3}}{1-\frac{1}{3}}$
$$= \frac{2\times 3}{\sqrt3\times 2} = \sqrt3 = \tan 60°$$

4. (d) दिया है, $\sin A = \dfrac{3}{4}$
$$\because \quad \operatorname{cosec} A = \frac{1}{\sin A} = \frac{1}{3/4} = \frac{4}{3}$$

5. (d) दिया है, $\tan A = \dfrac{1}{\sqrt3} = \tan 30° \Rightarrow A = 30°$ $\left[\because \tan 30° = \dfrac{1}{\sqrt3}\right]$

तथा $\tan B = \sqrt3 = \tan 60° \Rightarrow B = 60°$ $[\because \tan 60° = \sqrt3]$

अब, $A + B = 30° + 60° = 90°$

$\therefore \tan(A+B) = \tan 90° = \infty$ $[\because \tan 90° = \infty]$

6. (a) $\dfrac{1-\tan^2 45°}{1+\tan^2 45°} = \dfrac{1-(1)^2}{1+(1)^2} = \dfrac{1-1}{1+1} = \dfrac{0}{2} = 0 = \cos 90°$ $[\because \tan 45° = 1]$

7. (a) दिया है, $\sin 2A = 2\sin A$

जब $A = 0°$, तो $\sin(2\times 0°) = 2\sin(0°)$

$\Rightarrow \sin(0°) = 2(0)$ $[\because \sin 0° = 0]$

$0 = 0$, सत्य है।

8. (a) $\because \cos^2\theta \ge 0, \sec^2\theta = \dfrac{4xy}{(x+y)^2} \ge 1$

$\Rightarrow 4xy \ge (x+y)^2$

$\Rightarrow x^2 + y^2 + 2xy - 4xy \le 0$

$\Rightarrow x^2 + y^2 - 2xy \le 0$

$\Rightarrow (x-y)^2 \le 0 \Rightarrow x = y$

अतः कथन व कारण दोनों सही हैं तथा कारण, कथन का सही स्पष्टीकरण है।

9. (b) ΔABC व ΔDEF में, $\sin B = \sin E \Rightarrow \angle B = \angle E$

तथा $\angle C = \angle F$ (प्रत्येक 90°)

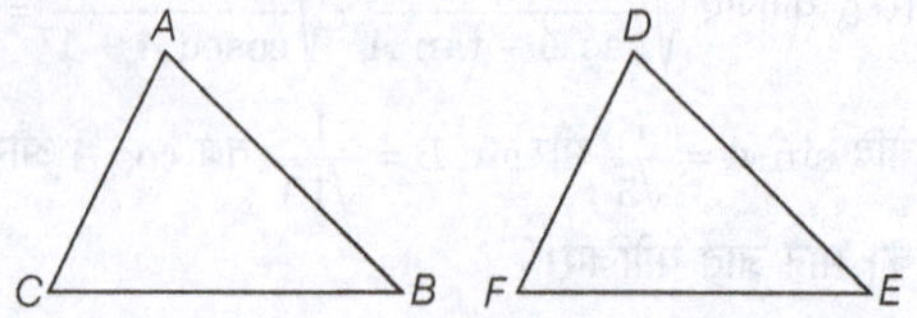

$\therefore \Delta ABC \sim \Delta DEF$

अतः, कथन व कारण दोनों सही है परन्तु कारण, कथन का सही स्पष्टीकरण नहीं है।

10. (d) $\cos^2 A - \sin^2 A = 1$ एक सर्वसमिका नहीं है।

अतः, कथन गलत है परन्तु कारण सही है।

11. (d) $\because 2\cos\theta = a + \dfrac{1}{a}$

यह सम्भव नहीं है क्योंकि $a > 0$

$\therefore \cos\theta \le 1$

अतः कथन गलत है परन्तु कारण सही है।

12. (a) $\tan\theta = \frac{3}{4} = \frac{P}{B}$

$\Rightarrow \quad H^2 = P^2 + B^2 = 3^2 + 4^2 = 25$

$\Rightarrow \quad H = 5$

अतः कथन व कारण दोनों सही हैं तथा कारण कथन का सही स्पष्टीकरण है।

13. संकेत दिया है,

$\sin\alpha = \frac{1}{2}$ और $\cos\beta = \frac{1}{2}$

$\Rightarrow \quad \sin\alpha = \sin 30° \quad \left[\because \sin 30° = \frac{1}{2}\right]$

और $\quad \cos\beta = \cos 60° \quad \left[\because \cos 60° = \frac{1}{2}\right]$

$\Rightarrow \quad \alpha = 30°$ और $\beta = 60°$

$\therefore \quad \alpha + \beta = 30° + 60° = 90°$

14. संकेत $4\left[x^2 - \frac{1}{x^2}\right] = 4\left[\left(\frac{\text{cosec}\,\theta}{4}\right)^2 - \left(\frac{\cot\theta}{4}\right)^2\right]$

$= 4\left[\frac{\text{cosec}^2\theta}{16} - \frac{\cot^2\theta}{16}\right]$

$= 4\left[\frac{\text{cosec}^2\theta - \cot^2\theta}{16}\right] = \frac{1}{4}$

$[\because \text{cosec}^2 A - \cot^2 A = 1]$

15. संकेत दिया है, $\frac{\cos\theta - \sin\theta}{\cos\theta + \sin\theta} = \frac{1-\sqrt{3}}{1+\sqrt{3}}$

बाएँ पक्ष के अंश तथा हर में $\cos\theta$ से भाग देने पर,

$\Rightarrow \quad \frac{1-\tan\theta}{1+\tan\theta} = \frac{1-\sqrt{3}}{1+\sqrt{3}} \quad \left[\because \frac{\sin A}{\cos A} = \tan A\right]$

दोनों पक्षों की तुलना करने पर,

$\tan\theta = \sqrt{3}$

$\therefore \quad \theta = 60°$

16. संकेत बायाँ पक्ष $= (\tan\theta + 2)(2\tan\theta + 1)$

$= 2\tan^2\theta + 2 + 5\tan\theta = 2(\tan^2\theta + 1) + 5\tan\theta$

$= 2\sec^2\theta + 5\tan\theta \quad [\because 1 + \tan^2 A = \sec^2 A]$

$= 5\tan\theta + 2\sec^2\theta =$ दायाँ पक्ष

17. संकेत बायाँ पक्ष $= \frac{\sin\theta - 2\sin^3\theta}{2\cos^3\theta - \cos\theta} = \frac{\sin\theta(1 - 2\sin^2\theta)}{\cos\theta(2\cos^2\theta - 1)}$

$= \tan\theta \cdot \frac{[1 - 2(1-\cos^2\theta)]}{2\cos^2\theta - 1}$

$= \tan\theta \cdot \frac{2\cos^2\theta - 1}{2\cos^2\theta - 1} = \tan\theta$

$=$ बायाँ पक्ष **इति सिद्धम्**

18. संकेत बायाँ पक्ष $= \sec A(1 - \sin A)(\sec A + \tan A)$

$= \frac{1}{\cos A}(1 - \sin A)\left(\frac{1}{\cos A} + \frac{\sin A}{\cos A}\right)$

$= \frac{\cos^2 A}{\cos^2 A} \quad [\because \sin^2\theta + \cos^2\theta = 1]$

$= 1 =$ दायाँ पक्ष **इति सिद्धम्**

19. संकेत दिया है, $\cot\theta = \frac{15}{8}$

अब, $\frac{(2 + 2\sin\theta)(1 - \sin\theta)}{(1 + \cos\theta)(2 - 2\cos\theta)} = \frac{2(1 + \sin\theta)(1 - \sin\theta)}{(1 + \cos\theta)2(1 - \cos\theta)}$

$= \frac{1 - \sin^2\theta}{1 - \cos^2\theta} \quad [\because (a - b)(a + b) = a^2 - b^2]$

$= \left(\frac{\cos\theta}{\sin\theta}\right)^2 = (\cot\theta)^2 \quad \left[\because \cot A = \frac{\cos A}{\sin A}\right]$

$= \left(\frac{15}{8}\right)^2 = \frac{225}{64}$

20. $\theta = 30°$

21. टॉपिक 1 के उदाहरण 6 की भाँति स्वयं हल करें।

उत्तर $\frac{1}{7}$

25. 1/3

26. संकेत दिया है, $\cos A + \cos^2 A = 1$

$\Rightarrow \quad \cos A = 1 - \cos^2 A$

$\Rightarrow \quad \cos A = \sin^2 A \quad [\because \sin^2\theta + \cos^2\theta = 1]$

$\therefore \quad \cos^2 A = \sin^4 A \quad$ ...(i)

अब, $\quad \sin^2 A + \sin^4 A = \sin^2 A + \cos^2 A$

$= 1 \quad [\because \sin^2\theta + \cos^2\theta = 1]$

27. दिया है, $\sin^2\theta + \frac{1}{1 + \tan^2\theta}$

$= \sin^2\theta + \frac{1}{\sec^2\theta}$

$= \sin^2\theta + \cos^2\theta = 1$

28. संकेत दिया है, $\tan A = \sqrt{2} - 1$

बायाँ पक्ष $= \frac{\tan A}{1 + \tan^2 A}$

$= \frac{\sqrt{2} - 1}{1 + (\sqrt{2} - 1)^2}$

$= \frac{\sqrt{2}}{4} =$ RHS **इति सिद्धम्**

29. संकेत ΔACB में, $AB^2 = AC^2 + BC^2$ [पाइथागोरस प्रमेय से]

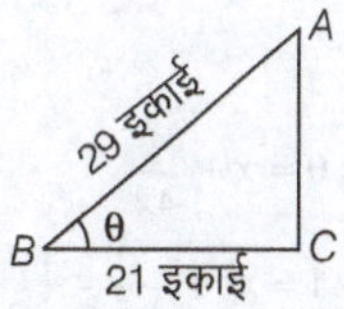

$\Rightarrow \quad AC^2 = 841 - 441 = 400$

$\Rightarrow \quad AC = 20$ इकाई

[$\because$ भुजा ऋणात्मक नहीं हो सकती]

अब, $\cos^2\theta - \sin^2\theta = \left(\frac{21}{29}\right)^2 - \left(\frac{20}{29}\right)^2 = \frac{41}{841}$

और $\cos^2\theta + \sin^2\theta = \left(\frac{21}{29}\right)^2 + \left(\frac{20}{29}\right)^2 = \frac{841}{841} = 1$

30. संकेत $\tan\theta = \frac{1}{\sqrt{3}} \Rightarrow \theta = 30°$ **उत्तर** 1/2

31. प्रश्न 13 की भाँति स्वयं हल करें। **उत्तर** 0

32. **संकेत** दिया है, $\angle CBA = 90°$, $\angle BRS = 90°$, $\angle BSC = 90°$,
$BC = 7.5$ सेमी, $RS = 5$ सेमी, $BR = 6$ सेमी और $AB = 18$ सेमी
अब, $AR = AB - RB = 18 - 6 = 12$ सेमी

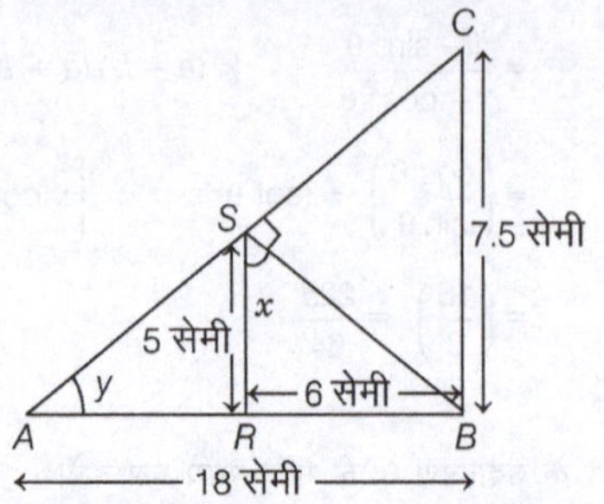

ΔARS में, पाइथागोरस प्रमेय से,

$$AS^2 = AR^2 + RS^2 = (12)^2 + (5)^2$$

$\Rightarrow$ $AS^2 = 144 + 25 = 169 \Rightarrow AS = \sqrt{169}$

$\therefore$ $AS = 13$ सेमी

[$\because$ भुजा ऋणात्मक नहीं हो सकती]

(i) ΔBRS में, $\tan x = \frac{\text{लंब}}{\text{आधार}} = \frac{BR}{RS} = \frac{6}{5}$

(ii) ΔARS में, $\sin y = \frac{\text{लंब}}{\text{कर्ण}} = \frac{SR}{AS} = \frac{5}{13}$

(iii) ΔARS में, $\cos y = \frac{\text{आधार}}{\text{कर्ण}} = \frac{AR}{AS} = \frac{12}{13}$

33. **संकेत** दिया है, $2\sin^2\theta - \cos^2\theta = 2$

$\Rightarrow$ $2\sin^2\theta + \sin^2\theta - 1 = 2$

$\Rightarrow$ $3\sin^2\theta = 3 \Rightarrow \sin\theta = 1 = \sin 90°$

$\therefore$ $\theta = 90°$

34. **संकेत** बायाँ पक्ष $= \frac{\sin\theta}{1-\cos\theta} = \frac{\sin\theta(1+\cos\theta)}{(1-\cos\theta)(1+\cos\theta)}$

$$= \frac{\sin\theta(1+\cos\theta)}{1-\cos^2\theta}$$

38. $\frac{\sqrt{2+\sqrt{3}}}{2}$ **39.** $\frac{\sqrt{3}-1}{\sqrt{3}+1}$

41. 1 **43.** 5

48. **संकेत** दिया है,

$$\sec\theta = x + \frac{1}{4x}$$

$\Rightarrow$ $\sec^2\theta - 1 = x^2 + \frac{1}{16x^2} - \frac{1}{2}$

$\Rightarrow$ $\tan^2\theta = \left(x - \frac{1}{4x}\right)^2$

$\Rightarrow$ $\tan\theta = \pm\left(x - \frac{1}{4x}\right)$

अब धनात्मक चिह्न लेने पर,

$$\sec\theta + \tan\theta = \left(x + \frac{1}{4x}\right) + \left(x - \frac{1}{4x}\right) = 2x$$

ऋणात्मक चिह्न लेने पर,

$$\sec\theta + \tan\theta = \left(x + \frac{1}{4x}\right) - \left(x - \frac{1}{4x}\right) = \frac{1}{2x}$$

49. **संकेत** बायाँ पक्ष $= \sqrt{\sec^2\theta + \csc^2\theta} = \sqrt{\frac{1}{\cos^2\theta} + \frac{1}{\sin^2\theta}}$

$= \sqrt{\frac{\sin^2\theta + \cos^2\theta}{\sin^2\theta\cos^2\theta}} = \sqrt{\frac{1}{\sin^2\theta\cos^2\theta}}$ [$\because \sin^2 A + \cos^2 A = 1$]

$= \frac{1}{\sin\theta\cos\theta} = \frac{\sin^2\theta + \cos^2\theta}{\sin\theta\cos\theta}$ [$\because \sin^2 A + \cos^2 A = 1$]

$= \frac{\sin\theta}{\cos\theta} + \frac{\cos\theta}{\sin\theta}$

$= \tan\theta + \cot\theta =$ दायाँ पक्ष **इति सिद्धम्**

50. (i) दिया है, $\frac{x}{a} = \sec\theta$ और $\frac{y}{b} = \tan\theta$ ...(i)

हम जानते हैं, $\sec^2\theta = 1 + \tan^2\theta$

$\therefore$ $\left(\frac{x}{a}\right)^2 = 1 + \left(\frac{y}{b}\right)^2$ [समी (i) से]

$\Rightarrow$ $\frac{x^2}{a^2} - \frac{y^2}{b^2} = 1$

(ii) **संकेत** $\cos\theta = \frac{x-k}{a}$ और $\sin\theta = \frac{y-h}{b}$

51. **संकेत** दिया है, $\sin\theta_1 + \sin\theta_2 + \sin\theta_3 = 3$
और $0° < \theta_1, \theta_2, \theta_3 \le 90°$
हम जानते हैं कि $\sin\theta$ का अधिकतम मान 1 होता है।

$\therefore$ $\sin\theta_1 + \sin\theta_2 + \sin\theta_3 = 3$

$\Rightarrow$ $\sin\theta_1 = \sin\theta_2 = \sin\theta_3 = 1$

$\Rightarrow$ $\theta_1 = \theta_2 = \theta_3 = 90°$

अब, $\cos\theta_1 + \cos\theta_2 + \cos\theta_3$

$= \cos 90° + \cos 90° + \cos 90°$

$= 0 + 0 + 0 = 0$

52. **संकेत** बायाँ पक्ष $= \frac{\csc\theta + \cot\theta}{\csc\theta - \cot\theta} = \frac{(1+\cos\theta)/\sin\theta}{(1-\cos\theta)/\sin\theta}$

$= \frac{(1+\cos\theta)^2}{(1-\cos\theta)(1+\cos\theta)} = \frac{(1+\cos\theta)^2}{1-\cos^2\theta}$

$= \frac{1+\cos^2\theta + 2\cos\theta}{\sin^2\theta} = \frac{1}{\sin^2\theta} + \frac{\cos^2\theta}{\sin^2\theta} + \frac{2\cos\theta}{\sin^2\theta}$

$= \csc^2\theta + \cot^2\theta + 2\csc^2\theta\cot\theta$

$= 1 + 2\cot^2\theta + 2\csc^2\theta\cot\theta =$ दायाँ पक्ष **इति सिद्धम्**

53. **संकेत** $\left(\tan\theta + \frac{1}{\tan\theta}\right)^2 = (2)^2$

$\Rightarrow$ $\tan^2\theta + \frac{1}{\tan^2\theta} + 2\cdot\tan\theta\frac{1}{\tan\theta} = 4$

$\Rightarrow$ $\frac{1}{\cot^2\theta} + \cot^2\theta = 2$

54. **संकेत** बायाँ पक्ष $= (1 + \tan^2 A\tan^2 B + 2\tan A\tan B) + \tan^2 A + \tan^2 B - 2\tan A\tan B$

$= 1 + \tan^2 A + \tan^2 A\tan^2 B + \tan^2 B$

$= \sec^2 A + \tan^2 B(\tan^2 A + 1)$

$= \sec^2 A\sec^2 B =$ दायाँ पक्ष **इति सिद्धम्**

56. $90°$ **58.** $45°, 15°$

62. $\frac{2}{\sqrt{5}}, \frac{3}{\sqrt{10}}$ **64.** $\frac{31}{25}$

66. 2

67. **संकेत** दिया है, $a\cos\theta - b\sin\theta = c$ ...(i)

अब, $(a\cos\theta - b\sin\theta)^2 + (a\sin\theta + b\cos\theta)^2$

$$= (a^2\cos^2\theta + b^2\sin^2\theta - 2ab\sin\theta\cos\theta) + (a^2\sin^2\theta + b^2\cos^2\theta + 2ab\sin\theta\cos\theta) = a^2 + b^2$$

$\Rightarrow \quad c^2 + (a\sin\theta + b\cos\theta)^2 = a^2 + b^2$ [समी (i) से]

$\therefore\ a\sin\theta + b\cos\theta = \pm\sqrt{a^2 + b^2 - c^2}$ **इति सिद्धम्**

68. **संकेत** बायाँ पक्ष $= \cot^2 A\left[\dfrac{\sec A - 1}{1 + \sin A}\right] + \sec^2 A\left[\dfrac{\sin A - 1}{1 + \sec A}\right]$

$$= \frac{\cot^2 A(\sec^2 A - 1) + \sec^2 A(\sin^2 A - 1)}{(1 + \sin A)(1 + \sec A)}$$

$$= \frac{\cot^2 A \cdot \tan^2 A - \sec^2 A \cdot \cos^2 A}{(1 + \sin A)(1 + \sec A)}$$

$$= \frac{1 - 1}{(1 + \sin A)(1 + \sec A)} = 0 = \text{दायाँ पक्ष}$$

69. **संकेत** $\left[\dfrac{1}{\dfrac{1}{\cos^2\theta} - \cos^2\theta} + \dfrac{1}{\dfrac{1}{\sin^2\theta} - \sin^2\theta}\right]\sin^2\theta\cos^2\theta$

$$= \left[\frac{\cos^2\theta}{1 - \cos^4\theta} + \frac{\sin^2\theta}{1 - \sin^4\theta}\right]\sin^2\theta\cos^2\theta$$

$$= \left[\frac{\cos^2\theta}{(1 + \cos^2\theta)(1 - \cos^2\theta)} + \frac{\sin^2\theta}{(1 - \sin^2\theta)(1 + \sin^2\theta)}\right]\sin^2\theta\cos^2\theta$$

$$= \frac{\cos^4\theta}{1 + \cos^2\theta} + \frac{\sin^4\theta}{1 + \sin^2\theta}$$

$$= \frac{\sin^4\theta + \cos^4\theta + \sin^2\theta\cos^2\theta(\cos^2\theta + \sin^2\theta)}{(1 + \cos^2\theta)(1 + \sin^2\theta)}$$

$$= \frac{(\sin^2\theta + \cos^2\theta)^2 - \sin^2\theta\cos^2\theta}{1 + \sin^2\theta + \cos^2\theta + \sin^2\theta\cos^2\theta}$$

70. बायाँ पक्ष $= \dfrac{1}{\operatorname{cosec}\theta - \cot\theta} - \dfrac{1}{\sin\theta}$

$$= \frac{1}{\dfrac{1}{\sin\theta} - \dfrac{\cos\theta}{\sin\theta}} - \frac{1}{\sin\theta} = \frac{\sin\theta}{1 - \cos\theta} - \frac{1}{\sin\theta}$$

$$= \frac{\sin^2\theta - 1 + \cos\theta}{(1 - \cos\theta)\sin\theta} = \frac{1 - \cos^2\theta - 1 + \cos\theta}{(1 - \cos\theta)(\sin\theta)}$$

$$= \frac{\cos\theta(1 - \cos\theta)}{(1 - \cos\theta)(\sin\theta)} = \cot\theta$$

दायाँ पक्ष $= \dfrac{1}{\sin\theta} - \dfrac{1}{\operatorname{cosec}\theta + \cot\theta}$

$$= \frac{1}{\sin\theta} - \frac{1}{\dfrac{1}{\sin\theta} + \dfrac{\cos\theta}{\sin\theta}} = \frac{1}{\sin\theta} - \frac{\sin\theta}{1 + \cos\theta}$$

$$= \frac{1 + \cos\theta - \sin^2\theta}{\sin\theta(1 + \cos\theta)} = \frac{1 + \cos\theta - (1 - \cos^2\theta)}{(\sin\theta)(1 + \cos\theta)}$$

$$= \frac{1 + \cos\theta - 1 + \cos^2\theta}{\sin\theta(1 + \cos\theta)} = \frac{\cos\theta(1 + \cos\theta)}{\sin\theta(1 + \cos\theta)} = \cot\theta$$

$\therefore$ बायाँ पक्ष = दायाँ पक्ष

71. **संकेत** दी गई समीकरणों से, $\cot B = \dfrac{a}{\tan A}$

तथा $\operatorname{cosec} B = \dfrac{b}{\sin A}$ ...(i)

हम जानते हैं कि $\operatorname{cosec}^2 B - \cot^2 B = 1$

$$\frac{b^2}{\sin^2 A} - \frac{a^2}{\tan^2 A} = 1 \quad \text{[समी (i) से]}$$

$\Rightarrow \quad b^2 - a^2\cos^2 A = \sin^2 A \Rightarrow b^2 - 1 = (a^2 - 1)\cos^2 A$

$\Rightarrow \quad \dfrac{b^2 - 1}{a^2 - 1} = \cos^2 A$ **इति सिद्धम्**

72. **संकेत** दिया है, $\operatorname{cosec}\theta - \sin\theta = m$ और $\sec\theta - \cos\theta = n$

$\Rightarrow \quad \dfrac{1}{\sin\theta} - \sin\theta = m$ और $\dfrac{1}{\cos\theta} - \cos\theta = n$

$\Rightarrow \quad \dfrac{1 - \sin^2\theta}{\sin\theta} = m$ और $\dfrac{1 - \cos^2\theta}{\cos\theta} = n$

$\Rightarrow \quad \dfrac{\cos^2\theta}{\sin\theta} = m$ और $\dfrac{\sin^2\theta}{\cos\theta} = n$ $[\because \sin^2\theta + \cos^2\theta = 1]$

अब, $m^2 n = \left(\dfrac{\cos^2\theta}{\sin\theta}\right)^2 \times \left(\dfrac{\sin^2\theta}{\cos\theta}\right) = \dfrac{\cos^4\theta}{\sin^2\theta} \times \dfrac{\sin^2\theta}{\cos\theta} = \cos^3\theta$

$\Rightarrow \quad (m^2 n)^{\frac{2}{3}} = (\cos^3\theta)^{\frac{2}{3}}$

और $mn^2 = \left(\dfrac{\cos^2\theta}{\sin\theta}\right) \times \left(\dfrac{\sin^2\theta}{\cos\theta}\right)^2 = \dfrac{\cos^2\theta}{\sin\theta} \times \dfrac{\sin^4\theta}{\cos^2\theta} = \sin^3\theta$

$\Rightarrow (mn^2)^{\frac{2}{3}} = (\sin^3\theta)^{\frac{2}{3}}$

अब, $\quad (m^2 n)^{\frac{2}{3}} + (mn^2)^{\frac{2}{3}} = \cos^2\theta + \sin^2\theta$

$\therefore \quad (m^2 n)^{\frac{2}{3}} + (mn^2)^{\frac{2}{3}} = 1$ $[\because \cos^2\theta + \sin^2\theta = 1]$

इति सिद्धम्

अध्याय

09

त्रिकोणमिति के कुछ अनुप्रयोग

(Some Applications of Trigonometry)

ऊँचाई और दूरी की माप ज्ञात करना त्रिकोणमिति का एक महत्त्वपूर्ण अनुप्रयोग है। इस अध्याय में हम, त्रिकोणमिति अनुपातों का प्रयोग कर मीनार, वृक्ष, खंभों आदि की ऊँचाई व दूरी ज्ञात करना सीखेंगे। ऊँचाई और दूरी से संबंधित प्रश्नों को हल करने से पूर्व कुछ पदों जैसे दृष्टि रेखा व क्षैतिज रेखा आदि का ज्ञान होना आवश्यक है।

टॉपिक्स

- दृष्टि रेखा
- क्षैतिज रेखा
- उन्नयन कोण
- अवनमन कोण

दृष्टि रेखा (Line of Sight)

यदि कोई दर्शक या प्रेक्षक किसी वस्तु को देख रहा है, तो दर्शक की आँख को उस वस्तु से मिलाने वाली सरल रेखा को दृष्टि रेखा कहते हैं।

क्षैतिज रेखा (Horizontal Line)

वह रेखा, जो प्रेक्षक की आँख से सीधी भूमि के समांतर जाती है, क्षैतिज रेखा कहलाती है।

उन्नयन कोण (Angle of Elevation)

यदि कोई वस्तु दर्शक की आँख की क्षैतिज रेखा से ऊपर स्थित है, तो दर्शक को उस वस्तु को देखने के लिए अपने सिर को ऊपर उठाना पड़ता है। इस प्रक्रिया में दर्शक की दृष्टि रेखा, क्षैतिज रेखा से एक निश्चित कोण बनाती है। इस कोण को वस्तु का उन्नयन कोण कहते हैं।

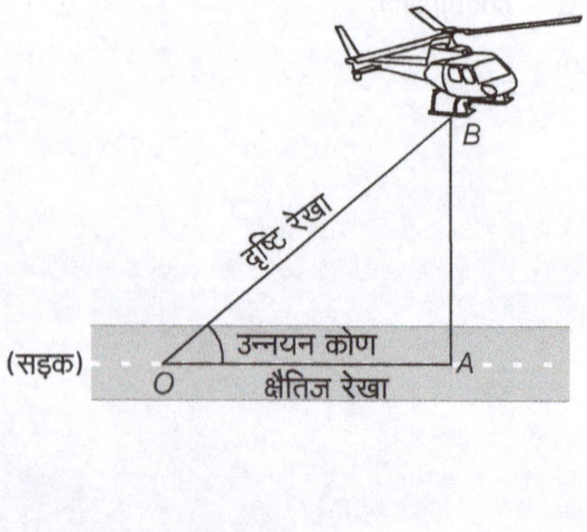

चित्र में, वस्तु B का उन्नयन कोण $\angle AOB$ है क्योंकि सड़क पर बिंदु O पर खड़े हुए दर्शक को हेलीकॉप्टर को देखने के लिए अपने सिर को ऊपर उठाना पड़ रहा है। उन्नयन कोण को **उन्नतांश** अथवा **उन्नति कोण** भी कहते हैं।

अवनमन कोण (Angle of Depression)

यदि कोई वस्तु दर्शक की आँख की क्षैतिज रेखा से नीचे की ओर स्थित है, तो दर्शक को उस वस्तु को देखने के लिए अपने सिर को नीचे झुकाना पड़ता है। इस प्रक्रिया में भी दर्शक की दृष्टि रेखा क्षैतिज रेखा से एक निश्चित कोण नीचे की ओर बनाती है। इस कोण को वस्तु का अवनमन कोण कहते हैं।

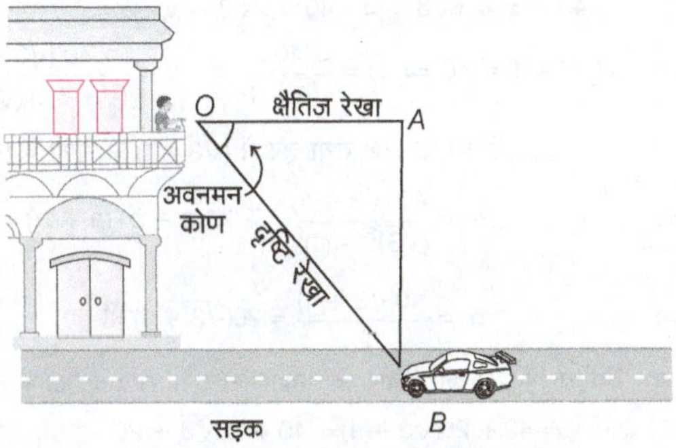

चित्र में, $\angle AOB$ वस्तु B का अवनमन कोण है क्योंकि बालकनी में खड़े हुए दर्शक को सड़क पर चलती हुई कार देखने के लिए अपने सिर को नीचे झुकाना पड़ रहा है। अवनमन कोण को **अवनत कोण** अथवा **अवनति कोण** भी कहते हैं।

इन दोनों परिभाषाओं को हम एक ही आकृति द्वारा निम्न प्रकार समझ सकते हैं

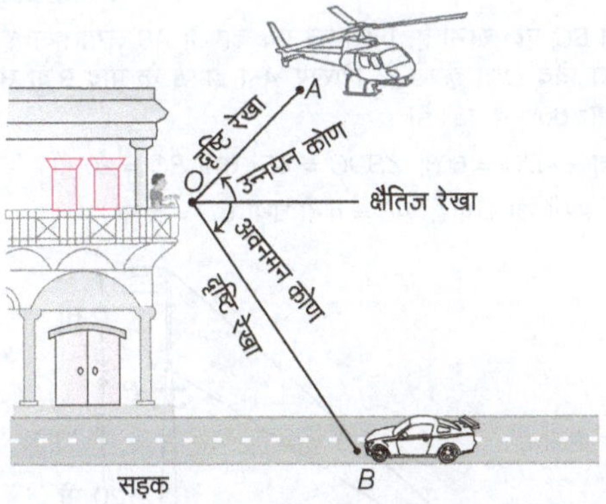

चित्र में, OA तथा OB दृष्टि रेखाएँ हैं, जोकि दर्शक की आँख को क्रमशः हेलीकॉप्टर तथा कार से मिलाने पर प्राप्त हुई हैं।

उन्नयन कोण और अवनमन कोण में संबंध (Relation between Angle of Elevation and Depression)

बिंदु O से देखने पर बिंदु P का उन्नयन कोण सदैव बिंदु P से देखने पर बिंदु O के अवनमन कोण के बराबर होता है। अर्थात् एक ही चित्र में दो बिंदुओं के लिए उन्नयन कोण व अवनमन कोण के मान बराबर होते हैं।

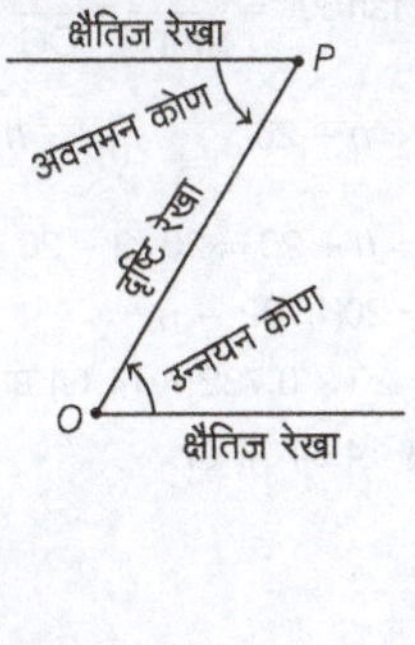

कुछ महत्त्वपूर्ण बिंदु

- भूमि के समांतर समतल **क्षैतिज समतल** (Horizontal plane) कहलाता है और क्षैतिज तल के समांतर खींची गई रेखा **क्षैतिज रेखा** (Horizontal line) कहलाती है।
- यदि दर्शक एक निश्चित बिन्दु या स्थिति से लंबवत् वस्तु (मीनार/स्तम्भ) की ओर गति करता है, तो वस्तु के शीर्ष बिंदु से बने उन्नयन कोण का मान बढ़ता है।
- यदि दर्शक एक निश्चित बिन्दु या स्थिति से लंबवत् वस्तु (मीनार/स्तम्भ) के विपरीत ओर अर्थात् इससे दूर गति करता है, तो वस्तु के शीर्ष बिंदु से बने उन्नयन कोण का मान घटता है।
- उन्नयन एवं अवनमन कोण सदैव न्यूनकोण होते हैं।
- यदि किसी मीनार के सापेक्ष सूर्य के उन्नयन या अवनमन कोण का मान घटता अथवा बढ़ता है, तो मीनार की छाया की लम्बाई भी उसके अनुसार क्रमशः बढ़ती अथवा घटती है।
- प्रश्नों को हल करने के लिए प्रेक्षक को बिंदु द्वारा और वस्तु को बिंदु द्वारा अथवा सीधी रेखा द्वारा प्रदर्शित किया जाता है।
- यदि मीनार की ऊँचाई दोगुनी कर दी जाए और प्रेक्षक तथा मीनार के पाद बिंदु की दूरी भी दोगुनी कर दी जाए, तो उन्नयन कोण सदैव समान रहता है।

उदाहरण 1 किसी समय एक स्तंभ की छाया की लंबाई उसकी ऊँचाई की $\sqrt{3}$ गुनी है। सूर्य का उन्नयन कोण ज्ञात कीजिए।

हल माना AB एक स्तंभ है जिसकी ऊँचाई $AB = h$ है तथा स्तंभ AB की छाया BC है, जिसकी लंबाई $BC = h\sqrt{3}$ है।

[प्रश्नानुसार, छाया की लंबाई उसकी ऊँचाई की $\sqrt{3}$ गुनी है]

पुनः माना सूर्य का उन्नयन कोण, $\angle ACB = \theta$

तब, समकोण ΔABC में,

$$\tan\theta = \frac{\text{लंब}}{\text{आधार}} = \frac{AB}{BC} = \frac{h}{h\sqrt{3}} \Rightarrow \tan\theta = \frac{1}{\sqrt{3}}$$

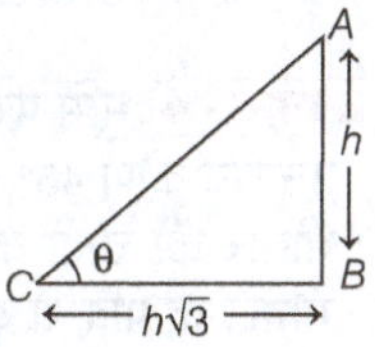

$$\Rightarrow \tan\theta = \tan 30° \qquad \left[\because \tan 30° = \frac{1}{\sqrt{3}}\right]$$

$$\Rightarrow \theta = 30°$$

अतः सूर्य का उन्नयन कोण 30° है।

उदाहरण 2 नदी पर बने किसी पुल के उस भाग की लंबाई जो ठीक नदी के ऊपर है, 150 मी है तथा पुल नदी के किनारे से 45° का कोण बनाता है, तो नदी की चौड़ाई ज्ञात कीजिए।

हल माना नदी की चौड़ाई BC है। पुल की लंबाई $AB = 150$ मी तथा बिंदु B से A का उन्नयन $\angle BAC = 45°$

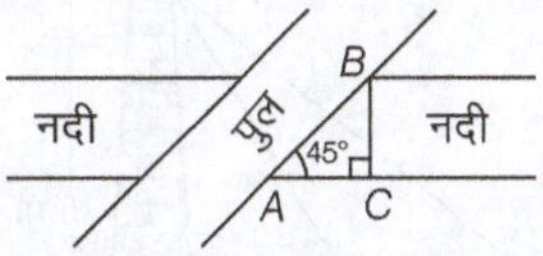

समकोण ΔACB में,

$$\sin 45° = \frac{\text{लंब}}{\text{कर्ण}} \Rightarrow \frac{1}{\sqrt{2}} = \frac{BC}{AB} = \frac{BC}{150}$$

$$\therefore \quad BC = \frac{150}{\sqrt{2}} \times \frac{\sqrt{2}}{\sqrt{2}} \qquad \text{[हर का परिमेयकरण करने पर]}$$

$$= \frac{150}{2} \times \sqrt{2} = 75\sqrt{2} = 75 \times 1.414 \qquad [\because \sqrt{2} = 1.414]$$

$$= 106.05 \text{ मी (लगभग)}$$

अतः नदी की चौड़ाई 106.05 मी है।

उदाहरण 3 यदि तेज हवा के चलने से किसी वृक्ष का ऊपरी हिस्सा टूटकर जड़ से $2\sqrt{3}$ मी की दूरी पर 60° का कोण बनाता हो, तो वृक्ष की संपूर्ण ऊँचाई ज्ञात कीजिए। **[CBSE 2019]**

हल माना AB एक वृक्ष है जोकि बिंदु C से टूट गया है तथा वृक्ष का भाग AC, बिंदु D पर 60° का कोण बनाता है।

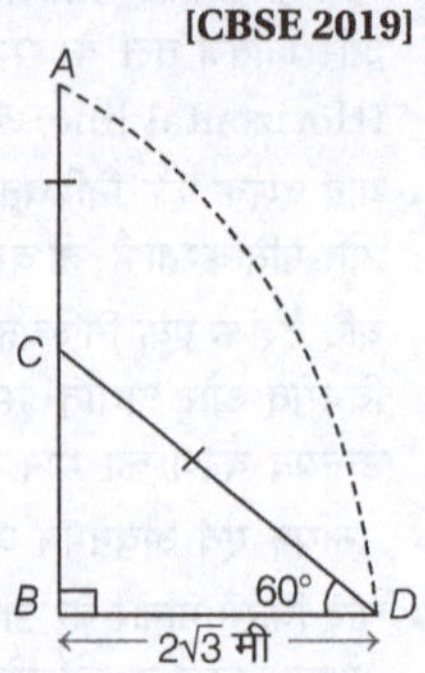

तब, $BD = 2\sqrt{3}$ मी

तथा $AC = CD$

समकोण ΔCBD में,

$$\cos 60° = \frac{\text{आधार}}{\text{कर्ण}} = \frac{BD}{CD}$$

$$\Rightarrow \frac{1}{2} = \frac{2\sqrt{3}}{CD}$$ $\left[\because \cos 60° = \frac{1}{2} \text{ तथा } BD = 2\sqrt{3} \text{ मी}\right]$

$$\Rightarrow CD = 2 \times 2\sqrt{3} = 4\sqrt{3}$$

$$= 4 \times 1.732 = 6.928 \text{ मी}$$ $[\because \sqrt{3} = 1.732]$

$\therefore AC = CD = 6.928$ मी

पुनः समकोण ΔCBD में

$$\tan 60° = \frac{\text{लंब}}{\text{आधार}} = \frac{BC}{BD}$$

$$\Rightarrow \sqrt{3} = \frac{BC}{2\sqrt{3}}$$ $[\because \tan 60° = \sqrt{3} \text{ तथा } BD = 2\sqrt{3} \text{ मी}]$

$$\Rightarrow BC = \sqrt{3} \times 2\sqrt{3} = 6 \text{ मी}$$

अब, $AB = AC + BC = 6.928 + 6 = 12.928$ मी (लगभग)

अतः पेड़ की संपूर्ण ऊँचाई 12.928 मी है।

उदाहरण 4 भूमि पर स्थित एक चिह्नित बिंदु से एक मीनार की चोटी का उन्नयन कोण 45° है। मीनार के पाद की ओर भूमि पर 40 मी चलने पर मीनार की चोटी का उन्नयन कोण 60° हो जाता है। चिह्नित बिंदु की मीनार के पाद से दूरी ज्ञात कीजिए।

हल माना AB एक मीनार है। भूमि पर स्थित चिंहित बिंदु D से मीनार के शिखर का उन्नयन कोण 45° है अर्थात् $\angle ADB = 45°$ तथा D से मीनार की ओर 40 मी चलने पर बिंदु C से मीनार के शिखर का उन्नयन कोण 60° हो जाता है अर्थात् $\angle ACB = 60°$।

पुनः माना $BC = x$ मी तथा $AB = h$ मी

[यहाँ, उभयनिष्ठ भुजा AB पर दो त्रिभुज प्राप्त होते हैं तथा AB की माप ज्ञात नहीं है]

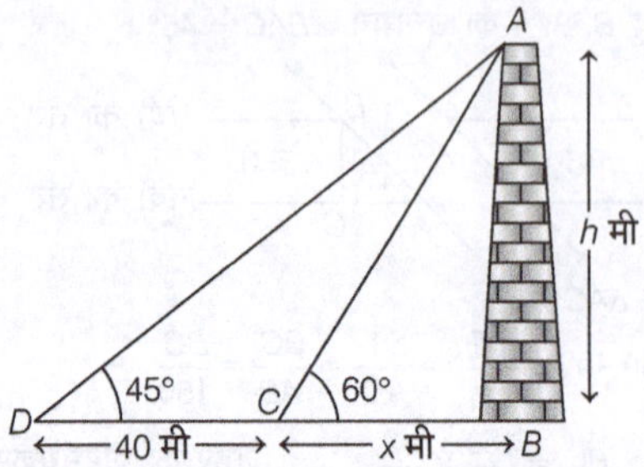

समकोण ΔABC में,

$$\tan 60° = \frac{\text{लंब}}{\text{आधार}} = \frac{AB}{BC} \Rightarrow \sqrt{3} = \frac{h}{x}$$ $[\because \tan 60° = \sqrt{3}]$

$$\Rightarrow h = x\sqrt{3}$$ [वज्रगुणन करने पर] ...(i)

अब, समकोण ΔABD में, $\tan 45° = \frac{\text{लंब}}{\text{आधार}} = \frac{AB}{BD}$

$$\Rightarrow 1 = \frac{AB}{DC + BC}$$ $[\because BD = DC + BC \text{ तथा } \tan 45° = 1]$

$$\Rightarrow 1 = \frac{h}{40 + x} \Rightarrow 40 + x = h$$

समी (i) से h का मान रखने पर,

$$40 + x = x\sqrt{3} \Rightarrow 40 = x\sqrt{3} - x$$

$$\Rightarrow x(\sqrt{3} - 1) = 40 \Rightarrow x = \frac{40}{\sqrt{3} - 1} \Rightarrow x = \frac{40(\sqrt{3} + 1)}{(\sqrt{3} - 1)(\sqrt{3} + 1)}$$

[दाएँ पक्ष के अंश तथा हर में $(\sqrt{3} + 1)$ से गुणा करने पर]

$$\Rightarrow x = \frac{40(\sqrt{3} + 1)}{(\sqrt{3})^2 - (1)^2}$$ $[\because (a - b)(a + b) = a^2 - b^2]$

$$\Rightarrow x = \frac{40(\sqrt{3} + 1)}{2} = 20(\sqrt{3} + 1) \text{ मी}$$

अतः चिंहित बिंदु D की मीनार के पाद B से दूरी, $BD = DC + BC$

$$= 40 + 20(\sqrt{3} + 1) = 40 + 20\sqrt{3} + 20$$

$$= 60 + 20\sqrt{3} = 20(3 + \sqrt{3}) \text{ मी}$$

उदाहरण 5 एक खंभा, जिसकी ऊँचाई 20 मी है, पर एक झण्डा लगा हुआ है। जमीन पर स्थित किसी बिंदु से झण्डे के पाद व शिखर के उन्नयन कोण क्रमशः 45° व 60° हैं। झण्डे की ऊँचाई ज्ञात कीजिए। **[CBSE 2020 (Basic)]**

हल माना BC एक खंभा है, जिस पर एक झण्डा AB लगा हुआ है। जमीन पर स्थित बिंदु D से झण्डे के शिखर A व झण्डे के पाद B के उन्नयन कोण क्रमशः 60° व 45° हैं।

अर्थात् $\angle ADC = 60°$, $\angle BDC = 45°$ तथा $BC = 20$ मी

माना झण्डे की ऊँचाई, $AB = h$ मी तथा $CD = x$ मी

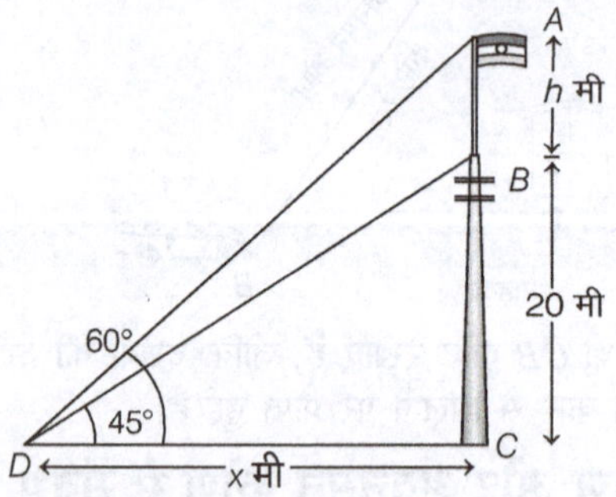

समकोण ΔBCD में,

$$\tan 45° = \frac{\text{लंब}}{\text{आधार}} = \frac{BC}{CD} \Rightarrow 1 = \frac{20}{x}$$ $[\because \tan 45° = 1]$

$$\Rightarrow x = 20 \text{ मी}$$

समकोण ΔACD में, $\tan 60° = \frac{\text{लंब}}{\text{आधार}} = \frac{AC}{DC} \Rightarrow \sqrt{3} = \frac{AB + BC}{DC}$

$[\because \tan 60° = \sqrt{3}]$

$$\Rightarrow \sqrt{3} = \frac{h + 20}{x} \Rightarrow \sqrt{3} = \frac{h + 20}{20}$$ $[\because x = 20 \text{ मी}]$

$$\Rightarrow 20\sqrt{3} = h + 20 \Rightarrow 20\sqrt{3} - 20 = h \Rightarrow h = 20(\sqrt{3} - 1)$$

$$\Rightarrow h = 20(1.732 - 1)$$ $[\because \sqrt{3} = 1.732]$

$$\Rightarrow h = 20 \times 0.732 = 14.64 \text{ मी}$$

अतः झण्डे की ऊँचाई 14.64 मी है।

उदाहरण 6 एक वायुयान दो मकानों के ऊपर उड़ रहा है जिनके बीच की दूरी 100 मी है। यदि किसी समय वायुयान से एक ही दिशा में मकानों के अवनमन कोण क्रमशः 45° व 60° हों, तो वायुयान की ऊर्ध्वाधर ऊँचाई ज्ञात कीजिए।

हल माना A एक वायुयान है, जो जमीन से h मी ऊँचाई पर उड़ रहा है अर्थात्

$AB = h$ मी तथा D व C दो मकान हैं, जिनके बीच की दूरी 100 मी है अर्थात् $DC = 100$ मी।

बिंदु A से देखने पर बिंदु D व C के अवनमन कोण क्रमशः 45° व 60° हैं।

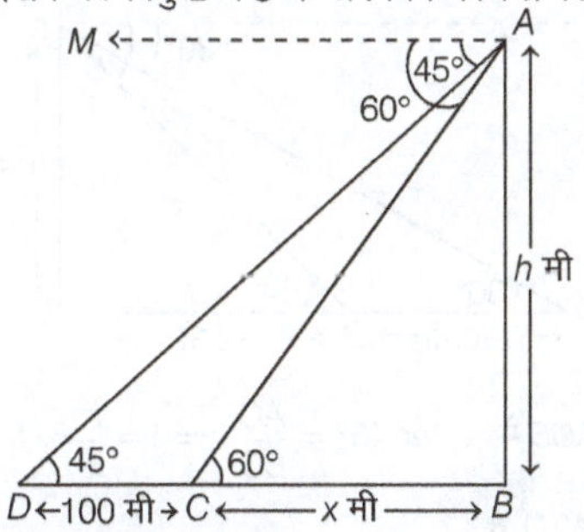

चित्र में, $AM \parallel BD$

$\therefore \quad \angle MAD = \angle ADB = 45°$ [एकांतर कोण]

तथा $\quad \angle MAC = \angle ACB = 60°$ [एकांतर कोण]

माना $\quad BC = x$ मी

समकोण ΔABC में,

$$\tan 60° = \frac{\text{लंब}}{\text{आधार}} = \frac{AB}{BC}$$

$\Rightarrow \quad \sqrt{3} = \frac{h}{x}$ $\quad [\because \tan 60° = \sqrt{3}]$

$\Rightarrow \quad h = x\sqrt{3}$

$\Rightarrow \quad x = \frac{h}{\sqrt{3}}$ $\quad \ldots$(i)

अब, समकोण ΔABD में,

$$\tan 45° = \frac{AB}{BD}$$

$\Rightarrow \quad 1 = \frac{h}{DC + BC}$ $\quad [\because \tan 45° = 1]$

$\Rightarrow \quad DC + BC = h$

$\Rightarrow \quad 100 + x = h$ $\quad \ldots$(ii)

समी (i) से x का मान समी (ii) में रखने पर,

$$100 + \frac{h}{\sqrt{3}} = h \Rightarrow h - \frac{h}{\sqrt{3}} = 100$$

$\Rightarrow \quad \sqrt{3}h - h = 100\sqrt{3}$

$\Rightarrow \quad h(\sqrt{3} - 1) = 100\sqrt{3} \Rightarrow h = \frac{100\sqrt{3}}{\sqrt{3} - 1}$

$\Rightarrow \quad h = \frac{100\sqrt{3}(\sqrt{3} + 1)}{(\sqrt{3} - 1)(\sqrt{3} + 1)}$ [हर का परिमेयीकरण करने पर]

$\Rightarrow \quad h = \frac{100\sqrt{3}(\sqrt{3} + 1)}{(\sqrt{3})^2 - (1)^2}$

$[\because a^2 - b^2 = (a - b)(a + b)]$

$\Rightarrow \quad h = \frac{100\sqrt{3}(\sqrt{3} + 1)}{2}$

$\Rightarrow \quad h = 50\sqrt{3}(\sqrt{3} + 1)$

$\Rightarrow \quad h = 50(3 + \sqrt{3})$

$\Rightarrow \quad h = 50(3 + 1.732)$ $\quad [\because \sqrt{3} = 1.732]$

$\Rightarrow \quad h = 50 \times 4.732$

$= 236.6$ मी

अतः वायुयान की ऊर्ध्वाधर ऊँचाई 236.6 मी है।

उदाहरण 7 एक सीधी सड़क के किनारे खड़ी एक मीनार के किनारे स्थित दो क्रमागत किलोमीटर के पत्थरों के अवनति कोण α और β हैं। मीनार की ऊँचाई ज्ञात कीजिए।

हल माना AB एक मीनार है तथा बिंदु A से दो क्रमागत किलोमीटर के पत्थरों C व D के अवनति या अवनमन कोण क्रमशः β व α हैं।

$\because \quad XA \parallel DB$

$\therefore \quad \angle ADB = \angle XAD = \alpha$ [एकांतर कोण]

तथा $\quad \angle ACB = \angle XAC = \beta$ [एकांतर कोण]

यहाँ, $\quad CD = 1$ किमी

माना $\quad AB = h$ तथा $BC = x$

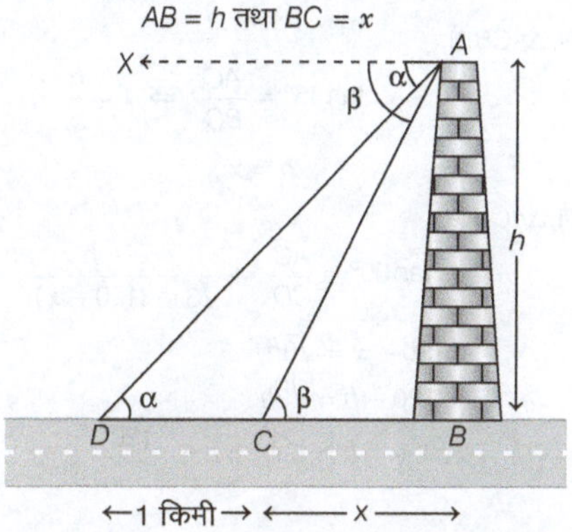

समकोण ΔABC में, $\tan\beta = \frac{\text{लंब}}{\text{आधार}} = \frac{AB}{BC}$

$\Rightarrow \quad \tan\beta = \frac{h}{x} \Rightarrow x = \frac{h}{\tan\beta}$

$\Rightarrow \quad x = h\cot\beta$ $\quad \left[\because \frac{1}{\tan\beta} = \cot\beta\right] \ldots$(i)

अब, समकोण ΔABD में, $\tan\alpha = \frac{\text{लंब}}{\text{आधार}} = \frac{AB}{BD}$

$\Rightarrow \quad \tan\alpha = \frac{h}{DC + BC}$ $\quad [\because BD = BC + CD]$

$\Rightarrow \quad \tan\alpha = \frac{h}{1 + x} \Rightarrow 1 + x = \frac{h}{\tan\alpha}$

$\Rightarrow \quad 1 + x = h\cot\alpha$ $\quad \left[\because \frac{1}{\tan\alpha} = \cot\alpha\right]$

$\Rightarrow \quad 1 + h\cot\beta = h\cot\alpha$ [समी (i) से]

$\Rightarrow \quad 1 = h\cot\alpha - h\cot\beta$

$\Rightarrow \quad 1 = h(\cot\alpha - \cot\beta) \Rightarrow h = \frac{1}{\cot\alpha - \cot\beta}$

अतः मीनार की ऊँचाई $\frac{1}{\cot\alpha - \cot\beta}$ है।

उदाहरण 8 **एक प्रकाश स्तंभ के शीर्ष से दो जहाजों के अवनमन कोण क्रमशः 45° और 30° हैं। यदि जहाजों के बीच की दूरी 120 मी हो, तो प्रकाश स्तंभ की ऊँचाई ज्ञात कीजिए।**

हल प्रश्न से स्पष्ट नहीं है कि प्रकाश स्तंभ दोनों जहाजों के बीच में है या एक ही ओर है। इसलिए, यहाँ पर दो स्थितियाँ संभव हैं

स्थिति I. *जब प्रकाश स्तंभ दोनों जहाजों के बीच स्थित हैं*

माना प्रकाश स्तंभ AC की ऊँचाई h मी है। बिंदु B और D दोनों जहाजों की स्थितियाँ हैं, जिनके बीच की दूरी 120 मी तथा अवनमन कोण क्रमशः 45° और 30° हैं।

$\therefore$ $BD = 120$ मी, $\angle ABC = 45°$, $\angle ADC = 30°$

माना $BC = x$ मी, तब $CD = (120 - x)$ मी

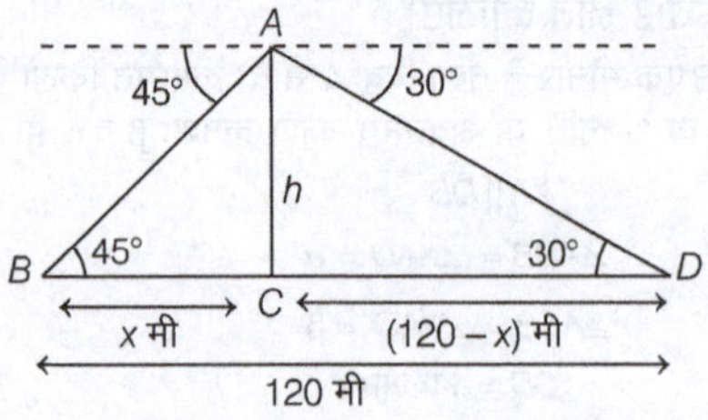

समकोण ΔACB में,

$$\tan 45° = \frac{AC}{BC} \Rightarrow 1 = \frac{h}{x}$$

$\Rightarrow$ $h = x$ ...(i)

समकोण ΔACD में,

$$\tan 30° = \frac{AC}{CD} \Rightarrow \frac{1}{\sqrt{3}} = \frac{h}{(120 - x)}$$

$\Rightarrow$ $120 - x = \sqrt{3}h$

$\Rightarrow$ $120 - h = \sqrt{3}h$ [समी (i) से]

$\Rightarrow$ $(\sqrt{3} + 1)h = 120 \Rightarrow h = \dfrac{120}{\sqrt{3}+1}$

$\Rightarrow$ $h = \dfrac{120}{\sqrt{3}+1} \times \dfrac{\sqrt{3}-1}{\sqrt{3}-1}$

[हर का परिमेयीकरण करने पर]

$\Rightarrow$ $h = \dfrac{120(\sqrt{3}-1)}{3-1} = 60(\sqrt{3}-1)$ मी

स्थिति II. *जब दोनों जहाज प्रकाश स्तंभ के एक ही ओर स्थित हैं*

अब, $\angle ABC = 45°$, $\angle ADC = 30°$, $BD = 120$ मी

माना $AC = h$ मी और $BC = x$ मी

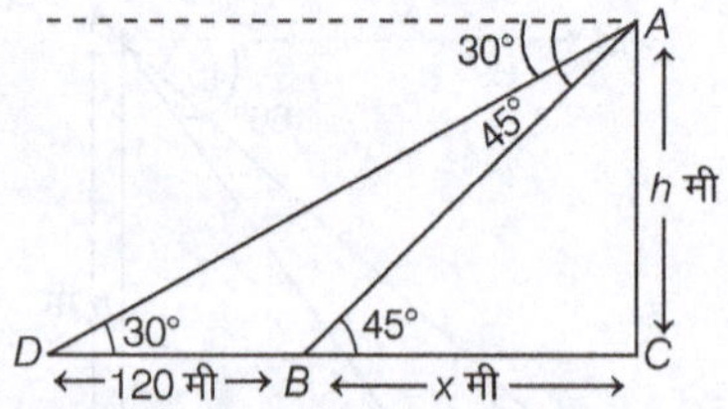

समकोण ΔACB में, $\tan 45° = \dfrac{AC}{BC} \Rightarrow 1 = \dfrac{h}{x} \Rightarrow h = x$ ...(i)

समकोण ΔACD में,

$$\tan 30° = \frac{AC}{CD} \Rightarrow \frac{1}{\sqrt{3}} = \frac{h}{x + 120} \Rightarrow x + 120 = \sqrt{3}h$$

$\Rightarrow$ $h + 120 = \sqrt{3}h$ [समी (i) से]

$\Rightarrow$ $(\sqrt{3} - 1)h = 120$

$\Rightarrow$ $h = \dfrac{120}{\sqrt{3}-1}$

$\Rightarrow$ $h = \dfrac{120}{\sqrt{3}-1} \times \dfrac{\sqrt{3}+1}{\sqrt{3}+1}$

[हर का परिमेयीकरण करने पर]

$\Rightarrow$ $h = \dfrac{120(\sqrt{3}+1)}{3-1} = 60(\sqrt{3}+1)$ मी

NCERT फोल्डर

प्रश्नावली 9.1

1. सर्कस का एक कलाकार एक 20 मी लंबी डोर पर चढ़ रहा है, जो अच्छी तरह से तनी हुई है और भूमि पर सीधे लगे खंभे के शिखर से बँधा हुआ है। यदि भूमि स्तर के साथ डोर द्वारा बनाया गया कोण 30° का हो, तो खंभे की ऊँचाई ज्ञात कीजिए।

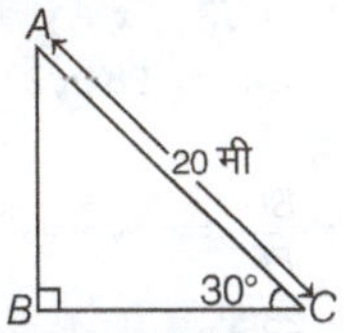

हल दिए गए चित्र में, AB खंभे की ऊँचाई है और रस्सी की लंबाई, AC = 20 मी है जो खंभे के शीर्ष पर बँधी है।

समकोण ΔABC में, $\sin 30^\circ = \dfrac{AB}{AC}$ $\left[\because \sin\theta = \dfrac{\text{लंब}}{\text{कर्ण}}\right]$

$\Rightarrow \quad \dfrac{1}{2} = \dfrac{AB}{20}$ $\left[\because \sin 30^\circ = \dfrac{1}{2}\right]$

$\Rightarrow \quad AB = \dfrac{20}{2} = 10$ मी

अतः खंभे की ऊँचाई 10 मी है।

2. आँधी आने से एक पेड़ टूट जाता है और टूटा हुआ भाग इस तरह मुड़ जाता है कि पेड़ का शिखर जमीन को छूने लगता है और इसके साथ 30° का कोण बनाता है। पेड़ के पाद-बिंदु की दूरी, जहाँ पेड़ का शिखर जमीन को छूता है, 8 मी है। पेड़ की ऊँचाई ज्ञात कीजिए। **[CBSE 2018]**

हल माना पेड़ की प्रारंभिक ऊँचाई AC है। जब आँधी आई, पेड़ बिंदु B से टूट जाता है। पेड़ का टूटा भाग BC जमीन को बिंदु D पर छूता हुआ 30° का कोण बनाता है।

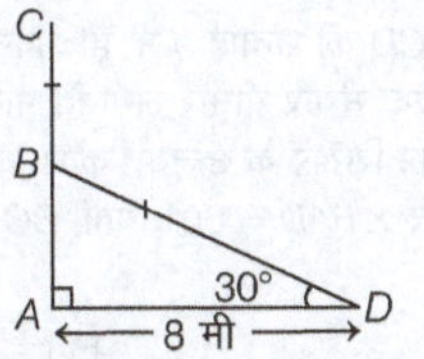

दिया है, AD = 8 मी

समकोण ΔBAD में,

$\tan 30^\circ = \dfrac{AB}{AD} \Rightarrow \dfrac{1}{\sqrt{3}} = \dfrac{AB}{8}$ $\left[\because \tan 30^\circ = \dfrac{1}{\sqrt{3}}\right]$

$\Rightarrow \quad AB = \dfrac{8}{\sqrt{3}}$

पुनः ΔBAD में, $\cos 30^\circ = \dfrac{AD}{BD} \Rightarrow \dfrac{\sqrt{3}}{2} = \dfrac{8}{BD}$ $\left[\because \cos 30^\circ = \dfrac{\sqrt{3}}{2}\right]$

$\Rightarrow \quad BD = \dfrac{16}{\sqrt{3}}$

$\therefore \quad AC = AB + BC = AB + BD$ $[\because BC = BD]$

$\Rightarrow \quad AC = \dfrac{8}{\sqrt{3}} + \dfrac{16}{\sqrt{3}}$

$\Rightarrow \quad AC = \dfrac{24}{\sqrt{3}} = \dfrac{24}{\sqrt{3}} \times \dfrac{\sqrt{3}}{\sqrt{3}} = \dfrac{24\sqrt{3}}{3} = 8\sqrt{3}$ मी

अतः पेड़ की ऊँचाई $8\sqrt{3}$ मी है।

3. एक ठेकेदार बच्चों के खेलने के लिए एक पार्क में दो फिसलनपट्टी लगाना चाहती है। 5 वर्ष से कम उम्र के बच्चों के लिए वह एक ऐसी फिसलनपट्टी लगाना चाहती है जिसका शिखर 1.5 मी की ऊँचाई पर हो और भूमि के साथ 30° के कोण पर झुका हुआ हो, जबकि इससे अधिक उम्र के बच्चों के लिए वह 3 मी की ऊँचाई पर एक अधिक ढाल की फिसलनपट्टी लगाना चाहती है, जो भूमि के साथ 60° का कोण बनाती हो। प्रत्येक स्थिति में फिसलनपट्टी की लंबाई क्या होनी चाहिए?

हल (i) चित्र (a) में, 5 वर्ष से कम आयु के बच्चों के लिए फिसलनपट्टी AC है। माना फिसलनपट्टी की ऊँचाई, BC = 1.5 मी है और भूमि के साथ फिसलनपट्टी AC, 30° का कोण बनाती है।

अर्थात् $\angle CAB = 30^\circ$

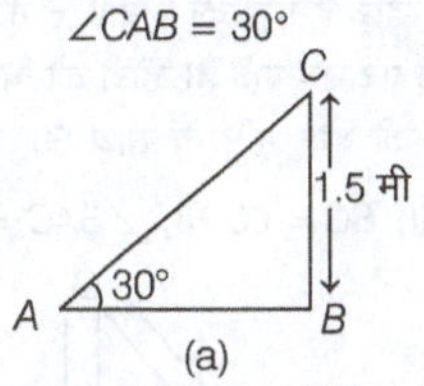

(a)

समकोण ΔABC में, $\sin 30^\circ = \dfrac{BC}{AC} = \dfrac{\text{लंब}}{\text{कर्ण}}$

$\Rightarrow \quad \dfrac{1}{2} = \dfrac{1.5}{AC}$ $\left[\because \sin 30^\circ = \dfrac{1}{2}\right]$

$\Rightarrow \quad AC = 1.5 \times 2 \Rightarrow AC = 3.0$ मी

(ii) चित्र (b) में, 5 वर्ष से अधिक आयु के बच्चों के लिए फिसलनपट्टी RP है।

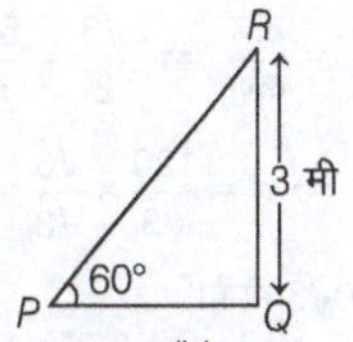

(b)

माना फिसलनपट्टी की ऊँचाई, RQ = 3 मी है और भूमि के साथ फिसलनपट्टी PR, 60° का कोण बनाती है।

समकोण ΔPQR में,

$\sin 60^\circ = \dfrac{RQ}{PR} = \dfrac{\text{लंब}}{\text{कर्ण}} \Rightarrow \dfrac{\sqrt{3}}{2} = \dfrac{3}{PR}$ $\left[\because \sin 60^\circ = \dfrac{\sqrt{3}}{2}\right]$

$\Rightarrow \quad PR = \dfrac{3 \times 2}{\sqrt{3}} \Rightarrow PR = 2\sqrt{3}$ मी

अतः दी गई स्थितियों में फिसलनपट्टी की लंबाई क्रमशः 3 मी तथा $2\sqrt{3}$ मी होनी चाहिए।

4. भूमि के एक बिंदु से, जो मीनार के पाद-बिंदु से 30 मी की दूरी पर है, मीनार के शिखर का उन्नयन कोण 30° है, मीनार की ऊँचाई ज्ञात कीजिए।

हल माना BC एक मीनार है जिसकी ऊँचाई h मी है। मीनार के पाद से 30 मी दूर बिंदु A से मीनार के शिखर का उन्नयन कोण 30° है।

माना $BC = h$; दिया है, $AB = 30$ मी

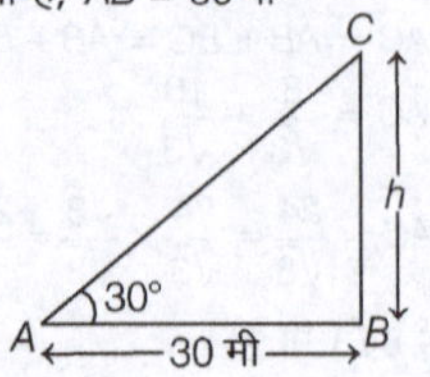

समकोण ΔABC में,

$$\tan 30^\circ = \frac{BC}{AB} = \frac{\text{लंब}}{\text{आधार}} \Rightarrow \frac{1}{\sqrt{3}} = \frac{h}{30} \Rightarrow h = \frac{30}{\sqrt{3}}$$

$$\Rightarrow \quad h = \frac{30}{\sqrt{3}} \times \frac{\sqrt{3}}{\sqrt{3}} = 10\sqrt{3} \text{ मी}$$

अतः मीनार की ऊँचाई $10\sqrt{3}$ मी है।

5. भूमि से 60 मी की ऊँचाई पर एक पतंग उड़ रही है। पतंग में लगी डोरी को अस्थाई रूप से भूमि के एक बिंदु से बाँध दिया गया है। भूमि के साथ डोरी का झुकाव 60° है। यह मानकर कि डोरी में कोई ढील नहीं है, डोरी की लंबाई ज्ञात कीजिए।

हल माना AC पतंग की डोर है जिसकी लंबाई x मी है तथा यह पृथ्वी से $BC = 60$ मी ऊँचाई पर उड़ रही है। डोरी को बिंदु A पर अस्थाई रूप से बाँध दिया गया है। पतंग की डोर भूमि के साथ 60° का कोण बनाती है।

अर्थात् $AC = x$ मी, $BC = 60$ मी, $\angle BAC = 60^\circ$

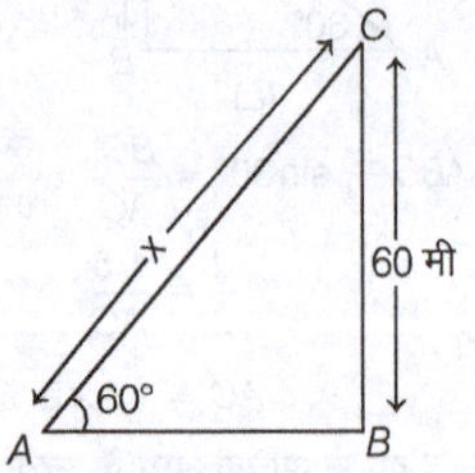

समकोण ΔABC में,

$$\sin 60^\circ = \frac{BC}{AC} = \frac{\text{लंब}}{\text{कर्ण}} \Rightarrow \frac{\sqrt{3}}{2} = \frac{60}{x} \quad \left[\because \sin 60^\circ = \frac{\sqrt{3}}{2}\right]$$

$$\Rightarrow \quad \sqrt{3}x = 120 \Rightarrow x = \frac{120}{\sqrt{3}} \times \frac{\sqrt{3}}{\sqrt{3}} = \frac{120\sqrt{3}}{3} = 40\sqrt{3} \text{ मी}$$

अतः डोरी की लंबाई $40\sqrt{3}$ मी है।

6. 1.5 मी लंबा एक लड़का 30 मी ऊँचे एक भवन से कुछ दूरी पर खड़ा है। जब वह ऊँचे भवन की ओर जाता है, तब उसकी आँख से भवन के शिखर का उन्नयन कोण 30° से 60° हो जाता है। बताइए कि वह भवन की ओर कितनी दूरी तक चलकर गया है।

हल माना भवन की ऊँचाई, $AB = 30$ मी, लड़के की ऊँचाई, $CD = 1.5$ मी तथा बिंदु D लड़के की आँख है और आँख से भवन का उन्नयन कोण 30° है। भवन की ओर x मी चलने पर बिंदु E से भवन का उन्नयन कोण 60° है।

माना $DE = x$ मी और $EF = y$ मी

अब, $\quad BF = AB - AF = 30 - 1.5 \quad [\because CD = AF = 1.5 \text{ मी}]$

$= 28.5$ मी

$\angle BDF = 30^\circ$ तथा $\angle BEF = 60^\circ$

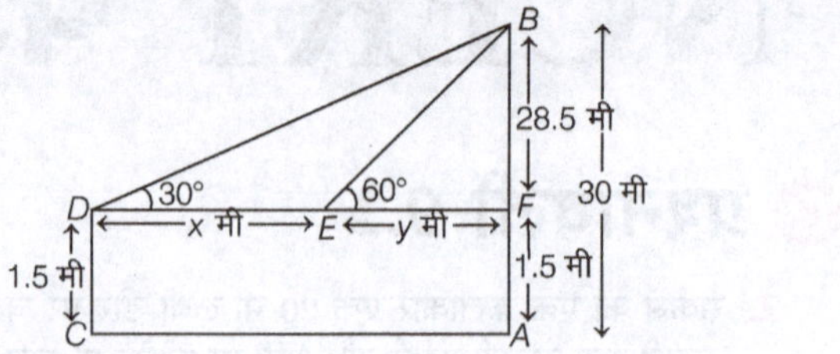

समकोण ΔBFD में, $\quad \tan 30^\circ = \dfrac{BF}{DF} = \dfrac{BF}{DE + EF} = \dfrac{\text{लंब}}{\text{आधार}}$

$$\Rightarrow \quad \frac{1}{\sqrt{3}} = \frac{28.5}{x + y} \quad \left[\because \tan 30^\circ = \frac{1}{\sqrt{3}}\right]$$

$$\Rightarrow \quad x + y = 28.5\sqrt{3} \quad \ldots\text{(i)}$$

अब, समकोण ΔBFE में,

$$\tan 60^\circ = \frac{BF}{EF} \Rightarrow \sqrt{3} = \frac{28.5}{y} \quad [\because \tan 60^\circ = \sqrt{3}]$$

$$\therefore \quad y = \frac{28.5}{\sqrt{3}} \quad \ldots\text{(ii)}$$

समी (ii) से y का मान समी (i) में रखने पर,

$$x + \frac{28.5}{\sqrt{3}} = 28.5\sqrt{3}$$

$$\Rightarrow \quad x = 28.5\sqrt{3} - \frac{28.5}{\sqrt{3}} = 28.5\left(\sqrt{3} - \frac{1}{\sqrt{3}}\right)$$

$$\Rightarrow \quad x = 28.5\left(\frac{3-1}{\sqrt{3}}\right) = 28.5 \times \frac{2}{\sqrt{3}} \times \frac{\sqrt{3}}{\sqrt{3}}$$

$$\Rightarrow \quad x = \frac{28.5 \times 2\sqrt{3}}{3} = 9.5 \times 2\sqrt{3}$$

$$\Rightarrow \quad x = 19\sqrt{3} \text{ मी}$$

अतः लड़का भवन की ओर $19\sqrt{3}$ मी चलकर गया।

7. भूमि के एक बिंदु से एक 20 मी ऊँचे भवन के शिखर पर लगी एक संचार मीनार के तल और शिखर के उन्नयन कोण क्रमशः 45° और 60° हैं। मीनार की ऊँचाई ज्ञात कीजिए।

[CBSE 2023, 2020 (Basic)]

हल माना संचार मीनार CD की ऊँचाई h मी है। भवन की ऊँचाई, $BC = 20$ मी है जिसके शिखर पर एक संचार मीनार लगी है। माना भूमि पर एक नियत बिंदु A से मीनार के तल और शिखर के उन्नयन कोण क्रमशः 45° और 60° हैं। अर्थात् $\angle BAC = 45^\circ$ और $\angle BAD = 60^\circ$ यहाँ, $BC = 20$ मी तथा $CD = h$ मी

माना $AB = x$ मी

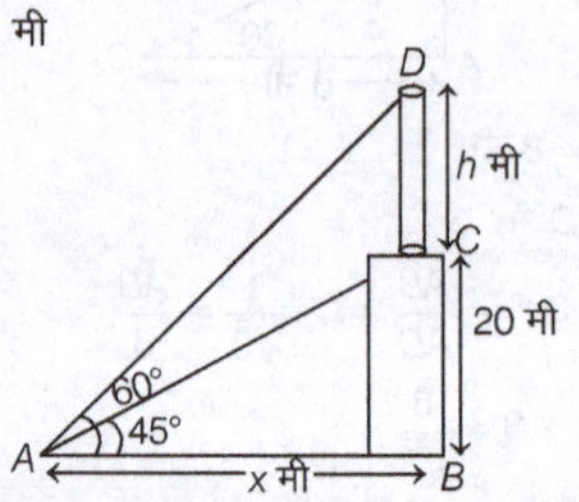

समकोण ΔABC में,

$$\tan 45^\circ = \frac{BC}{AB} \quad [\because \tan 45^\circ = 1]$$

$$\Rightarrow \quad 1 = \frac{20}{x} \Rightarrow x = 20 \text{ मी} \quad \ldots\text{(i)}$$

अब, समकोण ΔABD में,

$$\tan 60° = \frac{BD}{AB} \quad [\because \tan 60° = \sqrt{3}]$$

$$\Rightarrow \quad \sqrt{3} = \frac{BC + CD}{AB} \Rightarrow \sqrt{3} = \frac{20 + h}{x}$$

$$\Rightarrow \quad 20 + h = x \times \sqrt{3}$$

$$\Rightarrow \quad 20 + h = 20\sqrt{3} \quad [\text{समी (i) से, } x = 20 \text{ मी}]$$

$$\Rightarrow \quad h = 20\sqrt{3} - 20 = 20(\sqrt{3} - 1)$$

अतः संचार मीनार की ऊँचाई $20(\sqrt{3} - 1)$ मी है।

8. **एक पेडस्टल के शिखर पर एक 1.6 मी ऊँची मूर्ति लगी है। भूमि के एक बिंदु से मूर्ति के शिखर का उन्नयन कोण 60° है और उसी बिंदु से पेडस्टल के शिखर का उन्नयन कोण 45° है। पेडस्टल की ऊँचाई ज्ञात कीजिए।**

हल माना पेडस्टल BC की ऊँचाई h मी है। पेडस्टल पर एक मूर्ति CD लगी है जिसकी ऊँचाई, $CD = 1.6$ मी है। भूमि के एक स्थिर बिंदु से पेडस्टल के शिखर का उन्नयन कोण 45° और मूर्ति के शिखर का उन्नयन कोण 60° है।

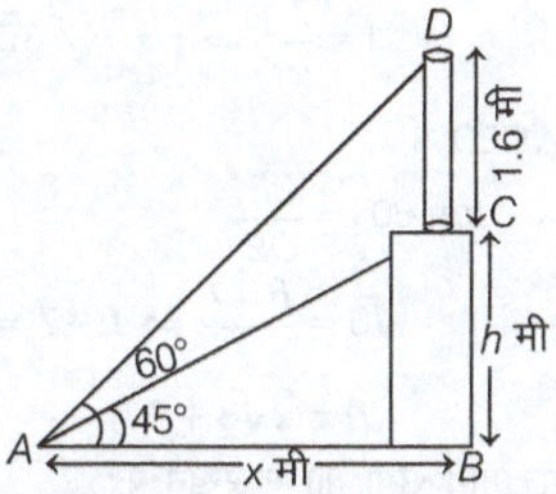

माना $AB = x$ मी, $BC = h$ मी तथा $CD = 1.6$ मी

$\angle BAC = 45°$ और $\angle BAD = 60°$

समकोण ΔBAD में,

$$\tan 60° = \frac{BD}{AB} \quad [\because \tan 60° = \sqrt{3}]$$

$$\Rightarrow \quad \sqrt{3} = \frac{CD + CB}{x} \Rightarrow \sqrt{3} = \frac{1.6 + h}{x}$$

$$\therefore \quad h = \sqrt{3}x - 1.6 \quad \ldots(i)$$

अब, समकोण ΔCAB में, $\tan 45° = \dfrac{BC}{AB} \Rightarrow 1 = \dfrac{h}{x} \Rightarrow x = h \quad \ldots(ii)$

समी (ii) से x का मान समी (i) में रखने पर,

$$h = \sqrt{3} \times h - 1.6 \Rightarrow -\sqrt{3}h + h = -1.6 \Rightarrow h(\sqrt{3} - 1) = 1.6$$

$$\Rightarrow \quad h = \frac{1.6}{\sqrt{3} - 1} \times \frac{\sqrt{3} + 1}{\sqrt{3} + 1} \Rightarrow h = \frac{1.6(\sqrt{3} + 1)}{3 - 1}$$

$$[\because (a - b)(a + b) = a^2 - b^2]$$

$$\therefore \quad h = 0.8(\sqrt{3} + 1)$$

अतः पेडस्टल की ऊँचाई $[0.8(\sqrt{3} + 1)]$ मी है।

9. **एक मीनार के पाद-बिंदु से एक भवन के शिखर का उन्नयन कोण 30° है और भवन के पाद-बिंदु से मीनार के शिखर का उन्नयन कोण 60° है। यदि मीनार 50 मी ऊँची हो, तो भवन की ऊँचाई ज्ञात कीजिए।**

हल माना भवन AD की ऊँचाई h मी है और BC एक मीनार है जिसकी ऊँचाई 50 मी है। मीनार के पाद बिंदु से भवन का उन्नयन कोण $\angle ABD = 30°$ और भवन के पाद-बिंदु से मीनार के शिखर का उन्नयन कोण $\angle BAC = 60°$ है।

माना भवन और मीनार के पाद-बिंदु के बीच की दूरी $AB = x$ मी है।

$AD = h$ मी, $\angle ABD = 30°$ और $\angle BAC = 60°$

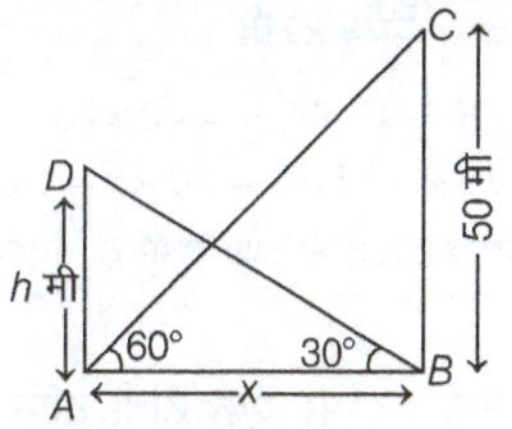

समकोण ΔBAD में,

$$\tan 30° = \frac{AD}{AB} \quad \left[\because \tan 30° = \frac{1}{\sqrt{3}}\right]$$

$$\Rightarrow \quad \frac{1}{\sqrt{3}} = \frac{h}{x} \Rightarrow h = \frac{x}{\sqrt{3}} \quad \ldots(i)$$

अब, समकोण ΔABC में,

$$\tan 60° = \frac{BC}{AB} \quad [\because \tan 60° = \sqrt{3}]$$

$$\Rightarrow \quad \sqrt{3} = \frac{50}{x} \Rightarrow x = \frac{50}{\sqrt{3}} \quad \ldots(ii)$$

समी (ii) से x का मान समी (i) में रखने पर,

$$h = \frac{50/\sqrt{3}}{\sqrt{3}} \Rightarrow h = \frac{50}{\sqrt{3} \times \sqrt{3}} = \frac{50}{3} = 16\frac{2}{3} \text{ मी}$$

अतः भवन की ऊँचाई $16\frac{2}{3}$ मी है।

10. **एक 80 मी चौड़ी सड़क के दोनों ओर आमने-सामने समान लंबाई वाले दो खंभे लगे हुए हैं। इन दोनों खंभों के बीच सड़क के एक बिंदु से खंभों के शिखर के उन्नयन कोण क्रमशः 60° और 30° हैं। खंभों की ऊँचाई और खंभों से बिंदु की दूरी ज्ञात कीजिए।**

हल माना खंभों की ऊँचाई, $AE = BD = h$ मी है। दोनों खंभे सड़क के दोनों ओर लगे हुए हैं तथा सड़क की चौड़ाई, $AB = 80$ मी है। सड़क के बीच एक बिंदु C से खंभों के शिखर के उन्नयन कोण क्रमशः $\angle ACE = 30°$ तथा $\angle BCD = 60°$ हैं।

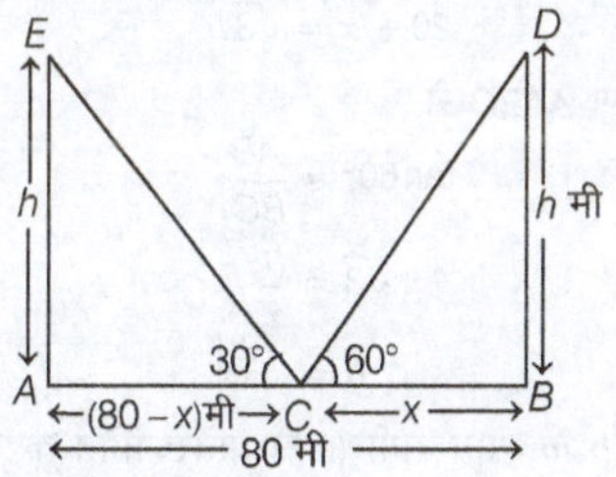

अब, माना $BC = x$ मी तथा $AC = AB - BC = (80 - x)$ मी

समकोण ΔCAE में,

$$\tan 30° = \frac{AE}{AC}$$

$$\Rightarrow \quad \frac{1}{\sqrt{3}} = \frac{h}{80 - x} \quad \left[\because \tan 30° = \frac{1}{\sqrt{3}}\right]$$

$$\Rightarrow \quad 80 - x = \sqrt{3}h$$

$$\Rightarrow \quad \sqrt{3}h + x = 80 \quad \ldots(i)$$

अब, समकोण ΔCBD में,

$$\tan 60° = \frac{BD}{CB} \quad [\because \tan 60° = \sqrt{3}]$$

$$\Rightarrow \quad \sqrt{3} = \frac{h}{x}$$

$$\Rightarrow \quad h = \sqrt{3}x \quad \ldots(ii)$$

समी (ii) से h का मान समी (i) में प्रतिस्थापित करने पर,

$$\sqrt{3}(\sqrt{3}x) + x = 80 \Rightarrow 3x + x = 80 \Rightarrow 4x = 80$$

$$\Rightarrow \quad x = \frac{80}{4} = 20 \text{ मी}$$

$x = 20$ समी (ii) में रखने पर, $h = \sqrt{3} \times 20$

$$\Rightarrow \quad h = 20\sqrt{3} \text{ मी और } AC = 80 - x = 80 - 20 = 60 \text{ मी}$$

अतः खंभों की ऊँचाई $20\sqrt{3}$ मी तथा खंभों से बिंदु की दूरी क्रमशः 60 मी और 20 मी है।

11. **एक नहर के एक तट पर एक टीवी टॉवर ऊर्ध्वाधरतः खड़ा है। टॉवर के ठीक सामने दूसरे तट के एक बिंदु से टॉवर के शिखर का उन्नयन कोण 60° है। इसी तट पर इस बिंदु से 20 मी दूर और इस बिंदु को मीनार के पाद से मिलाने वाली रेखा पर स्थित एक अन्य बिंदु से टॉवर के शिखर का उन्नयन कोण 30° है। (देखिए आकृति) टॉवर की ऊँचाई और नहर की चौड़ाई ज्ञात कीजिए।**

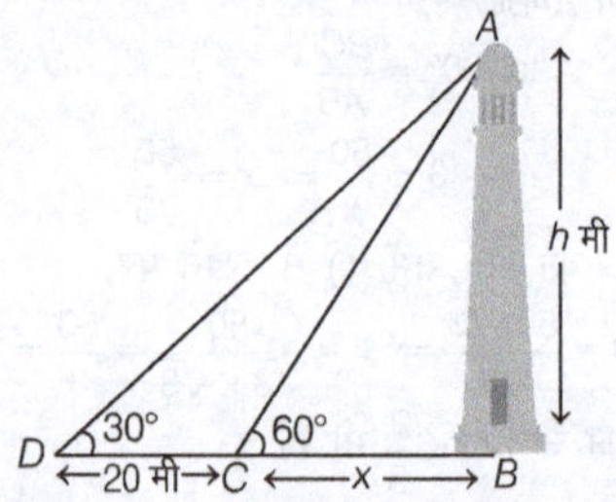

हल माना टॉवर की ऊँचाई, $AB = h$ मी और नहर की चौड़ाई, $BC = x$ मी है।

समकोण ΔABD में,

$$\tan 30° = \frac{AB}{DB} \qquad \left[\because \tan 30° = \frac{1}{\sqrt{3}}\right]$$

$$\Rightarrow \quad \frac{1}{\sqrt{3}} = \frac{h}{DC + CB}$$

$$\Rightarrow \quad \frac{1}{\sqrt{3}} = \frac{h}{20 + x}$$

$$\Rightarrow \quad 20 + x = \sqrt{3}h \qquad \ldots(i)$$

अब, समकोण ΔABC में,

$$\tan 60° = \frac{AB}{BC} \qquad [\because \tan 60° = \sqrt{3}]$$

$$\Rightarrow \quad \sqrt{3} = \frac{h}{x}$$

$$\Rightarrow \quad h = \sqrt{3}x \qquad \ldots(ii)$$

समी (ii) से h का मान समी (i) में प्रतिस्थापित करने पर,

$$20 + x = \sqrt{3}(\sqrt{3}x)$$

$$\Rightarrow \quad 20 + x = 3x \Rightarrow 3x - x = 20$$

$$\Rightarrow \quad 2x = 20$$

$$\Rightarrow \quad x = \frac{20}{2} = 10 \text{ मी}$$

x का मान समी (ii) में रखने पर,

$$h = \sqrt{3} \times 10 = 10\sqrt{3} \text{ मी}$$

अतः टॉवर की ऊँचाई $10\sqrt{3}$ मी और नहर की चौड़ाई 10 मी है।

12. **7 मी ऊँचे भवन के शिखर से एक केबल टॉवर के शिखर का उन्नयन कोण 60° है और इसके पाद का अवनमन कोण 45° है। टॉवर की ऊँचाई ज्ञात कीजिए।**

हल माना केबल टॉवर की ऊँचाई, $BC = h$ मी है। $AD = 7$ मी ऊँचे भवन के शिखर से टॉवर के शिखर का उन्नयन कोण 60° और पाद का अवनमन कोण 45° है।

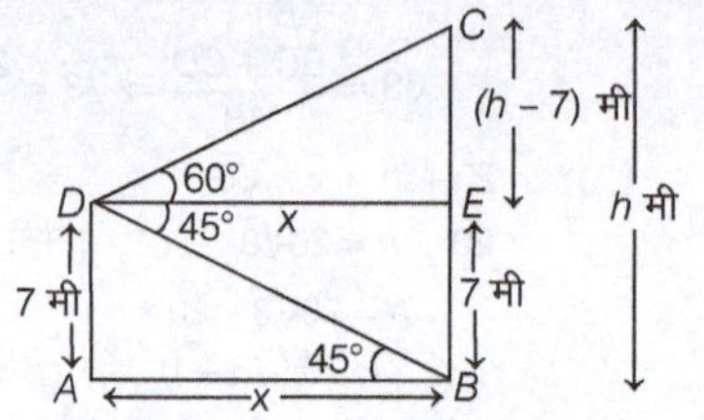

बिंदु D से, $DE \perp BC$ खींची।

$$DE \parallel AB$$

$$\therefore \quad \angle ABD = \angle EDB = 45° \qquad \text{[एकांतर कोण]}$$

तथा $\quad \angle CDE = 60°$

माना भवन और टॉवर के बीच की दूरी $AB = DE = x$ मी है।

समकोण ΔBAD में,

$$\tan 45° = \frac{AD}{AB} \qquad [\because \tan 45° = 1]$$

$$\Rightarrow \quad 1 = \frac{7}{x} \Rightarrow x = 7 \text{ मी} \qquad \ldots(i)$$

अब, समकोण ΔCED में,

$$\tan 60° = \frac{CE}{DE} \qquad [\because \tan 60° = \sqrt{3}]$$

$$\Rightarrow \quad \sqrt{3} = \frac{h-7}{x} \Rightarrow h - 7 = \sqrt{3}x$$

$$\Rightarrow \quad h = x\sqrt{3} + 7 \qquad \ldots(ii)$$

समी (i) से x का मान समी (ii) में रखने पर,

$$h = 7\sqrt{3} + 7 \Rightarrow h = 7(\sqrt{3} + 1)$$

अतः केबल टॉवर की ऊँचाई $7(\sqrt{3} + 1)$ मी है।

13. **समुद्र तल से 75 मी ऊँची लाइट हाउस के शिखर से देखने पर दो समुद्री जहाजों के अवनमन कोण क्रमशः 30° और 45° हैं। यदि लाइट हाउस के एक ही ओर एक जहाज दूसरे जहाज के ठीक पीछे हो, तो जहाजों के बीच की दूरी ज्ञात कीजिए।**
[CBSE 2020 (Standard)]

हल समुद्र तल AC से लाइट हाउस की ऊँचाई $CD = 75$ मी है। माना समुद्र तल पर दो जहाजों की स्थिति A व B हैं।

माना दो जहाजों A व B के बीच की दूरी $AB = y$ मी है। लाइट हाउस के शिखर D से दोनों जहाजों के अवनमन कोण क्रमशः $\angle ODA = 30°$ तथा $\angle ODB = 45°$ हैं।

यहाँ, $\quad \angle DAC = \angle ODA = 30° \qquad$ [एकांतर कोण]

तथा $\quad \angle CBD = \angle ODB = 45° \qquad$ [एकांतर कोण]

माना $\quad BC = x$ मी

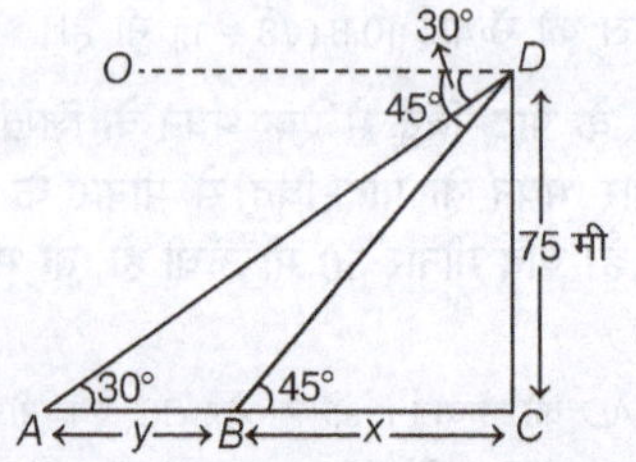

समकोण ΔACD में,

$$\tan 30° = \frac{CD}{AC} \Rightarrow \frac{1}{\sqrt{3}} = \frac{75}{AB + BC}$$

$$\Rightarrow \quad \frac{1}{\sqrt{3}} = \frac{75}{x + y} \qquad \left[\because \tan 30° = \frac{1}{\sqrt{3}}\right]$$

$$\Rightarrow \quad x + y = 75\sqrt{3} \qquad \ldots(i)$$

अब, समकोण ΔBCD में,

$$\tan 45° = \frac{CD}{BC} \Rightarrow 1 = \frac{75}{x} \Rightarrow x = 75 \text{ मी} \qquad \ldots(ii)$$

समी (ii) से x का मान समी (i) में रखने पर,

$$75 + y = 75\sqrt{3} \Rightarrow y = 75\sqrt{3} - 75 = 75(\sqrt{3} - 1)$$

अतः दो जहाजों के बीच की दूरी $75(\sqrt{3} - 1)$ मी है।

14. **1.2 मी लंबी एक लड़की भूमि से 88.2 मी की ऊँचाई पर एक क्षैतिज रेखा में हवा में उड़ रहे गुब्बारे को देखती है। किसी भी क्षण लड़की की आँख से गुब्बारे का उन्नयन कोण 60° है। कुछ समय बाद उन्नयन कोण घटकर 30° हो जाता है (देखिए आकृति)। इस अंतराल के दौरान गुब्बारे द्वारा तय की गई दूरी ज्ञात कीजिए।**

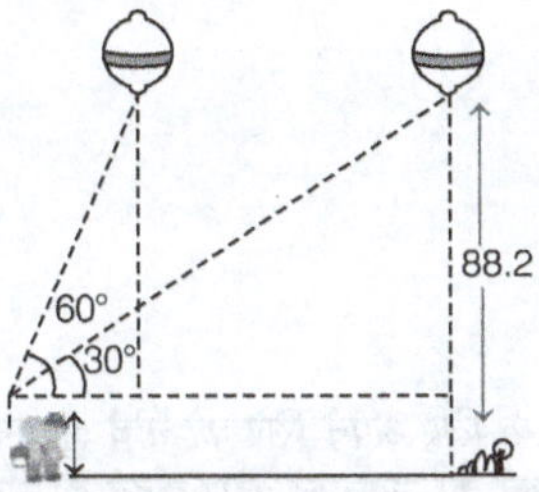

हल माना क्षैतिज रेखा AB पर एक लंबी लड़की खड़ी है जिसकी ऊँचाई, $AD = 1.2$ मी है।

माना $FH = EB = 88.2$ मी क्षैतिज रेखा AB गुब्बारे की ऊँचाई है। लड़की की आँख D से गुब्बारे के उन्नयन कोण क्रमशः 60° तथा 30° हैं। अर्थात्

$$\angle FDC = 60° \text{ तथा } \angle EDC = 30°$$

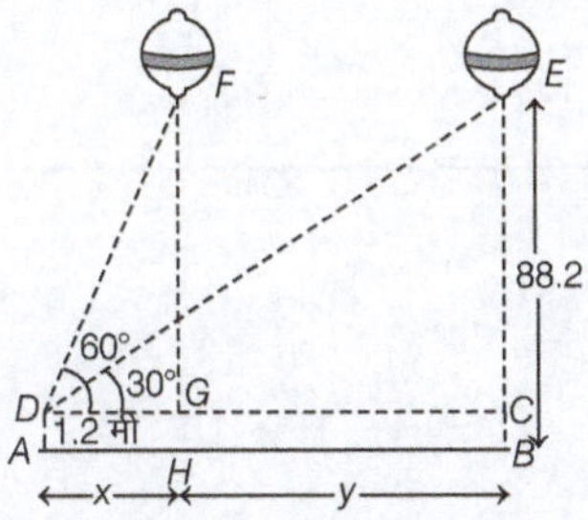

माना गुब्बारे द्वारा तय की गई दूरी $HB = y$ मी और $AH = x$ मी,
$HB = CG = y$ मी और $DG = AH = x$ मी
लड़की की ऊँचाई, $AD = BC = 1.2$ मी
भूमि से गुब्बारे की ऊँचाई, $BE = 88.2$ मी
अब, $CE = BE - BC = 88.2 - 1.2 = 87$ मी
समकोण ΔFGD में,

$$\tan 60° = \frac{FG}{DG} \qquad [\because \tan 60° = \sqrt{3}]$$

$$\Rightarrow \quad \sqrt{3} = \frac{87}{x} \qquad [\because FG = CE = 87 \text{ मी}]$$

$$\Rightarrow \quad x = \frac{87}{\sqrt{3}} \qquad \ldots(i)$$

अब, समकोण ΔECD में,

$$\tan 30° = \frac{EC}{DC}$$

$$\Rightarrow \quad \frac{1}{\sqrt{3}} = \frac{87}{DG + GC}$$

$$\Rightarrow \quad \frac{1}{\sqrt{3}} = \frac{87}{x + y}$$

$$\Rightarrow \quad x + y = 87\sqrt{3} \qquad \ldots(ii)$$

समी (i) से x का मान समी (ii) में रखने पर,

$$\frac{87}{\sqrt{3}} + y = 87\sqrt{3}$$

$$\Rightarrow \quad y = \frac{87\sqrt{3}}{1} - \frac{87}{\sqrt{3}}$$

$$= \frac{87 \times 3 - 87}{\sqrt{3}}$$

$$= \frac{87(3-1)}{\sqrt{3}}$$

$$= \frac{87 \times 2}{\sqrt{3}} \times \frac{\sqrt{3}}{\sqrt{3}}$$

$$= \frac{87 \times 2 \times \sqrt{3}}{3}$$

$$= 29 \times 2\sqrt{3}$$

$$= 58\sqrt{3} \text{ मी}$$

अतः गुब्बारे द्वारा तय की गई दूरी $58\sqrt{3}$ मी है।

15. **एक सीधा राजमार्ग एक मीनार के पाद तक जाता है। मीनार के शिखर पर खड़ा एक आदमी एक कार को 30° के अवनमन कोण पर देखता है, जोकि मीनार के पाद की ओर एकसमान चाल से जाता है। 6 सेकंड बाद कार का अवनमन कोण 60° हो गया। इस बिंदु से मीनार के पाद तक पहुँचने में कार द्वारा लिया गया समय ज्ञात कीजिए।**

हल माना मीनार की ऊँचाई, $CD = h$ मी है तथा कार द्वारा मीनार के पाद तक पहुँचने में लिया गया समय, $BC = x$ सेकंड है।

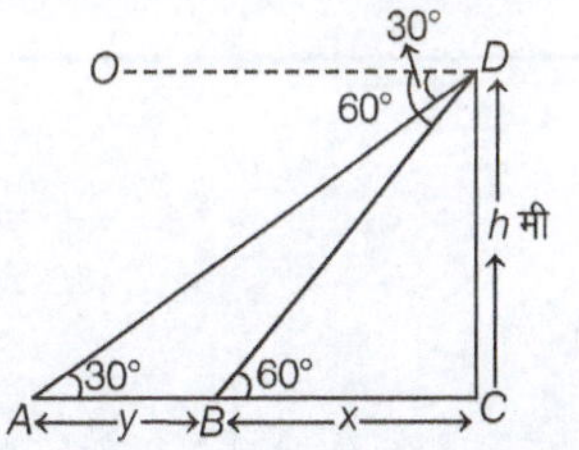

मीनार के शिखर D पर खड़ा एक आदमी एक कार को 30° के अवनमन कोण पर देखता है, जो मीनार की ओर एकसमान चाल से चल रही है। 6 सेकंड बाद कार का अवनमन कोण 60° हो जाता है।

अर्थात् $\angle ODA = 30°$ और $\angle ODB = 60°$

अब, $\angle DAC = \angle ODA = 30°$ [एकांतर कोण]

तथा $\angle DBC = \angle ODB = 60°$ [एकांतर कोण]

माना $AB = y$ और $BC = x$

समकोण ΔBCD में,

$$\tan 60° = \frac{CD}{BC}$$

$\Rightarrow \quad \sqrt{3} = \dfrac{h}{x} \quad \Rightarrow h = \sqrt{3}\,x$ ...(i)

समकोण ΔACD में,

$$\tan 30° = \frac{CD}{AC}$$

$\Rightarrow \quad \dfrac{1}{\sqrt{3}} = \dfrac{h}{x+y}$

$\Rightarrow \quad x + y = h\sqrt{3}$

$\Rightarrow \quad x + 6 = h\sqrt{3}$ $[\because y = 6$ सेकंड$]$...(ii)

समी (i) से h का मान समी (ii) में रखने पर,

$$x + 6 = \sqrt{3}x \times \sqrt{3}$$

$\Rightarrow \quad x + 6 = 3x$ ...(iii)

$\Rightarrow \quad x - 3x = -6$

$\Rightarrow \quad -2x = -6$

$\therefore \quad x = 3$

अतः बिंदु B से मीनार के पाद तक पहुँचने में कार द्वारा लिया गया समय 3 सेकंड है।

अध्याय : एक नजर में

- *यदि कोई दर्शक या प्रेक्षक किसी वस्तु को देख रहा है, तो दर्शक की आँख को उस वस्तु से मिलाने वाली सरल रेखा को दृष्टि रेखा कहते हैं।*
- *यदि कोई वस्तु दर्शक की आँख की क्षैतिज रेखा से ऊपर स्थित है, तो दर्शक को उस वस्तु को देखने के लिए अपने सिर को ऊपर उठाना पड़ता है। इस प्रक्रिया में दर्शक की दृष्टि रेखा, क्षैतिज रेखा से एक निश्चित कोण बनाती है। इस कोण को वस्तु का उन्नयन कोण कहते हैं। उन्नयन कोण को उन्नतांश अथवा उन्नति कोण भी कहते हैं।*

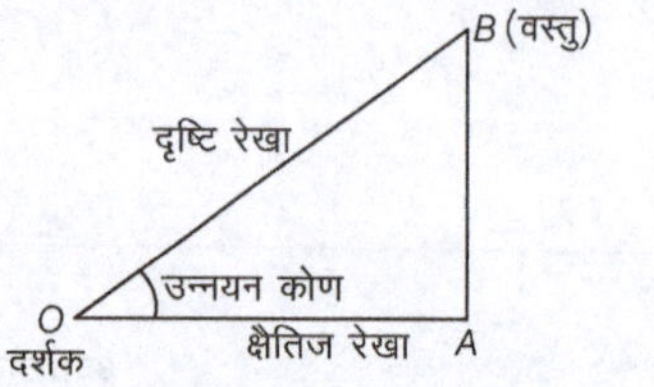

- *यदि कोई वस्तु दर्शक की आँख की क्षैतिज रेखा से नीचे की ओर स्थित है, तो दर्शक को उस वस्तु को देखने के लिए अपने सिर को नीचे झुकाना पड़ता है। इस प्रक्रिया में भी दर्शक की दृष्टि रेखा क्षैतिज रेखा से एक निश्चित कोण नीचे की ओर बनाती है। इस कोण को वस्तु का अवनमन कोण कहते हैं। अवनमन कोण को अवनत कोण अथवा अवनति कोण भी कहते हैं।*

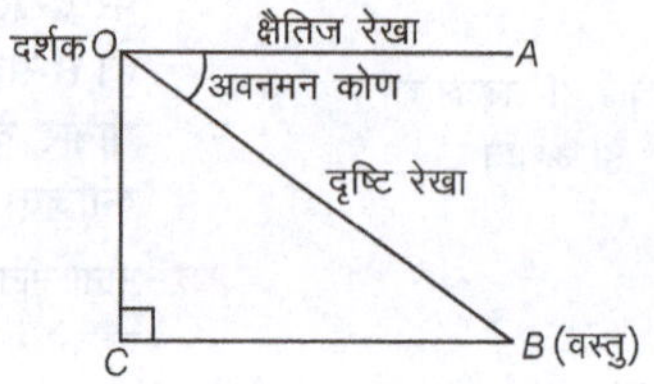

परीक्षा अभ्यास

यहाँ अध्याय से संबंधित सभी संभावित प्रश्नों को दिया गया है, इन प्रश्नों का अभ्यास करके व याद रखकर छात्र अध्याय से संबंधित किसी भी प्रश्न का उत्तर दे पाएँगे।

बहुविकल्पीय प्रश्न

1. एक मीनार की चोटी का उन्नयन कोण उस मीनार के आधार से क्षैतिज तल पर 40 मी दूरी पर स्थित बिंदु से देखने पर 45° है। मीनार की ऊँचाई होगी **[NCERT Exemplar]**

(a) 45 मी (b) 60 मी
(c) 40 मी (d) 50 मी

2. 1.5 मी लंबा एक प्रेक्षक एक चिमनी से 28.5 मी की दूरी पर है। उसकी आँखों से चिमनी के शिखर का उन्नयन कोण 45° है। चिमनी की ऊँचाई होगी

(a) 58.5 मी (b) 30 मी
(c) 28.5 मी (d) 1.5 मी

3. यदि मीनार की ऊँचाई एवं उसकी छाया की लंबाई समान हो, तो सूर्य का उन्नयन कोण होगा **[NCERT Exemplar]**

(a) 30° (b) 60° (c) 90° (d) 45°

अतिलघु उत्तरीय प्रश्न

4. एक अस्पताल में दिव्यांगों के लिए बने रैंप का ढलान (slope) 30° से अधिक नहीं है। यदि रैंप की ऊँचाई 1 मी हो तो, रैंप की लंबाई ज्ञात कीजिए।

5. यदि किसी मीनार की छाया की लंबाई बढ़ती है, तो सूर्य का उन्नयन कोण भी बढ़ता है। क्या यह सत्य है?

6. यदि एक वृक्ष क्षैतिज समतल पर 17 मी लंबी परछाई बनाता है तथा सूर्य का उन्नयन कोण 45° है तो वृक्ष की ऊँचाई ज्ञात कीजिए।

7. सूर्य का उन्नयन कोण 60° होने पर खंभे द्वारा क्षैतिज समतल पर $2\sqrt{3}$ मी लंबी परछाई बनती है। खंभे की ऊँचाई ज्ञात कीजिए।

8. यदि सूर्य का उन्नयन कोण 60° तथा खंभे की ऊँचाई $9\sqrt{3}$ मी हो, तो परछाई की लंबाई ज्ञात कीजिए।

9. यदि सूर्य का उन्नयन कोण θ है, जहाँ $\tan\theta = \frac{3}{4}$ तथा खंभे की ऊँचाई 6 मी है तो परछाई की लंबाई ज्ञात कीजिए। **[CBSE 2013]**

10. यदि सूर्य का उन्नयन कोण 45° है, तो 8 मी ऊँचे वृक्ष की परछाई की लंबाई क्या होगी।

11. यदि एक आदमी की लंबाई तथा परछाई की लंबाई समान है, तो सूर्य का उन्नयन कोण ज्ञात कीजिए।

12. यदि h मी ऊँचे एक खंभे की परछाई की लंबाई $\sqrt{3}\,h$ मी है, तो सूर्य का उन्नयन कोण ज्ञात कीजिए। **[CBSE 2009, NCERT Exemplar]**

13. निम्नलिखित चित्र बिंदु C का अवलोकन बिंदु A से दर्शाता है। बिंदु A से अवनमन कोण ज्ञात कीजिए।

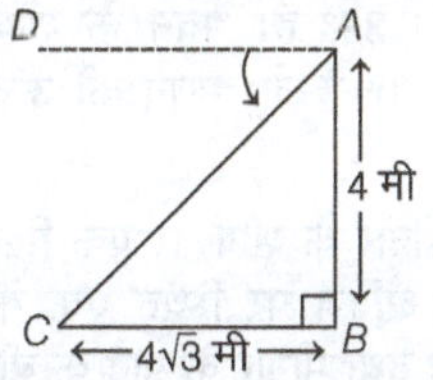

14. क्षैतिज समतल पर एक मीनार ऊर्ध्वाधर खड़ी है। क्षैतिज समतल के किसी बिंदु से जोकि मीनार के पाद से 20 मी की दूरी पर है, यदि मीनार के शीर्ष का उन्नयन कोण 60° है तो मीनार की ऊँचाई ज्ञात कीजिए। **[CBSE 2010]**

15. एक टावर हवाई अड्डे के पास स्थित है। क्षैतिज समतल के किसी बिंदु से टावर का उन्नयन कोण θ है, जहाँ $\tan\theta = \frac{5}{12}$ यदि उस बिंदु की टावर से दूरी 120 मी है, तो टावर की ऊँचाई ज्ञात कीजिए।

16. 150 मी ऊँचे एक भवन के शीर्ष का क्षैतिज समतल के किसी बिंदु से उन्नयन कोण 45° है। क्षैतिज समतल के उस बिंदु तथा भवन के पाद के बीच की दूरी ज्ञात कीजिए।

17. एक सीढ़ी एक दीवार पर इस प्रकार टिकी है कि उसका ऊपरी सिरा दीवार के शिखर को छूता है। सीढ़ी का निचला सिरा दीवार से 2.5 मी की दूरी पर है। सीढ़ी भूमि के साथ 60° का कोण बनाती है तो सीढ़ी की लंबाई ज्ञात कीजिए।

18. एक 15 मी लंबी सीढ़ी ऊर्ध्वाधर दीवार से इस प्रकार टिकी है कि यदि सीढ़ी दीवार के साथ 60° का कोण बनाती है, तो दीवार की ऊँचाई क्या होगी?

19. एक 150 मी ऊँची मीनार से सड़क पर खड़ी एक कार का अवनमन कोण 30° है। मीनार से कार की दूरी ज्ञात कीजिए।

20. एक 75 मी ऊँचे मीनार से जमीन पर खड़ी एक कार का अवनमन कोण 30° है। कार से मीनार के पाद की दूरी ज्ञात कीजिए। **[CBSE 2016]**

21. एक पतंग क्षैतिज से 30 मी की ऊँचाई पर उड़ रही है। पतंग तथा क्षैतिज के बीच पतंग की डोरी की लंबाई 60 मी है। यदि डोरी में कोई ढीलापन नहीं है तो क्षैतिज से पतंग का उन्नयन कोण ज्ञात कीजिए।

22. सर्कस का एक कलाकार तनी हुई एक डोर पर चढ़ रहा है, और भूमि पर सीधे लगे खंभे के शिखर से बँधा हुआ है यदि खंभे की ऊँचाई 12 मी और डोर द्वारा क्षैतिज से बनाया कोण 30° है, तो कलाकार द्वारा खंभे के शीर्ष तक पहुँचने में तय की गई दूरी ज्ञात कीजिए।

23. दो खंभों के शीर्ष जिनकी ऊँचाई 20 मी तथा 14 मी है एक तार द्वारा जुड़े हुए है। यदि तार क्षैतिज से 30° का कोण बनाता है, तो तार की लंबाई ज्ञात कीजिए।

लघु उत्तरीय प्रश्न

24. किसी भवन की एक खिड़की क्षैतिज से 10 मी की ऊँचाई पर है। क्षैतिज पर स्थित किसी एक बिंदु P का खिड़की से अवनमन कोण 30° है। भवन के शीर्ष का उस बिंदु P से उन्नयन कोण 60° है तो। भवन की ऊँचाई ज्ञात कीजिए। **[CBSE 2007]**

25. 20 मी ऊँचे मीनार के शीर्ष पर एक खिलाड़ी बैठा है और वह देखता है कि क्षैतिज पर स्थित एक गेंद का अवनमन कोण 60° है, तो गेंद तथा मीनार के पाद के बीच दूरी ज्ञात कीजिए।

26. 1.5 मी लंबाई वाला एक प्रेक्षक 22 मी ऊँची एक मीनार से 20.5 मी की दूरी पर खड़ा है। प्रेक्षक की आँख से मीनार की चोटी का उन्नयन कोण ज्ञात कीजिए।

27. यदि दो मीनार, जिनकी ऊँचाई क्रमशः x मी और y मी हैं तब उनके पाद को मिलाने वाली रेखा के मध्य-बिंदु पर क्रमशः 30° तथा 60° का कोण बनाती हैं, तो $x : y$ का अनुपात ज्ञात कीजिए।

28. एक पर्वत के शिखर से, पूर्व की ओर स्थित दो लगातार किलोमीटर पत्थरों पर शिखर का अवनमन कोण 30° तथा 45° हैं। पर्वत की ऊँचाई ज्ञात कीजिए।

29. सूर्य का उन्नयन कोण 30° होने पर, किसी मीनार की परछाई की लंबाई 30 मी है। परछाई की लंबाई ज्ञात कीजिए जब सूर्य का उन्नयन कोण 60° है?

30. एक मोर किसी वृक्ष की चोटी पर बैठा है। वह वहाँ से देखता है कि क्षैतिज पर स्थित एक साँप का अवनमन कोण 30° है। यदि मोर 300 मी/मिनट की चाल से साँप को 12 सेकंड में पकड़ लेता है, तो वृक्ष की ऊँचाई ज्ञात कीजिए। **[CBSE 2015]**

31. नदी के किनारे खड़ा एक व्यक्ति, दूसरे किनारे पर स्थित एक पेड़ के शीर्ष का उन्नयन कोण 60° पाता है। जब वह किनारे से 40 मी दूर पीछे की ओर जाता है तो वह कोण 30° हो जाता है तो पेड़ की ऊँचाई तथा नदी की चौड़ाई ज्ञात कीजिए। [$\sqrt{3} = 1.732$ लें] **[CBSE 2008]**

32. समुंद्र-तल से 100 मी ऊँचे प्रकाश-स्तंभ के शिखर से देखने पर एक समुद्री जहाज, जो सीधे प्रकाश स्तम्भ की ओर आ रहा है, का अवनमन कोण 30° से बदलकर 45° हो जाता है, तो देखें जाने वाले इस समय अंतराल में समुद्री जहाज द्वारा तय की गई दूरी ज्ञात कीजिए [$\sqrt{3} = 1.732$ ले] **[CBSE 2008]**

33. किसी प्रकाश-स्तंभ के शीर्ष से इसके दोनों ओर विपरीत दिशाओं में स्थित दो समुद्री जहाजों का अवनमन कोण 60° तथा 45° है तथा प्रकाश स्तम्भ की ऊँचाई 200 मी है यदि जहाजों को मिलाने वाली रेखा प्रकाश स्तंभ के पाद से होकर जाती है, तो दोनों जहाजों के बीच की दूरी ज्ञात कीजिए।

34. एक 50 मी ऊँची ऊर्ध्वाधर मीनार के शीर्ष से देखने पर एक ऊर्ध्वाधर खंभे के शीर्ष तथा पाद के अवनमन कोण क्रमशः 30° तथा 45° हैं, ज्ञात कीजिए कि

(i) खंभा मीनार के पाद से कितनी दूरी पर है?

(ii) खंभे की ऊँचाई क्या है? **[CBSE 2015]**

[$\sqrt{3} = 1.732$ लें]

35. एक 60 मी ऊँचे भवन के शीर्ष से देखने पर एक मीनार के शीर्ष तथा पाद के अवनमन कोण क्रमशः 45° तथा 60° हैं, तो मीनार की ऊँचाई ज्ञात कीजिए। [$\sqrt{3} = 1.732$ ले] **[CBSE 2014]**

36. एक 60 मी ऊँचे भवन के शीर्ष से देखने पर किसी प्रकाश स्तंभ के शीर्ष का उन्नयन कोण तथा पाद का अवनमन कोण क्रमशः 30° तथा 60° है तो, प्रकाश स्तंभ तथा भवन की ऊँचाइयों का अंतर ज्ञात कीजिए।

37. एक व्यक्ति एक जहाज के डैक जो पानी की सतह से 10 मी ऊँचा है, पर खड़ा है। यदि वह किसी पहाड़ी के शिखर का उन्नयन कोण 60° तथा पहाड़ी के आधार का अवनमन कोण 30° पाता है, तो जहाज से पहाड़ी की दूरी तथा पहाड़ी की ऊँचाई क्या होगी? **[CBSE 2016]**

38. एक हवाई जहाज का क्षैतिज पर स्थित एक बिंदु से उन्नयन कोण 45° है। यदि 15 सेकंड पश्चात् हवाई जहाज का उन्नयन कोण बदलकर 30° हो जाता है तथा हवाई जहाज एक समान ऊँचाई 2500 मी पर उड़ रहा हो, तो हवाई जहाज की औसत चाल ज्ञात कीजिए। **[CBSE 2013]**

39. एक ध्वजदंड की परछाई की लंबाई उस समय के ध्वजदंड की परछाई की लंबाई जब सूर्य की किरण क्षैतिज से 60° का कोण बनाती है से तीन गुनी है। सूर्य की किरण का क्षैतिज के साथ कोण ज्ञात कीजिए जब परछाई की लंबाई तीन गुणी है।

40. सूर्य का उन्नतांश (altitude) 45° से घटकर 30° हो जाने पर, क्षैतिज समतल पर खड़ी एक मीनार की छाया अपनी पूर्व लंबाई के $2x$ मी और अधिक लंबी हो जाती है। सिद्ध कीजिए कि मीनार की ऊँचाई $(\sqrt{3} + 1)\, x$ मी है। **[CBSE 2019]**

41. जमीन से 4000 मी की ऊँचाई पर उड़ता हुआ एक हवाई जहाज जब एक-दूसरे हवाई जहाज के ठीक ऊपर से गुजरता है, उस क्षण क्षैतिज पर स्थित किसी एक ही बिंदु से इनके उन्नयन कोण क्रमशः 60° तथा 45° हैं। उस क्षण दोनों हवाई जहाजों के बीच की ऊर्ध्वाधर ऊँचाई ज्ञात कीजिए।

42. 100 मी चौड़े नदी के मध्य एक छोटा टापू तथा एक ऊँचा पेड़ टापू पर स्थित है। बिंदु P तथा Q नदी के दो विपरीत किनारों पर एक-दूसरे के सामने स्थित हैं। P, Q तथा पेड़ के पाद एक ही रेखा पर स्थित हैं। यदि पेड़ के शीर्ष के उन्नयन कोण बिंदु P तथा Q से क्रमश: 30° और 45° हैं, तो पेड़ की ऊँचाई ज्ञात कीजिए। [$\sqrt{3} = 1.732$ लें]

43. क्षैतिज तल पर स्थित एक बिंदु X, से एक ऊर्ध्वाधर मीनार PQ के शिखर Q का उन्नयन कोण 60° है। X से लंबवत् 40 मी ऊँचे एक अन्य बिंदु R से उन्नयन कोण 45° का है। मीनार PQ की ऊँचाई तथा दूरी PX ज्ञात कीजिए। [$\sqrt{3} = 1.732$ लें] **[CBSE 2016]**

44. एक ऊर्ध्वाधर मीनार क्षैतिज धरातल पर खड़ी है और एक h मी ऊँचाई का ध्वजदंड उसके शिखर पर है। धरातल पर स्थित किसी बिंदु से झंडे के पाद और शीर्ष के उन्नयन कोण क्रमश: α और β हैं तो सिद्ध कीजिए मीनार की ऊँचाई $\dfrac{h \tan \alpha}{\tan \beta - \tan \alpha}$ है।

45. एक गली में जमीन से h मी की ऊँचाई पर स्थित एक खिड़की से, गली के दूसरी ओर स्थित एक मकान के शिखर तथा पाद के उन्नयन कोण तथा अवनमन कोण क्रमश: α और β हैं। सिद्ध कीजिए की मकान की ऊँचाई $h\,(1 + \tan \alpha \cdot \cot \beta)$ मी है।

दीर्घ उत्तरीय प्रश्न

46. क्षैतिज समतल पर स्थित किसी बिंदु से एक मीनार के शीर्ष का उन्नयन कोण 30° है। मीनार के पाद की ओर 20 मी चलने पर एक अन्य दूसरे बिंदु से मीनार के शीर्ष का उन्नयन कोण 15° से बढ़ जाता है। मीनार की ऊँचाई ज्ञात कीजिए।

47. क्षैतिज तल पर खड़े एक आदमी से एक प्रकाश स्तंभ के शीर्ष का उन्नयन कोण θ इस प्रकार है कि $\tan \theta = \dfrac{5}{12}$ है। जब वह प्रकाश स्तंभ की तरफ 240 मी चलता है तब प्रकाश स्तंभ के शीर्ष का उन्नयन कोण ϕ। इस प्रकार है कि $\tan \phi = \dfrac{3}{4}$, तब प्रकाश स्तंभ की ऊँचाई ज्ञात कीजिए। **[CBSE 2013]**

48. किसी गली में जमीन से 15 मी की ऊँचाई पर स्थित एक खिड़की से, गली के दूसरी ओर स्थित एक मकान के शिखर तथा आधार के उन्नयन कोण तथा अवनमन कोण क्रमश: 30° और 45° है। सिद्ध कीजिए कि मकान की ऊँचाई 23.66 मी है। [$\sqrt{3} = 1.732$ ले]

49. क्षैतिज समतल पर एक मीनार के पाद से 120 मी की दूरी पर स्थित किसी बिंदु A से मीनार के शीर्ष का उन्नयन कोण 45° है यदि मीनार के शीर्ष पर स्थित ध्वजदंड के शीर्ष का बिंदु A से उन्नयन कोण 60° है, तो मीनार की ऊँचाई ज्ञात कीजिए। **[CBSE 2014]**

50. एक गुब्बारा एक बिजली के खंभे से 215 मी लंबे तार द्वारा जुड़ा हुआ है जो कि क्षैतिज से 60° का कोण बनाता है। क्षैतिज तल से गुब्बारे की ऊँचाई ज्ञात कीजिए तथा गुब्बारे की ऊँचाई उस स्थिति में भी ज्ञात कीजिए जब गुब्बारे का झुकाव क्षैतिज से 60° से घटकर 30° हो जाता है।

51. एक आदमी एक नाव खेते समय 100 मी ऊँचे प्रकाश स्तंभ से दूर जाता है। यदि उसके द्वारा 2 मिनट नाव खेने के बाद नाव से प्रकाश स्तंभ का उन्नयन कोण 60° से 45° हो जाता है, तो नाव की चाल ज्ञात कीजिए।

52. दो समुद्री जहाज किसी प्रकाश स्तंभ के दोनों तरफ चल रहे हैं। यदि प्रकाश-स्तंभ के शिखर से देखने पर दोनों समुद्री जहाजों का अवनमन कोण क्रमश: 60 तथा 45° है तथा दोनों जहाजों के बीच की दूरी $100\left(\dfrac{\sqrt{3}+1}{\sqrt{3}}\right)$ मी है, तब प्रकाश स्तंभ की ऊँचाई ज्ञात कीजिए। **[CBSE 2020 (Basic)]**

53. एक मीनार के आधार से, एक भवन के शीर्ष का उन्नयन कोण 30° है और भवन के आधार से मीनार के शीर्ष का उन्नयन कोण 60° है। यदि मीनार 60 मीटर ऊँची है तो भवन की ऊँचाई ज्ञात कीजिए।

54. किसी क्षैतिज समतल के किसी बिंदु से उसी समतल में स्थित एक टीले की चोटी का उन्नयन कोण θ है। उस बिंदु से ϕ के कोण पर टीले की चोटी की ओर a मी दूरी तय करने के उपरांत यह पता चलता है कि उन्नयन कोण α हो गया है। सिद्ध कीजिए कि टीले की ऊँचाई $\dfrac{a\,(\cos \phi - \sin \phi \cot \alpha)}{\cot \theta - \cot \alpha}$ मी है।

55. एक सीढ़ी दीवार पर झुकी हुई है और क्षैतिज के साथ α कोण बनाती है। सीढ़ी को पाद से p इकाई दूरी तक इस प्रकार खींचा गया। कि सीढ़ी का ऊपरी छोर दीवार पर q इकाई नीचे खिसक जाता है। यदि इस स्थिति में सीढ़ी क्षैतिज के साथ β कोण बनाती है, तो सिद्ध कीजिए कि

$$\frac{p}{q} = \frac{\cos \beta - \cos \alpha}{\sin \alpha - \sin \beta}$$

केस स्टडी आधारित प्रश्न

56. कक्षा X के विद्यार्थियों का समूह शैक्षणिक भ्रमण के लिए इण्डिया गेट जाता है। शिक्षकों तथा विद्यार्थियों दोनों को इतिहास में रुचि है। शिक्षक समझाते हैं कि इण्डिया गेट एक स्मारक (दिल्ली में) है जिसका वास्तविक नाम दिल्ली मेमोरियल या ऑल-इण्डिया वॉर मेमोरियल है जोकि ब्रिटिश भारतीय सेना की उस टुकड़ी को समर्पित है जो 1914 तथा 1919 के मध्य शहीद हुए थे।

शिक्षक ने यह भी बताया कि इण्डिया गेट, जोकि राजपथ (पूर्व में किंगवे कहा जाता था) के पूर्वोत्तर में स्थित है, की ऊँचाई लगभग 138 फीट (42 मी) है।

उपरोक्त जानकारी के आधार पर निम्न प्रश्नों के उत्तर दीजिए

(i) यदि वह स्मारक से 42 मी की दूरी पर खड़े हों, तो उन्नयन कोण क्या होगा?

(a) 30° (b) 45° (c) 60° (d) 0°

(ii) वह टावर को 60° पर देखना चाहते है इसके लिए वह जानना चाहते हैं कि वह कितनी दूरी पर खड़े हैं तथा दूरी ज्ञात कीजिए।

(a) 25.24 मी (b) 20.12 मी
(c) 42 मी (d) 24.64 मी

(iii) यदि सूर्य का उन्नयन कोण 60° हो, तब ऊर्ध्वाधर टावर की ऊँचाई क्या होगी, जब परछाई की लम्बाई 20 मी हो?

(a) $20\sqrt{3}$ मी (b) $\frac{20}{\sqrt{3}}$ मी
(c) $\frac{15}{\sqrt{3}}$ मी (d) $15\sqrt{3}$ मी

अथवा

रोड़ की लम्बाई तथा इसकी परछाई की लम्बाई यदि 1 : 1 हो, तब सूर्य का उन्नयन कोण ज्ञात कीजिए।

(a) 30° (b) 45° (c) 60° (d) 90°

57. '*h*' ऊँचाई पर स्थित एक सैटेलाइट उत्तराखण्ड तथा कर्नाटक के दो सबसे बड़े पर्वतों को देख रही है जिनमें नंदा देवी (7816 मी ऊँचाई) तथा मुलायनगिरी (1930 मी ऊँचाई) है। सैटेलाइट से नंदा देवी तथा मुलायनगिरी के शीर्षों के उन्नयन कोण क्रमशः 30° तथा 60° हैं यदि दोनों पर्वतों के शिखरों के मध्य दूरी 1937 किमी हो तथा सैटेलाइट दोनों पर्वतों की दूरी के ठीक मध्य में ऊर्ध्वाधर स्थित हो, तब निम्न प्रश्नों के उत्तर दीजिए

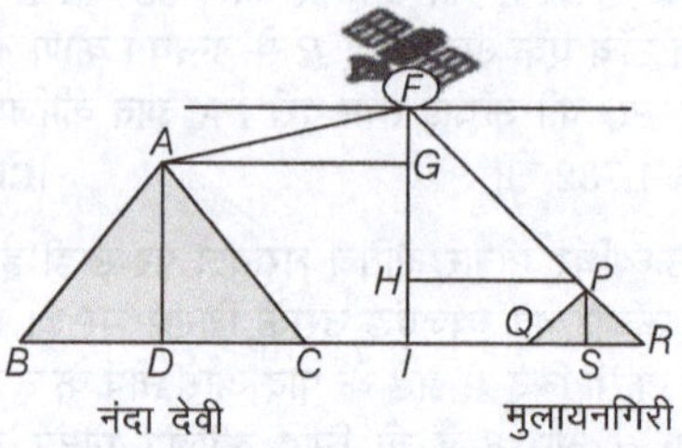

(i) नंदा देवी के शीर्ष से सैटेलाइट की दूरी है

(a) 1119.65 किमी (b) 577.52 किमी
(c) 1937 किमी (d) 1025.36 किमी

(ii) मुलायनगिरी के शीर्ष से सैटेलाइट की दूरी है

(a) 1139.4 किमी (b) 577.52 किमी
(c) 1937 किमी (d) 1025.36 किमी

(iii) धरातल से सैटेलाइट की दूरी कितनी है?

(a) 1139.4 किमी (b) 566.996 किमी
(c) 1937 किमी (d) 1025.36 किमी

अथवा

यदि कोई व्यक्ति नंदा देवी पर्वत से 7816 मी दूरी पर खड़ा हो, तब उन्नयन कोण कितना होगा?

(a) 30° (b) 45°
(c) 60° (d) 0°

संकेत एवं हल

1. (c) चित्र में, माना AB एक मीनार है जिसकी ऊँचाई h मी है। मीनार के आधार B से 40 मी की दूरी पर स्थित बिंदु C से मीनार की चोटी का उन्नयन कोण, $\angle ACB = 45°$ है तथा $BC = 40$ मी

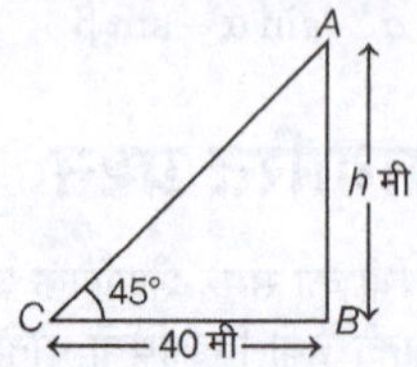

तब, समकोण ΔABC में,

$$\tan 45° = \frac{\text{लंब}}{\text{आधार}} = \frac{AB}{BC}$$

$\Rightarrow \tan 45° = \frac{h}{40} \Rightarrow 1 = \frac{h}{40}$ [$\because \tan 45° = 1$]

$\therefore h = 40$ [वज्रगुणन करने पर]

अतः मीनार की ऊँचाई 40 मी है।

2. (b) माना AB एक चिमनी है जिसकी ऊँचाई h मी है। चिमनी के आधार B से CD एक प्रेक्षक है जिसकी ऊँचाई 1.5 मी है इसकी आँख से चिमनी के शिखर का उन्नयन कोण, $\angle ADE = 45°$ है।

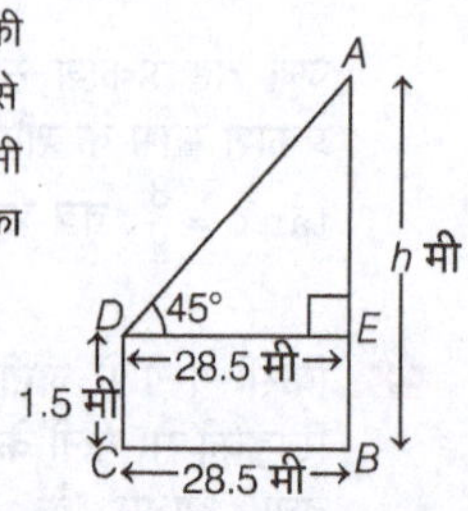

अर्थात् $BC = DE = 28.5$ मी

$\therefore AE = AB - BE$

$= AB - DC$

$= (h - 1.5)$ मी [$\because BE = DC$]

समकोण ΔADE में, $\tan 45° = \frac{AE}{DE} \Rightarrow \tan 45° = \frac{h - 1.5}{28.5}$

$\Rightarrow \frac{1}{1} = \frac{h - 1.5}{28.5}$

$\Rightarrow h - 1.5 = 28.5$

$\Rightarrow h = 28.5 + 1.5 = 30$ मी

अतः चिमनी की ऊँचाई 30 मी है।

3. (*d*) माना *AB* एक मीनार है तथा *BC* उसकी छाया है।
दिया है, मीनार की ऊँचाई तथा छाया की लंबाई बराबर है।
अर्थात् $AB = BC = x$ (माना)

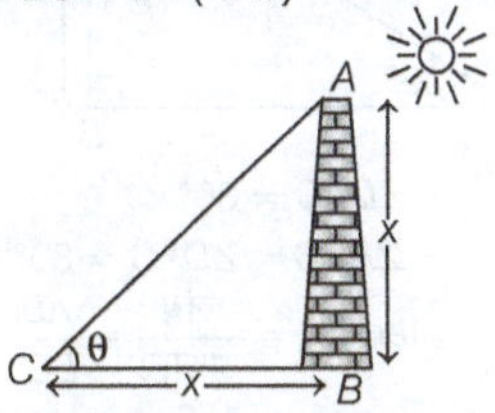

माना सूर्य का उन्नयन कोण $\angle ACB = \theta$
तब, समकोण ΔABC में,

$$\tan\theta = \frac{\text{लंब}}{\text{आधार}} = \frac{AB}{BC}$$

$$\Rightarrow \quad \tan\theta = \frac{x}{x} \Rightarrow \tan\theta = 1$$

$$\Rightarrow \quad \tan\theta = \tan 45° \qquad [\because \tan 45° = 1]$$

$$\Rightarrow \quad \theta = 45°$$

अतः सूर्य का उन्नयन कोण 45° है।

4. **संकेत** माना *XZ* रैंप की लंबाई और *YZ* ऊँचाई है।

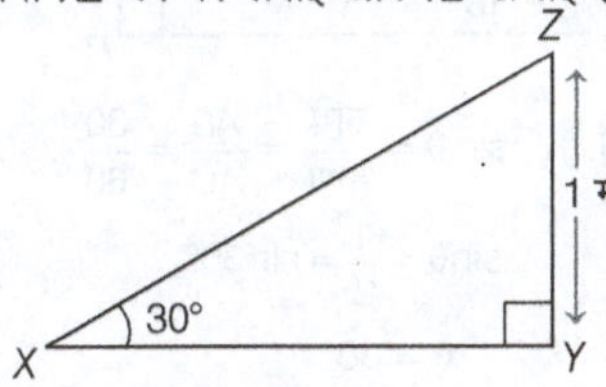

$$\Delta XYZ \text{ में}, \quad \sin 30° = \frac{\text{लंब}}{\text{कर्ण}} = \frac{YZ}{XZ}$$

$$\Rightarrow \quad \frac{1}{2} = \frac{1}{XZ} \Rightarrow XZ = 2 \text{ मी}$$

5. असत्य, क्योंकि जब छाया की लंबाई बढ़ेगी, तब सूर्य का उन्नयन कोण घटेगा।

6. **संकेत** माना वृक्ष की ऊँचाई $BC = h$ मी, है तथा $AB = 17$ मी परछाई है।

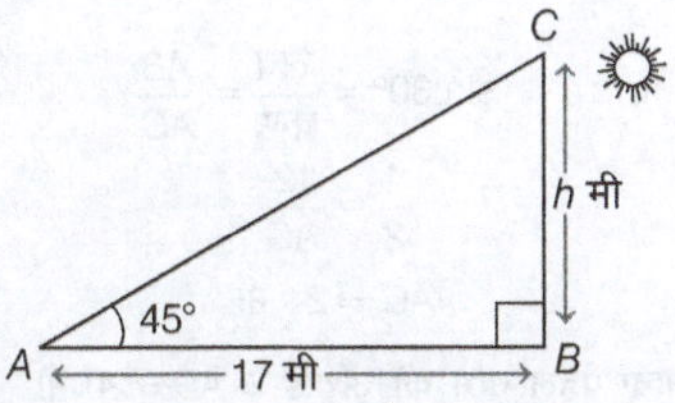

$$\Delta ABC \text{ में}, \quad \tan 45° = \frac{\text{लंब}}{\text{आधार}} = \frac{BC}{AB}$$

$$\Rightarrow \quad 1 = \frac{h}{17} \Rightarrow h = 17 \text{ मी}$$

7. प्रश्न 6 की भाँति स्वयं हल करें। **उत्तर** 6 मी

8. **संकेत** माना *BC* = खंभे की ऊँचाई
तथा *AB* = परछाई की लंबाई

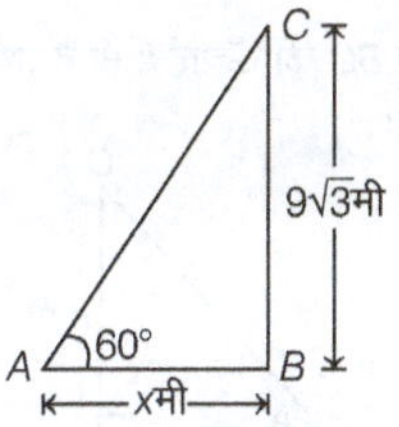

$$\Delta ABC \text{ में}, \tan 60° = \frac{BC}{AB} = \frac{9\sqrt{3}}{x}$$

$$\Rightarrow \quad \sqrt{3} = \frac{9\sqrt{3}}{x} \Rightarrow x = 9 \text{ मी}$$

9. **संकेत** माना *AB* = छाया की लंबाई तथा *BC* = 6 मी खंभे की लंबाई है।

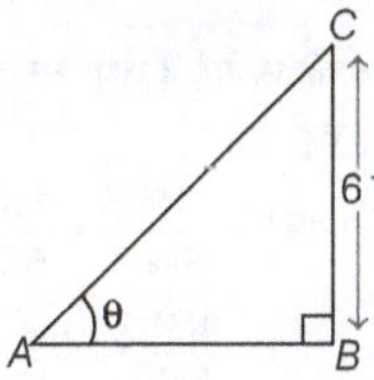

$$\therefore \Delta ABC \text{ में}, \tan\theta = \frac{BC}{AB} \Rightarrow \frac{3}{4} = \frac{6}{AB} \Rightarrow AB = 8 \text{ मी}$$

10. प्रश्न 8 की भाँति स्वयं हल करें। **उत्तर** 8 मी

11. **संकेत** माना *SQ* आदमी की लंबाई तथा *PQ* परछाई की लंबाई है।
प्रश्नानुसार $SQ = PQ$

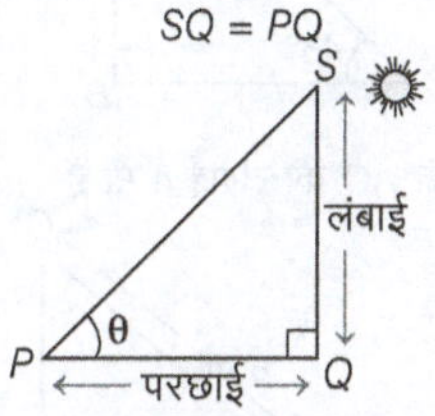

ΔPQS में,

$$\tan\theta = \frac{\text{लंब}}{\text{आधार}} = \frac{QS}{PQ}$$

$$\Rightarrow \quad \tan\theta = \frac{QS}{QS} = 1$$

$$\Rightarrow \quad \theta = 45°$$

12. प्रश्न 11 की भाँति स्वयं हल करें। **उत्तर** 30°

13. **संकेत** माना $\angle DAC = \theta = \angle ACB$ [एकांतर कोण]

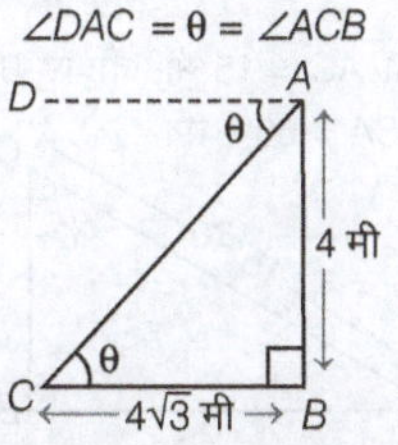

$$\text{तब}, \tan\theta = \frac{\text{लंब}}{\text{आधार}} = \frac{4}{4\sqrt{3}} = \frac{1}{\sqrt{3}} = \tan 30°$$

$$\Rightarrow \quad \theta = 30°$$

14. NCERT फोल्डर 9.1 के प्रश्न 4 की भाँति स्वयं हल करें।
उत्तर $20\sqrt{3}$ मी

15. **संकेत** माना टावर BC की ऊँचाई h मी है तथा बिंदु A की टावर से दूरी $AB = 120$ मी है।

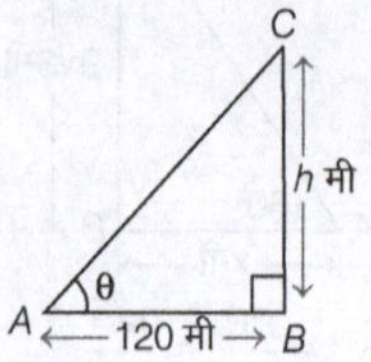

तब, $\tan\theta = \frac{\text{लंब}}{\text{आधार}} = \frac{BC}{AB} = \frac{h}{120}$

$\Rightarrow \quad \frac{5}{12} = \frac{h}{120} \Rightarrow h = 50$ मी

16. **संकेत** माना AB भवन की ऊँचाई है तथा समतल पर बिंदु C की भवन के पाद से दूरी BC है, तब

$$\tan 45° = \frac{\text{लंब}}{\text{आधार}} = \frac{150}{BC}$$

$$\Rightarrow \quad 1 = \frac{150}{BC} \Rightarrow BC = 150 \text{ मी}$$

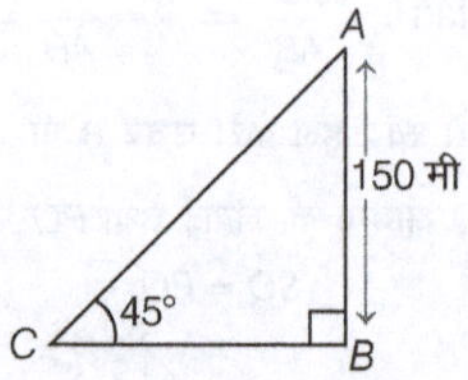

17. **संकेत** माना सीढ़ी AC की लंबाई h मी है

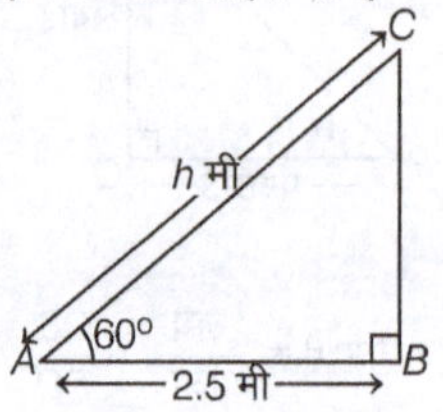

$\therefore \quad \sec 60° = \frac{AC}{AB} = \frac{h}{2.5}$

$\Rightarrow \quad 2 = \frac{h}{2.5}$

$h = 5$ मी

18. **संकेत** माना सीढ़ी $AC = 15$ मी, दीवार $BC = h$ मी पर इस प्रकार टिकी है कि $\angle BCA = 60°$, तब

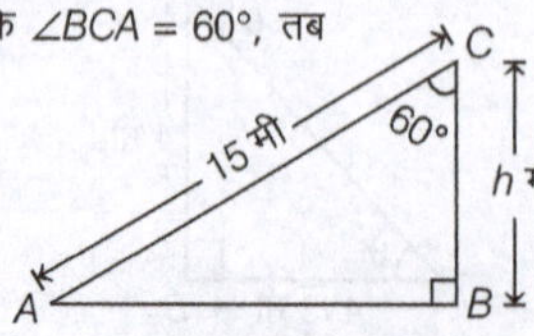

$$\cos 60° = \frac{BC}{AC}$$

$\Rightarrow \quad \frac{1}{2} = \frac{h}{15}$

$\Rightarrow \quad h = 7.5$ मी

19. **संकेत** माना $AB = 150$ मी मीनार है तथा BC, कार C की मीनार से दूरी है।

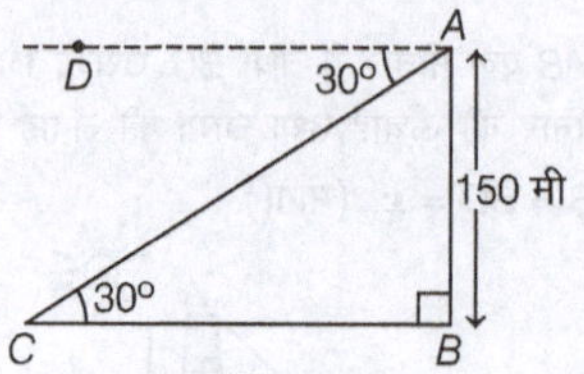

$\angle DAC = 30°$ [अवनमन कोण]

$\therefore \quad \angle ACB = \angle DAC = 30°$ [एकांतर कोण]

ΔABC में, $\quad \tan 30° = \frac{\text{लंब}}{\text{आधार}} = \frac{AB}{BC}$

$\Rightarrow \quad \frac{1}{\sqrt{3}} = \frac{150}{BC}$

$\Rightarrow \quad BC = 150\sqrt{3}$ मी

20. प्रश्न 19 की भाँति स्वयं हल करें। **उत्तर** $75\sqrt{3}$ मी

21. **संकेत** माना $AB = 30$ मी पतंग A की ऊँचाई है तथा $AC = 60$ मी पतंग की डोरी की लंबाई है।

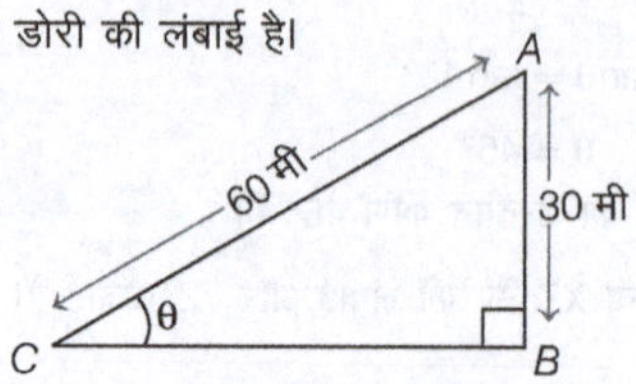

$\therefore \Delta ABC$ में, $\quad \sin\theta = \frac{\text{लंब}}{\text{कर्ण}} = \frac{AB}{AC} = \frac{30}{60}$

$\Rightarrow \quad \sin\theta = \frac{1}{2} = \sin 30°$

$\Rightarrow \quad \theta = 30°$

22. **संकेत** माना AB खंभा है।

कलाकार C द्वारा खंभे के शिखर A तक पहुँचने में तय की गई दूरी = डोर की लंबाई = AC

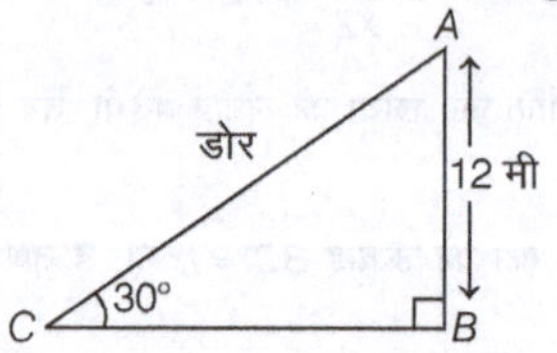

ΔABC में, $\quad \sin 30° = \frac{\text{लंब}}{\text{कर्ण}} = \frac{AB}{AC}$

$\Rightarrow \quad \frac{1}{2} = \frac{12}{AC}$

$\Rightarrow \quad AC = 24$ मी

23. **संकेत** माना पहले खंभे की ऊँचाई = $AB = 20$ मी

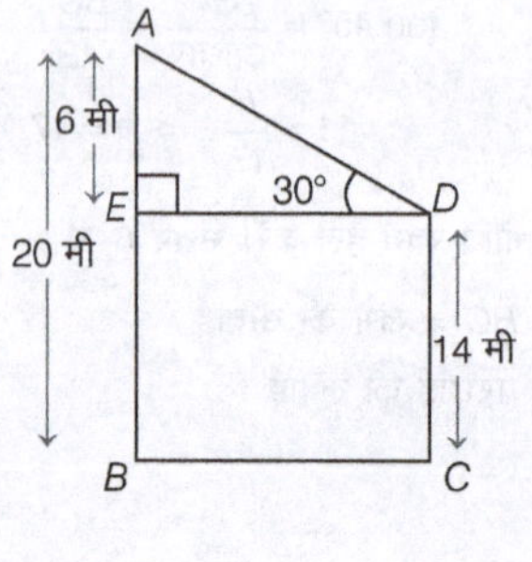

तथा दूसरे खंभे की ऊँचाई = $CD = 14$ मी

AD तार है।

ΔAED में, $\quad \text{cosec } 30° = \dfrac{\text{कर्ण}}{\text{लंब}} = \dfrac{AD}{AE}$

$\Rightarrow \quad 2 = \dfrac{AD}{6} \Rightarrow AD = 12$ मी

24. **संकेत** माना QS भवन है तथा R खिड़की है जो क्षैतिज से 10 मी की ऊँचाई पर है।

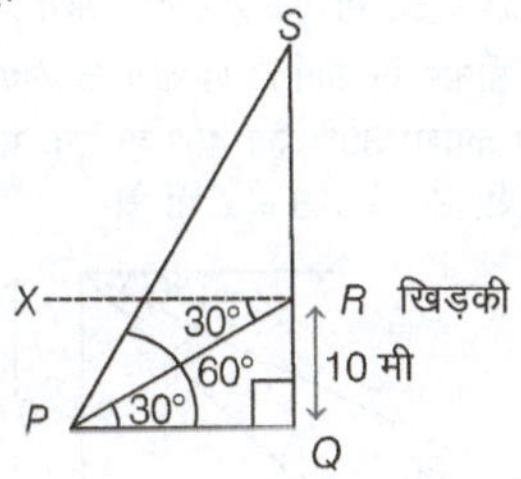

$\therefore \quad RQ = 10$ मी

P क्षैतिज पर एक बिंदु है।

$\angle QPR = \angle XRP = 30°$ [एकांतर कोण]

$\angle SPQ = 60°$

$\therefore \Delta PQR$ में, $\tan 30° = \dfrac{\text{लंब}}{\text{आधार}} = \dfrac{QR}{PQ} \Rightarrow PQ = 10\sqrt{3}$

ΔPQS में, $\tan 60° = \dfrac{QS}{PQ} \Rightarrow \sqrt{3} = \dfrac{QS}{10\sqrt{3}} \Rightarrow QS = 30$ मी

25. **संकेत** माना मीनार की ऊँचाई = $AB = 20$ मी

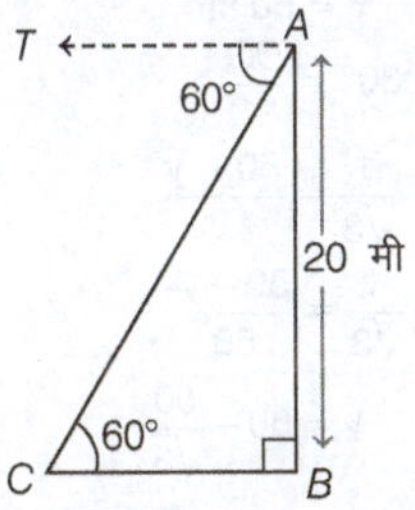

तथा गेंद बिंदु C पर है

$\therefore \quad \tan 60° = \dfrac{\text{लंब}}{\text{आधार}} = \dfrac{AB}{BC}$

$\Rightarrow \quad \sqrt{3} = \dfrac{20}{BC}$

$\Rightarrow \quad BC = 11.54$ मी

26. **संकेत** माना $AD = 1.5$ मी एक प्रेक्षक है तथा $BE = 22$ मी एक मीनार है।

मीनार और प्रेक्षक के बीच की दूरी, $CD = AB = 20.5$ मी है।

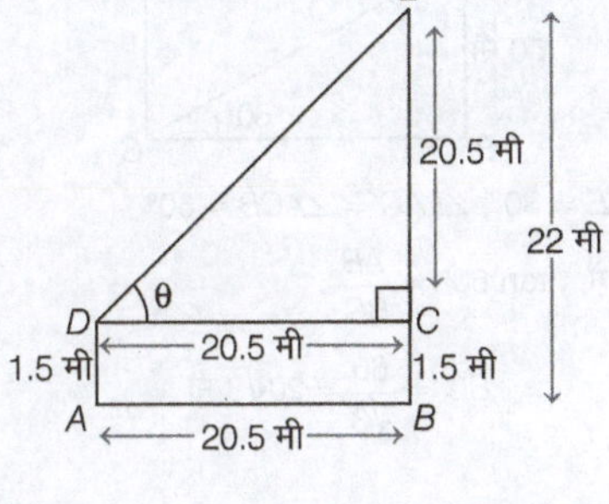

$\therefore \quad EC = BE - BC = 22 - 1.5 \quad [\because BC = AD = 1.5]$

ΔDCE में, $\tan\theta = \dfrac{CE}{DC} = \dfrac{20.5}{20.5} = 1 = \tan 45° \Rightarrow \theta = 45°$

27. **संकेत** माना $AB = x$ मी और $CD = y$ मी दो मीनार हैं जिनके पाद को मिलाने वाली रेखा का मध्य-बिंदु E है तब

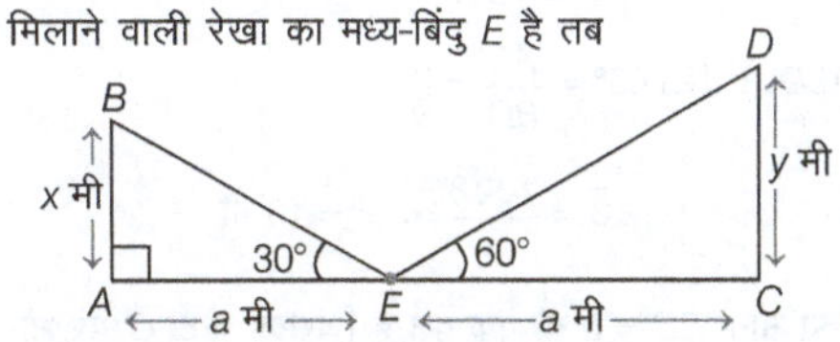

$AE = EC = a$ मी तथा $\angle BEA = 30° \Rightarrow \angle DEC = 60°$

ΔBAE में, $\quad \tan 30° = \dfrac{AB}{AE} \Rightarrow x = \dfrac{a}{\sqrt{3}}$

तथा ΔDCE में, $\tan 60° = \dfrac{DC}{CE} \Rightarrow y = \sqrt{3}a$

अतः $\quad x : y = 1 : 3$

28. **संकेत** माना $AB = h$ मी एक पर्वत है तथा C और D इसके पूर्व में स्थित 2 किमी पत्थर है जिनके अवनमन कोण क्रमशः 45° और 30° हैं।

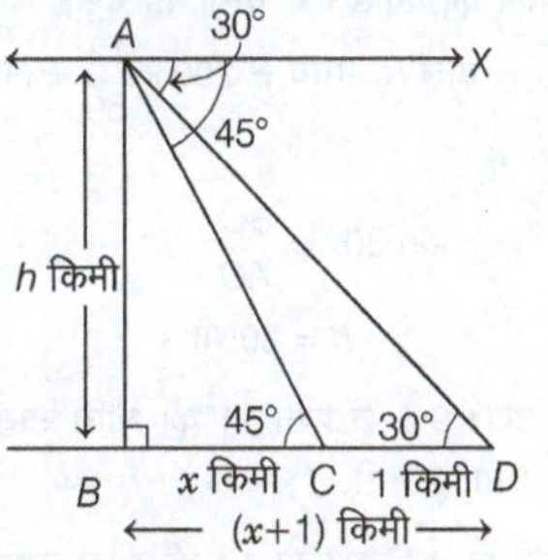

$\angle ADB = \angle XAD = 30°$ [एकांतर कोण]

$\angle ACD = \angle XAC = 45°$

$CD = 1$ किमी

अब, ΔABC में, $\tan 45° = \dfrac{AB}{BC} \Rightarrow x = h$

ΔABD में, $\quad \tan 30° = \dfrac{AB}{BD} \Rightarrow \dfrac{1}{\sqrt{3}} = \dfrac{h}{x+1}$

$\Rightarrow \quad \dfrac{1}{\sqrt{3}} = \dfrac{h}{h+1} \Rightarrow h = \dfrac{1}{\sqrt{3}-1} \times \dfrac{\sqrt{3}+1}{\sqrt{3}+1}$

$\Rightarrow \quad h = \dfrac{\sqrt{3}+1}{2}$ किमी

29. **संकेत** माना $AB = h$ मी एक मीनार है, 30° के उन्नयन कोण पर मीनार की परछाई BC और 60° के उन्नयन कोण पर परछाई BD है।

तब, $\quad \angle ACB = 30°$,

$\angle ADB = 60° \Rightarrow BC = 30$ मी

$BD = x$ [माना]

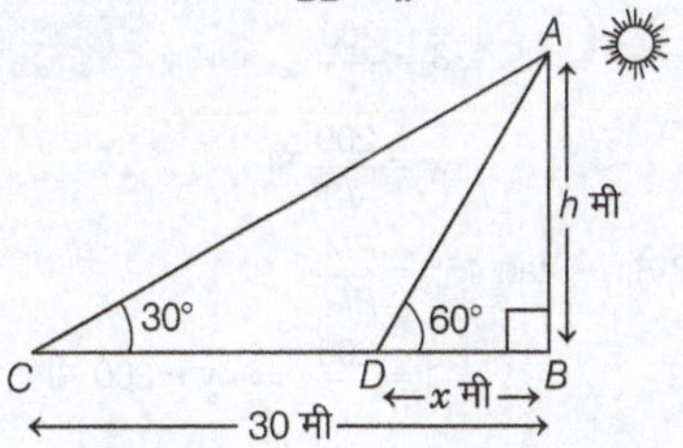

ΔABC में, $\tan 30° = \dfrac{\text{लंब}}{\text{आधार}} = \dfrac{AB}{BC}$

$\Rightarrow \quad \dfrac{1}{\sqrt{3}} = \dfrac{h}{30}$

$\Rightarrow \quad h = 10\sqrt{3}$

ΔABD में, $\tan 60° = \dfrac{AB}{BD} = \dfrac{h}{x}$

$\Rightarrow \quad \sqrt{3} = \dfrac{10\sqrt{3}}{x} \Rightarrow x = 10$ मी

30. **संकेत** माना $BC = h$ मी एक वृक्ष है जिसकी चोटी C पर मोर बैठा है। क्षैतिज के बिंदु A पर साँप है जिसका अवनमन कोण 30° है।

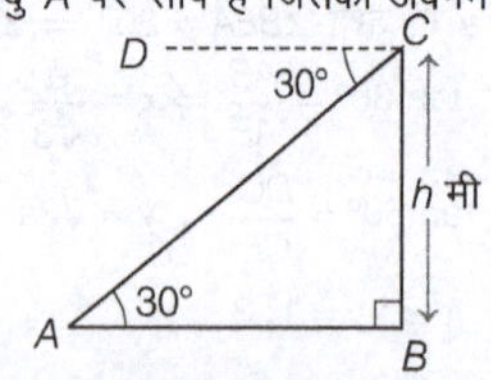

तब, $\angle BAC = \angle DCA = 30°$ [एकांतर कोण]

मोर द्वारा साँप को पकड़ने में चली गई दूरी,

$AC = \text{चाल} \times \text{समय} = 300 \times \dfrac{12}{60} = 60$ मी

अब, ΔABC में,

$\sin 30° = \dfrac{BC}{AC}$

$\Rightarrow \quad h = 30$ मी

31. NCERT फोल्डर 9.1 के प्रश्न 11 की भाँति स्वयं हल करें।
उत्तर 34.64 मी, 20 मी

32. NCERT फोल्डर 9.1 के प्रश्न 13 की भाँति स्वयं हल करें।
उत्तर 73.205 मी

33. **संकेत** माना PM एक प्रकाश स्तंभ है जिसकी ऊँचाई 200 मी है। A और B विपरीत दिशाओं में स्थित दो जहाज हैं जिनके अवनमन कोण क्रमशः 60° और 45° हैं।
पुनः माना $AM = x$ मी, $BM = y$ मी

$\angle XPB = \angle MBP = 45°$ [एकांतर कोण]

तथा, $\angle YPA = \angle MAP = 60°$

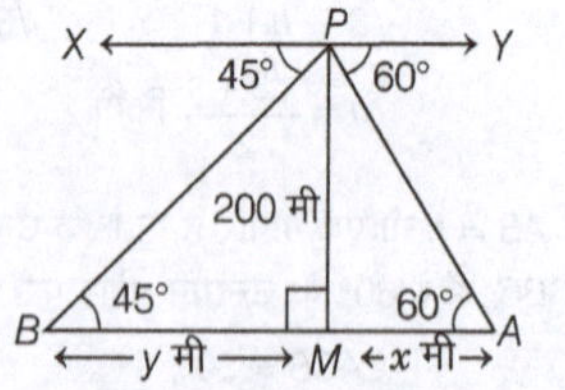

ΔAMP में, $\tan 60° = \dfrac{PM}{AM}$

$\Rightarrow \quad \sqrt{3} = \dfrac{200}{x}$

$\Rightarrow \quad x = \dfrac{200}{\sqrt{3}}$ मी

ΔBMP में, $\tan 45° = \dfrac{PM}{BM}$

$\Rightarrow \quad 1 = \dfrac{200}{y} \Rightarrow y = 200$ मी

$\therefore$ जहाजों के बीच की दूरी

$AB = BM + MA = \dfrac{200}{\sqrt{3}} + 200$

$= 200\left(\dfrac{1}{\sqrt{3}} + 1\right)$

$= 200(0.5774 + 1)$

$= 315.48$ मी

34. **संकेत** माना $BD = 50$ मी एक मीनार है तथा $AE = y$ मी एक खंभा है। मीनार के शीर्ष D से खंभे के शीर्ष E और पाद A के अवनमन कोण क्रमशः 30° और 45° हैं। पुनः माना खंभे और मीनार के बीच की दूरी, $EC = AB = x$ मी है।

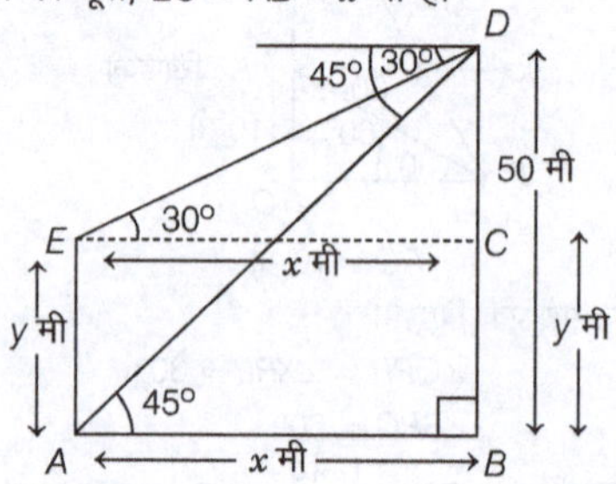

(i) ΔABD में, $\tan 45° = \dfrac{BD}{AB}$

$\Rightarrow \quad 1 = \dfrac{50}{x}$

$\Rightarrow \quad x = 50$ मी

(ii) ΔECD में, $\tan 30° = \dfrac{DC}{EC}$

$\Rightarrow \quad \dfrac{1}{\sqrt{3}} = \dfrac{50 - y}{x}$

$\Rightarrow \quad \dfrac{1}{\sqrt{3}} = \dfrac{50 - y}{50}$

$\Rightarrow \quad y = 50 - \dfrac{50}{\sqrt{3}}$

$\Rightarrow \quad y = 21.13$ मी

35. प्रश्न 34 की भाँति स्वयं हल करें। **उत्तर** 25.36 मी

36. **संकेत** माना $AB = 60$ मी एक भवन है तथा CD एक प्रकाश स्तंभ है जिसके शीर्ष D का उन्नयन कोण 30° और पाद C का अवनमन कोण 60° है।

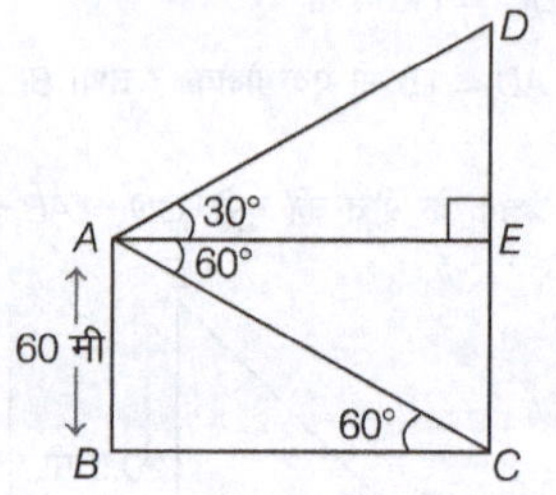

$\therefore \angle DAE = 30°, \angle EAC = \angle ACB = 60°$

ΔABC में, $\tan 60° = \dfrac{AB}{BC}$

$\Rightarrow \quad BC = \dfrac{60}{\sqrt{3}} = 20\sqrt{3}$ मी

ΔAED में, $\tan 30° = \dfrac{DE}{AE}$

$\Rightarrow \quad \dfrac{1}{\sqrt{3}} = \dfrac{DE}{20\sqrt{3}} \quad [\because AE = BC = 20\sqrt{3}$ मी]

$\Rightarrow \quad DE = 20$ मी

अतः अभीष्ट अंतर 20 मी है।

37. **संकेत** माना व्यक्ति जहाज के डैक के बिंदु A पर खड़ा है। जिसकी पानी की सतह से ऊँचाई $AB = 10$ मी है। CD एक पहाड़ी है जिसके शीर्ष शिखर D का उन्नयन कोण 60° और आधार का अवनमन कोण 30° है। जहाज से पहाड़ की दूरी $AE = BC = x$ मी

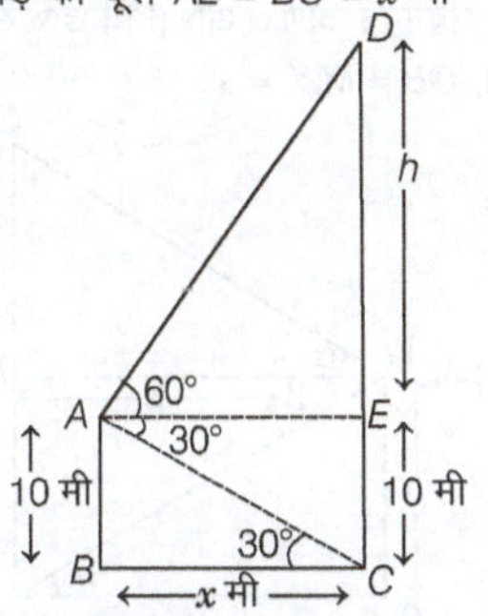

ΔAED में, $\tan 60° = \dfrac{DE}{EA} \Rightarrow \sqrt{3} = \dfrac{h}{x} \Rightarrow h = \sqrt{3}x$

ΔABC में, $\tan 30° = \dfrac{AB}{BC}$

$\Rightarrow \quad \dfrac{1}{\sqrt{3}} = \dfrac{10}{x}$

$\Rightarrow \quad x = 10\sqrt{3}$ मी

$\therefore \quad h = \sqrt{3} \times 10\sqrt{3} = 30$ मी

तब, $\quad CD = CE + DE = 10 + 30 = 40$ मी

38. **संकेत** माना हवाई जहाज A का क्षैतिज पर स्थित बिंदु O से उन्नयन कोण 45° है। 15 सेकंड बाद जहाज का B पर उन्नयन कोण 30° है। तथा क्षैतिज से इसकी ऊँचाई $AC = BD = 2500$ मी है।

तब, ΔOCA में, $\tan 45° = \dfrac{AC}{OC}$

$\Rightarrow \quad 1 = \dfrac{2500}{OC} \Rightarrow OC = 2500$ मी

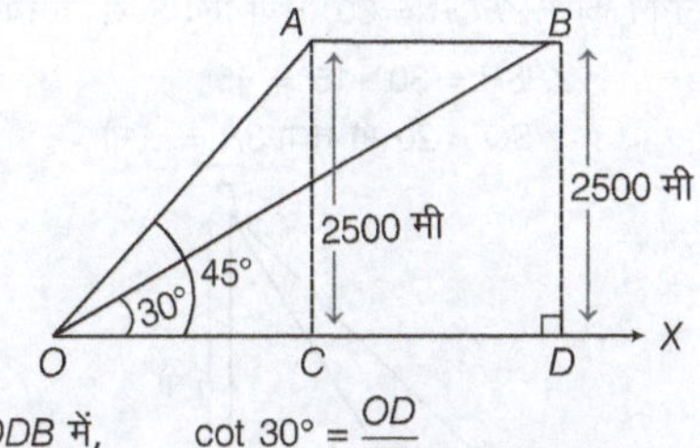

ΔODB में, $\quad \cot 30° = \dfrac{OD}{BD}$

$\Rightarrow \quad OD = \sqrt{3}BD = 2500\sqrt{3}$ मी

अब $\quad CD = OD - OC = 2500\sqrt{3} - 2500$

$\Rightarrow \quad CD = 1830$ मी

हवाई जहाज की चाल $= \dfrac{1830}{15} \times \dfrac{60 \times 60}{1000} \quad \left[\text{चाल} = \dfrac{\text{दूरी}}{\text{समय}}\right]$

$= 439.2$ किमी/घंटा

39.

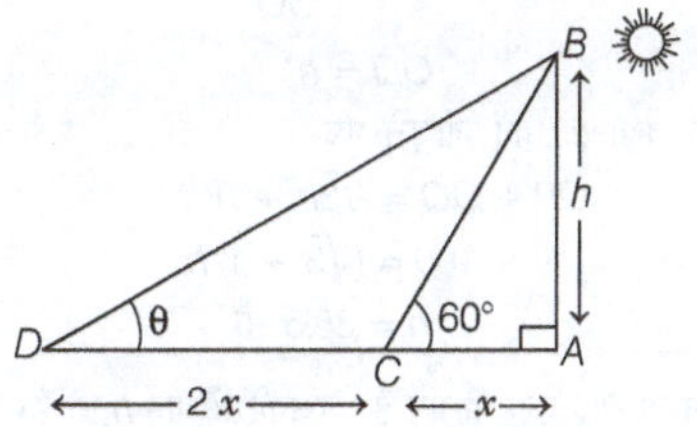

माना AB ध्वजदंड है जिसकी लंबाई R मी है। उन्नयन कोण 60° पर इसकी परछाई की लंबाई $AC = x$ मी है, तब उन्नयन कोण θ पर परछाई की लंबाई $AD = 3x$ मी होगी।

ΔCAB में, $\quad \tan 60° = \dfrac{AB}{AC} \Rightarrow h = \sqrt{3}x$

ΔDAB में, $\quad \tan\theta = \dfrac{AB}{AD}$

$\Rightarrow \quad \tan\theta = \dfrac{\sqrt{3}x}{3x} \Rightarrow \theta = 30°$

40. प्रश्न 39 की भाँति स्वयं हल करें।

41. **संकेत** माना जमीन से 4000 मी की ऊँचाई पर उड़ता हवाई जहाज P है जिसका बिंदु A से उन्नयन कोण 60° है। इसके ठीक नीचे Q पर दूसरा हवाई जहाज है जिसका A से उन्नयन कोण 45° है, तब

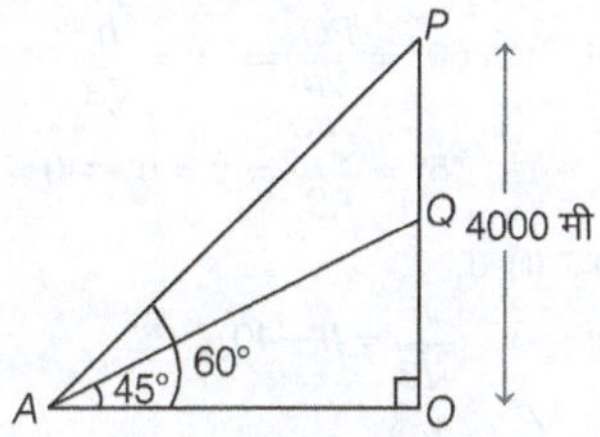

ΔAOP में, $\quad \tan 60° = \dfrac{OP}{AO}$

$\Rightarrow \quad AO = \dfrac{4000}{\sqrt{3}} \quad$ ...(i)

ΔAOQ में, $\quad \tan 45° = \dfrac{OQ}{OA}$

$\Rightarrow \quad OA = OQ \quad$ ...(ii)

$\Rightarrow \quad OQ = \dfrac{4000}{\sqrt{3}}$ मी $\quad$ [समी (i) से]

अतः दोनों हवाई जहाजों के बीच की ऊर्ध्वाधर ऊँचाई,

$PQ = OP - OQ = 4000 - 4000/\sqrt{3} = 1690.8$ मी

42. **संकेत** माना $PQ = 100$ मी चौड़ी एक नदी है जिसके मध्य-बिंदु O पर एक पेड़ OA है। जिसकी ऊँचाई $OA = h$ मी है। पेड़ के शीर्ष बिंदु P और Q से उन्नयन कोण क्रमशः 30° और 45° हैं, तब

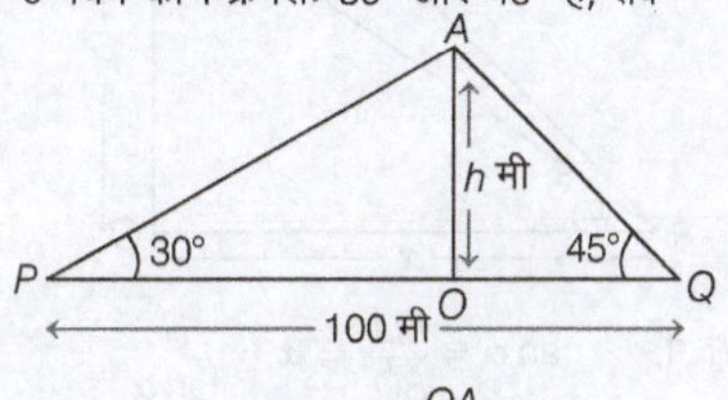

ΔPOA में, $\quad \tan 30° = \dfrac{OA}{OP}$

$\Rightarrow \quad OP = \sqrt{3}h \quad$ ...(i)

ΔQOA में, $\tan 45° = \dfrac{OA}{OQ}$

$\Rightarrow \quad OQ = h \quad ...(ii)$

समी (i) तथा (ii) को जोड़ने पर

$OP + OQ = \sqrt{3}h + h$

$\Rightarrow \quad 100 = (\sqrt{3} + 1)\,h$

$\Rightarrow \quad h = 36.6$ मी

43. संकेत माना PQ एक मीनार है जिसकी ऊँचाई h मी है। बिंदु X से शिखर का उन्नयन कोण 60° है तथा R से उन्नयन कोण 45° है।

यहाँ, $RX = 40$ मी $= PS$ पुनः माना $XP = RS = y$ मी

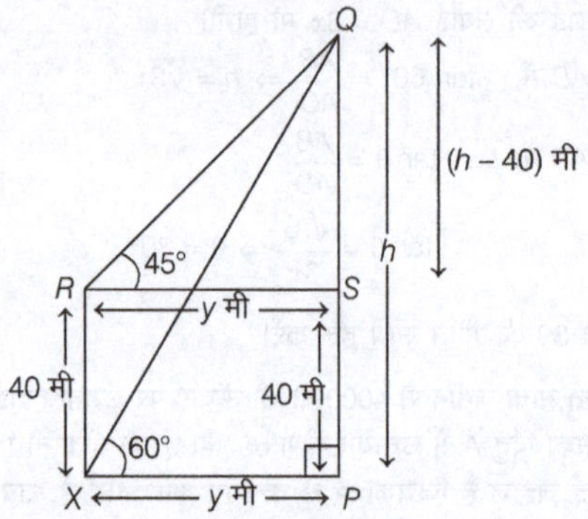

$\therefore \Delta XPQ$ में, $\tan 60° = \dfrac{PQ}{XP} \Rightarrow y = \dfrac{h}{\sqrt{3}} \quad ...(i)$

ΔRSQ में, $\tan 45° = \dfrac{QS}{RS} \Rightarrow y = h - 40 \quad ...(ii)$

समी (i) तथा (ii) से,

$$\frac{h}{\sqrt{3}} = h - 40$$

$\Rightarrow \quad h\left(1 - \dfrac{1}{\sqrt{3}}\right) = 40$

$\Rightarrow \quad h = 94.64$ मी

h का मान समी (ii) में रखने पर, $y = 54.64$ मी

44. संकेत माना OP, H ऊँचाई की एक मीनार है जिसके ऊपर h ऊँचाई का ध्वजदंड PF है।

क्षैतिज पर बिंदु R से ध्वजदंड के शीर्ष और पाद के उन्नयन कोण क्रमशः β और α हैं, तथा $OR = x$

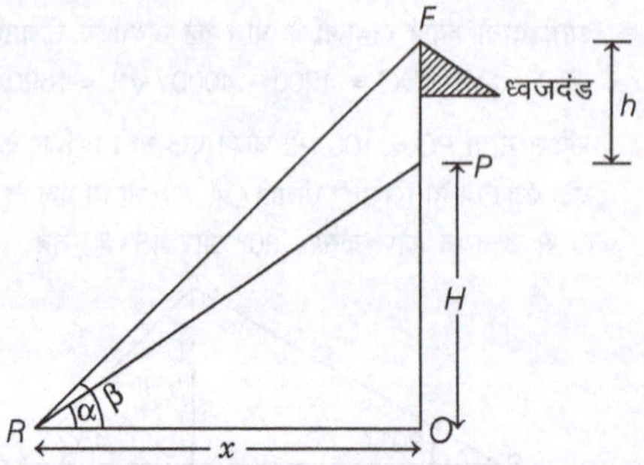

ΔPOR में, $\tan\alpha = \dfrac{PO}{RO} \Rightarrow x = \dfrac{H}{\tan\alpha} \quad ...(i)$

ΔFOR में, $\tan\beta = \dfrac{FO}{RO} = \dfrac{FP + PO}{RO}$

$\Rightarrow \quad x = \dfrac{h + H}{\tan\beta} \quad ...(ii)$

समी (i) तथा (ii) से,

$$\frac{H}{\tan\alpha} = \frac{h + H}{\tan\beta}$$

$\Rightarrow \quad H = \dfrac{h\tan\alpha}{\tan\beta - \tan\alpha}$

45. संकेत माना खिड़की W की जमीन से ऊँचाई $BW = h$ है तथा OQ, H ऊँचाई का दूसरी ओर स्थित एक मकान है जिसके शिखर और पाद के उन्नयन और अवनमन कोण α और β हैं। छोर से खिड़की और मकान के बीच की दूरी, $OB = MW = x$

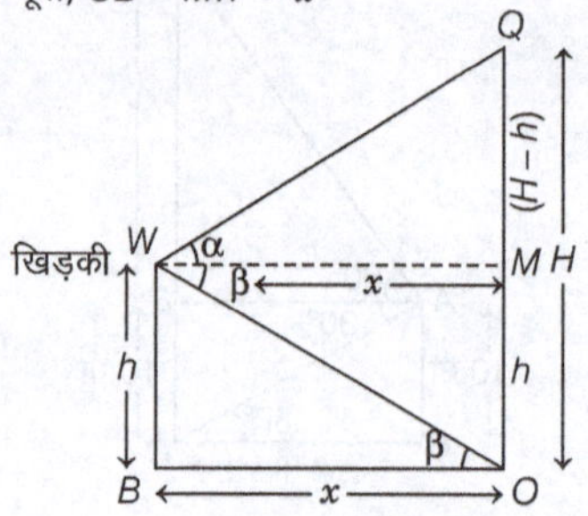

ΔWBO में,

$$\tan\beta = \frac{WB}{OB} = \frac{h}{x}$$

$\Rightarrow \quad x = \dfrac{h}{\tan\beta} \quad ...(i)$

तथा ΔQMW में,

$$\tan\alpha = \frac{QM}{WM} = \frac{OQ - MO}{WM} = \frac{H - h}{x}$$

$\Rightarrow \quad x = \dfrac{H - h}{\tan\alpha} \quad ...(ii)$

समी (i) तथा (ii) से,

$$\frac{h}{\tan\beta} = \frac{H - h}{\tan\alpha}$$

$\Rightarrow \quad H = h(1 + \tan\alpha \cdot \cot\beta)$

46. संकेत माना मीनार PR की ऊँचाई h मी है, तब बिंदु Q से मीनार के शीर्ष का उन्नयन कोण $\angle PQR = 30°$ तथा बिंदु S से उन्नयन कोण

$\angle PSR = 30° + 15° = 45°$

$SQ = 20$ मी तथा $SR = x$ मी [माना]

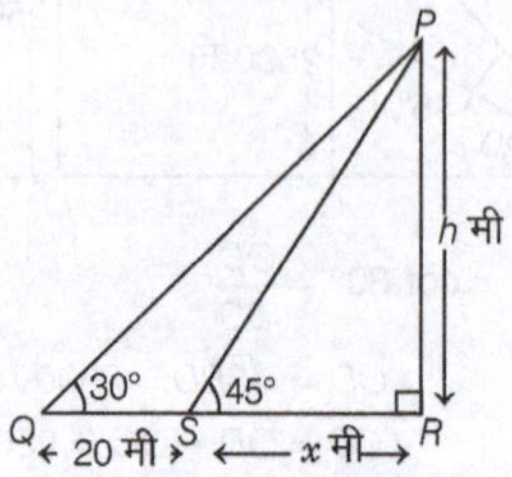

ΔPRS में, $\tan 45° = \dfrac{h}{x}$ [समी (i) से]

$\Rightarrow \quad x = h \quad ...(ii)$

ΔPRQ में, $\tan 30° = \dfrac{PR}{QR} = \dfrac{PR}{QS + SR}$

$\Rightarrow \dfrac{1}{\sqrt{3}} = \dfrac{h}{20+x} \Rightarrow \dfrac{1}{\sqrt{3}} = \dfrac{h}{20+h} \Rightarrow 20+h = \sqrt{3}h$

$\Rightarrow \quad h = \dfrac{20}{(\sqrt{3}-1)} \times \dfrac{(\sqrt{3}+1)}{(\sqrt{3}+1)} \Rightarrow h = \dfrac{20\,(\sqrt{3}+1)}{2}$

$\Rightarrow \quad h = 10\,(\sqrt{3}+1)$ मी

47. संकेत माना AB, h मी ऊँचाई का एक प्रकाश स्तंभ है। D पर खड़े आदमी से शीर्ष का उन्नयन कोण θ इस प्रकार है कि $\tan\theta = \dfrac{5}{12}$ तथा 240 मी आगे चलने पर C से शीर्ष का उन्नयन कोण ϕ है इस प्रकार है कि, $\tan\phi = \dfrac{3}{4}$

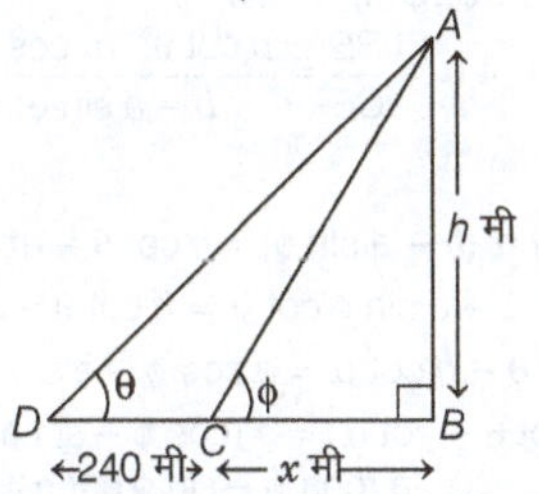

पुनः माना $BC = x$ मी

ΔABC में, $\quad \tan\phi = \dfrac{AB}{BC} \Rightarrow \dfrac{3}{4} = \dfrac{h}{x}$

$\Rightarrow \quad h = \dfrac{3x}{4} \quad$ ...(i)

ΔABD में, $\quad \tan\theta = \dfrac{AB}{BD}$

$\Rightarrow \quad \dfrac{5}{12} = \dfrac{AB}{DC + CB}$

$\Rightarrow \quad \dfrac{5}{12} = \dfrac{h}{240 + x}$

$\Rightarrow \quad h = \dfrac{5(240+x)}{12} \quad$ ...(ii)

समी (i) तथा (ii) से,

$$\frac{3x}{4} = \frac{5(240+x)}{12}$$

$\Rightarrow \quad x = 300$

x का मान समी (i) में रखने पर,

$$h = \frac{3 \times 300}{4} \Rightarrow h = 225 \text{ मी}$$

48. प्रश्न 45 की भाँति स्वयं हल करें।

49. संकेत माना मीनार BC की ऊँचाई h मी और इसके शीर्ष पर स्थित ध्वजदंड CD की ऊँचाई H मी है।

मीनार के पाद B से 120 मी दूर स्थित बिंदु A से मीनार के शीर्ष और ध्वजदंड के शीर्ष के उन्नयन कोण क्रमशः 45° और 60° हैं।

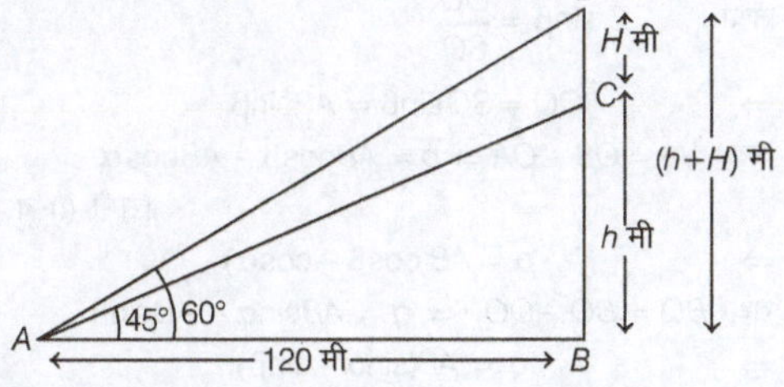

ΔABC में, $\quad \tan 45° = \dfrac{BC}{AB}$

$\Rightarrow \quad h = 120$ मी

ΔABD में, $\quad \tan 60° = \dfrac{BD}{AB}$

$\Rightarrow \quad \sqrt{3} = \dfrac{h+H}{120}$

$\Rightarrow \quad 120\sqrt{3} = 120 + H$

$\Rightarrow \quad H = 87.6$ मी

50. संकेत माना D एक गुब्बारा है जो खंभे E से 215 मी लंबे तार ED द्वारा क्षैतिज से 60° के उन्नयन कोण पर जुड़ा है।

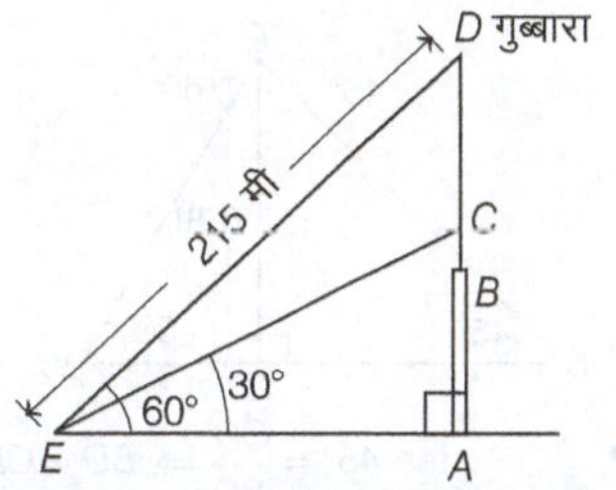

ΔEAD में, $\quad \sin 60° = \dfrac{AD}{ED}$

$\Rightarrow \quad AD = \dfrac{215\sqrt{3}}{2}$ मी

अतः गुब्बारे की प्रारंभिक ऊँचाई $= \dfrac{215\sqrt{3}}{2}$ मी

पुनः ΔEAD में,

$$\cos 60° = \frac{AE}{DE} = \frac{AE}{215}$$

$\Rightarrow \quad AE = \dfrac{215}{2}$ मी

माना गुब्बारे की ऊँचाई AC है जब क्षैतिज से उसका उन्नयन कोण 30° हो जाता है, तब

ΔEAC में, $\quad \tan 30° = \dfrac{AC}{EA}$

$\Rightarrow \quad AC = \dfrac{215}{2\sqrt{3}}$ मी

51. संकेत माना AB, 100 मी ऊँचा प्रकाश स्तंभ है।

नाव C से स्तंभ का उन्नयन कोण 60° है। 2 मिनट नाव खेने के बाद स्थिति D से स्तंभ का उन्नयन कोण 45° है।

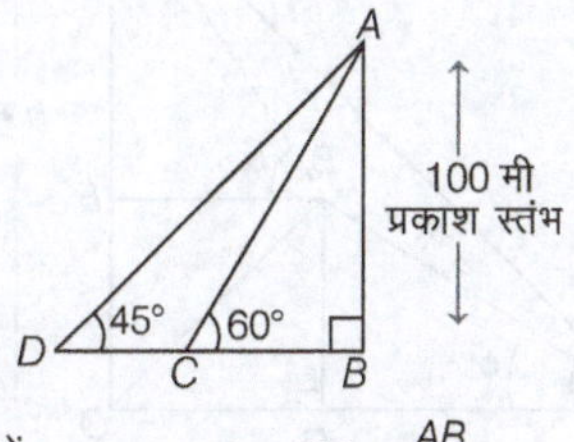

ΔABC में, $\quad \tan 60° = \dfrac{AB}{BC}$

$\Rightarrow \quad BC = \dfrac{100\sqrt{3}}{3}$ मी

ΔABD में, $\quad \tan 45° = \dfrac{AB}{BD}$

$\Rightarrow \quad BD = 100$ मी

अब, $CD = BD - BC = 100 - \frac{100\sqrt{3}}{3} = 100\left(\frac{3-\sqrt{3}}{3}\right)$

अब, दूरी CD वह 2 मिनट में तय करता है।

$$\text{चाल} = \frac{\text{दूरी}}{\text{समय}} = \frac{100\left(\frac{3-\sqrt{3}}{3}\right)}{2} = 50\left(\frac{3-\sqrt{3}}{3}\right) \text{ मी/मिनट}$$

52. **संकेत** माना प्रकाश स्तंभ CD की ऊँचाई h मी है। जिसके शीर्ष C से दोनों तरफ चल रहे जहाजों B और A, जिनके बीच की दूरी $BA = 100\left(\frac{\sqrt{3}+1}{\sqrt{3}}\right)$ है, के अवनमन कोण क्रमशः 45° और 60° हैं।

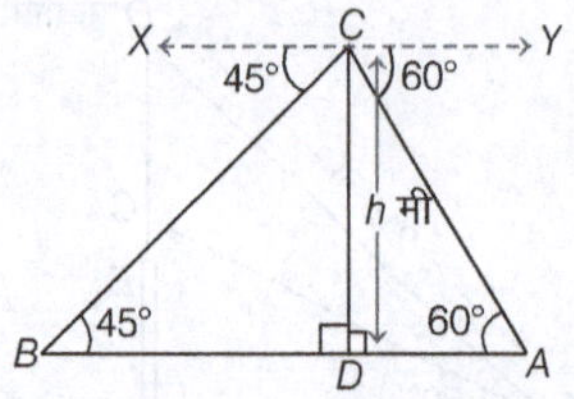

ΔBDC में, $\tan 45° = \frac{CD}{BD} \Rightarrow BD = CD$

ΔADC में, $\tan 60° = \frac{CD}{AD} \Rightarrow AD = \frac{CD}{\sqrt{3}}$

अब, $AD + BD = \frac{CD}{\sqrt{3}} + CD$

$\Rightarrow$ $AB = CD\left(\frac{\sqrt{3}+1}{\sqrt{3}}\right)$

$\Rightarrow$ $CD = 100$ मी

53. NCERT फोल्डर 9.1 के प्रश्न 9 की भाँति स्वयं हल करें।

उत्तर 20 मी

54. **संकेत** माना OC एक टीला है जिसकी ऊँचाई h मी है। क्षैतिज समतल में स्थित बिंदु A से टीले की चोटी C का उन्नयन कोण θ है। बिंदु A से कोण ϕ पर टीले की चोटी की ओर a मी चलने पर बिंदु B से टीले की चोटी C का उन्नयन कोण α हो जाता है।

अतः $\angle CAO = \theta, \angle BAD = \phi, \angle CBE = \alpha$

तथा $AB = a$ मी, $CO = h$ मी

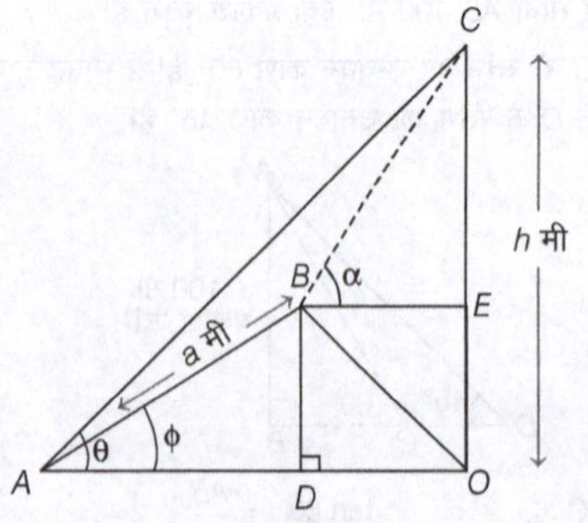

समकोण ΔADB में, $\cos\phi = \frac{AD}{AB} \Rightarrow \cos\phi = \frac{AD}{a}$

$\Rightarrow$ $AD = a\cos\phi$ ...(i)

पुनः समकोण ΔADB में, $\sin\phi = \frac{BD}{AB} \Rightarrow \sin\phi = \frac{BD}{a}$

$\Rightarrow$ $BD = a\sin\phi$ ...(ii)

समकोण ΔAOC में, $\tan\theta = \frac{CO}{AO} \Rightarrow \tan\theta = \frac{h}{AO}$

$\Rightarrow$ $AO = \frac{h}{\tan\theta} = h\cot\theta$

$\left[\because \tan\theta = \frac{1}{\cot\theta}\right]$ ...(iii)

अब, $BE = DO = AO - AD$

$= h\cot\theta - a\cos\phi$ [समी (i) व (iii) से] ...(iv)

तथा $EC = OC - OE = OC - BD$

$= h - a\sin\phi$ [समी (ii) से]...(v)

अब, समकोण ΔBEC में,

$$\cot\alpha = \frac{BE}{CE} = \frac{h\cot\theta - a\cos\phi}{h - a\sin\phi}$$

[समी (iv) व (v)]

$\Rightarrow$ $\cot\alpha\,(h - a\sin\phi) = h\cot\theta - a\cos\phi$

$\Rightarrow$ $h\cot\alpha - a\sin\phi\cot\alpha = h\cot\theta - a\cos\phi$

$\Rightarrow$ $h\cot\theta - h\cot\alpha = a\cos\phi - a\sin\phi\cot\alpha$

$\Rightarrow$ $h(\cot\theta - \cot\alpha) = a(\cos\phi - \sin\phi\cot\alpha)$

$\Rightarrow$ $h = \frac{a(\cos\phi - \sin\phi\cot\alpha)}{\cot\theta - \cot\alpha}$

अतः टीले की ऊँचाई $\frac{a(\cos\phi - \sin\phi\cot\alpha)}{\cot\theta - \cot\alpha}$ मी है **इति सिद्धम्**

55. **संकेत** माना OB एक दीवार है जिसपर क्षैतिज से α कोण पर झुकी हुई सीढ़ी AB खड़ी है। सीढ़ी के निचले सिरे A को p दूरी तक खिसकाने पर इसका ऊपरी सिरा q दूरी नीचे बिंदु Q पर आ जाता है तथा तब इसका झुकाव β है। अतः $AS = p$, $BQ = q$

$\angle QSO = \beta, \angle BAO = \alpha$

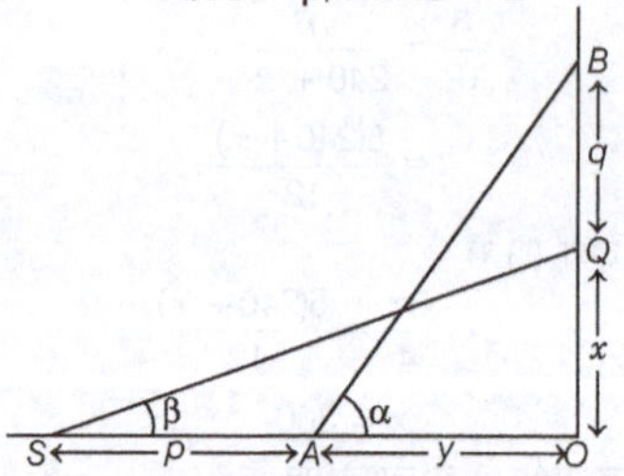

पुनः माना $AO = y$ तथा $QO = x$

ΔBOA में, $\cos\alpha = \frac{OA}{AB} \Rightarrow OA = AB\cos\alpha$ ...(i)

तथा $\sin\alpha = \frac{OB}{AB} \Rightarrow OB = AB\sin\alpha$ ...(ii)

ΔQOS में, $\cos\beta = \frac{OS}{SQ}$

$\Rightarrow$ $OS = SQ\cos\beta = AB\cos\beta$ ...(iii)

$[\because AB = SQ]$

तथा $\sin\beta = \frac{OQ}{SQ}$

$\Rightarrow$ $OQ = SQ\sin\beta = AB\sin\beta$ ...(iv)

अब, $SA = OS - OA \Rightarrow p = AB\cos\beta - AB\cos\alpha$

[समी (i) व (iii) से]

$\Rightarrow$ $p = AB(\cos\beta - \cos\alpha)$ ...(v)

तथा $BQ = BO - QO \Rightarrow q = AB\sin\alpha - AB\sin\beta$

$\Rightarrow$ $q = AB(\sin\alpha - \sin\beta)$ ...(vi)

समी (v) में (vi) से भाग देने पर,

$$\frac{p}{q} = \frac{AB(\cos\beta - \cos\alpha)}{AB(\sin\alpha - \sin\beta)}$$

$$\Rightarrow \quad \frac{p}{q} = \frac{\cos\beta - \cos\alpha}{\sin\alpha - \sin\beta}$$ **इति सिद्धम्**

56. (i) (*b*) माना स्मारक की ऊँचाई 42 मी तथा C वह बिन्दु है जहाँ पर वह इस प्रकार खड़े हैं कि $BC = 42$ मी

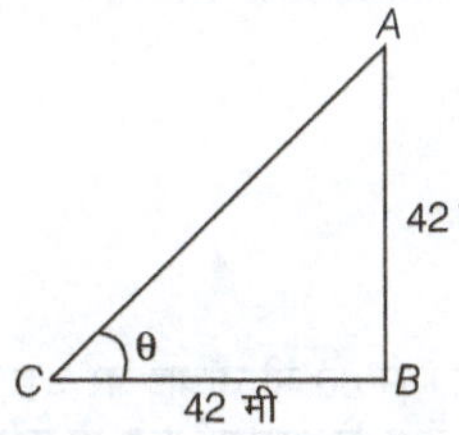

अब, ΔABC में, $\tan\theta = \frac{AB}{BC} \Rightarrow \tan\theta = \frac{42}{42} = 1$

$$\Rightarrow \quad \tan\theta = 1 \Rightarrow \theta = 45°$$

(ii) (*d*) ΔABC में,

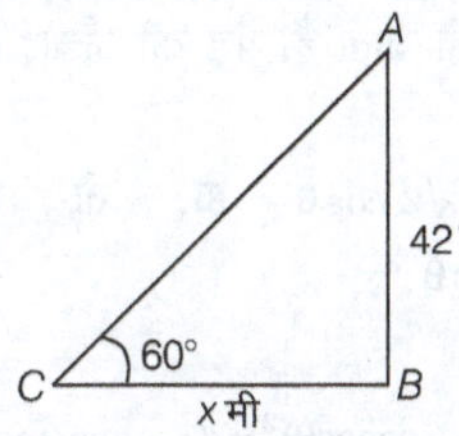

$$\tan 60° = \frac{AB}{BC} \Rightarrow \sqrt{3} = \frac{42}{BC}$$

$$\Rightarrow \quad BC = \frac{42}{\sqrt{3}} = \frac{42\sqrt{3}}{3} = 14\sqrt{3}$$

$$= 14 \times 1.73 = 24.24 \text{ मी}$$

(iii) (*a*) माना टावर की ऊँचाई AB है।

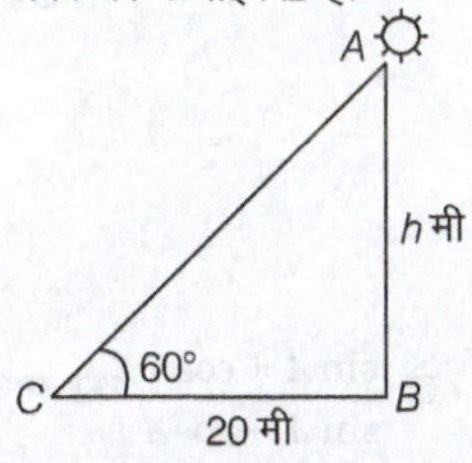

तब, ΔABC में, $\tan 60° = \frac{AB}{BC} \Rightarrow \sqrt{3} = \frac{h}{20} \Rightarrow h = 20\sqrt{3}$ मी

अथवा

(*b*) माना ऊर्ध्वाधर टावर की ऊँचाई तथा छाया क्रमशः h तथा x है।

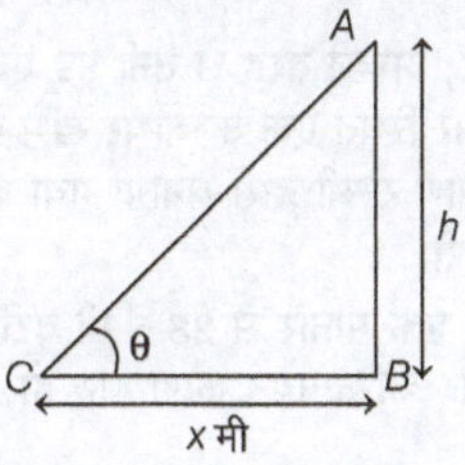

तब ΔABC में,

$$\tan\theta = \frac{AB}{BC} \Rightarrow \tan\theta = \frac{h}{x} \Rightarrow \tan\theta = 1$$

$$\Rightarrow \quad \theta = 45° \qquad [\because h : x = 1 : 1]$$

57.

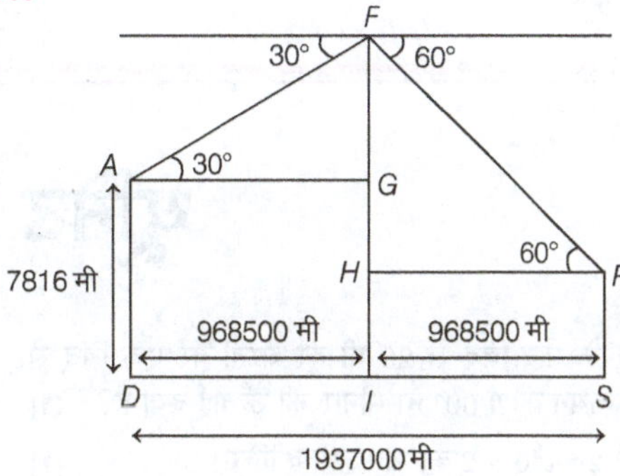

(i) (*a*) दिया है, $AG = DI = 968500$ मी

ΔFAG में, $\cos 30° = \frac{AG}{AF} \Rightarrow \frac{\sqrt{3}}{2} = \frac{968500}{AF}$

$$\Rightarrow \quad AF = \frac{968500 \times 2}{\sqrt{3}}$$

$$= 1119653.179 \text{ मी} = 1119.65 \text{ किमी}$$

(ii) (*c*) दिया है, $HP = IS = 968500$ मी

अब, ΔFHP में,

$$\cos 60° = \frac{HP}{FP} \Rightarrow \frac{1}{2} = \frac{968500}{FP}$$

$\therefore \quad FP = 968500 \times 2 = 1937000$ मी $= 1937$ किमी

(iii) (*b*) ΔFAG में, $\tan 30° = \frac{FG}{AG} \Rightarrow \frac{1}{\sqrt{3}} = \frac{FG}{968500}$

$$\Rightarrow \quad FG = \frac{968500}{\sqrt{3}} = 559180.138 \text{ मी}$$

$$= 559.18 \text{ किमी}$$

$\therefore$ धरातल से सैटेलाइट की ऊँचाई $= FI = FG + GI$

$= 559.18 + 7.816$

$[\because GH = AD = 7816$ मी$]$

$= 566.996$ किमी

अथवा

(iv) (*b*) माना व्यक्ति की स्थिति E है।

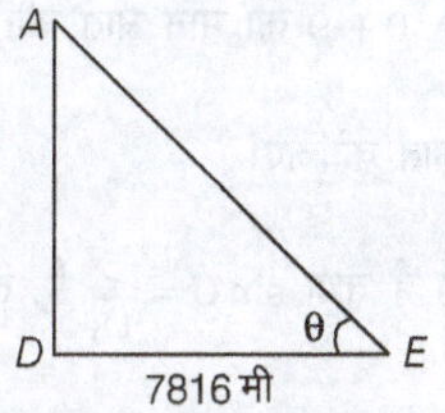

तब, $DE = 7816$ मी

ΔADE में, $\tan\theta = \frac{DE}{DE} = \frac{7816}{7816} = 1$

$$\therefore \quad \theta = 45°$$

यूनिट टेस्ट (त्रिकोणमिति)

{अध्याय— 8, 9}

40 अंक

यूनिट टेस्ट 1

1. किसी ऊर्ध्वाधर मीनार के पाद बिंदु से 20 मी दूर धरती पर एक बिंदु से मीनार के शिखर का उन्नयन कोण 60° है। मीनार की ऊँचाई क्या है? [1]

2. यदि $\sin\theta = \frac{1}{3}$ हो, तो $2\cot^2\theta + 2$ का मान ज्ञात कीजिए। [1]

3. ΔPQR में, $\angle Q = 90°$ है, $PR + QR = 25$ सेमी तथा $PQ = 5$ सेमी है, तब $\sin P$, $\cos P$ तथा $\tan P$ के मान ज्ञात कीजिए। [1]

4. यदि C तथा Z न्यून कोण हैं तथा $\cos C = \cos Z$, तब सिद्ध कीजिए कि $\angle C = \angle Z$ [2]

5. सत्यापित करो कि $\cos 60° = \frac{1 - \tan^2 30°}{1 + \tan^2 30°} = \frac{1}{2}$ [2]

6. सिद्ध कीजिए कि $\frac{\sin\theta}{1 - \cos\theta} = \text{cosec}\,\theta + \cot\theta$ [2]

7. यदि $\sec\alpha = \frac{5}{4}$ हो, तो प्रमाणित करो कि $\frac{\tan\alpha}{1 + \tan^2\alpha} = \frac{\sin\alpha}{\sec\alpha}$ [3]

8. सिद्ध कीजिए कि
$$\frac{1}{\text{cosec}A - \cot A} - \frac{1}{\sin A} = \frac{1}{\sin A} - \frac{1}{\text{cosec}A + \cot A}$$ [3]

9. यदि $\text{cosec}A = \sqrt{2}$ हो, तो $\frac{2\sin^2 A + 3\cos^2 A}{4\tan^2 A - \cos^2 A}$ का मान ज्ञात कीजिए। [3]

10. एक पतंग जमीन (आधार) से 60 मी ऊँचाई पर उड़ रही है। पतंग से लगी डोरी को जमीन पर एक बिंदु से अस्थाई रूप से बाँधा गया है। जमीन के साथ डोरी का झुकाव 60° का है। यह मानकर कि डोरी में कोई लचक नहीं है, डोरी की लंबाई ज्ञात करो। [3]

11. नदी के किनारे खड़ा एक व्यक्ति, दूसरे किनारे पर स्थित एक पेड़ के शिखर का उन्नयन कोण 60° देखता है। जब वह किनारे से 20 मी दूर जाता है, तो कोण 30° हो जाता है। पेड़ की ऊँचाई तथा नदी की चौड़ाई ज्ञात करो। [3]

12. यदि $\cos\theta + \sin\theta = \sqrt{2}\cos\theta$ हो, तो सिद्ध करो कि $\cos\theta - \sin\theta = \sqrt{2}\sin\theta$ [4]

13. सिद्ध कीजिए कि
$$(\sin\theta - \sec\theta)^2 + (\cos\theta - \text{cosec}\,\theta)^2 = (1 - \sec\theta\,\text{cosec}\,\theta)^2$$ [4]

14. $\sin\frac{\pi}{8} + \sin\frac{3\pi}{8} - \sin\frac{5\pi}{8} - \sin\frac{7\pi}{8}$ का मान ज्ञात करो। [4]

15. पहाड़ी पर खड़ा एक व्यक्ति जिस समय नाव को देखता है उस समय नाव का अवनमन कोण 30° है। यदि नाव व्यक्ति के ठीक नीचे के स्थान की ओर एक समान चाल से आ रही हैं, तो 6 मिनट के बाद नाव का अवनमन कोण 60° हो जाता है। नाव को किनारे तक पहुँचने में लगा समय ज्ञात कीजिए। [4]

यूनिट टेस्ट 2

1. यदि अस्पताल में दिव्यांगों के लिए बने रैंप का ढलान 30° से अधिक नहीं हैं। यदि रैंप की ऊँचाई 1 मी हो, तो रैंप की लंबाई ज्ञात कीजिए।

2. यदि $\cos\theta = \frac{3}{4}$ हो, तो $9\tan^2\theta + 9$ का मान ज्ञात कीजिए। [1]

3. $\frac{\tan^2\theta - \sec^2\theta}{\cot^2\theta - \text{cosec}^2\theta}$ का मान ज्ञात कीजिए। [1]

4. ΔABC जिसमें $\angle B$ समकोण है तथा $\sin C = \frac{5}{13}$ है, तब ज्ञात कीजिए

(i) $\sin A$ (ii) $\cos A$ [2]

5. सिद्ध कीजिए कि $\cos 60° = \cos^2 30° - \sin^2 30° = 1/2$ [2]

6. सिद्ध कीजिए कि $\frac{1 - \sin\theta}{1 + \sin\theta} = (\sec\theta - \tan\theta)^2$ [2]

7. यदि $16\cot A = 12$ हो, तो $\frac{\sin A + \cos A}{\sin A - \cos A}$ का मान ज्ञात करो। [3]

8. सिद्ध कीजिए कि
$$\tan^2 A - \tan^2 B = \frac{\cos^2 B - \cos^2 A}{\cos^2 B\cos^2 A} = \frac{\sin^2 A - \sin^2 B}{\cos^2 A\cos^2 B}$$ [3]

9. यदि $\cot\theta = \frac{15}{8}$ हो, तो $\frac{(2 + 2\sin\theta)(1 - \sin\theta)}{(1 + \cos\theta)(2 - 2\cos\theta)}$ का मान ज्ञात करो। [3]

10. सर्कस का एक कलाकार, अच्छी तरह से तनी हुई एक 20 मी लंबी रस्सी पर चढ़ रहा है जो भूमि पर स्थित एक ऊर्ध्वाधर खंभे के शिखर से बँधी हुई है। यदि भूमि-स्तर के साथ रस्सी द्वारा बनाया गया कोण 30° का हो, तो खंभे की ऊँचाई ज्ञात करो। [3]

11. एक 1.5 मी लंबा प्रेक्षक एक मीनार से 28.5 मी दूरी पर खड़ा है। उसकी आँखों से मीनार के शिखर का उन्नयन कोण 45° हो, तो मीनार की ऊँचाई ज्ञात कीजिए। [3]

12. सिद्ध कीजिए कि $\sin^6 A + \cos^6 A = 1 - 3\sin^2 A \cos^2 A$ [4]

13. सिद्ध कीजिए कि $(\operatorname{cosec}\theta - \sin\theta)(\sec\theta - \cos\theta)(\tan\theta + \cot\theta) = 1$ [4]

14. यदि $\sec x + \tan y = a$ है, तो सिद्ध कीजिए कि $\frac{a^2-1}{a^2+1} = \sin A$ [4]

15. दो मीनारों के बीच की क्षैतिज दूरी 140 मी है। दूसरी मीनार के शीर्ष से पहली मीनार के शीर्ष का उन्नयन कोण 30° है। यदि दूसरी मीनार की ऊँचाई 60 मी हो, तो पहली मीनार की ऊँचाई ज्ञात कीजिए। [4]

यूनिट टेस्ट 3

1. चित्र में, प्रेक्षण बिंदु O_1 तथा O_2 पर वस्तु A का अवनमन कोण क्या है? [1]

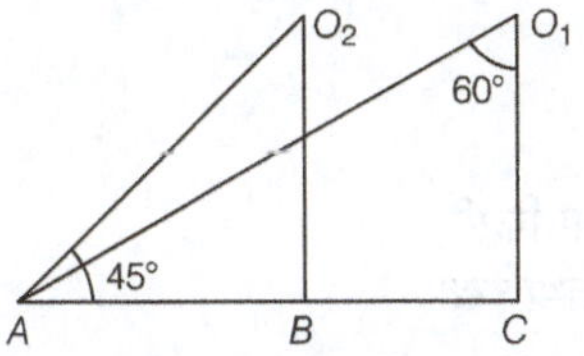

2. यदि $x = a\sin\theta$ तथा $y = b\cos\theta$ हो, तो $b^2x^2 + a^2y^2$ का मान ज्ञात कीजिए। [1]

3. यदि $\cos A = \frac{7}{25}$ हो, तो $\tan A + \cot A$ का मान ज्ञात कीजिए। [1]

4. ΔABC में $\angle B = 90°$ है, यदि $\sin A = \frac{1}{2}$ है, तब $\sin C\cos A - \cos C\sin A$ का मान ज्ञात कीजिए। [2]

5. यदि $\tan A + \sin A = m$ तथा $\tan A - \sin A = n$ है, तब दर्शाइए कि $m^2 - n^2 = 4\sqrt{mn}$ [2]

6. सिद्ध कीजिए कि $\frac{1}{1+\sin\theta} + \frac{1}{1-\sin\theta} = 2\sec^2\theta$ [2]

7. यदि $5\tan\alpha = 4$ हो तो, प्रदर्शित करो कि $\frac{5\sin\alpha - 3\cos\alpha}{5\sin\alpha + 2\cos\alpha} = \frac{1}{6}$ [3]

8. सिद्ध कीजिए कि
$(\sin A + \sec A)^2 (\cos A + \operatorname{cosec} A)^2 = (1 + \sec A \operatorname{cosec} A)^2$ [3]

9. यदि $\sin\theta = \frac{a}{\sqrt{a^2+b^2}}$, $0 < \theta < 90°$, तो $\cos\theta$ तथा $\tan\theta$ का मान ज्ञात करो। [3]

10. एक नदी के ऊपर एक पुल नदी तट के साथ 45° का कोण बनाता है। यदि नदी के ऊपर पुल की लंबाई 150 मी हो, तो नदी की चौड़ाई क्या होगी? [3]

11. किसी घर की एक दीवार पर एक सीढ़ी इस प्रकार खड़ी है कि इसका ऊपरी सिरा दीवार के शिखर को छू रहा है। सीढ़ी का पाद दीवार से 2 मी की दूरी पर है। यदि सीढ़ी जमीन की सतह के साथ 60° का कोण बना रही है, तो दीवार की ऊँचाई ज्ञात करो। [3]

12. निम्न सर्वसमिका को सिद्ध कीजिए।
$(1 + \cot\theta - \operatorname{cosec}^2\theta)(1 + \tan\theta + \sec\theta) = 2$ [4]

13. सिद्ध कीजिए $\sqrt{\frac{1+\sin A}{1-\sin A}} = \sec A + \tan A$ [4]

14. ΔABC में कोण B एक अधिक कोण है तथा शीर्ष A से भुजा BC पर लंब AD की लंबाई 10 सेमी है। यदि $BD = 10$ सेमी और $CD = 10\sqrt{3}$ सेमी हो, तो $\angle A$ का मान ज्ञात करो। [4]

15. भूमि तल पर स्थित एक बिंदु X से एक ऊर्ध्वाधर मीनार PQ के शिखर Q का उन्नयन कोण 60° है। X से लंबवत् 40 मी ऊँचे एक अन्य बिंदु Y से उन्नयन कोण 45° का है। मीनार PQ की ऊँचाई तथा दूरी XQ का मान ज्ञात कीजिए। [4]

उत्तरमाला

यूनिट टेस्ट 1

1. $20\sqrt{3}$ मी **2.** 18
9. $\frac{5}{7}$ **10.** $40\sqrt{3}$ मी
11. ऊँचाई 17.32 मी, चौड़ाई 10 मी **14.** 0
15. 9 मिनट

यूनिट टेस्ट 2

1. 2 मी **2.** 16 **3.** 1
4. (i) $\sin A = \frac{5}{13}$ (ii) $\cos A = \frac{5}{13}$ **7.** 7 **9.** 225/64
10. 10 मी **11.** 30 मी
15. 140.83 मी

यूनिट टेस्ट 3

1. 30°, 45° **2.** a^2b^2 **3.** 625/168
4. $\frac{1}{2}$ **9.** $\cos\theta = \frac{b}{\sqrt{a^2+b^2}}, \tan\theta = \frac{a}{b}$
10. $75\sqrt{2}$ मी **11.** $2\sqrt{3}$ मी **14.** 105°
15. 94.64 मी, 109.3 मी

अध्याय

10

वृत्त (Circles)

पिछली कक्षाओं में हम वृत्त तथा इससे संबंधित विभिन्न पदों जैसे–जीवा, चाप, वृत्तखंड, त्रिज्यखंड तथा किसी चाप द्वारा केंद्र पर अंतरित कोण का अध्ययन कर चुके हैं। इस अध्याय में हम एक तल में स्थित वृत्त तथा रेखा की विभिन्न स्थितियों पर विचार करेंगे।

टॉपिक्स

- वृत्त की स्पर्श रेखा
- एक बिंदु से वृत्त पर स्पर्श रेखाओं की संख्या

वृत्त (Circle) वृत्त एक समतल में स्थित उन बिंदुओं का समूह होता है, जो एक स्थिर बिंदु से नियत दूरी पर होते हैं। इस स्थिर बिंदु को वृत्त का **केंद्र** (Centre) तथा केंद्र से वृत्त के प्रत्येक बिंदु की नियत दूरी को वृत्त की **त्रिज्या** (Radius) कहते हैं।

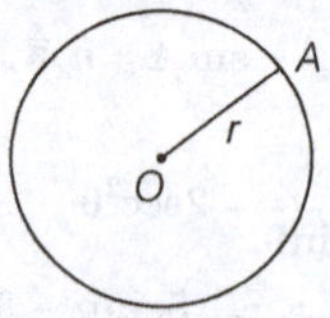

वृत्त के केंद्र को मुख्यत: O से तथा त्रिज्या को r से दर्शाते हैं तथा प्रतीकात्मक रूप में $C(O, r)$ से प्रदर्शित करते हैं।

व्यास (Diameter) वृत्त के केंद्र से होकर जाने वाली रेखा, जो वृत्त को दो बिंदुओं पर मिलती है, वृत्त का व्यास कहलाती है। चित्र में, AOB वृत्त का व्यास है।

वृत्त का व्यास त्रिज्या का दोगुना होता है

अर्थात् **वृत्त का व्यास $= 2 \times$ त्रिज्या**

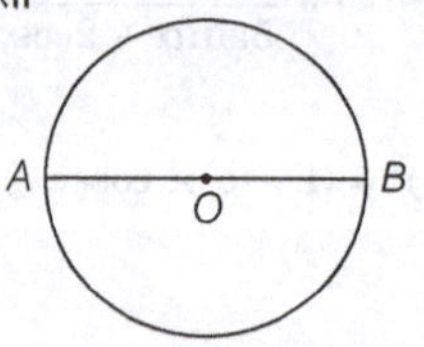

- किसी वृत्त में व्यासों की संख्या अनंत होती है।
- वृत्त के सभी व्यास लंबाई में बराबर होते हैं।

नोट *दो या दो से अधिक वृत्त जिनका केंद्र समान होता है, संकेंद्री वृत्त कहलाते हैं।*

वृत्तों से संबंधित कुछ महत्त्वपूर्ण पद
(Some Important Terms Related to Circle)

जीवा (Chord)

किसी वृत्त पर स्थित किन्हीं दो बिंदुओं को मिलाने वाला रेखाखंड, वृत्त की जीवा कहलाता है। चित्र में, AB, CD तथा EF वृत्त की जीवाएँ हैं।

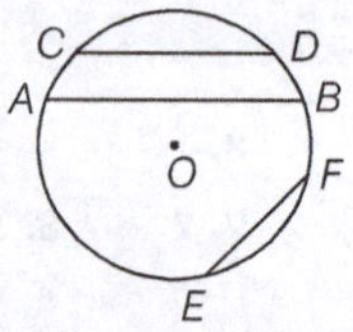

- किसी वृत्त में समान लंबाई की अथवा भिन्न-भिन्न लंबाई की असंख्य जीवाएँ होती हैं।
- वृत्त का व्यास, उस वृत्त की सबसे लंबी जीवा होती है।

चाप (Arc)

किसी वृत्त (या परिधि) पर स्थित किन्हीं दो बिंदुओं से वृत्त दो भागों में बँट जाता है जिनमें से प्रत्येक भाग वृत्त का चाप कहलाता है। दूसरे शब्दों में, ''वृत्त की परिधि के किसी सतत् भाग को वृत्त का चाप कहते हैं।''

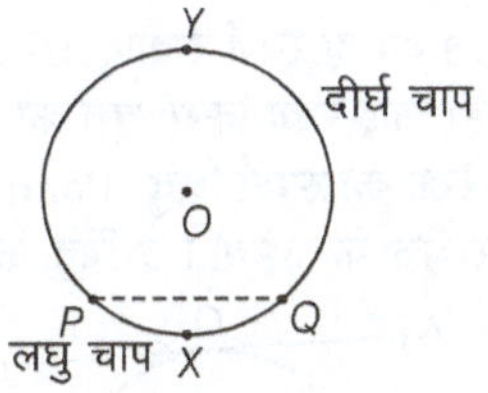

चित्र में वृत्त पर दो बिंदु P तथा Q स्थित हैं तब, PXQ तथा PYQ वृत्त के चाप कहलाते हैं। यहाँ, छोटे भाग $\overset{\frown}{PXQ}$ को **लघु चाप** (Minor arc) कहते हैं तथा बड़े भाग $\overset{\frown}{PYQ}$ को **दीर्घ चाप** (Major arc) कहते हैं।

अर्द्धवृत्त (Semi-Circle)

वृत्त का व्यास उसे दो बराबर भागों में बाँटता है जिनमें से प्रत्येक भाग एक अर्द्धवृत्त कहलाता है।

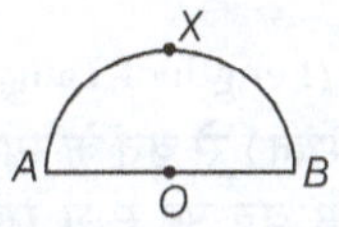

चित्र में, AXB एक अर्द्धवृत्त है। AOB अर्द्धवृत्त का व्यास तथा OA या OB त्रिज्या हैं।

परिधि (Circumference)

वृत्त के एक पूरे चक्कर में तय की गई कुल दूरी वृत्त की परिधि कहलाती है। दूसरे शब्दों में, 'उस वक्र रेखा की लंबाई को जिस पर वृत्त का निर्माण करने वाले सभी बिंदु स्थित होते हैं, वृत्त का परिमाप या परिधि कहते हैं'

$$\text{वृत्त की परिधि} = 2\pi \times \text{त्रिज्या} = \pi \times \text{व्यास}$$

वृत्तखंड (Segment)

वृत्त की प्रत्येक जीवा वृत्त को दो भागों में बाँटती है, जिनमें से प्रत्येक भाग एक वृत्तखंड कहलाता है।

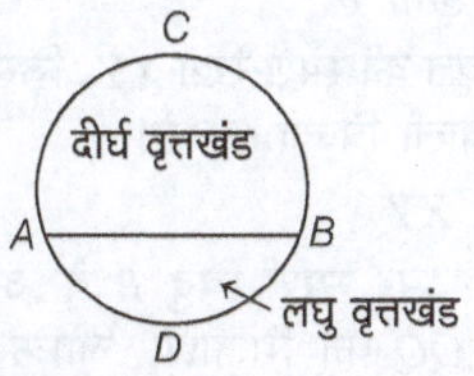

चित्र में, जीवा AB, वृत्त को दो भागों में बाँटती है। अतः ACB तथा ADB दो वृत्तखंड हैं।

यहाँ, बड़े चाप वाले वृत्तखंड को **दीर्घ वृत्तखंड** (Major segment) कहते हैं अर्थात् ACB एक दीर्घ वृत्तखंड है तथा छोटे चाप वाले वृत्तखंड को **लघु वृत्तखंड** (Minor segment) कहते हैं अर्थात् ADB एक लघु वृत्तखंड है।

त्रिज्यखंड (Sector)

वृत्त के किसी चाप तथा उसके अंत्य बिंदु से जाने वाली त्रिज्याओं से बना भाग वृत्त का त्रिज्यखंड कहलाता है।

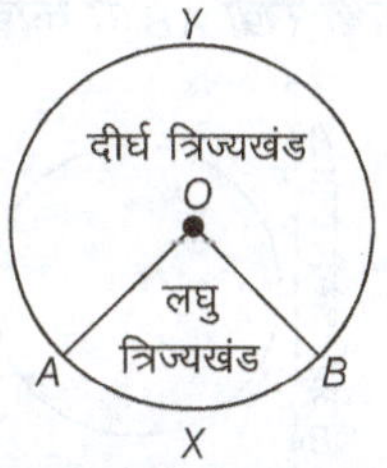

चित्र में, भाग $OAXB$ लघु त्रिज्यखंड तथा भाग $OAYB$ दीर्घ त्रिज्यखंड है।

वृत्त से संबंधित महत्त्वपूर्ण परिणाम

(Important Results Related to Circle)

- वृत्त के केंद्र से जीवा पर डाला गया लंब जीवा को समद्विभाजित करता है।
- वृत्त के केंद्र और जीवा के मध्य-बिंदु को मिलाने वाली रेखा, जीवा पर लंब होती है।
- वृत्त की समान जीवाएँ केंद्र से बराबर दूरी पर होती हैं।
- किसी वृत्त में एक चाप (या संगत जीवा) द्वारा केंद्र पर बनाया गया कोण उसी चाप (या संगत जीवा) द्वारा शेष परिधि के किसी बिंदु पर अंतरित कोण का दोगुना होता है।

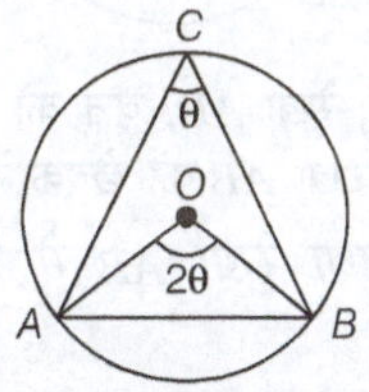

- वृत्त की समान जीवाएँ केंद्र पर समान कोण बनाती हैं।
- अर्द्धवृत्त में बना कोण समकोण होता है।
- वृत्त के एक ही खंड के कोण परस्पर समान होते हैं।
- चक्रीय चतुर्भुज के सम्मुख कोणों के प्रत्येक युग्म का योगफल 180° होता है।
- यदि दो वृत्त परस्पर दो बिंदुओं पर प्रतिच्छेद करते हैं, तो उनके केंद्र उभयनिष्ठ जीवा के लंब समद्विभाजक पर स्थित होते हैं।

टॉपिक 1
वृत्त की स्पर्श रेखा

इस टॉपिक में हम एक तल में स्थित वृत्त तथा रेखा के बीच संबंध की विभिन्न स्थितियों पर विचार करेंगे। माना एक वृत्त तथा एक रेखा AB है। अब, यहाँ तीन संभावनाएँ हो सकती हैं, जो वृत्त के सापेक्ष रेखा AB की स्थिति पर निर्भर करती हैं जोकि नीचे दी गई हैं

स्थिति I *जब वृत्त तथा रेखा AB मे कोई उभयनिष्ठ बिंदु नहीं है।*

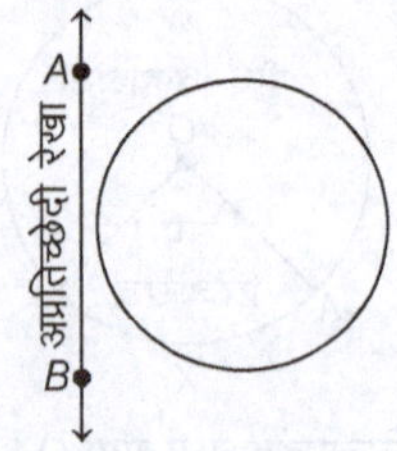

इस स्थिति में, रेखा AB को वृत्त के सापेक्ष अप्रतिच्छेदी रेखा (Non-intersecting line) कहते हैं।

स्थिति II *जब वृत्त तथा रेखा AB में दो उभयनिष्ठ बिंदु P और Q हैं।*

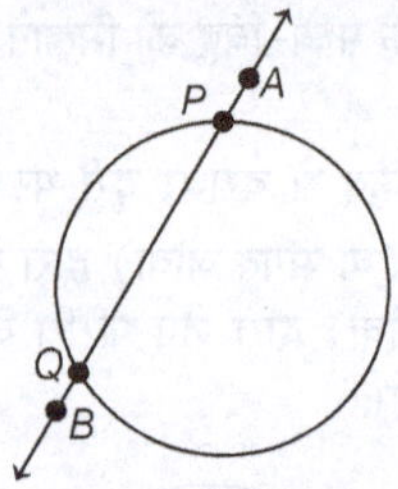

इस स्थिति में, रेखा AB, वृत्त को दो बिंदुओं पर काटती हैं इसलिए यहाँ रेखा AB को छेदक रेखा (Secant) कहते हैं।

स्थिति III *जब वृत्त तथा रेखा AB में केवल एक उभयनिष्ठ बिंदु है।*

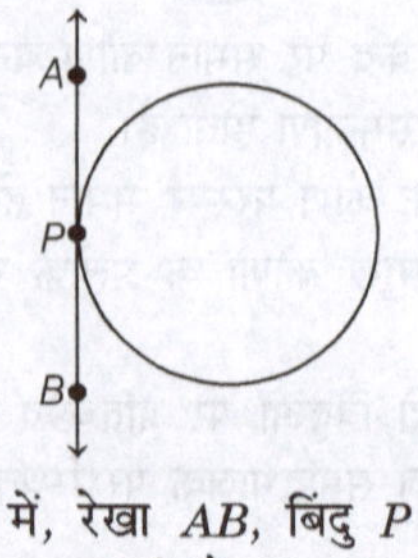

इस स्थिति में, रेखा AB, बिंदु P पर वृत्त की स्पर्श रेखा (Tangent) कहलाती है।

स्पर्श रेखा (Tangent)

किसी वृत्त को केवल एक बिंदु पर प्रतिच्छेद करने वाली रेखा, वृत्त की स्पर्श रेखा कहलाती है अर्थात् ऐसी रेखा जिसका केवल एक बिंदु किसी वृत्त पर स्थित होता है, उस वृत्त की स्पर्श रेखा कहलाती है।

चित्र में, केंद्र O वाले वृत्त की दो स्पर्श रेखाएँ AB तथा CD हैं जिनके बिंदु Q तथा P वृत्त पर स्थित हैं। कोई रेखा किसी वृत्त को जिस बिंदु पर स्पर्श करती है, वह बिंदु उस स्पर्श रेखा का **स्पर्श बिंदु** (Point of contact) कहलाता है अर्थात् स्पर्श रेखा और वृत्त के उभयनिष्ठ बिंदु को स्पर्श बिंदु कहते हैं।

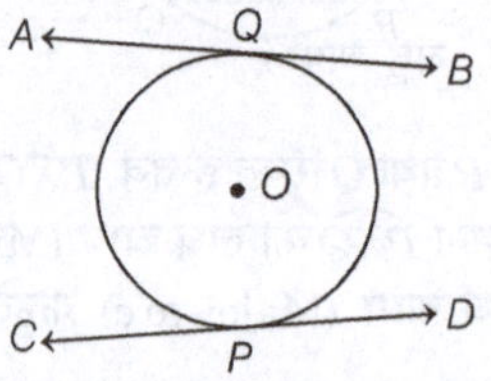

नोट
- *वृत्त के एक बिंदु पर एक और केवल एक स्पर्श रेखा होती है*
- *एक वृत्त की अधिकतम दो समांतर स्पर्श रेखाएँ हो सकती हैं, जो वृत्त के केंद्र के विपरीत ओर खींची जा सकती हैं।*

स्पर्श रेखा की लंबाई (Length of Tangent)

दिए गए बिंदु (स्पर्शी पर स्थित) से वृत्त के स्पर्श बिंदु तक स्पर्श रेखाखंड की लंबाई को दिए गए बिंदु से वृत्त पर स्पर्श रेखा की लंबाई कहते हैं।

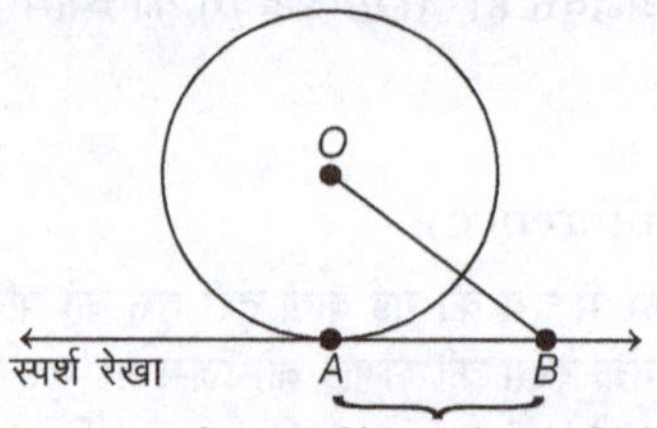

दिए गए बिंदु B और स्पर्श बिंदु A के बीच का स्पर्श रेखाखंड

चित्र में, AB वृत्त की स्पर्शी की लंबाई है।

स्पर्श रेखा के गुण (Properties of a Tangent)

प्रमेय *वृत्त के किसी बिंदु पर स्पर्श रेखा, स्पर्श बिंदु से होकर जाने वाली त्रिज्या पर लंब होती है।*

दिया है केंद्र O वाले वृत्त की स्पर्श रेखा XY, जिसका स्पर्श बिंदु P है तथा बिंदु P से होकर जाने वाली त्रिज्या OP है।

सिद्ध करना है $OP \perp XY$

रचना स्पर्श रेखा XY पर स्पर्श बिंदु P के अतिरिक्त एक बिंदु Q लीजिए तथा रेखाखंड OQ को मिलाइए, जोकि वृत्त को बिंदु R पर काटता है।

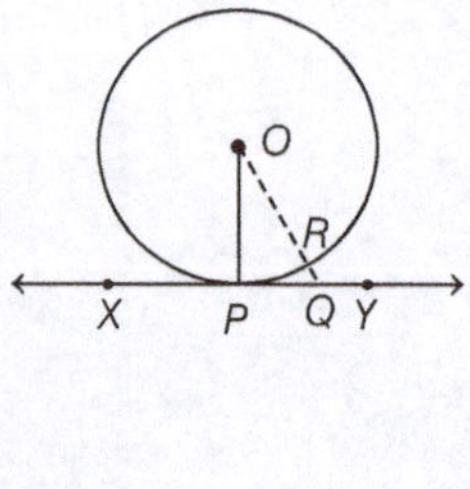

उपपत्ति स्पर्श रेखा XPY पर एक अन्य बिंदु Q वृत्त के बाहर स्थित है। (यदि Q वृत्त के अंदर है तो XY वृत्त की एक छेदक रेखा हो जाएगी और वह वृत्त की स्पर्श रेखा नहीं होगी।)

∴ रेखाखंड OQ, वृत्त की त्रिज्या OP से बड़ा होगा अर्थात्

$OQ > OR$ [∵ OR वृत्त की त्रिज्या है] ...(i)

परंतु एक ही वृत्त की त्रिज्याएँ होने के कारण

$OR = OP$ ...(ii)

समी (i) तथा (ii) से, $OQ > OP$ या $OP < OQ$

इसी प्रकार, सिद्ध किया जा सकता है कि वृत्त की त्रिज्या OP उन सभी रेखाखंडों से छोटी होगी जो वृत्त के केंद्र O से स्पर्श रेखा XY के किसी भी बिंदु पर खींचे जाते हैं।

चूँकि वृत्त के केंद्र O से स्पर्श रेखा XY के किसी भी बिंदु पर खींचे गए सभी रेखाखंडों में सबसे छोटा रेखाखंड स्पर्श रेखा XY पर लंब होगा।

इसलिए वृत्त की त्रिज्या OP, स्पर्श रेखा XY पर लंब होगी अर्थात्

$OP \perp XY$ **इति सिद्धम्**

नोट *इस प्रमेय का विलोम भी सत्य है अर्थात् वृत्त की त्रिज्या के अंत बिंदु पर खींची गई रेखा जो त्रिज्या पर लंब होती है, वृत्त की स्पर्श रेखा कहलाती है।*

उदाहरण 1 एक बिंदु P, वृत्त के केंद्र से 15 सेमी की दूरी पर है तथा वृत्त की त्रिज्या 5 सेमी है। बिंदु P से वृत्त पर खींची जाने वाली स्पर्श रेखा की लंबाई ज्ञात कीजिए।

हल दिया है, वृत्त के केंद्र O से बाह्य बिंदु P की दूरी, $OP = 15$ सेमी तथा वृत्त की त्रिज्या, $OA = 5$ सेमी

माना बाह्य बिंदु P से वृत्त पर खींची गई स्पर्श रेखा PA की लंबाई x सेमी है।

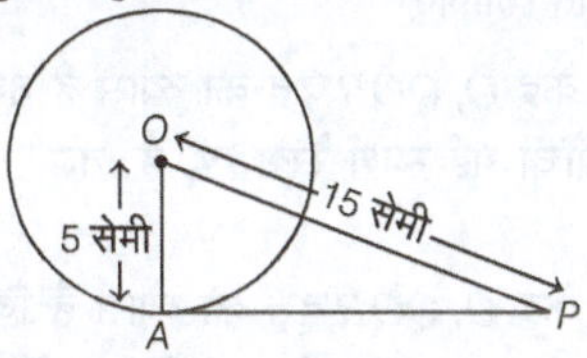

समकोण ΔOAP में, $OP^2 = OA^2 + AP^2$ [पाइथागोरस प्रमेय से]

$\Rightarrow (15)^2 = (5)^2 + (x)^2 \Rightarrow 225 = 25 + (x)^2 \Rightarrow 225 - 25 = (x)^2$

$\Rightarrow 200 = x^2 \Rightarrow x = \sqrt{200} = 10\sqrt{2}$ सेमी

अतः बाह्य बिंदु P से वृत्त पर खींची गई स्पर्श रेखा की लंबाई $10\sqrt{2}$ सेमी है।

उदाहरण 2 दिए गए चित्र में, वृत्त का केंद्र O है। बिंदु P पर वृत्त की स्पर्श रेखा PQ है। यदि $PQ = 8$ सेमी तथा $OQ = 10$ सेमी हो, तो वृत्त की त्रिज्या की माप ज्ञात कीजिए।

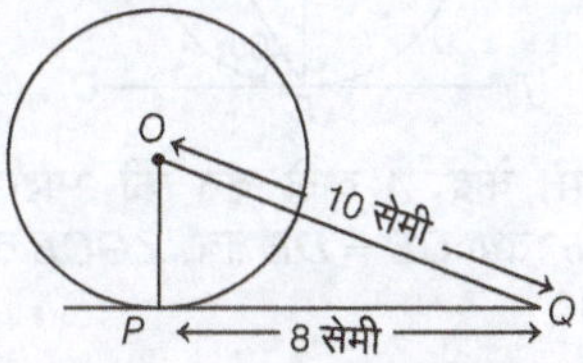

हल दिया है, $PQ = 8$ सेमी तथा $OQ = 10$ सेमी

अब समकोण ΔOPQ में,

$OQ^2 = OP^2 + PQ^2$ [पाइथागोरस प्रमेय से]

$\Rightarrow (10)^2 = OP^2 + (8)^2 \Rightarrow 100 = OP^2 + 64$

$\Rightarrow OP^2 = 100 - 64 = 36 \Rightarrow OP = \sqrt{36} = 6$ सेमी

अतः वृत्त की त्रिज्या 6 सेमी है।

उदाहरण 3 यदि PQ वृत्त की एक स्पर्श रेखा है जिसका केंद्र O तथा त्रिज्या 6 सेमी है जबकि $\angle PQO = 60°$, तब स्पर्श रेखा तथा रेखाखंड OQ की लंबाई ज्ञात कीजिए।

हल दिया है, PQ एक स्पर्श रेखा है $OP = 6$ सेमी तथा $\angle PQO = 60°$

हम जानते हैं कि, वृत्त पर स्थित किसी बिंदु पर खींची गई स्पर्श रेखा उस बिंदु से होकर जाने वाली त्रिज्या पर लंब होती है।

∴ $OP \perp PQ$

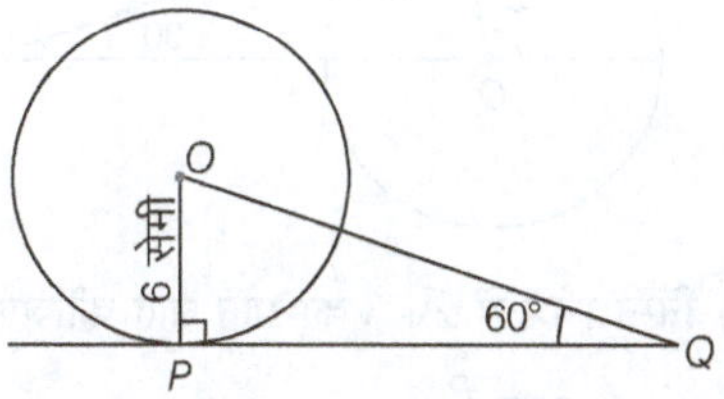

अब, समकोण ΔOPQ में, $\tan 60° = \dfrac{OP}{PQ}$ $\left[\because \tan\theta = \dfrac{P}{B}\right]$

$\Rightarrow \sqrt{3} = \dfrac{6}{PQ} \Rightarrow PQ = \dfrac{6}{\sqrt{3}} \times \dfrac{\sqrt{3}}{\sqrt{3}}$ [परिमेयीकरण करने पर]

$\Rightarrow PQ = 2\sqrt{3}$ सेमी

और $\sin 60° = \dfrac{OP}{OQ}$ $\left[\because \sin\theta = \dfrac{P}{H}\right]$

$\Rightarrow \dfrac{\sqrt{3}}{2} = \dfrac{6}{OQ} \Rightarrow OQ = \dfrac{2 \times 6}{\sqrt{3}} \times \dfrac{\sqrt{3}}{\sqrt{3}}$ [परिमेयीकरण करने पर]

$\Rightarrow OQ = 4\sqrt{3}$ सेमी

इस प्रकार, स्पर्श रेखा की लंबाई $PQ = 2\sqrt{3}$ सेमी तथा रेखाखंड $OQ = 4\sqrt{3}$ सेमी है।

उदाहरण 4 दी गई आकृति में, एक वृत्त की जीवा PQ तथा स्पर्श रेखा PT है। यदि $\angle QPT = 60°$ है, तो $\angle PRQ$ ज्ञात कीजिए। **[CBSE 2016]**

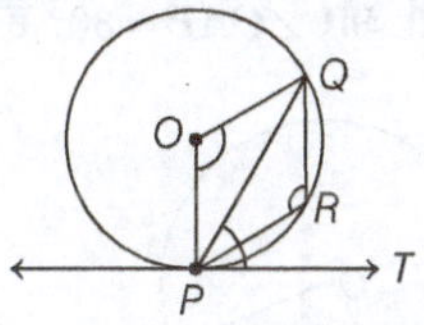

हल यहाँ, $\angle OPT = 90°$ [स्पर्श रेखा और त्रिज्या के बीच बना कोण]

तथा $\angle QPT = 60°$ [दिया है]

∴ $\angle OPQ = 90° - 60° = 30°$

हम जानते हैं कि, $\angle OPQ = \angle OQP$

[∵ त्रिभुज की बराबर भुजाओं के सम्मुख कोण बराबर होते हैं]

इसलिए, $\angle OQP = 30°$

तब, $\angle POQ = 180° - 30° - 30°$

[∵ त्रिभुज के तीनों कोणों का योग 180° होता है]

$= 120°$

प्रतिवर्ती $\angle POQ = 360° - 120° = 240°$

साथ ही प्रतिवर्ती $\angle POQ = 2\angle PRQ$

[∵ किसी चाप द्वारा केंद्र पर अंतरित कोण उसके द्वारा वृत्त के शेष भाग के किसी बिंदु पर अंतरित कोण का दोगुना होता है]

∴ $\angle PRQ = \dfrac{1}{2}$ प्रतिवर्ती $\angle POQ = \dfrac{1}{2} \times 240° = 120°$

प्रश्नावली 10.1

1. (i) निम्न चित्र में, x का मान ज्ञात कीजिए।

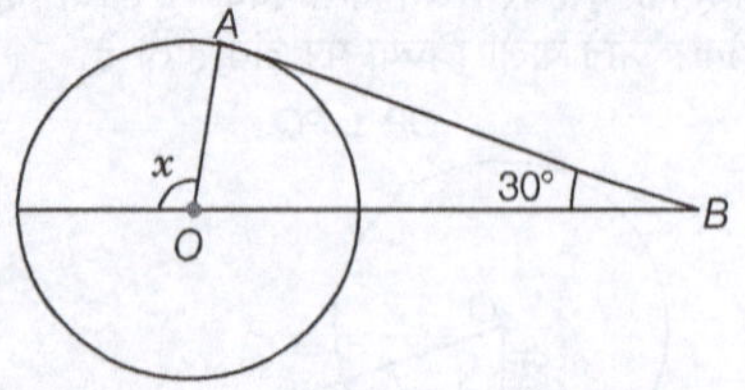

(ii) निम्न चित्र में $x + y$ का मान ज्ञात कीजिए

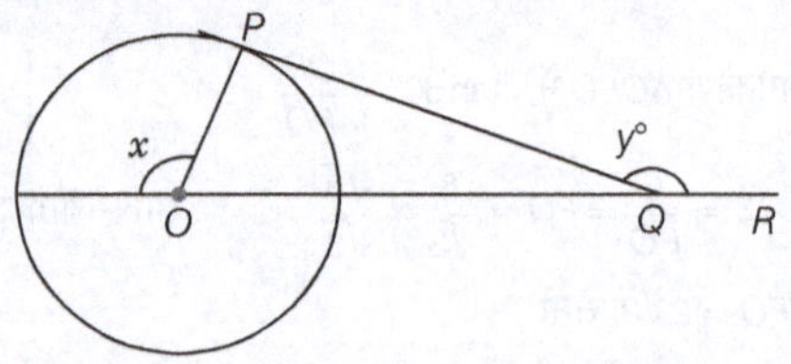

2. निम्न चित्र में, O वृत्त का केंद्र है तथा $OD = 3$ सेमी वृत्त की त्रिज्या है। यदि $OB = 5$ सेमी, तो स्पर्श रेखा BC का मान ज्ञात कीजिए।

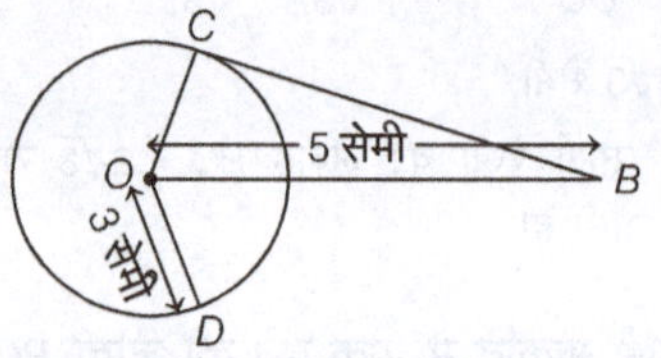

3. दी गई आकृति में, केन्द्र O के एक वृत्त पर AB एक स्पर्श रेखा है। यदि $OA = 6$ सेमी और $\angle OAB = 30°$ है, तो वृत्त की त्रिज्या ज्ञात कीजिए।

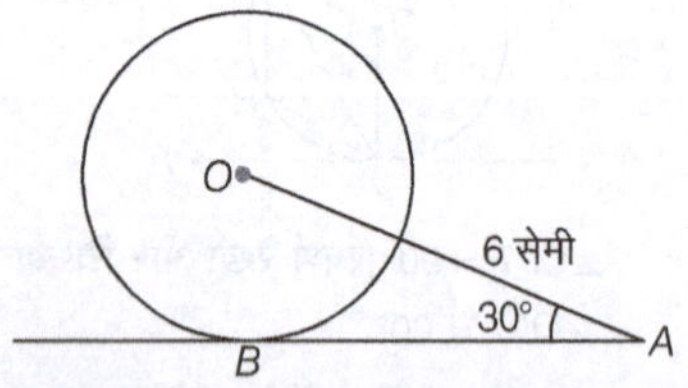

4. निम्न चित्र में स्पर्श रेखा $AB = 4$ सेमी और वृत्त की त्रिज्या 3 सेमी है। BC की लंबाई क्या होगी?

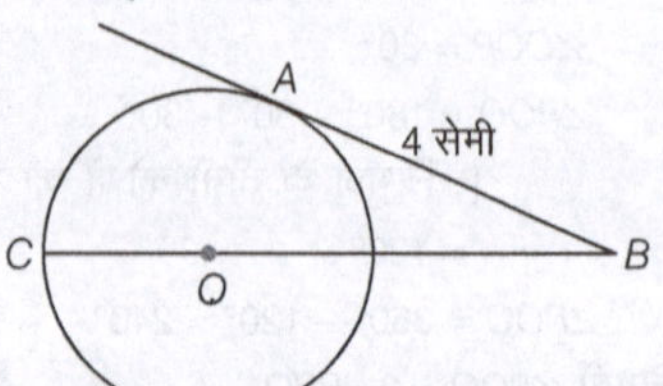

5. निम्न चित्र में, रेखा PA, बाह्य बिंदु P से वृत्त जिसका केंद्र O है, पर खींची गई स्पर्शी है। यदि $\angle POB = 115°$, तब $\angle APO$ का मान ज्ञात कीजिए।

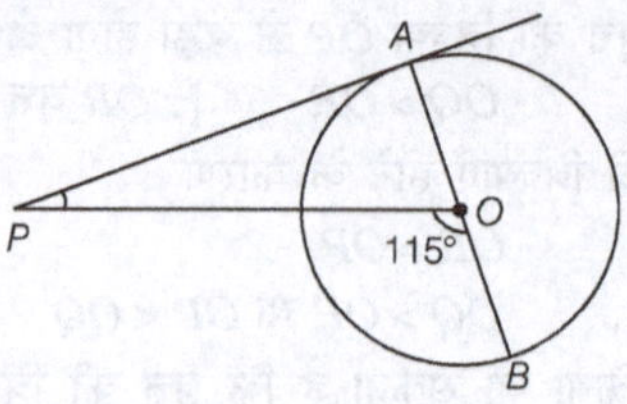

6. दी गई आकृति में, लम्बाई $PB =$ .... सेमी

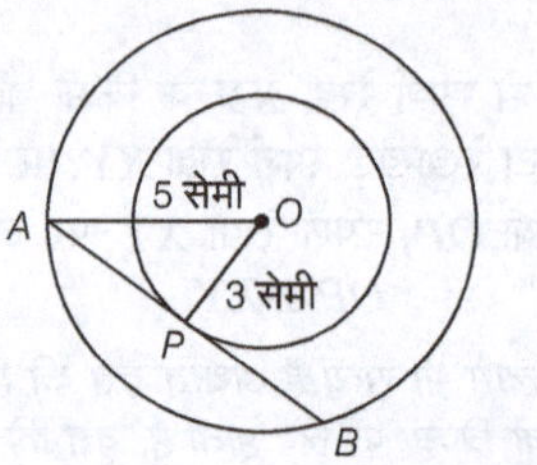

[CBSE 2020 (Standard)]

7. दो संकेंद्रीय वृत्तों की त्रिज्याएँ 5 सेमी तथा 3 सेमी हैं। बड़े वृत्त की उस जीवा की लंबाई ज्ञात कीजिए जोकि छोटे वृत्त को स्पर्श करती है।

8. वृत्त जिसका केंद्र C, त्रिज्या 1.5 सेमी तथा $\angle CBA = 30°$, बिंदु B से खींची गई स्पर्श रेखा AB है, तब स्पर्श रेखा AB तथा रेखाखंड CB की लंबाई ज्ञात कीजिए।

9. वृत्त जिसका केंद्र O, QOR वृत्त का व्यास है तथा $\angle POR = 135°$, बिंदु P से खींची गई स्पर्श रेखा PQ है, तब $\angle OPQ$ का मान ज्ञात कीजिए।

10. वृत्त जिसका केंद्र O, QOR वृत्त का व्यास है जिसकी लंबाई 8 सेमी जबकि $\angle POR = 120°$ किसी बाह्य बिंदु P से खींची गई स्पर्श रेखा PQ है, तब OP तथा PQ की लंबाई ज्ञात कीजिए।

11. निम्न चित्र में, O वृत्त का केंद्र है और TPQ इसकी स्पर्श रेखा है। यदि $\angle RPQ = 60°$, तो $\angle POR$ का मान ज्ञात कीजिए।

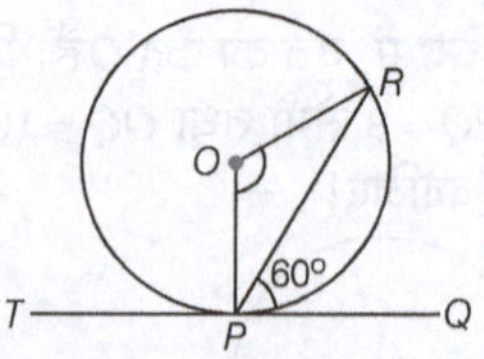

12. निम्न चित्र में, केंद्र A वाले वृत्त की स्पर्श रेखा FG है यदि $\angle DCB = 15°$ तथा $CE = DE$ तब, $\angle GCE$ तथा $\angle BCE$ का मान ज्ञात कीजिए।

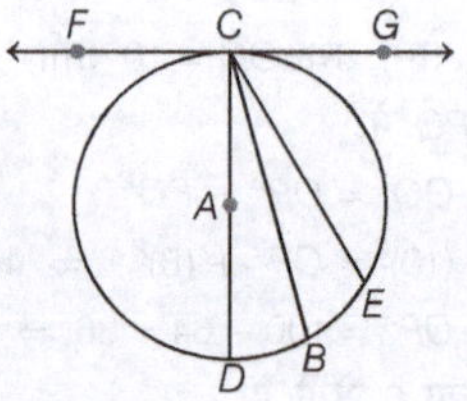

संकेत एवं हल

1. (i) 120° (ii) 270°

2. संकेत दिया है, $OB = 5$ सेमी

तथा $OC = OD = 3$ सेमी [$\because OC = OD$ त्रिज्या]

समकोण ΔOCB में, पाइथागोरस प्रमेय का प्रयोग करें। **उत्तर** 4 सेमी

3. संकेत OB को मिलाइए।

$\angle OBA = 90°$ [$\because$ स्पर्श रेखा $\perp$ त्रिज्या]

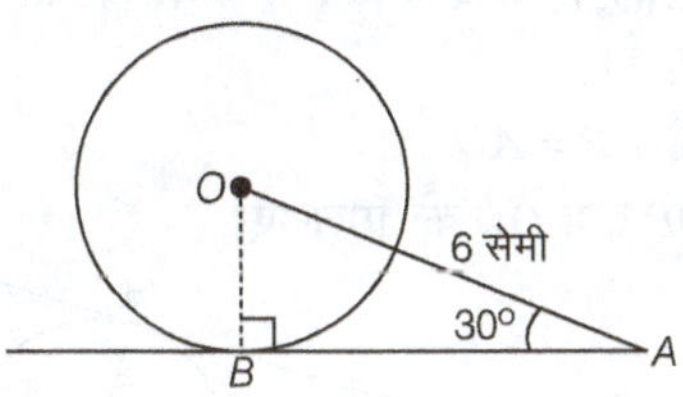

अब, समकोण ΔOBA में, $\sin 30° = \frac{OB}{OA}$

$\Rightarrow \frac{1}{2} = \frac{OB}{6} \Rightarrow OB = \frac{6}{2} = 3$ सेमी

4. संकेत यहाँ, $\angle OAB = 90°$

समकोण ΔOAB में,

$OB = \sqrt{AB^2 + OA^2} = \sqrt{4^2 + 3^2} = 5$ सेमी

$\therefore$ $CB = CO + OB = 3$ सेमी $+ 5$ सेमी $= 8$ सेमी

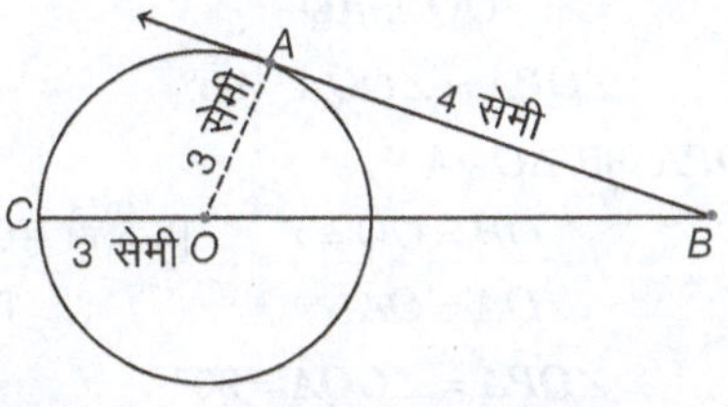

5. संकेत यहाँ, $\angle POB = 115°$

$\therefore$ $\angle AOP = 180° - 115° = 65°$

ΔAOP में, $\angle AOP + \angle APO + \angle PAO = 180°$

$\Rightarrow$ $65° + \angle APO + 90° = 180°$

उत्तर 25°

6. $\because$ $OP \perp AB$

$\therefore$ $AP = PB$

ΔAOP में, $OA^2 = OP^2 + AP^2 \Rightarrow 5^2 = 3^2 + AP^2$

$\Rightarrow$ $AP^2 = 25 - 9 = 16 \Rightarrow AP = 4$ सेमी

7. ΔOAB में,

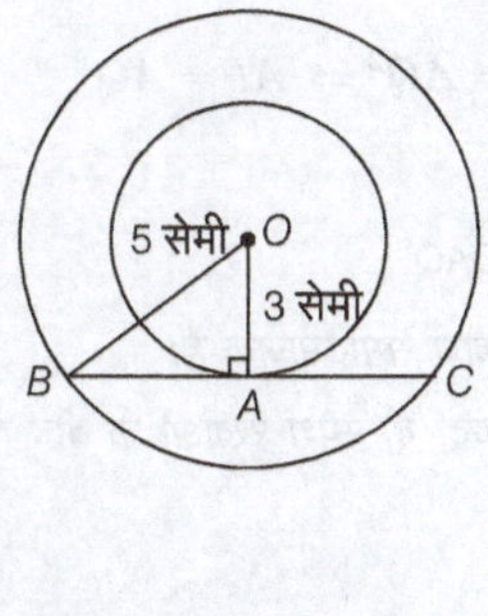

$OB^2 = OA^2 + AB^2$

$\Rightarrow$ $5^2 = 3^2 + AB^2$

$\Rightarrow$ $AB^2 = 25 - 9 = 16$

$\Rightarrow$ $AB = 4$

$\therefore$ जीवा BC की लंबाई $= 2AB$

$= 2 \times 4$

$= 8$ सेमी

8. उदाहरण 3 की भाँति स्वयं हल करें।

उत्तर $\frac{3\sqrt{3}}{2}$ सेमी तथा 3 सेमी

9. उदाहरण 4 की भाँति स्वयं हल करें।

उत्तर 45°

10. उदाहरण 3 की भाँति स्वयं हल करें।

उत्तर 8 सेमी तथा $4\sqrt{3}$ सेमी

11. संकेत हम जानते हैं कि वृत्त की स्पर्श रेखा के स्पर्श बिंदु से होकर जाने वाली त्रिज्या उस स्पर्श रेखा पर लंब होती है।

$\therefore$ $OP \perp TQ$

$\Rightarrow$ $\angle OPQ = 90°$

तब, $\angle OPR = \angle OPQ - \angle RPQ$

$= 90° - 60° = 30°$

अब, ΔOPR में,

$OP = OR$ [एक ही वृत्त की त्रिज्याएँ]

$\therefore$ $\angle OPR = \angle ORP$

[$\because$ त्रिभुज की समान भुजाओं के सम्मुख कोण समान होते हैं]

$\Rightarrow$ $\angle OPR = \angle ORP = 30°$

पुनः ΔOPR में,

$\angle POR + \angle OPR + \angle ORP = 180°$

[$\because$ त्रिभुज के तीनों कोणों का योग 180° होता है]

$\Rightarrow$ $\angle POR + 30° + 30° = 180°$

$\Rightarrow$ $\angle POR = 180° - 60° = 120°$

अतः $\angle POR$ का मान 120° है।

12. संकेत यहाँ, $\angle DEC = 90°$

[अर्द्धवृत्त में बना कोण समकोण होता है]

दिया है, $CE = DE$

$\Rightarrow$ $\angle ECD = \angle EDC$

[$\because$ त्रिभुज की समान भुजाओं के सम्मुख कोण समान होते हैं]

ΔCED में,

$\angle DEC + \angle ECD + \angle EDC = 180°$

$\Rightarrow$ $\angle EDC = \angle ECD = 45°$

अब, $\angle DCG = 90°$

$\Rightarrow$ $\angle GCE + \angle ECD = 90°$

$\Rightarrow$ $\angle GCE = 90° - 45° = 45°$

तथा $\angle BCE = \angle ECD - \angle DCB$

$= 45° - 15°$

उत्तर 30°

टॉपिक 2
एक बिंदु से वृत्त पर स्पर्श रेखाओं की संख्या

किसी बिंदु से वृत्त पर खींची जा सकने वाली स्पर्श रेखाओं की संख्या, वृत्त के सापेक्ष बिंदु की स्थिति पर निर्भर करती है। इस प्रकार, निम्न तीन स्थितियाँ सम्भव हैं

स्थिति I *जब बिंदु P वृत्त के अंदर स्थित हो*

यदि बिंदु P वृत्त के अंदर स्थित है, तब बिंदु P से होकर जाने वाली कोई भी रेखा वृत्त को दो विभिन्न बिंदुओं पर काटती है। इस प्रकार वृत्त के अंदर स्थित किसी बिंदु से वृत्त पर *कोई भी स्पर्श रेखा नहीं* खींची जा सकती है।

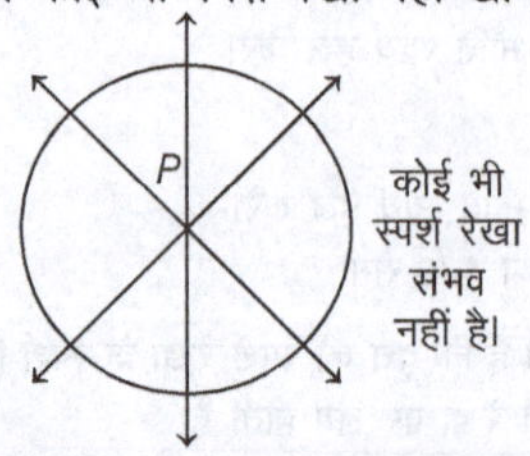

स्थिति II *जब बिंदु P वृत्त पर स्थित हो*

यदि बिंदु P वृत्त पर स्थित है तब इस बिंदु से होकर *एक और केवल एक स्पर्श रेखा* खींची जा सकती है जो वृत्त को बिंदु P पर स्पर्श करती है।

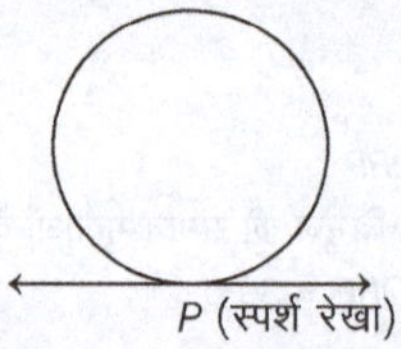

स्थिति III *जब बिंदु P वृत्त के बाहर स्थित हो*

यदि बिंदु P वृत्त के बाहर स्थित है तब बिंदु P से वृत्त पर दो स्पर्श रेखाएँ खींची जा सकती हैं। अत: वृत्त के बाहर स्थित किसी बिंदु से जाने वाली वृत्त पर *दो और केवल दो स्पर्श रेखाएँ* हैं।

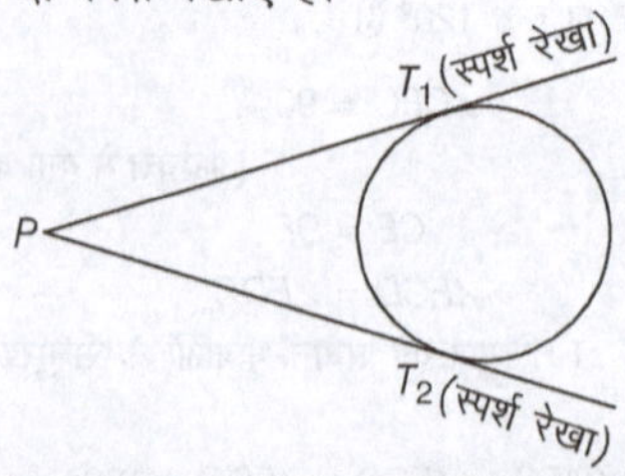

बाह्य बिंदु से खींची गई स्पर्श रेखाओं की लंबाई

(Length of Tangents Drawn from an External Point)

हम जानते हैं कि बाह्य बिंदु P से वृत्त के स्पर्श बिंदु तक स्पर्श रेखाखंड की लंबाई को बिंदु P से वृत्त पर स्पर्श रेखा की लंबाई कहते हैं।

यदि किसी बाह्य बिंदु से वृत्त पर दो स्पर्श रेखाएँ खींची जाएँ, तो उनकी लंबाइयाँ आपस में बराबर होती हैं।

इस परिणाम को निम्न प्रमेय के रूप में सिद्ध किया गया है।

प्रमेय *किसी बाह्य बिंदु से वृत्त पर खींची गई स्पर्श रेखाएँ, समान लंबाई की होती हैं।* **[NCERT, CBSE 2018, 10, 09, 08]**

दिया है वृत्त $C(O, r)$ के बाह्य बिंदु A से वृत्त पर दो स्पर्श रेखाएँ AP और AQ खींची गई हैं।

सिद्ध करना है $AP = AQ$

रचना OA, OP तथा OQ को मिलाइए।

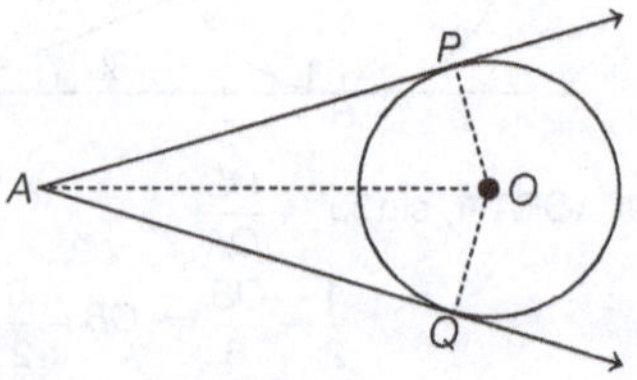

उपपत्ति हम जानते हैं कि वृत्त के किसी बिंदु पर स्पर्श रेखा, स्पर्श बिंदु से होकर जाने वाली त्रिज्या पर लंब होती है।

यहाँ, AP स्पर्श रेखा है तथा OP, बिंदु P से होकर जाने वाली त्रिज्या है।

$\therefore \quad OP \perp AP$

इसी प्रकार, $\quad OQ \perp AQ$

$\Rightarrow \quad \angle OPA = \angle OQA = 90^\circ \quad$ ...(i)

प्रथम विधि ΔOPA और ΔOQA में,

$OP = OQ = r \quad$ [एक ही वृत्त की त्रिज्याएँ हैं]

$OA = OA \quad$ [उभयनिष्ठ भुजा]

तथा, $\quad \angle OPA = \angle OQA = 90^\circ \quad$ [समी (i) से]

अत: $\quad \Delta OPA \cong \Delta OQA \quad$ [RHS सर्वांगसमता द्वारा]

$\Rightarrow \quad AP = AQ \quad$ [CPCT से]

द्वितीय विधि समकोण ΔOPA में,

$OA^2 = OP^2 + AP^2 \quad$ [पाइथागोरस प्रमेय से]

$\Rightarrow \quad AP^2 = OA^2 - OP^2 \Rightarrow AP^2 = OA^2 - OQ^2$

[$\because OP = OQ$ वृत्त की त्रिज्याएँ हैं] ... (ii)

अब, समकोण ΔOQA में,

$OA^2 = OQ^2 + AQ^2 \Rightarrow AQ^2 = OA^2 - OQ^2 \quad$ ...(iii)

समी (ii) तथा (iii) से,

$AP^2 = AQ^2 \Rightarrow AP = AQ \quad$ **इति सिद्धम्**

नोट *उपरोक्त प्रमेय से,*

$\angle OAP = \angle OAQ \quad [\because \Delta OPA \cong \Delta OQA]$

$\Rightarrow OA, \angle PAQ$ का कोण समद्विभाजक है।

इस प्रकार, वृत्त का केंद्र, दो स्पर्श रेखाओं के बीच के कोण के समद्विभाजक पर स्थित होता है।

वृत्त के स्पर्श रेखा से संबंधित कुछ महत्त्वपूर्ण परिणाम
(Important Results Related to Tangent to a Circle)

(i) यदि दो वृत्त एक-दूसरे को अंत: या बाह्य स्पर्श करते हैं, तो उनका स्पर्श बिंदु दोनों वृत्तों के केंद्रों को मिलाने वाली रेखा पर स्थित होता है।

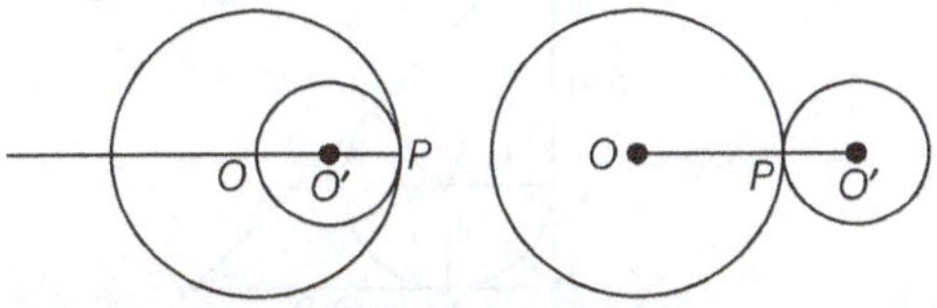

(ii) वृत्त के दो बिंदुओं पर खींची गई स्पर्श रेखाओं का युग्म आपस में या तो समांतर होता है या वृत्त के बाहर स्थित किसी बिंदु पर एक-दूसरे को प्रतिच्छेद करता है।

(iii) यदि वृत्त पर खींची गई दो स्पर्श रेखाएँ परस्पर समांतर हैं तब उनके स्पर्श बिंदुओं को मिलाने वाला रेखाखंड वृत्त का व्यास होता है।

(iv) यदि किसी बाह्य बिंदु से वृत्त पर दो स्पर्श रेखाएँ खींची जाएँ, तब

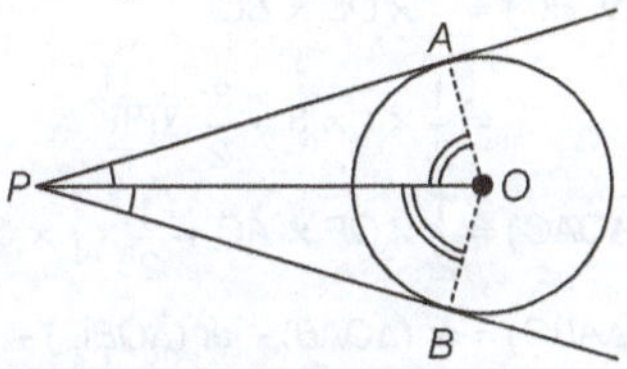

(a) वे केंद्र पर बराबर कोण बनाती हैं।

(b) उनका बाह्य बिंदु तथा केंद्र को मिलाने वाले रेखाखंड के साथ बराबर झुकाव होता है।

(v) वृत्त के परिगत बने चतुर्भुज की आमने-सामने की भुजाएँ केंद्र पर संपूरक कोण अंतरित करती हैं।

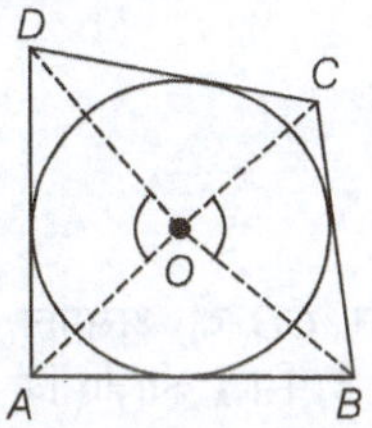

उदाहरण 1 बिंदु X से वृत्त $C(O, r)$ पर दो स्पर्श रेखाएँ XA और XB खींची हुई हैं। यदि इस वृत्त पर स्थित किसी बिंदु M पर खींची गई स्पर्श रेखा XA और XB क्रमशः बिंदुओं K और N पर काटती हों, तो सिद्ध कीजिए कि $KM + MN = AK + BN$

हल हम जानते हैं कि, किसी वृत्त पर, किसी बाह्य बिंदु से खींची गई स्पर्श रेखाएँ समान लंबाई की होती हैं।

∴ $XA = XB$ [बिंदु X से वृत्त पर स्पर्श रेखाएँ] ...(i)

$KA = KM$ [बिंदु K से वृत्त पर स्पर्श रेखाएँ] ...(ii)

तथा, $NB = NM$ [बिंदु N से वृत्त पर स्पर्श रेखाएँ] ...(iii)

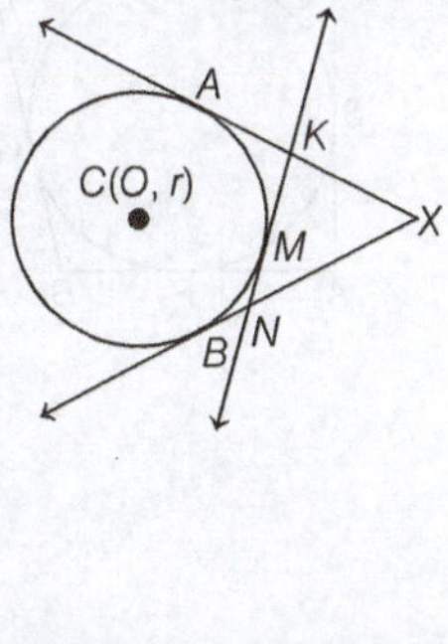

समी (ii) और (iii) को जोड़ने पर,

$KA + NB = KM + NM$

⇒ $AK + BN = KM + MN$ इति सिद्धम्

उदाहरण 2 चित्र में, 5 सेमी त्रिज्या वाले वृत्त का केंद्र O है। बिंदु T इस प्रकार है कि $OT = 13$ सेमी और OT वृत्त को बिंदु E पर प्रतिच्छेद करता है यदि रेखा AB, बिंदु E पर वृत्त की स्पर्शी हो, तो AB की लंबाई ज्ञात कीजिए।

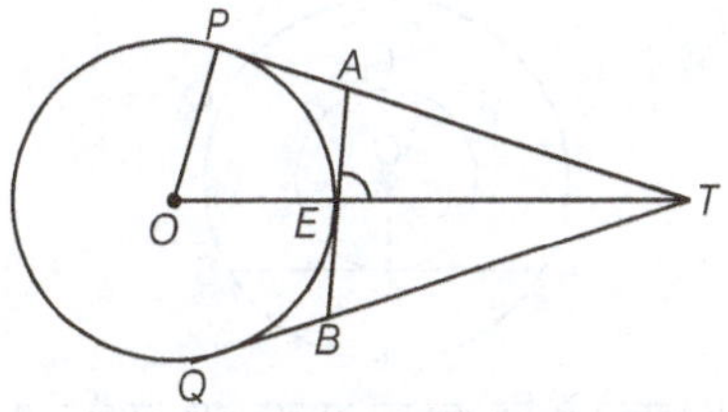

हल दिया है, $OT = 13$ सेमी और वृत्त की त्रिज्या, $OP = 5$ सेमी

हम जानते हैं कि वृत्त के किसी बिंदु पर स्पर्श रेखा, स्पर्श बिंदु से होकर जाने वाली त्रिज्या पर लंब होती है।

∴ $OP \perp PT$

समकोण ΔOPT में,

$OT^2 = OP^2 + PT^2$ [पाइथागोरस प्रमेय से]

⇒ $PT^2 = (13)^2 - (5)^2$

$= 169 - 25 = 144$

⇒ $PT = 12$ सेमी

∵ $OT = 13$

⇒ $OE + ET = 13$

⇒ $ET = 13 - 5 = 8$ [∵ त्रिज्या, $OE = 5$ सेमी]

माना $AP = x$

⇒ $AT = 12 - x$ ...(i)

चूँकि AB, E पर स्पर्शी है।

∴ $OE \perp AE$

समकोण ΔAET में,

$AT^2 = AE^2 + ET^2$ ...(ii)

हम जानते हैं कि वृत्त के बाह्य बिंदु से खींची गई स्पर्श रेखाओं की लंबाइयाँ समान होती हैं।

∴ $PA = AE = x$

तब, समी (ii) से, $AT^2 = PA^2 + ET^2$

⇒ $(12 - x)^2 = (x)^2 + (8)^2$ [समी (i) से]

⇒ $144 + x^2 - 24x = x^2 + 64$

⇒ $24x = 80$

⇒ $x = \frac{10}{3}$

∴ $AB = 2AE = 2x$

$= 2 \times \frac{10}{3}$

$= \frac{20}{3}$ सेमी

अत: AB की लंबाई $\frac{20}{3}$ सेमी है।

उदाहरण 3 सिद्ध कीजिए कि दो संकेंद्रीय वृत्तों (Concentric circles) में बड़े वृत्त की जीवा जोकि छोटे वृत्त को स्पर्श करती है, स्पर्श बिंदु पर समद्विभाजित होती है। **[CBSE 2009]**

हल माना दोनों संकेंद्रीय वृत्तों C_1 और C_2 का उभयनिष्ठ केंद्र बिंदु O है। माना बड़े वृत्त C_1 की जीवा AB छोटे वृत्त C_2 को बिंदु P पर स्पर्श करती है।

सिद्ध करना है, जीवा AB, स्पर्श बिंदु P पर समद्विभाजित होती है।

अर्थात् $AP = BP$

रचना OP को मिलाइए

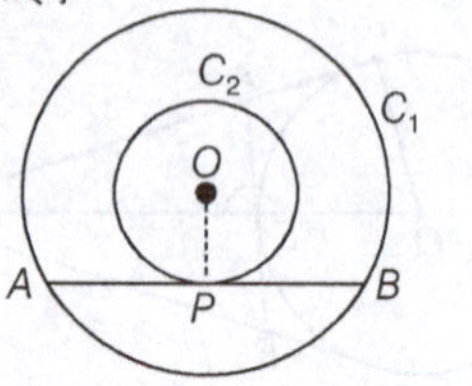

उपपत्ति हम जानते हैं कि वृत्त की स्पर्श रेखा, स्पर्श बिंदु से गुजरने वाली त्रिज्या पर लंबवत् होती है। यहाँ, OP छोटे वृत्त की त्रिज्या है तथा AB छोटे वृत्त को P पर स्पर्श करती है।

$\therefore \quad OP \perp AB$

हम यह भी जानते हैं कि वृत्त के केंद्र से किसी जीवा पर डाला गया लंब, जीवा को समद्विभाजित करता है। यहाँ, AB बड़े वृत्त की जीवा है तथा $OP \perp AB$ है।

$\therefore$ OP, AB का लंब-समद्विभाजक है।

अर्थात् $AP = BP$

उदाहरण 4 किसी समकोण ΔABC में, $\angle B = 90°$, $BC = 3$ सेमी तथा $AB = 4$ सेमी है, एक वृत्त जिसका केंद्र O तथा त्रिज्या r है ΔABC के अंतर्गत (inscribed) है तब अंतःवृत्त की त्रिज्या ज्ञात कीजिए।

हल माना ΔABC के अंदर बना अंतः वृत्त जिसका केंद्र O है, भुजाओं AB, BC तथा CA को क्रमशः D, E तथा F पर स्पर्श करता है।

अब, OA, OB तथा OC को मिलाइए।

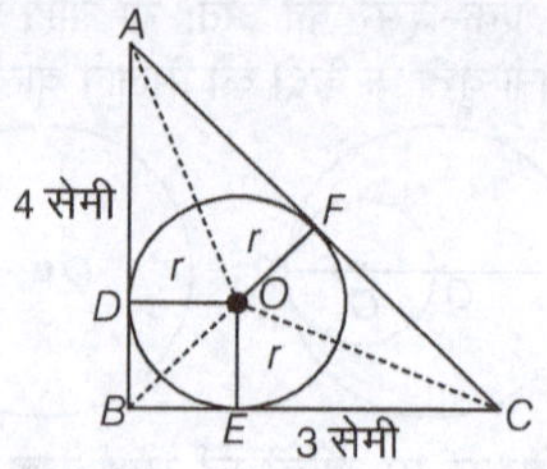

ΔABC में $\quad AC^2 = AB^2 + BC^2$ [पाइथागोरस प्रमेय से]

$= 4^2 + 3^2 = 25$

$\Rightarrow \quad AC = 5$ सेमी

अब $\quad ar\Delta OAB = \frac{1}{2} \times OD \times AB = \frac{1}{2} \times r \times 4 = \frac{4r}{2}$ सेमी^{2}

$ar(\Delta OBC) = \frac{1}{2} \times OE \times BC$

$= \frac{1}{2} \times r \times 3 = \frac{3r}{2}$ सेमी^{2}

और $\quad ar(\Delta OAC) = \frac{1}{2} \times OF \times AC = \frac{1}{2} \times r \times 5 = \frac{5r}{2}$ सेमी^{2}

$\therefore \quad ar(\Delta ABC) = ar(\Delta OAB) + ar(\Delta OBC) + ar(\Delta OAC)$

$\Rightarrow \quad \frac{1}{2} \times AB \times BC = \frac{4r}{2} + \frac{3r}{2} + \frac{5r}{2}$

$\Rightarrow \quad \frac{1}{2} \times 4 \times 3 = \frac{12r}{2} \Rightarrow r = 1$ सेमी

अतः अंतः वृत्त की त्रिज्या 1 सेमी है।

प्रश्नावली 10.2

1. यदि वृत्त की त्रिज्या 5 सेमी है, तब समांतर स्पर्श रेखाओं के बीच की दूरी ज्ञात कीजिए।

2. यदि AB और BC, केंद्र O वाले वृत्त की स्पर्श रेखाएँ हैं, जबकि $\angle AOC = 120°$, तब $\angle ABC$ का मान ज्ञात कीजिए।

3. 7 सेमी त्रिज्या वाले वृत्त के केंद्र से 25 सेमी दूर स्थित किसी बिंदु से वृत्त पर खींची गई स्पर्श रेखाओं की लंबाई ज्ञात कीजिए।

4. वृत्त की जीवा PQ, वृत्त के बिंदु R से खींची गई स्पर्शी के समांतर है। दिखाइए कि R, चाप PRQ को समद्विभाजित करता है। **[NCERT Exemplar]**

5. यदि दो संकेंद्रीय वृत्तों की त्रिज्याएँ 4 सेमी और 5 सेमी हैं, तो एक वृत्त की जीवा की लंबाई जोकि दूसरे वृत्त पर स्पर्शी है, ज्ञात कीजिए। **[NCERT Exemplar]**

6. चित्र में, AB और CD दो असमान त्रिज्याओं वाले वृत्तों की उभयनिष्ठ स्पर्शियाँ हैं। सिद्ध कीजिए कि $AB = CD$ **[NCERT Exemplar]**

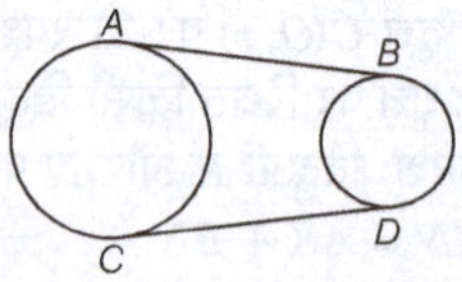

7. चित्र में, चतुर्भुज $ABCD$ की चारों भुजाएँ किसी वृत्त को स्पर्श करती हैं जिसमें $AB = 6$ सेमी, $BC = 7$ सेमी और $CD = 4$ सेमी हो, तो AD का मान ज्ञात कीजिए। **[CBSE 2002]**

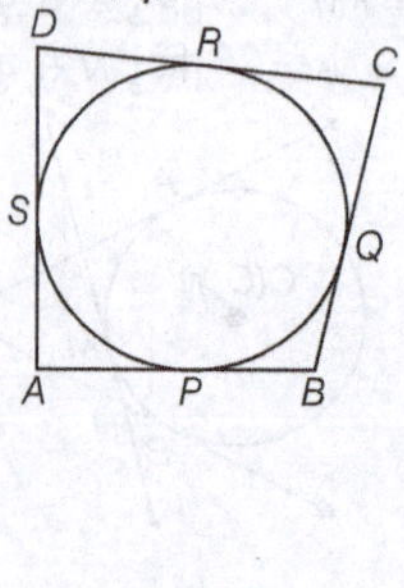

8. केंद्र O वाले दो संकेंद्रीय वृत्तों पर बिंदु P से दो स्पर्श रेखाएँ PB और PD खींची गई हैं। बिंदुओं C से छोटे वृत्त पर स्पर्श रेखा खींची गई है तथा $CE \perp PD$ है। यदि $CA = 3$ सेमी, $PE = 4$ सेमी और $PB = 8$ सेमी है, तो PD की लंबाई ज्ञात कीजिए। **[CBSE 2016]**

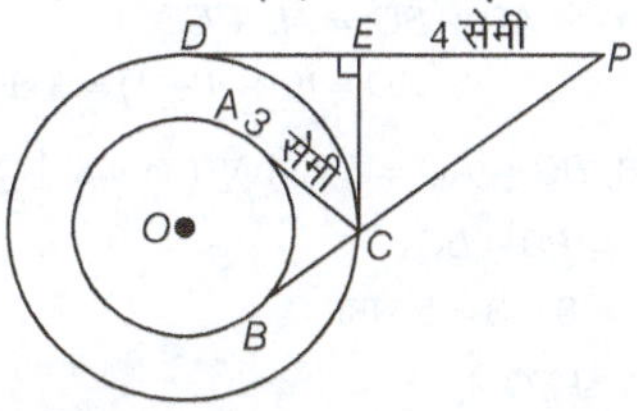

9. चित्र में, O केंद्र तथा 5 सेमी और 3 सेमी वाले दो संकेंद्रीय वृत्त हैं। एक बाह्य बिंदु P से, इन वृत्तों पर स्पर्श रेखाएँ PA तथा PB खींची गई हैं। यदि $AP = 12$ सेमी हो, तो BP की लंबाई ज्ञात कीजिए। **[CBSE 2010]**

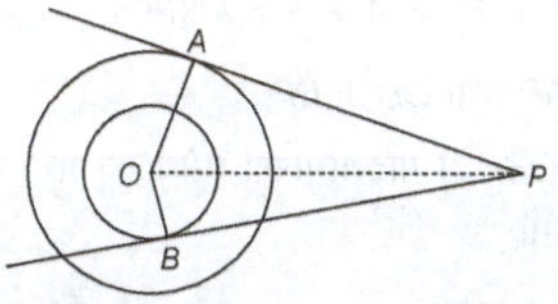

10. दी गई आकृति में, $ABCD$ एक चतुर्भुज है, जिसमें $\angle ADC = 90°$, $BC = 38$ सेमी, $CD = 28$ सेमी और $BP = 25$ सेमी है। केंद्र O वाले वृत्त की त्रिज्या ज्ञात कीजिए। **[CBSE 2016]**

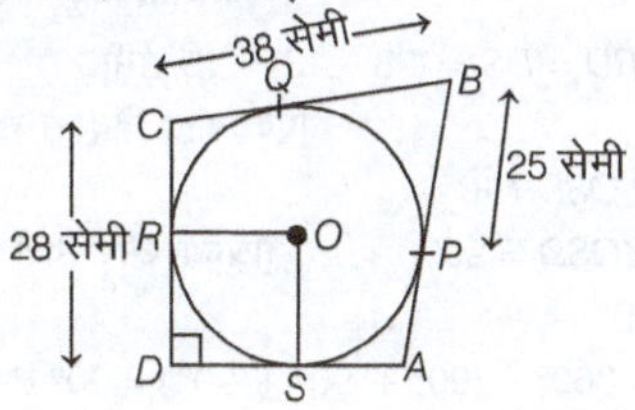

11. आकृति में, एक वृत्त ΔABC की भुजा BC को F पर स्पर्श करता है तथा भुजाओं AB और AC को बढ़ाने पर क्रमश: D और E पर स्पर्श करता है। यदि $AD = 8$ सेमी है, तो ΔABC का परिमाप ज्ञात कीजिए।

[CBSE 2016]

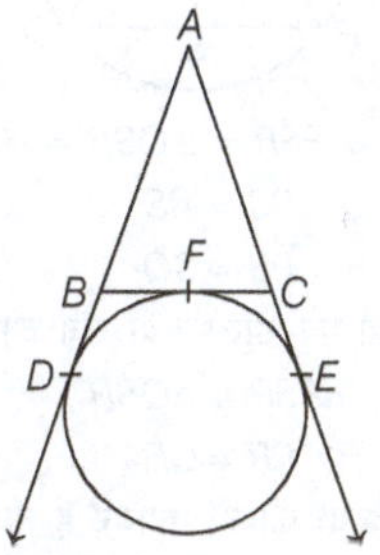

12. एक समकोण ΔABC, जिसमें $\angle B = 90°$ है, में एक अंत:वृत्त खींचा गया है। यदि $AB = 8$ सेमी, $BC = 15$ सेमी, तब वृत्त का व्यास ज्ञात कीजिए।

13. दिए गए चित्र में, PA और PB दिए गए वृत्त की स्पर्श रेखाएँ हैं जबकि $PA = 5$ सेमी तथा $\angle APB = 60°$, तब जीवा AB की लंबाई ज्ञात कीजिए।

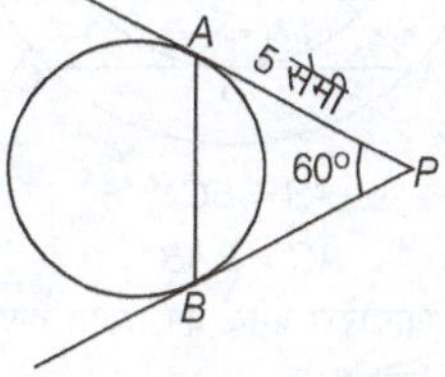

संकेत एवं हल

1. संकेत दो समांतर स्पर्श रेखाओं के बीच की दूरी वृत्त के व्यास के बराबर होती है। **उत्तर** 10 सेमी

2. संकेत OB को मिलाइए

इस प्रकार, $\angle AOC = 2\ \angle AOB$ तथा $\angle ABC = 2\ \angle ABO$

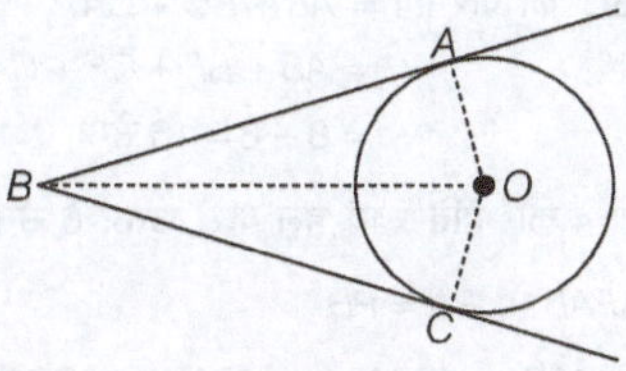

ΔOAB में,

$$\angle AOB + \angle ABO + \angle OAB = 180°$$

$\Rightarrow$ $60° + \angle ABO + 90° = 180° \Rightarrow \angle ABO = 30°$

$\therefore$ $\angle ABC = 60°$

3. संकेत ΔPAO में, पाइथागोरस प्रमेय का प्रयोग कीजिए।

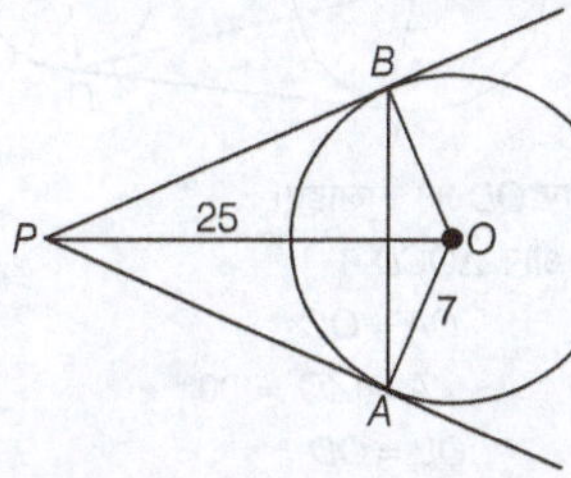

उत्तर 24 सेमी तथा 24 सेमी

4. संकेत माना MN, केंद्र O वाले वृत्त के बिंदु R पर खींची गई स्पर्शी है। तथा MN के समांतर जीवा PQ खींची गई है।

रचना MN पर लंब रेखा OR खींची गई है जो बढ़ाने पर PQ को S पर काटती है तथा साथ ही PQ पर लंब भी है।

ΔPSR और ΔQSR में,

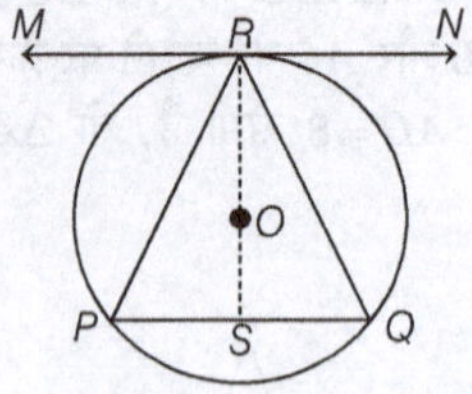

$\angle PSR = \angle QSR = 90°$ [$\because RS \perp PQ$]

$RS = RS$ [उभयनिष्ठ भुजा]

$PS = SQ$

[केंद्र से जीवा पर डाला गया लंब जीवा को समद्विभाजित करता है]

$\therefore$ $\Delta PSR \cong \Delta QSR$ [SAS सर्वांगसमता से]

तब, $PR = QR$ [CPCT से]

हम जानते हैं कि यदि दो जीवाएँ बराबर हैं तब उनके सापेक्ष चाप भी बराबर होते हैं। अतः R, चाप PRQ को समद्विभाजित करता है।

5. संकेत यहाँ, जीवा AC अंतः वृत्त को B पर स्पर्श करती है।

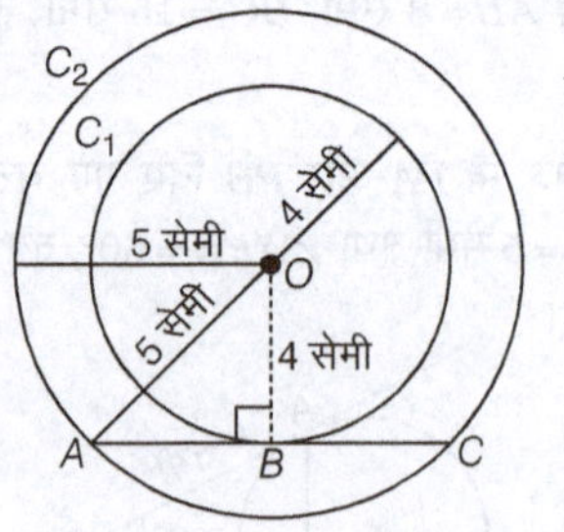

$\therefore$ $AB = BC$ [उदाहरण 3 देखिए]

$\Rightarrow$ $AC = 2AB$

अब ΔOBA में, पाइथागोरस प्रमेय का प्रयोग करके AB का मान ज्ञात कीजिए।

और तब AC का मान ज्ञात करें। **उत्तर** 6 सेमी

6. संकेत वृत्त C_2 के बाह्य बिंदु O से स्पर्शियाँ OB और OD खींचिए।

$\therefore$ $OB = OD$ ...(i)

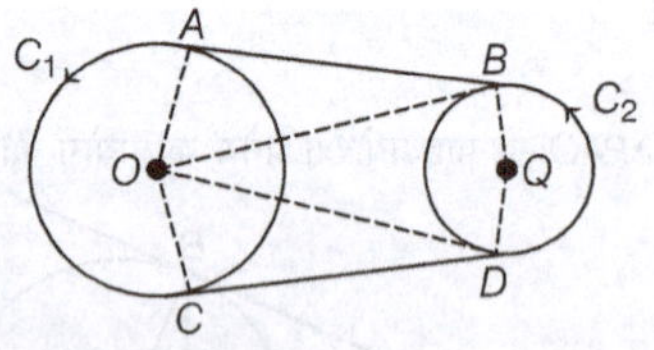

OA, OC, QB और QD को मिलाइए।

समकोण ΔOAB और ΔOCD में,

$OA = OC$ [त्रिज्याएँ]

$\angle A = \angle C = 90°$

और $OB = OD$ [समी (i) से]

$\therefore$ $\Delta OAB \sim \Delta OCD$ [SAS समरूपता से]

$AB = CD$ [समरूप त्रिभुजों की संगत भुजाएँ बराबर होती हैं]

इति सिद्धम्

7. संकेत माना भुजाएँ AB, BC, CD तथा AD वृत्त को बिंदुओं P, Q, R तथा S पर क्रमशः स्पर्श करती हैं।

तब, $AS = AP, BQ = BP, CQ = CR$ तथा $DS = DR$

[$\because$ बाह्य बिंदु से वृत्त पर खींची गई स्पर्शी लंबाई में समान होती हैं]

जोड़ने पर,

$AS + DS + BQ + CQ = AP + DR + BP + CR$

$\Rightarrow$ $AD + BC = AB + CD$

$\Rightarrow$ $AD = (6 + 4 - 7) = 3$ सेमी

8. संकेत चित्र से, $BC = AC = 3$ सेमी [वृत्त के बाह्य बिंदु से स्पर्श रेखाएँ]

इसलिए, $PC = PB - BC$

$= 8 - 3 = 5$ सेमी

अब, समकोण ΔPEC में,

$PC^2 = PE^2 + EC^2$ $\Rightarrow$ $(5)^2 = (4)^2 + EC^2$

$\Rightarrow$ $EC^2 = (5)^2 - (4)^2 = 3^2$ $\Rightarrow$ $EC = 3$ सेमी

तथा, $ED = EC$ [वृत्त के बाह्य बिंदु से खींची गई स्पर्श रेखाएँ]

$\therefore$ $ED = 3$ सेमी

अतः $PD = PE + ED = 4 + 3 = 7$ सेमी

9. संकेत $OA \perp AP$ तथा $OB \perp BP$

ΔOAP तथा ΔOBP में पाइथागोरस प्रमेय का प्रयोग कीजिए।

उत्तर $4\sqrt{10}$ सेमी

10. संकेत $AS = AP$ [एक बाह्य बिंदु से खींची गई स्पर्श रेखाएँ]

$BP = QB = 25$ सेमी [एक बाह्य बिंदु से खींची गई स्पर्श रेखाएँ]

$QC = CR = (38 - 25) = 13$ सेमी

[एक बाह्य बिंदु से खींची गई स्पर्श रेखाएँ]

$RD = DS = (28 - 13) = 15$ सेमी

[एक बाह्य बिंदु से खींची गई स्पर्श रेखाएँ]

अब, चतुर्भुज $OSDR$ में,

$\angle ORD = \angle OSD = 90°$ [त्रिज्या और स्पर्श रेखा के बीच का कोण]

$\angle RDS = 90°$ [दिया है]

$\therefore \angle ROS = 360° - (90° + 90° + 90°) = 90°$ तथा $RD = DS$

इसलिए, $OSDR$ एक वर्ग है।

अतः, वृत्त की त्रिज्या $= OS = RD = 15$ सेमी

11. संकेत हम जानते हैं कि बाह्य बिंदु से वृत्त पर खींची गई स्पर्श रेखाएँ समान होती हैं।

$\therefore$ $AD = AE = 8$ सेमी

$\Rightarrow$ $AB + BD = AC + CE = 8$ सेमी

$\Rightarrow$ $AB + BF = AC + CF = 8$ सेमी

[$\because BD = BF$ और $CE = CF$]

$\therefore$ ΔABC का परिमाप $= AB + BC + CA$

$= AB + BF + CF + CA$

$= 8 + 8 = 16$ सेमी

12. उदाहरण 4 की भाँति स्वयं हल करें। **उत्तर** 6 सेमी

13. संकेत ΔPAB में, $PA = PB$

$\Rightarrow$ $\angle PAB = \angle PBA$ $\Rightarrow \angle PAB = \angle PBA = 60°$

[$\because \angle PAB + \angle PBA + \angle APB = 180°$]

$\Rightarrow \Delta PAB$ समबाहु त्रिभुज है

$\therefore$ $AB = 5$ सेमी

NCERT फोल्डर

प्रश्नावली 10.1

1. एक वृत्त की कितनी स्पर्श रेखाएँ हो सकती हैं?

हल एक वृत्त की अपरिमित रूप से अनेक स्पर्श रेखाएँ हो सकती हैं।

2. रिक्त स्थानों की पूर्ति कीजिए।

(i) किसी वृत्त की स्पर्श रेखा उसे .... बिंदु पर प्रतिच्छेद करती है।

(ii) वृत्त को दो बिंदुओं पर प्रतिच्छेद करने वाली रेखा को .... कहते हैं।

(iii) एक वृत्त की .... समांतर स्पर्श रेखाएँ हो सकती हैं।

(iv) वृत्त तथा उसकी स्पर्श रेखा के उभयनिष्ठ बिंदु को .... कहते हैं।

हल (i) एक, स्पर्श रेखा वृत्त को केवल एक बिंदु पर स्पर्श या काट सकती है।

(ii) छेदिका, वृत्त को दो बिंदुओं पर काटने वाली रेखा को छेदिका कहते हैं।

(iii) दो, वृत्त की अधिकतम दो समांतर स्पर्शी हो सकती हैं, जो केंद्र के विपरीत ओर खींची जा सकती हैं।

(iv) स्पर्श बिंदु।

3. 5 सेमी त्रिज्या वाले एक वृत्त के बिंदु P पर स्पर्श रेखा PQ केंद्र O से जाने वाली एक रेखा से बिंदु Q पर इस प्रकार मिलती है कि $OQ = 12$ सेमी। PQ की लंबाई है

(a) 12 सेमी (b) 13 सेमी

(c) 8.5 सेमी (d) $\sqrt{119}$ सेमी

हल (d) यहाँ, PQ स्पर्शी है, जोकि वृत्त को बिंदु P पर स्पर्श करती है और $OP = 5$ सेमी वृत्त की त्रिज्या है। $OQ = 12$ सेमी। क्योंकि OP त्रिज्या है, अतः यह स्पर्शी PQ पर लंब होगी।

समकोण ΔOPQ में,

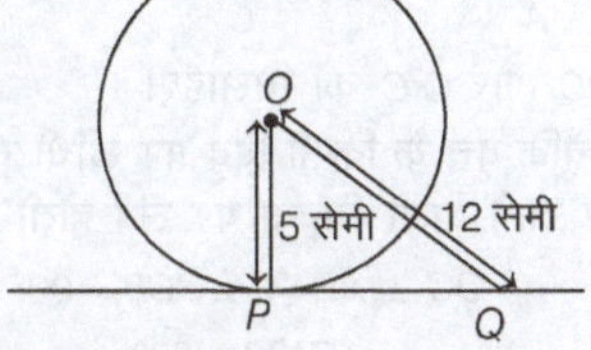

$$OQ^2 = OP^2 + PQ^2 \quad \text{[पाइथागोरस प्रमेय से]}$$

$\Rightarrow$ $(12)^2 = (5)^2 + PQ^2$

$\Rightarrow$ $PQ^2 = 144 - 25 = 119$

$\Rightarrow$ $PQ = \sqrt{119}$ सेमी

4. एक वृत्त खींचिए और एक दी गई रेखा के समांतर दो ऐसी रेखाएँ खींचिए कि उनमें से एक स्पर्श रेखा हो और दूसरी छेदक रेखा हो।

हल पहले O केंद्र का वृत्त खींचा और एक रेखा l खींची। अब, रेखा l के समांतर दो रेखाओं में से एक रेखा m वृत्त की स्पर्शी की तरह खींची तथा दूसरी रेखा n वृत्त की छेदिका है।

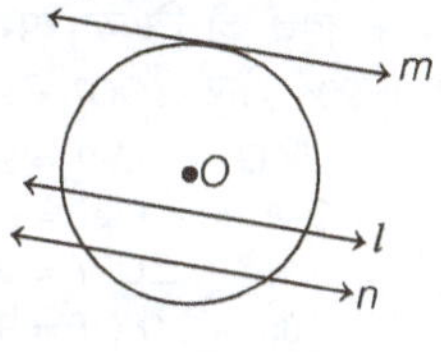

प्रश्नावली 10.2

निर्देश (प्र.सं. 1-3) *दिए गए प्रश्नों में सही विकल्प चुनिए और उचित कारण दीजिए।*

1. एक बिंदु Q से एक वृत्त पर स्पर्श रेखा की लंबाई 24 सेमी और Q की केंद्र से दूरी 25 सेमी है। वृत्त की त्रिज्या है

(a) 7 सेमी (b) 12 सेमी

(c) 15 सेमी (d) 24.5 सेमी

हल (a) दिया है, स्पर्श रेखा की लंबाई $QP = 24$ सेमी और $QO = 25$ सेमी। अब, OP को मिलाइए।

हम जानते हैं कि, OP त्रिज्या स्पर्श रेखा PQ पर लंब होती है।

समकोण ΔOPQ में,

$$OQ^2 = OP^2 + PQ^2 \quad \text{[पाइथागोरस प्रमेय से]}$$

$\Rightarrow$ $25^2 = OP^2 + 24^2$

$\Rightarrow$ $OP^2 = 625 - 576 = 49$

$\Rightarrow$ $OP = 7$ सेमी

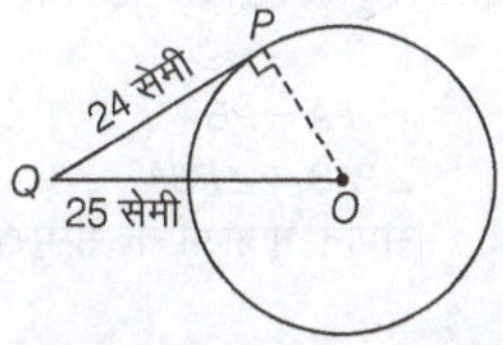

2. चित्र में, यदि TP और TQ, O केंद्र वाले वृत्त पर दो स्पर्श रेखाएँ इस प्रकार हैं कि $\angle POQ = 110°$, तो $\angle PTQ$ बराबर है

(a) 60° (b) 70° (c) 80° (d) 90°

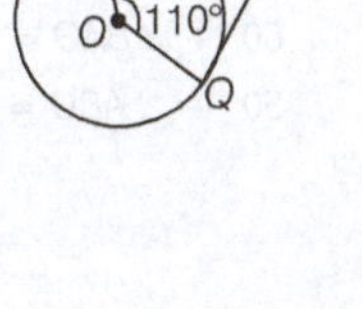

हल (b) दिया है, TP और TQ वृत्त की दो स्पर्शी हैं। PQ को मिलाइए।

ΔOPQ में, $OP = OQ$ = वृत्त की त्रिज्या

$\Rightarrow \quad \angle OPQ = \angle OQP$

[$\because$ समान भुजाओं के सम्मुख कोण बराबर होते हैं]

$\Rightarrow \quad \angle OPQ = \angle OQP = \dfrac{180° - 110°}{2} = 35°$

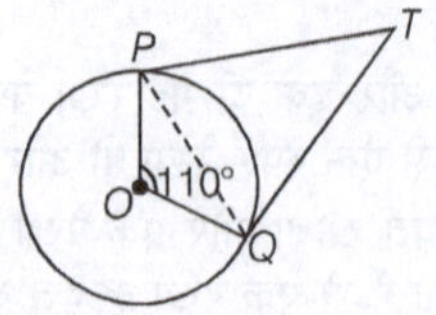

$\because OP \perp PT$ और $OQ \perp TQ$

[वृत्त की त्रिज्या स्पर्श रेखा पर लंब होती है]

$\therefore \quad \angle OPT = 90°$ और $\angle OQT = 90°$

$\Rightarrow \quad \angle OPQ + \angle QPT = 90°$

और $\quad \angle OQP + \angle PQT = 90°$

$\Rightarrow \quad 35° + \angle QPT = 90°$

और $\quad 35° + \angle PQT = 90° \Rightarrow \angle QPT = 55°$

और $\quad \angle PQT = 55°$

ΔPTQ में, $\angle QPT + \angle PQT + \angle PTQ = 180°$

$\Rightarrow \quad 55° + 55° + \angle PTQ = 180°$

$\Rightarrow \quad \angle PTQ = 180° - (55° + 55°) = 70°$

3. **यदि एक बिंदु P से O केंद्र वाले किसी वृत्त पर PA और PB दो स्पर्श रेखाएँ परस्पर 80° के कोण पर झुकी हों, तो $\angle POA$ बराबर है**

(a) 50° (b) 60° (c) 70° (d) 80°

हल (a) बिंदु P से दो स्पर्श रेखाएँ PA और PB इस प्रकार खींची गई हैं कि

$\angle APB = 80°$

AB को मिलाइए।

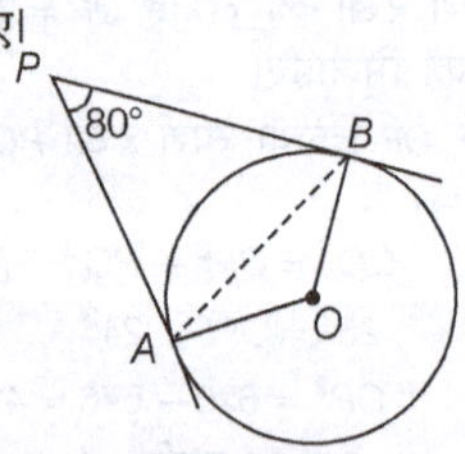

चूँकि वृत्त के बाह्य बिंदु से खींची गई स्पर्श रेखाओं की लंबाईयाँ समान होती हैं।

$\therefore \quad PA = PB$

$\Rightarrow \quad \angle PAB = \angle PBA \quad$ ...(i)

[समान भुजाओं के सम्मुख कोण बराबर होते हैं]

ΔAPB में,

$\angle APB + \angle PAB + \angle PBA = 180°$

$\Rightarrow \quad 80° + 2\angle PAB = 180° \quad$ [समी (i) से]

$\Rightarrow \quad 2\angle PAB = 100° \Rightarrow \angle PAB = 50°$

$\therefore \quad \angle PAB = \angle PBA = 50°$

$\because OA \perp PA$ और $OB \perp BP$

$\therefore \quad \angle PAO = 90°$ और $\angle PBO = 90° \Rightarrow \angle PAB + \angle BAO = 90°$

और $\quad \angle PBA + \angle ABO = 90°$

$\Rightarrow \quad 50° + \angle BAO = 90°$

और $\quad 50° + \angle ABO = 90°$

$\Rightarrow \quad \angle BAO = 40°$ और $\angle ABO = 40°$

अब, ΔAOB में, $\quad \angle OAB + \angle ABO + \angle AOB = 180°$

$\Rightarrow \quad 40° + 40° + \angle AOB = 180°$

$\Rightarrow \quad \angle AOB = 180° - 80° = 100°$

चूँकि बाह्य बिंदु से वृत्त पर खींची गई स्पर्शियाँ केंद्र पर बराबर कोण बनाती हैं।

$\therefore \quad \angle POA = \angle POB$

$\Rightarrow \quad \angle POA = \dfrac{1}{2}\angle AOB = \dfrac{1}{2} \times 100° = 50°$

4. **सिद्ध कीजिए कि किसी वृत्त के किसी व्यास के सिरों पर खींची गई स्पर्श रेखाएँ समांतर होती हैं।**

हल माना AB दिए गए वृत्त का व्यास है। माना LM और PQ वृत्त के बिंदु B और A पर खींची गई स्पर्शियाँ हैं। क्योंकि वृत्त की स्पर्शी के स्पर्श बिंदु से खींची गई त्रिज्या उस पर लंब होती है।

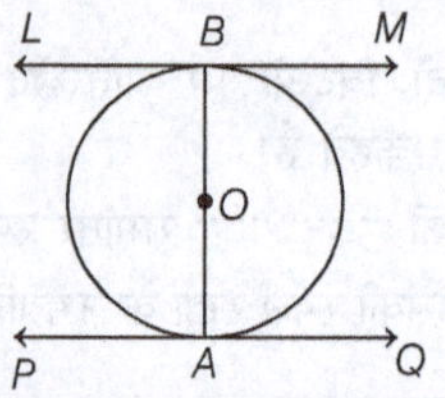

$\therefore \quad AB \perp PQ$ और $AB \perp LM \Rightarrow \angle PAB = 90°$

और $\quad \angle ABM = 90° \Rightarrow \angle PAB = \angle ABM$

परंतु ये एकांतर कोण हैं।

$\therefore \quad PQ \parallel LM$

अतः वृत्त के किसी व्यास के सिरों पर खींची गई स्पर्श रेखाएँ समांतर होती हैं। **इति सिद्धम्**

5. **सिद्ध कीजिए कि स्पर्श बिंदु से स्पर्श रेखा पर खींचा गया लंब वृत्त के केंद्र से होकर जाता है।**

हल माना AB, O केंद्र वाले वृत्त के बिंदु C पर खींची गई स्पर्शी है।

सिद्ध करना है बिंदु C पर खींचा गया लंब वृत्त के केंद्र O से होकर जाता है। यदि संभव है तो माना लंब अन्य बिंदु (माना) O' से होकर जाता है।

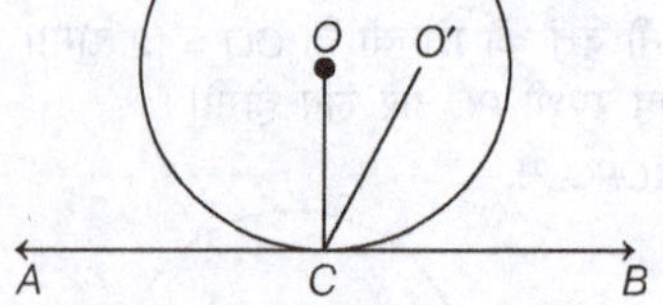

रचना OC और $O'C$ को मिलाइए।

उपपत्ति चूँकि वृत्त के किसी बिंदु पर खींची गई स्पर्श रेखा, स्पर्श बिंदु से होकर जाने वाली त्रिज्या पर लंब होती है।

$\therefore \quad OC \perp AB \Rightarrow \angle OCB = 90°$

साथ ही $\quad \angle O'CB = 90° \quad$ [माना $CO' \perp AB$]

$\therefore \quad \angle OCB = \angle O'CB$

जोकि केवल तभी संभव है जब O और O' समान हों इसलिए हमारी कल्पना गलत है।

अतः स्पर्श बिंदु से स्पर्श रेखा पर खींचा गया लंब वृत्त के केंद्र से होकर जाता है।

6. **एक बिंदु A से, जो वृत्त के केंद्र से 5 सेमी दूरी पर है वृत्त पर स्पर्श रेखा की लंबाई 4 सेमी है। वृत्त की त्रिज्या ज्ञात कीजिए।**

हल टॉपिक 1 के उदाहरण 2 की भाँति स्वयं हल करें।

उत्तर 3 सेमी

7. **दो संकेंद्रीय वृत्तों की त्रिज्याएँ 5 सेमी और 3 सेमी हैं। बड़े वृत्त की उस जीवा की लंबाई ज्ञात कीजिए, जो छोटे वृत्त को स्पर्श करती हो।**

हल यहाँ, C_1 और C_2, $r_1 = 3$ सेमी, $r_2 = 5$ सेमी त्रिज्या के दो सकेंद्रीय वृत्त हैं। AB जीवा इस प्रकार है कि यह वृत्त C_1 को बिंदु D पर स्पर्श करती है। सकेंद्रीय वृत्तों का केंद्र O है।

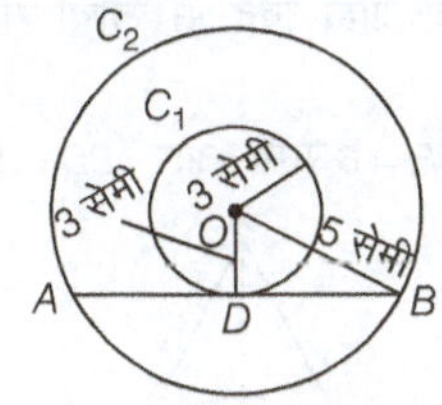

अब, हम O से AB पर लंब समद्विभाजक खींचते हैं, जो AB को मध्य-बिंदु D पर मिलता है।

$\therefore \quad AD = BD$

समकोण ΔODB में, $OB^2 = OD^2 + DB^2$ [पाइथागोरस प्रमेय से]

$\Rightarrow \quad 5^2 = 3^2 + DB^2$

$\Rightarrow \quad DB^2 = 25 - 9 = 16$

$\Rightarrow \quad DB = 4$ सेमी

$\therefore$ जीवा की लंबाई $= AB = 2AD$

$= 2BD = 2 \times 4 = 8$ सेमी

8. **एक वृत्त के परिगत एक चतुर्भुज $ABCD$ खींचा गया है (चित्र देखिए)। सिद्ध कीजिए $AB + CD = AD + BC$** **[CBSE 2016]**

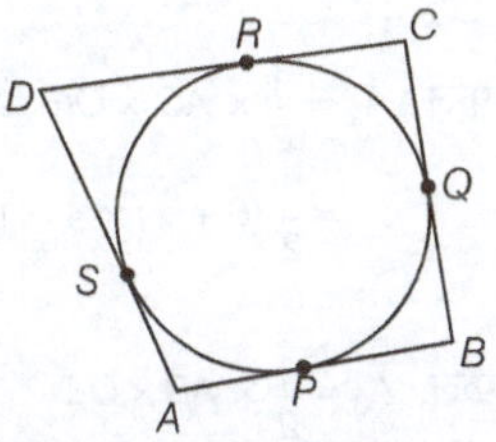

हल **दिया है** चतुर्भुज $ABCD$ जो वृत्त के परिगत बना है।

सिद्ध करना है $AB + CD = AD + BC$

उपपत्ति हम जानते हैं कि वृत्त के बाह्य बिंदु से खींची गई स्पर्शियाँ लंबाई में समान होती हैं।

माना बाह्य बिंदु A है, तब $AP = AS$ ...(i)

माना बाह्य बिंदु B है, तब $BP = BQ$ ...(ii)

माना बाह्य बिंदु C है, तब $RC = CQ$ ...(iii)

माना बाह्य बिंदु D है, तब $RD = SD$ ...(iv)

सभी (i), (ii), (iii) और (iv) को जोड़ने पर,

$(AP + BP) + (RC + RD) = AS + BQ + CQ + SD$

$\Rightarrow \quad AB + CD = (AS + SD) + (BQ + CQ)$

$\Rightarrow \quad AB + CD = AD + BC$ **इति सिद्धम्**

9. **चित्र में, XY और $X'Y'$, O केंद्र वाले वृत्त पर दो समांतर स्पर्श रेखाएँ हैं और स्पर्श बिंदु C पर स्पर्श रेखा AB, XY को A तथा $X'Y'$ को B पर प्रतिच्छेद करती है, तो सिद्ध कीजिए कि $\angle AOB = 90°$ है।**

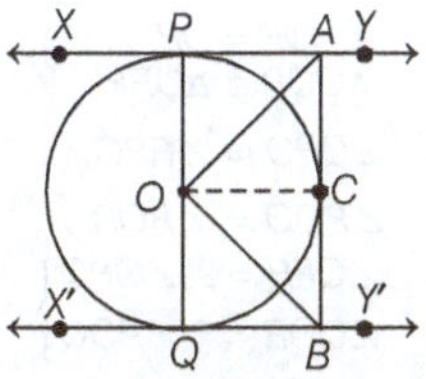

हल **दिया है** XY और $X'Y'$ दो समांतर स्पर्श रेखाएँ हैं। अन्य स्पर्श रेखा AB वृत्त को C पर स्पर्श करती है तथा XY को A पर और $X'Y'$ को B पर प्रतिच्छेद करती है।

सिद्ध करना है $\angle AOB = 90°$

उपपत्ति हम जानते हैं कि वृत्त के बाह्य बिंदु से खींची गई स्पर्शियाँ लंबाई में समान होती हैं।

$\therefore \quad AP = AC$

ΔAPO और ΔACO में, $AP = AC$

$AO = AO$ [उभयनिष्ठ]

$OP = OC$ [वृत्त की त्रिज्याएँ]

$\therefore \quad \Delta APO \sim \Delta ACO$ [SSS समरूपता से]

तब $\angle PAO = \angle OAC$ [CPCT से]

$\Rightarrow \quad \angle PAC = 2\angle CAO$

इसी प्रकार, हम सिद्ध कर सकते हैं कि $\angle CBO = \angle OBQ$

$\Rightarrow \quad \angle CBQ = 2\angle CBO$

$\because \quad XY \parallel X'Y'$

$\therefore \quad \angle PAC + \angle QBC = 180°$

[चूँकि तिर्यक रेखा के एक ही ओर के अंतः कोणों का योग 180° होता है]

$\Rightarrow \quad 2\angle CAO + 2\angle CBO = 180°$

$\Rightarrow \quad \angle CAO + \angle CBO = 90°$ ...(i)

ΔAOB में, $\angle CAO + \angle CBO + \angle AOB = 180°$

$\Rightarrow \quad \angle CAO + \angle CBO = 180° - \angle AOB$ ...(ii)

समी (i) और (ii) से, $180° - \angle AOB = 90°$

$\Rightarrow \quad \angle AOB = 90°$ **इति सिद्धम्**

10. **सिद्ध कीजिए कि किसी बाह्य बिंदु से किसी वृत्त पर खींची गई स्पर्श रेखाओं के बीच का कोण स्पर्श बिंदुओं को मिलाने वाले रेखाखंड द्वारा केंद्र पर अंतरित कोण का संपूरक होता है।**

हल **दिया है** O केंद्र वाले एक वृत्त पर बाह्य बिंदु P से दो स्पर्श रेखाएँ PQ और PR खींची गई हैं।

सिद्ध करना है $\angle QOR = 180° - \angle QPR$

अर्थात् $\angle QOR + \angle QPR = 180°$

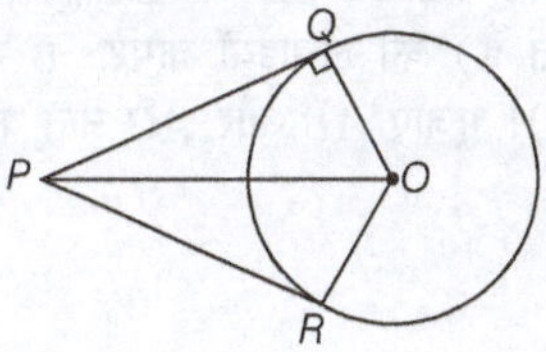

उपपत्ति समकोण ΔOQP और ΔORP में,

$PQ = PR$ [चूँकि वृत्त के बाह्य बिंदु से खींची गई स्पर्शियाँ लंबाई में समान होती हैं]

$OQ = OR$ [वृत्त की त्रिज्याएँ]

$OP = OP$ [उभयनिष्ठ]

$\therefore \quad \Delta OQP \cong \Delta ORP$ [SSS सर्वांगसमता से]

तब, $\angle QPO = \angle RPO$ [CPCT से]

और $\angle POQ = \angle POR$ [CPCT से]

$\Rightarrow \left.\begin{aligned} \angle QPR &= 2\angle OPQ \\ \angle QOR &= 2\angle POQ \end{aligned}\right\}$ ...(i)

ΔOPQ में, $\angle QPO + \angle QOP = 90°$

$\Rightarrow \angle QOP = 90° - \angle QPO \Rightarrow 2\angle QOP = 180° - 2\angle QPO$

[दोनों पक्षों में 2 से गुणा करने पर]

$\Rightarrow \quad \angle QOR = 180° - \angle QPR$ [समी (i) से]

$\Rightarrow \quad \angle QOR + \angle QPR = 180°$ **इति सिद्धम्**

11. सिद्ध कीजिए कि किसी वृत्त के परिगत समांतर चतुर्भुज समचतुर्भुज होता है।

हल माना $ABCD$ किसी वृत्त पर बनाया गया समांतर चतुर्भुज है।

सिद्ध करना है $ABCD$ एक समचतुर्भुज है।

अर्थात् $AB = BC = CD = DA$

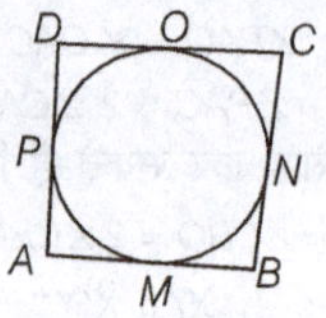

उपपत्ति हम जानते हैं कि बाह्य बिंदु से वृत्त पर खींची गई स्पर्शियाँ लंबाई में बराबर होती हैं।

$\therefore \quad AM = AP$ और $BM = BN$

$CO = CN$ और $DO = DP$

सभी समीकरणों को जोड़ने पर,

$(AM + BM) + (CO + DO) = AP + BN + CN + DP$

$\Rightarrow AB + CD = (AP + PD) + (BN + NC) = AD + BC$ ...(i)

दिया है, $ABCD$ एक समांतर चतुर्भुज है।

इसलिए, $AB = CD$ और $BC = AD$ ...(ii)

तब समी (i) से, $2AB = 2BC$

$\Rightarrow \quad AB = BC$ ...(iii)

समी (ii) व (iii) से,

$AB = BC = CD = DA$

अतः $ABCD$ एक समचतुर्भुज है। **इति सिद्धम्**

12. 4 सेमी त्रिज्या वाले एक वृत्त के परिगत एक ΔABC इस प्रकार खींचा गया है कि रेखाखंड BD और DC (जिनमें स्पर्श बिंदु D द्वारा BC विभाजित हैं) की लंबाइयाँ क्रमशः 8 सेमी और 6 सेमी हैं (चित्र देखिए)। भुजाएँ AB और AC ज्ञात कीजिए।

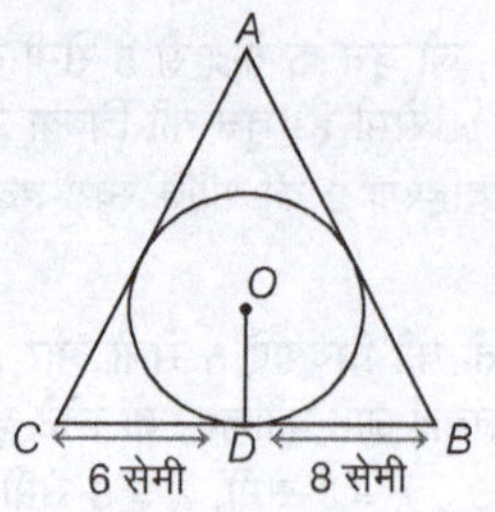

हल दिया है, $CD = 6$ सेमी, $BD = 8$ सेमी और त्रिज्या = 4 सेमी

OC, OA तथा OB को मिलाइए।

हम जानते हैं कि, बाह्य बिंदु से खींची गई स्पर्शियों की लंबाइयाँ समान होती हैं।

$\therefore \quad CD = CF = 6$ सेमी और $BD = BE = 8$ सेमी

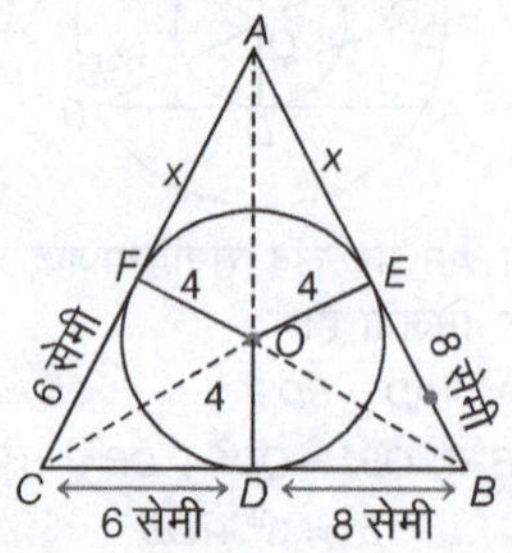

माना $AF = AE = x$ सेमी

ΔOCB में,

त्रिभुज का क्षेत्रफल, $A_1 = \frac{1}{2} \times$ आधार $\times$ ऊँचाई

$= \frac{1}{2} \times CB \times OD$

$= \frac{1}{2} \times 14 \times 4 = 28$ सेमी^{2}

ΔOCA में,

त्रिभुज का क्षेत्रफल, $A_2 = \frac{1}{2} \times AC \times OF$

$= \frac{1}{2}(6 + x) \times 4 = 12 + 2x$

ΔOBA में,

त्रिभुज का क्षेत्रफल, $A_3 = \frac{1}{2} \times AB \times OE$

$= \frac{1}{2}(8 + x) \times 4$

$= 16 + 2x$

अब, त्रिभुज ABC का अर्द्धपरिमाप, $= \frac{1}{2}(AB + BC + CA)$

$\Rightarrow \quad s = \frac{1}{2}(x + 8 + 14 + 6 + x) = 14 + x$

अब, ΔABC का क्षेत्रफल $= A_1 + A_2 + A_3$

$= 28 + (12 + 2x) + (16 + 2x)$

$= 56 + 4x$ ...(i)

हीरोन सूत्र का प्रयोग करने पर,

ΔABC का क्षेत्रफल $= \sqrt{s(s-a)(s-b)(s-c)}$

$= \sqrt{(14+x)(14+x-14)(14+x-x-6)(14+x-x-8)}$

$= \sqrt{(14+x)(x)(8)(6)} = \sqrt{(14+x)(x)\,48}$ ...(ii)

समी (i) और (ii) से,

$\sqrt{(14+x)(x)\,48} = 56 + 4x$

दोनों पक्षों का वर्ग करने पर,

$(14+x)\,48\,x = 4^2(14+x)^2 \Rightarrow 3x = 14 + x$

$\Rightarrow \quad 2x = 14 \Rightarrow x = 7$

$\therefore$ AC की लंबाई $= 6 + x = 6 + 7 = 13$ सेमी

और AB की लंबाई $= 8 + x = 8 + 7 = 15$ सेमी

13. **सिद्ध कीजिए कि वृत के परिगत बने चतुर्भुज की आमने-सामने की भुजाएँ केंद्र पर संपूरक कोण अंतरित करती हैं।**

हल माना $ABCD$ चतुर्भुज, O केंद्र वाले वृत्त के परिगत बना है। वृत्त चतुर्भुज को बिंदु E, F, G तथा H पर स्पर्श करता है।

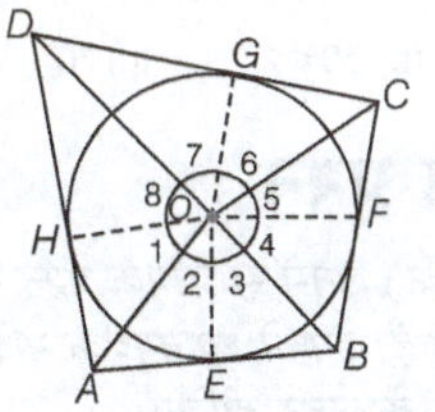

सिद्ध करना है $\angle AOB + \angle COD = 180°$

और $\angle AOD + \angle BOC = 180°$

रचना OH, OE, OF तथा OG को मिलाइए।

उपपत्ति हम जानते हैं कि बाह्य बिंदु से वृत्त पर खींची गई दो स्पर्श रेखाएँ वृत्त के केंद्र पर समान कोण अंतरित करती हैं।

$$\therefore \left.\begin{aligned} \angle 1 &= \angle 2 \\ \angle 3 &= \angle 4 \\ \angle 5 &= \angle 6 \\ \angle 7 &= \angle 8 \end{aligned}\right\} \quad ...(i)$$

पुनः हम जानते हैं कि बिंदु O पर बनने वाले कोणों का योग $360°$ होता है।

$\therefore \angle 1 + \angle 2 + \angle 3 + \angle 4 + \angle 5 + \angle 6 + \angle 7 + \angle 8 = 360°$

$\Rightarrow \quad 2(\angle 2 + \angle 3 + \angle 6 + \angle 7) = 360°$

और $\quad 2(\angle 1 + \angle 8 + \angle 4 + \angle 5) = 360°$ [समी (i) से]

$\Rightarrow \quad (\angle 2 + \angle 3) + (\angle 6 + \angle 7) = 180°$

और $\quad (\angle 1 + \angle 8) + (\angle 4 + \angle 5) = 180°$

$\Rightarrow \quad \angle AOB + \angle COD = 180°$

और $\quad \angle AOD + \angle BOC = 180°$

इति सिद्धम्

अध्याय : एक नजर में

- *वृत्त पर स्थित किन्हीं दो बिंदुओं को मिलाने वाला रेखाखंड, वृत्त की जीवा कहलाता है।*
- *वृत्त की परिधि के किसी सतत् भाग को वृत्त का चाप कहते हैं, दो भागों में से बड़े भाग को दीर्घ चाप तथा छोटे भाग को लघुचाप कहते हैं।*
- *वृत्त का व्यास, उसे दो बराबर भागों में बाँटता है जिनमें से प्रत्येक भाग एक अर्द्धवृत्त कहलाता है।*
- *उस वक्र रेखा की लंबाई को जिस पर वृत्त का निर्माण करने वाले सभी बिंदु स्थित होते हैं, वृत्त की परिधि कहते हैं।*
- *वृत्त की प्रत्येक जीवा, वृत्त को दो भागों में बाँटती है जिनमें से प्रत्येक भाग एक वृत्तखंड कहलाता है। बड़े चाप वाले वृत्तखंड को दीर्घवृत्तखंड तथा छोटे चाप वाले वृत्तखंड को लघुवृत्तखंड कहते हैं।*
- *वृत्त के किसी चाप तथा उसके अंत: बिंदुओं से जाने वाली त्रिज्याओं से बना भाग वृत्त का त्रिज्यखंड कहलाता है। बड़े चाप वाले त्रिज्यखंड को दीर्घ-त्रिज्यखंड तथा छोटे चाप वाले त्रिज्यखंड को लघु त्रिज्यखंड कहते हैं।*
- *रेखा जो वृत्त को दो बिंदुओं पर प्रतिच्छेद करती है, वृत्त की छेदक रेखा कहलाती है।*
- *किसी वृत्त को केवल एक बिंदु पर प्रतिच्छेद या स्पर्श करने वाली रेखा, वृत्त की स्पर्श रेखा कहलाती है। स्पर्श रेखा और वृत्त के उभयनिष्ठ बिंदु को स्पर्श बिंदु कहते हैं।*
- *वृत्त के किसी बिंदु पर खींची गई स्पर्श रेखा, उस स्पर्श बिंदु से होकर जाने वाली त्रिज्या पर लंब होती है। इस प्रमेय का विलोम भी सत्य है।*
- *बिंदु P की स्थिति के अनुसार स्पर्श रेखाओं की संख्या निम्न हैं*
  - *(i) जब बिंदु P वृत्त के अंदर स्थित है, तब इस बिंदु से कोई भी स्पर्श रेखा नहीं खींची जा सकती है।*
  - *(ii) जब बिंदु P वृत्त पर स्थित हो, तब इस बिंदु से केवल एक ही स्पर्श रेखा खींची जा सकती है।*
  - *(iii) जब बिंदु P वृत्त के बाहर स्थित है, तब इस बिंदु से दो स्पर्श रेखाएँ खींची जा सकती हैं।*
- *किसी बाह्य बिंदु से वृत्त पर खींची गई स्पर्श रेखाओं की लंबाई बराबर होती है।*

परीक्षा अभ्यास

यहाँ अध्याय से संबंधित सभी सम्भावित प्रश्नों को दिया गया है, इन प्रश्नों का अभ्यास करके व याद रखकर छात्र अध्याय से संबंधित किसी भी प्रश्न का उत्तर दे पाएँगे।

बहुविकल्पीय प्रश्न

1. चित्र में, यदि TP और TQ, O केंद्र वाले किसी वृत्त पर दो स्पर्श रेखाएँ इस प्रकार हैं कि $\angle POQ = 110°$, तो $\angle PTQ$ का मान होगा

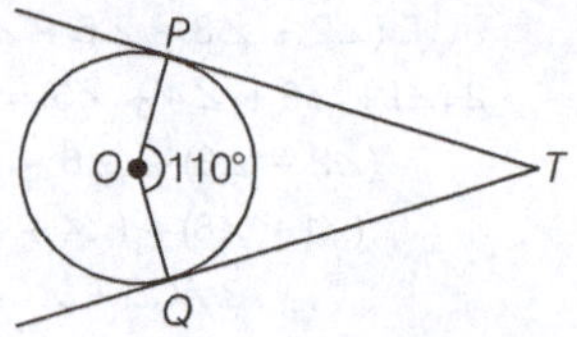

(a) 60° (b) 70° (c) 80° (d) 90°

2. चित्र में, यदि O केंद्र के वृत्त की PQ और PR दो स्पर्श रेखाएँ हैं और $\angle QPR = 46°$, तो $\angle QOR$ का मान होगा

[NCERT Exemplar]

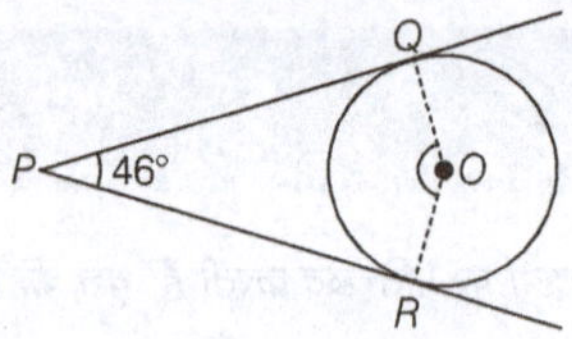

(a) 44° (b) 46° (c) 134° (d) 314°

3. 5 सेमी त्रिज्या वाले एक वृत्त के बिंदु P पर स्पर्श रेखा PQ केंद्र O से जाने वाली एक रेखा से बिंदु Q पर इस प्रकार मिलती है कि $OQ = 12$ सेमी। PQ की लंबाई है

(a) 12 सेमी (b) 13 सेमी (c) 8.5 सेमी (d) $\sqrt{119}$ सेमी

4. एक बिंदु Q से एक वृत्त पर स्पर्श रेखा की लंबाई 24 सेमी और Q की केंद्र से दूरी 25 सेमी है। वृत्त की त्रिज्या है

(a) 7 सेमी (b) 12 सेमी (c) 15 सेमी (d) 24.5 सेमी

5. चित्र में, 3 सेमी और 5 सेमी त्रिज्या के दो संकेंद्रित वृत्त हैं। बाह्य वृत्त की एक जीवा AB, जो अंत: वृत्त को बिंदु P पर स्पर्श करती है, की लंबाई होगी

[NCERT Exemplar]

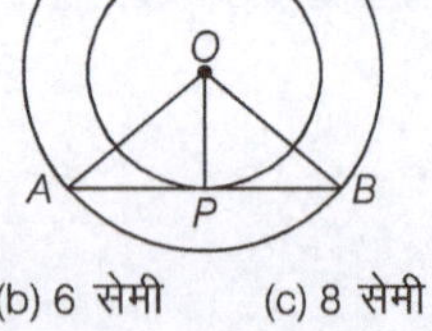

(a) 4 सेमी (b) 6 सेमी (c) 8 सेमी (d) 10 सेमी

6. दो वृत्त एक-दूसरे को अंत: स्पर्श करते हैं। वृत्तों के केंद्रों के बीच की दूरी 3 सेमी है। यदि एक वृत्त की त्रिज्या 2 सेमी है, तब दूसरे वृत्त की त्रिज्या है **[NCERT Exemplar]**

(a) 4 सेमी (b) 5 सेमी (c) 6 सेमी (d) 7 सेमी

7. यदि एक बिंदु P से O केंद्र वाले किसी वृत्त पर PA और PB दो स्पर्श रेखाएँ परस्पर 80° के कोण पर झुकी हों, तो $\angle POA$ बराबर है

(a) 50° (b) 60° (c) 70° (d) 80°

कथन कारण प्रश्न

निर्देश (प्र. सं. 8-12 तक) *इनमें से प्रत्येक प्रश्न में एक कथन के बाद एक कारण दिया गया है। इनको ध्यानपूर्वक पढ़िए तथा निम्न विकल्पों के आधार पर प्रश्नों के उत्तर दीजिए।*

(a) यदि दोनों कथन व कारण सही हैं तथा कारण कथन का सही स्पष्टीकरण है।

(b) यदि दोनों कथन व कारण सही हैं परन्तु कारण कथन का सही स्पष्टीकरण नहीं है।

(c) यदि कथन सही है परन्तु कारण गलत है।

(d) यदि कथन गलत है परन्तु कारण सही है।

8. **कथन** त्रिज्या 6 सेमी के वृत्त पर बिन्दु A पर खींची गई स्पर्श रेखा केन्द्र O से P तक खींची गई रेखा से मिलती है ताकि $OP=10$ सेमी, तब $PA=9$ सेमी।

कारण वृत्त के व्यास के सिरों पर खींची गई स्पर्श रेखाएँ परस्पर समान्तर होती हैं।

9. **कथन** यदि केन्द्र O वाले वृत्त पर बिन्दु P से खींची गई स्पर्श रेखाएँ एक-दूसरे से 76° के कोण पर झुकी है, तब $\angle POA = 52°$.

कारण केन्द्र O वाले वृत्त पर बिन्दु A से खींची गई स्पर्श रेखाएँ AP व AQ हैं, तब $\angle APO = \angle AQO$.

10. **कथन** एक बिन्दु P वृत्त के बाहर स्थित है, तब इससे वृत्त पर केवल एक स्पर्श रेखा खींची जा सकती हे।

कारण वृत्त के बाहर स्थित बिन्दु से दो स्पर्श रेखाएँ खींची जा सकती है।

11. **कथन** दो समान्तर स्पर्श रेखाओं के बीच की दूरी 6 सेमी है, जबकि वृत्त की त्रिज्या 3 सेमी है।

कारण दो समान्तर स्पर्श रेखाओं के बीच की दूरी वृत्त के व्यास के बराबर होती है।

12. **कथन** वृत्त के अन्दर स्थित बिन्दु से एक स्पर्श रेखा खींची जा सकती है।

कारण वृत्त के अन्दर स्थित बिन्दु से होकर जाने वाली रेखा को छेदक रेखा कहते है।

अतिलघु उत्तरीय प्रश्न

13. वृत्त के बाहर स्थित किसी बिंदु से वृत्त पर कितनी स्पर्श रेखाएँ खींची जा सकती हैं।

14. किस बिंदु पर स्पर्श रेखा त्रिज्या पर लंबवत् होती है।

15. एक रेखा जो वृत्त को दो अलग-अलग बिंदुओं पर काटती है उसके लिए आप कौन-सा पद प्रयोग करेंगे।

16. वृत्त की स्पर्श रेखा तथा वृत्त के उभयनिष्ठ बिंदु का नाम लिखिए।

17. उस रेखा को क्या कहते हैं जो वृत्त की त्रिज्या पर लंबवत् होती है तथा स्पर्श बिंदु से होकर जाती है।

18. वृत्त के स्पर्श रेखाओं की संख्या ज्ञात कीजिए जो छेदक रेखा के समांतर हैं।

19. 3 सेमी त्रिज्या वाले वृत्त की दो समांतर स्पर्श रेखाओं के बीच की दूरी ज्ञात कीजिए।

20. यदि 3 सेमी त्रिज्या वाले वृत्त पर खींची गई दो स्पर्शियाँ परस्पर 60° के कोण पर झुकी हों, तो प्रत्येक स्पर्शी की लंबाई ज्ञात कीजिए। **[NCERT Exemplar]**

21. निम्नलिखित चित्र में AB, AC और PQ एक वृत्त की स्पर्श रेखाएँ हैं। यदि $AB = 5$ सेमी हो, तो ΔAPQ का परिमाप ज्ञात कीजिए। **[CBSE 2000]**

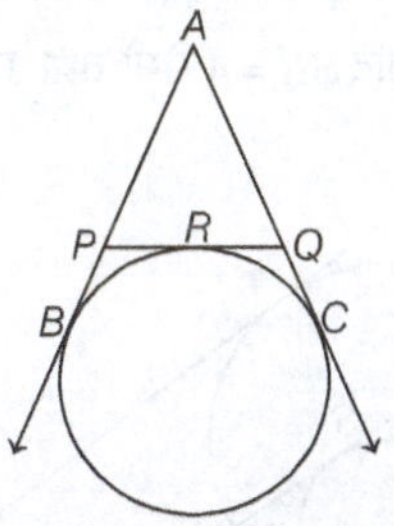

22. चित्र में, AB वृत्त की जीवा और AOC इसका व्यास इस प्रकार हैं, कि $\angle ACB = 50°$ है। यदि AT वृत्त के बिंदु A पर स्पर्शी है, तब $\angle BAT$ बराबर है **[NCERT Exemplar]**

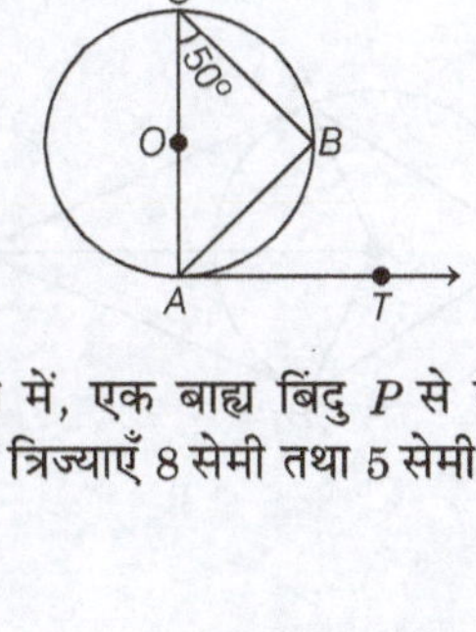

23. निम्न आकृति में, एक बाह्य बिंदु P से केंद्र O वाले दो सकेंद्री वृत्तों, जिनकी त्रिज्याएँ 8 सेमी तथा 5 सेमी हैं, पर स्पर्श रेखाएँ PA तथा PB खींची गई हैं। यदि $AP = 15$ सेमी है तो BP की लंबाई ज्ञात कीजिए।

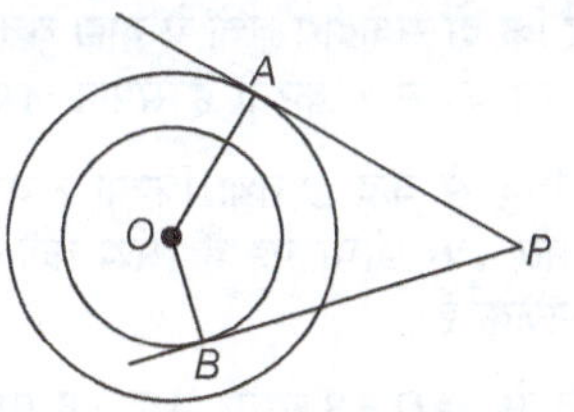

24. दिए गए चित्र में PQ, O केंद्र वाले वृत्त के बिंदु C पर स्पर्श रेखा है। यदि AB व्यास है, और $\angle CAB = 30°$, तब $\angle PCA$ ज्ञात कीजिए।

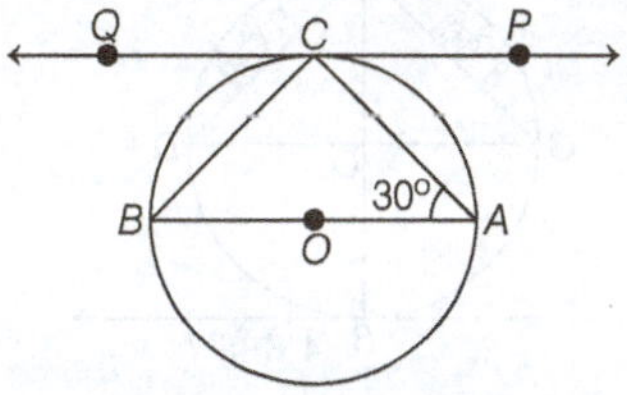

25. दिए गए चित्र में PA और PB, O केंद्र वाले वृत्त पर बिंदु P से खींची गई स्पर्शियाँ हैं। यदि $\angle AOB = 130°$, तब $\angle APB$ ज्ञात कीजिए।

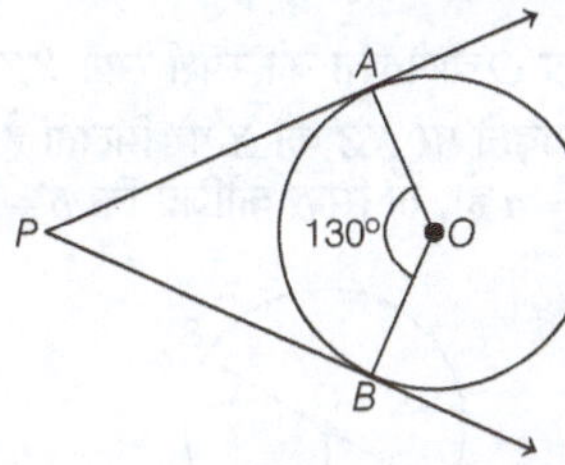

26. दिए गए चित्र में यदि $\angle AOB = 125°$, तब $\angle COD$ ज्ञात कीजिए।

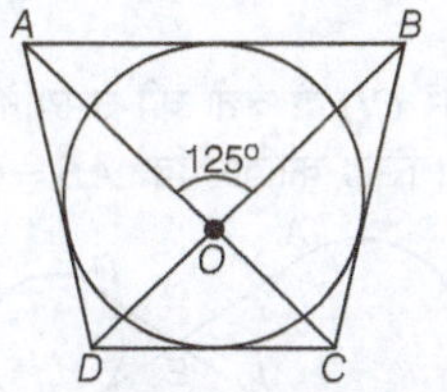

27. एक बिंदु वृत्त के केंद्र से 26 सेमी की दूरी पर है तथा P से वृत्त पर खींची गई स्पर्शी की लंबाई 24 सेमी है। वृत्त की त्रिज्या ज्ञात कीजिए।

28. दिए गए चित्र में QR, बिंदु T पर बाह्य स्पर्श करने वाले वृत्तों C_1 और C_2 की उभयनिष्ठ स्पर्शी है। QR की लंबाई ज्ञात कीजिए यदि $QP = 3.2$ सेमी।

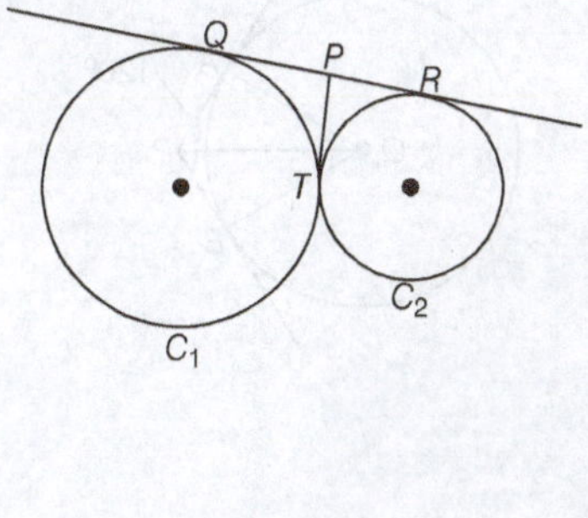

लघु उत्तरीय प्रश्न

29. सिद्ध कीजिए कि दो संकेंद्रीय वृत्तों में बाह्य वृत्त की वह सभी जीवाएँ जोकि अंत: वृत्त को स्पर्श करती हैं समान लंबाई की होती हैं।

30. किसी बाह्य बिंदु से केंद्र O तथा त्रिज्या r वाले वृत्त पर दो स्पर्श रेखाएँ PA और PB खींची गई हैं सिद्ध कीजिए कि OP, AB का लंब-समद्विभाजक है।

31. निम्न आकृति में, $AD = 8$ सेमी, $AC = 6$ सेमी तथा BT, केंद्र O वाले वृत्त के बिंदु B पर स्पर्श रेखा है यदि $BT = 4$ सेमी, तब OT का मान ज्ञात कीजिए।

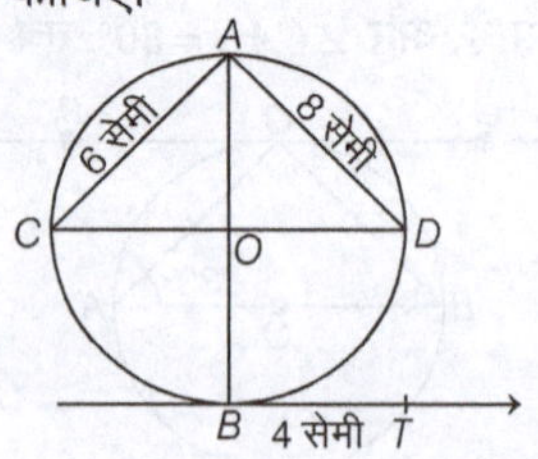

32. किसी वृत्त के दो लंबवत् व्यास के अंत बिंदुओं पर खींची गई स्पर्श रेखाएँ एक-दूसरे के समांतर हैं जोकि एक वर्ग बनाती हैं जिसकी प्रत्येक भुजा 2 सेमी, तब वृत्त की त्रिज्या ज्ञात कीजिए।

33. आकृति में, केंद्र O वाले वृत्त को स्पर्श रेखा XZ, Y पर स्पर्श करती है। व्यास BA बढ़ाने पर XZ को X पर मिलता है। यदि $\angle BXY = b$ और $\angle AYX = a$ हो, तो सिद्ध कीजिए कि $b + 2a = 90°$ है। **[CBSE 2016]**

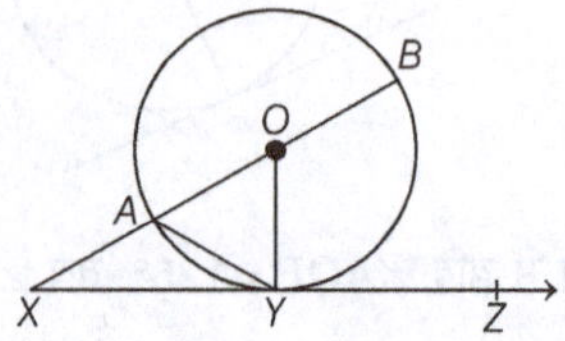

34. चित्र में, AB और CD दो वृत्तों की उभयनिष्ठ स्पर्शियाँ परस्पर बिंदु E पर काटती हैं। सिद्ध कीजिए कि $AB = CD$

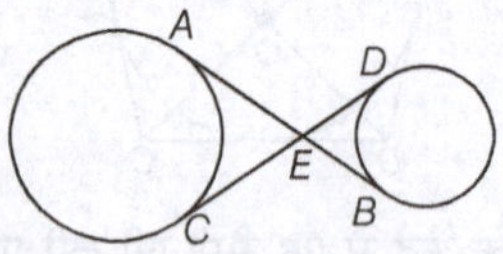

35. निम्न आकृति में, केंद्र O वाले वृत्त पर PA तथा PB दो स्पर्श रेखाएँ इस प्रकार हैं कि $\angle APB = 120°$ है। सिद्ध कीजिए कि $OA = \sqrt{3}\ AP$ है। **[CBSE 2016]**

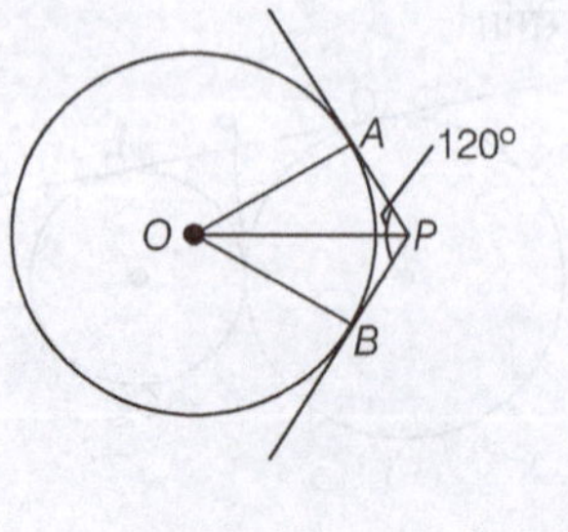

36. दो संकेंद्रीय वृत्तों में, बड़े वृत्त की जीवा की लंबाई 24 सेमी है जोकि 5 सेमी त्रिज्या वाले छोटे वृत्त की स्पर्श रेखा है। बड़े वृत्त की त्रिज्या ज्ञात कीजिए। **[CBSE 2016]**

37. 5 सेमी त्रिज्या वाले वृत्त के व्यास AB के एक अंत बिंदु A से वृत्त पर स्पर्शी XAY खींची गई है। जीवा CD, XY के समांतर है और इसकी बिंदु A से दूरी 8 सेमी है। तब जीवा CD की लंबाई ज्ञात कीजिए। **[NCERT Exemplar]**

38. यदि एक वृत्त एक ΔABC की भुजा BC को P पर स्पर्श करता है तथा बढ़ी हुई भुजाओं AB तथा AC को क्रमश: Q तथा R पर स्पर्श करता है, तो सिद्ध कीजिए कि

$$AQ = \frac{1}{2}(BC + CA + AB)$$

[CBSE 2020 (Standard)]

39. दिए गए चित्र में, O केंद्र वाले तथा r त्रिज्या के वृत्त पर बाह्य बिंदु P से दो स्पर्श रेखाएँ PT और PS खींची गई हैं। यदि $OP = 2r$ तब दिखाइए कि $\angle OTS = \angle OST = 30°$

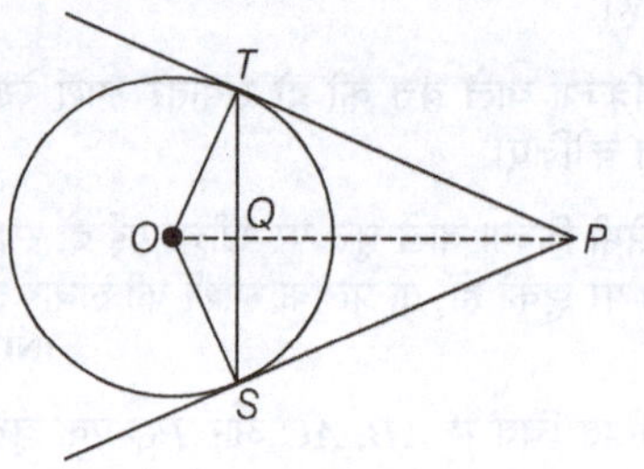

40. दिए गए चित्र में, PQ दोनों वृत्तों की उभयनिष्ठ स्पर्शी है। SR और PT स्पर्शियाँ हैं। यदि $SR = 4$ सेमी तथा $PT = 7$ सेमी तथा RP ज्ञात कीजिए।

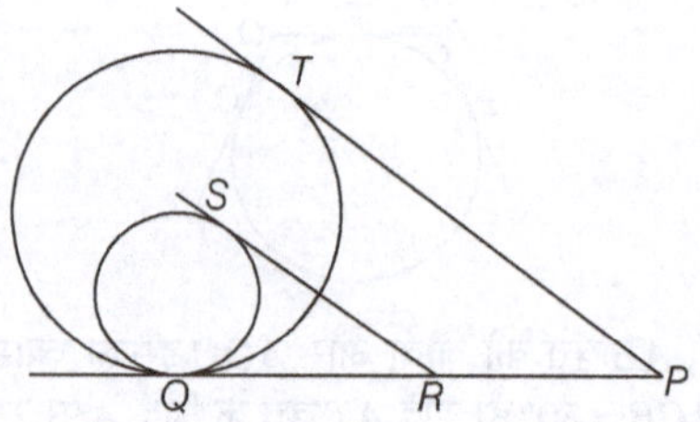

41. दिए गए चित्र में, यदि $\angle ACB = 50°$, तब $\angle ATO$ ज्ञात कीजिए।

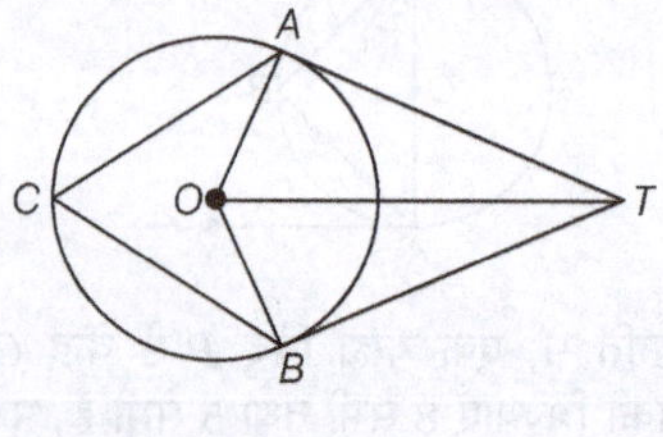

42. आकृति में, एक वृत्त चतुर्भुज $ABCD$ की सभी भुजाओं को स्पर्श करता है, जिसमें $AB = 6$ सेमी, $BC = 7$ सेमी तथा $CD = 4$ सेमी है, तो AD की लम्बाई ज्ञात कीजिए। **[CBSE 2020 (Basic)]**

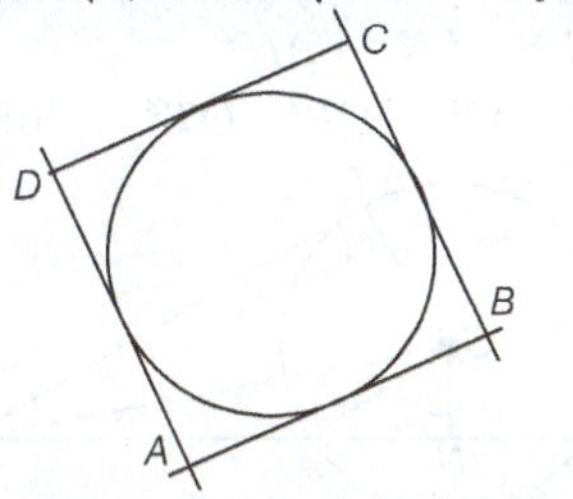

43. दिए गए चित्र में, एक दिए हुए वृत्त के बिंदु D पर एक स्पर्श रेखा BDC इस प्रकार है कि $BC = 30$ सेमी तथा $CD = 7$ सेमी है। अन्य स्पर्श रेखाएँ BE तथा CF उस वृत्त पर क्रमश: B तथा C से खींची गई हैं जो आगे बढ़ाए जाने से, A पर मिलकर एक समकोण त्रिभुज BAC बनाती है। तब वृत्त की त्रिज्या ज्ञात कीजिए।

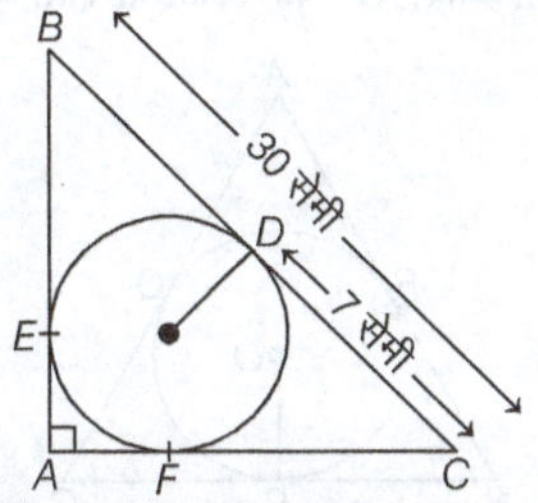

44. दी गई आकृति में, एक बिंदु A से एक वृत्त पर AC तथा AB स्पर्श रेखाएँ इस प्रकार खींची गई हैं, कि $\angle BAC = 30°$ है। स्पर्श रेखा AC के समांतर एक जीवा BD खींची गई है। $\angle DBC$ ज्ञात कीजिए।

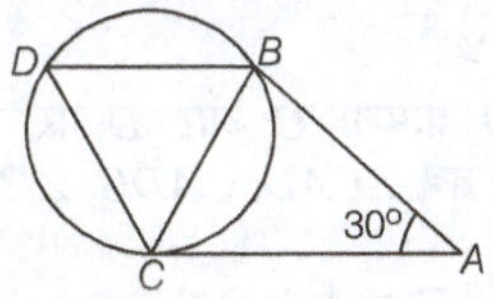

45. एक वृत्त, ΔABC की भुजा BC को बिंदु P पर स्पर्श करता है तथा बढ़ी हुई भुजाएँ AB और AC को क्रमश: बिंदुओं Q और R पर स्पर्श करता है। सिद्ध कीजिए कि $AQ = \frac{1}{2}$ (ΔABC का परिमाप)

[CBSE 2002, 01, 2000]

अथवा सिद्ध कीजिए कि $AQ = \frac{1}{2}(BC + CA + AB)$

46. दी गई आकृति में, वृत्त का केंद्र O है। यदि PA और PB स्पर्श रेखाएँ हैं तथा $\angle APB = 75°$ हो, तो $\angle AQB$ और $\angle AMB$ का मान ज्ञात कीजिए। **[CBSE 2012]**

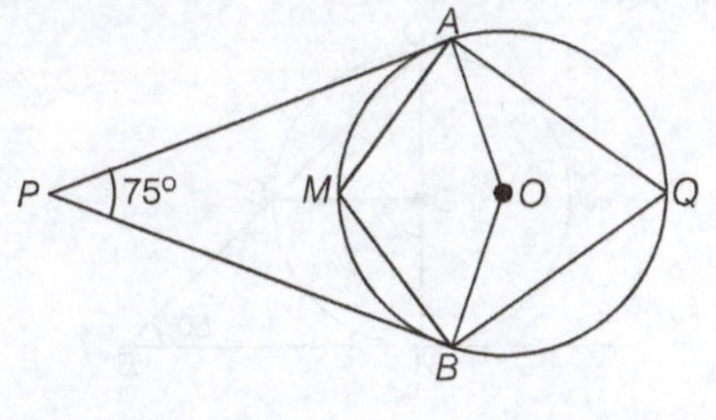

47. आकृति में, O केंद्र वाले 5 सेमी त्रिज्या के एक वृत्त की 8 सेमी लंबी एक जीवा PQ है। P और Q पर स्पर्श रेखाएँ परस्पर एक बिंदु T पर प्रतिच्छेद करती हैं। TP की लंबाई ज्ञात कीजिए। **[CBSE 2019]**

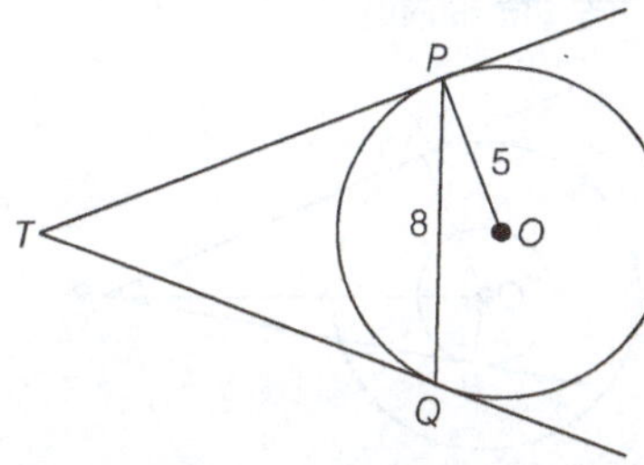

48. निम्न चित्र में, $\angle ADC = 90°$, $BC = 38$ सेमी, $CD = 28$ सेमी तथा $BP = 25$ सेमी तब वृत्त की त्रिज्या ज्ञात कीजिए।

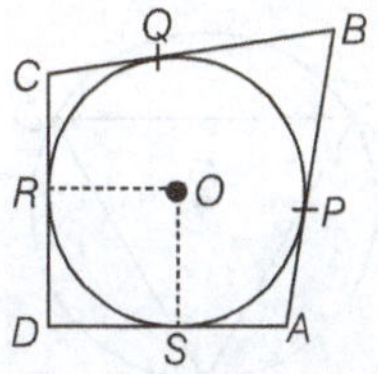

49. दो संकेंद्रीय वृत्तों की त्रिज्याएँ 13 सेमी तथा 8 सेमी हैं। बड़े वृत्त का व्यास AB है। BD छोटे वृत्त की स्पर्श रेखा है जो इसे D पर स्पर्श करती है। AD की लंबाई ज्ञात कीजिए।

50. समकोण ΔABC में, $\angle B = 90°$ है। AB का व्यास लेकर एक वृत्त खींचा जाता है, जोकि कर्ण AC को P पर काटता है। सिद्ध कीजिए P से वृत्त पर खींची गई स्पर्शी BC को समद्विभाजित करती है। **[NCERT Exemplar]**

51. चित्र में, त्रिभुज ABC का अंत: वृत्त खींचा गया है। जो भुजाओं AB, BC और CA को क्रमश: बिंदुओं D, E और F पर स्पर्श करता है। यदि त्रिभुज ABC की भुजाएँ क्रमश: 8 सेमी, 10 सेमी तथा 12 सेमी लंबी हैं, तो AD, BE और CF का मान ज्ञात कीजिए। **[CBSE 2001]**

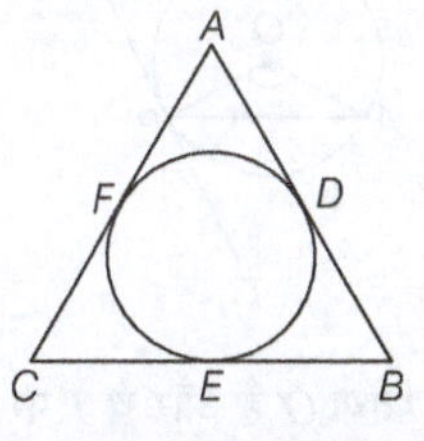

52. यदि एक षट्भुज $ABCDEF$ एक वृत्त के परिगत है, तो सिद्ध कीजिए कि $AB + CD + EF = BC + DE + FA$ है।

53. माना s, ΔABC का अर्द्ध-परिमाप है, जिसमें $AB = c$, $BC = a$, $CA = b$ है। यदि वृत्त की भुजाओं BC, CA और AB को क्रमश: D, E और F पर स्पर्श करता है, तो सिद्ध कीजिए कि $BD = s - b$ **[NCERT Exemplar]**

54. यदि AB, O केंद्र वाले वृत्त पर बिंदु A से खींची गई स्पर्श रेखा है तथा BOC वृत्त का व्यास इस प्रकार है कि $\angle AOC = 120°$, तब $\angle OAB$ ज्ञात कीजिए।

55. दिए गए चित्र में O, 4 सेमी और 6 सेमी त्रिज्या वाले दो संकेंद्रीय वृत्तों का केंद्र है। PA और PB क्रमश: बाह्य और अंत: वृत्त की स्पर्श रेखाएँ हैं। यदि $PA = 10$ सेमी हो तब PB की लंबाई दशमलव के एक स्थान तक ज्ञात कीजिए।

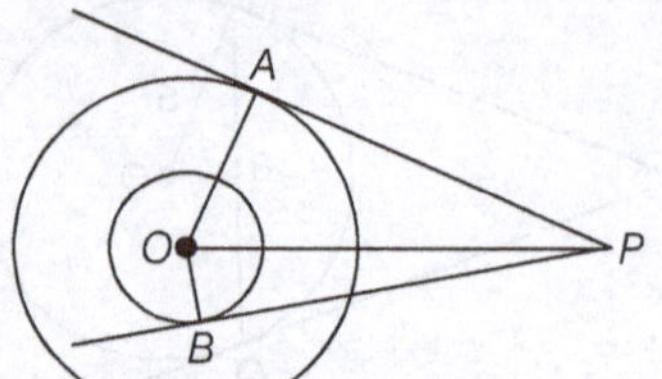

56. केंद्र O वाले वृत्त के बिंदु A पर खींची गई स्पर्श रेखा AB, जीवा CD के समांतर है। सिद्ध कीजिए कि ΔACD एक समद्विबाहु त्रिभुज है।

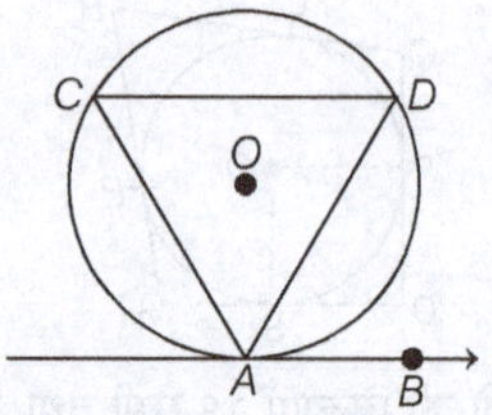

दीर्घ उत्तरीय प्रश्न

57. वृत्त के बिंदु C पर एक स्पर्शी तथा व्यास AB को जब बढ़ाया जाता है, तो वह बिंदु P पर प्रतिच्छेद करता है। यदि $\angle PCA = 110°$, तो $\angle CBA$ ज्ञात कीजिए। **[NCERT Exemplar]**

58. निम्न चित्र में, O वृत्त का केंद्र है, स्पर्श रेखा TPT' वृत्त को बिंदु P पर स्पर्श करती है तथा PA वृत्त की एक जीवा है। यदि $\angle POA = 130°$ हो, तो $\angle APT$ की माप ज्ञात कीजिए।

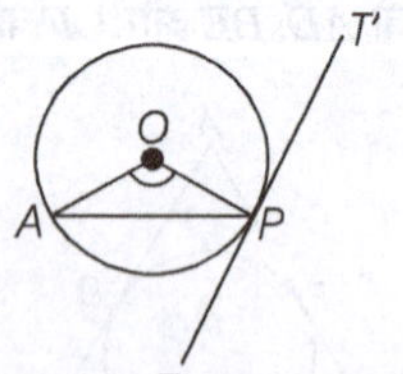

59. दो वृत्तों के केंद्र O तथा O' हैं और वे T पर बाह्य स्पर्श करते हैं जैसा कि आकृति में दर्शाया गया है।

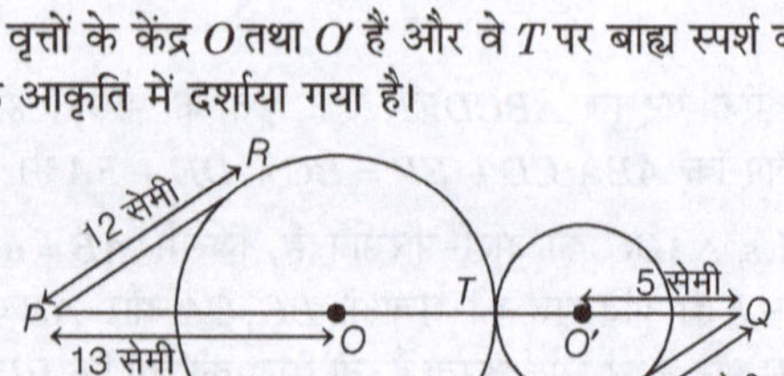

यदि $PR = 12$ सेमी, $PO = 13$ सेमी, $O'Q = 5$ सेमी और $SQ = 3$ सेमी है, तो रेखाखंड PQ की लंबाई ज्ञात कीजिए **[CBSE 2016]**

60. दी गई आकृति में, केंद्र O वाले वृत्त पर बाह्यबिंदु P से स्पर्श रेखा PT और एक रेखाखंड PAB खींचा गया है। ON जीवा AB पर लंब है, सिद्ध कीजिए कि **[NCERT Exemplar]**

(i) $PA \cdot PB = PN^2 - AN^2$

(ii) $PN^2 - AN^2 = OP^2 - OT^2$ (iii) $PA \cdot PB = PT^2$

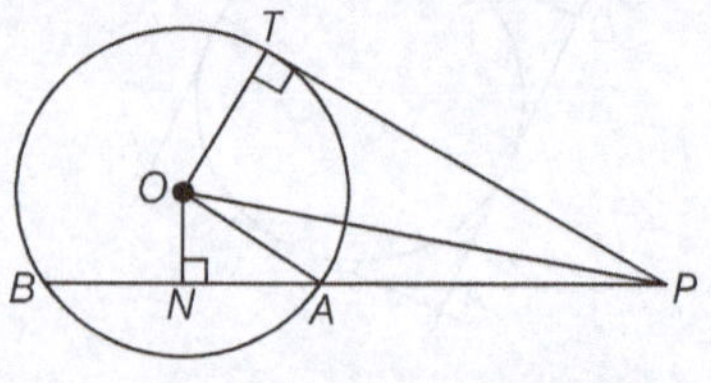

61. दिए गए चित्र में, त्रिज्या 10 सेमी वाले एक वृत्त के परिगत एक ΔABC इस प्रकार खींचा गया है कि रेखाखंडों BP और PC, जिसमें BC स्पर्श बिंदु P द्वारा विभाजित हो जाती है, की लंबाईयाँ क्रमश: 15 सेमी और 20 सेमी हैं। यदि ΔABC का क्षेत्रफल 525 सेमी^{2} है, तो भुजाओं AB और AC की लंबाईयाँ ज्ञात कीजिए।

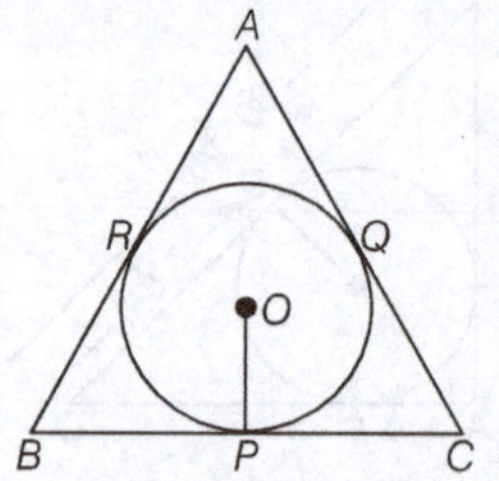

62. यदि समकोण त्रिभुज की भुजाएँ a, b, c हैं, जहाँ भुजा c कर्ण है, तब सिद्ध कीजिए कि वृत्त जो त्रिभुज की भुजाओं को स्पर्श करता है, की त्रिज्या $r = \dfrac{a+b-c}{2}$

63. AC और AD क्रमश: C और D पर स्पर्श रेखाएँ हैं। यदि $\angle BCD = 44°$, तब $\angle CAD$, $\angle ADC$, $\angle CBD$ और $\angle ACD$ ज्ञात कीजिए।

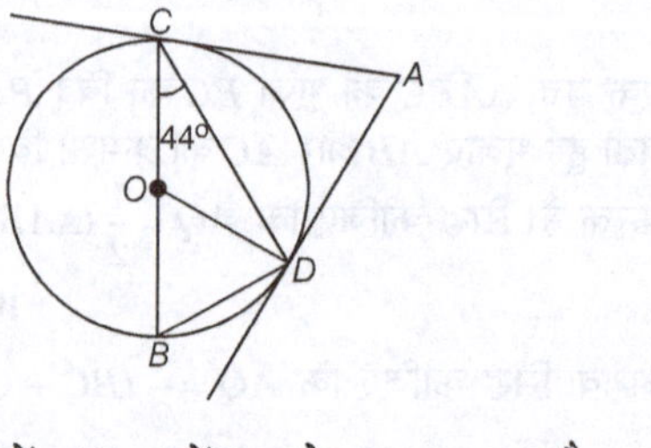

64. दी गई आकृति में, AD, O केंद्र वाले वृत्त का व्यास है तथा AB, A पर स्पर्श रेखा है। वृत्त पर बिंदु C इस प्रकार है कि DC को बढ़ाने पर वह स्पर्श रेखा को B पर काटती है तथा $\angle ABD = 50°$, $\angle COA$ ज्ञात कीजिए।

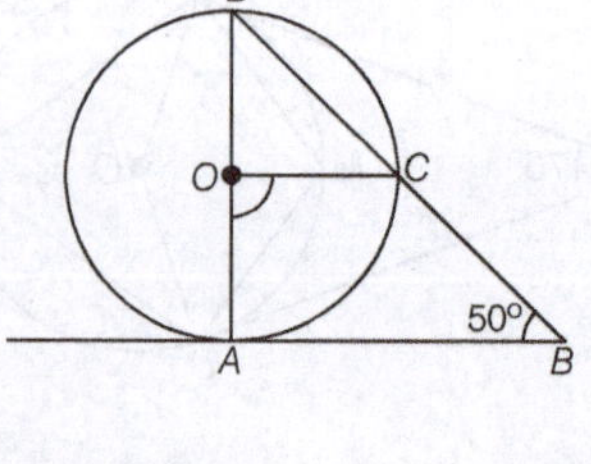

65. एक वृत्त पर स्पर्शियाँ PQ और PR इस प्रकार खींची जाती हैं कि $\angle RPQ = 30°$, स्पर्शी PQ के समांतर एक जीवा RS खींची जाती है। $\angle RQS$ ज्ञात कीजिए।

66. PA और PB, समबाहु ΔABQ के परिगत बने वृत्त की स्पर्श रेखाएँ हैं। यदि $\angle PAB = 60°$ जैसा कि चित्र में दिखाया गया है, तब सिद्ध कीजिए कि QP, रेखा AB को समकोण पर समद्विभाजित करती है।

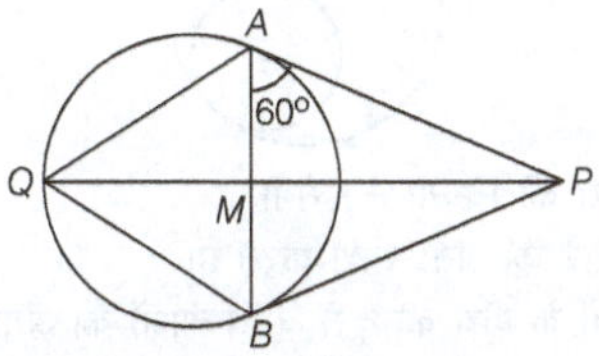

केस स्टडी आधारित प्रश्न

67. एक झूला वृत्ताकार रूप का है जिसमें बहुत सारे यात्रियों को एकसाथ बैठाकर ऊपर नीचे घुमाकर झुलाया जाता है। यह रिम से इस प्रकार जुड़ा रहता है कि जब पहिया घुमाया जाता है, तो यह गुरुत्वाकर्षण के कारण ऊपर नीचे होता है। झूलने में यात्रा करने के पश्चात् आरती भीड़ में से आकर यह महसूस करती है कि उसकी एक सखी ने यात्रा का आनंद लेते हुए झूलने वाले चक्र के विभिन्न कोणों के माप बना लिए हैं जोकि निम्नवत् हैं

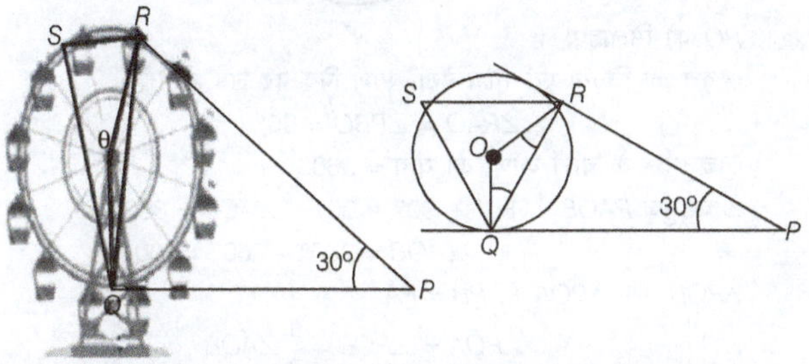

उपरोक्त जानकारी के आधार पर निम्न प्रश्नों के उत्तर दीजिए।

(i) दी गई आकृति में, $\angle ROQ$ का मान ज्ञात कीजिए।
(a) 60°
(b) 100°
(c) 150°
(d) 90°

(ii) $\angle RQP$ ज्ञात कीजिए।
(a) 75° (b) 60°
(c) 30° (d) 90°

(iii) $\angle RSQ$ ज्ञात कीजिए।
(a) 60° (b) 75°
(c) 100° (d) 30°

अथवा

$\angle ORP$ ज्ञात कीजिए।
(a) 90° (b) 70° (c) 100° (d) 60°

68. खेल दिवस पर वरुण विद्यार्थियों तथा कर्मचारियों की टी-शर्ट पर लोगो डिजाइन करने हेतु विद्यालय द्वारा चुना जाता है। लोगो डिजाइन नीचे दी गई आकृति के अनुसार है।

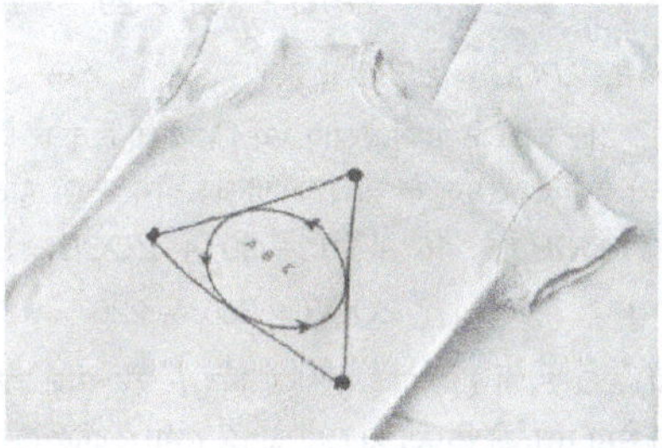

दी गई आकृति में ΔABC के अन्तर्गत O केन्द्र वाला वृत्त इस प्रकार है कि यह भुजाओं AB, BC तथा CA को क्रमशः बिन्दु D, E तथा F पर स्पर्श करता है। भुजाओं AB, BC तथा CA की लंबाईयाँ क्रमशः 12 सेमी, 8 सेमी तथा 10 सेमी हैं।

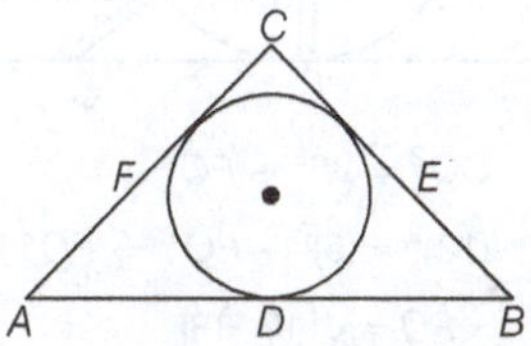

उपरोक्त जानकारी के आधार पर निम्न प्रश्नों के उत्तर दीजिए।

(i) AD की लम्बाई ज्ञात कीजिए।
(a) 7 सेमी (b) 8 सेमी
(c) 5 सेमी (d) 9 सेमी

(ii) BE की लम्बाई ज्ञात कीजिए।
(a) 8 सेमी (b) 5 सेमी
(c) 2 सेमी (d) 9 सेमी

(iii) CF की लम्बाई ज्ञात कीजिए।
(a) 9 सेमी (b) 5 सेमी
(c) 2 सेमी (d) 3 सेमी

अथवा

यदि वृत्त की त्रिज्या 4 सेमी है, तब ΔOAB का क्षेत्रफल ज्ञात कीजिए।
(a) 20 सेमी^{2} (b) 36 सेमी^{2}
(c) 24 सेमी^{2} (d) 48 सेमी^{2}

संकेत एवं हल

1. (*b*) चित्र में, $\angle TPO = \angle TQO = 90°$

[$\because$ वृत्त की स्पर्श रेखा एवं त्रिज्या एक-दूसरे पर लंब होती हैं]

हम जानते हैं कि चतुर्भुज के चारों कोणों का योग 360° होता है।

$\therefore$ चतुर्भुज *POQT* में, $110° + 90° + 90° + \angle PTQ = 360°$

$\Rightarrow \quad \angle PTQ = 360° - 290° = 70°$

2. (*c*) चित्र में, $\angle PQO = \angle PRO = 90°$

[$\because$ वृत्त की स्पर्श रेखाएँ एवं त्रिज्या एक-दूसरे पर लंब होती हैं]

हम जानते हैं कि चतुर्भुज के चारों कोणों का योग 360° होता है।

$\therefore$ चतुर्भुज *PQOR* में, $46° + 90° + 90° + \angle QOR = 360°$

$\Rightarrow \quad \angle QOR = 360° - 226° = 134°$

3. (*d*) यहाँ, *PQ* स्पर्शी है, जोकि वृत्त को बिंदु *P* पर स्पर्श करती है और *OP* = 5 सेमी वृत्त की त्रिज्या है। *OQ* = 12 सेमी। क्योंकि *OP* त्रिज्या है, अतः यह स्पर्शी *PQ* पर लंब होगी।

समकोण ΔOPQ में,

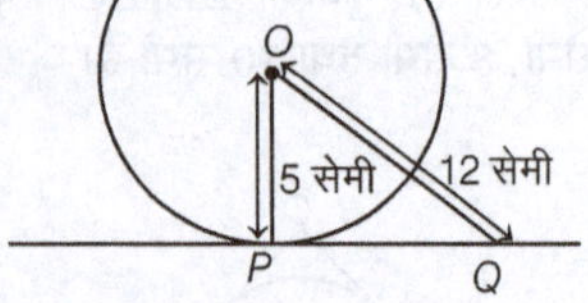

$OQ^2 = OP^2 + PQ^2$ [पाइथागोरस प्रमेय से]

$\Rightarrow \quad (12)^2 = (5)^2 + PQ^2 \Rightarrow PQ^2 = 144 - 25 = 119$

$\Rightarrow \quad PQ = \sqrt{119}$ सेमी

4. (*a*) दिया है, स्पर्श रेखा की लंबाई *QP* = 24 सेमी और *QO* = 25 सेमी।

अब, *OP* को मिलाइए।

हम जानते हैं कि *OP* त्रिज्या स्पर्श रेखा *PQ* पर लंब होती है।

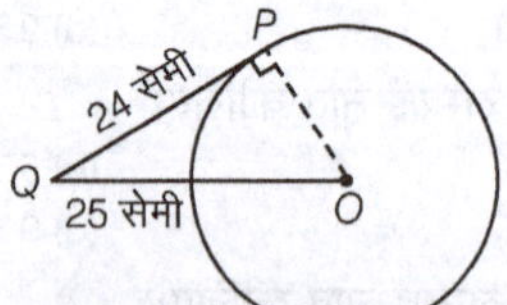

समकोण ΔOPQ में,

$OQ^2 = OP^2 + PQ^2$ [पाइथागोरस प्रमेय से]

$\Rightarrow \quad 25^2 = OP^2 + 24^2$

$\Rightarrow \quad OP^2 = 625 - 576 = 49 \Rightarrow OP = 7$ सेमी

5. (*c*) दिया है, *OP* = 3 सेमी, *OA* = 5 सेमी

$\because$ *APB* अंतः वृत्त की स्पर्श रेखा है।

$\therefore \quad \angle OPA = 90°$

अब, ΔOAP में, $OA^2 = OP^2 + AP^2 \Rightarrow 25 = 9 + AP^2$

$\Rightarrow \quad AP^2 = 16 \Rightarrow AP = 4$ सेमी

$\because$ वृत्त के केंद्र से जीवा पर डाला गया लंब जीवा को समद्विभाजित करता है

$\therefore$ $AB = 2AP = 2 \times 4 = 8$ सेमी

6. (*b*) दिया है, एक वृत्त की त्रिज्या = 2 सेमी

तथा केंद्रों के बीच की दूरी = 3 सेमी

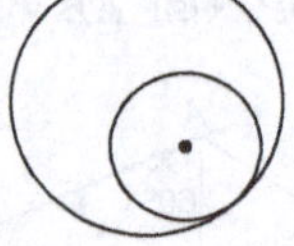

माना दूसरे वृत्त की त्रिज्या = *r* सेमी

$\because$ वृत्त एक-दूसरे को अंतः स्पर्श करते हैं।

$\therefore$ वृत्तों के केंद्रों के बीच की दूरी = त्रिज्याओं का अंतर

$3 = r - 2$

$\Rightarrow \quad r = 3 + 2 = 5$ सेमी

7. (*a*) बिंदु *P* से दो स्पर्श रेखाएँ *PA* और *PB* इस प्रकार खींची गई हैं कि $\angle APB = 80°$

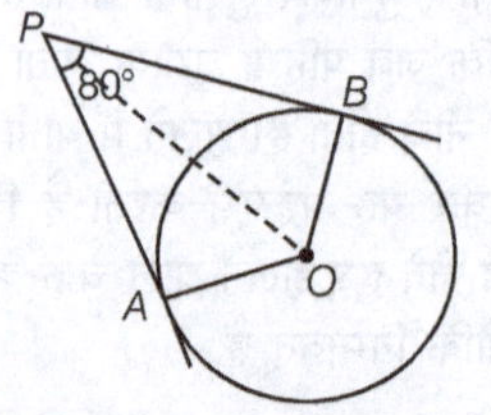

PO को मिलाइए।

$\because$ वृत्त की त्रिज्या एवं स्पर्श रेखा स्पर्श बिंदु पर लंब होती हैं।

$\therefore \quad \angle PAO = \angle PBO = 90°$

$\because$ चतुर्भुज के चारों कोणों का योग = 360°

$\therefore$ चतुर्भुज *PAOB* में, $80° + 90° + 90° + \angle AOB = 360°$

$\Rightarrow \quad \angle AOB = 360° - 260° = 100°$

ΔPOB तथा ΔPOA में, *PB* = *PA*

$\therefore \quad \angle POA = \angle POB = \frac{1}{2}\angle AOB$

$\Rightarrow \quad \angle POA = \frac{1}{2} \times 100° = 50°$

8. (*d*) ΔPAO में,

$OP^2 = PA^2 + AO^2$

$\Rightarrow \quad 10^2 = PA^2 + 6^2$

$\Rightarrow \quad PA^2 = 100 - 36 = 64 \Rightarrow PA = 8$ सेमी

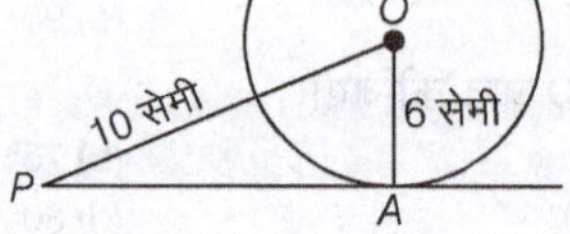

तथा हम जानते हैं कि वृत्त के व्यास के सिरों पर खींची गई स्पर्श रेखाएँ परस्पर समान्तर होती है।

अतः कथन गलत है परन्तु कारण सही है।

9. (*b*) $\because \angle APB = 76^\circ$

$\therefore \quad \angle APO = \frac{76^\circ}{2} = 38^\circ$

तथा $\angle PAO = 90^\circ$

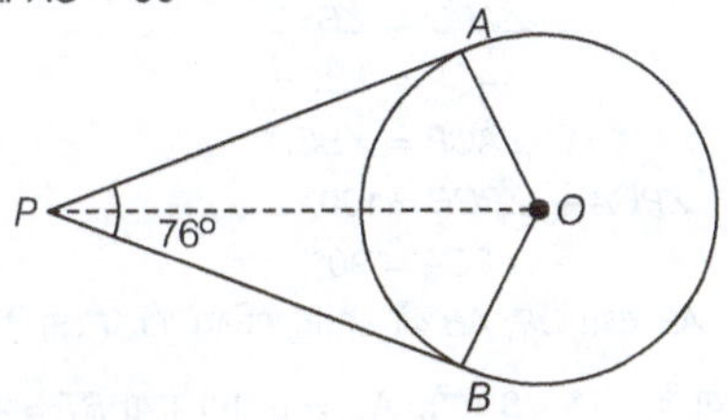

अब ΔPAO में,

$$\angle APO + \angle PAO + \angle POA = 180^\circ$$

$\Rightarrow \quad 38^\circ + 90^\circ + \angle POA = 180^\circ$

$\Rightarrow \quad \angle POA = 180^\circ - 128^\circ = 52^\circ$

अतः कथन व कारण दोनों सही है परन्तु कारण कथन का सही स्पष्टीकरण नहीं है।

10. (*d*) हम जानते हैं कि वृत्त के बाहर स्थित बिन्दु से वृत्त पर दो स्पर्श रेखाएँ खींची जा सकती है। अतः कथन गलत है परन्तु कारण सही है।

11. (*a*) $\because$ वृत्त की त्रिज्या = 3 सेमी

$\therefore$ वृत्त का व्यास = 6 सेमी

अतः कथन व कारण दोनों सही हैं तथा कारण कथन का सही स्पष्टीकरण है।

12. (*d*) हम जानते हैं कि वृत्त के अन्दर स्थित बिन्दु से जाने वाली रेखा को छेदक रेखा कहते है तथा इस बिन्दु से होकर कोई भी स्पर्श रेखा नहीं खींची जा सकती है। अतः कथन गलत है परन्तु कारण सही है।

13. वृत्त के बाहर स्थित किसी बिंदु से वृत्त पर दो स्पर्श रेखाएँ खींची जा सकती हैं।

14. स्पर्श रेखा, स्पर्श बिंदु पर त्रिज्या के लंबवत् होती है।

15. छेदक रेखा

16. स्पर्श बिंदु

17. स्पर्श रेखा

18. दो

19. **संकेत** वृत्त की त्रिज्या = 3 सेमी

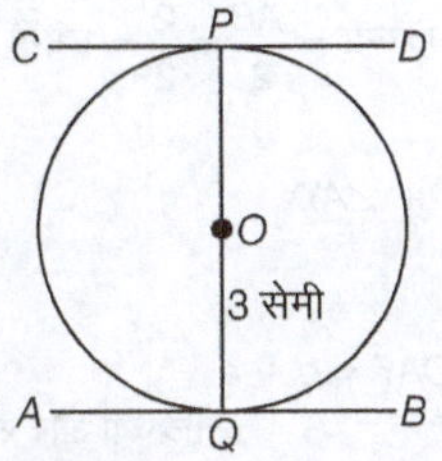

$\Rightarrow \quad OP = OQ = 3$ सेमी

$\therefore \quad PQ = OP + OQ$

$= 3 + 3$

$= 6$ सेमी

20. **संकेत** यहाँ, P एक बाह्य बिंदु है, P से खींची गई स्पर्शियों का युग्म बिंदु P पर 60° का कोण बनाता है।

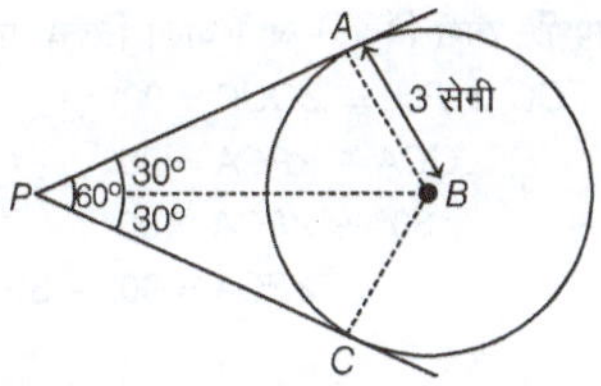

PB, $\angle APC$ की समद्विभाजक रेखा है।

$\therefore \quad \angle APB = \angle CPB = 30^\circ \Rightarrow AB \perp AP$

समकोण ΔBAP में, $\tan 30^\circ = \frac{AB}{AP} = \frac{3}{AP} \Rightarrow \frac{1}{\sqrt{3}} = \frac{3}{AP}$

$\Rightarrow \quad AP = 3\sqrt{3}$ सेमी

अतः प्रत्येक स्पर्शी की लंबाई $3\sqrt{3}$ सेमी है।

21. **संकेत** हम जानते हैं कि बाह्य बिंदु से वृत्त पर खींची गई स्पर्श रेखाएँ समान होती हैं।

$\therefore \quad AB = AC = 5$ सेमी

$\Rightarrow \quad AP + BP = AQ + QC = 5$ सेमी

$\Rightarrow \quad AP + PR = AQ + QR = 5$ सेमी

$\therefore \Delta APQ$ का परिमाप $= AP + PQ + AQ = AP + RP + QR + AQ$

$= 5 + 5 = 10$ सेमी

22. **संकेत** चित्र में, AOC वृत्त का व्यास है। हम जानते हैं कि अर्द्धवृत्त में स्थित कोण समकोण होता है।

$\therefore \quad \angle ABC = 90^\circ$

ΔACB में, त्रिभुज के कोण योग गुण से, $\angle CAB = 40^\circ$

$\because \quad OA \perp AT$

$\therefore \quad \angle OAT = 90^\circ \Rightarrow \angle OAB + \angle BAT = 90^\circ \Rightarrow \angle BAT = 50^\circ$

23. **संकेत** समकोण ΔOAP में, $OP^2 = AP^2 + OA^2 = (15)^2 + (8)^2$

$\Rightarrow \quad OP = 17$ सेमी

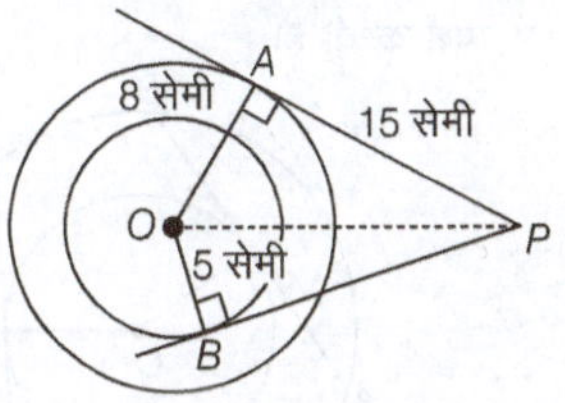

समकोण ΔOBP में, $OP^2 = OB^2 + BP^2$

$\Rightarrow \quad BP^2 = OP^2 - OB^2 = (17)^2 - (5)^2$

$\Rightarrow \quad BP = \sqrt{264} = 2\sqrt{66}$ सेमी

24. **संकेत** दिया है, $\angle CAB = 30^\circ$

OC को मिलाइए।

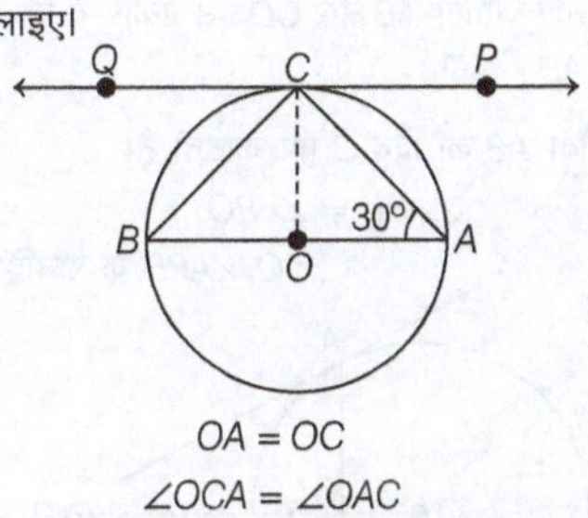

$OA = OC$ [वृत्त की त्रिज्या]

$\Rightarrow \quad \angle OCA = \angle OAC$

[$\because$ त्रिभुज की समान भुजाओं के सम्मुख कोण बराबर होते हैं]

$\Rightarrow \quad \angle OCA = 30^\circ$ [$\because \angle OAC = 30^\circ$] ...(i)

वृत्त की स्पर्शी, स्पर्श बिंदु से जाने वाली त्रिज्या पर लंब होती है।

$\therefore \quad OC \perp PQ \Rightarrow \angle OCP = 90^\circ$

$\Rightarrow \quad \angle OCA + \angle PCA = 90^\circ$

$\Rightarrow \quad 30^\circ + \angle PCA = 90^\circ$

$\Rightarrow \quad \angle PCA = 90^\circ - 30^\circ = 60^\circ$

25. 50°

26. **संकेत** हम जानते हैं कि वृत्त के परिगत बने चतुर्भुज की आमने-सामने की भुजाएँ केंद्र पर संपूरक कोण अंतरित करती हैं।

$\therefore \quad \angle AOB + \angle COD = 180^\circ$

$\Rightarrow \quad 125^\circ + \angle COD = 180^\circ$

$\Rightarrow \quad \angle COD = 55^\circ$

27. **संकेत** ΔOAP में पाइथागोरस प्रमेय का प्रयोग कीजिए।

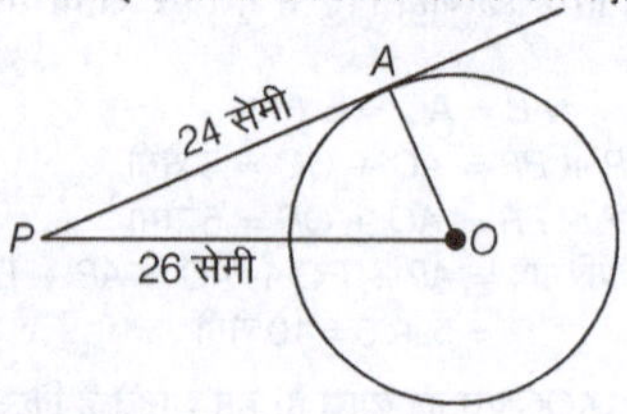

उत्तर 10 सेमी

28. हम जानते हैं कि बाह्य बिंदु से वृत्त पर खींची गई स्पर्शियों की लंबाइयाँ समान होती हैं।

$\therefore \quad QP = PT = 3.2$ सेमी

तथा $\quad PT = PR = 3.2$ सेमी

अतः $\quad QR = QP + PR = 6.4$ सेमी

29. **संकेत** माना वृत्त की दो जीवाएँ AB और CD हैं जोकि अंतः वृत्त को क्रमशः बिंदु M और N पर स्पर्श करती हैं।

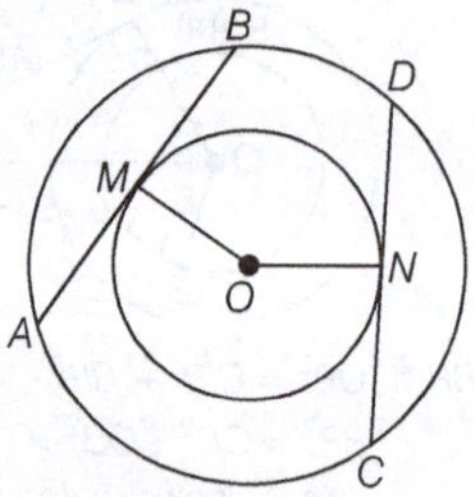

चूँकि AB और CD छोटे वृत्त की स्पर्श रेखाएँ हैं।

$\therefore OM = ON =$ छोटे वृत की त्रिज्या

अतः बड़े वृत्त की जीवाएँ AB और CD इस प्रकार हैं कि वे केंद्र से समान दूरी पर हैं। अतः $AB = CD$

30. **संकेत** OP जीवा AB को बिंदु C पर काटती है।

स्पष्टतः $\quad \angle APO = \angle BPO$

[$\because$ O, $\angle APB$ के समद्विभाजक पर स्थित है]

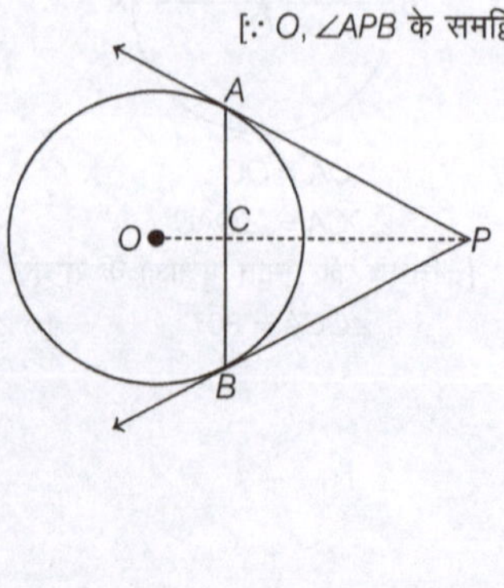

अब, ΔPCA और ΔPCB में,

$PA = PB$

[बाह्य बिंदु से खींची गई स्पर्शियों की लंबाई बराबर होती हैं]

$PC = PC$ [उभयनिष्ठ]

$\angle APO = \angle BPO$

$\therefore \quad \Delta ACP \cong \Delta BCP$

तब $\quad \angle ACP = \angle BCP$

$\because \quad \angle PCA + \angle PCB = 180^\circ$

$\Rightarrow \quad \angle PCA = 90^\circ$

$\Rightarrow OP \perp AB$ तथा OP, AB को समद्विभाजित भी करता है।

31. **संकेत** दिया है, $AD = 8$ सेमी, $AC = 6$ सेमी तथा $BT = 4$ सेमी

$\angle CAD = 90^\circ$ [अर्धवृत्त में बना कोण]

ΔACD में, $\quad CD^2 = AC^2 + AD^2 \Rightarrow CD = 10$ सेमी

$\therefore \quad OC = OD = OB = \frac{10}{2} = 5$ सेमी

ΔOBT में, $\quad OT^2 = OB^2 + BT^2$ [$\because \angle OBT = 90^\circ$]

$\Rightarrow \quad OT = \sqrt{41}$ सेमी

32. **संकेत** माना O केंद्र वाले वृत्त के AB और CD दो लंबवत् व्यास हैं, T_1 और T_2, बिंदुओं A और B पर स्पर्श रेखाएँ हैं तथा T_3 और T_4 बिंदुओं C और D पर स्पर्श रेखाएँ हैं।

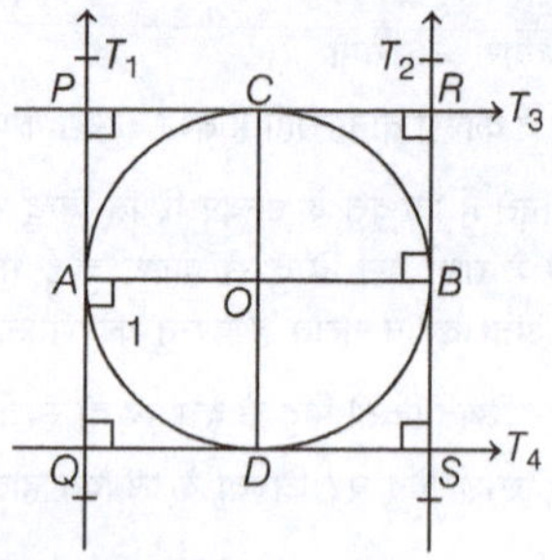

चित्र से, $PQSR$ एक वर्ग है।

$\therefore \quad PQ \parallel RS \Rightarrow AP \parallel BR$ ... (i)

तथा $\quad \angle CPQ = \angle OAQ = 90^\circ \Rightarrow PR \parallel AB$ ... (ii)

समी (i) तथा (ii) से, $APRB$ एक समांतर चतुर्भुज है।

$\therefore \quad AB = PR = 2$

इस प्रकार वृत्त की त्रिज्या $= \frac{AB}{2} = \frac{2}{2} = 1$ सेमी

33. **संकेत** ΔAXY में,

$\angle OAY = \angle BXY + \angle AYX$ [बाह्य कोण]

$= b + a$

$\because \quad OA = OY$ [वृत्त की त्रिज्याएँ]

$\Rightarrow \quad \angle OYA = \angle OAY = b + a$

$\angle OYX = 90^\circ$ [त्रिज्या और स्पर्श रेखा के बीच बना कोण]

$\Rightarrow \quad \angle AYX + \angle OYA = 90^\circ$

$\Rightarrow \quad a + a + b = 90^\circ \Rightarrow b + 2a = 90^\circ$

34. **संकेत** C_2 वृत्त पर बाह्य बिंदु F से FB और FD स्पर्शियाँ खींची गई हैं।

$\therefore \quad FD = FB$

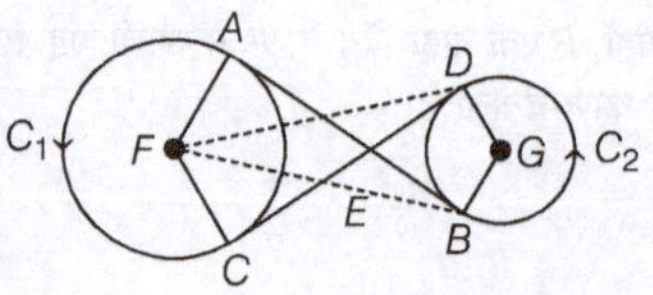

समकोण ΔAFB और ΔCFD में,

$AF = FC$ [वृत्त की त्रिज्याएँ]

$\angle A = \angle C = 90°$

और $FB = FD$ [स्पर्शियों के युग्म की लंबाइयाँ]

$\therefore$ $\Delta AFB \sim \Delta CFD$ [SAS समरूपता से]

अतः $AB = CD$ [समरूप त्रिभुजों की संगत भुजाएँ बराबर होती हैं]

इति सिद्धम्

35. **संकेत** दिया है, $\angle APB = 120°$

$\Rightarrow$ $\angle AOB = 180° - 120° = 60°$

तथा $\angle AOP = \frac{1}{2}\angle AOB = \frac{1}{2} \times 60° = 30°$

समकोण ΔOAP में, $\cot 30° = \frac{OA}{AP}$

$\Rightarrow$ $OA = \sqrt{3}AP$

36. NCERT फोल्डर प्रश्नावली 10.2, प्रश्न 7 की भाँति स्वयं हल करें।
उत्तर 13 सेमी

37. **संकेत** 5 सेमी त्रिज्या का O केंद्र वाला एक वृत्त खींचिए।
तब, बिंदु A पर स्पर्शी XY खींचिए।
एक जीवा $CD \parallel XY$ खींची, जिनके बीच की दूरी $AE = 8$ सेमी है। अब, OC को मिलाइए।
साथ ही, $OE \perp CD$

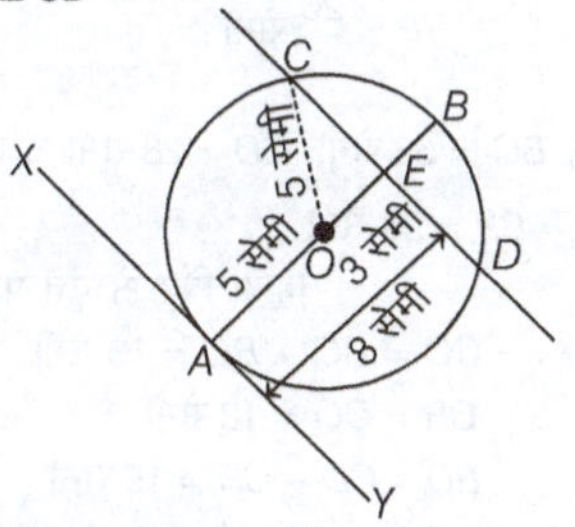

समकोण ΔOEC में,

$EC^2 = OC^2 - OE^2$ [पाइथागोरस प्रमेय से]

$\Rightarrow$ $EC = 4$ सेमी

अतः जीवा CD की लंबाई $= 2\,CE = 2 \times 4 = 8$ सेमी

38. **दिया है** एक वृत्त जो ΔABC की भुजा BC को बिंदु P पर स्पर्श करता है तथा भुजा AB तथा AC को आगे बढ़ाने पर बिंदु Q तथा R पर स्पर्श करता है।

सिद्ध करना है $AQ = \frac{1}{2}(BC + CA + AB)$

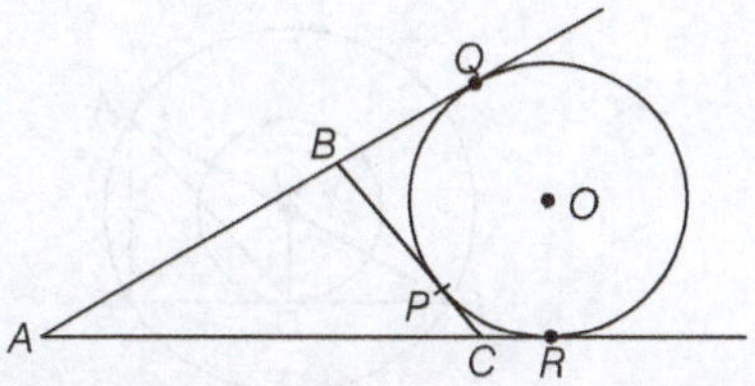

उपपत्ति हम जानते हैं कि बाह्य बिंदु से वृत्त पर खींची गई स्पर्श रेखाएँ परस्पर बराबर होती हैं।

$\therefore$ $BQ = BP$ [$\because B$ एक बाह्य बिंदु है]

इसी प्रकार, $CP = CR$ तथा $AQ = AR$

अब, $2AQ = AQ + AQ = AQ + AR$

$\Rightarrow$ $2\,AQ = (AB + BQ) + (AC + CR)$

[$\because AQ = AB + BQ$ तथा $AR = AC + CR$]

$\Rightarrow$ $2AQ = AB + BP + AC + CP$

[$\because BQ = BP$ तथा $CP = CR$]

$\Rightarrow$ $2AQ = (BP + CP) + AB + AC$

$\Rightarrow$ $2AQ = BC + AB + AC$ [$\because BP + CP = BC$]

$\Rightarrow$ $2AQ = BC + CA + AB$

$\therefore$ $AQ = \frac{1}{2}(BC + CA + AB)$ **इति सिद्धम्**

39. **संकेत** दिया है, $OP = 2r$

$\because$ स्पर्श रेखा, स्पर्श बिंदु से जाने वाली त्रिज्या पर लंब होती है।

$\therefore$ $OT \perp PT \Rightarrow \angle OTP = 90°$

समकोण ΔOTP में, $\cos\angle TOP = \frac{OT}{OP}$

$\Rightarrow$ $\cos\angle TOP = \frac{r}{2r} = \frac{1}{2} \Rightarrow \angle TOP = 60°$

$\Rightarrow$ $\angle TOS = 2\angle TOP = 120°$ [$\because OP, \angle TOS$ का अर्द्धक है]

ΔOTS में, $OT = OS$ [वृत्त की त्रिज्याएँ]

$\therefore$ $\angle OTS = \angle OST$

[$\because$ त्रिभुज की समान भुजाओं के सम्मुख कोण बराबर होते हैं]

अब $\angle OTS + \angle OST + \angle TOS = 180°$

$\Rightarrow$ $2\angle OTS + 120° = 180°$

$\Rightarrow$ $\angle OTS = \angle OST = 30°$

40. **संकेत** $PQ = PT$

[किसी वृत्त के बाह्य बिंदु से खींची गई स्पर्श रेखाएँ समान होती हैं]

$\Rightarrow$ $PQ = 7$ सेमी ...(i)

तथा $RQ = RS = 4$ सेमी

अतः $RP = PQ - RQ = 7 - 4 = 3$ सेमी

41. 40°

42. $\because$ बाह्य बिन्दु से वृत्त पर खींची गई स्पर्श रेखाओं की लंबाई बराबर होती है।

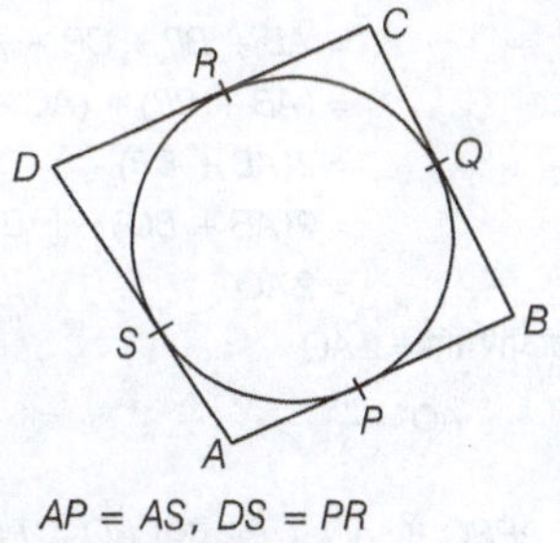

$AP = AS,\ DS = PR$

$CR = CQ,\ BP = BQ$

अब, $AD = AS + SD = AP + DR$

$= 6 - PB + 4 - RC$

$= 10 - (PB + RC)$

$= 10 - (BQ + CQ)$

$= 10 - BC$

$= 10 - 7 = 3$

43. टॉपिक –2 , उदाहरण 4 की भाँति स्वयं हल कीजिए। **उत्तर** 5 सेमी

44. संकेत दिया है, $AC \parallel BD$

ΔACB में, $AC = AB$ [बाह्य बिंदु से खींची गई स्पर्श रेखाएँ]

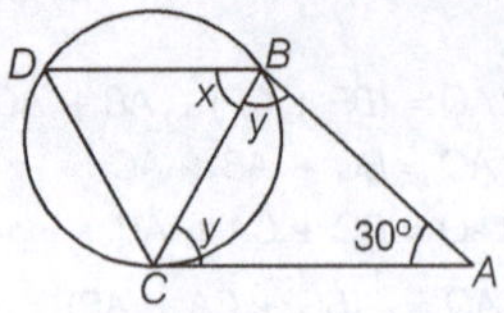

माना $\angle B = \angle C = y$

$\therefore \angle B + \angle C + \angle BAC = 180°$

$\Rightarrow y = 75°$

अतः $\angle DBC = \angle BCA = 75°$ [एकांतर कोण]

45. संकेत हम जानते हैं कि वृत्त पर किसी बाह्य बिंदु से खींची गई स्पर्श रेखाएँ समान लंबाई की होती हैं।

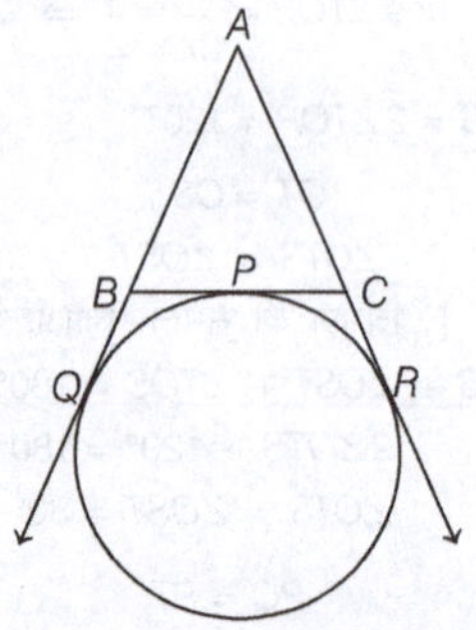

अतः $BP = BQ$ [बिंदु B से वृत्त पर स्पर्श रेखाएँ]... (i)

$CP = CR$ [बिंदु C से वृत्त पर स्पर्श रेखाएँ]... (ii)

तथा, $AQ = AR$ [बिंदु A से वृत्त पर स्पर्श रेखाएँ]... (iii)

अब, $AQ = AR$ [समी (iii) से]

$\Rightarrow AB + BQ = AC + CR$

$\Rightarrow AB + BP = AC + CP$ [समी (i) व (ii) से] ... (iv)

अब, ΔABC का परिमाप $= AB + BC + CA$

$= AB + BP + CP + AC$

$= (AB + BP) + (AC + CP)$

$= 2(AB + BP)$ [समी (iv) से]

$= 2(AB + BQ)$ [$\because BP = BQ$ समी (i) से]

$= 2AQ$

अतः ΔABC का परिमाप $= 2AQ$ [$\because AB + BQ = AQ$]

$\Rightarrow AQ = \frac{1}{2}$ [ΔABC का परिमाप]

46. संकेत चतुर्भुज $APBO$ में, $AO \perp PA$ तथा $BO \perp PB$

[स्पर्श रेखा वृत्त के स्पर्श बिंदु पर त्रिज्या के लंबवत् होती है]

$\therefore \angle PAO = \angle PBO = 90°$

चतुर्भुज के कोण योग गुण से,

$75° + 90° + 90° + \angle AOB = 360°$

$\Rightarrow \angle AOB = 105°$

$\therefore \angle AQB = \frac{1}{2}\angle AOB = \frac{1}{2} \times 105° = 52\frac{1}{2}°$

चक्रीय चतुर्भुज $AQBM$ में,

$\angle AQB + \angle AMB = 180°$

$\Rightarrow 52\frac{1}{2}° + \angle AMB = 180° \Rightarrow \angle AMB = 127\frac{1}{2}°$

47. OT को मिलाया। माना यह PQ को बिंदु R पर मिलती है।

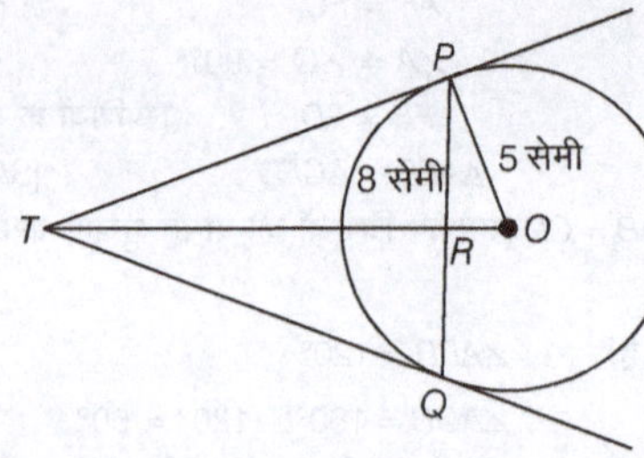

तब ΔTPQ समद्विबाहु तथा TO, $\angle PTO$ का कोण समद्विभाजक होगा।

$\therefore OT \perp PQ$

$\because OT$, PQ को समद्विभाजित करता है।

$PR = RQ = 4$ सेमी

अब, $OR = \sqrt{OP^2 - PR^2} = \sqrt{5^2 - 4^2} = 3$ सेमी

अब, $\angle TPR + \angle RPO = 90°$ [$\because \angle TPO = 90°$]

$= \angle TPR + \angle PTR$ [$\because \angle TRQ = 90°$]

$\therefore \angle RPO = \angle PTR$

$\therefore \Delta TRP \sim \Delta PRO$ [AA समरूपता से]

$\therefore \frac{TP}{PO} = \frac{RP}{RO} \Rightarrow \frac{TP}{5} = \frac{4}{3}$

$\Rightarrow TP = \frac{20}{3}$ सेमी

48. संकेत दिया है, $BC = 38$ सेमी, $CD = 28$ सेमी तथा $BP = 25$ सेमी

स्पष्टतया $BQ = BP = 25$ सेमी

[बाह्य बिंदु से वृत्त पर खींची गई स्पर्श रेखा]

तब, $CQ = BC - BQ = 13$ सेमी

$\therefore CR = CQ = 13$ सेमी

तथा $RD = CD - CR = 15$ सेमी

यहाँ, $OR \perp RD$ तथा $OS \perp DA$

तथा $\angle ADC = 90° \Rightarrow$ चतुर्भुज का चौथा कोण

$\therefore ORDS$ एक आयत होगा।

$DR = DS$ [D वृत्त का बाह्य बिंदु है]

$\therefore RD = OR = OS = SD$

इसलिए, चतुर्भुज $DROS$ एक वर्ग है

अतः त्रिज्या $= OR = RD = 15$ सेमी

49. संकेत

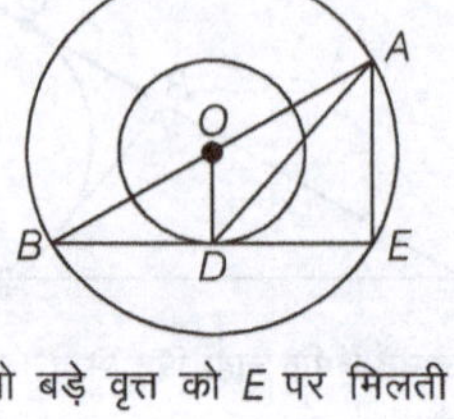

BD को आगे बढ़ाया जो बड़े वृत्त को E पर मिलती है। AE को मिलाइए। इस प्रकार,

$\angle AEB = 90°$ [अर्द्धवृत्त का कोण]

$OD \perp BE$

[$\because BE$ छोटे वृत्त के बिंदु D पर स्पर्श रेखा है तथा OD इसकी त्रिज्या है]

तथा $BD = DE$ [$\because BE$ वृत्त की एक जीवा है तथा $OD \perp BE$]

$\therefore OD \parallel AE$ [$\because \angle AEB = \angle ODB = 90°$]

अब ΔAEB में, O तथा D क्रमशः AB एवं BE के मध्य-बिंदु हैं। इस प्रकार, मध्य-बिंदु प्रमेय से,

$$OD = \frac{1}{2} AE \Rightarrow AE = 2 \times 8 = 16 \text{ सेमी}$$

ΔODB में, $OB^2 = OD^2 + BD^2$

$\Rightarrow \quad BD = \sqrt{105}$ सेमी $\Rightarrow DE = \sqrt{105}$ सेमी

ΔAED में, $AD^2 = AE^2 + ED^2 \Rightarrow AD = 19$ सेमी

50. **संकेत दिया है** माना O दिए गए वृत्त का केंद्र है तथा P पर खींची गई स्पर्शी BC को Q पर मिलती है। BP को मिलाइए।

सिद्ध करना है $BQ = QC$

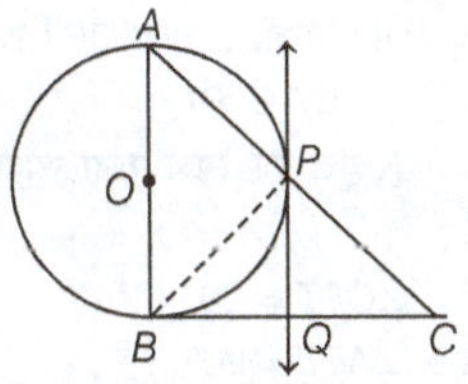

उपपत्ति $\angle BPQ = \angle BAC$ [एकांतर वृत्तखंड के कोण]

AB वृत्त का व्यास है और हम जानते हैं कि अर्द्धवृत्त में बना कोण समकोण होता है।

$\therefore \quad \angle APB = 90° \Rightarrow \angle BPC = 90°$ ...(i)

क्योंकि ΔABC एक समकोण त्रिभुज है जिसका $\angle B$ समकोण है।

$\therefore \quad \angle BAC + \angle BCA = 90°$

$\Rightarrow \quad \angle BAC + \angle BCA = \angle BPC$ [समी (i) से]

$\Rightarrow \quad \angle BAC + \angle BCA = \angle BPQ + \angle QPC$

[$\because \angle BPC = \angle BPQ + \angle QPC$]

$\Rightarrow \angle BAC + \angle BCA = \angle BAC + \angle QPC$ [$\because \angle BPQ = \angle BAC$]

$\Rightarrow \quad \angle BCA = \angle QPC$

$\Rightarrow \quad \angle QCA = \angle QPC$ [$\because \angle BCA = \angle QCA$]

अब, ΔPQC में, $\angle QCA = \angle QPC$

$\Rightarrow \quad PQ = QC$ ...(ii)

[$\because$ समान कोणों की सम्मुख भुजाएँ समान होती हैं]

चूँकि वृत्त के बाह्य बिंदु से खींची गई स्पर्श रेखाओं की लंबाईयाँ समान होती हैं।

$\therefore \quad PQ = QB$ ...(iii)

समी (ii) और (iii) से, $BQ = QC$

अतः PQ, BC को समद्विभाजित करता है। **इति सिद्धम्**

51. **संकेत** हम जानते हैं कि बाह्य बिंदु से किसी वृत्त पर खींची गई स्पर्श रेखाएँ समान लंबाई की होती हैं।

अतः $\quad AD = AF = x$ (माना)

$BD = BE = y$ (माना)

तथा, $\quad CE = CF = z$ (माना)

दिया है, $\quad AB = 8$ सेमी

$\Rightarrow \quad AD + BD = 8$ सेमी $\Rightarrow x + y = 8$ ... (i)

$BC = 10$ सेमी

$\Rightarrow \quad BE + CE = 10$ सेमी $\Rightarrow y + z = 10$ ...(ii)

तथा $\quad CA = 12$ सेमी

$\Rightarrow \quad CF + AF = 12$ सेमी $\Rightarrow z + x = 12$ ... (iii)

समी (i), (ii) तथा (iii) को जोड़ने पर,

$\Rightarrow \quad 2(x + y + z) = 30 \Rightarrow x + y + z = 15$ ... (iv)

अब, समी (i), (ii), (iii) तथा (iv) को हल करने पर,

$AD = x = 5$ सेमी, $BE = y = 3$ सेमी तथा $CF = z = 7$ सेमी

52. **संकेत दिया है** षट्भुज $ABCDEF$ एक वृत्त के परिगत है।

सिद्ध करना है $AB + CD + EF = BC + DE + FA$

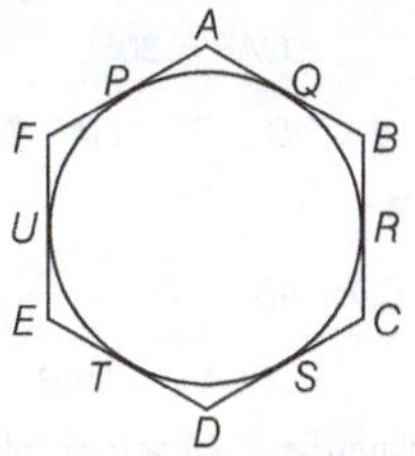

उपपत्ति हम जानते हैं कि वृत के बाहर स्थित किसी बिंदु से खींची गई स्पर्श रेखाओं की लंबाई बराबर होती है।

$\therefore AQ = AP, BQ = BR, CR = CS, DS = DT$

$ET = EU, FP = FU$

अब, $AB + CD + EF = (AQ + QB) + (CS + SD) + (EU + UF)$

$= AP + BR + CR + DT + ET + FP$

$= (AP + FP) + (BR + CR) + (DT + ET)$

$\Rightarrow \quad AB + CD + EF = AF + BC + DE$ **इति सिद्धम्**

53. **संकेत** ΔABC के अंतर्गत एक वृत्त खींचा, जो भुजाओं BC, CA और AB को स्पर्श करता है।

दिया है, $BC = a, CA = b$ और $AB = c$

हम जानते है कि किसी बाह्य बिंदु से वृत्त पर खींची गई स्पर्श रेखाओं की लंबाइयाँ समान होती हैं।

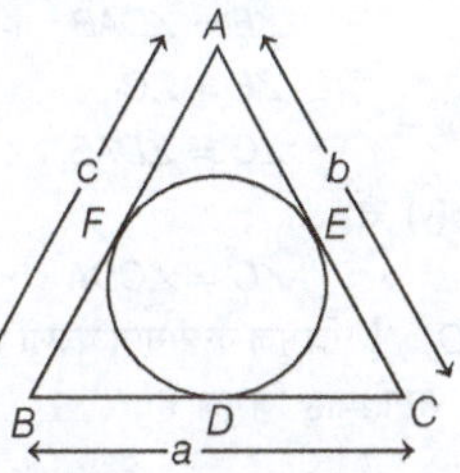

$\therefore \quad BD = BF = x$ (माना)

$DC = CE = y$ (माना)

और $\quad AE = AF = z$ (माना)

अब, $\quad BC + CA + AB = a + b + c$

$\Rightarrow (BD + DC) + (CE + EA) + (AF + FB) = a + b + c$

$\Rightarrow \quad (x + y) + (y + z) + (z + x) = a + b + c$

$\Rightarrow \quad 2(x + y + z) = 2s$

[$\because 2s = a + b + c = \Delta ABC$ का परिमाप]

$\Rightarrow \quad s = x + y + z$

$\Rightarrow \quad x = s - (y + z)$

$\therefore \quad BD = s - b$ [$\because b = CE + AE = y + z$]

इति सिद्धम्

54. **संकेत** यहाँ, $\quad OB \perp AB$

$\Rightarrow \quad \angle OBA = 90°$

ΔABO में, $\quad \angle AOC = \angle OAB + \angle OBA$

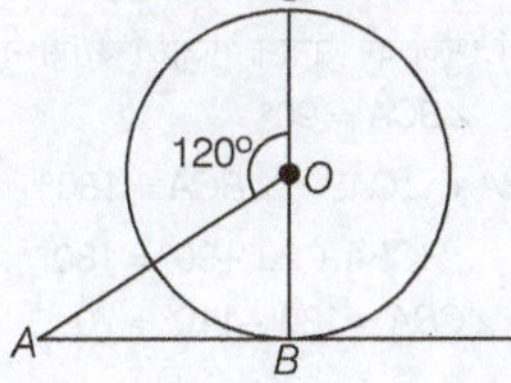

$\Rightarrow$ $120° = \angle OAB + 90°$

$\Rightarrow$ $\angle OAB = 120° - 90°$

$\Rightarrow$ $\angle OAB = 30°$

55. यहाँ, $OA \perp AP$ तथा $OB \perp BP$, ΔOAP और ΔOBP में पाइथागोरस प्रमेय का प्रयोग कीजिए। **उत्तर** 10.9 सेमी

56. संकेत दिया है, $CD \| AB$

$\therefore$ $\angle CDA = \angle DAB$ [एकांतर कोण]...(i)

अब, OA को मिलाइए तथा इसे बढ़ाइए ताकि यह वृत्त को E पर मिले साथ ही DE को मिलाइए

$\angle OAB = 90°$ [त्रिज्या और स्पर्श रेखा के बीच बना कोण]

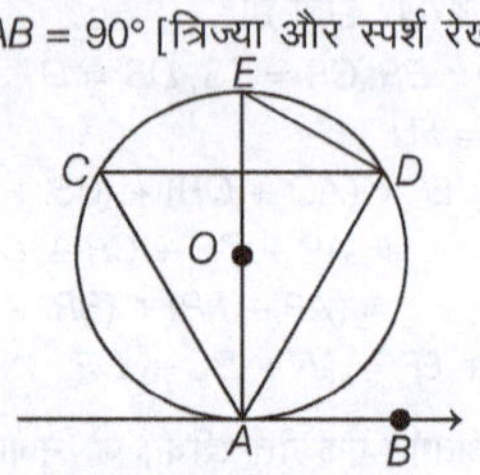

$\Rightarrow$ $\angle OAD + \angle DAB = 90°$ ... (i)

तथा $\angle ADE = 90°$ [अर्द्धवृत्त में बना कोण]

$\therefore$ $\angle E + \angle OAD$ 90° ... (iii)

समी (i) और (iii) से,

$\angle E = \angle DAB$ ...(iv)

परंतु $\angle E = \angle C$ [एक ही वृत्तखंड में बने कोण]

$\therefore$ $\angle C = \angle DAB$ [समी (iv) से] ... (v)

समी (i) और (v) से,

$\angle C = \angle CDA$

$\Rightarrow AD = AC$ [$\because$ त्रिभुज के समान कोणों की सम्मुख भुजाएँ बराबर होती हैं]

अतः ΔADC समद्विबाहु त्रिभुज है।

57. संकेत यहाँ, AB वृत्त का व्यास है। बिंदु C से स्पर्शी खींची गई है, जोकि बिंदु P पर मिलती है।

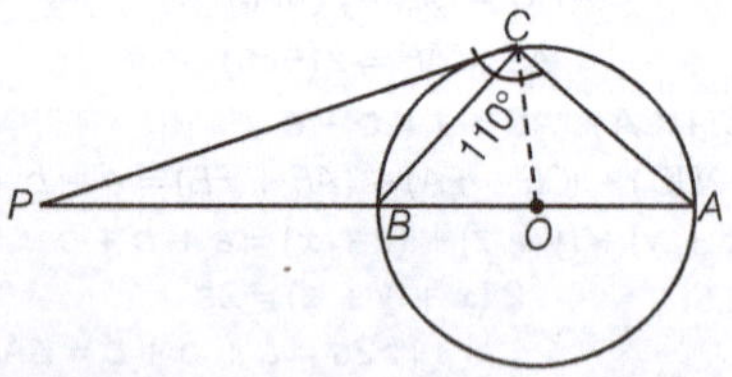

OC को मिलाइए। यहाँ, OC त्रिज्या है।

$\therefore$ $OC \perp PC$

अब, $\angle PCA = 110°$ [दिया है]

$\Rightarrow$ $\angle PCO + \angle OCA = 110°$

$\Rightarrow$ $90° + \angle OCA = 110°$

$\Rightarrow$ $\angle OCA = 20°$

$\because$ $OC = OA =$ वृत्त की त्रिज्याएँ

$\Rightarrow$ $\angle OCA = \angle OAC = 20°$

[$\because$ त्रिभुज की समान भुजाओं के सम्मुख कोण समान होते हैं]

$\angle BCA = 90°$ [अर्द्धवृत्त में अंतः कोण]

ΔBCA में, $\angle CBA + \angle CAB + \angle BCA = 180°$

$\Rightarrow$ $\angle CBA + 20° + 90° = 180°$

$\Rightarrow$ $\angle CBA = 180° - 110° = 70°$

58. संकेत दिया है, $\angle POA = 130°$

ΔAOP में, $OA = OP$ [वृत्त की त्रिज्याएँ]

$\Rightarrow$ $\angle OAP = \angle OPA$

[$\because$ त्रिभुज की समान भुजाओं के सम्मुख कोण समान होते हैं]

पुनः ΔAOP में, $\angle OAP + \angle OPA + \angle POA = 180°$

$\Rightarrow$ $\angle OAP + \angle OPA + 130° = 180°$ [$\because \angle POA = 130°$]

$\Rightarrow$ $\angle OPA + \angle OPA + 130° = 180°$ [समी (i)से]

$\Rightarrow$ $2\angle OPA = 180° - 130° = 50°$

$\Rightarrow$ $\angle OPA = \frac{50°}{2} = 25°$

$\because TPT'$ वृत्त के बिंदु P पर स्पर्शी है तथा OP त्रिज्या है।

$\therefore$ $OP \perp PT$

[$\because$ वृत्त की स्पर्श रेखा स्पर्श बिंदु से होकर जाने वाली त्रिज्या पर लंब होती है]

$\Rightarrow$ $\angle OPT = 90°$

$\Rightarrow$ $\angle OPA + \angle APT = 90°$

$\Rightarrow$ $25° + \angle APT = 90°$ [$\because \angle OPA = 25°$]

$\Rightarrow$ $\angle APT = 90° - 25° = 65°$

59. संकेत OR तथा $O'S$ को मिलाइए।

ΔORP में, $\angle ORP = 90°$ [त्रिज्या स्पर्श रेखा पर लंब होती है]

$\therefore$ $OR^2 = OP^2 - PR^2 = 13^2 - 12^2$

$= 169 - 144 = 25$

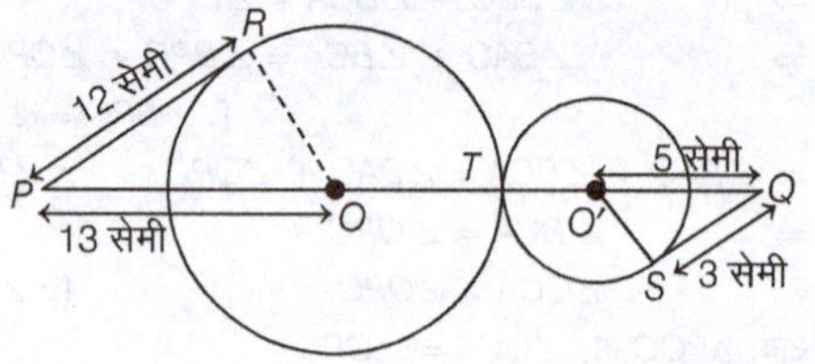

$\Rightarrow$ $OR = \sqrt{25} = 5$ सेमी

$\Rightarrow$ $OT = 5$ सेमी [एक ही वृत्त की त्रिज्याएँ]

इसी प्रकार, $\Delta O'QS$ में,

$\angle O'SQ = 90°$

$\therefore$ $O'S^2 = O'Q^2 - QS^2$

$= 5^2 - 3^2 = 25 - 9 = 16$

$\Rightarrow$ $O'S = \sqrt{16} = 4$ सेमी

$\Rightarrow$ $O'T = 4$ सेमी [एक ही वृत्त की त्रिज्याएँ]

अतः $PQ = PO + OT + O'T + O'Q$

$= (13 + 5 + 4 + 5) = 27$ सेमी

60. संकेत दिया है केंद्र O वाले वृत्त पर बाह्य बिंदु P से स्पर्श रेखा PT और एक रेखाखंड PAB खींचा गया है, ON जीवा AB पर लंब है।

सिद्ध करना है

(i) $PA \cdot PB = PN^2 - AN^2$ (ii) $PN^2 - AN^2 = OP^2 - OT^2$

(iii) $PA \cdot PB = PT^2$

उपपत्ति (i) $PA \cdot PB = (PN - AN)(PN + BN)$

$= (PN - AN)(PN + AN)$

[$\because AN = BN$ ON, जीवा AB पर लंब है तथा इसे समद्विभाजित करता है]

$= PN^2 - AN^2$

(ii) $PN^2 - AN^2 = (OP^2 - ON^2) - AN^2$

[$\because \Delta ONP$ में, $OP^2 = ON^2 + PN^2 \Rightarrow PN^2 = OP^2 - ON^2$]

$= OP^2 - ON^2 - AN^2$

$= OP^2 - (ON^2 + AN^2) = OP^2 - OA^2$

[$\because \Delta ONA$ में, $OA^2 = ON^2 + AN^2$]

$= OP^2 - OT^2$ [$\because OA = OT =$ वृत्त की त्रिज्याएँ]

(iii) भाग (i) तथा (ii) से,

$PA \cdot PB = OP^2 - OT^2 \Rightarrow PA \cdot PB = PT^2$

[$\because \Delta OTP$ में, $OP^2 = OT^2 + PT^2 \Rightarrow PT^2 = OP^2 - OT^2$]

61. संकेत OA, OB, OC, OR और OQ को मिलाइए।

$BC = BP + PC = 15 + 20 = 35$ सेमी

ΔABC का क्षेत्रफल

$=$ क्षेत्रफल $(\Delta OBC) +$ क्षेत्रफल $(\Delta OAB) +$ क्षेत्रफल (ΔOAC)

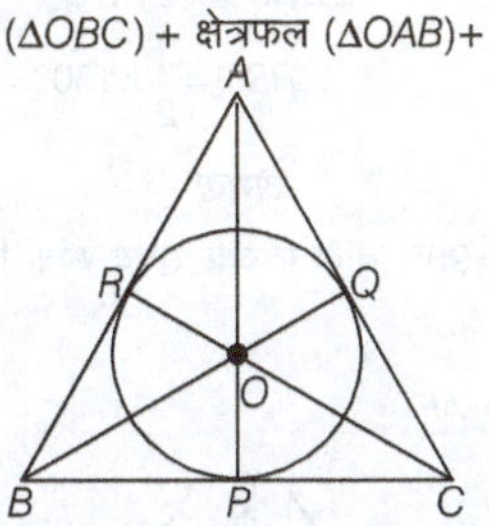

$\Rightarrow \quad 525 = \frac{1}{2} \times 35 \times 10 + \frac{1}{2} \times AB \times 10 + \frac{1}{2} \times AC \times 10$

$\Rightarrow \quad 1050 = 350 + 10(AB + AC)$

$\Rightarrow \quad 105 = 35 + (AB + AC)$

$\Rightarrow \quad AB + AC = 70$

$\Rightarrow \quad AR + BR + AQ + CQ = 70$

$\Rightarrow \quad AR + 15 + AR + 20 = 70$

$\Rightarrow \quad 2AR = 35 \Rightarrow AR = 17.5$ सेमी

$\therefore \quad AB = 17.5 + 15 = 32.5$ सेमी

और $\quad AC = 17.5 + 20 = 37.5$ सेमी

62. संकेत माना समकोण ΔABC की भुजाएँ a, b और c इस प्रकार हैं कि $BC = a$, $CA = b$ और $AB = c$

वृत्त, त्रिभुज की भुजाओं BC, CA और AB को क्रमशः D, E और F पर स्पर्श करता है।

तब, $\quad AE = AF$

$BD = BF$

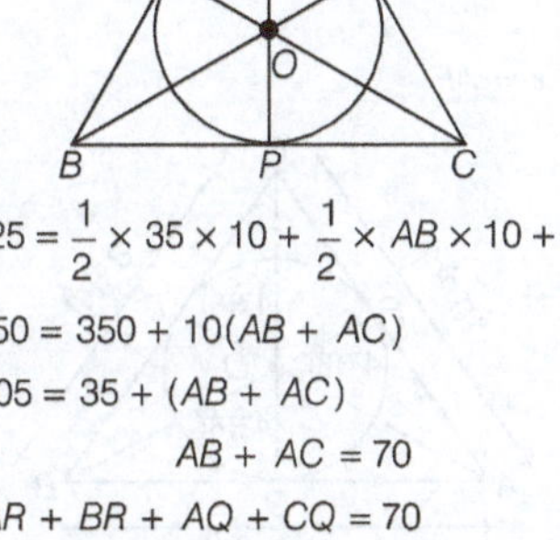

तथा $\quad CD = CE$

[बाह्य बिंदु से खींची गई स्पर्शियाँ लंबाई में बराबर होती हैं]

चतुर्भुज $OECD$ में प्रत्येक कोण 90° है। इसलिए, $OECD$ एक वर्ग है।

$\therefore \quad OE = EC = CD = OD = r$

$\therefore \quad AF = AE = b - r$ तथा $BF = BD = a - r$

$\Rightarrow \quad AF + BF = (b - r) + (a - r)$

$\Rightarrow \quad AB = b - r + a - r \Rightarrow c = a + b - 2r$

$\Rightarrow \quad r = \dfrac{a + b - c}{2}$

63. संकेत $\angle OCA = 90°$ [स्पर्शी और त्रिज्या के बीच का कोण]

अब, $\quad \angle OCA = \angle OCD + \angle ACD$

$\Rightarrow \quad \angle ACD = \angle OCA - \angle OCD$

$\Rightarrow \quad \angle ACD = 90° - 44° = 46°$

$AC = AD$

[$\because$ बाह्य बिंदु से खींची गई स्पर्शियों की लंबाई बराबर होती है]

$\therefore \quad \angle ADC = \angle ACD = 46°$

[समान भुजाओं के सम्मुख कोण बराबर होते हैं]

साथ ही, $\angle CAD + \angle ADC + \angle ACD = 180°$

$\Rightarrow \quad \angle CAD = 180° - 92° = 88°$

पुन: $\quad \angle COD = 180° - \angle CAD = 92°$

$\angle OBD = \angle ODB$ [$\because OB = OD$ वृत्त की त्रिज्याएँ]

$\Rightarrow \quad 2\angle OBD = \angle COD$ [बाह्य कोण प्रमेय]

$\Rightarrow \quad \angle OBD = \angle CBD = \frac{1}{2} \times 92° = 46°$

64. संकेत $\angle DAB = 90°$

ΔABD में,

$\angle DAB + \angle ABD + \angle ADB = 180°$

$\Rightarrow \quad \angle ADB = 180° - 140° = 40°$

ΔODC में, $\quad OD = OC$ [वृत्त की त्रिज्याएँ]

$\Rightarrow \quad \angle OCD = \angle CDO = 40°$

[समान भुजाओं के सम्मुख कोण बराबर होते हैं]

$\therefore \angle DOC + \angle OCD + \angle CDO = 180°$

$\Rightarrow \quad \angle DOC = 100°$

चूँकि AD सरल रेखा है

$\therefore \quad \angle DOC + \angle COA = 180°$

$\Rightarrow \quad \angle COA = 80°$

65. संकेत माना O वृत्त का केंद्र है।

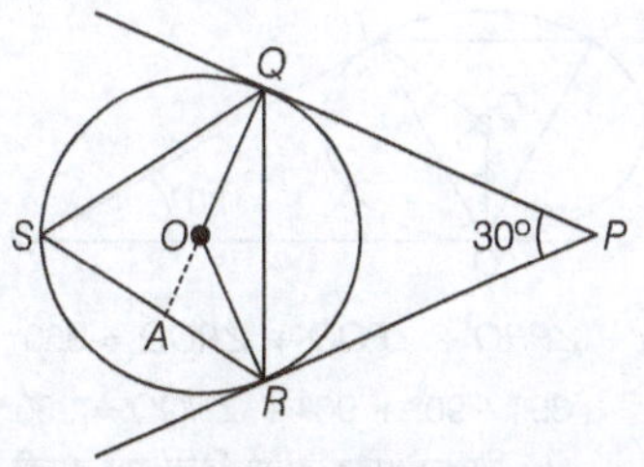

OQ और OR को मिलाइए, तब

$OQ \perp PQ$ तथा $OR \perp PR$

[$\because$ स्पर्श रेखा, स्पर्श बिंदु से जाने वाली त्रिज्या पर लंब होती है]

अब, $\quad \angle ROQ + \angle RPQ = 180° \Rightarrow \angle ROQ = 150°$

परंतु $\quad \angle RSQ = \frac{1}{2} \angle ROQ = \frac{1}{2} \times 150° = 75°$

अब, OQ को इस प्रकार बढ़ाइए कि यह SR को A पर काटती है।

$\angle OQP = \angle QAS = 90°$

[$\because PQ \,||\, RS$ एकांतर अंत: कोण तथा $\angle OQP = 90°$]

ΔQSA में,

$\angle SQA = 180° - 90° - 75° = 15°$

साथ ही, $\angle PQR + \angle PRQ + \angle QPR = 180°$

$\Rightarrow \angle PQR + \angle PQR + 30° = 180°$

[$\because \angle PQR = \angle PRQ$ क्योंकि $PQ = PR$]

$\Rightarrow \angle PQR = \frac{150°}{2} = 75°$

$\angle AQR = \angle AQP - \angle PQR$
$= 90° - 75° = 15°$

अतः $\angle RQS = \angle SQA + \angle AQR$
$= 15° + 15° = 30°$

66. **संकेत** स्पष्टतया $\angle QAB = 60°$ और $\angle QBA = 60°$ [$\because \Delta ABQ$ समबाहु है]

$\therefore \angle PAQ = \angle PAB + \angle QAB = 120°$

इसी प्रकार, $\angle PBQ = 120°$ [$\because \angle PAB = \angle PBA$, चूँकि $PA = PB$] ... (i)

अब, ΔPAQ तथा ΔPBQ में,

$PA = PB$ [बाह्य बिंदु से खींची गई स्पर्श रेखा]

$AQ = BQ$ [ΔABQ समबाहु है]

तथा $\angle PAQ = \angle PBQ$ [प्रत्येक 120°]

$\therefore \Delta PAQ \cong \angle PBQ$ [SAS सर्वांगसमता से]

$\Rightarrow \angle APQ = \angle BPQ$ [CPCT से] ...(ii)

माना QP, AB को M पर काटता है।

अब, ΔPAM और ΔPBM में,

$\angle APM = \angle BPM$ [समी (ii) से]

$PA = PB$

तथा $PM = PM$ [उभयनिष्ठ]

$\therefore \Delta PAM \cong \Delta PBM$ [SAS सर्वांगसमता से]

$\Rightarrow AM = BM$

तथा $\angle AMP = \angle BMP$ [CPCT से] ... (iii)

परंतु $\angle AMP + \angle BMP = 180°$

$\Rightarrow \angle AMP + \angle AMP = 180°$

$\Rightarrow \angle AMP = 90°$

अतः QP, रेखा AB को समकोण पर समद्विभाजित करती है।

67. (i) (c) चतुर्भुज $PQOR$ में,

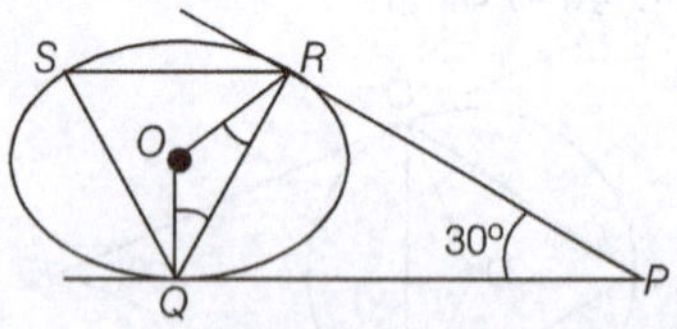

$\angle QPR + \angle PRO + \angle PQO + \angle ROQ = 360°$

$\Rightarrow 30° + 90° + 90° + \angle ROQ = 360°$

[$\because$ त्रिज्या सदैव स्पर्श बिन्दु पर स्पर्शी के लम्बवत् होती है]

$\Rightarrow ROQ = 360° - 210° = 150°$

(ii) (a) ΔQOR में, $OQ = OR$ [त्रिज्या]

$\therefore \angle ORQ = \angle OQR$

अब, $\angle ROQ + \angle ORQ + \angle OQR = 180°$

$\Rightarrow 2\angle OQR = 180° - 150°$

$\Rightarrow 2\angle OQR = 30°$

$\Rightarrow \angle OQR = 15°$

पुनः $\angle OQP = 90°$ [$\because OQ \perp QP$]

$\Rightarrow \angle OQR + \angle RQP = 90°$

$\Rightarrow \angle RQP = 90° - 15° = 75°$

(iii) (b) हम जानते हैं कि वृत्त के केन्द्र पर चाप द्वारा अन्तरित कोण, वृत्त के शेष भाग पर निर्मित कोण का दोगुना होता है।

$2\angle RSQ = \angle ROQ$

$\Rightarrow \angle RSQ = \frac{1}{2} \times 150° = 75°$

अथवा

(a) $\angle ORP = 90°$, चूँकि त्रिज्या सदैव स्पर्श बिन्दु की स्पर्शी पर लम्बवत् होती है।

68. माना $AD = x = AF$

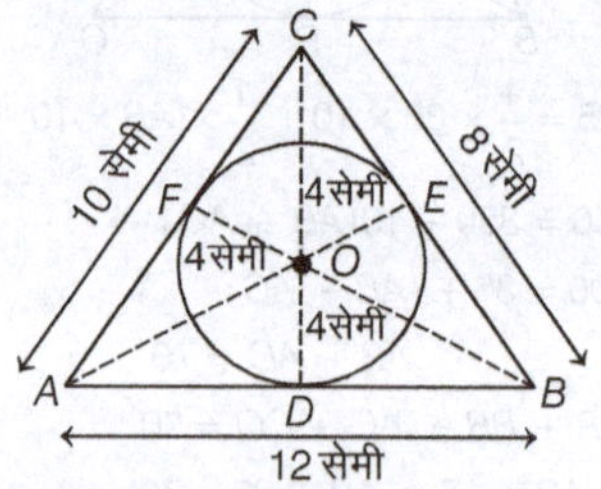

तब, $BD = BE = AB - AD = 12 - x$

तथा $CF = CE = AC - AF = 10 - x$

अब, $BC = BE + CE$

$\Rightarrow 8 = 12 - x + 10 - x$

$\Rightarrow 2x = 14 \Rightarrow x = 7$

(i) (a) $AD = x = 7$ सेमी

(ii) (b) $BE = 12 - x = 12 - 7 = 5$ सेमी

(iii) (d) $CF = 10 - x = 10 - 7 = 3$ सेमी

अथवा

(c) क्षेत्रफल $(\Delta OAB) = \frac{1}{2} \times AB \times OD$

$= \frac{1}{2} \times 12 \times 4$

$= 24$ सेमी^{2}

यूनिट टेस्ट (ज्यामिति)

{अध्याय— 6, 10}

40 अंक

यूनिट टेस्ट 1

1. समरूपता की AAA कसौटी को प्रतिपादित कीजिए। **[1]**

2. चित्र में, ΔABC के अंतर्गत एक वृत्त बनाया गया है। BC की लंबाई ज्ञात कीजिए। **[1]**

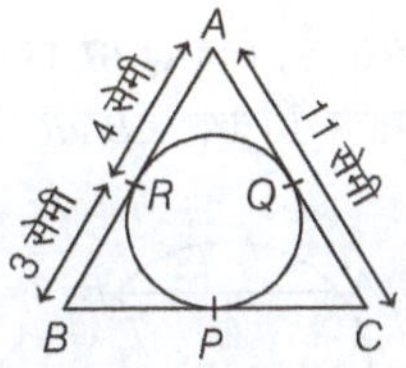

3. यदि AB, वृत्त की एक जीवा है तथा AOC इसका व्यास इस प्रकार है कि $\angle ACB = 50°$ है तथा स्पर्शी AT, वृत्त को बिंदु A पर स्पर्श करती है, तब $\angle BAT$ का मान ज्ञात कीजिए।

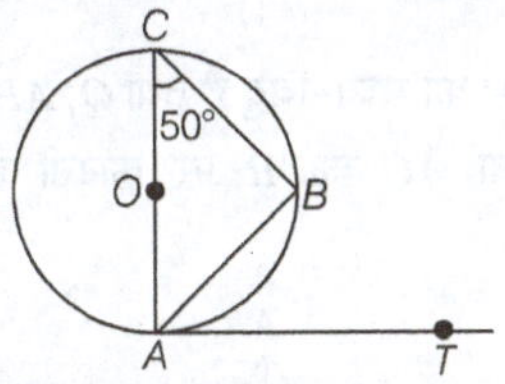

[1]

4. चित्र में, $PQ \parallel MN$ है। यदि $\frac{KP}{PM} = \frac{4}{13}$ तथा $KN = 20.4$ सेमी हो, तो KQ का मान ज्ञात कीजिए।

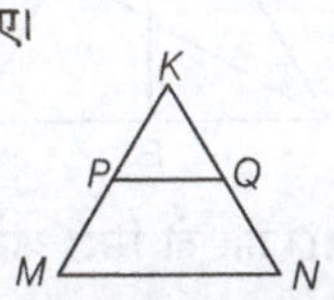

[2]

5. एक 7 सेमी त्रिज्या वाले वृत्त का केंद्र O है और वृत्त पर एक बिन्दु P है। यदि वृत्त के केंद्र से गुजरने वाली एक रेखा, बिंदु P पर स्पर्श रेखा को बिंदु Q पर इस प्रकार काटती है कि $PQ = 24$ सेमी है, तो OQ की लंबाई ज्ञात करो। **[2]**

6. यदि ΔABC में, $\angle B = 2\angle C$ और $\angle B$ का समद्विभाजक भुजा AC को D पर काटता है, तो सिद्ध करो कि $\frac{BD}{DA} = \frac{BC}{BA}$ **[2]**

7. एक वृत्त, ΔABC की भुजा BC को बिंदु P पर स्पर्श करता है तथा बढ़ी हुई भुजाओं AB और AC को क्रमश: बिंदुओं Q और R पर स्पर्श करता है। सिद्ध करों कि $AQ = \frac{1}{2}$ (ΔABC का परिमाप) **[3]**

8. दो संकेंद्रीय वृत्तों में सिद्ध करो कि बड़े वृत्त की वह जीवा, जोकि छोटे वृत्त को स्पर्श करती है, स्पर्श बिंदु पर समद्विभाजित होती है। **[3]**

9. AT वृत्त की स्पर्शी है जिसका केंद्र O इस प्रकार है कि $OT = 4$ सेमी तथा $\angle OTA = 30°$ है, तब AT का मान ज्ञात कीजिए।

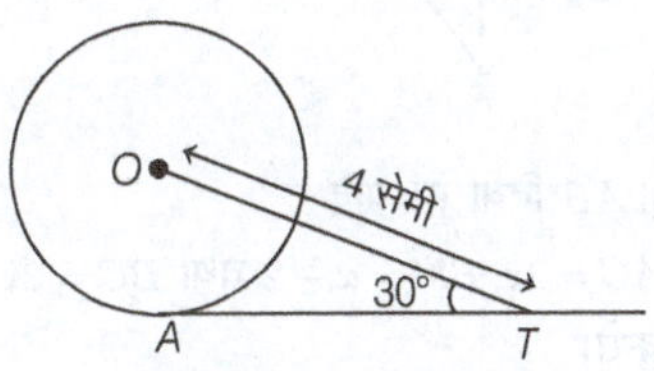

[3]

10. सिद्ध कीजिए कि एक त्रिभुज की दो भुजाओं के मध्य-बिन्दुओं को मिलाने वाली रेखा तीसरी भुजा के समान्तर होती है। **[3]**

11. चित्र में, $\angle BAC = 90°$ तथा AD इसका समद्विभाजक है। यदि $DE \perp AC$ हो, तो सिद्ध करो कि $DE \times (AB + AC) = AB \times AC$ **[3]**

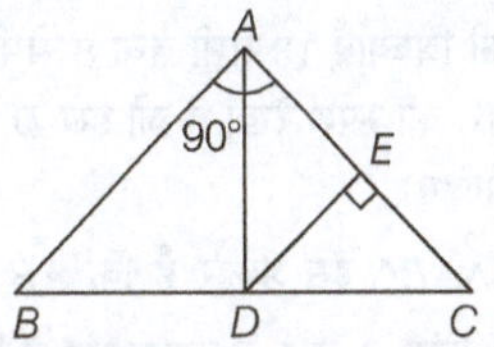

12. वृत्त जिसका केन्द्र O, QOR वृत्त का व्यास है जिसकी लम्बाई 8 सेमी है जबकि $\angle POR = 120°$ किसी बाह्य बिन्दु P से खींची गई स्पर्श रेखा PQ है, तब OP तथा PQ की लम्बाई ज्ञात कीजिए। **[4]**

13. एक समकोण ΔABC, जिसमें $\angle B = 90°$ है, में एक अंत: वृत्त खींचा गया है। यदि $AB = 8$ सेमी, $BC = 15$ सेमी, तब वृत्त का व्यास ज्ञात कीजिए। **[4]**

14. ΔABC की भुजा AC पर बिन्दु D इस प्रकार स्थित है कि $\angle ACB = \angle ABD$, सिद्ध कीजिए $\Delta ABC \sim \Delta ADB$। **[4]**

15. दो खंभे जिनकी ऊँचाइयाँ क्रमश: a मी और b मी है। एक-दूसरे से p मी की दूरी पर स्थित है। सिद्ध करो कि इन खंभों के शीर्षों को इनके सम्मुख खंभों के पादों को मिलाने वाली रेखाओं के प्रतिच्छेद बिंदु की ऊँचाई $\frac{ab}{a+b}$ मी है। **[4]**

यूनिट टेस्ट 2

1. आधारभूत समानुपातिक प्रमेय और उसके विलोम को प्रतिपादित कीजिए। [1]

2. समरूपता की *SSS* कसौटी को प्रतिपादित कीजिए। [1]

3. दो संकेंद्रीय वृत्तों में बड़े वृत्त की एक जीवा, जिसकी लंबाई 24 सेमी हो, तो छोटे वृत्त को स्पर्श करती है। यदि छोटे वृत्त की त्रिज्या की लंबाई 5 सेमी हो, तो बड़े वृत्त की त्रिज्या की लंबाई ज्ञात करो। [1]

4. यदि PA तथा PB दो वृत्त की स्पर्श रेखाएँ हैं जिनका केंद्र O इस प्रकार है कि $\angle APB = 50°$, तब $\angle AOB$ का मान ज्ञात कीजिए।

5. चित्र में, यदि $ST \parallel QR$ हो, तो PS का मान ज्ञात करो। [2]

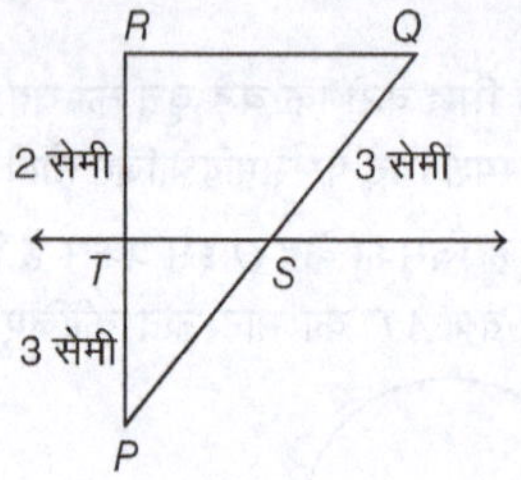

6. चित्र में, $LM \parallel AB$ दिया है। यदि $AL = x - 3, AC = 2x, BM = x - 2$ तथा $BC = 2x + 3$ हो, तो x का मान ज्ञात करो। [2]

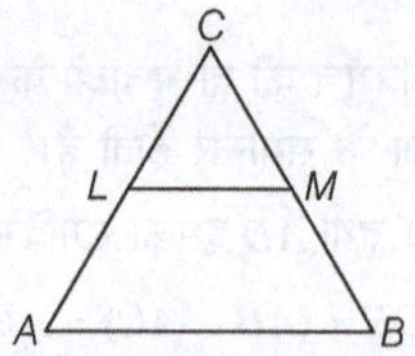

7. दो संकेन्द्रीय वृत्तों की त्रिज्याएँ 13 सेमी तथा 8 सेमी हैं। बड़ें वृत्त का व्यास AB है। BD छोटे वृत्त की स्पर्श रेखा है जो इसे D पर स्पर्श करती है। AD की लम्बाई ज्ञात कीजिए। [3]

8. चित्र में, समद्विबाहु ΔABC इस प्रकार है कि $AB = AC$ है। भुजाओं AB और AC पर क्रमश: बिंदु D और E इस प्रकार है कि $AD = AE$ है। सिद्ध करों कि बिंदु B, C, E और D एक ही वृत्त पर स्थित है। [3]

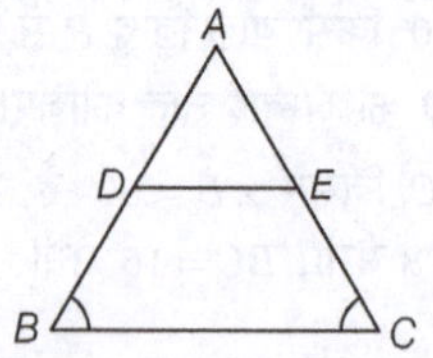

9. चित्र में, यदि $AB \perp BC$ और $DE \perp AC$ तो सिद्ध कीजिए कि $\Delta ABC \sim \Delta AED$। [3]

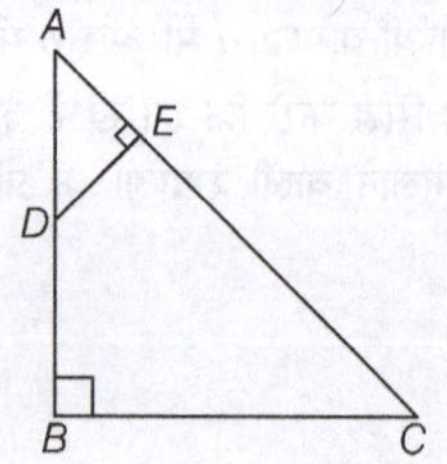

10. एक समद्विबाहु ΔABC इस प्रकार है कि $AB = AC$ तथा D भुजा BC पर कोई बिंदु है, तो सिद्ध करों कि $AB^2 - AD^2 = BD \times CD$ [3]

11. चित्र में, ΔABC का अंत:वृत्त, भुजाओं BC, CA और AB को क्रमश: बिंदुओं D, E और F पर स्पर्श करता है। सिद्ध करों कि

$AF + BD + CE = AE + BF + CD = \frac{1}{2}$ (ΔABC का परिमाप) [3]

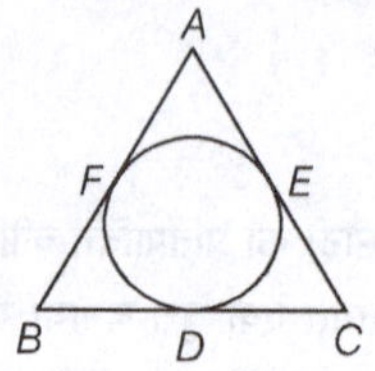

12. यदि PQR वृत्त की स्पर्शी है, बिंदु Q पर जिसका केंद्र O है। जीवा AB, PR के समांतर हैं तथा $\angle BQR = 70°$ है, तब $\angle AQB$ का मान ज्ञात कीजिए। [4]

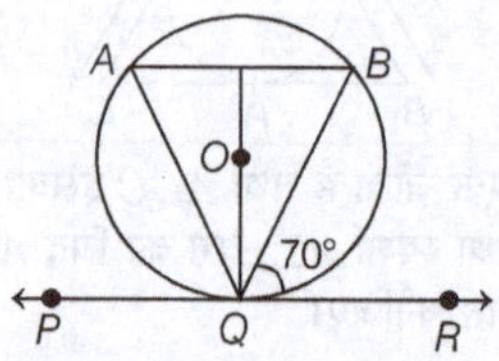

13. चित्र में, P भुजा BC का मध्य-बिंदु है तथा Q, AP का मध्य-बिंदु है। यदि BQ बढ़ी हुई भुजा AC को R पर काटती है, तो सिद्ध करो कि $RA = \frac{1}{3} CA$ [4]

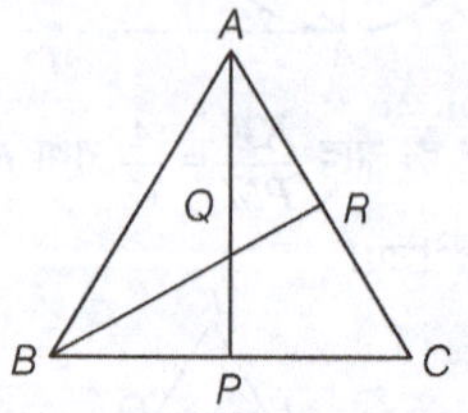

14. चित्र में, यदि $AB = AC$ हो, तो सिद्ध करो कि $BE = EC$ है। [4]

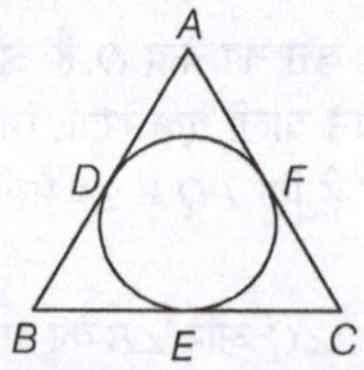

15. समलंब चतुर्भुज $ABCD$ में $AB \parallel DC$ तथा $DC = 2AB$ है। यदि रेखा EP भुजा AB के समांतर इस प्रकार खींची गई हो, कि वह AD और BC को क्रमश: F और E पर इस प्रकार काटती है कि $\frac{BE}{EC} = \frac{3}{4}$ है। सिद्ध करो कि $7FE = 10AB$ [4]

यूनिट टेस्ट 3

1. दिए गए चित्र में, AD, $\angle A$ का समद्विभाजक है, तो AC का मान ज्ञात करो। [1]

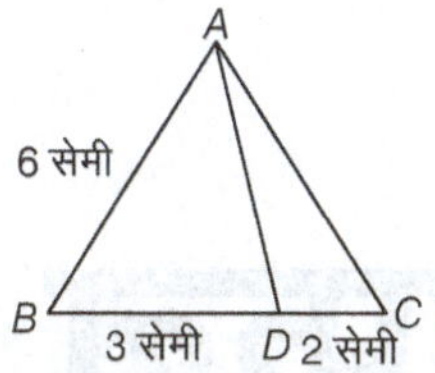

2. चित्र में, $\angle F$ का मान ज्ञात करो। [1]

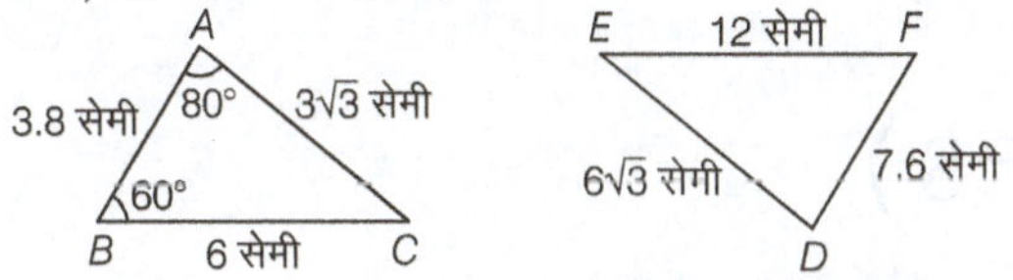

3. यदि किसी वृत्त $C(O, r)$ पर PT स्पर्श रेखा है तथा $OP = 17$ सेमी और $OT = 8$ सेमी हो, तो स्पर्श रेखा PT की लंबाई ज्ञात करो। [1]

4. एक समांतर चतुर्भुज $ABCD$ की भुजा BC पर बिंदु P इस प्रकार है कि यदि DP को आगे बढ़ाया जाऐ, तो यह बढ़ी हुई भुजा AB को बिंदु L पर मिलती है, तो सिद्ध करो कि $\dfrac{DP}{PL} = \dfrac{DC}{BL}$ [2]

5. दो वृत्त एक-दूसरे को बाह्य रूप से बिंदु P पर स्पर्श करते हैं। बिंदु P से जाती हुई स्पर्श रेखा पर एक बिंदु T, वृत्तों पर TQ तथा TR स्पर्श रेखाएँ खींची गई हैं, जो क्रमश: Q पर स्पर्श करती है।
सिद्ध कीजिए कि $TQ = TR$ है। [2]

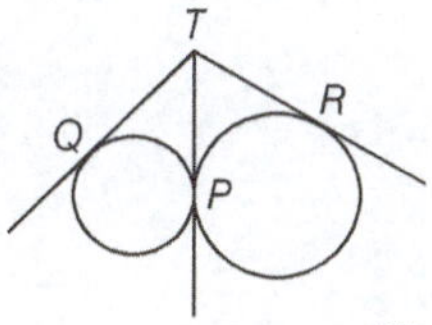

6. चित्र में, $\Delta ABC \sim \Delta APQ$ है। यदि $BC = 8$ सेमी, $PQ = 4$ सेमी, $BA = 6.5$ सेमी, $AP = 2.8$ सेमी हो, तो CA और AQ की लम्बाई ज्ञात कीजिए। [2]

7. ΔABC में, $\angle B$ और $\angle C$ के समद्विभाजक बिंदु O पर काटते हैं। यदि बढ़ा हुआ AO भुजा BC को P पर काटता हो, तो सिद्ध कीजिए
(i) $\dfrac{AB}{BP} = \dfrac{AO}{OP}$ (ii) $\dfrac{AC}{CP} = \dfrac{AO}{OP}$ (iii) $\dfrac{AB}{AC} = \dfrac{BP}{PC}$ [3]

8. चित्र में, ΔABC का अंत: वृत्त खींचा गया है जो भुजाओं AB, BC और CA को क्रमश: बिंदुओं D, E और F पर स्पर्श करता है। यदि ΔABC की भुजाएँ क्रमश: 8 सेमी, 12 सेमी तथा 10 सेमी लंबी हैं, तो AD, BE और CF का मान ज्ञात करो। [3]

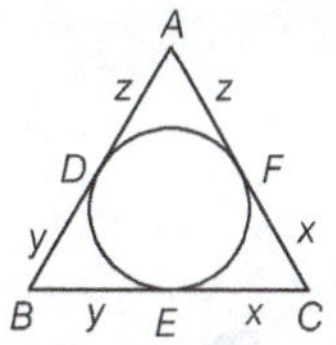

9. यदि AB,0 केन्द्र वाले वृत्त पर बिंदु A से खींची गई स्पर्श रेखा है तथा BOC वृत्त का व्यास इस प्रकार है कि $\angle AOC = 120°$, तब $\angle OAB$ का मान ज्ञात कीजिए। [3]

10. यदि दो स्पर्शीयों के बीच का कोण बिंदु P से खींचा गया है, जिसकी त्रिज्या a है तथा केंद्र O से 90° पर खींची जाती है, तब OP का मान ज्ञात कीजिए। [3]

11. एक समांतर चतुर्भुज $ABCD$ की भुजा CD का मध्य-बिंदु M हैं। यदि रेखा BM विकर्ण AC को बिंदु L पर और बढ़ी हुई भुजा AD को बिंदु E पर काटती है, तो सिद्ध करो कि $EL = 2BL$ है। [3]

12. निम्न चित्र में, 10 सेमी त्रिज्या वाले एक वृत्त में 16 सेमी लंबाई की एक जीवा AB है। A तथा B पर डाली गई स्पर्श रेखाएँ बिंदु P पर प्रतिच्छेद करती हैं। PA की लंबाई ज्ञात करो। [4]

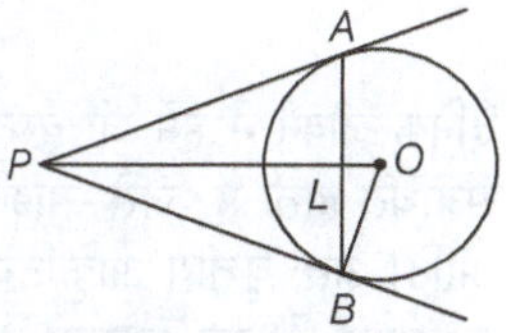

13. एक वृत्त पर स्पर्श रेखाएँ PQ और PR इस प्रकार खींची जाती हैं कि $\angle RPQ = 30°$, स्पर्श PQ के समान्तर एक जीवा RS खींची जाती हैं $\angle RQS$ ज्ञात कीजिए। [4]

14. चित्र में, x का मान a, b, c के पदों में ज्ञात कीजिए। [4]

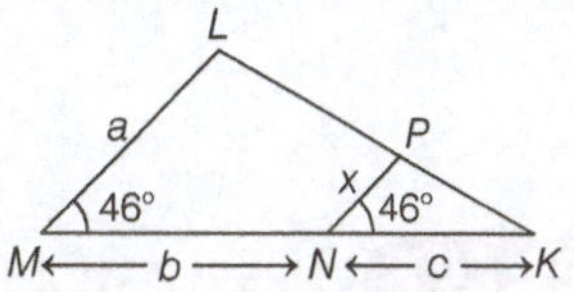

15. दी गई आकृति में, PQ स्पर्शी है जिसका केंद्र O इस प्रकार है कि $OQ = 5$ सेमी तथा $\angle OQP = 30°$ है, तब OP का मान ज्ञात कीजिए।

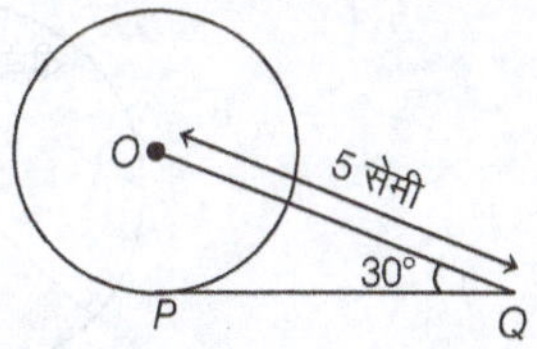

[4]

उत्तरमाला

यूनिट टेस्ट 1

2. 10 सेमी **3.** 40° **4.** 4.8 सेमी
5. 25 सेमी **9.** $4\sqrt{3}$ सेमी **12.** 8 सेमी, $4\sqrt{3}$ सेमी
13. 6 सेमी

यूनिट टेस्ट 2

1. $\frac{9}{2}$ सेमी **4.** 130° **5.** 13 सेमी **7.** 19 सेमी **12.** 40°

यूनिट टेस्ट 3

1. 4 सेमी **2.** 60° **3.** 15 सेमी **6.** $CA = 5.6$ सेमी, $AQ = 3.25$ सेमी
8. $x = 7$ सेमी, $y = 5$ सेमी, $z = 3$ सेमी **9.** 30°
10. $a\sqrt{2}$ **12.** $\frac{40}{3}$ सेमी **13.** 30° **14.** $\frac{ac}{b+c}$
15. 2.5 सेमी

अध्याय

11

वृत्तों से संबंधित क्षेत्रफल

(Areas Related to Circles)

दैनिक जीवन में हमें जो वस्तुएँ देखने को मिलती हैं, उनमें से अधिकतर किसी-न-किसी रूप में वृत्तीय आकार से संबंधित होती हैं; जैसे-साइकिल के पहिए, गोल केक (Cake), चूड़ियाँ, वृत्ताकार पथ, नाली के ढक्कन, वृत्ताकार मेज आदि। अत: वृत्तीय आकृतियों के परिमापों और क्षेत्रफलों को ज्ञात करने की समस्याएँ व्यवहारिक रूप से बहुत महत्त्वपूर्ण हैं। इस अध्याय में, हम वृत्तीय क्षेत्र के दो विशेष 'भागों' के क्षेत्रफल ज्ञात करने में करेंगे, जिन्हें त्रिज्यखंड (Sector) और वृत्तखंड (Segment of a circle) कहते हैं।

टॉपिक्स

- वृत्त का त्रिज्यखंड
- वृत्त के त्रिज्यखंड का क्षेत्रफल
- त्रिज्यखंड के चाप की लंबाई
- वृत्त का वृत्तखंड

वृत्त का त्रिज्यखंड (Sector of a Circle)

वृत्तीय क्षेत्र का वह भाग जो दो त्रिज्याओं और संगत चाप से घिरा (परिबद्ध) हो, वृत्त का त्रिज्यखंड कहलाता है।

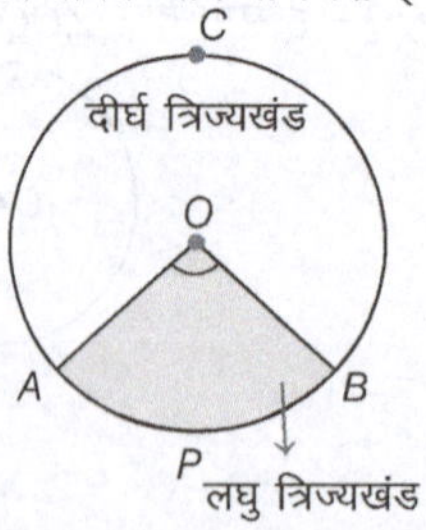

उपरोक्त आकृति में, छायांकित भाग *OAPBO* केंद्र *O* वाले वृत्त का एक त्रिज्यखंड है। यहाँ, $\angle AOB$ को **त्रिज्यखंड का कोण** कहते हैं।

लघुचाप से घिरे त्रिज्यखंड को **लघु त्रिज्यखंड** (Minor sector) तथा दीर्घचाप से घिरे त्रिज्यखंड को **दीर्घ त्रिज्यखंड** (Major sector) कहते हैं।

यहाँ, उपरोक्त आकृति में अछायांकित भाग *OACBO* को दीर्घ त्रिज्यखंड तथा छायांकित भाग *OAPBO* को वृत्त का लघु त्रिज्यखंड कहते हैं। लघु त्रिज्यखंड का कोण 180° से कम तथा दीर्घ त्रिज्यखंड का कोण 180° से अधिक होता है। लघु त्रिज्यखंड और दीर्घ त्रिज्यखंड के कोणों को योगफल 360° होता है।

नोट *(i) दीर्घचाप और लघुचाप की लंबाई का योगफल वृत्त की परिधि के बराबर होता है।*

(ii) दीर्घ त्रिज्यखंड और लघु त्रिज्यखंड के क्षेत्रफलों का योगफल वृत्त के क्षेत्रफल के बराबर होता है।

वृत्त के त्रिज्यखंड का क्षेत्रफल

(Area of Sector of a Circle)

माना केंद्र O और त्रिज्या r वाले वृत्त का एक लघु त्रिज्यखंड $OAPB$ इस प्रकार है कि $\angle AOB = \theta°$, तब

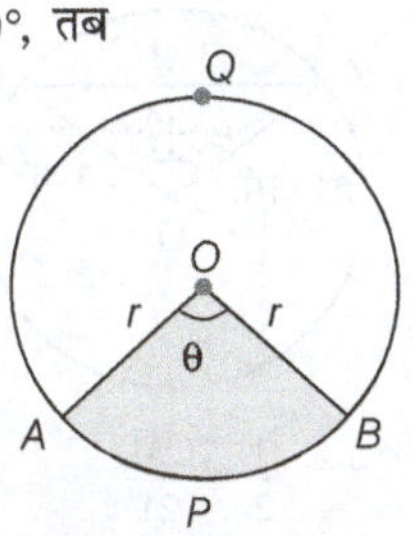

$$\text{त्रिज्यखंड का क्षेत्रफल} = \frac{\theta}{360°} \times \pi r^2$$

$$\text{दीर्घ त्रिज्यखंड का क्षेत्रफल} = \pi r^2 - \text{लघु त्रिज्यखंड का क्षेत्रफल}$$

तथा $$\text{लघु त्रिज्यखंड का क्षेत्रफल} = \pi r^2 - \text{दीर्घ त्रिज्यखंड का क्षेत्रफल}$$

नोट *(i) यदि $\theta = 180°$, तब त्रिज्यखंड एक अर्द्धवृत्तीय क्षेत्र और इसका क्षेत्रफल $\frac{1}{2}\pi r^2$ होगा।*

(ii) यदि $\theta = 90°$, तब त्रिज्यखंड एक चतुर्थांश और इसका क्षेत्रफल $\frac{1}{4}\pi r^2$ होगा।

उदाहरण 1 **एक घड़ी की मिनट की सुई 14 सेमी लंबी है, मिनट की सुई द्वारा एक मिनट में कवर (Sweep) किया गया क्षेत्रफल ज्ञात कीजिए।**

हल घड़ी के मिनट की सुई अपनी लंबाई के बराबर त्रिज्या वाले वृत्त को अंतरित करेगा। इस प्रकार, 60 मिनट में अंतरित कोण = 360°

$\therefore$ मिनट की सुई द्वारा 1 मिनट में अंतरित कोण $= \frac{360°}{60°} = 6°$

अतः मिनट की सुई द्वारा 1 मिनट में कवर किया गया क्षेत्रफल 14 सेमी वृत्त के 6° कोण वाले त्रिज्यखंड के क्षेत्रफल के बराबर होगा।

$\therefore$ अभीष्ट क्षेत्रफल $= \frac{\theta}{360°} \times \pi r^2 = \frac{6°}{360°} \times \frac{22}{7} \times (14)^2$

$= \frac{1}{60} \times \frac{22}{7} \times 14 \times 14 = 10.27$ सेमी^{2}

त्रिज्यखंड के चाप की लंबाई

(Length of an Arc of a Sector)

किसी त्रिज्यखंड के संगत चाप को **त्रिज्यखंड का चाप** कहते हैं।

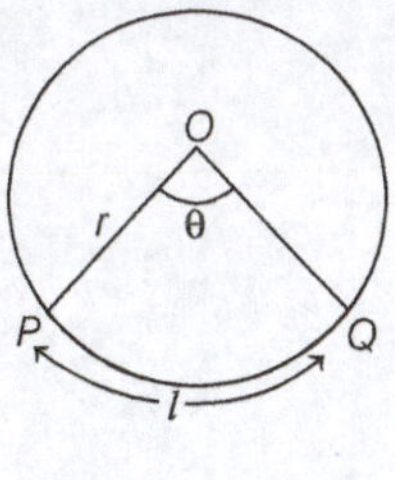

यदि वृत्त की त्रिज्या r और त्रिज्यखंड का कोण θ है, तब

$$\text{त्रिज्यखंड के चाप की लंबाई, } l = \frac{\theta}{360°} \times 2\pi r$$

तथा $$\text{चाप की लंबाई के रूप में त्रिज्यखंड का क्षेत्रफल} = \frac{1}{2} lr$$

उदाहरण 2 आकृति में त्रिज्या 10.5 सेमी वाले वृत्त का एक त्रिज्यखण्ड दिया है। इस त्रिज्यखण्ड का परिमाप ज्ञात कीजिए।

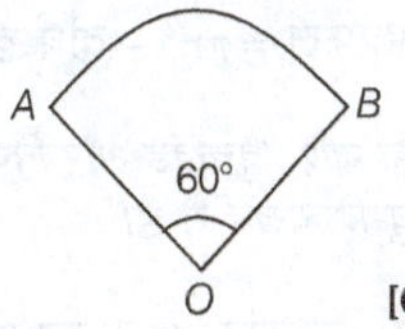

[CBSE 2020 (Standard)]

हल दिया है, त्रिज्या $(r) = 10.5$ सेमी

$\theta = 60°$

त्रिज्यखण्ड का परिमाप $= \frac{\theta}{360°} \times 2\pi r = \frac{60°}{360°} \times 2 \times \frac{22}{7} \times 10.5$

$= \frac{1}{3} \times \frac{22}{7} \times \frac{21}{2} = 11$ सेमी

उदाहरण 3 **28 सेमी त्रिज्या वाले वृत्त में कोई चाप केंद्र पर 45° का कोण बनाता है, तब चाप की लंबाई तथा त्रिज्यखंड का क्षेत्रफल ज्ञात कीजिए।**

हल दिया है, $r = 28$ सेमी तथा $\theta = 45°$

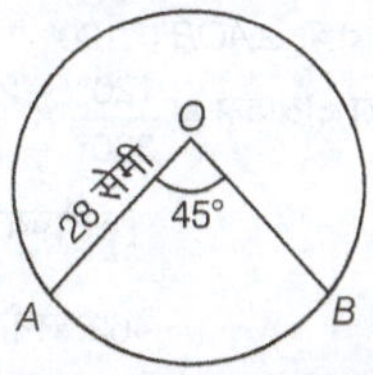

$\therefore$ चाप की लंबाई $= \frac{\theta}{360°} \times 2\pi r = \frac{45°}{360°} \times 2 \times \frac{22}{7} \times 28$

$= \frac{1}{8} \times 2 \times 22 \times 4 = 22$ सेमी

अब, त्रिज्यखंड का क्षेत्रफल $= \frac{1}{2} \times l \times r$ [जहाँ, l = चाप की लंबाई]

$= \frac{1}{2} \times 22 \times 28 = 22 \times 14 = 308$ सेमी^{2}

वृत्त का वृत्तखंड (Segment of a Circle)

वृत्तीय क्षेत्र का वह भाग जो एक जीवा और संगत चाप के बीच परिबद्ध हो **वृत्त का वृत्तखंड** कहलाता है। संलग्न आकृति में, छायांकित भाग APB, चाप $(\widehat{APB})$ वाले वृत्त का वृत्तखंड है

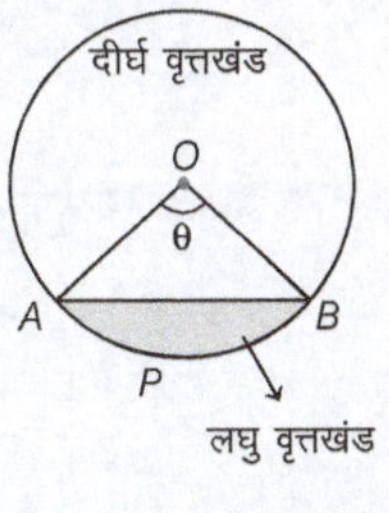

लघु चाप वाले वृत्तखंड को **लघु वृत्तखंड** (Minor segment) और दीर्घचाप वाले वृत्तखंड को **दीर्घ वृत्तखंड** (Major segment) कहते हैं।
अर्थात् वृत्तखंड जो अर्द्धवृत्तीय भाग से छोटा होता है **लघु वृत्तखंड** कहते हैं और दूसरे वृत्तखंड को **दीर्घ वृत्तखंड** कहते हैं।

वृत्तखंड का क्षेत्रफल = संगत त्रिज्यखंड का क्षेत्रफल
– वृत्त की जीवा और त्रिज्याओं से परिबद्ध त्रिभुज का क्षेत्रफल

तथा दीर्घ वृत्तखंड का क्षेत्रफल = πr^2 – लघु वृत्तखंड का क्षेत्रफल

लघु वृत्तखंड का क्षेत्रफल = πr^2 – दीर्घ वृत्तखंड का क्षेत्रफल

नोट *जब तक अन्यथा न कहा जाए, 'वृत्तखंड और त्रिज्यखंड' लिखने से हमारा तात्पर्य क्रमशः लघु वृत्तखंड और लघु त्रिज्यखंड से है।*

उदाहरण 4 निम्न चित्र में, वृत्तखंड AYB का क्षेत्रफल ज्ञात कीजिए यदि वृत्त की त्रिज्या 21 सेमी और $\angle AOB = 120°$ है। $\left(\pi = \frac{22}{7} \text{ लीजिए}\right)$

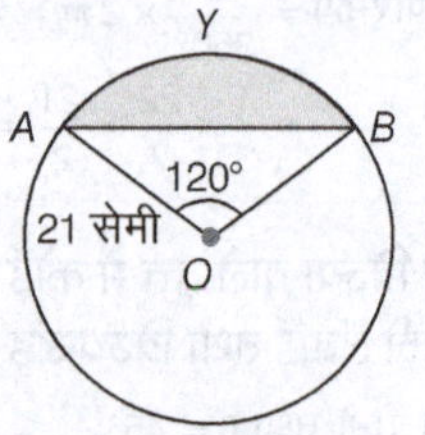

हल दिया है, $r = 21$ सेमी तथा $\angle AOB = 120°$

∴ त्रिज्यखंड $OAYB$ का क्षेत्रफल $= \frac{120°}{360°} \times \frac{22}{7} \times 21 \times 21$

$\left[\because \text{त्रिज्यखंड का क्षेत्रफल} = \frac{\theta}{360°} \times \pi r^2\right]$

= 462 सेमी^{2}

अब ΔOAB में, $OA = OB = 21$ सेमी, $\angle AOB = 120°$

$OM \perp AB$ खींचिए, तब दायाँ पक्ष सर्वांगसमता नियम से

$\Delta AMO \cong \Delta BMO$

इसलिए, M जीवा AB का मध्य-बिंदु है।

और $\angle AOM = \angle BOM = \frac{\angle AOB}{2} = \frac{120°}{2} = 60°$

समकोण ΔOMA में,

$\cos 60° = \frac{OM}{OA}$

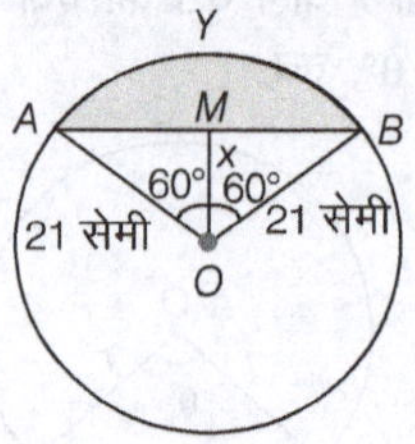

$\Rightarrow \frac{1}{2} = \frac{OM}{21}$ $\left[\cos 60° = \frac{1}{2}\right]$

$\Rightarrow OM = \frac{21}{2}$ सेमी

तथा $\sin 60° = \frac{AM}{OA}$

$\Rightarrow \frac{\sqrt{3}}{2} = \frac{AM}{21}$ $\left[\sin 60° = \frac{\sqrt{3}}{2}\right]$

$\Rightarrow AM = \frac{21\sqrt{3}}{2}$ सेमी

$\therefore AB = 2AM = 2 \times \frac{21\sqrt{3}}{2} = 21\sqrt{3}$ सेमी

अब, ΔOAB का क्षेत्रफल $= \frac{1}{2} AB \times OM$

$\left[\because \text{त्रिभुज का क्षेत्रफल} = \frac{1}{2} \times \text{आधार} \times \text{ऊँचाई}\right]$

$= \frac{1}{2} \times 21\sqrt{3} \times \frac{21}{2}$

$= \frac{441}{4}\sqrt{3}$ सेमी^{2}

अतः वृत्तखंड AYB का क्षेत्रफल = त्रिज्यखंड $OAYB$ का क्षेत्रफल – ΔOAB का क्षेत्रफल

$= 462 - \frac{441}{4}\sqrt{3} = \frac{21}{4}(88 - 21\sqrt{3})$ सेमी^{2}

NCERT फोल्डर

प्रश्नावली 11.1

जब तक अन्यथा न कहा जाए, $\pi = \frac{22}{7}$ *का प्रयोग कीजिए।*

1. 6 सेमी त्रिज्या वाले एक वृत्त के एक त्रिज्यखंड का क्षेत्रफल ज्ञात कीजिए, जिसका कोण 60° है।

हल दिया है, वृत्त की त्रिज्या = 6 सेमी तथा $\theta = 60^\circ$

हम जानते हैं कि

$$\text{त्रिज्यखंड का क्षेत्रफल} = \frac{\pi r^2\theta}{360^\circ} = \frac{\pi \times (6)^2 \times 60^\circ}{360^\circ}$$

$$= \frac{22}{7} \times 36 \times \frac{1}{6}$$

$$= \frac{22}{7} \times 6 = \frac{132}{7} = 18.86 \text{ सेमी}^2$$

2. एक वृत्त के चतुर्थांश (Quadrant) का क्षेत्रफल ज्ञात कीजिए, जिसकी परिधि 22 सेमी है।

हल वृत्त की परिधि = 22 सेमी [दिया है]

$$2\pi r = 22 \Rightarrow 2 \times \frac{22}{7} \times r = 22$$

$$\therefore \quad r = \frac{22 \times 7}{2 \times 22} = \frac{7}{2} \text{ सेमी}$$

∴ वृत्त के एक चतुर्थांश का क्षेत्रफल

$$= \frac{1}{4}\pi r^2 = \frac{1}{4} \times \frac{22}{7} \times \left(\frac{7}{2}\right)^2 = \frac{1}{4} \times \frac{22}{7} \times \frac{7}{2} \times \frac{7}{2}$$

$$= \frac{77}{8} = 9.63 \text{ सेमी}^2$$

3. एक घड़ी की मिनट की सुई जिसकी लंबाई 14 सेमी है। इस सुई द्वारा 5 मिनट में रचित क्षेत्रफल ज्ञात कीजिए।

हल उदाहरण 1 की भाँति स्वयं हल करें। **उत्तर** $\frac{154}{3}$ सेमी^{2}

4. 10 सेमी त्रिज्या वाले एक वृत्त की कोई जीवा केंद्र पर एक समकोण कोण अंतरित करती है। निम्नलिखित के क्षेत्रफल ज्ञात कीजिए

(i) संगत लघु वृत्तखंड।

(ii) संगत दीर्घ त्रिज्यखंड। ($\pi = 3.14$ का प्रयोग कीजिए)

हल दिया है, वृत की त्रिज्या $OA = 10$ सेमी

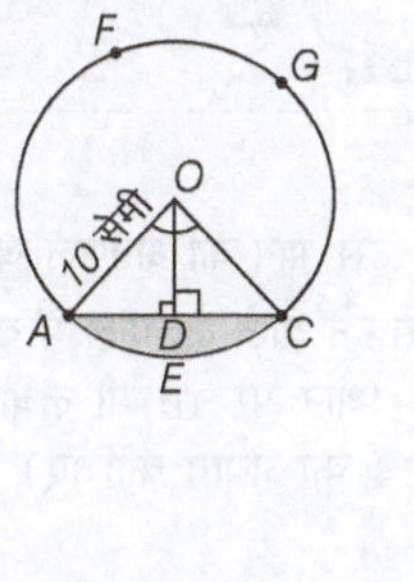

वृत्त के केंद्र से वृत्त की जीवा पर लंब खींचते हैं, जो जीवा को समद्विभाजित करता है।

अर्थात् $OD \perp AC$

$\therefore \quad AD = DC$

और $\angle AOD = \angle COD = 45^\circ$

$\therefore \quad \angle AOC = \angle AOD + \angle COD = 45^\circ + 45^\circ = 90^\circ$

समकोण ΔAOD में, $\sin 45^\circ = \frac{AD}{OA}$

$$\Rightarrow \quad \frac{1}{\sqrt{2}} = \frac{AD}{10} \Rightarrow AD = \frac{10}{\sqrt{2}} = 5\sqrt{2} \text{ सेमी}$$

अब, $AC = 2\,AD$

$AC = 2 \times 5\sqrt{2} = 10\sqrt{2}$ सेमी

और ΔAOC का क्षेत्रफल $= \frac{1}{2} \times AC \times OD = \frac{1}{2} \times 10\sqrt{2} \times 5\sqrt{2}$

[$\because OD = AD$]

$$= \frac{50 \times 2}{2} = 50 \text{ सेमी}^2$$

$$\text{अब, त्रिज्यखंड का क्षेत्रफल} = \frac{\pi r^2\theta}{360^\circ} = \frac{90^\circ \times \pi \times (10)^2}{360^\circ}$$

$$= \frac{1}{4} \times (3.14) \times 100$$

$$= 25 \times 3.14 = 78.5 \text{ सेमी}^2$$

(i) संगत लघु वृत्तखंड AEC का क्षेत्रफल

= त्रिज्यखंड $OAEC$ का क्षेत्रफल − ΔAOC का क्षेत्रफल

$= 78.5 - 50 = 28.5$ सेमी^{2}

(ii) संगत दीर्घ त्रिज्यखंड $OAFGCO$ का क्षेत्रफल

= वृत्त का क्षेत्रफल − त्रिज्यखंड का क्षेत्रफल

$= \pi r^2 - 78.5$

$= 3.14(10)^2 - 78.5$

$= 314 - 78.5 = 235.5$ सेमी^{2}

5. त्रिज्या 21 सेमी वाले वृत्त का एक चाप केंद्र पर 60° का कोण अंतरित करता है। ज्ञात कीजिए

(i) चाप की लंबाई।

(ii) चाप द्वारा बनाए गए त्रिज्यखंड का क्षेत्रफल।

(iii) संगत जीवा द्वारा बनाए गए वृत्तखंड का क्षेत्रफल।

हल चूँकि चाप $\widehat{ABC}$ वृत्त के केंद्र पर 60° का कोण अंतरित करता है।

$\therefore \theta = 60^\circ$ और त्रिज्या = 21 सेमी

(i) चाप $\widehat{ABC}$ की लंबाई $= \frac{2\pi r\theta}{360°} = 2 \times \frac{22}{7} \times 21 \times \frac{60°}{360°}$

$= \frac{44}{7} \times 21 \times \frac{1}{6} = \frac{44 \times 3}{6} = 22$ सेमी

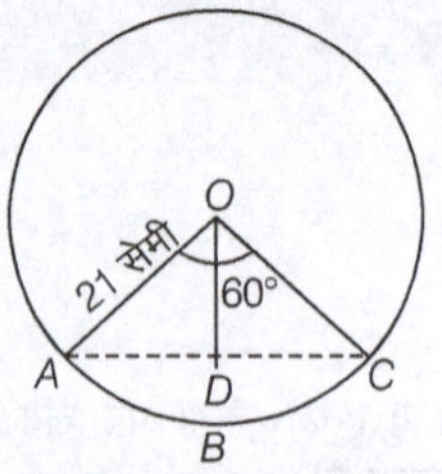

(ii) चाप द्वारा बने त्रिज्यखंड का क्षेत्रफल

$= \frac{\theta}{360°} \times \pi r^2 = \frac{60}{360°} \times \frac{22}{7} \times (21)^2$

$= \frac{1}{6} \times \frac{22}{7} \times 441 = \frac{9702}{42} = 231$ सेमी^{2}

(iii) अब, जीवा पर वृत्त के केंद्र से लंब खीचिए

अर्थात् $OD \perp AC$

$\therefore$ $AD = DC$

और $\angle AOD = \angle DOC = 30°$

समकोण ΔAOD में, $\sin 30° = \frac{AD}{OA}$

$\Rightarrow$ $\frac{1}{2} = \frac{AD}{21} \Rightarrow AD = \frac{21}{2} = 10.5$ सेमी

$\therefore$ $AD = 10.5$ सेमी

और $\cos 30° = \frac{OD}{AO}$ $\Rightarrow$ $\frac{\sqrt{3}}{2} = \frac{OD}{21}$

$\Rightarrow$ $OD = \frac{21\sqrt{3}}{2} = 10.5\sqrt{3}$ सेमी

$\therefore$ $AC = 2 \times AD = 2 \times 10.5 = 21$ सेमी

$\therefore \Delta OAC$ का क्षेत्रफल $= \frac{1}{2} \times AC \times OD = \frac{1}{2} \times 21 \times 10.5\sqrt{3}$

$= \frac{441\sqrt{3}}{4} = 110.25\sqrt{3}$ सेमी^{2}

$\therefore$ वृत्तखंड का क्षेत्रफल = चाप द्वारा बने त्रिज्यखंड का क्षेत्रफल − ΔOAC का क्षेत्रफल

$= 231 - 110.25\sqrt{3} = 231 - 110.25 \times 1.73$

$= 231 - 190.73 = 40.27$ सेमी^{2}

6. 15 सेमी त्रिज्या वाले एक वृत्त की कोई जीवा केंद्र पर 60° का कोण अंतरित करती है। संगत लघु और दीर्घ वृत्तखंडों का क्षेत्रफल ज्ञात कीजिए। ($\pi = 3.14$ और $\sqrt{3} = 1.73$ का प्रयोग कीजिए) **[CBSE 2018]**

हल चूँकि जीवा AB वृत्त के केंद्र पर 60° का कोण अंतरित करती है।

$\therefore$ $\angle AOB = 60°$

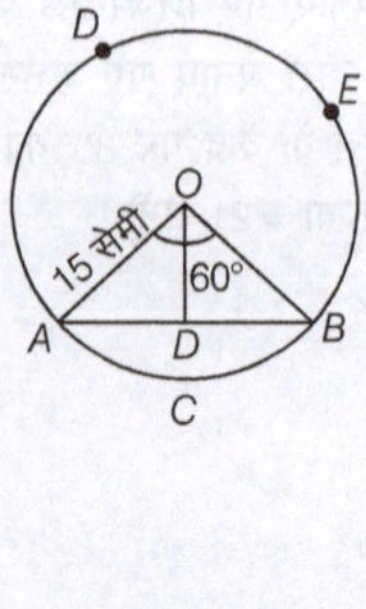

$OD \perp AB$ खींचिए और लंब OD, AB को समद्विभाजित करता है।

$\therefore$ $AD = DB$

$\angle AOD = \angle BOD = 30°$

समकोण ΔAOD में, $\sin 30° = \frac{AD}{OA}$

$\Rightarrow$ $\frac{1}{2} = \frac{AD}{15} \Rightarrow AD = \frac{15}{2} = 7.5$ सेमी

और $\cos 30° = \frac{OD}{AO} \Rightarrow \frac{\sqrt{3}}{2} = \frac{OD}{15}$

$\Rightarrow$ $OD = \frac{15\sqrt{3}}{2} = 7.5\sqrt{3}$ सेमी

$\therefore$ $AB = 2 \times AD = 2 \times 7.5 = 15$ सेमी

ΔAOB का क्षेत्रफल $= \frac{1}{2} \times AB \times OD$

$= \frac{1}{2} \times 15 \times 7.5\sqrt{3} = 7.5 \times 7.5\sqrt{3}$

$= 56.25 \times 1.73 = 97.3125$ सेमी^{2}

अब, त्रिज्यखंड $OACBO$ का क्षेत्रफल $= \frac{\pi r^2 \theta}{360°}$

$= \frac{1}{360°} \times 3.14 \times (15)^2 \times 60°$

$= \frac{1}{6} \times 3.14 \times 225 = \frac{706.5}{6} = 117.75$ सेमी^{2}

$\therefore$ लघु वृत्तखंड $ACBDA$ का क्षेत्रफल

= त्रिज्यखंड $OACBO$ का क्षेत्रफल − ΔAOB का क्षेत्रफल

$= 117.75 - 97.3125 = 20.4375$ सेमी^{2}

अब, दीर्घ वृत्तखंड का क्षेत्रफल

= वृत्त का क्षेत्रफल − लघु वृत्तखंड का क्षेत्रफल

$= \pi r^2 - 20.4375 = 3.14 \times (15)^2 - 20.4375$

$= 3.14 \times 225 - 20.4375$

$= 706.5 - 20.4375 = 686.0625$ सेमी^{2}

7. त्रिज्या 12 सेमी वाले एक वृत्त की कोई जीवा केंद्र पर 120° का कोण अंतरित करती है। संगत वृत्तखंड का क्षेत्रफल ज्ञात कीजिए। ($\pi = 3.14$ और $\sqrt{3} = 1.73$ का प्रयोग कीजिए)

हल उदाहरण 4 की भाँति स्वयं हल करें। **उत्तर** 88.44 सेमी^{2}

8. दी गई आकृति में 15 मी भुजा वाले एक वर्गाकार घास के मैदान के एक कोने पर लगे खूँटे से एक घोड़े को 5 मी लंबी रस्सी से बाँध दिया गया है।

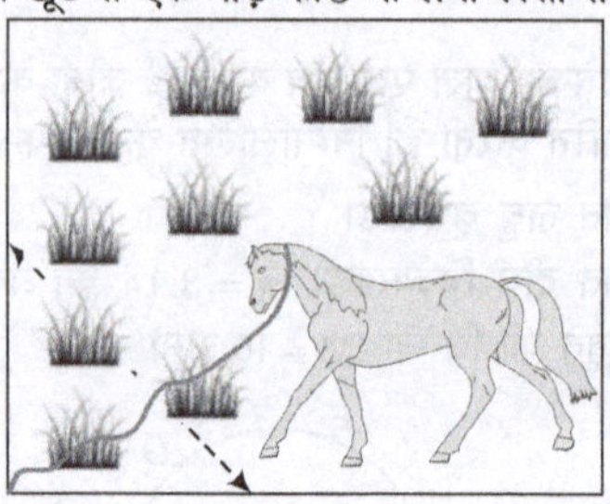

ज्ञात कीजिए

(i) मैदान के उस भाग का क्षेत्रफल जहाँ घोड़ा घास चर सकता है।

(ii) चरे जा सकने वाले क्षेत्रफल में वृद्धि यदि घोड़े को 5 मी लंबी रस्सी के स्थान पर 10 मी लंबी रस्सी से बाँध दिया जाए। ($\pi = 3.14$ का प्रयोग कीजिए) **[CBSE 2023 (Standard)]**

हल दिया है, वर्ग की भुजा = 15 मी

$\therefore$ वर्ग का क्षेत्रफल $= (15)^2 = 225$ मी^{2}

रस्सी की लंबाई = 5 मी

$\therefore$ चाप की त्रिज्या = 5 मी

(i) घोड़े द्वारा चरे गए मैदान का क्षेत्रफल, A_1 = त्रिज्यखंड का क्षेत्रफल

$$= \frac{\pi r^2\theta}{360°} = \frac{3.14 \times (5)^2 \times 90°}{360°}$$

[वर्ग की दो संलग्न भुजाओं के बीच का कोण = 90°]

$$= \frac{3.14 \times 25}{4} = \frac{78.5}{4} = 19.625 \text{ सेमी}^2$$

(ii) यदि रस्सी की लंबाई = 10 मी = r_1 (माना)

$\therefore$ घोड़े द्वारा चरे गए मैदान का क्षेत्रफल, $A_2 = \frac{\pi r_1^2\theta}{360°}$

$$= \frac{3.14 \times (10)^2 \times 90°}{360°} = \frac{3.14 \times 100}{4}$$

$$= 3.14 \times 25 = 78.5 \text{ सेमी}^2$$

$\therefore$ चरने वाले भाग से अभीष्ट वृद्धि $= A_2 - A_1$

$$= 78.5 - 19.625 = 58.875 \text{ सेमी}^2$$

9. एक वृत्तखंड ब्रूच (Brooch) को चाँदी के तार से बनाया जाना है जिसका व्यास 35 मिमी है। तार को वृत्त के 5 व्यासों को बनाने में भी प्रयुक्त किया गया है जो उसे 10 बराबर त्रिज्यखंडों में विभाजित करता है जैसा कि आकृति में दर्शाया गया है।

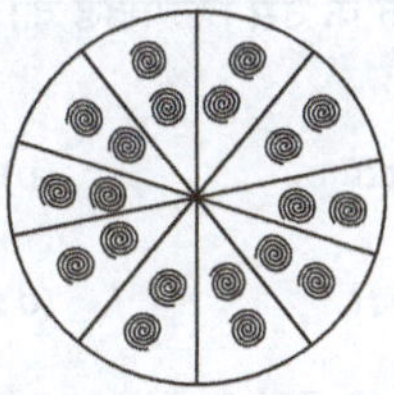

ज्ञात कीजिए

(i) कुल वाँछित चाँदी के तार की लंबाई।

(ii) ब्रूच के प्रत्येक त्रिज्यखंड का क्षेत्रफल।

हल दिया है, वृत्ताकार ब्रूच का व्यास = 35 मिमी

$\therefore$ त्रिज्या $= \frac{35}{2}$ मिमी

$\therefore$ वृत्त की परिधि $= \pi d = \frac{22}{7} \times 35 = 110$ मिमी

अब, 5 व्यासों की लंबाई $= 35 \times 5 = 175$ मिमी

(i) कुल अभीष्ट चाँदी के तार की लंबाई $= \pi d + 5d = 110 + 5 \times 35$

$$= 110 + 175 = 285 \text{ मिमी}$$

(ii) यहाँ, वृत्त को 10 त्रिज्यखंडों में विभाजित किया गया है।

$\therefore$ प्रत्येक त्रिज्यखंड का कोण $= \frac{360°}{10} = 36°$

$\therefore$ ब्रूच के प्रत्येक त्रिज्यखंड का क्षेत्रफल $= \frac{\pi r^2\theta}{360°}$

$$= \frac{22}{7} \times \frac{35}{2} \times \frac{35}{2} \times \frac{36°}{360°}$$

$$= \frac{22 \times 35}{2 \times 2 \times 2}$$

$$= \frac{11 \times 35}{4} = \frac{385}{4} = 96.25 \text{ मिमी}^2$$

10. एक छतरी में आठ ताने हैं, जो बराबर दूरी पर लगे हुए हैं (देखिए आकृति)। छतरी को 45 सेमी त्रिज्या वाला एक सपाट वृत्त मानते हुए, इसकी दो क्रमागत तानों के बीच का क्षेत्रफल ज्ञात कीजिए।

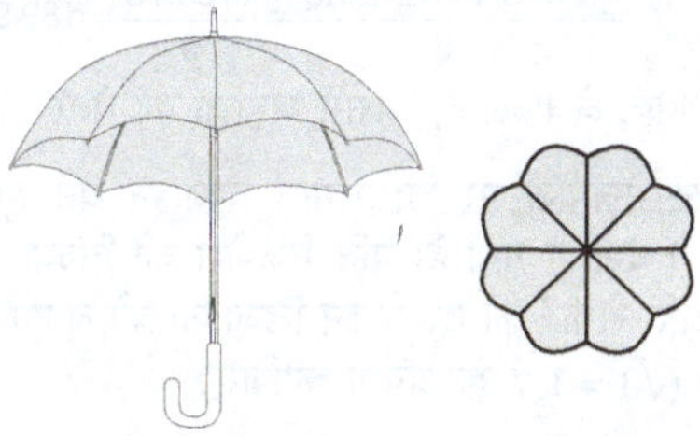

हल छतरी का केंद्रीय कोण = 360°

चूँकि छतरी में आठ ताने हैं।

$\therefore$ दो तानों के बीच बना कोण $= \frac{360°}{8} = 45°$

त्रिज्या = 45 सेमी

$\therefore$ दो तानों के बीच का क्षेत्रफल

= छतरी के एक त्रिज्यखंड का क्षेत्रफल

$$= \frac{\pi r^2\theta}{360°} = \frac{22}{7} \times \frac{45 \times 45 \times 45°}{360°}$$

$$= \frac{22}{7} \times 45 \times 45 \times \frac{1}{8}$$

$$= \frac{11 \times 45 \times 45}{28} = \frac{22275}{28} \text{ सेमी}^2$$

11. किसी कार के दो वाइपर (Wipers) हैं, परस्पर कभी आच्छादित नहीं होते हैं। प्रत्येक वाइपर की पत्ती की लंबाई 25 सेमी है और 115° के कोण तक घूमकर सफाई कर सकता है। पत्तियों की प्रत्येक बुहार के साथ जितना क्षेत्रफल साफ हो जाता है, वह ज्ञात कीजिए।

हल वाइपर की पत्ती (blade) की लंबाई = 25 सेमी = r [माना]

तथा पत्ती द्वारा बना कोण $\theta = 115°$

$\therefore$ पत्ती द्वारा साफ किया गया क्षेत्रफल = पत्ती द्वारा बने त्रिज्यखंड का क्षेत्रफल $= \frac{\pi r^2\theta}{360°}$

$$= \frac{22}{7} \times \frac{(25)^2 \times 115°}{360°} = \frac{22}{7} \times \frac{23}{72} \times 625$$

$$= \frac{11 \times 23 \times 625}{7 \times 36} = \frac{158125}{252} \text{ सेमी}^2$$

$\therefore$ दोनों पत्तियों (blades) द्वारा साफ किया गया क्षेत्रफल

= 2 × एक पत्ती द्वारा साफ किया गया क्षेत्रफल

$$= 2 \times \frac{158125}{252} = \frac{158125}{126}$$

$$= 1254.96 \text{ सेमी}^2$$

12. जहाजों को समुद्र में जलस्तर के नीचे स्थित चट्टानों की चेतावनी देने के लिए, एक लाइट हाउस (Light house) 80° कोण वाले एक त्रिज्यखंड में 16.5 किमी की दूरी तक लाल रंग का प्रकाश फैलाता है। समुद्र के उस भाग का क्षेत्रफल ज्ञात कीजिए, जिसमें जहाजों को चेतावनी दी जा सके। ($\pi = 3.14$ का प्रयोग कीजिए)

हल दिया है, त्रिज्यखंड का कोण $\theta = 80°$

और दूरी या त्रिज्या = 16.5 किमी

∴ त्रिज्यखंड का क्षेत्रफल

$$= \frac{\pi r^2\theta}{360°} = \frac{3.14 \times (16.5)^2 \times 80°}{360°}$$

$$= \frac{2 \times 3.14 \times 272.25}{9} = \frac{1709.73}{9} = 189.97 \text{ किमी}^2$$

जोकि अभीष्ट क्षेत्रफल है, जिसमें जहाजों को चेतावनी दी जा सके।

13. एक गोल मेजपोश पर छः समान डिजाइन बने हुए हैं जैसा कि आकृति में दर्शाया गया है। यदि मेजपोश की त्रिज्या 28 सेमी है, तो ₹ 0.35 प्रति सेमी^{2} की दर से इन डिजाइनों को बनाने की लागत ज्ञात कीजिए। ($\sqrt{3} = 1.7$ का प्रयोग कीजिए)

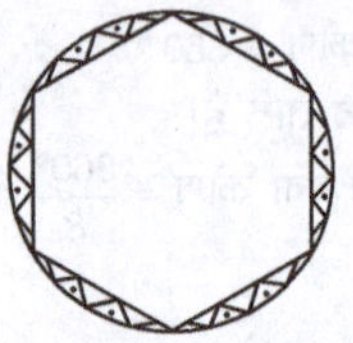

हल ∵ वृत्त का केंद्रीय कोण = 360°

∴ प्रत्येक त्रिज्यखंड का कोण $= \frac{360°}{6} = 60°$

अब, हम वृत्त के एक वृत्तखंड का क्षेत्रफल ज्ञात करते हैं।

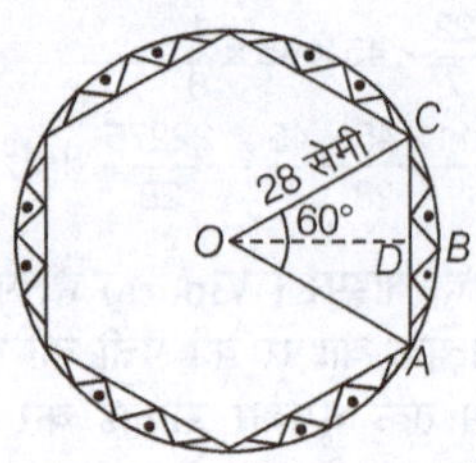

यहाँ, AC वृत्त की जीवा है। $OD \perp AC$ खींचिए, जो जीवा AC को समद्विभाजित करता है। इस प्रकार,

$$AD = DC$$

$$\therefore \quad \angle COD = \angle AOD = 30°$$

समकोण ΔOCD में,

$$\sin 30° = \frac{DC}{OC} \Rightarrow \frac{1}{2} = \frac{DC}{28} \Rightarrow DC = \frac{28}{2} = 14 \text{ सेमी}$$

और $$\cos 30° = \frac{OD}{OC} \Rightarrow \frac{\sqrt{3}}{2} = \frac{OD}{28} \Rightarrow OD = \frac{28 \times \sqrt{3}}{2} = 14\sqrt{3}$$

$$= 14 \times 1.7 = 23.8 \text{ सेमी}$$

$$\therefore \quad AC = 2 \times CD = 2 \times 14 = 28 \text{ सेमी}$$

ΔAOC का क्षेत्रफल $= \frac{1}{2} \times AC \times OD$

$$= \frac{1}{2} \times 28 \times 23.8 = \frac{666.4}{2} = 333.2 \text{ सेमी}^2$$

अब, त्रिज्यखंड OABCO का क्षेत्रफल

$$= \frac{\pi r^2\theta}{360°} = \frac{22}{7} \times (28)^2 \times \frac{60°}{360°}$$

$$= \frac{22}{7} \times \frac{28 \times 28}{6} = \frac{11 \times 4 \times 28}{3} = \frac{1232}{3} = 410.67 \text{ सेमी}^2$$

∴ वृत्तखंड ABCA का क्षेत्रफल = त्रिज्यखंड OABCO का क्षेत्रफल − ΔAOC का क्षेत्रफल

$$= 410.67 - 333.2 = 77.47 \text{ सेमी}^2$$

∴ छः वृत्तखंडों का क्षेत्रफल = 6× 77.47 = 464.82 सेमी^{2}

अतः ₹ 0.35 प्रति वर्ग सेमी की दर से डिजाइनों को बनाने की लागत

$$= 464.82 \times 0.35 = ₹\ 162.68$$

14. निम्नलिखित में सही उत्तर चुनिए।

त्रिज्या R वाले वृत्त के उस त्रिज्यखंड का क्षेत्रफल, जिसका कोण $p°$ है, निम्नलिखित है

(a) $\frac{p°}{180°} \times 2\pi R$ (b) $\frac{p°}{180°} \times \pi R^2$

(c) $\frac{p°}{360°} \times 2\pi R$ (d) $\frac{p°}{720°} \times 2\pi R^2$

हल (d) दिया है, $\theta = p°$ तथा $r = R$

त्रिज्यखंड का क्षेत्रफल $= \frac{\pi r^2\theta}{360°} = \frac{\pi R^2 p°}{360°} = \frac{p°}{720°} \times 2\pi R^2$

अध्याय : एक नजर में

- *वृत्तीय क्षेत्र का वह भाग जो दो त्रिज्याओं और संगत चापों से घिरा (परिबद्ध) हो वृत्त का त्रिज्यखंड कहलाता है।*

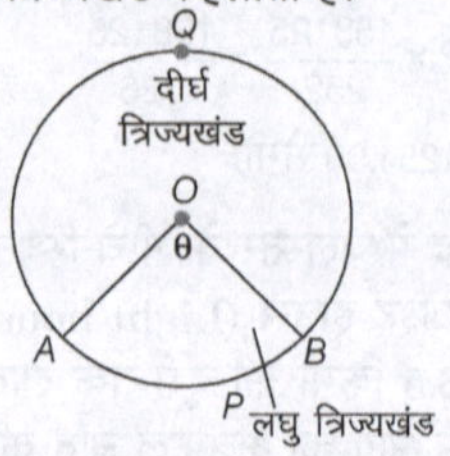

- *त्रिज्यखंड जिसका कोण θ हो, तब चाप की लम्बाई* $= \frac{\theta}{360°} \times 2\pi r$
- *लघु त्रिज्यखंड का क्षेत्रफल* $= \frac{\theta}{360°} \times \pi r^2$
- *साथ ही, दीर्घ त्रिज्यखंड का क्षेत्रफल* $= \pi r^2 -$ *लघु त्रिज्यखंड का क्षेत्रफल*
- *वृत्तीय क्षेत्र का वह भाग जो एक जीवा और संगत चाप के बीच परिबद्ध हो वृत्त का वृत्तखंड कहलाता है। लघुचाप वाले वृत्तखंड को लघु वृत्तखंड और दीर्घचाप वाले वृत्तखंड को दीर्घ वृत्तखंड कहते हैं।*
- *लघु वृत्तखंड APB का क्षेत्रफल = त्रिज्यखंड OAPB का क्षेत्रफल −* ΔOAB *का क्षेत्रफल*

$$= \frac{\theta}{360°} \times \pi r^2 - \Delta OAB \text{ का क्षेत्रफल}$$

साथ ही, दीर्घवृत्त खंड AQB का क्षेत्रफल $= \pi r^2 -$ *लघुखंड APB का क्षेत्रफल*

परीक्षा अभ्यास

यहाँ अध्याय से संबंधित सभी संभावित प्रश्नों को दिया गया है, इन प्रश्नों का अभ्यास करके व याद रखकर छात्र अध्याय से संबंधित किसी भी प्रश्न का उत्तर दे पाएँगे।

बहुविकल्पीय प्रश्न

1. एक घड़ी की मिनट की सुई r सेमी लंबी है। 5 मिनट में मिनट की सुई द्वारा बनाए गए त्रिज्यखंड का क्षेत्रफल होगा **[NCERT Exemplar]**

(a) $\frac{\pi r^2}{60}$ (b) $\frac{\pi r^2}{12}$ (c) $\frac{2\pi r}{12}$ (d) $\frac{2\pi r}{60}$

2. एक घड़ी की मिनट की सुई r सेमी लंबी हैं। एक मिनट में मिनट की सुई द्वारा बनाए गए त्रिज्यखंड का क्षेत्रफल होगा

(a) $\frac{\pi r^2}{60}$ (b) $\frac{\pi r^2}{180}$ (c) $\frac{\pi r^2}{360}$ (d) $\frac{\pi r^2}{90}$

3. 12 सेमी त्रिज्या वाले एक वृत्त के त्रिज्यखंड का क्षेत्रफल होगा, यदि त्रिज्यखंड का कोण 60° है **[NCERT Exemplar]**

(a) 20π सेमी^{2} (b) 24π सेमी^{2}
(c) 30π सेमी^{2} (d) 18π सेमी^{2}

4. त्रिज्या R वाले वृत्त के उस त्रिज्यखंड का क्षेत्रफल जिसका कोण $P°$ है, निम्नलिखित है

(a) $\frac{p°}{180°} \times 2\pi R$ (b) $\frac{p°}{180°} \times \pi R^2$
(c) $\frac{p°}{360°} \times 2\pi R$ (d) $\frac{p°}{720°} \times 2\pi R^2$

5. एक कार के दो वाइपर हैं जो एक-दूसरे को आच्छादित नहीं करते हैं। प्रत्येक वाइपर के पत्ती की लंबाई r सेमी है, जो 120° के कोण तक घूमकर सफाई कर सकती है। पत्तियों के प्रत्येक बुहार पर साफ हुए भाग का क्षेत्रफल है

(a) $\frac{1}{3}\pi r$ (b) $\frac{2}{3}\pi r$
(c) $\frac{1}{3}\pi r^2$ (d) $\frac{2}{3}\pi r^2$

कथन कारण प्रश्न

निर्देश (प्र. सं. 6-10 तक) *इनमें से प्रत्येक प्रश्न में एक कथन के बाद एक कारण दिया गया है। इनको ध्यानपूर्वक पढ़िए तथा निम्न विकल्पों के आधार पर प्रश्नों के उत्तर दीजिए।*

(a) यदि दोनों कथन व कारण सही हैं तथा कारण कथन का सही स्पष्टीकरण है।
(b) यदि दोनों कथन व कारण सही हैं परन्तु कारण कथन का सही स्पष्टीकरण नहीं है।
(c) यदि कथन सही है परन्तु कारण गलत है।
(d) यदि कथन गलत है परन्तु कारण सही है।

6. **कथन** दो वृत्त बाहयत: स्पर्श करते है। यदि उनकी त्रिज्याएँ 11 सेमी व 3 सेमी हैं, तब उनके केन्द्रों के बीच की दूरी 14 सेमी है।

कारण जब दो वृत्त वायहत: स्पर्श करते है, तब उनके केन्द्रों के बीच की दूरी उनकी त्रिज्याओं के योग के बराबर होती है।

7. **कथन** यदि एक वृत्त की परिधि 176 सेमी है, तब इसकी त्रिज्या, 28 सेमी है।

कारण परिधि $=2\pi \times$ त्रिज्या

8. **कथन** यदि एक $2L$ सेमी लम्बा तार एक वृत्त के रूप में मोड़ा जाता है, तब बने वृत्त का क्षेत्रफल 40 सेमी^{2} होता है।

कारण वृत्त की परिधि = तार की लम्बाई

9. **कथन** एक पहिए का व्यास 4.2 मी है। यह 1 मिनट में 75 चक्कर लगाता है। पहिए की चाल 59.4 किमी/घण्टा है।

कारण 1 मिनट में तय दूरी = परिधि ×1 मिनट में चक्करों की संख्या

10. **कथन** यदि दो वृत्तों की परिधियों का अनुपात 2 : 3 है तब उनके क्षेत्रफलों का अनुपात 4 : 9 है।

कारण त्रिज्या r के एक वृत्त की परिधि $2\pi r$ तथा इसका क्षेत्रफल πr^2 है।

अतिलघु उत्तरीय प्रश्न

11. त्रिज्या r और कोण θ वाले वृत्त के त्रिज्यखंड के चाप की लंबाई क्या होगी?

12. त्रिज्या 28 सेमी और केंद्रीय कोण 45° वाले वृत्त के त्रिज्यखंड का क्षेत्रफल ज्ञात कीजिए।

13. त्रिज्या $4r$ और केंद्रीय कोण x वाले वृत्त के त्रिज्यखंड का क्षेत्रफल ज्ञात कीजिए।

14. यदि वृत्त के त्रिज्यखंड का क्षेत्रफल वृत्त के क्षेत्रफल का $\frac{5}{18}$ वाँ है, तब त्रिज्यखंड का केंद्रीय कोण ज्ञात कीजिए। **[CBSE 2015]**

15. त्रिज्या 4 सेमी और कोण 30° वाले त्रिज्यखंड का क्षेत्रफल ज्ञात कीजिए। साथ ही, संगत दीर्घ वृत्तखंड का भी क्षेत्रफल ज्ञात कीजिए।

16. एक घड़ी की घंटे की सुई 7 सेमी लंबी है। घंटे की सुई द्वारा एक घंटे में कवर (sweep) किया गया क्षेत्रफल ज्ञात कीजिए।

17. एक घड़ी की मिनट की सुई की लंबाई 12 सेमी है। सुबह 9 : 00 से 9 : 35 तक इस सुई द्वारा रचित क्षेत्र का क्षेत्रफल ज्ञात कीजिए।

18. 21 सेमी त्रिज्या वाले एक वृत्त के केंद्र पर एक चाप द्वारा बनाया गया कोण 60° है, चाप की लंबाई ज्ञात कीजिए।

19. दी गई आकृति में केंद्र O वाले वृत्त की त्रिज्या 14 सेमी है, चाप AB की लंबाई = 13.2 सेमी वृत्त के छायांकित भाग का क्षेत्रफल ज्ञात कीजिए।

20. त्रिज्या 14 सेमी वाले एक वृत्त के त्रिज्यखंड का क्षेत्रफल 24.5π सेमी^{2} है। इस त्रिज्यखंड के संगत चाप की लंबाई ज्ञात कीजिए।

21. त्रिज्या 5.7 सेमी वाले वृत्त के त्रिज्यखंड का परिमाप 27.2 सेमी है, तब समकक्ष त्रिज्यखंड का क्षेत्रफल ज्ञात कीजिए।

लघु उत्तरीय प्रश्न

22. विमाओं 20 मी × 16 मी वाले एक आयताकार खेत के कोने पर एक गाय 14 मी लम्बी रस्सी से बँधी हुई है। खेत का वह क्षेत्रफल ज्ञात कीजिए जिसमें गाय चर सकती है।

23. एक घड़ी की मिनट की सुई 10 सेमी लंबी है। प्रात: 8 : 00 बजे से 8 : 25 बजे तक मिनट की सुई द्वारा तय किया गया क्षेत्रफल ज्ञात कीजिए।

24. 5 सेमी त्रिज्या वाले वृत्त के त्रिज्यखंड का क्षेत्रफल ज्ञात कीजिए यदि संगत चाप की लंबाई 3.5 सेमी है।

25. यदि r त्रिज्या वाले वृत्त के चाप की लंबाई, $2r$ त्रिज्या वाले वृत्त के चाप की लंबाई के बराबर हो, तब प्रथम वृत्त के संगत त्रिज्यखंड का कोण, दूसरे वृत्त के संगत त्रिज्यखंड के दोगुने कोण के बराबर है। क्या यह कथन असत्य है? क्यों? **[NCERT Exemplar]**

26. एक गाय 20 मी × 16 मी विमाओं वाले आयताकार मैदान के कोने में 14 मी लंबी रस्सी से बाँध दी गई है। उस मैदान का क्षेत्रफल ज्ञात कीजिए जिसमें गाय घास चर सकती है। **[NCERT Exemplar]**

27. त्रिज्या 14 सेमी वाले एक वृत्त के एक वृत्तखंड का क्षेत्रफल ज्ञात कीजिए, जबकि उसके संगत त्रिज्यखंड का कोण 30° है। **[CBSE 2016, 15]**

28. 20 सेमी त्रिज्या वाले वृत्त की एक जीवा केंद्र पर 90° का कोण बनाती है। वृत्त के संगत दीर्घ वृत्तखंड का क्षेत्रफल ज्ञात कीजिए। ($\pi = 3.144$ लीजिए)

29. 10 सेमी लंबाई की जीवा वृत्त में खींची गई है जिसकी त्रिज्या $\sqrt{50}$ सेमी है, वृत्तखंड का क्षेत्रफल ज्ञात कीजिए।

30. वृत्त के एक चाप की लंबाई 5π सेमी और इससे परिबद्ध क्षेत्रफल 20π सेमी^{2} है, वृत्त की त्रिज्या ज्ञात कीजिए।

31. 5 सेमी त्रिज्या वाले वृत्त त्रिज्यखंड का क्षेत्रफल ज्ञात कीजिए यदि उसके संगत चाप की लंबाई 3.5 सेमी है।

32. वृत्त के एक चाप की लंबाई 5π सेमी है जिसके त्रिज्यखंड से 20π सेमी^{2} क्षेत्रफल बनता है, वृत्त की त्रिज्या को ज्ञात कीजिए।

33. 36 सेमी त्रिज्या वाले वृत्त के एक त्रिज्यखंड का क्षेत्रफल 54 सेमी^{2} है, त्रिज्यखंड के संगत चाप की लंबाई ज्ञात कीजिए।

34. केंद्रीय कोण 200° वाले त्रिज्यखंड का क्षेत्रफल 770 सेमी^{2} इस त्रिज्यखंड से संगत चाप की लंबाई ज्ञात कीजिए। **[NCERT Exemplar]**

35. एक छत के पंखे में तीन पंख हैं जैसा कि आकृति में दर्शाया गया है। यदि प्रत्येक पंख की लंबाई 0.98 मी है, तो दो क्रमागत पंखों के बीच बने चाप की लंबाई ज्ञात कीजिए। $\left(\pi = \frac{22}{7}\right.$ का प्रयोग कीजिए$\left.\right)$

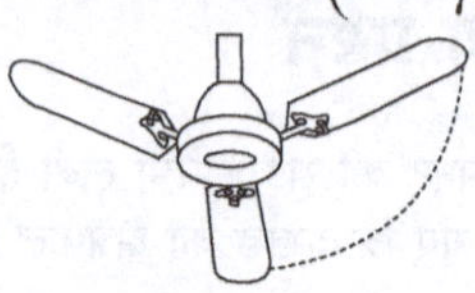

[CBSE 2016]

दीर्घ उत्तरीय प्रश्न

36. एक त्रिभुजाकार खेत की भुजाएँ 15 मी, 16 मी और 17 मी हैं। इस खेत में चरने के लिए, इसके तीनों कोनों से एक गाय, एक भैंस और एक घोड़े को अलग-अलग 7 मी लंबी रस्सियों से बाँध दिया गया है। खेत के उस भाग का क्षेत्रफल ज्ञात कीजिए जिसमें ये तीनों पशु चर सकें। **[NCERT Exemplar, CBSE 2015]**

37. त्रिज्या 21 सेमी वाले वृत्त के कोण 120° वाले त्रिज्यखंड और इसके संगत दीर्घ त्रिज्यखंड के क्षेत्रफल का अन्तर ज्ञात कीजिए।

38. त्रिज्याओं 7 सेमी और 21 सेमी वाले दो वृत्तों के दो त्रिज्यखंडों के केंद्रीय कोण क्रमश: 120° और 40° हैं। इन दोनों त्रिज्यखंडों के क्षेत्रफल तथा साथ ही संगत चापों की लंबाई ज्ञात कीजिए। आप क्या देखते हैं? **[NCERT Exemplar]**

39. $ABCDEF$ एक समषट्भुज है। A, B, C, D, E तथा F को केंद्र तथा r त्रिज्या लेकर वृत्त खींचे गए हैं। दी गई आकृति में दर्शाए छायांकित भाग का क्षेत्रफल ज्ञात कीजिए। **[CBSE 2016]**

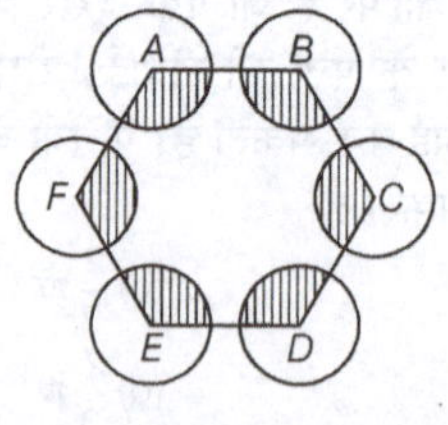

40. त्रिज्या 14 सेमी वृत्त के लघु वृत्तखंड का क्षेत्रफल ज्ञात कीजिए जब संगत कोण 60° है। **[NCERT Exemplar]**

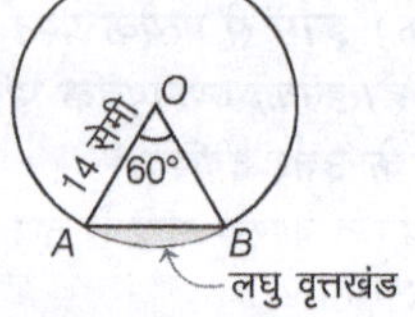

41. त्रिज्या 12 सेमी वाले वृत्त के वृत्तखंड का क्षेत्रफल ज्ञात कीजिए जिसके संगत त्रिज्यखंड के केंद्रीय कोण का मान 60° है। ($\because \pi = 3.14$ का प्रयोग कीजिए) **[NCERT Exemplar]**

संकेत एवं हल

1. (b) 60 मिनट में मिनट की सुई द्वारा घूमा गया कोण = 360°

5 मिनट में मिनट की सुई द्वारा घूमा गया कोण, $\theta = \frac{360°}{60} \times 5 = 30°$

कोण θ वाले त्रिज्यखंड का क्षेत्रफल $= \frac{\theta}{360°} \times \pi r^2$

$$= \frac{30°}{360°} \times \pi r^2 = \frac{\pi r^2}{12}$$

2. (a) 60 मिनट में मिनट की सुई द्वारा घूमा गया कोण = 360°

1 मिनट में मिनट की सुई द्वारा घूमा गया कोण, $\theta = \frac{360°}{60} = 6°$

कोण θ वाले त्रिज्यखंड का क्षेत्रफल $= \frac{\theta}{360°} \times \pi r^2$

$$= \frac{6°}{360°} \times \pi r^2 = \frac{\pi r^2}{60}$$

3. (b) दिया है, $r = 12$ सेमी तथा $\theta = 60°$

∴ त्रिज्यखंड का क्षेत्रफल $= \frac{\theta}{360°} \times \pi r^2 = \frac{60°}{360°} \times \pi \times (12)^2$

$= 24\pi$ सेमी^{2}

4. (d) त्रिज्या R वाले वृत्त के कोण p° वाले त्रिज्यखंड का क्षेत्रफल

$$= \frac{p°}{360°} \times \pi R^2 = \frac{p°}{720°} \times 2\pi R^2$$

5. (d) दिया है, वाइपर के पत्ती की लंबाई = r सेमी

तथा पत्ती द्वारा बना कोण θ = 120°

∴ पत्ती द्वारा साफ किया क्षेत्रफल = पत्ती द्वारा बने त्रिज्यखंड का क्षेत्रफल

$$= \frac{\pi r^2\theta}{360°} = \frac{\pi r^2(120°)}{360°} = \frac{1}{3}\pi r^2$$

∴ दोनों पत्तियों द्वारा साफ किया क्षेत्रफल

= 2 × पत्ती द्वारा साफ किया क्षेत्रफल

$$= 2 \times \frac{1}{3}\pi r^2 = \frac{2}{3}\pi r^2$$

6. (a) हम जानते हैं कि जब दो वृत्त वाहयतः स्पर्श करते है, तब उनके केन्द्रों के बीच की दूरी उनकी त्रिज्याओं के योग के बराबर होती है।

यहाँ $r_1 = 11$ सेमी तथा $r_2 = 3$ सेमी

∴ केन्द्रों के बीच की दूरी $= r_1 + r_2 = 11 + 3 = 14$ सेमी

अतः कथन व कारण दोनों सही हैं, तथा कारण, कथन का सही स्पष्टीकरण है।

7. (a) ∵ त्रिज्या, r=28 सेमी

∴ परिधि = 2π × त्रिज्या = 2π × 28

$= 2 \times \frac{22}{7} \times 28 = 8 \times 22 = 176$ सेमी

अतः कथन व कारण दोनों सही हैं तथा कारण, कथन का सही स्पष्टीकरण है।

8. (d) हम जानते हैं कि जब तार को वृत्त रूप में मोड़ा जाता है, तब वृत्त की परिधि तार की लम्बाई के बराबर होती है।

∵ तार की लम्बाई = 22 सेमी

तथा माना वृत्त की त्रिज्या = r सेमी

⇒ वृत्त की परिधि = तार की परिधि

$\Rightarrow 2\pi r = 22 \Rightarrow r = \frac{22 \times 7}{2 \times 22} = \frac{7}{2}$ सेमी

तब वृत्त का क्षेत्रफल $= \pi r^2 = \frac{22}{7} \times \frac{7}{2} \times \frac{7}{2} = \frac{77}{2} = 38.5$ सेमी^{2}

अतः कथन गलत है परन्तु कारण सही है।

9. (a) ∵ पहिए का व्यास = 4.2 मी

∴ पहिए की परिधि = एक चक्कर

$= \pi \times 4.2 = \frac{22}{7} \times 4.2 = 13.2$ मी

तब 75 चक्करों में तय दूरी = 75 × 13.2 मी

इस प्रकार पहिए की चाल $= \frac{\text{कुल तय दूरी}}{\text{लगा समय}}$

$= \frac{75 \times 13.2}{1}$ मी/मि $= \frac{75 \times 13.2 \times 18}{5 \times 60}$

= 59.4 किमी/घण्टा

अतः कथन व कारण दोनों सही हैं तथा कारण कथन का सही स्पष्टीकरण है।

10. (a) हम जानते हैं कि त्रिज्या r के वृत्त की परिधि 2πr व क्षेत्रफल πr^2 होता है।

यहाँ दिया है, $c_1 : c_2 = 2 : 3 \Rightarrow 2\pi r_1 : 2\pi r_2 = 2 : 3 \Rightarrow r_1 : r_2 = 2 : 3$

∴ वृत्तों के क्षेत्रफलों का अनुपात $= A_1 : A_2$

$= \pi r_1^2 : \pi r_2^2 = r_1^2 : r_2^2$

$= 2^2 : 3^2 = 4 : 9$

अतः कथन व कारण दोनों सही है तथा कारण कथन का सही स्पष्टीकरण है।

11. **संकेत** त्रिज्या r और कोण θ वाले वृत्त के त्रिज्यखंड के चाप की लम्बाई $\frac{\theta}{360°} \times 2\pi r$ अर्थात् $\frac{\theta}{180°} \times \pi r$ है।

12. **संकेत** r = 28 सेमी, θ = 45°

वृत्त के त्रिज्यखंड का क्षेत्रफल $= \frac{\pi r^2 \theta}{360°}$ **उत्तर** 308 सेमी^{2}

13. प्रश्न 7 की भाँति स्वयं हल करें। **उत्तर** $\frac{2\pi x r^2}{45°}$

14. **संकेत** वृत्त के त्रिज्यखंड का क्षेत्रफल $= \frac{5}{18} \times$ वृत्त का क्षेत्रफल

$$\Rightarrow \frac{\theta}{360°} \times \pi r^2 = \frac{5}{18} \times \pi r^2 \Rightarrow \theta = 100°$$

15. NCERT फोल्डर प्रश्नावली 11.1, प्रश्न 1 तथा 6 की भाँति स्वयं हल करें।

उत्तर 4.19 सेमी^{2} तथा 46.1 सेमी^{2}

16. **संकेत** घंटे की सुई द्वारा एक घंटे में अंतरित कोण $= \frac{360°}{12} = 30°$

∴ कवर किया गया क्षेत्रफल $= \frac{30°}{360°} \times \pi \times (7)^2$ सेमी^{2}

उत्तर 12.83 सेमी^{2}

17. **संकेत** प्रातः काल 9:00 से 9:35 के बीच मिनट की सुई द्वारा अंतरित कोण $= \frac{360°}{60} \times 35 = 210°$

उत्तर 264 सेमी^{2}

18. उदाहरण 3 की भाँति स्वयं हल करें। **उत्तर** 22 सेमी

19. **संकेत** छायांकित भाग का क्षेत्रफल $= \frac{1}{2} \times$ चाप की लंबाई $\times$ त्रिज्या

उत्तर 92.4 सेमी^{2}

20. **संकेत** चाप की लंबाई $= \frac{2 \times \text{त्रिज्यखंड का क्षेत्रफल}}{\text{त्रिज्या}}$ **उत्तर** 3π सेमी

21. **संकेत** वृत्त के त्रिज्यखंड का परिमाप

= 2 (त्रिज्या) + त्रिज्यखंड के चाप की लंबाई

हम जानते हैं कि त्रिज्यखंड का क्षेत्रफल $= \frac{1}{2} lr$

उत्तर 45.03 सेमी^{2}

22. NCERT फोल्डर, प्रश्नावली 11.1, प्रश्न 8(i) की भाँति स्वयं हल करें।

उत्तर 154 मी^{2}

23. उदाहरण 1 की भाँति स्वयं हल करें।

उत्तर 130.95 सेमी^{2}

24. **संकेत** $\because$ चाप की लंबाई $= \frac{\theta}{360°} \times 2\pi r$

$\Rightarrow \quad 3.5 = \frac{\theta}{360°} \times 2\pi \times 5 \Rightarrow \theta = \frac{3.5 \times 36}{\pi}$

अब, त्रिज्यखंड का क्षेत्रफल $= \frac{\theta}{360°} \times \pi r^2 = 8.75$ सेमी^{2}

25. सत्य, यह समान वृत्तों के चापों के लिए सत्य है परंतु भिन्न-भिन्न वृत्तों में, यह संभव नहीं है।

26. **संकेत** अभीष्ट क्षेत्रफल = त्रिज्या 14 मी वाले चतुर्थांश APQ का क्षेत्रफल

उत्तर 154 मी^{2}

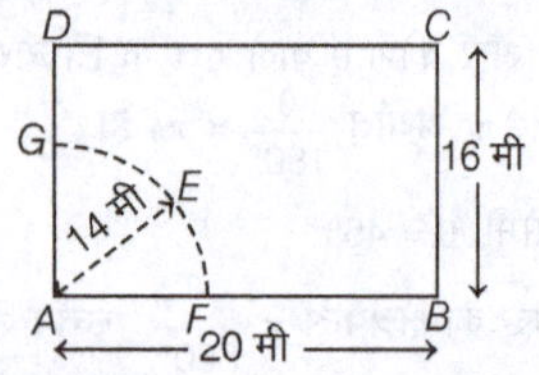

27. उदाहरण 4 की भाँति स्वयं हल करें। **उत्तर** $\frac{7}{3}$ सेमी^{2}

28. **संकेत** लघु वृत्तखंड ज्ञात करने के लिए उदाहरण 4 देखिए, दीर्घ वृत्तखंड का क्षेत्रफल = वृत्त का क्षेत्रफल − लघु वृत्तखंड का क्षेत्रफल

उत्तर 1142 सेमी^{2}

29. **संकेत** क्योंकि OM, जीवा को समद्विभाजित करता है

$\therefore AM = \frac{AB}{2} = 5$ सेमी

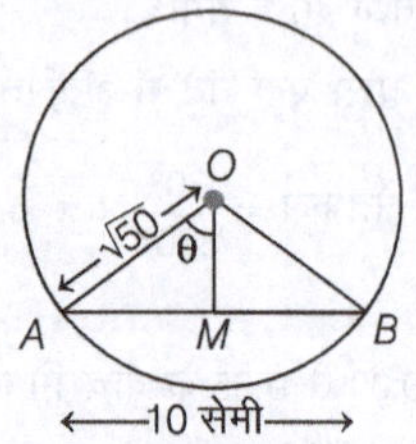

ΔOAM में, $\quad \sin\theta = \frac{AM}{OA} = \frac{1}{\sqrt{2}} \Rightarrow \theta = 45°$

$\therefore$ वृत्तखंड का क्षेत्रफल = त्रिज्यखंड का क्षेत्रफल − ΔOAB का क्षेत्रफल

उत्तर 14.28 सेमी^{2}

30. **संकेत** दिया है, चाप $AB = 5\pi$ सेमी

$\Rightarrow \quad \frac{\theta}{360°} \times 2\pi r = 5\pi \quad$ ..(i)

त्रिज्यखंड $OABO$ का क्षेत्रफल $= 20\pi$ सेमी^{2} [दिया है]

$\Rightarrow \quad \frac{\theta}{360°} \times \pi r^2 = 20\pi \quad$ ...(ii)

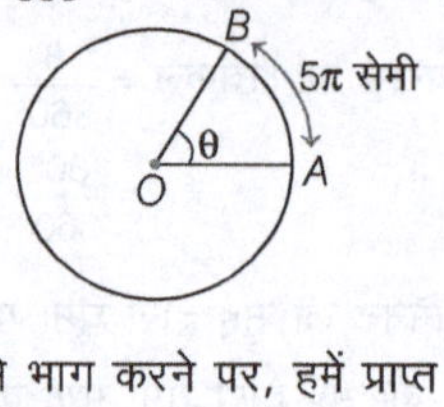

समी (ii) को (i) से भाग करने पर, हमें प्राप्त है

$$\frac{\frac{\theta}{360°} \times \pi r^2}{\frac{\theta}{360°} \times 2\pi r} = \frac{20\pi}{5\pi}$$

उत्तर $r = 8$ सेमी

31. **संकेत** त्रिज्यखंड का क्षेत्रफल जिसकी त्रिज्या (r) तथा चाप की लंबाई (l) है, तब क्षेत्रफल $= \frac{1}{2} lr$

उत्तर 8.75 सेमी^{2}

32. **संकेत** त्रिज्यखंड का क्षेत्रफल $= \frac{1}{2} lr \Rightarrow 20\pi = \frac{1}{2} r \times 5\pi$

उत्तर 8 सेमी

33. 3π सेमी

34. **संकेत** त्रिज्यखंड का क्षेत्रफल $= \frac{\theta}{360°} \times \pi r^2$

$\Rightarrow 770 = \frac{200}{360°} \times \frac{22}{7} \times r^2 \Rightarrow r = 21$ सेमी

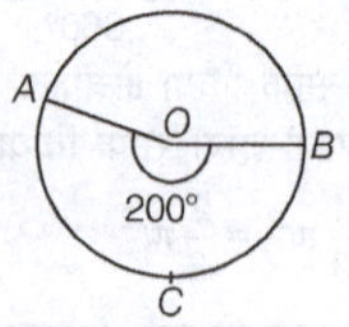

त्रिज्यखंड का क्षेत्रफल $= \frac{1}{2} lr$

$\Rightarrow \quad 770 = \frac{1}{2} \times 21 \times l$

$\Rightarrow \quad l = \frac{770 \times 2}{21}$

$= 73\frac{1}{3}$ सेमी

35. **संकेत** पंखे की त्रिज्या (r) = पंखे की लंबाई = 0.98 मी

दो क्रमागत पंखों के बीच का कोण,

$$\theta = \frac{360°}{3}$$

$\therefore$ दो क्रमागत पंखों के बीच बने चाप की लंबाई

$$= \left(\frac{\theta}{360°}\right) 2\pi r$$

$$= \frac{120°}{360°} \times 2 \times \frac{22}{7} \times 0.98$$

$$= \frac{1}{3} \times 44 \times \frac{0.98}{7} = 2.05 \text{ मी}$$

36. **संकेत** दिया है, प्रत्येक त्रिज्यखंड की त्रिज्या $(r) = 7$ मी

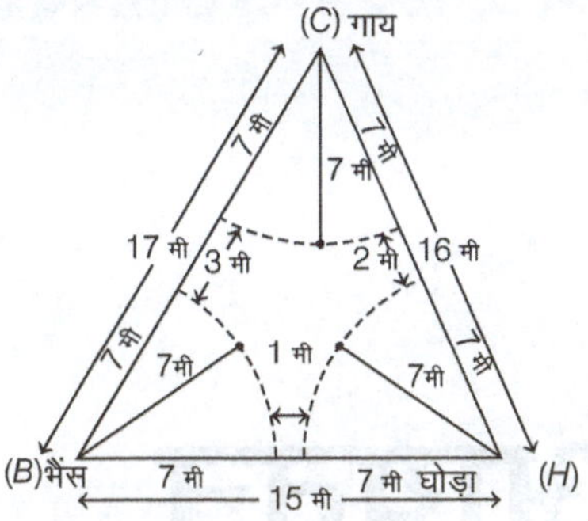

अब, $\angle C$ वाले त्रिज्यखंड का क्षेत्रफल

$$= \frac{\angle C}{360°} \times \pi r^2 = \frac{\angle C}{360°} \times \pi \times (7)^2 \text{ मी}^2$$

$\angle B$ वाले त्रिज्यखंड का क्षेत्रफल

$$= \frac{\angle B}{360} \times \pi r^2 = \frac{\angle B}{360°} \times \pi \times (7)^2 \text{ मी}^2$$

$\angle H$ वाले त्रिज्यखंड का क्षेत्रफल

$$= \frac{\angle H}{360°} \times \pi r^2 = \frac{\angle H}{360°} \times \pi \times (7)^2 \text{ मी}^2$$

तीनों त्रिज्यखंडों का क्षेत्रफल

$$= \frac{\angle C}{360°} \times \pi \times (7)^2 + \frac{\angle B}{360°} \times \pi \times (7)^2 + \frac{\angle H}{360°} \times \pi \times (7)^2$$

$$= \frac{(\angle C + \angle B + \angle H)}{360°} \times \pi \times 49$$

$$= \frac{180°}{360°} \times \frac{22}{7} \times 49$$

$$= 11 \times 7 = 77 \text{ मी}^2$$

37. **संकेत** दिया है, वृत्त की त्रिज्या $= 21$ सेमी

तथा त्रिज्यखंड $AOBA$ का केंद्रीय कोण $\theta = 120°$

$$\therefore \text{ वृत्त का क्षेत्रफल } = \pi r^2 = \frac{22}{7} \times (21)^2$$

$$= 22 \times 63 = 1386 \text{ सेमी}^2$$

अब केंद्रीय कोण 120° वाले लघु त्रिज्यखंड का क्षेत्रफल

$$= \pi r^2 \times \frac{\theta}{360°}$$

$$= \frac{22}{7} \times 21 \times 21 \times \frac{120°}{360°}$$

$$= \frac{22 \times 3 \times 21}{3}$$

$$= 22 \times 21 = 462 \text{ सेमी}^2$$

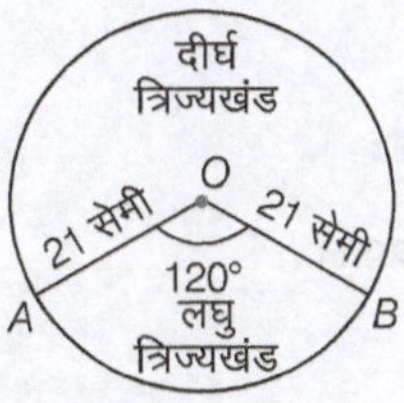

दीर्घ त्रिज्यखंड $ABOA$ का क्षेत्रफल = वृत्त का क्षेत्रफल

– लघु त्रिज्यखंड $AOBA$ का क्षेत्रफल

$$= 1386 - 462 = 924 \text{ सेमी}^2$$

अतः लघु त्रिज्यखंड $AOBA$ तथा इसके संगत दीर्घ त्रिज्यखंड $ABOA$ के क्षेत्रफलों का अंतर = त्रिज्यखंड $ABOA$ का क्षेत्रफल

– त्रिज्यखंड $AOBA$ का क्षेत्रफल

$$= 924 - 462$$

$$= 462 \text{ सेमी}^2$$

38. **संकेत** पहले वृत्त के लिए,

$$r = 7 \text{ सेमी तथा } \theta = 120°$$

$\therefore$ पहले वृत्त के त्रिज्यखंड का क्षेत्रफल

$$= \frac{\theta}{360°} \times \pi r^2$$

$$= \frac{120°}{360°} \times \frac{22}{7} \times (7)^2$$

$$= \frac{154}{3} \text{ सेमी}^2$$

$$\text{संगत चाप की लंबाई} = \frac{\theta}{360°} \times 2\pi r$$

$$= \frac{120°}{360°} \times 2 \times \frac{22}{7} \times 7$$

$$= \frac{44}{3} \text{ सेमी}$$

दूसरे वृत्त के लिए,

$$r = 21 \text{ सेमी और } \theta = 40°$$

$\therefore$ त्रिज्यखंड का क्षेत्रफल

$$= \frac{40°}{360°} \times \frac{22}{7} \times (21)^2$$

$$= \frac{1}{9} \times \frac{22}{7} \times 21 \times 21$$

$$= 154 \text{ सेमी}^2$$

$$\text{संगत चाप की लंबाई} = \frac{40°}{360°} \times 2 \times \frac{22}{7} \times 21$$

$$= \frac{1}{9} \times 2 \times 22 \times 3$$

$$= \frac{44}{3} \text{ सेमी}$$

हम पाते हैं कि दोनों वृत्तों के संगत चापों की लंबाइयाँ समान हैं जबकि उसके त्रिज्यखंडों का क्षेत्रफल अलग- अलग है।

39. **संकेत** छायांकित भाग का क्षेत्रफल $= 6 \times \frac{120°}{360°} \times \pi r^2$ वर्ग इकाई

[क्योंकि समषट्भुज का प्रत्येक कोण $= \frac{720°}{6} = 120°$ होता है]

$$= 2\pi r^2 \text{ वर्ग इकाई}$$

40. NCERT फोल्डर, प्रश्नावली 11.1, प्रश्न 6 की भाँति स्वयं हल करें।
उत्तर $(102.6 + 49\sqrt{3})$ सेमी^{2}

41. NCERT फोल्डर, प्रश्नावली 11.1, प्रश्न 6 की भाँति स्वयं हल करें।
उत्तर $(75.36 - 36\sqrt{3})$ सेमी^{2}

अध्याय 12

पृष्ठीय क्षेत्रफल और आयतन

(Surface Areas and Volumes)

पिछली कक्षाओं में हम विभिन्न प्रकार के ठोस आकृतियों जैसे– घनाभ, घन, बेलन, शंकु, गोला तथा अर्द्धगोला का पृष्ठीय क्षेत्रफल और आयतन ज्ञात करना सीख चुके हैं। इस अध्याय में हम ठोस आकृतियों के संयोजन से बनी आकृति, का पृष्ठीय क्षेत्रफल और आयतन ज्ञात करना सीखेंगे।

इस अध्याय में टॉपिक की शुरुआत करने से पहले हम कुछ महत्त्वपूर्ण परिभाषा तथा सूत्रों को दोहराएँगे।

टॉपिक्स

- *ठोस आकृतियाँ*
- *पृष्ठीय क्षेत्रफल*
- *आयतन*
- *महत्त्वपूर्ण सूत्र (कुछ ठोस आकृतियों से संबंधित)*
- *संयुक्त (संयोजित) ठोसों का संपूर्ण पृष्ठीय क्षेत्रफल तथा आयतन*

ठोस आकृतियाँ (Solid Figures)

ऐसी वस्तुएँ जो स्थान घेरती हों (अर्थात् वे त्रिविमीय होती हैं) ठोस आकृतियाँ कहलाती हैं। जैसे–घन, घनाभ, बेलन, शंकु, गोला तथा अर्द्धगोला आदि।

पृष्ठीय क्षेत्रफल (Surface Area)

ठोस आकृति की सीमा बनाने वाली समतल आकृतियों का क्षेत्रफल, पृष्ठीय क्षेत्रफल कहलाता है। पृष्ठीय क्षेत्रफल को हमेशा वर्ग इकाई में मापते हैं।

जैसे— माना छ: वर्गाकार फलक वाले घन का पृष्ठ क्षेत्रफल $6a^2$ वर्ग इकाई होता है। जहाँ, वर्ग की प्रत्येक फलक का क्षेत्रफल a^2 होता है।

आयतन (Volume)

ठोस द्वारा घेरे गए स्थान की माप को ठोस का आयतन कहते हैं।

अथवा कोई वस्तु जितना स्थान घेरती है, उसे उस वस्तु का आयतन कहते हैं।

जैसे— माना एक वर्ग जिसकी प्रत्येक भुजा की लंबाई a इकाई है, तब घन का आयतन उसके आधार का क्षेत्रफल a^2 तथा उसकी ऊँचाई a के गुणनफल के बराबर अर्थात् a^3 घन इकाई होगा।

महत्त्वपूर्ण सूत्र (Important Formulae) (कुछ ठोस आकृतियों से संबंधित)

1. **घनाभ** (Cuboid)

तीन समांतर समतल पृष्ठों (फलकों) के युग्मों से घिरा ठोस घनाभ कहलाता है।

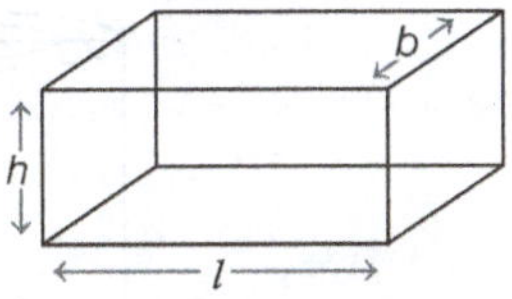

एक घनाभ के छ: आयताकार समतल पृष्ठ, **फलक** कहलाते हैं।

घनाभ के 8 कोने **शीर्ष** कहलाते हैं।

माना लंबाई $= l$ इकाई, चौडाई $= b$ इकाई और ऊँचाई $= h$ इकाई है, तो

(i) घनाभ का आयतन $= l \times b \times h$ घन इकाई

(ii) घनाभ का संपूर्ण पृष्ठ $= 2(lb + bh + lh)$ वर्ग इकाई

(iii) घनाभ का विकर्ण $= \sqrt{l^2 + b^2 + h^2}$ इकाई

(iv) चारों दीवारों का क्षेत्रफल $= 2(l + b) \times h$ वर्ग इकाई

नोट *चारों दीवारों का क्षेत्रफल = चार फलकों का क्षेत्रफल*

2. **घन** (Cube)

छ: समान पृष्ठों वाली ऐसी ठोस आकृति, जिसकी सभी विमाएँ (लंबाई, चौड़ाई व ऊँचाई) समान हों, घन कहलाती है।

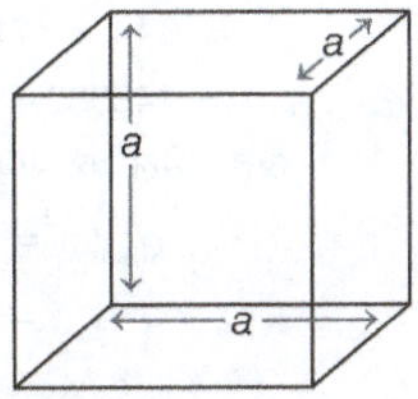

(i) घन का पृष्ठीय क्षेत्रफल = 4(भुजा)^2 $= 4a^2$ इकाई^3

(ii) घन का आयतन = (भुजा)$^3 = a^3$ इकाई^3

(iii) घन का संपूर्ण पृष्ठीय क्षेत्रफल $= 6 \times$ (भुजा)$^2 = 6a^2$ इकाई^3

(iv) घन का विकर्ण $= \sqrt{3} \times$ भुजा $= \sqrt{3}a$ इकाई

3. **लंबवृत्तीय बेलन** (Right Circular Cylinder)

एक ठोस लंबवृत्तीय बेलन, जो आयत की एक स्थिर भुजा के परित: चक्रण से प्राप्त होता है अथवा वृत्तीय आधार वाली ऐसी ठोस या खोखली आकृति, जिसके पार्श्व सम होते हैं, लंबवृत्तीय बेलन कहलाती है। चित्र में दिखाया गया बेलन, आयत $ABCD$ की भुजा BC के परित: घुमाया गया है जैसे—पानी का पाइप, पाउडर का डिब्बा, प्रयोगशाला बीकर, आदि।

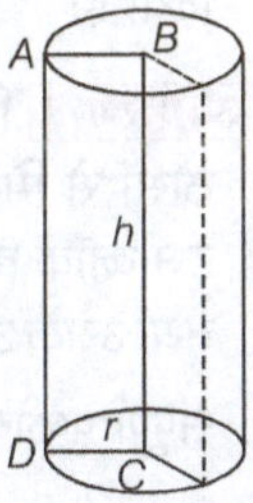

(i) बेलन का आयतन = आधार का क्षेत्रफल × ऊँचाई $= \pi r^2 h$ घन इकाई

जहाँ, r = आधार की त्रिज्या और h = बेलन की ऊँचाई

(ii) वक्रपृष्ठीय क्षेत्रफल = आधार की परिधि × ऊँचाई $= 2\pi r \times h$ वर्ग इकाई

(iii) संपूर्ण पृष्ठीय क्षेत्रफल = वक्रपृष्ठीय क्षेत्रफल + दोनों सिरों का क्षेत्रफल $= 2\pi rh + 2\pi r^2 = 2\pi r(h + r)$ वर्ग इकाई

4. **लंबवृत्तीय खोखला बेलन**

एक ही ऊँचाई और अक्ष के दो बेलनों से परिबद्ध ठोस को खोखला बेलन कहते है। अथवा खोखले बेलन में लगे पदार्थ का आयतन, बाह्य बेलन के आयतन और आंतरिक बेलन के आयतन के अंतर के बराबर होता है।

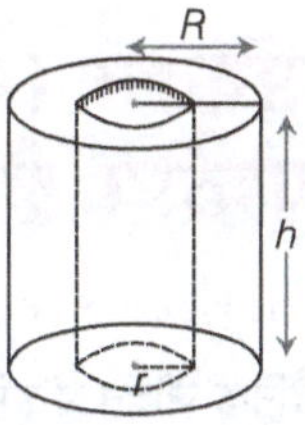

माना बेलन की बाहरी और आंतरित त्रिज्याएँ क्रमश: R और r तथा ऊँचाई h हो, तो

(i) खोखले बेलन में लगे पदार्थ का आतयन = दोनों बेलनों के आयतनों का अंतर $= \pi(R^2 - r^2)h$

(ii) संपूर्ण पृष्ठीय क्षेत्रफल = खोखले बेलन का वक्र पृष्ठीय क्षेत्रफल + दोनों के क्षेत्रफल का अंतर बेलनों $= 2\pi(R + r)h + 2\pi(R^2 - r^2) = 2\pi(R + r)[h + R - r]$ वर्ग इकाई

(iii) वक्रपृष्ठीय क्षेत्रफल $= 2\pi Rh + 2\pi rh = 2\pi(R + r)h$ वर्ग इकाई

(iv) संपूर्ण बाह्य पृष्ठीय क्षेत्रफल $= 2\pi rh + 2\pi(R^2 - r^2)$ वर्ग इकाई

5. **गोला** (Sphere)

एक गोला एक अर्द्धवृत्त को उसके व्यास को अक्ष मानकर उसके चारों ओर घुमाने से, जब वह पूरी परिक्रमा कर लेता है, प्राप्त होता है।

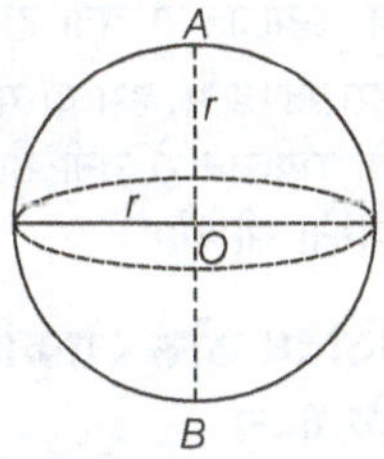

माना गोले की त्रिज्या r इकाई है, तब

(i) गोले का आयतन $= \frac{4}{3}\pi r^3$ घन इकाई

(ii) गोले का वक्रपृष्ठीय क्षेत्रफल $= 4\pi r^2$ वर्ग इकाई

(iii) खोखले गोले का आयतन $= \frac{4}{3}\pi(R^3 - r^3)$ घन इकाई

जहाँ, R = बाहरी त्रिज्या और r = आंतरिक त्रिज्या

6. **अर्द्धगोला** (Hemisphere)

किसी समतल में उसके केंद्र से होकर जाने वाले बिंदु पर बने हुए गोले को दो बराबर भागों में विभाजित करने पर बना प्रत्येक भाग अर्द्धगोला कहलाता है। माना अर्द्धगोले की त्रिज्या r है, तब

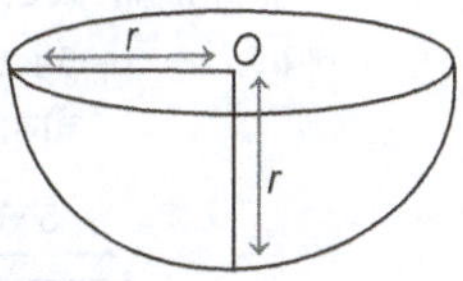

(i) अर्द्धगोले का आयतन $= \frac{2}{3}\pi r^3$ घन इकाई

(ii) अर्द्धगोले का वक्रपृष्ठीय क्षेत्रफल $= 2\pi r^2$ वर्ग इकाई

(iii) अर्द्धगोले का संपूर्ण पृष्ठ $= 2\pi r^2 + \pi r^2 = 3\pi r^2$ वर्ग इकाई

7. **लंबवृत्तीय शंकु** (Right Circular Cone)

लंबवृत्तीय ठोस शंकु जिसका आधार वृत्ताकार होता है तथा समकोण त्रिभुज की, समकोण बनाने वाली भुजा को आधार या लंब के परित: घुमाने पर इसका निर्माण होता है।

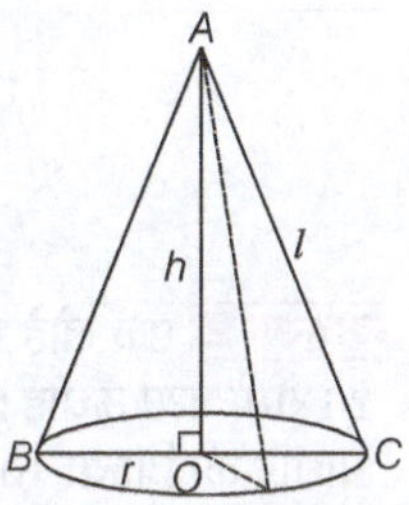

चित्र में, शंकु की ऊँचाई h और त्रिज्या r, समकोण ΔAOB को AO के परित: घुमाने पर प्राप्त होती है।

शंकु की तिर्यक ऊँचाई (तिरछी),

$$l = AC = \sqrt{r^2 + h^2} \text{ इकाई}$$

(i) शंकु का आयतन $= \frac{1}{3}\pi r^2 h$ घन इकाई

(ii) शंकु का वक्रपृष्ठीय क्षेत्रफल $= \pi rl$ वर्ग इकाई

(iii) शंकु का संपूर्ण पृष्ठीय क्षेत्रफल = शंकु का वक्रपृष्ठीय क्षेत्रफल + शंकु के आधार का क्षेत्रफल $= \pi rl + \pi r^2 = \pi r(l + r)$ वर्ग इकाई

संयुक्त (संयोजित) ठोसों का संपूर्ण पृष्ठीय क्षेत्रफल तथा आयतन

(Surface Area and Volume of Combination of Solids)

दैनिक जीवन में हमें ऐसे अनेक ठोस आकृति देखने को मिलती है जो विभिन्न प्रकार के ठोसों (आकृतियों) के संयोजन से बना होता है।

जैसे— एक सर्कस का तंबू जिसका बेलनाकार निचला भाग ऊपर से शंकु के आकार के छत से ढ़का होता है, एक शंकु के आकार का खिलौना जिसका ऊपरी भाग अर्द्धगोले के आकार का होता है आदि। दो या दो से अधिक ठोसों के संयोजन से बना होता है।

इस खण्ड में, हम दो या दो से अधिक समान अथवा विभिन्न प्रकार के ठोसों के संयोजन से बनी ठोस आकृतियों का पृष्ठीय क्षेत्रफल तथा आयतन ज्ञात करना सीखेंगे।

विविध ठोस आकृति के संयोजन पर आधारित विभिन्न प्रकार के प्रश्न

प्रकार I जब दो या दो से अधिक समान आकृति के संयोजन से बनी आकृति दी गई हो।

उदाहरण 1 5 सेमी भुजा वाले तीन घन के परस्पर सिरे से सिरे जोड़े जाते हैं। इस प्रकार प्राप्त घनाभ का पृष्ठीय क्षेत्रफल ज्ञात कीजिए।

हल तीनों घनों को परस्पर जोड़ने पर एक घनाभ प्राप्त होता है जिसकी लंबाई, $l = 5 + 5 + 5 = 15$ सेमी

चौड़ाई, $b = 5$ सेमी तथा ऊँचाई, $h = 5$ सेमी

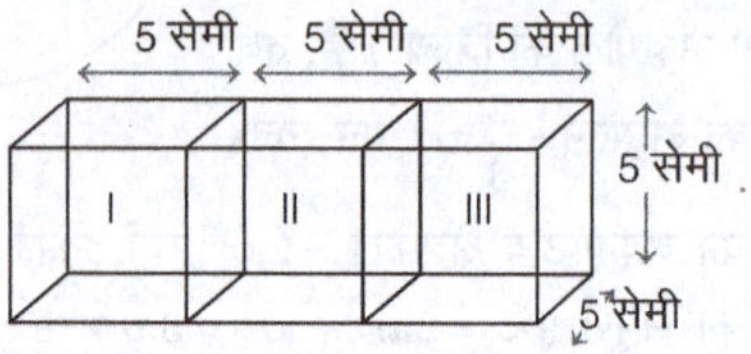

अतः अभीष्ट घनाभ का पृष्ठीय क्षेत्रफल

$= 2(lb + bh + hl)$

$= 2(15 \times 5 + 5 \times 5 + 5 \times 15)$

$= 2(75 + 25 + 75)$

$= 2(175) = 350$ सेमी^{2}

उदाहरण 2 एक लोहे का एक बेलनाकार पोल जिसके आधार का व्यास 26 सेमी तथा ऊँचाई 240 सेमी है जिसके ऊपर एक दूसरा बेलन जिसके आधार की त्रिज्या 10 सेमी तथा ऊँचाई 66 सेमी है। बेलनाकार पोल का द्रव्यमान ज्ञात कीजिए, जहाँ 1 सेमी^{3} लोहे का द्रव्यमान 8 ग्राम है। [$\pi = 3.14$ लीजिए।]

हल यहाँ, लोहे का बेलनाकार पोल दो बेलन के संयोजन से बना है।

पहले बेलन के लिए

ऊँचाई = 240 सेमी

आधार का व्यास = 26 सेमी

$\therefore$ आधार की त्रिज्या $= \frac{26}{2}$ सेमी = 13 सेमी

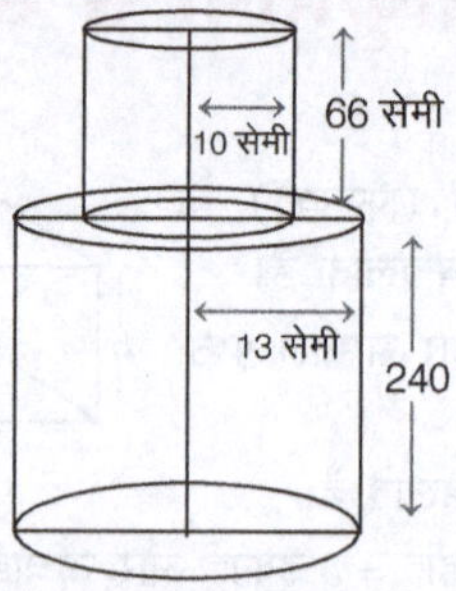

दूसरे बेलन के लिए ऊँचाई = 66 सेमी

आधार की त्रिज्या = 10 सेमी

हम जानते हैं कि, बेलन का आयतन $= \pi r^2 h$

$\therefore$ पोल का संपूर्ण आयतन

= पहले बेलन का आयतन + दूसरे बेलन का आयतन

$= \pi (13)^2 \times 240 + \pi (10)^2 \times 66$

$= \pi (169 \times 240 + 100 \times 66)$

$= 3.14(40560 + 6600)$

$= 3.14 \times 47160$

$= 148082.4$ सेमी^{3}

अतः पोल का संपूर्ण द्रव्यमान $= 148082.4 \times 8$ ग्राम

$= 1184659.2$ ग्राम [दिया है, 1 सेमी$^3 \approx 8$ ग्राम]

$= \frac{1184659.2}{1000}$ किग्रा

$= 1184.66$ किग्रा $\left[\because 1 \text{ ग्राम} = \frac{1}{1000} \text{ किग्रा}\right]$

प्रकार II जब गोला (या अर्द्धगोला) तथा घन (या घनाभ) का संयोजन दिया हो

उदाहरण 3 निम्न चित्र में सजावट के लिए प्रयोग होने वाला ब्लॉक दो ठोसों से मिलकर बना है। इनमें से एक घन तथा दूसरा अर्द्धगोला है। इस ब्लॉक का आधार 5 सेमी कोर या किनारे (edge) वाला एक घन है तथा उसके ऊपर लगे हुए अर्द्धगोले का व्यास 4.2 सेमी है। इस ब्लॉक का संपूर्ण पृष्ठीय क्षेत्रफल ज्ञात कीजिए। $\left[\pi = \frac{22}{7} \text{ लीजिए}\right]$

[NCERT Exemplar]

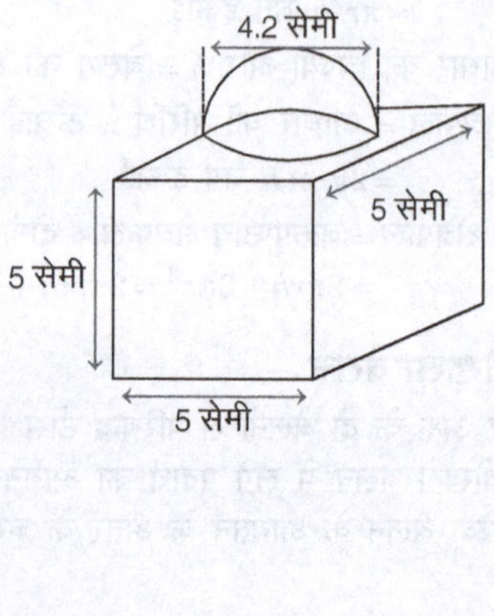

हल यहाँ, सजावट के लिए प्रयोग होने वाला ब्लॉक दो ठोसों से मिलकर बना है।

घन वाले भाग के लिए प्रत्येक किनारा = 5 सेमी

अर्द्धगोलीय भाग के लिए व्यास = 42 सेमी

$\therefore$ त्रिज्या, $r = \frac{42}{2}$ सेमी = 2.1 सेमी

घन का कुल पृष्ठीय क्षेत्रफल = $6 \times (\text{कोर})^2 = 6 \times 5 \times 5 = 150$ सेमी^{2}

यहाँ, घन का वह भाग जिस पर अर्द्धगोला लगा हुआ है पृष्ठीय क्षेत्र में सम्मिलित नहीं होगा।

$\therefore$ सजावट के लिए प्रयोग में होने वाले ब्लॉक का पृष्ठीय क्षेत्रफल

= घन का कुल पृष्ठीय क्षेत्रफल − अर्द्धगोले के आधार का क्षेत्रफल + अर्द्धगोले के वक्रपृष्ठ का क्षेत्रफल

$= 150 - \pi r^2 + 2\pi r^2 = 150 + \pi r^2$

$= 150 + \frac{22}{7} \times 2.1 \times 2.1 = 150 + 13.86 = 163.86$ सेमी^{2}

सतह क्षेत्रफल की गणना में, हम दो या दो से अधिक व्यक्तिमत ठोस पदार्थों के सतह क्षेत्रफल को नहीं जोड़ते हैं क्योंकि जुड़ने की प्रक्रिया में सतह के क्षेत्र का कुछ भाग गायब हो जाता है।

नोट *सतह क्षेत्रफल की गणना में, हम दो या दो से अधिक व्यक्तिगत ठोस पदार्थों के सतह क्षेत्रफल को नहीं जोड़ते हैं क्योंकि जुड़ने की प्रक्रिया में सतह के क्षेत्र का कुछ भाग गायब हो जाता है।*

प्रकार III जब बेलन तथा गोला/अर्द्धगोला/घन/घनाभ का संयोजन दिया हो

उदाहरण 4 एक बेलनाकार ठोस जिसके दोनों सिरे अर्द्धगोले के आकार के हैं। यदि ठोस की सम्पूर्ण लंबाई 104 सेमी तथा दोनों सिरों के प्रत्येक अर्द्धगोले की त्रिज्या 7 सेमी है, तो ₹ 2 प्रति डेमी^{2} की दर से इसके पृष्ठ को पॉलिश करने का खर्च ज्ञात कीजिए। $\left[\pi = \frac{22}{7} \text{ लीजिए}\right]$

हल दिया है, ठोस की सम्पूर्ण लम्बाई = 104 सेमी

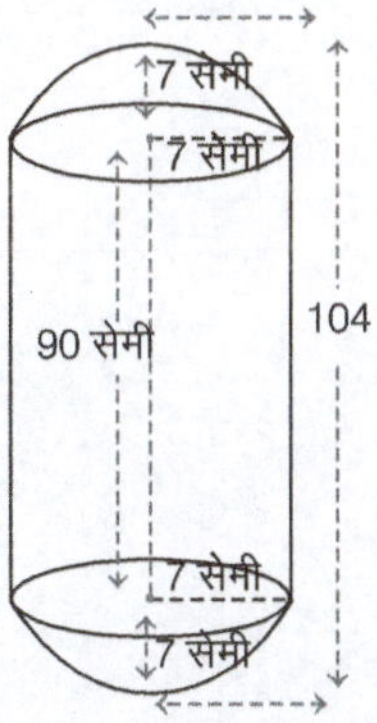

तथा प्रत्येक अर्द्धगोले की त्रिज्या = 7 सेमी

इसलिए, ठोस के बेलनाकार भाग की लंबाई = $(104 - 2 \times 7) = 90$ सेमी

अर्द्धगोलीय भाग के लिए त्रिज्या, $r = 7$ सेमी

बेलनाकार भाग के लिए त्रिज्या, $r = 7$ सेमी

ऊँचाई, $h = 90$ सेमी

$\therefore$ ठोस का संपूर्ण पृष्ठीय क्षेत्रफल

= 2 × अर्द्धगोले का वक्रपृष्ठीय क्षेत्रफल + बेलनाकार भाग का वक्रपृष्ठीय क्षेत्रफल

$= 2\,[2\pi r^2] + 2\pi rh$

$= 2 \times [2\pi (7)^2] + 2\pi (7)(90)$

$= 2 \times \left[2 \times \frac{22}{7} \times (7)^2\right] + 2 \times \frac{22}{7} \times (7)(90)$

$= 4 \times 22 \times 7 + 2 \times 22 \times 90$

$= 22\,(28 + 180) = 4576$ सेमी^{2}

तब, ₹ 2 प्रति डेमी^{2} की दर से पॉलिश कराने का खर्च

$= ₹\, \frac{4576 \times 2}{100} = ₹\, 91.52$ $[\because 1$ डेमी$^2 = 100$ सेमी$^2]$

प्रकार IV जब शंकु और गोला/अर्द्धगोला/बेलन का संयोजन दिया हो

उदाहरण 5 लकड़ी का एक खिलौना रॉकेट एक शंकु के आकार का है जो एक बेलन पर अध्यारोपित है, जैसा कि दी गई आकृति में दर्शाया गया है। संपूर्ण रॉकेट की ऊँचाई 24 सेमी है, जबकि शंक्वाकार के भाग की ऊँचाई 4 सेमी है। शंक्वाकार के भाग के आधार का व्यास 6 सेमी और बेलनाकार भाग के आधार का व्यास 4 सेमी है। यदि शंक्वाकार भाग पर नारंगी रंग किया जाना है और बेलनाकार भाग पर पीला रंग किया जाना है तो प्रत्येक रंग द्वारा रॉकेट का रंगे जाने वाले भाग का क्षेत्रफल ज्ञात कीजिए। $[\pi = 3.14$ लीजिए$]$

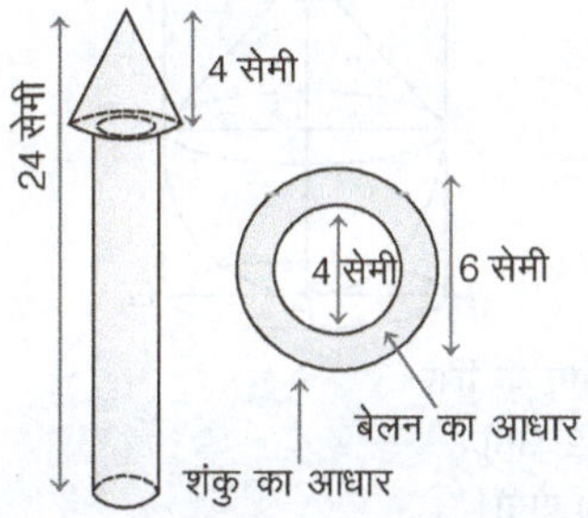

हल यहाँ, दिया गया लकड़ी का खिलौना रॉकेट एक शंकु तथा एक बेलन से बना है।

शंक्वाकार भाग के लिए

व्यास = 6 सेमी

$\therefore$ त्रिज्या, $r_1 = \frac{6}{2}$ सेमी = 3 सेमी तथा ऊँचाई $h_1 = 4$ सेमी

तब, तिर्यक ऊँचाई $(l) = \sqrt{(3)^2 + (4)^2}$ $[\because l = \sqrt{r^2 + h^2}]$

$= \sqrt{9 + 16} = \sqrt{25} = 5$ सेमी

बेलनाकार भाग के लिए

व्यास = 4 सेमी

$\therefore$ त्रिज्या, $r_2 = \frac{4}{2}$ सेमी = 2 सेमी

ऊँचाई, h_2 = रॉकेट की कुल ऊँचाई − शंकु की ऊँचाई

$= 24 - 4$ [$\because$ रॉकेट की कुल ऊँचाई = 24 सेमी]

= 20 सेमी

यहाँ, हमें रॉकेट के नारंगी रंग से रंगे जाने वाले भाग तथा पीले रंग से रंगे जाने वाले भाग का क्षेत्रफल अलग-अलग ज्ञात करना है।

$\because$ शंकु के आधार की त्रिज्या बेलन के आधार की त्रिज्या से बड़ी है तथा शंकु बेलन पर अध्यारोपित है।

$\therefore$ नारंगी रंग से रंगे जाने वाले भाग का क्षेत्रफल

= शंकु का वक्रपृष्ठीय क्षेत्रफल + शंकु के आधार का क्षेत्रफल − बेलन के आधार का क्षेत्रफल

$= \pi r_1 l + \pi r_1^2 - \pi r_2^2 = 3.14 \times 3 \times 5 + 3.14 \times (3)^2 - 3.14 \times (2)^2$

$= 3.14(15 + 9 - 4) = 3.14 \times 20$

$= 62.8$ सेमी^{2}

अब, पीले रंग से रंगे जाने वाले भाग का क्षेत्रफल

= बेलन का वक्रपृष्ठीय क्षेत्रफल + बेलन के आधार का क्षेत्रफल

$= 2\pi r_2 h_2 + \pi r_2^2$

$= 2 \times 3.14 \times 2 \times 20 + 3.14 \times (2)^2$

$= 3.14(80 + 4) = 3.14 \times 84 = 263.76$ सेमी^{2}

उदाहरण 6 एक ठोस खिलौना ऐसे आकार का है जैसे कि एक अर्द्धगोले पर एक लंब वृत्तीय शंकु रख दिया गया है। शंकु की ऊँचाई 2 सेमी है और आधार का व्यास 4 सेमी है। इस खिलौने का आयतन ज्ञात कीजिए। यदि खिलौने के परिगत एक लंबवृत्तीय बेलन है, तो इस लंब वृत्तीय बेलन और खिलौने के आयतनों का अंतर ज्ञात कीजिए। साथ ही, इस खिलौने का कुल पृष्ठीय क्षेत्रफल भी ज्ञात कीजिए।

हल दिया गया ठोस खिलौना लंब वृत्तीय शंकु तथा अर्द्धगोले के संयोजन से बना है।

माना BPC अर्द्धगोला तथा ABC अर्द्धगोले के आधार पर स्थित शंकु है।

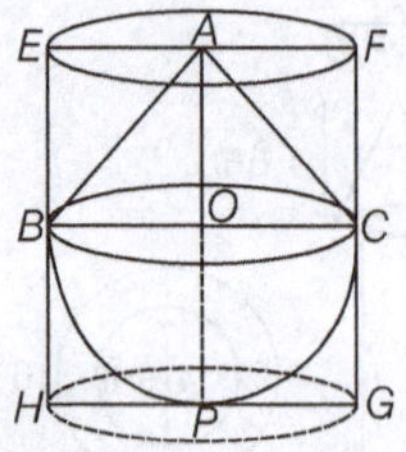

शंक्वाकार भाग के लिए

ऊँचाई, $h = 2$ सेमी

व्यास, $d = 4$ सेमी

त्रिज्या, $r = \frac{4}{2}$ सेमी $= 2$ सेमी

अर्द्धगोलीय भाग के लिए

त्रिज्या, $r = 2$ सेमी [$\because$ अर्द्धगोला तथा शंकु की त्रिज्याएँ समान हैं]

$\therefore$ ठोस खिलौने का आयतन

= अर्द्धगोले का आयतन + शंकु का आयतन

$= \frac{2}{3}\pi r^3 + \frac{1}{3}\pi r^2 h$

$= \left[\frac{2}{3} \times 3.14 + (2)^3 + \frac{1}{3} \times 3.14 \times (2)^2 \times 2\right]$

$= 16.75 + 8.37$

$= 25.12$ सेमी^{3}

अतः ठोस खिलौने का आयतन $= 25.12$ सेमी^{3}

अब, माना खिलौने के परिगत लंबवृत्तीय बेलन $EFGH$ है।

तब, लंबवृत्तीय बेलन के आधार की त्रिज्या

$= HP = BO = 2$ सेमी

तथा इसकी ऊँचाई $= EH = AP = AO + OP = 2 + 2 = 4$ सेमी

$\therefore$ बेलन का आयतन $= \pi r^2 h$

$= 3.14 \times 2^2 \times 4 = 50.24$ सेमी^{3}

अब, लंबवृत्तीय बेलन तथा खिलौने के आयतनों का अभीष्ट अंतर

= बेलन का आयतन − ठोस खिलौने का आयतन

$= 50.24 - 25.12 = 25.12$ सेमी^{3}

NCERT फोल्डर

प्रश्नावली 12.1

जब तक अन्यथा न कहा जाए, $\pi = \frac{22}{7}$ *लीजिए।*

1. दो घनों, जिनमें से प्रत्येक का आयतन 64 सेमी^{3} है, के संलग्न फलकों को मिलाकर एक ठोस बनाया जाता है। इससे प्राप्त घनाभ का पृष्ठीय क्षेत्रफल ज्ञात कीजिए।

हल दिया है, एक घन का आयतन = 64 सेमी^{3}

माना घन की भुजा = a सेमी

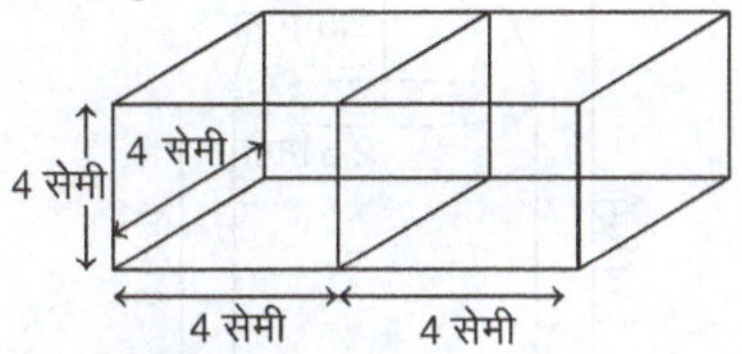

$\Rightarrow$ घन का आयतन = 64 $\Rightarrow (a)^3 = 64 \Rightarrow a = \sqrt[3]{64}$

$\therefore$ a = 4 सेमी

जब हम दो घनों को फलक से फलक मिलाकर जोड़ते हैं, तब नए बने घनाभ की लंबाई = 4 + 4 = 8 सेमी, चौड़ाई b = 4 सेमी और ऊँचाई h = 4 सेमी

$\therefore$ नए घनाभ का पृष्ठीय क्षेत्रफल $= 2(lb + bh + hl)$

$= 2(8 \times 4 + 4 \times 4 + 4 \times 8)$

$= 2(32 + 16 + 32) = 2(80)$

= 160 सेमी^{2}

2. कोई बर्तन एक खोखले अर्द्धगोले के आकार का है जिसके ऊपर एक खोखला बेलन अध्यारोपित है। अर्द्धगोले का व्यास 14 सेमी है और इस बर्तन (पात्र) की कुल ऊँचाई 13 सेमी है। इस बर्तन का आंतरिक पृष्ठीय क्षेत्रफल ज्ञात कीजिए।

हल दिया है, एक बर्तन खोखले अर्द्धगोले के आकार का है जिसके ऊपर खोखला बेलन अध्यारोपित है।

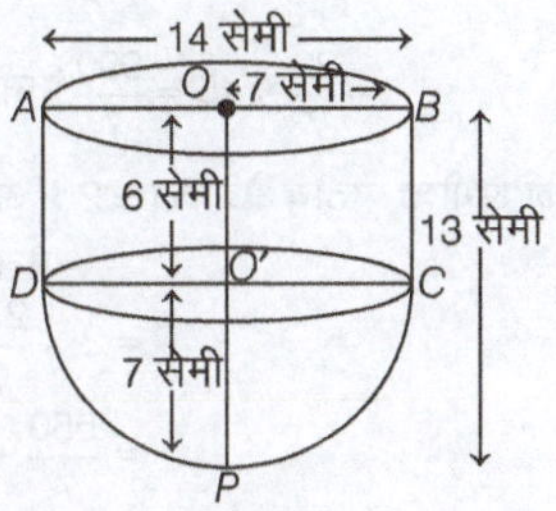

$AB = DC$ = 14 सेमी [व्यास]

$\therefore$ $OB = O'C = O'P = \frac{AB}{2} = \frac{14}{2} = 7$ [त्रिज्या]

और PO = 13 सेमी

$\therefore$ $OO' = PO - O'P = 13 - 7 = 6$ सेमी

$\therefore$ अर्द्धगोले की त्रिज्या = अर्द्धगोले की ऊँचाई = 7 सेमी

अतः बर्तन का आंतरिक पृष्ठीय क्षेत्रफल

= बेलन का पृष्ठीय क्षेत्रफल + अर्द्धगोले का पृष्ठीय क्षेत्रफल

$= 2\pi rh + 2\pi r^2$

$= 2 \times \frac{22}{7} \times 7 \times 6 + 2 \times \frac{22}{7} \times (7)^2$

$= 2 \times 22 \times 6 + 2 \times 22 \times 7 = 44(6 + 7)$

$= 44 \times 13 = 572$ सेमी^{2}

3. एक खिलौना, त्रिज्या 3.5 सेमी वाले एक शंकु के आकार का है, जो उसी त्रिज्या वाले एक अर्द्धगोले पर अध्यारोपित है। इस खिलौने की संपूर्ण ऊँचाई 15.5 सेमी है। इस खिलौने का संपूर्ण पृष्ठीय क्षेत्रफल ज्ञात कीजिए।

हल दिया है, एक खिलौना अर्द्धगोले और शंकु से मिलकर बना है। शंकु, अर्द्धगोले पर अध्यारोपित है।

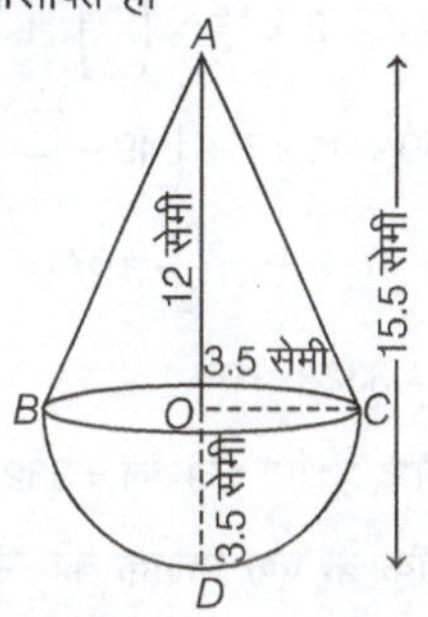

खिलौने की कुल ऊँचाई,

दिया है, AD = 15.5 सेमी

अर्धगोले भाग की त्रिज्या = $OC = OD = OB$ = 3.5 सेमी [त्रिज्या]

$\therefore$ शंकु वाले भाग की ऊँचाई,

$OA = AD - OD = 15.5 - 3.5 = 12$ सेमी

शंकु की ऊँचाई = 12 सेमी, शंकु की त्रिज्या = 3.5 सेमी

$\therefore$ खिलौने का संपूर्ण पृष्ठीय क्षेत्रफल

= शंकु का वक्र पृष्ठीय क्षेत्रफल + अर्द्धगोले का वक्र पृष्ठीय क्षेत्रफल

$= \pi rl + 2\pi r^2$

$= \pi r\sqrt{h^2 + r^2} + 2\pi r^2$ $[\because l = \sqrt{h^2 + r^2}]$

$= \frac{22}{7} \times 3.5 \times \sqrt{(12)^2 + (3.5)^2} + 2 \times \frac{22}{7} \times (3.5)^2$

$= 11\sqrt{144 + 12.25} + 22 \times 3.5 = 11\sqrt{156.25} + 77$

$= 11(12.5) + 77 = 137.5 + 77$

= 214.5 सेमी^{2}

4. भुजा 7 सेमी वाले एक घनाकार ब्लॉक के ऊपर एक अर्द्धगोला रखा हुआ है। अर्द्धगोले का अधिकतम व्यास क्या हो सकता है? इस प्रकार बने ठोस का पृष्ठीय क्षेत्रफल ज्ञात कीजिए।

हल दिया है, एक घनाकार ब्लॉक के ऊपर एक अर्द्धगोला रखा हुआ है। इसलिए अर्द्धगोले का व्यास, घन की भुजा के बराबर होना चाहिए।

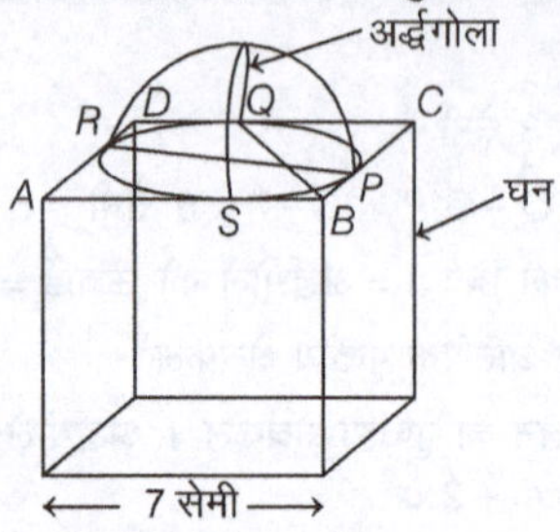

अर्थात् घन की भुजा = 7 सेमी

$\therefore$ अर्द्धगोले की त्रिज्या $(r) = \frac{7}{2}$ सेमी

$\therefore$ ठोस का पृष्ठीय क्षेत्रफल

= घन के 5 फलकों का सम्पूर्ण पृष्ठीय क्षेत्रफल + अर्द्धगोले का वक्र पृष्ठीय क्षेत्रफल (गोलीय फलक *PQRS* को छोड़कर) + (घन के फलक *ABCD* का क्षेत्रफल गोलीय फलक *PQRS* का क्षेत्रफल)

$= 5 \times (\text{भुजा})^2 + 2\pi r^2 + \{(\text{भुजा})^2 - \pi r^2\}$

$= 5 \times (7)^2 + 2 \times \frac{22}{7} \times \left(\frac{7}{2}\right)^2 + \left\{(7)^2 - \frac{22}{7} \times \left(\frac{7}{2}\right)^2\right\}$

$= 5 \times 49 + 11 \times 7 + \left(49 - \frac{77}{2}\right)$

$= 245 + 77 + 49 - \frac{77}{2} = 371 - \frac{77}{2} = \frac{742 - 77}{2}$

$= \frac{665}{2} = 332.5$ सेमी^{2}

अतः ठोस का अभीष्ट पृष्ठीय क्षेत्रफल = 332.5 सेमी^{2}

5. एक घनाकार ब्लॉक के एक फलक को अंदर की ओर से काटकर एक अर्द्धगोलाकार गड्ढा इस प्रकार बनाया गया है कि अर्द्धगोले का व्यास घन के एक किनारे के बराबर है। शेष बचे ठोस का पृष्ठीय क्षेत्रफल ज्ञात कीजिए।

हल माना घन की भुजा = अर्द्धगोले का व्यास = l इकाई

$\therefore$ अर्द्धगोले की त्रिज्या $= \frac{l}{2}$ इकाई

$\therefore$ शेष बचे ठोस का अभीष्ट पृष्ठीय क्षेत्रफल

= (घन के फलक *ABCD* का क्षेत्रफल – वृत्त *PQRS* का क्षेत्रफल) + घन के शेष पाँच फलकों का क्षेत्रफल + अर्द्धगोले का क्षेत्रफल

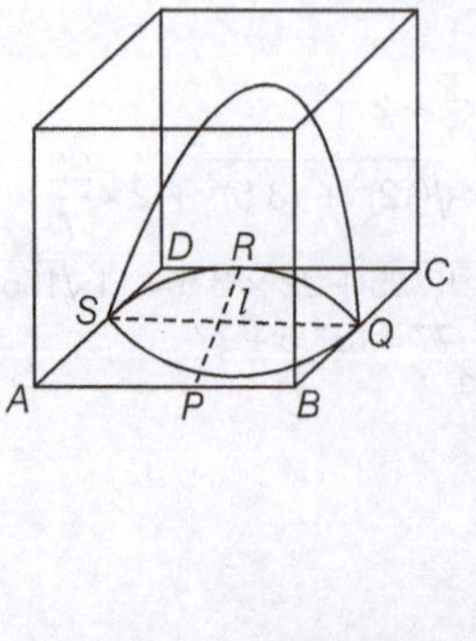

$= \left(l^2 - \pi \frac{l^2}{4}\right) + 5l^2 + 2\pi \frac{l^2}{4}$

$= l^2 - \frac{\pi l^2}{4} + 5l^2 + \frac{2\pi l^2}{4} = 6l^2 + \frac{\pi l^2}{4} = l^2\left(6 + \frac{\pi}{4}\right)$

$= l^2\left(\frac{24 + \pi}{4}\right) = \frac{l^2}{4}(24 + \pi)$ वर्ग इकाई

6. दिए गए चित्र में, दवा का एक कैप्सूल (capsule) एक बेलन के आकार का है। जिसके दोनों सिरों पर एक-एक अर्द्धगोला लगा हुआ है। पूरे कैप्सूल की लंबाई 14 मिमी है और उसका व्यास 5 मिमी है। इसका पृष्ठीय क्षेत्रफल ज्ञात कीजिए।

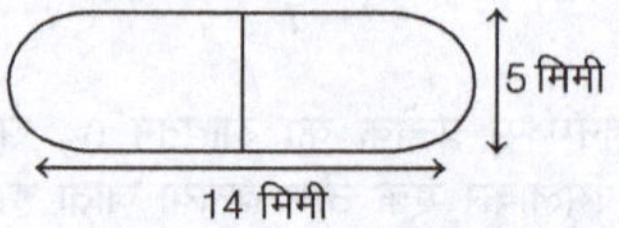

हल दिया है, दवा का एक कैप्सूल एक बेलन के आकार का है जिसके दोनों सिरों पर एक-एक अर्द्धगोला लगा हुआ है।

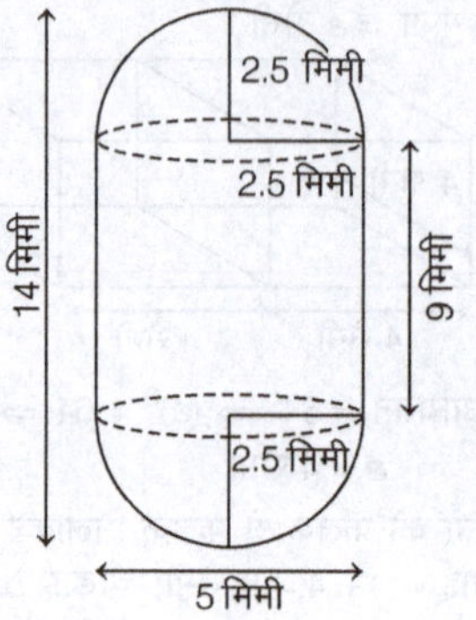

कैप्सूल का व्यास = 5 मिमी

$\therefore$ त्रिज्या $= \frac{5}{2} = 2.5$ मिमी

और कैप्सूल की लंबाई = 14 मिमी

$\therefore$ बेलनाकार भाग की लंबाई $= 14 - (2.5 + 2.5) = 14 - 5 = 9$ मिमी

अब, अर्द्धवृत्त का पृष्ठीय क्षेत्रफल

$= 2\pi r^2 = 2 \times \frac{22}{7} \times 2.5 \times 2.5$

$= \frac{275}{7}$ मिमी^{2}

बेलन का पृष्ठीय क्षेत्रफल $= 2\pi rh = 2 \times \frac{22}{7} \times 2.5 \times 9$

$= \frac{22}{7} \times 45 = \frac{990}{7}$ मिमी^{2}

अतः कैप्सूल का अभीष्ट पृष्ठीय क्षेत्रफल = 2 × अर्द्धगोले का क्षेत्रफल + बेलन का पृष्ठीय क्षेत्रफल

$= 2 \times \frac{275}{7} + \frac{990}{7}$

$= \frac{550}{7} + \frac{990}{7}$

$= \frac{1540}{7}$

$= 220$ मिमी^{2}

7. कोई तंबू एक बेलन के आकार का है जिस पर एक शंकु अध्यारोपित है। यदि बेलनाकार भाग की ऊँचाई और व्यास क्रमश: 2.1 मी और 4 मी है तथा शंकु की तिर्यक ऊँचाई 2.8 मी है, तो इस तंबू को बनाने में प्रयुक्त कैनवास (canvas) का क्षेत्रफल ज्ञात कीजिए। साथ ही ₹ 500 प्रति मी^{2} की दर से इसमें प्रयुक्त कैनवास की लागत ज्ञात कीजिए। (ध्यान दीजिए कि तंबू के आधार को कैनवास से नहीं ढका जाता है।)

हल दिया है, एक तंबू बेलन के आकार का है जिस पर एक शंकु अध्यारोपित है।

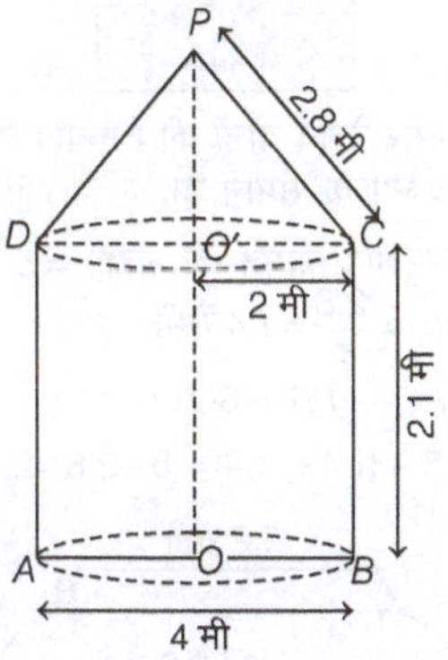

दिया है, शंकु की तिरछी ऊँचाई = 2.8 मी

शंकु की त्रिज्या = बेलन की त्रिज्या

$= \frac{\text{व्यास}}{2} = \frac{4}{2} = 2$ मी

और बेलन की ऊँचाई, $h = 2.1$ मी

∴ तंबू को बनाने में प्रयुक्त कैनवास का क्षेत्रफल

= शंकु का पृष्ठीय क्षेत्रफल + बेलन का पृष्ठीय क्षेत्रफल

$= \pi rl + 2\pi rh = \pi r(l + 2h)$

$= \frac{22}{7} \times 2 \times (2.8 + 2 \times 2.1)$

$= \frac{44}{7}(2.8 + 4.2) = \frac{44}{7} \times 7 = 44$ मी^{2}

तथा ₹500 प्रति मी^{2} की दर से तंबू बनाने में प्रयुक्त कैनवास की लागत $= 500 \times 44 =$ ₹22000

8. ऊँचाई 2.4 सेमी और व्यास 1.4 सेमी वाले एक ठोस बेलन में से इसी ऊँचाई और इसी व्यास वाला एक शंक्वाकार खोल (cavity) काट लिया जाता है। शेष बचे ठोस का निकटतम वर्ग सेमी तक पृष्ठीय क्षेत्रफल ज्ञात कीजिए।

हल दिया है, बेलन का व्यास = शंक्वाकार खोल का व्यास = 1.4 सेमी

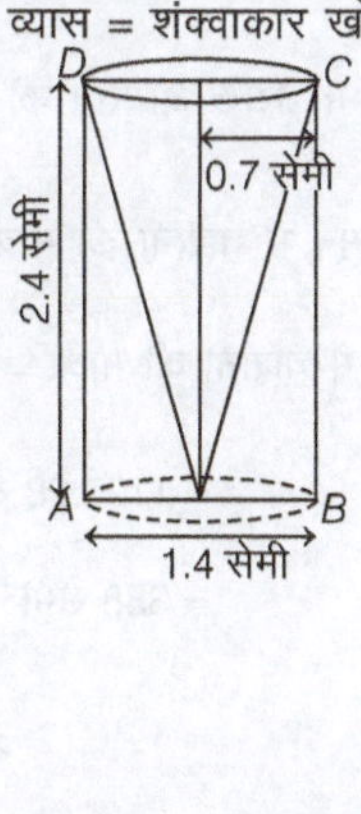

∴ बेलन की त्रिज्या = शंक्वाकार खोल की त्रिज्या $= \frac{1.4}{2} = 0.7$ सेमी

और बेलन की ऊँचाई = शंक्वाकार खोल की ऊँचाई = 2.4 सेमी

∴ शंक्वाकार खोल की तिरछी ऊँचाई $(l) = \sqrt{h^2 + r^2}$

$= \sqrt{(2.4)^2 + (0.7)^2}$

$= \sqrt{5.76 + 0.49} = \sqrt{6.25} = 2.5$ सेमी

अतः शेष बचे ठोस का सम्पूर्ण पृष्ठीय क्षेत्रफल

= शंक्वाकार खोल का वक्र पृष्ठीय क्षेत्रफल + बेलन का वक्र पृष्ठीय का क्षेत्रफल + बेलन के आधार का क्षेत्रफल

$= \pi rl + (2\pi rh + \pi r^2) = \pi r(l + 2h + r)$

$= \frac{22}{7} \times 0.7\,(2.5 + 2 \times 2.4 + 0.7)$

$= \frac{22}{7} \times 0.7\,(2.5 + 4.8 + 0.7)$

$= 2.2 \times 8 = 17.6 \approx 18$ सेमी^{2}

9. लकड़ी के एक ठोस बेलन के प्रत्येक सिरे पर एक अर्द्धगोला खोदकर निकालते हुए एक वस्तु बनाई गई है। जैसा कि चित्र में दिखाया गया है। यदि बेलन की ऊँचाई 10 सेमी है और आधार की त्रिज्या 3.5 सेमी है, तो इस वस्तु का संपूर्ण पृष्ठीय क्षेत्रफल ज्ञात कीजिए।

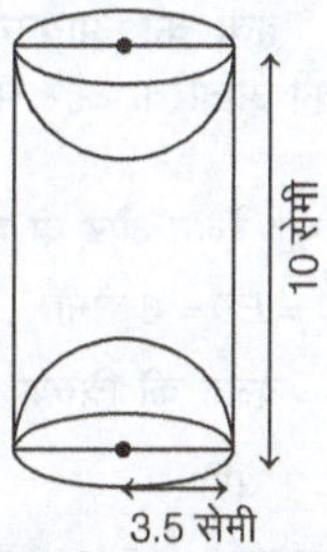

हल दिया है, बेलन की ऊँचाई, $h = 10$ सेमी

और बेलन के आधार की त्रिज्या = अर्द्धगोले की त्रिज्या $(r) = 3.5$ सेमी

∴ वस्तु का संपूर्ण पृष्ठीय क्षेत्रफल

= 2 × अर्द्धगोले का वक्र पृष्ठीय क्षेत्रफल + बेलन के वक्र पृष्ठीय पार्श्व पृष्ठ का क्षेत्रफल

$= 2 \times (2\pi r^2) + 2\pi rh = 2\pi r(2r + h)$

$= 2 \times \frac{22}{7} \times 3.5 \times (2 \times 3.5 + 10) = \frac{22}{7} \times 7 \times (7 + 10)$

$= 22 \times 17$

$= 374$ सेमी^{2}

प्रश्नावली 12.2

जब तक अन्यथा न कहा जाए, $\pi = \frac{22}{7}$ लीजिए।

1. एक ठोस एक अर्द्धगोले पर खड़े एक शंकु के आकार का है जिसकी त्रिज्या 1 सेमी है तथा शंकु की ऊँचाई उसकी त्रिज्या के बराबर है। इस ठोस का आयतन π के पदों में ज्ञात कीजिए।

हल दिया है, एक ठोस, एक अर्द्धगोले पर खड़े एक शंकु के आकार का है।

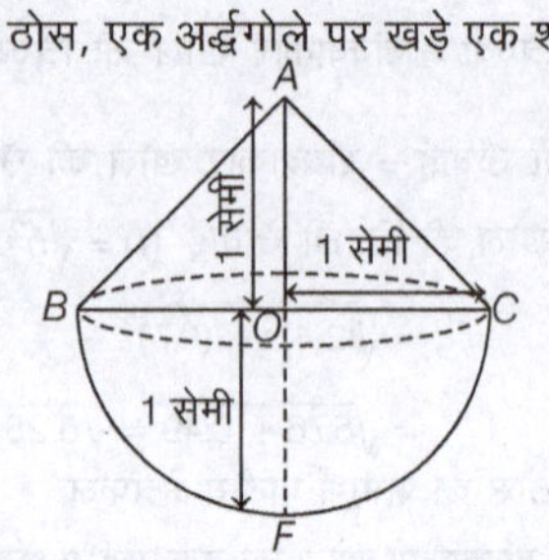

प्रश्नानुसार, शंकु की त्रिज्या = अर्द्धगोले की त्रिज्या = 1 सेमी

और शंकु की ऊँचाई = 1 सेमी

$\therefore$ ठोस का अभीष्ट आयतन = शंकु का आयतन + अर्द्धगोले का आयतन

$$= \frac{1}{3}\pi r^2 h + \frac{2}{3}\pi r^3 = \frac{1}{3}\pi (1)^2 (1) + \frac{2}{3}\pi (1)^3$$

$$= \frac{\pi}{3} + \frac{2}{3}\pi = \frac{(\pi + 2\pi)}{3} = \frac{3\pi}{3} = \pi \text{ सेमी}^3$$

2. एक इंजीनियरिंग के विद्यार्थी रचेल से एक पतली एल्यूमीनियम की शीट का प्रयोग करते हुए एक मॉडल बनाने को कहा गया जो एक ऐसे बेलन के आकार का हो जिसके दोनों सिरों पर दो शंकु जुड़े हुए हों। इस मॉडल का व्यास 3 सेमी है और इसकी लंबाई 12 सेमी है। यदि प्रत्येक शंकु की ऊँचाई 2 सेमी हो, तो रचेल द्वारा बनाए गए मॉडल में अंतर्विष्ट हवा का आयतन ज्ञात कीजिए। (यह मान लीजिए कि मॉडल की आंतरिक और बाहरी विमाएँ लगभग बराबर हैं।)

हल दिया है, एक मॉडल एक बेलन और दो शंकुओं से मिलकर बना है।

मॉडल का व्यास, $BC = ED = 3$ सेमी

$\therefore$ [शंकु की त्रिज्या = बेलन की त्रिज्या] त्रिज्या $(r) = \frac{3}{2} = 1.5$ सेमी

शंकु की ऊँचाई, $h_1 = 2$ सेमी

तथा मॉडल की कुल लंबाई = $AF = 12$ सेमी

$\therefore \quad OO' = AF - (AO + O'F) = 12 - (2 + 2) = 8$ सेमी

$\therefore$ बेलन की ऊँचाई, $h_2 = 8$ सेमी

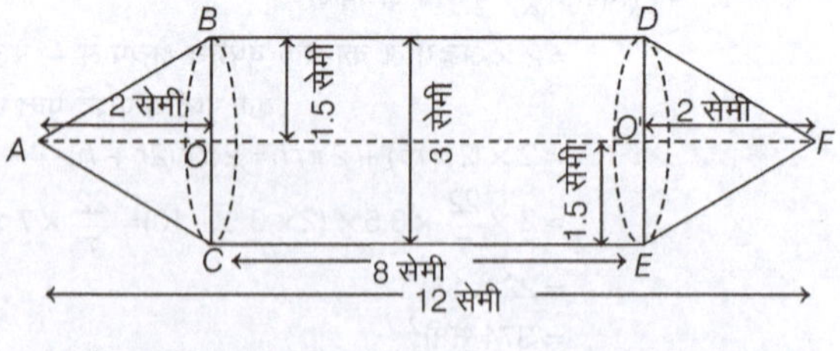

$\therefore$ मॉडल में अंतर्विष्ट हवा का आयतन

$$= 2 \times \text{शंकु का आयतन} + \text{बेलन का आयतन}$$

$$= 2 \times \frac{1}{3}\pi r^2 h_1 + \pi r^2 h_2$$

$$= 2 \times \frac{1}{3} \times \frac{22}{7} \times (1.5)^2 \times 2 + \frac{22}{7} \times (1.5)^2 \times 8$$

$$= \frac{44}{21} \times 2.25 \times 2 + \frac{22}{7} \times 2.25 \times 8$$

$$= \frac{198}{21} + \frac{396}{7} = \frac{198 + 1188}{21} = \frac{1386}{21} = 66 \text{ सेमी}^3$$

3. एक गुलाब जामुन में उसके आयतन की लगभग 30% चीनी की चाशनी होती है। 45 गुलाब जामुनों में लगभग कितनी चाशनी होगी? यदि प्रत्येक गुलाब जामुन एक बेलन के आकार का है, जिसके दोनों सिरे अर्द्धगोलाकार हैं तथा इसकी लंबाई 5 सेमी और व्यास 2.8 सेमी है।

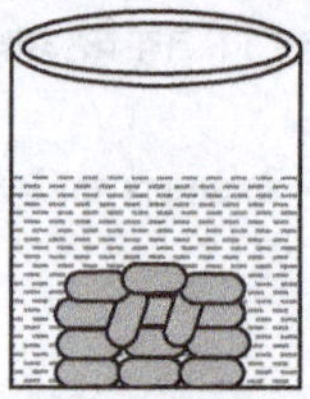

हल माना अर्द्धगोला और बेलन दोनों की त्रिज्या r है और बेलन की ऊँचाई h है, जो उसके त्रिज्या के समान है।

दिया है, प्रत्येक गुलाब जामुन की लंबाई = 5 सेमी, व्यास = 2.8 सेमी

$\therefore$ त्रिज्या, $r = h_1 = \frac{2.8}{2} = 1.4$ सेमी

और $\quad h = PQ - (PR + SQ)$

$= 5 - (1.4 + 1.4) = 5 - 2.8 = 2.2$ सेमी

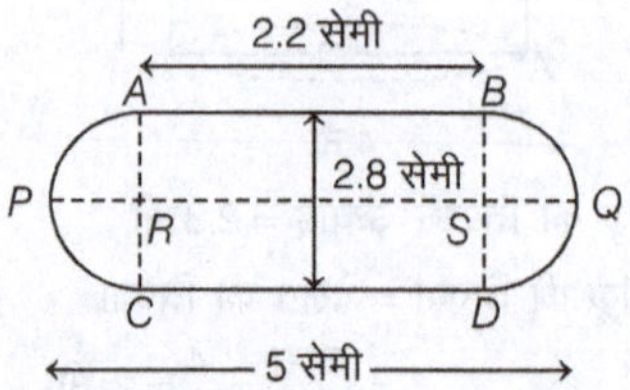

$\therefore$ एक गुलाब जामुन का आयतन

$$= 2 \times \text{अर्द्धगोले का आयतन} + \text{बेलन का आयतन}$$

$$= 2 \times \frac{2}{3}\pi r^3 + \pi r^2 h$$

$$= \frac{4}{3} \times \frac{22}{7} \times (1.4)^3 + \frac{22}{7} \times (1.4)^2 \times 2.2$$

$$= \frac{22}{7} \times (1.4)^2 \left(\frac{4}{3} \times 1.4 + 2.2\right)$$

$$= \frac{43.12}{7}\left(\frac{5.6}{3} + 2.2\right)$$

$$= \frac{43.12}{7}\left(\frac{5.6 + 6.6}{3}\right) = \frac{43.12}{7} \times \frac{12.2}{3} = \frac{526.064}{21} \text{ सेमी}^3$$

$\therefore$ 45 गुलाब जामुनों का आयतन $= 45 \times \frac{526.064}{21}$

$$= \frac{23672.88}{21} = 1127.28 \text{ सेमी}^3$$

$\because$ एक गुलाब जामुन में उसके आयतन की लगभग 30% चाशनी होती है।

अर्थात् 1 गुलाब जामुन में चाशनी की मात्रा $= \frac{526.064}{21} \times 30\%$

$\therefore$ 45 गुलाब जामुनों में चाशनी की मात्रा $= 45 \times \frac{526.064}{21} \times \frac{30}{100}$

$$= 1127.28 \times \frac{30}{100} = 338.18 \text{ सेमी}^3$$

≈ 338 सेमी^{3} (लगभग)

4. एक कलमदान घनाभ के आकार की एक लकड़ी से बना है जिसमें कलम रखने के लिए चार शंक्वाकार गड्ढे बने हुए हैं। घनाभ की विमाएँ 15 सेमी × 10 सेमी × 3.5 सेमी हैं। प्रत्येक गड्ढे की त्रिज्या 0.5 सेमी है और गहराई 1.4 सेमी है। पूरे कलमदान में लकड़ी का आयतन ज्ञात कीजिए।

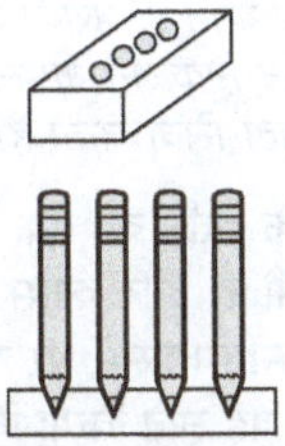

हल दिया है, घनाभ की लंबाई = 15 सेमी, घनाभ की चौड़ाई = 10 सेमी

और घनाभ की ऊँचाई = 3.5 सेमी

∴ घनाभ का आयतन $= l \times b \times h = 15 \times 10 \times 3.5 = 525$ सेमी^{3}

शंक्वाकार गड्ढे की त्रिज्या $(r) = 0.5$ सेमी,

गड्ढे की गहराई $(h) = 1.4$ सेमी

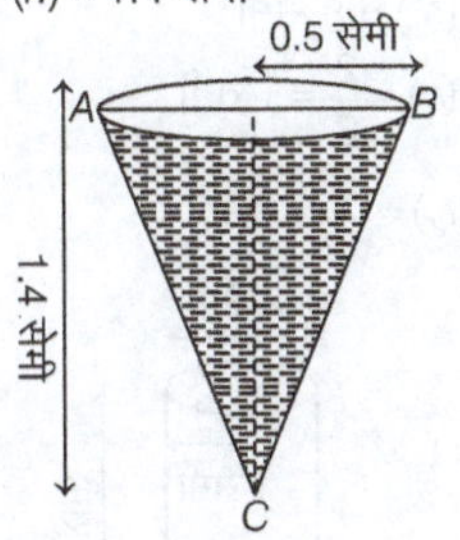

∴ शंक्वाकार गड्ढे का आयतन

$$= \frac{1}{3}\pi \times r^2 \times h = \frac{1}{3} \times \frac{22}{7} \times (0.5)^2 \times 1.4$$

$$= \frac{1}{3} \times \frac{22}{7} \times 0.25 \times 1.4 = \frac{1}{3} \times \frac{22}{7} \times \frac{25}{100} \times \frac{14}{10} = \frac{11}{30} \text{ सेमी}^3$$

∴ चार शंक्वाकार गड्ढों का आयतन

= 4 × एक शंक्वाकार गड्ढे का आयतन

$$= 4 \times \frac{11}{30} = \frac{22}{15} \text{ सेमी}^3$$

अतः पूरे कलमदान में लकड़ी का आयतन

= घनाभ का आयतन − चार शंक्वाकार गड्ढों का आयतन

$$= 525 - \frac{22}{15} = 525 - 1.47 = 523.53 \text{ सेमी}^3$$

5. एक बर्तन एक उल्टे शंकु के आकार का है। इसकी ऊँचाई 8 सेमी है और इसके ऊपरी सिरे (जो खुला हुआ है) की त्रिज्या 5 सेमी है। यह ऊपर तक पानी से भरा हुआ है। जब इस बर्तन में सीसे की कुछ गोलियाँ जिनमें प्रत्येक 0.5 सेमी त्रिज्या वाला एक गोला है, डाली जाती हैं, तो इसमें से भरे हुए पानी का एक-चौथाई भाग बाहर निकल जाता है। बर्तन में डाली गई सीसे की गोलियों की संख्या ज्ञात कीजिए।

हल दिया है, बर्तन शंकु के आकार का है।

बर्तन (शंकु) की ऊँचाई $(h) = 8$ सेमी तथा बर्तन की त्रिज्या $(r) = 5$ सेमी

∴ पानी से भरे बर्तन का आयतन

$$= \frac{1}{3}\pi r^2 h = \frac{1}{3} \times \frac{22}{7} \times (5)^2 \times 8 = \frac{4400}{21} \text{ सेमी}^3$$

दिया है, सीसे की एक गोली की त्रिज्या = 0.5 सेमी

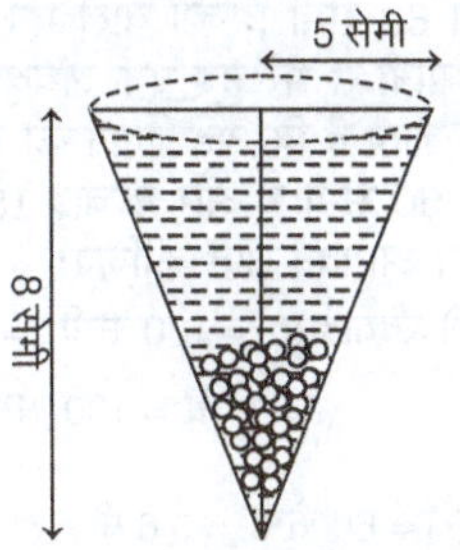

∴ सीसे की एक गोली का आयतन $= \frac{4}{3}\pi r^3 = \frac{4}{3} \times \frac{22}{7} \times (0.5)^3$

$$= \frac{4}{3} \times \frac{22}{7} \times 0.5 \times 0.5 \times 0.5$$

$$= \frac{4}{3} \times \frac{22}{7} \times \frac{1}{2} \times \frac{1}{2} \times \frac{1}{2} = \frac{11}{21} \text{ सेमी}^3$$

माना बर्तन में सीसे की n गोलियाँ डाली जाती हैं।

प्रश्नानुसार, $n \times$ सीसे की एक गोली का आयतन

$= \frac{1}{4} \times$ बर्तन में भरे पानी का आयतन

[∵ पानी से भरे बर्तन में गोलियाँ डालने पर गोलियों के आयतन के बराबर पानी बाहर निकलेगा]

$$n \times \frac{11}{21} = \frac{4400}{21} \times \frac{1}{4} \Rightarrow n = \frac{1100}{11} \Rightarrow n = 100$$

अतः सीसे की गोलियों की अभीष्ट संख्या = 100

6. ऊँचाई 220 सेमी और आधार व्यास 24 सेमी वाले एक बेलन, जिस पर ऊँचाई 60 सेमी और त्रिज्या 8 सेमी वाला एक अन्य बेलन आरोपित है, से लोहे का एक स्तंभ बना है। इस स्तंभ का द्रव्यमान ज्ञात कीजिए, जबकि 1 सेमी^{3} लोहे का द्रव्यमान लगभग 8 ग्राम दिया है। [$\pi = 3.14$ लीजिए।]

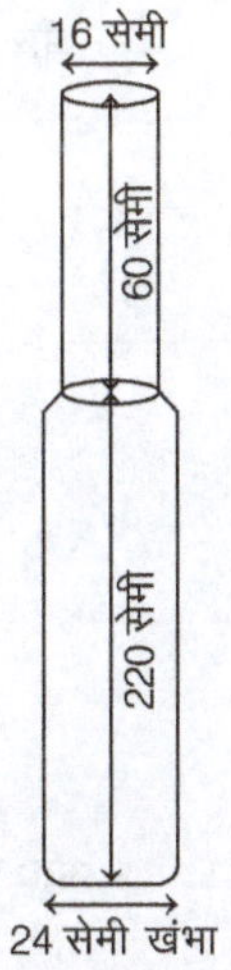

हल दिया है, पहले बेलन की ऊँचाई, $h_1 = 220$ सेमी

पहले बेलन की त्रिज्या, $r_1 = \frac{24}{2} = 12$ सेमी

दूसरे बेलन की ऊँचाई, $h_2 = 60$ सेमी

दूसरे बेलन की त्रिज्या, $r_2 = 8$ सेमी

∴ लोहे के स्तंभ का आयतन = पहले बेलन का आयतन + दूसरे बेलन का आयतन

$$= \pi r_1^2 h_1 + \pi r_2^2 h_2 = \pi(r_1^2 h_1 + r_2^2 h_2)$$

$$= 3.14\,[(12)^2 \times 220 + (8)^2 \times 60]$$

$$= 3.14\,(144 \times 220 + 64 \times 60)$$

$$= 3.14\,(31680 + 3840)$$

$$= 3.14 \times 35520 \text{ सेमी}^3$$

दिया है,

1 सेमी^{3} लोहे का द्रव्यमान = 8 ग्राम $= \frac{8}{1000}$ किग्रा

∴ 3.14 × 35520 सेमी^{3} लोहे का द्रव्यमान $= \frac{8}{1000} \times 3.14 \times 35520$

$$= \frac{8}{1000} \times 111532.8 = \frac{892262.4}{1000}$$

$$= 892.2624 = 892.26 \text{ किग्रा}$$

7. एक ठोस में, ऊँचाई 120 सेमी और त्रिज्या 60 सेमी वाला एक शंकु सम्मिलित है, जो 60 सेमी त्रिज्या वाले एक अर्द्धगोले पर आरोपित है। इस ठोस को पानी से भरे हुए एक लंबवृत्तीय बेलन में इस प्रकार सीधा डाल दिया जाता है कि यह बेलन की तली को स्पर्श करे। यदि बेलन की त्रिज्या 60 सेमी है और ऊँचाई 180 सेमी है, तो बेलन में शेष बचे पानी का आयतन ज्ञात कीजिए।

हल दिया है, बेलन की ऊँचाई (h) = 180 सेमी, = 1.8 मी

$$\left[\because 1 \text{ मी} = 100 \text{ सेमी} \Rightarrow 1 \text{ सेमी} = \frac{1}{100} \text{ मी}\right]$$

बेलन की त्रिज्या (r) = 60 सेमी = 0.6 मी

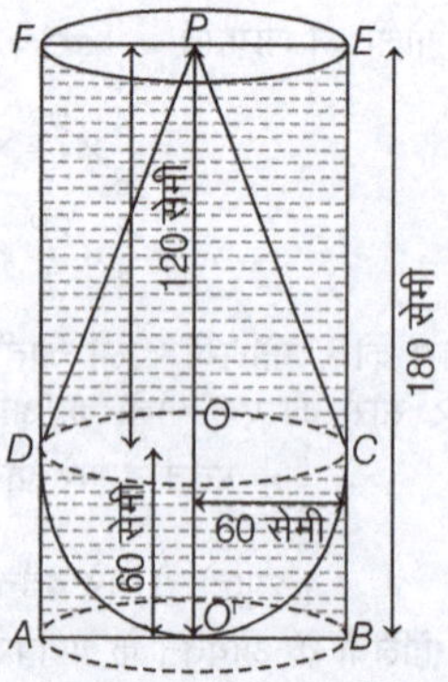

वृत्तीय बेलन में भरे पानी का आयतन $= \pi r^2 h$

$$= \frac{22}{7} \times (0.6)^2 \times 1.8 = \frac{22}{7} \times 0.6 \times 0.6 \times 1.8$$

$$= \frac{14.256}{7} \text{ मी}^3$$

ठोस में, एक शंकु सम्मिलित है, जो एक अर्द्धगोले पर अध्यारोपित है।

शंकु की ऊँचाई (h_1) = 120 सेमी = 1.2 मी

शंकु की त्रिज्या (r_1) = 60 सेमी = 0.6 मी

और अर्द्धगोले की त्रिज्या (r_2) = 60 सेमी = 0.6 मी

$\therefore$ ठोस का आयतन = शंकु का आयतन + अर्द्धगोले का आयतन

$$= \frac{1}{3} \times \pi r_1^2 h_1 + \frac{2}{3} \pi r_2^3$$

$$= \frac{1}{3} \times \frac{22}{7} \times (0.6)^2 \times (1.2) + \frac{2}{3} \times \frac{22}{7} \times (0.6)^3$$

$$= \frac{22}{21} \times (0.6)^2 \ (1.2 + 2 \times 0.6)$$

$$= \frac{22}{21} \times 0.36 \ (1.2 + 1.2)$$

$$= \frac{22}{21} \times 0.36 \times 2.4$$

$$= \frac{19.008}{21} = \frac{6.336}{7} \text{ मी}^3$$

अतः बेलन में शेष बचे पानी का आयतन = बेलन में भरे पानी का आयतन − ठोस का आयतन

$$= \frac{14.256}{7} - \frac{6.336}{7}$$

$$= \frac{7.92}{7} = 1.134 \text{ मी}^3$$

नोट *हम जानते हैं कि जब पानी से भरे लंबवृत्तीय बेलन में कोई ठोस रखा जाता है, तब बेलन से पानी ठोस के आयतन के बराबर बाहर निकलता है अर्थात् हमें बेलन में बचे हुए पानी का आयतन निकालने के लिए ठोस के आयतन को पानी से भरे बेलन के आयतन में से घटा लिया जाता है।*

8. एक गोलाकार काँच के बर्तन की एक बेलन के आकार की गर्दन है जिसकी लंबाई 8 सेमी है और व्यास 2 सेमी है जबकि गोलाकार भाग का व्यास 8.5 सेमी है। इसमें भरे जा सकने वाली पानी की मात्रा मापकर, एक बच्चे ने यह ज्ञात किया कि इस बर्तन का आयतन 345 सेमी³ है। जाँच कीजिए कि उस बच्चे का उत्तर सही है या नहीं, यह मानते हुए कि उपरोक्त मापन आंतरिक मापन है और $\pi = 3.14$ है।

हल सही नहीं है।

दिया है, एक गोलाकार काँच के बर्तन की एक बेलन के आकार की गर्दन है।

बेलन की ऊँचाई (h_1) = 8 सेमी

बेलन की त्रिज्या (r_1) $= \frac{2}{2} = 1$ सेमी

गोले की त्रिज्या (r_2) $= \frac{8.5}{2}$ सेमी

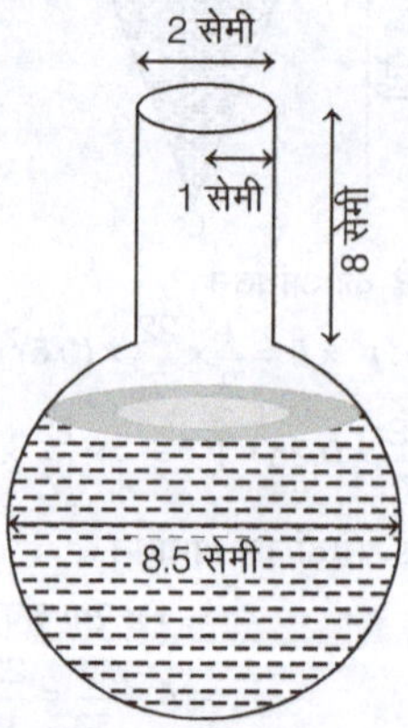

$\therefore$ गोलाकार काँच के बर्तन में भरे पानी का आयतन

= बेलन का आयतन + गोलाकार भाग का आयतन

$$= \pi r_1^2 h_1 + \frac{4}{3} \pi r_2^3$$

$$= 3.14 \times 1 \times 1 \times 8 + \frac{4}{3} \times 3.14 \times \frac{8.5}{2} \times \frac{8.5}{2} \times \frac{8.5}{2}$$

$$= 25.12 + \frac{1928.3525}{6}$$

$$= 25.12 + 321.39$$

$$= 346.51 \text{ सेमी}^3$$

परीक्षा अभ्यास

यहाँ अध्याय से संबंधित सभी सम्भावित प्रश्नों को दिया गया है, इन प्रश्नों का अभ्यास करके व याद रखकर छात्र अध्याय से संबंधित किसी भी प्रश्न का उत्तर दे पाएँगे।

बहुविकल्पीय प्रश्न

1. एक बेलन तथा शंकु की ऊँचाई तथा त्रिज्या बराबर हैं। उनके आयतन का अनुपात होगा **[NCERT Exemplar]**

(a) 1 : 3 (b) 3 : 1 (c) 2 : 3 (d) 2 : 5

2. गोले की त्रिज्या r तथा बेलन के आधार की त्रिज्या तथा ऊँचाई क्रमशः r तथा $2r$ हैं। बेलन तथा गोले के आयतन का अनुपात है

(a) 2 : 3 (b) 3 : 4 (c) 4 : 3 (d) 3 : 2

3. एक घन जिसकी भुजा 10 सेमी की है उसमें से एक अधिक आयतन का लंबवृत्तीय शंकु काटा गया है जिसका आयतन है **[NCERT Exemplar]**

(a) 260 सेमी^{3} (b) 260.9 सेमी^{3}
(c) 261.9 सेमी^{3} (d) 262.7 सेमी^{3}

4. 10 सेमी भुजा वाले दो घनों के सिरों को जोड़ा जाता है, तब इस प्रकार प्राप्त घनाभ का पृष्ठीय क्षेत्रफल है

(a) 900 सेमी^{2} (b) 1000 सेमी^{2}
(c) 800 सेमी^{2} (d) 1200 सेमी^{2}

5. एक लंबवृत्तीय बेलन के आधार का क्षेत्रफल 9π सेमी^{2} है, तो उसके आधार का व्यास होगा

(a) 2 सेमी (b) 3 सेमी (c) 4 सेमी (d) 6 सेमी

कथन कारण प्रश्न

निर्देश *(प्र. सं. 6-10 तक) इनमें से प्रत्येक प्रश्न में एक कथन के बाद एक कारण दिया गया है। इनको ध्यानपूर्वक पढ़िए तथा निम्न विकल्पों के आधार पर प्रश्नों के उत्तर दीजिए।*

(a) यदि दोनों कथन व कारण सही हैं तथा कारण कथन का सही स्पष्टीकरण है।
(b) यदि दोनों कथन व कारण सही हैं परन्तु कारण कथन का सही स्पष्टीकरण नहीं है।
(c) यदि कथन सही है परन्तु कारण गलत है।
(d) यदि कथन गलत है परन्तु कारण सही है।

6. कथन एक घनाभ की लम्बाई, चौड़ाई व ऊँचाई का योग 19 सेमी है। तथा इसका विकर्ण $5\sqrt{5}$ सेमी है। इसका पृष्ठीय क्षेत्रफल 236 सेमी^{2} है।

कारण घनाभ का पार्श्व पृष्ठीय क्षेत्रफल $2(l+b)$ है।

7. कथन यदि एक घनाभ के तीन संलग्न फलकों का क्षेत्रफल क्रमशः x, y व z है, तब घनाभ का आयतन $3\sqrt{xyz}$ है।

कारण एक घनाभ जिसकी कोर l, b व h है, का आयतन lbh इकाई होता है।

8. कथन यदि दो घन जिनकी कोर 5 सेमी है, को एक-एक करके जोड़ा जाता है, तब परिणामी घनाभ का पृष्ठीय क्षेत्रफल 250 सेमी है।

कारण दोनों घनों का सम्पूर्ण पृष्ठीय क्षेत्रफल परिणामी घनाभ के पृष्ठीय क्षेत्रफल के बराबर होता है।

9. कथन यदि 3.5 सेमी व्यास के अर्द्धगोले पर एक उसी व्यास तथा 5 सेमी ऊँचाई का शंकु रखा जाता है, तब जनित ठोस की ऊँचाई 8.5 सेमी होती है।

कारण यदि त्रिज्या r के अर्द्धगोले पर उसी त्रिज्या व h ऊँचाई के शंकु को रखा जाता है, तो जनित ठोस की ऊँचाई $(h+r)$ सेमी होती है।

10. कथन एक बेलन जिसकी ऊँचाई उसके व्यास की दो-तिहाई होती है, का आयतन 4 सेमी त्रिज्या के गोले के आयतन के बराबर होता है, तब बेलन के आधार की त्रिज्या 6 सेमी होती है।

कारण गोले का आयतन $\frac{4}{3}\pi r^3$ होता है।

अतिलघु उत्तरीय प्रश्न

11. 5 सेमी भुजा वाले 2 घन सिरे से सिरे तक जोड़े जाते हैं। इस प्रकार प्राप्त घनाभ का पृष्ठीय क्षेत्रफल ज्ञात कीजिए।

12. एक घन और उसके अंदर पूर्णत: फिट बैठ सकने वाले गोले के आयतन का अनुपात ज्ञात कीजिए।

13. यदि ऊँचाई को समान रखते हुए एक लंबवृत्तीय बेलन की त्रिज्या आधी कर दी जाए, तो इस तरह प्राप्त बेलन तथा वास्तविक बेलन के आयतनों का अनुपात ज्ञात कीजिए।

14. दो बेलनों की त्रिज्याओं तथा ऊँचाईयों का अनुपात क्रमशः 2 : 3 तथा 5 : 3 है, तो उनके आयतनों का अनुपात ज्ञात कीजिए।

15. दो गोलों के आयतनों का अनुपात 64 : 27 है। उनके पृष्ठीय क्षेत्रफलों का अनुपात ज्ञात कीजिए। **[CBSE 2010, NCERT Exemplar]**

16. 4.2 सेमी किनारे वाले एक घन में से काटे जा सकने वाले सबसे बड़े शंकु का आयतन क्या होगा? **[CBSE 2012, 11; NCERT Exemplar]**

17. एक तार की त्रिज्या एक-तिहाई घटाई जाती है। यदि आयतन समान रहे, तब तार की लंबाई ज्ञात कीजिए।

18. एक 4 सेमी भुजा वाले घन से 2 सेमी भुजा वाले कितने घन काटे जा सकते हैं?

लघु उत्तरीय प्रश्न

19. 27 सेमी^{3} आयतन वाले 3 घन सिरे से सिरे तक जोड़े जाते हैं। इस प्रकार प्राप्त घनाभ का पृष्ठीय क्षेत्रफल ज्ञात कीजिए। **[CBSE 2011]**

20. समान आधार त्रिज्या 8 सेमी और समान ऊँचाई 15 सेमी वाले दो शंकुओं को उनके आधारों के अनुदिश जोड़ा जाता है। इस प्रकार बने आकार का पृष्ठीय क्षेत्रफल ज्ञात कीजिए। **[NCERT Exemplar]**

21. एक सर्कस का टैन्ट 4 मी ऊँचाई तक बेलनाकार है। उसके बाद का ऊपरी हिस्सा शंकुनुमा है। यदि आधार का व्यास 98 मी और शंकुनुमा भाग की तिर्यक ऊँचाई 33 मी है, तो टैंट बनाने में कितना वर्ग मीटर कपड़ा लगेगा?

22. 7 सेमी त्रिज्या तथा 0.5 सेमी मोटाई वाले 50 वृत्ताकार प्लेटों को एक के ऊपर एक रखकर एक लंबवृत्तीय बेलन बनाया जाता है। इस प्रकार बने बेलन का संपूर्ण पृष्ठीय क्षेत्रफल तथा आयतन ज्ञात कीजिए।

23. भुजा 7 सेमी वाले एक ठोस घन में 7 सेमी ऊँचाई और 3 सेमी त्रिज्या वाले एक शंकु के आकार का छेद किया गया है। शेष ठोस का आयतन ज्ञात कीजिए। **[NCERT Exemplar]**

24. दो समान 10 सेमी व्यास वाले शंकु का प्रयोग कर एक रेतघड़ी बनाई जाती है। यदि रेतघड़ी की कुल ऊँचाई 24 सेमी हो, तो इसको बनाने में प्रयोग सीसे का सम्पूर्ण पृष्ठीय क्षेत्रफल ज्ञात कीजिए। **[CBSE 2015, 14]**

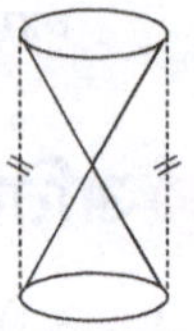

25. एक गोदाम दिए गए चित्र के अनुसार है। गोदाम का निचला हिस्सा घनाभाकार तथा ऊपरी हिस्सा अर्द्ध बेलनाकार है। गोदाम का आधार 6 मी × 4 मी तथा ऊँचाई 8 मी की है। गोदाम के घनाभाकार भाग को छोड़कर बचे भाग का पृष्ठीय क्षेत्रफल ज्ञात कीजिए।

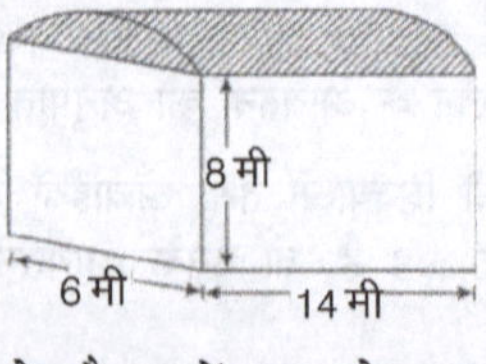

[CBSE 2015]

26. एक हॉकी के मैदान में एक छोटा चबूतरा है जिसमें 10 सीढ़ियाँ बनी हैं। इन सीढ़ियों में से प्रत्येक की लंबाई 20 मी है तथा वह ठोस कंक्रीट से बनी है। प्रत्येक सीढ़ी में $\frac{1}{4}$ मी की ऊँचाई और $\frac{1}{2}$ मी का फैलाव (चौड़ाई) है (चित्र देखें)। इस चबूतरे को बनाने में लगे कंक्रीट का कुल आयतन परिकलित कीजिए।

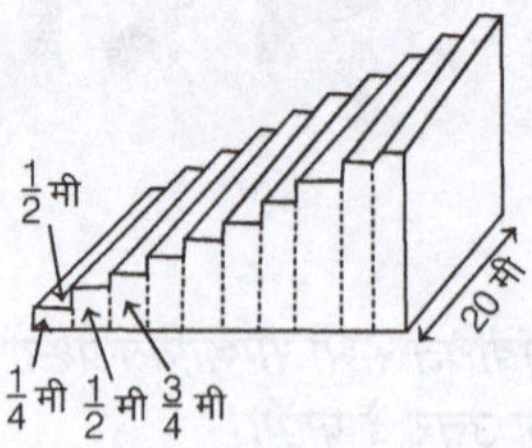

27. 15 सेमी भुजा वाले तीन घनों के सिरे से सिरे जोड़े जाते हैं। परिणामी घनाभ का कुल पृष्ठीय क्षेत्रफल ज्ञात कीजिए।

28. एक धातु की चादर 48 सेमी × 36 सेमी विमाओं वाली आयताकार आकार की है। इसके प्रत्येक कोने से 8 सेमी का एक वर्ग काट लिया जाता है। शेष चादर से एक खुला हुआ बाक्स बनाया जाता है। बॉक्स का आयतन ज्ञात कीजिए।

29. एक 6 मी लंबे, 15 सेमी चौड़े और 40 सेमी मोटे लकड़ी के टुकड़े से 2 मी लंबे, 2.5 सेमी चौड़े और 4 सेमी मोटे कितने तख्ते काटे जा सकते हैं?

30. यदि 2.1 सेमी त्रिज्या से एक गोल मार्बल को 5 सेमी त्रिज्या और 6 सेमी ऊँचाई के पानी से भरे बेलनाकार कप में रखा जाता है, तब बेलनाकार कप से कितना पानी बाहर निकल जाएगा?

31. एक बंद बेलनाकार तेल की टंकी को बाहर से पेंट करने में 60 पैसे प्रति वर्ग मीटर की दर से ₹ 237.60 खर्च आता है। तेल की टंकी की ऊँचाई उसके आधार की त्रिज्या से 6 गुना है। टंकी की त्रिज्या तथा ऊँचाई ज्ञात कीजिए। **[CBSE 2015]**

32. एक सर्कस का तम्बू दो विभिन्न प्रकार के रंगों के कपड़े से बना है। लाल रंग का कपड़ा उसके बेलनाकार भाग जिसकी ऊँचाई 3 मी है तथा हरे रंग का कपड़ा उसके ऊपर बने शंक्वाकार भाग बनाने में प्रयोग हुआ है। यदि तंबू के आधार का व्यास 105 मी तथा शंक्वाकार भाग की तिर्यक ऊँचाई 53 मी है। तंबु को बनाने में प्रयोग लाल कपड़े तथा हरे कपड़े का क्षेत्रफल ज्ञात कीजिए। **[CBSE 2015]**

33. एक 15 सेमी ऊँचाई तथा 8 सेमी आधार को त्रिज्या वाले ठोस बेलन से समान ऊँचाई तथा समान आधार वाला लंबवृत्तीय शंकु हटा लिया जाता है। इस प्रकार शेष आकृति के संपूर्ण पृष्ठ का क्षेत्रफल ज्ञात कीजिए।

34. एक खोखला घन जिसकी आंतरिक भुजा 22 सेमी है, को व्यास 0.5 सेमी के कंचों से भरा गया है और यह मानते हुए कि घन का $\frac{1}{8}$ भाग खाली रह जाता है, तब घन में समावेशित होने वाले कंचों की संख्या ज्ञात कीजिए। **[NCERT Exemplar]**

35. एक 7 सेमी व्यास वाले बेलनाकार बीकर, जिसमें कुछ पानी भरा है, में 1.4 सेमी व्यास वाले कंचे डाले जाते हैं। कंचों की वह संख्या ज्ञात कीजिए जिनको बीकर में डालने से पानी का स्तर 5.6 सेमी ऊपर उठ जाएगा। **[NCERT Exempler]**

36. एक फाउन्टेन पेन बेलनाकार है जिसकी लंबाई 7 सेमी तथा व्यास 0.5 सेमी है। पूरी स्याही से भरी पेन से औसतन 275 शब्द लिए जा सकते हैं। $\frac{1}{4}$ लीटर स्याही से कितने शब्दों को लिखा जा सकता है? **[CBSE 2015, 14]**

37. एक खिलौना एक लंबवृत्तीय बेलन के एक सिरे पर अर्द्धगोला और दूसरे सिरे पर शंकु के आकार में है। बेलनाकार भाग की ऊँचाई और त्रिज्या क्रमश: 13 सेमी और 5 सेमी हैं। अर्द्धगोलीय और शंक्वाकार भाग की त्रिज्या बेलनाकार भाग के समान है। खिलौने के पृष्ठ क्षेत्रफल की गणना कीजिए, यदि शंक्वाकार भाग की ऊँचाई 12 सेमी है।

38. एक सर्कस का तंबू एक बेलन के ऊपर शंक्वाकार छत के आकार में है। यदि उभयनिष्ठ व्यास 56 सेमी है, बेलनाकार भाग की लंबाई 6 मी और जमीन से छत की ऊँचाई 30 मी है, तब तम्बू को बनाने के लिए प्रयोग किए गए कपड़े का क्षेत्रफल ज्ञात कीजिए। **[CBSE 2013]**

39. कक्षा में सर्वश्रेष्ठ छात्र को दी गई ट्रॉफी एक ठोस अर्द्धगोले पर जुडे हुए समान त्रिज्या और समान धातु के ठोस बेलन के रूप में हैं। ट्रॉफी एक लकड़ी के घनाभ से चित्र की भाँति जुड़ी है।

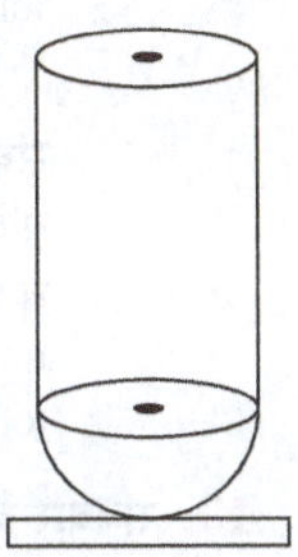

अर्द्धगोले का व्यास 21 सेमी और ट्रॉफी की कुल ऊँचाई 24.5 सेमी है। ट्रॉफी को बनाने में प्रयुक्त धातु का वजन ज्ञात कीजिए, यदि धातु के 1 सेमी^{3} का वजन 1.2 ग्राम है। $\left(\pi = \frac{22}{7} \text{ लीजिए}\right)$

40. चित्र में दिखाई गई एक लकड़ी की वस्तु एक बेलन के एक सिरे पर एक अर्द्धगोला और दूसरे सिरे पर एक शंकु खोदकर निकालने पर बनी है। वस्तु का संपूर्ण पृष्ठ क्षेत्रफल ज्ञात कीजिए।

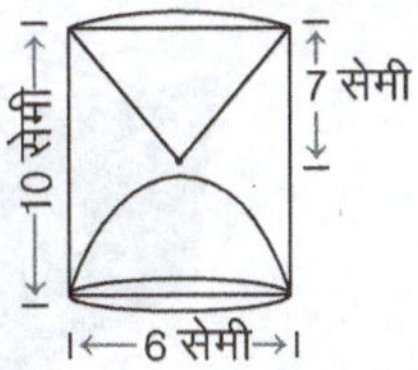

दीर्घ उत्तरीय प्रश्न

41. एक बेलनाकार बर्तन का आंतरिक व्यास 7 सेमी है तथा इसका ऊपरी सिरा अर्द्धगोलाकार है। यदि बर्तन की ऊँचाई 16 सेमी है, तो बर्तन की वास्तविक क्षमता ज्ञात कीजिए। **[CBSE 2015]**

42. एक ठोस खिलौना ऐसे आकार का है जैसे कि एक अर्द्धगोले पर एक लंबवृत्तीय शंकु रख दिया गया है। शंकु की ऊँचाई 4 सेमी है और आधार का व्यास 8 सेमी है। इस खिलौने का आयतन ज्ञात कीजिए। यदि इस खिलौने के परिगत कोई घन है, तो इस घन और खिलौने के आयतनों का अंतर ज्ञात कीजिए। साथ ही, इस खिलौने का कुल पृष्ठीय क्षेत्रफल भी ज्ञात कीजिए। **[NCERT Exemplar]**

43. एक बेलनाकार भवन के ऊपर अर्द्धगोलाकार गुंबद है और उसमें उपस्थित हवा का आयतन $67\frac{1}{21}$ मी^{3} है। यदि गुंबद का आंतरिक व्यास भवन की कुल ऊँचाई का $\frac{2}{3}$ हो, तो भवन की ऊँचाई ज्ञात कीजिए।

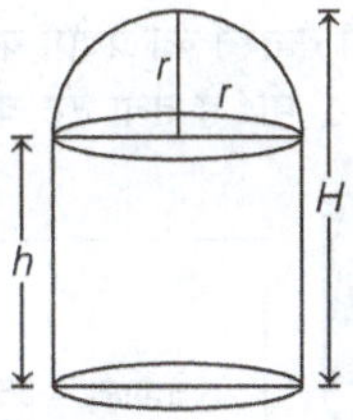

44. एक भवन भीतर से बेलनाकार है। भवन का ऊपरी हिस्सा शंकुनुमा है। जिसका शीर्ष कोण समकोण है। यदि बेलनाकार भाग का व्यास 4.3 मी और ऊँचाई 3.8 मी हो, तो भवन का पृष्ठीय क्षेत्रफल और आयतन ज्ञात कीजिए। ($\pi = 3.14$ लीजिए)

45. एक कारीगर 270 सेमी × 300 सेमी × 350 सेमी विमाओं की एक दीवार 22.5 सेमी × 11.25 सेमी × 8.75 सेमी आकार की ईंटों से बनाता है और यह मान लिया जाता है कि $\frac{1}{8}$ भाग कंक्रीट से अंतर्निहित है। तब दीवार को बनाने में कितनी ईंट लगेंगी?

46. एक आयताकार समांतर षट्फलक की लंबाई, चौड़ाई और ऊँचाई 6 : 3 : 1 के अनुपात में हैं। यदि एक घन का पृष्ठ क्षेत्रफल इस समांतर षट्फलक के पृष्ठ क्षेत्रफल के बराबर है, तब घन के आयतन का समांतर षट्फलक के आयतन से क्या अनुपात है?

केस स्टडी आधारित प्रश्न

47. बच्चों के लिए माता-पिता एवं शिक्षकों के बिना निर्णय लेने की क्षमता का सर्वाधिक विकास एडवेंचर कैम्प पर जाने से होता है। स्कूल के कुछ विद्यार्थी सकलेशपुर एडवेंचर के लिए जाते हैं कैम्प में, कुछ वेटर बच्चों को बेलनाकार कप तथा कुछ बच्चों को अर्द्धगोलाकार कप में स्वागत पेय परोसते हैं जिनकी विमाएँ निम्नवत् हैं

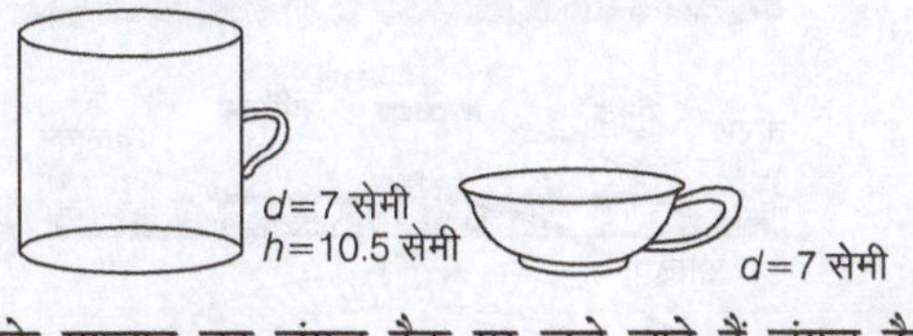

इसके पश्चात् वह जंगल ट्रैक पर चले जाते हैं जंगल ट्रैक आनन्ददायक परन्तु बहुत थकावट भरा था। अत: अब समय छाया में रुकने का था। प्रत्येक चार विद्यार्थियों के समूह को कैनवास जिसका क्षेत्रफल 551 मी^{2} है में ठहराया गया। प्रत्येक समूह को शंक्वाकार टैंट बनाने के लिए कहा गया जिसमें विश्राम करना था।

माना विद्यार्थियों ने कतरन का प्रयोग करते हुए एक टैंट बनाया जिसका क्षेत्रफल 1 मी^{2} है तथा टैंट की त्रिज्या 7 मी है।

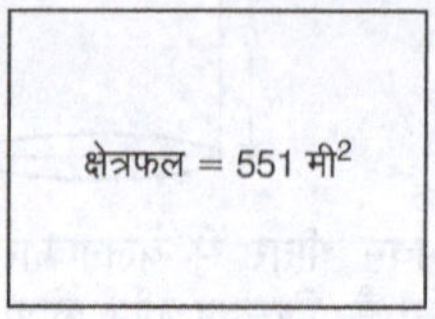

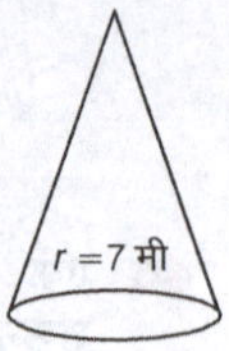

उपरोक्त जानकारी के आधार पर निम्न प्रश्नों के उत्तर दीजिए

(i) बेलनाकार कप का आयतन
(a) 295.75 सेमी^{3} (b) 7415.5 सेमी^{3}
(c) 384.88 सेमी^{3} (d) 404.25 सेमी^{3}

(ii) अर्द्धगोलाकार कप का आयतन होगा
(a) 179.67 सेमी^{3} (b) 89.83 सेमी^{3}
(c) 172.25 सेमी^{3} (d) 210.60 सेमी^{3}

(iii) कौन-से बर्तन में ज्यादा जूस आएगा तथा कितना?
(a) अर्द्धगोलाकार कप, 195 सेमी^{3}
(b) बेलनाकार कप, 207 सेमी^{3}
(c) अर्द्धगोलाकार कप, 280.85 सेमी^{3}
(d) बेलनाकार कप, 314.42 सेमी^{3}

अथवा

चार विद्यार्थियों के लिए बनाए गए शंक्वाकार टैंट की ऊँचाई क्या होगी?
(a) 18 मी (b) 10 मी (c) 24 मी (d) 14 मी

48. महान साँची का स्तूप भारत की सबसे पुरानी संरचनाओं में से एक है जोकि भारतीय स्थापत्य में विशेष स्थान रखती है वास्तव में यह तीसरी शताब्दी ईसा पूर्व में अशोक राजा द्वारा बनाया गया था इसका मध्य वाला भाग ईंटों द्वारा निर्मित अर्द्धगोलाकार संरचना है जोकि बुद्धा पर निर्मित है यह ठोस आकृतियों के संयोजन का महत्त्वपूर्ण उदाहरण है एक अर्द्धगोलाकार गुंबद, घनाभाकार आकृति पर अध्यारोपित है।

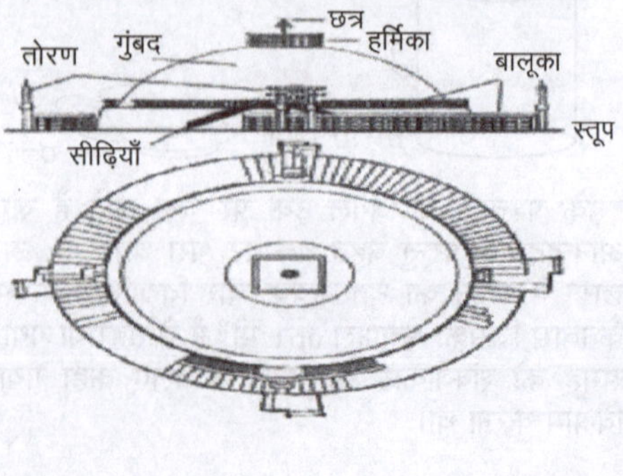

उपरोक्त जानकारी के आधार पर निम्न प्रश्नों के उत्तर दीजिए

(i) अर्द्धगोलाकार गुम्बद के आयतन की गणना कीजिए यदि गुम्बद की ऊँचाई 21 मी है।
(a) 19404 मी^{3} (b) 2000 मी^{3}
(c) 15000 मी^{3} (d) 19000 मी^{3}

(ii) गोले का आयतन ज्ञात करने का सूत्र लिखिए।
(a) $\frac{2}{3}\pi r^3$ (b) $\frac{4}{3}\pi r^3$ (c) $4\pi r^2$ (d) $2\pi r^2$

(iii) अर्द्धगोलाकार गुम्बद को ढकने हेतु आवश्यक कपड़ा कितना होगा यदि आधार की त्रिज्या 14 मी है?
(a) 1222 मी^{2} (b) 1232 मी^{2}
(c) 1200 मी^{2} (d) 1400 मी^{2}

अथवा

संयुक्त आकृति का कुल पृष्ठीय क्षेत्रफल क्या होगा, यदि अर्द्धगोलाकार गुम्बद की त्रिज्या 14 मी तथा घनाभाकार शीर्ष की विमाएँ 8मी × 6मी × 4मी हों?
(a) 1200 मी^{2} (b) 1232 मी^{2}
(c) 1392 मी^{2} (d) 1932 मी^{2}

49. रविवार के दिन आपके माता-पिता आपको मेले में ले जाते हैं। आप वहाँ पर देखते है कि बहुत सारे खिलौने की प्रदर्शनी लगी हुई है और आप उनमें से एक 'रुबिक' घन तथा स्ट्रॉबेरी आइस्क्रीम उनमें से लेना चाहता है।

उपरोक्त आकृति का अध्ययन करके निम्नलिखित प्रश्नों के उत्तर दीजिए

(i) यदि प्रत्येक सिरे की माप 6 सेमी है, तब विकर्ण की लम्बाई होगी
(a) $3\sqrt{3}$ सेमी (b) $3\sqrt{6}$ सेमी
(c) $\sqrt{12}$ सेमी (d) $6\sqrt{3}$ सेमी

(ii) ठोस आकृति का आयतन क्या होगा, यदि प्रत्येक सिरे की लम्बाई 7 सेमी हो?
(a) 256 सेमी^{3} (b) 196 सेमी^{3}
(c) 343 सेमी^{3} (d) 434 सेमी^{3}

(iii) अर्द्धगोलाकार (आइसक्रीम) का वक्रपृष्ठीय क्षेत्रफल क्या होगा, यदि आधार की त्रिज्या 7 सेमी हो?
(a) 309 सेमी^{2} (b) 308 सेमी^{2}
(c) 803 सेमी^{2} (d) 903 सेमी^{2}

अथवा

शंकु की तिर्यक ऊँचाई ज्ञात कीजिए, यदि त्रिज्या 7 सेमी तथा ऊँचाई 24 सेमी हो।
(a) 26 सेमी (b) 25 सेमी
(c) 52 सेमी (d) 62 सेमी

संकेत एवं हल

1. (b) माना बेलन तथा शंकु की ऊँचाई तथा त्रिज्या h तथा r हैं।

$\therefore \dfrac{\text{बेलन का आयतन}}{\text{शंकु का आयतन}} = \dfrac{\pi r^2 h}{\frac{1}{3}\pi r^2 h} = \dfrac{3}{1}$

2. (a) दिया है, गोले की त्रिज्या $= r$

$\because$ गोले का आयतन $(V_1) = \dfrac{4}{3}\pi r^3$

दिया है, बेलन के आधार की त्रिज्या $= r$

बेलन की ऊँचाई, $h = 2r$

अब, बेलन का आयतन $(V_2) = \pi r^2 h = \pi r^2 \times (2r) = 2\pi r^3$

$\therefore$ अभीष्ट अनुपात $= V_1 : V_2 = \dfrac{4}{3}\pi r^3 : 2\pi r^3$

$$= \frac{\frac{4}{3}\pi r^3}{2\pi r^3} = \frac{2}{3} = 2:3$$

3. (c) दिया है, घन की भुजा = 10 सेमी

शंकु के अधिकतम आयतन के लिए शंकु की ऊँचाई $h = 10$ सेमी

तथा आधार का व्यास = 10 सेमी,

तब त्रिज्या $(r) = \dfrac{10}{2} = 5$ सेमी

अतः शंकु का आयतन $= \dfrac{1}{3}\pi r^2 h = \dfrac{1}{3} \times \dfrac{22}{7} \times 5 \times 5 \times 10$

$= \dfrac{5500}{21} = 261.9$ सेमी^{3}

4. (b) यदि दो घन सिरे से सिरे द्वारा जोड़े जाते हैं, तो हम एक घनाभ प्राप्त करते हैं,

जिसकी लंबाई $= l =$ प्राप्त घनाभ की लंबाई $= 10 + 10 = 20$ सेमी

चौड़ाई $= b =$ प्राप्त घनाभ की चौड़ाई = 10 सेमी

ऊँचाई $= h =$ प्राप्त घनाभ की ऊँचाई =10 सेमी

$\therefore$ घनाभ का पृष्ठीय क्षेत्रफल $= 2(lb + bh + lh)$

$= 2(20 \times 10 + 10 \times 10 + 20 \times 10)$ सेमी^{2}

$= 1000$ सेमी^{2}

5. (d) लंबवृत्तीय बेलन के आधार का क्षेत्रफल $= \pi r^2$

$\Rightarrow \quad 9\pi = \pi r^2 \Rightarrow r^2 = 9 \Rightarrow r = 3$

अतः आधार की त्रिज्या 3 सेमी है।

$\therefore$ आधार का व्यास $= 2r = 2 \times 3 = 6$ सेमी

6. (c) माना घनाभ की लम्बाई, चौड़ाई व ऊँचाई क्रमशः l, b व h हैं।

प्रश्नानुसार, $l + b + h = 19$ ...(i)

तथा $\sqrt{l^2 + b^2 + h^2} = 5\sqrt{5}$ ...(ii)

$\Rightarrow \quad l^2 + b^2 + h^2 = 125$

समी. (i) से, $\quad (l + b + h)^2 = 19^2$

$\Rightarrow l^2 + b^2 + h^2 + 2(lb + bh + hl) = 361$

$\Rightarrow \quad 2(lb + bh + hl) = 361 - 125 = 236$ सेमी^{2}

तथा घनाभ से पार्श्व पृष्ठीय क्षेत्रफल $= 2h(l + b)$

अतः कथन सही है परन्तु कारण गलत है।

7. (d) $\because \; lb = x, \; bh = y, \; lh = z$

$\therefore lb \times bh \times hl = xyz \Rightarrow (lbh)^2 = xyz$

$\Rightarrow \quad lbh = \sqrt{xyz}$

तथा हम जानते हैं कि एक घनाभ जिसकी कोर l, b व h है, का आयतन lbh होता है। अतः कथन गलत है परन्तु कारण सही है।

8. (a) $\because$ परिणामी घनाभ की लम्बाई, $l = 2 \times 5 = 10$ सेमी

परिणामी घनाभ की चौड़ाई, $b = 5$ सेमी

तथा परिणामी घनाभ की ऊँचाई, $h = 5$ सेमी

$\therefore$ परिणामी घनाभ का पृष्ठीय क्षेत्रफल $= 2(lb + bh + hl)$

$= 2 \times (10 \times 5 + 5 \times 5 + 5 \times 10)$

$= 2 \times (50 + 25 + 50) = 250$ सेमी^{2}

अतः कथन व कारण दोनों सही हैं तथा कारण कथन का सही स्पष्टीकरण है।

9. (d) हम जानते हैं कि त्रिज्या r के अर्द्धगोले पर उसी त्रिज्या व ऊँचाई h के शंकु को रखा जाता है, तो जनित ठोस की ऊँचाई $(h + r)$ सेमी होती है।

यहाँ, $h = 5$ सेमी तथा $r = \dfrac{3.5}{2} = 1.75$ सेमी

$\therefore$ अभीष्ट ऊँचाई $= h + r = 5 + 1.75 = 6.75$ सेमी

अतः कथन गलत है परन्तु कारण सही है।

10. (d) माना बेलन के आधार का व्यास = 2 सेमी

$\therefore$ बेलन के आधार की त्रिज्या $= \dfrac{d}{2}$ सेमी

तथा बेलन के आधार की ऊँचाई $= \dfrac{2d}{3}$ सेमी

प्रश्नानुसार, $\quad \dfrac{4}{3}\pi(4)^3 = \pi\left(\dfrac{d}{2}\right)^2\left(\dfrac{2d}{3}\right)$

$\Rightarrow \quad d^3 = \dfrac{4 \times 4 \times 4 \times 4 \times 4 \times 3}{3 \times 2}$

$\Rightarrow \quad d = 8$ सेमी

$\therefore$ बेलन के आधार की त्रिज्या = 4 सेमी

अतः कथन गलत है परन्तु कारण सही है।

11. NCERT फोल्डर प्रश्नावली 12.1 के प्रश्न 1 की भाँति स्वयं हल करें।

उत्तर 250 सेमी^{2}

12. **संकेत** घन के आयतन तथा गोले के आयतन का अभीष्ट अनुपात

$$= \frac{\text{घन का आयतन}}{\text{गोले का आयतन}} = \frac{(\text{भुजा})^3}{\frac{4}{3}\pi r^3} = \frac{l^3}{\frac{4}{3}\pi\left(\frac{l}{2}\right)^3} = 6 : \pi$$

13. **संकेत** माना वास्तविक बेलन की त्रिज्या r और ऊँचाई h सेमी है तो वास्तविक बेलन का आयतन $V_1 = \pi r^2 h$ सेमी^{3}

$\because$ जब त्रिज्या आधी कर दी गई तो

बेलन का आयतन $V_2 = \pi\left(\dfrac{r}{2}\right)^2 h = \dfrac{\pi r^2 h}{4}$

तब, अभीष्ट अनुपात $= \dfrac{V_2}{V_1} = \dfrac{\pi r^2 h}{4} \times \dfrac{1}{\pi r^2 h} = \dfrac{1}{4} = 1:4$

14. **संकेत** माना बेलन की ऊँचाई क्रमशः $5y$ और $3y$ है, और त्रिज्या $2x$ एवं $3x$ है।

$\therefore$ अभीष्ट अनुपात $= \dfrac{\pi(2x)^2 \times 5y}{\pi(3x)^2 \times 3y} = \dfrac{20\pi x^2 y}{27\pi x^2 y} = 20:27$

15. **संकेत** $\frac{\text{पहले गोले का आयतन}}{\text{दूसरे गोले का आयतन}} = \frac{64}{27}$

$\therefore \quad \frac{r_1}{r_2} = \frac{4}{3}$

उनके पृष्ठीय क्षेत्रफल का अनुपात $= \frac{4\pi r_1^2}{4\pi r_2^2} = \left(\frac{r_1}{r_2}\right)^2$

उत्तर 16 : 9

16. **संकेत** शंकु की ऊँचाई = घन का किनारा = 4.2 सेमी

$\Rightarrow$ शंकु की त्रिज्या = 2.1 सेमी

$\therefore$ शंकु का आयतन $= \frac{1}{3}\pi r^2 h = \frac{1}{3} \times \frac{22}{7} \times 2.1 \times 2.1 \times 4.2$

उत्तर 19.404 सेमी^{3}

17. 9 गुनी

18. 8 घन काटे जा सकते हैं।

19. NCERT फोल्डर 12.1 के प्रश्न 1 की भाँति स्वयं हल करें।

उत्तर 126 सेमी^{2}

20. **संकेत** अभीष्ट पृष्ठीय क्षेत्रफल = पहले शंकु का वक्रपृष्ठीय क्षेत्रफल + दूसरे शंकु का वक्रपृष्ठीय क्षेत्रफल $= 2 \times \pi r l = 2 \times \pi \times r \times \sqrt{r^2 + h^2}$

उत्तर 855 सेमी^{2}

21. NCERT फोल्डर 12.1 के प्रश्न 7 की भाँति स्वयं हल करें।

उत्तर 6314 मी^{2}

22. **संकेत** बने हुए बेलन के कुल पृष्ठीय क्षेत्रफल

$= 2\pi r(r + h) = 2 \times \frac{22}{7} \times 7(7 + 25) = 1408$ सेमी^{2}

बने हुए बेलन का आयतन $= \pi r^2 h = 3850$ सेमी^{3}

उत्तर 1408 सेमी^{2}, 3850 सेमी^{3}

23. **संकेत** शेष ठोस का आयतन = घन का आयतन − शंक्वाकार खोल (Cavity) का आयतन = 343 − 66 **उत्तर** 277 सेमी^{3}

24. **संकेत** $l = r^2 + h^2 = \sqrt{5^2 + 12^2} = 13$ सेमी

एक शंकु का संपूर्ण पृष्ठीय क्षेत्रफल $= \pi r l + \pi r^2$

$= \pi \times 5 \times 13 + \pi \times (5)^2$

$= 90\pi$ सेमी^{2}

अतः दो शंकु का संपूर्ण पृष्ठीय क्षेत्रफल $= 2 \times 90\pi = 180\pi$ सेमी^{2}

25. **संकेत** घनाभ रहित भाग का पृष्ठीय क्षेत्रफल

= आधे बेलन का वक्रपृष्ठीय क्षेत्रफल + 2 × अर्द्धवृत्ताकार का क्षेत्रफल

$= \pi r(h + r)$

$= \frac{22}{7} \times 3(14 + 3) = \frac{1122}{7}$ मी^{2}

उत्तर $\frac{1122}{7}$ मी^{2}

26. **संकेत** पहले सीढ़ी की ऊँचाई (जो सबसे नीचे है) $= \frac{1}{4}$ मी

$\therefore$ दूसरी सीढ़ी की ऊँचाई $= 2 \times \frac{1}{4} = \frac{1}{2}$ मी

$\therefore$ तीसरी सीढ़ी की ऊँचाई $= 3 \times \frac{1}{4} = \frac{3}{4}$ मी

....

....

दसवीं सीढ़ी की ऊँचाई $= 10 \times \frac{1}{4} = \frac{10}{4}$ मी

कंक्रीट का कुल आयतन

$= 20 \times \frac{1}{2} \times \frac{1}{4} + 20 \times \frac{1}{2} \times \frac{2}{4} + 20 \times \frac{1}{2} \times \frac{3}{4} + \ldots$

$\ldots + 20 \times \frac{1}{2} \times \frac{10}{4}$ [घनाभ का आयतन $= l \times b \times h$]

$= 137.5$ मी^{3}

उत्तर 137.5 मी^{3}

27. NCERT फोल्डर के 12.1 के प्रश्न 1 की भाँति करें। **उत्तर** 3150 सेमी^{2}

28. 5120 सेमी^{3} **29.** 180 **30.** 38.8 सेमी^{3}

31. **संकेत** बंद बेलन का संपूर्ण पृष्ठीय क्षेत्रफल $= 2\pi r h + 2\pi r^2 = 44r^2$ मी^{2}

प्रश्नानुसार,

$\therefore \quad 44r^2 \times 0.60 = 237.60 \Rightarrow r = 3$ मी

$\because \quad h = 6r = 6 \times 3 = 18$ मी **उत्तर** 3 मी, 18 मी

32. **संकेत** लाल कपड़े का क्षेत्रफल = बेलन का वक्रपृष्ठीय क्षेत्रफल

$= 2\pi r h = 2 \times \frac{22}{7} \times \frac{105}{2} \times 3 = 990$ मी^{2}

हरे कपड़े का क्षेत्रफल $= \pi r l$

$= \frac{22}{7} \times \frac{105}{2} \times 53 = 8745$ मी^{2}

उत्तर 990 मी^{2}, 8745 मी^{2}

33. NCERT फोल्डर 12.1 के प्रश्न 8 की भाँति स्वयं हल करें।

उत्तर 1382.8 सेमी^{2}

34. **संकेत** एक गोलाकार कंचे का आयतन $= \frac{4}{3} \times \frac{22}{7} \times \left(\frac{1}{4}\right)^3$

$= \frac{22}{3 \times 7 \times 4 \times 4}$ सेमी^{3}

घन में कंचो द्वारा भरा गया भाग

= घन का आयतन $- \frac{1}{8} \times$ घन का आयतन

$= 10648 - \frac{1}{8} \times 10648 = 9317$ सेमी^{3}

$\therefore$ अभीष्ट कंचों की संख्या $= \frac{\text{घन में कंचों द्वारा कुल भरी गई जगह}}{\text{एक कंचे का आयतन}}$

$= \frac{9317 \times 3 \times 7 \times 4 \times 4}{22} = 142.296$

35. **संकेत** एक कंचे का आयतन $= \frac{4}{3}\pi r^3 = \frac{4}{3}\pi(0.7)^3 = \frac{1.372}{3}\pi$ सेमी^{3}

$\therefore$ बीकर में बढ़े पानी का आयतन

$= \pi \times (3.5)^2 \times 5.6 = 68.6\pi$ सेमी^{3}

अब, अभीष्ट कंचों की संख्या

$= \frac{\text{बीकर में ऊपर उठे पानी का आयतन}}{\text{एक कंचे का आयतन}} = \frac{68.6\pi}{\frac{1.372}{3}\pi} = 150$ कंचे

उत्तर 150 कंचे

36. **संकेत** स्याही का आयतन = 275 शब्द

$\Rightarrow \frac{22}{16}$ सेमी^{3} = 275 शब्द $\Rightarrow$ 1 सेमी^{3} $= \frac{275 \times 16}{22}$ शब्द

$\Rightarrow \frac{1}{4} \times 1000$ सेमी^{3} $= \frac{275 \times 16}{22} \times \frac{1}{4} \times 1000$

उत्तर 50000 शब्द

37. 770 सेमी^{2} **38.** 4301.44 मी^{2}

39. **संकेत** बेलन की ऊँचाई = ट्रॉफी की ऊँचाई – अर्द्धगोले की त्रिज्या ट्रॉफी में धातु का आयतन = बेलन का आयतन + अर्द्धगोले का आयतन धातु का वजन = ट्रॉफी में प्रयुक्त धातु का आयतन × 1.2 ग्राम

उत्तर 8.7318 किग्रा

40. 316.94 सेमी^{2}

41. बर्तन की वास्तविक क्षमता

= बेलनाकार बर्तन का आयतन + अर्द्धगोले का आयतन

$\pi r_1^2 h + \frac{2}{3}\pi r_1^3 = \frac{22}{7} \times \left(\frac{7}{2}\right)^2 \times 16 + \frac{2}{3}\left(\frac{7}{2}\right)^3 \pi \approx 705.83$ सेमी^{3}

42. **संकेत** खिलौने का संपूर्ण पृष्ठीय क्षेत्रफल = शंकु का वक्रपृष्ठीय क्षेत्रफल + अर्द्धगोले का वक्रपृष्ठीय क्षेत्रफल

$= \pi r l + 2\pi r^2$

जहाँ, $l = \sqrt{h^2 + r^2}$

उत्तर $\frac{1408}{7}$ सेमी^{3}, 171.69 सेमी^{2}

43. **संकेत** भवन के अंदर हवा का आयतन

= गुंबद में हवा का आयतन + बेलन के अंदर हवा का आयतन

$= \frac{2}{3}\pi r^3 + \pi r^2 h = \frac{8}{81}\pi H^3$ मी^{3}

$\because$ भवन के अंदर हवा का आयतन $= 67\frac{1}{21}$ मी^{3}

$\therefore \frac{8}{81}\pi H^3 = 67\frac{1}{21}$ मी^{3} $\Rightarrow H = 6$ मी **उत्तर** 6 मी

44. **संकेत** भवन का पृष्ठीय क्षेत्रफल

= भवन के बेलनाकार भाग का पृष्ठीय क्षेत्रफल + भवन के शंक्वाकार भाग का पृष्ठीय क्षेत्रफल

$= 2\pi r_1 h_1 + \pi r_2 l_2$

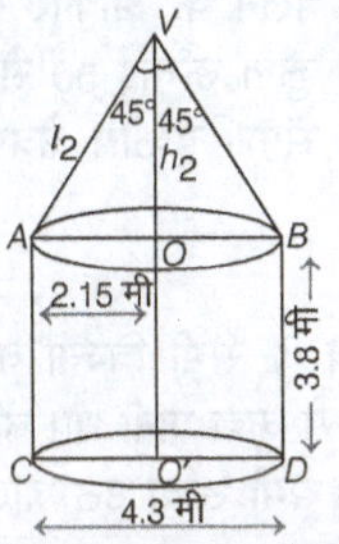

$\therefore$ भवन का आयतन = भवन के बेलनाकार भाग का आयतन + भवन के शंक्वाकार भाग का आयतन

$= \pi r_1^2 h_1 + \frac{1}{3}\pi r_2^2 h_2$

उत्तर 71.83 मी^{2}, 65.56 मी^{3}

45. 11200 **46.** 3 : 2

47. (i) (*d*) दिया है, $r = \frac{7}{2}$ सेमी, $h = 10.5$ सेमी $= \frac{21}{2}$ सेमी

बेलनाकार कप का आयतन $= \pi r^2 h$

$= \frac{22}{7} \times \frac{7}{2} \times \frac{7}{2} \times \frac{21}{2}$

$= \frac{11 \times 7 \times 21}{4} = 404.25$ सेमी^{3}

(ii) (*b*) दिया है, $r = \frac{7}{2}$ सेमी

$\therefore$ अर्द्धगोलाकार कप का आयतन $= \frac{2}{3} \times \frac{22}{7} \times \frac{7}{2} \times \frac{7}{2} \times \frac{7}{2}$

$= 89.83$ सेमी^{3}

(iii) (*d*) बेलनाकार कप का आयतन = 404.25 सेमी^{3}

तथा अर्द्धगोलाकार कप का आयतन = 89.83 सेमी^{3}

अतः बेलनाकार कप में अधिक जूस आएगा = 404.25 – 89.83

= 314.42 सेमी^{3}

अथवा

(*c*) दिए गए कैनवास का क्षेत्रफल = 551 मी^{2}

अनुप्रयोग पश्चात् क्षेत्रफल = 551 – 1 = 550 मी^{2}

इसलिए, शंक्वाकार टैन्ट का क्षेत्रफल $= \pi r l$

यहाँ, $r = 7$ मी

$\therefore \pi r l = 550 \Rightarrow \frac{22}{7} \times 7 \times l = 550$

$\Rightarrow l = 25$ मी

अब, $h = \sqrt{l^2 - r^2} = \sqrt{625 - 49}$

$= \sqrt{576} = 24$ मी

48. (i) (*a*) हम जानते हैं कि अर्द्धगोलाकार एक प्रकार का ठोस है जिसमें त्रिज्या उसकी ऊँचाई होती है। इसलिए, त्रिज्या = 21 मी

$\therefore$ अभीष्ट आयतन $= \frac{2}{3}\pi r^3 = \frac{2}{3} \times \frac{22}{7} \times 21 \times 21 \times 21$

$= 19404$ मी^{3}

(ii) (*b*) गोले का आयतन $= \frac{4}{3}\pi r^3$

(iii) (*b*) दिया है, त्रिज्या (r) = 14 मी

$\therefore$ अर्द्धगोलाकार गुम्बद का वक्रपृष्ठीय क्षेत्रफल $= 2\pi r^2$

$= 2 \times \frac{22}{7} \times 14 \times 14 = 1232$ मी^{2}

अथवा

(*c*) यहाँ, अर्द्धगोलाकार गुम्बद की त्रिज्या (r) = 14 मी

गुम्बद का पृष्ठीय क्षेत्रफल $= 2\pi r^2$

$= 2 \times \frac{22}{7} \times 14 \times 14 = 1232$ मी^{2}

तथा घनाभाकार आकृति के शीर्ष का वक्रपृष्ठीय क्षेत्रफल

$= 2 \times h(l + b) + lb$

$= 2 \times 4(8 + 6) + 8 \times 6$

$= 8(14) + 48$

$= 112 + 48 = 160$ मी^{2}

$\therefore$ कुल पृष्ठीय क्षेत्रफल = 1232 + 160 = 1392 मी^{2}

49. (i) (*d*) दिया है, घन का सिरा = 6 सेमी

$\therefore$ घन का विकर्ण $= \sqrt{3} \times$ घन का सिरा $= \sqrt{3} \times 6 = 6\sqrt{3}$ सेमी

(ii) (*c*) दिया है, घन की भुजा = 7 सेमी

$\therefore$ घन का आयतन = 7 × 7 × 7 = 343 सेमी^{3}

(iii) (*b*) दिया है, त्रिज्या (r) = 7 सेमी

$\therefore$ अर्द्धगोले का वक्रपृष्ठीय क्षेत्रफल $= 2\pi r^2 = 2 \times \frac{22}{7} \times 7 \times 7$

$= 44 \times 7 = 308$ सेमी^{2}

अथवा

(*b*) दिया है, त्रिज्या (r) = 7 सेमी तथा ऊँचाई (h) = 24 सेमी

तिर्यक ऊँचाई (l) = ?

$\therefore l^2 = r^2 + h^2 = (7)^2 + (24)^2 = 49 + 576 = 625$

$\Rightarrow l = \sqrt{625} = 25$ सेमी

यूनिट टेस्ट (मेन्सुरेशन)

{अध्याय— 12}

40 अंक

यूनिट टेस्ट 1

1. यदि एक बेलन तथा शंकु की ऊँचाई तथा त्रिज्या बराबर है, तब उनके आयतनों का अनुपात ज्ञात कीजिए। [1]

2. 4.2 सेमी भुजा वाले एक ठोस घन से काट कर निकाले जा सकने वाले बड़े से बड़े लंबवृत्तीय शंकु का आयतन ज्ञात कीजिए। [1]

3. दो शंकु जिनकी ऊँचाईयों का अनुपात 1 : 3 तथा त्रिज्या का अनुपात 3 : 1 है, तब उनके आयतनों का अनुपात क्या होगा? [1]

4. एक बर्तन एक अर्द्धगोले पर एक खोखले बेलन को अध्यारोपित करके बनाया गया है। अर्द्धगोले का व्यास 14 सेमी और बर्तन की संपूर्ण ऊँचाई 13 सेमी है। इस बर्तन का आंतरिक पृष्ठीय क्षेत्रफल ज्ञात कीजिए। $\left(\pi = \frac{22}{7}\right)$ [2]

5. त्रिज्या 7 सेमी और मोटाई 1/2 सेमी वाली 20 प्लेटों को एक के ऊपर एक रखकर एक लंबवृत्तीय बेलन बनाया गया है। इस प्रकार बने बेलन का आयतन ज्ञात कीजिए। ($\pi = 22/7$) [2]

6. एक लंबवृत्तीय बेलन की त्रिज्या 7 सेमी तथा ऊर्ध्वाधर ऊँचाई 8 सेमी हैं। बेलन का वक्रपृष्ठ ज्ञात कीजिए। [2]

7. एक खिलौना एक शंकु के आकार का है, जोकि 7 सेमी त्रिज्या वाले अर्द्धगोले के ऊपर अध्यारोपित है। यदि खिलौने की कुल ऊँचाई 31 सेमी है, तो इसका कुल पृष्ठीय क्षेत्रफल ज्ञात कीजिए। ($\pi = 22/7$) [3]

8. एक घनाभकार बक्से की भुजा 12 सेमी है, इसके ऊपर अधिकतम व्यास की अर्द्धगोलाकार गुंबद जैसी एक संरचना है। ठोस का संपूर्ण पृष्ठीय क्षेत्रफल ज्ञात कीजिए। [3]

9. एक गोदाम एक अनाज-भंडार की तरह प्रयोग किया जाता है। यह एक घनाभ के ऊपर अध्यारोपित आधे बेलन की आकृति जैसा है। गोदाम के आधार की विमाएँ 6 मी, 14 मी तथा ऊँचाई 8 मी है। गोदाम के अघनाभकार भाग का पृष्ठीय क्षेत्रफल ज्ञात कीजिए। [3]

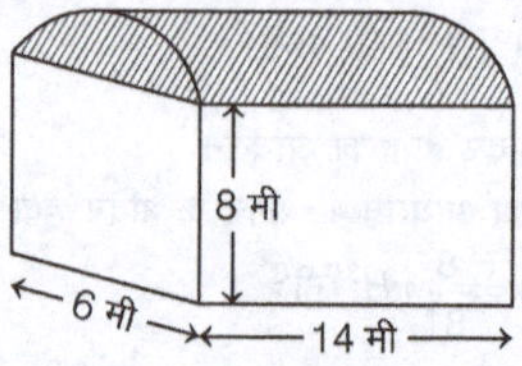

10. दवाई का एक कैप्सूल 0.5 सेमी व्यास वाले एक बेलन के आकार का है, जिसके दोनों सिरों पर दो अर्द्धगोले लगे हुए हैं। संपूर्ण कैप्सूल की लंबाई 2 सेमी है। इस कैप्सूल की धारिता ज्ञात कीजिए। [3]

11. 7 सेमी भुजा के ठोस लकड़ी के घन को छीलकर एक महत्त्म गोला बनाया जाता है। छिली हुई लकड़ी का आयतन ज्ञात कीजिए। [3]

12. एक ठोस एक लंबवृत्तीय बेलन के आकार का है जिसके दोनों सिरे अर्द्धगोलाकार है। ठोस की कुल ऊँचाई 50 सेमी और बेलन का व्यास 28 सेमी है। इस ठोस का संपूर्ण पृष्ठीय क्षेत्रफल ज्ञात कीजिए। $\left(\pi = \frac{22}{7}\right)$ [4]

13. व्यास 1.4 सेमी वाले कंचे, 7 सेमी त्रिज्या वाले बेलनाकार बीकर में डाले गए हैं, जिसमें पहले से कुछ पानी था। बीकर में कितने कंचे डाले जाएँ कि पानी का स्तर 28 सेमी ऊँचा उठ जाएँ ? [4]

14. लकड़ी से बना एक सजावटी पेन स्टैंड, एक घनाभ के आकार का है, जिसमें चार शंक्वाकार गड्डे और एक घनाकार गड्डा हैं, जिनमें क्रमश: पिन और कागज की पर्चियाँ रखी जा सकें। घनाभ की विमाएँ 20 सेमी × 15 सेमी × 10 सेमी हैं। प्रत्येक शंक्वाकार गड्डे की त्रिज्या 0.5 सेमी। तथा गहराई 2.1 सेमी है। घनाकार गड्डे का किनारा 9 सेमी है। पैन स्टैंड का आयतन ज्ञात कीजिए। [4]

15. एक ठोस एक शंकु के आकार का है जो एक समान आधार त्रिज्या के अर्द्धगोले पर अध्यारोपित है। यदि अद्धगोले का वक्रपृष्ठ तथा शंकु का वक्रपृष्ठ समान हो, तो शंकु की त्रिज्या और ऊँचाई का अनुपात ज्ञात कीजिए। [4]

यूनिट टेस्ट 2

1. समकोणीय शंकु के आधार की त्रिज्या तथा ऊँचाई क्रमश: 7 सेमी तथा 24 सेमी है, तब आयतन तथा कुल पृष्ठीय क्षेत्रफल ज्ञात कीजिए। [1]

2. भुजा 7 सेमी वाले एक ठोस घन में 7 सेमी ऊँचाई और 3 सेमी त्रिज्या वाले एक शंकु के आकार का छेद किया गया है। शेष ठोस का आयतन ज्ञात कीजिए। [1]

3. दो गोलों के आयतनों में 64 : 27 का अनुपात है, तो उनके पृष्ठीय क्षेत्रफलों में अनुपात किसके बराबर हैं? [1]

4. दो घनों, जिनमें से प्रत्येक का आयतन 27 सेमी है, को सिरे से मिलाकर जोड़ा गया। इस प्रकार प्राप्त ठोस का पृष्ठीय क्षेत्रफल ज्ञात कीजिए। [2]

5. आकृति में दर्शाए अनुसार बर्तन की वास्तविक धारिता ज्ञात कीजिए ,यदि आधार की त्रिज्या 3.5 सेमी है तथा बेलनाकार की ऊँचाई 6 सेमी है। [2]

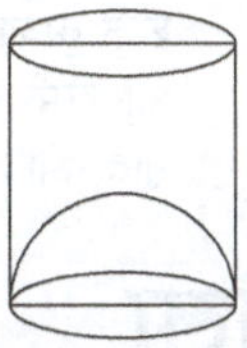

6. ऊँचाई 10 सेमी और व्यास 4.5 सेमी वाले लंबवृत्तीय बेलन के अंदर रखी जा सकने वाली प्लेटों की संख्या ज्ञात कीजिए, जबकि प्लेट का व्यास 1.5 सेमी और मोटाई 0.2 सेमी है। [2]

7. 12 सेमी वाले त्रिज्यखंड का कोण 120° है। इस त्रिज्यखंड को इस प्रकार मोड़ा गया है कि उसके दो किनारे वाली त्रिज्याओं को एकसाथ्न जोड़कर शंकु प्राप्त होता हैं शंकु का आयतन ज्ञात कीजिए। [3]

8. चावलों की एक ढेरी 9 मी व्यास और 3.5 मी ऊँचाई वाले एक शंकु के आकार की है। इन चावलों का आयतन ज्ञात कीजिए। इस ढेरी को केवल ढकने मात्र के लिए कितने कैनवस कपड़े की आवश्यकता होगी? [3]

9. एक फैक्टरी प्रतिदिन 120000 पेसिंल बनाती है। ये पेसिंलें बेलन के आकार की हैं तथा प्रत्येक की लंबाई 25 सेमी और आधार की परिधि 1.5 सेमी है। 0.50 रु. प्रति डेसीमी^{2} की दर से एक दिन में निर्मित पेसिंलों के वक्रपृष्ठों पर रंग करवाने की लागत निर्धारित कीजिए। [3]

10. एक रॉकेट के आकार का एक लंबवृत्तीय बेलन के रूप का है, जिसका निचला सिरा बंद है। इसके ऊपर बेलन की आधार त्रिज्या वाला एक शंकु रखा हुआ है। बेलन के व्यास और ऊँचाई क्रमश: 6 के बराबर आधार त्रिज्या सेमी और 12 सेमी हैं। यदि शंक्वाकार भाग की तिर्यक ऊँचाई 5 सेमी है, तो रॉकेट का कुल पृष्ठीय क्षेत्रफल और आयतन ज्ञात कीजिए। ($\pi = 3.14$) [3]

11. एक सर्कस का तंबू दो भिन्न रंगों के कपड़ो से बना है। लाल रंग वाला भाग 3 मी ऊँचाई तक बेलनाकार है और ऊपर हरे रंग वाला भाग शंक्वाकार है। यदि आधार का व्यास 105 मी और शंक्वाकार भाग की तिरछी ऊँचाई 53 मी है, तो ज्ञात कीजिए कि कितना लाल और कितना हरे रंग का कपड़ा आवश्यक है। (कल्पना कीजिए कि सिलने में कोई अतिरिक्त कपड़ा नहीं लगेगा) [3]

12. एक वृत्ताकार कमरे के ऊपर अर्द्धगोलाकार गुंबद है। उसका कुल भीतरी आयतन 48510 मी^{3} है तथा भीतरी व्यास उसकी महत्तम ऊँचाई के बराबर है। कमरे की ऊँचाई ज्ञात कीजिए। [4]

13. एक बेलनाकार बर्तन का आंतरिक वस 7 सेमी है तथा इसका ऊपरी सिरा अर्द्धगोलाकार हैं यदि बर्तन की ऊँचाई 16 सेमी है, तो बर्तन की वास्तविक क्षमता ज्ञात कीजिए। [4]

14. 24 मी लंबी, 0.4 मी मोटी और 6 मी ऊँची एक दीवार का निर्माण ईंटों से किया जाना है, जिनमें से प्रत्येक की विमाएँ 25 सेमी × 16 सेमी × 10 सेमी हैं। यदि दीवार के आयतन के 1/10 भाग के बराबर मसाला स्थान घेरता है, तो दीवार निर्माण में प्रयुक्त ईंटों की संख्या ज्ञात कीजिए। [4]

15. आइसक्रीम के पाँच बर्तन लंबवृत्तीय बेलन की आकृति के हैं। उनके व्यास 12 सेमी और ऊँचाइयाँ 15 सेमी हैं तथा वे आइसक्रीम से पूरे भरे हुए हैं। इस आइसक्रीम को 12 सेमी ऊँचाई और 6 सेमी व्यास वाले शंकुओं में भरा जाना है, जिनके अर्द्धगोलाकार आकृति के शीर्ष हैं। ये आइसक्रीम अनाथालय के बच्चों में बाँटी जानी हैं। ऐसे शंकुओं की संख्या ज्ञात कीजिए जो इस आइसक्रीम से भरे जा सकते हैं। [4]

यूनिट टेस्ट 3

1. यदि किसी लंबवृत्तीय बेलन के आधार की त्रिज्या को आधा कर दिया जाए, जबकि ऊँचाई वही रहें, तो इस प्रकार प्राप्त बेलन के आयतन तथा मूल बेलन के आयतन में अनुपात ज्ञात करे। [1]

2. एक शंकु, एक अर्द्धगोला तथा एक बेलन समान आधार पर हैं तथा उनकी ऊँचाइयाँ भी बराबर हैं। दर्शाइए कि उनके आयतनों में 1 : 2 : 3 का अनुपात है। [1]

3. दो घनों, जिनमें प्रत्येक का आयतन 64 सेमी^{2} है, के संलग्न फलकों को मिलाकर एक ठोस बनाया जाता है। इससे प्राप्त घनाभ का पृष्ठीय क्षेत्रफल ज्ञात कीजिए। [1]

4. 14 सेमी किनारे वाले एक घन में से कितनी अधिकतम माप का एक शंकु निकाला जा सकता है? शेष ठोस का पृष्ठीय क्षेत्रफल ज्ञात कीजिए। [2]

5. 1 सेमी व्यास और 20 सेमी लंबी बेलनाकार पेंसिलों को एक घनाभाकार डिब्बे में दो पंक्तियों में पैक करना है। यदि 20 पेंसिलों को एक डिब्बे में रखना है, तो इस डिब्बे का पृष्ठीय क्षेत्रफल क्या होगा? [2]

6. 27 सेमी^{3} आयतन वाले 3 घन सिरे से सिरे तक जोड़े जाते है। इस प्रकार प्राप्त घनाभ का प्रष्ठीय क्षेत्रफल ज्ञात कीजिए। [2]

7. 24 मी लंबी, 0.4 मी मोटी और 6 मी ऊँची एक दीवार की ईंटों से निर्माण कराया जाता है, जिनमें से प्रत्येक ईंट की विमाएँ 25 सेमी × 16 सेमी × 10 सेमी हैं, यदि दीवार के आयतन का 1/10 भाग मसाले से भरा जाता है, तो दीवार के निर्माण में लगने वाली ईंटों की संख्या ज्ञात कीजिए। **[3]**

8. यदि दो घनों की भुजाएँ प्रत्येक 5 सेमी है को जोड़ा जाता है, तब घनाभ का संपूर्ण पृष्ठीय क्षेत्रफल ज्ञात कीजिए। **[3]**

9. एक शंकु, एक अर्द्धगोला तथा बेलन के समान आधार तथा समान ऊँचाई है, तब आयतनों का अनुपात क्या होगा? **[3]**

10. किसी फाउंटेन पेन की नली, जो बेलन के आकार की है, 7 सेमी लंबी है और इसका व्यास 5 मिमी है। इस पेन की नली में पूरी भरी स्याही से औसतन 3300 शब्द लिखे जा सकते हैं। स्याही की उस बोतल से कितने शब्द लिखे जा सकते हैं, जिसमें 1 लीटर की 1/5 भाग स्याही है? **[3]**

11. किसी कमरे की लंबाई, चौड़ाई तथा ऊँचाई क्रमश: 5 मी, 4 मी तथा 3 मी है, तब कमरे की दीवारों की सफाई करने का व्यय ज्ञात कीजिए, यदि दर 7.50 प्रति वर्ग मी है। **[3]**

12. एक दवाई का कैप्सूल एक बेलन के दोनों ओर अर्द्धगोलों जैसा है। कैप्सूल की त्रिज्या 3.5 मिमी और कैप्सूल की लंबाई 12 मिमी है। इसका संपूर्ण पृष्ठीय क्षेत्रफल ज्ञात कीजिए। ($\pi = 22/7$ लीजिए) **[4]**

13. यदि 2.1 सेमी त्रिज्या वाली धातु की गेंद को 5 सेमी त्रिज्या और 7 सेमी ऊँचाई वाले ऊपर तक पानी से भरे बेलनाकार कप में डाला जाए, तो बेलनाकार कप में कितना पानी रह जाएगा? **[4]**

14. क्रिकेट का एक ट्रॉफी कप एक ठोस बेलन के आकार का है, जिसके आधार का व्यास 14 सेमी है और ऊँचाई 15 सेमी है। 7 सेमी व्यास की एक क्रिकेट की गेंद इसके ऊपर लगा दी जाती है। इस पूरे कप को विमाओं 14 सेमी × 14 सेमी × 7 सेमी वाले एक घनाभ पर स्थिर रूप से लगा दिया जाता है। इस ट्रॉफी का आधार सहित आयतन ज्ञात कीजिए। ($\pi = 22/7$ लीजिए) **[4]**

15. एक निर्माता 10 बच्चों को लट्टुओं को रंगने के लिए काम पर रखता है, जिसमें से प्रत्येक का आकार एक शंकु जैसा है, जिसके ऊपर एक अन्य शंकु अध्यारोपित हैं। संपूर्ण लट्टू की ऊँचाई 5 सेमी तथा इसका व्यास 3.5 सेमी है। उनके द्वारा पेंट किए जाने वाले 50 लट्टूओं का क्षेत्रफल ज्ञात कीजिए। **[4]**

उत्तरमाला

यूनिट टेस्ट 1

1. 3 : 1 सेमी **2.** 19.4 सेमी^{3} **3.** 3 : 1
4. 572 सेमी^{2} **5.** 1540 सेमी^{3} **6.** 352 सेमी^{2}
7. 858 सेमी^{2} **8.** $(864 + 36\pi)$ सेमी^{2}
9. $\frac{1122}{7}$ मी^{2} **10.** 0.36 सेमी^{3}
11. 179.67 सेमी^{3}
12. 4400 सेमी^{2} **13.** 3000 **14.** $\frac{11344}{5}$ सेमी^{3} **15.** $1:\sqrt{3}$

यूनिट टेस्ट 2

1. 1232 सेमी^{2}, 704 सेमी^{2} **2.** 277 सेमी^{3} **3.** 16:9
4. 90 सेमी^{2} **5.** $\frac{847}{6}$ सेमी^{3} **6.** 450
7. $\frac{128\sqrt{2}\pi}{3}$ सेमी^{3} **8.** 74.24 मी^{3}, 80.61 मी^{2}
9. ₹2250 **10.** 254.34 सेमी^{2}, 301.44 सेमी^{2}
11. 8745 मी^{2} **12.** 42 सेमी **13.** 705.83 सेमी^{3}
14. 12960 **15.** 50

यूनिट टेस्ट 3

1. 1: 4 **3.** 160 सेमी^{2}
4. त्रिज्या = 7 सेमी, ऊँचाई = 14 सेमी; $(1022 + 154\sqrt{5})$ सेमी^{2}
5. 520 सेमी^{2} **6.** 126 सेमी^{2} **7.** 12960
8. 250 सेमी^{2} **9.** 1 : 2: 3 **10.** 480000 शब्द
11. ₹ 329.47 **12.** 264 मिमी^{2} **13.** $\frac{63899}{125}$ सेमी^{3}
14. ₹ 555 **15.** $\frac{275}{2}\sqrt{149}$ सेमी^{2}

अध्याय

13

सांख्यिकी

(Statistics)

सांख्यिकी में आँकड़ों के संग्रह करने, व्यवस्थित करने, विश्लेषण करने और निर्वाचन के बारे में अध्ययन किया जाता है। कक्षा IX में, आँकड़ों को चित्रीय रूप से विभिन्न आलेखों जैसे दंड आलेख, आयत चित्र (एक समान चौड़ाई और परिवर्ती चौड़ाइयों वाले), बारंबारता बहुभुज का अध्ययन कर चुके हैं। इस अध्याय में हम केंद्रीय प्रवृत्ति की माप (Measure of central tendency) अर्थात् माध्य (Mean), माध्यक (Median) और बहुलक (Mode) का अध्ययन अवर्गीकृत आँकड़ों से वर्गीकृत आँकड़ों तक करेंगे। हम संचयी बारंबारता (Cumulative frequency), संचयी बारंबारता सारणी की अवधारणों की भी चर्चा करेंगे।

टॉपिक्स

- *वर्गीकृत आँकड़ों का समांतर माध्य*
- *वर्गीकृत आँकड़ों का बहुलक*
- *वर्गीकृत आँकड़ों का माध्यक*

टॉपिक 1

वर्गीकृत आँकड़ों का समांतर माध्य

वर्गीकृत आँकड़े ऐसे आँकड़े होते हैं, जिनका व्यवस्थितिकरण समूहों के रूप में होता है इन समूहों को **वर्ग** (Classes) या **वर्ग अंतराल** (Class intervals) कहते हैं। जबकि अवर्गीकृत आँकड़े ऐसे आँकड़े होते हैं, जोकि अपने मूल रूप में होते हैं अर्थात् यह साधारणत: संख्याओं की एक सूची होती है।

अवर्गीकृत आँकड़ों को वर्गीकृत आँकड़ों में बदलने की विधि

अवर्गीकृत आँकड़ों को वर्गीकृत आँकड़ों में परिवर्तित करने के लिए समान चौड़ाई के वर्ग अंतराल बनाते हैं तथा प्रत्येक वर्ग अंतराल के साथ उसकी बारंबारता लिखते हैं। यदि कोई प्रेक्षण वर्ग की उच्च सीमा में आता है, तो उसे अगले अंतराल में लेते हैं।

जैसे—60 अंक प्राप्त करने वाले 6 विद्यार्थियों को वर्ग अंतराल 45-60 में न लेकर, वर्ग अंतराल 60-75 में लेते हैं। यहाँ, वर्ग अंतराल की चौड़ाई 15 है।

कभी-कभी वर्गीकृत आँकड़े असतत् होते हैं। (*जैसे*—1-4, 5-8, 9-12, ...) तब इन्हें सतत् आँकड़ों में परिवर्तित करने के लिए वर्ग अंतराल की निम्न सीमा में से $\frac{5-4}{2}=0.5$ घटाते हैं तथा उच्च सीमा में 0.5 जोड़ देते हैं।

(अर्थात् 0.5-4.5, 4.5-8.5, 8.5-12.5)

वर्ग चिह्न (Class Mark)

प्रत्येक वर्ग अंतराल के लिए, हमें एक ऐसे बिंदु (मान) की आवश्यकता होती है, जो पूरे अंतराल का प्रतिनिधित्व करें। यह मान लिया जाता है कि प्रत्येक वर्ग के मध्य-बिंदु (Mid-point) [या वर्ग चिंह (Class mark)] को उस वर्ग में आने वाले सभी प्रेक्षणों का प्रतिनिधि (Representative) माना जाता है। हम एक वर्ग अंतराल का मध्य-बिंदु (या वर्ग चिंह) उसकी ऊपरी और निचली सीमाओं का औसत निकालकर ज्ञात करते हैं अर्थात्

$$\text{वर्ग चिंह} = \frac{\text{ऊपरी वर्ग सीमा} + \text{निचली वर्ग सीमा}}{2}$$

समांतर माध्य या माध्य या औसत

(Arithmetic Mean or Mean or Average)

प्रेक्षणों का माध्य (या औसत) सभी प्रेक्षणों के मानों के योग को प्रेक्षणों की कुल संख्या से भाग देने पर प्राप्त होता है।

माना दिए गए n प्रेक्षण या (पद) $x_1, x_2, x_3, \ldots, x_n$ हैं, तो इन प्रेक्षणों या (पदों) का समांतर माध्य,

$$\bar{x} = \frac{\text{सभी पदों के मानों का योगफल}}{\text{पदों की संख्या}}$$

$$= \frac{x_1 + x_2 + \ldots + x_n}{n}$$

$$\bar{x} = \frac{1}{n}\sum_{i=1}^{n} x_i$$

जहाँ $x_1, x_2, x_3, \ldots, x_n$ प्रेक्षण (पद) तथा n प्रेक्षणों (पदों) की संख्या है। तथा प्रतीक 'Σ' का प्रयोग योग को निरूपित करने के लिए किया जाता है।

माना $x_1, x_2, x_3, \ldots, x_n$ चर x के n मान है तथा इन मानों की संगत बारंबारताएँ $f_1, f_2, f_3, \ldots, f_n$ हैं, तब

$$\text{माध्य} = \frac{\left(\begin{array}{l}\text{पदों के मानों तथा संगत बारंबारताओं}\\ \text{के गुणनफलों का योगफल}\end{array}\right)}{\text{बारंबारताओं का योगफल}}$$

$$\text{माध्य } \bar{x} = \frac{f_1x_1 + f_2x_2 + f_3x_3 + \ldots + f_nx_n}{f_1 + f_2 + f_3 + \ldots + f_n}$$

अर्थात् $$\boxed{\text{माध्य } \bar{x} = \frac{\sum_{i=1}^{n} f_i x_i}{\sum_{i=1}^{n} f_i}}$$

इसे इस प्रकार भी लिख सकते हैं

$$\boxed{\bar{x} = \frac{\Sigma f_i x_i}{\Sigma f_i}}$$

यहाँ, i का मान 1 से लेकर n तक विचरण करता है।

नोट $\bar{x}$ को x दंड (या x bar) पढ़ा जाता है।

उदाहरण 1 निम्नलिखित आँकड़ों के लिए माध्य ज्ञात कीजिए।

x	10	30	50	70	89
f	7	8	10	15	10

हल समांतर माध्य के लिए सारणी निम्न है

x_1	f_i	f_ix_i
10	7	70
30	8	240
50	10	500
70	15	1050
89	10	890
योग	$\Sigma f_i = 50$	$\Sigma f_ix_i = 2750$

यहाँ, $\Sigma f_i = 50$ तथा $\Sigma f_ix_i = 2750$

$\therefore$ माध्य $(\bar{x}) = \frac{\Sigma f_ix_i}{\Sigma f_i} = \frac{2750}{50} = 55$

अतः दिए गए आँकड़ों का माध्य 55 है।

उदाहरण 2 यदि किसी बारंबारता बंटन का समांतर माध्य 6 हो, तो p का मान ज्ञात कीजिए।

पद	2	4	6	10	$p+5$
बारंबारता	3	2	3	1	2

हल समांतर माध्य के लिए सारणी निम्न है

x_i	f_i	f_ix_i
2	3	6
4	2	8
6	3	18
10	1	10
$p+5$	2	$2(p+5)$
योग	$\Sigma f_i = 11$	$\Sigma f_ix_i = 52 + 2p$

यहाँ, $\Sigma f_i = 11$ तथा $\Sigma f_ix_i = 52 + 2p$

$\therefore$ समांतर माध्य, $\bar{x} = \frac{\Sigma f_ix_i}{\Sigma f_i} = \frac{52 + 2p}{11}$

प्रश्नानुसार, समांतर माध्य = 6 [दिया है]

$\therefore \quad 6 = \frac{52 + 2p}{11}$

$\Rightarrow \quad 6 \times 11 = 52 + 2p$ [वज्रगुणन करने पर]

$\Rightarrow \quad 66 = 52 + 2p$

$\Rightarrow \quad 66 - 52 = 2p$ [पक्षांतरण करने पर]

$\Rightarrow \quad 14 = 2p$

$\Rightarrow \quad p = \frac{14}{2} = 7$

अतः p का मान 7 है।

वर्गीकृत आँकड़ों का माध्य ज्ञात करने की विधि

(Method of Calculating Mean Grouped Data)

वर्गीकृत आँकड़ों का माध्य ज्ञात करने के लिए, निम्नलिखित तीन विधियों का प्रयोग करते हैं

1. प्रत्यक्ष विधि (Direct Method)
2. कल्पित माध्य विधि (Assumed Mean Method)
3. पद-विचलन विधि (Step Deviation Method)

उपरोक्त विधियों द्वारा माध्य ज्ञात करने की कार्य विधियों को नीचे दिया गया है।

1. प्रत्यक्ष विधि (Direct Method)

वर्गीकृत आँकड़ों का प्रत्यक्ष विधि द्वारा समांतर माध्य ज्ञात करने के लिए निम्नलिखित चरणों का प्रयोग करते हैं

चरण I. सर्वप्रथम, प्रत्येक वर्ग का मध्यमान, वर्ग की उच्च सीमा तथा निम्न सीमा के योग को 2 से विभाजित करके ज्ञात करते हैं अर्थात् वर्ग का मध्यमान (x_i)

$$= \frac{\text{वर्ग की उच्च सीमा + वर्ग की निम्न सीमा}}{2}$$

चरण II. प्रत्येक मध्यमान x_i की उसके संगत वर्ग की बारंबारता f_i से गुणा करते हैं।

चरण III. चरण II से प्राप्त गुणनफलों का योग $(\Sigma f_i x_i)$ ज्ञात करते हैं तथा सभी बारंबारताओं का योग (Σf_i) ज्ञात करते हैं।

चरण IV. अब, सूत्र $\bar{x} = \dfrac{\sum_{i=1}^{n} f_i x_i}{\sum_{i=1}^{n} f_i}$ की सहायता से अभीष्ट समांतर माध्य ज्ञात करते हैं।

उदाहरण 3 निम्न बारंबारता सारणी से समांतर माध्य ज्ञात कीजिए।

वर्ग अंतराल	0-6	6-12	12-18	18-24	24-30
बारंबारता	5	9	10	12	14

हल समांतर माध्य के लिए सारणी निम्न है

वर्ग अंतराल	वर्ग का मध्यमान (x_i)	बारंबारता (f_i)	$f_i x_i$
0-6	$\frac{0+6}{2} = 3$	5	15
6-12	$\frac{6+12}{2} = 9$	9	81
12-18	$\frac{12+18}{2} = 15$	10	150
18-24	$\frac{18+24}{2} = 21$	12	252
24-30	$\frac{24+30}{2} = 27$	14	378
योग		$\Sigma f_i = 50$	$\Sigma f_i x_i = 876$

यहाँ, $\Sigma f_i = 5 + 9 + 10 + 12 + 14 = 50$

तथा $\Sigma f_i x_i = 15 + 81 + 150 + 252 + 378 = 876$

Σf_i तथा $\Sigma f_i x_i$ के मान सूत्र में रखने पर,

समांतर माध्य $= \dfrac{\Sigma f_i x_i}{\Sigma f_i} = \dfrac{876}{50} = 17.52$

अत: दिए गए बारंबारता बंटन का समांतर माध्य 17.52 है।

उदाहरण 4 निम्न बारम्बारता बंटन का माध्य 18 है, वर्ग अन्तराल 19-21 की बारम्बारता f लुप्त है। f ज्ञात कीजिए।

वर्ग अन्तराल	11-13	13-15	15-17	17-19	19-21	21-23	23-25
बारम्बारता	3	6	9	3	f	5	4

हल समान्तर माध्य के लिए सारणी निम्न है

वर्ग	x_i	f_i	$f_i x_i$
11-13	12	3	36
13-15	14	6	84
15-17	16	9	144
17-19	18	3	54
19-21	20	f	$20f$
21-23	22	5	110
23-25	24	4	96
		$\Sigma f_i = 30 + f$	$\Sigma f_i x_i = 524 + 20f$

यहाँ, $\Sigma f_i = 30 + f$, $\Sigma f_i x_i = 524 + 20f$

$\therefore \quad \bar{x} = \dfrac{\Sigma f_i x_i}{\Sigma f_i} \Rightarrow 18 = \dfrac{524 + 20f}{30 + f}$

$\Rightarrow \quad 540 + 18f = 524 + 20f \Rightarrow 2f = 16 \Rightarrow f = 8$

उदाहरण 5 निम्न बारंबारता बंटन का समांतर माध्य 50 है, परन्तु वर्गों 20-40 और 60-80 की बारंबारताएँ क्रमश: f_1 और f_2 अज्ञात हैं। अज्ञात बारंबारताएँ ज्ञात कीजिए।

वर्ग अंतराल	0-20	20-40	40-60	60-80	80-100	योग
बारंबारता	17	f_1	32	f_2	19	120

हल समांतर माध्य के लिए सारणी निम्न हैं

वर्ग अंतराल	वर्ग का मध्यमान (x_i)	बारंबारता (f_i)	$f_i x_i$
0-20	$\frac{0+20}{2} = 10$	17	170
20-40	$\frac{20+40}{2} = 30$	f_1	$30f_1$
40-60	$\frac{40+60}{2} = 50$	32	1600
60-80	$\frac{60+80}{2} = 70$	f_2	$70f_2$
80-100	$\frac{80+100}{2} = 90$	19	1710
योग		$\Sigma f_i = 68 + f_1 + f_2$	$\Sigma f_i x_i = 3480 + 30f_1 + 70f_2$

यहाँ, $\Sigma f_i = 68 + f_1 + f_2$

तथा $\Sigma f_i x_i = 3480 + 30f_1 + 70f_2$

प्रश्नानुसार, $\Sigma f_i = 120$ [दिया है]

$\Rightarrow 68 + f_1 + f_2 = 120$

$\Rightarrow f_1 + f_2 = 120 - 68$ [पक्षांतरण करने पर]

$\Rightarrow f_1 + f_2 = 52$ ...(i)

तथा $\Sigma f_i x_i = 3480 + 30f_1 + 70f_2$ ...(ii)

तथा समांतर माध्य = 50 [दिया है]

$\because$ समांतर माध्य $= \dfrac{\Sigma f_i x_i}{\Sigma f_i}$

$\therefore \dfrac{3480 + 30f_1 + 70f_2}{120} = 50$

$\Rightarrow 3480 + 30f_1 + 70f_2 = 50 \times 120$ [वज्रगुणन करने पर]

$\Rightarrow 30f_1 + 70f_2 = 6000 - 3480$ [पक्षांतरण करने पर]

$\Rightarrow 30f_1 + 70f_2 = 2520 \Rightarrow 10(3f_1 + 7f_2) = 2520$

$\Rightarrow 3f_1 + 7f_2 = 252$ [10 से भाग देने पर]

$\Rightarrow 3f_1 + 3f_2 + 4f_2 = 252$

$\Rightarrow 3(f_1 + f_2) + 4f_2 = 252$

$\Rightarrow 156 + 4f_2 = 252$ [समी (i) से]

$3 \times 52 + 4f_2 = 252$

$\Rightarrow 4f_2 = 252 - 156 = 96$ [पक्षांतरण करने पर]

$\Rightarrow f_2 = \dfrac{96}{4} = 24$

f_2 का मान समी (i) में रखने पर,

$f_1 + 24 = 52 \Rightarrow f_1 = 52 - 24 = 28$ [पक्षांतरण करने पर]

अतः अज्ञात बारंबारताएँ $f_1 = 28, f_2 = 24$

2. कल्पित माध्य विधि (Assumed Mean Method)

जब x_i और f_i के मान बड़े होते हैं, तो x_i और f_i के गुणनफल ज्ञात करना जटिल हो जाता है और इसमें समय भी अधिक लगता है, अतः ऐसी स्थितियों में कल्पित माध्य विधि का प्रयोग किया जाता है।

वर्गीकृत आँकड़ों का लघु विधि द्वारा समांतर माध्य ज्ञात करने के लिए निम्नलिखित चरणों का प्रयोग करते हैं।

चरण I. सर्वप्रथम, प्रत्येक वर्ग का मध्यमान, वर्ग की उच्च सीमा तथा निम्न सीमा के योग को 2 से विभाजित करके ज्ञात करते हैं अर्थात्

$$\text{वर्ग चिह्न} = \frac{\text{वर्ग की उच्च सीमा} + \text{वर्ग की निम्न सीमा}}{2}$$

चरण II. कल्पित माध्य (a) से विचलन (d_i) ज्ञात करते हैं

d_i = पद का मान − कल्पित माध्य

अर्थात् $d_i = x_i - a$

चरण III. अब, प्रत्येक विचलन (d_i) की उसके संगत बारंबारता (f_i) से गुणा करते हैं।

चरण IV. चरण III से प्राप्त गुणनफलों का योग $\Sigma f_i d_i$ तथा सभी बारंबारताओं का योग Σf_i ज्ञात करते हैं।

चरण V. अब, सूत्र $\bar{x} = a + \dfrac{\sum_{i=1}^{n} f_i d_i}{\sum_{i=1}^{n} f_i}$ की सहायता से अभीष्ट समांतर माध्य ज्ञात करते हैं।

नोट *दिए गए पदों के मानों के मध्य में आने वाली किसी संख्या को कल्पित माध्य a मान लेते हैं।*

उदाहरण 6 निम्न बारंबारता सारणी का लघु रीति से समांतर माध्य ज्ञात कीजिए।

वर्ग अंतराल	50-150	150-250	250-350	350-450	450-550
बारंबारता	16	12	10	12	7

हल माना कल्पित माध्य, $a = 300$

समांतर माध्य के लिए सारणी निम्न है

वर्ग अंतराल	वर्ग चिह्न (x_i)	बारंबारता (f_i)	विचलन $d_i = x_i - a$	$f_i d_i$
50-150	100	16	− 200	− 3200
150-250	200	12	− 100	− 1200
250-350	300 = a	10	0	0
350-450	400	12	100	1200
450-550	500	7	200	1400
योग		$\Sigma f_i = 57$		$\Sigma f_i d_i = -1800$

यहाँ, $\Sigma f_i = 57$ तथा $\Sigma f_i d_i = -1800$

$\therefore$ समांतर माध्य, $\bar{x} = a + \dfrac{\Sigma f_i d_i}{\Sigma f_i}$

$= 300 + \dfrac{(-1800)}{57} = 300 - 31.58$

$= 268.42$ (लगभग)

अतः अभीष्ट समांतर माध्य 268.42 है।

3. पद-विचलन विधि (Step-Deviation Method)

पद-विचलन विधि से वर्गीकृत आँकड़ों का समांतर माध्य ज्ञात करने के लिए निम्न चरणों का प्रयोग करते हैं।

चरण I. सर्वप्रथम, प्रत्येक वर्ग का मध्यमान निम्न सूत्र द्वारा ज्ञात करते हैं।

वर्ग का मध्यमान $= \dfrac{1}{2}$ (वर्ग की उच्च सीमा + वर्ग की निम्न सीमा)

चरण II. वर्गों के मध्यमानों के मध्य में आने वाली किसी संख्या को कल्पित माध्य (a) मानकर, प्रत्येक वर्ग का कल्पित माध्य से विचलन, $d_i = x_i - a$ ज्ञात करते हैं।

चरण III. वर्ग माप (h = उच्च सीमा − निम्न सीमा) लेकर निम्न सूत्र द्वारा u_i ज्ञात करते हैं, $u_i = \dfrac{d_i}{h} = \dfrac{x_i - a}{h}$

चरण IV. u_i के प्रत्येक वर्ग की संगत बारंबारता f_i से गुणा करके $f_i u_i$ ज्ञात करते हैं।

चरण V. प्राप्त $f_i u_i$ का योगफल $\Sigma f_i u_i$ तथा बारंबारताओं का योगफल Σf_i ज्ञात करते हैं।

चरण VI. अब, सूत्र $\bar{x} = a + \left(\dfrac{\Sigma f_i u_i}{\Sigma f_i}\right) \times h$ का प्रयोग करके अभीष्ट समांतर माध्य ज्ञात करते हैं।

उदाहरण 7 निम्न आँकड़ों का समांतर माध्य पद-विचलन विधि द्वारा ज्ञात कीजिए। **[CBSE 2023 (Standard)]**

वर्ग अंतराल	25-30	30-35	35-40	40-45	45-50	50-55	55-60
बारंबारता	14	22	16	6	5	3	4

हल माना कल्पित माध्य, $a = 42.5$ यहाँ, वर्ग माप, $h = 30 - 25 = 5$
समांतर माध्य के लिए सारणी निम्न है।

वर्ग अंतराल	वर्ग चिह्न (x_i)	बारंबारता (f_i)	$u_i = \frac{x_i - a}{h}$	$f_i u_i$
25-30	27.5	14	$\frac{27.5 - 42.5}{5} = -3$	-42
30-35	32.5	22	$\frac{32.5 - 42.5}{5} = -2$	-44
35-40	37.5	16	$\frac{37.5 - 42.5}{5} = -1$	-16
40-45	$42.5 = a$	6	$\frac{42.5 - 42.5}{5} = 0$	0
45-50	47.5	5	$\frac{47.5 - 42.5}{5} = 1$	5
50-55	52.5	3	$\frac{52.5 - 42.5}{5} = 2$	6
55-60	57.5	4	$\frac{57.5 - 42.5}{5} = 3$	12
योग		$\Sigma f_i = 70$		$\Sigma f_i u_i = -79$

यहाँ, $a = 42.5, h = 5, \Sigma f_i = 70$ तथा $\Sigma f_i u_i = -79$

$\therefore$ माध्य $\quad \bar{x} = a + h\left(\frac{\Sigma f_i u_i}{\Sigma f_i}\right) = 42.5 + 5 \times \left(\frac{-79}{70}\right)$

$= 42.5 + 5 \times (-1.12) = 42.5 - 5.6 = 36.9$

अत: दिए गए आँकड़ों का अभीष्ट समांतर माध्य 36.9 है।

माध्य की गणना के लिए विधि का चयन करना

उपरोक्त सभी तीनों विधियों से प्राप्त माध्य समान होता है, अत: माध्य ज्ञात करने की विधि चुनना इस बात पर निर्भर करता है, कि x_i और f_i के मान क्या है?

- यदि x_i और f_i पर्याप्त रूप से छोटे हैं, तब प्रत्यक्ष विधि का प्रयोग करते हैं।
- यदि x_i और f_i के मान संख्यात्मक रूप से बड़े हैं, तो हम कल्पित माध्य विधि का पद-विचलन विधि का प्रयोग करते हैं।
- यदि वर्गमाप असमान है और x_i संख्यात्मक रूप से बड़े हैं, तो भी हम सभी d_i का एक उपयुक्त सर्वनिष्ठ गुणनखंड h लेकर, पद-विचलन विधि का प्रयोग करते हैं।

उदाहरण 8 किसी अस्पताल में, एक डॉक्टर द्वारा 30 महिलाओं की जाँच की गई। उनके हृदय स्पंदन (Heart beat) की प्रति मिनट संख्या नोट करके नीचे दर्शाए अनुसार संक्षिप्त रूप में लिखी गई है

हृदय स्पंदन की प्रति मिनट संख्या	65-68	68-71	71-74	74-77	77-80	80-83	83-86
महिलाओं की संख्या	2	4	3	8	7	4	2

एक उपयुक्त विधि चुनते हुए इन महिलाओं के हृदय स्पंदन की प्रति मिनट माध्य संख्या ज्ञात कीजिए।

हल माना कल्पित माध्य, $a = 75.5$ तथा वर्ग माप, $h = 68 - 65 = 3$
समांतर माध्य के लिए सारणी निम्न है

हृदय स्पंदन की प्रति मिनट संख्या	महिलाओं की संख्या (f_i)	मध्यमान (x_i)	$u_i = \frac{x_i - a}{h}$	$f_i u_i$
65-68	2	66.5	-3	-6
68-71	4	69.5	-2	-8
71-74	3	72.5	-1	-3
74-77	8	$75.5 = a$	0	0
77-80	7	78.5	1	7
80-83	4	81.5	2	8
83-86	2	84.5	3	6
योग	$\Sigma f_i = 30$			$\Sigma f_i u_i = 4$

यहाँ, $a = 75.5, h = 3, \Sigma f_i = 30$ तथा $\Sigma f_i f_i = 4$

$\therefore$ पद-विचलन विधि से,

$\therefore$ माध्य, $\bar{x} = a + h\left(\frac{\Sigma f_i u_i}{\Sigma f_i}\right)$

$= 75.5 + 3 \times \frac{4}{30}$

$= 75.5 + 0.4$

$= 75.9$

अत: महिलाओं के हृदय स्पंदन की प्रति मिनट माध्य संख्या 75.9 है।

उदाहरण 9 किसी परीक्षा कक्षा में, 120 विद्यार्थियों के प्राप्तांक को निम्नलिखित बारंबारता बंटन सारणी में दिया गया है। यदि इनका माध्य 59 है, तब विलुप्त x और y के मान ज्ञात कीजिए। **(CBSE 2015)**

अंक	विद्यार्थियों की संख्या
0-10	1
10-20	3
20-30	7
30-40	10
40-50	15
50-60	x
60-70	9
70-80	27
80-90	18
90-100	y

हल माना कल्पित माध्य, $a = 55$ और वर्ग अंतराल की वर्ग माप, $h = 10$, दिए गए आँकड़ों के लिए तालिका इस प्रकार है

अंक	वर्ग चिह्न	विद्यार्थियों की संख्या	$u_i = \frac{x_i - a}{h}$	f_iu_i
0-10	5	1	−5	−5
10-20	15	3	−4	−12
20-30	25	7	−3	−21
30-40	35	10	−2	−20
40-50	45	15	−1	−15
50-60	55 = a	x	0	0
60-70	65	9	1	9
70-80	75	27	2	54
80-90	85	18	3	54
90-100	95	y	4	4y
योग		$N = \Sigma f_i = 90 + x + y$		$\Sigma f_iu_i = 44 + 4y$

अब, हमें ज्ञात है $N = 90 + x + y$

$\Rightarrow \quad 120 - 90 = x + y$

$\Rightarrow \quad x + y = 30 \quad$ ..(i)

$\because \quad$ माध्य = 59 [दिया है]

$\therefore \quad a + \left(\frac{\Sigma f_iu_i}{N}\right) \times h = 59$

$\Rightarrow \quad 55 + \left(\frac{44 + 4y}{120}\right) \times 10 = 59$

$\Rightarrow \quad \frac{11 + y}{3} = 4$

$\Rightarrow \quad 11 + y = 12$

$\Rightarrow \quad y = 1$

y का मान समी (i) में रखने पर, हमें प्राप्त है

$x + 1 = 30$

$\Rightarrow \quad x = 29$

अतः $x = 29$ और $y = 1$

प्रश्नावली 13.1

1. निम्न बारंबारता बंटन का प्रत्यक्ष विधि से माध्य ज्ञात कीजिए।

वर्ग अंतराल	0-10	10-20	20-30	30-40	40-50
मजदूरों की संख्या	7	10	15	8	10

2. निम्न बारंबारता बंटन का प्रत्यक्ष विधि से माध्य ज्ञात कीजिए।

वर्ग अंतराल	25-35	35-45	45-55	55-65	65-75
बारंबारता	6	10	8	12	4

3. निम्न बारंबारता बंटन का माध्य परिकल्पित कीजिए।

वर्ग	10-30	30-50	50-70	70-90	90-110
बारंबारता	15	18	25	10	2

[CBSE 2016]

4. निम्न बारंबारता बंटन का प्रत्यक्ष विधि से माध्य ज्ञात कीजिए।

वर्ग अंतराल	7.5-12.5	12.5-17.5	17.5-22.5	22.5-27.5	27.5-32.5
बारंबारता	5	10	7	8	2

5. निम्नलिखित आँकड़ों का माध्य परिकलित कीजिए

वर्ग	4-7	8-11	12-15	16-19
बारंबारता	5	4	9	10

[NCERT Exemplar]

6. यदि निम्नलिखित बंटन का माध्य 54 है, तो लुप्त बारंबारता x का मान ज्ञात कीजिए। **[CBSE 2016]**

वर्ग	0-20	20-40	40-60	60-80	80-100
बारंबारता	16	14	24	26	x

7. यदि निम्न सारणी में विद्यार्थियों के प्राप्तांकों का समांतर माध्य 25 अंक है, तो f का मान ज्ञात कीजिए।

प्राप्तांक	0-10	10-20	20-30	30-40	40-50
विद्यार्थियों की संख्या	6	f	6	10	5

8. नीचे दिए गए बंटन में लुप्त बारंबारता p का मान ज्ञात कीजिए, जबकि दिया है कि बंटन का माध्य 52.4 है

वर्ग	0-20	20-40	40-60	60-80	80-100	100-120
बारंबारता	14	p	24	32	10	2

[CBSE 2016]

9. यदि निम्नलिखित आँकड़ों का माध्य 15.45, तब p का मान ज्ञात कीजिए।

वर्ग	0-6	6-12	12-18	18-24	24-30
बारंबारता	6	8	p	9	7

[CBSE 2016]

10. निम्नलिखित बारंबारता बंटन का कल्पित माध्य विधि से माध्य ज्ञात कीजिए।

वर्ग अंतराल	25-30	30-35	35-40	40-50	45-50	50-55	55-60
बारंबारता	14	22	16	6	5	3	4

11. किसी एक वर्ष में एक अस्पताल में दाखिल होने वाले अस्थमा के रोगियों की आयु का बंटन नीचे दिए गया है। इन रोगियों की आयु का माध्य ज्ञात कीजिए।

आयु (वर्षों में)	0-8	8-16	16-24	24-32	32-40	40-48	48-56	56-64
रोगियों की संख्या	6	25	12	13	11	14	11	8

[CBSE 2015, 14]

12. निम्नलिखित बारंबारता बंटन का कल्पित माध्य विधि से माध्य ज्ञात कीजिए।

वर्ग	100-120	120-140	140-160	160-180	180-200
बारंबारता	10	20	30	45	5

13. कल्पित माध्य विधि का प्रयोग करके निम्न बारंबारता बंटन का माध्य ज्ञात कीजिए।

वर्ग	63-65	66-68	69-71	72-74	75-77
बारंबारता	4	3	7	8	3

14. निम्न आँकड़ों का पद विचलन विधि से माध्य ज्ञात कीजिए।

वर्ग	0-20	20-40	40-60	60-80	80-100
बारंबारता	17	28	32	24	19

15. किसी कक्षा के विद्यार्थियों का मासिक जेब खर्च निम्न बारंबारता बंटन में दिया गया है

जेब खर्चा	100-125	125-150	150-175	175-200	200-225
विद्यार्थियों की संख्या	14	8	12	5	11

पद विचलन विधि का प्रयोग करके विद्यार्थियों के जेब खर्चों का माध्य ज्ञात कीजिए।

16. एक गणित टेस्ट में 20 विद्यार्थियों के निम्नलिखित प्राप्तांकों का माध्य ज्ञात कीजिए।

प्राप्तांक	10-20	20-30	30-40	40-50	50-60
विद्यार्थियों की संख्या	2	4	7	6	1

[NCERT Exemplar]

17. निम्न बंटन का माध्य ज्ञात कीजिए।

वर्ग	10-30	30-50	50-70	70-90	90-110
बारंबारता	15	18	25	10	2

[CBSE 2016]

18. निम्न बंटन का माध्य ज्ञात कीजिए।

वर्ग अंतराल	बारंबारता
50-75	5
75-100	6
100-125	3
125-150	4
150-175	3
175-200	7
200-225	5
225-250	4
250-275	8
275-300	5

19. निम्न सारणी में, रविवार को एक विपणन केंद्र में गए 1000 व्यक्तियों की आयु दर्शाई गई है,

आयु (वर्षों में)	0-10	10-20	20-30	30-40	40-50	50-60	60-70
व्यक्तियों की संख्या	105	222	220	138	102	113	100

पद-विचलन विधि के प्रयोग से, उन व्यक्तियों की माध्य संख्या ज्ञात कीजिए, जो रविवार को उस विपणन केंद्र में गए। **[CBSE 2016]**

20. निम्नलिखित बारंबारता बंटन का माध्य 62.8 है और सभी बारंबारताओं का योग 50 है। लुप्त बारंबारताएँ f_1 और f_2 के मान ज्ञात कीजिए। **[CBSE 2016]**

वर्ग अंतराल	बारंबारता
0-20	5
20-40	f_1
40-60	10
60-80	f_2
80-100	7
100-120	8
योग	50

संकेत एवं हल

1. संकेत

वर्ग अंतराल	वर्ग चिह्न	मजदूरों की संख्या	$f_i x_i$
0-10	5	7	35
10-20	15	10	150
20-30	25	15	375
30-40	35	8	280
40-50	45	10	450
योग		$\Sigma f_i = 50$	$\Sigma f_i x_i = 1290$

$\therefore$ माध्य $(\bar{x}) = \frac{\Sigma f_i x_i}{\Sigma f_i} = \frac{1290}{50} = 25.8$

2. प्रश्न 1 की भाँति स्वयं हल करें। **उत्तर** 49.5

3. प्रश्न 1 की भाँति स्वयं हल करें। **उत्तर** 50.28

4. प्रश्न 1 की भाँति स्वयं हल करें। **उत्तर** 18.75

5. संकेत यहाँ, वर्ग अंतराल सतत् नहीं है, अतः सर्वप्रथम सतत् बनाएँ, उसके बाद प्रत्यक्ष विधि से हल कीजिए

वर्ग	सतत् वर्ग अंतराल	f_i	x_i	$f_i x_i$
4-7	3.5-7.5	5	5.5	27.5
8-11	7.5-11.5	4	9.5	38.0
12-15	11.5-15.5	9	13.5	121.50
16-19	15.5-19.5	10	17.5	175.0
योग		$\Sigma f_i = 28$		$\Sigma f_i x_i = 362.0$

माध्य $(\bar{x}) = \frac{\Sigma f_i x_i}{\Sigma f_i} = \frac{362}{28} = 12.93$

6. उदाहरण 4 की भाँति स्वयं हल करें। **उत्तर** 20

7. उदाहरण 4 की भाँति स्वयं हल करें। **उत्तर** $f = 8$

8. उदाहरण 4 की भाँति स्वयं हल करें। **उत्तर** $p = 18$

9. उदाहरण 4 की भाँति स्वयं हल करें। **उत्तर** $p = 10$

10. उदाहरण 6 की भाँति स्वयं हल करें। **उत्तर** 37.05

11. उदाहरण 6 की भाँति स्वयं हल करें। **उत्तर** 29.9 वर्ष

12. उदाहरण 6 की भाँति स्वयं हल करें। **उत्तर** 152.7

13. संकेत यहाँ, पर वर्ग अंतराल सतत् नहीं है, हम इसे सतत् बनाए बिना हल करते हैं।

वर्ग	वर्ग चिह्न	बारंबारता	$d_i = x_i - 70$	$f_i d_i$
63-65	64	4	− 6	− 24
66-68	67	3	− 3	− 9
69-71	70 = a	7	0	0
72-74	73	8	3	24
75-77	76	3	6	18
		$\Sigma f_i = 25$		$\Sigma f_i d_i = 9$

$\therefore$ माध्य $(\bar{x}) = a + \frac{\Sigma f_i d_i}{\Sigma f_i} = 70 + \frac{9}{25} = 70.36$

14. उदाहरण 7 की भाँति स्वयं हल करें। **उत्तर** 50

15. उदाहरण 7 की भाँति स्वयं हल करें। **उत्तर ₹** 158

16. उदाहरण 7 की भाँति स्वयं हल करें। **उत्तर** 35

17. उदाहरण 7 की भाँति स्वयं हल करें। **उत्तर** 50.28

18. उदाहरण 7 की भाँति स्वयं हल करें। **उत्तर** 181.5

19. उदाहरण 7 की भाँति स्वयं हल करें। **उत्तर** 31.67

20. उदाहरण 9 की भाँति स्वयं हल करें। **उत्तर** $f_1 = 8, f_2 = 12$

टॉपिक 2

वर्गीकृत आँकड़ों का बहुलक

बहुलक (Mode)

दिए हुए प्रेक्षणों में वह मान जो सबसे अधिक बार आता है, अर्थात् उस प्रेक्षण का मान, जिसकी बारंबारता अधिकतम होती है, बहुलक कहलाता है। जैसे– संख्याओं 3, 8, 7, 9, 5, 5, 6, 1, 5 और 2 का बहुलक 5 है, क्योंकि यहाँ 5 सबसे अधिक बार, अर्थात् तीन बार आया है। कभी-कभी यह भी संभव होता है कि एक से अधिक मानों की एक ही अधिकतम बारंबारता हो ऐसी स्थितियों में, आँकड़ों को **बहुलकीय** (Multi modal) **आँकड़े** कहा जाता है। वर्गीकृत आँकड़े भी बहुबहुलकीय हो सकते हैं, परंतु हम अपनी चर्चा केवल एक ही बहुलक वाली समस्याओं तक ही सीमित रखेंगे। अवर्गीकृत आँकड़ों की स्थिति में, अधिकतम बारंबारता वाले प्रेक्षण को बहुलक कहते हैं।

उदाहरण 1 72 विद्यार्थियों की एक कक्षा में, क्लास टेस्ट (10 में से) में विद्यार्थियों का प्राप्तांक नीचे दिया गया है।

प्राप्तांक (10 में से)	1	2	3	4	6	7	9	10
विद्यार्थियों की संख्या	3	5	12	18	23	8	2	1

आँकड़ों का बहुलक ज्ञात कीजिए।

हल यहाँ, दी गई सारणी से स्पष्ट है कि सबसे अधिक बारंबारता 23 है, जिसके पद का मान 6 है अतः अभीष्ट बहुलक 6 है।

बहुलक वर्ग (Modal Class)

एक वर्गीकृत बारंबारता बंटन में, बारंबारताओं को देखकर बहुलक ज्ञात करना संभव नहीं है इसलिए यहाँ, हम केवल वह वर्ग (Class) ज्ञात कर सकते हैं, जिसकी बारंबारता अधिकतम हो। इस वर्ग को बहुलक वर्ग कहते हैं। जैसे

वर्ग अंतराल	0-10	10-20	20-30	30-40	40-50	50-60
विद्यार्थियों की संख्या	2	9	14	20	22	8

यहाँ, वर्ग अंतराल (40-50) की बारंबारता अधिकतम है जोकि 22 है, अतः बहुलक वर्ग 40-50 है।

वर्गीकृत आँकड़ों का बहुलक
(Mode of Grouped Data)

वर्गीकृत आँकड़ों में बहुलक, बहुलक वर्ग के अंदर कोई मान है, जिसे निम्नलिखित सूत्र द्वारा ज्ञात किया जाता है

$$\text{बहुलक} = l + \left(\frac{f_1 - f_0}{2f_1 - f_0 - f_2}\right) \times h$$

जहाँ, l = बहुलक वर्ग की निम्न (निचली) सीमा

h = वर्ग अंतराल की माप (यह मानते हुए कि सभी अंतराल बराबर मापों के हैं)

f_1 = बहुलक वर्ग की बारंबारता

f_0 = बहुलक वर्ग से ठीक पहले वर्ग की बारंबारता

तथा f_2 = बहुलक वर्ग के ठीक बाद में आने वाले वर्ग की बारंबारता है।

नोट

- *असमान वर्ग मापों वाले वर्गीकृत आँकड़ों का भी बहुलक परिकलित किया जा सकता है।*
- *बहुलक माध्य से छोटा, बराबर या बड़ा हो सकता है।*
- *यह स्थिति की माँग पर निर्भर करता है कि कहाँ हमें माध्य अथवा बहुलक की गणना करने की आवश्यकता है, क्योंकि आँकड़ों के औसत मान ज्ञात करने के लिए माध्य तथा अधिकतम बारंबारता वाले आँकड़ों के मान के लिए बहुलक का प्रयोग करते हैं, जैसे यदि हमारी रुचि विद्यार्थियों द्वारा प्राप्त किए गए औसत अंकों में है या फिर अधिकतम विद्यार्थियों द्वारा प्राप्त किए गए औसत अंकों में है। पहली स्थिति में, माध्य की आवश्यकता होगी तथा दूसरी स्थिति में बहुलक की आवश्यकता होगी।*

उदाहरण 2 विद्यार्थियों द्वारा प्राप्त अंकों के निम्नलिखित बारंबारता बंटन का बहुलक ज्ञात कीजिए

प्राप्तांक	0-10	10-20	20-30	30-40	40-50
विद्यार्थियों की संख्या	5	12	20	10	3

[CBSE 2016]

हल यहाँ, अधिकतम वर्ग बारंबारता 20 है तथा इस बारंबारता का संगत वर्ग 20-30 है, अतः बहुलक वर्ग 20-30 है

इसलिए, $f_1 = 20, f_0 = 12, f_2 = 10$ और $h = 10$

अब, $\text{बहुलक} = l + \left(\frac{f_1 - f_0}{2f_1 - f_0 - f_2}\right) \times h$

अतः $\text{बहुलक} = 20 + \left(\frac{20 - 12}{2 \times 20 - 12 - 10}\right) \times 10$

$= 20 + \frac{8 \times 10}{40 - 22}$

$= 20 + \frac{80}{18} = 20 + \frac{40}{9}$

$= 20 + 4.4$

$= 24.4$

अतः अधिकतम विद्यार्थियों द्वारा प्राप्त किया गया औसत अंक 24.4 है।

उदाहरण 3 यदि निम्नलिखित श्रृंखला का बहुलक 54 है, तब f का मान ज्ञात कीजिए।

वर्ग अंतराल	0-15	15-30	30-45	45-60	60-75	75-90
बारंबारता	3	5	f	16	12	7

[CBSE 2020 (Basic)]

हल यहाँ, दिया गया बहुलक 54 है, जोकि वर्ग अंतराल 45-60 में स्थित है इसलिए बहुलक वर्ग 45-60 है।

$\therefore l = 45, f_1 = 16, f_0 = f, f_2 = 12$ तथा $h = 15$

$\because \quad \text{बहुलक} = l + \left(\frac{f_1 + f_0}{2f_1 + f_0 - f_2}\right) \times h$

$\therefore \quad 54 = 45 + \frac{16 - f}{32 - f - 12} \times 15 \Rightarrow 9 = \frac{16 - f}{20 - f} \times 15$

$\Rightarrow \quad 9(20 - f) = 15(16 - f) \Rightarrow 180 - 9f = 240 - 15f$

$\Rightarrow \quad 6f = 240 - 180 = 60 \Rightarrow f = 10$

अतः f का अभीष्ट मान 10 है।

प्रश्नावली 13.2

1. दिए गए आँकड़ों का बहुलक ज्ञात कीजिए **[CBSE 2010, 11]**

प्राप्तांक	0-20	20-40	40-60	60-80
बारंबारता	15	6	18	10

2. निम्न आँकड़ों के लिए, बहुलक ज्ञात कीजिए।

वर्ग	1-3	3-5	5-7	7-9	9-11
बारंबारता	14	16	4	4	2

3. निम्न बारम्बारता बंटन का बहुलक ज्ञात कीजिए। **[CBSE 2020 (Standard)]**

वस्तुओं का आकार (सेमी में)	0-4	4-8	8-12	12-16	16-20	20-24	24-28
बारम्बारता	5	7	9	17	12	10	6

4. निम्न सारणी एक अस्पताल में एक वर्ष के दौरान किसी निश्चित बीमारी से भर्ती होने वाले मरीजों से संबंधित आयु की बारंबारता को दिखाती है

आयु (वर्षों में)	मरीजों की संख्या
0-10	5
10-20	8
20-30	7
30-40	12
40-50	28
50-60	20
60-70	10
70-80	10

अधिकतम मरीजों की औसत आयु ज्ञात कीजिए।

5. 70 पैकेटों में चाय का वजन निम्नलिखित तालिका द्वारा दिखाया गया है

वजन (ग्राम में)	पैकेटों की संख्या
200-201	13
201-202	27
202-203	18
203-204	10
204-205	1
205-206	1

उपरोक्त आँकड़ों का बहुलक वजन ज्ञात कीजिए। **[NCERT Exemplar]**

6. निम्नलिखित आँकड़ों का बहुलक 36 है, तब लुप्त बारंबारता (x) ज्ञात कीजिए। **[CBSE 2012]**

वर्ग	0-10	10-20	20-30	30-40	40-50	50-60	60-70
बारंबारता	8	10	x	16	12	6	7

7. निम्न आँकड़ों के लिए लुप्त बारंबारता f ज्ञात कीजिए, यदि निम्न आँकड़ो का बहुलक 39 है। **[CBSE 2012]**

वर्ग	5-15	15-25	25-35	35-45	45-55	55-65	65-75
बारंबारता	2	3	f	7	4	2	2

8. कुछ उपभोक्ताओं की मासिक बिजली की खपत बंटन के रूप में नीचे दी गई है। यदि बंटन का बहुलक 200 इकाई है, तो लुप्त बारंबारता (x) ज्ञात कीजिए। **[CBSE 2016]**

मासिक खपत (इकाइयों में)	90-120	120-150	150-180	180-210	210-240
उपभोक्ताओं की संख्या	20	15	x	75	50

9. एक टेलीफोन निर्देशिका में से कुछ नाम चुने गए तथा उनमें स्थित अंग्रेजी भाषा के अक्षरों की संख्या का बारंबारता बंटन निम्न प्रकार से प्राप्त किया गया

अक्षरों की संख्या	1-4	4-7	7-10	10-13	13-16	16-19
कुछ नामों की संख्या	10	25	35	x	12	8

यदि यह दिया गया है कि उपरोक्त बंटन का बहुलक 8 है, तो लुप्त बारंबारता (x) ज्ञात कीजिए। **[CBSE 2016]**

10. निम्न आँकड़ों का बहुलक ज्ञात कीजिए।

वर्ग अंतराल	0-9	10-19	20-29	30-39	40-49	50-59
बारंबारता	12	15	21	17	19	6

11. एक स्कूल के खिलाड़ियों की ऊँचाई की बारंबारता बंटन नीचे दिए गया है

ऊँचाई (सेमी में)	विद्यार्थियों की संख्या
160-163	18
164-167	116
168-171	142
172-175	129
176-179	80
180-183	15

उपरोक्त आँकड़ों का बहुलक ज्ञात कीजिए।

12. एक कक्षा टेस्ट में, विद्यार्थियों द्वारा 90 में से प्राप्त अंक इस प्रकार हैं यदि आँकड़ों का बहुलक 63 है तथा बारंबारताओं का योग 125 है, तो x तथा y के मान ज्ञात कीजिए। **[CBSE 2016]**

अंक	0-15	15-30	30-45	45-60	60-75	75-90
विद्यार्थियों की संख्या	5	12	28	x	35	y

संकेत एवं हल

1. उदाहरण 2 की भाँति स्वयं हल करें। **उत्तर** 52

2. उदाहरण 2 की भाँति स्वयं हल करें। **उत्तर** 3.28

3. **संकेत** यहाँ, अधिकतम बारम्बारता वर्ग 17 है तथा इस बारम्बारता का संगत वर्ग 12-16 है, अतः बहुलक वर्ग 12-16 है।

इसलिए, $f_1 = 17$, $f_0 = 9$, $f_2 = 12$ और $h = 4$

अब, बहुलक $= l + \frac{f_1 - f_0}{2f_1 - f_0 - f_2} \times h = 12 + \frac{17 - 9}{34 - 9 - 12} \times 4$

$= 12 + \frac{8}{13} \times 4 = 14.46$

4. उदाहरण 2 की भाँति स्वयं हल करें। **उत्तर** 46.67

5. उदाहरण 2 की भाँति स्वयं हल करें। **उत्तर** 201.6 ग्राम

6. उदाहरण 3 की भाँति स्वयं हल करें। **उत्तर** $x = 10$

7. उदाहरण 3 की भाँति स्वयं हल करें। **उत्तर** $f = 5$

8. उदाहरण 3 की भाँति स्वयं हल करें। **उत्तर** $x = 25$

9. उदाहरण 3 की भाँति स्वयं हल करें। **उत्तर** $x = 15$

10. **संकेत** यहाँ, दिया गया बारंबारता बंटन सतत् नहीं है, इसलिए सर्वप्रथम इसे सतत् बनाने के लिए निचली वर्ग सीमा में 0.5 घटाते तथा ऊपरी वर्ग सीमा में 0.5 जोड़ते हैं

वर्ग अंतराल	सतत् वर्ग अंतराल	बारंबारता
0-9	– 0.5-9.5	12
10-19	9.5-19.5	15
20-29	19.5-29.5	21 बहुलक वर्ग
30-39	29.5-39.5	17
40-49	39.5-49.5	19
50-59	49.5-59.5	6

$\therefore \quad l = 19.5,\ f_1 = 21,\ f_0 = 15,\ f_2 = 17$ तथा $h = 10$

अब, बहुलक $= 19.5 + \frac{21 - 15}{42 - 15 - 17} \times 10$

$= 19.5 + 6 = 25.5$

11. प्रश्न 10 की भाँति स्वयं हल करें। **उत्तर** 170.17

12. **संकेत** चूँकि बारंबारताओं का योग 125 है, इसलिए

$5 + 12 + 28 + x + 35 + y = 125$

$\Rightarrow \quad 80 + x + y = 125$

$\Rightarrow \quad x + y = 125 - 80 = 45 \quad ...(i)$

अब, बहुलक $= l + \left(\frac{f_1 - f_0}{2f_1 - f_0 - f_2}\right) \times h$

यहाँ, बहुलक $= 63$, $l = 60$, $f_1 = 35$, $f_0 = x$, $f_2 = y$ और $h = 15$

इसलिए, $63 = 60 + \left(\frac{35 + x}{2 \times 35 - x + y}\right) \times 15$

$\Rightarrow \quad 4x - y = 105 \quad ...(ii)$

समी (i) व (ii) से,

अतः $x = 30$ और $y = 15$ है।

टॉपिक 3

वर्गीकृत आँकड़ों का माध्यक

माध्यक (Median)

माध्यक केंद्रीय प्रवृत्ति की वह माप है, जो प्रेक्षणों को उनके परिमाण के अनुसार आरोही क्रम या अवरोही क्रम में रखने पर श्रेणी के मध्य प्रेक्षण का मान प्रदान करती है।

यह व्यवस्थित श्रेणी को दो बराबर भागों में बाँटती है अर्थात् 50% आँकड़े माध्यिका से ऊपर तथा शेष माध्यिका से नीचे के होते हैं।

माना प्रेक्षणों की कुल संख्या n तथा ये आरोही या अवरोही क्रम में व्यवस्थित हैं। आँकड़ों का माध्यक प्रेक्षणों की संख्या (n) पर निर्भर करता है।

स्थिति I. यदि n एक विषम संख्या है, तब

मध्य पद $= \left(\frac{n+1}{2}\right)$ वाँ पद

तथा माध्यिका $= \left(\frac{n+1}{2}\right)$ वें प्रेक्षण का मान

उदाहरण यदि विभिन्न ऊँचाइयों की पाँच लड़कियाँ, ऊँचाइयों के अवरोही क्रम में एक पंक्ति बनाते हुए खड़ी हैं। तब किसी सिरे से तीसरी लड़की की ऊँचाई, उनकी ऊँचाइयों का माध्यक है क्योंकि, $n = 5$ एक विषम संख्या है

$\therefore$ माध्यक $= \left(\frac{n+1}{2}\right)$ वाँ प्रेक्षण $= \frac{5+1}{2} = \frac{6}{2} = 3$ वाँ प्रेक्षण

तीसरी लड़की की ऊँचाई इनकी ऊँचाइयों का माध्यक ऊँचाई है

तीसरी लड़की की ऊँचाई इनकी ऊँचाइयों का माध्यक है।

स्थिति II. यदि n एक सम संख्या है, तब

मध्य पद $= \left(\frac{n}{2}\right)$ वाँ प्रेक्षण और $\left(\frac{n}{2}+1\right)$ वाँ प्रेक्षण

तथा

$$\text{माध्यिका} = \frac{\left(\frac{n}{2}\right)\text{वें प्रेक्षण का मान} \left(\frac{n}{2}+1\right)\text{वें प्रेक्षण का मान}}{2}$$

$$\text{माध्यिका} = \frac{1}{2}\left[\left(\frac{n}{2}\right)\text{ वाँ } + \left(\frac{n}{2}+1\right)\text{ वाँ}\right] \text{ प्रेक्षणों का मान}$$

उदाहरण— यदि विभिन्न ऊँचाइयों की छः लड़कियाँ ऊँचाइयों के अवरोही क्रम में एक पंक्ति बनाते हुए खड़ी हैं, तब किसी सिरे से तीसरी और चौथी लड़कियों की ऊँचाई का माध्य, उनकी ऊँचाइयों का माध्यक ऊँचाई है।

क्योंकि, $n = 6$ सम है

अत: $\frac{n}{2} = \frac{6}{2} = 3$ वाँ प्रेक्षण

और $\left(\frac{n}{2}+1\right) = \frac{6}{2}+1 = \frac{6+2}{2} = 4$ वाँ प्रेक्षण

$\therefore$ माध्यक $= 3$ वें और 4 वें प्रेक्षणों का माध्य

3वीं और 4वीं लड़कियों की ऊँचाइयों का माध्य, इनकी ऊँचाइयों का माध्यक है

3वीं और 4वीं लड़कियों की ऊँचाइयों का माध्य, इनके ऊँचाइयों का माध्यक है।

उदाहरण 1 प्रथम दस अभाज्य संख्याओं का माध्यक ज्ञात कीजिए।

हल प्रथम दस अभाज्य संख्या आरोही क्रम में निम्न प्रकार हैं

2, 3, 5, 7, 11, 13, 17, 19, 23 और 29

यहाँ, $n = 10$ (सम)

$$\therefore \quad \text{माध्यक} = \frac{1}{2} \times \left[\left(\frac{n}{2}\right)\text{वाँ} + \left(\frac{n}{2}+1\right)\text{वाँ}\right] \text{प्रेक्षणों का मान}$$

$$= \frac{1}{2} \times \left[\left(\frac{10}{2}\right)\text{वाँ} + \left(\frac{10}{2}+1\right)\text{वाँ}\right] \text{ प्रेक्षणों का मान}$$

$$= \frac{1}{2} = 5 \text{ वाँ प्रेक्षण का मान} + 6 \text{ वाँ प्रेक्षण का मान}$$

$$= \frac{1}{2}[11+13] = \frac{24}{2} = 12$$

संचयी बारंबारता (Cumulative Frequency)

किसी प्रेक्षण की संचयी बारंबारता, उस प्रेक्षण तक के सभी प्रेक्षणों की बारंबारता का योगफल होती है (उस निश्चित प्रेक्षण की बारंबारता सहित) अर्थात् संचयी बारंबारता सारणी ज्ञात करने के लिए प्रत्येक प्रेक्षण की बारंबारता में उससे पहले के सभी प्रेक्षणों की बारंबारताओं को जोड़ते हैं तथा अंतिम प्रेक्षण की संचयी बारंबारता सभी बारंबारताओं के योग (Σf) के बराबर होती है।

संचयी बारंबारता सारणी का निर्माण, नीचे दिए गए निम्नलिखित उदाहरण की सहायता से समझा जा सकता है।

उदाहरण 2 50 व्यक्तियों पर एक्स-रे द्वारा किए गए निम्नलिखित परीक्षण के लिए संचयी बारंबारता सारणी बनाइए।

हृदय का व्यास (मिमी में)	120	121	122	123	124	125
व्यक्तियों की संख्या	5	9	14	8	5	9

हल पहले प्रेक्षण की संचयी बारंबारता इसके बारंबारता के बराबर होती है क्योंकि इससे पहले कोई बारंबारता नहीं है

हृदय का व्यास (मिमी में) (x)	व्यक्तियों की संख्या (f)	संचयी बारंबारता (cf)
120	5	5
121	9	5 + 9 = 14
122	14	14 + 14 = 28
123	8	28 + 8 = 36
124	5	36 + 5 = 41
125	9	41 + 9 = 50

संचयी बारंबारता बंटन

(Cumulative Frequency Distribution)

संचयी बारंबारता बंटन दो प्रकार की है

'से कम' प्रकार की और **'से अधिक'** प्रकार की। दोनों प्रकार की संचयी बारंबारता बंटन को निम्नलिखित उदाहरण की सहायता से समझा जा सकता है।

उदाहरण 3 माना किसी परीक्षा में 58 विद्यार्थियों का 100 में से प्राप्तांक का वर्गीकृत बारंबारता बंटन इस प्रकार है

प्राप्तांक	विद्यार्थियों की संख्या
0-10	5
10-20	7
20-30	4
30-40	2
40-50	3
50-60	6
60-70	7
70-80	9
80-90	8
90-100	7

से कम प्रकार की और अधिक प्रकार की संचयी बारंबारता बंटन का निर्माण कीजिए।

हल **से कम प्रकार की संचयी बारंबारता बंटन**

यहाँ, विद्यार्थियों की संख्या जिन्होंने 10 से कम अंक प्राप्त किए हैं, 5 हैं। विद्यार्थियों की संख्या, जिन्होंने 20 से कम अंक प्राप्त किए हैं, में वे विद्यार्थी सम्मिलित हैं, जिन्होंने वर्ग 0-10 में अंक प्राप्त किए हैं और वे विद्यार्थी भी सम्मिलित हैं, जिन्होंने वर्ग 10-20 में अंक प्राप्त किए है, अतः 20 से कम अंक प्राप्त करने वाले विद्यार्थियों की कुल संख्या 5 + 7 अर्थात् 12 है। इसी प्रकार, अन्य वर्ग की संचयी बारंबारता की गणना की जा सकती है अर्थात् 30 से कम अंक प्राप्त करने वाले कितने विद्यार्थी हैं, 40 से कम अंक प्राप्त करने वाले कितने विद्यार्थी हैं, ...100 से कम अंक प्राप्त करने वाले कितने विद्यार्थी हैं, इस प्रकार, हम जो बंटन प्राप्त करते हैं, जिसे कम प्रकार का संचयी बारंबारता बंटन कहते हैं।

प्राप्तांक	विद्यार्थियों की संख्या (संचयी बारंबारता)
10 से कम	5
20 से कम	5 + 7 = 12
30 से कम	12 + 4 = 16
40 से कम	16 + 2 = 18
50 से कम	18 + 3 = 21
60 से कम	21 + 6 = 27
70 से कम	27 + 7 = 34
80 से कम	34 + 9 = 43
90 से कम	43 + 8 = 51
100 से कम	51 + 7 = 58

यहाँ, 10, 20, 30, ... 100 संगत वर्ग अंतरालों की ऊपरी सीमाएँ हैं।

से अधिक प्रकार की संचयी बारंबारता बंटन

इस प्रकार के बंटन के लिए, हम उन विद्यार्थियों की संख्याओं के लिए, जिन्होंने 0 से अधिक या उसके बराबर अंक प्राप्त किए हैं, 10 से अधिक या उसके बराबर अंक प्राप्त किए हैं, 20 से अधिक या उसके बराबर अंक प्राप्त किए हैं, इत्यादि प्रश्नानुसार हम प्राप्त कर सकते हैं कि सभी 58 विद्यार्थियों ने 0 से अधिक या 0 के बराबर अंक प्राप्त किए हैं चूँकि अंतराल 0-10 में 5 विद्यार्थी हैं इसलिए 58 – 5 = 53 विद्यार्थियों ने 10 से अधिक या उसके बराबर अंक प्राप्त किए हैं इसी प्रक्रिया को जारी रखते हुए हम 20 से अधिक या उसके बराबर 53 – 7 = 46 विद्यार्थियों ने 30 से अधिक या उसके बराबर = 46 – 4 = 42 विद्यार्थी और इत्यादि इसी प्रकार, हम अन्य वर्गों के लिए संचयी बारंबारता को ज्ञात कर सकते हैं अर्थात् विद्यार्थियों की संख्या जिन्होंने 40 से अधिक या बराबर अंक प्राप्त करने वाले कितने विद्यार्थी हैं, 50 से अधिक या बराबर अंक प्राप्त करने वाले कितने विद्यार्थी हैं, इस प्रकार हम जो बंटन प्राप्त करते हैं जिसे अधिक प्रकार का संचयी बारंबारता बंटन कहते हैं।

प्राप्तांक	विद्यार्थियों की संख्या (संचयी बारंबारता)
0 से अधिक या उसके बराबर	58
10 से अधिक या उसके बराबर	58 – 5 = 53
20 से अधिक या उसके बराबर	53 – 7 = 46
30 से अधिक या उसके बराबर	46 – 4 = 42
40 से अधिक या उसके बराबर	42 – 2 = 40
50 से अधिक या उसके बराबर	40 – 3 = 37
60 से अधिक या उसके बराबर	37 – 6 = 31
70 से अधिक या उसके बराबर	31 – 7 = 24
80 से अधिक या उसके बराबर	24 – 9 = 15
90 से अधिक या उसके बराबर	15 – 8 = 7

यहाँ, 0, 10, 20, 30, ..., 90 संगत वर्ग अंतरालों की निम्न सीमाएँ हैं।

उदाहरण 4 **निम्नलिखित बंटन में दिए गए 'से अधिक' प्रकार की संचयी बारंबारता है।**

प्राप्तांक (से अधिक या बराबर)	5	10	15	20
विद्यार्थियों की संख्या (संचयी बारंबारता)	30	23	8	2

उपरोक्त आँकड़ों को सतत् वर्गीकृत बारंबारता बंटन में बदलिए।

हल दिया गया बंटन से अधिक प्रकार का बंटन है

यहाँ, हम देखते हैं कि, सभी 30 विद्यार्थी, जिन्होंने 5 से अधिक या बराबर अंक प्राप्त किए हैं, 23 विद्यार्थी जिन्होंने 10 से अधिक या बराबर अंक प्राप्त किए हैं अतः 30-23 = 7 विद्यार्थी वर्ग 5-10 में स्थित है, इसी प्रकार हम अन्य वर्ग तथा उसके संगत बारंबारता को ज्ञात कर सकते हैं अब, हम सतत् वर्गीकृत बारंबारता बंटन का निर्माण करते हैं, जो इस प्रकार है

वर्ग (प्राप्तांक)	विद्यार्थियों की संख्या
5-10	30 – 23 = 7
10-15	23 – 8 = 15
15-20	8 – 2 = 6
20 से अधिक या बराबर	2

उदाहरण 5 **निम्नलिखित बंटन 40 व्यक्तियों के भार का बंटन है**

भार (किग्रा में)	40-45	45-50	50-55	55-60	60-65	65-70	70-75	75-80
व्यक्तियों की संख्या	4	4	13	5	6	5	2	1

तालिका में ऊपर दिए गए आँकड़ों से (से कम प्रकार की) एक संचयी बारंबारता सारणी बनाइए।

हल संचयी बारंबारता सारणी (से कम प्रकार की) नीचे दिखाई है

भार (किग्रा में)	संचयी बारंबारता
40 से कम	4
50 से कम	8
55 से कम	21
60 से कम	26
65 से कम	32
70 से कम	37
75 से कम	39
80 से कम	40

विविक्त शृंखला का माध्यक
(Median for Discrete Series)

शृंखला जिसके प्रेक्षण $x_1, x_2, x_3, \ldots, x_n$ तथा संगत बारंबारता क्रमशः $f_1, f_2, f_3, \ldots, f_n$ हैं को विविक्त शृंखला कहते हैं।

विविक्त शृंखला का माध्यम ज्ञात करने की विधि

सर्वप्रथम, आँकड़ों (x_i) को आरोही या अवरोही क्रम में व्यवस्थित करते हैं, तत्पश्चात् सभी प्रेक्षणों की संचयी बारंबारता ज्ञात करते हैं।

माना प्रेक्षणों (बारंबारता का योग) की कुल संख्या n है, तब आँकड़ों का माध्यक प्रेक्षणों की संख्या (n) पर निर्भर करता है।

यदि n विषम संख्या है, तब

$$\text{माध्यक} = \left(\frac{n+1}{2}\right) \text{वें प्रेक्षण का मान}$$

यदि n सम संख्या है, तब

$$\text{माध्यक} = \left(\frac{n}{2}\right) \text{वें और } \left(\frac{n}{2}+1\right) \text{वें प्रेक्षणों का माध्य}$$

$$= \frac{1}{2} \times \left[\left(\frac{n}{2}\right)\text{वें} + \left(\frac{n}{2}+1\right)\text{वें}\right] \text{प्रेक्षणों का मान}$$

यहाँ, प्रेक्षणों के मान के लिए, सर्वप्रथम जिसकी संचयी बारंबारता अभीष्ट प्रेक्षणों के मान से अधिक और उसके निकटतम है, को देखते हैं। तब, प्रेक्षणों का संगत मान ज्ञात करते हैं।

उदाहरण 6 निम्नलिखित सारणी का माध्यक ज्ञात कीजिए।

भार (किग्रा में)	40	45	50	55	60
बारंबारता	4	8	12	10	17

हल दिए गए आँकड़ों की संचयी बारंबारता सारणी निम्न है

भार (किग्रा में) (x)	बारंबारता (f)	संचयी बारंबारता (cf)
40	4	4
45	8	12
50	12	24
55	10	34
60	17	51

यहाँ, $n = 51$ [जोकि एक विषम संख्या है]

$$\therefore \quad \text{माध्यक} = \left(\frac{n+1}{2}\right)\text{वें पद का मान}$$

$$= \left(\frac{51+1}{2}\right)\text{वें पद का मान}$$

$$= 26 \text{ वें पद का मान}$$

सारणी से स्पष्ट है, कि 26 वाँ पद संचयी बारंबारता 34 के समूह में आता है, जिसके समूह का मान 55 है।

अतः अभीष्ट माध्यक = 26 वें पद का मान = 55 किग्रा

उदाहरण 7 निम्नलिखित बारंबारता बंटन के लिए माध्यक ज्ञात कीजिए।

x	1	2	3	4	5	6	7	8	9
y	8	10	11	16	20	25	15	9	6

हल यहाँ, दिए गए आँकड़े (x_i) आरोही क्रम में हैं

x_i	f_i	cf
1	8	8
2	10	18
3	11	29
4	16	45
5	20	65
6	25	90
7	15	105
8	9	114
9	6	120

यहाँ, $n = 120$ [सम]

$$\therefore \quad \text{माध्यक} = \frac{1}{2}\left[\left(\frac{n}{2}\right)\text{वाँ} + \left(\frac{n}{2}+1\right)\text{वाँ}\right] \text{प्रेक्षणों का मान}$$

$$= \frac{1}{2}\left[\left(\frac{120}{2}\right)\text{वाँ} + \left(\frac{120}{2}+1\right)\text{वाँ}\right] \text{प्रेक्षणों का मान}$$

$$= \frac{1}{2} [60\text{वाँ प्रेक्षण का मान} + 61\text{ वाँ प्रेक्षण का मान}]$$

60वाँ प्रेक्षण और 61वाँ प्रेक्षण दोनों संचयी बारंबारता 65 के अंतर्गत आते हैं, जिसका संगत मान 5 है

$$\therefore \quad \text{माध्यक} = \frac{1}{2}[5+5] = 5$$

वर्गीकृत आँकड़ों का माध्यक
(Median for Grouped Data)

वर्गीकृत आँकड़ों के सबसे मध्य के प्रेक्षण को हम केवल संचयी बारंबारताएँ देखकर ही नहीं ज्ञात कर सकते, क्योंकि सबसे मध्य का प्रेक्षण किसी अंतराल में होगा। अतः यह आवश्यक है कि इस मध्य प्रेक्षण को उस वर्ग अंतराल में खोजा जाए, जो आँकड़ों को दो बराबर भागों में विभक्त करता है, इसके लिए सभी वर्गों की संचयी बारंबारताएँ और $\frac{n}{2}$ ज्ञात करते हैं। अब, हम वह वर्ग खोजते है, जिसकी संचयी बारंबारता $\frac{n}{2}$ से अधिक और उसके निकटतम है।

इस वर्ग को माध्यक वर्ग (Median class) कहते हैं। माध्यक वर्ग ज्ञात करने के बाद, हम निम्नलिखित सूत्र का प्रयोग करके माध्यक ज्ञात करते हैं।

$$\text{माध्यक} = l + \left\{\frac{\frac{n}{2} - cf}{f}\right\} \times h$$

जहाँ, l = माध्यक वर्ग की निम्न सीमा, n = प्रेक्षणों की संख्या

cf = माध्यक वर्ग से ठीक पहले वाले वर्ग की संचयी बारंबारता

f = माध्यक वर्ग की बारंबारता

h = वर्ग माप (यह मानते हुए कि वर्ग माप बराबर है)

उदाहरण 8 एक क्रिकेट कोचिंग सेंटर में 33 खिलाड़ियों की अधिकतम बॉलिंग चाल (किमी/घंटा में) इस प्रकार है

चाल (किमी/घंटा)	85-100	100-115	115-130	130-145
खिलाड़ियों की संख्या	11	9	8	5

गेंदबाजी का माध्यक ज्ञात कीजिए। **[NCERT Exemplar]**

हल

चाल (किमी/घंटा)	खिलाड़ियों की संख्या	संचयी बारंबारता
85-100	11	$11 = cf$
100-115	$9 = f$	20
115-130	8	28
130-145	5	33

यहाँ, $n = 33$

अब, $\frac{n}{2} = \frac{33}{2} = 16.5$, जो अंतराल (100-115) में आती है।

निम्न सीमा $(l) = 100$

वर्ग माप $(h) = 15$, $f = 9$, $cf = 11$

$$\therefore \text{ माध्यक } = l + \left\{\frac{\frac{n}{2} - cf}{f}\right\} \times h = 100 + \left(\frac{16.5 - 11}{9}\right) \times 15$$

$$= 100 + \left(\frac{5.5}{9}\right) \times 15 = 100 + = \frac{82.5}{9}$$

$$= 100 + 9.17 = 109.17 \text{ किमी/घंटा}$$

अत: गेंदबाजी का माध्यक 109.17 किमी/घंटा है।

उदाहरण 9 किसी स्कूल की कक्षा 10 की 51 लड़कियों की ऊँचाइयों का एक सर्वेक्षण किया गया और निम्नलिखित आँकड़े प्राप्त किए गए हैं

ऊँचाई (सेमी में)	लड़कियों की संख्या
140 से कम	4
145 से कम	11
150 से कम	29
155 से कम	40
160 से कम	46
165 से कम	51

उपरोक्त आँकड़ों का माध्यक ज्ञात कीजिए।

हल दिए गए आँकड़ें 'से कम' प्रकार के हैं, इसलिए वर्ग अंतरालों की ऊपरी सीमाएँ क्रमशः 140, 145, 150, ..., 165 हैं तथा इनके संगत वर्ग अंतराल 140 से कम, 140-145, 145-150, 150-155, 155-160, 160-165 हैं। दिए गए आँकड़ों में ऐसी 4 लड़कियाँ हैं, जिनकी ऊँचाई 140 सेमी से कम है अर्थात् वर्ग अंतराल 140 से कम की बारंबारता 4 है।

अब, 145 सेमी से कम ऊँचाई वाली 11 लड़कियाँ हैं और 140 सेमी से कम ऊँचाई वाली 4 लड़कियाँ हैं।

अत: अंतराल 140-145 में ऊँचाई रखने वाली लड़कियों की संख्या $11 - 4 = 7$ होगी अर्थात् 140-145 की बारंबारता 7 है।

इसी प्रकार, 145-150 की बारंबारता $= 29 - 11 = 18$

150-155 की बारंबारता $= 40 - 29 = 11$

155-160 की बारंबारता $= 46 - 40 = 6$

तथा 160-165 की बारंबारता $= 51 - 46 = 5$

तब, संचयी बारंबारता सारणी निम्न है

वर्ग अंतराल	बारंबारता	संचयी बारंबारता
140 से कम	4	4
140-145	$11 - 4 = 7$	$11 = cf$
145-150	$29 - 11 = 18 = f$	29
150-155	$40 - 29 = 11$	40
155-160	$46 - 40 = 6$	46
160-165	$51 - 46 = 5$	51
योग	$n = 51$	

यहाँ, $n = 51 \Rightarrow \frac{N}{2} = \frac{51}{2} = 25.5$

संचयी बारंबारता सारणी से स्पष्ट है कि 22.5वाँ पद संचयी बारंबारता 29 के अंतर्गत है, जिसका वर्ग अंतराल 145-150 है।

माध्यिका वर्ग = 145-150

अब, $l = 145$, $f = 18$, $cf = 11$ तथा $h = 5$

$$\therefore \quad \text{माध्यक } = l + \left\{\frac{\frac{n}{2} - cf}{f}\right\} \times h = 145 + \left\{\frac{25.5 - 11}{18}\right\} \times 5$$

$$= 145 + \frac{72.5}{18} = 145 + 4.03 = 149.03$$

उदाहरण 10 निम्नलिखित बारंबारता बंटन सारणी में लुप्त बारंबारताएँ ज्ञात कीजिए, यदि $n = 100$ तथा माध्यक $= 32$ है

प्राप्तांक	0-10	10-20	20-30	30-40	40-50	50-60	योग
विद्यार्थियों की संख्या	10	?	25	30	?	10	100

हल दिया है, माध्यक = 32

तथा $n = \Sigma f = 100$

माना f_1 और f_2 क्रमशः वर्ग अंतरालों 10-20 और 40-50 की बारंबारताएँ हैं।

क्योंकि, बारंबारताओं का योगफल = 100

$$\therefore \quad 10 + f_1 + 25 + 30 + f_2 + 10 = 100$$

$$\Rightarrow \quad f_1 + f_2 = 100 - 75$$

$$\Rightarrow \quad f_1 + f_2 = 25$$

$$\Rightarrow \quad f_2 = 25 - f_1 \quad \quad ...(i)$$

अब, दिए गए बंटन के लिए संचयी बारंबारता सारणी निम्न है

वर्ग अंतराल	बारंबारता (f)	संचयी बारंबारता
0-10	10	10
10-20	f_1	$10 + f_1$
20-30	25	$35 + f_1 (cf)$
30-40	$30 = f$	$65 + f_1$
40-50	f_2	$65 + f_1 + f_2$
50-60	10	$75 + f_1 + f_2$
कुल	$n = f_1 + f_2 + 75$	

यहाँ, $n = 100 \Rightarrow \frac{n}{2} = 50$

दिया है, माध्यक = 32, जोकि वर्ग 30-40 के अंतर्गत आता है।

अतः माध्यक वर्ग 30-40 है।

तब, $l = 30, h = 10, f = 30$ तथा $cf = 35 + f_1$

$\because$ माध्यक $= l + \left\{\frac{\frac{n}{2} - cf}{f}\right\} \times h$

$\therefore \quad 32 = 30 + \left\{\frac{50 - 35 - f_1}{30}\right\} \times 10 \Rightarrow 32 - 30 = \frac{15 - f_1}{3}$

$\Rightarrow 2 \times 3 = 15 - f_1 \Rightarrow f_1 = 15 - 6 = 9$

f_1 का मान समी (i) में रखने पर,

अतः लुप्त बारंबारताएँ $f_1 = 9$ और $f_2 = 16$ हैं।

माध्य, माध्यक और बहुलक में संबंध

बहुलक = 3(माध्यक) − 2 (माध्य)

या $\quad$ माध्य $= \frac{3(\text{माध्यक}) - \text{बहुलक}}{2}$

या $\quad$ माध्यक $= \frac{\text{बहुलक} + 2(\text{माध्य})}{3}$

उदाहरण 11 यदि माध्यक = 137 इकाई और माध्य = 137.05 इकाई, तब बहुलक ज्ञात कीजिए।

हल दिया है, माध्यक = 137 इकाई

तथा माध्य = 137.05 इकाई

हम जानते हैं, कि बहुलक = 3(माध्यक) − 2(माध्य)

$= 3(137) - 2(137.05)$

$= 411 - 274.10 = 136.90$

अतः बहुलक का मान 136.90 इकाई है।

प्रश्नावली 13.3

1. निम्नलिखित आँकड़ों के लिए बारंबारता बंटन सारणी बनाइए **[CBSE 2016]**

प्राप्तांक	10 से कम	20 से कम	30 से कम	40 से कम	50 से कम	60 से कम
विद्यार्थियों की संख्या	0	15	20	30	35	40

2. नीचे दिए गए 'से अधिक प्रकार का' के संचयी बारंबारता बंटन है

अंक	विद्यार्थियों की संख्या
60 से अधिक या बराबर	11
50 से अधिक या बराबर	23
40 से अधिक या बराबर	43
30 से अधिक या बराबर	58
20 से अधिक या बराबर	72
10 से अधिक या बराबर	82

उपरोक्त आँकड़ों को सतत् वर्गीकृत बारंबारता बंटन में बदलें।

3. एक स्कूल के अनुपस्थित छात्रों की संख्या प्रतिदिन 147 दिनों तक दर्ज की गई थी तथा प्राप्त आँकड़ों की सारणी निम्न बारंबारता सारणी में प्रस्तुत है

अनुपस्थित छात्रों की संख्या	दिनों की संख्या
5	1
6	5
7	11
8	14
9	16
10	13
11	10
12	70
13	4
15	1
18	1
20	1

उपरोक्त आँकड़ों की माध्यिका ज्ञात कीजिए

4. निम्नलिखित बारंबारता बंटन का माध्यक ज्ञात कीजिए

x	1	2	3	4	5	6	7	8	9	10
y	2	3	6	8	16	12	10	13	9	15

5. निम्नलिखित तालिका से 25 शहरों की साक्षरता दर को (% दर से) दर्शाया गया है।

साक्षरता दर (प्रतिशत में)	50-60	60-70	70-80	80-90
शहरों की संख्या	9	6	8	2

माध्यक वर्ग तथा बहुलक वर्ग ज्ञात कीजिए।

6. निम्नलिखित बारंबारता बंटन से, माध्यक वर्ग की ऊपरी सीमा ज्ञात कीजिए। **[CBSE 2015]**

वर्ग अंतराल	0-8	8-16	16-24	24-32	32-40	40-48
बारंबारता	7	9	10	8	12	8

7. निम्नलिखित बंटन से माध्यक की गणना कीजिए।

वर्ग	5-10	10-15	15-20	20-25	25-30	30-35	35-40	40-45
बारंबारता	5	6	15	16	5	4	2	2

8. कक्षा X के कुछ विद्यार्थियों द्वारा वृद्ध लोगों की सहायता के लिए दान दिया गया। उनके द्वारा दिया गया योगदान निम्न बारंबारता बंटन में दर्शाया गया है

राशि (₹ में)	0-20	20-40	40-60	60-80	80-100
विद्यार्थियों की संख्या	5	8	12	11	4

उनके योगदान के माध्यक तथा बहुलक ज्ञात कीजिए। **[CBSE 2016]**

9. 50 शहरों में महिलाओं की साक्षरता दर निम्न बारंबारता बंटन में दर्शाई गई है

साक्षरता दर (% में)	20-30	30-40	40-50	50-60	60-70	70-80	80-90	90-100
शहरों की संख्या	3	2	6	15	8	7	5	4

उपरोक्त आँकड़ों का माध्यक ज्ञात कीजिए। **[CBSE 2016]**

10. निम्नलिखित आँकड़ों का माध्यक ज्ञात कीजिए। **[CBSE 2012]**

ऊँचाई (सेमी) (से कम)	120	140	160	180	200
विद्यार्थियों की संख्या	12	26	34	40	50

11. निम्नलिखित आँकड़ों का माध्यक परिकलित कीजिए। **[CBSE 2016]**

अंक	150 से ऊपर या बराबर	140 से ऊपर या बराबर	130 से ऊपर या बराबर	120 से ऊपर या बराबर	110 से ऊपर या बराबर	100 से ऊपर या बराबर	90 से ऊपर या बराबर	80 से ऊपर या बराबर
विद्यार्थियों की संख्या	0	12	27	60	105	124	141	150

12. यदि निम्नलिखित बारंबारता बंटन का माध्यक 24 है, तब लुप्त बारंबारता x का मान ज्ञात कीजिए। **[CBSE 2012]**

आयु (वर्षों में)	0-10	10-20	20-30	30-40	40-50
व्यक्तियों की संख्या	5	25	x	18	7

13. यदि निम्नलिखित बारंबारता बंटन का माध्यक 35 है, तब x का मान ज्ञात कीजिए। **[CBSE 2016]**

वर्ग अंतराल	0-10	10-20	20-30	30-40	40-50	50-60	60-70
बारंबारता	2	3	x	6	5	3	2

14. निम्न बारंबारता बंटन में यदि बारंबारताओं का योग 58 है तथा माध्यक 28.5 है, तो x और y के मान ज्ञात कीजिए। **[CBSE 2016]**

वर्ग	0-10	10-20	20-30	30-40	40-50	50-60
बारंबारता	2	x	20	15	7	y

15. यदि निम्न आँकड़ों में, विद्यार्थियों के IQ का माध्यक 135 है, तो 220 विद्यार्थियों के IQ के निम्न बंटन में लुप्त बारंबारताएँ f_1 और f_2 ज्ञात कीजिए। **[CBSE 2016]**

आई क्यू (IQ)	100-110	110-120	120-130	130-140	140-150	150-160	160-170	170-180
विद्यार्थियों की संख्या	15	35	f_1	f_2	33	23	19	8

16. निम्नलिखित आँकड़ों का माध्यक ज्ञात कीजिए।

अंक	0 तथा अधिक	10 तथा अधिक	20 तथा अधिक	30 तथा अधिक	40 तथा अधिक	50 तथा अधिक	60 तथा अधिक	70 तथा अधिक	80 तथा अधिक	90 तथा अधिक	100 तथा अधिक
विद्यार्थियों की संख्या	80	77	72	65	55	43	28	16	10	8	0

17. आँकड़ों का माध्य तथा माध्यिका क्रमश: 24 तथा 26 है। बहुलक का मान ज्ञात करें।

18. यदि आँकड़ों का बहुलक तथा माध्य क्रमश: $12k$ तथा $15k$ है, तब आँकड़ों का माध्यक ज्ञात कीजिए।

19. स्कूल के 200 विद्यार्थियों की मेडिकल जाँच के दौरान उनका वजन निम्न पाया गया।

वजन (किग्रा में)	30-39	40-49	50-59	60-69	70-79	80-89
विद्यार्थियों की संख्या	5	22	63	74	30	6

विद्यार्थियों के वजन का माध्यक ज्ञात कीजिए।

संकेत एवं हल

1. संकेत

अंक	विद्यार्थियों की संख्या
10-20	15
20-30	20 − 15 = 5
30-40	30 − 20 = 10
40-50	35 − 30 = 5
50-60	40 − 35 = 5

2. उदाहरण 4 की भाँति स्वयं हल करें।

3. उदाहरण 6 की भाँति स्वयं हल करें। **उत्तर** 12

4. उदाहरण 7 की भाँति स्वयं हल करें। **उत्तर** 6.5

5. संकेत

साक्षरता दर (प्रतिशत में)	50-60	60-70	70-80	80-90
शहरों की संख्या	9	6	8	2
संचयी बारंबारता	9	15	23	25

यहाँ, $\frac{n}{2} = \frac{25}{2} = 12.5$

क्योंकि संचयी बारंबारता 12.5 से ठीक बड़ा 15 है तथा संगत वर्ग 60-70 है।

∴ माध्यक वर्ग 60-70 है।

क्योंकि अधिकतम बारंबारता 9 है तथा संगत वर्ग 50-60 है

∴ बहुलक वर्ग = 50 − 60

6. प्रश्न 5 की भाँति स्वयं हल करें।

माध्यक वर्ग = 24 − 32

अत: माध्यक वर्ग की ऊपरी सीमा 32 है।

7. उदाहरण 8 की भाँति स्वयं हल करें। **उत्तर** 20.47

8. उदाहरण 8 की भाँति स्वयं हल करें। **उत्तर** ₹ 51.66

बहुलक टॉपिक 2 उदाहरण 2, की भाँति स्वयं हल करें। **उत्तर** ₹ 56

9. उदाहरण 8 की भाँति स्वयं हल करें। **उत्तर** 59.33

10. उदाहरण 9 की भाँति स्वयं हल करें। **उत्तर** 138.57 सेमी

11. उदाहरण 9 की भाँति स्वयं हल करें। **उत्तर** 116.67 (लगभग)

12. संकेत

आयु (वर्षों में)	व्यक्तियों की संख्या	संचयी बारंबारता
0-10	5	5
10-20	25	30
20-30	x	$30 + x$
30-40	18	$48 + x$
40-50	7	$55 + x$

क्योंकि माध्यक 24 है। अत: माध्यक वर्ग 20-30 है।

$$\text{माध्यक} = l + \left(\frac{\frac{n}{2} - cf}{f}\right) \times h$$

$$\Rightarrow 24 = 20 + \left[\frac{\frac{55+x}{2} - 30}{x}\right] \times 10 \Rightarrow 4 = \frac{x-5}{2x} \times 10$$

$$\Rightarrow 8x = 10x - 50 \Rightarrow x = \frac{50}{2} = 25$$

13. प्रश्न 12 की भाँति स्वयं हल करें। **उत्तर** $x = 5$

14. संकेत

वर्ग	बारंबारता	संचयी बारंबारता
0-10	2	2
10-20	x	$2 + x = cf$
20-30	$20 = f$	$22 + x$
30-40	15	$37 + x$
40-50	7	$44 + x$
50-60	y	$44 + x + y$
योग	$N = 44 + x + y$	

प्रश्नानुसार, $2 + x + 20 + 15 + 7 + y = 58$

$$44 + x + y = 58$$

$$n = \frac{44 + x + y}{2} = \frac{58}{2} = 29$$

$\because$ माध्यक = 28.5

माध्यक वर्ग = 20 – 30,

$\therefore$ $l = 20$

$$28.5 = 20 + \left[\frac{29 - 2 - x}{20}\right] \times 10$$

$$8.5 = \frac{27 - x}{2}$$

$$17 = 27 - x$$

$$\Rightarrow x = 27 - 17 = 10, \; y = 14 - 10 = 4$$

15. उदाहरण 10 की भाँति स्वयं हल करें। **उत्तर** $f_1 = 33$, $f_2 = 54$

16. उदाहरण 9 की भाँति स्वयं हल करें। **उत्तर** 52

17. उदाहरण 11 की भाँति स्वयं हल करें। **उत्तर** 30

18. संकेत माध्यक $= \frac{\text{बहुलक} + 2\ (\text{माध्य})}{3}$

$$= \frac{12k + 2 \times 15k}{3}$$

$$= \frac{42k}{3} = 14k$$

19. संकेत दिए गए बंटन को सतत् वर्गीकृत बारंबारता के रूप में बदलिए तथा माध्यक ज्ञात कीजिए।

उत्तर 60.85 किग्रा।

NCERT फोल्डर

प्रश्नावली 13.1

1. विद्यार्थियों के एक समूह द्वारा अपने पर्यावरण संचेतना अभियान के अंतर्गत एक सर्वेक्षण किया गया, जिसमें उन्होने एक मोहल्ले के 20 घरों में लगे हुए पौधों से संबंधित निम्नलिखित आँकड़े एकत्रित किए। प्रति घर माध्य पौधों की संख्या ज्ञात कीजिए

पौधों की संख्या	0-2	2-4	4-6	6-8	8-10	10-12	12-14
घरों की संख्या	1	2	1	5	6	2	3

माध्य निकालने के लिए आपने किस विधि का प्रयोग किया और क्यों? [पहले हम प्रत्येक वर्ग अंतराल का वर्ग चिह्न (x_i) ज्ञात करते हैं, फिर f_ix_i ज्ञात करते हैं और इस सूत्र $\bar{x} = \frac{\Sigma f_i x_i}{\Sigma f_i}$ से माध्य ज्ञात करते हैं] **[CBSE 2012]**

हल हम आँकड़ों का माध्य प्रत्यक्ष (सरल) विधि से ज्ञात करेंगे क्योंकि अंक छोटे (कम) हैं।

वर्ग (पौधों की संख्या)	बारंबारता (f_i) (घरों की संख्या)	मध्यमान (x_i)	f_ix_i
0-2	1	1	1
2-4	2	3	6
4-6	1	5	5
6-8	5	7	35
8-10	6	9	54
10-12	2	11	22
12-14	3	13	39
योग	$N = 20$		162

दिया है, $N = \sum_{i=1}^{7} f_i = 20$ और $\sum_{i=1}^{7} f_ix_i = 162$

तब, आँकड़ों का माध्य, $\bar{x} = \frac{1}{N} \times \sum_{i=1}^{7} f_ix_i = \frac{1}{20} \times 162 = 8.1$

अतः आँकड़ों का अभीष्ट माध्य 8.1 पौधे हैं। यहाँ, हमने सरल विधि का प्रयोग इसलिए किया, क्योंकि x_i और f_i का मान छोटा (कम) है। छात्रों के लिए पर्यावरण जागरूकता कार्यक्रम पर्यावरण स्वस्थ बनाता है, क्योंकि

(i) इससे वे अधिक-से-अधिक पेड़ों को लगायेंगे, जो पर्यावरण के लिए अच्छा है।

(ii) वे किसी प्रकार का प्रदूषण नहीं करेंगे।

2. किसी फैक्ट्री के 50 श्रमिकों की दैनिक मजदूरी के निम्नलिखित बंटन पर विचार कीजिए

दैनिक मजदूरी (₹ में)	500-520	520-540	540-560	560-580	580-600
मजदूरों की संख्या	12	14	8	6	10

एक उपर्युक्त विधि का प्रयोग करते हुए, इस फैक्ट्री के श्रमिकों की माध्य दैनिक मजदूरी ज्ञात कीजिए। **[CBSE 2019, 09]**

हल यहाँ, हम आँकड़ों का माध्य ज्ञात करने के लिए मानक विचलन विधि का प्रयोग कर रहे हैं।

दैनिक मजदूरी (₹ में)	मजदूरों की संख्या (f_i)	मध्यमान (x_i)	$d_i = x_i - 550$	$u_i = \frac{d_i}{h} = \frac{x_i - 550}{20}$	f_iu_i
500-520	12	510	– 40	– 2	– 24
520-540	14	530	– 20	– 1	– 14
540-560	8	550 = a	0	0	0
560-580	6	570	20	1	6
580-600	10	590	40	2	20
योग	$N = 50$				– 12

यहाँ, कल्पित माध्य $(a) = 550$, वर्ग माप $(h) = 20, N = 50$ और $\sum_{i=1}^{5} f_iu_i = -12$

मानक विचलन विधि द्वारा,

$$\text{माध्य} = a + h \times \frac{1}{N} \times \sum_{i=1}^{5} f_iu_i = \left\{550 + 20 \times \frac{1}{50} \times (-12)\right\}$$

$$= \left\{550 - \frac{24}{5}\right\} = \{550 - 4.80\} = 545.20$$

3. निम्नलिखित वितरण (बंटन) एक मोहल्ले के बच्चों के दैनिक जेब खर्च को दर्शाता है। माध्य जेब खर्च ₹ 18 है। रिक्त बारंबारता f का मान ज्ञात कीजिए।

दैनिक जेब भत्ता (₹ में)	11-13	13-15	15-17	17-19	19-21	21-23	23-25
बच्चों की संख्या	7	6	9	13	f	5	4

हल

दैनिक जेब भत्ता (₹ में)	बच्चों की संख्या (f_i)	मध्यमान (x_i)	$d_i = x_i - 18$	fd_i
11-13	7	12	– 6	– 42
13-15	6	14	– 4	– 24
15-17	9	16	– 2	– 18
17-19	13	18 = a	0	0
19-21	f	20	2	$2f$
21-23	5	22	4	20
23-25	4	24	6	24
योग	$N = 44 + f$			$2f - 40$

दिया है, माध्य = ₹ 18

तालिका से, कल्पित माध्य $(a) = 18, N = 44 + f$

और $\sum_{i=1}^{7} f_id_i = 2f - 40$

अब, कल्पित माध्य विधि द्वारा,

$$\text{माध्य} = a + \frac{1}{N} \times \sum_{i=1}^{7} f_i d_i$$

$$\Rightarrow \quad 18 = 18 + \frac{1}{(44+f)} \times (2f - 40) \quad \Rightarrow \quad 0 = \frac{2f - 40}{44 + f}$$

$$\Rightarrow \quad 2f = 40 \quad \Rightarrow \quad f = 20 \qquad [\because f \neq -44]$$

4. किसी अस्पताल में, एक डॉक्टर द्वारा 30 महिलाओं की जाँच की गई और उनके हृदय स्पंदन (beat) की प्रति मिनट संख्या नोट करके नीचे दर्शाए अनुसार संक्षिप्त रूप में लिखी गई। एक उपयुक्त विधि चुनते हुए, इन महिलाओं के हृदय स्पंदन की प्रति मिनट माध्य संख्या ज्ञात कीजिए।

हृदय स्पंदन की प्रति मिनट संख्या	65-68	68-71	71-74	74-77	77-80	80-83	83-86
महिलाओं की संख्या	2	4	3	8	7	4	2

हल

हृदय स्पंदन की प्रति मिनट संख्या	महिलाओं की संख्या (f_i)	मध्यमान (x_i)	$u_i = \frac{x_i - a}{h} = \frac{x_i - 75.5}{3}$	f_iu_i
65-68	2	66.5	$u_1 = \frac{66.5 - 75.5}{3} = -3$	−6
68-71	4	69.5	$u_2 = \frac{69.5 - 75.5}{3} = -2$	−8
71-74	3	72.5	$u_3 = \frac{72.5 - 75.5}{3} = -1$	−3
74-77	8	75.5 = a	$u_4 = \frac{75.5 - 75.5}{3} = 0$	0
77-80	7	78.5	$u_5 = \frac{78.5 - 75.5}{3} = 1$	7
80-83	4	81.5	$u_6 = \frac{81.5 - 75.5}{3} = 2$	8
83-86	2	84.5	$u_7 = \frac{84.5 - 75.5}{3} = 3$	6
योग	N = 30			4

यहाँ, कल्पित माध्य (a) = 75.5, वर्ग माप (h) = 3, कुल प्रेक्षण (N) = 30

और $\sum_{i=1}^{7} f_i u_i = 4$

मानक विचलन विधि द्वारा,

$$\text{माध्य} = a + h \times \frac{1}{N} \times \sum_{i=1}^{7} f_i u_i = 75.5 + 3 \times \frac{1}{30} \times 4$$

$= 75.5 + 0.4 = 75.9$ हृदय की धड़कने

5. किसी फुटकर बाजार में, फल विक्रेता पेटियों में रखे आम बेच रहे थे। इन पेटियों में आमों की संख्याएँ भिन्न-भिन्न (परिवर्तनशील अर्थात् अलग-अलग) थीं। पेटियों की संख्या के अनुसार आमों का बंटन निम्नलिखित था

आमों की संख्या	50-52	53-55	56-58	59-61	62-64
पेटियों की संख्या	15	110	135	115	25

एक पेटी में रखे आमों की माध्य संख्या ज्ञात कीजिए। आपने माध्य ज्ञात करने की किस विधि का प्रयोग किया है?

हल चूँकि दिए गए आँकड़े सतत् नहीं हैं। अतः हम प्रत्येक वर्ग की उच्च सीमा में 0.5 जोड़ते हैं तथा निम्न सीमा में से 0.5 घटाते हैं।

आमों की संख्या	पेटियों की संख्या (f_i)	मध्यमान (x_i)	$u_i = \frac{x_i - a}{h} = \frac{x_i - 57}{3}$	f_iu_i
49.5-52.5	15	51	−2	−30
52.5-55.5	110	54	−1	−110
55.5-58.5	135	a = 57	0	0
58.5-61.5	115	60	1	115
61.5-64.5	25	63	2	50
योग	N = 400			25

यहाँ, कल्पित माध्य (a) = 57, वर्ग माप (h) = 3, कुल प्रेक्षण (N) = 400

और $\sum_{i=1}^{5} f_i u_i = 25$

मानक विचलन विधि से,

$$\text{माध्य} = a + h \times \frac{1}{N} \times \sum_{i=1}^{5} f_i u_i = 57 + 3 \times \frac{1}{400} \times 25$$

$$= 57 + \frac{75}{400} = 57 + 0.19 = 57.19$$

6. निम्नलिखित सारणी किसी मोहल्ले के 25 परिवारों के भोजन पर दैनिक व्यय को दर्शाती है

दैनिक व्यय (₹ में)	100-150	150-200	200-250	250-300	300-350
परिवारों की संख्या	4	5	12	2	2

उपयुक्त विधि से भोजन पर दैनिक व्यय का माध्य ज्ञात कीजिए। **[CBSE 2020 (Basic)]**

हल

दैनिक व्यय (₹ में)	परिवारों की संख्या (f_i)	मध्यमान (x_i)	$u_i = \frac{x_i - a}{h} = \frac{x_i - 225}{50}$	f_iu_i
100-150	4	125	−2	−8
150-200	5	175	−1	−5
200-250	12	a = 225	0	0
250-300	2	275	1	2
300-350	2	325	2	4
योग	N = 25			−7

यहाँ, कल्पित माध्य (a) = 225, वर्ग माप (h) = 50, कुल प्रेक्षण (N) = 25

और $\sum_{i=1}^{5} f_i u_i = -7$

मानक विचलन विधि से,

$$\text{माध्य} = a + h \times \frac{1}{N} \times \sum_{i=1}^{5} f_i u_i = 225 + 50 \times \frac{1}{25} \times (-7)$$

$= 225 - 14 = 211$

7. वायु में सल्फर डाइऑक्साइड (SO_2) की सांद्रता (भाग प्रति मिलियन में) को ज्ञात करने के लिए एक नगर के 30 मोहल्लों से आँकड़े एकत्रित किए गए जिन्हें नीचे तालिका में प्रस्तुत किया गया है।

SO_2 की सांद्रता (भाग प्रति मिलियन में)	बारंबारता
0.00-0.04	4
0.04-0.08	9
0.08-0.12	9
0.12-0.16	2
0.16-0.20	4
0.20-0.24	2

वायु में SO_2 की सांद्रता का माध्य ज्ञात कीजिए।

हल

SO_2 की सांद्रता (भाग प्रति मिलियन में)	बारंबारता (f_i)	मध्यमान (x_i)	$u_i = \frac{x_i - a}{h} = \frac{x_i - 0.10}{0.04}$	f_iu_i
0.00-0.04	4	0.02	−2	−8
0.04-0.08	9	0.06	−1	−9
0.08-0.12	9	0.10 = a	0	0
0.12-0.16	2	0.14	1	2
0.16-0.20	4	0.18	2	8
0.20-0.24	2	0.22	3	6
योग	$N = 30$			−1

यहाँ, कल्पित माध्य $(a) = 0.10$, वर्ग माप $(h) = 0.04$,

कुल प्रेक्षण $(N) = 30$ और $\sum_{i=1}^{6} f_iu_i = -1$

मानक विचलन विधि से,

$$\text{माध्य} = a + h \times \frac{1}{N} \times \sum_{i=1}^{6} f_iu_i = 0.10 + 0.04 \times \frac{1}{30} \times (-1)$$

$$= 0.10 - \frac{0.04}{30} = 0.10 - 0.001 = 0.099 \text{ भाग प्रति मिलियन}$$

8. किसी कक्षा अध्यापिका ने पूरे सत्र के लिए अपनी कक्षा के 40 विद्यार्थियों की अनुपस्थिति निम्नलिखित रूप में रिकॉर्ड की, एक विद्यार्थी जितने दिन अनुपस्थित रहा उनका माध्य ज्ञात कीजिए।

दिनों की संख्या	0-6	6-10	10-14	14-20	20-28	28-38	38-40
विद्यार्थियों की संख्या	11	10	7	4	4	3	1

हल

दिनों की संख्या	विद्यार्थियों की संख्या (f_i)	मध्यमान (x_i)	$d_i = x_i - a = x_i - 17$	f_id_i
0-6	11	3	−14	−154
6-10	10	8	−9	−90
10-14	7	12	−5	−35
14-20	4	17 = a	0	0
20-28	4	24	7	28
28-38	3	33	16	48
38-40	1	39	22	22
योग	$N = 40$			−181

यहाँ, कल्पित माध्य, $a = 17$, कुल प्रेक्षण $(N) = 40$ और $\sum_{i=1}^{7} f_id_i = -181$

$$\text{कल्पित माध्य विधि से, माध्य} = a + \frac{1}{N} \times \sum_{i=1}^{7} f_id_i$$

$$= 17 + \frac{1}{40} \times (-181)$$

$$= 17 - \frac{18.1}{4} = 17 - 4.52$$

$$= 12.48 \text{ दिन}$$

9. निम्नलिखित तालिका 35 नगरों की साक्षरता दर (प्रतिशत में) दर्शाती है। माध्य साक्षरता दर ज्ञात कीजिए

साक्षरता दर (% में)	45-55	55-65	65-75	75-85	85-95
शहरों की संख्या	3	10	11	8	3

हल

साक्षरता दर (% में)	शहरों की संख्या (f_i)	मध्यमान (x_i)	$u_i = \frac{x_i - a}{h} = \frac{x_i - 70}{10}$	f_iu_i
45-55	3	50	−2	−6
55-65	10	60	−1	−10
65-75	11	$a = 70$	0	0
75-85	8	80	1	8
85-95	3	90	2	6
योग	$N = 35$			−2

यहाँ, कल्पित माध्य $(a) = 70$, वर्ग माप $(h) = 10$, कुल प्रेक्षण $(N) = 35$ और $\sum_{i=1}^{5} f_iu_i = -2$

मानक विचलन विधि से,

$$\text{माध्य} = a + h \times \frac{1}{N} \times \sum_{i=1}^{5} f_iu_i = 70 + 10 \times \frac{1}{35} \times (-2)$$

$$= 70 - \frac{4}{7} = 70 - 0.57$$

$$= 69.43\%$$

प्रश्नावली 13.2

1. निम्नलिखित तालिका अस्पताल में एक विशेष वर्ष में भर्ती हुए रोगियों की आयु को दर्शाती है

आयु (वर्षों में)	रोगियों की संख्या
5-15	6
15-25	11
25-35	21
35-45	23
45-55	14
55-65	5

उपरोक्त आँकड़ों के बहुलक और माध्य ज्ञात कीजिए। दोनों केंद्रीय प्रवृत्ति की मापों की तुलना कीजिए और उनकी व्याख्या कीजिए।

हल

आयु (वर्षों में)	रोगियों की संख्या (f_i)	मध्यमान (x_i)	$u_i = \frac{x_i - a}{h} = \frac{x_i - 30}{10}$	f_iu_i
5-15	6	10	−2	−12
15-25	11	20	−1	−11
25-35	21	30 = a	0	0
35-45	23	40	1	23
45-55	14	50	2	28
55-65	5	60	3	15
योग	$N = 80$			43

अतः कल्पित माध्य (a) = 30, वर्ग माप (h) = 10, कुल प्रेक्षण (N) = 80 और $\sum_{i=1}^{6} f_iu_i = 43$

दिए आँकड़ों से, बहुलक वर्ग = (35-45)

(दिए गए आँकड़ों के वर्ग के लिए इसकी सबसे अधिक बारंबारता है)

अतः बहुलक वर्ग की निम्न सीमा (l) = 35, $f_m = 23$, $f_1 = 21$, $f_2 = 14$ और वर्ग माप (h) = 10

$$\text{बहुलक} = l + \left\{\frac{f_m - f_1}{2f_m - f_1 - f_2}\right\} \times h = 35 + \left\{\frac{23 - 21}{46 - 21 - 14}\right\} \times 10$$

$$= 35 + \frac{20}{11} = 35 + 1.8 = 36.82 \text{ वर्ष}$$

अब, आँकड़ों का माध्य ज्ञात करते हैं।
पद विचलन विधि से,

$$\text{माध्य} = a + h \times \frac{1}{N} \times \sum_{i=1}^{6} f_iu_i = 30 + 10 \times \frac{1}{80} \times 43$$

$$= 30 + 5.37 = 35.37 \text{ वर्ष}$$

अतः बहुलक = 36.8 वर्ष और माध्य = 35.37 वर्ष

अतः हम निष्कर्ष निकालते हैं कि अस्पताल में दाखिल होने वाले मरीजों की अधिकतम आयु (लगभग) 36.8 वर्ष है, जबकि अस्पताल में दाखिल होने वाले एक मरीज की औसत आयु 35.37 वर्ष है।

2. **निम्नलिखित आँकड़े 225 विद्युत उपकरणों की प्रेक्षित जीवन काल (घंटों में) की सूचना देते हैं**

जीवन काल (घंटों में)	0-20	20-40	40-60	60-80	80-100	100-120
बारंबारता	10	35	52	61	38	29

उपकरणों का बहुलक जीवन काल ज्ञात कीजिए।

हल दिए आँकड़ों का बहुलक वर्ग 60-80 है, क्योंकि इस वर्ग की बारंबारता दिए गए आँकड़ों के वर्ग में सबसे अधिक है।

यहाँ, निम्न बहुलक वर्ग (l) = 60, $f_m = 61$, $f_1 = 52$, $f_2 = 38$ और वर्ग माप (h) = 20

$$\text{बहुलक} = l + \left\{\frac{f_m - f_1}{2f_m - f_1 - f_2}\right\} \times h = 60 + \left\{\frac{61 - 52}{122 - 52 - 38}\right\} \times 20$$

$$= 60 + \frac{9 \times 20}{32} = 60 + \frac{45}{8} = 60 + 5.625 = 65.625 \text{ घंटे}$$

3. निम्नलिखित आँकड़े किसी गाँव के 200 परिवारों के कुल मासिक घरेलू व्यय के बंटन को दर्शाते हैं। इन परिवारों का बहुलक मासिक व्यय की गणना कीजिए। साथ ही, माध्य मासिक व्यय भी ज्ञात कीजिए।

व्यय (₹ में)	परिवारों की संख्या
1000-1500	24
1500-2000	40
2000-2500	33
2500-3000	28
3000-3500	30
3500-4000	22
4000-4500	16
4500-5000	7

हल

व्यय	परिवारों की संख्या (f_i)	मध्यमान (x_i)	$u_i = \frac{x_i - a}{h} = \frac{x_i - 2750}{500}$	f_iu_i
1000-1500	24	1250	−3	−72
1500-2000	40	1750	−2	−80
2000-2500	33	2250	−1	−33
2500-3000	28	2750 = a	0	0
3000-3500	30	3250	1	30
3500-4000	22	3750	2	44
4000-4500	16	4250	3	48
4500-5000	7	4750	4	28
योग	$N = 200$			−35

आँकड़ों का बहुलक वर्ग (1500-2000) है, क्योंकि इस वर्ग की सबसे अधिक बारंबारता है।

निम्न बहुलक वर्ग (l) = 1500, $f_m = 40$, $f_1 = 24$, $f_2 = 33$, वर्ग माप (h) = 500

$$\text{बहुलक} = l + \left\{\frac{f_m - f_1}{2f_m - f_1 - f_2}\right\} \times h$$

$$= 1500 + \left\{\frac{40 - 24}{80 - 24 - 33}\right\} \times 500$$

$$= 1500 + \frac{16 \times 500}{23} = 1500 + \frac{8000}{23}$$

$$= 1500 + 347.83 = 1847.83$$

अतः कल्पित माध्य (a) = 2750, वर्ग माप (h) = 500, कुल प्रेक्षण (N) = 200 और $\sum_{i=1}^{8} f_iu_i = -35$

मानक विचलन विधि द्वारा,

$$\text{माध्य} = a + h \times \frac{1}{N} \times \sum_{i=1}^{8} f_iu_i = 2750 + 500 \times \frac{1}{200} \times (-35)$$

$$= 2750 - \frac{5 \times 35}{2} = 2750 - 87.50 = ₹\, 2662.50$$

अतः अधिकतम बहुलक मासिक व्यय ₹ 1847.83 और माध्य मासिक व्यय ₹ 2662.50 है।

4. निम्नलिखित बंटन भारत के उच्चतर माध्यमिक स्कूलों में राज्यवार शिक्षक-विद्यार्थी अनुपात को दर्शाता है। इन आँकड़ों का बहुलक और माध्य ज्ञात कीजिए। दोनों मापों की व्याख्या कीजिए।

प्रति शिक्षक विद्यार्थियों की संख्या	राज्य/संघीय क्षेत्रों की संख्या
15-20	3
20-25	8
25-30	9
30-35	10
35-40	3
40-45	0
45-50	0
50-55	2

हल

प्रति शिक्षक विद्यार्थियों की संख्या	राज्यों की संख्या (f_i)	मध्यमान (x_i)	$u_i = \frac{x_i - a}{h} = \frac{x_i - 32.5}{5}$	f_iu_i
15-20	3	17.5	– 3	– 9
20-25	8	22.5	– 2	– 16
25-30	9	27.5	– 1	– 9
30-35	10	32.5 = a	0	0
35-40	3	37.5	1	3
40-45	0	42.5	2	0
45-50	0	47.5	3	0
50-55	2	52.5	4	8
योग	$N = 35$			– 23

चूँकि, सबसे अधिक बारंबारता $f_m = 10$ है। अतः इसका बहुलक वर्ग (30-35) है।

$\therefore$ निम्न वर्ग सीमा $(l) = 30$, $f_m = 10$, $f_1 = 9$, $f_2 = 3$, वर्ग माप $(h) = 5$

$$\text{बहुलक} = l + \left\{\frac{f_m - f_1}{2f_m - f_1 - f_2}\right\} \times h = 30 + \left\{\frac{10 - 9}{20 - 9 - 3}\right\} \times 5$$

$$= 30 + \frac{5}{8} = 30 + 0.62 = 30.6$$

अतः कल्पित माध्य $(a) = 32.5$, वर्ग माप $(h) = 5$, कुल प्रेक्षण $(N) = 35$

और $\sum_{i=1}^{8} f_iu_i = -23$

मानक विचलन विधि से,

$$\text{माध्य} = a + h \times \frac{1}{N} \times \sum_{i=1}^{8} f_iu_i = 32.5 + 5 \times \frac{1}{35} \times (-23)$$

$$= 32.5 - \frac{23}{7} = 32.5 - 3.3 = 29.2$$

अतः बहुलक = 30.6 तथा माध्य = 29.2

हम यह निष्कर्ष निकालते हैं कि अधिकतम राज्य/संघ शासित क्षेत्रों में शिक्षक-विद्यार्थी 30.6 है तथा उनका माध्य 29.2 है।

5. दिया हुआ बंटन विश्व के कुछ श्रेष्ठतम बल्लेबाजों द्वारा एकदिवसीय अंतर्राष्ट्रीय क्रिकेट मैचों में बनाए गए रनों को दर्शाता है।

बनाए गए रन	बल्लेबाजों की संख्या
3000-4000	4
4000-5000	18
5000-6000	9
6000-7000	7
7000-8000	6
8000-9000	3
9000-10000	1
10000-11000	1

इन आँकड़ों का बहुलक ज्ञात कीजिए। **[CBSE 2018, 16]**

हल चूँकि, अधिकतम बारंबारता $f_m = 18$ है। इसलिए बहुलक वर्ग (4000-5000) है।

$\therefore$ निम्न बहुलक वर्ग $(l) = 4000$, $f_m = 18$, $f_1 = 4$, $f_2 = 9$,

वर्ग माप $(h) = 1000$

$$\text{बहुलक} = l + \left\{\frac{f_m - f_1}{2f_m - f_1 - f_2}\right\} \times h$$

$$= 4000 + \left\{\frac{18 - 4}{36 - 4 - 9}\right\} \times 1000$$

$$= 4000 + \frac{14000}{23} = 4000 + 608.7$$

$$= 4608.7 \text{ रन}$$

6. एक विद्यार्थी ने एक सड़क के किसी स्थान से होकर जाती हुई कारों की संख्याएँ नोट की और उन्हें नीचे दी हुई सारणी के रूप में व्यक्त किया। सारणी में दिया प्रत्येक प्रेक्षण 3 मिनट के अंतराल में उस स्थान से होकर जाने वाली कारों की संख्याओं से संबंधित है। ऐसे 100 अंतरालों पर प्रेक्षण लिए गए, इन आँकड़ों का बहुलक ज्ञात कीजिए।

कारों की संख्या	0-10	10-20	20-30	30-40	40-50	50-60	60-70	70-80
बारंबारता	7	14	13	12	20	11	15	8

[CBSE 2014]

हल चूँकि, अधिकतम बारंबारता $f_m = 20$ है। अतः इसकी वर्ग सीमा (40-50) है।

निम्न बहुलक वर्ग $(l) = 40$, $f_m = 20$, $f_1 = 12$, $f_2 = 11$, वर्ग माप $(h) = 10$

$$\text{बहुलक} = l + \left\{\frac{f_m - f_1}{2f_m - f_1 - f_2}\right\} \times h$$

$$= 40 + \left\{\frac{20 - 12}{40 - 12 - 11}\right\} \times 10$$

$$= 40 + \frac{80}{17} = 40 + 4.7$$

$$= 44.7 \text{ कारें}$$

प्रश्नावली 13.3

1. निम्नलिखित बारंबारता बंटन, किसी मोहल्ले के 68 उपभोक्ताओं की विद्युत की मासिक खपत दर्शाता है। आँकड़ों की माध्यिका, बहुलक और माध्य ज्ञात कीजिए और उनकी तुलना कीजिए।

मासिक खपत (इकाइयों में)	उपभोक्ताओं की संख्या
65-85	4
85-105	5
105-125	13
125-145	20
145-165	14
165-185	8
185-205	4

हल

मासिक खपत (इकाइयों में)	उपभोक्ताओं की संख्या (f_i)	संचयी बारंबारता (cf)
65-85	4	4
85-105	5	9
105-125	13	$cf = 22$
125-145	$20 = f$	42
145-165	14	56
165-185	8	64
185-205	4	68
योग	$N = 68$	

(i) यहाँ, $N = 68 \Rightarrow \frac{N}{2} = 34$

अतः माध्यिका वर्ग (125-145) है।

निम्न माध्यिका वर्ग $(l) = 125$, $N = 68$, $f = 20$, $cf = 22$,

वर्ग माप $(h) = 20$

$$\text{माध्यिका} = l + \left\{\frac{\frac{N}{2} - cf}{f}\right\} \times h = 125 + \left\{\frac{34 - 22}{20}\right\} \times 20$$

$$= 125 + \frac{12}{20} \times 20$$

$$= 125 + 12 = 137 \text{ इकाई}$$

(ii) चूँकि, अधिकतम बारंबारता $f_m = 20$ है। इसलिए इसका बहुलक वर्ग (125-145) है।

$f_1 = 13$, $f_2 = 14$, निम्न बहुलक वर्ग $(l) = 125$ और वर्ग माप $(h) = 20$

$$\text{बहुलक} = l + \left\{\frac{f_m - f_1}{2f_m - f_1 - f_2}\right\} \times h$$

$$= 125 + \left\{\frac{20 - 13}{40 - 13 - 14}\right\} \times 20$$

$$= 125 + \frac{7 \times 20}{13}$$

$$= 125 + \frac{140}{13}$$

$$= 125 + 10.76 = 135.76 \text{ इकाई}$$

(iii)

मासिक खपत (इकाइयों में)	उपभोक्ताओं की संख्या (f_i)	मध्यमान (x_i)	$u_i = \frac{x_i - a}{h} = \frac{x_i - 135}{20}$	f_iu_i
65-85	4	75	−3	−12
85-105	5	95	−2	−10
105-125	13	115	−1	−13
125-145	20	$a = 135$	0	0
145-165	14	155	1	14
165-185	8	175	2	16
185-205	4	195	3	12
योग	$N = 68$			7

कुल प्रेक्षण $(N) = 68$, कल्पित माध्य $(a) = 135$, वर्ग माप $(h) = 20$ और $\sum_{i=1}^{7} f_iu_i = 7$

मानक विचलन विधि से,

$$\text{माध्य} = a + h \times \frac{1}{N} \times \sum_{i=1}^{7} f_iu_i = 135 + 20 \times \frac{1}{68} \times 7$$

$$= 135 + \frac{35}{17} = 135 + 2.05 = 137.05 \text{ इकाई}$$

अतः इस स्थिति में तीनों मापें लगभग समान हैं।

2. यदि नीचे दिए गए बंटन की माध्यिका 28.5 हो, तो x और y के मान क्रमशः ज्ञात कीजिए।

वर्ग अंतराल	बारंबारता
0-10	5
10-20	x
20-30	20
30-40	15
40-50	y
50-60	5
योग	60

हल

वर्ग अंतराल	बारंबारता (f)	संचयी बारंबारता
0-10	5	5
10-20	x	$5 + x = cf$
20-30	$20 = f$	$25 + x$
30-40	15	$40 + x$
40-50	y	$40 + x + y$
50-60	5	$45 + x + y$
योग	60	

दिया है, माध्यिका = 28.5 जो वर्ग अंतराल (20-30) में आती है।

तब, माध्यिका वर्ग (20-30) है।

अतः निम्न माध्यिका वर्ग $(l) = 20$, $f = 20$, $cf = 5 + x$,

वर्ग माप $(h) = 10$,

कुल प्रेक्षण $(N) = 60$

$$\text{माध्यिका} = l + \left\{\frac{\frac{N}{2} - cf}{f}\right\} \times h$$

$$\therefore \; 28.5 = 20 + \frac{\left\{\frac{60}{2} - (5 + x)\right\}}{20} \times 10 \Rightarrow 8.5 = \frac{25 - x}{2}$$

$\Rightarrow \quad 17 = 25 - x \quad \Rightarrow \quad x = 8$

दी गई तालिका से,

$x + y + 45 = 60 \Rightarrow x + y = 15$

$\Rightarrow \quad y = 15 - x = 15 - 8 = 7 \Rightarrow y = 7$

अतः x और y के मान क्रमशः 8 और 7 हैं।

3. एक जीवन बीमा प्रतिनिधि 100 पॉलिसी धारकों की आयु के बंटन के निम्नलिखित आँकड़े ज्ञात करता है। माध्यक आयु ज्ञात कीजिए, यदि पॉलिसी केवल उन्हीं व्यक्तियों को दी जाती है, जिनकी आयु 18 वर्ष या उससे अधिक तथा 60 वर्ष से कम हो।

आयु (वर्षों में)	पॉलिसी धारकों की संख्या
20 से कम	2
25 से कम	6
30 से कम	24
35 से कम	45
40 से कम	78
45 से कम	89
50 से कम	92
55 से कम	98
60 से कम	100

हल

आयु (वर्षों में)	पॉलिसी धारकों की संख्या	बारंबारता
20 से कम	2	2 = 2
20-25	6	(6 − 2) = 4
25-30	24	(24 − 6) = 18
30-35	45 = cf	(45 − 24) = 21
(माध्यक वर्ग) 35-40	78	(78 − 45) = 33 = f
40-45	89	(89 − 78) = 11
45-50	92	(92 − 89) = 3
50-55	98	(98 − 92) = 6
55-60	100	(100 − 98) = 2
योग	N = 100	

$$\because \quad \frac{N}{2} = \frac{100}{2} = 50$$

यहाँ, निम्न माध्यिका वर्ग $(l) = 35, f = 33, cf = 45$, वर्ग माप $(h) = 5$, कुल प्रेक्षण $(N) = 100$

$$\text{माध्यिका} = l + \left\{\frac{\frac{N}{2} - cf}{f}\right\} \times h$$

$$= 35 + \left\{\frac{50 - 45}{33}\right\} \times 5 = 35 + \frac{25}{33} = 35 + 0.76$$

$= 35.76$ आयु

4. एक पौधे की 40 पत्तियों की लंबाइयाँ निकटतम मिमी में मापी जाती हैं और प्राप्त आँकड़ों को निम्नलिखित तालिका के रूप में निरूपित किया जाता है। पत्तियों की माध्यक लंबाई ज्ञात कीजिए।

लंबाई (मिमी में)	पत्तियों की संख्या
118-126	3
127-135	5
136-144	9
145-153	12
154-162	5
163-171	4
172-180	2

*[**संकेत** माध्यक ज्ञात करने के लिए, आँकड़ों को सतत् वर्ग अंतरालों में बदलना पड़ेगा, क्योंकि सूत्र में वर्ग अंतरालों को सतत् माना गया है, तब ये वर्ग 117.5-126.5, 126.5-135.5, ..., 171.5-180.5 में बदल जाते हैं।]*

हल चूँकि आँकड़े सतत् नहीं हैं। अतः हमें माध्यिका ज्ञात करने के लिए इन्हें सतत् में बदलने की आवश्यकता है, तब वर्ग 117.5-126.5, 126.5-135.5, ..., 171.5-180.5 में बदल जाएँगे।

लंबाई (मिमी में)	पत्तियों की संख्या	संचयी बारंबारता
117.5-126.5	3	3 = 3
126.5-135.5	5	(3 + 5) = 8
135.5-144.5	9	(8 + 9) = 17 = cf
(माध्यिका वर्ग) 144.5-153.5	12 = f	(17 + 12) = 29
153.5-162.5	5	(29 + 5) = 34
162.5-171.5	4	(34 + 4) = 38
171.5-180.5	2	(38 + 2) = 40
योग	N = 40	

$$\because \quad \frac{N}{2} = \frac{40}{2} = 20$$

चूँकि, संचयी बारंबारता 20, माध्यिका वर्ग 144.5-153.5 के अंतर्गत आती है।

यहाँ, निम्न माध्यिका वर्ग $(l) = 144.5, f = 12, cf = 17$,
वर्ग माप $(h) = 9$,

कुल प्रेक्षण $(N) = 40$

$$\text{माध्यिका} = l + \left\{\frac{\frac{N}{2} - cf}{f}\right\} \times h = 144.5 + \left\{\frac{20 - 17}{12}\right\} \times 9$$

$$= 144.5 + \frac{3 \times 3}{4}$$

$$= 144.5 + \frac{9}{4} = 144.5 + 2.25 = 146.75 \text{ मिमी}$$

अतः पत्तियों की माध्यक लंबाई 146.75 मिमी है।

5. निम्नलिखित तालिका 400 नियॉन लैंपों के जीवन कालों (life time) को दर्शाती है

जीवन काल (घंटों में)	लैंपों की संख्या
1500-2000	14
2000-2500	56
2500-3000	60
3000-3500	86
3500-4000	74
4000-4500	62
4500-5000	48

लैंप के जीवन काल की माध्यिका ज्ञात कीजिए।

हल

जीवन काल (घंटों में)	लैंपों की संख्या (f_i)	संचयी बारंबारता (cf)
1500-2000	14	14 = 14
2000-2500	56	(14 + 56) = 70
2500-3000	60	(70 + 60) = 130 = cf
(माध्यिका वर्ग) 3000-3500	86 = f	(130 + 86) = 216
3500-4000	74	(216 + 74) = 290
4000-4500	62	(290 + 62) = 352
4500-5000	48	(352 + 48) = 400
योग	$N = 400$	

$\because \quad \frac{N}{2} = \frac{400}{2} = 200$

चूंकि संचयी बारंबारता 20, वर्ग अंतराल 3000-3500 में आती है।
यहाँ, निम्न माध्यिका वर्ग (l) = 3000, f = 86, cf = 130,
वर्ग माप (h) = 500,
कुल प्रेक्षण (N) = 400

$$\text{माध्यिका} = l + \left\{\frac{\frac{N}{2} - cf}{f}\right\} \times h = 3000 + \frac{\{200 - 130\}}{86} \times 500$$

$$= 3000 + \frac{70 \times 500}{86} = 3000 + \frac{35000}{86}$$

$$= 3000 + 406.98 = 3406.98 \text{ घंटे}$$

अतः नियॉन लैंप की जीवन काल की माध्यिका 3406.98 घंटे है।

6. एक स्थानीय टेलीफोन निर्देशिका से 100 कुलनाम (surnames) लिए गए और उनमें प्रयुक्त अंग्रेजी वर्गमाला के अक्षरों की संख्या का निम्नलिखित बारंबारता बंटन प्राप्त हुआ

अक्षरों की संख्या	1-4	4-7	7-10	10-13	13-16	16-19
कुलनामों की संख्या	6	30	40	16	4	4

कुलनामों में अक्षरों की संख्या की माध्यिका की गणना कीजिए। कुलनामों में अक्षरों की माध्य संख्या ज्ञात कीजिए। साथ ही कुलनामों का बहुलक भी ज्ञात कीजिए।

हल

अक्षरों की संख्या	कुलनामों की संख्या	संचयी बारंबारता
1-4	6	6 = 6
4-7	30	6 + 30 = 36 = cf
(माध्यिका वर्ग) 7-10	40 = f	36 + 40 = 76
10-13	16	76 + 16 = 92
13-16	4	92 + 4 = 96
16-19	4	96 + 4 = 100
योग	$N = 100$	

(i) $\because \quad \frac{N}{2} = \frac{100}{2} = 50$

चूँकि, संचयी बारंबारता 50, वर्ग अंतराल (7-10) में आती है।
यहाँ, निम्न माध्यिका वर्ग (l) = 7, f = 40, cf = 36, वर्ग माप (h) = 3
कुल प्रेक्षण N = 100

$$\text{माध्यिका} = l + \left\{\frac{\frac{N}{2} - cf}{f}\right\} \times h = 7 + \left\{\frac{50 - 36}{40}\right\} \times 3$$

$$= 7 + \frac{14 \times 3}{40} = 7 + \frac{21}{20} = 7 + 1.05 = 8.05$$

अतः कुलनामों में अक्षरों की संख्या की माध्यिका 8.05 है।

(ii) बहुलक वर्ग (7-10) है क्योंकि इसकी अधिकतम बारंबारता (f_m = 40) है।

निम्न बहुलक वर्ग (l) = 7, f_m = 40, f_1 = 30, f_2 = 16, वर्ग माप (h) = 3

$$\text{बहुलक} = l + \left\{\frac{f_m - f_1}{2f_m - f_1 - f_2}\right\} \times h = 7 + \left\{\frac{40 - 30}{80 - 30 - 16}\right\} \times 3$$

$$= 7 + \frac{30}{34} = 7 + 0.88 = 7.88$$

अतः कुलनामों का बहुलक 7.88 है।

(iii)

अक्षरों की संख्या	बारंबारता (f_i)	मध्यमान x_i	$u_i = \frac{x_i - a}{h} = \frac{x_i - 8.5}{3}$	$f_i u_i$
1-4	6	2.5	−2	−12
4-7	30	5.5	−1	−30
7-10	40	8.5 = a	0	0
10-13	16	11.5	1	16
13-16	4	14.5	2	8
16-19	4	17.5	3	12
योग	$N = 100$			−6

यहाँ, कुल प्रेक्षण (N) = 100, कल्पित माध्य (a) = 8.5,
वर्ग माप (h) = 3 और $\sum_{i=1}^{6} f_i u_i = -6$

अब, पद विचलन विधि से,

$$\text{माध्य} = a + h \times \frac{1}{N} \times \sum_{i=1}^{6} f_i u_i = 8.5 + 3 \times \frac{1}{100} \times (-6)$$

$$= 8.5 - \frac{18}{100} = 8.5 - 0.18 = 8.32$$

अतः कुलनामों में अक्षरों की माध्य संख्या 8.32 है।

7. नीचे दिया गया बंटन एक कक्षा के 30 विद्यार्थियों के भार को दर्शाता है। विद्यार्थियों के भार की माध्यिका ज्ञात कीजिए।

भार (किग्रा में)	40-45	45-50	50-55	55-60	60-65	65-70	70-75
विद्यार्थियों की संख्या	2	3	8	6	6	3	2

हल

भार (किग्रा में)	विद्यार्थियों की संख्या (f_i)	संचयी बारंबारता
40-45	2	2 = 2
45-50	3	2 + 3 = 5
50-55	8	5 + 8 = 13 = cf
(माध्यिका वर्ग) 55-60	6 = f	13 + 6 = 19
60-65	6	19 + 6 = 25
65-70	3	25 + 3 = 28
70-75	2	28 + 2 = 30
योग	$N = 30$	

$\because \quad \frac{N}{2} = \frac{30}{2} = 15$

चूँकि, संचयी बारंबारता 15, वर्ग अंतराल (55-60) में आती है।

यहाँ, निम्न माध्यिका वर्ग $(l) = 55, f = 6, cf = 13,$

वर्ग माप $(h) = 5$, कुल प्रेक्षण $(N) = 30$

$$\text{माध्यिका} = l + \left\{\frac{\frac{N}{2} - cf}{f}\right\} \times h$$

$$= 55 + \left\{\frac{15 - 13}{6}\right\} \times 5$$

$$= 55 + \frac{5}{3}$$

$$= 55 + 1.67$$

$$= 56.67 \text{ किग्रा}$$

अतः विद्यार्थियों के भार की माध्यिका 56.67 किग्रा है।

अध्याय : एक नजर में

- माध्य, माध्यक और बहुलक केंद्रीय प्रवृत्ति की मापक है।
- वर्गीकृत आँकड़ों का माध्य, निम्नलिखित विधियों से ज्ञात किया जा सकता है

  (i) प्रत्यक्ष विधि $\bar{x} = \frac{\Sigma f_i x_i}{\Sigma f_i}$

  (ii) कल्पित माध्य विधि $\bar{x} = a + \frac{\Sigma f_i d_i}{\Sigma f_i}$

  जहाँ, a = कल्पित माध्य तथा $d_i = x_i - a$

  (iii) पद-विचलन विधि $\bar{x} = a + \left(\frac{\Sigma f_i u_i}{\Sigma f_i}\right) \times h$

  जहाँ, a = कल्पित माध्य, $u_i = \frac{x_i - a}{h}$

  तथा h = वर्ग अंतराल की माप

  यदि वर्गमाप असमान है, तब उपरोक्त सूत्र को सभी d_i का उपर्युक्त भाजक h लेते हुए प्रयोग कर सकते हैं।

- बहुलक प्रेक्षण का मान है, जिसकी बारंबारता सबसे अधिकतम होती है।
- अधिकतम बारंबारता वाले वर्ग को बहुलक वर्ग कहते हैं।
- वर्गीकृत आँकड़ों का बहुलक निम्न सूत्र से ज्ञात किया जा सकता है

  $$\text{बहुलक} = l + \left(\frac{f_1 - f_0}{2f_1 - f_0 - f_2}\right) \times h$$

  जहाँ, l = बहुलक वर्ग की निम्न सीमा है

  h = वर्ग अंतराल की माप, f_1 = बहुलक वर्ग की बारंबारता

  f_0 = बहुलक वर्ग से ठीक पहले वर्ग की बारंबारता तथा

  f_1 = बहुलक वर्ग के ठीक बाद में आने वाले वर्ग की बारंबारता

- किसी प्रेक्षण की संचयी बारंबारता उस प्रेक्षण तक के सभी प्रेक्षणों की बारंबारता का योगफल होती है।
- संचयी बारंबारता दो प्रकार की होती हैं: 'से कम प्रकार' तथा 'से अधिक प्रकार' की।
- माध्यक वर्ग एक वर्ग है, जिसकी संचयी बारंबारता $\frac{n}{2}$ से अधिक तथा समीपतय होती है।
- वर्गीकृत आँकड़ों का माध्यक निम्नलिखित सूत्र से ज्ञात किया जा सकता है।

  $$\text{माध्यक} = l + \left(\frac{\frac{n}{2} - cf}{f}\right) \times h,$$

  जहाँ, l = माध्यक वर्ग की निम्न सीमा

  n = प्रेक्षणों की संख्या

  cf = माध्यक वर्ग से ठीक पहले वाले वर्ग की संचयी बारंबारता

  f = माध्यक वर्ग की बारंबारता, h = वर्ग अंतराल की माप

परीक्षा अभ्यास

यहाँ अध्याय से संबंधित सभी संभावित प्रश्नों को दिया गया है, इन प्रश्नों का अभ्यास करके व याद रखकर छात्र अध्याय से संबंधित किसी भी प्रश्न का उत्तर दे पाएँगे।

बहुविकल्पीय प्रश्न

1. 1 से 15 तक की सम संख्याओं का समांतर माध्य होगा **[NCERT Exemplar]**

(a) 6 (b) 8 (c) 10 (d) 12

2. यदि 5, 10, 15, R, 20, 35 और 40 का समांतर माध्य 21 हो, तो R का मान होगा

(a) 18 (b) 22 (c) 25 (d) 30

3. 1 से 9 तक की प्राकृतिक संख्याओं का समांतर माध्य होगा **[NCERT Exemplar]**

(a) 9 (b) 8 (c) 5 (d) 3

4. यदि $x, (x+2), (x+4), (x+6)$ तथा $(x+8)$ का समांतर माध्य 11 है, तो x का मान होगा **[NCERT Exemplar]**

(a) 7 (b) 5 (c) 4 (d) 1

5. आठ संख्याओं का समांतर माध्य 12 है। नवीं संख्या अपठनीय है। यदि सभी नौ संख्याओं का समांतर माध्य 13 है, तो अपठनीय संख्या होगी

(a) 20 (b) 21 (c) 22 (d) 23

6. निम्नलिखित आँकड़ों का बहुलक है

19, 38, 25, 36, 38, 25, 18, 38, 25, 38, 19

(a) 19 (b) 125 (c) 36 (d) 38

7. संख्याओं 12, 20, 21, 29, 21, 29, 12, 29, 24 तथा 29 का बहुलक है **[NCERT Exemplar]**

(a) 29 (b) 24
(c) 21 (d) 12

8. 2, 4, 6, 3, 4, 3, 3, 4, 4, 2 का बहुलक होगा

(a) 2 (b) 3
(c) 4 (d) 6

9. यदि आँकड़ों 2, 3, 4, 5, 5, 5, 6, 7, 7, 7, x तथा 2 का बहुलक 7 हो, तो x का मान होगा **[NCERT Exemplar]**

(a) 2 (b) 5
(c) 7 (d) इनमें से कोई नहीं

10. दी गई सारणी में 100 परिवारों के बच्चों की संख्या दी गई है, तब दिए गए आँकड़ों का बहुलक है

बच्चों की संख्या	0	1	2	3	4	5	6
परिवारों की संख्या	15	30	25	19	8	2	1

(a) 6 (b) 30 (c) 1 (d) 25

11. आँकड़ों 2, 12, 0, 9, 5, 15, 7, 4 की माध्यिका होगी **[NCERT Exemplar]**

(a) 7 (b) 6 (c) 5 (d) 4

12. संख्याओं 2, 3, 4, 6, 7, 11, 9, 15, 16 और 20 की माध्यिका होगी

(a) 7 (b) 8 (c) 9 (d) 10

13. संख्याओं 42, 33, 31, 26, 20, 18, 14, 10, 8 और 6 की माध्यिका होगी **[NCERT Exemplar]**

(a) 18 (b) 19 (c) 20 (d) 38

14. संख्याओं 3, 5, 7, x, $x+2$, 15, 17 तथा 21 को बढ़ते हुए क्रम में लिखा गया है। यदि माध्यक 12 है, तब x का मान है

(a) 9 (b) 11 (c) 12 (d) 13

कथन कारण प्रश्न

निर्देश (प्र. सं. 15-19 तक) *इनमें से प्रत्येक प्रश्न में एक कथन के बाद एक कारण दिया गया है। इनको ध्यानपूर्वक पढ़िए तथा निम्न विकल्पों के आधार पर प्रश्नों के उत्तर दीजिए।*

(a) यदि दोनों कथन व कारण सही हैं तथा कारण कथन का सही स्पष्टीकरण है।
(b) यदि दोनों कथन व कारण सही हैं परन्तु कारण कथन का सही स्पष्टीकरण नहीं है।
(c) यदि कथन सही है परन्तु कारण गलत है।
(d) यदि कथन गलत है परन्तु कारण सही है।

15. **कथन** निम्न बंटन का माध्य है।

प्रेक्षण	2	4	6	10	12
बारम्बारता	3	2	3	1	2

कारण सूत्र $\bar{x} = a + \frac{\Sigma f_i d_i}{\Sigma f_i}$, जहाँ $a =$ कल्पित माध्य तथा $d_i = x_i - a$ को प्रयुक्त करके उपरोक्त बंटन का माध्य ज्ञात किया जा सकता है।

16. **कथन** निम्न बंटन का माध्यिका वर्ग 40-50 है।

वर्ग-अन्तराल	0-10	10-20	20-30	30-40	40-50	50-60
बारम्बारता	8	10	12	22	30	18

कारण माध्यिका एक केन्द्रीय प्रवृत्ति की माप है जो आँकड़ों में मध्य के प्रेक्षण का मान देता है।

17. **कथन** निम्न बंटन के लिए

वर्ग	5-10	10-15	15-20	20-25	25-30	30-35
बारम्बारता	8	12	15	25	20	18

बहुलक वर्ग की निम्न सीमा तथा उच्च सीमा का योग 45 है।

कारण प्रत्येक चर का इसके समान्तर माध्य के सापेक्ष विचलन का बीजगणितीय योग सदैव शून्य होता है।

18. **कथन** $4n$ पदों की एक श्रेणी में माध्यिका nवें पद का मान होता है।

कारण जब पदों की संख्या सम (n) हो, तब माध्यिका

$$= \frac{\frac{n}{2} \text{ वें पद का मान} + \left(\frac{n}{2}+1\right) \text{ वें पद का मान}}{2}$$

19. **कथन** यदि बहुलक $=80$ तथा माध्य $=110$, तब माध्यिका 63.33 होगी।

कारण 3 माध्यिका = बहुलक + 2 माध्य

अतिलघु उत्तरीय प्रश्न

20. यदि $u_i = \frac{x_i - 20}{10}$, $\Sigma f_i u_i = 30$ तथा $\Sigma f_i = 40$, तब $\bar{x}$ का मान ज्ञात कीजिए।

21. यदि $u_i = \frac{x_i - 25}{10}$, $\Sigma f_i u_i = 20$ और $\Sigma f_i = 100$, तब $\bar{x}$ का मान ज्ञात कीजिए।

22. यदि $u_i = \frac{x_i - 30}{15}$ और $\Sigma f_i u_i = 100$ और $\Sigma f_i = 40$ है, तब $\bar{x}$ का मान ज्ञात कीजिए।

23. यदि निम्नलिखित बंटन का माध्य 6 है, तब a का मान ज्ञात कीजिए

x_i	2	4	6	10	$a+5$
f_i	3	2	3	1	2

24. यदि निम्नलिखित बंटन का माध्य 2.6 है, तब y का मान ज्ञात कीजिए

अंक	1	2	3	4	5
बारंबारता	4	5	y	1	2

25. निम्न बंटन में, परिवारों की संख्या ज्ञात कीजिए जिनकी आय 16000 – 19000 (₹ में) है

मासिक आय (₹ में)	परिवारों की संख्या
₹ 10000 से अधिक आय	100
₹ 13000 से अधिक आय	85
₹ 16000 से अधिक आय	69
₹ 19000 से अधिक आय	50
₹ 22000 से अधिक आय	33
₹ 25000 से अधिक आय	15

[NCERT Exemplar]

26. $4x$ पदों के व्यवस्थित शृंखला में कौन-सा पद माध्यक है?

27. बंटन

प्राप्तांक	विद्यार्थियों की संख्या
10 से कम	3
20 से कम	12
30 से कम	27
40 से कम	57
50 से कम	75
60 से कम	80

के लिए, बहुलक वर्ग ज्ञात कीजिए।

28. केंद्रीय प्रवृत्ति की तीनों मापों के बीच के संबंध को लिखिए।

29. आँकड़ों का बहुलक ज्ञात कीजिए। यदि दिया है, माध्यक $=41.25$ और माध्य $=33.75$ **[CBSE 2016]**

30. यदि किसी बंटन का माध्य और बहुलक क्रमश: 15 और 18 हों, तो इस बंटन का माध्यक ज्ञात कीजिए। **[CBSE 2023 (Standard)]**

31. यदि x_i वर्गीकृत आँकड़ों के वर्ग अंतरालों के मध्य-बिंदु तथा f_i उनकी संगत बारंबारताएँ और $\bar{x}$ माध्य हो, तो $\Sigma(f_i x_i - \bar{x})$ बराबर है। **[NCERT Exemplar]**

32. निम्न बारम्बारता बंटन का माध्य ज्ञात कीजिए

वर्ग	5-15	15-25	25-35	35-45	45-55	55-65
बारम्बारता	6	11	21	23	14	5

[CBSE 2020 (Basic)]

33. करन ने अंग्रेजी में 36 अंक, हिन्दी में 44 अंक, गणित में 75 अंक और विज्ञान में 50 अंक प्राप्त किए। यदि उसने औसत 50 अंक प्राप्त किए, तब x का मान ज्ञात कीजिए।

34. निम्नलिखित बारंबारता बंटन का माध्य 16.6 है, तब k का मान ज्ञात कीजिए

x_i	8	12	15	k	20	25	30
f_i	12	16	20	24	16	8	4

35. यदि निम्नलिखित आँकड़ों का माध्य 18.75 है, तब p का मान ज्ञात कीजिए

x_i	10	15	p	25	30
f_i	5	10	7	8	2

[CBSE 2005]

लघु उत्तरीय प्रश्न

36. दिए आँकड़े हैं

वर्ग	65-85	85-105	105-125	125-145	145-165	165-185	185-205
बारंबारता	4	5	13	20	14	7	4

माध्यिका वर्ग की उच्च सीमा और बहुलक वर्ग की निम्न सीमा का अंतर ज्ञात कीजिए। **[NCERT Exemplar]**

37. निम्नलिखित बारंबारता बंटन का अंकगणितीय माध्य 25 है। p का मान ज्ञात कीजिए

वर्ग अंतराल	0-10	10-20	20-30	30-40	40-50
बारंबारता	5	18	15	p	6

[CBSE 2016]

38. निम्नलिखित बंटन में यदि बंटन का माध्य 86 है, तब p का मान ज्ञात कीजिए

वेतन (₹ में)	50-60	60-70	70-80	80-90	90-100	100-110
मजदूरों की संख्या	5	3	4	p	2	13

39. निम्नलिखित सारणी में 50 पहलवानों का वजन (किग्रा में) में दिया गया है

वजन (किग्रा में)	100-110	110-120	120-130	130-140	140-150
पहलवानों की संख्या	4	14	21	8	3

पहलवानों के बाह्य वजन ज्ञात कीजिए।

40. निम्नलिखित तालिका, सारिका द्वारा 30 दिन में अपनी पुस्तक को पूरा करने के लिए लिखे गए पन्नों की संख्या दर्शाती है

प्रतिदिन लिखे पन्नों की संख्या	16-18	19-21	22-24	25-27	28-30
दिनों की संख्या	1	3	4	9	13

प्रतिदिन लिखे गए पन्नों की संख्या का माध्य ज्ञात कीजिए। **[NCERT Exemplar]**

41. कक्षा X के एक अध्यापक के पास फरवरी मास के लिए 30 विद्यार्थियों का अनुपस्थित रहने का रिकॉर्ड निम्नलिखित है। एक विद्यार्थी के अनुपस्थित रहने वाले दिनों का माध्य ज्ञात कीजिए

अनुपस्थित रहने वाले दिनों की संख्या	0-4	4-8	8-12	12-16	16-20	20-24
विद्यार्थियों की संख्या	18	3	6	2	0	1

[CBSE 2016]

42. निम्नलिखित आँकड़ों का बहुलक ज्ञात कीजिए

अंक	0-10	10-20	20-30	30-40	40-50
विद्यार्थियों की संख्या	3	12	32	20	6

43. निम्नलिखित आँकड़ों का बहुलक ज्ञात कीजिए

वर्ग अंतराल	2-6	6-10	10-14	14-18
बारंबारता	2	3	5	4

44. दिए गए आँकड़ों का बहुलक ज्ञात कीजिए

वर्ग अंतराल	3-6	6-9	9-12	12-15	15-18	18-21	21-24
बारंबारता	2	5	10	23	21	12	3

45. निम्नलिखित आँकड़ों का माध्यक ज्ञात कीजिए

वर्ग अंतराल	0-10	10-20	20-30	30-40	40-50	योग
बारंबारता	8	16	36	34	6	100

[CBSE 2014]

46. किसी विद्यालय की कक्षा X की लड़कियों की लंबाइयाँ (सेमी में) नीचे रिकॉर्ड की गई हैं

लंबाई (सेमी में)	140 से कम	145 से कम	150 से कम	155 से कम	160 से कम
लड़कियों की संख्या	3	10	31	48	50

उपरोक्त आँकड़ों के लिए सतत् बारंबारता बंटन ज्ञात कीजिए। **[CBSE 2016]**

47. निम्नलिखित बारंबारता बंटन सारणी में, लुप्त संख्याओं को ज्ञात कीजिए।

वर्ग अंतराल	0-8	8-16	16-24	24-32	32-40	40-48
बारंबारता	15	f_1	f_2	18	9	f_3
संचयी बारंबारता	15	28	43	61	f_4	80

48. एक परीक्षा में, 50 विद्यार्थियों के प्राप्तांक निम्न प्रकार हैं

प्राप्तांक	0-20	20-40	40-60	60-80	80-100
विद्यार्थियों की संख्या	4	6	25	10	5

बहुलक वर्ग और माध्यक वर्ग ज्ञात कीजिए। **[CBSE 2016]**

49. एक फैक्ट्री में कर्मचारियों की आयु निम्न है

आयु (वर्षों में)	17-23	23-29	29-35	35-41	41-47	47-53
कर्मचारियों की संख्या	2	5	6	4	2	1

कर्मचारियों की माध्य आयु ज्ञात कीजिए। **[CBSE 2016]**

50. निम्नलिखित सारणी में, p और q के मान ज्ञात कीजिए। माध्यक वर्ग और बहुलक वर्ग भी ज्ञात कीजिए

वर्ग अंतराल	100-200	200-300	300-400	400-500	500-600	600-700
बारंबारता	11	12	10	q	20	14
संचयी बारम्बारता	11	p	33	46	66	80

51. 50 कर्मचारियों के एक प्रतिदर्श की दैनिक आय निम्नलिखित रूप में सारणीबद्ध है,

आय (₹ में)	1-200	201-400	401-600	601-800
कर्मचारियों की संख्या	14	15	14	7

[NCERT Exemplar]

कर्मचारियों की माध्य दैनिक आय ज्ञात कीजिए।

52. लुप्त बारंबारता x का मान ज्ञात कीजिए, यदि निम्न आँकड़ों का बहुलक 67 है,

वर्ग	40-50	50-60	60-70	70-80	80-90
बारंबारता	5	x	15	12	?

[CBSE 2016]

53. निम्नलिखित आँकड़े किसी शहर में किसी कक्षा के विद्यार्थियों की ऊँचाई का बंटन है,

ऊँचाई (सेमी)	160-162	163-165	166-168	169-171	171-174
विद्यार्थियों की संख्या	15	118	142	127	18

माध्यक ऊँचाई ज्ञात कीजिए।

54. एक वायुयान में 120 यात्री कुर्सियाँ हैं। 100 उड़ानों के दौरान अधिकृत कुर्सियों की संख्या निम्न सारणी में दी गई है,

कुर्सियों की संख्या	100-104	104-108	108-112	112-116	116-120
बारंबारता	15	20	32	18	15

उड़ानों के दौरान अधिकृत कुर्सियों की माध्य संख्या ज्ञात कीजिए।

55. पद विचलन विधि का प्रयोग कर, निम्न आँकड़ों का माध्य ज्ञात कीजिए **[CBSE 2012]**

वर्ग अंतराल	बारंबारता
135-140	4
140-145	9
145-150	18
150-155	28
155-160	24
160-165	10
165-170	5
170-175	2

56. निम्नलिखित बंटन का माध्य 132 है और बारंबारता का योग 50 है। x और y का मान ज्ञात कीजिए।

वर्ग अंतराल	0-40	40-80	80-120	120-160	160-200	200-240
बारंबारता	4	7	x	12	y	9

57. निम्नलिखित बंटन का बहुलक ज्ञात कीजिए

वर्ग अंतराल	0-20	20-40	40-60	60-80	80-100
बारंबारता	25	16	28	20	5

58. यदि निम्नलिखित बारंबारता बंटन का बहुलक 31 है, तब p का मान ज्ञात कीजिए। **[CBSE 2011]**

वर्ग	5-15	15-25	25-35	35-45	45-55
बारंबारता	3	p	15	11	6

59. निम्नलिखित आँकड़ों का माध्यक ज्ञात कीजिए।

वर्ग अंतराल	0-20	20-40	40-60	60-80	80-100	100-120
बारंबारता	7	8	12	10	8	5

60. निम्नलिखित आँकड़ों का माध्यक ज्ञात कीजिए।

वर्ग अंतराल	0-10	10-20	20-30	30-40
बारंबारता	4	8	12	3

61. निम्नलिखित आँकड़ों का माध्य और बहुलक ज्ञात कीजिए, यदि आँकड़ों का माध्यक 42.5 है।

वर्ग अंतराल	10-20	20-30	30-40	40-50	50-60	60-70	70-80
बारंबारता	4	8	10	12	10	4	2

62. निम्न सारणी के लिए माध्यक ज्ञात कीजिए।

वर्ग अंतराल (से कम)	20	30	40	50	60	70	80	90	100
संचयी बारंबारता	0	4	16	30	46	66	82	92	100

63. यदि निम्नलिखित बंटन का माध्य 20 है, तब k का मान ज्ञात कीजिए।

x_i	15	17	19	20 + k	23
f_i	2	3	4	5k	6

64. एक कक्षा में छात्रों की ऊँचाईयों के निम्नलिखित बंटन में अज्ञात संख्याओं a, b, c, d, e तथा f को ज्ञात कीजिए। **[NCERT Exemplar]**

ऊँचाई (सेमी में)	बारंबारता	संचयी बारंबारता
150-155	12	a
155-160	b	25
160-165	10	c
165-170	d	43
170-175	e	48
175-180	2	f
योग	50	

65. निम्नलिखित बारंबारता बंटन, 50 लड़कियों की लंबाईयों के सर्वे को दर्शाता है, जिसका माध्यक 151.5 दिया गया है। f_1 तथा f_2 के मान ज्ञात कीजिए।

लंबाई (सेमी में)	120-130	130-140	140-150	150-160	160-170
लड़कियों की संख्या	2	f_1	12	f_2	8

[CBSE 2016]

66. निम्नलिखित बारंबारता बंटन का माध्यक 26 है, तब लुप्त बारंबारताओं को ज्ञात कीजिए।

वर्ग अंतराल	10-20	20-30	30-40	40-50	50-60	60-70	70-80	कुल
बारंबारता	12	30	?	65	?	25	18	230

दीर्घ उत्तरीय प्रश्न

67. निम्नलिखित बंटन के लिए, प्रत्यक्ष तथा कल्पित माध्य विधि का प्रयोग करके माध्य ज्ञात कीजिए।

वर्ग अंतराल	1-4	4-9	9-16	16-27
बारंबारता	6	12	26	20

68. निम्नलिखित बंटन का माध्य निर्धारित कीजिए।

प्राप्तांक	विद्यार्थियों की संख्या
10 से कम	5
20 से कम	9
30 से कम	17
40 से कम	29
50 से कम	45
60 से कम	60
70 से कम	70
80 से कम	78
90 से कम	83
100 से कम	85

[NCERT Exemplar]

69. निम्न बारंबारता बंटन, एक इलाके के 64 बच्चों द्वारा की गई दैनिक बचत दर्शाता है

दैनिक बचत (₹ में)	1-3	3-5	5-7	7-9	9-11	11-13	13-15
बच्चों की संख्या	7	6	x	13	y	5	4

यदि माध्य दैनिक बचत ₹ 8 है, तो लुप्त बारंबारताएँ x और y के मान ज्ञात कीजिए। **[CBSE 2016]**

70. निम्नलिखित बारंबारता बंटन सारणी का बहुलक ज्ञात कीजिए।

अंक	विद्यार्थियों की संख्या
25 या 25 से अधिक	52
35 या 35 से अधिक	47
45 या 45 से अधिक	37
55 या 55 से अधिक	17
65 या 65 से अधिक	8
75 या 75 से अधिक	2
85 या 85 से अधिक	0

[CBSE 2010]

71. एक बारंबारता बंटन का माध्यक वर्ग 125-145 है। माध्यक वर्ग के पूर्ववर्ती वर्ग की बारंबारता और संचयी बारंबारता क्रमशः 20 और 22 है। बारंबारताओं का योग ज्ञात कीजिए यदि माध्यक 137 है। **[CBSE 2011]**

72. निम्न आँकड़ों का माध्य, माध्यक और बहुलक ज्ञात कीजिए।

वर्ग अंतराल	बारंबारता
0-50	2
50-100	3
100-150	5
150-200	6
200-250	5
250-300	3
300-350	1

73. एक स्कूल ने दीवाली मेले का आयोजन किया। जो व्यक्ति उस मेले को देखने आए, उनकी आयु निम्न बारंबारता बंटन में दर्शाई गई है

आयु (वर्षों में)	0-10	10-20	20-30	30-40	40-50	50-60	60-70
व्यक्तियों की संख्या	50	400	108	530	47	10	5

उपरोक्त बंटन की माध्य तथा माध्यक आयु ज्ञात कीजिए।

[CBSE 2016]

74. एक पौधे की 40 पत्तियों की लंबाई मिलीमीटर में (लगभग) मापी गई है और आँकड़े निम्न प्रकार हैं

लंबाई (मिमी में)	पत्तियों की संख्या
118-126	4
126-134	5
134-142	10
142-150	12
150-158	4
158-166	5

पत्तियों का माध्य और माध्यक लंबाई ज्ञात कीजिए।

75. निम्न बंटन का माध्य ज्ञात कीजिए।

वर्ग अंतराल	बारंबारता
20 से कम	8
30 से कम	15
40 से कम	27
50 से कम	50
60 से कम	61
70 से कम	74
80 से कम	82
90 से कम	88
100 से कम	100

[CBSE 2016]

76. लुप्त बारंबारताओं तथा निम्न बंटन के लिए माध्यक ज्ञात कीजिए यदि माध्य 1.46 है।

दुर्घटनाओं की संख्या	0	1	2	3	4	5	योग
दिनों की संख्या बारंबारता	46	?	?	25	10	5	200

केस स्टडी आधारित प्रश्न

77. COVID-19 महामारी जिसे हम कोरोना वायरस महामारी के नाम से भी जानते हैं। यह बीमारी मानवों में सोर्स- COV-2 के संक्रमण से फैलती है तथा श्वसन तन्त्र को प्रभावित करती है।

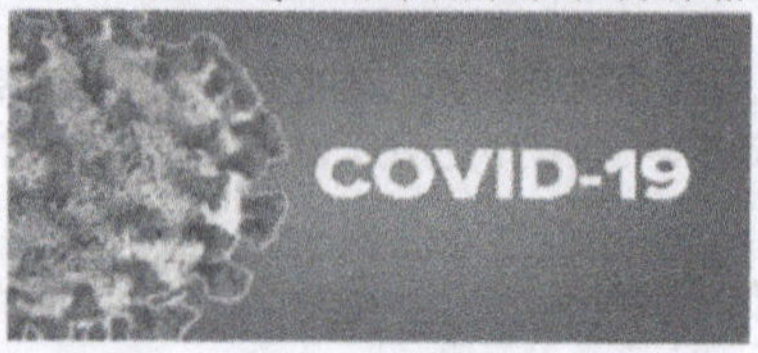

निम्नलिखित सारणी एक दिन में दो भिन्न अस्पतालों द्वारा कोरोना वायरस के मरीजों को लिया जाना दर्शाती है।

सारणी 1

आयु (वर्षों में)	5-15	15-25	25-35	35-45	45-55	55-65
मरीजों की संख्या	6	11	21	23	14	5

सारणी 2

आयु (वर्षों में)	5-15	15-25	25-35	35-45	45-55	55-65
मरीजों की संख्या	8	16	10	42	24	12

उपरोक्त जानकारी के आधार पर निम्न प्रश्नों के उत्तर दीजिए

सारणी 1 को लेते हुए

(i) वह औसत आयु कौन-सी है जिसके सर्वाधिक मरीज हैं?

(a) 32.24 (b) 34.36 (c) 36.82 (d) 42.24

(ii) बहुलक वर्ग की ऊपरी सीमा है

(a) 15 (b) 25 (c) 35 (d) 45

(iii) दिए गए आँकड़ों का माध्य है

(a) 26.2 (b) 32.4 (c) 33.5 (d) 35.4

अथवा

सारणी 2 को लेते हुए

दिए गए आँकड़ों का बहुलक है

(a) 41.4 (b) 48.2 (c) 55.3 (d) 64.6

78. विद्युत ऊर्जा खपत एक प्रकार से विद्युत ऊर्जा में उपयोगी ऊर्जा खपत है विश्व जनसंख्या में निरन्तर वृद्धि के कारण वैश्विक स्तर पर ऊर्जा की खपत में निरन्तर वृद्धि हो रही है जिससे प्रति व्यक्ति ऊर्जा खपत के औसत धन में निरन्तर वृद्धि हो रही है।

टैरिफ	: LT-घरेलू	बिल संख्या	: 384756
सप्लाई के प्रकार	: एकल फेस	विद्युत भार	: 3KW
मीटर रीडिंग दिनाँक	: 31-11-13	मीटर रीडिंग	: 65789
पूर्व रीडिंग दिनाँक	: 31-10-13	पूर्व मीटर रीडिंग	: 65500
		उपभोग की गई यूनिट	: 289

कॉलोनी A के 56 परिवारों पर एक सर्वे आयोजित किया गया। निम्नलिखित सारणी प्रत्येक परिवार द्वारा साप्ताहिक विद्युत खपत को दर्शाती है।

साप्ताहिक खपत (इकाई में)	0-10	10-20	20-30	30-40	40-50	50-60
परिवारों की संख्या	16	12	18	6	4	0

ठीक उसी प्रकार से कॉलोनी B के 80 परिवारों पर भी एक सर्वे आयोजित किया गया जिसका रिकॉर्ड निम्नवत् है

साप्ताहिक खपत (इकाई में)	0-10	10-20	20-30	30-40	40-50	50-60
परिवारों की संख्या	0	5	10	20	40	5

उपरोक्त जानकारी के आधार पर निम्न प्रश्नों के उत्तर दीजिए।

कॉलोनी A से प्राप्त आँकड़ों को लेते हुए

(i) साप्ताहिक खपत की माध्यिका है

(a) 12 इकाई (b) 16 इकाई
(c) 20 इकाई (d) इनमें से कोई नहीं

(ii) साप्ताहिक खपत का माध्य है

(a) 19.64 इकाई (b) 22.5 इकाई
(c) 26 इकाई (d) इनमें से कोई नहीं

(iii) उपरोक्त आँकड़ों का बहुलक वर्ग है

(a) 0-10 (b) 10-20 (c) 20-30 (d) 30-40

कॉलोनी B के आँकड़ों को लेते हुए

अथवा

साप्ताहिक खपत का बहुलक वर्ग है

(a) 38.2 इकाई (b) 43.6 इकाई
(c) 26 इकाई (d) 32 इकाई

संकेत एवं हल

1. (*b*) 1 से 15 तक धनात्मक सम संख्याएँ 2, 4, 6, 8, 10, 12, 14 हैं।

$\therefore$ 1 से 15 तक धनात्मक सम संख्याओं का समांतर माध्य

$$= \frac{\text{1 से 15 तक की सम संख्याओं का योग}}{\text{1 से 15 तक की सम संख्याओं की संख्या}}$$

$$= \frac{2+4+6+8+10+12+14}{7} = \frac{56}{7} = 8$$

2. (*b*) $\because$ समांतर माध्य $= \frac{\text{प्रेक्षणों का योग}}{\text{प्रेक्षणों का संख्या}}$

$$21 = \frac{5+10+15+R+20+35+40}{7}$$

$\Rightarrow$ $147 = 125 + R \Rightarrow R = 147 - 125 = 22$

3. (*c*) 1 से 9 तक की प्राकृतिक संख्याएँ निम्नवत् हैं

1, 2, 3, 4, 5, 6, 7, 8, 9

$$\text{समांतर माध्य} = \frac{\text{संख्याओं का योग}}{\text{कुल संख्याएँ}}$$

$$= \frac{1+2+3+4+5+6+7+8+9}{9} = \frac{45}{9} = 5$$

4. (*a*) दिया है, समांतर माध्य = 11

हम जानते हैं कि समांतर माध्य $= \frac{\text{संख्याओं का योग}}{\text{कुल संख्याएँ}}$

$\Rightarrow$ $11 = \frac{x+(x+2)+(x+4)+(x+6)+(x+8)}{5}$

$\Rightarrow$ $11 = \frac{5x+20}{5} \Rightarrow 11 \times 5 = 5x + 20 \Rightarrow 55 - 20 = 5x$

$\Rightarrow$ $35 = 5x$ $\Rightarrow$ $x = \frac{35}{5} = 7$

5. (*b*) हम जानते हैं कि समांतर माध्य $= \frac{\text{संख्याओं का योग}}{\text{कुल संख्याएँ}}$

$\therefore$ $12 = \frac{\text{आठ संख्याओं का योग}}{8}$

$\Rightarrow$ आठ संख्याओं का योग $= 12 \times 8 = 96$

इस प्रकार, $13 = \frac{\text{नौ संख्याओं का योग}}{9}$

$\Rightarrow$ नौ संख्याओं का योग $= 13 \times 9 = 117$

अतः अपठनीय संख्या

= नौ संख्याओं का योग − आठ संख्याओं का योग

$= 117 - 96 = 21$

6. (*d*) सर्वप्रथम, दिए गए आँकड़ों को आरोही क्रम में व्यवस्थित करते हैं

18, 19, 19, 25, 25, 36, 38, 38, 38, 38

स्पष्ट है कि 38 की बारंबारता अधिकतम 4 है।

$\therefore$ बहुलक = 38

7. (*a*) सर्वप्रथम, दिए गए आँकड़ों को आरोही क्रम में व्यवस्थित करते हैं

12, 12, 20, 21, 21, 24, 29, 29, 29, 29

स्पष्ट है कि 29 की बारंबारता सर्वाधिक 4 है।

$\therefore$ बहुलक = 29

8. (*c*) दिए गए आँकड़ों को आरोही क्रम में व्यवस्थित करने पर,

2, 2, 3, 3, 3, 4, 4, 4, 4, 6

स्पष्ट है कि 4 की बारंबारता सबसे अधिक 4 है।

अतः बहुलक = 4

9. (*c*) दिए गए आँकड़ों का आरोही क्रम निम्न है

2, 2, 3, 4, 5, 5, 5, 6, 7, 7, 7, x

यहाँ, पद 5 और 7 दोनों की बारंबारता समान अर्थात् 3 है परंतु बहुलक 7 है। अतः 7 की बारंबारता अधिकतम होनी चाहिए।

$\therefore$ $x = 7$

10. (*c*) दी गई सारणी से स्पष्ट है कि सर्वाधिक बारंबारता (परिवारों की संख्या) 30 है, जोकि बच्चे की संगत संख्या 1 की है। अतः आँकड़ों का बहुलक 1 है।

11. (*b*) दी गई संख्याओं का आरोही क्रम निम्न है

0, 2, 4, 5, 7, 9, 12, 15

यहाँ, पदों की संख्या (*n*) = 8, जोकि सम है।

$$\therefore \text{माध्यिका} = \frac{\left(\frac{n}{2}\right)\text{वें पद का मान} + \left(\frac{n}{2}+1\right)\text{वें पद का मान}}{2}$$

$$= \frac{\left(\frac{8}{2}\right)\text{वें पद का मान} + \left(\frac{8}{2}+1\right)\text{वें पद का मान}}{2}$$

$$= \frac{4\text{वें पद का मान} + 5\text{वें पद का मान}}{2}$$

$$= \frac{5+7}{2} = \frac{12}{2} = 6$$

12. (*b*) प्रश्न 11 की भाँति स्वयं हल करें।

13. (*b*) प्रश्न 11 की भाँति स्वयं हल करें।

14. (*b*) दी गई संख्याएँ निम्न प्रकार हैं

3, 5, 7, x, $x+2$, 15, 17 तथा 21

यहाँ, पदों की संख्या $n = 8$, जोकि सम है।

$$\therefore \text{माध्यक} = \frac{\left(\frac{n}{2}\right)\text{वें पद का मान} + \left(\frac{n}{2}+1\right)\text{वें पद का मान}}{2}$$

$$= \frac{\left(\frac{8}{2}\right)\text{वें पद का मान} + \left(\frac{8}{2}+1\right)\text{वें पद का मान}}{2}$$

$$\Rightarrow \quad 12 = \frac{x + x + 2}{2}$$

$$\Rightarrow \quad 24 = 2x + 2 \qquad \text{[पक्षांतरण करने पर]}$$

$$\Rightarrow \quad 2x = 22 \Rightarrow x = 11$$

15. (*a*)

x	f	fx
2	3	6
4	2	8
6	3	18
10	1	10
12	2	24
कुल	$\Sigma f = 11$	$\Sigma fx = 66$

$$\therefore \bar{x} = \frac{\Sigma fx}{\Sigma f} = \frac{66}{11} = 6$$

तथा हम जानते हैं कि सूत्र $\bar{x} = a + \frac{\Sigma f d_i}{\Sigma f_i}$, जहाँ a= कल्पित माध्य तथा $d_i = x_i - a$ का प्रयोग करके उपरोक्त बंटन का माध्य ज्ञात किया जा सकता है।

अतः कथन व कारण दोनों सही हैं तथा कारण कथन का सही स्पष्टीकरण है।

16. (*d*)

वर्ग	बारम्बारता	संचयी बारम्बारता
0-10	8	8
10-20	10	18
20-30	12	30
30-40	22	52
40-50	30	82
50-60	18	100
कुल	$N = 100$	

$\therefore N = 100$ तथा $\frac{N}{2} = 50$

∴ माध्यिका वर्ग 30-40 है।

अतः कथन गलत है परन्तु कारण सही है।

17. (*b*) दिए गए बंटन का बहुलक वर्ग 20-25 है जिसकी उच्च व निम्न सीमा क्रमशः 25 व 20 है।

∴ अभीष्ट योग = 25 + 20 = 45

तथा हम जानते हैं कि प्रत्येक चर का इसके समान्तर माध्य के सापेक्ष विचलन का बीजगणितीय योग सदैव शून्य होता है। अतः कथन व कारण दोनों सही है परन्तु कारण, कथन का सही स्पष्टीकरण नहीं है।

18. (*d*) कारण सही है परन्तु कथन गलत है।

19. (*a*) ∵ बहुलक = 80 तथा माध्य =110

तथा हम जानते हैं कि 3 माध्यिका = बहुलक +2 माध्य

= 80 + 110 = 190

$$\Rightarrow \quad \text{माध्यिका} = \frac{190}{3} = 63.33$$

अतः कथन व कारण दोनों सही हैं तथा कारण, कथन का सही स्पष्टीकरण है।

20. **संकेत** दिया है, $\Sigma f_i u_i = 30, \Sigma f_i = 40$ तथा $u_i = \frac{x_i - 20}{10}$

हम जानते हैं कि $u_i = \frac{x_i - a}{b}$

तुलना करने पर हमें प्राप्त है, $a = 20, h = 10$

$$\therefore \quad \bar{x} = a + \left\{\frac{\Sigma f_i u_i}{\Sigma f_i}\right\} \times h = 20 + \left\{\frac{30}{40}\right\} \times 10$$

$$= 20 + \frac{30}{4} = \frac{80+30}{4} = \frac{110}{4} = 27.5$$

21. प्रश्न 20 की भाँति स्वयं हल करें। **उत्तर** 27

22. प्रश्न 20 की भाँति स्वयं हल करें। **उत्तर** 67.5

23. **संकेत** दिए गए बंटन के लिए सारणी

x_i	f_i	$f_i x_i$
2	3	6
4	2	8
6	3	18
10	1	10
$a+5$	2	$2a+10$
कुल	$\Sigma f_i = 11$	$\Sigma f_i x_i = 2a + 52$

यहाँ, $n = \Sigma f_i = 11, \Sigma f_i x_i = 2a + 52$

$$\therefore \quad \text{माध्य} = \frac{2 f_i x_i}{\Sigma f_i} \Rightarrow \frac{2a + 52}{11} = 6 \qquad \text{[माध्य = 6 दिया है]}$$

$$\Rightarrow 2a + 52 = 66 \Rightarrow 2a = 66 - 52 = 14$$

$$\therefore \quad a = \frac{14}{2} = 7$$

24. प्रश्न 23 की भाँति स्वयं हल करें। **उत्तर** y=8

25. संकेत सतत् वर्गीकृत बारंबारता बंटन सारणी बनाने पर,

मासिक आय (₹ में)	परिवार की संख्या
10000-13000	100 − 85 = 15
13000-16000	85 − 69 = 16
16000-19000	69 − 50 = 19
19000-22000	50 − 33 = 17
22000-25000	33 − 15 = 18
25000 से अधिक	15
	$\Sigma f_i = 100$

उपरोक्त सारणी का अवलोकन पर आय 16000-19000 (₹ में) वाले परिवारों की संख्या 19 है।

26. संकेत यहाँ पदों की सख्या, $N = 4x$ जोकि सम है

$\therefore$ माध्यक $= \left[\left(\frac{N}{2}\right)\text{वाँ पद} + \left(\frac{N}{2}+1\right)\text{वाँ पद}\right]$ का माध्य

उत्तर $(2n)$ वाँ पद तथा $(2n+1)$ वाँ पद

27. संकेत

अंक	विद्यार्थियों की संख्या	संचयी बारंबारता
10 से कम	3 = 3	3
10-20	(12 − 3) = 9	12
20-30	(27 − 12) = 15	27
30-40	(57 − 27) = 30	57
40-50	(75 − 57) = 18	75
50-60	(80 − 75) = 5	80

यहाँ, हम देखते हैं कि सबसे अधिक बारंबारता 30 है, जो वर्ग अंतराल 30-40 के अंतर्गत आती है।

28. बहुलक = 3 (माध्यक) − 2 (माध्य)

29. संकेत बहुलक = 3 (माध्यक) − 2 (माध्य) **उत्तर** 56.25

30. संकेत बहुलक = 3 (माध्यक) − 2 (माध्य) **उत्तर** 16

31. संकेत $\because \bar{x} = \frac{\Sigma f_i x_i}{n} \Rightarrow \Sigma f_i x_i = n\bar{x}$

$\therefore \Sigma(f_i x_i - \bar{x}) = \Sigma f_i x_i - \Sigma\bar{x} = n\bar{x} + n\bar{x}$ $\quad [\because \Sigma\bar{x} = n\bar{x}]$

$= 0$

32. संकेत

वर्ग	बारम्बारता (f_i)	मध्यमान (x_i)	$u_i = \frac{x_i - a}{h} = \frac{x_i - 30}{10}$	$f_i u_i$
5-15	6	10	− 2	− 12
15-25	11	20	− 1	− 11
25-35	21	30 = a	0	0
35-45	23	40	1	23
45-55	14	50	2	28
55-65	5	60	3	15
	$N = 80$			$\Sigma f_i u_i = 43$

यहाँ, कल्पित माध्य $(a) = 30$, वर्ग माप $(h) = 10$,

कुल प्रेक्षण $(N) = 80$

पद-विचलन विधि से,

$$\text{माध्य} = a + h \times \frac{1}{N} \times \Sigma f_i u_i = 30 + 10 \times \frac{1}{80} \times 43$$

$$= 30 + \frac{43}{8} = 30 + 5.37 = 35.37 \text{ वर्ष}$$

33. संकेत $\frac{36 + 44 + 75 + x}{4} = 50$ **उत्तर** 45

34. प्रश्न 23 की भाँति स्वयं हल करें। **उत्तर** $k = 18$

35. प्रश्न 23 की भाँति स्वयं हल करें। **उत्तर** $p = 20$

36. संकेत

वर्ग	बारंबारता	संचयी बारंबारता
65-85	4	4
85-105	5	9
105-125	13	22
125-145	20	42
145-165	14	56
165-185	7	63
185-205	4	67

यहाँ, $\frac{N}{2} = \frac{67}{2} = 33.5$ जो अंतराल (125-145) में आता है।

$\therefore$ अभीष्ट अंतर = उच्च सीमा − निम्न सीमा = 145 − 125 = 20

37. टॉपिक 1 के उदाहरण 4 की भाँति स्वयं हल करें। **उत्तर** $p = 16$

38. टॉपिक 1 के उदाहरण 4 की भाँति स्वयं हल करें। **उत्तर** $p = 3$

39. टॉपिक 1 के उदाहरण 7 की भाँति स्वयं हल करें।

उत्तर 123.4 किग्रा

40. संकेत

वर्ग अंक	मध्यमान	दिनों की संख्या (f_i)	$f_i x_i$
15.5-18.5	17	1	17
18.5-21.5	20	3	60
21.5-24.5	23	4	92
24.5-27.5	26	9	234
27.5-30.5	29	13	377
योग		$\Sigma f_i = 30$	$\Sigma f_i x_i = 780$

चूँकि, दिए गए आँकड़े सतत् नहीं हैं। अत: इसके प्रत्येक वर्ग की निम्न सीमा में 0.5 घटाते हैं और उच्च सीमा में 0.5 जोड़ते हैं।

$\therefore$ माध्य $(\bar{x}) = \frac{\Sigma f_i x_i}{\Sigma f_i} = \frac{780}{30} = 26$

41. टॉपिक 1 उदाहरण 3 की भाँति स्वयं हल करें। **उत्तर** 5.33

42. टॉपिक 2 के उदाहरण 2 की भाँति स्वयं हल करें।

उत्तर 26.25

43. टॉपिक 2 के उदाहरण 2 की भाँति स्वयं हल करें **उत्तर** 12.7

44. टॉपिक 2 के उदाहरण 2 की भाँति स्वयं हल करें। **उत्तर** 14.6

45. टॉपिक 3 के उदाहरण 8 की भाँति स्वयं हल करें। **उत्तर** 27.2

46. संकेत आँकड़ों के लिए एक सतत् बारंबारता सारणी नीचे दी गई है

लंबाई (सेमी में) वर्ग-अंतराल	लड़कियों की संख्या (बारंबारता)
135-140	3
140-145	7
145-150	21
150-155	17
155-160	2
कुल	50

47. संकेत $15 + f_1 = 28$, $28 + f_2 = 43$, $61 + 9 = f_4$

उत्तर $f_1 = 13, f_2 = 15, f_3 = 10, f_4 = 70$

48. प्रश्न 36 की भाँति स्वयं हल करें।

उत्तर बहुलक वर्ग = 40-60, माध्यक वर्ग = 40-60

49. टॉपिक 3 के उदाहरण 8 की भाँति स्वयं हल करें। **उत्तर** 32

50. प्रश्न 47 और प्रश्न 31 की भाँति स्वयं हल करें।

उत्तर $p = 23, q = 13$, माध्यक वर्ग = 400−500, बहुलक वर्ग = 500−600

51. संकेत

वर्ग अंतराल	सतत् वर्ग अंतराल	f_i	x_i	$d_i = x_i - a$	$u_i = \frac{x_i - a}{h}$	f_iu_i
1-200	0.5-200.5	14	100.5	− 400	− 2	− 28
201-400	200.5-400.5	15	300.5	− 200	− 1	− 15
401-600	400.5-600.5	14	500.5	0	0	0
601-800	600.5-800.5	7	700.5	200	1	7
		50				− 36

विचलन सूत्र द्वारा, हम कर्मचारियों की माध्य आय प्राप्त करते हैं

$$\bar{x} = a + \frac{\Sigma f_iu_i}{\Sigma f_i} \times h = 500.5 + \frac{(-36)}{50} \times 200$$

$$= 500.5 - 144 = ₹\,356.5$$

52. टॉपिक 2 के उदाहरण 3 की भाँति स्वयं हल करें। **उत्तर** $x = 8$

53. NCERT फोल्डर, प्रश्नावली 13.3, प्रश्न 4 की भाँति स्वयं हल करें। **उत्तर** 167.13 सेमी

54. टॉपिक 1 के उदाहरण 6 की भाँति स्वयं हल करें। **उत्तर** 109.92

55. टॉपिक 1 के उदाहरण 7 की भाँति स्वयं हल करें। **उत्तर** 153.45

56. टॉपिक 1 के उदाहरण 9 की भाँति स्वयं हल करें। **उत्तर** $x = 10, y = 8$

57. टॉपिक 2 के उदाहरण 2 की भाँति स्वयं हल करें। **उत्तर** 52

58. टॉपिक 2 के उदाहरण 3 की भाँति स्वयं हल करें। **उत्तर** $p = 9$

59. टॉपिक 3 के उदाहरण 8 की भाँति स्वयं हल करें। **उत्तर** 56.66

60. टॉपिक 3 के उदाहरण 8 की भाँति स्वयं हल करें। **उत्तर** 21.25

61. टॉपिक 1 के उदाहरण 6 एवं टॉपिक 2 के उदाहरण 2 की भाँति स्वयं हल करें। **उत्तर** माध्य = 42.2, बहुलक = 43.1

62. टॉपिक 3 के उदाहरण 9 की भाँति स्वयं हल करें। **उत्तर** 62

63. संकेत दिए गए आँकड़ों के लिए

x_i	f_i	f_ix_i
15	2	30
17	3	51
19	4	76
$20 + k$	$5k$	$100k + 5k^2$
23	6	138
कुल	$\Sigma f_i = 5k + 15$	$\Sigma f_ix_i = 295 + 100k + 5k^2$

यहाँ, $\Sigma f_i = 5k + 15$ तथा $\Sigma f_ix_i = 295 + 100k + 5k^2$

दिया है, माध्य = 20

हम जानते हैं कि माध्य $= \frac{\Sigma f_ix_i}{\Sigma f_i}$

$\Rightarrow \frac{295 + 100k + 5k^2}{5k + 15} = 20$

$\Rightarrow (295 + 100k + 5k^2) = 20(5k + 15)$

$\Rightarrow 295 + 100k + 5k^2 = 100k + 300$

$\Rightarrow 295 + 100k + 5k^2 - 100k - 300 = 0$

$\Rightarrow 5k^2 - 5 = 0$

$\Rightarrow k^2 - 1 = 0$ [5 से भाग करने पर]

$\Rightarrow (k + 1)(k - 1) = 0$ $[\because a^2 - b^2 = (a - b)(a + b)]$

यदि $k + 1 = 0$, तब $k = -1$

यहाँ, ऋणात्मक मान संभव नहीं है।

यदि $k - 1 = 0$, तब $k = 1$

64. संकेत

ऊँचाई (सेमी में)	बारंबारता	दी गई श्रृंखला बारंबारता	संचयी बारंबारता
150-155	12	a	12
155-160	b	25	$12 + b$
160-165	10	c	$22 + b$
165-170	d	43	$22 + b + d$
170-175	e	48	$22 + b + d + e$
175-180	2	f	$22 + b + d + e$
कुल	50		$24 + b + d + e$

अंतिम दो तालिकाओं की तुलना करने पर,

$a = 12, 12 + b = 25$

$\Rightarrow b = 25 - 12 = 13 \Rightarrow 22 + b = c$

$\Rightarrow c = 22 + 13 = 35$

$\Rightarrow 22 + b + d = 43 \Rightarrow 22 + 13 + d = 43$

$\Rightarrow d = 43 - 35 = 8$ और $22 + b + d + e = 48$

$\Rightarrow 22 + 13 + 8 + e = 48 \Rightarrow e = 48 - 43 = 5$

और $24 + b + d + e = f$

$\Rightarrow 24 + 13 + 8 + 5 + f \Rightarrow f = 50$

65. संकेत लड़कियों की कुल संख्या 50 है।
इसलिए, $2 + f_1 + 12 + f_2 + 8 = 50$

$\Rightarrow \quad f_1 + f_2 = 50 - 22 = 28 \quad ...(i)$

माध्यक के लिए, हम निम्न सारणी बनाएँगे

लंबाई (सेमी में) (वर्ग अंतराल)	लड़कियों की संख्या (बारंबारता)	संचयी बारंबारता
120-130	2	2
130-140	f_1	$2 + f_1$
140-150	12	$14 + f_1$
150-160	f_2	$14 + f_1 + f_2$
160-170	8	$22 + f_1 + f_2$
कुल	50	

माध्यक 151.5 है। इसलिए, माध्यक वर्ग 150-160 है।
इसलिए, $l = 150, n = 50, cf = 14 + f_1, f = f_2$ और $h = 10$ है।

$$\text{इसलिए, माध्यक} = 150 + \left[\frac{\frac{50}{2} - (14 + f_1)}{f_2}\right] \times 10$$

$$\Rightarrow \quad 151.5 = 150 + \left(\frac{25 - 14 - f_1}{f_2}\right) \times 10$$

$\Rightarrow 10f_1 + 1.5f_2 = 110 \quad ...(ii)$

समी (i) में 1.5 की गुणा करके समी (ii) को घटाने पर,

$\Rightarrow \quad 8.5f_1 = 68$

$$\Rightarrow \quad f_1 = \frac{68}{8.5} = \frac{680}{85} = \frac{40}{5} = 8$$

$f_1 = 8$ को समी (i) में रखने पर, हमें प्राप्त होता है

$8 + f_2 = 28 \Rightarrow f_2 = 28 - 8 = 20$

अतः $f_1 = 8$ और $f_2 = 20$

66. टॉपिक 3 के उदाहरण 10 की भाँति स्वयं हल करें।
उत्तर 34, 46

67. प्रत्यक्ष विधि दिया गया बंटन

वर्ग अंतराल	वर्ग चिह्न	बारंबारता	$f_i x_i$
1-4	2.5	6	5
4-9	6.5	12	78
9-16	12.5	26	325
16-27	21.5	20	430
कुल		$\Sigma f_i = 64$	$\Sigma f_i x_i = 848$

यहाँ, $\Sigma f_i = 64$ तथा $\Sigma f_i x_i = 848$

$$\therefore \text{माध्य} = \frac{\Sigma f_i x_i}{\Sigma f_i} = \frac{848}{64} = 13.25$$

कल्पित माध्य विधि

टॉपिक 1 के उदाहरण 6 की भाँति स्वयं हल करें।

68. संकेत

वर्ग अंतराल	विद्यार्थियों की संख्या	बारंबारता (f_i)	वर्ग चिह्न (x_i)	$u_i = \frac{x_i - a}{h}$	$f_i u_i$
0-10	5	5	5	− 4	− 20
10-20	9	4	15	− 3	− 12
20-30	17	8	25	− 2	− 16
30-40	29	12	35	− 1	− 12
40-50	45	16	45	0	0
50-60	60	15	55	1	15
60-70	70	10	65	2	20
70-80	78	8	75	3	24
80-90	83	5	85	4	20
90-100	85	2	95	5	10
कुल		$\Sigma f_i = 85$			$\Sigma f_i u_i = 29$

$$\therefore \bar{x} = a + \frac{\Sigma f_i u_i}{\Sigma f_i} \times h = 45 + \frac{29}{85} \times 10 = 45 + 3.41 = 48.41$$

69. टॉपिक 1 के उदाहरण 9 की भाँति स्वयं हल करें।
उत्तर $x = 9, y = 20$

70. 49.76

71. संकेत माध्यक $= \dfrac{l + \left(\frac{N}{2} - cf\right)}{f} < h$ **उत्तर** 68

72. NCERT फोल्डर प्रश्नावली 13.3 के प्रश्न 1 की भाँति स्वयं हल करें।
उत्तर माध्य = 169, माध्यक = 170.83, बहुलक = 175

73. माध्य = 26.5 वर्ष, माध्यक = 30.32 वर्ष

74. संकेत माना कल्पित माध्य, $a = 146$
वर्ग अंतराल की लंबाई, $h = 8$

$$\therefore \quad u_i = \frac{x_i - a}{h} = \frac{x_i - 146}{8}$$

दिए गए बंटन के लिए सारणी है

लंबाई (मिमी में)	(x_i) वर्ग चिह्न	पत्तियों की संख्या (f_i)	संचयी बारंबारता (cf)	$u_i = \frac{x_i - a}{h}$	$f_i u_i$
118-126	122	4	4	− 3	− 12
126-134	130	5	4 + 5 = 9	− 2	− 10
134-142	138	10	9 + 10 = 19 = cf	− 1	− 10
142-150	146 = a	12 = f	19 + 12 = 31	0	0
150-158	154	4	31 + 4 = 35	1	4
158-166	162	5	35 + 5 = 40	2	10
कुल		$\Sigma f_i = 40$			$\Sigma f_i u_i = -18$

$\therefore$ माध्य $(\bar{x}) = a + h\left(\frac{\Sigma f u_i}{\Sigma f_i}\right)$

$= 146 + 8\left(\frac{-18}{40}\right)$

$= 146 + \left(\frac{-18}{5}\right)$

$= 146 - 3.6 = 142.4$ मिमी

यहाँ, $n = 40$

$\Rightarrow \frac{n}{2} = \frac{40}{2} = 20$

20 से अधिक संचयी बारंबारता 31 है

और 142-150 संबंधित वर्ग है। इस प्रकार माध्यक वर्ग 142-150 है।

$\therefore l = 142, cf = 19, f = 12$ और $h = 8$

अब, माध्यक $= l + \left\{\frac{\frac{n}{2} - cf}{f}\right\} \times h$

$= 142 + \left\{\frac{20-19}{12}\right\} \times 8$

$= 142 + \frac{2}{3}$

$= 142 + 0.67$

$= 142.67$ मिमी

75. संकेत सर्वप्रथम, हम दिए गए बंटन को साधारण बारंबारता बंटन में बदलते हैं

वर्ग अंतराल	वर्ग चिह्न (x_i)	बारंबारता (f_i)	$f_i x_i$
10-20	15	8	120
20-30	25	7	175
30-40	35	12	420
40-50	45	23	1035
50-60	55	11	605
60-70	65	13	845
70-80	75	8	600
80-90	85	6	510
90-100	95	12	1140
कुल		$\Sigma f_i = 100$	$\Sigma f_i x_1 = 5450$

अब, माध्य $= \frac{\sum_{i=1}^{n} f_i x_i}{\Sigma f_i} = \frac{5450}{100} = 54.50$

76. लुप्त बारंबारताएँ 76, 38 है तथा माध्यक = 1

77. (i) (c) दी गई सारणी में हम देख सकते हैं कि अधिकतम बारम्बारता 23 होगी।

इसलिए, बहुलक वर्ग 35-45 होगा।

यहाँ, $l = 35$, $f_0 = 23$, $f_1 = 21$, $f_2 = 14$ तथा $h = 10$

$\therefore$ बहुलक $= l + \frac{f_0 - f_1}{2f_0 - f_1 - f_2} \times h$

$= 35 + \frac{23-21}{46-21-14} \times 10$

$= 35 + \frac{20}{11} = 35 + 1.82 = 36.82$

(ii) (d) चूँकि वर्ग अन्तराल 35-45 की सर्वाधिक बारम्बारता 23 है, इसलिए यह बहुलक वर्ग होगा।

$\therefore$ बहुलक वर्ग की ऊपरी सीमा 45 होगी।

(iii) (d) माध्य की गणना

वर्ग-अन्तराल	बारम्बारता (f_i)	वर्ग चिन्ह (x_i)	$f_i x_i$
5-15	6	10	60
15-25	11	20	220
25-35	21	30	630
35-45	23	40	920
45-55	14	50	700
55-65	5	60	300
कुल	$\Sigma f_i = 80$		$\Sigma f_i x_i = 2830$

$\therefore$ माध्य $(\bar{x}) = \frac{\Sigma f_i x_i}{\Sigma f_i} = \frac{2830}{80} = 35.375 = 35.4$

अथवा

(a) यहाँ, अधिकतम बारम्बारता 42 है तथा इस बारम्बारता के संगत वर्ग 35-45 है। इसलिए बहुलक वर्ग 35-45 है।

$\therefore l = 35, f_0 = 42, f_1 = 10, f_2 = 24$ तथा $h = 10$

अब, बहुलक $= l + \left(\frac{f_0 - f_1}{2f_0 - f_1 - f_2}\right) \times h$

$= 35 + \frac{42-10}{2 \times 42 - 10 - 24} \times 10$

$= 35 + \frac{32}{50} \times 10 = 35 + 6.4 = 41.4$

78. (i) (c)

साप्ताहिक खपत	परिवारों की संख्या	संचयी बारम्बारता (cf)
0-10	16	16
10-20	12	28
20-30	18	46
30-40	6	52
40-50	4	56
50-60	0	56
कुल	$n = 56$	

यहाँ, $n = 56$

$\therefore \quad \frac{n}{2} = \frac{56}{2} = 28$

$\because$ माध्यिका वर्ग = 20 – 30

$\therefore l = 20, cf = 28, h = 10$ तथा $f = 18$

अब, साप्ताहिक खपत की माध्यिका $= l + \frac{\left(\frac{n}{2} - cf\right)}{f} \times h$

$$= 20 + \left(\frac{28 - 28}{18}\right) \times 10$$

$$= 20 + 0 = 20 \text{ इकाई}$$

(ii) (a)

वर्ग-अन्तराल	x	f	fx
0-10	5	16	80
10-20	15	12	180
20-30	25	18	450
30-40	35	6	210
40-50	45	4	180
50-60	55	0	0
कुल		$\Sigma f = 56$	$\Sigma fx = 1100$

$\therefore$ माध्य $= \frac{\Sigma fx}{\Sigma f} = \frac{1100}{56} = 19.64$ इकाई

(iii) (c) यहाँ, अधिकतम बारम्बारता 18 है तथा इस बारम्बारता के संगत वर्ग 20-30 है।

इसलिए, बहुलक वर्ग 20-30 होगा।

अथवा

(b) यहाँ, अधिकतम बारम्बारता 40 है तथा इस बारम्बारता के संगत वर्ग 40-50 है।

इसलिए, बहुलक वर्ग 40-50 होगा।

साप्ताहिक खपत (इकाई में)	0-10	10-20	20-30	30-40	40-50	50-60
परिवारों की संख्या	0	5	10	20	$40 = f_i$	5

$\therefore l = 40, f_1 = 40, f_0 = 20, f_2 = 5$ तथा $h = 10$

अब, साप्ताहिक खपत का बहुलक $= l + \left(\frac{f_1 - f_0}{2f_1 - f_0 - f_2}\right) \times h$

$$= 40 + \left(\frac{40 - 20}{80 - 20 - 5}\right) \times 10$$

$$= 40 + \frac{20}{55} \times 10$$

$$= 40 + 3.6 = 43.6 \text{ इकाई}$$

अध्याय

14

प्रायिकता
(Probability)

पिछली कक्षाओं में, हम प्रायिकता के अध्ययन की शुरुआत कर चुके हैं, जहाँ हमनें प्रायिकता का अर्थ परीक्षण, अभिप्रयोग, घटना, किसी घटना का घटित होना तथा प्रायिकता के प्रायोगिक दृष्टिकोण के बारे में अध्ययन किया। ये सभी संकल्पनाएँ प्रायिकता के आधार हैं। इस अध्याय में सर्वप्रथम, हम पिछली कक्षाओं में पढ़े प्रायिकता के महत्त्वपूर्ण संकल्पनाओं को दोहराएँगे तत्पश्चात् हम प्रायिकता की सैद्धांतिक (या पारंपरिक) परिभाषा तथा इन पर आधारित प्रश्नों का अध्ययन करेंगे।

प्रायिकता का अर्थ (Meaning of Probability)

किसी परीक्षण को करने पर, किसी घटना के घटित होने की संभावना, तकनीकी भाषा में घटना के घटित होने की प्रायिकता कहलाती है। किसी घटना के घटित होने की संभावना को एक संख्या द्वारा मापा जाता है, जोकि 0 से 1 के बीच में स्थित होती है।

टॉपिक्स

परीक्षण (Experiment)

वे संक्रियाएँ, जो कुछ स्पष्ट सुपरिभाषित परिणाम उत्पन्न करती हैं, परीक्षण कहलाती हैं।
जैसे एक सिक्के को उछालना, एक पासे को फेंकना इत्यादि।
परीक्षण दो प्रकार के होते हैं

(i) यादृच्छिक परीक्षण (ii) निश्चयात्मक परीक्षण

यादृच्छिक परीक्षण (Random Experiment)

ऐसे परीक्षण, जिन्हें समान परिस्थितियों में दोहराएँ जाने पर हर बार एक जैसा परिणाम प्राप्त नहीं होता, परंतु प्रत्येक बार प्राप्त परिणाम सभी संभव परिणामों में से ही एक होता है, यादृच्छिक परीक्षण कहलाते हैं।
अन्य शब्दों में, ऐसे परीक्षण जिन्हें करने पर कुछ विशेष परिणामों में से एक परिणाम आए, परंतु वह परिणाम कौन-सा होगा, यह ज्ञात न हो, यादृच्छिक परीक्षण कहलाते हैं।

जैसे— किसी पासे को उछालने पर 1, 2, 3, 4, 5, या 6, में से कोई एक अंक आएगा, परन्तु वह अंक कौन-सा होगा, ज्ञात नहीं किया जा सकता। अत: यह एक यादृच्छिक परीक्षण है।

नोट *किसी परीक्षण का परिणाम, यदि पहले से पता हो, तो वह परीक्षण यादृच्छिक परीक्षण नहीं होगा। परंतु पत्थर को ऊपर उछालना, यादृच्छिक परीक्षण नहीं होता है, क्योंकि जब एक पत्थर को ऊपर उछाला जाता है तो पत्थर के नीचे गिरने की संभावना निश्चित है।*

निश्चयात्मक परीक्षण (Deterministic Experiment)

ऐसे परीक्षण, जिन्हें समान परिस्थितियों में दोहराएँ जाने पर हर बार एक जैसा परिणाम प्राप्त होता है, उन्हें निश्चयात्मक परीक्षण कहते हैं।

जैसे— यदि पासे के सभी फलकों पर एक ही संख्या लिख दी जाएँ, तो पासे को प्रत्येक बार उछालने पर एक परिणाम आएगा, जोकि पासे के सभी फलकों पर लिखा है।

अभिप्रयोग (Trial)

एक अभिप्रयोग ऐसी प्रक्रिया होती है, जिसके परिणामस्वरूप एक या अधिक परिणाम आते हैं।

जैसे— यदि एक सिक्के को 20 बार उछाला जाता है, तो प्रत्येक उछाल एक अभिप्रयोग (Trial) कहलाता है।

घटना (Event)

किसी परीक्षण के लिए एक घटना परीक्षण के कुछ परिणामों का संग्रह होता है। इसे प्राय: E द्वारा निरूपित करते हैं।

जैसे—

(i) किसी पासे को एक बार फेंकने पर, सम संख्या आना एक घटना है, इस घटना के तीन परिणाम 2,4 तथा 6 हैं।

(ii) किसी सिक्के को उछालने पर, चित आना एक घटना है। इस घटना का एक परिणाम H (चित) है।

प्रारंभिक घटना (Elementary Event)

किसी यादृच्छिक परीक्षण की वह घटना, जिसका केवल एक ही परिणाम हो, प्रारंभिक घटना कहलाती है।

जैसे— जब एक सिक्के को उछाला जाता है, तो संभावित परिणाम चित और पट होता है। चित या पट प्राप्त करना प्रारंभिक घटना कहलाती है।

घटना का घटित होना (Occurrence of An Event)

यादृच्छिक परीक्षण से संबंधित घटना E का घटित होना, तब कहा जाता है जब प्रारंभिक घटनाओं में से एक घटना E के परिणाम से संबंधित हो।

जैसे— यदि एक पासे को उछालने पर उसके ऊपरी फलक पर 4 आता है, तो हम कह सकते हैं कि निम्नलिखित घटना घटित हो रही है

(i) सम संख्या प्राप्त करना (ii) 2 से बड़ी संख्या प्राप्त करना

(iii) 5 से छोटी संख्या प्राप्त करना

घटना की प्रायिकता (Probability of an Event)

किसी घटना की प्रायिकता से तात्पर्य उस घटना के घटित होने की संभावना को ज्ञात करना है। यदि E यादृच्छिक परीक्षण से संबंद्ध एक घटना है, तब E की प्रायिकता को $P(E)$ से निरूपित करते हैं, यहाँ $P(E)$ घटना E के घटित होने की संभावना को दर्शाता है।

जैसे— यदि E एक पासे को एक बार फेंकने पर उसके फलक पर सम संख्या आने की घटना को दर्शाता है, तब $P(E)$ घटना E के घटित होने की संभावना को निरूपित करता है अर्थात् 2,4 या 6 के प्राप्त होने की संभावना को दर्शाता है।

प्रायिकता- एक प्रायोगिक दृष्टिकोण (Probability-An Experimental Approach)

घटना E के घटित होने की प्रायोगिक (या आनुभाविक) प्रायिकता निम्न द्वारा है:

$$P(E) = \frac{\text{अभिप्रयोगों की संख्या जिनमें घटना घटित हुई है}}{\text{अभिप्रयोगों की कुल संख्या}}$$

जैसे— यदि एक सिक्के को 1000 बार उछालने पर निम्नलिखित बारंबारताएँ प्राप्त होती हैं:

चित: 455 बार, पट: 545 बार तथा यदि E_1 चित आने की घटना है तथा E_2 पट आने की घटना है तब

$$P(E_1) = \text{चित आने की प्रायिकता} = \frac{455}{1000} = 0.455$$

तथा $P(E_2) = \text{पट आने की प्रायिकता} = \frac{545}{1000} = 0.545$

प्रायिकता- एक सैद्धांतिक दृष्टिकोण (Probability-A Theoretical Approach)

हम देख चुके हैं कि प्रायिकता की प्रायोगिक व्याख्या का बड़ी संख्या में दोहराएँ जा सकने वाले किसी भी प्रयोग से जुड़े प्रत्येक घटना के लिए अनुप्रयोग किया जा सकता है। परन्तु प्रायिकता के इस दृष्टिकोण की कुछ परिसीमा हैं, क्योंकि अनेक स्थितियों में यह अधिक व्यय वाला हो सकता है या यह भी हो सकता है कि ऐसा करना संभव ही न हो।

जैसे—

(i) एक उपग्रह (satellite) छोड़ने के प्रयोग को, यह परिकलित करने के लिए, कि छोड़ते समय उसकी असफलता की प्रायोगिक प्रायिकता क्या है, बार-बार दोहराना अधिक व्यय वाला है।

(ii) भूकंप के कारण एक बहुमंजिली इमारत नष्ट होगी या नहीं, की प्रायोगिक प्रायिकता परिकलित करने के लिए भूकंप की परिघटना का दोबारा घटित होना असंभव है।

ऐसे प्रयोगों में, जहाँ हम कुछ कल्पनाओं को सही मानने को तैयार हो जाएँ, हम एक प्रयोग को दोहराने से बच सकते हैं, क्योंकि वे कल्पनाएँ सीधे प्रायिकता परिकलित करने में हमारी सहायता करती है।

अत: हम सर्वप्रथम निम्न पदों का अध्ययन करेंगे, जोकि प्रायिकता के सैद्धांतिक संकल्पनाओं का समझने में सहायक सिद्ध होंगे।

मिश्र घटना (Compound Event)

दो या दो से अधिक प्रारंभिक घटनाओं का संग्रह, जो किसी प्रयोग से संबंधित हो, मिश्र घटना कहलाती है। जैसे— एक सिक्के को दो बार उछालने पर अधिकतम एक चित प्राप्त होने की घटना, जो प्रारंभिक घटनाओं HT, TH और TT का संग्रह हैं, मिश्र घटना कहलाती है।

समप्रायिक परिणाम (Equally Likely Outcomes)

एक यादृच्छिक परीक्षण के परिणाम समप्रायिक कहलाते हैं, यदि एक परिणाम के प्राप्त होने की संभावना अन्य परिणाम के प्राप्त होने की संभावना के बराबर है।

जैसे— एक पासे को उछालने पर छः परिणामों 1,2,3,4,5 और 6 में से कोई भी परिणाम प्राप्त हो सकता है। इसलिए परिणाम 1,2,3,4,5 और 6 समप्रायिक हैं।

अनुकूल परिणाम (Favourable Outcomes)

ऐसे परिणाम, जो किसी घटना के घटित होने को निश्चित करते हैं, अनुकूल परिणाम कहलाते हैं।

जैसे— एक पासे को उछालने पर, सम संख्या प्राप्त करने के लिए अनुकूल परिणाम 2, 4, और 6 हैं।

पूरक घटना (Complementary Event)

माना घटना E एक यादृच्छिक परीक्षण से संबंधित है, तब घटना E की पूरक घटना को $\overline{E}$ से व्यक्त करते हैं, जिसका तात्पर्य यह है कि घटना $\overline{E}$ तभी घटित होगी जब घटना E घटित नहीं होगी।

जैसे— माना एक पासे को उछालकर, एक सम संख्या प्राप्त करना घटना E है तब इसकी पूरक घटना $\overline{E}$ अर्थात् विषम संख्या प्राप्त करनी, होगी क्योंकि घटना E में 2,4,6 प्राप्त होता है।

अत: घटना $\overline{E}$ में अंक 1,3 और 5 प्राप्त होंगे।

नोट *E और $\overline{E}$ को एक-दूसरे की पूरक घटना कहते हैं।*

प्रायिकता की सैद्धांतिक परिभाषा (Classical Definition of Probability)

माना किसी परीक्षण के सभी परिणाम समप्रायिक हैं तथा किसी परीक्षण से संबंधित कोई घटना E है, तो घटना E की सैद्धांतिक (या परंपरागत)

प्रायिकता $P(E) = \dfrac{E \text{ के अनुकूल परिणामों की संख्या}}{\text{प्रयोग के सभी संभव परिणामों की संख्या}}$

जैसे— जब किसी पासे को उछालते है तब कुल छः संभव परिणाम हैं। माना E अंक 4 प्राप्त करने की घटना है, तब E के लिए अनुकूल परिणाम केवल एक है, अत: 4 आने की प्रायिकता, $P(E) = \frac{1}{6}$

प्रयोगात्मक तथा सैद्धांतिक प्रायिकता में अंतर (Difference between Experimental and Theoretical Probability)

दोनों अवधारणों में, मूलभूत अंतर यह है कि प्रयोगात्मक अवधारणा में किसी घटना के घटित होने की प्रायिकता वास्तव में जो परिणाम घटित हुआ है, उस पर आधारित है, जबकि सैद्धांतिक प्रायिकता में हम वास्तविक परिघटना को बिना पूर्ण किए संभावित परिणाम को बताने की कोशिश करते हैं।

प्रायिकता से संबंधित महत्त्वपूर्ण परिणाम

(Important Results Related to Probability)

- यदि किसी परीक्षण में अभिप्रयोगों की संख्या बहुत अधिक हो, तो घटना की प्रायोगिक प्रायिकता इसकी सैद्धांतिक प्रायिकता में परिवर्तित हो जाती है।
- किसी घटना के घटित होने की प्रायिकता, सदैव 0 और 1 (0 और 1 सहित) के मध्य होती है। अर्थात् $0 \le P(E) \le 1$ साथ ही प्रायिकता को 100 से गुणा करके प्रतिशत के रूप में लिखा जा सकता है। अत: प्रतिशत के रूप में किसी घटना की प्रायिकता 0% से 100% (0 और 100 सहित) के मध्य होती है।
- किसी भी घटना की प्रायिकता, कभी भी ऋणात्मक नहीं हो सकती है।
- किसी परीक्षण की पूरक घटनाओं की प्रायिकताओं का योग सदैव 1 होता है। अर्थात् यदि E और $\overline{E}$ पूरक घटनाएँ हैं, तो

$$P(E) + P(\overline{E}) = 1$$

या $$P(\overline{E}) = 1 - P(E)$$

या $$P(E) = 1 - P(\overline{E})$$

जहाँ, $P(E)$ घटना E के घटित होने की प्रायिकता को और $P(\overline{E})$ घटना E के घटित न होने की प्रायिकता को निरूपित करते हैं।

सत्यापन यदि n संभव परिणामों में से m परिणाम घटना E के अनुकूल हैं, तब घटना E के घटित न होने के परिणाम $n-m$ होंगे।

$$\therefore \quad P(\overline{E}) = \frac{n-m}{n} = 1 - \frac{m}{n} = 1 - P(E)$$

$$\Rightarrow \quad P(\overline{E}) + P(E) = 1$$

नोट *अनुपात $P(E):P(\overline{E})$ अर्थात् $m:n-m$ को घटना E के घटित होने के अनुकूल संयोगानुपात कहते हैं।*

अनुपात $P(\overline{E}):P(E)$ अर्थात् $n-m:m$ को घटना E के घटित होने के प्रतिकुल संयोगानुपात कहते हैं।

कुछ विशेष घटनाएँ (Some Special Events)

असंभव घटना (Impossible Event)

ऐसी घटना, जिसका घटित होना असंभव हो, असंभव घटना कहलाती है। असंभव घटना की प्रायिकता सदैव 0 (शून्य) होती है।

जैसे— किसी पासे को उछालने पर केवल छः परिणाम 1,2,3,4,5 और 6 प्राप्त हो सकते हैं। यदि हम पासे को उछाल कर अंक 7 प्राप्त करने के इच्छुक हैं, तो चूँकि किसी भी सतह पर अंक 7 अंकित नहीं है, अत: हम अंक 7 प्राप्त नही कर सकते, इसलिए अंक 7 प्राप्त करना एक असंभव घटना है।

तब, P (अंक 7 प्राप्त करना) $= \frac{0}{6} = 0$

निश्चित घटना (Sure or Certain Event)

एक घटना जो निश्चित रूप से घटित होती है, निश्चित घटना कहलाती है। निश्चित घटना की प्रायिकता सदैव 1 होती है।

जैसे— माना हम पासे को एक बार फेंकने पर 7 से छोटी संख्या प्राप्त करने की प्रायिकता ज्ञात करना चाहते हैं। यह निश्चित है, कि जब भी पासे को फेंकेंगे तो हमें 7 से छोटी संख्या प्राप्त होगी, इसलिए 7 से छोटी संख्या प्राप्त करना एक निश्चित घटना है।

तब, P (अंक 7 प्राप्त संख्या) $= \frac{6}{6} = 1$

प्रायिकता से संबंधित विभिन्न प्रकार की समस्याएँ

(Different types of Problems Related to Probability)

प्रायिकता से संबंधित विभिन्न समस्याओं को हल करने के लिए, हमें दी गई घटना, जो समस्या (या प्रश्न) में दी गई वस्तु, जैसे सिक्का, पासा आदि पर निर्भर करती है, के अनुकूल परिणामों और सभी संभव परिणामों की आवश्यकता होती है।

विभिन्न प्रकार की समस्याओं को हल करने की विधियाँ, दिए गए उदाहरणों द्वारा सरलतापूर्वक समझी जा सकती हैं

प्रकार I सिक्के को उछालने पर आधारित प्रश्न

एक सिक्के के दो फलक चित (H) तथा पट (T) होते हैं। यदि हम एक या एक से अधिक सिक्के उछालते हैं, तो संभावित परिणाम निम्नलिखित होते हैं

(i) एक सिक्कों को उछालने की स्थिति में संभावित परिणाम केवल दो चित (H) तथा पट (T) होते हैं।

(ii) दो सिक्कों को उछालने की स्थिति में संभावित चार परिणाम निम्न होते हैं

(H,T) (T,H) (H,H) (T,T)

(iii) तीन सिक्के उछालने की स्थिति में संभावित आठ परिणाम निम्न हैं

(H,H,H), (H,H,T), (H,T,H), (T,H,H), (H,T,T)

(T,H,T), (T,T,H) तथा (T,T,T)

सिक्के पर आधारित प्रश्नों को निम्न उदाहरण द्वारा सरलतापूर्वक समझा जा सकता है।

नोट • *जब हम सिक्के के बारे में बात करते हैं, तो हम मानते हैं कि सिक्का निष्पक्ष (या न्यायसंगत) है। अर्थात् वह सममित (symmetrical) है, ताकि कोई कारण न हो कि वह एक ही ओर दूसरी ओर की अपेक्षा अधिक गिरे सिक्के के इस गुण को उसका अपक्षपातपूर्ण (Unbiased) होना कहते हैं।*

• ***यादृच्छया उछाल** (random toss) से हमारा तात्पर्य है कि सिक्के को बिना किसी पक्षपात (bias) या रुकावट के स्वतंत्रतापूर्वक गिरने दिया जाता है।*

उदाहरण 1 दो अपक्षतापूर्ण सिक्के एकसाथ उछाले जाते हैं। तो निम्न घटनाओं की प्रायिकता ज्ञात कीजिए।

(i) एक पट प्राप्त हो।

(ii) अधिक-से-अधिक 1 चित प्राप्त हो।

हल यहाँ, दो सिक्के एकसाथ उछाले जाते हैं, इसलिए संभावित परिणाम (H,T), (T,H), (H,H) तथा (T,T) होंगे।

कुल परिणामों की संख्या = 4

माना E_1 एक पट प्राप्त होने की घटना है, तब

E_1 के अनुकूल परिणाम (H,T) तथा (T,H) होंगे

$\therefore$ E_1 के अनुकूल परिणामों की संख्या = 2

पुनः माना E_2 = अधिक से अधिक एक चित प्राप्त करने की घटना है।

अर्थात् एक चित प्राप्त होता या कोई चित प्राप्त नहीं होता है।

तब E_2 के अनुकूल संभावित परिणाम

(H,T), (T,H) तथा (T,T) होंगे

$\therefore$ E_2 के अनुकूल परिणामों की संख्या = 3

अब, प्रायिकता की परिभाषा से

$$\text{प्रायिकता } P(E) = \frac{E \text{ के अनुकूल परिणामों की संख्या}}{\text{कुल परिणामों की संख्या}}$$

(i) एक पट प्राप्त होने की प्रायिकता, $P(E_1) = \frac{2}{4} = \frac{1}{2}$

(ii) अधिक-से-अधिक एक चित प्राप्त होने की प्रायिकता,

$$P(E_2) = \frac{3}{4}$$

प्रकार II पासे के फेंकने पर आधारित प्रश्न

एक पासा के फलकों पर संख्या 1,2,3,4,5 तथा 6 अंकित होती हैं। यदि हमारे पास एक से ज्यादा पासे हैं, तो हम जब तक दिया न हो तब तक सभी पासों को अलग-अलग मानेंगे। यदि हम एक (या दो) पासा (या पासों) को फेंकते, तो निम्न संभावित परिणाम प्राप्त होते हैं

(i) एक पासे की स्थिति में:

संभावित परिणाम 1,2,3,4,5 तथा 6 होंगे।

(ii) दो पासों की स्थिति में

संभावित परिणाम

(1,1), (1,2), (1,3), (1,4), (1,5) (1,6) (2,1) (2,2)

(2,3), (2,4), (2,5), (2,6), (3,1), (3,2), (3,3), (3,4)

(3,5), (3,6), (4,1), (4,2), (4,3), (4,4), (4,5), (4,6)

(5,1), (5,2), (5,3), (5,4), (5,5), (5,6), (6,1), (6,2)

(6,3), (6,4), (6,5), तथा (6,6) होंगे।

पासे पर आधारित प्रश्नों को निम्न उदाहरणों की सहायता से सरलतापूर्वक समझा जा सकता है।

उदाहरण 2 मान लीजिए, हम एक पासे को एक बार फेंकते हैं।

(i) 4 से बड़ी संख्या प्राप्त होने की प्रायिकता क्या है ?

(ii) 4 से छोटी या उसके बराबर संख्या प्राप्त होने की प्रायिकता क्या है?

हल यहाँ प्रयोग के संभव परिणाम 1, 2, 3, 4, 5, 6 हैं।

$\therefore$ परिणामों की कुल संख्या = 6

(i) माना 4 से बड़ी संख्या प्राप्त करना घटना E है, तब E के अनुकूल परिणाम 5 और 6 हैं

$\therefore$ E के अनुकूल परिणामों की संख्या = 2

अतः $P(E) = (4 \text{ से बड़ी संख्या}) = \frac{2}{6} = \frac{1}{3}$

(ii) माना 4 से छोटी या उसके बराबर संख्या प्राप्त करना घटना F है। तब F के अनुकूल परिणाम 1, 2, 3 तथा 4 हैं।

$\therefore$ F के अनुकूल परिणामों की संख्या = 4

अतः $P(F) = P(4 \text{ से छोटी या उसके बराबर संख्या}) = \frac{4}{6} = \frac{2}{3}$

उदाहरण 3 यदि दो पासे एकसाथ फेंके जाते हैं, तो पहले पासे पर 2 का गुणक तथा दूसरे पासे पर 3 का गुणक प्राप्त होने की प्रायिकता ज्ञात कीजिए।

हल यहाँ, दो पासे फेंके जाते हैं।

तब, संभव परिणाम

(1,1), (1,2) (1,3) (1,4) (1,5) (1,6)

(2,1), (2,2), (2, 3), (2, 4), (2, 5), (2, 6)

(3,1), (3,2), (3, 3), (3, 4), (3, 4), (3, 5), (3, 6)

(4,1), (4,2), (4, 3), (4, 4), (4, 5), (4, 6),

(5, 1), (5,2), (5, 3), (5, 4), (5, 5), (5, 6)

(6,1), (6,2), (6, 3), (6, 4), (6, 5) तथा (6, 6) होंगे।

$\therefore$ परिणामों की कुल संख्या = 36

माना E = पहले पासे पर 2 के गुणक तथा दूसरे पासे पर 3 के गुणक प्राप्त होने की घटना है।

यहाँ 2 के गुणक 2,4 और 6 तथा 3 के गुणक 3 तथा 6 हैं।

अतः घटना E के अनुकूल परिणाम

(2,3), (4,3), (6,3), (2,6), (4,6), (6,6), (3,2)

(3,4), (3,6), (6,2) तथा (6,4) होंगे।

$\therefore$ अनुकूल परिणामों की संख्या = 11

अतः अभीष्ट प्रायिकता

$$= \frac{\text{घटना से संबंधित अनुकूल परिणामों की संख्या}}{\text{कुल परिणामों की संख्या}} = \frac{11}{36}$$

प्रकार III ताशों पर आधारित प्रश्न

ताशों की एक गड्डी में 52 पत्ते होते हैं, जिसमें 26 पत्ते काले रंग के तथा अन्य 26 पत्ते लाल रंग के होते हैं, जहाँ लाल पत्तों में 13 पत्ते पान (heart) के, 13 पत्ते ईंट (diamond) के होते हैं तथा काले रंग के पत्तों में 13 पत्ते हुकुम (spades) के और 13 पत्ते चिड़ी (club) के होते हैं। अत: 52 ताश के पत्ते चार समूहो में बँटे होते हैं। प्रत्येक समूह में 13 पत्ते होते हैं। ये चार समूह पान (heart), ईंट (diamond), हुकुम (spades) और चिड़ी (club) होते हैं। प्रत्येक समूह के पत्ते इक्का (ace), बादशाह (king), बेगम (queen), गुलाम (jack), 10,9,8,7,6,5,4,3 और 2 होते हैं।

ताश के पत्तों का वृक्ष आरेख

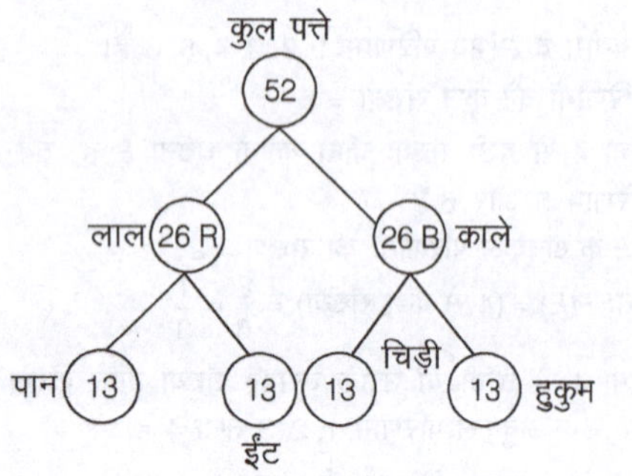

फेस कार्ड बादशाह, बेगम, गुलाम वाले पत्ते फेस कार्ड (face cards) कहलाते हैं। इसलिए कुल फेस कार्ड = 12

ताश पर आधारित प्रश्नों को हल करने की विधि निम्न उदाहरण द्वारा सरलतापूर्वक समझी जा सकती है

उदाहरण 4 ताश के 52 पत्तों की गड्डी में से हुकुम का बादशाह, बेगम तथा गुलाम को निकाल कर अच्छी तरह से फेंटा जाता है। शेष बचे पत्तों में से एक पत्ता निकाला जाता है। प्रायिकता ज्ञात कीजिए कि निकाला गया पत्ता

(i) एक हुकुम है। (ii) एक बादशाह है।

हल यहाँ ताश के 52 पत्तों की गड्डी में से हुकुम का बादशाह, बेगम तथा गुलाम को निकाला जाता है

तब, गड्डी में बचे पत्तों की संख्या = 52 − 3 = 49

कुल परिणामों की संख्या = 49

[49 पत्तों में से 1 पत्ता 49 तरीकों से निकाला जा सकता है]

(i) हम जानते हैं कि हुकुम के 13 पत्ते होते हैं। हुकुम का बादशाह, बेगम तथा गुलाम को निकालने के बाद गड्डी में हुकुम के केवल 10 पत्ते बचेंगे।

माना E_1 = एक हुकुम प्राप्त करने की घटना है

तब, E_1 के अनुकूल परिणामों की संख्या = 10

$$\therefore \text{ अभीष्ट प्रायिकता} = P(E_1) = \frac{\text{अनुकूल परिणामों की संख्या}}{\text{कुल परिणामों की संख्या}} = \frac{10}{49}$$

(ii) हम जानते है कि गड्डी में 4 बादशाह होते हैं, हुकुम का बादशाह निकालने के बाद गड्डी में केवल 3 बादशाह बचेंगे।

माना, E_2 = एक बादशाह प्राप्त करने की घटना है।

तब E_2 के अनुकूल परिणामों की संख्या = 3

$$\therefore \text{ अभीष्ट प्रायिकता} = P(E_2) = \frac{3}{49}$$

प्रकार IV एक बैग/बक्से से वस्तु के चयन पर आधारित प्रश्न

इस प्रकार के प्रश्नों में हमें एक बक्से/बैग से एक से ज्यादा रंग/प्रकार की वस्तुओं में से विशेष रंग/प्रकार की वस्तु (जैसे 5 गेंदे, 4 कंचे, 8 नारंगी, 7 बल्ब इत्यादि) के चयन की प्रायिकता ज्ञात करनी होती है।

वस्तुओं के चयन पर आधारित प्रश्नों को निम्न उदाहरणों द्वारा सरलतापूर्वक समझा जा सकता है।

उदाहरण 5 तीन थैलों में क्रमशः 10 नारंगी, 10 हरे तथा 10 लाल रंग की गेंदें हैं। तीनों थैलों को एक बड़े थैले में मिला दिया जाता है, यदि बिना थैले को देखे, उसमें से यादृच्छया एक गेंद निकाली जाती है, तो प्रायिकता ज्ञात कीजिए कि निकाली गयी गेंद

(i) नारंगी रंग की हो। (ii) नारंगी रंग की न हो।

हल दिया है, नारंगी रंग की गेंदों की संख्या = 10

हरे रंग की गेंदों की संख्या = 10

तथा लाल रंग की गेंदों की संख्या = 10

चूँकि तीनों थैलों को एक बड़े थैले में मिला दिया जाता है।

इसलिए, बड़े थैले में गेंदों की कुल संख्या = 10 + 10 + 10 = 30

$\therefore$ कुल परिणामों की संख्या = 30

(i) माना E नारंगी रंग की गेंद के चुने जाने की घटना है

तब, E के अनुकूल परिणामों की संख्या = 10

[$\because$ नारंगी रंग की गेंदों की संख्या 10 है]

नारंगी रंग की गेंद प्राप्त करने की अभीष्ट प्रायिकता

$$P(E) = \frac{10}{30} = \frac{1}{3}$$

(ii) माना F नारंगी रंग की गेंद के न चुने जाने की घटना है।
चूँकि 10 हरे रंग की गेंदें तथा 10 लाल रंग की गेंदे हैं।
∴ F के अनुकूल परिणामों की संख्या = 20
अतः नारंगी रंग की गेंद के न चुने जाने की अभीष्ट प्रायिकता, $P(F) = \frac{20}{30} = \frac{2}{3}$

वैकल्पिक विधि

$P(F) = 1 - P$ (नारंगी रंग की गेंद प्राप्त हो) $= 1 - P(E)$
$= 1 - \frac{1}{3} = \frac{2}{3}$

उदाहरण 6 17 कार्डों पर 1 से 17 तक की संख्याएँ अंकित करके, एक डिब्बे में रखकर अच्छी तरह से मिला दिया जाता है। एक व्यक्ति डिब्बे में से एक कार्ड निकालता है। प्रायिकता ज्ञात कीजिए कि कार्ड पर लिखी संख्या

(i) एक विषम संख्या है।
(ii) एक अभाज्य संख्या है।
(iii) 3 से विभाज्य है। **[CBSE 2019]**

हल 17 कार्डों पर 1 से 17 तक की संख्याएँ अंकित करके, एक डिब्बे में रखा गया है। जिनमें से एक कार्ड 17 तरीकों से निकाला जा सकता है।
∴ कुल परिणामों की संख्या = 17

(i) 1,3,5,7,9,11,13,15,17 विषम संख्या वाले कार्ड हैं, जिनकी संख्या 9 है।
∴ अनुकूल परिणामों की संख्या = 9
अतः P (एक विषम संख्या प्राप्त हो)
$$= \frac{\text{अनुकूल परिणामों की संख्या}}{\text{कुल परिणामों की संख्या}} = \frac{9}{17}$$

(ii) 2, 3, 5, 7, 11, 13, 17 अभाज्य संख्या वाले कार्ड हैं, जिनकी संख्या 7 है।
∴ अनुकूल परिणामों की संख्या = 7
अतः P (अभाज्य संख्या प्राप्त हो)
$$= \frac{\text{अनुकूल परिणामों की संख्या}}{\text{कुल परिणामों की संख्या}} = \frac{7}{17}$$

(iii) यदि एक संख्या 3 से विभाजित है, तो वह संख्या 3 की गुणज होगी।
3,6,9,12 और 15,3 के गुणज वाले कार्ड हैं, जिनकी संख्या 5 है।
∴ अनुकूल परिणामों की संख्या = 5
अतः P(प्राप्त कार्ड पर अंकित संख्या 3 से विभाज्य हो)
$$= \frac{\text{अनुकूल परिणामों की संख्या}}{\text{कुल परिणामों की संख्या}} = \frac{5}{17}$$

प्रकार V ज्यामिति पर आधारित प्रश्न

इस प्रकार के प्रश्नों में, हमें एक ज्यामितीय चित्र दिया होता है तथा हमें दिए गए चित्र के एक छोटे भाग में, एक दिए गए वस्तु के स्थित होने की प्रायिकता ज्ञात करनी होती है। इस प्रकार के प्रश्नों में हम सर्वप्रथम दोनों ज्यामितीय चित्रों का क्षेत्रफल/आयतन अलग-अलग ज्ञात करते हैं और फिर पूरे ज्यामितीय भाग के क्षेत्रफल/आयतन को कुल परिणामों की संख्या तथा छोटे ज्यामितीय भाग के क्षेत्रफल/आयतन को अनुकूल परिणामों की संख्या के रूप में लेकर अभीष्ट प्रायिकता ज्ञात करते हैं।

ज्यामिति पर आधारित प्रश्नों को हल करने की विधि को निम्न उदाहरणों द्वारा सरलतापूर्वक समझा जा सकता है

उदाहरण 7 एक लापता हेलीकॉप्टर के बारे में सूचना मिलती है कि वह दिए गए आयताकार क्षेत्र में कहीं गिर गया है। इसकी चित्र में दर्शाई गई झील में गिरने की क्या प्रायिकता है?

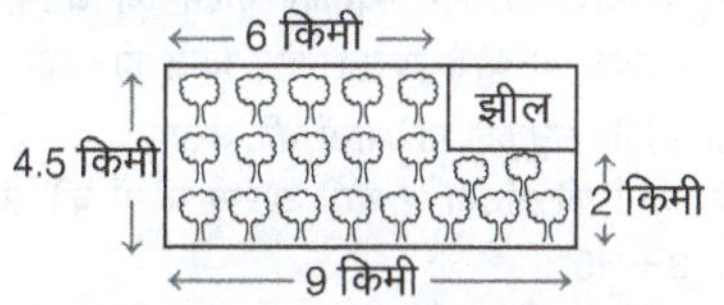

हल यहाँ हेलीकॉप्टर, दिए गए आयताकार क्षेत्र में समान रूप से कही भी गिर सकता है, इसलिए हेलीकॉप्टर का आयताकार क्षेत्र में कहीं भी गिरना समप्रायिक है। दिया गया ज्यामितीय चित्र, एक आयत है तथा इसका छोटा भाग अर्थात् झील भी आयताकार है।
आयताकार क्षेत्र के लिए
लंबाई = 9 किमी तथा चौड़ाई = 4.5 किमी
∴ पूरे क्षेत्र का क्षेत्रफल, जहाँ हेलीकॉप्टर गिर सकता है
$= (4.5 \times 9)$ किमी$^2 = 40.5$ किमी^{2}
आयताकार झील के लिए, लंबाई = 9 − 6 = 3 किमी
चौड़ाई = 4.5 − 2 = 2.5 किमी
∴ झील का क्षेत्रफल = 2.5 × 3 = 7.5 किमी
अतः हेलीकॉप्टर के झील में गिरने की प्रायिकता $= \frac{7.5}{40.5} = \frac{75}{405} = \frac{5}{27}$

प्रकार VI विविध प्रश्न

कभी-कभी दिया गया प्रश्न, प्रकार I से V तक चर्चा की गई विधियों पर आधारित नहीं होता है। इस प्रकार के प्रश्नों को हल करने के लिए, प्रश्न से संबंधित संभव परिणामों को बहुत सावधानी से ज्ञात करते हैं और तब जिस घटना की प्रायिकता ज्ञात करनी है, उसके अनुकूल परिणामों को ज्ञात करते हैं। अब प्रायिकता की परिभाषा का प्रयोग करते हैं।

अर्थात् अभीष्ट प्रायिकता $= \frac{\text{अनुकूल परिणामों की संख्या}}{\text{कुल परिणामों की संख्या}}$

उदाहरण 8 एक समूह में 48 मोबाइल फोन हैं, जिसमें 42 अच्छे हैं, 3 में थोड़ी सी खराबी है तथा 3 में बड़ी खराबी है। वर्निका एक मोबाइल फोन तभी खरीदेगी जब वह अच्छा हो, परंतु व्यापारी केवल तभी मोबाइल खरीदेगा, जब उनमें कोई बड़ी खराबी न हो। इस समूह में से एक फोन यादृच्छिक रूप से चुना जाता है, इसकी प्रायिकता क्या है कि यह फोन

(i) वर्निका को स्वीकार होगा? (ii) व्यापारी को स्वीकार होगा?

हल दिया है, समूह में मोबाइल फोन की संख्या 48 हैं।
∴ सभी संभव परिणामों की संख्या = 48

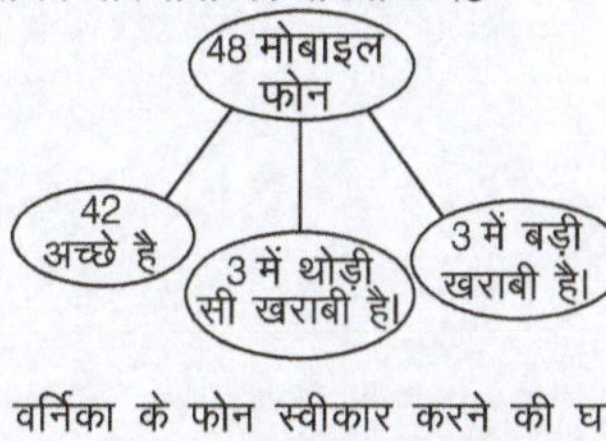

(i) माना E_1 वर्निका के फोन स्वीकार करने की घटना है
अर्थात् E_1 अच्छे फोन प्राप्त होने की घटना है।
∴ घटना E_1 के अनुकूल परिणामों की संख्या = 42

अतः वर्निका के फोन स्वीकार करने की प्रायिकता,

$$P(E_1)=\frac{42}{48}=\frac{7}{8}$$

(ii) माना E_2 व्यापारी के फोन स्वीकार करने की घटना है।
अर्थात् E_2 अच्छे या थोड़े खराब फोन प्राप्त होने की घटना है।

$\therefore$ घटना E_2 के अनुकूल परिणामों की संख्या
= अच्छे फोनों की संख्या + थोड़े खराब फोनों की संख्या
= 42 + 3 = 45

अतः व्यापारी के फोन स्वीकार करने की प्रायिकता

$$P(E_2)=\frac{45}{48}=\frac{15}{16}$$

उदाहरण 9 सविता और हमीदा सहेलियाँ हैं। प्रायिकता ज्ञात कीजिए कि

(i) दोनों का जन्मदिन एक ही है।

(ii) दोनों के जन्मदिन अलग-अलग हैं। (लीप वर्ष नहीं है)

हल एक वर्ष में 365 दिन होते हैं, इसलिए सविता का जन्मदिन 365 दिन में से कभी भी हो सकता है। इसी प्रकार, हमीदा का जन्मदिन 365 दिन में से कभी भी हो सकता है।

$\therefore$ कुल संभव परिणाम = 365×365

(i) यदि दोनों का जन्मदिन एक ही है, तब अनुकूल परिणाम = 365

$$\therefore \text{ अभीष्ट प्रायिकता } = \frac{365}{365 \times 365}=\frac{1}{365}$$

(ii) P(दोनों के जन्मदिन अलग-अलग हैं) = $1-P$(दोनों का जन्मदिन एक ही है) $[\because P(E)+P(\bar{E})=1]$

$$=1-\frac{1}{365}=\frac{364}{365}$$

उदाहरण 10 एक म्यूजिकल चेयर खेल में एक महिला संगीत बजा रही थी, उसे सलाह दी गई कि वह संगीत प्रारम्भ करने के बाद 2 मिनट के अंदर कभी भी संगीत बंद कर दे। इसकी क्या प्रायिकता है कि संगीत प्रारंभ होने के पहले आधे मिनट के अंदर बंद हो जाएगा ?

हल यहाँ, संगीत 2 मिनट के अंदर कभी भी बंद हो जाता है।

$\therefore$ संभावित परिणाम 0 तथा 2 के बीच की सभी वास्तविक संख्याएँ हैं, जोकि संख्या रेखा पर 0 से 2 के बीच का भाग है।

माना E संगीत के प्रारंभ होने के पहले आधे मिनट के अंदर बंद होने की घटना है, तब E के अनुकूल परिणाम संख्या रेखा पर 0 से $\frac{1}{2}$ के बीच सभी बिंदु होंगे।

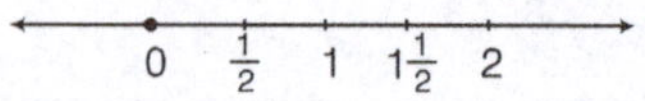

यहाँ सभी परिणाम समप्रायिक (समान रूप के) हैं।

कुल परिणामों की संख्या = 0 से 2 की कुल दूरी = 2

E के अनुकूल परिणामों की संख्या = 0 से $\frac{1}{2}$ की दूरी = $\frac{1}{2}$

$$\text{अतः अभीष्ट प्रायिकता } P(E)=\frac{\frac{1}{2}}{2}=\frac{1}{4}$$

उदाहरण 11 दो खिलाड़ी, नेहा और शिवानी टेनिस खेलते हैं। नेहा के मैच जीतने की प्रायिकता 0.62 है। शिवानी के मैच जीतने की प्रायिकता ज्ञात कीजिए?

हल माना E और F क्रमशः नेहा और शिवानी के मैच जीतने की घटना है। स्पष्टतः यदि नेहा मैच जीतती है, तो शिवानी मैच हारेगी और यदि शिवानी मैच जीतती है, तो नेहा मैच हारेगी। इस प्रकार E और F पूरक घटनाएँ हैं।

$$\therefore \quad P(E)+P(F)=1$$

दिया है, नेहा के जीतने की प्रायिकता $P(E)=0.62$

$\therefore$ शिवानी के जीतने की प्रायिकता, $P(F)=1-P(E)$

$$=1-0.62=0.38$$

NCERT फोल्डर

प्रश्नावली 14.1

1. निम्नलिखित कथनों को पूरा कीजिए

(i) घटना E की प्रायिकता + घटना 'E नहीं' की प्रायिकता = ………… है।

(ii) उस घटना की प्रायिकता, जो घटित नहीं हो सकती ………… है। ऐसी घटना ………… कहलाती है।

(iii) उस घटना की प्रायिकता जिसका घटित होना निश्चित है ………… है। ऐसी घटना ………… कहलाती है।

(iv) किसी प्रयोग की सभी प्रारंभिक घटनाओं की प्रायिकताओं का योग ………… है।

(v) किसी घटना की प्रायिकता ………… से बड़ी या उसके बराबर होती है तथा ………… से छोटी या उसके बराबर होती है।

हल (i) 1, क्योंकि सफलता की प्रायिकता और असफलता की प्रायिकता का योग 1 के बराबर होता है।

(ii) 0 (शून्य), असंभव घटना।

उदाहरण माना एक पासा उछाला जाता है और 7 आने की प्रायिकता की गणना करते हैं। इस प्रकार की घटना असंभव घटना कहलाती है। इस घटना की प्रायिकता 0 (शून्य) है।

(iii) 1, निश्चित घटना,

उदाहरण एक पासे को उछालने पर 7 से छोटी संख्या प्राप्त करने की घटना निश्चित घटना है।

(iv) 1

उदाहरण माना एक पासा उछाला जाता है, तब

$$P(1)+P(2)+P(3)+P(4)+P(5)+P(6)=1$$

(v) 0, 1, ($\because$ प्रायिकता हमेशा 0 और 1 के बीच होती है)

2. निम्नलिखित प्रयोगों में से किन-किन प्रयोगों के परिणाम समप्रायिक हैं? स्पष्ट कीजिए,

(i) एक ड्राइवर कार चलाने का प्रयत्न करता है। कार चलना प्रारंभ हो जाती है या कार चलना प्रारंभ नहीं होती है।

(ii) एक खिलाड़ी बास्केटबॉल को बास्केट में डालने का प्रयत्न करता/करती है। वह बॉस्केट में डाल पाता/पाती है या नहीं डाल पाता/पाती है।

(iii) एक सत्य-असत्य प्रश्न का अनुमान लगाया जाता है। उत्तर सही है या गलत है।

(iv) एक बच्चे का जन्म होता है। वह एक लड़का है या एक लड़की है।

हल (i) सामांयतया कार चलना प्रारंभ हो जाती है, परंतु कुछ खराबी होने पर कार चलना प्रारंभ नहीं होती है। इसलिए यह प्रयोग समसंभावी नहीं है।

(ii) समसंभावी नहीं है, क्योंकि बास्केट में बॉल डाल पाना कई बातों पर निर्भर करता है, जैसे खिलाडी का बॉल डालने में सक्षम होना, बास्केटबॉल की गुणवत्ता इत्यादि।

(iii) समसंभावी है, क्योंकि यदि उत्तर सही है, तो यह गलत नहीं हो सकता और यदि उत्तर गलत है, तो यह सही नहीं हो सकता। अतः या तो सत्य या असत्य होने की समान संभावना हैं।

(iv) समसंभावी है, क्योंकि जब एक बच्चा जन्म लेता है, तो उसके लड़का या लड़की होने की समान संभावना है।

3. फुटबॉल के खेल को प्रारंभ करते समय, यह निर्णय लेने के लिए कि कौन-सी टीम पहले बॉल लेगी, इसके लिए सिक्का उछालना एक न्याय संगत विधि क्यों माना जाता है?

हल जब हम एक सिक्का उछालते हैं, तो हम या तो चित या पट प्राप्त करते हैं जोकि समसंभावी है। अतः सिक्के का परिणाम पूर्णतः एकतरफा या पक्षपात से रहित है।

4. निम्नलिखित में से कौन-सी संख्या किसी घटना की प्रायिकता नहीं हो सकती?

(a) $\frac{2}{3}$ (b) -1.5 (c) 15% (d) 0.7

हल (b) किसी घटना की प्रायिकता किसी भी स्थिति में ऋणात्मक नहीं हो सकती।

5. यदि $P(E)=0.05$ है, तो 'E नहीं' की प्रायिकता क्या है?

हल दिया है, $P(E)=0.05$

हम जानते हैं कि $P(E)+P(\bar{E})=1 \Rightarrow 0.05+p(\bar{E})=1$

$\Rightarrow$ $P(\bar{E})=1-0.05=0.95$

6. एक थैले में केवल नींबू की महक वाली मीठी गोलियाँ हैं। मालिनी बिना थैले में झाँके उसमें से एक गोली निकालती है। इसकी क्या प्रायिकता है कि वह निकाली गई गोली

(i) संतरें की महक वाली है?

(ii) नींबू की महक वाली है?

हल एक थैले में केवल नींबू की महक वाली गोलियाँ हैं। इसलिए थैले में संतरें की महक वाली गोलियाँ नहीं हैं।

(i) यहाँ, संतरें की महक वाली गोलियों की संख्या = 0

$\therefore$ P (वह संतरें की महक वाली गोली निकालती है) = 0

(ii) यहाँ, थैलें मे केवल नींबू की महक वाली गोलियाँ ही हैं।

$\therefore$ P (वह नींबू की महक वाली गोली निकालती है) = 1

7. यह दिया हुआ है कि 3 विद्यार्थियों के एक समूह में से 2 विद्यार्थियों के जन्मदिन एक ही दिन न होने की प्रायिकता 0.992 है। इसकी क्या प्रायिकता है, कि इन 2 विद्यार्थियों का जन्मदिन एक ही दिन हो?

हल माना E = 2 विद्यार्थियों का एक ही दिन जन्मदिन न होने की घटना

$\therefore$ $P(E)=0.992$

$\because$ $P(E)+P(\bar{E})=1$

$\therefore$ $0.992+P(\bar{E})=1 \Rightarrow P(\bar{E})=1-0.992=0.008$

अतः 2 विद्यार्थियों का जन्मदिन एक ही दिन होने की प्रायिकता = 0.008

8. एक थैले में 3 लाल और 5 काली गेंदे हैं। इस थैले में से एक गेंद यादृच्छया निकाली जाती है। इसकी प्रायिकता क्या है, कि गेंद

(i) लाल हो? (ii) लाल नहीं हो? **[CBSE 2020 (Basic)]**

हल थैले में गेंदों की कुल संख्या, $n(S) = 3 + 5 = 8$

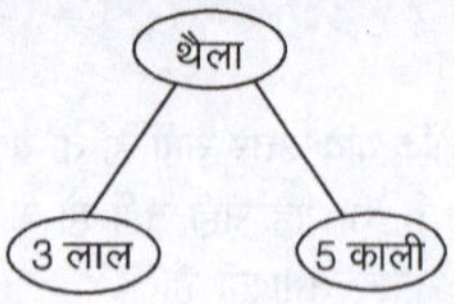

माना E = एक लाल गेंद निकालने की घटना

$\therefore$ $n(E) = 3$

(i) लाल गेंद निकालने की प्रायिकता $= \dfrac{n(E)}{n(S)} = \dfrac{3}{8}$

(ii) लाल गेंद न निकालने की प्रायिकता

$= 1 - P$ (लाल गेंद निकालने की प्रायिकता)

$= 1 - \dfrac{3}{8} = \dfrac{8-3}{8} = \dfrac{5}{8}$

9. एक डिब्बे में 5 लाल कंचे, 8 सफेद कंचे और 4 हरे कंचे हैं। इस डिब्बे में से एक कंचा यादृच्छया निकाला जाता है। इसकी क्या प्रायिकता है, कि निकाला गया कंचा

(i) लाल है? (ii) सफेद है?

(iii) हरा नहीं है? **[CBSE 2018]**

हल डिब्बे में कुल कंचों की संख्या, $n(S) = 5 + 8 + 4 = 17$

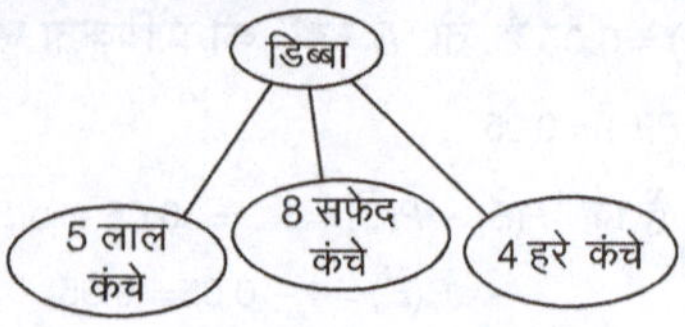

(i) लाल कंचा निकालने की प्रायिकता $= \dfrac{5}{17}$

(ii) सफेद कंचा निकालने की प्रायिकता $= \dfrac{8}{17}$

(iii) हरा कंचा नहीं निकालने की प्रायिकता $= \dfrac{5}{17} + \dfrac{8}{17} = \dfrac{5+8}{17} = \dfrac{13}{17}$

10. एक पिग्गी बैंक (piggy bank) में, 50 पैसे के सौ सिक्के हैं, ₹ 1 के पचास सिक्के हैं, ₹ 2 के बीस सिक्के और ₹ 5 के दस सिक्के हैं। यदि पिग्गी बैंक को हिलाकर उल्टा करने पर कोई एक सिक्का गिरने के परिणाम समप्रायिक हैं, तो इसकी क्या प्रायिकता है, कि वह गिरा हुआ सिक्का

(i) 50 पैसे का होगा? (ii) ₹ 5 का नहीं होगा?

हल दिया है, 50 पैसे के सिक्कों की संख्या = 100

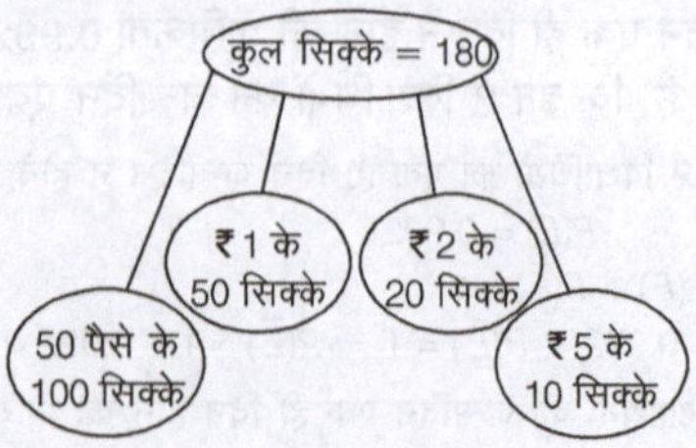

₹ 1 के सिक्कों की संख्या = 50

₹ 2 के सिक्कों की संख्या = 20

₹ 5 के सिक्कों की संख्या = 10

$\therefore$ सिक्कों की कुल संख्या = 100 + 50 + 20 + 10 = 180

(i) P (50 पैसे का सिक्का) $= \dfrac{100}{180} = \dfrac{5}{9}$

(ii) P (₹ 5 का सिक्का नहीं होगा) $= \dfrac{180-10}{180} = \dfrac{170}{180} = \dfrac{17}{18}$

11. गोपी अपने जल-जीव कुंड (aquarium) के लिए एक दुकान से मछली खरीदती है। दुकानदार एक टंकी, जिसमें 5 नर मछलियाँ और 8 मादा मछलियाँ हैं, में से एक मछली यादृच्छया उसे देने के लिए निकालता है। इसकी क्या प्रायिकता है, कि निकाली गई मछली नर मछली है?

हल जल-जीव कुंड में मछलियों की कुल संख्या

= 5 नर मछली + 8 मादा मछली = 13

$\therefore$ नर मछली निकालने की प्रायिकता

$= \dfrac{\text{नर मछलियों की संख्या}}{\text{कुल मछलियों की संख्या}} = \dfrac{5}{13}$

12. संयोग (chance) के एक खेल में, तीर को घुमाया जाता है, जो विश्राम में आने के बाद संख्याओं 1, 2, 3, 4, 5, 6, 7 और 8 में से किसी एक संख्या को इंगित करता है।

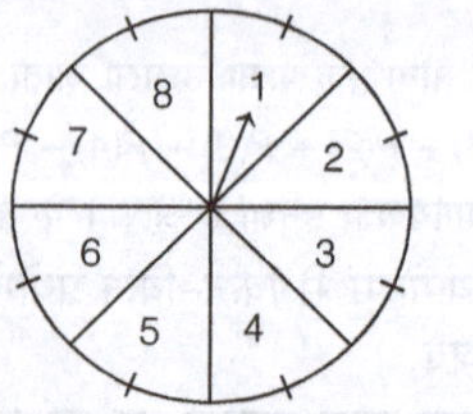

यदि ये सभी परिणाम समप्रायिक हों, तो इसकी क्या प्रायिकता है कि यह तीर इंगित

(i) 8 को करेगा? (ii) एक विषम संख्या को करेगा?

(iii) 2 से बड़ी संख्या को करेगा?

(iv) 9 से छोटी संख्या को करेगा?

हल (i) चित्र से, वृत्त में कुल बिंदुओं की संख्या $n(S) = 8$

माना E_1 = 8 पर तीर के आने की घटना, तब $n(E_1) = 1$

$\therefore$ तीर के 8 पर आने की प्रायिकता $= \dfrac{n(E_1)}{n(S)} = \dfrac{1}{8}$

(ii) माना E_2 = तीर के विषम संख्याओं $\{1, 3, 5, 7\}$ पर आने की घटना

तब, $n(E_2) = 4$

$\therefore$ तीर के विषम संख्या पर आने की प्रायिकता $= \dfrac{n(E_2)}{n(S)} = \dfrac{4}{8} = \dfrac{1}{2}$

(iii) माना E_3 = तीर के 2 से बड़ी संख्या {3, 4, 5, 6, 7, 8} पर आने की घटना

तब, $n(E_3) = 6$

∴ तीर के 2 से बड़ी संख्याओं पर आने की प्रायिकता

$$= \frac{n(E_3)}{n(S)} = \frac{6}{8} = \frac{3}{4}$$

(iv) माना E_4 = तीर के 9 से छोटी संख्या {1, 2, 3, 4, 5, 6, 7, 8} पर आने की घटना

तब, $n(E_4) = 8$

∴ तीर के 9 से छोटी संख्या पर आने की प्रायिकता

$$= \frac{n(E_4)}{n(S)} = \frac{8}{8} = 1$$

13. एक पासे को एक बार फेंका जाता है। निम्नलिखित को प्राप्त करने की प्रायिकता ज्ञात कीजिए

(i) एक अभाज्य संख्या

(ii) 2 और 6 के बीच स्थित कोई संख्या

(iii) एक विषम संख्या **[CBSE 2020 (Standard), 2019]**

हल एक पासे पर, 6 संख्याएँ {1, 2, 3, 4, 5, 6} होती हैं।

∴ कुल संभव परिणामों की संख्या $n(S) = 6$

(i) माना E_1 = अभाज्य संख्या {2, 3, 5} प्राप्त होने की घटना

तब, $n(E_1) = 3$

∴ अभाज्य संख्या प्राप्त होने की प्रायिकता $= \frac{n(E_1)}{n(S)} = \frac{3}{6} = \frac{1}{2}$

(ii) माना E_2 = 2 और 6 के बीच की संख्या {3, 4, 5} प्राप्त करने की घटना

तब, $n(E_2) = 3$

∴ अभीष्ट प्रायिकता $= \frac{n(E_2)}{n(S)} = \frac{3}{6} = \frac{1}{2}$

(iii) माना E_3 = एक विषम संख्या {1, 3, 5} प्राप्त करने की घटना

तब, $n(E_3) = 3$

∴ एक विषम संख्या प्राप्त करने की प्रायिकता $= \frac{n(E_3)}{n(S)} = \frac{3}{6} = \frac{1}{2}$

14. 52 पत्तों की अच्छी प्रकार से फेंटी गई एक गड्डी में से एक पत्ता निकाला जाता है। निम्नलिखित को प्राप्त करने की प्रायिकता ज्ञात कीजिए

(i) लाल रंग का बादशाह।

(ii) एक फेस कार्ड अर्थात् तस्वीर वाला पत्ता। **[CBSE 2023 (Standard)]**

(iii) लाल रंग का तस्वीर वाला पत्ता।

(iv) पान का गुलाम।

(v) हुकुम का पत्ता।

(vi) एक ईंट की बेगम।

हल ताश की गड्डी में कुल पत्तों की संख्या $n(S) = 52$

(i) माना E_1 = लाल रंग का बादशाह प्राप्त करने की घटना, $n(E_1) = 2$

[∵ ताश की गड्डी में 26 पत्ते लाल और 26 पत्ते काले होते हैं जिनमें 4 बादशाह हैं, जोकि दो लाल और दो काले होते हैं]

∴ लाल रंग का बादशाह प्राप्त करने की प्रायिकता

$$= \frac{n(E_1)}{n(S)} = \frac{2}{52} = \frac{1}{26}$$

(ii) माना E_2 = फेस कार्ड अर्थात् तस्वीर वाला पत्ता प्राप्त करने की घटना

तब $n(E_2) = 12$

[∵ ताश की गड्डी में, 12 फेस कार्ड हैं 4 बादशाह, 4 रानी और 4 गुलाम]

∴ एक फेस कार्ड निकालने की प्रायिकता $= \frac{n(E_2)}{n(S)} = \frac{12}{52} = \frac{3}{13}$

(iii) माना E_3 = लाल रंग का फेस कार्ड निकालने की घटना, $n(E_3) = 6$

[∵ ताश की गड्डी में, 12 फेस कार्ड हैं 6 लाल, 6 काले]

∴ लाल रंग का तस्वीर वाला पत्ता निकालने की प्रायिकता $= \frac{n(E_3)}{n(S)}$

$$= \frac{6}{52} = \frac{3}{26}$$

(iv) माना E_4 = पान का गुलाम निकालने की घटना, $n(E_4) = 1$

[∵ ताश की गड्डी में 4 गुलाम (1 पान, 1 ईंट, 1 चिड़ी और 1 हुकुम) होते हैं]

∴ पान का गुलाम निकालने की प्रायिकता $= \frac{n(E_4)}{n(S)} = \frac{1}{52}$

(v) माना E_5 = हुकुम का पत्ता निकालने की घटना, $n(E_5) = 13$

[∵ ताश की गड्डी में 13 हुकुम, 13 चिड़ी, 13 पान, 13 ईंट होते हैं]

∴ हुकुम का पत्ता निकालने की प्रायिकता $= \frac{n(E_5)}{n(S)} = \frac{13}{52} = \frac{1}{4}$

(vi) माना E_6 = ईंट की बेगम निकालने की घटना, $n(E_6) = 1$

[∵ 13 ईंट के पत्तों में, केवल एक बेगम होती है]

∴ ईंट की बेगम निकालने की प्रायिकता $= \frac{n(E_6)}{n(S)} = \frac{1}{52}$

15. ताश के पाँच पत्तों-ईंट का दहला, गुलाम, बेगम, बादशाह और इक्का को पलट करके अच्छी प्रकार फेंटा जाता है। फिर इनमें से यादृच्छया एक पत्ता निकाला जाता है।

(i) इसकी क्या प्रायिकता है कि यह पत्ता एक बेगम है?

(ii) यदि बेगम निकल आती है, तो उसे अलग रख दिया जाता है और एक अन्य पत्ता निकाला जाता है। इसकी क्या प्रायिकता है कि दूसरा निकाला गया पत्ता (a) एक इक्का है? (b) एक बेगम है?

हल (i) कुल पत्तों की संख्या = 5

∴ P (एक बेगम निकालने की प्रायिकता) $= \frac{1}{5}$

(ii) माना एक बेगम निकालकर अलग रख दी जाती है, तब चार कार्ड शेष बचते हैं।

(a) P (दूसरा पत्ता इक्का निकालने की प्रायिकता) $= \frac{1}{4}$

(b) P (दूसरा पत्ता बेगम निकालने की प्रायिकता) $= \frac{0}{4} = 0$

[∵ बेगम निकाली जा चुकी है]

16. किसी कारण 12 खराब पेन 132 अच्छे पेनों में मिल गए हैं। केवल देखकर यह नहीं बताया जा सकता है कि कोई पेन खराब है या अच्छा है। इस मिश्रण में से, एक पेन यादृच्छया निकाला जाता है। निकाले गए पेन के अच्छा होने की प्रायिकता ज्ञात कीजिए।

हल कुल पेन, $n(S) = 12$ खराब पेन + 132 अच्छे पेन $\Rightarrow n(S) = 144$ पेन
माना E = अच्छा पेन चुनने की घटना, तब $n(E) = 132$

$\therefore$ अच्छा पेन चुनने की प्रायिकता $= \frac{n(E)}{n(S)} = \frac{132}{144} = \frac{11}{12}$

17. (i) 20 बल्बों के एक समूह में 4 बल्ब खराब हैं। इस समूह में से एक बल्ब यादृच्छया निकाला जाता है। इसकी क्या प्रायिकता है कि यह बल्ब खराब होगा?

(ii) मान लीजिए (i) में निकाला गया बल्ब खराब नहीं है और न ही इसे दोबारा बल्बों के साथ मिलाया जाता है। अब शेष बल्बों में से एक बल्ब यादृच्छया निकाला जाता है। इसकी क्या प्रायिकता है कि यह बल्ब खराब नहीं होगा?

हल (i) बल्बों की कुल संख्या, $n(S) = 20$
माना E = खराब बल्ब चुनने की घटना, $n(E) = 4$

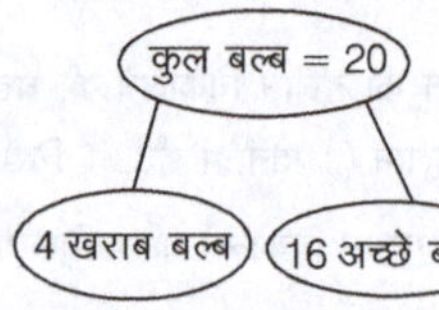

$\therefore$ खराब बल्ब चुनने की प्रायिकता

$$= \frac{n(E)}{n(S)} = \frac{4}{20} = \frac{1}{5}$$

(ii) माना एक अच्छा बल्ब निकालकर बाहर रख दिया जाता है। तब, समूह में 15 अच्छे बल्ब और 4 खराब बल्ब शेष हैं।
अब, कुल बल्बों की संख्या, $n(S_1) = 19$
माना E_2 = एक अच्छा बल्ब चुनने की घटना, $n(E_2) = 15$

$\therefore$ अभीष्ट प्रायिकता $= \frac{n(E_2)}{n(S_1)} = \frac{15}{19}$

18. एक पेटी में 90 डिस्क (discs) हैं, जिन पर 1 से 90 तक संख्याएँ अंकित हैं। यदि इस पेटी में से एक डिस्क यादृच्छया निकाली जाती है, तो इसकी प्रायिकता ज्ञात कीजिए कि इस डिस्क पर अंकित होगी
(i) दो अंकों की एक संख्या। (ii) एक पूर्ण वर्ग संख्या।
(iii) 5 से विभाज्य एक संख्या। **[CBSE 2020 (Basic)]**

हल (i) पेटी में कुल डिस्क = 90
$\therefore n(S) = 90$
माना E_1 = दो अंकों की संख्या चुनने की घटना = {10, 11, ..., 90}
$\therefore n(E_1) = 81$

दो अंकों की एक संख्या चुनने की प्रायिकता $= \frac{n(E_1)}{n(S)} = \frac{81}{90} = \frac{9}{10}$

(ii) माना E_2 = एक पूर्ण वर्ग संख्या चुनने की घटना
= {1, 4, 9, 16, 25, 36, 49, 64, 81}

$\therefore n(E_2) = 9$

एक पूर्ण वर्ग संख्या चुनने की प्रायिकता $= \frac{n(E_2)}{n(S)} = \frac{9}{90} = \frac{1}{10}$

(iii) माना E_3 = 5 से विभाज्य एक संख्या चुनने की घटना
= {5, 10, 15, 20, 25, 30, 35, 40, 45, 50, 55, 60, 65, 70, 75, 80, 85, 90}

$\therefore n(E_3) = 18$

अभीष्ट प्रायिकता $= \frac{n(E_3)}{n(S)} = \frac{18}{90} = \frac{1}{5}$

19. एक बच्चे के पास ऐसा पासा है, जिसके फलकों पर निम्नलिखित अक्षर अंकित हैं

A B C D E A

इस पासे को एक बार फेंका जाता है। इसकी क्या प्रायिकता है कि
(i) A प्राप्त हो? (ii) D प्राप्त हो?
[CBSE 2020 (Standard)]

हल 6 फलक वाले पासे के कुल परिणामों की संख्या, $n(S) = 6$

(i) माना E_1 = अक्षर A प्राप्त करने की घटना, $n(E_1) = 2$

$\therefore$ प्रायिकता $= \frac{n(E_1)}{n(S)} = \frac{2}{6} = \frac{1}{3}$

(ii) माना E_2 = अक्षर D प्राप्त करने की घटना, $n(E_2) = 1$

$\therefore$ प्रायिकता $= \frac{n(E_2)}{n(S)} = \frac{1}{6}$

20. माना आप एक पासे को आकृति में दर्शाए आयताकार क्षेत्र में यादृच्छया रूप से गिराते हैं। इसकी क्या प्रायिकता है कि वह पासा 1 मी व्यास वाले वृत्त के अंदर गिरेगा?

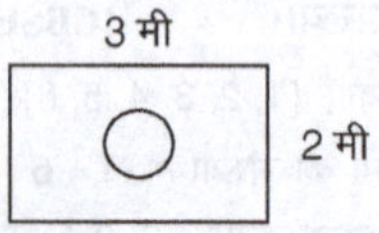

हल परिस्थितियों की कुल संख्या, $n(S)$ = आयत का क्षेत्रफल

$$= 3 \times 2 = 6 \text{ मी}^2$$

तथा अनुकूल परिस्थितियों की संख्या, $n(E)$ = वृत्त का क्षेत्रफल

$$= \pi \left(\frac{1}{2}\right)^2 = \frac{\pi}{4} \text{ मी}^2$$

$$\left[\because \text{ व्यास} = 1 \Rightarrow \text{ त्रिज्या} = \frac{1}{2}\right]$$

$\therefore$ पासे के वृत्त के अंदर गिरने की प्रायिकता $= \frac{n(E)}{n(S)} = \frac{\pi/4}{6} = \frac{\pi}{24}$

21. 144 बॉल पेनों के एक समूह में 20 बॉल पेन खराब हैं और शेष अच्छे हैं। आप वही पेन खरीदना चाहेंगे, जो अच्छा हो परंतु खराब पेन आप खरीदना नहीं चाहेंगे। दुकानदार इन पेनों में से, यादृच्छया एक पेन निकालकर आपको देता है। इसकी क्या प्रायिकता है कि
(i) आप वह पेन खरीदेंगे? (ii) आप वह पेन नहीं खरीदेंगे?

हल कुल बॉल पेनों की संख्या, $n(S) = 144$
माना E = एक अच्छा बॉल पेन चुनने की घटना

$\therefore \quad n(E) = 144 - 20 = 124$

(i) यदि पेन अच्छा है, तो वह पेन खरीदेंगे।

$\therefore$ अभीष्ट प्रायिकता $= \frac{n(E)}{n(S)} = \frac{124}{144} = \frac{31}{36}$

(ii) यदि पेन अच्छा नहीं है, तो वह पेन नहीं खरीदेंगे।

$\therefore$ अभीष्ट प्रायिकता $= 1 - P(E)$ $\quad [\because P(E) + P(\bar{E}) = 1]$

$$= 1 - \frac{31}{36}$$

$$= \frac{36 - 31}{36} = \frac{5}{36}$$

22. दो पासे, एक नीला और एक सलेटी एक ही समय पर उछाले जाते हैं।

(i) निम्नलिखित सारणी को पूरा कीजिए

घटना दोनों पासों की संख्याओं का योग	2	3	4	5	6	7	8	9	10	11	12
प्रायिकता	$\frac{1}{36}$						$\frac{5}{36}$				$\frac{1}{36}$

(ii) एक विद्यार्थी यह तर्क देता है कि 'यहाँ कुल 11 परिणाम 2, 3, 4,5, 6, 7, 8, 9, 10, 11 और 12 हैं। अत: प्रत्येक की प्रायिकता $\frac{1}{11}$ है।' क्या आप इस तर्क से सहमत है? सकारण उत्तर दीजिए।

हल (i) दो पासों को उछालने पर कुल संभव परिणाम निम्न हैं

{(1, 1), (1, 2), (1, 3), (1, 4), (1, 5), (1, 6)
(2, 1), (2, 2), (2, 3), (2, 4), (2, 5), (2, 6)
(3, 1), (3, 2), (3, 3), (3, 4), (3, 5), (3, 6)
(4, 1), (4, 2), (4, 3), (4, 4), (4, 5), (4, 6)
(5, 1), (5, 2), (5, 3), (5, 4), (5, 5), (5, 6)
(6, 1), (6, 2), (6, 3), (6, 4), (6, 5), (6, 6)}

$\therefore \quad n(S) = 36$

(a) माना E_1 = दो पासों का योग 3 है = {(1, 2), (2, 1)}

$n(E_1) = 2$

$\therefore \quad P(E_1) = \frac{n(E_1)}{n(S)} = \frac{2}{36} = \frac{1}{18}$

(b) माना E_2 = दो पासों का योग 4 है = {(1, 3), (2, 2), (3, 1)}

$n(E_2) = 3$

$\therefore \quad P(E_2) = \frac{n(E_2)}{n(S)} = \frac{3}{36} = \frac{1}{12}$

(c) माना E_3 = दो पासों का योग 5 है = {(1, 4), (2, 3), (3, 2), (4, 1)}

$n(E_3) = 4$

$\therefore \quad P(E_3) = \frac{n(E_3)}{n(S)} = \frac{4}{36} = \frac{1}{9}$

(d) माना E_4 = दो पासों का योग 6 है
= {(1, 5), (2, 4), (3, 3), (4, 2), (5, 1)}

$n(E_4) = 5$

$\therefore P(E_4) = \frac{n(E_4)}{n(S)} = \frac{5}{36}$

(e) माना E_5 = दो पासों का योग 7 है
= {(1, 6), (2, 5), (3, 4), (4, 3), (5, 2), (6, 1)}

$n(E_5) = 6$

$\therefore P(E_5) = \frac{n(E_5)}{n(S)} = \frac{6}{36} = \frac{1}{6}$

(f) माना E_6 = दो पासों का योग 8 है
= {(2, 6), (3, 5), (4, 4), (5, 3), (6, 2)}

$n(E_6) = 5$

$\therefore P(E_6) = \frac{n(E_6)}{n(S)} = \frac{5}{36}$

(g) माना E_7 = दो पासों का योग 9 है
= {(3, 6), (4, 5), (5, 4), (6, 3)}

$P(E_7) = 4$

$\therefore \quad P(E_7) = \frac{n(E_7)}{n(S)} = \frac{4}{36} = \frac{1}{9}$

(h) माना E_8 = दो पासों का योग 10 है = {(4, 6), (5, 5), (6, 4)}

$n(E_8) = 3$

$\therefore \quad P(E_8) = \frac{n(E_8)}{n(S)} = \frac{3}{36} = \frac{1}{12}$

(i) माना E_9 = दो पासों का योग 11 है = {(6, 5), (5, 6)}

$n(E_9) = 2$

$\therefore \quad P(E_9) = \frac{n(E_9)}{n(S)} = \frac{2}{36} = \frac{1}{18}$

(j) माना E_{10} = दो पासों का योग 12 है = {(6, 6)}

$n(E_{10}) = 1$

$\therefore \quad P(E_{10}) = \frac{n(E_{10})}{n(S)} = \frac{1}{36}$

(ii) नहीं, हम इस तर्क से सहमत नहीं है क्योंकि ये घटनाएँ समसंभावी नहीं हैं।

23. एक खेल में एक रुपए के सिक्के को तीन बार उछाला जाता है और प्रत्येक बार का परिणाम लिख लिया जाता है। तीनों परिणाम समान होने पर अर्थात् तीन चित या तीन पट प्राप्त होने पर, हनीफ खेल में जीत जाएगा अन्यथा वह हार जाएगा। हनीफ के खेल में हार जाने की प्रायिकता परिकलित कीजिए।

हल एक सिक्के को तीन बार उछालने पर कुल संभव परिणाम
= {(HHH), (HHT), (HTH), (THH), (HTT), (THT), (TTH), (TTT)}

$n(S) = 8$

यदि सभी उछालों में समान परिणाम न हों, तो हनीफ खेल (गेम) हार जाएगा।

अर्थात् {(HHT), (HTH), (THH), (HTT), (THT), (TTH)}

$n(E) = 6$

$\therefore$ अभीष्ट प्रायिकता $= \frac{n(E)}{n(S)} = \frac{6}{8} = \frac{3}{4}$

24. एक पासे को दो बार फेंका जाता है। इसकी क्या प्रायिकता है कि

(i) 5 किसी भी बार में नहीं आएगा?

(ii) 5 कम-से-कम एक बार आएगा?

[**संकेत**—एक पासे को दो बार फेंकना और दो पासों को एकसाथ फेंकना एक ही प्रयोग माना जाता है]

हल (i) कुल संभव परिणाम, $n(S) = 36$

माना $\bar{E}$ = किसी भी बार 5 आने की घटना
= {(1, 5), (2, 5), (3, 5), (4, 5), (5,5), (6, 5), (5, 1), (5 , 2), (5, 3), (5, 4), (5, 6)}

$\therefore \quad n(\bar{E}) = 11$

और E = किसी भी बार 5 न आने की घटना

$\therefore \quad n(E) = n(S) - n(\bar{E}) = 36 - 11 = 25$

अत: 5 किसी भी बार न आने की प्रायिकता $= \frac{n(E)}{n(S)} = \frac{25}{36}$

(ii) प्रायिकता (5 कम-से-कम एक बार आएगा) $= \frac{n(\bar{E})}{n(S)} = \frac{11}{36}$

25. निम्नलिखित में से कौन से तर्क सत्य हैं और कौन से तर्क असत्य हैं? सकारण उत्तर दीजिए।

(i) यदि दो सिक्कों को एकसाथ उछाला जाता है, तो इसके तीन संभावित परिणाम दो चित, दो पट या प्रत्येक एक बार हैं। अत: इनमें से प्रत्येक परिणाम की प्रायिकता $\frac{1}{3}$ है।

(ii) यदि एक पासे को फेंका जाता है, तो इसके दो संभावित परिणाम एक विषम संख्या या एक सम संख्या है। अत: एक विषम संख्या ज्ञात करने की प्रायिकता $\frac{1}{2}$ है।

हल (i) *असत्य*, दो सिक्कों को उछालने पर संभव परिणाम

$= \{(H, H), (H, T), (T, H), (T, T)\}$

तब $P(H, H) = \frac{1}{4}, P(T, T) = \frac{1}{4}$

और $P\{(H, T), (T, H)\} = \frac{2}{4} = \frac{1}{2}$

(ii) *सत्य*, पासे के कुल संभव परिणाम $= \{1, 2, 3, 4, 5, 6\}$

विषम संख्याएँ $= \{1, 3, 5\}$

सम संख्याएँ $= \{2, 4, 6\}$

$\therefore$ P (विषम संख्या प्राप्त होने की) $= \frac{3}{6} = \frac{1}{2}$

अत: दोनों की समान प्रायिकता $\frac{1}{2}$ है।

अध्याय : एक नजर में

- *घटित होने वाली घटना के अवसर का अध्ययन करना, उसकी प्रायिकता कहलाती है।*
- *किसी परीक्षण के लिए कोई घटना, परीक्षण के कुछ परिणामों का संग्रह होती है।*
- *यादृच्छिक परीक्षण से संबंधित घटना E का घटित होना तब कहा जाता है, जब प्रारंभिक घटनाओं में से एक घटना E के परिणाम से संबंधित है*
- *घटना E की प्रयोगात्मक (या आनुभाविक) प्रायिकता P(E) को निम्नलिखित रूप में परिभाषित किया जाता है।*

$$P(E) = \frac{\text{अभिप्रयोगों की संख्या जिनमें घटना घटित हुई है}}{\text{अभिप्रयोगों की कुल संख्या}}$$

- *किसी यादृच्छया परीक्षण से संबंधित ऐसी घटना, जिसका केवल एक ही परिणाम हो, प्रारंभिक घटना कहलाती है।*
- *दो या दो से अधिक प्रारंभिक घटनाओं का संग्रह जो किसी प्रयोग से संबंधित हो, मिश्र घटना कहलाती है।*
- *एक यादृच्छिक परीक्षण के परिणाम समप्रायिक कहलाते हैं, यदि एक परिणाम के प्राप्त होने की संभावना अन्य परिणाम के प्राप्त होने की संभावना के बराबर हो।*
- *यदि E एक घटना है, तो इसकी पूरक घटना $\bar{E}$ (या E^1 या E^c) होगी, जोकि केवल तभी घटित होगी, जब E घटित न हो। यहाँ, E और $\bar{E}$ एक-दूसरे की पूरक घटना कहलाती हैं।*
- *किसी प्रयोग की सभी प्रारंभिक घटनाओं की प्रायिकताओं का योगफल 1 होता है।*
- *एक निश्चित घटना की प्रायिकता 1 होती है*
- *एक असंभव घटना की प्रायिकता 0 होती है*
- *माना किसी परीक्षण के सभी परिणाम समप्रायिक हैं तथा किसी परीक्षण से संबंधित कोई घटना E है, तो घटना E की सैद्धांतिक (या परंपरागत)*

प्रायिकता, $P(E) = \frac{E \text{ के अनुकूल परिणामों की संख्या}}{\text{प्रयोग के सभी संभव परिणामों की संख्या}}$

- *किसी घटना के घटित होने की प्रायिकता सदैव 0 और 1 (0 और 1 सहित) के मध्य होती है अर्थात् $0 \le P(E) \le 1$. साथ ही प्रतिशतता के रूप में यह 0% से 100 % (0 और 100 सहित) के मध्य होती है।*
- *किसी भी घटना की प्रायिकता कभी भी ऋणात्मक नहीं हो सकती है।*
- *किसी परीक्षण की पूरक घटनाओं की प्रायिकताओं का योग सदैव 1 होता है अर्थात् $P(E) + P(\bar{E}) = 1$, जहाँ P(E) घटना E के घटित होने की प्रायिकता और $P(\bar{E})$ घटना E के घटित न होने की प्रायिकता है।*

परीक्षा अभ्यास

यहाँ अध्याय से संबंधित सभी संभावित प्रश्नों को दिया गया है, इन प्रश्नों का अभ्यास करके व याद रखकर छात्र अध्याय से संबंधित किसी भी प्रश्न का उत्तर दे पाएँगे।

अतिलघु उत्तरीय प्रश्न

1. अच्छी प्रकार फेंटी गई 52 पत्तों की एक गड्डी में से एक इक्का आने की प्रायिकता होगी

(a) $\frac{1}{52}$ (b) 48 (c) $\frac{1}{13}$ (d) 52

2. किसी प्रयोग की सभी प्रारंभिक घटनाओं की प्रायिकताओं का योग होता है

(a) 2 (b) 1 (c) $\frac{1}{2}$ (d) 0

3. एक थैले में 3 लाल और 2 नीली गेंदें हैं। थैले से यादृच्छया एक गेंद निकाली जाती है। एक नीली गेंद के निकाले जाने की प्रायिकता होगी **[NCERT Exemplar]**

(a) $\frac{1}{3}$ (b) $\frac{1}{2}$ (c) $\frac{2}{5}$ (d) $\frac{3}{5}$

4. एक निष्पक्ष पासा फेंका जाता है। विषम अभाज्य संख्या प्राप्त होने की प्रायिकता होगी **[CBSE 2023 (Standard)]**

(a) $\frac{1}{6}$ (b) $\frac{1}{2}$ (c) $\frac{2}{3}$ (d) $\frac{1}{3}$

5. निम्नलिखित में से कौन-सी संख्या किसी घटना की प्रायिकता नहीं हो सकती है? **[NCERT Exemplar]**

(a) $\frac{1}{3}$ (b) $\frac{2}{3}$ (c) $\frac{3}{2}$ (d) 15%

6. किसी सिक्के को एक बार उछालने पर ऊपर शीर्ष आने की प्रायिकता होगी

(a) 1 (b) –1 (c) $\frac{1}{2}$ (d) $\frac{1}{3}$

कथन कारण प्रश्न

निर्देश (प्र. सं. 7-11 तक) *इनमें से प्रत्येक प्रश्न में एक कथन के बाद एक कारण दिया गया है। इनको ध्यानपूर्वक पढ़िए तथा निम्न विकल्पों के आधार पर प्रश्नों के उत्तर दीजिए।*

(a) यदि दोनों कथन व कारण सही हैं तथा कारण कथन का सही स्पष्टीकरण है।
(b) यदि दोनों कथन व कारण सही हैं परन्तु कारण कथन का सही स्पष्टीकरण नहीं है।
(c) यदि कथन सही है परन्तु कारण गलत है।
(d) यदि कथन गलत है परन्तु कारण सही है।

7. कथन एक लाटरी में, 5 पुरस्कार व 20 खाली है, पुरस्कार प्राप्त न होने की प्रायिकता $\frac{4}{5}$ है।

कारण एक पासे को एक बार फेंका जाता है, तब 5 से कम संख्या प्राप्त करने की प्रायिकता $\frac{2}{3}$ है।

8. कथन 1 से 20 तक की संख्या में से एक संख्या चुनने की प्रायिकता $\frac{1}{20}$ है।

कारण किसी घटना E के लिए, यदि $P(E)=1$, तब E को असम्भव घटना कहते है।

9. कथन संख्याओं $-3, -2, -1, 0, 1, 2, 3$ में से यादृच्छिक एक संख्या x को चुना जाता है, तब $|x|<2$ की प्रायिकता $\frac{4}{7}$ है।

कारण संख्याओं 1, 2, 3, ..., 20 में से 3 के गुणक चुनने की प्रायिकता $\frac{3}{10}$ है।

10. कथन एक खेल को जीतने की प्रायिकता 0.4 है, तब इसके हारने की प्रायिकता 0.6 है।

कारण $P(E)+P(\overline{E})=1$

11. कथन जब दो सिक्कों को साथ-साथ उछाला जाता है, तब कोई पट ना प्राप्त होने की प्रायिकता $\frac{1}{4}$ है।

कारण एक सिक्के की एक उछाल में शीर्ष आने की प्रायिकता $\frac{1}{2}$ है।

अतिलघु उत्तरीय प्रश्न

12. किसी प्रयोग की सभी प्रारंभिक घटनाओं की प्रायिकताओं का योग ज्ञात कीजिए।

13. निश्चित रूप से घटित घटना के घटित न होने कि प्रायिकता क्या होगी? **[CBSE 2015]**

14. आज बारिश होगी, इसकी प्रायिकता 0.07 है। आज बारिश नहीं होने की प्रायिकता क्या होगी ?

15. दो सिक्के एकसाथ उछाले जाते हैं, तो ठीक-ठीक एक चित आने की प्रायिकता ज्ञात कीजिए। **[CBSE 2013]**

16. एक पासे को एक बार उछाला जाता है, 5 से छोटी सम संख्या प्राप्त होने की प्रायिकता ज्ञात कीजिए। **[CBSE 2013]**

17. यदि एक पासे को फेंका जाता है, तो 3 से छोटी तथा 2 से बड़ी संख्या प्राप्त होने की प्रायिकता क्या होगी ?

18. कुछ कार्डों पर 5 से 75 तक की संख्याएँ अंकित करके एक डिब्बे में रखकर अच्छी तरह से मिला दिया जाता है, उनमें से एक कार्ड को निकाला जाता है। प्रायिकता ज्ञात कीजिए की कार्ड पर लिखी संख्या एक विषम संख्या है। **[CBSE 2015]**

19. मान लीजिए 1 से 100 तक के पूर्णांकों में से एक पूर्णांक यादृच्छया चुना जाता है, इस पूर्णांक के अभाज्य संख्या होने की प्रायिकता ज्ञात कीजिए। **[NCERT Exemplar]**

20. दो विभिन्न पासों को एकसाथ उछाला गया। निम्न के आने की प्रायिकता ज्ञात कीजिए

(i) एक द्विक आना।

(ii) दोनों पासों पर आई संख्याओं का योग 10 आना। **[CBSE 2018]**

21. 400 अंडों के एक संग्रह में से एक खराब अंडा प्राप्त करने की प्रायिकता 0.035 है। इस संग्रह में खराब अंडों की संख्या ज्ञात कीजिए ।

22. शब्द 'PROBABILITY' से यादृच्छया एक अक्षर चुना जाता है। प्रायिकता ज्ञात कीजिए वह अक्षर स्वर है। **[CBSE 2012]**

23. अंग्रेजी वर्णमाला के एक अक्षर को यादृच्छिक रूप से चुना जाता है। इसकी प्रायिकता निर्धारित कीजिए कि यह अक्षर एक व्यंजक है। **[CBSE 2014, NCERT Exemplar]**

24. अंग्रेजी वर्णमाला के एक अक्षर को यादृच्छिक रूप से चुना जाता है। इसकी प्रायिकता क्या होगी की चुना गया अक्षर शब्द 'RAMANUJAN' का हो? **[CBSE 2015]**

25. इसकी प्रायिकता ज्ञात कीजिए कि यादृच्छिक रूप से चुने गए एक ऐसे वर्ष में, जो अधिवर्ष (Leap year) न हो, 53 रविवार हों।

26. किसी स्कूल में पाँच सदन A, B, C, D और E हैं। किसी कक्षा में 23 विद्यार्थी हैं, जिनमें से 4 सदन A से, 8 सदन B से, 5 सदन C से, 2 सदन D से तथा शेष सदन E से हैं। इनमें से एक विद्यार्थी को कक्षा मॉनीटर बनाने के लिए चुना जाता है। चुने गए इस विद्यार्थी के सदनों A, B और C से न होने की प्रायिकता ज्ञात कीजिए। **[NCERT Exemplar]**

27. किसी प्रश्न के सही उत्तर का अनुमान लगाने की प्रायिकता $\frac{P}{12}$ है। यदि सही उत्तर का अनुमान न लगाने की प्रायिकता $\frac{3}{4}$ हो, तो P का मान ज्ञात कीजिए । **[CBSE 2011]**

28. कोई लड़की, यह परिकलित करती है कि उसके द्वारा लॉटरी में प्रथम पुरस्कार जीतने की प्रायिकता 0.08 है। यदि 6000 टिकट बेचे गए हैं, तो उस लड़की ने कितने टिकट खरीदें हैं।

29. संख्याएँ $-4, -3, -2, -1, 0, 1, 2, 3, 4$ में से एक संख्या x यादृच्छया चुनी जाती है। इसकी क्या प्रायिकता है कि $|x| < 2$? **[CBSE 2016]**

30. पासे के एक युग्म को उछालने पर, दोनों पर समान संख्या प्राप्त करने की प्रायिकता ज्ञात कीजिए।

31. संख्याओं 1,2,3......15 में से चुनी जाने वाली संख्या के 4 के गुणक होने की प्रायिकता ज्ञात कीजिए। **[CBSE 2020 (Basic)]**

लघु उत्तरीय प्रश्न

32. अच्छी प्रकार से फेंटी गई ताश के 52 पत्तों की गड्डी में से एक पत्ता निकाला जाता है। इसकी प्रायिकता परिकलित कीजिए कि निकाला गया पत्ता न तो लाल पत्ता है, न ही बेगम है ? **[CBSE 2016]**

33. एक थैले में 2 हरी, 3 लाल तथा 4 काली गेंदें हैं। यदि यादृच्छया एक गेंद निकाली जाती है तो प्रायिकता ज्ञात कीजिए की वह गेंद

(i) हरी नहीं है (ii) काली नहीं है।

34. दो लड़के तथा दो लड़कियों के एक समूह में से दो बच्चों को यादृच्छया चुना जाता है, सभी संभव परिणामों को लिखिए। एक लड़का तथा एक लड़की चुने जाने की प्रायिकता ज्ञात कीजिए। **[CBSE 2011]**

35. दो मित्र जिनका जन्म सन् 2000 में हुआ। दोनों के जन्म एक ही दिन होने की प्रायिकता ज्ञात कीजिए **[CBSE 2013, 12]**

36. अपूर्व दो पासों को एक बार फेंकता है और पासे पर प्राप्त होने वाली संख्याओं की गुणा करता है। पीहू एक पासे को उछालती है और उस पर प्राप्त संख्याओं का वर्ग करती है। संख्या 36 प्राप्त करने के लिए किसके पास बेहतर तरीका है? और क्यों? **[NCERT Exemplar]**

37. 0 से 100 के बीच एक पूर्णांक चुना जाता है। उसकी प्रायिकता क्या है, यदि यह

(i) 7 से विभाज्य है? (ii) 7 से अविभाज्य है? **[NCERT Exemplar]**

38. एक कार्टन में 24 बल्ब हैं, जिनमें से 6 खराब हैं। एक बल्ब यादृच्छया निकाला जाता है, बल्ब के खराब न होने की प्रायिकता ज्ञात कीजिए। यदि चुना गया बल्ब खराब है और यह कार्टन में रखा नहीं जाता है और शेष में से एक बल्ब यादृच्छया निकाला जाता है, दूसरा बल्ब भी खराब होने की प्रायिकता ज्ञात कीजिए। **[NCERT Exemplar]**

39. एक डिब्बे A में 25 पर्चियाँ हैं, जिनमें से 19 पर ₹1 तथा अन्य पर ₹5 अंकित है। डिब्बे B में 50 पर्चियाँ हैं, जिनमें से 45 पर ₹1 और शेष पर ₹13 अंकित है। दोनों डिब्बों की पर्चियों को तीसरे डिब्बे में डाला जाता है और भली-भाँति फेंटा (मिलाया) जाता है, एक पर्ची यादृच्छया निकाली जाती है। पर्ची पर ₹1 न होने की प्रायिकता ज्ञात कीजिए । **[NCERT Exemplar]**

40. प्रथम 50 प्राकृत संख्याओं में एक संख्या यादृच्छया चुनी जाती है। इस संख्या के 3 तथा 4 के गुणज होने की प्रायिकता ज्ञात कीजिए।

41. इसकी क्या प्रायिकता होगी कि संख्याओं 2, 3, 3, 5, 5, 5, 7, 7, 7, 7, 9, 9, 9, 9, 9 में से यादृच्छया चुनी हुई संख्या,
(i) इसकी माध्यिका होगी?
(ii) इसका बहुलक होगा? **[CBSE 2015]**

42. एक पासे के छ: फलकों पर 0, 1, 1, 1, 6, 6 अंकित हैं। ऐसे दो पासों को एकसाथ फेंका जाता है तथा इन पर आई संख्याओं का योग लिख लिया जाता है।
(i) कितने विभिन्न परिणाम संभव हैं?
(ii) योग 7 प्राप्त करने की प्रायिकता क्या है? **[NCERT Exemplar]**

43. एक थैले में रखे टिकटों, जिन पर 1 से 40 तक की संख्याएँ अंकित हैं, में से एक टिकट यादृच्छया निकाला जाता है। प्रायिकता ज्ञात कीजिए कि निकाले गए टिकट पर अंकित संख्या
(i) 7 का गुणक है (ii) 5 का गुणक है।

44. यदि पासों के एक युग्म को एक बार उछाला गया, तो योगफल 8 आने की क्या प्रायिकता है? **[CBSE 2020 (Basic)]**

45. एक डिब्बे में 1 से 80 तक अंकित संख्याओं की 80 डिस्क रखी हैं। यदि एक डिस्क को यादृच्छया चुना जाता है तो प्रायिकता ज्ञात कीजिए कि
(i) डिस्क पर अंकित संख्या पूर्ण वर्ग है।
(ii) डिस्क पर अंकित संख्या 2 और 3 से विभाज्य है।

46. दो पासे एकसाथ उछाले जाते हैं और उन पर अंकित संख्याओं का गुणनफल नोट कर लिया जाता है। गुणनफल के 9 से कम होने की प्रायिकता ज्ञात कीजिए । **[NCERT Exemplar]**

47. एक डिब्बे में 100 कमीजें हैं, जिनमें से 88 कमीजें अच्छी हैं तथा 8 कमीजों में थोड़ी सी खराबी है और 4 कमीजों में अधिक खराबी है, एक व्यापारी जिम्मी केवल अच्छी कमीजों को स्वीकार करती है तथा दूसरी व्यापारी सुजाता अधिक खराबी वाली कमीजों को अस्वीकार करती है। डिब्बे में से एक कमीज को यादृच्छया निकाला जाता है। इसकी क्या प्रायिकता है कि वह कमीज
(i) जिम्मी को स्वीकार है?
(ii) सुजाता को स्वीकार है? **[NCERT Exemplar]**

48. एक ताश की गड्डी के 52 पत्तों में से चिड़ी के गुलाम, बेगम और बादशाह निकाले गए हैं। शेष पत्तों को ठीक से फेंटा जाता है और तब एक पत्ता यादृच्छया निकाला जाता है।
प्रायिकता ज्ञात कीजिए कि निकाला गया पत्ता
(i) एक पान का पत्ता है। (ii) एक बादशाह है।

49. 100 कार्डों पर 1 से 100 तक संख्या अंकित करके कार्डों को एक थैले में रख दिया जाता है। थैले में से एक कार्ड यादृच्छिक निकाला जाता है। प्रायिकता ज्ञात कीजिए कि कार्ड पर लिखी संख्या:
(i) 9 से विभाजित तथा पूर्ण वर्ग है
(ii) 80 से बड़ी एक अभाज्य संख्या है

50. एक 5 सेमी भुजा वाला वर्ग (चित्र में दर्शाया गया छायांकित भाग) दूसरे 10 सेमी भुजा वाले वर्ग के अंदर बनाया जाता है। वर्ग *ABCD* के अंदर एक बिंदु यादृच्छिक रूप से चुना जाता है। बिंदु के छायांकित भाग से चुने जाने की प्रायिकता ज्ञात कीजिए।

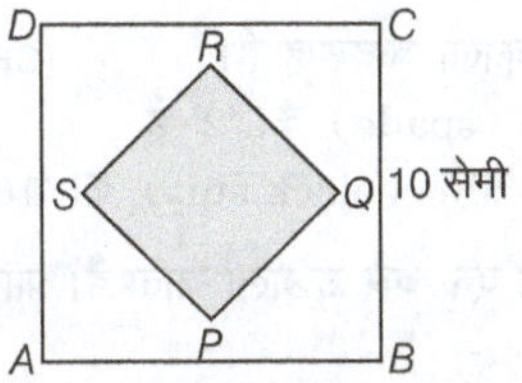

[CBSE 2015]

51. दो पासे एकसाथ उछाले जाते हैं। इनकी प्रायिकता क्या होगी, यदि दोनों पासों पर आने वाली संख्याओ का योग
(i) 7 हो?
(ii) एक अभाज्य संख्या हो?
(iii) 1 हो? **[NCERT Exemplar, CBSE 2014]**

52. एक खेल में प्रवेश शुल्क ₹ 5 है। इस खेल में एक सिक्के को तीन बार उछाला जाता है, यदि एक या दो चित आते हैं, तो श्वेता को अपना प्रवेश शुल्क वापस मिल जाता है, यदि वह तीन चित प्राप्त करे, तो उसको अपने प्रवेश शुल्क का दोगुना प्राप्त होता है, अन्यथा वह प्रवेश शुल्क की राशि हार जाती है। एक सिक्के को तीन बार फेंकने पर, इसकी प्रायिकता ज्ञात कीजिए कि वह
(i) अपना प्रवेश शुल्क हार जाएगी।
(ii) प्रवेश शुल्क का दोगुना प्राप्त करेगी।
(iii) केवल अपना प्रवेश शुल्क वापस प्राप्त करेगी। **[NCERT Exemplar]**

53. संयोग के एक खेल में तीर का चक्रण होता है, जोकि क्षेत्रों (1, 2 या 3) में से एक पर रूकता है (चित्र देखिए)

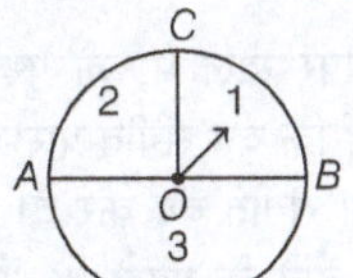

O वृत्त का केंद्र है, प्रायिकता ज्ञात कीजिए कि
(i) तीर क्षेत्र 3 में रूकता है।
(ii) तीर क्षेत्र 1 में रूकता है।
(iii) तीर क्षेत्र 2 में नहीं रूकता है।

54. कार्ड जिन पर 2 से 101 तक की संख्याएँ लिखी हुई है, एक बक्से में रख दिये जाते हैं। एक कार्ड यादृच्छिक रूप से चुना जाता है। इसकी प्रायिकता ज्ञात कीजिए कि इस कार्ड पर एक
(i) सम संख्या हो। (ii) वर्ग संख्या हो।
[NCERT Exemplar]

55. दो पासे एकसाथ उछाले जाते हैं, प्रायिकता ज्ञात कीजिए कि पासों के शीर्ष पर आने वाली संख्याओं का गुणनफल है।
(i) 6 (ii) 12
(iii) 7 **[CBSE 2014, NCERT Exemplar]**

56. अच्छी तरह से फेंटी गई ताश के 52 पत्तों की गड्डी में से एक पत्ता निकाला जाता है। प्रायिकता ज्ञात कीजिए की निकाला गया पत्ता-
(i) एक काला बादशाह है। **[CBSE 2023 (Basic)]**
(ii) हुकुम (spade) का '2' है
(iii) काले समूह (black suit) का '10' है।

57. दो पासों को एक बार उछाला जाता है। प्रायिकता ज्ञात कीजिए जब-
(i) अभाज्य संख्याओं का युग्म प्राप्त होता है।
(ii) विषम संख्याओं का युग्म प्राप्त होता है। **[CBSE 2015]**

58. एक थैले में 24 गेंद हैं, जिसमें से x लाल, $2x$ सफेद और $3x$ नीली हैं। एक गेंद यादृच्छिक रूप से चुनी जाती है। इसकी क्या प्रायिकता है कि यह गेंद **[NCERT Exemplar]**
(i) लाल नहीं हो? (ii) सफेद हो ?

59. तीन अलग सिक्के एक साथ उछाले जाते हैं, तो निम्न घटनाओं की प्रायिकता ज्ञात कीजिए
(i) ठीक-ठीक दो चित प्राप्त हों।
(ii) कम-से-कम दो चित प्राप्त हों।
(iii) कम-से-कम दो पट प्राप्त हों। **[CBSE 2016]**

60. एक थैले में 18 गेंदें हैं, जिनमें से x गेंदें सफेद रंग की हैं।
(i) यदि यादृच्छया एक गेंद निकाली जाती है, तो क्या प्रायिकता होगी की वह गेंद सफेद है ?
(ii) यदि थैले में 2 सफेद गेंदें और डाल दी जाती हैं, तो एक सफेद गेंद निकालने की प्रायिकता प्रश्न (i) की अपेक्षा $\frac{9}{8}$ गुनी हो जाती है, तो x का मान ज्ञात कीजिए। **[CBSE 2015]**

61. एक म्यूजिकल पेपर खेल में, जो पुरूष संगीत बजा रहा था, उसे सलाह दी गई कि वह संगीत प्रारम्भ करने के बाद 1 मिनट के अंदर कभी भी संगीत बंद कर दें। इसकी क्या प्रायिकता है कि संगीत प्रारंभ होने के पहले 20 सेकंड के अन्दर बंद हो जाएगा?

62. दो पासे एकसाथ उछाले जाते हैं। दोनों पासों पर प्राप्त संख्याओं का अंतर 2 होने की प्रायिकता ज्ञात कीजिए।

63. अनीता, सीता, गीता और रीता चारों सहेलियों का जन्मदिन एक ही दिन होता है। प्रायिकता ज्ञात कीजिए कि
(i) उनका जन्मदिन अक्टूबर माह में है।
(ii) उनका जन्मदिन माह के 10 वें दिन है।
(iii) उनका जन्मदिन जनवरी या फरवरी में है।
[वर्ष लीप वर्ष नहीं है]

दीर्घ उत्तरीय प्रश्न

64. बच्चों के एक खेल में, 8 त्रिभुज हैं, जिनमें से 3 नीले और शेष लाल हैं साथ ही, इस खेल में 10 वर्ग हैं जिनमें से 6 नीले हैं और शेष लाल हैं, इनमें से एक टुकड़ा यादृच्छिक रूप से खो जाता है। इस टुकड़े के निम्नलिखित होने की प्रायिकता ज्ञात कीजिए।
(i) त्रिभुज (ii) वर्ग
(iii) नीले रंग का वर्ग (iv) लाल रंग का त्रिभुज
[NCERT Exemplar]

65. ताश के 52 पत्तों की गड्डी में से हुकुम के तीनों फेस कार्ड निकाल कर अच्छी तरह से फेंटा जाता है। शेष में से एक पत्ता निकाला जाता है, प्रायिकता ज्ञात कीजिए की निकाला गया पत्ता
(i) एक काली फेस कार्ड है। (ii) एक बेगम है।
(iii) एक काले रंग का कार्ड है।
(iv) एक हुकुम है। **[CBSE 2013]**

66. एक थैले में केवल सफेद, काली तथा लाल गेंदें हैं, बैग से एक गेंद यादृच्छया रूप से निकाली जाती है। बैग से सफेद गेंद चुनने की यादृच्छया प्रायिकता $\frac{3}{10}$ है तथा काली गेंद चुनने की प्रायिकता $\frac{2}{5}$ है। थैले से एक लाल गेंद प्राप्त करने की प्रायिकता ज्ञात कीजिए। यदि थैले में 20 काली गेंदें हैं, तो बैग में गेंदों की कुल संख्या ज्ञात कीजिए।

67. एक पेटी में 1000 बंद लिफाफे हैं, उनमें से 10 पर पुरस्कार धनराशि ₹ 100, 100 पर पुरस्कार धनराशि ₹ 50 और 200 पर पुरस्कार धनराशि ₹ 10, शेष पर कोई पुरस्कार नहीं है। यदि इन्हें भली-भाँति फेंटा (मिलाया) गया है और एक लिफाफा निकाला जाता है, तो उस पर कोई पुरस्कार धनराशि नहीं होने की प्रायिकता ज्ञात कीजिए। **[NCERT Exemplar]**

68. दिए गए चित्र में, बिंदु A, B, C तथा D चारों वृत्तों के केंद्र हैं तथा प्रत्येक की त्रिज्या एक इकाई है, यदि वर्ग $ABCD$ के अंदर कोई एक बिंदु यादृच्छया चुना जाता है, तो इसके छायांकित क्षेत्र में चुने जाने की प्रायिकता ज्ञात कीजिए?

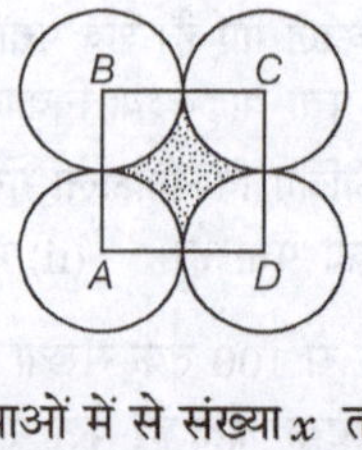

69. 1,4,9,16 संख्याओं में से संख्या x तथा 1,2,3,4 संख्याओं में से संख्या y यादृच्छया रूप से चुनी जाती हैं। प्रायिकता ज्ञात कीजिए, जब xy का मान 16 से अधिक होगा। **[CBSE 2016]**

70. एक ट्रैफिक सिग्नल एक सड़क पर ट्रैफिक के निकास के लिए हरी लाइट दो मिनट के लिए प्रदर्शित करता है। यदि वर्तमान में सिग्नल हरी लाइट प्रदर्शित कर रहा है, तो प्रायिकता ज्ञात कीजिए, कि अगले आधे मिनट में सिग्नल लाल हो जाएगा।

71. दिए गए चित्र में, वृत्त के अंदर एक पत्थर फेंका जाता है। पत्थर के छायांकित भाग में गिरने की प्रायिकता ज्ञात कीजिए।

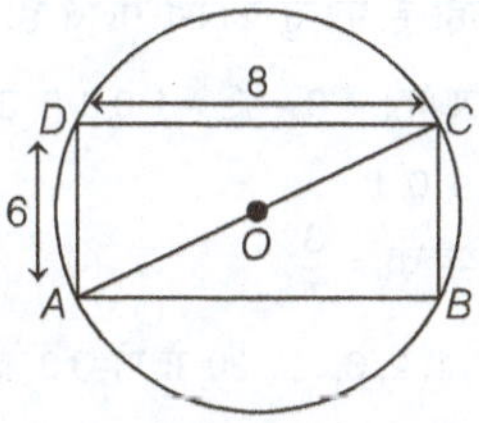

केस स्टडी आधारित प्रश्न

72. सप्ताहंत पर रानी अपने परिवार के साथ ताश के पत्तों का खेल खेलती है जिसकी 1 गड्डी में 52 ताश के पत्ते हैं। यदि गड्डी में से उसका भाई एक पत्ता लेता है।

उपरोक्त जानकारी के आधार पर निम्न प्रश्नों के उत्तर दीजिए।

(i) लाल रंग के बादशाह के पत्ते के निकलने की प्रायिकता ज्ञात कीजिए।

(a) $\frac{1}{26}$ (b) $\frac{1}{13}$
(c) $\frac{1}{52}$ (d) $\frac{1}{4}$

(ii) फेस के पत्ते के निकलने की प्रायिकता ज्ञात कीजिए।

(a) $\frac{1}{26}$ (b) $\frac{1}{13}$
(c) $\frac{2}{13}$ (d) $\frac{3}{13}$

(iii) पान के गुलाम के पत्ते को निकलने की प्रायिकता ज्ञात कीजिए।

(a) $\frac{1}{26}$ (b) $\frac{1}{52}$
(c) $\frac{3}{52}$ (d) $\frac{3}{26}$

अथवा

लाल फेस के पत्ते के निकलने की प्रायिकता ज्ञात कीजिए।

(a) $\frac{3}{13}$ (b) $\frac{1}{13}$ (c) $\frac{3}{26}$ (d) $\frac{1}{4}$

73. राहुल तथा रवि ने एक व्यवसाय खेल (बोर्ड गेम) खेलने का निर्णय किया जिसमें वे दो पासों का प्रयोग करने वाले हैं।

उपरोक्त जानकारी के आधार पर निम्न प्रश्नों के उत्तर दीजिए।

(i) रवि को पासा फेंकने का प्रथम अवसर मिलता है, तब प्रायिकता क्या होगी जब फेंके गए दोनों पासों पर प्राप्त अंकों का योगफल 8 हो?

(a) $\frac{1}{26}$ (b) $\frac{5}{36}$ (c) $\frac{1}{18}$ (d) 0

(ii) राहुल को अगला अवसर मिलता है, तब प्रायिकता क्या होगी जब फेंके गए दोनों पासों पर प्राप्त अंकों का योगफल 13 हो?

(a) 1 (b) $\frac{5}{36}$ (c) $\frac{1}{18}$ (d) 0

(iii) अब, पुनः रवि को पासा फेंकने का अवसर प्राप्त होता है तथा वह पासा फेंकता है, तब प्रायिकता क्या होगी जब उसके द्वारा फेंके गए दोनों पासों पर प्राप्त अंकों का योगफल 12 से कम या 12 के बराबर हो?

(a) 1 (b) $\frac{5}{36}$ (c) $\frac{1}{18}$ (d) 0

अथवा

राहुल को पासा फेंकने का अवसर मिलता है तब प्रायिकता क्या होगी कि उसके द्वारा फेंके गए दोनों पासों पर प्राप्त अंकों का योगफल 7 के बराबर हो?

(a) $\frac{5}{9}$ (b) $\frac{5}{36}$ (c) $\frac{1}{6}$ (d) 0

संकेत एवं हल

1. (c) 52 पत्तों की एक गड्डी से 1 पत्ता खींचने के सभी संभव परिणाम = 52

खींचा गया पत्ता एक इक्का हो, इसलिए अनुकूल परिणाम = 4

[∵ 52 पत्तों में 4 इक्के होते हैं]

$\therefore$ अभीष्ट प्रायिकता $= \frac{\text{अनुकूल परिणाम}}{\text{सभी संभव परिणाम}} = \frac{4}{52} = \frac{1}{13}$

2. (b) किसी प्रयोग की सभी प्रारंभिक घटनाओं का योग 1 होता है।

3. (c) थैले में लाल गेंदें = 3, थैले में नीली गेंदें = 2

थैले में कुल गेंदें = 3 + 2 = 5

थैले से 1 गेंद निकाले जाने के सभी संभव परिणाम = 5

थैले से 1 नीली गेंद निकाले जाने के अनुकूल परिणाम = 2

$\therefore$ अभीष्ट प्रायिकता $= \frac{\text{अनुकूल परिणाम}}{\text{सभी संभव परिणाम}} = \frac{2}{5}$

4. (d) पासे के एक बार फेंके जाने के सभी संभव परिणाम = 6

पासे की एक फेंक में विषम अभाज्य संख्या प्राप्त होने के अनुकूल परिणाम = 2

[∵ 1 से 6 तक 3, 5 विषम अभाज्य संख्याएँ हैं]

$\therefore$ अभीष्ट प्रायिकता $= \frac{\text{अनुकूल परिणाम}}{\text{सभी संभव परिणाम}} = \frac{2}{6} = \frac{1}{3}$

5. (c) हम जानते हैं कि किसी प्रयोग के सभी प्रारंभिक घटनाओं का योग 1 होता है अर्थात् अधिकतम प्रायिकता 1 होती है।

यहाँ, विकल्प (c) में $\frac{3}{2}$, 1 से अधिक है।

अतः $\frac{3}{2}$ किसी घटना की प्रायिकता नहीं हो सकती है।

6. (c) 1 सिक्के की उछाल के सभी संभव परिणाम = 2 अर्थात् (H, T)

1 सिक्के की उछाल में शीर्ष ऊपर आने के अनुकूल परिणाम = 1 अर्थात् (H)

$\therefore$ अभीष्ट प्रायिकता $= \frac{\text{अनुकूल परिणाम}}{\text{सभी संभव परिणाम}} = \frac{1}{2}$

7. (b) ∵ पुरस्कार प्राप्त करने की संख्या = 5

तथा पुरस्कार प्राप्त न करने की संख्या = 20

$\therefore$ पुरस्कार प्राप्त करने की प्रायिकता $= \frac{5}{25} = \frac{1}{5}$

तब पुरस्कार प्राप्त न करने की प्रायिकता $= 1 - \frac{1}{5} = \frac{4}{5}$

तथा $S = \{1, 2, 3, 4, 5, 6\}$

$E = \{1, 2, 3, 4\}$

$\Rightarrow n(E) = 4$ तथा $n(S) = 6$

$\therefore \quad P(E) = \frac{n(E)}{n(S)} = \frac{4}{6} = \frac{2}{3}$

अतः कथन व कारण दोनों सही हैं तथा कारण कथन का सही स्पष्टीकरण है।

8. (c) ∵ $n(E) = 1$ तथा $n(S) = 20$

$\therefore \quad P(E) = \frac{n(E)}{n(S)} = \frac{1}{20}$

तथा जिस घटना की प्रायिकता $P(E) = 0$, हो, असम्भव घटना कहलाती है।

अतः कथन सही है परन्तु कारण गलत है।

9. (d) दी गई संख्याएँ $-3, -2, -1, 0, 1, 2, 3$ हैं।

$\because |x| < 2 = -1, 0, 1$

$\therefore$ अभीष्ट प्रायिकता $= \frac{3}{7}$

तथा संख्याओं 1, 2, 3, ... 20 में से 3 3 के गुणक 3, 6, 9, 12, 15 व 18 है।

$\therefore n(E) = 6$ तथा $n(S) = 20$

तब $P(E) = \frac{n(E)}{n(S)} = \frac{6}{20} = \frac{3}{10}$

अतः कथन गलत है परन्तु कारण सही है।

10. (a) ∵ $P(E) + P(\bar{E}) = 1$

दिया है, $P(E) = 0.4$

$\therefore \quad P(E) = 1 - P(\bar{E}) = 1 - 0.4 = 0.6$

अतः कथन व कारण दोनों सही हैं तथा कारण, कथन का सही स्पष्टीकरण है।

11. (b) $S = \{HH, HT, TH, TT\}$

$E = \{HH\}$

$\Rightarrow n(E) = 1$ तथा $n(S) = 4$

$\therefore \quad P(E) = \frac{n(E)}{n(S)} = \frac{1}{4}$

तथा $S = \{H, T\}$

$E = \{H\}$

$\Rightarrow n\{E\} = 1$ तथा $n(S) = 2$

$\therefore \quad P(E) = \frac{n(E)}{n(S)} = \frac{1}{2}$

अतः कथन व कारण दोनों सही हैं तथा कारण कथन का सही स्पष्टीकरण नहीं है।

12. **संकेत** किसी प्रयोग की सभी प्रारंभिक घटनाओं की प्रायिकताओं का योग 1 होता है।

उत्तर 1

13. शून्य

14. **संकेत** $P(\bar{E}) = 1 - P(E) = 1 - 0.07 = 0.93$

उत्तर 0.93

15. अभीष्ट प्रायिकता $= \frac{2}{4} = \frac{1}{2}$

उत्तर $\frac{1}{2}$

16. $\frac{1}{3}$

17. शून्य

18. **संकेत** कार्डों की कुल संख्या = 71

माना E = 5 से 75 तक की विषम संख्या प्राप्त करने की घटना, तब E के अनुकूल परिणामों की संख्या = 36

अतः अभीष्ट प्रायिकता $= \frac{36}{71}$ **उत्तर** $\frac{36}{71}$

19. **संकेत** कुल परिणामों की संख्या = 100

1 से 100 के बीच की अभाज्य संख्याएँ 2,3,5,7,11,13,17,19,23,29,31,37,41,43,47,53,59,61,67,71,73, 79,83,89 और 97 हैं।

∴ अनुकूल परिणामों की संख्या = 25

P(अभाज्य संख्या प्राप्त हो) $= \frac{25}{100} = \frac{1}{4}$

उत्तर $\frac{1}{4}$

20. दो पासों को एकसाथ फेंकने पर प्राप्त परिणामों की कुल संख्या $n(S) = 36$

(i) द्विक आने की सम्भावना $(E_1) = \{(1, 1), (2, 2), (3, 3), (4, 4), (5, 5), (6, 6)\}$

$\therefore n(E_1) = 6$

अतः अभीष्ट प्रायिकता $= \frac{n(E_1)}{n(S)} = \frac{6}{36} = \frac{1}{6}$

(ii) दोनों पासों पर संख्याओं का योग 10 आने की सम्भावना $(E_2) = \{(4, 6), (6, 4), (5, 5)\}$

$\therefore n(E_2) = 3$

अतः अभीष्ट प्रायिकता $= \frac{n(E_2)}{n(S)} = \frac{3}{36} = \frac{1}{12}$

21. **संकेत** खराब अंड़ों की संख्या = अंडों की कुल सख्या $\times P(E)$

$= 400 \times 0.035 = 14$

22. **संकेत** Probability शब्द में कुल अक्षरों की संख्या = 11

स्वर अक्षर O,A,I,I हैं।

∴ अनुकूल परिणामों की संख्या = 4

अतः अभीष्ट प्रायिकता $= \frac{4}{11}$

23. **संकेत** अभीष्ट प्रायिकता $= P(E) = \frac{21}{26}$

[∵ वर्णमाला में व्यंजनों की संख्या 21 होती है]

उत्तर $\frac{21}{26}$

24. **संकेत** कुल संभव परिणाम = 26

शब्द RAMANUJAN में अक्षर R,A,M,N,U और J हैं।

∵ अनुकूल परिणामों की संख्या = 6

अतः अभीष्ट प्रायिकता $= \frac{6}{26} = \frac{3}{13}$

25. **संकेत** एक सामान्य (लीप वर्ष न हो) वर्ष में 365 दिन या 52 सप्ताह और 1 दिन होता है। यह एक दिन सोमवार या मंगलवार या बुधवार या गुरूवार या शुक्रवार या शनिवार या रविवार हो सकता है।

∴ 7 संभावनाओं में से रविवार होने की घटना = 1

अतः अभीष्ट प्रायिकता $= \frac{1}{7}$

26. **संकेत** सदन A, B तथा C में विद्यार्थियों की संख्या $= 4 + 8 + 5 = 17$

शेष विद्यार्थी $= 23 - 17 = 6$

∴ अभीष्ट प्रायिकता $= \frac{6}{23}$

27. **संकेत** माना E = उत्तर का सही अनुमान लगाने की घटना

तब $P(E) = \frac{P}{12}$

$P(\bar{E}) = \frac{3}{4}$

हम जानते हैं कि

$\because \quad 1 - P(E) = P(\bar{E}) \Rightarrow 1 - \frac{P}{12} = \frac{3}{4} \Rightarrow P = 3$

28. **संकेत** माना यह x टिकट खरीदती है, तब उसके जीतने की प्रायिकता $= \frac{x}{6000}$ परंतु दिया गया है, जीतने की प्रायिकता = 0.08

$\therefore \quad \frac{x}{6000} = 0.08 \Rightarrow x = 480$

29. **संकेत** कुल संभव परिणाम = 9

$|x| < 2$ के अनुकूल परिणाम $-1, 0$ तथा 1 हैं।

∴ अनुकूल परिणामों की संख्या = 3

अभीष्ट प्रायिकता $= \frac{3}{9} = \frac{1}{3}$

30. $-\frac{1}{6}$

31. संभावित घटनाओं की संख्या = 15

15 तक 4 के गुणजों की संख्या = 4, 8, 12

∴ कुल सम्भावित घटना = 3

अतः अभीष्ट प्रायिकता $= \frac{3}{15} = \frac{1}{5}$

32. **संकेत** लाल पत्तों तथा बेगम के पत्तों की कुल संख्या $= 26 + 2 = 28$

∴ अभीष्ट प्रायिकता $= \frac{24}{52} = \frac{6}{13}$

[न ही लाल पत्ते न ही बेगम के पत्ते प्राप्त हों, की संख्या तब संभावनाओं $= 52 - 28 = 24$]

33. **संकेत** थैले में कुल गेंद $= 2 + 3 + 4 = 9$

(i) लाल और काली गेंदों की संख्या $= 3 + 4 = 7$

$\therefore P$ (हरी गेंद नहीं) $= \frac{7}{9}$

(ii) लाल और हरी गेंदों की संख्या $= 3 + 2 = 5$

$\therefore P$ (काली गेंद नहीं) $= \frac{5}{9}$

34. संकेत माना दो लड़कों को B_1, B_2 और दो लड़कियों को G_1, G_2 से निरूपित किया गया है, तब कुल संभावित परिणाम निम्न हैं

$B_1B_2, B_1G_1, B_1G_2, B_2G_1, B_2G_2$ तथा G_1G_2

$\therefore$ कुल संभावित परिणामों की संख्या = 6

यदि एक लड़का तथा लड़की चुनी जाती है, तो संभावित परिणाम

B_1G_1, B_1G_2, B_2G_1 तथा B_2G_2 हैं।

$\therefore$ संभावित परिणामों की संख्या = 4

अतः अभीष्ट प्रायिकता $= \frac{4}{6} = \frac{2}{3}$

35. संकेत सन् 2000 में दिनों की संख्या = 366

दोनों मित्रों के जन्मदिन के लिए कुल संभव परिणाम = 366×366

दोनों का जन्मदिन एक ही दिन होने के अनुकूल परिणाम = 366

[$\because$ सन् 2000 लीप वर्ष है]

$\therefore$ अभीष्ट प्रायिकता $= \frac{366}{366 \times 366} = \frac{1}{366}$

36. संकेत अपूर्व दो पासों को एक बार में फेंकता है

$\therefore$ कुल संभव परिणाम = 36

गुणनफल 36 केवल एक स्थिति (6.6) में प्राप्त होता है।

$\therefore$ अपूर्व के लिए, $P_1 = \frac{1}{36}$

पीहू एक पासे को उछालती है।

$\therefore$ कुल संभव परिणाम = 6

6 का वर्ग करने पर 36 प्राप्त होता है।

$\therefore$ पीहू के लिए $P_2 = \frac{1}{6} = \frac{6}{36}$

चूँकि $P_1 < P_2$

अतः पीहू के पास संख्या 36 प्राप्त करने का बेहतर तरीका है।

37. संकेत 0 से 100 के बीच कुल पूर्णांक = 99

(i) 4 से विभाज्य संख्याएँ

7,14,21,28,35,42, 49,56,63,70,77,84,91 और 98 हैं।

$\therefore$ अभीष्ट प्रायिकता $= \frac{14}{99}$

(ii) P (7 से अविभाज्य संख्या चुने जाने की प्रायिकता) $= 1 - P$

(7 से भाज्य संख्या चुने जाने) $= 1 - \frac{14}{99}$

$= \frac{85}{99}$

38. NCERT फोल्डर 14.1 के प्रश्न 17 की भाँति स्वयं हल करें।

उत्तर $\frac{3}{4}$ तथा $\frac{5}{23}$

39. संकेत तीसरे डिब्बे में पर्चियों की कुल संख्या = 25 + 50 = 75

₹1 की पर्चियों की कुल संख्या = 19 + 45 = 64

अन्य पर्चियों की संख्या = 75 − 64 = 11

$\therefore$ अभीष्ट प्रायिकता $= \frac{11}{75}$

40. संकेत कुल परिणामों की संख्या = 50

प्रथम 50 प्राकृत संख्याओं में 3 और 4 के गुणज 12,24,36 और 48 हैं।

$\therefore$ अभीष्ट प्रायिकता $= \frac{4}{50} = \frac{2}{25}$

41. (i) संख्याओं की माध्यिका = 7

$\therefore P(\text{माध्यिका}) = \frac{4}{15}$ [$\because$ 7 की कुल संख्या = 4]

(ii) बहुलक = 9

$\therefore P(\text{बहुलक}) = \frac{5}{15} = \frac{1}{3}$

42. संकेत पासे के छः फलकों पर अंकित संख्याएँ 0,1,1,1,6,6 हैं।

दो पासों को एकसाथ फेकनें पर कुल संभव परिणाम = 36

(i) संभव विभिन्न परिणाम 0,1,2,6,7 और 12 हैं।

(ii) योग 7 प्राप्त करने के परिणाम निम्न हैं

{(1,6), (1,6), (1,6), (1,6), (1,6), (1,6), (6,1), (6,1), (6,1), (6,1), (6,1), (6,1)}.

अतः अभीष्ट प्रायिकता $= \frac{12}{36} = \frac{1}{3}$

43. संकेत कुल संभव परिणाम = 40

(i) 7 के गुणक 7,14,21,28,35 हैं।

$\therefore$ अनुकूल परिणाम = 5

अतः अभीष्ट प्रायिकता $= \frac{5}{40} = \frac{1}{8}$

(ii) 5 के गुणक 5,10,15,20,25,30,35 और 40 हैं।

$\therefore$ अनुकूल परिणाम = 8

अतः अभीष्ट प्रायिकता $= \frac{8}{40} = \frac{1}{5}$

44. दो पासों को एकसाथ फेंकने पर सम्भावित परिणामों की संख्या $n(S) = 36$

तथा पासों पर योगफल 8 आने के अनुकूल परिणाम

$(E) = \{(2, 6), (6, 2), (3, 5), (5, 3), (4, 4)\}$

$\because$ अनुकूल परिणामों की संख्या, $n(E) = 5$

$\therefore$ अभीष्ट प्रायिकता $= \frac{n(E)}{n(S)}$

$= \frac{5}{36}$

45. उदाहरण 6 की भाँति स्वयं हल करें।

उत्तर (i) $\frac{1}{10}$ (ii) $\frac{13}{80}$

46. संकेत 9 से कम गुणनफल 1,2,3,4,5,6,7,8 हैं।

$\therefore$ अनुकूल परिणाम = 16

$P(\text{गुणनफल} < 9) = \frac{16}{36} = \frac{4}{9}$

47. उदाहरण 8 की भाँति स्वयं हल करें।

उत्तर (i) 0.88 (ii) 0.96

48. उदाहरण 4 की भाँति स्वयं हल करें।

उत्तर (i) $\frac{13}{49}$ (ii) $\frac{3}{49}$

49. **संकेत** कार्डों की कुल संख्या = 100

(i) 9 से विभाजित तथा पूर्ण वर्ग संख्याएँ $3^2, 6^2, 9^2$ हैं।

$\therefore$ अभीष्ट प्रायिकता = $\frac{3}{100}$

(ii) 80 से बड़ी अभाज्य संख्याएँ 83, 89 और 97 हैं।

$\therefore$ अभीष्ट प्रायिकता = $\frac{3}{100}$

50. **संकेत** P(बिंदु छायांकित भाग के चुने जाने पर)

$$= \frac{\text{वर्ग } PQRS \text{ का क्षेत्रफल}}{\text{वर्ग } ABCD \text{ का क्षेत्रफल}} = \frac{25}{100} = 0.25$$

51. (i) **उत्तर** $\frac{1}{6}$ (ii) **उत्तर** $\frac{15}{36}$

(iii) दोनों पासों पर आने वाली संख्याओं का योग 1 नहीं हो सकता

$\therefore$ इसकी प्रायिकता शून्य होगी।

52. **संकेत**

(i) माना E_1 = श्वेता के प्रवेश शुल्क हारने की घटना।

अर्थात् श्वेता को तीन पट प्राप्त होते हैं।

अर्थात् T T T

E_1 अनुकूल परिणामों की संख्या = 1

$\therefore$ अभीष्ट प्रायिकता $P(E_1) = \frac{1}{8}$

(ii) भाग (i) की भाँति स्वयं हल करें। **उत्तर** $\frac{1}{8}$

(iii) भाग (i) की भाँति स्वयं हल करें। **उत्तर** $\frac{3}{4}$

53. **संकेत** वृत्त द्वारा O पर बनाया गया कोण = 360°

क्षेत्र 1 द्वारा बनाया गया कोण = 90°

क्षेत्र 2 द्वारा बनाया गया कोण = 90°

क्षेत्र 3 द्वारा बनाया गया कोण = 180°

(i) P (तीर क्षेत्र 3 में रुकता है) = $\frac{180°}{360°} = \frac{1}{2}$

(ii) P (तीर क्षेत्र 1 में रुकता है) = $\frac{90°}{360°} = \frac{1}{4}$

(iii) P (तीर क्षेत्र 2 में रुकता है) = $\frac{90°}{360°} = \frac{1}{4}$

$\therefore P$ (तीर क्षेत्र 2 में नहीं रुकता है)

= 1 − P (तीर क्षेत्र 2 में रुकता है)

$= 1 - \frac{1}{4} = \frac{3}{4}$

54. **संकेत** कुल संभव परिणाम = 2 से 101 तक की संख्याएँ = 100

(i) माना E_1 = सम संख्या लिखे कार्ड के चुने जाने की घटना

कार्ड पर सम संख्या 2,4,6,8,.....100 अंकित हैं।

तब अनुकूल परिणामों की संख्या = 50

$\therefore P(E_1) = \frac{50}{100} = \frac{1}{2}$

(ii) माना E_2 = वर्ग संख्या लिखे कार्ड के चुने जाने की घटना कार्ड पर लिखी वर्ग संख्याएँ $2^2, 3^2, 4^2, 5^2, 6^2, 7^2, 8^2, 9^2$ तथा 10^2 हैं।

$\therefore$ अनुकूल परिणामों की संख्या = 9

अतः $P(E_2) = \frac{9}{100}$

55. प्रश्न 51 की भाँति स्वयं हल करें।

(i) **उत्तर** $\frac{1}{9}$ (ii) **उत्तर** $\frac{1}{9}$

(iii) 0

56. NCERT फोल्डर 14.1 के प्रश्न 14 की भाँति स्वयं हल करें।

(i) $\frac{1}{26}$ (ii) $\frac{1}{52}$

(iii) $\frac{1}{26}$

57. **संकेत** कुल संभव परिणाम = $6 \times 6 = 36$

(i) अभाज्य संख्याओं के युग्म (2,2), (3,3) और (5,5) हैं।

$\therefore$ अभीष्ट प्रायिकता = $\frac{3}{36} = \frac{1}{12}$

(ii) विषम संख्याओं के युग्म (1,1)(3,3) और (5,5) हैं।

$\therefore$ अभीष्ट प्रायिकता = $\frac{3}{36} = \frac{1}{12}$

58. **संकेत** गेंदों की कुल संख्या = 24

लाल गेंदों की संख्या = x

सफेद गेंदों की संख्या = $2x$

नीली गेंदों की संख्या = $3x$

$\therefore \quad x + 2x + 3x = 24 \Rightarrow x = 4$

$\therefore$ लाल गेंदों की संख्या = 4

सफेद गेंदों की संख्या = 8

तथा नीली गेंदों की संख्या = 12

(i) P (लाल नहीं है) = $\frac{20}{24} = \frac{5}{6}$

(ii) P (सफेद है) = $\frac{8}{24} = \frac{1}{3}$

59. **संकेत** माना E_1 ठीक-ठीक दो चित प्राप्त करने की घटना है।

तब E_1 के अनुकूल परिणाम

HHT, HTH तथा THH होंगे।

(i) $\therefore P$ (ठीक-ठीक दो चित प्राप्त हैं) = $P(E_1) = \frac{3}{8}$

(ii) भाग (i) की भाँति स्वयं हल करें। **उत्तर** $\frac{1}{2}$

(iii) भाग (i) की भाँति स्वयं हल करें। **उत्तर** $\frac{1}{2}$

60. **संकेत** थैले में गेंदों की कुल संख्या = 18

बैग में सफेद गेंदों की कुल संख्या = x

(i) $\therefore P$ (सफेद गेंद) = $\frac{x}{18}$

(ii) अब थैले में 2 सफेद गेंद और डालने पर

$\therefore$ थैले में कुल गेंदों की संख्या = 18 + 2 = 20

थैले में सफेद गेंदों की कुल संख्या $= x + 2$

$\therefore P$ (सफेद गेंद) $= \frac{x+2}{20}$

प्रश्नानुसार, $\frac{x+2}{20} = \frac{9}{8}\left(\frac{x}{18}\right) \Rightarrow x = 8$

61. उदाहरण 10 की भाँति स्वयं हल करें।

उत्तर $\frac{1}{3}$

62. संकेत कुल संभव परिणाम = 36

अनुकूल परिणाम (1,3), (2,4), (3,5), (4,6), (6,4), (5,3), (4,2), (3,1) हैं।

अतः अभीष्ट प्रायिकता $= \frac{8}{36} = \frac{2}{9}$

63. उदाहरण 9 की भाँति स्वयं हल करें।

(i) $\frac{31}{365}$ (ii) $\frac{12}{365}$ (ii) $\frac{59}{365}$

64. (i) P (खोया हुआ टुकड़ा त्रिभुज है) $= \frac{8}{18} = \frac{4}{9}$

(ii) P (खोया हुआ टुकड़ा वर्ग है) $= \frac{10}{18} = \frac{5}{9}$

(iii) P (खोया हुआ टुकड़ा नीले रंग का वर्ग है) $= \frac{6}{18} = \frac{1}{3}$

(iv) P (खोया हुआ टुकड़ा लाल रंग का त्रिभुज है) $= \frac{5}{18}$

65. उदाहरण 4 की भाँति स्वयं हल करें।

(i) $\frac{3}{49}$ (ii) $\frac{3}{49}$

(iii) $\frac{23}{49}$ (iv) $\frac{10}{49}$

66. संकेत स्पष्टतः

लाल गेंद प्राप्त करने की प्रायिकता

$= 1 - \{P(\text{सफेद गेंद}) + P(\text{काली गेंद})\}$

$= 1 - \frac{3}{10} - \frac{2}{5} = \frac{3}{10}$

अब माना थैले में गेंदों की संख्या x है।

दिया है थैले में काली गेंदों की संख्या 20 है।

$\therefore$ काली गेंद प्राप्त करने की प्रायिकता $= \frac{20}{x}$

प्रश्नानुसार, काली गेंद प्राप्त करने की प्रायिकता $= \frac{2}{5}$

$\therefore \quad \frac{2}{5} = \frac{20}{x} \Rightarrow x = 50$

67. संकेत अभीष्ट प्रायिकता

$= \dfrac{\text{लिफाफों की संख्या जिन पर कोई धनराशि नहीं है}}{\text{कुल लिफाफों की संख्या}}$

$= \frac{690}{1000} = 0.69$

68. संकेत दिया है, प्रत्येक वृत्त की त्रिज्या 1 इकाई है।

$\therefore$ वर्ग $ABCD$ की भुजा $= 1 + 1 = 2$ इकाई

वर्ग का क्षेत्रफल $= (2)^2 = 4$ वर्ग इकाई

छायांकित भाग का क्षेत्रफल = वर्ग का क्षेत्रफल − चतुर्थांश I का क्षेत्रफल − चतुर्थांश II का क्षेत्रफल − चतुर्थांश III का क्षेत्रफल − चतुर्थांश IV का क्षेत्रफल

$= 4 - 4 \times$ चतुर्थांश का क्षेत्रफल $= 4 - 4 \times \frac{\pi(1)^2}{4} = 4 - \pi$

अतः अभीष्ट प्रायिकता $= \dfrac{\text{छायांकित भाग का क्षेत्रफल}}{\text{वर्ग का क्षेत्रफल}}$

$= \frac{4-\pi}{4}$

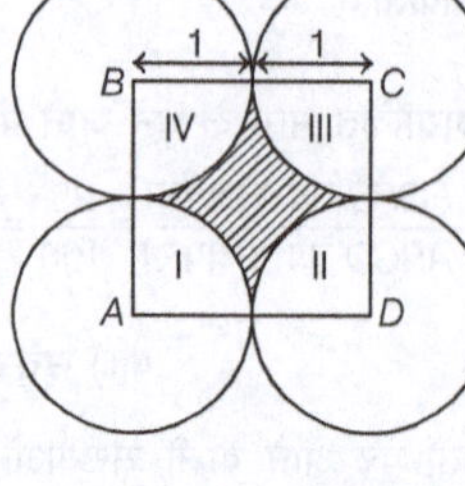

69. संकेत यहाँ दो संख्याओं को निम्न 16 तरीकों से चुना जा सकता है।

(1,1), (1,2), (1,3), (1,4), (4,1), (4,2), (4,3), (4,4), (9,1), (9,2), (9,3), (9,4), (16,1), (16,2), (16,3), (16,4)

$\therefore$ कुल संभव परिणाम = 16

xy का मान 16 से अधिक निम्न स्थितियों में होगा

(9,2) (9,3) (9,4) (16,2) (16,3) तथा (16,4)

$\therefore$ अनुकूल परिणाम = 6

अतः अभीष्ट प्रायिकता $= \frac{6}{16} = \frac{3}{8}$

70. उदाहरण 10 की भाँति स्वयं हल करें। **उत्तर** $\frac{1}{4}$

71. संकेत आयत $ABCD$ का क्षेत्रफल $= 6 \times 8 = 48$ वर्ग इकाई

वृत्त का व्यास AC = समकोण ΔADC का कर्ण

$= \sqrt{(6)^2 + (8)^2}$

$= \sqrt{36 + 64}$

$= 10$ इकाई

अब, कुल संभव परिणाम = वृत्त का क्षेत्रफल

$= \pi\left(\frac{10}{2}\right)^2 = 25\pi$

अनुकूल परिणाम = वृत्त का क्षेत्रफल − आयत का क्षेत्रफल

अतः अभीष्ट प्रायिकता $= \frac{25\pi - 48}{25\pi}$

72. यहाँ ताश की गड्डी में पत्तों की कुल संख्या 52 है।

$\therefore$ परिणामों की कुल संख्या = 52

(i) (a) माना E_1 = लाल रंग के बादशाह के पत्तों के निकलने की घटना

$\therefore$ घटना E_1 के सम्भावित परिणामों की कुल संख्या = 2

[$\because$ ताश खेलने की गड्डी में, 4 बादशाह हैं जिनमें से दो लाल तथा दो काले होते हैं]

अतः लाल रंग के बादशाह के पत्ते के निकलने की प्रायिकता

$$P(E_1) = \frac{2}{52} = \frac{1}{26}$$

(ii) (d) माना E_2 = फेस के पत्ते के निकलने की घटना

∴ E_2 से सम्बन्धित सम्भावित परिणामों की कुल संख्या = 12

[∵ ताश की गड्डी में, 12 फेस कार्ड हैं जिसमें 4 बादशाह, 4 बेगम, 4 गुलाम के पत्ते होते हैं]

अतः अभीष्ट प्रायिकता, $P(E_2) = \frac{12}{52} = \frac{3}{13}$

(iii) (b) माना E_3 = पान के गुलाम के पत्ते के निकलने की घटना

∴ E_3 से सम्बन्धित अनुकूल परिणामों की संख्या = 1

[∵ ताश की गड्डी में 4 गुलाम के पत्ते होते हैं जिनमें से 1 पान का, 1 चिड़ी का, 1 हुकुम का तथा 1 ईंट का होता है]

अतः पान के गुलाम के पत्ते के निकलने की प्रायिकता,

$$P(E_3) = \frac{1}{52}$$

अथवा

(c) माना E_4 = लाल फेस के पत्ते के निकलने की घटना

∴ E_4 से सम्बन्धित अनुकूल परिणामों की कुल संख्या = 6

[∵ ताश की गड्डी में 12 फेस कार्ड हैं जिनमें 6 लाल कार्ड हैं]

अतः अभीष्ट प्रायिकता, $P(E_4) = \frac{6}{52} = \frac{3}{26}$

73. सम्भावित परिणामों की कुल संख्या = $6 \times 6 = 36$

(i) (b) माना E_1 = योगफल 8 प्राप्त करने की घटना

∴ E_1 से सम्बन्धित अनुकूल परिणामों की संख्या = 5

अर्थात् (2, 6), (3, 5), (4, 4), (5, 3) और (6, 2)

∴ $P(E_1) = \frac{5}{36}$

(ii) (d) माना E_2 = योगफल 13 प्राप्त होने की घटना

चूँकि हम 12 से अधिक योगफल प्राप्त नहीं कर सकते हैं।

∴ $P(E_2) = 0$

(iii) (a) माना E_3 = 12 के बराबर या कम योगफल आने की घटना

∴ अनुकूल परिणामों की संख्या = 36

चूँकि सभी परिणामों का योगफल 12 से कम या बराबर होता है।

∴ $P(E_3) = \frac{36}{36} = 1$

अथवा

(c) माना E_4 = योगफल 7 आने की घटना

∴ E_2 से सम्बन्धित अनुकूल परिणामों की संख्या = 6

अर्थात् (1, 6), (2, 5), (3, 4), (4, 3), (5, 2) और (6, 1)

∴ $P(E_4) = \frac{6}{36} = \frac{1}{6}$

यूनिट टेस्ट (सांख्यिकी तथा प्रायिकता)

{अध्याय— 13, 14}

40 अंक

यूनिट टेस्ट 1

1. निम्न आँकड़ों का बहुलक ज्ञात कीजिए

3, 5, 7, 4, 5, 3, 5, 6, 8, 9, 5, 3, 5, 3, 6, 9, 7, 4 [1]

2. कार्डों पर संख्याएँ 4, 5, 6, ..., 20 अंकित है तथा इन्हें एक बॉक्स में रखा गया है तथा भली प्रकार से मिलाया गया है। यदि बॉक्स में से यादृच्छया एक कार्ड निकाला जाता है, तो एक सम संख्या प्राप्त करने की प्रायिकता क्या है? [1]

3. एक कक्षा के 9 विद्यार्थियों के अंक निम्न हों, तो माध्यिका ज्ञात कीजिए।

34, 32, 48, 38, 24, 30, 27, 21, 35 [1]

4. निम्न बारंबारता बंटन का माध्य ज्ञात करो [2]

x	4	6	9	10	15
f	5	10	10	7	8

5. एक थैले में तीन हरे, चार नीले तथा दो संतरी रंग के कंचे हैं। यदि एक कंचा यादृच्छया निकाला जाता है, तो संतरी रंग का कंचा नहीं प्राप्त होने की क्या प्रायिकता है? [2]

6. यदि प्रथम n–प्राकृत संख्याओं का माध्य 15 है, तो n का मान ज्ञात करो। [2]

7. निम्न बारंबारता बंटन का समांतर माध्य ज्ञात करो। [3]

वर्ग अंतराल	0-20	20-40	40-60	60-80	80-100
बारंबारता	15	18	21	29	17

8. एक जार में 24 कंचे हैं, जिनमें कुछ हरे हैं तथा कुछ नीले हैं। यदि इस जार में से यादृच्छया एक कंचा निकाला जाता है, तो इस कंचे के हरा होने की प्रायिकता $\frac{2}{3}$ है। जार में नीले कंचों की संख्या ज्ञात कीजिए। [3]

9. निम्न बारंबारता बंटन के लिए बहुलक के मान की गणना कीजिए

वर्ग अंतराल	100-110	110-120	120-130	130-140	140-150
बारंबारता	4	6	20	32	33

[3]

10. एक लाल तथा एक पीले पासे के फलकों पर 1 से 6 तक की संख्या अंकित है। दोनों पासों को फेंका जाता है। दोनों पासों के ऊपरी फलकों पर समान संख्या आने की प्रायिकता क्या होगी? [3]

11. निम्नलिखित सारणी में 12 विद्यार्थियों के भार दर्शाए गए हैं

भार (किग्रा में)	67	70	72	73	75
विद्यार्थियों की संख्या	4	3	2	2	1

कल्पित माध्य विधि से इनका माध्य भार ज्ञात करो। [3]

12. एक वाणिज्यिक संस्थान में कार्यरत् कर्मचारियों का साप्ताहिक वेतन निम्न वर्गीकृत बारंबारता सारणी में दर्शाया गया है। वर्ग 49-52 की बारंबारता अज्ञात है एवं इस बंटन का माध्य 47.2 है। अज्ञात बारंबारता ज्ञात करो। [4]

साप्ताहिक वेतन (₹ में)	40-43	43-46	46-49	49-52	52-55
कर्मचारियों की संख्या	31	58	60	?	27

13. निम्न आँकड़ों का समांतर माध्य पद-विचलन विधि द्वारा ज्ञात कीजिए

वर्ग अंतराल	25-30	30-35	35-40	40-45	45-50	50-55	55-60
बारंबारता	14	22	16	6	5	3	4

[4]

14. 1, 2, 3 संख्याओं में से संख्या x तथा 1, 4, 9 संख्याओं में से एक दूसरी संख्या y यादृच्छया चुनी जाती है। इसकी क्या प्रायिकता है कि दोनों संख्याओं का गुणनफल 9 से कम होगा? [4]

15. चित्र में एक डार्ट (dart) फेंका जाता है, जो एक वृत्त के अंदर गिरता है। डार्ट के छायांकित क्षेत्र में गिरने की प्रायिकता क्या है? [4]

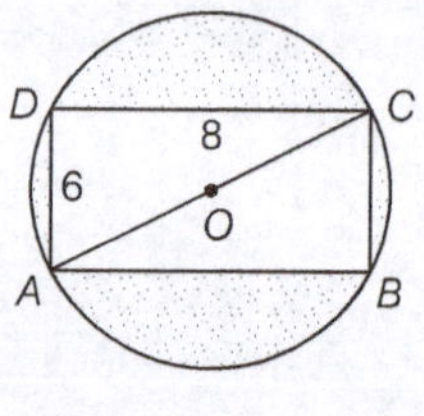

यूनिट टेस्ट 2

1. निम्न आँकड़ों का बहुलक ज्ञात कीजिए

3, 3, 7, 4, 5, 3, 5, 6, 8, 9, 5, 3, 5, 3, 6, 9, 7, 4 [1]

2. अच्छी प्रकार से फेंटी गई ताश के 52 पत्तों की गड्डी में से एक पत्ता निकाला जाता है, तो एक बिना आकृति वाला कार्ड नहीं आने की प्रायिकता क्या है? [1]

3. निम्न आँकड़ों से 10 श्रमिकों के प्रतिदिन की मजदूरी (₹ में) की माध्यिका ज्ञात कीजिए [1]

20, 25, 17, 18, 8, 15, 22, 11, 9, 14

4. यदि $u_i = \frac{x_i - 25}{10}$, $\sum f_i u_i = 20$, $\sum f_i = 100$, हो, तो $\bar{x}$ का मान ज्ञात कीजिए। [2]

5. एक डिब्बे में 600 विद्युत बल्ब हैं, जिनमें से 12 बल्ब खराब हैं। इस डिब्बे में से एक बल्ब यादृच्छया निकाला जाता है। क्या प्रायिकता है कि निकाला गया बल्ब ठीक है? [2]

6. निम्न बारंबारता बंटन के लिए माध्यिका ज्ञात कीजिए

x	1	2	3	4	5	6	7	8	9
f	8	10	11	16	20	25	15	9	16

[2]

7. निम्न बारंबारता बंटन का समांतर माध्य ज्ञात करो

वर्ग अंतराल	0-10	10-20	20-30	30-40	40-50
बारंबारता	7	10	15	8	10

[3]

8. एक जार में 54 कंचे हैं, जो नीले, हरे तथा सफेद हैं। जार से नीले कंचे चुनने की यादृच्छया प्रायिकता 1/3 तथा हरे कंचे चुनने की यादृच्छया प्रायिकता 4/9 है, तो जार में कितने सफेद कंचे हैं? [3]

9. निम्न आँकड़े एक गाँव के 200 परिवारों के कुल मासिक घरेलू खर्चों को दर्शाते हैं, तो परिवारों के मासिक खर्चों का बहुलक तथा औसत माध्य ज्ञात कीजिए [3]

खर्चे (₹ में)	बारंबारता
1000-1500	24
1500-2000	40
2000-2500	33
2500-3000	28
3000-3500	30
3500-4000	22
4000-4500	16
4500-5000	7

10. संख्याएँ −2, −1, 0, 1 तथा 2 में से एक संख्या x यादृच्छया चुनी जाती है। इसकी क्या प्रायिकता है कि $x^2 < 2$ है? [3]

11. पद-विचलन विधि का उपयोग करते हुए निम्नलिखित बारंबारता बंटन का समांतर माध्य ज्ञात करो

चर (x)	5	10	15	20	25	30	35	40	45	50
बारंबारता (f)	20	43	75	67	72	45	39	9	8	6

[3]

12. शब्द 'ASSASSINATION' से यादृच्छया एक अक्षर चुना जाता है। प्रायिकता ज्ञात कीजिए कि वह अक्षर [4]

(i) एक स्वर है।

(ii) एक व्यंजन है।

13. निम्न बारंबारता बंटन की माध्यिका ज्ञात कीजिए

साप्ताहिक मजदूरी (₹ में)	60-69	70-79	80-89	90-99	100-109	110-119
दिनों की संख्या	5	15	20	30	20	8

[4]

14. 100 कार्डों पर 2 से 101 तक संख्या अंकित करके कार्डों को एक डिब्बे में रखकर अच्छी तरह से मिला दिया जाता है, यदि कोई व्यक्ति डिब्बे में से एक कार्ड निकालता है, तो प्रायिकता ज्ञात कीजिए कि कार्ड पर लिखी संख्या [4]

(i) एक सम संख्या है।

(ii) 14 से कम है।

15. दिए गए चित्र में, एक फेयर स्पिनर (fair spinner) वृत्त के केंद्र O पर रखा गया है। व्यास AOB तथा त्रिज्या OC वृत्त को तीन भागों X, Y तथा Z में विभाजित करती हैं। यदि $\angle BOC = 45^\circ$ है, तो इसकी क्या प्रायिकता है कि स्पिनर X क्षेत्र में रूकेगा? [4]

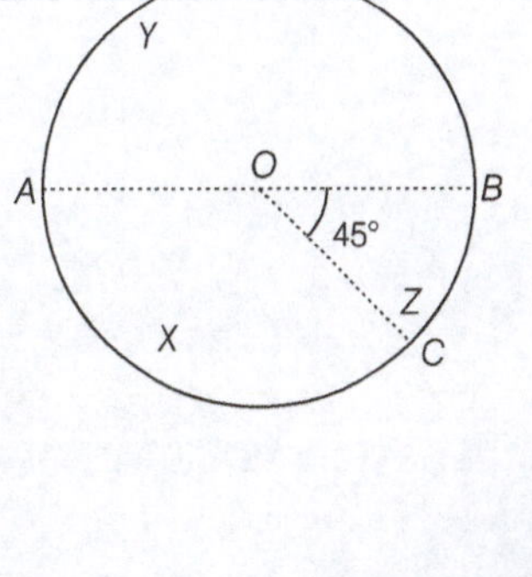

यूनिट टेस्ट 3

1. निम्न आँकड़ों का बहुलक ज्ञात कीजिए

15, 8, 26, 25, 24, 15, 18, 20, 24, 15, 19, 15 [1]

2. एक थैले में 5 लाल, 8 हरी तथा 7 सफेद गेंदे हैं। यदि थैले में से एक गेंद यादृच्छया निकाली जाती है, तो सफेद या हरी गेंद प्राप्त होने की प्रायिकता क्या है? [1]

3. नीचे किसी लड़ाकू जहाज के मशीन के पुर्जो के 15 टुकड़ों का जीवनकाल घंटों में दिया गया है। इनकी माध्यिका ज्ञात कीजिए।

715, 724, 725, 710, 729, 745, 694, 699, 696, 712, 734, 728, 716, 705, 719 [1]

4. यदि आँकड़ों 30, 34, 35, 36, 37, 38, 39, 40 में से 35 हटा दिया जाए, तो माध्यिका में कितनी वृद्धि होगी? [2]

5. यदि 1 से 20 तक की संख्याओं वाली टिकटे एकसाथ मिलाई जाती हैं, और उनमें से एक टिकट यादृच्छया निकाली जाती है, तो टिकट पर 3 या 7 का गुणांक होने की प्रायिकता क्या है? [2]

6. निम्नलिखित बारंबारता बंटन का माध्य ज्ञात करो

x	10	30	50	70	89
f	7	8	10	15	10

[2]

7. निम्न वर्गीकृत बारंबारता बंटन का माध्य 50 है, किंतु वर्गो 20-40 व 60-80 की बारंबारताएँ f_1 व f_2 का मान अज्ञात है। f_1 व f_2 का मान ज्ञात करो।

वर्ग अंतराल	0-20	20-40	40-60	60-80	80-100	योग
बारंबारता	17	f_1	32	f_2	19	120

[3]

8. देवयोग द्वारा चयनित एक लीप वर्ष (leap year) में 53 रविवार होने की प्रायिकता ज्ञात कीजिए। [3]

9. निम्नलिखित वर्गीकृत बारंबारता बंटन का समांतर माध्य 54 है, तो p का मान ज्ञात कीजिए

वर्ग-अंतराल	0-20	20-40	40-60	60-80	80-100
बारंबारता	7	p	10	9	13

[3]

10. यदि दो पासे एकसाथ फेंके जाते हैं, तो निम्न घटनाओं की प्रायिकता ज्ञात कीजिए

(i) दोनों पासों पर प्राप्त अंकों का योग एक सम संख्या प्राप्त होना।

(ii) दोनों पासों पर प्राप्त अंकों का योग एक अभाज्य संख्या प्राप्त होना। [3]

11. निम्न बारंबारता बंटन का समांतर माध्य ज्ञात करो

वर्ग अंतराल	0-10	10-20	20-30	30-40	40-50
बारंबारता	7	10	15	8	10

[3]

12. अपक्षपातपूर्ण तीन सिक्के एकसाथ उछाले जाते हैं। निम्न घटनाओं की प्रायिकता ज्ञात कीजिए [4]

(i) एक चित प्राप्त हो

(ii) कम-से-कम दो चित प्राप्त हों।

13. निम्न आँकड़ों की माध्यिका की गणना कीजिए

मध्यमान	115	125	135	145	155	165	175	185	195
बारंबारता	6	25	48	72	116	60	38	22	3

[4]

14. प्रायिकता ज्ञात कीजिए कि 1 से 25 तक की संख्याएँ में से एक चुनी हुई संख्या अभाज्य नहीं है। जबकि दी गई प्रत्येक संख्या समप्रायिक रूप से चुनी जानी है। [4]

15. किसी गणित की परीक्षा में 15 विद्यार्थियों को (100 में से) प्राप्तांक निम्नवत् दिए गए हैं

41, 39, 48, 52, 46, 62, 54, 40, 96, 52, 98, 40, 42, 52, 60

तब आँकड़ों का माध्य, माध्यिका तथा बहुलक ज्ञात कीजिए। [4]

उत्तरमाला

यूनिट टेस्ट 1

1. 5 **2.** $\frac{9}{17}$ **3.** 32
4. 9 **5.** $\frac{7}{9}$ **6.** 29
7. 53 **8.** 8 **9.** 140.29
10. $\frac{1}{6}$ **11.** 70.25 **12.** 44
13. 36.9 **14.** $\frac{5}{9}$ **15.** $\frac{25\pi - 48}{25\pi}$

यूनिट टेस्ट 2

1. 3 **2.** $\frac{10}{13}$ **3.** 16
4. 27 **5.** 0.98 **6.** 5
7. 25.8 **8.** 12 **9.** ₹ 1847.83, ₹ 2662.50
10. $\frac{3}{5}$ **11.** 22.214 **12.** $\frac{6}{13}, \frac{7}{13}$
13. 92.5 **14.** $\frac{1}{2}, \frac{3}{25}$ **15.** $\frac{3}{8}$

यूनिट टेस्ट 3

1. 15 **2.** $\frac{3}{4}$ **3.** 716
4. 0.5 **5.** 2/5 **6.** 55
7. 28,24 **8.** $\frac{2}{7}$ **9.** 11
10. (i) $\frac{1}{2}$ (ii) $\frac{5}{12}$ **11.** 25.8 **12.** (i) $\frac{3}{8}$ (ii) $\frac{1}{2}$
13. 153.79 **14.** $\frac{16}{25}$
15. माध्य = 54.8, माध्यिका = 52 तथा बहुलक = 52

Allinone®

संपूर्ण अध्ययन | संपूर्ण अभ्यास | संपूर्ण मूल्यांकन

CBSE परीक्षा प्रश्न-पत्र 2024

CBSE परीक्षा प्रश्न पत्र 2024

गणित (बेसिक लेवल)

सामान्य निर्देश

निम्नलिखित निर्देशों को बहुत सावधानी से पढ़िए और उनका पालन कीजिए :

(i) इस प्रश्न-पत्र में कुल 38 प्रश्न हैं। सभी प्रश्न अनिवार्य हैं।

(ii) यह प्रश्न-पत्र पाँच खण्डों में विभाजित है- **क, ख, ग, घ** एवं **ङ** ।

(iii) **खण्ड क** में प्रश्न संख्या 1 से 18 तक बहुविकल्पीय (MCQ) तथा प्रश्न संख्या 19 एवं 20 अभिकथन एवं तर्क आधारित एक-एक अंक के प्रश्न हैं।

(iv) **खण्ड ख** में प्रश्न संख्या 21 से 25 तक अतिलघु उत्तरीय (VSA) प्रकार के दो-दो अंकों के प्रश्न हैं।

(v) **खण्ड ग** में प्रश्न संख्या 26 से 31 तक लघु उत्तरीय (SA) प्रकार के तीन-तीन अंकों के प्रश्न हैं।

(vi) **खण्ड घ** में प्रश्न संख्या 32 से 35 तक दीर्घ उत्तरीय (LA) प्रकार के पाँच-पाँच अंकों के प्रश्न हैं।

(vii) **खण्ड ङ** में प्रश्न संख्या 36 से 38 तक प्रकरण अध्ययन आधारित चार-चार अंकों के प्रश्न हैं।
प्रत्येक प्रकरण अध्ययन में आंतरिक विकल्प दो-दो अंकों के प्रश्न में दिया गया है।

(viii) प्रश्न-पत्र में समग्र विकल्प नहीं दिया गया है। यद्यपि खण्ड ख के 2 प्रश्नों में, खण्ड ग के 2 प्रश्नों में, खण्ड घ के 2 प्रश्नों में तथा खण्ड ङ के 3 प्रश्नों में आंतरिक विकल्प का प्रावधान दिया गया है।

(ix) जहाँ आवश्यक हो स्वच्छ आकृतियाँ बनाइए। जहाँ आवश्यक हो $\pi = \frac{22}{7}$ लीजिए, यदि अन्यथा न दिया गया हो।

(x) कैल्कुलेटर का उपयोग वर्जित है।

Set 1-430/3/3

खण्ड–क

इस खण्ड में बहुविकल्पीय प्रश्न (MCQ) हैं, जिनमें प्रत्येक प्रश्न 1 अंक का है।

प्रश्न संख्या 1 से 20 तक बहुविकल्पीय प्रश्न हैं जिनमें प्रत्येक प्रश्न 1 अंक का है।

1. एक बाह्य बिन्दु P से वृत्त पर एक स्पर्श-रेखा PA खींची गई। P से स्पर्श रेखा PA के समान्तर खींची जा सकने वाली स्पर्श रेखाओं की संख्या है।

(a) 2 (b) 2 से अधिक (c) 1 (d) 0

2. यदि एक गोले का आयतन $\frac{11}{21}$ सेमी³ है, तो इसकी त्रिज्या है

(a) 2 सेमी (b) 4 सेमी (c) $\frac{1}{2}$ सेमी (d) $\frac{1}{4}$ सेमी

3. दी गयी आकृति में, बहुपद $f(x)$ का आलेख दर्शाया गया है, बहुपद $f(x)$ के शून्यांकों की संख्या है

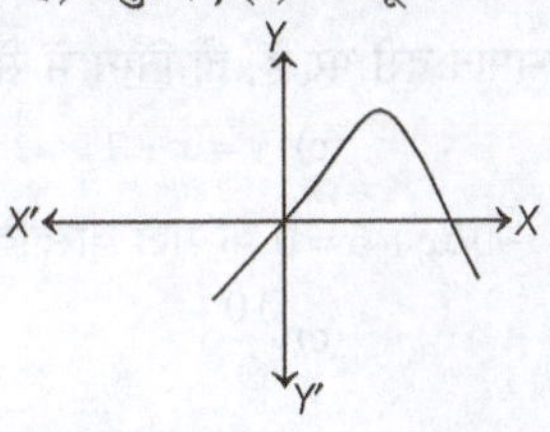

(a) 3 (b) 1 (c) 0 (d) 2

4. यदि किसी बंटन के लिए $\sum_{1}^{n} f_i x_i = 132 + 5p$ तथा $\sum_{1}^{n} f_i = 20$ है। तथा बंटन का माध्य 8.1 है, तो p का मान है

(a) 3 (b) 6 (c) 4 (d) 5

5. यदि एक समान्तर श्रेढ़ी में, $a = 2$ और $S_{10} = 335$ है, तो इसका 10वाँ पद है

(a) 55 (b) 65 (c) 68 (d) 58

6. भुजा 14 सेमी वाले एक ठोस घन में से अधिकतम व्यास का एक गाला काटकर निकाला गया। गोले की त्रिज्या है

(a) 7 सेमी (b) 14 सेमी (c) $\frac{7}{2}$ सेमी (d) $\sqrt{14}$ सेमी

7. यदि किसी द्विघात बहुपद के दो शून्यांक $\pm\sqrt{5}$ हैं, तो द्विघात बहुपद है।

(a) $x^2 - 5$ (b) $(x + \sqrt{5})^2$ (c) $4(x^2 - 5)$ (d) $x^2 - \sqrt{5}$

8. दी गई आकृति में, एक वृत्त पर बाह्य बिन्दु P से खींची गई स्पर्श-रेखाएँ PA तथा PB परस्पर 80° के कोण पर झुकी हुई हैं। $\angle PAB$ का मान है

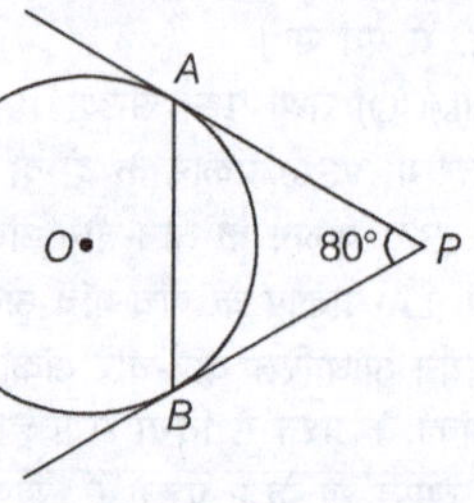

(a) 80° (b) 60° (c) 50° (d) 40°

9. यदि दी गई आकृति में, $DE \parallel BC$ है। यदि $AD = 2.8$ सेमी, $DB = 2.1$ सेमी तथा $EC = 4.8$ सेमी है, तो x का मान है

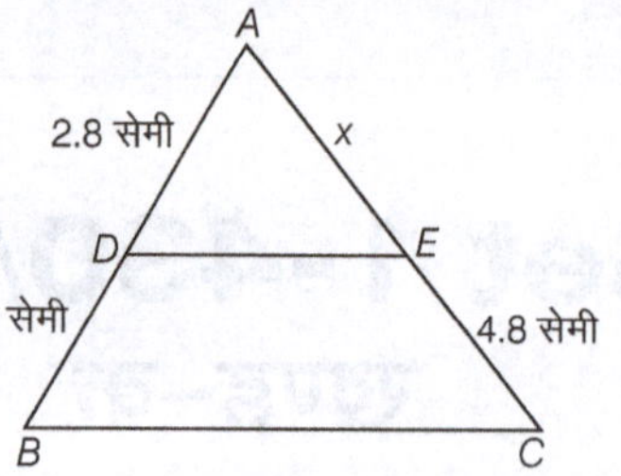

(a) 3.6 सेमी (b) 2.4 सेमी (c) 6.4 सेमी (d) 4.8 सेमी

10. एक समकोण ΔABC, जिसमें $\angle A = 90°$ तथा $AB = AC$ है, में $\sin C$ का मान है

(a) 0 (b) $\frac{\sqrt{3}}{2}$ (c) $\frac{1}{2}$ (d) $\frac{1}{\sqrt{2}}$

11. दो निष्पक्ष सिक्कों को एक साथ उछाला गया। 2 चित आने की प्रायिकता है

(a) $\frac{1}{2}$ (b) $\frac{3}{4}$ (c) $\frac{1}{4}$ (d) $\frac{3}{8}$

12. यदि किन्हीं आँकड़ों का माध्य तथा माध्यक क्रमश: 10 तथा 11 हैं, तो आँकड़ों का बहुलक है

(a) 12 (b) 8 (c) 20 (d) 13

13. यदि बिन्दु $P(x, y)$, बिन्दुओं (1, 0) तथा (0, 1) से समान दूरी पर हैं, तो निम्न में से कौन-सा सत्य है?

(a) $x + y = 0$ (b) $x = y + 1$ (c) $y = x + 1$ (d) $x = y$

14. k का/के वे मान जिनके लिए द्विघात समीकरण $5x^2 - 9kx + 5 = 0$ के मूल वास्तविक और समान है, हैं

(a) $\frac{-10}{9}$ (b) $\pm\frac{9}{10}$ (c) $\frac{10}{9}$ (d) $\pm\frac{10}{9}$

15. रैखिक समीकरणों $x = a$ तथा $y = b$ $(a \neq b)$ द्वारा निरूपित रेखाएँ

(a) (a, b) प्रतिच्छेदी हैं।
(b) (b, a) पर प्रतिच्छेदी हैं
(c) समान्तर हैं।
(d) सम्पाती है।

16. यदि $\cos\theta = \frac{1}{\sqrt{2}}$ है, तो $\tan\theta$ का मान है

(a) $\frac{1}{\sqrt{2}}$
(b) 0
(c) 1
(d) $\sqrt{2}+1$

17. एक पासा एक बार उछाला गया। इस पर 6 से कम संख्या के आने की प्रायिकता है।

(a) 0
(b) $\frac{5}{6}$
(c) $\frac{1}{6}$
(d) 1

18. दी गई आकृति में, केन्द्र O वाले दो संकेन्द्रीय वृत्त दर्शाए गए हैं, जिनकी त्रिज्याएँ 5 सेमी तथा 3 सेमी हैं। OAB बड़े वृत्त का त्रिज्यखण्ड है, जिसका केन्द्रीय कोण 60° है तथा OCD छोटे वृत्त का त्रिज्यखण्ड है। छायांकित क्षेत्र का क्षेत्रफल है।

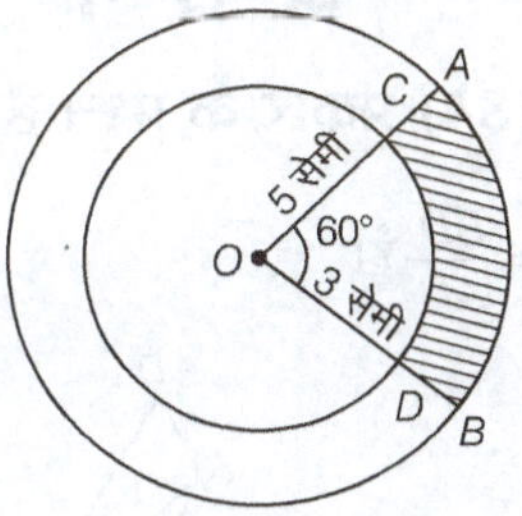

(a) $\frac{7\pi}{2}$ सेमी^{2}
(b) $\frac{8\pi}{3}$ सेमी^{2}
(c) $\frac{26\pi}{6}$ सेमी^{2}
(d) $\frac{3\pi}{2}$ सेमी^{2}

निर्देश प्रश्न संख्या 19 तथा 20 में एक अभिकथन (A) के बाद एक तर्क (R) दिया है। निम्न विकल्पों में से सही उत्तर चुनिए।

(a) अभिकथन (A) तथा तर्क (R) दोनों सत्य है। तर्क (R), अभिकथन (A) की पूरी व्याख्या करता है।
(b) अभिकथन (A) तथा तर्क (R) दोनों सत्य है। तर्क (R), अभिकथन (A) की पूरी व्याख्या नहीं करता है।
(c) अभिकथन (A) सत्य है परन्तु तर्क (R) सत्य नहीं है।
(d) अभिकथन (A) असत्य है जबकि तर्क (R) सत्य है।

19. **अभिकथन** (A) बिन्दु $P(a, b)$ की मूलबिन्दु से दूरी $a^2 + b^2$ है।

तर्क (R) दो बिन्दुओं $A(x_1, y_1)$ तथा $B(x_2, y_2)$ के बीच की दूरी $\sqrt{(x_2 - x_1)^2 + (y_2 - y_1)^2}$ होती है।

20. **अभिकथन** (A) $\sqrt{2}\,(5-\sqrt{2})$ एक अपरिमेय संख्या है।

तर्क (R) दो अपरिमेय संख्याओं का गुणनफल सदैव एक अपरिमेय संख्या होती है।

खण्ड-ख

इस खण्ड में अति लघु-उत्तरीय (VSA) प्रकार के प्रश्न हैं, जिनमें प्रत्येक के 2 अंक हैं।

प्रश्न संख्या 21 से 25 तक अति लघु-उत्तरीय प्रकार के प्रश्न हैं तथा प्रत्येक प्रश्न के 2 अंक हैं।

21. मान ज्ञात कीजिए $5\sin^2 45° - \sec 60° \cot^2 30°$

22. एक बिन्दु $P(x, y)$ बिन्दुओं $A(-1, 3)$ तथा $B(9, 8)$ को मिलाने वाले रेखाखण्ड को इस प्रकार विभाजित करता है। कि $AP : PB = k : 1$, यदि P के निर्देशांक ऐसे हैं कि $x = y$ है, तो k का मान ज्ञात कीजिए।

23. (i) यदि बिन्दु $Q(0, 2)$, बिन्दुओं $P(5, -3)$ तथा $R(x, 7)$ से समान दूरी पर है, तो x का/के मान ज्ञात कीजिए।

अथवा

(ii) यदि $A(1, 1)$ तथा $B(7, 9)$ वृत्त के किसी व्यास के सिरे हैं, तो वृत्त के केन्द्र के निर्देशांक ज्ञात कीजिए।

24. 1 से 80 तक की संख्याओं से अंकित 80 कार्डों में से एक कार्ड यादृच्छया निकाला गया। प्रायिकता ज्ञात कीजिए कि निकाले गए कार्ड पर अंकित संख्या 8 से विभाजित नहीं है।

25. (i) सिद्ध कीजिए कि $-7-2\sqrt{3}$ एक अपरिमेय संख्या है, जबकि दिया है कि $\sqrt{3}$ एक अपरिमेय संख्या है।

अथवा

(ii) व्याख्या कीजिए कि $(7 \times 11 \times 13 + 2 \times 11)$ एक अभाज्य संख्या क्यो नहीं है।

खण्ड-ग

इस खण्ड में लघु-उत्तरीय (SA) प्रकार के प्रश्न हैं, जिनमें प्रत्येक के 3 अंक हैं।

26. दी गई आकृति में $\angle ABC = \angle ACB$ हैं तथा $\dfrac{BC}{BE} = \dfrac{BD}{AC}$ है।

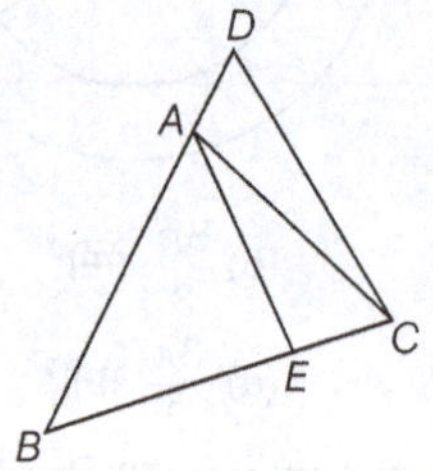

दर्शाइए कि $\Delta ABE \sim \Delta DBC$ तथा $AE \parallel DC$

27. (i) एक बर्तन एक खोखले अर्द्धगोले पर अध्यारोपित एक खोखले बेलन के आकार का है। अर्द्धगोले का व्यास 14 सेमी है तथा बर्तन की कुल ऊँचाई 13 सेमी है। इस बर्तन का आन्तरिक पृष्ठीय क्षेत्रफल ज्ञात कीजिए।

अथवा

(ii) एक ठोस खिलौना, एक अर्द्धगोले पर अध्यारोपित एक लम्ब-वृत्तीय शंकु की ऊँचाई 2 सेमी है तथा इसके आधार का व्यास 4 सेमी है। खिलौने का आयतन ज्ञात कीजिए।

28. (i) सिद्ध कीजिए $(\sin\theta + \operatorname{cosec}\theta)^2 + (\cos\theta + \sec\theta)^2 = 7 + \tan^2\theta + \cot^2\theta$

अथवा

(ii) यदि $\cos A = \dfrac{5}{13}$ है, तो सत्यापित कीजिए कि

$$\frac{\cos A}{1-\tan A} + \frac{\sin A}{1-\cot A} = \cos A + \sin A$$

29. एक समकोण त्रिभुज की ऊँचाई इसके आधार से 7 सेमी कम है। यदि इसका कर्ण 17 सेमी लम्बा है, तो

(i) उपरोक्त आँकड़ों को एक द्विघात समीकरण से निरूपित कीजिए।

(ii) त्रिभुज की भुजाओं की लम्बाइयाँ ज्ञात कीजिए।

30. अभाज्य गुणनखण्ड विधि से 260 तथा 910 का म.स. तथा ल.स. ज्ञात कीजिए।

31. यदि बहुपद $x^2 - 8x + k$ का एक शून्यांक दूसरे से 2 अधिक है, तो शून्यांक ज्ञात कीजिए तथा k का मान ज्ञात कीजिए।

खण्ड घ

इस खण्ड में दीर्घ उत्तरीय (LA) प्रकार के प्रश्न है, जिनमें प्रत्येक के 5 अंक हैं।

प्रश्न संख्या 32 से 35 तक दीर्घ-उत्तरीय वाले प्रश्न हैं, जिनमें प्रत्येक के 5 अंक हैं।

32. (i) ग्राफीय विधि से, निम्न समीकरण युग्म का हल ज्ञात कीजिए

$x+2y=8$ तथा $3x-2y=12$

अथवा

(ii) एक 2-अंकों की संख्या के अंको का योग 9 है। इस संख्या का नौ-गुना, इस संख्या की अंकों का स्थान पलटने पर बनी संख्या के दो गुने के समान है। संख्या ज्ञात कीजिए।

33. एक कक्षा के 45 विद्यार्थियों द्वारा एक परीक्षा में प्राप्त किए गए अंक नीचे दिए गए हैं

अंक	40-45	45-50	50-55	55-60	60-65	65-70
विद्यार्थियों की संख्या	8	9	10	9	5	4

34. हवा में उड़ रहे एक हैलीकॉप्टर का भूमि के एक बिन्दु A से उन्नयन कोण 45° है। 25 सेकण्ड की उड़ान के पश्चात् यह उन्नयन कोण बदलकर 30° हो जाता है। यदि यह हैलीकॉप्टर 2500 मी की स्थिर ऊँचाई पर उड़ रहा है, तो इसकी चाल ज्ञात कीजिए। ($\sqrt{3}=1.73$ लीजिए)

35. (i) दी गई आकृति में, 5 सेमी त्रिज्या वाले एक वृत्त की एक जीवा AB की लम्बाई 6 सेमी है। A तथा B पर खींची गई स्पर्श-रेखाएँ बिन्दु P पर मिलती है। PB की लम्बाई ज्ञात कीजिए।

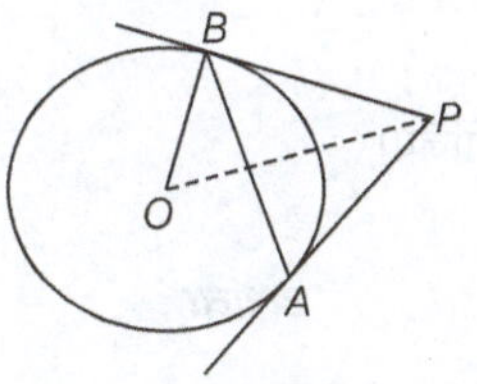

अथवा

(ii) सिद्ध कीजिए कि वृत्त के परिगत खींचा गया समान्तरचतुर्भुज एक समचर्तुभुज होता है। इस समचतुर्भुज का क्षेत्रफल भी ज्ञात कीजिए, जबकि वृत्त की त्रिज्या 3 सेमी है। तथा समचतुर्भुज की एक भुजा 10 सेमी लम्बी हाती है।

खण्ड ङ

इस खण्ड में 3 प्रकरण अध्ययन आधारित प्रश्न हैं, जिनमें प्रत्येक के 4 अंक हैं।

प्रश्न संख्या 36 से 38 तक प्रकरण अध्ययन आधारित प्रश्न हैं। प्रत्येक प्रश्न के 4 अंक हैं।

36. एन. एस. एस. (राष्ट्रीय सेवा योजना) का उद्देश्य छात्रों को समुदाय से जोड़ना और उन्हें समस्या समाधान प्रक्रिया से शामिल करना है। एन. एस. एस. का प्रतीक उड़ीसा में स्थित कोणार्क सूर्य मन्दिर के रथ के चक्र पर आधार है। पहिया जीवन के प्रगति चक्र का प्रतीक है। प्रतीक का आरेखित चित्र नीचे दिया गया है।

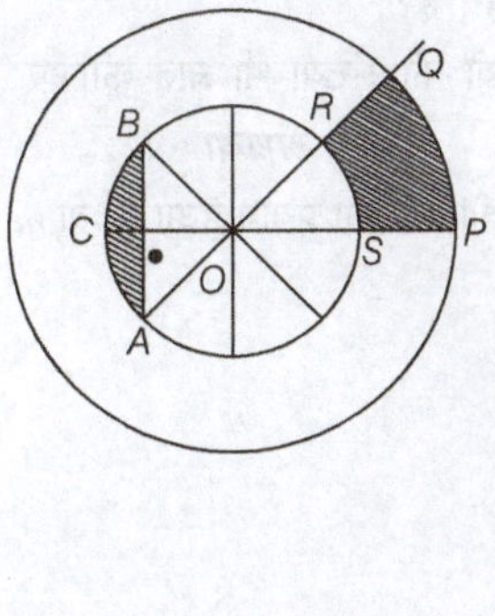

ऊपर दी गई आकृति का अवलोकन कीजिए। अन्त: वृत्त के व्यास समान रूप से रखे गये हैं। दिया है कि $OP = 21$ सेमी तथा $OS = 10$ सेमी हैं, तो ऊपर दी गई जानकारी के आधार पर निम्नलिखित प्रश्नों के उत्तर दीजिए

(i) $m\angle ROS$ ज्ञात कीजिए।

(ii) त्रिज्यखण्ड OPQ का परिमाप ज्ञात कीजिए।

(iii) (a) छायांकित क्षेत्र $PQRS$ का क्षेत्रफल ज्ञात कीजिए।

अथवा

(b) छायांकित क्षेत्र ACB (वृत्तखण्ड ACB) का क्षेत्रफल ज्ञात कीजिए।

37. दी गई आकृति में, एक बंद किया जा सकने वाला मेज दर्शाया गया है।

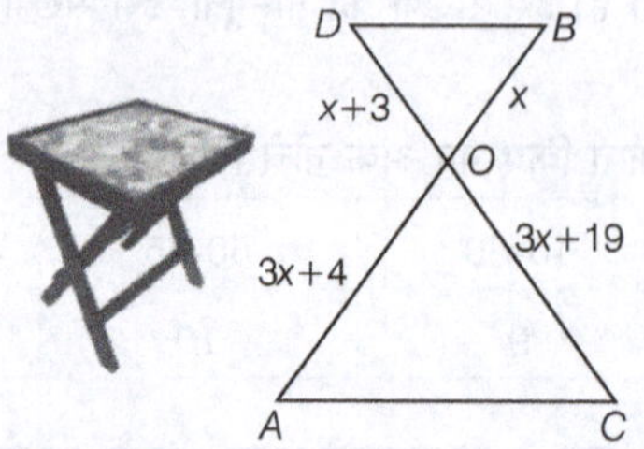

मेज के पैर रेखाखण्ड AB तथा CD द्वारा निरूपित हैं, जो O पर मिलते हैं। AC तथा BD को मिलाइएँ। यह मानते हुए कि मेज का ऊपरी भाग भूमि के समान्तर है तथा $OB = x$, $OD = x + 3$, $OC = 3x + 19$ तथा $OA = 3x + 4$ है, तो निम्न के उत्तर दीजिए

(i) सिद्ध कीजिए कि $\Delta OAC - \Delta OBD$

(ii) सिद्ध कीजिए कि $\frac{OA}{AC} = \frac{OB}{BD}$

(iii) (a) आकृति के अवलोकन से, x का मान ज्ञात कीजिए।
अत: OC की लम्बाई ज्ञात कीजिए।

अथवा

(b) आकृति के अवलोकन से, $\frac{BD}{AC}$ ज्ञात कीजिए।

38. एक प्रतियोगी-परीक्षा की तैयारी करते समय, अकबर के सामने एक माचिस की तीलियों के पैटर्न पर आधारित प्रश्न आया। वह पैटर्न नीचे दिया है।

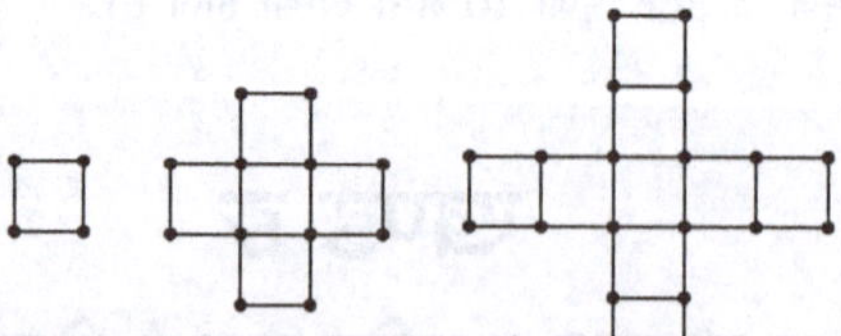

आकृति (1) आकृति (2) आकृति (3)

उपरोक्त जानकारी के आधार पर, निम्न प्रश्नों के उत्तर दीजिए।

(i) आकृति में वर्गों की संख्या द्वारा बनी समान्तर श्रेढ़ी का प्रथम पद तथा सार्वान्तर लिखिए।

(ii) माचिस की तीलियों की संख्या द्वारा बनने वाली समान्तर श्रेढ़ी का प्रथम पद तथा सार्वान्तर लिखिए।

(iii) (a) इसी प्रकार की आकृति (10) में कितने वर्ग हैं?
आकृति (10) में प्रयोग माचिस की तीलियों की संख्या भी ज्ञात कीजिए

अथवा

(b) यदि m वी आकृति (आकृति (m)) में 88 तीलियों का प्रयोग हुआ है, तो m का मान ज्ञात कीजिए। इस आकृति में कितने वर्ग बनेंगे?

संकेत एवं हल

1. (d) दिया है, PA एक स्पर्श रेखा है। अब, बिन्दु P से अन्य स्पर्श रेखा सिर्फ PB खींची जा सकती है, जोकि PA के समान्तर नहीं है।

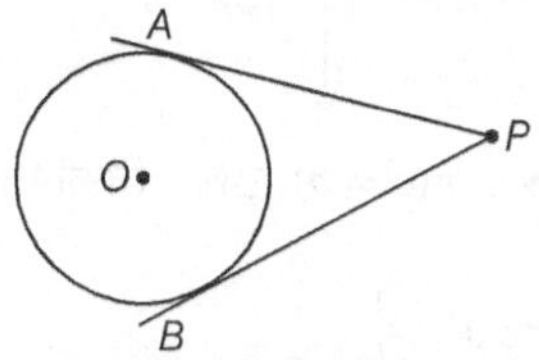

इसलिए, बाह्य बिन्दु P से स्पर्श रेखा PA के समान्तर खींची जा सकने वाली स्पर्श रेखाओं की संख्या शून्य (0) है।

2. (c) $\because$ गोले का आयतन $= \frac{4}{3}\pi r^3$

जहाँ, r = गोले की त्रिज्या

अब, $\frac{4}{3}\pi r^3 = \frac{11}{21}$

$\Rightarrow \quad \frac{4}{3} \times \frac{22}{7} \times r^3 = \frac{11}{21}$

$\Rightarrow \quad r^3 = \frac{1}{8}$

$\Rightarrow \quad r = \frac{1}{2}$ सेमी

3. (d) दी गई आकृति में बहुपद $f(x)$ का आलेख, X-अक्ष के दो भिन्न बिन्दुओं पर प्रतिच्छेद करता है। अतः बहुपद $f(x)$ के शून्यांकों की संख्या 2 है।

4. (b) दिया है, $\sum_1^n f_i x_i = 132 + 5p$

$\sum_1^n f_i = 20$

तथा माध्य = 8.1

$\because \quad$ माध्य $= \frac{\sum_1^n f_i x_i}{\sum_1^n f_i}$

अब, $8.1 = \frac{132 + 5p}{20}$

$\Rightarrow \quad 132 + 5p = 8.1 \times 20$

$\Rightarrow \quad 5p = 162 - 132$

$\Rightarrow \quad p = \frac{30}{5} = 6$

5. (b) $\because S_n = \frac{n}{2}[2a + (n-1)d]$

$\Rightarrow \quad S_{10} = \frac{10}{2}[2 \times 2 + (10-1)d]$

$= 335$

$\Rightarrow \quad 5[4 + 9d] = 335$

$\Rightarrow \quad 4 + 9d = 67$

$\Rightarrow \quad d = \frac{63}{9} = 7$

अब, $T_n = a + (n-1)d$

$T_{10} = 2 + (10-1) \times 7$

$= 2 + 9 \times 7 = 2 + 63 = 65$

6. (a) यदि किसी घन से अधिकतम व्यास का गोला काटकर निकाला जाता है, तो गोले की त्रिज्या, घन की भुजा की आधी होगी।

इसलिए, गोले की त्रिज्या $= \frac{\text{घन की भुजा}}{2}$

$= \frac{14}{2} = 7$

$\therefore$ गोले की त्रिज्या = 7 सेमी

7. (c) किसी द्विघात बहुपद $f(x)$ के दो शून्यांक $\pm\sqrt{5}$ है, तो

$x = \sqrt{5}$ और $x = -\sqrt{5}$

$\Rightarrow \quad x - \sqrt{5} = 0$ और $x + \sqrt{5} = 0$

$\Rightarrow \quad (x - \sqrt{5})(x + \sqrt{5}) = 0$

$\Rightarrow \quad x^2 - 5 = 0$

या $\quad 4(x^2 - 5) = 0$

8. (c) $\because$ त्रिभुज के तीनों अन्तःकोणों का योग 180° होता है।

अतः ΔPAB में,

$\angle APB + \angle PBA + \angle PAB = 180°$ ...(i)

चूँकि PA तथा PB वृत्त की स्पर्श रेखा है,

अतः $PA = PB$

इसलिए, $\angle PAB = \angle PBA$ तथा $\angle APB = 80°$ [दिया है]

समी (i) से,

$80° + \angle PAB + \angle PAB = 180°$ $[\because \angle PAB = \angle PBA]$

$\Rightarrow \quad 2\angle PAB = 100°$

$\Rightarrow \quad \angle PAB = 50°$

9. (c) $\because \Delta ABC$ तथा ΔADE समरूप है।

$\therefore \quad \frac{AD}{AB} = \frac{AE}{AC}$

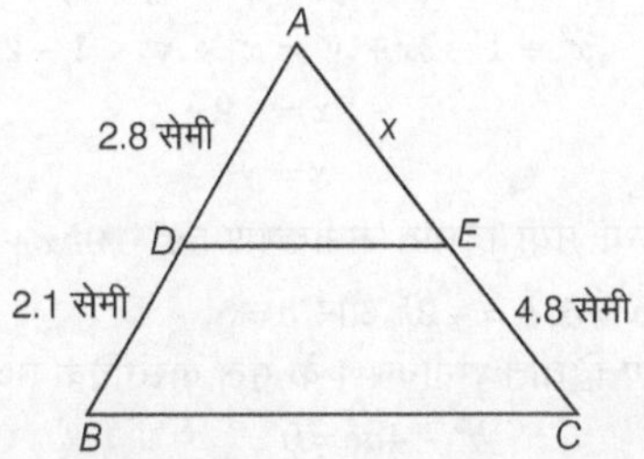

मान रखने पर, $\frac{2.8}{4.9} = \frac{x}{x + 4.8}$

$\Rightarrow \quad 4.9x = 2.8x + 4.8 \times 2.8$

$\Rightarrow \quad 2.1x = 13.44$

$\Rightarrow \quad x = \frac{13.44}{2.1} = 6.4$ सेमी

10. (d) माना $AB = x$, तब $AC = x$

$\because \Delta ABC$ एक समकोण त्रिभुज है। अतः पाइथागोरस प्रमेय से,

$(\text{कर्ण})^2 = (\text{आधार})^2 + (\text{लम्ब})^2$

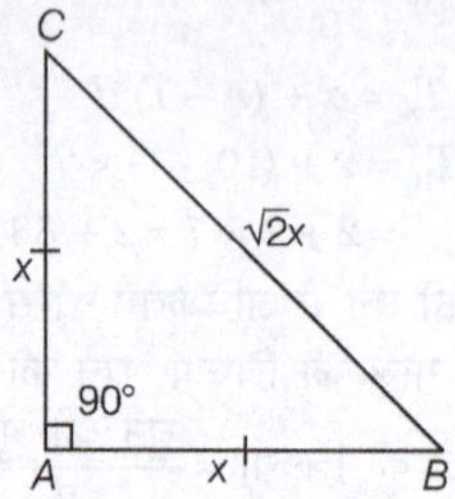

$$BC^2 = x^2 + x^2$$
$$BC^2 = 2x^2$$
$$BC = \sqrt{2}x$$

अब, $\sin C = \dfrac{\text{लम्ब}}{\text{कर्ण}} = \dfrac{AB}{BC} = \dfrac{x}{\sqrt{2}x} = \dfrac{1}{\sqrt{2}}$

11. (c) दो निष्पक्ष सिक्के उछालने पर प्राप्त होने वाली कुल स्थितियाँ $= 4\{HH, HT, TH, TT\}$

2 चित्त (HH) प्राप्त होने की अनुकूल स्थितियाँ $= 1$

अतः अभीष्ट प्रायिकता $= \dfrac{\text{अनुकूल स्थितियाँ}}{\text{कुल स्थितियाँ}} = \dfrac{1}{4}$

12. (d) $\because$ बहुलक $= 3 \times$ माध्यक $- 2 \times$ माध्य

$$= 3 \times 11 - 2 \times 10$$
$$= 33 - 20$$
$$= 13$$

13. (d) बिन्दु $P(x, y)$ तथा बिन्दु $A(1, 0)$ के मध्य की दूरी

$PA = \sqrt{(x-1)^2 + (y-0)^2} = \sqrt{(x-1)^2 + y^2}$

बिन्दु $P(x, y)$ तथा बिन्दु $B(0, 1)$ के मध्य की दूरी

$PB = \sqrt{(x-0)^2 + (y-1)^2} = \sqrt{x^2 + (y-1)^2}$

प्रश्नानुसार, $PA = PB$

$\therefore \quad \sqrt{(x-1)^2 + y^2} = \sqrt{x^2 + (y-1)^2}$

$\Rightarrow \quad (x-1)^2 + y^2 = x^2 + (y-1)^2$

$\Rightarrow \quad x^2 + 1 - 2x + y^2 = x^2 + y^2 + 1 - 2y$

$\Rightarrow \quad -2x = -2y$

$\Rightarrow \quad x = y$

14. (d) दिया गया द्विघात समीकरण $5x^2 - 9kx + 5 = 0$ है।

यहाँ, $a = 5, b = -9k$ और $c = 5$

दिए गए द्विघात समीकरण के मूल वास्तविक तथा समान है, यदि

$$b^2 - 4ac = 0$$

अतः $(-9k)^2 - 4 \times 5 \times 5 = 0$

$\Rightarrow \quad 81k^2 - 100 = 0$

$\Rightarrow \quad k^2 = \dfrac{100}{81}$

$\Rightarrow \quad k = \pm \dfrac{10}{9}$

15. (a) चित्रानुसार,

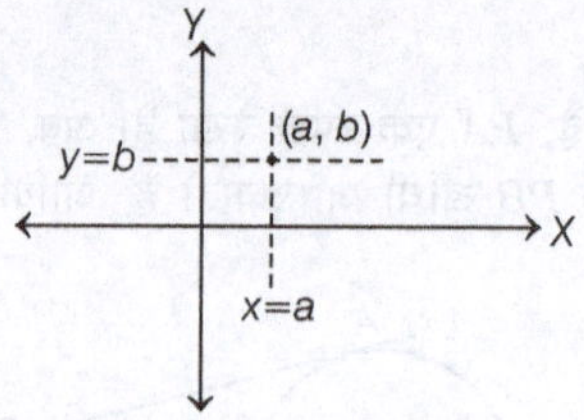

$x = a$ और $y = b\ (a \neq b)$ द्वारा निरूपित रेखाएँ (a, b) पर प्रतिच्छेदी है।

16. (c) दिया है, $\cos\theta = \dfrac{1}{\sqrt{2}}$

$\Rightarrow \quad \cos\theta = \cos 45° \Rightarrow \theta = 45°$

$\therefore \quad \tan 45° = 1$

17. (b) एक पासा फेंकने पर कुल सम्भावित स्थितियाँ $= 6$

संख्या 6 से कम संख्या आने की स्थितियाँ $= 5\ (1, 2, 3, 4, 5)$

अतः अनुकूल स्थितियाँ $= 5$

इसलिए, अभीष्ट प्रायिकता $= \dfrac{5}{6}$

18. (b) वृत्त के त्रिज्यखण्ड का क्षेत्रफल $= \dfrac{\theta}{360°}\pi r^2$

जहाँ, $r =$ वृत्त की त्रिज्या

$\because$ केन्द्रीय कोण $\theta = 60°$

बड़े वृत्त की त्रिज्या $r_1 = OA = 5$ सेमी

छोटे वृत्त की त्रिज्या $r_2 = OD = 3$ सेमी

अतः छायाँकित भाग का क्षेत्रफल $= OAB$ त्रिज्यखण्ड का क्षेत्रफल $- OCD$ त्रिज्यखण्ड

$$= \frac{\theta}{360°}\pi r_1^2 - \frac{\theta}{360°}\pi r_2^2$$
$$= \frac{\theta}{360°}\pi\,(r_1^2 - r_2^2)$$
$$= \frac{60}{360°}\pi\,(5^2 - 3^2)$$
$$= \frac{\pi}{6} \times 16 = \frac{8\pi}{3} \text{ सेमी}^2$$

19. (d) दो बिन्दुओं $A(x_2, x_1)$ तथा $B(x_2, y_2)$ के बीच की दूरी

$$AB = \sqrt{(x_2 - x_1)^2 + (y_2 - y_1)^2}$$

अब, बिन्दु, $P(a, b)$ की मूल बिन्दु $O(0, 0)$ से दूरी

$$= \sqrt{(a-0)^2 + (b-0)^2}$$
$$PO = \sqrt{a^2 + b^2}$$

अतः अभिकथन (A) असत्य है जबकि तर्क (R) सत्य है।

20. (c) **अभिकथन** (A) $\sqrt{2}\,(5 - \sqrt{2})$ एक अपरिमेय संख्या है।

माना $\sqrt{2}\,(5 - \sqrt{2}) = 5\sqrt{2} - 2$, एक परिमेय संख्या है।

अतः $5\sqrt{2} - 2 = \dfrac{p}{q}, q \neq 0$

$\Rightarrow \quad 5\sqrt{2} = \dfrac{p + 2q}{q}$

$\Rightarrow \quad \sqrt{2} = \dfrac{p+2q}{5q}$

$\because \sqrt{2}$ एक अपरिमेय संख्या है, अतः जो हमने माना था कि $\sqrt{2}\,(5-\sqrt{2})$ एक परिमेय संख्या है, गलत है।

इसलिए, $\sqrt{2}\,(5-\sqrt{2})$ एक अपरिमेय संख्या है।

तर्क (R) दो अपरिमेय संख्याओं का गुणनफल सदैव एक अपरिमेय संख्या होती है।

व्याख्या $\because \sqrt{2}$ = एक अपरिमेय संख्या है।

तथा $\sqrt{2}\times\sqrt{2}$ = एक परिमेय संख्या है।

अर्थात् दो अपरिमेय संख्याओं का गुणनफल सदैव एक अपरिमेय संख्या होती है, यह सत्य नहीं है।

इसलिए, अभिकथन (A) सत्य है परन्तु तर्क (R) सत्य नहीं है।

21. हम जानतें हैं, $\sin 45° = \dfrac{1}{\sqrt{2}}$,

$\sec 60° = 2$ तथा $\cot 30° = \sqrt{3}$

यह मान रखने पर,

$5\sin^2 45° - \sec 60°\cdot\cot^2 30°$

$= 5\times\left(\dfrac{1}{\sqrt{2}}\right)^2 - 2\times(\sqrt{3})^2$

$= 5\times\dfrac{1}{2} - 2\times 3$

$= \dfrac{5}{2} - 6 = \dfrac{5-12}{2} = \dfrac{-7}{2}$

22. बिन्दु $P(x, y)$, रेखाखण्ड AB को $k:1$ में विभाजित करता है।

$x = \dfrac{9\times k + 1\times(-1)}{k+1} = \dfrac{9k-1}{k+1}$

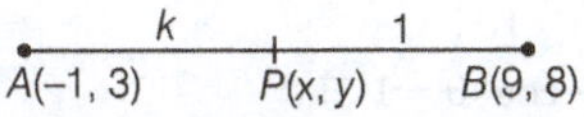

$y = \dfrac{8\times k + 3\times 1}{k+1} = \dfrac{8k+3}{k+1}$

प्रश्नानुसार, $x = y$

अतः $\dfrac{9k-1}{k+1} = \dfrac{8k+3}{k+1}$

$\Rightarrow \quad 9k - 1 = 8k + 3$

$\Rightarrow \quad k = 4$

23. (i) दिया है, बिन्दु $\theta(0, 2)$, बिन्दुओं $P(5, -3)$ तथा $R(x, 7)$ से समान दूरी पर हैं।

बिन्दु $Q\,(0, 2)$ की बिन्दु $P\,(5, -3)$ से दूरी

$QP = \sqrt{(5-0)^2 + (-3-2)^2} = \sqrt{5^2 + (-5)^2}$

$= \sqrt{25+25} = \sqrt{50}$

बिन्दु $Q\,(0, 2)$ की बिन्दु $R\,(x, 7)$ से दूरी

$QR = \sqrt{(x-0)^2 + (7-2)^2}$

$\sqrt{x^2 + 5^2} = \sqrt{x^2 + 25}$

प्रश्नानुसार, $QP = QR$

अतः $\sqrt{x^2+25} = \sqrt{50}$

दोनों पक्षों का वर्ग करने पर,

$\Rightarrow \quad x^2 + 25 = 50$

$\Rightarrow \quad x^2 = 25$

$\Rightarrow \quad x = \pm 5$

(ii) $\because$ वृत्त का केन्द्र, वृत्त के व्यास के सिरों का मध्य बिन्दु होता है।

अतः $A\,(1, 1)$ तथा $B\,(7, 9)$ व्यास के सिरों वाले वृत्त के केन्द्र के निर्देशांक होंगे

$= \left(\dfrac{1+7}{2}, \dfrac{1+9}{2}\right)$

$= \left(\dfrac{8}{2}, \dfrac{10}{2}\right) = (4, 5)$

24. कार्डों की कुल संख्या = 80

अतः कुल सम्भावित स्थितियाँ = 80

1 से 80 तक 8 से विभाजित होने वाली संख्याएँ = 10

(8, 16, 24, 32, 40, 48, 56, 64, 72, 80)

अब, 8 से विभाजित नहीं होने वाली कुल संख्याएँ

$= 80 - 10 = 70$

इसलिए, अनुकूल स्थितियाँ = 70

$\therefore$ अभीष्ट प्रायिकता $= \dfrac{70}{80} = \dfrac{7}{8}$

25. (i) माना $-7-2\sqrt{3}$, एक परिमेय संख्या है।

अतः $-7-2\sqrt{3} = \dfrac{p}{q}, q \neq 0$

$\Rightarrow \quad -7 - \dfrac{p}{q} = 2\sqrt{3}$

$\Rightarrow \quad \sqrt{3} = \dfrac{-7q-p}{2}$

$\because \sqrt{3}$ एक अपरिमेय संख्या है।

अतः जो हमने माना था कि $-7-2\sqrt{3}$ एक परिमेय संख्या है, गलत है। इसलिए, $-7-2\sqrt{3}$ एक अपरिमेय संख्या है।

(ii) $\because \; (7\times 11\times 13 + 2\times 11) = 11\times(7\times 13 + 2)$

अतः उक्त संख्या को 11 से पूर्णतयाः विभाजित किया जा सकता है।

इसलिए, यह संख्या एक अभाज्य संख्या नहीं है।

26. दिया है, $\angle ABC = \angle ACB$ तथा

$$\frac{BC}{BE} = \frac{BD}{AC} \quad \ldots\text{(i)}$$

सिद्ध करना है $\Delta ABE \sim \Delta DBC$ तथा $AE \,||\, DC$

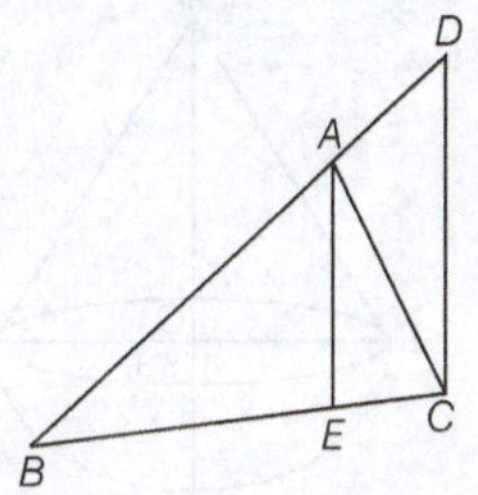

$\because \quad \angle ABC = \angle ACB$

हम जानते हैं कि समान कोणों के सामने की भुजाएँ भी समान होती हैं।

अतः $AC = AB$

समी (i) से, $\frac{BC}{BE} = \frac{BD}{AB}$ ...(ii)

अब, ΔABE तथा ΔDBC में,

समी (ii) से, $\frac{BC}{BE} = \frac{BD}{AB}$

यह तभी सम्भव है जब $AE \parallel DC$ ...(iii)

पुनः ΔABE तथा ΔDBC में,

$\angle ABE = \angle DBC$ [उभयनिष्ठ कोण]

$\angle BAE = \angle BDC$ [संगत कोण, समी (iii) से]

$\angle AEB = \angle DCB$ [संगत कोण, समी (iii) से]

AAA समरूपता नियम से,

$\Delta ABE \sim \Delta DBC$ ...(iv)

समी (iii) व (iv) से,

$\Delta ABE \sim \Delta DBC$ तथा $AE \parallel DC$

27. (i) अर्द्धगोले का व्यास = 14 सेमी

अर्द्धगोले की त्रिज्या $= r = \frac{14}{2} = 7$ सेमी

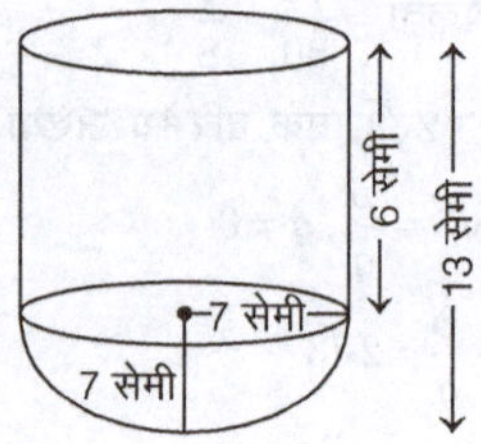

बेलन की त्रिज्या $r = 7$ सेमी

बेलन की ऊँचाई $h = 13 - 7 = 6$ सेमी

बर्तन का आन्तरिक पृष्ठीय क्षेत्रफल

= बेलन का पृष्ठीय क्षेत्रफल + अर्द्धगोले का पृष्ठीय क्षेत्रफल

$= 2\pi rh + 2\pi r^2$

$= 2\pi r(h + r)$

$= 2 \times \frac{22}{7} \times 7 \times (6 + 7)$

$= 44 \times 13 = 572$ सेमी^{2}

(ii) अर्द्धगोले का व्यास = 4 सेमी

$\therefore$ अर्द्धगोले की त्रिज्या $r = \frac{4}{2} = 2$ सेमी

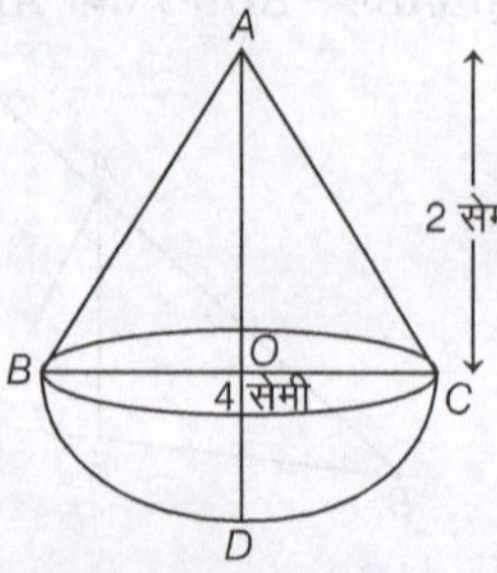

शंकु की ऊँचाई $h = 2$ सेमी

शंकु के आधार की त्रिज्या = 2 सेमी

खिलौने का आयतन = शंकु का आयतन + अर्द्धगोले का आयतन

$= \frac{1}{3}\pi r^2 h + \frac{2}{3}\pi r^3$

$= \frac{1}{3}\pi r^2 (h + 2r)$

$= \frac{1}{3} \times \frac{22}{7} \times 2 \times 2\,(2 + 4)$

$= \frac{88}{21} \times 6 = \frac{528}{21}$

$= 25.14$ सेमी^{3}

28. (i) बायाँ पक्ष $(\sin\theta + \operatorname{cosec}\theta)^2 + (\cos\theta + \sec\theta)^2$

$= \sin^2\theta + 2\cdot\sin\theta\operatorname{cosec}\theta + \operatorname{cosec}^2\theta$
$+ \cos^2\theta + 2\cos\theta\cdot\sec\theta + \sec^2\theta$

$= \sin^2\theta + \cos^2\theta + 2\cdot\sin\theta\cdot\frac{1}{\sin\theta}$
$+ \operatorname{cosec}^2\theta + 2\cdot\cos\theta\cdot\frac{1}{\cos\theta} + \sec^2\theta$

$= 1 + 2 + \operatorname{cosec}^2\theta + 2 + \sec^2\theta$

$[\because \sin^2 A + \cos^2 A = 1,\ \sin A = \frac{1}{\operatorname{cosec} A}$ तथा $\cos A = \frac{1}{\sec A}]$

$= 5 + 1 + \cot^2\theta + 1 + \tan^2\theta$

$[\because 1 + \tan^2 A = \sec^2 A$ तथा $1 + \cot^2\theta = \operatorname{cosec}^2 A]$

$= 7 + \tan^2\theta + \cot^2\theta$ = दायाँ पक्ष **इति सिद्धम्**

(ii) $\cos A = \frac{5}{13}$

$\because \sin^2\theta + \cos^2\theta = 1$ से,

$\sin A = \sqrt{1 - \cos^2 A}$

$\sin A = \sqrt{1 - \frac{25}{169}} = \sqrt{\frac{144}{169}} = \frac{12}{13}$

अतः $\tan A = \frac{\sin A}{\cos A} = \frac{12}{5}$

तथा $\cot A = \frac{5}{12}$

अब,

$$\frac{\cos A}{1 - \tan A} + \frac{\sin A}{1 - \cot A} = \frac{\frac{5}{13}}{1 - \frac{12}{5}} + \frac{\frac{12}{13}}{1 - \frac{5}{12}} = \frac{\frac{5}{13}}{-\frac{7}{5}} + \frac{\frac{12}{13}}{\frac{7}{12}}$$

$$\frac{\cos A}{1 - \tan A} + \frac{\sin A}{1 - \cot A} = \frac{-25}{91} + \frac{144}{91}$$

$$= \frac{119}{91} = \frac{17}{13} \quad \text{...(i)}$$

तथा $\cos A + \sin A = \frac{5}{13} + \frac{12}{13} = \frac{17}{13}$ ...(ii)

समी (i) व (ii) से,

$\frac{\cos A}{1 - \tan A} + \frac{\sin A}{1 - \cot A} = \cos A + \sin A$ **इति सिद्धम्**

29. माना समकोण ΔABC का आधार x सेमी है।
तब प्रश्नानुसार,
ऊँचाई = $(x-7)$ सेमी
समकोण ΔABC में, पाइथागोरस प्रमेय से

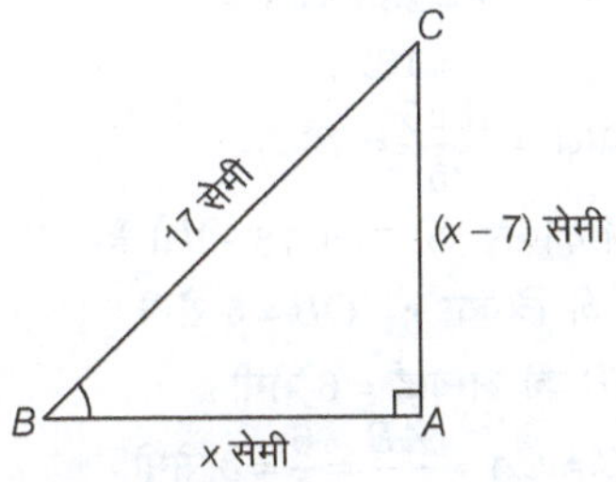

$$AB^2 + AC^2 = BC^2$$
$$(x)^2 + (x-7)^2 = (17)^2$$
$\Rightarrow \quad x^2 + x^2 - 14x + 49 = 289$
$\Rightarrow \quad 2x^2 - 14x - 240 = 0$
$\Rightarrow \quad x^2 - 7x - 120 = 0$
(a) द्विघात समीकरण होगी $x^2 - 7x - 120 = 0$ ...(i)
(b) समी (i) को हल करने पर,
$x^2 - 15x + 8x - 120 = 0$
$\Rightarrow \quad x(x-15) + 8(x-15) + 0$
$\Rightarrow \quad (x-15)(x+8) = 0$
$\Rightarrow \quad x = 15, -8$ (असम्भव)
अत: त्रिभुज का आधार = 15 सेमी
त्रिभुज की ऊँचाई = 15 – 7 = 8 सेमी

30.

2	260
2	130
5	65
13	13
	1

2	910
5	455
7	91
13	13
	1

$$260 = 2 \times 2 \times 5 \times 13$$
$$910 = 2 \times 5 \times 7 \times 13$$
260 व 910 का म.स. $= 2 \times 5 \times 13 = 130$
260 व 910 का ल.स. $= 2 \times 5 \times 13 \times 2 \times 7 = 1820$

31. दिया गया बहुपद है $x^2 - 8x + k$
माना एक शून्यांक α है, तो दूसरा शून्यांक $(\alpha + 2)$ होगा।
$\because$ शून्यांकों का योग $= -\dfrac{x \text{ का गुणांक}}{x^2 \text{ का गुणांक}}$
$\Rightarrow \quad \alpha + \alpha + 2 = 8 \quad \Rightarrow \quad \alpha = 3$
$\therefore$ शून्यांकों का गुणनफल $= \dfrac{\text{अचर पद}}{x^2 \text{ का गुणांक}}$
$3 \times 5 = k \quad \Rightarrow \quad k = 15$

32. (i) दी गई समीकरण युग्म है
$x + 2y = 8$ तथा $3x - 2y = 12$
तालिका I
समीकरण $x + 2y = 8$ के लिए,

x	0	2	4	8
y	4	3	2	0

तालिका II
समीकरण $3x - 2y = 12$ के लिए,

x	4	6	8	2
y	0	3	6	–3

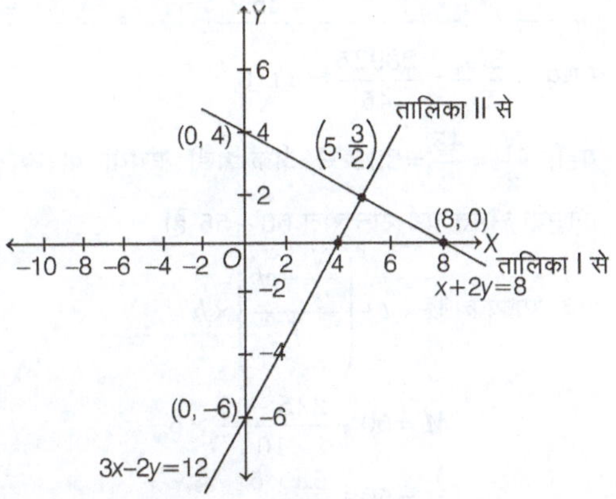

ग्राफ से स्पष्ट है कि दोनों तालिकाओं से बनी रेखाएँ परस्पर एक-दूसरे को बिन्दु $A\left(5, \frac{3}{2}\right)$ पर काटती है। अत: समीकरण युग्म का हल $\left(5, \frac{3}{2}\right)$ होगा।
अत: हल $x = 5$ तथा $y = \frac{3}{2}$
(ii) माना वह 2-अंकों की संख्या= $10y + x$ है।
यहाँ, x = इकाई का अंक
y = दहाई का अंक
प्रश्नानुसार, अंकों का योग = 9
अत: $\quad y + x = 9$ ...(i)
पुन: प्रश्नानुसार,
$9 \times (10y + x) = 2 \times (10x + y)$
$\Rightarrow \quad 90y + 9x = 20x + 2y$
$\Rightarrow \quad 88y - 11x = 0$ ...(ii)
समी (i) व (ii) को हल करने पर,
$x = 8$ तथा $y = 1$
इसलिए, अभीष्ट संख्या $= 10 \times 1 + 8$
$= 10 + 8 = 18$

33.

अंक	मध्यमान x_i	विद्यार्थियों की संख्या f_i	संचयी बारम्बारता cf	$f_i x_i$
40-45	42.5	8	8	340
45-50	47.5	9	17	427.5
50-55	52.5	10	27	525
55-60	57.5	9	36	517.5
60-65	62.5	5	41	312.5
65-70	67.5	4	45	270
		$N = \Sigma f_i = 45$		$\Sigma f_i x_i = 2392.5$

माध्य $= \dfrac{\Sigma f_i x_i}{\Sigma f_i} = \dfrac{2392.5}{45} = 53.16$

यहाँ, $\dfrac{N}{2} = \dfrac{45}{2} = 22.5$ से ठीक बड़ी संचयी बारम्बारता 27 है जिसके संगत वर्ग अन्तराल $50-55$ है।

अब, माध्यक $M = l + \left(\dfrac{\frac{N}{2} - cf}{f}\right) \times h$

$$M = 50 + \frac{22.5 - 17}{10} \times 5$$

$$= 50 + \frac{5.5 \times 5}{10}$$

$\Rightarrow$ $50 + 2.75 = 52.75$

अत: माध्य $= 53.16$

माध्यक $= 52.75$

34. माना $OO' = x$ तथा $AO = a$

$\Delta OAB'$ में,

$$\tan\theta = \frac{OB'}{OA}$$

$$\tan 45° = \frac{2500}{a}$$

$\Rightarrow$ $a = 2500$ मी

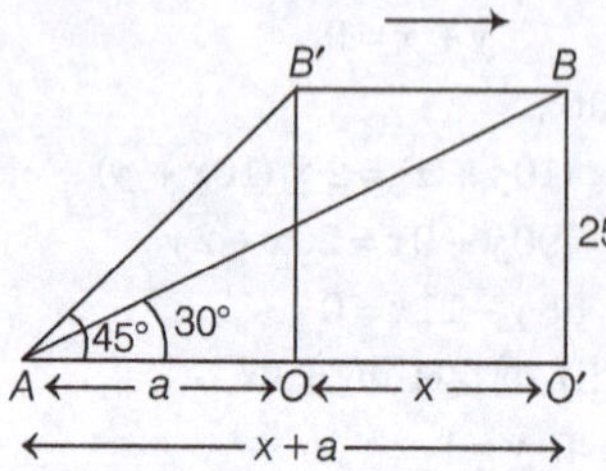

अब $\Delta O'AB$ में,

$$\tan\theta = \frac{BO'}{AO'}$$

$$\tan 30° = \frac{2500}{2500 + x}$$

$\Rightarrow$ $\dfrac{1}{\sqrt{3}} = \dfrac{2500}{2500 + x}$

$\Rightarrow$ $\sqrt{3} = 1 + \dfrac{x}{2500}$

$\Rightarrow$ $x = 2500(\sqrt{3} - 1)$

$= 1825$

चाल $= \dfrac{1825}{25} = 73$

अत: हेलीकॉप्टर की चाल 73 मी/से है।

35. (i) वृत्त की त्रिज्या $r = OB = 5$ सेमी

जीवा AB की लम्बाई $= 6$ सेमी

अत: $BC = CA = \dfrac{AB}{2} = \dfrac{6}{2} = 3$ सेमी

ΔBOC में,

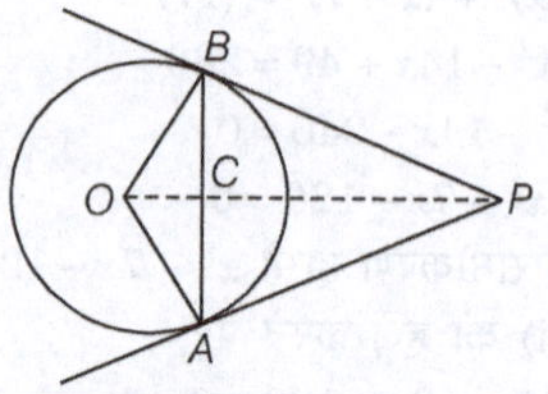

$BO^2 = OC^2 + BC^2$

$\Rightarrow$ $5^2 = OC^2 + 3^2$

$\Rightarrow$ $OC^2 = 25 - 9$

$\Rightarrow$ $OC = \sqrt{16} = 4$ सेमी

$\because$ $\angle PBO = 90°$

या $\angle PBC + \angle CBO = 90°$

$\Rightarrow$ $\angle PBC = 90° - \angle CBO$ ...(i)

इसी प्रकार, $\angle BCP = 90°$ है।

अब, ΔBCP में,

$\angle BCP + \angle CPB + \angle PBC = 180°$

$90° + \angle CPB + 90 - \angle CBO = 180°$ [समी (i) से]

$\Rightarrow$ $\angle CPB = \angle CBO$ ...(ii)

अब ΔPBO व ΔCBO में,

$\angle PBO = \angle BCO = 90°$

$BO = BO$ [उभयनिष्ठ]

$\angle CPB = \angle CBO$ [समी (ii) से]

कोण-भुजा-कोण समरूपता नियम से,

$\Delta PBO \sim \Delta BCO$

अत: $\dfrac{PO}{BO} = \dfrac{BO}{CO} = \dfrac{PB}{BC}$

$\dfrac{BO}{CO} = \dfrac{PB}{BC}$ में मान रखने पर,

$\dfrac{5}{4} = \dfrac{PB}{3}$

$\Rightarrow$ $PB = \dfrac{5 \times 3}{4} = \dfrac{15}{4} = 3.75$

अत: PB की लम्बाई $= 3.75$ सेमी

(ii) माना $ABCD$ एक समान्तर चतुर्भुज है जिसकी चारों भुजाएँ एक वृत्त को, जिसका केन्द्र O है, बिन्दु E, F, G और H पर स्पर्श करती हैं।

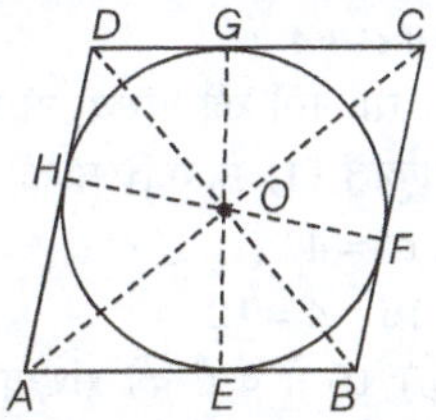

$\because$ किसी वृत्त पर बाह्य बिन्दु से खींची गई स्पर्श रेखाएँ समान होती हैं।

$\therefore \quad AE = AH$ ...(i)

$BE = BF$ ...(ii)

$CG = CF$ ...(iii)

$DG = DH$ ...(iv)

समी (i), (ii), (iii) व (iv) को जोड़ने पर,

$AE + BE + CG + DG = AH + BF + CF + DH$

$\Rightarrow (AE + BE) + (GC + DG) = (AH + DH) + (BF + CF)$

$\Rightarrow \quad AB + CD = AD + BC$

$2AB = 2BC$

$\Rightarrow \quad AB = BC$ [$\therefore$ समान्तर चतुर्भुज $ABCD$ में, $AB = BC$ तथा $CD = DA$]

इसलिए, $ABCD$ एक समचतुर्भुज है।

वृत्त की त्रिज्या $r = 3$ सेमी

समचतुर्भुज की एक भुजा $= 10$ सेमी = आधार

समचतुर्भुज की ऊँचाई = वृत्त का व्यास $= 2 \times$ त्रिज्या

$= 2 \times 3 = 6$ सेमी

$\therefore$ समचतुर्भुज का क्षेत्रफल = आधार $\times$ ऊँचाई

$= 10 \times 6 = 60$ सेमी^{2}

36.

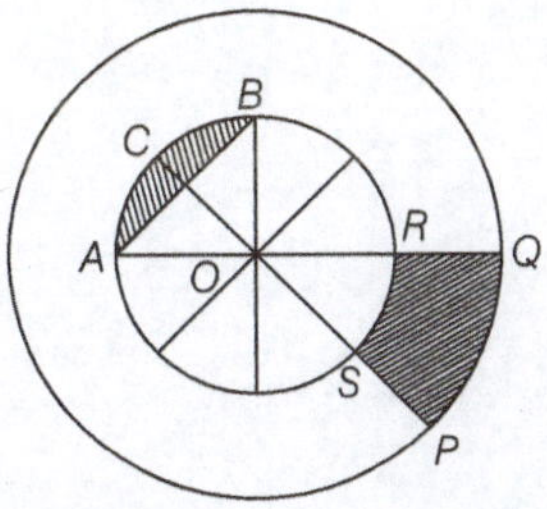

दिया है, $OP = 21$ सेमी

$OS = 10$ सेमी

(i) $m\angle ROS$ ज्ञात करना है।

$\because$ पहिए को समान रूप से आठ भागों में बाँटा गया है।

अतः $m\angle ROS = \dfrac{360^\circ}{8} = 45^\circ$

(ii) त्रिज्यखण्ड OPQ का परिमाप

$= 2\pi r\left(\dfrac{\theta}{360}\right) + 2r$

$= 2 \times \dfrac{22}{7} \times 21 \times \left(\dfrac{45}{360}\right) + 2 \times 21$

$= \dfrac{33}{2} + \dfrac{42}{1}$

$= \dfrac{117}{2} = 58.5$ सेमी

(iii) (a) छायाँकित क्षेत्र $PQRS$ का क्षेत्रफल

= त्रिज्यखण्ड OPQ का क्षेत्रफल

− त्रिज्यखण्ड OSR का क्षेत्रफल

$= \dfrac{\theta}{360}\pi R^2 - \dfrac{\theta}{360}\pi r^2$

$\Rightarrow \quad \dfrac{\theta}{360}\pi\,(R^2 - r^2)$

$\Rightarrow \quad \dfrac{45}{360} \times \dfrac{22}{7} \times (21^2 - 10^2)$

$\Rightarrow \quad \dfrac{11}{28} \times (441 - 100) = \dfrac{11}{28} \times 341$

$= 133.96$ सेमी^{2}

(b) वृत्तखण्ड ACB का क्षेत्रफल $= \dfrac{\pi r^2\theta}{360^\circ} - \dfrac{1}{2}r^2$

$= \dfrac{22 \times 10 \times 10 \times 90}{7 \times 360} - \dfrac{1}{2} \times 10 \times 10$

$= \dfrac{550}{7} - \dfrac{50}{1} = \dfrac{200}{7} = 28.57$ सेमी^{2}

37. दी गई आकृति में $DB \parallel AC$ है।

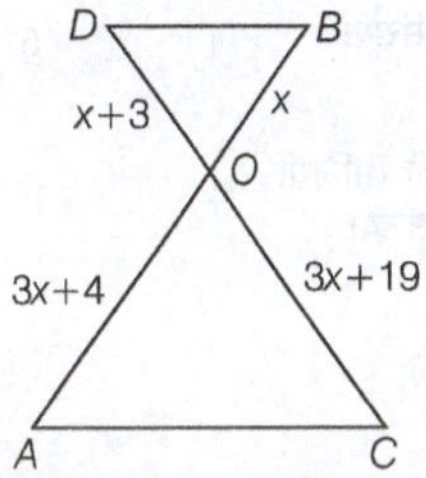

अतः ΔOAC तथा ΔOBD में,

$\angle AOC = \angle BOD$ [शीर्षाभिमुख कोण]

$\angle OAC = \angle DBO$ [एकान्तर कोण]

$\angle ACO = \angle BDO$ [एकान्तर कोण]

AAA समरूपता नियम से,

$\Delta OAC \sim \Delta OBD$

(i) इसलिए, $\Delta OAC \sim \Delta OBD$ ...(i)

(ii) हम जानते हैं कि समरूप त्रिभुजों की संगत भुजाएँ समान अनुपात में होती है।

अतः $\underset{\text{I}}{\dfrac{OA}{OB}} = \underset{\text{II}}{\dfrac{AC}{BD}} = \underset{\text{III}}{\dfrac{OC}{OD}}$ ...(ii)

[I व II से]

$\Rightarrow \quad \dfrac{OA}{AC} = \dfrac{OB}{BD}$ ...(iii)

समी (ii) से,

(iii) (a) $\dfrac{OA}{OB} = \dfrac{OC}{OD}$ में दिए गए मान रखने पर,

$\dfrac{3x + 4}{x} = \dfrac{3x + 19}{x + 3}$

$\Rightarrow \quad 3x^2 + 9x + 4x + 12 = 3x^2 + 19x$

$\Rightarrow \quad 12 = 6x$

$\Rightarrow \quad x = 2$

अतः OC की लम्बाई $= 3 \times 2 + 19 = 25$ सेमी

(b) समी (ii) से

$$\frac{AC}{BD} = \frac{OA}{OB} \Rightarrow \frac{BD}{AC} = \frac{OB}{OA}$$

$$\Rightarrow \quad \frac{BD}{AC} = \frac{x}{3x+4} = \frac{2}{3 \times 2 + 4}$$

$$= \frac{2}{10} = \frac{1}{5}$$

$$\therefore \quad \frac{BD}{AC} = \frac{1}{5}$$

38. (i) वर्गों की संख्या से बनी समान्तर श्रेढ़ी का प्रथम पद

= आकृति (1) में वर्गों की संख्या

अतः प्रथम पद $a = 1$

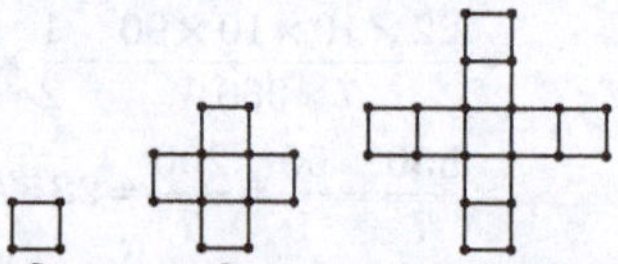

आकृति (1) आकृति (2) आकृति (3)

	आकृति (1)	आकृति (2)	आकृति (3)
वर्गों की संख्या	1	5	9
माचिस की तीलियों की संख्या	4	16	28

सार्वान्तर d = आकृति (2) में वर्गों की संख्या – आकृति (1) में वर्गों की संख्या

$= 5 - 1 = 4$

अतः $a = 1$ तथा $d = 4$

(ii) माचिस की तीलियों की संख्या से बनी समान्तर श्रेढ़ी का प्रथम पद = आकृति (1) में माचिस की कुल तीलियाँ

अतः प्रथम पद $a' = 4$

सार्वान्तर $d' = 16 - 4 = 12$

(iii) (a) आकृति 10 में वर्गों की संख्या

$T_n = a + (n-1)d$ से,

$T_{10} = 1 + (10-1) \times 4$

$= 1 + 9 \times 4 = 37$

आकृति 10 से माचिस की तीलियों की संख्या

$T = a' + (n-1)d'$

$T_{10} = 4 + (10-1) \times 12$

$= 4 + 9 \times 12 = 112$

(b) mवीं आकृति में प्रयुक्त तीलियों की संख्या $= 88$

$T_m = a' + (m-1)d' = 88$

$= 4 + (m-1) \times 12 = 88$

$m - 1 = \frac{84}{12}$

$m = 7 + 1 = 8$

8वीं आकृति में वर्गों की संख्या

$T_8 = a + (8-1)d = 1 + 7 \times 4 = 1 + 28 = 29$

CBSE परीक्षा प्रश्न पत्र 2024

गणित (स्टैण्डर्ड लेवल)

सामान्य निर्देश

निम्नलिखित निर्देशों को बहुत सावधानी से पढ़िए और उनका पालन कीजिए :

(i) इस प्रश्न-पत्र में कुल 38 प्रश्न हैं। सभी प्रश्न अनिवार्य हैं।

(ii) यह प्रश्न-पत्र पाँच खण्डों में विभाजित है- **क, ख, ग, घ** एवं **ङ** ।

(iii) **खण्ड क** में प्रश्न संख्या 1 से 18 तक बहुविकल्पीय (MCQ) तथा प्रश्न संख्या 19 एवं 20 अभिकथन एवं तर्क आधारित एक-एक अंक के प्रश्न हैं।

(iv) **खण्ड ख** में प्रश्न संख्या 21 से 25 तक अतिलघु उत्तरीय (VSA) प्रकार के दो-दो अंकों के प्रश्न हैं।

(v) **खण्ड ग** में प्रश्न संख्या 26 से 31 तक लघु उत्तरीय (SA) प्रकार के तीन-तीन अंकों के प्रश्न हैं।

(vi) **खण्ड घ** में प्रश्न संख्या 32 से 35 तक दीर्घ उत्तरीय (LA) प्रकार के पाँच-पाँच अंकों के प्रश्न हैं।

(vii) **खण्ड ङ** में प्रश्न संख्या 36 से 38 तक प्रकरण अध्ययन आधारित चार-चार अंकों के प्रश्न हैं। प्रत्येक प्रकरण अध्ययन में आंतरिक विकल्प दो-दो अंकों के प्रश्न में दिया गया है।

(viii) प्रश्न-पत्र में समग्र विकल्प नहीं दिया गया है। यद्यपि खण्ड ख के 2 प्रश्नों में, खण्ड ग के 2 प्रश्नों में, खण्ड घ के 2 प्रश्नों में तथा खण्ड ङ के 3 प्रश्नों में आंतरिक विकल्प का प्रावधान दिया गया है।

(ix) जहाँ आवश्यक हो स्वच्छ आकृतियाँ बनाइए। जहाँ आवश्यक हो $\pi = \frac{22}{7}$ लीजिए, यदि अन्यथा न दिया गया हो।

(x) कैल्कुलेटर का उपयोग वर्जित है।

Set 1-30/3/1

खण्ड–क

इस खण्ड में बहुविकल्पीय प्रश्न (MCQ) हैं, जिनमें प्रत्येक प्रश्न 1 अंक का है।

1. रैखिक समीकरण युग्म $x + 2y + 5 = 0$ तथा $-3x = 6y - 1$ का

(a) अद्वितीय हल है। (b) मात्र दो हल हैं।
(c) अपरिमित रूप से अनेक हल हैं। (d) कोई हल नहीं है।

2. समान्तर श्रेढ़ी $\frac{1}{2x}, \frac{1-4x}{2x}, \frac{1-8x}{2x}, \ldots$ का सार्वान्तर है

(a) $-2x$ (b) -2 (c) 2 (d) $2x$

3. दो पासों को एक साथ उछाला गया। उन पर भिन्न संख्याएँ आने की प्रायिकता है

(a) $\frac{1}{6}$ (b) $\frac{5}{6}$ (c) $\frac{1}{3}$ (d) $\frac{2}{3}$

4. किसी परीक्षा के एक प्रश्न के सही उत्तर का अनुमान लगाने की प्रायिकता $\frac{x}{6}$ है। यदि अनुमान द्वारा इसके सही न होने की प्रायिकता $\frac{2}{3}$ है, तो x का मान है

(a) 2 (b) 3 (c) 4 (d) 6

5. यदि $a = 2^2 \times 3^x$, $b = 2^2 \times 3 \times 5$, $c = 2^2 \times 3 \times 7$ तथा ल.स. $(a, b, c) = 3780$ है, तो x का मान है
(a) 1 (b) 2 (c) 3 (d) 0

6. द्विघात बहुपद $2x^2 - 3x - 9$ के शून्यांक हैं
(a) $3, \frac{-3}{2}$ (b) $-3, \frac{-3}{2}$ (c) $-3, \frac{3}{2}$ (d) $3, \frac{3}{2}$

7. भूमि पर स्थित एक बिन्दु, जो एक सीधी खड़ी मीनार के पाद से 30 मी की दूरी पर है, से मीनार के शिखर का उन्नयन कोण 60° है, तो मीनार की ऊँचाई (मीटर में) है
(a) $10\sqrt{3}$ (b) $30\sqrt{3}$ (c) 60 (d) 30

8. यदि $\cos\theta = \frac{\sqrt{3}}{2}$ तथा $\sin\phi = \frac{1}{2}$ है, तो $\tan(\theta + \phi)$ है
(a) $\sqrt{3}$ (b) $\frac{1}{\sqrt{3}}$ (c) 1 (d) परिभाषित नहीं

9. दो अलग-अलग बिन्दुओं पर प्रतिच्छेद करने वाले दो वृत्तों पर खींची जा सकने वाली उभयनिष्ठ स्पर्श-रेखाओं की अधिकतम संख्या है
(a) 4 (b) 3 (c) 2 (d) 1

10. दी गई आकृति में, केन्द्र O वाले वृत्त की एक स्पर्श-रेखा PT यदि इस प्रकार है कि $\angle TPO = 35°$, तो $\angle x$ की माप है

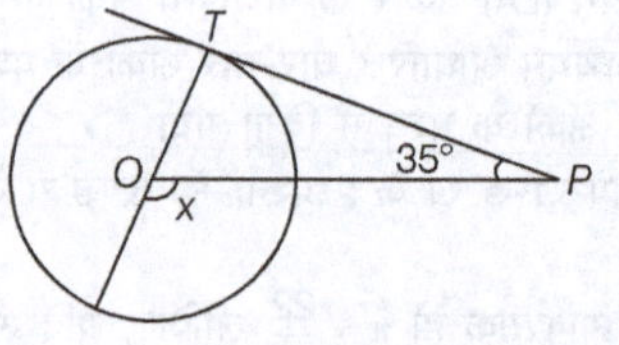

(a) 110° (b) 115° (c) 120° (d) 125°

11. यदि एक चतुर्भुज के विकर्ण एक दूसरे को समानुपात में विभाजित करते हैं, तो यह चतुर्भुज है
(a) समान्तर चतुर्भुज (b) आयत (c) वर्ग (d) समलम्ब

12. दी गई आकृति में, ΔABC में $DE || BC$ है। यदि $AD = 2$ सेमी, $BD = 3$ सेमी तथा $BC = 7.5$ सेमी है, तो DE की लम्बाई (सेमी में) है

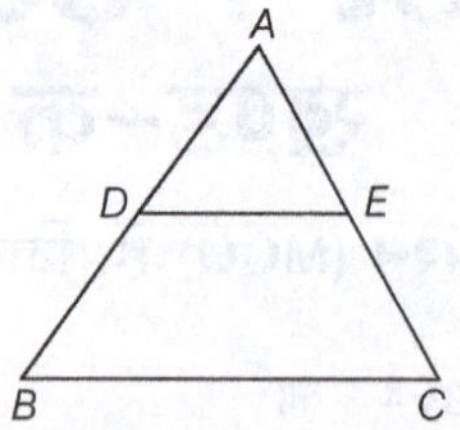

(a) 2.5 (b) 3 (c) 5 (d) 6

13. दिया है कि म.स. $(2520, 6600) = 40$ तथा ल.स. $(2520, 6600) = 252 \times k$ है, तो k का मान है
(a) 1650 (b) 1600
(c) 165 (d) 1625

14. अपरिमेय संख्याओं का एक युग्म जिनका गुणनफल परिमेय है, हैं
(a) $(\sqrt{16}, \sqrt{4})$ (b) $(\sqrt{5}, \sqrt{2})$ (c) $(\sqrt{3}, \sqrt{27})$ (d) $(\sqrt{36}, \sqrt{2})$

15. यदि संख्याओं 1, 2, 3, 4, 5, 6, 7, 8, 9 में से यादृच्छया एक संख्या चुनी गई, तो एक विषम अभाज्य संख्या के चुने जाने की प्रायिकता है
(a) $\frac{1}{3}$ (b) $\frac{2}{3}$ (c) $\frac{4}{9}$ (d) $\frac{5}{9}$

16. पाँच प्रेक्षणों का माध्य 15 है। यदि इनमें प्रथम तीन प्रेक्षणों का माध्य 14 है तथा अन्तिम तीन प्रेक्षणों का माध्य 17 है, तो तीसरा प्रेक्षण है
(a) 20 (b) 19 (c) 18 (d) 17

17. 7 सेमी त्रिज्या वाले एक वृत्त के उस त्रिज्यखण्ड, जो केन्द्र पर 90° का कोण अन्तरित करता है, का परिमाप है

(a) 35 सेमी (b) 11 सेमी (c) 22 सेमी (d) 25 सेमी

18. दी गई आकृति में, O वृत्त का केन्द्र है। MN एक जीवा है तथा बिन्दु M पर स्पर्श-रेखा ML इस प्रकार है कि यह MN के साथ 70° का कोण बनाती है। $\angle MON$ की माप है

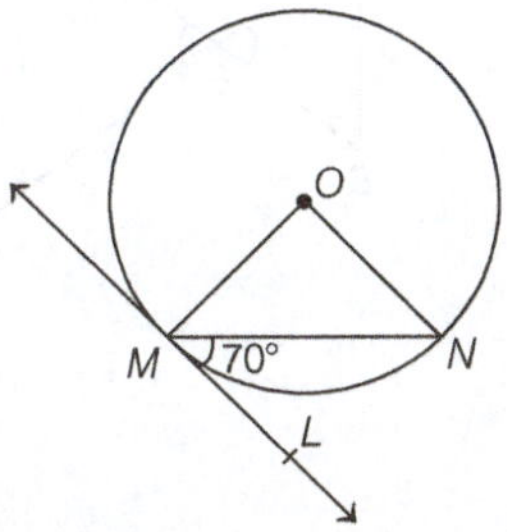

(a) 120° (b) 140° (c) 70° (d) 90°

निर्देश (19 तथा 20) अभिकथन तथा तर्क आधारित प्रश्न है। प्रत्येक प्रश्न में एक अभिकथन (A) के बाद एक तर्क (R) कथन दिया है। विकल्पों (A), (B), (C) तथा (D) में से सही उत्तर का विकल्प चुनिए।

(a) अभिकथन (A) तथा तर्क (R) दोनों सत्य हैं तथा तर्क (R), अभिकथन (A) की पूरी व्याख्या करता है।

(b) अभिकथन (A) तथा तर्क (R) दोनों सत्य है परन्तु तर्क (R), अभिकथन (A) की पूरी व्याख्या नहीं करता है।

(c) अभिकथन (A) सत्य है परन्तु तर्क (R) असत्य है।

(d) अभिकथन (A) असत्य है जबकि तर्क (R) सत्य है।

19. **अभिकथन** (A) बिन्दुओ $A(1,2)$ तथा $B(-1,1)$ को मिलाने वाले रेखाखण्ड को आन्तरिक रूप से 1 : 2 में विभाजित करने वाला बिन्दु $\left(\frac{-1}{3}, \frac{5}{3}\right)$ है।

तर्क (R) बिन्दुओं $A(x_1, y_1)$ तथा $B(x_2, y_2)$ को मिलाने वाले रेखाखण्ड को $m_1 : m_2$ में विभाजित करने वाले बिन्दु के निर्देशांक $\left(\frac{m_1x_2 + m_2x_1}{m_1 + m_2}, \frac{m_1y_2 + m_2y_1}{m_1 + m_2}\right)$ हैं।

20. **अभिकथन** (A) एक क्रिकेट मैच में एक बल्लेबाज, खेली गई 45 गेंदों में से 9 गेंदों पर चौका मारता है। एक दिए गए बॉल पर चौका न मारने की प्रायिकता $\frac{4}{5}$ है।

तर्क (R) $P(E) + P(E \text{ नहीं}) = 1$

खण्ड-ख

इस खण्ड में अति लघु-उत्तरीय (VSA) प्रकार के प्रश्न हैं, जिनमें प्रत्येक के 2 अंक हैं।

21. 52 पत्तों की अच्छी प्रकार से फेंटी गई ताश की गड्डी में से यादृच्छया एक पत्ता निकाला गया। प्रायिकता ज्ञात कीजिए कि निकाला गया पत्ता (i) पान की बेगम है (ii) गुलाम वाला पत्ता नहीं है।

22. (i) यदि $2x + y = 13$ तथा $4x - y = 17$ है, तो $(x - y)$ का मान ज्ञात कीजिए।

अथवा

(ii) दो संख्याओं का योगफल 105 है तथा उनका अन्तर 45 है। संख्याएँ ज्ञात कीजिए।

23. (i) यदि बिन्दु $P(x, y)$, बिन्दुओं $A(7, 1)$ तथा $B(3, 5)$ से समदूरस्थ है, तो x तथा y के बीच का सम्बन्ध ज्ञात कीजिए।

अथवा

(ii) बिन्दु $A(-1, y)$ तथा $B(5, 7)$ केन्द्र $O(2, -3y)$ वाले वृत्त पर स्थित दो ऐसे बिन्दु हैं कि AB वृत्त का एक व्यास है। y का मान ज्ञात कीजिए। वृत्त की त्रिज्या भी ज्ञात कीजिए।

24. दी गई आकृति में $\frac{EA}{EC}=\frac{EB}{ED}$ है, सिद्ध कीजिए कि $\Delta EAB \sim \Delta ECD$

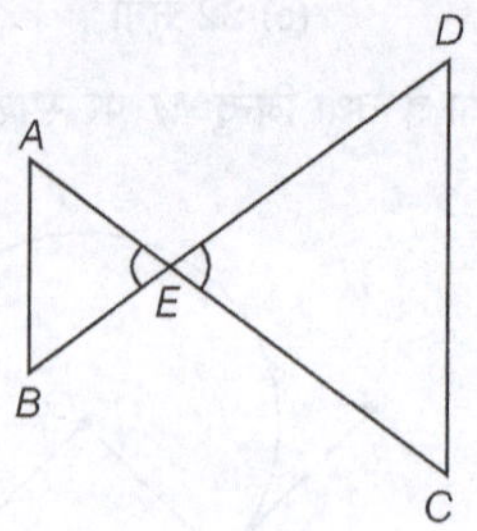

25. मान ज्ञात कीजिए $\frac{\cos 45° + \sin 60°}{\sec 30° + \operatorname{cosec} 30°}$

खण्ड-ग

इस खण्ड में लघु-उत्तरीय (SA) प्रकार के प्रश्न हैं, जिनमें प्रत्येक के 3 अंक हैं।

26. (i) यदि एक समान्तर श्रेढ़ी के प्रथम 7 पदों का योग 49 है तथा इसके प्रथम 17 पदों का योग 289 है, तो इसके प्रथम 20 पदों का योग ज्ञात कीजिए।

अथवा

(ii) एक समान्तर श्रेढ़ी के 10वें तथा 30वें पदों में 1 : 3 का अनुपात है जबकि इसके प्रथम छः पदों का योग 42 है। इस समान्तर श्रेढ़ी का प्रथम पद सार्वान्तर ज्ञात कीजिए।

27. द्विघात बहुपद $x^2 - 15$ के शून्यक ज्ञात कीजिए। शून्यकों तथा बहुपद के गुणांकों के बीच के सम्बन्ध का सत्यापन कीजिए।

28. निम्न रैखिक समीकरण निकाय का ग्राफ द्वारा हल ज्ञात कीजिए।

$x - y + 1 = 0$

$x + y = 5$

29. (i) वह अनुपात ज्ञात कीजिए जिसमें बिन्दुओं (5, 3) तथा (– 1, 6) को मिलाने वाला रेखाखण्ड Y-अक्ष द्वारा विभाजित होता है।

अथवा

(ii) $P(-2, 5)$ तथा $Q(3, 2)$ दो बिन्दु हैं। रेखाखण्ड PQ पर स्थित बिन्दु R के निर्देशांक ज्ञात कीजिए ताकि $PR = 2QR$ हो।

30. सिद्ध कीजिए $\frac{\sin\theta - 2\sin^3\theta}{2\cos^3\theta - \cos\theta} = \tan\theta$

31. सिद्ध कीजिए कि वृत्त की किसी जीवा के सिरों पर खींची गईं स्पर्श-रेखाएँ, जीवा के साथ समान कोण बनाती हैं।

खण्ड घ

इस खण्ड में दीर्घ उत्तरीय (LA) प्रकार के प्रश्न है, जिनमें प्रत्येक के 5 अंक हैं।

32. (i) 2800 किमी की एक हवाई यात्रा के दौरान, खराब मौसम के कारण वायुयान की औसत चाल को 100 किमी/घण्टा कम कर दिया गया जिससे यात्रा का समय 30 मिनट बढ़ गया। हवाई यात्रा का मूल समय ज्ञात कीजिए।

अथवा

(ii) एक भिन्न का हर इसके अंश के दुगुने से एक अधिक है। यदि भिन्न और इसके व्युत्क्रम का योग $2\frac{16}{21}$ है, तो भिन्न ज्ञात कीजिए।

33. आधारभूत समानुपातिकता प्रमेय का कथन लिखिए तथा इसे सिद्ध कीजिए।

34. भूमि के एक बिन्दु से एक 20 मी ऊँचे भवन के शिखर पर लगी एक संचार मीनार के तल और शिखर के उन्नयन कोण क्रमश: 45° और 60° हैं। मीनार की ऊँचाई ज्ञात कीजिए।

35. (i) ऊँचाई 200 सेमी और आधार का व्यास 28 सेमी वाले एक ठोस बेलन, जिस पर ऊँचाई 50 सेमी और त्रिज्या 7 सेमी वाला एक अन्य बेलन आरोपित है, से लोहे का एक ठोस स्तम्भ बना है। इस स्तम्भ का द्रव्यमान ज्ञात कीजिए जबकि दिया है कि 1 सेमी^{3} लोहे का द्रव्यमान 8 ग्राम होता है।

अथवा

(ii) दवा का एक कैप्सूल एक बेलन के आकार का है जिसके दोनों सिरों पर एक अर्धगोला लगा हुआ है। पूरे कैप्सूल की लम्बाई 14 मिमी है और व्यास 4 मिमी है। इसका पृष्ठीय क्षेत्रफल ज्ञात कीजिए। इसका आयतन भी ज्ञात कीजिए।

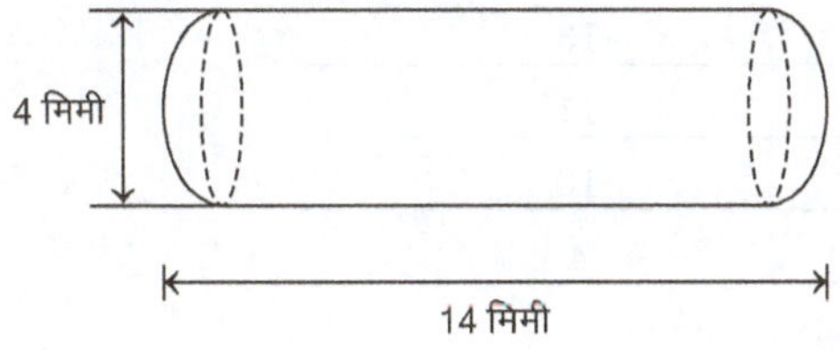

खण्ड ङ

इस खण्ड में 3 प्रकरण आधारित प्रश्न हैं, जिनमें प्रत्येक के 4 अंक हैं।

36. एक अस्तबल के मालिक के पास 4 घोड़े हैं। वह आमतौर पर इन घोड़ों को अपने खेत में चराने के लिए 20 मी लम्बे वर्गाकार घास के मैदान के प्रत्येक कोने पर 7 मी लम्बी रस्सी के खूँटों से बाँधता है। लेकिन कई बार रस्सी से बाँधने से उसके घोड़ों को चोट भी लग जाती है। इसलिए, उसने उस क्षेत्र के चारों ओर बाढ़ बनाने का निर्णय लिया, जहाँ घोड़ा चर सकता है।

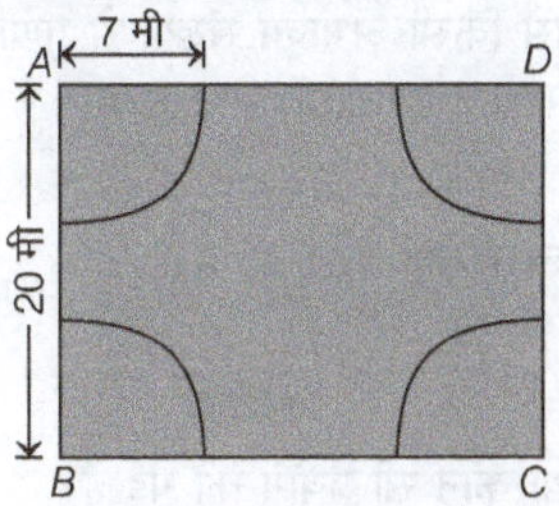

उपरोक्त के आधार पर निम्न प्रश्नों के उत्तर दीजिए

(i) वर्गाकार घास के मैदान का क्षेत्रफल ज्ञात कीजिए।

(ii) (a) उस क्षेत्र का क्षेत्रफल ज्ञात कीजिए जिसमें घोड़े चर सकते हैं।

अथवा

(b) यदि प्रत्येक घोड़े की रस्सी को 7 मी से बढ़ाकर 10 मी कर दिया जाए, तो एक घोड़े द्वारा चर सकने वाले क्षेत्र का क्षेत्रफल ज्ञात कीजिए। ($\pi = 3.14$ लीजिए)

(iii) यदि प्रत्येक घोड़े की रस्सी 7 सेमी लम्बी है, तो खेत का कितना क्षेत्रफल चरे बिना रह जाएगा?

37. व्यावसायिक प्रशिक्षण व्यावहारिक कौशल और अनुभव प्रदान करतें हुए पारम्परिक शिक्षा का पूरक है। शिक्षा जहाँ व्यक्तियों के व्यापक ज्ञान आधार से सुसज्जित करती है, व्यावसायिक प्रशिक्षण नौकरी विशिष्ट कौशल पर ध्यान केन्द्रित करता है तथा रोजगार क्षमता को बढ़ाता है, जिससे छात्र आत्मनिर्भर बनता है।

उपरोक्त के आधार पर एक अध्यापक ने, उन विद्यार्थियों/व्यस्कों का आवृत्ति वितरण देकर निम्न सारिणी बनाई जो प्रशिक्षण संस्था से व्यावसायिक प्रशिक्षण ले रहे हैं

आयु (वर्षों में)	भाग लेने वालों की संख्या
15-19	62
20-24	132
25-29	96
30-34	37
35-39	13
40-44	11
45-49	10
50-54	4

उपरोक्त से निम्न प्रश्नों के उत्तर दीजिए।

(i) ऊपर दिए गए आँकड़ों में बहुलक वर्ग की निचली सीमा क्या है?

(ii) (a) उपरोक्त आँकड़ो से माध्यक वर्ग ज्ञात कीजिए।

अथवा

(b) 50 वर्ष से छोटे उन भाग लेने वालों की संख्या ज्ञात कीजिए जो व्यावसायिक प्रशिक्षण ले रहे हैं।

(iii) माध्य, माध्यक तथा बहुलक में आनुभविक सम्बन्ध लिखिए।

38. गतिविधियों के माध्यम से गणित पढ़ाना एक शक्तिशाली दृष्टिकोण है जो छात्रों की समझ और जुड़ाव को बढ़ाता है। इसे ध्यान में रखते हुए, सुश्री मुक्ता ने कक्षा 5 के छात्रों के लिए एक अभाज्य संख्या खेल की योजना बनाई। उसने कक्षा के पहले छात्र को संख्या 2 को किसी अभाज्य संख्या से गुणा करके अगले छात्र को दे दें। दूसरा छात्र भी इसे किसी अभाज्य संख्या से गुणा कर इसे तीसरे छात्र को दे दें। इसी प्रकार अभाज्य संख्याओं से गुणा करते करते आखिरी छात्र को गुणा करने के पश्चात् 173250 प्राप्त हुआ।

अब मुक्ता ने छात्रों से निम्न कुछ प्रश्न पूछे

(i) छात्रों द्वारा प्रयोग की गई सबसे छोटी अभाज्य संख्या कौन सी है?

(ii) (a) कक्षा में कितने छात्र हैं?

अथवा

(b) छात्रों द्वारा बड़ी से बड़ी अभाज्य संख्या कौन सी प्रयोग की गई है?

(iii) कौन सी अभाज्य संख्या अधिकतम बार प्रयोग की गई है?

Set 2-30/3/2

खण्ड-क

5. यदि दो चरों में रैखिक समीकरणों का एक युग्म संगत है, इसके द्वारा निरूपित समीकरण जिन दो रेखाओं को निरूपित करती हैं, वह हैं

(a) हमेशा प्रतिच्छेदी (b) समान्तर (c) हमेशा सम्पाती (d) प्रतिच्छेदी या सम्पाती

6. यदि एक त्रिज्यखण्ड का क्षेत्रफल वृत्त के क्षेत्रफल का $\frac{7}{20}$ है, तो इसके द्वारा केन्द्र पर बना कोण है

(a) 110° (b) 130° (c) 100° (d) 126°

10. दो सिक्कों को एक साथ उछाला गया। अधिक से अधिक एक पट् आने की प्रायिकता है

(a) $\frac{1}{2}$ (b) $\frac{1}{4}$ (c) $\frac{3}{4}$ (d) 1

11. यदि पाँच प्रेक्षणों $x, x+2, x+4, x+6$ तथा $x+8$ का माध्य 11 है, तो x का मान है

(a) 4 (b) 7 (c) 11 (d) 6

17. यदि एक समान्तर श्रेढ़ी के प्रथम n पदों का योग $3n^2 + 4n$ है तथा इसका सार्वान्तर 6 है, तो इसका प्रथम पद है

(a) 7 (b) 4 (c) 6 (d) 3

18. बहुपद $x^2 - 16x + 30$ में से क्या घटाया जाए कि बहुपद का एक शून्यक 15 हो?

(a) 30 (b) 14 (c) 15 (d) 16

खण्ड-ग

27. सिद्ध कीजिए $\dfrac{\sin A + \cos A}{\sin A - \cos A} + \dfrac{\sin A - \cos A}{\sin A + \cos A} = \dfrac{2}{2\sin^2 A - 1}$

28. (i) X-अक्ष बिन्दुओं $(2, -3)$ तथा $(5, 6)$ को मिलाने वाले रेखाखण्ड को किस अनुपात में बाँटता है? प्रतिच्छेदन बिन्दु के निर्देशांक भी ज्ञात कीजिए।

अथवा

(ii) यदि ΔABC के शीर्षों $A, B,$ और C के निर्देशांक $A(0, -1), B(2, 1)$ तथा $C(0, 3)$ हैं, तो माध्यिका AD की लम्बाई ज्ञात कीजिए।

खण्ड-घ

34. एक समान्तर चतुर्भुज $ABCD$ की भुजा CD के मध्य बिन्दु M से एक रेखा BM इस प्रकार खींची गई कि यह AC को L पर तथा बढ़ाई गई AD को E पर काटती है। सिद्ध कीजिए कि $EL = 2BL$

35. भूमि के एक बिन्दु A से एक जेट प्लेन का उन्नयन कोण 60° है। 30 सेकण्ड की उड़ान के बाद यह उन्नयन कोण 30° हो जाता है। यदि जेटप्लेन एक निश्चित (अचर) ऊँचाई $3600\sqrt{3}$ मी पर उड़ रहा है, तो इसकी चाल ज्ञात कीजिए।

Set 3-30/3/3

खण्ड-क

1. एक थैले में 3 लाल रंग की गेंदें, 5 सफेद तथा 7 काले रंग की गेंदें हैं। थैले में से यादृच्छया एक गेंद निकालने पर इसके न तो लाल और न ही काले रंग की गेंद होने की प्रायिकता है

(a) $\dfrac{1}{3}$ (b) $\dfrac{1}{5}$ (c) $\dfrac{7}{15}$ (d) $\dfrac{8}{15}$

2. 400 अण्डों के एक ढेर में से एक खराब अण्डा प्राप्त करने की प्रायिकता 0.045 है। इस ढेर में अच्छे अण्डों की संख्या है

(a) 18 (b) 180 (c) 382 (d) 220

3. 7 सेमी त्रिज्या वाले एक वृत्त के उस त्रिज्यखण्ड, जो केन्द्र पर 90° का कोण अन्तरित करता हे, का परिमाप है

(a) 35 सेमी (b) 11 सेमी (c) 22 सेमी (d) 25 सेमी

13. यदि $\sin\alpha = \dfrac{\sqrt{3}}{2}$ तथा $\cos\beta = \dfrac{\sqrt{3}}{2}$ है, तो $\tan\alpha . \tan\beta$ का मान है

(a) $\sqrt{3}$ (b) $\dfrac{1}{\sqrt{3}}$ (c) 1 (d) 0

14. बहुपद $x^2 - 5x + 4$ में क्या जोड़ा जाए ताकि इस प्रकार बहुपद का एक शून्यक 3 हो?

(a) 1 (b) 2 (c) 4 (d) 5

15. वह छोटी से छोटी अपरिमेय संख्या जिससे $\sqrt{20}$ को गुणा करने पर परिमेय संख्या प्राप्त हो, है

(a) $\sqrt{20}$ (b) $\sqrt{2}$ (c) 5 (d) $\sqrt{5}$

खण्ड-ख

22. (i) मान ज्ञात कीजिए $\dfrac{5\tan 60^\circ}{(\sin^2 60^\circ + \cos^2 60^\circ)\tan 30^\circ}$

30. केन्द्र O वाले वृत्त पर एक बाह्य बिन्दु P से, दो स्पर्श-रेखाएँ PA तथा PB खींची गई। सिद्ध कीजिए कि OP, जीवा AB का लम्ब समद्विभाजक है।

31. सिद्ध कीजिए
$(\operatorname{cosec}\theta - \sin\theta)(\sec\theta - \cos\theta)(\tan\theta + \cot\theta) = 1$

खण्ड-घ

35. एक ΔABC में, यदि $AD \perp BC$ तथा $AD^2 = BD \times DC$ है, तो सिद्ध कीजिए कि $\angle BAC = 90^\circ$ है।

संकेत एवं हल

1. (d) दिया गया रैखिक समीकरण युग्म

$$x + 2y + 5 = 0 \quad ..(i)$$
$$-3x - 6y + 1 = 0 \quad ..(ii)$$

दिए गए समीकरणों की तुलना मानक समीकरण

$a_1x + b_1y + c_1 = 0$ तथा $a_2x + b_2y + c_2 = 0$ से करने पर,

$$a_1 = 1, b_1 = 2, c_1 = 5$$
$$a_2 = -3, b_2 = -6, c_2 = 1$$
$$\frac{a_1}{a_2} = \frac{b_1}{b_2} \neq \frac{c_1}{c_2}$$
$$-\frac{1}{3} = -\frac{1}{3} \neq \frac{5}{1}$$

अत: दिए गए रैखिक समीकरण युग्म का कोई हल नहीं होगा।

2. (b) समान्तर श्रेढ़ी $\frac{1}{2x}, \frac{1-4x}{2x}, \frac{1-8x}{2x}$

$$a_1 = \frac{1}{2x}, a_2 = \frac{1-4x}{2x}, a_3 = \frac{1-8x}{2x}$$

सार्वान्तर, $d = a_2 - a_1$

$$= \frac{1-4x}{2x} - \frac{1}{2x}$$

$$\Rightarrow \frac{1-4x-1}{2x} = -\frac{4x}{2x} = -2$$

3. (b) कुल परिणामों की संख्या = 36

पासों पर अलग-अलग संख्याओं के परिणाम = 30

प्रायिकता $= \frac{30}{36} = \frac{5}{6}$

4. (a) सही उत्तर का अनुमान लगाने की प्रायिकता + अनुमान द्वारा उत्तर के सही ना होने की प्रायिकता = 1

$$\frac{x}{6} + \frac{2}{3} = 1$$
$$\frac{x}{6} = 1 - \frac{2}{3}$$
$$x = 2$$

5. (c) $a = 2^2 \times 3^x$

$b = 2^2 \times 3 \times 5$

$c = 2^2 \times 3 \times 7$

ल.स. $(a, b, c) = 2^2 \times 3^x \times 5 \times 7$ ....(i)

दिया है, ल.स. $(a, b, c) = 3780 = 2^2 \times 3^3 \times 5 \times 7$ ...(ii)

समी (i) व (ii) की तुलना पर,

$$x = 3$$

6. (a) दिया है, $2x^2 - 3x - 9 = 0$

$\Rightarrow \quad 2x^2 - 6x + 3x - 9 = 0$

$\Rightarrow \quad 2x(x-3) + 3(x-3) = 0$

$\Rightarrow \quad (2x+3)(x-3) = 0$

$\Rightarrow \quad 2x + 3 = 0, x - 3 = 0$

$\Rightarrow \quad x = \frac{-3}{2}, 3$

7. (b) माना मीनार की उँचाई h है।,

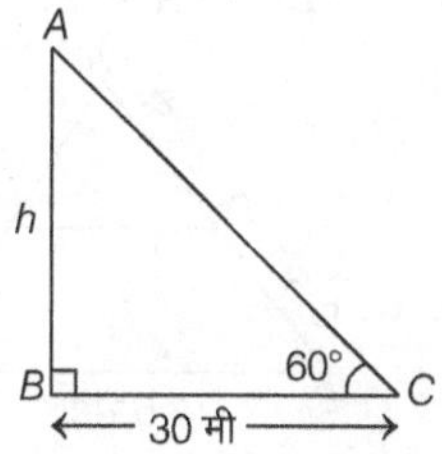

ΔABC से,

$$\tan 60° = \frac{h}{BC}$$
$$\sqrt{3} = \frac{h}{30}$$
$$h = 30\sqrt{3} \text{ मी}$$

8. (a) दिया है,

$$\cos\theta = \frac{\sqrt{3}}{2} = \cos 30°$$

$\Rightarrow \quad \theta = 30°$

तथा $\quad \sin\phi = \frac{1}{2} = \sin 30°$

$\Rightarrow \quad \phi = 30°$

$\therefore \quad \tan(\theta + \phi) = \tan(30° + 30°)$

$= \tan 60° = \sqrt{3}$

9. (c) दो अलग-अलग बिन्दुओं पर प्रतिच्छेद करने वाले दो वृत्तो पर अधिकतम 2 उभयनिष्ठ स्पर्श रेखाएँ खींची जा सकती हैं।

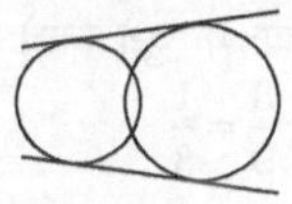

10. (d) दिया गया है, $\angle TPO = 35°$

$\angle OTP = 90°$

[$\because$ त्रिज्या, वृत्त की स्पर्श रेखा पर लम्ब होती है]

ΔOTP से,

$\angle OTP + \angle TPO + \angle TOP = 180°$

$\Rightarrow \quad \angle TOP = 180° - (90° + 35°)$

$\Rightarrow \quad \angle TOP = 55°$

$\Rightarrow \quad \angle x + \angle TOP = 180°$

$\Rightarrow \quad \angle x = 180° - 55°$

$\Rightarrow \quad \angle x = 125°$

11. (d) यदि एक चतुर्भुज के विकर्ण एक दूसरे को समानुपात में विभाजित करते है, तो चतुर्भुज एक समलम्ब है।

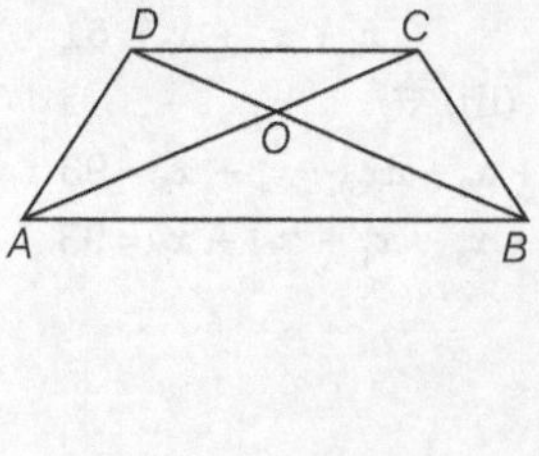

12. (b) दिया गया है,
उपरोक्त आकृति में $DE || BC$ है

$$\frac{AE}{AC} = \frac{DE}{BC} = \frac{AD}{AB}$$

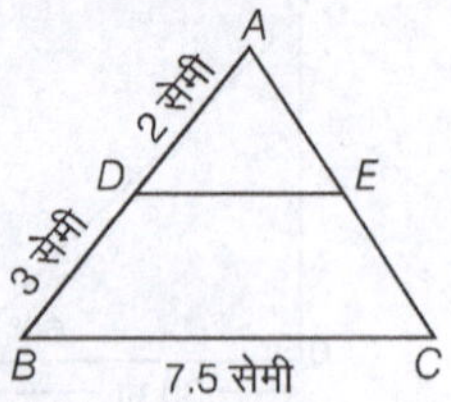

$$\Rightarrow \frac{AD}{AB} = \frac{DE}{BC}$$

$$\Rightarrow \frac{2}{2+3} = \frac{DE}{7.5}$$

$$\Rightarrow \frac{2}{5} = \frac{DE}{7.5}$$

$$\Rightarrow DE = \frac{2 \times 7.5}{5} = 3 \text{ सेमी}$$

13. (a) हम जानते हैं कि
म.स. $\times$ ल.स. = दी गयी संख्याओं का गुणनफल

$$40 \times 252 \times k = 2520 \times 6600$$

$$k = \frac{2520 \times 6600}{40 \times 252} \Rightarrow k = 1650$$

14. (c) $\sqrt{3}, \sqrt{27}$ पर विचार करने पर,
$\sqrt{3} \times \sqrt{27} = \sqrt{81} = 9$ जोकि एक परिमेय संख्या है।

15. (a) अभाज्य संख्याएँ = {2, 3, 5, 7}
विषम संख्याएँ = {1, 3, 5, 7, 9}
विषम अभाज्य संख्या = {3, 5, 7} = 3
विषम अभाज्य संख्या के चुने जाने की प्रायिकता

$$\Rightarrow \frac{3}{9} = \frac{1}{3}$$

16. (c) पाँच प्रेक्षणों का माध्य = 15
प्रथम 3 प्रेक्षणों का माध्य = 14
अन्तिम 3 प्रेक्षणों का माध्य = 17
माना उपरोक्त 5 प्रेक्षण x_1, x_2, x_3, x_4, x_5 हैं।
प्रश्नानुसार,

$$\frac{x_1 + x_2 + x_3 + x_4 + x_5}{5} = 15$$

$$\Rightarrow x_1 + x_2 + x_3 + x_4 + x_5 = 75 \quad \ldots(i)$$

तथा $$\frac{x_1 + x_2 + x_3}{3} = 14$$

$$\Rightarrow x_1 + x_2 + x_3 = 42 \quad \ldots(ii)$$

तथा $$\frac{x_5 + x_4 + x_3}{3} = 17$$

$$\Rightarrow x_5 + x_4 + x_3 = 51 \quad \ldots(iii)$$

समी (ii) व (iii) से,

$$x_1 + x_2 + 2x_3 + x_4 + x_5 = 93$$

$$(x_1 + x_2 + x_3 + x_4 + x_5) + x_3 = 93$$

$$75 + x_3 = 93 \quad \text{[समी (i) से]}$$

$$x_3 = 93 - 75 = 18$$

17. (d) त्रिज्यखण्ड का परिमाप $= \frac{\theta}{360°} \times 2\pi r + 2r$

$$\Rightarrow \frac{90°}{360} \times 2 \times \frac{22}{7} \times 7 + 2 \times 7$$

$$\Rightarrow 11 \text{ सेमी} + 14 = 25 \text{ सेमी}$$

18. (b) दिया है

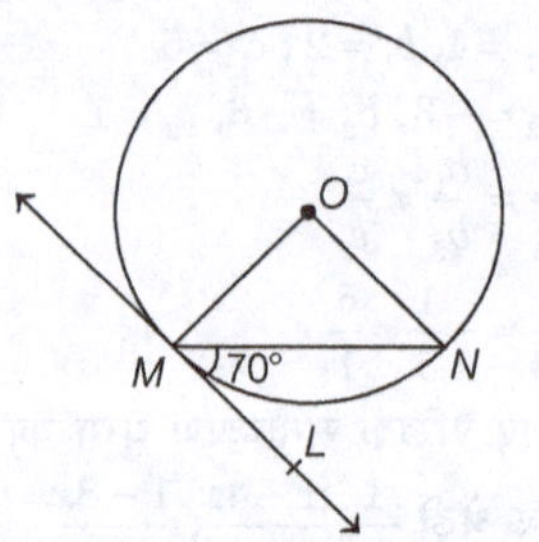

चित्र से,

$$\angle OMN = 90° - 70° = 20°$$

$$OM = ON \quad \text{[वृत्त की त्रिज्याएँ]}$$

$$\angle ONM = 20°$$

हम जानते हैं कि

$$\angle MON + \angle OMN + \angle ONM = 180°$$

$$\Rightarrow \angle MON = 180° - 40° = 140°$$

19. (d) **तर्क** (R) सही है
बिन्दुओं $A(x_1, y_1)$ तथा $B(x_2, y_2)$ को मिलाने वाले रेखाखण्ड को $m_1 : m_2$ में विभाजित करने वाले बिन्दुओं के निर्देशांक $\left(\frac{m_1 x_2 + m_2 x_1}{m_1 + m_2}, \frac{m_1 y_2 + m_2 y_1}{m_1 + m_2}\right)$ होता है।
इसी से अभिकथन (A) में दिया गया है।

$$m_1 : m_2 = 1 : 2$$

$$A(x_1, y_1) = A(1, 2)$$

$$B(x_2, y_2) = B(-1, 1)$$

$$\text{निर्देशांक} = \left(\frac{-1+2}{3}, \frac{1+4}{1+2}\right) = \left(\frac{1}{3}, \frac{5}{3}\right)$$

अत: अभिकथन (A) असत्य है जबकि तर्क (R) सत्य है।

20. (a) **तर्क** (R) $P(E) + P(E \text{ नहीं}) = 1$ से
अभिकथन (A) के अनुसार
चौका मारने की प्रायिकता $P(E) = \frac{9}{45} = \frac{1}{5}$
दिया गया है चौका ना मारने की प्रायिकता $P(E \text{ नहीं}) = \frac{4}{5}$
तर्क (R) से, $\frac{1}{5} + \frac{4}{5} = \frac{5}{5} = 1$
अत: अभिकथन (A) तथा तर्क (R) दोनों सत्य हैं तथा तर्क (R), अभिकथन (A) की पूरी व्याख्या करता है।

21. (i) पान की बेगम केवल 1 ही होती है।
अनुकुल परिणाम = 1
पान की बेगम निकलने की प्रायिकता

$\frac{\text{अनुकुल परिणाम}}{\text{कुल परिणाम}} = \frac{1}{52}$

(ii) गुलाम के पत्ते = 4

गुलाम का पत्ता निकलने की प्रायिकता $= \frac{4}{52} = \frac{1}{13}$

गुलाम का पत्ता ना निकलने की प्रायिकता $= 1 - \frac{1}{13} = \frac{12}{13}$

22. (i) दिया है, $2x + y = 13$ ...(i)

$4x - y = 17$ ...(ii)

समी (i) में से समी (ii) को घटाने पर,

$2x + y - 4x + y = 13 - 17$

$\Rightarrow \quad -2x + 2y = -4$

$\Rightarrow \quad -2(x - y) = -4$

$\Rightarrow \quad x - y = 2$

(ii) माना दो संख्याएँ x तथा y हैं।

इन दोनों संख्याओं का योगफल

$x + y = 105$ ...(i)

दोनों संख्याओं का अन्तर

$x - y = 45$ ...(ii)

समी (i) व (ii) को जोड़ने पर,

$2x = 105 + 45$

$\Rightarrow \quad 2x = 150$

$\Rightarrow \quad x = 75$

उपरोक्त मान समी (i) में रखने पर,

$75 + y = 105$

$y = 105 - 75$

$y = 30$

$x = 75$ तथा $y = 30$

23. दिया गया बिन्दु $P(x, y)$, बिन्दुओं $A(7, 1)$ तथा $B(3, 5)$ से समदूरस्थ है।

$AP = BP$

$\Rightarrow \sqrt{(x-7)^2 + (y-1)^2} = \sqrt{(x-3)^2 + (y-5)^2}$

दोनों पक्षों का वर्ग करने पर,

$(x-7)^2 + (y-1)^2 = (x-3)^2 + (y-5)^2$

$\Rightarrow x^2 + 49 - 14x + y^2 + 1 - 2y$

$= x^2 + 9 - 6x + y^2 + 25 - 10y$

$\Rightarrow \quad 8x - 8y = 16$

$\Rightarrow \quad x - y = 2$

(b) यहाँ, $O(2, -3y)$ वृत्त का केन्द्र तथा, बिन्दु $A(-1, y)$, $B(5, 7)$ वृत्त की परिधि पर स्थित है

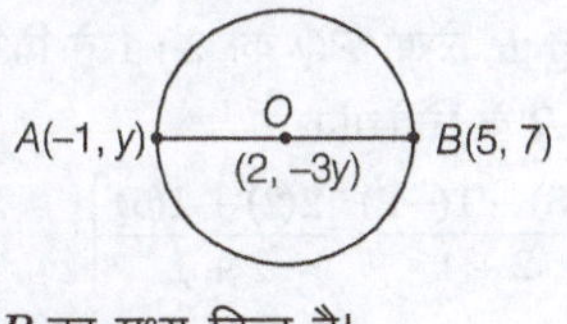

$\because$ केन्द्र O, AB का मध्य बिन्दु है।

$\therefore \quad -3y = \frac{7 + y}{2} \Rightarrow -7y = 7 \Rightarrow y = -1$

त्रिज्या $(OA) = \sqrt{(2+1)^2 + (3+1)^2} = 5$

24.

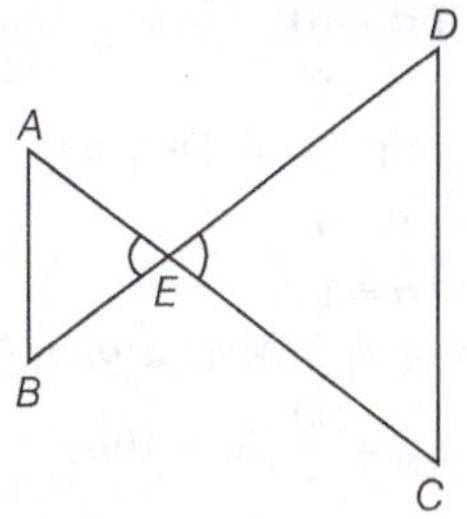

दिया गया है, $\frac{EA}{EC} = \frac{EB}{ED}$ ...(i)

ΔEAB व ΔECD में

समी (i) से,

$\frac{EA}{EC} = \frac{EB}{ED}$

$\angle AEB = \angle CED$ [शीर्षाभिमुख कोण से]

SAS समरुपता नियम से,

$\Delta EAB \sim \Delta ECD$

25. $\frac{\cos 45° + \sin 60°}{\sec 30° + \operatorname{cosec} 30°}$

$= \frac{\frac{1}{\sqrt{2}} + \frac{\sqrt{3}}{2}}{\frac{2}{\sqrt{3}} + 2} = \frac{\frac{1}{\sqrt{2}} + \frac{\sqrt{3}}{2}}{\frac{2 + 2\sqrt{3}}{\sqrt{3}}}$

$= \left(\frac{2 + \sqrt{6}}{2\sqrt{2}}\right) \times \frac{\sqrt{3}}{(2 + 2\sqrt{3})}$

$= \frac{\sqrt{2}}{4\sqrt{2}}\left(\frac{\sqrt{2} + \sqrt{3}}{1 + \sqrt{3}}\right)\sqrt{3}$

$= \frac{\sqrt{3}}{4}\left(\frac{\sqrt{2} + \sqrt{3}}{\sqrt{3} + 1} \times \frac{\sqrt{3} - 1}{\sqrt{3} - 1}\right)$

$= \frac{\sqrt{3}}{8}(\sqrt{2} + \sqrt{3})(\sqrt{3} - 1)$

26. (i) माना श्रेणी का प्रथम पद a तथा सार्वान्तर d है।

हम जानतें हैं कि

समान्तर श्रेढ़ी के n पदों का योग

$S_n = \frac{n}{2}[2a + (n-1)d]$

प्रथम 7 पदों का योग

$S_7 = \frac{7}{2}[2a + 6d] = 49$ ...(i)

प्रथम 17 पदों का योग

$S_{17} = \frac{17}{2}[2a + 16d] = 289$ ...(ii)

समी (i) से,

$a + 3d = 7$ ...(iii)

समी (ii) से,

$a + 8d = 17$ ...(iv)

समी (iii) को समी (iv) में से घटाने पर,

$a + 8d - a - 3d = 17 - 7$

$\Rightarrow \quad 5d = 10$

$\Rightarrow \quad d = 2$

उपरोक्त मान समी (iii) में रखने पर,

$a + 6 = 7$

$a = 1$

उपरोक्त समान्तर श्रेढ़ी के प्रथम 20 पदों का योग

$$S_{20} = \frac{20}{2}[2a + 19d]$$

$$S_{20} = 10[2 + 19 \times 2]$$

$$S_{20} = 10(40) = 400$$

(ii) माना श्रेणी का प्रथम पद a तथा सार्वान्तर d है।

प्रश्नानुसार, $S_6 = \frac{6}{2}(2a + 5d) = 42$

$S_6 = 3(2a + 5d) = 42$

$\Rightarrow \quad 2a + 5d = 14 \quad \ldots$(i)

तथा $\quad \frac{a + 9d}{a + 29d} = \frac{1}{3}$

$3a + 27d = a + 29d$

$a = d$

उपरोक्त मान समी (i) में रखने पर,

$2a + 5a = 14 \Rightarrow 7a = 14$

प्रथम पद $\quad a = 2$

सार्वान्तर $d = 2$

27. माना $P(x) = x^2 - 15$

बहुपद के शून्यांक के लिए $P(x) = 0$

$x^2 - 15 = 0$

$x = \sqrt{15}, -\sqrt{15}$

अर्थात, $\alpha = \sqrt{15}$ और $\beta = -\sqrt{15}$ बहुपद के दो गुणांक हैं।

शून्यांक तथा बहुपद के गुणांकों के मध्य सम्बन्ध का सत्यापन

$P(x) = x^2 - 15 = x^2 + 0x - 15$

यह $ax^2 + bx + c$ रूप की समीकरण है,

जहाँ $a = 1$, $b = 0$ और $c = -15$

तब,

शून्यांको का योग $= \frac{-x \text{ का गुणांक}}{x^2 \text{ का गुणांक}}$		शून्यांको का गुणनफल $= \frac{\text{अचर पद का गुणांक}}{x^2 \text{ का गुणांक}}$	
$\alpha + \beta = \frac{-b}{a}$ बायाँ पक्ष	दायाँ पक्ष	$\alpha\beta = \frac{c}{a}$ बायाँ पक्ष	दायाँ पक्ष
$\alpha + \beta$	$\frac{-b}{a}$	$\alpha\beta$	$\frac{c}{a}$
$\sqrt{15} - \sqrt{15} = 0$	$= \frac{-0}{1} = 0$	$\sqrt{15} \times (-\sqrt{15}) = -15$	$-\frac{15}{1} = -15$

अत: बायाँ पक्ष = बायाँ पक्ष

28. दी गई रैखिक समीकरण

$x - y = -1$

$x + y = 5$

सर्वप्रथम $x - y = -1$ के लिए,

x	0	1	2	3
y	1	2	3	4

अब, $x + y = 5$ के लिए,

x	0	1	2	3
y	5	4	3	2

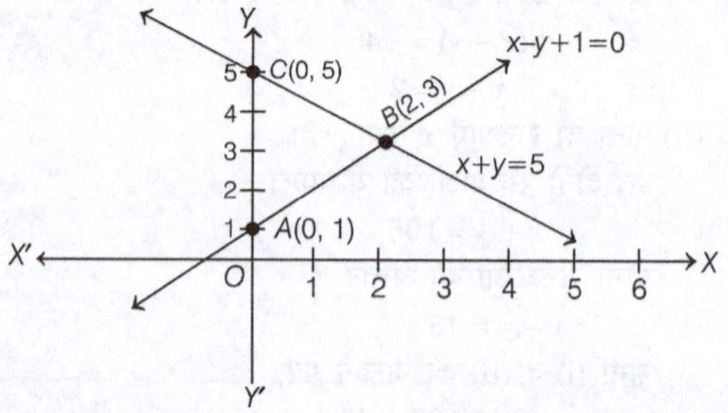

अत: दोनों रेखाएँ बिन्दु (2, 3) पर एक दूसरे को प्रतिच्छेद कर रही हैं अर्थात $x = 2$ तथा $y = 3$

29. (i) माना Y-अक्ष पर स्थित बिन्दु $(0, \alpha)$ है।

क्योंकि Y-अक्ष पर $x = 0$ होगा।

माना उपरोक्त बिन्दु $A(5, 3)$ तथा $B(-1, 6)$ को मिलाने वाले रेखाखण्ड को $k:1$ में विभाजित करता है। तब, बिन्दु $(0, \alpha)$ के निर्देशांक =

$$\left(\frac{m_1x_2 + m_2x_1}{m_1 + m_2}, \frac{m_1y_2 + m_2y_1}{m_1 + m_2}\right)$$

$$(0, \alpha) = \left(\frac{-k + 5}{k + 1}, \frac{6k + 3}{k + 1}\right)$$

$\therefore \quad \frac{-k + 5}{k + 1} = 0$

$-k = -5$

$k = 5$

अत: Y-अक्ष रेखाखण्ड AB को $5:1$ में विभाजित करता है।

(ii) दिया गया है $PR = 2QR$

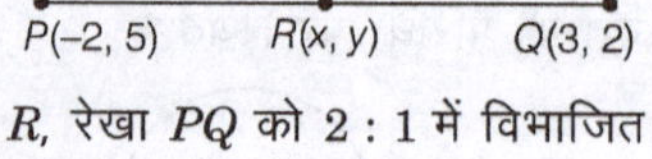

अर्थात बिन्दु R, रेखा PQ को 2 : 1 में विभाजित करता है।

तब, बिन्दु R के निर्देशांक

$$= \left[\frac{2(3) + 1(-2)}{2 + 1}, \frac{2(2) + 1(5)}{2 + 1}\right]$$

$$= \left(\frac{4}{3}, 3\right)$$

30. $\frac{\sin\theta - 2\sin^3\theta}{2\cos^3\theta - \cos\theta} = \tan\theta$

बायाँ पक्ष लेने पर,

$$\frac{\sin\theta - 2\sin^3\theta}{2\cos^3\theta - \cos\theta}$$

$$\Rightarrow \frac{\sin\theta[1 - 2\sin^2\theta]}{\cos\theta[2\cos^2\theta - 1]}$$

$[\because \cos 2A = 1 - 2\sin^2 A = 2\cos^2 A - 1]$

$$\Rightarrow \tan\theta\left[\frac{\cos 2\theta}{\cos 2\theta}\right]$$

$\Rightarrow \tan\theta$ (दायाँ पक्ष) **बायाँ पक्ष = दायाँ पक्ष**

31. दिया है,

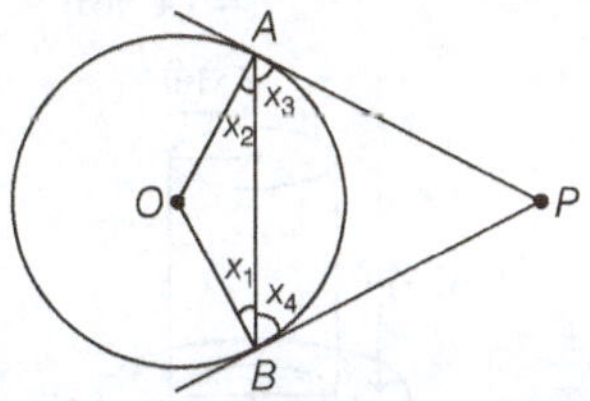

वृत्त का केन्द्र है।

AB वृत्त की एक जीवा है।

तथा PA तथा PB वृत्त की एक जीवा के सिरों पर खीची गई स्पर्श रेखाएँ है।

उपपत्ति ΔOAB से,

$OA = OB =$ त्रिज्या

क्योंकि ΔOAB की दो भुजाएँ बराबर हैं, अर्थात ΔOAB एक समद्विबाहु त्रिभुज है।

हम जानते हैं कि त्रिभुज की समान भुजाओं के सम्मुख कोण समान होते हैं।

$$\angle OAB = \angle OBA$$

$$\angle x_1 = \angle x_2 \quad \text{...(i)}$$

हम जानतें हैं कि वृत्त की त्रिज्या सम्पर्क बिन्दु पर स्पर्श रेखा के लम्बवत् होती है।

अर्थात $OA \perp PA$ तथा $OB \perp PB$

$$\angle OAP = \angle OBP = 90°$$

अर्थात $\angle x_2 + x_3 = \angle x_1 + \angle x_4$ ... (ii)

समी (i) व (ii) से,

$$\angle x_1 + \angle x_3 = \angle x_1 + \angle x_4$$

$$\angle x_3 = \angle x_4$$

$$\angle PAB = \angle PBA$$

इस प्रकार, वृत्त की जीवा के सिरों पर खींची गई स्पर्श रेखाएँ जीवा के साथ समान कोण बनाती हैं।

32. (i) विमान द्वारा तय कि गई दूरी = 2800 किमी

माना विमान की मूल चाल $= x$ किमी/घण्टा है।

अर्थात विमान को यात्रा में लगने वाला मूल समय

$= \frac{2800}{x}$ घण्टे

परन्तु खराब मौसम के कारण विमान की चाल

$= (x - 100)$ किमी/घण्टा

खराब मौसम के कारण विमान को यात्रा में लगने वाला समय

$= \frac{2800}{x - 100}$ घण्टे

प्रश्नानुसार,

$$\frac{2800}{x - 100} - \frac{2800}{x} = \frac{30}{60}$$

$$\frac{2800x - 2800(x - 100)}{x(x - 100)} = \frac{1}{2}$$

हल करने पर,

$$x^2 - 100x - 560000 = 0$$

$$x^2 - 800x + 700x - 560000 = 0$$

$$\Rightarrow (x - 800)(x + 700) = 0$$

$$\Rightarrow x = 800, -700$$

$x = -700$ सम्भव नहीं है।

$\Rightarrow$ अतः मूल चाल $x = 800$ किमी/घण्टा

मूल समय $= \frac{2800}{800} = 3\frac{1}{2}$ घण्टे

(ii) माना भिन्न का अंश $= x$

तब, हर $= 2x + 1$

प्रश्नानुसार,

तब, भिन्न $= \frac{x}{2x + 1}$

भिन्न का व्युत्क्रम $= \frac{2x + 1}{x}$

प्रश्नानुसार,

$$\frac{x}{2x + 1} + \frac{2x + 1}{x} = \frac{58}{21}$$

हल करने पर,

$$11x^2 - 26x - 21 = 0$$

$$11x^2 - 33x + 7x - 21 = 0$$

$$(11x + 7)(x - 3) = 0$$

$$x = 3, \frac{-7}{11}$$

$x = \frac{-7}{11}$ [x का ऋणात्मक मान सम्भव नहीं है]

$\Rightarrow x = 3$

भिन्न $= \frac{x}{2x + 1} = \frac{3}{7}$

33. आधारभूत समानुपातिकता प्रमेय का कथन

एक त्रिभुज की एक भुजा के समान्तर खींची गई रेखा अन्य दो भुजाओं को जिन दो बिन्दुओं पर प्रतिच्छेद करती है, वे बिन्दु भुजाओं को समान अनुपात में विभाजित करतें हैं।

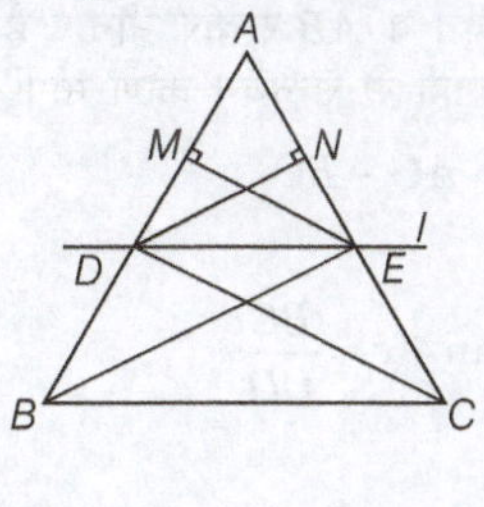

सिद्ध करना है

$$\frac{AD}{BD} = \frac{AE}{EC}$$

चित्र से,

ABC एक त्रिभुज है जिसकी BC भुजा के समान्तर DE रेखा खींची गई है।

उपपत्ति ΔADE का क्षेत्रफल $= \frac{1}{2} \times$ आधार $\times$ ऊँचाई

$$= \frac{1}{2} \times AD \times EM \quad \text{....(i)}$$

ΔBDE का क्षेत्रफल $= \frac{1}{2} \times BD \times EM$ ...(ii)

$\because$ $\dfrac{\Delta ADE \text{ का क्षेत्रफल}}{\Delta BDE \text{ का क्षेत्रफल}} = \dfrac{AD \times EM}{BD \times EM}$ ...(iii)

इसी प्रकार, ΔADE का क्षेत्रफल $= \frac{1}{2} \times AE \times DN$ ...(iv)

ΔBCE का क्षेत्रफल $= \frac{1}{2} \times CE \times DN$ ...(v)

$\dfrac{\Delta ADE \text{ का क्षेत्रफल}}{\Delta BCE \text{ का क्षेत्रफल}} = \dfrac{AE}{CE}$ ...(vi)

$\because$ ΔBDE व ΔBCE का समान आधार CE व दोनों समान्तर भुजाओं के बीच है, इसलिए ΔBCE का क्षेत्रफल $= \Delta BDE$ का क्षेत्रफल

समी (vi) से,

$\dfrac{\Delta ADE \text{ का क्षेत्रफल}}{\Delta BDE \text{ का क्षेत्रफल}} = \dfrac{AE}{CE}$ ...(vii)

समी (iii) व (vii) से,

$$\frac{AD}{BD} = \frac{AE}{CE}$$

इति सिद्धम्

34. दिया गया है,

भूमि पर एक बिन्दु से एक 20 मी उँचे भवन के शिखर पर लगी एक संचार मीनार के तल और सीखर के मध्य उन्नयन कोण क्रमशः 45° तथा 60° है।

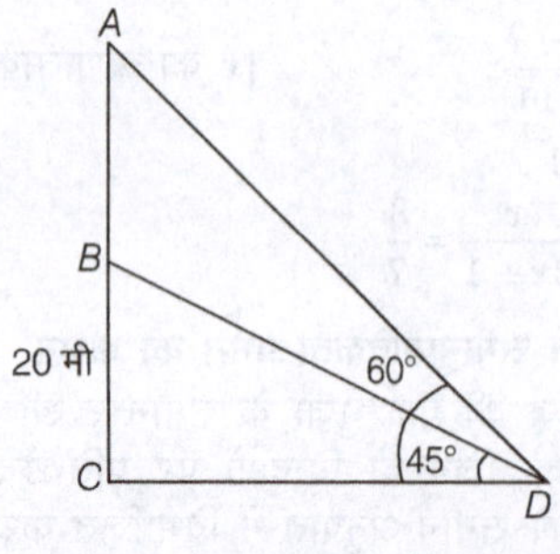

माना BC भवन व AB संचार मीनार है तथा D भूमि पर स्थित वह बिन्दु है जहाँ से उन्नयन कोण मापा गया है।

मीनार $AB = AC - BC$

ΔBCD में,

$$\tan 45° = \frac{BC}{CD}$$

$$1 = \frac{20}{CD}$$

$CD = 20$ मी

ΔACD में, $\tan 60° = \dfrac{AC}{CD}$

$$\sqrt{3} = \frac{AB + BC}{20}$$

$$\sqrt{3} = \frac{AB + 20}{20}$$

$$AB = 20(\sqrt{3} - 1)$$

स्पष्टतः संचार मीनार की ऊँचाई $20(\sqrt{3} - 1)$ मी है।

35. (i) पहले बेलन का व्यास $2r = 28$ सेमी

$r = 14$ सेमी

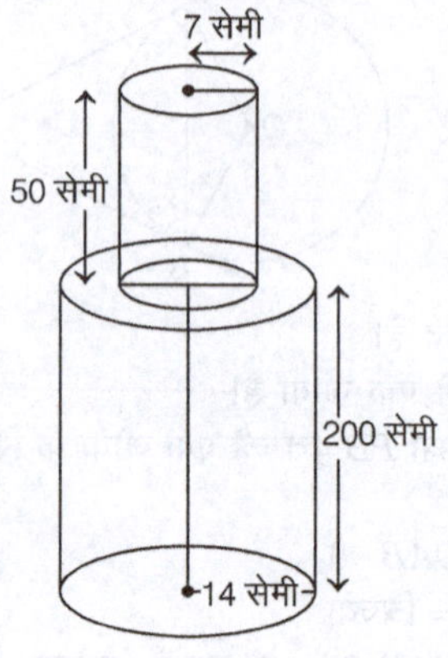

ऊँचाई $h = 200$ सेमी

$\therefore$ पहले बेलन का आयतन $= \pi r^2 h$

$= 14 \times 14 \times 200 \times \pi$

$= 39200\pi$ (सेमी)^3

दूसरे बेलन की त्रिज्या = 7 सेमी

= ऊँचाई = 50 सेमी

दूसरे बेलन का आयतन $= \pi r^2 h = \pi \times 7 \times 7 \times 50$

$= 2450\pi$ सेमी^{3}

$\therefore$ पूरे स्तम्भ का आयतन $= (39200 + 2450)\pi$

$= 41650\pi$ सेमी^{3}

स्तम्भ का द्रव्यमान $= 41650\pi \times 8$ ग्राम $= 1047200$ ग्राम

(ii) दिए गए कैप्सल का व्यास = 4 मिमी

त्रिज्या = 2 मिमी

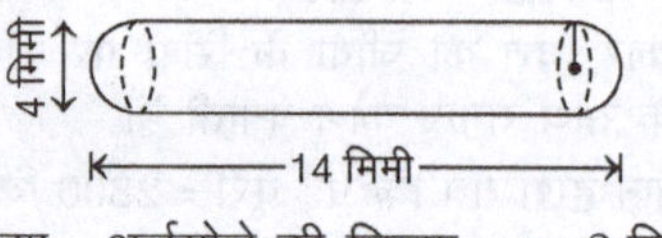

बेलन की त्रिज्या = अर्द्धगोले की त्रिज्या = $r = 2$ मिमी

कैप्सूल की कुल लम्बाई = ऊपरी अर्द्धगोले की त्रिज्या + बेलन की लम्बाई + निचला अर्द्धगोले की त्रिज्या

बेलन की लम्बाई = कैप्सूल की कुल लम्बाई − ऊपरी अर्द्धगोले की त्रिज्या − निचले अर्द्धगोले की त्रिज्या

$= 14 - 2 - 2 = 10$ मिमी

कैप्सूल का पृष्ठीय क्षेत्रफल = बेलन का वक्र पृष्ठीय क्षेत्रफल
+ ऊपरी अर्द्धगोले का पृष्ठीय क्षेत्रफल
+ निचले अर्द्धगोले का पृष्ठीय क्षेत्रफल

कैप्सूल का पृष्ठीय क्षेत्रफल $= 2\pi rl + 2\pi r^2 + 2\pi r^2$

$= 2\pi[rl + 2r^2]$

$\Rightarrow 2 \times 3.14[2 \times 10 + 2 \times 4]$

$\Rightarrow 6.28 \times 28$

$\Rightarrow 175.84$ मिमी^{2}

36. (i) वर्गाकार घास के मैदान का क्षेत्रफल = (भुजा)^2

$= 20^2$

$= 400$ मी^{2}

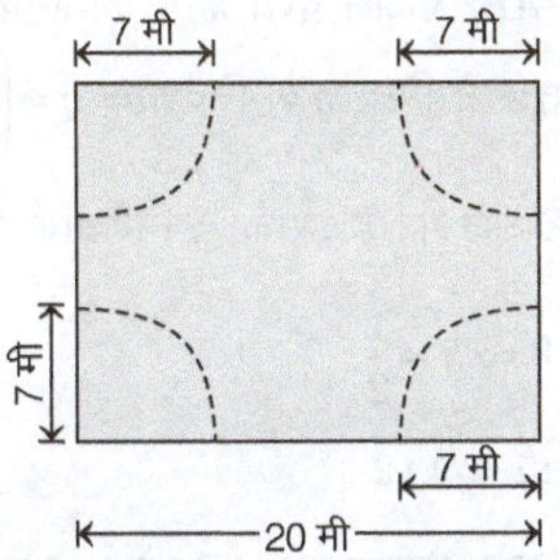

(ii) (a) **घोडे के चर सकने वाले क्षेत्र का कुल क्षेत्रफल**

$4 \times \frac{\theta}{360°} \times \pi r^2$

$\Rightarrow 4 \times \frac{90°}{360°} \times \frac{22}{7} \times 7 \times 7$

$\Rightarrow 4 \times \frac{1}{4} \times 22 \times 7 \Rightarrow 154$ मी^{2}

(b) **यदि प्रत्येक घोड़े की रस्सी को 7 मी से बढ़ाकर 10 मी कर दिया जाए, तो एक घोड़े द्वारा चर सकने वाले क्षेत्र का क्षेत्रफल**

$= \frac{\theta}{360°} \times \pi \times r^2$

$\Rightarrow \frac{90°}{360°} \times \frac{22}{7} \times 10 \times 10$

$\Rightarrow \frac{11 \times 5 \times 10}{7}$

$\Rightarrow 78.57$ मी^{2}

(iii) वर्गाकार घास के मैदान का कुल क्षेत्रफल

$= 400$ मी^{2}

घोडे के चर सकने वाले क्षेत्र का कुल क्षेत्रफल = 154 मी^{2}

बिना चरे रह जाने वाले क्षेत्र का क्षेत्रफल

$= 400 - 154 = 246$ मी^{2}

37. यहाँ, वर्ग अन्तराल वर्गीकृत रूप में नहीं है

अत: सर्वप्रथम हम उच्च वर्ग सीमा में $\frac{h}{2}$ जोड़कर तथा निम्न वर्ग सीमा में $\frac{h}{2}$ घटाकर सम्मिलित रूप में उन्हें बदलते हैं। जहाँ, h उच्च वर्ग तथा निम्न वर्ग सीमा का अन्तर है।

आयु (वर्षों में)	भाग लेने वालो की संख्या	संचयी बारम्बारता
14.5-19.5	62	62
19.5-24.5	132	194
24.5-29.5	96	290
29.5-34.5	37	327
34.5-39-5	13	340
39.5-44.5	11	351
44.5-49-5	10	361
49.5-54.5	4	365
	$N = \Sigma fi = 365$	

हम देखते हैं कि वर्ग 19.5-24.5 की अधिकतम बारम्बारता है।

अत: बहुलक वर्ग से,

(i) बहुलक वर्ग की निम्नतम सीमा $l = 19.5$

(ii) (a) यहाँ, $N = \Sigma fi = 365$

$\frac{N}{2} = \frac{365}{2} = 182.5$

182.5 से ठीक बड़ी संचयी बारम्बारता 194 है तथा संगत वर्ग अन्तराल 19.5-24.5 है।

अतः 19.5-24.5 ही माध्यिका वर्ग है।

50 वर्ष से छोटे उन भाग लेने वालों की संख्या जो व्यावसायिक प्रशिक्षण लें रहे हैं

$62 + 132 + 96 + 37 + 13 + 11 + 10 = 361$

(iii) माध्य, माध्यक तथा बहुलक में अनुभावित सम्बन्ध

माध्यिका का तीन गुना तथा माध्य का दोगुने का अन्तर बहुलक के बराबर होता है।

बहुलक = 3 (माध्यिका) − 2 (माध्य)

38. अभाज्य संख्याएँ $\Rightarrow 2, 3, 5, 7, 11$ .....

दिया गया है,

पहला छात्र 2 को किसी अभाज्य संख्या से गुणा करके अगले छात्र को देता है।

(i) छात्र द्वारा प्रयोग की गई सबसे छोटी अभाज्य संख्या = 2 है।

(ii) (a) कक्षा में छात्रों की संख्या = 173250 के अभाज्य गुणनखण्डों की संख्या − 1

173250 के अभाज्य गुणनखण्ड

$173250 = 2 \times 3 \times 3 \times 5 \times 5 \times 5 \times 7 \times 11 = 8$ ...(i)

अत: कक्षा कुल छात्र = 8 − 1 = 7 छात्र

समी (i) से स्पष्ट है।

(b) छात्रों द्वारा प्रयोग में ली गई बड़ी-से-बड़ी अभाज्य संख्या = 11

(iii) समी (i) से स्पष्ट है।

अधिकतम बार प्रयोग में ली जाने वाली अभाज्य संख्या = 5

30/3/2

खण्ड क

5. (d) यदि दो चरों में रैखिक समीकरणों का एक युग्म संगत है, इसके द्वारा निरूपित समीकरण जिन दो रेखाओं को निरूपित करती है वह प्रतिच्छेद करती है या संपाती होती है।

6. (d) माना वृत्त की त्रिज्या r है

तब, वृत्त का क्षेत्रफल $= \pi r^2$

त्रिज्यखण्ड का क्षेत्रफल $\dfrac{\theta}{326^\circ} \times \pi r^2$

प्रश्नानुसार, $\dfrac{\theta}{360^\circ} \times \pi r^2 = \dfrac{7}{20} \times \pi r^2$

$$\theta = \frac{7}{20} \times 360^\circ = 126^\circ$$

10. (c) जब दो सिक्कों को उछाला जाता है तो परिणामों की संख्या $4 \{HH, TT, HT, TH\}$ होती है।

अनुकूल परिणाम $= 3 \{HH, HT, TH\}$

अधिक-से-अधिक एक पट् आने की प्रायिकता

$$= \frac{\text{अनुकूल परिणाम}}{\text{परिणामों की कुल संख्या}} = \frac{3}{4}$$

11. (b) माध्य $= \dfrac{\text{सभी प्रेक्षणों का योग}}{\text{प्रेक्षणों की संख्या}}$

$$11 = \frac{x + x + 2 + x + 4 + x + 6 + x + 8}{5}$$

$$55 = 5x + 20$$

$$11 = x + 4$$

$$x = 11 - 4 = 7$$

17. (a) समान्तर श्रेणी के n पदों का योग

$S_n = \dfrac{n}{2} [2a + (n-1) d] = 3n^2 + 4n$

सार्वअन्तर $d = 6$

$$T_n = S_n - S_{n-1}$$

$$S_{n-1} = 3(n-1)^2 + 4(n-1)$$

$$T_n = 3n^2 + 4n - [3(n-1)^2 + 4(n-1)]$$

$$T_n = 3n^2 + 4n - [3(n^2 + 1 - 2n) + 4n - 4)]$$

$$T_n = 3n^2 + 4n - 3n^2 - 3 + 6n - 4n + 4$$

$$T_n = 6n + 1$$

$$a_1 = 6 + 1 = 7$$

18. (c) दिया गया बहुपद $= x^2 - 16x + 30$

बहुपद का एक शून्यांक (मूल) 15 है, तो बहुपद में $x = 15$ प्रतिस्थापित करने पर परिणाम शून्य के बराबर होगा।

माना C वह मान है जिसे बहुपद में से घटाया जाना आवश्यक है।

$x^2 - 16x + 30 - C$ का शून्यांक (मूल) 15 है।

उपरोक्त समीकरण में $x = 15$ रखने पर,

$$(15)^2 - 16(15) + 30 - C = 0$$

$$15 - C = 0$$

$$C = 15$$

27. सिद्ध करना है

$$\frac{\sin A + \cos A}{\sin A - \cos A} + \frac{\sin A - \cos A}{\sin A + \cos A} = \frac{2}{2\sin^2 A - 1}$$

बायाँ पक्ष $\dfrac{\sin A + \cos A}{\sin A - \cos A} + \dfrac{\sin A - \cos A}{\sin A + \cos A}$

$$\Rightarrow \frac{(\sin A + \cos A)^2 + (\sin A - \cos A)^2}{(\sin A - \cos A)(\sin A + \cos A)}$$

$$\Rightarrow \frac{\sin^2 A + \cos^2 A + 2 \sin A \cos A + \sin^2 A + \cos^2 A - 2 \sin A \cos A}{\sin^2 A - \cos^2 A}$$

$$\Rightarrow \frac{1 + 1}{\sin^2 A - (1 - \sin^2 A)}$$

$$= \frac{2}{\sin^2 A - 1 + \sin^2 A} = \frac{2}{2 \sin^2 A - 1}$$

इति सिद्धम्

28. (i) माना बिन्दु $A(2, -3)$ तथा $B(5, 6)$ को मिलाने वाले रेखाखण्ड AB, X-अक्ष द्वारा $k : 1$ के अनुपात में बाँटी जाती है।

विभाजन सूत्र से बिन्दु q के निर्देशांक $q = \left(\dfrac{5k + 2}{k + 1}, \dfrac{6k - 3}{k + 1}\right)$

परन्तु q, X-अक्ष पर है इसका y-निर्देशांक शून्य होगा $\dfrac{6k - 3}{k + 1} = 0$

$$\Rightarrow \quad 6k - 3 \Rightarrow k = \frac{1}{2}$$

अनुपात $\dfrac{1}{2} : 1 \Rightarrow 1 : 2$

अर्थात्, X-अक्ष, रेखाखण्ड AB को $1 : 2$ में विभाजित करता है।

जब बिन्दु q के निर्देशांक

$$q\left(\frac{5k + 2}{k + 1}, 0\right)$$

$$\Rightarrow \quad q\left(\frac{5 \times \frac{1}{2} + 2}{\frac{1}{2} + 1}, 0\right) \quad \Rightarrow \quad q\left(\frac{9}{3}, 0\right)$$

$$\Rightarrow \quad q(3, 0)$$

अतः रेखाखण्ड AB तथा X-अक्ष का प्रतिच्छेद बिन्दु (3, 0) है।

(ii)

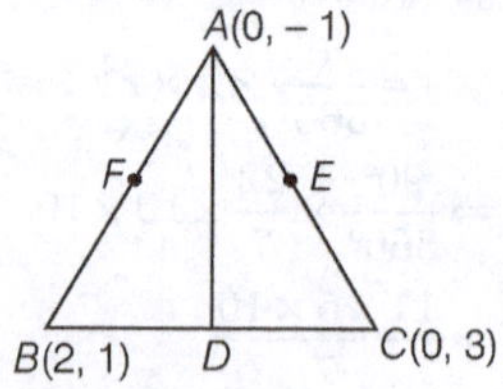

AD, BE, CF ΔABC की माध्यिका है।

मध्य बिन्दु के सूत्र से,

$$P(X, Y) = \left(\frac{x_1 + x_2}{2}, \frac{y_1 + y_2}{2}\right)$$

D बिन्दु के निर्देशांक

$$D(X, Y) = \left(\frac{0 + 2}{2}, \frac{3 + 1}{2}\right) = (1, 2)$$

दूरी के सूत्र से,

$$AD = \sqrt{(x_2 - x_1)^2 + (y_2 - y_1)^2}$$

$$AD = \sqrt{(1 - 0)^2 + (2 + 1)^2}$$

$$AD = \sqrt{1 + 9} = \sqrt{10} \text{ मात्रक}$$

34. दिया है, M, भुजा CD का मध्य बिन्दु है,

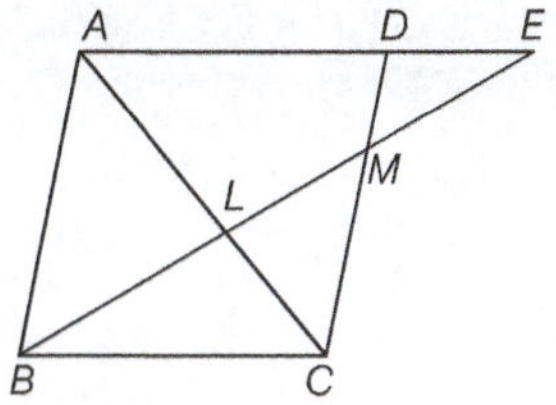

ΔBMC तथा ΔEMD से,

$\angle BMC = \angle EMD$ [शीर्षाभिमुख कोण]

$MC = DM$ [दिया गया है]

$\angle BCM = \angle EDM$ [एकान्तर कोण]

$\therefore$ ASA नियम से,

$\Delta BMC \cong \Delta EMD$

$BC = DE$ [त्रिभुजों की समरूपता से] ...(i)

$AE = AD + DE$

$AE = BC + BC$

$AE = 2BC$ ...(ii)

अब, $\Delta BLC \sim \Delta ELA$ [कोण-कोण समरूपता से]

$\frac{BL}{EL} = \frac{BC}{AE}$ [त्रिभुजों की समरूपता से]

$\frac{BL}{EL} = \frac{BC}{2BC}$

$\frac{BL}{EL} = \frac{1}{2}$

$EL = 2BL$ **इति सिद्धम्**

35. दिया गया है, भूमि पर एक बिन्दु A से जेटप्लेन का उन्नयन कोण $= 60°$

30 सेकण्ड की उड़ान के बाद उन्नयन कोण $= 30°$

जेटप्लेन उड़ रहा है $3600\sqrt{3}$ मी की ऊँचाई पर

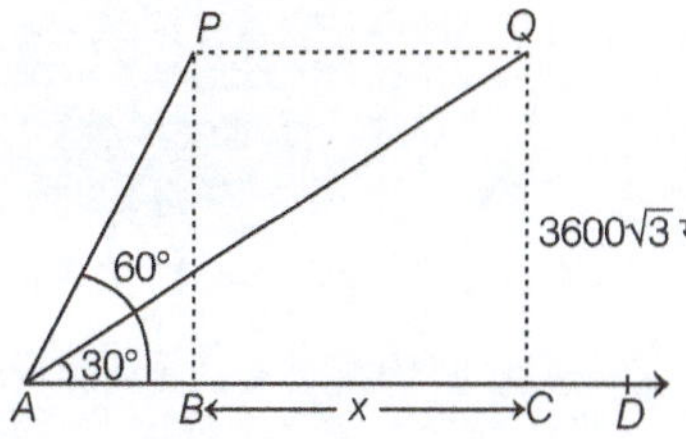

चित्र से, $QC \perp AD$

माना $PB \perp AD$

तब, $PB = QC = 3600\sqrt{3}$ मी

$\angle BAP = 60°, \angle BAQ = 30°$

समकोण ΔABP में,

$\frac{AB}{BP} = \cot 60°$

$\Rightarrow \frac{1}{\sqrt{3}} = \frac{AB}{3600\sqrt{3}}$

$\Rightarrow AB = 3600$ मी ...(i)

माना $BC = PQ = x$ मी ...(ii)

समी (i) व (ii) से,

तब, $AC = AB + BC = (x + 3600)$ मी

समकोण ΔACQ, के लिए

$\frac{AC}{CQ} = \cot 30°$

$\frac{x+3600}{3600\sqrt{3}} = \sqrt{3}$ [$\because CQ = 3600\sqrt{3}$]

$x + 3600 = 3600 \times 3$

$x = 10800 - 3600 = 7200$

समी (ii) से,

अतः $PQ = 7200$ मी

अर्थात् जेटप्लेन द्वारा 30 सेकण्ड में 7200 मी दूरी तय की जाती है।

तब, जेटप्लेन की चाल $= \frac{\text{दूरी}}{\text{समय}} = \frac{7200}{30} \times \frac{60 \times 60}{1000}$

चाल $= 864$ किमी/घण्टा

Allinone®

संपूर्ण अध्ययन | संपूर्ण अभ्यास | संपूर्ण मूल्यांकन

सैम्पल पेपर्स

(बेसिक लेवल व स्टैण्डर्ड लेवल)

सैम्पल पेपर

CBSE कक्षा 10 की परीक्षा के लिए नवीनतम पैटर्न पर आधारित सैम्पल पेपर

गणित (बेसिक लेवल)

सामान्य निर्देश

निम्नलिखित निर्देशों को बहुत सावधानी से पढ़िए और उनका पालन कीजिए :

(i) इस प्रश्न-पत्र में कुल 38 प्रश्न हैं। सभी प्रश्न अनिवार्य हैं।

(ii) यह प्रश्न-पत्र पाँच खण्डों में विभाजित है- **क, ख, ग, घ** एवं **ङ** ।

(iii) **खण्ड क** में प्रश्न संख्या 1 से 18 तक बहुविकल्पीय (MCQ) तथा प्रश्न संख्या 19 एवं 20 अभिकथन एवं तर्क आधारित एक-एक अंक के प्रश्न हैं।

(iv) **खण्ड ख** में प्रश्न संख्या 21 से 25 तक अतिलघु उत्तरीय (VSA) प्रकार के दो-दो अंकों के प्रश्न हैं।

(v) **खण्ड ग** में प्रश्न संख्या 26 से 31 तक लघु उत्तरीय (SA) प्रकार के तीन-तीन अंकों के प्रश्न हैं।

(vi) **खण्ड घ** में प्रश्न संख्या 32 से 35 तक दीर्घ उत्तरीय (LA) प्रकार के पाँच-पाँच अंकों के प्रश्न हैं।

(vii) **खण्ड ङ** में प्रश्न संख्या 36 से 38 तक प्रकरण अध्ययन आधारित चार-चार अंकों के प्रश्न हैं। प्रत्येक प्रकरण अध्ययन में आंतरिक विकल्प दो-दो अंकों के प्रश्न में दिया गया है।

(viii) प्रश्न-पत्र में समग्र विकल्प नहीं दिया गया है। यद्यपि खण्ड ख के 2 प्रश्नों में, खण्ड ग के 2 प्रश्नों में, खण्ड घ के 2 प्रश्नों में तथा खण्ड ङ के 3 प्रश्नों में आंतरिक विकल्प का प्रावधान दिया गया है।

(ix) जहाँ आवश्यक हो स्वच्छ आकृतियाँ बनाइए। जहाँ आवश्यक हो $\pi = \frac{22}{7}$ लीजिए, यदि अन्यथा न दिया गया हो।

(x) कैल्कुलेटर का उपयोग वर्जित है।

समय : 3 घंटे **पूर्णांक : 80**

खण्ड-क

इस खण्ड में बहुविकल्पीय प्रश्न (MCQ) हैं, जिनमें प्रत्येक प्रश्न 1 अंक का है।

1. 144 के अभाज्य गुणनखंड़ों में 2 की घात है (1)

(a) 4 (b) 5 (c) 6 (d) 3

2. $\frac{1}{\operatorname{cosec}\theta}$ का अधिकतम मान है (1)

(a) 1 (b) -1 (c) 0 (d) 2

3. एक परीक्षा में 7 छात्रों के प्राप्तांक 3, 2, 3, 4, 2, 2 तथा 5 हैं। छात्रों के प्राप्तांक का बहुलक होगा (1)

(a) 2 (b) 3 (c) 4 (d) 5

4. गोले की त्रिज्या r तथा बेलन के आधार की त्रिज्या तथा ऊँचाई क्रमश: r तथा $2r$ हैं। बेलन तथा गोले के आयतन का अनुपात .... है (1)

(a) $2:3$ (b) $3:4$ (c) $4:3$ (d) $3:2$

5. यदि एक धनात्मक पूर्णांक m को 3 से विभाजित किया जाए, तो कितने सम्भव शेषफल प्राप्त होंगे? (1)

(a) 0, 1 (b) 0, 1, 2 (c) 1, 3 (d) 1, 2

6. द्विघात बहुपद $x^2 + 18x + 81$ के दोनों शून्यक होंगे (1)

(a) शून्य (b) धनात्मक (c) (a) व (b) दोनों (d) समान व ऋणात्मक

7. रेखा $x - y = 8$ किस बिन्दु पर Y-अक्ष को प्रतिच्छेद करेगी? (1)

(a) $(0, -7)$ (b) $(0, -8)$ (c) $(0, -2)$ (d) $(0, 5)$

8. समीकरण $5(x-5)(x+5)=55$ का हल होगा (1)

(a) ±3 (b) ±5 (c) ±6 (d) ±7

9. यदि समीकरण $3x^2-12x+k=0$ के मूल बराबर है, तो k का मान होगा (1)

(a) 3 (b) 6 (c) 9 (d) 12

10. X-अक्ष से बिन्दु (2, 3) की दूरी होगी (1)

(a) 1 इकाई (b) 2 इकाई (c) 3 इकाई (d) 5 इकाई

11. बिन्दु $P(-6,8)$ की मूल बिन्दु से दूरी है (1)

(a) 6 इकाई (b) 8 इकाई (c) 10 इकाई (d) 14 इकाई

12. दी गई आकृति में $\angle BAC=90°$ तथा $AD\perp BC$ है, तब (1)

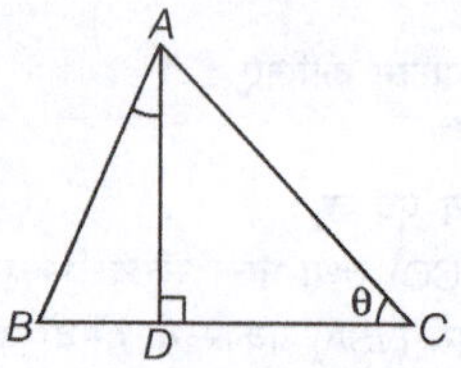

(a) $BD\cdot CD=BC^2$ (b) $AB\cdot AC=BC^2$ (c) $BD\cdot CD=AD^2$ (d) $AB\cdot AC=AD^2$

13. यदि $\tan\theta=\dfrac{2ab}{a^2-b^2}$, तब $\cos\theta$ का मान होगा (1)

(a) 1 (b) $\dfrac{a^2-b^2}{a^2+b^2}$ (c) $\dfrac{a^2+b^2}{a^2-b^2}$ (d) $\dfrac{2ab}{a^2+b^2}$

14. जब वर्गीकृत आँकड़ों के माध्य की गणना करते है, तो हम मानते है कि बारम्बारताएँ होती है (1)

(a) सभी वर्गों के लिए समान बंटित
(b) वर्गों के वर्ग अंक पर केन्द्रित
(c) वर्गों की उच्च सीमा पर केन्द्रित
(d) वर्गों की निम्न सीमा पर केन्द्रित

15. केन्द्रीय प्रवृत्ति की तीनों मापों के बीच में सम्बन्ध हैं (1)

(a) बहुलक = 2 माध्य – 3 माध्यिका
(b) बहुलक = 3 माध्यिका – 2 माध्य
(c) बहुलक = माध्यिका – माध्य
(d) उपरोक्त में से कोई नहीं

16. यदि x_i वर्गीकृत आँकड़ों के वर्ग अन्तरालों का मध्य-बिन्दु तथा f_i उनकी संगत बारम्बारताएँ और $\bar{x}$ माध्य हो, तो $\Sigma(f_i x_i-\bar{x})$ बराबर है (1)

(a) 0 (b) –1 (c) 1 (d) 2

17. $\sin^2\theta+\dfrac{1}{1+\tan^2\theta}$ का मान है? (1)

(a) $\cos^2\theta$ (b) $\sin^2\theta$ (c) 1 (d) $\sec^2\theta$

18. यदि दो बिन्दुओं $P(x,-1)$ व $Q(3,2)$ के बीच की दूरी 5 इकाई है, तब x का मान है (1)

(a) 1 (b) 3 (c) 5 (d) 7

प्रश्न संख्या 19 तथा 20 अभिकथन एवं तर्क आधारित प्रश्न हैं और प्रत्येक प्रश्न का 1 अंक है। दो कथन दिए गए हैं जिनमें एक को अभिकथन (A) तथा दूसरे को तर्क (R) द्वारा अंकित किया गया है। इन प्रश्नों के सही उत्तर नीचे दिए गए कोडों (a), (b), (c) और (d) में से चुनकर दीजिए।

(a) अभिकथन (A) और तर्क (R) दोनों सही हैं और तर्क (R), अभिकथन (A) की सही व्याख्या करता है।
(b) अभिकथन (A) और तर्क (R) दोनों सही हैं, परन्तु तर्क (R), अभिकथन (A) की सही व्याख्या नहीं करता है।
(c) अभिकथन (A) सही है, परन्तु तर्क (R) गलत है।
(d) अभिकथन (A) गलत है, परन्तु तर्क (R) सही है।

19. अभिकथन (A) किसी वृत्त पर एक बाह्य बिन्दु से दो स्पर्श रेखाएँ खींची जा सकती हैं।
तर्क (R) किसी वृत्त पर एक बाह्य बिन्दु से खींची गई दोनों स्पर्श रेखाएँ बराबर होती हैं।

20. अभिकथन (A) $(\sec\theta+\tan\theta)$ और $(\sec\theta-\tan\theta)$ एक-दूसरे के व्युत्क्रम हैं।

तर्क (R) $\sec^2\theta-\tan^2\theta=1$

खण्ड-ख

इस खण्ड में अति लघु-उत्तरीय (VSA) प्रकार के प्रश्न हैं, जिनमें प्रत्येक के 2 अंक हैं।

21. यदि दो पासे एकसाथ फेंके जाएँ, तो प्रायिकता ज्ञात कीजिए
(i) दोनों पर अंक 3 आने की।
(ii) किसी एक पर अंक 3 आने की।
(iii) किसी पर भी अंक 3 न आने की। (2)

22. तीन सिक्कों को एकसाथ उछालते हैं, इसकी क्या प्रायिकता है कि
(i) सभी चित हों।
(ii) कम-से-कम दो चित हों।
(iii) अधिक-से-अधिक दो चित हों। (2)

अथवा

दो पासों पर क्रमश: 1, 2, 3, 4, 5, 6 और 1, 1, 2, 2, 3, 3 लिखी हुई हैं। वे एकसाथ उछाले जाते हैं और इन पर आयी संख्याओं का योग लिख लिया जाता है। क्रमश: 2 से 9 तक प्रत्येक योग प्राप्त होने की प्रायिकता ज्ञात कीजिए। (2)

23. यदि बिंदु $A(-2-1), B(a, 0), C(4, b)$ और $D(1, 2)$ समांतर चतुर्भुज के शीर्ष इसी क्रम में हो, तो a और b का मान ज्ञात कीजिए। (2)

24. यदि $\tan\alpha = m\tan\beta$ तथा $\sin\alpha = m\sin\beta$, तो सिद्ध कीजिए कि

$$\cos^2\alpha = \frac{m^2-1}{n^2-1}$$ (2)

अथवा

यदि $7\sin^2\theta + 3\cos^2\theta = 4$, तब सिद्ध कीजिए कि $\sec\theta + \operatorname{cosec}\theta = 2 + \frac{2}{\sqrt{3}}$ (2)

25. जाँच कीजिए कि क्या किसी भी प्राकृत संख्या n के लिए 6^n शून्य पर समाप्त हो जाता है? (2)

खण्ड-ग

इस खण्ड में लघु-उत्तरीय (SA) प्रकार के प्रश्न हैं, जिनमें प्रत्येक के 3 अंक हैं।

26. निम्न चित्र में, वृत्त के केन्द्र O से 10 सेमी दूर स्थित बिंदु P से उस वृत्त पर एक स्पर्श रेखा PT खींची गई है, जिसकी लंबाई 8 सेमी है। तब, वृत्त की त्रिज्या ज्ञात कीजिए।

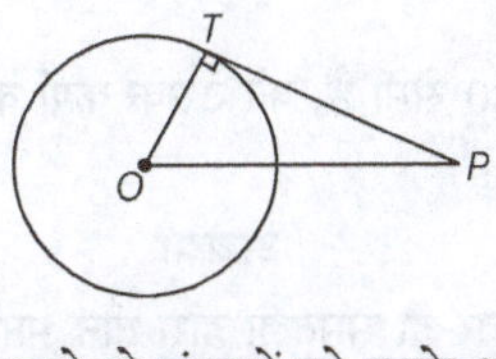

(3)

27. समान आधार त्रिज्या 8 सेमी और समान ऊँचाई 15 सेमी वाले दो शंकुओं को उनके आधारों के अनुदिश जोड़ा जाता है। इस प्रकार बने आकार का पृष्ठीय क्षेत्रफल ज्ञात कीजिए। (3)

28. यदि $\frac{\sin^2\theta}{\cos^4\phi} + \frac{\sin^4\phi}{\cos^2\theta} = 1$ तथा समकोण त्रिभुज के न्यूनकोण θ तथा ϕ हैं, तो सिद्ध कीजिए कि $\frac{\cos^4\theta}{\sin^2\phi} + \frac{\cos^2\phi}{\sin^4\theta} = 1$ (3)

अथवा

सिद्ध कीजिए कि $\frac{\tan\theta}{1-\cot\theta} + \frac{\cot\theta}{1-\tan\theta} = 1 + \sec\theta\operatorname{cosec}\theta$ (3)

29. सिद्ध कीजिए कि $\sqrt{p}+\sqrt{q}$ एक अपरिमेय संख्या हैं, जहाँ p और q अभाज्य संख्याएँ हैं। (3)

30. त्रिज्याओं 3 सेमी तथा 4 सेमी वाले दो वृत्त जिनका केन्द्र O तथा O' हैं जो एक-दूसरे को बिंदुओं P तथा Q पर इस प्रकार प्रतिच्छेद करते हैं कि क्रमश: OP तथा OP' दोनों वृत्तों के क्रमश: लंबवत् स्पर्श रेखाएँ हैं, तो उभयनिष्ठ जीवा PQ की लंबाई ज्ञात कीजिए। (3)

31. किसी दो अंकों की संख्या में, दहाई का अंक, इकाई के अंक का तीन गुना है जब संख्या में से 54 घटा दिया जाता है, तो संख्या पुनरावृर्तित हो जाती है, तब संख्या ज्ञात कीजिए। (3)

अथवा

निम्न समीकरण के हल ज्ञात कीजिए $\frac{16}{x}-1=\frac{15}{x+1}, x\neq 0, -1$ (3)

खण्ड घ

इस खण्ड में दीर्घ उत्तरीय (LA) प्रकार के प्रश्न है, जिनमें प्रत्येक के 5 अंक हैं।

32. 1 से 500 तक के उन पूर्णांकों का योग ज्ञात कीजिए जो 2 या 5 के गुणज हो। (5)

अथवा

यदि किसी समांतर श्रेढ़ी का 5वाँ पद 31 तथा 25वाँ पद 5वें पद से 140 अधिक हो तब समांतर श्रेढ़ी ज्ञात कीजिए। (5)

33. किसी अपूर्ण मीनार के आधार से 90 मी दूर किसी बिंदु से मीनार के शिखर का उन्नयन कोण 30° है। ज्ञात कीजिए कि मीनार को और कितना ऊँचा बनाया जाए, जिससे उसी स्थान पर उसका उन्नयन कोण 60° हो जाए? (5)

34. निम्नलिखित बारंबारता बंटन से x तथा y का मान ज्ञात कीजिए। यदि $N=100$ तथा माध्यिका $=32$ है।

प्राप्तांक	विद्यार्थियों की संख्या
0-10	10
10-20	x
20-30	25
30-40	30
40-50	y
50-60	10
योग	100

(5)

35. एक समकोण त्रिभुज, जिसकी भुजाएँ 15 सेमी और 20 सेमी हैं, को उसके कर्ण के परित: घुमाया जाता है। इस प्रकार बने हुए द्विशंकु का आयतन और पृष्ठीय क्षेत्रफल ज्ञात कीजिए। [$\pi=3.14$ लीजिए] (5)

अथवा

एक लंबवृत्तीय शंकु की ऊँचाई को आधार के समानांतर दो समतलों द्वारा तीन भागों में बाँटा गया है। दर्शाइए कि ऊपरी सिरे से आरंभ करके तीनों भागों के आयतनों का अनुपात 1 : 7 : 19 है। (5)

खण्ड ङ

इस खण्ड में 3 प्रकरण अध्ययन आधारित प्रश्न हैं, जिनमें प्रत्येक के 4 अंक हैं।

36. विजय अपने घर के पास स्थित किसी टावर की औसत ऊँचाई को जानना चाहता है। इसके लिए समरूप त्रिभुज के गुणधर्म का प्रयोग करता है। विजय के घर की ऊँचाई यदि 20 मी हो जब उसके घर की परछाई धरातल पर 10 मी दूरी पर बनती है। उसी समय, मीनार धरातल पर 50 मी लंबाई की परछाई बनाती है तथा अजय के घर की परछाई धरातल पर 20 मी की परछाई बनाती है।

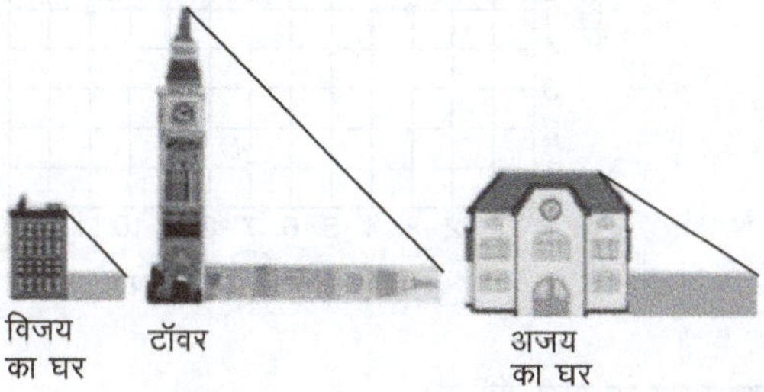

उपरोक्त सूचना के आधार पर निम्नलिखित प्रश्नों के उत्तर दीजिए।

(i) मीनार की ऊँचाई क्या होगी? (1)

(ii) मीनार की छाया की लंबाई क्या होगी, जब विजय के घर की परछाई 12 मी हो? (1)

(iii) जब मीनार की छाया 40 मी हो, तब उसी समय अजय के घर की परछाई की लंबाई क्या होगी? (2)

अथवा

जब मीनार की छाया की लंबाई 40 मी हो, तब उसी समय विजय के घर की लंबाई क्या होगी?

37. एक बिजली के तार को चित्रानुसार मोड़ा गया है, जोकि गणितीय आकार में परिवर्तित हो जाता है।

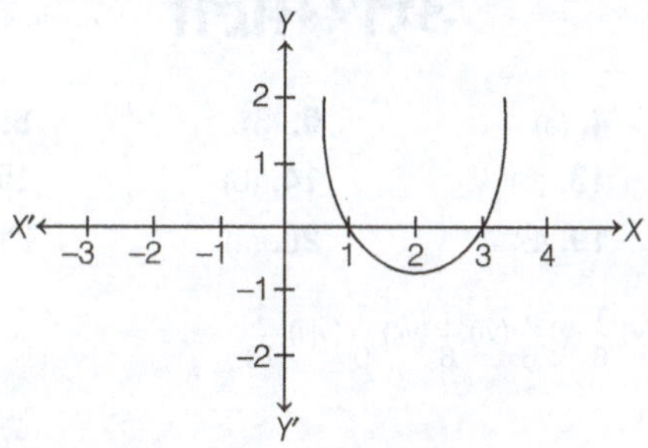

उपरोक्त सूचना के आधार पर निम्नलिखित प्रश्नों के उत्तर दीजिए।

(i) मोड़े गए तार की आकृति का नाम लिखिए। (1)

(ii) बहुपद के शून्यक है (1)

(iii) बहुपद का व्यंजक क्या होगा? (2)

अथवा

बहुपद का मान क्या होगा, यदि $x=-2$ हो?

38. अभ्यास परख हेतु विद्यालय में कक्षा X के गणित के अध्यापक विद्यार्थियों को ले कर जाते है। चित्रानुसार विद्यार्थी अभ्यास हेतु खेल के मैदान में A, B, C तथा D स्थितियों पर खड़े हो जाते है पंक्तियों तथा स्तंभों के रूप में।

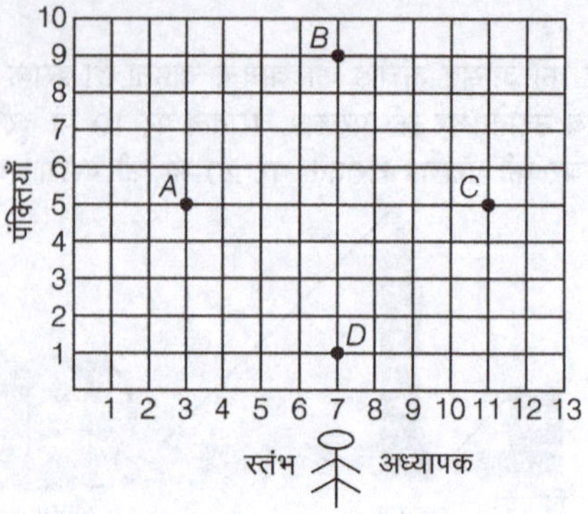

O को मूलबिन्दु मानते हुए, निम्नलिखित प्रश्नों के उत्तर दीजिए।

(i) A के निर्देशांक क्या होंगे? (1)

(ii) C के निर्देशांक क्या होंगे? (1)

(iii) A तथा C के बीच की दूरी ज्ञात कीजिए। (2)

अथवा

(v) B तथा D के बीच की दूरी ज्ञात कीजिए।

उत्तरमाला

1. (a) **2.** (a) **3.** (a) **4.** (a) **5.** (b) **6.** (d) **7.** (b) **8.** (c) **9.** (d)
10. (c) **11.** (c) **12.** (c) **13.** (b) **14.** (b) **15.** (b)
16. (a) **17.** (c) **18.** (d) **19.** (b) **20.** (a) **21.** (i) $\frac{1}{36}$ (ii) $\frac{11}{36}$ (iii) $\frac{25}{36}$

22. (i) $\frac{1}{8}$ (ii) $\frac{1}{2}$ (iii) $\frac{1}{8}$ *अथवा* (i) $\frac{1}{18}$ (ii) $\frac{1}{9}$ (iii) $\frac{1}{6}$ (iv) $\frac{1}{6}$ (v) $\frac{1}{6}$ (vi) $\frac{1}{6}$ (vii) $\frac{1}{9}$ (viii) $\frac{1}{18}$

23. $a = 1, b = 3$ **25.** नहीं

26. *अथवा* 6 सेमी **27.** 855 सेमी^{2} **30.** 4.8 सेमी **31.** 93 *अथवा* $x = \pm 4$

32. 75280 *अथवा* 3, 10, 17, 24, ... **33.** 103.92 मी **34.** $x = 9$ तथा $y = 16$

35. 3768 सेमी^{3} *अथवा* 1318.8 सेमी^{2} **36.** (i) 100 मी (ii) 50 मी (iii) 16 मी अथवा 8 मी

37. (i) परवलय (ii) 1 तथा 3 (iii) $x^2 - 4x + 1$ *अथवा* 13

38. (i) (3,5) (ii) (11,5) (iii) 8 इकाई *अथवा* 8 इकाई

सैम्पल पेपर

CBSE कक्षा 10 की परीक्षा के लिए नवीनतम पैटर्न पर आधारित सैम्पल पेपर

गणित (स्टैंडर्ड लेवल)

सामान्य निर्देश

निम्नलिखित निर्देशों को बहुत सावधानी से पढ़िए और उनका पालन कीजिए :

(i) इस प्रश्न-पत्र में कुल 38 प्रश्न हैं। सभी प्रश्न अनिवार्य हैं।

(ii) यह प्रश्न-पत्र पाँच खण्डों में विभाजित है- **क, ख, ग, घ** एवं **ङ** ।

(iii) **खण्ड क** में प्रश्न संख्या 1 से 18 तक बहुविकल्पीय (MCQ) तथा प्रश्न संख्या 19 एवं 20 अभिकथन एवं तर्क आधारित एक-एक अंक के प्रश्न हैं।

(iv) **खण्ड ख** में प्रश्न संख्या 21 से 25 तक अतिलघु उत्तरीय (VSA) प्रकार के दो-दो अंकों के प्रश्न हैं।

(v) **खण्ड ग** में प्रश्न संख्या 26 से 31 तक लघु उत्तरीय (SA) प्रकार के तीन-तीन अंकों के प्रश्न हैं।

(vi) **खण्ड घ** में प्रश्न संख्या 32 से 35 तक दीर्घ उत्तरीय (LA) प्रकार के पाँच-पाँच अंकों के प्रश्न हैं।

(vii) **खण्ड ङ** में प्रश्न संख्या 36 से 38 तक प्रकरण अध्ययन आधारित चार-चार अंकों के प्रश्न हैं। प्रत्येक प्रकरण अध्ययन में आंतरिक विकल्प दो-दो अंकों के प्रश्न में दिया गया है।

(viii) प्रश्न-पत्र में समग्र विकल्प नहीं दिया गया है। यद्यपि खण्ड ख के 2 प्रश्नों में, खण्ड ग के 2 प्रश्नों में, खण्ड घ के 2 प्रश्नों में तथा खण्ड ङ के 3 प्रश्नों में आंतरिक विकल्प का प्रावधान दिया गया है।

(ix) जहाँ आवश्यक हो स्वच्छ आकृतियाँ बनाइए। जहाँ आवश्यक हो $\pi = \frac{22}{7}$ लीजिए, यदि अन्यथा न दिया गया हो।

(x) कैल्कुलेटर का उपयोग वर्जित है।

समय : 3 घंटे | ***पूर्णांक : 80***

खण्ड–क

इस खण्ड में बहुविकल्पीय प्रश्न (MCQ) हैं, जिनमें प्रत्येक प्रश्न 1 अंक का है।

1. ΔABC में $DE \parallel BC$, यदि $AD = x, DB = x-2, AE = x+2$ और $EC = x-1$, तो x का मान 1 होगा (1)

(a) सत्य (b) असत्य (c) कह नहीं सकते (d) इनमें से कोई नहीं

2. यदि $\tan A = \frac{5}{12}$ हैं, तो $(\tan A + \cos A) \times \sec A$ का मान ज्ञात कीजिए। (1)

(a) $\frac{6}{13}$ (b) $\frac{7}{12}$ (c) $\frac{18}{13}$ (d) $\frac{12}{17}$

3. एक शंकु के आधार की त्रिज्या 3.5 सेमी तथा ऊँचाई 12 सेमी है। शंकु की तिर्यक ऊँचाई ज्ञात कीजिए। (1)

(a) 154 सेमी (b) 142 सेमी (c) 152 सेमी (d) 150 सेमी

4. जब एक बाँस की परछाई की लंबाई उसकी ऊँचाई के बराबर है, तो सूर्य का उन्नयन कोण है (1)

(a) 30° (b) 45° (c) 60° (d) 90°

5. संख्या 716 को किस संख्या से विभाजित किया जाए कि भागफल 21 तथा शेषफल 23 प्राप्त हो? (1)

(a) 32 (b) 33 (c) 38 (d) 23

6. रैखिक समीकरण युग्म $6x - 7y = 1$ तथा $3x - 4y = 5$ के है (1)

(a) अद्वितीय हल (b) दो हल (c) अपरिमित अनन्त हल (d) कोई हल नहीं

7. द्विघात समीकरण $kx(x-2)+6=0$ के मूल बराबर है, तब k का मान है (1)

(a) 0 (b) 6 (c) (a) व (b) दोनों (d) इनमें से कोई नहीं

8. एक 17 मी लम्बी सीढ़ी एक भवन के सहारे इस प्रकार खड़ी है कि वह भवन पर जमीन से 15 मी ऊँची खिड़की तक पहुँचती है। सीढ़ी का निचला सिरा भवन के आधार से कितनी दूरी है? (1)

(a) 7 मी (b) 2 मी (c) 8 मी (d) इनमें से कोई नहीं

9. $(\text{cosec}^2\theta-1)\tan^2\theta$ का मान है (1)

(a) 0 (b) 1 (c) 2 (d) इनमें से कोई नहीं

10. निम्न बारम्बारता बंटन का माध्य है (1)

वर्ग अन्तराल	0-10	10-20	20-30	30-40	40-50
मजदूरों की संख्या	7	10	15	8	10

(a) 49.5 (b) 50.28 (c) 25.8 (d) 28.5

11. एक सर्कस का टेंट 3 मी ऊँचाई तक बेलनाकार है इसके बाद का ऊपरी भाग शंकुनुमा है। यदि आधार का व्यास 105 मी तथा शंकुनुमा भाग की तिर्यक ऊँचाई 53 मी है, तब टेन्ट को बनवाने में कितने वर्ग मीटर कपड़ा काम आएगा? (1)

(a) 6735 सेमी^{2} (b) 7735 सेमी^{2} (c) 9735 सेमी^{2} (d) 8735 सेमी^{2}

12. बिंदु $P(2,-3)$ और $Q(10,y)$ के बीच की दूरी 10 मात्रक है। y का मान होगा (1)

(a) −3, 9 (b) −9, 3 (c) 9, 3 (d) −9, 2

13. समीकरण $\frac{4}{x}-3=\frac{5}{2x+3}$ का हल है (1)

(a) 1 (b) 0 (c) −3 (d) −1

14. निम्न आँकड़ों का बहुलक है (1)

अंक	0-10	10-20	20-30	30-40	40-50
विद्यार्थियों की संख्या	3	12	32	20	6

(a) 26 (b) 32 (c) 26.25 (d) 3

15. बिंदुओं (−2,6) और (−2,10) को मिलाने वाले रेखाखंड के मध्य-बिंदु के निर्देशांक होंगे (1)

(a) (−2,3) (b) (−2,5) (c) (−2,8) (d) (0, 2)

16. चित्र में, यदि $DE \parallel BC$ है, तो x का मान होगा (1)

(a) 6 सेमी (b) 8 सेमी (c) 10 सेमी (d) 12.5 सेमी

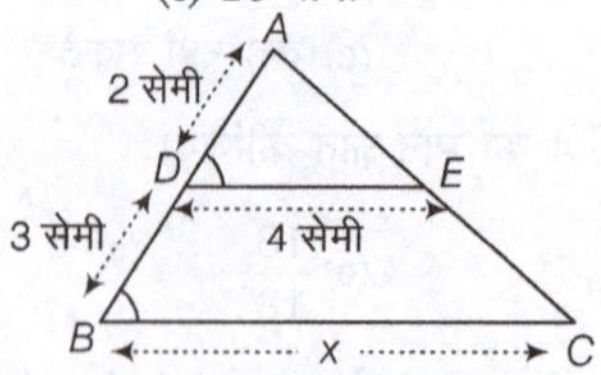

17 यदि $\tan\theta=\frac{a}{b}$ है, तो $\frac{b\sin\theta-a\cos\theta}{b\sin\theta+a\cos\theta}$ का मान होगा (1)

(a) 1 (b) $\frac{a^2-b^2}{a^2+b^2}$ (c) $\frac{b^2-a^2}{b^2+a^2}$ (d) 0

18. एक पात्र का निचला सिरा अर्द्धगोलाकार तथा ऊपरी सिरा बेलनाकार है। यदि गोले की त्रिज्या 7 सेमी तथा पात्र की कुल ऊँचाई 26 सेमी हैं, तो पात्र की क्षमता होगी (1)

(a) 1642.66 सेमी^{2} (b) 3645.18 सेमी^{2} (c) 4876.66 सेमी^{3} (d) 1678.66 सेमी^{3}

प्रश्न संख्या 19 तथा 20 अभिकथन एवं तर्क आधारित प्रश्न हैं और प्रत्येक प्रश्न का 1 अंक है। दो कथन दिए गए हैं जिनमें एक को अभिकथन (A) तथा दूसरे को तर्क (R) द्वारा अंकित किया गया है। इन प्रश्नों के सही उत्तर नीचे दिए गए कोडों (a), (b), (c) और (d) में से चुनकर दीजिए।

(a) अभिकथन (A) और तर्क (R) दोनों सही हैं और तर्क (R), अभिकथन (A) की सही व्याख्या करता है।
(b) अभिकथन (A) और तर्क (R) दोनों सही हैं, परन्तु तर्क (R), अभिकथन (A) की सही व्याख्या नहीं करता है।
(c) अभिकथन (A) सही है, परन्तु तर्क (R) गलत है।
(d) अभिकथन (A) गलत है, परन्तु तर्क (R) सही है।

19. **अभिकथन (A)** द्विघात समीकरण $x^2-14x-120=0$ के मूल बराबर हैं।
तर्क (R) द्विघात समीकरण $ax^2+bx+c=0$ के मूल बराबर हैं, यदि $b^2-4ac=0$

20. **अभिकथन (A)** जब एक पासे को उछाला जाता है, तीन से छोटी विषम संख्या प्राप्त करने की प्रायिकता $\frac{1}{6}$ है।

तर्क (R) यदि किसी घटना के घटित होने की प्रायिकता P है, तब $0 \le P \le 1$ है।

खण्ड-ख

इस खण्ड में अति लघु-उत्तरीय (VSA) प्रकार के प्रश्न हैं, जिनमें प्रत्येक के 2 अंक हैं।

21. यदि $\Sigma x_i = 20$, $\Sigma f_i x_i = 2p + 20$ तथा बंटन का माध्य 12 है, तब p का मान ज्ञात कीजिए। (2)

22. आइसक्रीम का आयतन ज्ञात कीजिए, जो 12 सेमी ऊँचे तथा 6 सेमी व्यास के लंबवृत्तीय शंकु को भरने के बाद उसके ऊपर अर्द्धगोले का आकार बनता है। ($\pi = 3.14$) (2)

अथवा

लकड़ी के एक ठोस बेलन के प्रत्येक सिरे पर एक अर्धगोला खोदकर निकालते हुए, एक वस्तु बनाई गई, जैसा कि चित्र में दर्शाया गया है। यदि बेलन की ऊँचाई 10 सेमी है और आधार की त्रिज्या 3.5 सेमी है, तो इस वस्तु का सम्पूर्ण पृष्ठीय क्षेत्रफल ज्ञात कीजिए।

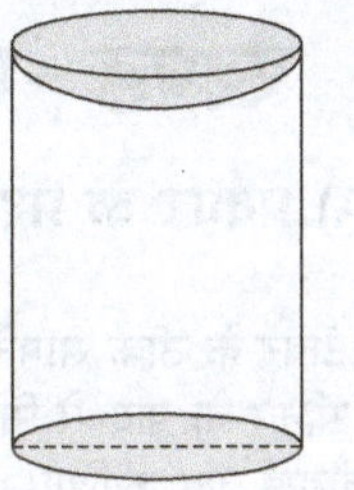

(2)

23. आकृति में, $DE \parallel OQ$ और $DF \parallel OR$ है, दर्शाइए कि $EF \parallel QR$ है।

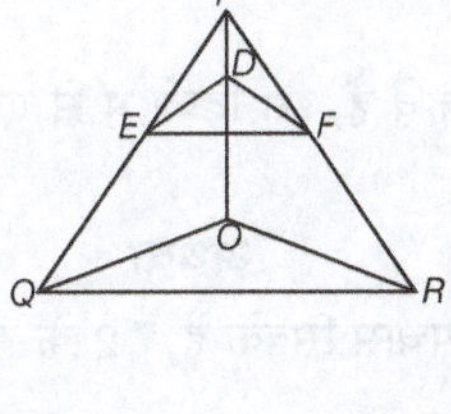

24. सिद्ध कीजिए $\frac{\sin A - 2\sin^3 A}{2\cos^3 A - \cos A} = \tan A$ (2)

अथवा

सिद्ध कीजिए $\tan^2\theta + \cot^2\theta + 2 = \sec^2\theta \operatorname{cosec}^2\theta$ (2)

25. सिद्ध कीजिए कि $3+\sqrt{5}$ एक अपरिमेय संख्या है। (2)

खण्ड–ग

इस खण्ड में लघु-उत्तरीय (SA) प्रकार के प्रश्न हैं, जिनमें प्रत्येक के 3 अंक हैं।

26. श्रेणी का योगफल ज्ञात कीजिए $7 + 10\frac{1}{2} + 14 + \ldots = 84$ (3)

27. दो दिए हुए वृत्तों के केन्द्र O और O' हैं। दोनों वृत्त एक-दूसरे को अंत: स्पर्श करते हैं। इनकी उभनिष्ठ स्पर्श रेखा PT है। बिन्दु O से दूसरे वृत्त पर OQR स्पर्श रेखा खींची जाती है, जो दूसरे वृत्त को बिन्दु Q पर स्पर्श करती है और PT को बिन्दु R पर काटती है। सिद्ध कीजिए कि $\angle OO'Q = \angle PRQ$ (3)

अथवा

सिद्ध कीजिए कि दो समान्तर स्पर्शियों के स्पर्श बिन्दु को मिलाने वाला रेखाखण्ड केन्द्र से होकर गुजरता है। (3)

28. चावल की एक ढेरी शंकु के आकार की है, जिसके आधार का व्यास 24 मी तथा ऊँचाई 3.5 मी है, चावलों का आयतन ज्ञात कीजिए। इस ढेरी को पूरा-पूरा ढकने के लिए कितने कैनवास की आवश्यकता है? (3)

29. सिद्ध कीजिए $\sin^6\theta + \cos^6\theta + 3\sin^2\theta\cos^2\theta = 1$ (3)

अथवा

सिद्ध कीजिए $\frac{\sin\theta}{1-\cot\theta} + \frac{\cot\theta}{1-\tan\theta} = 1 + \sec\theta\,\operatorname{cosec}\theta$ (3)

30. सबसे बड़ी धनात्मक संख्या ज्ञात कीजिए जिससे 499, 486 तथा 604 में भाग देने पर 7, 11 तथा 15 शेषफल क्रमश: बचते हैं। (3)

31. सिद्ध कीजिए कि अनुक्रम 9, 12, 15, 18 ...... समान्तर श्रेढ़ी में हैं। इसका 16वाँ तथा सामान्य पद ज्ञात कीजिए। (3)

खण्ड -घ

इस खण्ड में दीर्घ उत्तरीय (LA) प्रकार के प्रश्न है, जिनमें प्रत्येक के 5 अंक हैं।

32. एक नहर के एक तट पर एक टावर ऊर्ध्वारत: खड़ा है टावर के ठीक सामने दूसरे तट के एक बिन्दु से टावर के शिखर का उन्नयन कोण 60° है। इसी तट पर इस बिन्दु से 20 मी दूर और इस बिन्दु को मीनार के पाद से मिलाने वाली रेखा पर स्थित एक अन्य बिन्दु से टावर के शिखर का उन्नयन कोण 30° है। टावर की ऊँचाई और नहर की चौड़ाई ज्ञात कीजिए। (5)

33. ΔABC एक समद्विबाहु त्रिभुज है, जिसमें $AB = AC$ तथा D, AC पर एक बिन्दु इस प्रकार स्थित है कि $BC^2 = AC \times DC$, तब सिद्ध कीजिए कि $BD = BC$ (5)

34. एक डिब्बे में 5 लाल कंचे, 8 सफेद कंचे और 4 हरे कंचे हैं, इस डिब्बे में से एक कंचा निकाला जाता है, तब प्रायिकता ज्ञात कीजिए कि कंचा (i) लाल है (ii) सफेद है (iii) हरा नहीं है? (5)

अथवा

एक पिग्गी बैंक में 50 पैसे के सौ सिक्के हैं, ₹ 1 के पचास सिक्के हैं, ₹ 2 के बीस सिक्के गिरने के परिणाम समप्रायिक हैं, तो इसकी क्या प्रायिकता है कि वह गिरा हुआ सिक्का

(i) 50 पैसे का होगा? (ii) ₹ 5 का नहीं होगा? (5)

35. एक खिलौना, त्रिज्या 3.5 सेमी वाले एक शंकु के आकार का है, जो उसी त्रिज्या वाले एक अर्द्धगोले पर अध्यारोपित है। इस खिलौने की संपूर्ण ऊँचाई 15.5 सेमी है। इस खिलौने का संपूर्ण पृष्ठीय क्षेत्रफल ज्ञात कीजिए। (5)

अथवा

ऊँचाई 24 सेमी और व्यास 20 सेमी वाले एक ठोस बेलन में से इसी ऊँचाई और इसी व्यास वाला एक शंक्वाकार खोल काट लिया जाता है, तब शेष बचे ठोस का आयतन व पृष्ठीय क्षेत्रफल निकटतम वर्ग सेमी तक ज्ञात कीजिए। (5)

खण्ड-ङ

इस खण्ड में 3 प्रकरण अध्ययन आधारित प्रश्न हैं, जिनमें प्रत्येक के 4 अंक हैं।

36. दिल्ली पब्लिक स्कूल सोसायटी के भारत के विभिन्न राज्यों में कई स्कूल हैं उनमें से दिल्ली पब्लिक स्कूल की एक शाखा गाजियाबाद में स्थित है। उस कक्षा में हजारों विद्यार्थी पढ़ते हैं।

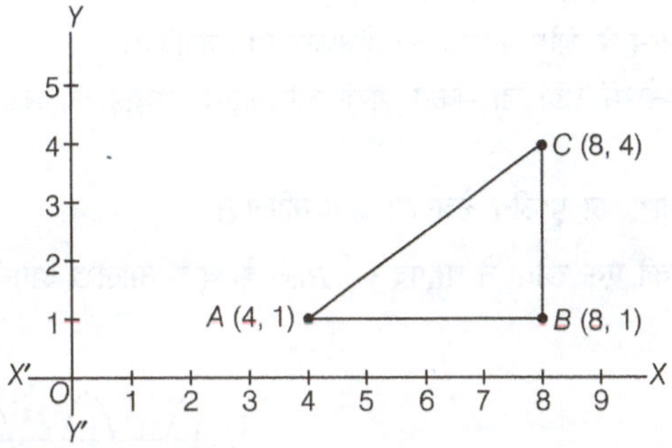

उनमें से एक लड़का विद्यालय के प्रांगण में खड़ा है जिसके निर्देशांक (4, 1) हैं जोकि पूर्व की ओर खड़ा है वह सीधी रेखा में 4 इकाई बढ़ता है तथा दायाँ मुड़कर 3 इकाई चलकर रुकता है तब वह अपने घर पर पहुँचता है, उपरोक्त स्थिति को निम्नांकित आकृति में निर्देशांक अक्षों द्वारा दर्शाया गया है।

उपरोक्त सूचना के आधार निम्नलिखित प्रश्नों के उत्तर दीजिए।

(i) विद्यालय तथा घर के बीच की न्यूनतम दूरी क्या होगी? (1)

(ii) रेखाखण्ड AB को बिंदु D, 1 : 2 के अनुपात में विभाजित करता है, तब D के निर्देशांक होंगे (1)

(iii) AB की दूरी ज्ञात कीजिए। (2)

अथवा

बिन्दु C का X-अक्ष के सापेक्ष प्रतिबिम्ब ज्ञात कीजिए।

37. घनाभ में, सभी छः फलक आयताकार होते हैं तथा इसमें विपरीत फलक समान होते हैं इसलिए इसमें समान फलकों के तीन युग्म होते हैं जोकि चित्र में दर्शाए गए हैं

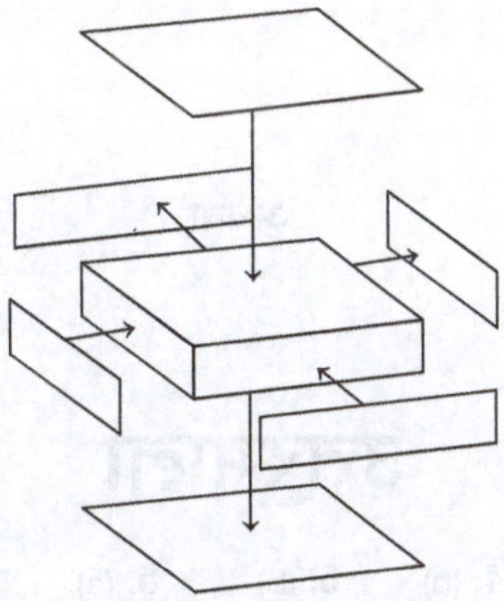

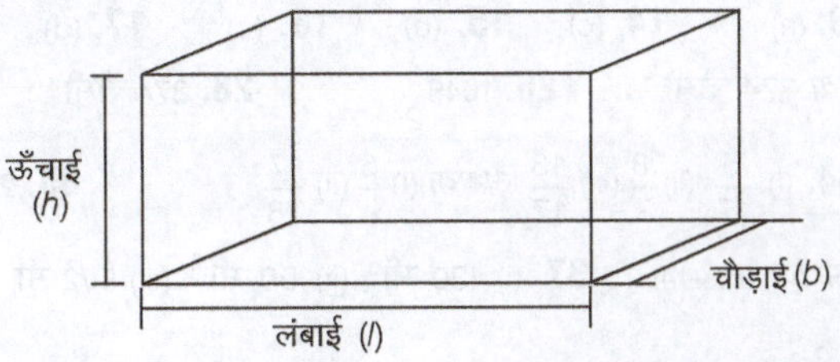

घनाभ से सम्बन्धित सूत्र निम्नवत् हैं

(i) घनाभ की चौड़ाई $= l \times b \times h$ (ii) घनाभ का कुल पृष्ठीय क्षेत्रफल $= 2\,(lb + bh + lh)$

(iii) घनाभ का विकर्ण $= \sqrt{l^2 + b^2 + h^2}$ (iv) घनाभ का पार्श्व पृष्ठीय क्षेत्रफल $= 2(l + b)h$

माना बक्से की विमाएँ 10 मी × 8 मी × 6 मी हैं।

उपरोक्त सूचना के आधार निम्नलिखित प्रश्नों के उत्तर दीजिए।

(i) बक्से की क्षमता ज्ञात कीजिए। (1)

(ii) घनाभ के शीर्ष फलक का क्षेत्रफल ज्ञात कीजिए। (1)

(iii) बक्से में रखी जा सकने वाली अधिकतम लम्बाई की छड़ की लम्बाई कितनी हो सकती है? (2)

अथवा

घनाभ का पृष्ठीय क्षेत्रफल ज्ञात कीजिए।

38. कक्षा X की एक छात्रा ने बहुपद $y = P(x)$ के कुछ आलेख अपनी नोटबुक में बनाए। जोकि निम्नवत है

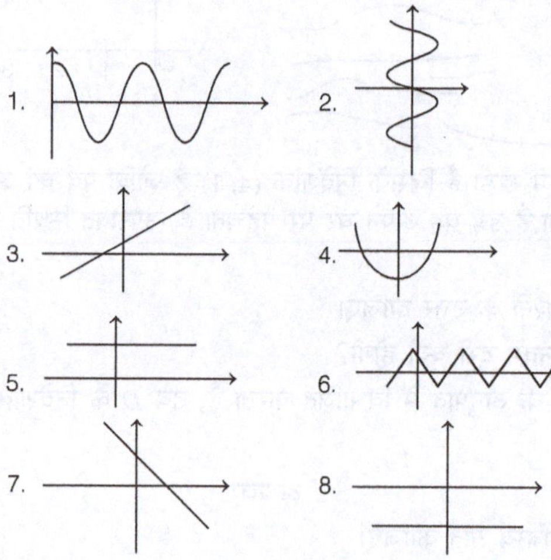

चित्र में दर्शाए अनुसार कुछ बहुपदों के आलेख पर आधारित निम्नलिखित प्रश्नों के उत्तर दीजिए

(i) कितने बहुपदों के चार शून्यक हैं? (1)

(ii) कितने बहुपदों के एक शून्यक है? (1)

(iii) कितने बहुपदों के दो शून्यक हैं? (2)

अथवा

कितने बहुपदों के कोई शून्यक नहीं है?

उत्तरमाला

1. (b) **2.** (c) **3.** (a) **4.** (b) **5.** (b) **6.** (a) **7.** (c) **8.** (c) **9.** (b) **10.** (c)
11. (c) **12.** (b) **13.** (a) **14.** (c) **15.** (c) **16.** (c) **17.** (d) **18.** (b) **19.** (d) **20.** (b)
21. 110 **22.** 169.56 सेमी^{3} *अथवा* 374 सेमी^{2} **26.** $1046\frac{1}{2}$ **28.** 374 सेमी^{2} **30.** 19 **31.** $3m + 6$, 54
32. $10\sqrt{3}$ मी तथा 10 मी **34.** (i) $\frac{5}{17}$ (ii) $\frac{8}{7}$ (iii) $\frac{13}{17}$ *अथवा* (i) $\frac{5}{a}$ (ii) $\frac{17}{18}$ **35.** 214.5 सेमी^{2} *अथवा* 5024 सेमी^{3}, 2637.8 सेमी^{2}
36. (i) 5 इकाई (ii) $\left(\frac{16}{3}, 1\right)$ (iii) 4 इकाई *अथवा* (8, – 4) **37.** (i) 430 मी^{3} (ii) 50 मी^{2} (iii) $5\sqrt{2}$ मी *अथवा* 372 मी^{2}
38. (i) 1 (ii) 2 (iii) 1 *अथवा* 2

CBSE परीक्षा प्रश्न-पत्र 2025

(बेसिक तथा स्टैण्डर्ड लेवल)

CBSE परीक्षा प्रश्न-पत्र 2025

गणित (बेसिक लेवल)

सामान्य निर्देश

निम्नलिखित निर्देशों को बहुत सावधानी से पढ़िए और उनका पालन कीजिए :

(i) इस प्रश्न-पत्र में कुल 38 प्रश्न हैं। सभी प्रश्न अनिवार्य हैं।

(ii) यह प्रश्न-पत्र पाँच खण्डों में विभाजित है- **क, ख, ग, घ** एवं **ङ** ।

(iii) **खण्ड क** में प्रश्न संख्या 1 से 18 तक बहुविकल्पीय (MCQ) तथा प्रश्न संख्या 19 एवं 20 अभिकथन एवं तर्क आधारित एक-एक अंक के प्रश्न हैं।

(iv) **खण्ड ख** में प्रश्न संख्या 21 से 25 तक अतिलघु उत्तरीय (VSA) प्रकार के दो-दो अंकों के प्रश्न हैं।

(v) **खण्ड ग** में प्रश्न संख्या 26 से 31 तक लघु उत्तरीय (SA) प्रकार के तीन-तीन अंकों के प्रश्न हैं।

(vi) **खण्ड घ** में प्रश्न संख्या 32 से 35 तक दीर्घ उत्तरीय (LA) प्रकार के पाँच-पाँच अंकों के प्रश्न हैं।

(vii) **खण्ड ङ** में प्रश्न संख्या 36 से 38 तक प्रकरण अध्ययन आधारित चार-चार अंकों के प्रश्न हैं। प्रत्येक प्रकरण अध्ययन में आंतरिक विकल्प दो-दो अंकों के प्रश्न में दिया गया है।

(viii) प्रश्न-पत्र में समग्र विकल्प नहीं दिया गया है। यद्यपि खण्ड ख के 2 प्रश्नों में, खण्ड ग के 2 प्रश्नों में, खण्ड घ के 2 प्रश्नों में तथा खण्ड ङ के 3 प्रश्नों में आंतरिक विकल्प का प्रावधान दिया गया है।

(ix) जहाँ आवश्यक हो स्वच्छ आकृतियाँ बनाइए। जहाँ आवश्यक हो $\pi = \frac{22}{7}$ लीजिए, यदि अन्यथा न दिया गया हो।

(x) कैल्कुलेटर का उपयोग वर्जित है।

खण्ड-क

इस खण्ड में बहुविकल्पीय प्रश्न (MCQ) हैं, जिनमें प्रत्येक प्रश्न 1 अंक का है।

1. एक वृत्त, जिसकी परिधि 22cm है, के एक चतुर्थांश का परिमाप है

(a) 29 cm (b) 22 cm (c) 12.5 cm (d) 5.5 cm

2. एक शंकु और एक बेलन एक ही ऊँचाई और एक ही त्रिज्या के हैं। शंकु के आयतन का अनुपात बेलन के आयतन से है

(a) 1 : 1 (b) 1 : 3 (c) 3 : 1 (d) 1 : 2

3. निम्नलिखित सारणी में एक कक्षा के 23 विद्यार्थियों द्वारा प्राप्त अंकों को दर्शाया गया है।

प्राप्तांक	0-10	10-20	20-30	30-40	40-50
विद्यार्थियों की संख्या	5	3	4	8	3

बहुलक वर्ग की निचली सीमा है

(a) 10 (b) 20 (c) 30 (d) 40

4. किसी बंटन के लिए, यदि माध्य = 15 और बहुलक = 12 है, तो उसका माध्यक होगा

(a) 12 (b) 13 (c) 14 (d) 15

5. पासों का एक युग्म एक-साथ उछाला जाता है। माना घटना E 'दोनों पासों पर आई संख्याओं का योगफल कम-से-कम 9 है' को निरूपित करती है। घटना E के संभव परिणामों की संख्या है

(a) 4 (b) 6 (c) 10 (d) 26

6. यदि $p = 2^3 \times 3^2 \times 5$ और $q = 2^2 \times 3^3$ है, तो p और q का LCM है

(a) $2^3 \times 3^3$ (b) $2^2 \times 3^2$ (c) $2^2 \times 3^2 \times 5$ (d) $2^3 \times 3^3 \times 5$

7. 3^n, जहाँ n एक प्राकृत संख्या है, जिस अंक पर कभी-भी समाप्त नहीं होता है, वह अंक है

(a) 3 (b) 5 (c) 7 (d) 9

8. एक अभाज्य संख्या के

(a) केवल दो ही अभाज्य गुणनखंड होते हैं।
(b) केवल एक ही अभाज्य गुणनखंड होता है।
(c) कम-से-कम एक अभाज्य गुणनखंड होता है।
(d) कम-से-कम दो अभाज्य गुणनखंड होते हैं।

9. दिया गया रैखिक समीकरण निकाय $x = a$ और $y = b$

(a) एक अद्वितीय हल के साथ संगत है।
(b) अपरिमित रूप से अनेक हल के साथ संगत है।
(c) दो हलों के साथ संगत है।
(d) असंगत है।

10. यदि $(x+1)^3 = x^3 + 1$ को एक द्विघात समीकरण $px^2 + qx + r = 0$ के रूप में व्यक्त किया जाए, तो $p - q + r$ का मान होगा

(a) 0 (b) 1 (c) 3 (d) 6

11. यदि बिन्दुओं (3, 5) तथा (−1, −1) को जोड़ने वाले रेखाखंड का मध्य-बिन्दु $(a, 2b)$ है, तो (a, b) बराबर है

(a) (1, 2) (b) (2, 2) (c) (2, 1) (d) (1, 1)

12. Y-अक्ष से बिन्दु (−3, 4) की दूरी है

(a) −3 (b) 3 (c) 4 (d) 5

13. θ का मान जिसके लिए $\sin 2\theta = \tan 45°$ है

(a) 22.5° (b) 30° (c) 45° (d) 90°

14. निम्नलिखित में से किस प्रकार के त्रिभुज सदैव समरूप होते हैं?

(a) समकोण त्रिभुज (b) न्यूनकोण त्रिभुज (c) समद्विबाहु त्रिभुज (d) समबाहु त्रिभुज

15. नीचे दी गई आकृतियों में, x और y के किन मानों के लिए ΔABC और ΔQRP समरूप होंगे?

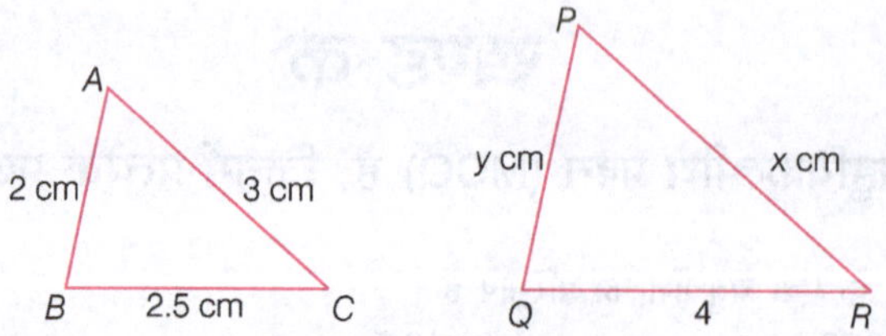

(a) $x = 6, y = 5$ (b) $x = 5, y = 6$ (c) $x = 6, y = 6$ (d) $x = 12, y = 3.2$

16. दी गई आकृति में, बाह्य वृत्त पर स्थित बिन्दु P से अन्त: वृत्त पर कितनी स्पर्श-रेखाएँ खींची जा सकती हैं?

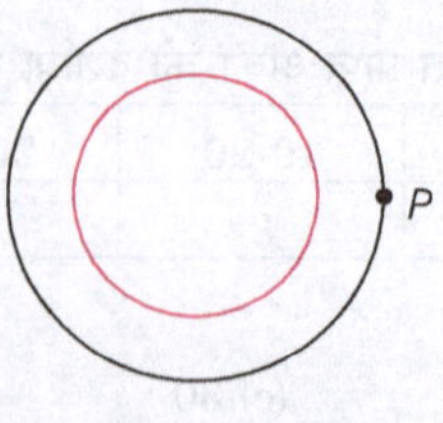

(a) 0 (b) 1 (c) 2 (d) अनंत

17. दी गई आकृति में, बिन्दु C से बिन्दु A का उन्नयन कोण क्या है?

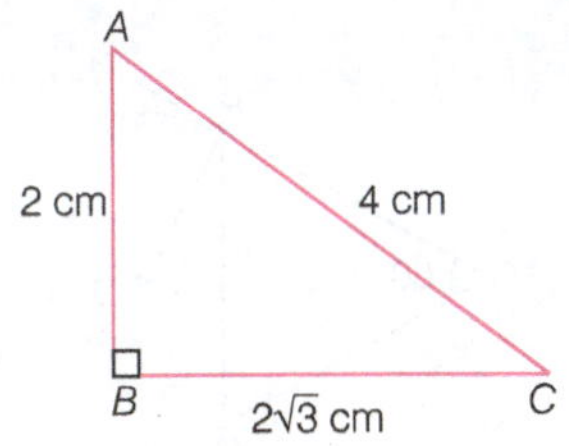

(a) 30° (b) 45° (c) 60° (d) ज्ञात नहीं किया जा सकता

18. किसी वृत्त के एक त्रिज्यखंड का कोण जिसका क्षेत्रफल, वृत्त के क्षेत्रफल का एक-आठवाँ भाग है, है

(a) $22\frac{1°}{2}$ (b) 45° (c) 60° (d) 90°

निर्देश (19 और 20) अभिकथन एवं तर्क आधारित प्रश्न हैं। दो कथन दिए गए हैं जिनमें एक को अभिकथन (A) तथा दूसरे को तर्क (R) द्वारा अंकित किया गया है। इन प्रश्नों के सही उत्तर नीचे दिए गए कोडों (a), (b), (c) और (d) में से चुनकर दीजिए।

(a) अभिकथन (A) और तर्क (R) दोनों सही हैं और तर्क (R), अभिकथन (A) की सही व्याख्या करता है।
(b) अभिकथन (A) और तर्क (R) दोनों सही हैं परन्तु तर्क (R), अभिकथन (A) की सही व्याख्या नहीं करता है।
(c) अभिकथन (A) सही है परन्तु तर्क (R) गलत है।
(d) अभिकथन (A) गलत है परन्तु तर्क (R) सही है।

19. **अभिकथन** (A) एक कोण θ के लिए, $\sec\theta = 1 \Rightarrow \tan\theta = 0$

तर्क (R) $\sec^2\theta + \tan^2\theta = 1$

20. **अभिकथन** (A) प्रत्येक द्विघात समीकरण के दो वास्तविक मूल होते हैं।

तर्क (R) एक द्विघात बहुपद के अधिक-से-अधिक दो शून्यक हो सकते हैं।

खण्ड-ख

इस खण्ड में अति लघु-उत्तरीय (VSA) प्रकार के प्रश्न हैं, जिनमें प्रत्येक प्रश्न 2 अंक का है।

21. 10 cm त्रिज्या की एक वृत्ताकार चादर से एक चतुर्थांश काटा जाता है। बची हुई चादर का परिमाप ज्ञात कीजिए।

22. निम्नलिखित रैखिक समीकरण निकाय का हल ग्राफ द्वारा ज्ञात कीजिए

$x + y = 5$ और $x - y = 3$

23. (क) 10 m ऊँचे एक ऊर्ध्वाधर खम्भे की धरती पर पड़ने वाली छाया की लम्बाई 15 m है और उसी समय पर, एक मीनार धरती पर 45 m की छाया बनाती है। मीनार की ऊँचाई ज्ञात कीजिए।

अथवा

(ख) दी गई आकृति में, $\frac{QR}{QS} = \frac{QT}{PR}$ और $\angle 1 = \angle 2$ है। सिद्ध कीजिए कि $\Delta PQS \sim \Delta TQR$

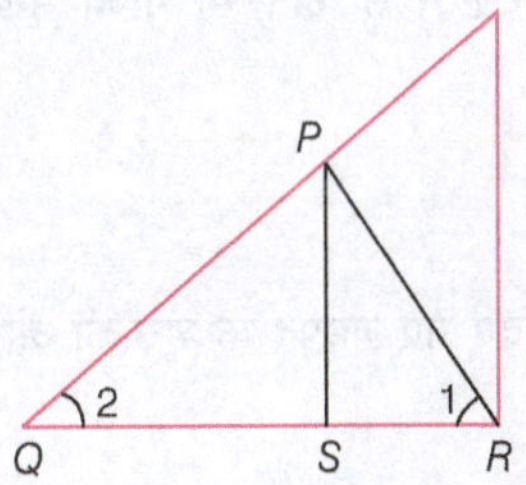

24. दी गई आकृति में, TP और TQ दो स्पर्श-रेखाएँ हैं। यदि $\angle PTQ = 50°$ है, तो $\angle OPQ$ की माप ज्ञात कीजिए।

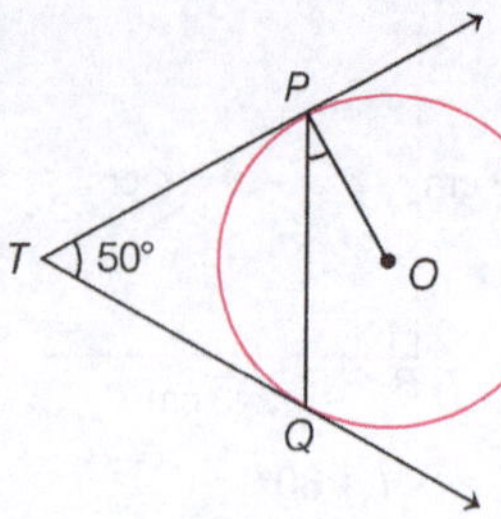

25. (क) यदि $\sin 3A = 1$ है, तो $\cos 2A - \tan^2 45°$ का मान ज्ञात कीजिए।

अथवा

(ख) यदि $(\sec A + \tan A)(1 - \sin A) = k \cos A$ है, तो k का मान ज्ञात कीजिए।

खण्ड-ग

इस खण्ड में लघु-उत्तरीय (SA) प्रकार के प्रश्न हैं, जिनमें प्रत्येक प्रश्न 3 अंक का है।

26. एक डिब्बे में 6 नीले, 4 सफेद और 8 लाल कंचे हैं। एक कंचा इस डिब्बे से यादृच्छया निकाला जाता है। प्रायिकता ज्ञात कीजिए कि निकाला गया कंचा।

(i) सफेद है

(ii) सफेद या लाल है

(iii) लाल नहीं है

27. दी गई आकृति में, एक चतुर्भुज $ABCD$ में एक वृत्त बना है जो चतुर्भुज की भुजाओं AB, BC, CD और DA को क्रमशः बिन्दुओं P, Q, R तथा S पर स्पर्श करता है। सिद्ध कीजिए कि $\angle AOB + \angle COD = 180°$

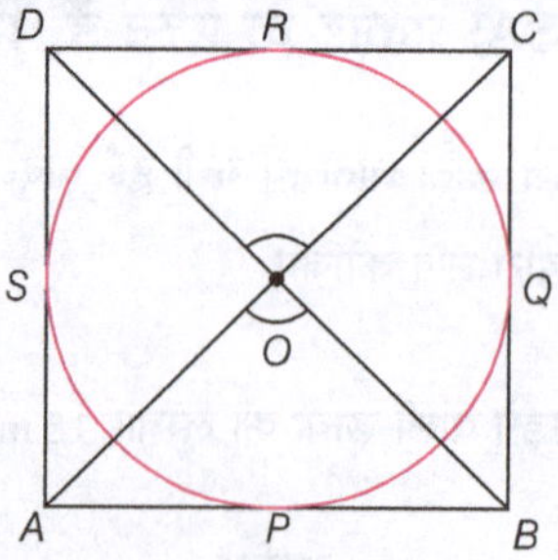

28. (क) सिद्ध कीजिए कि $\sqrt{2}$ एक अपरिमेय संख्या है।

अथवा

(ख) ज्ञात कीजिए कि निम्नलिखित संख्याओं a, b और c में से कौन-सी भाज्य संख्या/संख्याएँ है/हैं।

$a = 7 \times 11 \times 13 + 13$

$b = 6 \times 5 \times 4 + 4$

$c = 7 \times 13 + 6$

29. बहुपद $25a^2 - 10a + 1$ के शून्यक ज्ञात कीजिए और दिए गए बहुपद के शून्यकों ओर गुणांकों के बीच सम्बन्ध की सत्यता की जाँच कीजिए।

30. (क) एक भिन्न $\frac{1}{3}$ हो जाता है, जब उसके अंश से 1 घटाया जाता है और वह $\frac{1}{4}$ हो जाता है, जब उसके हर में 8 जोड़ दिया जाता है। वह भिन्न ज्ञात कीजिए।

अथवा

(ख) k का वह मान ज्ञात कीजिए जिससे निम्नलिखित रैखिक समीकरणों के युग्म के अपरिमित रूप से अनेक हल हैं

$kx+3y-(k-3)=0$ और $12x+ky-k=0$

इस प्रकार प्राप्त समीकरण युग्म के कोई दो हल ज्ञात कीजिए।

31. निम्नलिखित त्रिकोणमितीय सर्वसमिका को सिद्ध कीजिए $\frac{\tan\theta}{1+\cot\theta}+\frac{\cot\theta}{1+\tan\theta}=\tan\theta+\cot\theta-1$

खण्ड-घ

इस खण्ड में दीर्घ उत्तरीय (LA) प्रकार के प्रश्न है, जिनमें प्रत्येक प्रश्न 5 अंक का है।

32. निम्नलिखित तालिका में एक मोहलले के 25 परिवारों के दैनिक खर्चें का विवरण दिया गया है।

दैनिक खर्च (₹ में)	परिवारों की संख्या
500-750	4
750-1000	$2x+1$
1000-1250	12
1250-1500	x
1500-1750	2

x का मान ज्ञात कीजिए और इसके पश्चात् माध्य दैनिक खर्च भी ज्ञात कीजिए।

33. (क) दो क्रमागत विषम पूर्णांक ज्ञात कीजिए जिनके वर्गों का योगफल 290 है।

अथवा

(ख) एक दानी (चैरीटी) ट्रस्ट फैसला करता है कि उन्हें एक आयताकार हॉल, जिसका क्षेत्रफल 300 $мी^2$ हो, बनाना है। हॉल की लम्बाई, इसकी चौड़ाई के दुगुने से एक मीटर अधिक होनी है। हॉल की लम्बाई और चौड़ाई ज्ञात कीजिए।

34. (क) आधारभूत समानुपातिकता प्रमेय लिखिए और उसे सिद्ध भी कीजिए।

अथवा

(ख) दी गई आकृति में, CM और RN क्रमश: त्रिभुजों ABC और PQR की माध्यिकाएँ हैं। यदि $\Delta ABC \sim \Delta PQR$ है, तो सिद्ध कीजिए कि

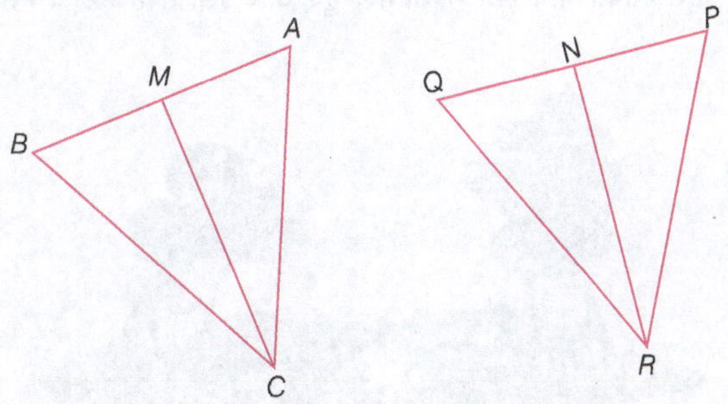

(i) $\Delta AMC \sim \Delta PNR$

(ii) $\angle BCM = \angle QRN$

(iii) $\Delta BMC \sim \Delta QNR$

35. एक हार लकड़ी के बीड्स से बना है। प्रत्येक बीड 4.2 मिमी व्यास के गोले के रूप में है। प्रत्येक बीड से एक बेलन खोद कर निकाला गया है। यदि बेलन की त्रिज्या 1 मिमी है, तो प्रत्येक बीड में बची लकड़ी का आयतन ज्ञात कीजिए।

खण्ड-ङ

इस खण्ड में 3 प्रकरण आधारित प्रश्न हैं, जिनमें प्रत्येक के 4 अंक हैं।

प्रकरण अध्ययन -1

36. अमन की सोसाइटी में एक अर्धवृत्ताकार पार्क है। वह इस पार्क की परिधि (परिसीमा) पर पौधे लगाना चाहता है। जैसा कि नीचे चित्र में दिखाया गया है, पार्क के केन्द्र O पर व्यास AB के अनुदिश एक बोरवेल है।

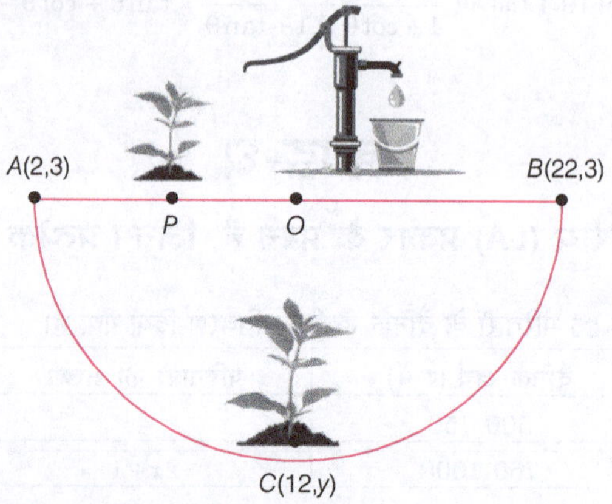

उपर्युक्त जानकारी के आधार पर, निम्नलिखित प्रश्नों के उत्तर दीजिए।

(i) बिन्दु O के निर्देशांक ज्ञात कीजिए।

(ii) अर्द्धवृत्ताकार पार्क की त्रिज्या ज्ञात कीजिए।

(iii) (क) एक पौधा बिन्दु $C(12, y)$ पर लगाया गया है। C के निर्देशांक ज्ञात कीजिए।

अथवा

(ख) व्यास AB के अनुदिश, एक पौधा बिन्दु P पर इस प्रकार लगाया गया है कि $PA = \frac{1}{3}PB$

बिन्दु P के निर्देशांक ज्ञात कीजिए।

प्रकरण अध्ययन -2

37. एक सोसाइटी में लोगों को स्वस्थ जीवन शैली जीने के लिए प्रशिक्षित करने के लिए एक योग प्रशिक्षक को नियुक्त किया गया था। सोसाइटी पार्क में प्रतिदिन योग सत्र शाम 5 बजे से 7 बजे तक आयोजित किए जाते थें। पहले दिन, 5 व्यक्ति योग सत्र में शामिल हुए, दूसरे दिन 3 और व्यक्ति योग सत्र में शामिल हुए, तीसरे दिन 3 और व्यक्ति योग सत्र में शामिल हुए और इसी तरह हर दिन 3 और व्यक्ति शामिल होते चले गए।

उपर्युक्त जानकारी के आधार पर, निम्नलिखित प्रश्नों के उत्तर दीजिए।

(i) किस दिन, 59 व्यक्तियों ने योग सत्र में हिस्सा लिया?

(ii) 31वें दिन कितने व्यक्तियों ने योग सत्र में हिस्सा लिया?

(iii) (क) योग प्रशिक्षक को प्रति सत्र, प्रति व्यक्ति ₹ 100 दिए गए। किस दिन प्रशिक्षक को ₹ 5000 प्राप्त होंगे?

अथवा

(ख) योग प्रशिक्षक ने पहले 16 दिनों में कुल कितने रुपए प्राप्त किए?

प्रकरण अध्ययन -3

38. दो मोटर नावें A और B नदी के विपरीत किनारों पर दूसरी ओर पहुँचने के लिए प्रतीक्षा कर रही हैं। नदी से 20 मी ऊपर पुल पर एक बिन्दु P से, नावों के अवनमन कोण क्रमश: 30° और 45° हैं, जैसा कि चित्र में नीचे दिखाया गया है। दोनों नावें समान समय पर क्रमश: 10 मी/से और 5 मी/से की गति से रवाना होती है।

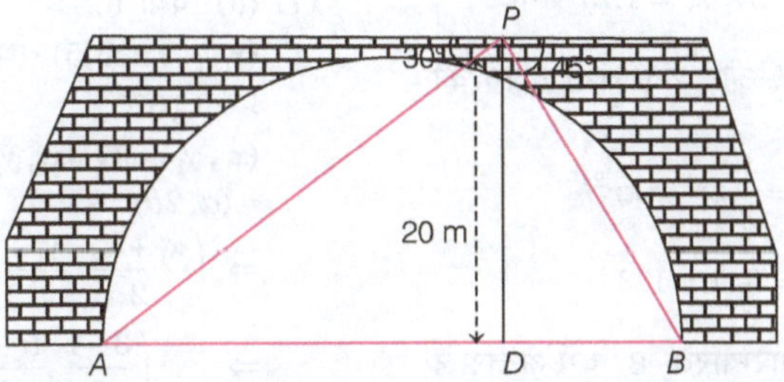

उपर्युक्त जानकारी के आधार पर, निम्नलिखित प्रश्नों के उत्तर दीजिए।

(i) बिन्दु P के ठीक नीचे नदी में बिन्दु D तक पहुँचने के लिए नाव A द्वारा तय की गई दूरी ज्ञात कीजिए। ($\sqrt{3} = 1.73$ का प्रयोग कीजिए।)

(ii) नदी की चौड़ाई कितनी है?

(iii) (क) कौन-सी नाव बिन्दु D पर पहले पहुँचेगी और वह दूसरी नाव से कितने समय पहले पहुँचेगी?

अथवा

(ख) 3 सेकण्ड पश्चात् दोनों नावों के बीच की दूरी कितनी है?

संकेत एवं हल

1. (c) दिया है, वृत्त की परिधि = 22 सेमी

$$2\pi r = 22$$

$$r = 3.5 \text{ सेमी}$$

$\therefore$ एक चतुर्थांश का परिमाप $= \frac{1}{4} \times$ वृत्त की परिधि $+ 2r$

$$= \frac{1}{4} \times 22 + 2 \times 3.5 = 12.5 \text{ सेमी}$$

2. (b) माना शंकु तथा बेलन की ऊँचाई h और शंकु तथा बेलन की त्रिज्या r हैं।

शंकु का आयतन : बेलन का आयतन $= \frac{1}{3}\pi r^2 h : \pi r^2 h$

$$= \frac{1}{3} : 1 = 1 : 3$$

3. (c) दी गई सारणी में सबसे अधिक बारम्बारता 8, वर्ग-अन्तराल 30-40 की है।

$\therefore$ बहुलक वर्ग = 30-40

बहुलक वर्ग की निम्न सीमा = 30

4. (c) दिया है, माध्य = 15, बहुलक = 12

$\because$ बहुलक = 3 (माध्यक) − 2 (माध्य)

$\Rightarrow$ 12 = 3 (माध्यक) $- 2 \times 15$

$\Rightarrow 3 \times$ माध्यक $= 12 + 30$

$\therefore$ माध्यक $= \frac{42}{3} = 14$

5. (c) पासों के एक युग्म को फेंकने पर कुल सम्भव परिणाम, $n(S) = 6 \times 6 = 36$

घटना E = दोनों पासों पर आयी संख्याओं का योगफल कम-से-कम 9 है

= {(3, 6), (4, 5), (5, 4), (6, 3), (4, 6), (5, 5), (6, 4), (5, 6), (6, 5), (6, 6)}

अतः E के सम्भव परिणामों की संख्या, $n(E) = 10$

6. (d) $\because p = 2^3 \times 3^2 \times 5$

$$q = 2^2 \times 3^3$$

$\therefore$ LCM $(p, q) = 2^3 \times 3^3 \times 5$

7. (b) पेज 5 पर प्रश्न 5 की भाँति हल करें।

8. (a) एक अभाज्य संख्या के केवल दो ही अभाज्य गुणनखण्ड होते हैं जो 1 और स्वयं वह संख्या होते हैं।

9. (b) दिया गया रैखिक समीकरण निकाय

$x = a$ और $y = b$

यहाँ, a और b के अनेक मान हो सकते हैं।

अतः समीकरण निकाय अपरिमित रूप से अनेक हल के साथ संगत है।

10. (a) $(x+1)^3 = x^3 + 1$

$\Rightarrow x^3 + 3x^2 + 3x + 1 = x^3 + 1$

$\Rightarrow \quad 3x^2 + 3x = 0$

प्रश्नानुसार,

$$3x^2 + 3x + 0 = px^2 + qx + r$$

दोनों पक्षों की तुलना करने पर,

$p = 3, q = 3$ तथा $r = 0$

$\therefore p - q + r = 3 - 3 + 0 = 0$

11. (d) दिया है,

$(x_1, y_1) = (3, 5)$ तथा $(x_2, y_2) = (-1, -1)$

प्रश्नानुसार,

(x_1, y_1) और (x_2, y_2) को जोड़ने वाले रेखाखण्ड का मध्य-बिन्दु $= (a, 2b)$

$\Rightarrow \left(\frac{x_1 + x_2}{2}, \frac{y_1 + y_2}{2}\right) = (a, 2b)$

$\Rightarrow \left(\frac{3-1}{2}, \frac{5-1}{2}\right) = (a, 2b)$

$\Rightarrow \quad (1, 2) = (a, 2b)$

दोनों पक्षों की तुलना करने पर,

$a = 1$ तथा $2b = 2 \Rightarrow b = 1$

$\therefore (a, b) = (1, 1)$

12. (b) Y- अक्ष से बिन्दु $(-3, 4)$ की दूरी = बिन्दु $(-3, 4)$ का x-निर्देशांक = 3 [$\because$ दूरी ऋणात्मक नहीं होती है]

13. (c) $\because \sin 2\theta = \tan 45°$

$\Rightarrow \quad \sin 2\theta = 1$

$\Rightarrow \quad \sin 2\theta = \sin 90°$

$\Rightarrow \quad 2\theta = 90°$

$\therefore \quad \theta = \frac{90°}{2} = 45°$

14. (d) समबाहु त्रिभुज सदैव समरूप होते हैं।

15. (b) $\because \Delta ABC \sim \Delta QRP$

$\therefore \quad \frac{AB}{QR} = \frac{BC}{RP} = \frac{CA}{PQ}$

$\Rightarrow \quad \frac{2}{4} = \frac{2.5}{x} = \frac{3}{y}$

प्रथम और द्वितीय अनुपात से,

$$\frac{2}{4} = \frac{2.5}{x}$$

$\Rightarrow \quad x = \frac{2.5 \times 4}{2} = 5$ सेमी

प्रथम और तृतीय अनुपात से, $\frac{2}{4} = \frac{3}{y}$

$\Rightarrow \quad y = \frac{3 \times 4}{2} = 6$ सेमी

16. (c) बिन्दु P अन्तः वृत्त के बाहर है। इसलिए, P से अन्तः वृत्त पर दो स्पर्श रेखाएँ खींची जा सकती है, क्योंकि बाह्य बिन्दु से किसी वृत्त पर दो स्पर्श रेखाएँ खींची जा सकती है।

17. (a) दी गई आकृति में, ΔABC में $\angle B = 90°$, तब $\angle C$ के लिए लम्ब AB तथा कर्ण CA हैं।

ΔABC में, $\sin C = \dfrac{\text{लम्ब } AB}{\text{कर्ण } CA}$

$\Rightarrow \quad \sin C = \dfrac{2}{4} = \dfrac{1}{2}$

$\Rightarrow \quad \sin C = \sin 30°$

$\therefore \quad C = 30°$

18. (b) माना वृत्त की त्रिज्या r है तथा त्रिज्यखण्ड का कोण θ है।

वृत्त का क्षेत्रफल $= \pi r^2$

प्रश्नानुसार, त्रिज्यखण्ड का क्षेत्रफल $= \dfrac{1}{8} \times$ वृत्त का क्षेत्रफल

$\Rightarrow \quad \dfrac{\pi r^2 \theta}{360°} = \dfrac{1}{8} \times \pi r^2$

$\Rightarrow \quad \theta = \dfrac{360°}{8}$

$\therefore \quad \theta = 45°$

19. (a) **अभिकथन** (A) θ के लिए, $\sec\theta = 1$

$\Rightarrow \quad \sec^2\theta = 1$ [दोनों पक्षों का वर्ग करने पर]

$\Rightarrow \quad 1 + \tan^2\theta = 1$

$\Rightarrow \quad \tan^2\theta = 0$

$\Rightarrow \quad \tan\theta = 0$

$\therefore$ अभिकथन (A) सही है।

तर्क (R) $\sec^2\theta + \tan^2\theta = 1$ सही है।

अत: अभिकथन (A) और तर्क (R) दोनों सही है, और तर्क (R), अभिकथन (A) की सही व्याख्या करता है।

20. (d) **अभिकथन** (A) प्रत्येक द्विघात समीकरण के दो वास्तविक मूल होते हैं, गलत है।

तर्क (R) एक द्विघात बहुपद के अधिक-से-अधिक दो शून्यक हो सकते है, सही है।

अत: अभिकथन (A) गलत है, परन्तु तर्क (R) सही है।

21. वृत्ताकार चादर की त्रिज्या, $r = 10$ सेमी

वृत्ताकार चादर की परिधि $= 2\pi r$

$= 2\pi(10) = 20\pi$ सेमी

चादर से एक चतुर्थांश काटा जाता है, तब बची हुई चादर का परिमाप

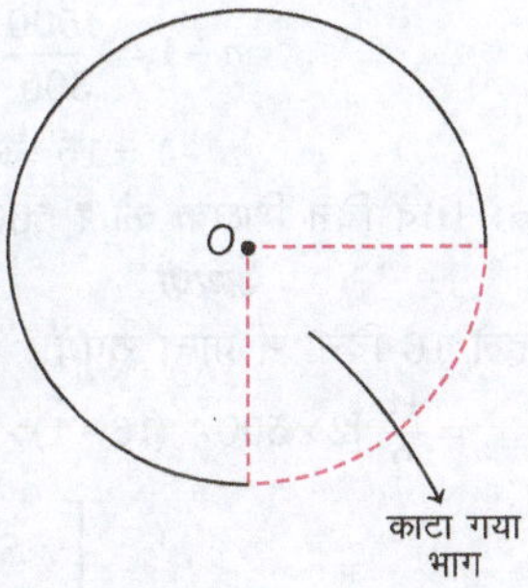

$=$ वृत्ताकार चादर की परिधि $- \dfrac{1}{4} \times$ वृत्ताकार चादर की परिधि $+ 2 \times$ त्रिज्या

$= 20\pi - \dfrac{1}{4} \times (20\pi) + 2 \times 10$

$= 20\pi - 5\pi + 20 = 15\pi + 20$

$= 15 \times 3.14 + 20 = 47.1 + 20 = 67.1$ सेमी

22. पेज 44 पर उदाहरण 5 की भाँति हल करें।

उत्तर $x = 4$ तथा $y = 1$

23.(क) पेज 161 पर प्रश्न 15 की भाँति हल करें।

उत्तर मीनार की ऊँचाई $= 30$ मी

अथवा

(ख) पेज 158 पर प्रश्न 4 की भाँति हल करें।

24. पेज 268 पर प्रश्न 3 की भाँति हल करें। **उत्तर** $25°$

25.(क) $\because \sin 3A = 1$

$\Rightarrow \quad \sin 3A = \sin 90°$

$\Rightarrow \quad 3A = 90°$

$\therefore \quad A = \dfrac{90°}{3} = 30°$

अब, $\cos 2A - \tan^2 45° = \cos(2 \times 30°) - \tan^2 45°$

$= \cos 60° - \tan^2 45°$

$= \dfrac{1}{2} - 1 = -\dfrac{1}{2}$

अथवा

(ख) $\because (\sec A + \tan A)(1 - \sin A) = k \cdot \cos A$

$\Rightarrow \left(\dfrac{1}{\cos A} + \dfrac{\sin A}{\cos A}\right)(1 - \sin A) = k \cos A$

$\Rightarrow \quad \dfrac{1 + \sin A}{\cos A} \times (1 - \sin A) = k \cos A$

$\Rightarrow \quad \dfrac{1 - \sin^2 A}{\cos A} = k \cos A$

$\Rightarrow \quad \dfrac{\cos^2 A}{\cos A} = k \cos A$

$\Rightarrow \quad \cos A = k \cos A$

दोनों पक्षों की तुलना करने पर, $k = 1$

26. पेज 372 पर प्रश्न 9 की भाँति हल करें।

उत्तर (i) $\dfrac{2}{9}$ (ii) $\dfrac{2}{3}$ (iii) $\dfrac{5}{9}$

27. पेज 271 पर प्रश्न 13 की भाँति हल करें।

28. (क) पेज 8 पर प्रमेय 2 देखें।

अथवा

(ख) पेज 5 पर प्रश्न 4 की भाँति हल करें।

उत्तर $a =$ भाज्य, $b =$ भाज्य, $c =$ अभाज्य

29. पेज 23 पर उदाहरण 12 की भाँति हल करें। **उत्तर** $\dfrac{1}{5}, \dfrac{1}{5}$

30. (क) पेज 63 पर प्रश्न 3(v) की भाँति हल करें। **उत्तर** $\dfrac{5}{12}$

अथवा

(ख) पेज 49 पर उदाहरण 15 की भाँति हल करें।

उत्तर $k = 6$ तथा $x = -1, y = 3$ और $x = 1, y = -1$

31. पेज 219 पर प्रश्न 4(iii) की भाँति हल करें।

32. पेज 342 पर प्रश्न 3 की भाँति हल करें।

उत्तर $x = 2$ तथा माध्य $= 1055$

33.(क) पेज 84 पर उदाहरण 1 की भाँति हल करें। **उत्तर** 11 और 13

अथवा

(ख) माना आयताकार हॉल की चौड़ाई x मी है।

$\therefore$ हॉल की लम्बाई $= 2x + 1$

प्रश्नानुसार, हॉल का क्षेत्रफल $= 300$

$\Rightarrow \quad (2x+1)(x) = 300$

$\Rightarrow \quad 2x^2 + x - 300 = 0$

$\Rightarrow \quad 2x^2 + 25x - 24x - 300 = 0$

$\Rightarrow \quad x(2x+25) - 12(2x+25) = 0$

$\Rightarrow \quad (2x+25)(x-12) = 0$

जब $x - 12 = 0$

तब, $x = 12$ तथा $2x + 25 = 0$ (अमान्य)

$\therefore$ हॉल की चौड़ाई $= 12$ मी

हॉल की लम्बाई $= 2 \times 12 + 1 = 25$ मी

34.(क) पेज 141 पर प्रमेय 1 देखें।

अथवा

(ख) पेज 150 पर उदाहरण 7 की भाँति हल करें।

35. गोले का व्यास $= 4.2$ मिमी

गोले की त्रिज्या, $R = \frac{4.2}{2} = 2.1$ मिमी

बेलन की त्रिज्या, $r = 1$ मिमी

बेलन की ऊँचाई, $h = 4.2$ मिमी

प्रत्येक बीड में बची लकड़ी का आयतन

$=$ गोले का आयतन $-$ बेलन का आयतन

$= \frac{4}{3}\pi R^3 - \pi r^2 h = \frac{4}{3} \times \frac{22}{7} \times (2.1)^3 - \frac{22}{7} \times (1)^2 \times 4.2$

$= 38.808 - 13.2 = 25.608$ मिमी^{3}

36. (i) बिन्दु O के निर्देशांक $= AB$ के मध्य-बिन्दु के निर्देशांक

$= \left(\frac{2+22}{2}, \frac{3+3}{2}\right) = \left(\frac{24}{2}, \frac{6}{2}\right)$

$= (12, 3)$

(ii) अर्द्धवृत्ताकार पार्क की त्रिज्या $= A$ और O के बीच की दूरी

$= \sqrt{(12-2)^2 + (3-3)^2}$

$= \sqrt{100 + 0} = \sqrt{100}$

$= 10$ इकाई

(iii) (क) C के निर्देशांक $= (12, y)$

$\because OC =$ वृत्त की त्रिज्या

$\Rightarrow (12, 3)$ और $(12, y)$ के बीच की दूरी $= 10$

$\Rightarrow \quad \sqrt{(12-12)^2 + (y-3)^2} = 10$

$\Rightarrow \quad \sqrt{(y-3)^2} = 10$

$\Rightarrow \quad \pm (y-3) = 10$

$\Rightarrow y - 3 = 10$ तथा $-y + 3 = 10$

$\Rightarrow y = 13$ तथा $y = -7$

अतः C के निर्देशांक (12, 13) या (12, −7) है।

अथवा

(ख) व्यास, $AB = 20$

दिया है,

$PA = \frac{1}{3} PB$

$3PA = PB \quad \text{...(i)}$

$\because \quad PA + PB = AB$

$\Rightarrow \quad PA + 3PA = 20$ [समी (i) से]

$\Rightarrow \quad 4PA = 20$

$\Rightarrow \quad PA = 5$

$\therefore P$ के निर्देशांक $= (5+2, 3) = (7, 3)$

नोट विद्यार्थी यहाँ अन्तः विभाजन के सूत्र का भी प्रयोग कर सकते हैं।

37. योग सत्र में शामिल हुए व्यक्तियों की श्रेढ़ी

5, 8, 11, ...

यहाँ, $a = 5$ तथा $d = 3$

(i) माना nवें दिन 59 व्यक्तियों ने योग सत्र में हिस्सा लिया।

$\therefore \quad a_n = 59$

$\Rightarrow \quad a + (n-1)d = 59$

$\Rightarrow \quad 5 + (n-1)3 = 59$

$\Rightarrow \quad 3(n-1) = 54$

$\Rightarrow \quad n - 1 = 18$

$\Rightarrow \quad n = 19$

अतः 19वें दिन 59 व्यक्तियों ने योग सत्र में हिस्सा लिया।

(ii) $n = 31$

31वें दिन व्यक्तियों की संख्या $= a + (31-1)d$

$= 5 + 30 \times 3$

$= 5 + 90 = 95$ व्यक्ति

(iii) (क) योग शिक्षक को मिली धनराशि की श्रेढ़ी

500, 800, 1100, ...

$a = 500$ तथा $d = 300$

माना शिक्षक को nवें दिन ₹ 5000 प्राप्त होंगें।

$a_n = 5000$

$\Rightarrow \quad a + (n-1)d = 5000$

$\Rightarrow 500 + (n-1) \times 300 = 5000$

$\Rightarrow \quad (n-1) \times 300 = 4500$

$\Rightarrow \quad n - 1 = \frac{4500}{300}$

$\Rightarrow \quad n - 1 = 15 \Rightarrow n = 16$

अतः 16वें दिन शिक्षक को ₹ 5000 प्राप्त होंगें।

अथवा

(ख) पहले 16 दिनों में प्राप्त रुपये

$= \frac{16}{2}[2 \times 500 + (16-1) \times 300]$

$\left[\because S_n = \frac{n}{2}[2a + (n-1)d]\right]$

$= 8[1000 + 4500]$

$= 8 \times 5500 = ₹ 44000$

38. दी गई आकृति में,

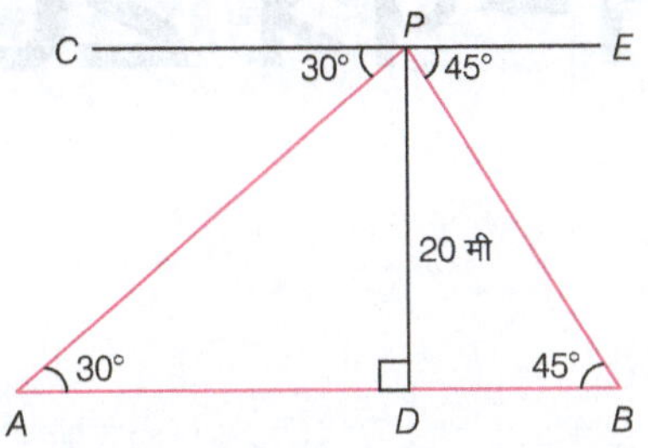

$\angle CPA = 30°$ तथा $\angle BPE = 45°$

$\therefore \angle PAD = 30°$ तथा $\angle PBD = 45°$ [एकान्तर अन्त : कोण]

(i) ΔPAD में,

$$\tan 30° = \frac{PD}{AD}$$

$$\Rightarrow \quad \frac{1}{\sqrt{3}} = \frac{20}{AD}$$

$$\Rightarrow \quad AD = 20\sqrt{3}$$

$$= 20 \times 1.732 = 34.64 \text{ मी}$$

अतः P के ठीक नीचे नदी में बिन्दु D तक पहुँचने के लिए नाव A द्वारा तय की दूरी 34.64 मी है।

(ii) ΔPBD में,

$$\tan 45° = \frac{PD}{BD} \Rightarrow 1 = \frac{20}{BD}$$

$$\Rightarrow \quad BD = 20 \text{ मी}$$

नदी की चौड़ाई $= AB = AD + BD$

$= 34.64 + 20$

[$\because$ भाग (i) से, $AD = 34.64$ मी]

$= 54.64$ मी

(iii) (क) नाव A को D तक पहुँचने में लगा समय $= \dfrac{\text{दूरी}\,(AD)}{A \text{ की चाल}}$

$$= \frac{34.64}{10} = 3.464 \text{ सेकण्ड}$$

नाव B को D तक पहुँचने में लगा समय $= \dfrac{\text{दूरी}\,(BD)}{B \text{ की चाल}}$

$$= \frac{20}{5} = 4 \text{ सेकण्ड}$$

अतः नाव A, बिन्दु D पर पहले पहुँचेगी।

A के पहले पहुँचने का समय $= 4 - 3.464$

$= 0.536$ सेकण्ड

अथवा

(ख) 3 सेकण्ड में A द्वारा चली गई दूरी $= 3 \times 10 = 30$ मी

3 सेकण्ड में B द्वारा चली गई दूरी $= 3 \times 5 = 15$ मी

3 सेकण्ड बाद दोनों नावों के बीच की दूरी

= नदी की चौड़ाई − 3 सेकण्ड में दोनों नावों द्वारा चली गई दूरी

$= 54.64 - (30 + 15)$

$= 54.64 - 45$

$= 9.64$ मी

CBSE परीक्षा प्रश्न-पत्र 2025

गणित (स्टैण्डर्ड लेवल)

सामान्य निर्देश

निम्नलिखित निर्देशों को बहुत सावधानी से पढ़िए और उनका पालन कीजिए :

(i) इस प्रश्न-पत्र में कुल 38 प्रश्न हैं। सभी प्रश्न अनिवार्य हैं।

(ii) यह प्रश्न-पत्र पाँच खण्डों में विभाजित है- **क, ख, ग, घ** एवं **ङ** ।

(iii) **खण्ड क** में प्रश्न संख्या 1 से 18 तक बहुविकल्पीय (MCQ) तथा प्रश्न संख्या 19 एवं 20 अभिकथन एवं तर्क आधारित एक-एक अंक के प्रश्न हैं।

(iv) **खण्ड ख** में प्रश्न संख्या 21 से 25 तक अतिलघु उत्तरीय (VSA) प्रकार के दो-दो अंकों के प्रश्न हैं।

(v) **खण्ड ग** में प्रश्न संख्या 26 से 31 तक लघु उत्तरीय (SA) प्रकार के तीन-तीन अंकों के प्रश्न हैं।

(vi) **खण्ड घ** में प्रश्न संख्या 32 से 35 तक दीर्घ उत्तरीय (LA) प्रकार के पाँच-पाँच अंकों के प्रश्न हैं।

(vii) **खण्ड ङ** में प्रश्न संख्या 36 से 38 तक प्रकरण अध्ययन आधारित चार-चार अंकों के प्रश्न हैं। प्रत्येक प्रकरण अध्ययन में आंतरिक विकल्प दो-दो अंकों के प्रश्न में दिया गया है।

(viii) प्रश्न-पत्र में समग्र विकल्प नहीं दिया गया है। यद्यपि खण्ड ख के 2 प्रश्नों में, खण्ड ग के 2 प्रश्नों में, खण्ड घ के 2 प्रश्नों में तथा खण्ड ङ के 3 प्रश्नों में आंतरिक विकल्प का प्रावधान दिया गया है।

(ix) जहाँ आवश्यक हो स्वच्छ आकृतियाँ बनाइए। जहाँ आवश्यक हो $\pi = \frac{22}{7}$ लीजिए, यदि अन्यथा न दिया गया हो।

(x) कैल्कुलेटर का उपयोग वर्जित है।

खण्ड-क

इस खण्ड में 20 प्रश्न हैं, जिनमें प्रत्येक प्रश्न 1 अंक का है।

1. एक 30 m लम्बी रस्सी कसकर खींची गई और खम्भे के शीर्ष से जमीन तक बाँधी गई है। यदि रस्सी जमीन से 60° का कोण बनाती है, तो खम्भे की ऊँचाई होगी

(a) $10\sqrt{3}$ मी
(b) $30\sqrt{3}$ मी
(c) 15 मी
(d) $15\sqrt{3}$ मी

2. 7 सेमी भुजा वाले एक घन की ऊपरी सतह से, लकड़ी को बाहर निकालकर त्रिज्या 0.35 सेमी के अर्द्धगोलाकार गड्ढे बनाए जाते हैं। ऐसे बनाए गए गड्ढों की अधिकतम संख्या है

(a) 400
(b) 100
(c) 20
(d) 10

3. माध्यक की गणना के लिए संचयी बारंबारता किन सभी वर्गों की बारंबारताओं को जोड़कर प्राप्त की जाती है?

(a) माध्यक वर्ग तक के वर्ग
(b) माध्यक वर्ग के बाद के वर्ग
(c) माध्यक वर्ग से पहले के वर्ग
(d) सभी वर्ग

4. यदि कुछ आँकड़ों के एक समुच्चय का बहुलक और माध्यक क्रमश: 13 और 11 हैं, तो इनके माध्य का मान है

(a) 17
(b) 7
(c) 10
(d) 28

5. दी गई आकृति में, बड़े वृत्त, जिसका केन्द्र O है, का व्यास AC है। AB छोटे वृत्त, जिसका केन्द्र भी O है, पर एक स्पर्श रेखा है। यदि $OD = r$ है, तो BC का मान है

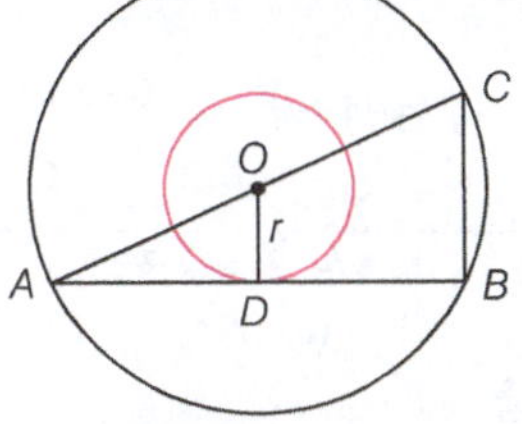

(a) r (b) $\frac{3r}{2}$ (c) $2r$ (d) $4r$

6. एक वृत्त के परिगत एक समान्तर चतुर्भुज की एक भुजा 5 सेमी लम्बी है। इस समान्तर चतुर्भुज का परिमाप है
(a) 20 सेमी (b) 20 सेमी से कम
(c) 20 सेमी से अधिक परन्तु 40 सेमी से कम (d) 40 सेमी

7. त्रिभुज ABC की भुजाओं AB और AC पर दो बिन्दु E और F इस प्रकार स्थित है कि $\frac{AE}{EB} = \frac{AF}{FC} = \frac{1}{2}$ हैं। निम्न में से कौन-सा संबंध सही है?
(a) $EF = 2BC$ (b) $BC = 2EF$ (c) $EF = 3BC$ (d) $BC = 3EF$

8. घात 3 के एक बहुपद $p(x)$ के लिए निम्न कथनों में से कौन-सा सही है?
(a) $p(x)$ के अधिक-से-अधिक दो भिन्न शून्यक है।
(b) $p(x)$ के कम-से-कम दो भिन्न शून्यक है।
(c) $p(x)$ के तीन भिन्न शून्यक है।
(d) $p(x)$ के अधिक-से-अधिक तीन भिन्न शून्यक है।

9. एक पासे की छ: सतहों पर A से F अक्षर इस प्रकार लिखे है कि हर सतह पर एक भिन्न अक्षर है। ऐसे दो पासे एक-साथ फेंके जाते हैं। दोनों पासों पर स्वर ही आने की प्रायिकता है
(a) $\frac{1}{4}$ (b) $\frac{1}{3}$ (c) $\frac{1}{9}$ (d) $\frac{1}{36}$

10. यदि $x = ab^3$ और $y = a^3b$ है, जहाँ a और b अभाज्य संख्याएँ हो, तो [HCF (x, y) – LCM (x, y)] बराबर है
(a) $1 - a^3b^3$ (b) $ab(1 - ab)$ (c) $ab - a^4b^4$ (d) $ab(1 - ab)(1 + ab)$

11. $(1+\sqrt{3})^2 - (1-\sqrt{3})^2$ एक
(a) धनात्मक परिमेय संख्या है। (b) ऋणात्मक पूर्णांक है।
(c) धनात्मक अपरिमेय संख्या है। (d) ऋणात्मक अपरिमेय संख्या है।

12. a का मान जिसके लिए $ax^2 + x + a = 0$ के मूल बराबर और धनात्मक है, है
(a) 2 (b) −2 (c) $\frac{1}{2}$ (d) $\frac{-1}{2}$

13. X-अक्ष से बिन्दु $(1, -1)$ की दूरी है
(a) 1 (b) −1 (c) 0 (d) $\sqrt{2}$

14. एक थैले में लाल गेदों की संख्या, काली गेंदों की संख्या से 10 अधिक है। यदि इस थैले से यादृच्छया एक लाल गेंद निकालने की प्रायिकता $\frac{3}{5}$ है, तो ज्ञात कीजिए कि थैले में कुल कितनी गेंदें है?
(a) 50 (b) 60 (c) 80 (d) 40

15. p का मान जिसके लिए निम्न समीकरणों के अपरिमित रूप से अनेक हल होंगे $px + 3y = p - 3$ तथा $12x + py = p$
(a) केवल −6 (b) केवल 6
(c) ± 6 (d) ± 6 को छोड़कर कोई भी वास्तविक संख्या

16. दी गई आकृतियों में, दो ΔABC और ΔPQR हैं। $\angle C$ की माप है

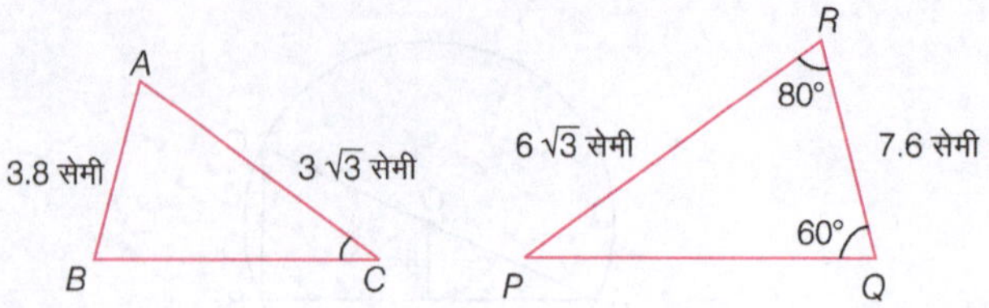

(a) 140° (b) 80° (c) 60° (d) 40°

17. $\sec A = 2\cos A$ सत्यापित होता है, जब A बराबर है

(a) 0° (b) 30° (c) 45° (d) 60°

18. निम्न में से कौन-सा कथन सही है?

(a) $\sin 20° > \sin 70°$
(b) $\sin 20° > \cos 20°$
(c) $\cos 20° > \cos 70°$
(d) $\tan 20° > \tan 70°$

निर्देश प्रश्न संख्या 19 तथा 20 प्रत्येक में एक अभिकथन (A) के पश्चात् एक तर्क (R) दिया है। निम्न में से सही विकल्प चुनिए।

(a) अभिकथन (A) तथा तर्क (R) दोनों सत्य हैं और तर्क (R), अभिकथन (A) की पूर्ण व्याख्या करता है।
(b) अभिकथन (A) तथा तर्क (R) दोनों सत्य हैं और तर्क (R), अभिकथन (A) की व्याख्या नहीं करता है।
(c) अभिकथन (A) सत्य है परन्तु तर्क (R) असत्य है।
(d) अभिकथन (A) असत्य है परन्तु तर्क (R) सत्य है।

19. **अभिकथन** (A) किसी वृत्त के किसी व्यास के सिरों पर खींची गई स्पर्श रेखाएँ समान्तर होती है।

तर्क (R) बाह्य बिन्दु से वृत्त पर खींची गई स्पर्श रेखाओं की लम्बाइयाँ बराबर होती है।

20. **अभिकथन** (A) 3^n में इकाई का अंक किसी भी प्राकृत संख्या n के लिए सम संख्या नही हो सकती है।

तर्क (R) किसी भी प्राकृत संख्या n के लिए, 3^n का अभाज्य गुणनखण्ड 2 नहीं हो सकता है।

खण्ड-ख

इस खण्ड में 5 प्रश्न है, जिनमें प्रत्येक प्रश्न 2 अंक का है।

21. (क) 1.5 मी लम्बा एक लड़का 12 मी ऊँचे लैंप -पौस्ट (Lamp-post) के पाद से 2.5 मी/से की गति से दूर जा रहा है। 3 सेकण्ड पश्चात् उसकी छाया की लम्बाई ज्ञात कीजिए।

अथवा

(ख) समान्तर चतुर्भुज $ABCD$ की भुजा AD को बिन्दु E तक बढ़ाया जाता है और BE, CD को F पर प्रतिच्छेदित करती है। सिद्ध कीजिए कि $\Delta ABE \sim \Delta CFB$

22. बिन्दु C के निर्देशांक ज्ञात कीजिए जो बढ़ी हुई रेखा AB पर इस प्रकार स्थित है कि $AC = 2BC$, जहाँ A और B के निर्देशांक क्रमश: $(-1, 7)$ और $(4, -3)$ हैं।

23. (क) x का मान ज्ञात कीजिए, जिसके लिए

$$(\sin A + \operatorname{cosec} A)^2 + (\cos A + \sec A)^2 = x + \tan^2 A + \cot^2 A$$

अथवा

(ख) मान ज्ञात कीजिए $\dfrac{3\sin 30° - 4\sin^3 30°}{2\sin^2 50° + 2\cos^2 50°}$

24. रेनू और सिमरन दोनों का जन्म वर्ष 2000, जो एक लीप वर्ष था, का है। प्रायिकता ज्ञात कीजिए कि

(i) दोनों का जन्मदिन एक ही दिन है।
(ii) दोनों के जन्मदिन भिन्न-भिन्न है।

25. निम्न समीकरण निकाय को बीजगणितीय विधि से हल कीजिए

$$73x - 37y = 109,\ 37x - 73y = 1$$

खण्ड-ग

इस खण्ड में 6 प्रश्न है, जिनमें प्रत्येक प्रश्न के 3 अंक का है।

26. एक समकोण त्रिभुज PQR, जिसमें समकोण बिन्दु P पर है, के शीर्ष $P(x, y)$, $Q(-2, -3)$ और $R(2, 3)$ है। x और y के बीच का संबंध ज्ञात कीजिए। अत: x के वे सभी सम्भव मान ज्ञात कीजिए जिनके लिए $y = 2$ है।

27. (क) सिद्ध कीजिए कि $\frac{\cos A + \sin A - 1}{\cos A - \sin A + 1} = \operatorname{cosec} A - \cot A$

अथवा

(ख) यदि $\cot\theta + \cos\theta = p$ तथा $\cot\theta - \cos\theta = q$ है, तो सिद्ध कीजिए कि $p^2 - q^2 = 4\sqrt{pq}$

28. यदि बहुपद $ax^2 - x + c$ के शून्यक α और β है, तो एक बहुपद ऐसा बनाइए जिसके शून्यक $\alpha - 3$ और $\beta - 3$ हों।

29. 10 सेमी त्रिज्या वाले एक वृत्त के परिगत एक आयत $ABCD$ बना है। सिद्ध कीजिए कि यह आयत $ABCD$ का वर्ग है तथा $ABCD$ का परिमाप भी ज्ञात कीजिए।

30. (क) सिद्ध कीजिए कि $\sqrt{2}$ एक अपरिमेय संख्या है।

अथवा

(ख) माना x और y दो भिन्न अभाज्य संख्याएँ हैं और $p = x^2y^3, q = xy^4, r = x^5y^2$ हैं। p, q और r का HCF और LCM ज्ञात कीजिए। इसके अलावा यह भी जाँच कीजिए कि क्या HCF $(p, q, r) \times$ LCM $(p, q, r) = p \times q \times r$ है या नहीं।

31. एक आयत का परिमाप 70 सेमी है। आयत की लम्बाई, चौड़ाई के दोगुने से 5 सेमी अधिक है। इस स्थिति को बीजगणितीय दो चरों वाले एक समीकरण निकाय के रूप में व्यक्त कीजिए। अत: इस निकाय को हल कीजिए।

खण्ड-घ

इस खण्ड में 4 प्रश्न है, जिनमें प्रत्येक प्रश्न 5 अंक का है।

32. (क) त्रिभुजों ABC और PQR की संगत भुजाएँ $3:5$ के अनुपात में है। $AD \perp BC$ तथा $PS \perp QR$ जैसा कि नीचे की आकृतियों में दिखाया गया है

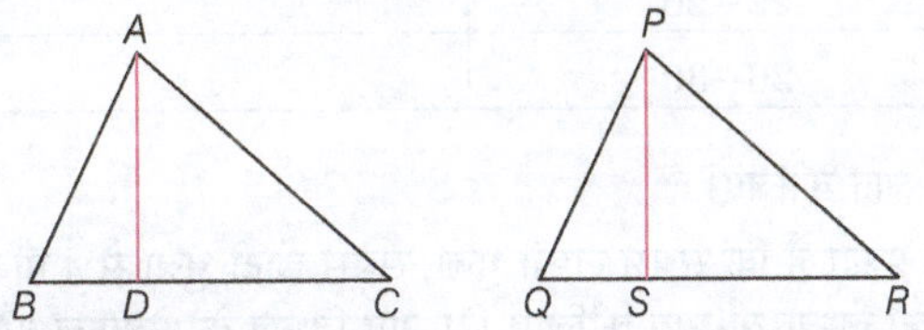

(i) सिद्ध कीजिए कि $\Delta ADC \sim \Delta PSR$

(ii) यदि $AD = 4$ cm है, तो PS की लम्बाई ज्ञात कीजिए।

(iii) के प्रयोग से $ar(\Delta ABC) : ar(\Delta PQR)$ ज्ञात कीजिए।

अथवा

(ख) आधारभूत समानुपातिकता प्रमेय बताइए। इस प्रमेय के उपयोग से निम्नलिखित को सिद्ध कीजिए।

यदि तीन समान्तर रेखाएँ l, m, n तिर्यक रेखाओं q और s द्वारा प्रतिच्छेदित होती है, जैसा कि दी गई आकृति में दिखाया गया है, तो $\frac{AB}{BC} = \frac{DE}{EF}$ है।

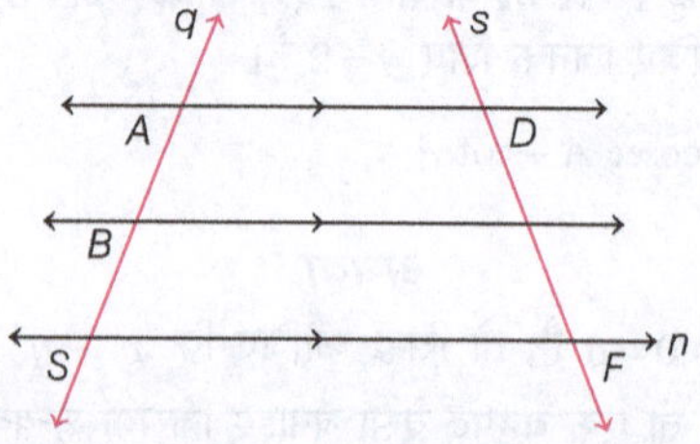

33. एक बल्ला निर्माता कम्पनी ने चैरिटी के लिए एक बड़ा बल्ला बनाया और उस पर विश्व कप विजेता टीम के हस्ताक्षर कराए। शीर्ष पर एक बेलनाकार हैंडल के साथ घनाकार के रूप में बने बल्ले के आयाम इस प्रकार है।

लम्बाई = 2 मी, चौड़ाई = 0.5 मी, मोटाई = 0.1 मी

बेलनाकार भाग का व्यास = 0.1 मी,

बेलनाकार भाग की ऊँचाई = 0.7 मी

बल्ले में इस्तेमाल हुई लकड़ी का आयतन ज्ञात कीजिए। इस बल्ले का कुल पृष्ठीय क्षेत्रफल भी ज्ञात कीजिए।

34. निम्न तालिका एक शैक्षणिक वर्ष में 40 विद्यार्थियों की अनुपस्थिति का रिकॉर्ड दर्शाती है।

दिनों की संख्या	विद्यार्थियों की संख्या
2 – 6	11
6 – 10	10
10 – 14	7
14 – 18	4
18 – 22	4
22 – 26	3
26 – 30	1

उपरोक्त आँकड़ों का माध्य और बहुलक ज्ञात कीजिए।

35. (क) एक समकोण त्रिभुज की भुजाएँ इस प्रकार है कि सबसे लम्बी भुजा, सबसे छोटी भुजा से 4 मी बड़ी है और तीसरी भुजा सबसे बड़ी भुजा से 2 मी छोटी है। त्रिभुज की सभी भुजाओं की लम्बाइयाँ ज्ञात कीजिए। दिए गए त्रिभुज के क्षेत्रफल और परिमाप के संख्यात्मक मानों के बीच का अंतर ज्ञात कीजिए।

अथवा

(ख) समीकरण $\frac{x-2}{x-3} + \frac{x-4}{x-5} = \frac{10}{3}; (x \neq 3, 5)$ को एक द्विघात समीकरण के मानक रूप में व्यक्त कीजिए। तथा इस बनाए गए द्विघात समीकरण के मूल भी ज्ञात कीजिए।

खण्ड-ड़

इस खण्ड में 3 प्रकरण अध्ययन आधारित प्रश्न हैं। प्रत्येक प्रश्न 4 अंक का है।

36. जमीन पर एक बिन्दु P पर, जहाँ दुर्घटना हुई थी, सीधे राजमार्ग पर एम्बुलेंस की आवाजाही को सुविधाजनक बनाने के लिए एक ड्रोन का उपयोग किया गया था। एम्बुलेंस 60 किमी/घण्टा की रफ्तार से चल रही थी। ड्रोन बिन्दु P से 100 मी लम्बवत् बिन्दु Q पर रुका। एम्बुलेंस का अवनमन कोण एक विशेष क्षण पर 30° पाया गया।

उपरोक्त सूचना के आधार पर, निम्नलिखित प्रश्नों के उत्तर दीजिए।

(i) उपरोक्त स्थिति को एक चित्र की सहायता से निरूपित कीजिए।

(ii) किसी विशेष क्षण में एम्बुलेंस और दुर्घटना स्थल (P) के बीच की दूरी ज्ञात कीजिए। [$\sqrt{3} = 1.73$ लीजिए]

(iii) (क) समय (सेकण्ड में) ज्ञात कीजिए जिसके अंतर्गत अवनमन कोण 30° से 45° हो जाता है।

अथवा

(ख) राजमार्ग पर एक बिन्दु T से बिन्दु P तक पहुँचने में एम्बुलेंस को कितना समय (सेकण्ड में) लगेगा, जैसा कि T पर एम्बुलेंस का अवनमन कोण ड्रोन से 60° है?

37. पाँच इंटरलॉकिंग छल्लों वाला ओलंपिक प्रतीक दुनिया के पाँच महाद्वीपों के संघ और ओलंपिक में दुनियाभर के ऐथलिटों की बैठक का प्रतिनिधित्व करता है। ओलंपिक खेलों के बारे में जागरूकता फैलाने के लिए दसवीं कक्षा के छात्रों ने स्कूल द्वारा आयोजित विभिन्न गतिविधियों में भाग लिया। छात्रों के ऐसे ही एक समूह ने स्कूल के लॉन में रस्सियों की मदद से 5 गोलाकार छल्ले बनाए। प्रत्येक गोलाकार छल्ले को बनाने के लिए 44 मी रस्सी की आवश्यकता थी।

छायांकित भागों (जैसा चित्र में दिखाया गया है) में भी छात्रों ने विभिन्न खेलों का प्रदर्शन करते हुए रंगोली बनाई। यह दिया गया है कि ΔOAB एक समबाहु त्रिभुज है और सभी छायांकित क्षेत्र सर्वांगसम है।

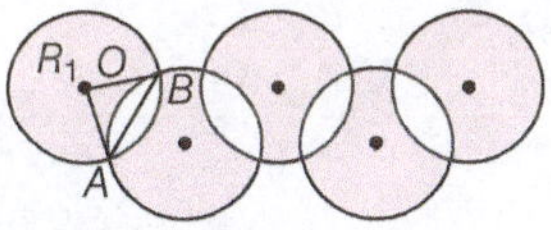

उपरोक्त सूचना के आधार पर, निम्नलिखित प्रश्नों के उत्तर दीजिए।

(i) प्रत्येक गोलाकार छल्ले की त्रिज्या ज्ञात कीजिए।

(ii) $\angle AOB$ की माप क्या है?

(iii) (क) छायांकित क्षेत्र R_1 का क्षेत्रफल ज्ञात कीजिए।

अथवा

(ख) अछायांकित क्षेत्रों के चारों ओर लगने वाली रस्सी की लम्बाई ज्ञात कीजिए।

38. हिल स्टेशनों पर केबल कारें प्रमुख पर्यटक आकर्षणों में से एक है। एक हिल स्टेशन पर, पहाड़ी पर आधार बिन्दु से शीर्षतम बिन्दु तक केबल कार की सवारी की लम्बाई 5000 मी है। जिस केबल पर कार चलती है उसे सहारा देने के लिए रास्ते में समान अन्तराल पर खम्भे लगाए जाते हैं।

आधार बिन्दु से पहले खम्भे की दूरी 200 मी है और बाद में खम्भे 150 मी के बराबर अन्तराल पर स्थापित किए जाते है। इसके अलावा शीर्ष से अन्तिम खम्भे की दूरी 300 मी है।

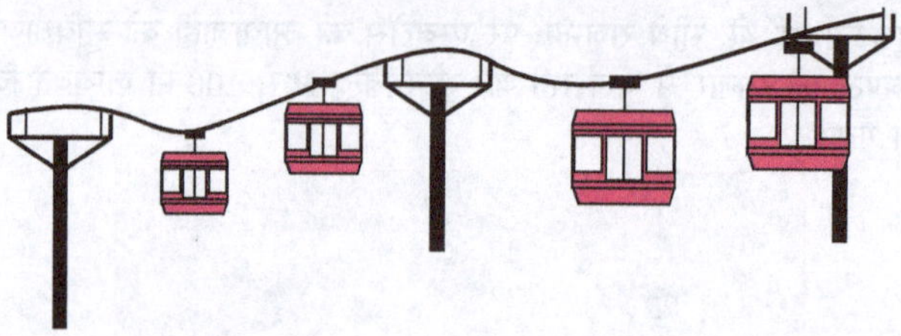

उपरोक्त सूचना के आधार पर, समान्तर श्रेढ़ी का प्रयोग करके निम्नलिखित प्रश्नों के उत्तर दीजिए।

(i) आधार बिन्दु से 10वें खम्भें की दूरी ज्ञात कीजिए।

(ii) 15वें खम्भे और 25वें खम्भे के बीच की दूरी ज्ञात कीजिए।

(iii) (क) यदि केबल कार 5 मी/से की गति से चल रही है और ऊपर से आ रही है, तो ऊपर से 15वें खम्भे तक पहुँचने में केबल कार द्वारा लिया गया समय ज्ञात कीजिए।

अथवा

(ख) पूरी यात्रा के दौरान लगाए गए खम्भों की कुल संख्या ज्ञात कीजिए।

संकेत एवं हल

1. (d) माना खम्भें की ऊँचाई h है।

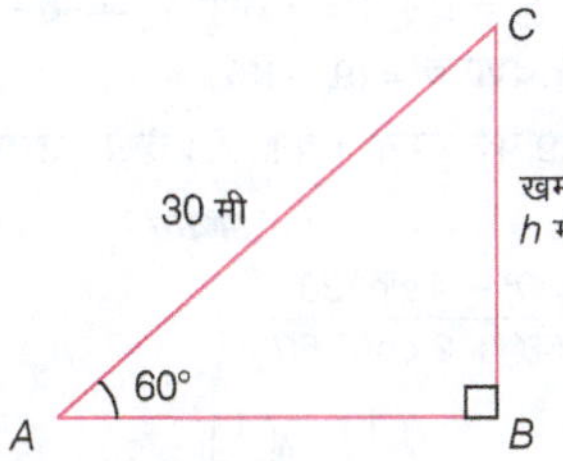

ΔABC में, $\sin 60° = \dfrac{BC(\text{लम्ब})}{AC(\text{कर्ण})}$

$\Rightarrow \quad \dfrac{\sqrt{3}}{2} = \dfrac{h}{30}$

$\Rightarrow \quad h = \dfrac{30 \times \sqrt{3}}{2} = 15\sqrt{3}$ मी

2. (b) घन की भुजा = 7 सेमी

अर्द्धगोले की त्रिज्या = 0.35 सेमी

अर्द्धगोले का व्यास = 2 × 0.35 = 0.7 सेमी

अभीष्ट अर्द्धगोलों की संख्या $= \left(\dfrac{\text{घन की भुजा}}{\text{अर्द्धगोले का व्यास}}\right)^2$

$= \left(\dfrac{7}{0.7}\right)^2 = (10)^2$

$= 100$

3. (c) माध्यक की गणना के लिए संचयी बारम्बारता ''माध्यक वर्ग से पहले के वर्गों'' की बारम्बारताओं को जोड़कर प्राप्त की जाती है।

4. (c) बहुलक = 13, माध्यक = 11

$\therefore$ माध्य $= \dfrac{3(\text{माध्यक}) - \text{बहुलक}}{2}$

$= \dfrac{3 \times 11 - 13}{2} = \dfrac{33 - 13}{2}$

$= \dfrac{20}{2} = 10$

5. (c) दी गई आकृति में, ΔOAD और ΔCAB में,

$\angle A = \angle A$ तथा $\angle D = \angle B$ (प्रत्येक 90°)

$\therefore \quad \Delta OAD \sim \Delta CAB$, तब

$\dfrac{OD}{AD} = \dfrac{BC}{AB}$

$\Rightarrow \quad \dfrac{r}{\frac{AB}{2}} = \dfrac{BC}{AB}$

[$\because$ वृत्त के केन्द्र से जीवा पर डाला गया लम्ब, जीवा को समद्विभाजित करता है]

$\Rightarrow \quad \dfrac{2r}{AB} = \dfrac{BC}{AB} \Rightarrow \quad BC = 2r$

6. (a) समान्तर चतुर्भुज की भुजा = 5 सेमी

$\because$ वृत्त के परिगत खीचा गया समान्तर चतुर्भुज, समचतुर्भुज होता है।

$\therefore$ समान्तर चतुर्भुज का परिमाप = 4 × भुजा

= 4 × 5 = 20 सेमी

7. (d) दिया है, ΔABC की भुजाओं AB और AC पर दो बिन्दु E और F इस प्रकार है कि

$\dfrac{AE}{EB} = \dfrac{AF}{AC} = \dfrac{1}{2}$

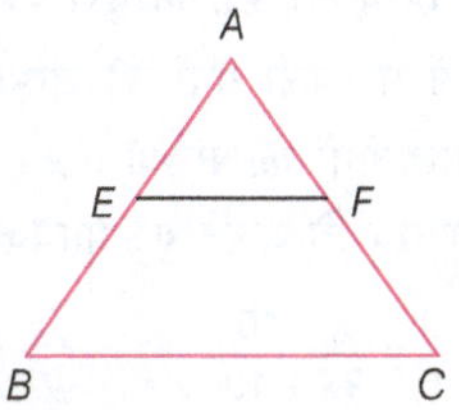

तब, $\quad \Delta AEF \sim \Delta ABC$

$\therefore \quad \dfrac{AE}{AB} = \dfrac{AF}{AC} = \dfrac{EF}{BC}$

$\Rightarrow \quad \dfrac{1}{1+2} = \dfrac{1}{1+2} = \dfrac{EF}{BC}$

$\Rightarrow \quad \dfrac{1}{3} = \dfrac{EF}{BC}$

$\Rightarrow \quad BC = 3EF$

8. (d) बहुपद की घात = 3

$\therefore$ $p(x)$ के अधिक-से-अधिक भिन्न शून्यको की संख्या = 3

9. (c) दो पासों की फेंक के कुल सम्भव प्रकार $n(S) = 6 \times 6 = 36$

A से F तक आने वाले स्वर = A, E

दोनों पासों पर स्वर आए इसकी अनुकूल विधियाँ

$= (AA, AE, EA, EE)$

$\therefore$ अनुकूल प्रकार $n(E) = 4$

अभीष्ट प्रायिकता $= \dfrac{n(E)}{n(S)} = \dfrac{4}{36} = \dfrac{1}{9}$

10. (d) $x = ab^3$

तथा $y = a^3 b$

$\therefore$ HCF $(x, y) = ab$

तथा LCM $(x, y) = a^3 b^3$

अब, HCF (x, y) – LCM (x, y)

$= ab - a^3 b^3 = ab\,(1 - a^2 b^2)$

$= ab\,(1 - ab)(1 + ab) \quad [\because a^2 - b^2 = (a+b)(a-b)]$

11. (c) $(1 + \sqrt{3})^2 - (1 - \sqrt{3})^2$

$= 1 + (\sqrt{3})^2 + 2\sqrt{3} - (1 + 3 - 2\sqrt{3})$

$= 1 + 3 + 2\sqrt{3} - 4 + 2\sqrt{3}$

$= 4\sqrt{3}$, जोकि धनात्मक अपरिमेय संख्या है।

12. (d) दी गई समीकरण $ax^2 + x + a = 0$

समीकरण की तुलना मानक द्विघात समीकरण

$Ax^2 + Bx + C = 0$ से करने पर,

$A = a, B = 1, C = a$

$\because$ समीकरण के मूल बराबर है, तब

$B^2 - 4AC = 0$

$\Rightarrow \quad (1)^2 - 4(a)(a) = 0$

$\Rightarrow \quad 4a^2 = 1$

$\Rightarrow \quad a^2 = \frac{1}{4}$

$\Rightarrow \quad a = \pm\frac{1}{2}$

∵ मूल धनात्मक है, तब $a = -\frac{1}{2}$

13. (a) X-अक्ष से बिन्दु $P(1, -1)$ की दूरी = $P(1, -1)$ का y-निर्देशांक

14. (a) माना थैलें में काली गेदों की संख्या = x

∴ थैले में लाल गेदों की संख्या = $x + 10$

थैले से लाल गेंद निकालने की प्रायिकता $= \frac{x+10}{x+x+10}$

$\Rightarrow \quad \frac{3}{5} = \frac{x+10}{2x+10}$

$\Rightarrow \quad 6x + 30 = 5x + 50$

$\Rightarrow \quad 6x - 5x = 50 - 30$

$\Rightarrow \quad x = 20$

∴ थैले में कुल गेदों की संख्या $= x + 10 + x$

$= 2x + 10 = 2 \times 20 + 10$

$= 50$

15. (c) पेज 49 पर उदाहरण 15 देखें।

16. (d) पेज 149 पर उदाहरण 4 की भाँति हल करें।

17. (c) पेज 218 पर प्रश्न 2(iii) की भाँति हल करें।

18. (c) ∵ $\cos\theta$ का मान 1 से 0 तक घटता जाता है।

जब $0° < \theta < 90°$

अतः $\cos 20° > \cos 70°$ सही है।

19. (b) **अभिकथन** (A) किसी वृत्त के किसी व्यास के सिरों पर खींची गई स्पर्श रेखाएँ समान्तर होती है, सत्य है।

तर्क (R) बाह्य बिन्दु से वृत्त पर खींची गई स्पर्श रेखाओं की लम्बाइयाँ बराबर होती है, सत्य है।

किन्तु यह (A) की व्याख्या नहीं करता है।

अतः अभिकथन (A) तथा तर्क (R) दोनो सत्य हैं किन्तु तर्क (R), अभिकथन (A) की व्याख्या नहीं करता है।

20. (a) पेज 3 पर उदाहरण 4 की भाँति हल करे।

21. (क) पेज 150 पर उदाहरण 8 की भाँति हल करे। **उत्तर** $\frac{15}{14}$ मी

अथवा

(ख) पेज 159 पर प्रश्न 8 देखें।

22. दिया है, A के निर्देशांक $= (-1, 7) = (x_1, y_1)$

B के निर्देशांक $= (4, -3) = (x, y)$

माना C के निर्देशांक (x_2, y_2) है।

प्रश्नानुसार, $AC = 2BC$

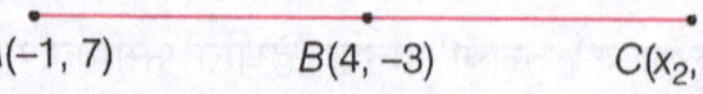

$AB + BC = 2BC$

$\Rightarrow \quad AB = BC$

अर्थात् B, AC का मध्य-बिन्दु होगा

∴ $(4, -3) = \left(\frac{-1+x_2}{2}, \frac{7+y_2}{2}\right)$

$\Rightarrow \quad 4 = \frac{-1+x_2}{2}$ तथा $-3 = \frac{7+y_2}{2}$

$\Rightarrow \quad x_2 = 8 + 1 = 9$ तथा $y_2 = -6 - 7 = -13$

अतः C के निर्देशांक $= (9, -13)$

23. (क) पेज 219 पर प्रश्न 4 का (viii) देखे। **उत्तर** $x = 7$

अथवा

(ख) $\frac{3\sin 30° - 4\sin^3 30°}{2\sin^2 50° + 2\cos^2 50°}$

$= \frac{3\left(\frac{1}{2}\right) - 4\left(\frac{1}{2}\right)^3}{2(\sin^2 50° + \cos^2 50°)}$

$= \frac{\frac{3}{2} - \frac{4}{8}}{2 \times 1}$ [∵ $\sin^2\theta + \cos^2\theta = 1$]

$= \frac{\frac{3}{2} - \frac{1}{2}}{2} = \frac{1}{2}$

24. पेज 370 पर उदाहरण 9 की भाँति हल करे।

उत्तर (i) $\frac{1}{366}$ (ii) $\frac{365}{366}$

25. पेज 64 पर प्रश्न 1 की भाँति हल करें।

उत्तर $x = 2, y = 1$

26. दिया है, ΔPQR में, $\angle P = 90°$ तथा

$P(x, y), Q(-2, -3), R(2, 3)$ है।

बिन्दुओं को कार्तीय तल पर दर्शाने पर,

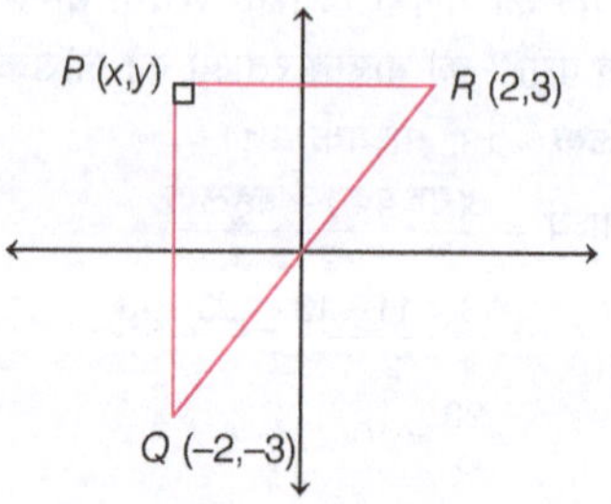

चित्र से,

P के निर्देशांक $(x, y) = (-2, 3)$

अर्थात् $x = -2$ तथा $y = 3$

$\Rightarrow \quad y = -2 + 5$

$\Rightarrow \quad y = x + 5$ [∵ $x = -2$]

$\Rightarrow x - y + 5 = 0$,

जोकि x, y में अभीष्ट सम्बन्ध है।

$y = 2$ के लिए, $x - 2 + 5 = 0$

$\Rightarrow \quad x + 3 = 0 \Rightarrow x = -3$

27. (क) पेज 219 पर प्रश्न 4(v) की भाँति करें।

अथवा

(ख) पेज 225 पर प्रश्न 72 की भाँति करें।

28. पेज 25 पर उदाहरण 20 की भाँति हल करे।

उत्तर $ax^2 + (6a - 1)x + (9a + c - 3)$

29. पेज 270 पर प्रश्न 11 की भाँति हल करें। **उत्तर** 40 सेमी

30. (क) पेज 8 पर प्रमेय 2 देखें।

अथवा

(ख) पेज 4 पर उदाहरण 8 की भाँति हल करे।

उत्तर HCF = xy^2

LCM = x^5y^4, नहीं

31. पेज 53 पर प्रश्न 7 की भाँति हल करे।

उत्तर लम्बाई = 25 मी

चौड़ाई = 10 मी

32. (क) पेज 160 पर प्रश्न 12 की भाँति करे।

अथवा

(ख) पेज 141 पर प्रमेय 1 देखे तथा पेज 143 पर उदाहरण 9 की भाँति हल करें।

33. पेज 311 पर प्रश्न 6 की भाँति हल करें।

उत्तर आयतन = 0.10275 मी^{3}

पृष्ठीय क्षेत्रफल = 2.7278 मी^{2}

34. पेज 344 पर प्रश्न 1 की भाँति हल करे।

माध्य = 11.3 तथा बहुलक = 6

35. पेज 78 पर उदाहरण 3 की भाँति हल करें।

उत्तर समीकरण, $2x^2 - 19x + 42 = 0$

मूल = $6, \frac{7}{2}$

36. (i) माना एम्बुलेंस बिन्दु R पर है जब अवनमन कोण 30° है।

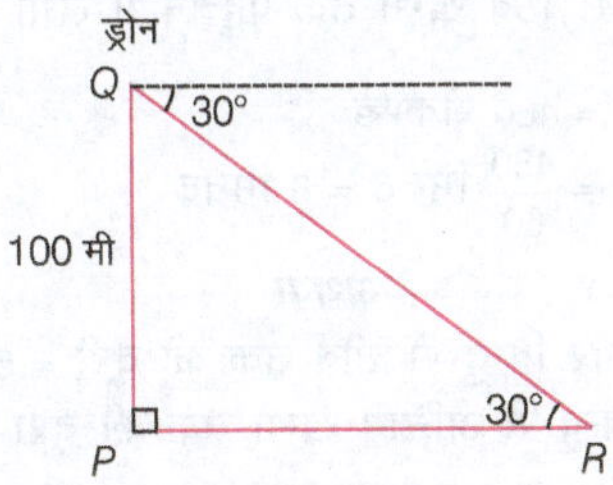

(ii) माना एम्बुलेंस से बिन्दु P की दूरी x मी है, तब

ΔPRQ में, $\tan 30° = \frac{PQ}{PR}$

$$\Rightarrow \quad \frac{1}{\sqrt{3}} = \frac{100}{x}$$

$$\Rightarrow \quad x = 100\sqrt{3} \text{ मी}$$

$$\Rightarrow \quad x = 100 \times 1.732 = 173.2 \text{ मी}$$

अतः एम्बुलेंस R और दुर्घटना बिन्दु P के बीच की दूरी 173.2 मी है।

(iii) (क) जब कोण 30° से 45° हो जाता है।

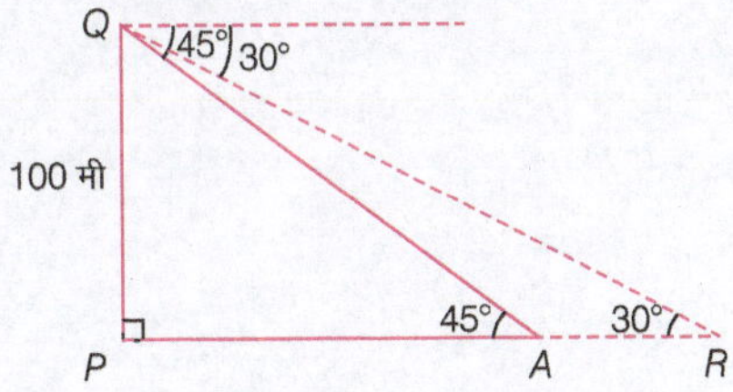

ΔPAQ में, $\tan 45° = \frac{100}{PA}$

$$\Rightarrow \quad 1 = \frac{100}{PA} \Rightarrow PA = 100 \text{ मी}$$

$\therefore \quad AR = PR - PA$

$= 100\sqrt{3} - 100$

$= 173.2 - 100 = 73.2$ मी

$\therefore$ अभीष्ट समय $= \frac{\text{दूरी}}{\text{चाल}} = \frac{AR}{60 \times \frac{5}{18}}$

$= \frac{73.2 \times 18}{60 \times 5} = 4.392$ सेकण्ड

अथवा

(iii) (ख) जब कोण = 60°

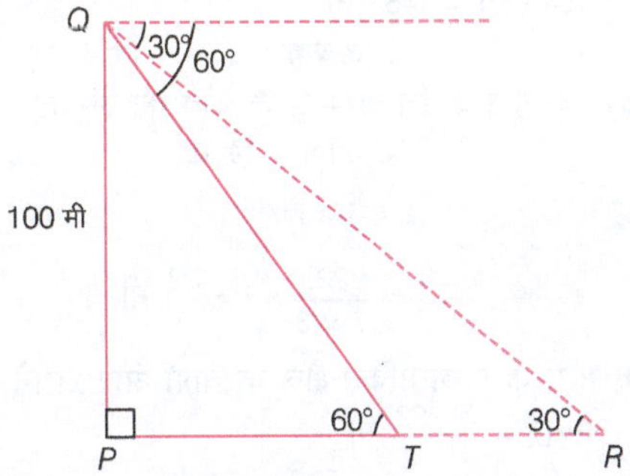

ΔPTQ में, $\tan 60° = \frac{100}{PT}$

$$\Rightarrow \quad \sqrt{3} = \frac{100}{PT}$$

$$\Rightarrow \quad PT = \frac{100}{\sqrt{3}}$$

T से P तक पहुँचने में लगा समय $= \frac{PT}{60 \times \frac{5}{18}}$

$= \frac{100 \times 18}{\sqrt{3} \times 60 \times 5} = \frac{6}{\sqrt{3}}$

$= 2\sqrt{3} = 2 \times 1.732$

$= 3.464$ सेकण्ड

37. दिया है, गोलाकार छल्ले की परिधि = 44 मी

(i) माना छल्ले की त्रिज्या r है।

$\therefore$ छल्ले की परिधि = $2\pi r$

$$\Rightarrow \quad 44 = 2 \times \frac{22}{7} \times r$$

$$\Rightarrow \quad r = \frac{44 \times 7}{2 \times 22} = 7 \text{ मी}$$

(ii) प्रश्नानुसार, ΔOAB एक समबाहु त्रिभुज है,

$\therefore \angle AOB = 60°$

(iii) (क) समबाहु ΔOAB का क्षेत्रफल $= \frac{\sqrt{3}}{4} \times (\text{भुजा})^2$

$= \frac{\sqrt{3}}{4} \times (7)^2 = \frac{49\sqrt{3}}{4}$ मी^{2}

दो वृत्तों के बीच बिना छायांकित भाग का क्षेत्रफल

= 2[त्रिज्यखण्ड $AOBA$ का क्षेत्रफल – ΔOAB का क्षेत्रफल]

$$= 2\left[\frac{\theta\pi r^2}{360^\circ} - \frac{49\sqrt{3}}{4}\right]$$

$$= 2\left[\frac{22\times 7\times 7\times 60^\circ}{7\times 360^\circ} - \frac{49\sqrt{3}}{4}\right]$$

$$= \frac{22\times 7}{3} - \frac{49\sqrt{3}}{2} = 51.3 - 42.4$$

= 8.9 मी^{2}

R_1 का क्षेत्रफल = वृत्त का क्षेत्रफल

– दो वृत्तों के बीच बिना छायांकित भाग का क्षेत्रफल

$$= \frac{22}{7}\times 7\times 7 - 8.9$$

= 154 – 8.9 = 145.1 मी^{2}

अथवा

(iii) (ख) एक वृत्त के त्रिज्यखण्ड के चाप की लम्बाई

= कोण × त्रिज्या

$$= \frac{\pi}{3}\times 7$$

$$= \frac{22}{7\times 3}\times 7 = \frac{22}{3} \text{ मी}$$

एक भाग के अछायांकित क्षेत्र के चारों ओर लगने वाली रस्सी की लम्बाई $= 2\times\frac{22}{3}$ मी

4 भागों में लगी रस्सी की लम्बाई $= 4\times 2\times \frac{22}{3}$

$$= \frac{176}{3} = 58.67 \text{ मी}$$

38. दिया है, आधार बिन्दु से पहले खम्भे की दूरी = 200 मी

अन्य दो खम्भों के बीच की दूरी =150 मी

अन्तिम खम्भे और शीर्ष के बीच की दूरी = 300 मी

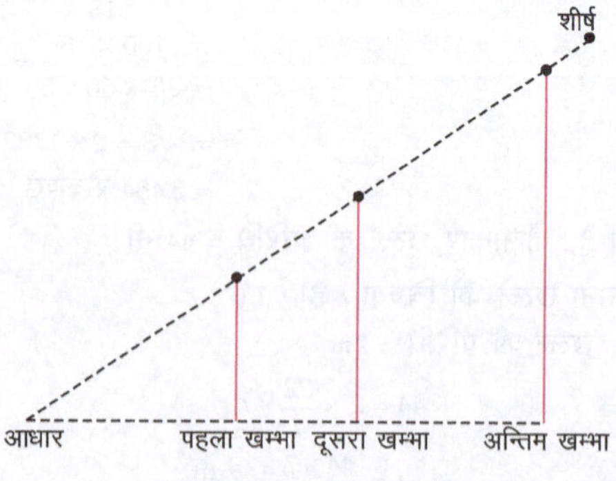

(i) आधार से 10 वें खम्भे की दूरी के लिए श्रेढी

200, 350, 500, ...

यहाँ, $a = 200, n = 10, d = 150$

$\therefore$ दूरी $= 200 + (10-1)\times 150$ $\quad [\because a_n = a + (n-1)d]$

$= 200 + 9\times 150$

$= 200 + 1350$

= 1550 मी.

(ii) 15 वे खम्भें की दूरी $= 200 + (15-1)\times 150$

$= 200 + 14\times 150$

$= 200 + 2100$

= 2300 मी

25वें खम्भे की दूरी $= 200 + (25-1)\times 150$

$= 200 + 24\times 150$

$= 200 + 3600$

= 3800 मी

$\therefore$ 15वें खम्भे और 25वें खम्भे के बीच की दूरी = 3800 – 2300

= 1500 मी

(iii) (क) ऊपर से 15वें खम्भे तक की दूरी के लिए श्रेढ़ी

300, 450, 600, ...

यहाँ, $a = 300, d = 150$ तथा $n = 15$

ऊपर से 15वें खम्भे तक की दूरी $= 300 + (15-1)\times 150$

$= 300 + 14\times 150$

$= 300 + 2100 = 2400$

$\therefore$ ऊपर से 15वें खम्भे तक पहुँचने में लगा समय $= \frac{2400}{5}$

= 480 सेकण्ड

$= \frac{480}{60}$ मिनट = 8 मिनट

अथवा

(iii) (ख) आधार बिन्दु से शीर्ष तक की दूरी = 5000 मी

आधार बिन्दु से अन्तिम खम्भे तक की दूरी = 5000 – 300

= 4700 मी

माना कुल खम्भों की संख्या n है।

$\therefore \quad a_n = 4700$

$\Rightarrow \quad a + (n-1)d = 4700$

$\Rightarrow \quad 200 + (n-1)\times 150 = 4700$

$\Rightarrow \quad (n-1)\times 150 = 4700 - 200$

$\Rightarrow \quad (n-1) = \frac{4500}{150}$

$\Rightarrow \quad n - 1 = 30$

$\Rightarrow \quad n = 30 + 1 = 31$ खम्भें।